الدكتورة تشوار حميدو زكية

كلية الحقوق

جامعة تلمسان

مصلحة المحضون
في ضوء الفقه الإسلامي والقوانين الوضعية
دراسة نظرية وتطبيقية مقارنة

الجزء الأول
ماهية مصلحة المحضون
وضوابط معايرها وشروطها

دار الكتب العلمية
Dar Al-Kotob Al-ilmiyah
DKi
أسسها محمد علي بيضون سنة 1971 بيروت - لبنان
Est. by Mohammad Ali Baydoun 1971 Beirut - Lebanon
Établie par Mohamad Ali Baydoun 1971 Beyrouth - Liban

الكتاب : مصلحة المحضون

في ضوء الفقه الاسلامي والقوانين الوضعية

(دراسة نظرية وتطبيقية مقارنة)

التصنيف : دراسات فقية مقارنة

المؤلف : الدكتورة نشواز حميدو زكية

الناشر : دار الكتب العلمية - بيروت

عدد الصفحات : 680

سنة الطباعة : 2008

بلد الطباعة : لبنان

الطبعة : الأولى

Title : The rights and best interest of children in custody in light of Islamic and positive laws

(A comparative theoretical and practical study)

Classification : Comparative jurisprudential studies

Author : Dr. Tchouar Hamidou Zakiya

Publisher : Dar **Al**-kotob **Al**-Ilmiyah

Pages : 680

Size : 17*24

Year : 2008

Printed : Lebanon

Edition : 1st

1031

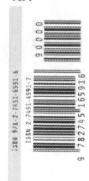

ISBN 978-2-7451-6591-6

ISBN 2-7451-6591-7

9 782745 165916

90000

بسم الله الرحمن الرحيم

(رَبَّنَا هَبْ لَنَا مِنْ أَزْوَاجِنَا وَذُرِّيَّاتِنَا قُرَّةَ أَعْيُنٍ وَاجْعَلْنَا لِلْمُتَّقِينَ إِمَامًا)

سورة الفرقان، الآية ٧٤.

إهـداء

إلى والدتي ووالدي

وإلى قرة عيني وفلذة كبدي : أحمد حسين، سارة ونسرين هداهم الله الصراط المستقيم.

وإلى كل أب وأم يربيان أطفالهما على الكلمة الطيبة والتربية الحميدة.

إلى كل هؤلاء أهدي هذه الدراسة

بسم الله الرحمن الرحيم

مقدمة عامة

إن العلاقات الإنسانية منذ الأزل تفرض على البشر علاقات اجتماعية لم يشأ المولى تركها ليد الطبيعة تحكمها، فتولت أحكام شرعية سماوية تنظمها في إطار ديني محكم لا يمكن أن يتوارد على أذهانها الشك فيه، وأغلى هذه العلاقات هي بناء الأسرة وتكوين أسر. لذا فإن الشرع وكذا التشريعات الوضعية خصت تلك العلاقات بعناية بالغة منذ أول لبنة. وهكذا، تشكل الأسرة اللبنة الأولى لأساس بناء المجتمع[1]. وإذا نظم هذا الأساس وبني على أسس وقواعد سليمة ومبادئ وقيم رفيعة ظل هذا البناء شامخا متماسكا لا تؤثر فيه عوامل التعرية، يحمي كل من يأوي بداخله من كل تيارات متطرفة والسلوك الشاذ والمنحرف عن الطريق المستقيم[2].

ومن هنا فإن العناية بتقوية الأسرة تعد من أهم ما ينبغي على واضعي القانون رعايتها وأخذ الطريق إليها[3]، ولا يكون ذلك إلا بوضع نصوص قانونية منسجمة، تضمن بقاءها ونموها وتقديس أصلها المتمثل في الزواج الذي يكتسي أهمية اجتماعية بالغة باعتباره يقي المجتمع من الظواهر والآفات الخطيرة ويهدف إلى صيانة المجتمع والفرد من الوقوع في الرذائل والمنكرات ويصونه من عواقب هذه الأمراض الاجتماعية، وذلك بدليل قوله تعالى(وَاللَّهُ جَعَلَ لَكُمْ مِنْ أَنْفُسِكُمْ أَزْوَاجًا وَجَعَلَ لَكُمْ مِنْ أَزْوَاجِكُمْ بَنِينَ وَحَفَدَةً وَرَزَقَكُمْ مِنَ الطَّيِّبَاتِ)[4].

ولا شك أن رعاية الأولاد تأخذ، أثناء الزواج أو بعد حله، نفس العناية التي تأخذها الأسرة إن لم تكن أقوى وأشد. وليس هناك تشريعا من التشريعات التي تعرف

---

(١) تنص المادة الثانية من القانون رقم ٨٤-١١ المؤرخ في ٩ /١٩٨٤/٠٦ المتضمن قانون الأسرة المعدل والمتمم بالأمر رقم ٠٥-٠٢ المؤرخ في ٢٠٠٥/٠٢/٢٧ على أن "الأسرة هي الخلية الأساسية للمجتمع وتتكون من أشخاص تجمع بينهم صلة الزوجية وصلة القرابة".

(٢) انظر، رشدي شحاتة أبو زيد، شروط ثبوت حق الحضانة في الفقه الإسلامي وقانون الأحوال الشخصية، ط. ١، دار الفكر العربي، القاهرة، ١٩٩٩، ص. ١٠.

(٣) وفي هذا، تنص المادة ٥٨ من الدستور الجزائري المعدل و الصادر بموجب المرسوم الرئاسي رقم ٩٦-٤٣٨ المؤرخ في ١٩٩٦/١٢/٠٧ على أن "تحظى الأسرة بحماية الدولة والمجتمع".

(٤) سورة النحل، الآية ٧٢.

قيمة الحياة، إلاّ وكان للطفل فيه المكان الأول مما يتطلب العناية والاهتمام، وليس ذلك فقط، لأن الطفل أصل الأسرة، بـل لأنه كذلك أحد المقاصد السامية للزواج.

ومن ثم، إذا كان الميثاق الغليظ[١] في واقعه إلا ظاهرة من ظواهر التنظيم الأسري[٢]، وكان الإنسان محتاجا في بقائه إلى أبنائه وأحفاده[٣]، فإنه مع ذلك ينبغي ألا تكون هناك زوجية قائمة على أساس القهر والإجبار[٤]. فالزواج عقد وهو تعايش، والتعايش لا يمكن أن يتم بغير المودة وحسن المعاشرة، ومن ثم إذا تباينت طبائع الزوجين واختلفت أخلاقهما فلا يتم الترابط والانسجام بينهما[٥]، ومن هنا فلا مصلحة للمجتمع في الإبقاء على مثل هذه الزوجية المضطربة[٦] ؛ ولهذا شرع الطلاق ليحسم ذلك الداء[٧]، إذ فهو "علاج ووقاية وليس بعقوبة"[٨].

---

(١) ويسمى الزواج بهذه التسمية مصداقا لقوله تعالى(وَإِنْ أَرَدْتُمُ اسْتِبْدَالَ زَوْجٍ مَكَانَ زَوْجٍ وَآتَيْتُمْ إِحْدَاهُنَّ قِنْطَارًا فَلَا تَأْخُذُوا مِنْهُ شَيْئًا أَتَأْخُذُونَهُ بُهْتَانًا وَإِثْمًا مُبِينًا(٢٠) وَكَيْفَ تَأْخُذُونَهُ وَقَدْ أَفْضَى بَعْضُكُمْ إِلَى بَعْضٍ وَأَخَذْنَ مِنْكُمْ مِيثَاقًا غَلِيظًا) سورة النساء، الآيتين ٢٠-٢١.
(٢) انظر، محمد قطب، التطور والثبات في حياة البشر، دار الشروق، القاهرة، ١٩٧٤، ص. ٢٠٧ وما بعدها.
(٣) حيث يقول سبحانه وتعالى. (يَا أَيُّهَا النَّاسُ اتَّقُوا رَبَّكُمُ الَّذِي خَلَقَكُمْ مِنْ نَفْسٍ وَاحِدَةٍ وَخَلَقَ مِنْهَا زَوْجَهَا وَبَثَّ مِنْهُمَا رِجَالًا كَثِيرًا وَنِسَاءً) سورة النساء، الآية الأولى؛ ويقول جل جلاله (الْمَالُ وَالْبَنُونَ زِينَةُ الْحَيَاةِ الدُّنْيَا وَالْبَاقِيَاتُ الصَّالِحَاتُ خَيْرٌ عِنْدَ رَبِّكَ ثَوَابًا وَخَيْرٌ أَمَلًا (٤٦)). سورة الكهف، الآية ٤٦؛ وكما جاء في قوله تعالى(وَاللَّهُ جَعَلَ لَكُمْ مِنْ أَنْفُسِكُمْ أَزْوَاجًا وَجَعَلَ لَكُمْ مِنْ أَزْوَاجِكُمْ بَنِينَ وَحَفَدَةً وَرَزَقَكُمْ مِنَ الطَّيِّبَاتِ)سورة النحل، الآية ٧٢.
(٤) انظر، يوسف قاسم، حقوق الأسرة في الفقه الإسلامي، دار النهضة العربية، القاهرة، ١٩٩٢، ص. ٢٨٢ وما بعدها.
(٥) انظر، عبد الرحمن الصابوني، شرح قانون الأحوال الشخصية السوري، ج. ٢، الطلاق وآثاره، ط. ٨، منشورات جامعة دمشق، ٢٠٠٠/٢٠٠١، ص. ٩ وما بعدها.
(٦) ويقول سبحانه وتعالى بشأن ذلك (وَإِنْ يَتَفَرَّقَا يُغْنِ اللَّهُ كُلًّا مِنْ سَعَتِهِ وَكَانَ اللَّهُ وَاسِعًا حَكِيمًا ١٣٠)) (سورة النساء، الآية ١٣٠.
(٧) حيث يقول عليه السلام، "أبغض الحلال إلى الله الطلاق" أخرجه ابن ماجه القزويني، سنن، كتاب الطلاق، رقم ٢٠١٨،دار بيت الأفكار الدولية، لبنان، ٢٠٠٤، ص. ٢١٩
(٨) انظر، عبد الرحمن الصابوني، نظام الأسرة وحل مشكلاتها في ضوء الإسلام، دار الفكر المعاصر، بيروت، دار الفكر، دمشق، ٢٠٠١، ص. ١٢٠.

ولكن، ففتح المجال لإنهاء العلاقة الزوجية في حالة تعرضها للخطر الذي يتعذر معه الاستمرار فيها[١]، ينجم عنه مشكلة شديدة الآثار تجاه ضحية هذا الانفصال، وهي مشكلة تربية الأطفال ورعاية شؤونهم وصيانة حقوقهم[٢]، أي مشكلة الحضانة[٣].

وإذا كانت الحضانة تعرف بأنها الالتزام بتربية الطفل ورعايته في سن معينة ممن له الحق في ذلك[٤]، أي حفظ ممن لا يستقل بأمره وتربيته ووقايته مما يهلكه أو

---

(١) انظر، محمد مصطفى شلبي، أحكام الأسرة في الإسلام، دراسة مقارنة بين فقه المذاهب السنية والمذهب الجعفري والقانون، ط. ٤، الدار الجامعية، بيروت، ١٩٨٣، ص. ٤٩٢.

(٢) إذ تعتبر مشكلة الأطفال من أبرز المشاكل المترتبة عن فك الرابطة الروجية بالطلاق، بحيث يحرم هذا الأخير الطفل من رعاية وتوجيه الأب والأم له، الضروريين، وبالتالي من النمو العادي للأطفال، مما قد يدفع به إلى كره أحد الوالدين وربما الاثنين معا. وفي هذا يرى بعض الباحثين أنه كلما كان الطلاق يصاحب سنا صغيرة للطفل (من ٢ إلى ١٢ عاما)، كلما كانت الصعوبات أشد بالنسبة للطفل، إذ ستعاني أغلبيتهم في حياتهم المستقبلية من عقد نفسية حادة. وذلك ما سيساعد على تشردهم وتسوّلهم وانحرافهم، وبالتالي إلى وقوفهم ضد المجتمع الذي يعيشون فيه. انظر، أحمد الغندوز، الطلاق في الشريعة الإسلامية والقانون، بحث مقارن، ط. ١، دار المعارف، القاهرة، ١٩٧٦، ص. ٦٨؛ مصطفى الخشاب، دراسات في الاجتماع العائلي، دار النهضة العربية، بيروت، ١٩٨١، ص.٢٣٤.

Cf. E. Gaudin de Lagrange, Droits de l'enfant, Mélanges P. Raynaud, édit. Dalloz, ١٩٨٥, pp.١٧٥-٢٠١; L. Romain, Les enfants devant le divorce, édit. P.U.F., ١٩٧٩, pp. ٤٦ et s.

تركي رابح، حقوق الطفل بين التربية الإسلامية والتربية الغربية الحديثة، جريدة الشعب، ١٩٧٩/٠٩/١٥، ص. ١١؛ عبد الله الصوفي، موسوعة العناية بالطفل، دار العودة، بيروت، ١٩٧٧، ص. ٢٣ وما بعدها.

(٣) انظر، رشدى شحاتة أبو زيد، شروط ثبوت حق ...، المرجع السابق، ص. ٤٧ وما بعدها؛ وهبة الزحيلي، الفقه الإسلامي وأدلته، ج. ٧، الأحوال الشخصية، دار الفكر، الجزائر، ١٩٩٢، ص.٧١٧-٧١٨؛ عبد الرحمن الجزيري، كتاب الفقه على المذاهب الأربعة، ج. ٤، كتاب النكاح، كتاب الطلاق، المكتبة التوفيقية، ص. ٥٢٠؛ السيد سابق، فقه السنة، المجلد الثاني، دار الفتح للإعلام العربي، ١٩٩٤، ص. ٣٥١؛ أحمد عبيد الكبيسي، الأحوال الشخصية في الفقه والقضاء والقانون، ج. ١، الزواج والطلاق وآثارهما، مطبعة عصام، بغداد، ١٩٧٧، ص. ٣٧٨؛ متولي موسى، تربية الأطفال في فترة الحضانة، الدار العربية للعلوم، بيروت، ١٩٩٣، ص. ٤٤-٤٥؛ أبو بكر جابر الجزائري، منهاج المسلم، ١٩٨١، (بدون دار الطبع)، ص. ٤٦٥؛ أحمد نصر الجندي، الطلاق والتطليق وآثارهما، دار الكتب القانونية، مصر، ٢٠٠٤، ص. ٥٨٦ وما بعدها.

(٤) انظر، عبد الرحمن الصابوني، المرجع السابق، ج. ٢، ص. ١٢.

يضره[١]، لهذا فإنها تخضع للمبدأ الإسلامي التالي : "مبدأ مراعاة المصالح الاجتماعية". فهذا المبدأ "شديد الأهمية في الفكر التشريعي في الإسلام، وهناك نصوص من القرآن والسنة تؤكد ضرورة حماية المصالح الاجتماعية، وسائر الأحكام التي أقرها الإسلام في مجال الأموال والمعاملات تهدف إلى حماية المصالح الاجتماعية، ولهذا وضع الفقهاء قواعد لحماية المصلحة، وقرروا تقديم المصالح العامة على المصالح الخاصة، درءا للمفاسد، ورعاية لحاجات الناس، وبنوا على أساس هذه القاعدة أحكاما فرعية كثيرة، احتراما للمصالح الاجتماعية التي تعتبر الغاية الأولى لتشريع أحكام المعاملات..."[٢].

وهكذا، يدخل ضمن المصالح الاجتماعية حماية الطفل، وتقرير أحكام متماشية ومصلحته، لأن ذلك يكفل له التربية الحميدة، ولا مصلحة للمجتمع في إقرار حضانة لا تتوفر على تلك الحماية. ولهذا، وجبت العناية بالطفل وإعداده أفضل إعداد تحسبا للمستقبل وضمانا لسلامة المجتمع. ولذلك، فإن منذ العهد العثماني عرف التنظيم القانوني لتلك الحماية تطورا ملموسا في الدول المغاربية[٣]. ومنذ ذلك الحين سارت فكرة التقنين

---

(١) وفي هذا يقول الإمام محمد أبو زهرة أن الطفل يثبت عليه منذ ولادته ثلاث ولايات وهي، ولاية تربية، وولاية على النفس، وولاية على ماله. "أما الولاية الأولى، وهي ولاية التربية، فالدور الأول منها يكون للنساء، وهو ما يسمى بالحضانة، فالحضانة هي تربية الولد في المدة التي لا يستغني فيها عن النساء ممن لها الحق في تربيته...". انظر، الإمام محمد أبو زهرة، الأحوال الشخصية، دار الفكر العربي، القاهرة، (بدون سنة الطبع)، ص. ٤٠٤.
وينبغي الإشارة هنا إلى أن المحكمة الدستورية العليا في مصر قد عرفت الحضانة كالتالي: "وحيث إن الحضانة -في أصل شرعيتها - هي ولاية للتربية، غايتها الاهتمام بالصغير وضمان رعايته والقيام على شؤونه في الفترة الأولى من حياته. والأصل فيها هو مصلحة الصغير، وهي تتحقق بأن تضمه الحاضنة - التي لها الحق في تربيته شرعا إلى جناحها باعتبارها أحفظ عليه وأحرص على توجيهه وصيانته...". انظر، المحكمة الدستورية العليا، ١٩٩٣/٠٥/١٥، قضية رقم ٧ لسنة ٨، الجريدة الرسمية لجمهورية مصر العربية، ١٩٩٣/٠٦/٠٥، عدد ٢٢.

(٢) انظر، محمد فاروق النبهان، أهمية مراعاة القيم الإسلامية في قوانين الأحوال الشخصية، مجلة الميادين، ١٩٨٨، عدد ٣، ص. ٧٢.

(٣) لقد كان بودنا أن ندرس هنا هذا الموضوع في مختلف جوانبه، ولكن لضيق المقام ولنقص المادة سنكتفي في هذا البحث بدراسة مصلحة المحضون في باب الطلاق وفي التشريع الأسري الجزائري، والمغربي والتونسي وحدهم دون الموريتاني ولا الليبي ولا ندخل بتاتا غمار المسألة من جانبها الدولي، لأن الموضوع يتعلق بتحليل أحكام الحضانة الواردة في القوانين الأسرية المغاربية مع تبيان مواقف الاجتهاد نحوها. وذلك لأن دخول غمار المسألة من جانبها الدولي يتطلب لوحده دراسة

تقدّما ودون كلل أو تراخ.

وفي هذا السياق، لم تعرف الدولة التونسية قانونا شاملا لكل المسائل الأسرية (منها الحضانة) إلا بعد استقلالها، حيث وضعت بتاريخ ١٣ أوت ١٩٥٦ مجلة الأحوال الشخصية. أما قبل هذا التاريخ، فقد كان المواطنون التونسيون يخضعون إلى الشريعة الإسلامية، وخاصة منها المذهبين المالكي والحنفي. أما المواطنون اليهود كانوا يخضعون إلى القانون العبري وكانت المحكمة العبرية[1] هي التي تنظر في القضايا الخاصة بهم. وقد قام المشرع التونسي بإصدار بتاريخ ١٢ جويلية ١٩٥٦ مرسوما[2] حدد بمقتضاه خضوع المواطنين غير المسلمين وغير اليهود فيما يتعلق بأحوالهم الشخصية إلى القانون المدني الفرنسي المعمول به، علما أن المحاكم التونسية هي التي كانت مختصة للنظر في القضايا الخاصة بهم. أما الأجانب فكانوا يخضعون إلى قانون الدولة التي ينتمون إليها.

وقد ظلت هذه القواعد المختلفة مطبقة في حكم عهد الحماية الفرنسية، غير أن هذه الوضعية التشريعية المتشعبة كانت منبعا لعدة مشاكل ونزاعات متعلقة بالمسائل الأسرية استعصى حلها كون أن مفهوم النظام العام كان آنذاك غير واضح في تونس[3]. ذلك ما دفع بالسلطات في التفكير في وضع قانون منظم للأحوال الشخصية، حيث قد قامت سنة ١٩٤٧ بتأسيس لجنة كلفت بوضع قانون الشريعة الإسلامية للأسرة بقصد تنسيق بين الآراء المالكية والحنفية.

أخرى معمقة. نشير هنا فقط، أن هناك عدة اتفاقيات ثنائية أبرمت في هذا الصدد، نذكر منها خاصة الاتفاقية الفرنسية المغربية المبرمة بتاريخ ١٠ أوت ١٩٨١ والمتعلقة بالأحوال الشخصية والأسرة والتعاون القضائي، التي دخلت حيز التنفيذ في ١٣ ماي ١٩٨٣؛ والاتفاقية الفرنسية التونسية المبرمة بتاريخ ١٨ مارس ١٩٨٢ والمتعلقة بالتعاون القضائي في مادة الحضانة، وحق الزيارة والنفقة، التي دخلت حيز التنفيذ في أول جويلية ١٩٨٣؛ والاتفاقية الفرنسية الجزائرية المبرمة بتاريخ ٢١ جوان ١٩٨٨ والمتعلقة بالأطفال الناجمين عن الزواج المختلط، ودخلت هذه الاتفاقية حيز التنفيذ في أول أوت ١٩٨٨.

(١) Ce tribunal rabbinique a été créé par le décret beylical du ٢٨ novembre ١٨٩٨, complété par celui du ٢٩ mai ١٩٢٦.

(٢) انظر، الجريدة الرسمية، ١٣ جويلية ١٩٥٦، ص. ١٣٢٦-١٣٢٧.

(٣) Cf. M. Borrmans, Statut personnel et droit de la famille au Maghreb de ١٩٤٠ à nos jours, édit. Mouton, Paris, ١٩٧٧, p .٢٧٧

وقامت مرة أخرى، السلطات بتأسيس بمقتضى المرسوم الصادر في ١٦ جوان ١٩٤٩ لجنة من أجل تحضير قانون شرعي للأسرة، ووضعت فعلا هذه اللجنة قانونا يحتوي على ٧٦٩ مادة ولم تتأثر مجلة الأحوال الشخصية إلا بالقليل من موادها. وقبل صدور هذه المجلة، جاء المرسوم الصادر في ٠٣ أوت ١٩٥٦ المتعلق بإعادة تنظيم وزارة العدل وتوحيد القضاء التونسي، حيث أسست محكمة التعقيب، وثلاث محاكم استئناف، و١١ محاكم ابتدائية...ومن ثم فالمحاكم الشرعية والمسماة أيضا "محاكم الأحوال الشخصية"، كانت مدعوة للإلغاء، وهذا ما قام به فعلا المرسوم رقم ٧٧ الصادر في ٢٥ سبتمبر ١٩٥٦[١]، مع الملاحظة أن المحاكم المختصة بالنظر في المسائل الأسرية اليهودية بقيت قائمة.

وإزاء كل ذلك، كللت جهود المشرع التونسي بوضع مجلة الأحوال الشخصية[٢]، غير أن الفصل الثالث من المرسوم الصادر في ١٣ أوت ١٩٥٦ نص على عدم إخضاع لهذه المجلة التونسيين اليهود وكذلك الذين لا هم بمسلمين ولا يهود، مع السماح لهم بمقتضى الفصل الرابع منه مطالبة الخضوع للمجلة. وقد ظل الوضع هكذا إلى غاية تعديل ذلك المرسوم بالمرسوم الصادر في ٢٤ جوان ١٩٥٧ المحدد أحكام الأحوال الشخصية للأجانب، حيث نص الفصل الأول منه على خضوع الأجانب فيما يتعلق بأحوالهم الشخصية إلى قوانينهم الوطنية.

ثم، تدخل بعد ذلك المشرع التونسي وألغى بمقتضى القانون رقم ٥٧-٤٠ المؤرخ في ٢٧ سبتمبر ١٩٥٧ المحكمة العبرية، مع إدماج موظفيها في محاكم الدولة، وقد ألغى كذلك الفصول ٣، ٤ و٥ من مرسوم ١٣ أوت ١٩٥٦. وابتداء من الفاتح من أكتوبر ١٩٥٧[٣]، أصبحت مجلة الأحوال التونسية تطبق على جميع التونسيين بصرف النظر عن اعتقاداتهم الدينية.

غير أنه بعد تطبيق أحكام المجلة ودخولها حيز الواقع العملي، برزت عدة مشاكل اجتماعية، مما دفع بالمشرع إلى تلافيها بمقتضى المرسوم عدد ٢١ المؤرخ في ٣٠ أوت

(١) انظر، الجريدة الرسمية، ١٩٥٦/٠٩/٢٨، ص. ١٨٦٥.
(٢) انظر، الجريدة الرسمية، ١٩٥٦/٠٨/١٧، ص. ١٥٤٤-١٥٥٤. ونحن نتبنى في هذه الدراسة تسمية المجلة للإدلاء بمجلة الأحوال الشخصية التونسية.
(٣) انظر، الجريدة الرسمية، ١٩٥٧/٠٩/٢٧، ص. ٢٠٨.

١٩٦٢ والمصادق عليه بالقانون عدد ٤١ المؤرخ في ٢١ أكتوبر ١٩٦٢، حيث نص صراحة فيه على أن رئيس المحكمة عند فشل مساعيه الصلحية بين الزوجين وعند عدم الاتفاق على شيء هو الذي يقرر بصفة مستعجلة ولو بدون طلب جميع ما يتعلق بالسكنى والحضانة وزيارة الطفل المحضون. وقد صدر قبل ذلك قانون ٢٤ ماي ١٩٦٢ الذي تم التنصيص فيه على معاقبة من يختطف المحضون أو لم يحضره لمن له الحق في طلب إحضاره[١].

ولكن، المشرع التونسي لم يكتف بهذه التعديلات في مجال الحضانة[٢]، حيث تدخل مرة أخرى فصدر قانون رقم ٤٩ في ٣ جوان ١٩٦٦ وعدل بمقتضاه الفصل ٥٧ من المجلة إذ أصبحت الحضانة من حقوق الأبوين مادامت الزوجية مستمرة بينهما[٣]، ونص الفصل ٦٤ الجديد على إمكانية التنازل عن الحضانة؛ ونص الفصل ٦٧ الجديد منها على عهد الحضانة إلى الزوج الذي بقي على قيد الحياة إذا انفصمت الزوجية بموت، أما إذا انفصمت بالطلاق تسند الحضانة إلى أحد الزوجين أو إلى غيرهما، مع مراعاة مصلحة الطفل المحضون.

وتجدر الملاحظة في هذا المجال أن مجلة الأحوال الشخصية التونسية قد تطورت تطورا ملحوظا في مسألة الحضانة بين سنة ١٩٥٦ وسنة ١٩٩٣، وأمام تلك التعديلات المتوالية[٤]، جاء المشرع سنة ١٩٨١ وأصدر القانون رقم ٨١-٧ المؤرخ في ١٨ فيفري ١٩٨١ والذي تناول بالتنقيح فيما يهمنا الفصلين ٥٨ و٦٠ من المجلة، حيث اشترط في الأول منهما أن تكون الحاضنة الأنثى خالية من زوج دخل بها ما لم تقتض مصلحة المحضون خلاف ذلك؛ وأما الفصل ٦٠ الجديد منح للقاضي صلاحية التدخل حتى في

(١) انظر، الرائد الرسمي للجمهورية التونسية الصادر في ٢٢-٢٥ ماي ١٩٦٢، ص. ٦٢٠.

Cf. M. Benjâafar, Les acquis juridiques et sociaux de l'enfant tunisien, in La protection juridique et sociale de l'enfant, édit. Bruylant, Bruxelles, ١٩٩٣, p. ٢٠٢.

(٢) انظر، محمد منصور، أحكام الزواج المستحدثة بالتشريع التونسي، المجلة القانونية، ١٩٧٤، عدد ١، ص. ١١ وما بعدها.

(٣) انظر، ساسي بن حليمة، هل يمكن إسناد الحضانة لأحد الزوجين أو لغيرهما حال قيام الزوجية ودون وجود قضية في الطلاق ؟، مجلة التشريع والقضاء، ١٩٩٤، عدد ٥، ص. ٧ وما بعدها.

(٤) انظر، الحبيب العش، الحضانة في القانون التونسي، مجلة القضاء والتشريع، ١٩٨٥، عدد ٥، ص. ٤٤ وما بعدها.

موضوع الولاية على النفس زيادة على موضوع الحضانة[١].

وفي هذا، أدخل قانون عدد ٩٣-٧٤ المؤرخ في ١٢ جويلية ١٩٩٣ والمتعلق بتنقيح بعض فصول المجلة تحويرات جوهرية وبارزة على مسألة الحضانة[٢]، حيث مس التنقيح الذي جاء به هذا القانون الفصلين ٦٠ و٦٧ من المجلة، فمنح الفصل ٦٠ الجديد للأم عندما لا تكون هي الحاضنة الحق في النظر في تأديب المحضون وتعليمه، أما الفصل ٦٧ المنقح متع الأم الحاضنة بصفة آلية بصلاحيات الولاية فيما يتعلق بمصالح الطفل الأساسية وهي دراسته وسفره وذمته المالية[٣].

وأمام هذه التعديلات، قام المشرع التونسي أيضا بجمع التشريعات الخاصة بالطفل ومراجعتها وتنقيحها ثم تطويرها لكي تتفق مع الآفاق الجديدة وتتماشى والتنمية الشاملة التي ترتكز على حماية حقوق الإنسان وإعلاء سيادة القانون[٤]، وذلك بمقتضى القانون عدد ٩٥-٩٢ المؤرخ في ٠٩ نوفمبر ١٩٩٥ المتضمن مجلة حماية الطفل[٥].

---

(١) حيث جعل هذا الفصل المنقح الأم ولية قانونية على أولادها القصر بصفة آلية بعد وفاة والدهم ووليهم الشرعي، فيما عدا زواجهم. انظر، الطيب اللومي، الجديد في مجلة الأحوال الشخصية، المجلة القانونية التونسية، ١٩٨٣، عدد ١، ص. ٦٣ وما بعدها.

Cf. K. Meziou, Féminisme et Islam dans la réforme du code du statut personnel du ١٨ février ١٩٨١, R.T.D. , ١٩٨٤, p. ٢٧٣.

(٢) ونشير أن مؤسسة قاضي الأسرة كان أول بروز لها ضمن الفصل ٣٢ من هذا القانون، وذلك بقوله في فقرته الأولى على أن "يختار رئيس المحكمة قاض من بين وكلائه". انظر، محمد الصالح بنحسين، دور قاضي الأسرة، مجلة القضاء والتشريع، ١٩٩٧، عدد ٣، ص. ٥٥ وما بعدها.

(٣) انظر، عبد الرزاق دنقير، ولاية الأم على القاصر، مجلة التشريع والقضاء، ١٩٩٥، عدد ٨، ص. ٤٧ وما بعدها؛ سعاد السبار، الولاية بمجلة الأحوال الشخصية من خلال تنقيحها بالقانون المؤرخ في ١٢ جويلية ١٩٩٣، رسالة تخرج من المعهد الأعلى للقضاء، ١٩٩٥.

(٤) صادقت تونس على اتفاقية الأمم المتحدة لحقوق الطفل بموجب القانون عدد ٩٢ لسنة ١٩٩١ المؤرخ في ١٩٩١/١١/٠٩، وتم نشر هذه الاتفاقية بموجب الأمر عدد ١٨٦٥ لسنة ١٩٩١ المؤرخ في ١٩٩١/١٢/١٠، انظر، الرائد الرسمي، ديسمبر ١٩٩١، عدد ٨٤، ص. ١٦٥٨ وما بعدها.

Cf. H. Kotrane, Le statut juridique de l'enfant en Tunisie entre le droit interne et les dispositions de la convention internationale, in La protection juridique et sociale de l'enfant, op. cit., pp. ٢٠٥ et s.

(٥) ودخلت أحكام هذه المجلة حيز التنفيذ ابتداء من ١١ جانفي ١٩٩٦. انظر، الرائد الرسمي للجمهورية التونسية، عدد ٩٠ السنة ١٣٨، ١٩٩٥/١١/١٠، ص. ٢٢٠٥. انظر، عبد الله الأحمدي، مجلة حماية الطفل وحقوق الإنسان، مجلة القضاء والتشريع، ١٩٩٧، عدد ٣، ص. ١٤٧

هذا عن القانون التونسي، أما المغرب، وقبل الحماية، لم يكن يعرف تشريعا مدونا خاصا بأحوال الأسرة بالنسبة للمغاربة المسلمين، حيث كان هؤلاء يخضعون فيما يتعلق بتنظيم علاقاتهم الأسرية ومنها الحضانة إلى الأحكام الواردة بالكتب الفقهية(١). وكان المذهب المالكي(٢) هو المذهب المعتمد لدى القضاة في أحكامهم(٣)، إذ كان القاضي آنذاك يعتمد في أحكامه على متن الشيخ خليل وتحفة ابن عاصم الغرناطي والشروح المرتبطة بهما وكذلك على المدونة الكبرى التي دونها الفقيه سحنون وعلى الرسالة لابن أبي زيد القيرواني. أما المغاربة اليهود كانوا يخضعون لقانون الأحوال الشخصية العبري فيما يتعلق بعلاقاتهم الأسرية، ويتقاضون بشأنها لدى المحاكم اليهودية(٤).

وفي عهد الحماية الفرنسية، وقع سنة ١٩١٣ تنظيم قضائي مغربي عصري وفقا لما نص عليه أحد بنود عقد الحماية. ومن ثم، تأسست في الجنوب محاكم فرنسية زودت بقانون مدني مرجعه القانون المدني الفرنسي وفي الشمال تأسست محاكم إسبانية زودت بقانون مدني مرجعه القانون المدني الأسباني، وتأسست في طنجة محاكم مختلطة زودت

=

وما بعدها. وفي هذا السياق، ينبغي الإشارة إلى أن المشرع المصري هو الآخر قام بإصدار القانون رقم ١٢ لسنة ١٩٩٦ المتضمن قانون الطفل. انظر، نبيلة إسماعيل رسلان، حقوق الطفل في القانون المصري، شرح لأحكام قانون الطفل رقم ١٢ لسنة ١٩٩٦، دار الطباعة بالهرم، القاهرة، ١٩٩٦.

(١) انظر، امحمد جلال، ثلاثون سنة من العمل بمدونة الأحوال الشخصية، مجلة الميادين ١٩٨٨، عدد ٣، ص.٢٢-٢٣.

(٢) انظر، عمر الجيدي، محاضرات في تاريخ المذهب المالكي في المغرب الإسلامي، منشورات عكاظ، ١٩٨٧، ص. ١٧٧ وما بعدها.

(٣) Car, « Mis à part la tentative avortée d'une substitution de la loi fatimide au Xème siècle…on peut légitimement affirmer qu'en Afrique du Nord on était malékite ». Cf. M. Borrmans, op. cit., édit. Mouton, Paris, ١٩٧٧, pp. ١٤-١٥. Car, « Si les pays du Moyen-Orient sont d'obédience hanéfite, par contre, les pays du Maghreb (Tunisie, Algérie, Maroc) sont des pays musulmans d'obédience malékite ». Cf. Ch Chehata, Droit musulman, édit. Dalloz, Paris, ١٩٧٠, pp. ٩٦-٩٧.

(٤) انظر، محمد الكشبور، الوسيط في قانون الأحوال الشخصية، ، مطبعة النجاح الجديدة، دار البيضاء، ، ١٩٩٩، ص. ٢٢.

بقانون مدني مرجعه القانونين الفرنسي والأسباني[١]، ذلك بشأن تنظيم التعاقد والالتزام[٢].

ولكن إلى جانب هذا ظل المغاربة المسلمون يخضعون إلى أحكام الشريعة الإسلامية ويطبقونها في محاكمهم الشرعية فيما يعود للمسائل الأسرية، واليهود يطبقون في محاكمهم قواعد الشريعة الموسوية أو بالأحرى ما جاء به التلمود؛ أما الأجانب والفرنسيون فكانت المحاكم الجديدة تطبق عليهم قوانينهم الوطنية الأسرية تطبيقا للمقتضيات المضمنة في ظهير ١٢ أوت ١٩١٣ المتعلق بالوضعية المدنية للفرنسيين والأجانب بالمغرب.

وزيادة على ذلك، ساد القضاء العرفي في المناطق المسماة "السيبة البربرية"، حيث كان من اختصاص الجماعة المكلفة بالنظر في القضايا المعروضة عليها تطبيق الأعراف البربرية[٣]. وحاول، في عهد الحماية، المقيم الفرنسي- تنظيم هذا القضاء بواسطة عدة قوانين ومناشير، منها خاصة الظهير البربري الصادر في ١٦ ماي ١٩٣٠ الذي قام بوضع تنظيم قضائي بتلك المناطق، ومن ثم كانت المحاكم العرفية تنظر في النزاعات المتعلقة بالمسائل الأسرية، إذ كانت تطبق الأعراف المحلية، منها ما كان متماشيا مع أحكام الشريعة الإسلامية ومنها ما كان متناقضا معها[٤] كحرمان المرأة من الميراث، سواء كانت زوجة أو أما أو بنتا أو أختا[٥]. وهذا ما شجع المستعمر الفرنسي على "طمس معالم الشريعة الإسلامية المأخوذة من المذهب المالكي المعمول به في المغرب في جميع المجالات

---

(١) وفي هذا يقول الأستاذ امحمد جلال أن الوضع التشريعي قد نبذ أمره "أثناء الحماية، باعتبار أن الوضع السياسي للمغرب قد طرأ عليه تغيير عميق في ظل الحماية، إذ تم تقسيمه إلى مناطق نفوذ وحماية بين فرنسا وإسبانيا سنة ١٩١٢ وتحويل طنجة إلى منطقة دولية". انظر، امحمد جلال، المرجع السابق، ص. ٢٣.

(٢) انظر، عبد الكريم شهبون، شرح مدونة الأحوال الشخصية المغربية، ج. ١، الزواج، الطلاق، الولادة ونتائجها، ط. ٢، دار النشر للمعرفة، الرباط، ١٩٨٧، ص. ٢٠-٢١.

(٣) Cf. M. Borrmans, op. cit. , édit. Mouton, Paris, ١٩٧٧, pp. ٤٥.

(٤) Ceci a fait dire à Mme F. Sarehane, « Mais devant les tribunaux coutumiers, créés par le dahir berbère de ١٩٣٠, la coutume dut prendre le pas sur le droit musulman, en matière de statut personnel… ». Cf. F. Sarehane, Maroc, édit. du Juris-Classeur, ١٩٩٩, n° ٨, p. ٤.

(٥) انظر، محمد الكشبور، المرجع السابق، ص. ٢٣.

بما في ذلك القضايا المتعلقة بالأحوال الشخصية"[١].

وأمام هذا الاختلاف في القوانين وتشعب أحكامها ونصوصها[٢]، شكلت، بعد الاستقلال، لجنة من كبار العلماء المغاربة بمقتضى ظهير شريف صادر في ١٩ أوت ١٩٥٧ وكلفت، على منوال بعض الدول العربية الأخرى[٣]، بتدوين أحكام الفقه الإسلامي وفقا للصياغة القانونية الحديثة بشأن قانون الأسرة المغربي[٤]. وهذا ما حدث فعلا، حيث أصدر المشرع بناء على ما دونته تلك اللجنة فيما يتعلق بالمسائل الأسرية عدة ظهائر[٥]، منها

(١) انظر، امحمد جلال، المرجع السابق، ص. ٢٤.

(٢) Cf. J. Deprez, Réflexion sur la connaissance du phénomène juridique au Maroc, R.J.P.E. du Maroc, ١٩٧٦, n° ١, pp. ٧٥ et s. A. Cherkaoui, L'évolution du droit marocain à travers la législation, R.J.P.E. du Maroc, ١٩٨١, n° ١, pp. ١٧١ et s. ; Y. Linant de Bellefonds, Le divorce pour préjudice en droit musulman marocain, Rev. Mar. de droit, ١٩٦٤, pp. ٤٣٣ et s.

(٣) حيث قد قامت الدولة العثمانية بتدوين بتاريخ ٢٢ أكتوبر ١٩١٧ قانون حقوق العائلة متضمنا لأحكام الزواج والطلاق للمسلمين واليهود والنصارى من الرعايا العثمانيين، غير أن هذا القانون ألغي بعد سنتين من إصداره سنة ١٩١٩ وقد استخلف بالقانون المدني التركي الصادر في ٠٦ أكتوبر ١٩٢٥ الذي اقتبس نصوصه من القانون المدني السويسري. وكما قد صدر في مصر قانون العائلة رقم ٢٠ بتاريخ ١٩٢٠/٠٧/١٢؛ وفي سنة ١٩٢٣ صدر القانون رقم ٥٦ المتعلق بسن الأدنى للزواج، حيث حددها بـ ١٦ سنة للفتاة و١٨ سنة للفتى؛ وفي سنة ١٩٢٩ صدر المرسوم التشريعي رقم ١٩٢٩/٢٥ الذي تم تعديله مع القانون رقم ١٩٢٠/٢٠ بمقتضى المرسوم التشريعي رقم ٤٤ الصادر في ١٧ جوان ١٩٧٩ الذي ألغي بدوره بمقتضى القانون رقم ١٠٠ الصادر في ١ جويلية ١٩٨٥. وفي سوريا، كان العمل بقانون حقوق العائلة سنة ١٩٢٠ حتى صدر بتاريخ ١٧ سبتمبر ١٩٥٣ قانون الأحوال الشخصية. وكان أول قانون دونته المملكة الأردنية متعلقا بالعائلة سنة ١٩٢٧؛ وفي العراق، صدر سنة ١٩٥٩ قانون الأحوال الشخصية مقتبسا العديد من أحكامه من المذهب المالكي. راجع بشأن هذه المسألة، تشوار جيلالي، أحكام الأسرة بين الاجتهاد والتقنين، مجلة الإحياء، ٢٠٠١، عدد ٤، ص. ٢١٣ وما بعدها.

(٤) وقد جاء في مقدمة هذا الظهير ما يلي "وحيث إن مادة الفقه الإسلامي بغزارتها ودقتها وتشعبها يمكن أن يؤدي النظر فيها إلى تأويلات عديدة.

وحيث أصبح من الضروري الأكيد جمع أحكام الفقه الإسلامي في مدونة تيسر وتسهل إجراء العمل به وتطبيق مقتضياته، ورعيا لما في ذلك من الفائدة للمتحاكمين والنتيجة الحسنة لسير القضاء".

(٥) Cf. J. Lapanne-Joinville, Le Code marocain de statut personnel, R. J.

ظهير رقم ١.٥٧.٣٤٣ الصادر في ٢٢ نوفمبر ١٩٥٧ والمتعلق بالزواج وانحلال ميثاقه، وظهير رقم ١.٥٧.٣٧٩ الصادر في ١٨ ديسمبر ١٩٥٧ والمتعلق بالولادة ونتائجها، وظهير رقم ١.٥٨.٠١٩ الصادر في ٢٥ يناير ١٩٥٨ والمتعلق بالأهلية والنيابة الشرعية[1]، وظهير رقم ١.٥٨.٠٧٣ الصادر في ٢٠ فبراير ١٩٥٨ والمتعلق بالوصية، وظهير ٣ رقم ١.٥٨.١١٢ الصادر في ٣ أبريل ١٩٥٨ والمتعلق بالميراث.

وهكذا، تكونت مدونة الأحوال الشخصية المغربية من مجموع هذه الظهائر، وهي تحتوي على ٢٩٧ فصل[2]، منها ١٥ فصل مخصص لمسألة الحضانة مقتبسة أغلبية أحكامها من المذهب المالكي[3] وخالفته إلى غيره من المذاهب فيما رأت أن المصلحة تقتضي مخالفته[4]، مع هذه الملاحظة أن المدونة لم تنص في باب الحضانة، خلافا للأبواب الأخرى، الرجوع إلى المذهب المالكي فيما لم يتم التنصيص عليه فيها.

وأما فيما يتعلق بنطاق تطبيق هذه المدونة من حيث الأشخاص، فقد نص الفصل الثالث من قانون الجنسية الصادر في ١٩ سبتمبر ١٩٥٨ على أنه "يطبق قانون الأحوال

P.O.M., ١٩٥٩, pp. ٧٥ et s.

(١) Cf. A. Colomer, La tutelle des mineurs dans la moudawana ou Code de statut personnel marocain, R.I.D.C., ١٩١, pp. ٨٥٢ et s. ; G. Ammar, De la représentation en justice de l'absent, R. Mar. de dr., ١٩٦٠, pp. ٣٩١ et s.

(٢) « Quelles que soient les critiques adressées au Code du statut personnel, il présente un intérêt pratique. Il a doté les tribunaux d'un instrument de travail ayant unifié les règles dans un domaine pouvant donner lieu à des divergences d'interprétation. Cf. F. Sarehane, op. cit., Juris-Classeur, ١٩٩٩, n° ٨, p. ٥ ; A. Cherkaoui, , op. cit. , p. ١٧٨.

(٣) "ومن المعلوم أن المغرب في فقهه وقضائه يتبع المذهب المالكي من المذاهب الفقهية السنية الأخرى ومنذ مدة طويلة جدا ولهذا كان من المسلم به أن فقهاء المدونة وهم مغاربة صاغوا فصولها وقننوا محتوياتها ونصوصها أساسا من الفقه المالكي، بما عرف عنه من مرونة وتوسع وملاءمة مع التطورات المجتمعية والتقاليد والأعراف الإسلامية، رغم أنهم أحيانا تجاوزوا هذا المذهب واقتبسوا أحكاما من المذاهب الفقهية الكبرى غير مذهب الإمام مالك....وتباعا كذلك لرغبة المشرع المغربي في اتباع شرع الله وسنة رسوله من أي مذهب إسلامي كان موافقا لمعطيات تطور الأسرة في المجتمع المغربي". انظر، عبد الكريم شهبون، التشريع والقضاء في المغرب وارتباطه بالتشريع الإسلامي، مجلة الميادين، ١٩٨٨، عدد ٣، ص. ٥٧-٥٨.

(٤) راجع بشأن موقع المدونة من مقتضيات الفقه الإسلامي، امحمد جلال، المرجع السابق، ص. ٢٨ وما بعدها.

الشخصية والميراث الخاص بالمغاربة المسلمين على جميع المواطنين باستثناء المعتنقين للديانة اليهودية فإنهم يخضعون لقانون الأحوال الشخصية المغربي العبري". وكما قد تم التنصيص على أنه لا تطبق على المغاربة غير المسلمين وغير اليهود المقتضيات التالية: يحرم عليهم تعدد الزوجات؛ لا تطبق عليهم القواعد المتعلقة بالرضاع؛ يجب أن يصرح بتطليقهم بطريقة قضائية بعد إخفاق محاولة التوفيق بين الزوجين وإجراء بحث حول أسباب طلب الفراق، في حالة الخلاف يرجح قانون الزوج أو الأب[١].

وبعدما تبينت نقائص المدونة التطبيقية[٢]، قام المشرع بإدخال عليها بعض التعديلات[٣] بمقتضى القانون رقم ٣٤٧-٩٣-١ الصادر في ١٠ سبتمبر ١٩٩٣[٤]، إذ مس التعديل بشأن المسألة التي نحن بصددها هنا، الفصلين ٩٩ و١٠٢ من المدونة، حيث تم بموجب الفصل ٩٩[٥] تحويل الحضانة للأب بعد سقوطها عن الأم مباشرة علما أن الفصل القديم كان لا يشير مطلقا إلى الأب كحاضن لأبنائه مع أنه أحق الناس بهم وأحرصهم

(١) انظر، عبد الكريم شهبون، التشريع والقضاء...، المرجع السابق ، ص. ٥٧-٥٨.

(٢)Cf. A. Colomer, Maroc, le statut musulman, Juris-classeur, ١٩٨٥, n° ٨, fasc. ٢.

(٣) والواقع، أن المدونة قد تم تحضيرها وتقنينها في مدة ٨ أشهر، مما يفسر بعض النقائص التي أحلت بها من فراغ قانوني وتناقض، منها خاصة الفصول ١٠٢، و١٣٦، و١٤٩ التي نصت على نهاية الحضانة والنفقة في سن تختلف عن السن المحددة لنهاية السلطة الأبوية (انظر، أحمد الخمليشي، التعليق على قانون الأحوال الشخصية، ج. ١، الزواج والطلاق، ط. ٣، دار النشر المعرفة، الرباط، ١٩٩٤، ص. ١٨ وما بعدها. وذلك ما دعم إعادة النظر فيها في السنوات الأولى من وضعها، إذ في سنة ١٩٦١ تم وضع المشروع الأول لتعديلها (انظر، زينة معدي، الأسرة المغربية بين الخطاب الشرعي والخطاب الشعبي، منشوراتCNCPRST، الرباط، ١٩٨٨، ص. ٢٦٨ وما بعدها). و في سنة ١٩٦٥، تم تأسيس لجنة متكونة من رؤساء المحاكم المغربية لإعادة النظر في المدونة، غير أن أعمالها بقيت حبر على ورق إذ لم تعرف الوجود.
(Cf. A. Moulay Rchid, La condition de la femme au Maroc, Publications de la Faculté de Droit de Rabat, ١٩٨٥, pp. ٥٥ et s.).

(٤) انظر، الجريدة الرسمية للملكة المغربية عدد ٤٢٢٢ الصادرة في ٢٩ سبتمبر ١٩٩٣.

(٥) Cf. A. Moulay Rchid, La réforme du code de statut personnel. Une avancée dans la consolidation des droits de l'homme, in Les modifications du code de statut personnel par Dahir du ١٠/٠٩/١٩٩٣ : un premier bilan, Actes du colloque organisé par la Faculté des Sciences Juridiques, Economiques et sociales de Souissi-Rabat en collaboration avec la Fondation Friedrich Ebert Stiftung, ٨ mars ١٩٩٧, Série colloque, ١٩٩٧, n° ١, pp. ١٢٤ et s.

على تربيتهم وتعليمهم[1]؛ وبمقتضى الفصل ١٠٢ تم تحديد السن الذي تنتهي فيه الحضانة وجعلها الذكر بإتمامه الثانية عشرة من عمره، و الأنثى بإتمام الخامسة عشرة. ويمكن أن نضيف هنا التعديل الذي أخضع له الفصل ١١٩ من المدونة الذي أدخل عنصرين جديدين عند تقدير القاضي النفقة لأبناء المطلقة من المطلق وهما مراعاة مستوى الأسعار، مع إمكان تقدير النفقة عن طريق خبير.

غير أن مختلف التغييرات التي طرأت على مدونة الأحوال الشخصية[2]، ورغم أهميتها البالغة، لم تقنع، خاصة، الجمعيات النسوية التي طلبتها[3]. وذلك، ما دفعهن[4] إلى المطالبة بتغييرات أخرى[5] يتأثر بها فعلا المركز القانوني للمرأة المغربية داخل المجتمع[6].

---

(١) انظر، عبد العزيز توفيق، التعليق على مدونة الأحوال الشخصية بقضاء المجلس الأعلى ومحاكم النقض العربية خلال أربعين سنة، مطبعة النجاح الجديدة، الدار البيضاء، ١٩٩٨، ص.٩.

(٢) حيث شملت هذه التغييرات الفصول التالية: الفصل ٥ المتعلق بحضور الزوجة عند إبرام عقد الزواج وتوقيعها عليه، والفصلين ٥ و١٢ فيما يتعلق بإلغاء ولاية الإجبار على المرأة، والفصل ١٢ بشأن إمكانية زواج اليتيمة الرشيدة بدون ولي، والفصل ٤١ الخاص بإذن القاضي لمن يريد تعدد زوجاته، والفصل ٤١ الخاص بالإدلاء بشهادة طبية من طرف الراغبين في الزواج، والفصل ٤٨ المتعلق بإذن القاضي لمن أراد أن يطلق، والفصل ٥٢ الخاص بمراعاة الضرر الذي أصاب المطلقة عند تقدير المتعة، والفصل ١٤٨ الذي أعطى الولاية للأم بعد موت الأب أو فقد أهليته والفصل ١٥٦ مكرر الذي أحدث مجلس العائلة.

(٣) Sur cette question, cons. F. Sebti, Vivre musulmane au Maroc, ٣ème éd., édit. Le Fennec, Casablanca, ١٩٩٧ M.-A. Boudiaf, A propos de la citoyenneté des femmes et de l'égalité des droits au Maghreb, in Droits de citoyenneté des femmes au Maghreb, éd. Le Fennec, Casablanca, ١٩٩٧, pp. ٢١ et s.; F. Bennani, La condition de la femme au Maroc, in Droits de citoyenneté des femmes au Maghreb, éd. Le Fennec, Casablanca, ١٩٩٧, pp. ١٤٥ et s.; Z. Miadi, Le statut de la femme marocaine au sein de l'institution familiale, in Droits de citoyenneté des femmes au Maghreb, éd. Le Fennec, Casablanca, ١٩٩٧, pp. ٢٠٩ et s ; H. Alami M'chichi, Genre et politique au Maroc, édit. L'Harmattan, Paris, ٢٠٠٢.

(٤) انظر، ك. البرجوي، إشكالية المدونة بين الحركة النسوية والحركة الإسلامية، دار النشر مكتبات، الرباط، ١٩٩٩، ص. ٣ وما بعدها

(٥) انظر، محمد الكشبور، المرجع السابق، ص. ٢٦.

(٦) « Dès le début des années ١٩٧٠, les élites féminines au Maghreb en général sont devenues soucieuses de leur position dans la société et estiment nécessaire de négocier leur place et leur rôle en son sein. Elles ont

وهذا ما دفع بالمشرع المغربي سنة ٢٠٠٤ إلى إصلاح مدونة الأسرة معتمدا على تحقيـق ثلاثـة أهـداف رئيسـية هـي إنصـاف المرأة وصيانة الرجل وحماية الأطفال في ظل التقيد بالثوابت الشرعية الراسخة في مجال العلاقات الأسرية(١).

وقد صدرت هذه المدونة بمقتضى القانون رقم ٠٣-٧٠ المؤرخ في ٠٣ فبراير ٢٠٠٤(٢) ودخلت حيز التنفيـذ مبـاشرة(٣). غير أنه تم التنصيص في مادتها الثانية، خلافا للتشريعين التونسي والجزائري(٤)، على أن المدونـة(٥) تطبـق عـلى جميـع المغاربـة فيما عدا

=

également commencé à inventer leur propre espace d'intervention. Isolées ou insérées dans des sections féminines de partis politiques, ou organisées en associations, les femmes marocaines des années quatre-vingt cherchaient une ouverture plus grande sur le monde et une audience plus large au sein de la société...Ce qui a conduit : -.. à l'engagement des femmes pour la revendication de leurs droits et l'amélioration de leurs conditions de vie,... ». Cf. A. Belarbi, Femmes et société civile, réflexions sur le cas du Maroc, , in Droits de citoyenneté des femmes au Maghreb, éd. Le Fennec, Casablanca, ١٩٩٧, pp. ٢٥٥. Pour plus de détails sur la condition sociale de la femme au Maroc, cons. A. Saaf, L'hypothèse de la société civile au Maroc, in la société civile au Maroc, signes du présent, éd. Smer, ١٩٩٢, pp.١١-٢٤. M. Paris, Mouvement de femme et féminisme au Maghreb, A.A.N., ١٩٨٩, T. XXVIII, pp. ٤٣١-٤٤١ ; A. Belarbi, Mouvements des femmes au Maroc, A.A.N., ١٩٨٩, T. XXVIII, pp. ٤٥٥-٤٦٥.

عبد الرزاق الدواي، حول موضوع المجتمع المدني بالمغرب، مجلة أفاق، ١٩٩٢، عدد ٣-٤، ص. ١٩٢-١٩٥؛ عبدالإله بلقزيز، المجتمع المدني، إرادة الإنهاض وكوابح الدولة والموروث، مجلة أفاق، ١٩٩٢، عدد ٣-٤، ص. ١٨٨-١٩١؛ ليلى الشافعي، الأندية النسائية، مجلة على الأقل، ١٩٩١، عدد ١، ص. ٤٠-٤٧.

(١) انظر، ديباجة المدونة، منشورات جمعية نشر المعلومة القانونية والقضائية، ٢٠٠٤، عدد ١، ص. ١٥.

(٢) انظر، الجريدة الرسمية للملكة المغربية، ٢٠٠٤/٠٢/٠٥، عدد ٥١٨٤، ص. ٤١٨.

(٣) انظر، ظهير شريف، رقم ٢٢.٠٤.١ صادر في ٠٣ فبراير ٢٠٠٤ المتعلق بتنفيذ القانون رقم ٧٠.٠٣ بمثابة مدونة الأسرة.

(٤) تنص المادة ٢٢١ من قانون الأسرة على أن "يطبق هذا القانون على كل المواطنين الجزائريين وعلى غيرهم من المقيمين بالجزائر مع مراعاة الأحكام الواردة في القانون المدني".

(٥) تنص المادة الأولى من قانون رقم ٧٠.٠٣ على أنه "يطلق على هذا القانون اسم المدونة، ويشار إليها بعده باسم المدونة". وهذه التسمية نتبناها نحن أيضا في هذه الدراسة.

الجلية اليهودية التي بقيت خاضعة لقواعد الأحوال الشخصية العبرية المغربية[١].

وتجدر الإشارة إلى أن هذا القانون قد جاء بأحكام تتعلق بالحضانة تقوم على مراعاة مصلحة الطفل بعد الطلاق حيث تم إقرار - كما سنراه لاحقا - أحكام جديدة تهدف إلى وضع إطار جديد يتضمن حلولا عملية لمشاكل حضانة الأطفال في حالة الطلاق. وكما أنه قد تبنى إنشاء ما يسمى بقضاء الأسرة[٢]، أي قضاة متخصصون في المسائل الأسرية نظرا لما تتطلبه هذه القضايا من تفكير وتركيز واجتهاد[٣].

هذا فيما يتعلق بالقانون المغربي، أما في الجزائر، كانت، قبل الاحتلال الفرنسي عام ١٨٣٠ سائر أحكام الحضانة تخضع إلى قواعد الشريعة الإسلامية[٤]. وقد ظلّ الأمر كذلك إلى عهد الغزو واحتلال البلاد[٥]، حيث ترتب على هذا التغيير في سيادة الدولة أن قام المحتل بعدة محاولات[٦]، على غرار المغرب، لإدخال بعض التعديلات على أحكام

---

(١) تنص المادة الثانية من المدونة على أن "تسري أحكام هذه المدونة على:
١- جميع المغاربة ولو كانوا حاملين لجنسية أخرى؛
٢- اللاجئين بمن فيهم عديمو الجنسية، طبقا لاتفاقية جنيف المؤرخة بـ ٢٨ يوليوز لسنة ١٩٥١ المتعلقة بوضعية اللاجئين؛
٣- العلاقات التي يكون فيها أحد الطرفين مغربيا؛
٤- العلاقات التي تكون بين مغربيين أحدهما مسلم؛
أما اليهود المغاربة فتسري عليهم قواعد الأحوال الشخصية العبرية المغربية".

(٢) وبهذا، عملت وزارة العدل المغربية على تخصيص جناح في المحاكم، ليكون قسما متكاملا يختص بالبت وتصريف القضايا ذات الصلة بموضوع الأسرة، منها، قضايا الزواج والطلاق، شؤون القاصرين، قضاء التوثيق، قضايا الحالة المدنية، كفالة الأطفال. وقد تطلب ذلك، إنشاء ٧٠ محكمة مختصة في المسائل الأسرية، و٥٠٠ قاضي قبل ٢٠٠٤/٠٤/٠١ انظر، قضاء الأسرة موقع الأنترنت: www.justice.gov.ma/justfamille

(٣) وهذا ما أخذت به تونس أيضا. راجع بشأن ذلك، ساسي بن حليمة، دور قاضي الأسرة في قضايا الطلاق، مجلة القضاء والتشريع، ١٩٩٤، عدد خاص بالأسرة، ص. ٢٥ وما بعدها.

(٤) انظر، عبد العزيز نويري، النظام القانوني الجزائري خلال ربع قرن، بين الجمود والتطور والأصالة والتقليد، مجلة الشرطة، ١٩٨٩، عدد ٤١ و٤٢، ص. ١٢ وما بعدها.

(٥) انظر، محمد الحسيني حنفي، تقنينات الأحوال الشخصية في الجزائر، مجلة العلوم القانونية والاقتصاد، القاهرة، ١٩٨٤، عدد ٢، ص. ١ وما بعدها.

(٦) Car, “ de tous les pays musulmans gouvernés par une puissance chrétienne, l’Algérie est peut-être celui sur lequel s’est abattue le plus lourdement la main du vainqueur; car la France ne s’est pas bornée à exiger des vaincus

الفقه الإسلامي أو الأعراف المحلية وإحلال محلها أحكام القانون الفرنسي[١].

وقد تأكدت نية المشرع آنذاك هذه لأول مرة بالمرسوم الصادر في أول أوت ١٩٠٢ المتعلق بالولاية[٢]، والقانون المؤرخ في ٠٢ ماي ١٩٣٠ المتعلق بالخطبة وسن الزواج[٣]، وأخيرا بمرسوم ١٩ ماي ١٩٣١ المتعلق بالطلاق والميراث[٤].

وأضف إلى ذلك، أن تلك الأحكام الإسلامية والأعراف لم تكن مقننة بالصياغة المعروفة اليوم، الأمر الذي أدى بالمستعمر إلى القيام بعدة محاولات لتقنين أحكام الأحوال الشخصية عامة والحضانة خاصة[٥]. وفي هذا الشأن قام العميد مارسال موران سنة ١٩١٦ بوضع المشروع التمهيدي لقانون الأحوال الشخصية، ويحتوي هذا المشروع على ٧٨٨ مادة منها عشر مواد خصصت للحضانة[٦].

غير أن القانون رقم ٥٧-٧٧٨ الصادر بتاريخ ١١ جويلية ١٩٥٧ المتعلق بأحكام الولاية على القصر والحجر والغياب والفقدان[٧]، وكذا الأمر رقم ٥٩-٢٧٤ الصادر في ٠٤

---

la reconnaissance de sa souveraineté; elle a entrepris de la gouverner et s'est efforcée de leur imposer ses institutions..." . Et, " enfin, si les musulmans algériens sont encore régis par leurs lois et coutumes, ce n'est que dans les limites fixées par la législation française spéciale à l'Algérie...". Cf. M. Morand, La famille musulmane, R.A., ١٩٠٣, n° ١, p. ١٩٧.

(١) Cf. G. H. Bousquet, La législation française et son influence sur le droit de la famille indigène, Rev. Africaine, ١٩٣٠, pp. ١٩٠ et s.

(٢) حدد هذا المرسوم سن الزواج بـ ١٨ سنة.

(٣) Cf. J. Roussier, Déclaration à l'état-civil et preuve du mariage conclu more islamico, R.A.., ١٩٥٨, n° ١, pp.١ et s.

(٤) ونضيف إلى هذه القوانين، الأمر الصادر في ١٩٤٤/٠٣/٠٧ المتعلق بحالة الفرنسيين المسلمين بالجزائر، والأمر الصادر في ١٩٤٤/١١/٢٣ المتعلق بتنظيم القضاء الإسلامي.

(٥) Cf. F. Dulout, La hadhana, R.A., ١٩٤٦, n° ١, pp. ١ et s.

(٦) Cf. M. Morand, Avant-projet de Code de droit musulman algérien, Imp. A. Jourdan, Alger, ١٩١٦, articles ١٠٧-١١٦, pp. ٦٦-٧١.

(٧) يحتوي هذا القانون على ١٧٤ مادة.

Cf. Gh. Benmelha., La famille algérienne entre le droit des personnes et le droit public, R.A.S.J.E.P., spé. ٢٠ème anniversaire, p. ٣٤.

Cf. A. Canac, La réforme des régimes musulmans des tutelles et de l'absence en Algérie, Jour. de Robe, ٢٤/٠٩ et ٠١/١٠/ ١٩٥٧, pp. ١٢ et s.; A.

فبراير ١٩٥٩ لتنظيم الزواج والطلاق[1] لم يعطيا لموضوعنا الأهمية التي يستحقها، إذ لم يخصصا إلا الشيء القليل من موادهما لمعالجة مسألة الحضانة. فنصت المادة ٨ من الأمر رقم ٥٩-٢٧٤ السالف على أنه "يجوز للقاضي أخذ التدابير المؤقتة التي يراها مناسبة، فيما يتعلق بحضانة الأطفال"، وأن هذه التدابير ينتهي مفعولها بقوة القانون ابتداء من اليوم الذي يصبح فيه الحكم القضائي في الموضوع نهائيا[2] . كما نصت المادة ٧ من ذات الأمر على أنه "يجب على الحكم القاضي بالطلاق أن يقضي بحضانة الأطفال طبقا لمصلحة هؤلاء".

ونستنتج مما تقدم أن المشرع الاستعماري تغاضى عن تطبيق أحكام الشريعة الإسلامية، أي عن إعطاء حق الأولوية للأم في مسألة الحضانة[3]، بل منح للقاضي سلطة تقديرية مطلقة عند تقدير مصلحة الطفل المحضون. وذلك ما أكّدته أيضا المادة ٢١ من المرسوم رقم ٥٩-١٠٨٢ الصادر في ١٧ سبتمبر ١٩٥٩ بقولها "للحكم الناطق بحلّ الزواج أن يقضي في حضانة الأولاد مهما كان الشخص الذي أسندت إليه حضانة هؤلاء".

إذا كان هذا هو المقرر بشأن مستحقي الحضانة، فإن مدة الحضانة وأسباب

=

Colomer, La réforme du régime des tutelles et de l'absence en droit musulman algérien (Loi du ١١ juillet ١٩٥٧), R.A.., ١٩٥٩, ٥, pp. ٩٧-١٤٠ et ١٩٥٩, n° ٦, pp. ١٤١-١٩٦.

(١) ثم المرسوم رقم ٥٩-١٠٨٢ الصادر في ١٩٥٩/٠٩/١٧ الذي تضمن اللائحة التنفيذية لهذا الأمر، ثم يليه قرار وزير العدل الصادر بتاريخ ١٩٥٩/١١/٢١ الذي بيّن الوثائق الواجب تقديمها إلى ضابط الحالة المدنية أو القاضي عند إبرام عقد الزواج.

Cf. A. Canac, Les perspectives d'évolution du statut civil des musulmans et la réforme des règles du mariage musulman en Algérie, R.J.P.O.M., ١٩٥٩, n° ١, pp. ٧٠ et s.; J. Roussier, L'ordonnance du ٤ février ١٩٥٩ sur le mariage et le divorce des français de statut local algérien, Rec. Sirey, ١٩٥٩, doc. ,pp. ٧-١١; J. Roussier, Mariage et divorce des musulmans algériens, in Le développement africain, ١٩٦٠, n° ٣-٤, pp. ٧-١٠

(٢) انظر، المادة ١٥ فقرة ثانية من المرسوم الصادر في ١٩٥٩/٠٩/١٧.

(٣) وفي هذا قرر المجلس الأعلى في قراره الصادر في ١٩٦٨/٠٩/٢٥ بأنه "من المقرر شرعا أن الأسبقية في الحضانة تعطى شرعا لجهة الأم مع مراعاة مصلحة المحضون. إن الأم أولى بحضانة ولدها ثم أمها ثم الخالة ثم الأب ثم أم الأب". انظر، مجلس أعلى، غ.ق.خ.، ١٩٦٨/٠٩/٢٥، م.ج.ع.ق.إ.س.، ١٩٦٩، عدد ٢، ص. ٥٤٦؛ ١٩٧٠/١١/٠٤، نشرة القضاة، ١٩٧٢، عدد ١، ص. ٦٢؛ ١٩٧٩/٠٤/١٦، نشرة القضاة، ١٩٨١، عدد ٢، ص. ١٠٨.

إسقاطها والتنازل عنها بقيت خالية من النصوص القانونية الوضعية مما يستوحي لنا أن المسألة برمّتها كانت خاضعة لمبدأ واحد هو مبدأ مصلحة المحضون، سواء تعلق الأمر بإسناد الحضانة أو إسقاطها[١].

أما القضاء من جانبه كثيرا مافتئ طيلة هذه العهدة[٢] في البحث عن معايير وهمية لتبرير أحكامه مبتعدا في ذلك عن ما جاء به الفقه الإسلامي في مسائل الحضانة[٣]، إذ كان يعتمد تارة على مبدأ مصلحة المحضون مع الإدلاء بأن قواعد الشريعة الإسلامية تتنافى أحيانا مع هذه المصلحة[٤]، وتارة أخرى أن تطبيق تلك القواعد لا يتماشى والنظام العام الفرنسي[٥]، وتارة على دوافع العدل والإنسانية[٦].

فلما تحصلت الجزائر على استقلالها عام ١٩٦٢، تبين جليا أن مساوئ النظام القانوني الاحتلالي لم تقتصر على إبعاد أحكام الفقه الإسلامي في هذا المجال فحسب، بل

---

(١) انظر، عبد الرحمن هرنان، الحضانة في القانون الجزائري ومدى تأثرها بالقانون الأجنبي، مذكرة لنيل دبلوم الدراسات العليا في القانون الخاص، الجزائر، ١٩٧٨، ص. ١٠٨ وما بعدها.

(٢) Cf. A. Hernane, La hadhâna dans ses rapports avec la puissance paternelle en droit algérien, édit. O.P.U., Alger, ١٩٩١, p. ١٥٩.

(٣) ومع ذلك، نجد بعض الجهات القضائية أخذت موقفا مغايرا بحيث قامت بتطبيق الشريعة الإسلامية تطبيقا صحيحا في مجال الحضانة. وقد أيدت الأحكام الصادرة في هذا المعنى رأيها بما سارت عليه آراء الفقه الإسلامي، سواء أكان ذلك متعلق بمستحقي الحضانة مع إعطاء الأولوية للأم (محكمة الجزائر، ١٨٧٩/٠١/٢٠، م.ج.، ١٨٨٧، ص. ٩٦؛ محكمة بجاية، ١٩٢٥/٠٥/١٥، م.ج.، ١٩٢٦، ص. ٢٠٧؛ محكمة الجزائر، ١٩٢٨/١٢/٢٩، مصنّف نوراس، ص. ٤٧٤)؛ أو بمدة الحضانة (محكمة قالمة، ١٩٠٢/١٠/٢٧، م.ج.، ١٩٠٥، ص. ٨٨؛ غرفة مراجعة الأحكام الإسلامية، ١٩١٩/٠٤/١٢، مصنّف نوراس، ص. ١٣٥؛ غرفة مراجعة الأحكام الإسلامية، ١٩٢٨/٠٦/١٦، م.ج.، ١٩٢٩، ص. ١٥٣)؛ أو بشروط استحقاق الحضانة وإسقاطها (محكمة الجزائر، ١٩١٤/٠٢/١٢، م.ج.، ١٩١٤، ص. ٢٦١؛ غرفة مراجعة الأحكام الإسلامية، ١٩٢٧/٠٦/٢٥، م.ج.، ١٩٣٠، ص. ٢٠٤).

Sur l'ensemble de cette question, cons. J. P. Charnay, La vie musulmane en Algérie d'après la jurisprudence de la ١ère moitié du ٢٠ème siècle, édit. P.U.F., Paris, ١٩٦٥.

(٤) انظر، محكمة الجزائر، ١٨٨٩/١٢/٢٣، م.ج.، ١٨٩٠، عدد ٢، ص. ٤٥٠ .

(٥) انظر، محكمة الجزائر، ١٨٨٤/٠٤/٠٩، روب، ص. ٢٧٥.

(٦) انظر، محكمة الجزائر، ١٨٨٩/١٠/٢٣، م.ج.، ١٨٩٠، عدد ٢، ص. ٢٥٠؛ ١٩١٤/٠٢/١٢، م.ج.، ١٩١٥، عدد ٢، ص. ٢٦١.

استتبع ذلك تعدد القواعد والأحكام التي كانت تطبقها كل جهة من الجهات القضائية.

وعليه، إذا كان الفراغ القانوني[١] سببا لانفراد كل قاض بمنهجه في استنباط الأحكام الواجبة التطبيق[٢]، ذلك أدى إلى أن قضاة الولاية الواحدة تفرّقوا إلى مذاهب، فصار لكل مذهب منها أحكاما خاصة به وذلك راجع للتكوين القانوني والمؤثرات التي كانت تحيط بالقاضي من كل جانب، وبذلك تعدّدت القواعد المطّبقة بتعدد التيارات. وفي نهاية الأمر كانت النتيجة أن وجدت قواعد مستمدّة أحكامها من الشريعة الإسلامية[٣]، وأخرى من القوانين التي وضعها المستعمر[٤] وثالثة من العرف[٥].

والحقيقة، أمام هذه الوضعية المزرية، فإنه ليس من الأمر الهين أن يهتدي عامة المتقاضين إلى هذه القواعد التي كانت أغلبيتها غير مدونة بالصياغة القانونية الحديثة[٦]،

(١) والحق، أن هذا الفراغ التشريعي قد سدّه المشرع بالقانون رقم ٦٣-١٥٧ الصادر بتاريخ ١٩٦٢/١٢/٣١ عن الجمعية الوطنية التأسيسية، حيث قرر استمرارية العمل بالقوانين التي كانت سارية المفعول قبيل الاستقلال مع استبعاد تلك التي تتنافى مع السيادة الوطنية أو لها طابع عنصري أو استعماري أو تمس الحريات الديمقراطية.

(٢)Cf. I. Fadlallah, Vers la reconnaissance de la répudiation musulmane par le juge français, R.C.D.I.P., ١٩٨١, n°١, pp. ٢٣-٢٤.

(٣) " من المقرر فقها وقضاء أنه يجب أن تتوافر في الحضانة الشروط الواردة في الشريعة الإسلامية ". انظر، مجلس أعلى، غ.ق.خ.، ١٩٦٨/٠٥/١٢، م.ج.ع.ق.إ.س.، ١٩٦٩، عدد ٢، ص. ٥٤٥. وفي قرار آخر، قضي نفس المجلس بأنه " لا يصبح تطبيق الأعراف المحلية في مادة الأحوال الشخصية بين المسلمين إذا كانت هذه الأعراف مخالفة لأحكام الشريعة الإسلامية ". انظر، مجلس أعلى، غ.ق.خ.، ١٩٧١/٠٣/٢٤، ن.ق.، ١٩٧٢، ص. ٧٢.

Sur cette question, cons. particulièrement, M. Badr, La relance du droit islamique dans la jurisprudence algérienne depuis ١٩٦٢, R.I.D.C., ١٩٧٠, pp. ٤٣ et s.

(٤) انظر، محكمة استئناف الجزائر، ١٩٦٨/١٠/٢٢، مصنّف قضائي، ج. ٢، ص. ٢٣٩ مكرر.

(٥) وفي هذا الصدد، أيدت محكمة استئناف تيزي وزو في قرارها الصادر في ١٩٦٦/٠٣/١٠ محكمة بورج منايل في حكمها الصادر في ١٩٦٣/١١/٠٨ القاضي بإسناد حضانة الطفل البالغ من العمر سنتين لأبيه استنادا للعرف القبائلي. وقد نقض المجلس الأعلى هذا القرار في قرارها الصادر في ١٩٦٨/٠٦/١٢. انظر، مجلس أعلى، ١٩٦٨/٠٦/١٢، مصنّف قضائي، ج. ١، وزارة العدل، ص. ٩٨ مكرر.

(٦) وذلك باستثناء بعض القوانين الخاصة بالأحوال الشخصية، كقانون رقم ٦٣-٢٢٤ المؤرخ في ٢٩ جوان ١٩٦٣ المتعلق بتنظيم سن الزواج وإثبات العلاقة الزوجية، والأوامر الخاصة بكيفية إثبات

حيث كانت مبعثرة في مظانها بين تفاسير وتأويلات المجتهدين من رجال الفقه. غير أنه بعد ذلك جاء الأمر رقم ٧٣-٢٩ المؤرخ في ٠٥ جويلية ١٩٧٣ ونص على إلغاء جميع القوانين الموروثة عن المستعمر الفرنسي بما فيها الأمر الصادر في ٠٤ فبراير ١٩٥٩ ومرسوم ١٧ سبتمبر ١٩٥٩ سالفين الذكر، وذلك ابتداء من أول جويلية [1] ١٩٧٥، وهذا مما أدى إلى وقوع الجزائر مرة ثانية في فراغ تشريعي كبير ناتج عن الاختلاف الإيديولوجي في مجال المسائل الأسرية [2].

=

الزواج، منها الأمر رقم ٦٦-١٩٥ الصادر في ١٩٦٦/٠٦/٢٢، والأمر رقم ٦٨-٥١ الصادر في ١٩٦٨/٠٢/٢٢، والأمر رقم ٦٩-٧٢ المؤرخ في ١٩٦٩/٠٩/١٦، والأمر رقم ٧٠-٢٠ المؤرخ في ١٩٧٠/٠٢/١٩

Cf. N. Aït Zai, Le droit musulman et les coutumes kabyles, R.A.S.J.E.P., ١٩٩٥, n° ٢, pp. ٣٠٥ et s.

Sur cette question, cons. particulièrement, A. Bencheneb, La formation du lien matrimonial en Algérie, mém. D.E.S., Alger, ١٩٧٣, pp. ١٣٧ et s.; L. Belhadj, La formation du lien matrimonial au Maghreb, th. Etat Rennes, ١٩٨٤, pp. ٨٥٨ et s.; D. Tchouar, Causes de nullité de mariage et causes de divorce en droit algérien, th. Etat, Rennes, ١٩٨٧, pp. ٥٧٥ et s.; M. Bontems, L'influence française dans le projet du code de la famille algérienne, R.T.D.., ١٩٨٠, pp. ١٣٨ et s.

(١) Cf. A. Mahiou, Rupture ou continuité du droit en Algérie, R.A.S.J.E.P., n° spé. ٢٠ème anniversaire, pp. ١٢٢-١٢٣.; Cf. Gh. Benmelha., op. cit., R.A.S.J.E.P., n° spé. ٢٠ème anniversaire, p. ٣٥.

(٢) Sur les différents aspects de ce conflit idéologique, cons. M. Ch. Salah Bey, Droit de la famille et problèmes idéologiques, R.A.S.J.E.P., ١٩٧٤, n° ٣, pp. ٩٧ et s. ; J.M. Verdier, L es grandes tendances de l'évolution du droit des personnes et de la famille dans les pays musulmans, R.A.S.J.E.P., ١٩٦٨, n° ٤, pp. ١٠٥١ et s. ; M. Borrmans, Le statut personnel de la famille au Maghreb de ١٩٤٠ à nos jours, th. Paris ٤, ١٩٧١, pp. ١١٧ et s. ; M. Borrmans, Perspectives algériennes en matière de droit familial, in Studia Islamica, ١٩٧٣, vol. XXXVII, pp. ١٢٩-١٥٣ ; L. Hamdan, Les difficultés de codification du droit de la famille algérien, R.I.D.C., ١٩٨٥, n° ٤, pp. ١٠٠١-١٠١٥ ; R. Babadji et M. Mahieddin, Le fiqh islamique, source non exclusive du droit de la famille en Algérie, R.I.D.C., ١٩٨٧, n° ١, pp. ١٦٢-١٧٣ ; H. Vandevelde, Le code algérien de la famille, Rev. Magh.-Mach., ١٩٨٥, n° ١٠٧, pp. ٥٢-٥٩ ; B. Cubertafond, L'algérianisation du droit,

=

بيد أنه أمام هذا الفراغ التشريعي وتلك الأوضاع الشاذة، من تعارض وتناقض وتضارب الأحكام والقرارات القضائية وإضرار بالمتقاضين ذاتهم(١)، كان لا بدّ من أن تمتد يد المشرع إلى الإصلاح(٢)، وهذا ما تمّ فعلا بالقانون رقم ٨٤-١١ الصادر في ٩ جوان ١٩٨٤ المتضمن قانون الأسرة. وبهذا قد تحقق أساس توحيد الأحكام المنظمة للمسائل الأسرية أصلا طالما رغب الجميع في تحقيقه، وكذلك طالما كانت رغبة غالبية الأشخاص في تطبيق الشريعة الإسلامية في هذه المسائل(٣).

ولكن، بعد إدخال هذا القانون حيز التطبيق ظهرت فيه عدة نقائص، خاصة منها

=

mythe ou réalité ?, R.J.P.I.C., ١٩٧٦, n° ٢, pp. ٢٠٤ et s. ; B. Cubertafond, L'Algérie indépendante, Idéologie et Institutions, th. Paris II, ١٩٧٤, p. ٤٦٣; R. Haddad, où en sont les projets de code algériens, in Annuaire de la Justice, Alger, ١٩٦٥, pp. ١٧٥ et s.; A. Bencheneb, Le droit algérien de la famille entre la tradition et la modernité, R.A.SJ.E.P., ١٩٨٢, n° ١, pp. ٢٣-٣٣; C. Bomtems, L'influence française dans les projets de code de la famille algérienne, R.A.S..J.E.P., ١٩٨٢, n° ٤, p. ٦٢٥ et s.; M. Issad, De quelques problèmes soulevés par la nouvelle fonction du droit et la diversité de ses sources en Algérie, R.J.P.I.C., ١٩٦٦, n° ١, pp. ٥٤-٦٢.

(١) حيث إن هذه الوضعية أدت إلى صعوبة وقوف المتقاضين على القواعد الموضوعية التي كانت تطبقها تلك الجهات القضائية (وينبغي الإشارة هنا إلى أن المحكمة العليا، وإن كانت قد استقرت على ما ذهب إليه الاتجاه الأول، إلا أنها أخفقت في العديد من قراراتها نتيجة للتعارض والتناقض القائم بينها كما سنوضح ذلك لاحقا).

(٢) وقد حملت الحركة التشريعية بالمشرع على إصدار في ١٩٧٣/٠٧/٠٥ أمر رقم ٧٣-٢٩ ألغى بمقتضاه كل القوانين الموروثة عن المستعمر الفرنسي والمتعلقة بمادة الأحوال الشخصية، وأصبحت هذا القاعدة القانونية نافدة المفعول ابتداء من أول جويلية ١٩٧٥. وبعد ذلك، ولتفادي الفراغ القانوني، أصدر مشرعنا الأمر رقم ٧٥-٥٨ المؤرخ في ٢٦ /١٩٧٥/٠٩ المتضمن القانون المدني، حيث جاء في مادته الأولى على أنه:

"يسري القانون على جميع المسائل التي تناولها نصوصه في لفظها أو فحواها.

وإذا لم يوجد نص تشريعي، حكم القاضي بمقتضى مبادئ الشريعة الإسلامية فإذا لم يوجد فبمقتضى العرف.

فإذا لم يوجد فبمقتضى مبادئ القانون الطبيعي وقواعد العدالة".

ونصت المادة ١٠٠٣ من ذات الأمر على أن يسري مفعول هذا الأمر ابتداء من تاريخ ٥ جويلية سنة ١٩٧٥ .

(٣) تنص المادة الثانية من دستور ١٩٩٦ على أن "الإسلام دين الدولة".

تلك المتعلقة بالجانب الموضوعي للمادة المدروسة، مما دفع بالمشرع إلى تعديله بمقتضى الأمر رقم ٠٥-٠٢ المؤرخ في ٢٧ فبراير ٢٠٠٥[١]، مؤكدا بذلك التركيز على المنهجية المذهبية المقارنة، بحيث قد أدخل على مادة الحضانة عدة تعديلات استنبط أحكامها من عدة مذاهب، سواء تعلق الأمر بترتيب الحواضن، أم بسكن المحضون، أم بصاحب الولاية بعد الطلاق.

وهكذا، فالحرص على استمرار هذا التطبيق وصموده دفع بالمشرع الجزائري، على غرار التشريعين التونسي[٢] والمغربي[٣] وأغلبية التشريعات الأخرى المقتبسة أحكامها من الشريعة الإسلامية[٤]، اعتناق عند وضع النصوص القانونية المنهجية المذهبية المقارنة[٥].

---

(١) انظر، الأمر رقم ٠٥-٠٢ المؤرخ في ٢٧ فبراير ٢٠٠٥ المعدل والمتمم القانون رقم ٨٤-١١ المؤرخ في ٩ يونيو ١٩٨٤ والمتضمن قانون الأسرة، الجريدة الرسمية، عدد ١٥، الصادرة في ٢٠٠٥/٠٢/٢٧، ص. ١٨-٢٢.

(٢) Cf. M. Charfi, Le doit tunisien de la famille entre l'Islam et la modernité, R.T.D. ١٩٧٣, pp. ١١ et s. ;K. Meziou Pérennité de l'Islam dans le droit tunisien de la famille, in Carlier et Verwilghen, ١٩٩٢, pp. ٢٤٧-٢٧٤ ; A. Mezghani, Réflexions sur les relations du code de statut personnel avec le droit musulman classique, R.T.D. ١٩٧٥, n° ٢, pp. ٥٣ et s.

(٣) انظر، عبد الكريم شهبون، التشريع والقضاء...، المرجع السابق، ص. ٥١ وما بعدها؛ علال الفاسي، تقريب، شرح مدونة الأحوال الشخصية، إصدار مؤسسة علال الفاسي، ١٩٨٦، ص. ١١٩ وما بعدها؛ امحمد جلال، المقال السابق، ص. ٢٨-٢٩.

(٤) وقد دخلت هذه الطريقة في تشريع الأحكام ميدان التقنين في الدول الإسلامية منذ قانون حقوق العائلة العثماني الصادر سنة ١٩١٧، وقانون الأحوال الشخصية المصري الصادر سنة ١٩٢٩، وقانون العائلة الأردني الصادر في ١٦ أوت ١٩٥١، وقانون الأحوال الشخصية السوري الصادر في ١٧ سبتمبر ١٩٥٣، ومدونة الأحوال الشخصية المغربية الصادرة في ٢٢ نوفمبر ١٩٥٧. للمزيد من المعلومات، انظر، صبحي المحمصاني، الأوضاع التشريعية في الدول العربية، ماضيها وحاضرها، دار العلوم للملايين، بيروت، ١٩٦٥، ط. ٣، ص. ١٨٠ وما بعدها.

Cf. A. Moulay Rchid, Modernité et politiques législatives en matière de statut personnel dans les pays arabo-africains à majorité musulmane : familles et modernité, édit. Publisud, Paris, ١٩٨٦, pp. ١٦١ et s ;Y.L. de Bellefonds, Immutabilité du droit musulman et réformes législatives en Egypte, R.I.D.C., ١٩٥٥, pp. ٢٦ et s.; Ch. Chehata, Le droit musulman, édit. Dalloz, Paris, ١٩٧٠, pp. ٩٥ et s.

(٥) انظر، جيلالي تشوار، الاجتهاد الفقهي والتطور التشريعي في مسائل الأحوال الشخصية، محاضرة تم إلقاؤها خلال الملتقى الدولي الذي نظمه المعهد الوطني للتعليم العالي للحضارة الإسلامية

=

بحيث استطاعت القوانين المغاربية للأسرة أن تبتعد عن الفكرة المذهبية، وأن تقتبس أحكامها من الآراء الفقهية المختلفة، ولو كانت من غير أهل المذاهب الأربعة[١]، إذ ليس هناك مانع شرعي من الأخذ بقول غيرهم خصوصا إذا كانت المصلحة العامة تقتضي ذلك[٢]، أي خصوصا إذا رعيت، كما قلنا أعلاه[٣] المصالح الاجتماعية في وضع تلك الأحكام.

وهذا إن دل على شيء إنما يدل على أن موضوع الحضانة كان موضع اهتمام المشرعين المغاربيين من يوم وضعهم لقوانين الأسرة. وذلك، نظرا لحساسيته وشدة ارتباطه بحياة الطفل في الأسرة خاصة إذا حصل تصدع لها بالطلاق الذي غالبا ما يترك الحزازات والضمائن من الزوجين يكون ضحيتها الطفل موضوع الحضانة، لذلك نجدهم تطوروا، كما قلنا أعلاه، مع التطور الاجتماعي المعاش[٤].

وتفسيرا لذلك، إذا كان المشرع التونسي قد خصص ١٤ فصلا[٥] لمسألة الحضانة،

=

بوهران، أيام ٢١-٢٢-٢٣ نوفمبر ١٩٩٨ حول "الإسلام والدراسات المستقبلية"، ص. ٦ و٧.

(١) وفي هذا، يرى عبد الله البكري، رئيس غرفة بمحكمة الاستئناف بوجدة، أن إقرار الوصية الواجبة وتوسيع المستفيدين منها هو تأثر بمنهج ابن حزم الظاهري. انظر، عبد الله البكري، مناقشة المدونة من منظور فقهي ومنظور نقدي، الندوة الوطنية التي نظمتها جامعة محمد الأول بوجدة حول "مستجدات قانون الأسرة... "مقاربات متعددة"، وذلك يومي ١٠ و١١ مارس ٢٠٠٤، مجلة التجديد، ٢٠٠٤/٠٣/٢١، عدد ٨٨٩، ص. ١، وكما جاء في توصيات الندوة بأن المستجدات الواردة في مدونة الأسرة هي "من جهة تحرص على استلهام مبادئ الشريعة الإسلامية، حيث تتخذ مسلكا تأصيليا بهدف التوافق مع المرجعية الأصولية، من خلال تبني بعض آليات الاجتهاد المعتمدة في الاختيارات الفقهية والترجيح بينها، والعمل بمبدأ المصلحة والاجتهاد المقاصدي". انظر، موقع الانترنت، WWW.attajdid.ma/tajdid

(٢) إذ تقتضي "الدقة في الاصطلاح عدم إطلاق اسم الشرع على الآراء الفقهية المحضة، بل احتفاظها بتسمية الفقه فقط، لأن الشرع من عند الله وهو مستقر لا يمكن تبديله وتغييره، فإذا أجزنا إطلاق اسم الشرع على الآراء الفقهية التي تقبل التغيير، لأدى ذلك إلى القول بجواز تغيير بعض قواعد الشرع أمر غير جائز إسلاميا". انظر، سمير عالية، علم القانون والفقه الإسلامي، المؤسسة الجامعية للدراسات والنشر والتوزيع، بيروت، ١٩٩٦، ص. ٦٩.

(٣) انظر بشأن هذه المصالح، ص. ٢ وما بعدها من هذه الدراسة.

(٤) راجع بشأن هذه المسألة، الطيب اللومي، المرجع السابق، ص.٧٧.

(٥) من الفصل ٥٤ إلى الفصل ٦٧ من المجلة.

والجزائري ١١ مادة[١]، والمغربي ٢٤ مادة[٢] وعلقوا كلهم إسنادها على مبدأ أساسي وهو مصلحة المحضون، فإنهم مع ذلك لم يقتبسوا الأحكام الراعية لتلك المصلحة من مذهب واحد، وإنما من عدة مذاهب كما نراه لاحقا. وهكذا، يستنتج أن المشرعين المغاربيين لم يأخذوا في هذه المسألة بأساس مغاير للأساس الذي بنيت عليه الأحكام الأخرى الخاصة بالأسرة[٣].

والتساؤل الواجب طرحه في هذا الإطار يتعلق بمعرفة عما إذا أخذ المشرعون المغاربيون بعين الاعتبار عند صياغتهم لهذه القواعد اللامذهبية التحوّلات الاجتماعية والاقتصادية والسياسية التي عرفها المجتمع المغاربي ؟ هل منحوا بمقتضى تلك النصوص للمحضون، ضحية الطلاق، جميع الضمانات القانونية ؟[٤] وهل قدموا لمصلحة المحضون حقها المستحق عند وضعهم للنصوص القانونية؟

وذلك، خاصة إذا أقررنا بأنه لا جدال في أن الأسرة المغاربية أصبحت اليوم في حالة غير مطمئنة، بما أصابها من انفكاك، ولعل من أهم الظواهر التي لحقت بها، واقعة

---

(١) انظر، من المادة ٦٢ إلى المادة ٧٢ من قانون الأسرة.

(٢) من المادة ١٦٣ إلى المادة ١٨٦ من مدونة الأسرة.

(٣) مع هذه الملاحظات أن في تونس أصبح عقد الزواج عقدا شكليا بعد أن كان رضائيا، وتم التنصيص كذلك على منع تعدد الزوجات وذلك تحت طائلة العقاب جزائيا، مما دفع بالمشرع إلى التدخل من جديد بشأن هذه المسألة وقام بتنقيح الفصل ١٨ من جديد بالقانون عدد ٥٨-٧٠ المؤرخ في ١٩٥٨/٠٧/٤ جاعلا منع تعدد الزوجات ساريا حتى على الزيجات الواقعة بطريقة مخالفة للقانون. وكما أن القانون عدد ٥٨-٢٧ المؤرخ في ١٩٥٨/٠٣/٠٤ المتعلق بالولاية العمومية والكفالة والتبني، قد أباح التبني خلافا لما هو منصوص عليه في الشريعة الإسلامية (انظر، الرائد الرسمي، ١٩٥٧/٠٣/٠٧، عدد ١٩).

(٤) Car comme l'a si bien souligné M. M. Bédjaoui " Quant à l'enfant, le grand oublié dans les drames conjugaux et dans les horreurs des foyers sans tendresse, il faudra se souvenir que c'est l'homme de demain. Il a le droit, à ce titre et à d'autres, à la protection de la loi quand par malheur celle du foyer lui fait cruellement défaut ". Cf. M. Bédjaoui, Discours lors de la séance d'ouverture du colloque organisé, les ٨, ٩ et ١٠ mai ١٩٦٨ par la faculté de droit et des sciences économiques d'Alger sur " l'instabilité de la famille et le droit de l'enfant au Maghreb ", R.A.S.J.E.P., ١٩٦٨, n° ٤, p. ١٠٤٩.

الطلاق التي أصبحت آفة اجتماعية[١] ماسة بكل شرائح المجتمع[٢].

وهذا ما دفع أحد القضاة التونسيين إلى القول أن "ما يزيد هذا النوع من القضايا(قضايا الحضانة) تعقيدا وحساسية التطور المهول لقضايا الطلاق بما ينجر عنه من تشتت للعائلات وتدهور للحمة الترابط العائلي بين أفراد الأسرة هذا إلى ظهور النظريات الحديثة في علم النفس والاجتماع حول رعاية الطفل وتربيته..."[٣].

والذي يستوقفنا من تلك المبررات إحصاء أحكام الطلاق في تونس، حيث كانت خلال السنة القضائية ١٩٧٨/١٩٨٠، ٧٠٦٦ حالة طلاق، ووصلت خلال سنة ١٩٨٣/١٩٨٤، ٧.٣٠٠ حالة طلاق، وفي سنة ١٩٨٤/١٩٨٥، تمت ٦٩٥٧ حالة طلاق، وأصبحت في سنة ١٩٨٦/١٩٨٧، ٧.٣٠٠ حالة طلاق[٤]. وانتقلت نسبة الطلاق بين سنتي ١٩٨٥ و١٩٩٠، حسب المعهد الوطني التونسي للإحصائيات، من ٦٩٣٦ حالة مقابل ٥٠.٠٢٣ عقد زواج إلى ١٢.١٩٧ حالة مقابل ٥٥.٣٠٠ عقد زواج[٥].

وأفادت الإحصائيات أن عدد حالات الطلاق قد مر من ٧٥٠٥ حالة خلال السنة

---

(١) لقد بينت أدلة على أن الطلاق آفة اجتماعية وأولها شرعية: لقول النبي – صلى الله عليه وسلم – "أبغض الحلال عند الله الطلاق" أخرجه أبو داود في كتاب الطلاق، باب كراهة الطلاق والبيهقي في سننه، ج.٧، ص.٣٢٢، ورواه ابن ماجه وصححه الحاكم. انظر، أحمد الغزالي، الطلاق الانفرادي وتدابير الحد منه في الفقه الإسلامي والشرائع اليهودية والمسيحية والوضعية والتقنيات العربية المعاصرة (دراسة مقارنة)، ط. ١، دار النهضة العربية، القاهرة، ٢٠٠٠، ص.٣٣. وذكر ابن تيمية (الحفيد) أن الله يبغض الطلاق؛ انظر أحمد بن عبد الحليم ابن تيمية، الفتاوى، ج.٣، دار الغد العربي، ص.٥٥. وثانيها من جانب علم النفس: فقد أكد بعضهم أن الطلاق له آثار سلبية وهي تبقى كبيرة خاصة مع استمرار الكراهية والعداء بين الزوجين المنفصلين، ونقل ذلك الصراع بينهما إلى الأبناء وما يسببه ذلك من مشاكل واضطرابات نفسية لهم. واعتبرت "ما فيس هيرتنكتون "الطلاق بأنه مرحلة من التردي في حياة الأسرة وليس مجرد حدث فردي قائم بذاته. انظر، حامد الحمداني، واقع الأسر وتأثيره على تربية الأطفال، مقال من الأنترنت، ص.٢، الموقع http://www.safahat.١٥٠m.com/a١١.htm

(٢) بحيث قد مست كل شرائح المجتمع، من مثقفين وأميين، ومن موظفين وتجار وفلاحين.

(٣) انظر، الحبيب العش، المرجع السابق، ص. ٤٣.

(٤)Cf. A. Bel Haj Hamouda, Les conflits conjugaux : aspects juridiques, Actualités Juridiques Tunisiennes, ١٩٩٨, n° ١-٢, p. ٦١.

(٥)Cf. Mag V, Deux fois plus de divorce en Tunisie, Hebdomadaire, du ١١/١٠/١٩٩٢, p. ٦.

القضائية ١٩٩٣-١٩٩٤ إلى ١٠.٠٦٢ حالة خلال السنة القضائية ٢٠٠٣-٢٠٠٤[١].

فالملاحظ أن زحف ارتفاع معدّلات الطلاق انتقل أيضا إلى المجتمع المغربي، إذ تبين الإحصائيات أنه سجل سنة ٢٠٠٣ ما يقارب ٤١.٠٠٠ حالة طلاق مقابل ٢٧٠.٠٠٠ عقد زواج[٢]. وبلغت حالات الطلاق في الرباط خلال سنة ٢٠٠٠، ٢٣٨٢ حالة مقابل ٧٩٥٠ عقد زواج؛ و انتقلت سنة ٢٠٠١، إلى ٢٧٢١ حالة مقابل ٨٥٦٩ عقد زواج[٣].

وكما أن المجتمع الجزائري يعاني هو الآخر من ظاهرة الطلاق التي تكاد تفتك بنيته الأساسية المتمثلة في ترابط الأسرة واتحاد أفرادها[٤]، حيث إن نسبة هـذه الظاهرة بلغت سنة ١٩٩٢، ١٥.٦٥٣ حالة مقابل ١٥٩.٣٨٠ عقـد زواج[٥]، ووصلت سنة ٢٠٠٤، حسب مركز الدراسات التحليلية والتخطيط الجزائري، إلى ٢٥.٠٠٠ حالة[٦]، مما يعطينا أن نسبتها تتراوح حاليا بين ٢٠ و٢٥ في المائة من عقود الزواج. وقد سجل مجلس قضاء الشـلف ارتفاعـا ملحوظا في عدد القضايا المتعلقة بالطلاق وتوابعه مقارنة بسنة ٢٠٠٢، حيث بلغ ١٤.٤٦٨ قضية حسب إحصائيات سنة ٢٠٠٣[٧].

وفي جانب الإحصائيات أيضا، قامت السيدة مسعودة كسال سنة ١٩٨٣، بدراسة

---

(١) انظر، الشروق، جريدة يومية تونسية، ٢٠٠٤/١٢/١٢، ص. ١٢.

(٢) انظر، الجزيرة، أبغض الحلال أكثر من ٤٠ ألف حالة طلاق سنويا في المغرب، مجلة أسبوعية، ٢٠٠٤/٠٣/٠٩، عدد ٧١، ص. ١٤.

(٣) انظر، عادل الإقليعي، في المغرب...زواج فريند بديل للعنوسة، مجلة إسلام أون لاين، ٢٠٠٤/٠٧/١٩، ص. ٤، موقع الانترنيت، WWW.islamonline.net/arabic؛ مقالة بعنوان، العنوسة والطلاق يهددان المجتمعات العربية، ٢٠٠٤/٠٧/١٩، موقع الأنترنيت،
WWW. Balagh.com/woman/

(٤) انظر، محمد محيمدات، الطلاق، آفة اجتماعية ونفسية وآفاق مشروع قانون الأسرة منه، مجلة الشرطة، ١٩٧٨، عدد ١٢، ص. ٣٢ وما بعدها؛ مسعودة كسال، مشكلة الطلاق في المجتمع الجزائري، ديوان المطبوعات الجامعية، الجزائر، ١٩٨٦، ص. ٨-١٤.

(٥) انظر، الديوان الوطني للإحصائيات، المجموعة الإحصائية السنوية للجزائر، ديسمبر ١٩٩٦، عدد ١٧، ص. ١٤٠.

(٦) انظر، مركز الدراسات التحليلية والتخطيط الجزائري، مقتبس من العرب أولين، ٢٠٠٥/٠٣/٠٨، موقع الإنترنيت،
www.alaraboline.org

(٧) انظر، ع. دحماني، ارتفاع معدل النزاعات مؤشر على التفكك الأسري، الخبر،جريدة يومية، ٢٠٠٤/٠٣/٠٣، ص. ١٢.

أكّدت فيها أن معظم المطلقين والمطلقات لهم أطفال، وهذا بنسبة % ١,٧٦؛ وأن هؤلاء لهم بنسبة % ٣٥,٧٦ من واحد إلى ثلاثة أطفال. ثم تقل نسبة أطفالهم إلى % ٢٠,٥٩ عند ٣-٥ أطفال. وتستمر هذه النسبة في الانخفاض إلى غاية % ٢,٩٤ عند الذين لديهم من بين ٥ و٧ أطفال وهي النسبة ذاتها عند الذين لديهم أكثر من سبعة أطفال[1] .وتشير الإحصائيات التونسية، أن الطلاق يخلف كل سنة ما يقارب ٢٠.٠٠٠ طفل[2] . ونعتقد أن الأمر في هذا الإطار لا يختلف في المغرب عما هو عليه في الجزائر وتونس.

وإذا عممنا هذه النسب على مجموع عدد الأطفال الذين افترق آباؤهم، فكم هو عددهم اليوم في دول المغرب العربي، وذلك حتى ولو أن نسبة الإنجاب قد انخفضت في هذه الدول[3]، حيث أصبحت في تونس مقدرة في سنة ٢٠٠٤ بـ % ١.٧٥ بعدما كانت

(١) انظر، مسعودة كسال، المرجع السابق ، ص. ١٨٦-١٨٧.

(٢)Cf. Mag V, op. cit., Hebdomadaire, du ١١/١٠/١٩٩٢, p. ٦.

(٣) و يرجع هذا الانخفاض في الإنجاب إلى عدة أسباب، منها خاصة الأزمة الاقتصادية التي تعرفها هذه الدول، وذلك ما أدى إلى تأخر سن الزواج ، حيث إنه "بحكم التحولات العميقة التي جرت على المجتمع، صار الزواج بالنسبة لأغلبية الشباب، الذين تتراوح سنهم بين ٢٥ و٢٩ سنة حالة شاذة ... وبخصوص أصحاب الثلاثينات، فقدر عددهم بـ ٨٣٣.٧٥٨ في ذلك الحين ويصير العدد أكبر من المليون إذا أخذنا بعين الاعتبار أن عددا من الجزائريين صاروا يعقدون قرانهم بعد العقد الرابع من الحياة واستنادا دوما إلى أرقام الديوان الوطني للإحصائيات، فمنذ عام ١٩٩٩، تم تسجيل ٧٥٣.٥٦٧ عقد قران، وهو يعد رقما متوسطا إذا ما قارناه بعدد العزاب".انظر، غ. ف.، أكثر من مليوني جزائري لم يدخلوا القفص الذهبي، الخبر، جريدة يومية، ٢٠٠٤/٠٤/٢٧، ص. ١٢.

Car, "L'âge moyen au premier mariage est en forte et constante augmentation entre ١٩٦٦ et ١٩٩٤ passant respectivement de ١٨.٣ ans à ٢٦ ans pour les femmes et de ٢٤ ans à ٣٠ ans pour les hommes. Ainsi, durant ٢٨ ans, l'âge moyen au premier mariage a reculé de ٧.٥ ans chez les femmes et de plus de ٦ ans chez les hommes. Cf. CNES, Etude sur la politique en matière de population, ١٩٩٦. Pour plus de détails, cons. A. Hemal et T. Haffad, La transition de la fécondité et politique de population en Algérie, Rev. Sces. Hum., Constantine, ١٩٩٩, n° ١٢, pp. ٦٧ et s.; D. Sari, L'indispensable maîtrise de la croissance démographique en Algérie, Magh.-Mach., ١٩٩٠, n° ١٢٩, pp. ٢٣ et s.

Cf. K. Kettani, La forte baisse de la fécondité au Maghreb résulte du recul de l'âge du mariage, in Minorités du ١٠/٠٨/٢٠٠٤, www.minorites.babozor.net.

سنة ١٩٩٢ مقدرة بـ ٣.٢ %[١]. وتعد الجزائر من بين الدول التي تقلصت فيها نسبة الخصوبة بصفة بالغة[٢]، حيث كانت تقدر هذه النسبة في بداية الثمانينات بأكثر من ٣.٢ بالمائة ووصلت سنة ٢٠٠٣ إلى نسبة لا تتجاوز ١.٤ بالمائة[٣]. أما في المغرب[٤]، فقدرت تلك النسبة سنة ١٩٩٠ بـ ٤.١ % وانتقلت سنة ١٩٩٢ إلى ٣.٨ %[٥] وأصبحت سنة ١٩٩٤ مقدرة بـ ٣.٢٨ %[٦].

ومن هذه الأرقام يتضح لنا بجلاء أن فئة الأطفال المحضونين تمثل قسما هاما في المجتمع المغاربي التي تجب العناية بها والاهتمام بها، ومن هنا تبرز فائدة هذا البحث. وهكذا، تبقى دراسة الحضانة كأثر من آثار الطلاق ذات فائدة كبيرة لأن موضوعها يظل حيا باعثا على إعمال الفكر فيما يواجه تطبيقه من مظاهر واقعية متنوعة متباينة تطرح مسائل قانونية مسجلة من القاضي قرارا ومن الباحث رأيا.

ومما لا شك فيه هو أن مبدأ مصلحة المحضون[٧]، الذي هو أساسها، يتبدّى الأكثر

---

(١)Cf. O.N.U., Des femmes et des chiffres, Rapport PNUD, ١٩٩٥, pp. ٣١ et s.

(٢)Cf. F.-Z. Oufreha, Femmes algériennes : la révolution silencieuse, Magh.-Mach., ١٩٩٨, n° ١٦٢, p. ٥٩.

انظر، زكية تشوار حميدو، حكم وسائل الحمل المعاصرة في ضوء الشريعة الإسلامية والتشريع الجزائري، م.ج.ع.ق.إ.س.، ٢٠٠٣، عدد ١، ص. ٢٣ وما بعدها.

(٣) انظر، ص. حفيظ، الجزائر تسجل أدنى نسبة سكانية منذ عشريتين، الخبر، جريدة يومية، ٢٠٠٤/١٢/٠٩، ص. ٢١.

(٤)Pour plus de détails, cons. J. Bourchachen, Contribution de la nuptialité et de la contraception à la baisse de la fécondité au Maroc, R.M.D.E.D., ١٩٩٥, n° ٣٦, pp. ٣٢ et s.

(٥)Cf. O.N.U., Des femmes et des chiffres, Rapport PNUD, ١٩٩٥, pp. ٣١ et s.

(٦)Cf. Y. Courbage, Le Maroc de ١٩٦٢ à ١٩٩٤ : fin de l'explosion démographique, Magh.-Mach. ١٩٩٦, n° ١٥٣, p. ٧١.

(٧)M. M. Borrmans est d'ailleurs explicite en cette matière; il souligne que "Le droit de garde, démembrement partiel de l'autorité parentale en vue de garantir à l'enfant en bas âge les soins maternels que seule une femme peut lui fournir, était conçu par le droit classique comme un droit de la mère ou de sa parentèle. Le code algérien, à l'instar de beaucoup de codes contemporains, le considère comme un droit de l'enfant : c'est l'intérêt de celui-ci qui est pris en compte par la loi et par le juge". Cf. M. Borrmans, Le nouveau code algérien de la famille dans l'ensemble des codes musulmans de statut personnel, principalement dans les pays arabes,

اجتذابا للكلام عن تلك المسألة تبعا لما يرتسم في محيطه من صور تستجدّ وتتباين، كما أن أحكام حماية الطفل ما زالت تستقطب الفكر القانوني تعريفا بها وبحثا عن دورها في المحافظة على حقوقه وصيانة مصالحه[١]. ولعل أن هذا الاهتمام غير متوقف طالما ظل واقع الناس في تطور وتداخل وتحرك في هذا العصر المتفاعل حيويا وآليا[٢]، وطالما أن النزعة فيه هي في توفير الصيانة الكافية لحقوق الطفل في محيط ذلك الواقع وطنيا[٣] ودوليا[٤].

ولعل الحافز الآخر الذي أدى بنا إلى الخوض في هذا البحث، ومكننا من إبراز اتجاهنا، يكمن في الاهتمام البالغ الذي اكتساه مبدأ مصلحة المحضون في عيون المشرعين المغاربيين، وخاصة منهم المغربي الذي نص صراحة في المادة ١٨٦ من المدونة على أن

R.I.D.C., ١٩٨٦, n° ١, p. ١٣٦; H. Bencheikh Hocine Dennouni, op. cit., R. I.D.C., ١٩٨٦, n° ٣, pp. ٩١٥-٩١٦.

(١) انظر، كمال لدرع، مدى الحماية القانونية للطفل في قانون الأسرة الجزائري، م.ج.ع.ق.إ.س.، ٢٠٠١، عدد ١، ص. ٤١ وما بعدها.

(٢) حيث إن "الشعور بالمنفعة ومداها -كما وكيفا – متفاوت بين أفراد الناس تفاوتا كبيرا، حسب تفاوت عاداتهم وخبراتهم وثقافاتهم، بل أمزجتهم وأغراضهم، أدركنا أن مثار الخلاف يكمن في استقلالهم بوضع موازين الخير والشر لجميع أعمال البشر وتصرفاتهم، رغم ما يبدو لديهم من مظهر الإجماع على اعتبار أصل المنفعة جنسا لهذه الموازين". ومع العلم، خلافا لذلك، "أن ميزان المصالح في الشريعة الإسلامية مضبوط بحياتي الدنيا والآخرة، بل النظرة إلى مصالح الدنيا محكومة بسلامة مصالح الآخرة، ومن ثم فلا مجال لاضطرابها بين اختلاف الميول والأحاسيس". انظر، محمد سعيد رمضان البوطي، ضوابط ...المرجع السابق،ط.٦، ص. ٢٨-٢٩.

(٣) انظر، غسان خليل، حقوق الطفل، التطور التاريخي منذ بدايات القرن العشرين، ط. ٢، شمالي آند شمالي، بيروت، ٢٠٠٣؛ نجيبة الشريف بن مراد، طفلنا بين التشريع والقضاء والمجتمع، ط.١، الشركة التونسية للنشر وتنمية فنون الرسم، تونس، ٢٠٠٠ ص. ٢١ وما بعدها؛ رضا خماخم، حماية الطفل، أداة للبيداغوجية الجماعية، مطابع شركة أوربيس، تونس، ١٩٩٧، ص. ١١ وما بعدها؛ زيدان عبد الباقي، الأسرة والطفولة، مكتبة النهضة، القاهرة، ١٩٨٠.

(٤) انظر، محمد عبد الجواد محمد، حماية الطفولة في الشريعة الإسلامية والقانون، منشأة المعارف، الإسكندرية، (بدون سنة الطبع)؛ حماية الأمومة والطفولة في المواثيق الدولية والشريعة الإسلامية، منشأة المعارف، الإسكندرية، ١٩٩١؛ حسني نصار، تشريعات حماية الطفولة، منشأة المعارف، الإسكندرية، ١٩٧٣؛ فاطمة شحاتة أبو زيدان، مركز الطفل في القانون الدولي العام، رسالة دكتوراه، الإسكندرية، ٢٠٠٣.

"تراعي المحكمة مصلحة المحضون في تطبيق مواد هذا الباب". بل أن المشرع الجزائري قد خصص لذلك المبدأ في قانون الأسرة خمس مواد من بين إحدى عشرة مادة[١]، وخصص له المشرع التونسي في المجلة أربع فصول[٢] من بين أحد عشر فصل، وتحدّثا عنه ضمنيا في المواد المتبقّية المنظمة لمسألة الحضانة، وهذا ما تبناه أيضا المشرع المغربي الذي خصص له في المدونة سبع مواد من بين ٢٣ مادة[٣].

ولعل الحافز الثالث الذي حدد اتجاهنا، ومكننا من بلورة أفكارنا، هو أن غالبية أحكام الحضانة اجتهادية، من ذلك مستحقي الحضانة وترتيبهم في الأولوية[٤]، ومثل ذلك شروط استحقاق الحضانة، وأسباب سقوطها، والسن الذي تنتهي فيه، إلى غير ذلك من الأحكام التفصيلية[٥]. ومعنى ذلك، أن الصفة الاجتهادية لهذه الأحكام تسمح بإمكانية إعادة النظر فيها إذا كانت مصلحة المحضون تنادي بذلك وخاصة وأن الوضع الاجتماعي والاقتصادي والسكني للأسرة المغاربية أصبح اليوم يختلف عما كان عليه في السابق[٦].

وهكذا، فجدّية هذا الموضوع واهتمام المشرعين المغاربيين به لم يكونا وحدهما الدافعين للإغراء علينا تناوله بالبحث، بل كان هناك دافع آخر يتمثل في أن هذا الموضوع أهميته ترجع كذلك إلى المصادر التي يستقى منها مادته وهي الفقه القديم والحديث والقضاء خاصة منه المغاربي. وكما أن جدّية هذا الموضوع لا ترجع إلى عدم تناوله

(١) انظر، المواد من٦٤ إلى٦٧ والمادة ٦٩ من قانون الأسرة.

(٢) انظر، الفصول ٥٨، ٦٠، ٦٢ و٦٧ من المجلة.

(٣) انظر، المواد ١٦٣، ١٦٦، ١٦٩، ١٧٠، ١٧١، ١٧٨ و١٨٦ من المدونة.

(٤) فيما عدا الحديث الذي خول فيه الرسول عليه السلام المطلقة حق حضانة ولدها، وذلك بقوله (ص)"أنت أحق به ما لم تنكحي".

(٥) انظر، أحمد الخمليشي، التعليق على قانون الأحوال الشخصية، ج. ٢، آثار الولادة والأهلية والنيابة القانونية، ط. ١، دار نشر المعرفة، الرباط، ١٩٩٤، ص. ١٨٦ وما بعدها.

(٦) ولذلك نتمسك بما قاله فضيلة الأستاذ محمد سعيد رمضان البوطي "وأخيرا، فلا يتوهمن قارئ لكتابي هذا، عندما يقف فيه على نقد علمي أتجه به إلى أي من العلماء والأئمة الذين خلوا من قبل، أنني أنتقص بذلك من قيمتهم وأغضّ من مكانتهم. فإن القيمة العلمية لأصحابها لو توقفت على عصمتهم من الأخطاء، لما وجد فيهم من يستحق شيئا من تلك القيمة، إذ لا عصمة لأحد بعد رسول الله صلى الله عليه وسلم". انظر، محمد سعيد رمضان البوطي، ضوابط المصلحة ...، المرجع السابق، ص. ٩.

بالبحث من قبل[١]، إذ لا شكّ أن بعض عناصره قد عولجت[٢]، ولكن بغير تركيز عليها فيما ظهر من مؤلفات فقهية، إذ غالبا ما تجاهلنا فيها المبدأ الذي يقوده أو القضاء الذي يطبّقه.

إذن، معالجة هذا الموضوع ستكون جامعة بين خطتين لها تلتقيان تناسقا، إحداهما ذات طابع نظري والثانية ذات طابع تطبيقي تستتبع باستعراض الاجتهاد القضائي المغاربي من أجل التوضيح والتدليل والتأويل والمناقشة، إذ أن "من حيث التطبيق القضائي، فإن موضوع الحضانة يبقى من أدق المسائل القانونية لما في دراستها من تساؤلات معقدة ونظريات متناقضة ووجهات نظر متعددة"[٣].

هذا عن أهمية الموضوع المبحوث، أما بشأن المنهجية المتبعة، فقد اتبعنا في هذه الدراسة المنهج الاستنباطي الذي يعتمد على الاستقراء والتحليل لاستجلاء عناصر كل نقطة من نقاط البحث، مع عرض الاجتهادات الفقهية والقضائية الخاصة بها. وكما أن هذه المنهجية سترتكز على الالتزام بروح التوسّط[٤]، والاعتدال، إذ كما يقول الأستاذ

---

(١) دراسة الحضانة ليست شيئا جديدا في ميدان المعرفة، فقد لقيت دراستها عناية كبيرة واهتماما كبيرا من روّاد الفكر الإسلامي وأقطاب الدراسات القانونية القدماء والمعاصرين.

(٢) انظر بشأن هذه المواضيع، عبد الرحمن هرنان، المرجع السابق، مذكرة ١٩٧٨؛ أعرب بلقاسم، مسقطات الحق في الحضانة في قانون الأسرة الجزائري والفقه المقارن، م.ج.ع.ق.إ.س.، ١٩٩٤، عدد ١، ص. ١٤٥ وما بعدها؛ الهادي المحيرصي، الحضانة، مجلة القضاء والتشريع، ١٩٥٩، عدد ٢، ص. ١٣ وما بعدها؛ رشيد صباغ، الحضانة، مجلة القضاء والتشريع، ١٩٦٨، عدد ١٠، ص. ٤٥ وما بعدها؛ البشير الفرشيشي، المرجع السابق، ص. ٩ وما بعدها؛ محمود شمام، أحكام الحضانة وتطورها في التطبيق بالبلاد التونسية، مجلة القضاء والتشريع، ١٩٨٢، عدد ٧، ص. ١١ وما بعدها؛ الحبيب العش، المرجع السابق، ص. ٤٣؛ نادرة اللومي، الحضانة، رسالة تخرج من المعهد العالي للقضاء، تونس، ١٩٩٠.

Cf. A. Hernane, op. cit., édit. O.P.U., Alger, ١٩٩١ ; N. Khelef née Lamoudi, La déchéance de la hadhana, mém. Magister, Alger, ١٩٨٤ ; A. Bêcheur, La notion de garde dans le droit tunisien de la famille, R.A.S.J.E.P., ١٩٦٨, n° ٤, pp. ١١٤٩ et s. ; R. Sebbagh, La notion du droit de garde dans les pays du Maghreb, R.T.D., ١٩٦٩-١٩٧٠, pp. ٤٩ ets. ;M. Beji, La garde de l'enfant en droit tunisien, mém. D.E.S., Tunis, ١٩٧٨ ; D. Charif-Feller , La garde (hadanah) en droit musulman et dans les droits égyptien, syrien et tunisien, édit. Droz, Genève, ١٩٩٦.

(٣) انظر، الحبيب العش، المرجع السابق، ص. ٤٣.

(٤) إذ أن الرأي المخالف لذلك هو الذي أدى إلى ترسيخ الفراغ القانوني في مادة الأحوال الشخصية

محمد سعيد رمضان البوطي، " أنا لسنا نذهب مذهب من يرى أن باب الاجتهاد في وجه الناس قد أوصد بقفل من فولاذ، وأنه لا سبيل للعثور على مفاتيحه إلى يوم القيامة..."[١]، حيث يريدون أن يظل كل ما كان على ما كان من الفتاوى والتفاسير والتأويل[٢]، حبًا منهم لكل قديم والرفض لكل تطور في مثل هذه المسائل[٣]. وكما أننا لسنا من الذين يريدون أن يتحللوا من عرى الأحكام الثابتة بدعوى مسايرة التطوّر من المتعبدين بكل جديد ومن المتشبعين بالأفكار الغربية[٤].

وذلك يدفعنا حتما إلى محاولة التوفيق بين الميول التقليدية والأماني الجديدة[٥]، وإعطاء كل منهما جزءا هاما عند البحث عن الحل المناسب والمتلائم مع المعطيات الاجتماعية المعاشة اليوم، والراعي لمصلحة المحضون. وهذا لا يعني به حتما المساس بالثوابت الشرعية[٦]، إذ "صحيح أن الشريعة الإسلامية فتحت باب الاجتهاد فيما لا نص

في الجزائر، حيث قد انقسم الرأي في هذا الصدد حول مدى تطبيق الشريعة الإسلامية: فهل ستطبق بصورة مطلقة، أم ينبغي الأخذ بعين الاعتبار التطوّر الاجتماعي؟

(١) انظر، محمد سعيد رمضان البوطي، محاضرات في الفقه المقارن، دار الفكر، دمشق، ١٩٨١، ص. ٧.

(٢)Sur cette question, cons. M. Ch. Salah Bey, op. cit., R.A.S.J.E.P., ١٩٧٤, n° ٣, pp. ٩٧ et s. ; J.M. Verdier, op. cit., R.A.S.J.E.P., ١٩٦٨, n° ٤, pp. ١٠٥١ et s. ; L. Hamdan, op. cit., R.I.D.C., ١٩٨٥, n° ٤, pp. ١٠٠١-١٠١٥ ; A. Bencheneb, op. cit., R.A.S.J.E.P., ١٩٨٢, n° ١, pp. ٢٣-٣٣.

انظر،فاضلي إدريس، قانون الأسرة بين الثابت والمتغير، م.ج.ع.ق.إ.س.، ١٩٩٦، عدد ٤، ص. ٦٤٢ وما بعدها.

(٣) انظر، يوسف القرضاوي، هدى الإسلام، فتاوى معاصرة في شؤون المرأة والأسرة، دار الشهاب، باتنة، ١٩٨٧، ص. ١٩.

(٤)V. par exemple, D. Tchouar, Le mariage polygamique entre le fiqh et le droit positif algérien, R.A.S.J.E.P., ١٩٩٧, n° ٢, pp. ٥٧١ et s. ; Le régime juridique de la dot en droit algérien, R.A.S.J.E.P., ١٩٩٦, n° ٤, pp. ٥٦٩ et s.

(٥)Cf. M. Ch. Salah Bey, Le droit de la famille et le dualisme juridique, R.A.S.J.E.P., ١٩٩٧, ٣, pp.٩٢٣ et s ; D. Tchouar, Réflexions sur les questions épineuses du code algérien de la famille, t.١er, La tutelle matrimoniale, la dot, la polygamie, le divorce-répudiation et l'adoption, édit. O.P.U., Alger, ٢٠٠٤.

(٦) حيث "أن الحقيقة هي أن تقدير ما به يكون الصلاح والفساد عائد إلى الشريعة نفسها، ولقد

فيه، ولكنها قيدت الاجتهاد بشروط ... وصحيح أن هذه الشريعة صالحة لكل زمان ومكان، وذلك برهان من براهين عظمتها..."[١] ؛ ولكن لا يمكن القول أن معنى صلاحيتها هذه أن تتبدل وتتطور مع كل الآراء والأهواء.

وما ينبغي الإشارة إليه أيضا، هو أن معالجتنا لهذا الموضوع ستعتمد على الدراسة المقارنة التي ستنير لنا الطريق لتقويم القانون الوطني عن طريق القياس والاستنباط، ومن ثم لتبيان أوجه الاختلاف والتشابه بين القوانين المغاربية للأسرة، بل لاستخدام أوجه التقارب بينها خاصة أن هذه القوانين تتشابه في البنية والخصائص والمصدر وهي نابعة في سائر أحكامها من الشريعة الإسلامية[٢] . فهذا إذن، جانب من الجوانب المعدودة لفائدة دراسة القانون المقارن، وإن لها فوائد كثيرة أخرى لا نطيل في سردها في هذا المقام، وإنما سنشير إليها خلال النقاط المدروسة في هذا الموضوع، وخاصة وأن الأمر يتعلق بدراسة في بعض الأحيان الفقه الإسلامي المقارن الذي تأثرت به هذه الدول بصورة أو بأخرى.

بهذا، تبدو إشكاليات هذه الدراسة محددة وأهميتها واضحة ومنهجيتها ساطعة. ولكن، تجدر بنا الملاحظة قبل أن نختتم هذه المقدمة إلى أن اختيارنا كعنوان لهذه الدراسة "مصلحة الطفل بعد الطلاق في القوانين المغاربية للأسرة وفي الفقه الإسلامي" بدلا من عنوان "مصلحة الطفل بعد الطلاق في قوانين الأحوال الشخصية المغاربية"، يرجع أساسا لعدة أسباب نجملها في أن كلا من المشرع الجزائري والمغربي[٣] قد أخذه

وضعت الأسس العامة لهذه المصالح في بيان لا يلحقه أي نسخ أو تبديل، وأجملته في خمس مقاصد هي: حفظ الدين، والنفس، والعقل، والنسل، والمال، طبق هذا الترتيب فيما بينها. كما أرشدت إلى الأدلة والعلائم التفصيلية لها بما لا يقبل أي تأويل أو تغيير وهي أن لا تخالف جزئياتها نصوص الكتاب أو السنة أو القياس الصحيح". انظر، محمد سعيد رمضان البوطي، المرجع السابق، ص. ١٩-٢٠.

(١) انظر، محمد سعيد رمضان البوطي، ضوابط المصلحة ...، المرجع السابق، ص. ١٨-١٩.

(٢) انظر، معراج جديدي، محاضرات في القانون المقارن وفي طرق البحث، دار هومة، الجزائر، ٢٠٠٤، ص. ١٠.

(٣) وفيما يتعلق بهذه التسمية، ذكر الأستاذ أحمد الريسوني في الندوة الوطنية حول مستجدات قانون الأسرة في مداخلته المعنونة "مدونة الأسرة، علاقة الاسم بالمسمى"، أن كلمة "أسرة" ذكرت ١٨ مرة في المدونة، بالإضافة إلى مرتين ذكر فيها اسم العائلة، وأضاف قائلا، "إن الأسرة هي الأقدم في الحياة الاجتماعية، وفي النظم الاجتماعية البشرية". انظر، أحمد الريسوني، علاقة الاسم بالمسمى،

بالتسمية المفضلة[١]، وكما أن هناك بعض المواضيع كالهبة مثلا التي جاءت بها هذه التشريعات تعتبر من الأموال العينية وليست من الأحوال الشخصية[٢].

وبهذا المعنى جاء القرار الصادر عن محكمة النقض المصرية بأن "المقصود بالأحوال الشخصية هو مجموعة ما يتميز به الإنسان عن غيره من الصفات الطبيعية أو العائلية التي رتب القانون عليها أثرا قانونيا في حياته الاجتماعية ككون الإنسان ذكرا أو أنثى وكونه زوجا أو أرملا أو مطلقا أو أبا شرعيا أو كونه تام الأهلية أو ناقصها لصغر سن أو جنون أو كونه مطلق الأهلية أو مقيدها بسبب من أسبابها القانونية"[٣].

محاضرة ألقاها في الندوة الوطنية حول مستجدات قانون الأسرة التي نظمتها جامعة محمد الأول بوجدة يومي ١٠ و١١ مارس ٢٠٠٤، مجلة التجديد، ٢٠٠٤/٠٣/٢١، عدد ٨٨٩، ص. ٢.

(١) كلمة الأحوال الشخصية اصطلاح لم يكن معروفا عند الفقهاء ولا يوجد له ذكر في كتب الفقه المختلفة ولكنه اصطلاح قانوني وفد إلى الدول الإسلامية مع التشريعات الأجنبية التي وفدت إليها، وهكذا هو اصطلاح جديد بالنسبة للفقه الإسلامي، وأن أول من استعمله هو الفقيه المصري محمد قدري باشا، حيث قد وضع كتاب الأحكام الشرعية في الأحوال الشخصية في أواخر القرن التاسع عشر. ثم جاءت المحاولة الثانية من قبل الدولة العثمانية ولكن بتسمية مغايرة لقانون أصدرته "قانون حقوق العائلة العثمانية" عام ١٩١٧؛ وصدر في الأردن "قانون حقوق العائلة رقم ٥١-٩٢ في ١٩٥١/٠٨/١٦، وصدر في سوريا "قانون الأحوال الشخصية" بتاريخ ١٩٥٣/٠٩/١٧، وصدرت بعد ذلك مجلة الأحوال الشخصية التونسية ثم مدونة الأحوال الشخصية المغربية، ثم قانون الأحوال الشخصية العراقي الصادر في ١٩٥٩/١٢/٣٠،الخ. انظر بشأن هذا التطور التاريخي؛ عبد الرحمن الصابوني، المرجع السابق، ج. ١، الزواج وآثاره، ١٩٩٨/١٩٩٧، ص.١١-٢٠؛ وهبة الزحيلي، جهود تقنين الفقه الإسلامي، مؤسسة الرسالة، بيروت، ١٩٨٧، ص. ١٢ وما بعدها؛ صبحي المحمصاني، الأوضاع التشريعية، المرجع السابق، ص. ١٨٠ وما بعدها،. جيلالي تشوار، أحكام الأسرة ...، المرجع السابق، ص.٢١٤-٢٢٧.

(٢) وإذا كان الفقه الإسلامي نظام شامل بلا ريب، فإنه يقوم بتقسيم تصرفات الأشخاص إلى قسمين أساسيين : الأول قسم العبادات، وهو حق الله تعالى الذي يتعلق بأمور الآخرة، من إيمان وصلاة، وزكاة وصيام وحج، والثاني يتعلق بحق العباد الذي خصص لأمور الدنيا أو الأحكام القانونية، وهو ينقسم بدوره إلى عدة أقسام، منها خاصة المناكحات، والمعاملات، والعقوبات. وأن قسم المناكحات يشمل الزواج والطلاق وآثارهما من نسب ونفقة وحضانة والولادة، والوصاية، والإرث، الخ، وهذا القسم يطلق عليهم اليوم تارة اصطلاح "قانون الأحوال الشخصية " وتارة "قانون الأسرة أو العائلة".

(٣) انظر، محكمة النقض، ١٩٣٤/٠٧/٢١، مقتبس عن عمر عبد الله ومحمد حامد قمحاوي، أحكام

وعليه، سنعتمد في هذه الدراسة خطة ترتكز على تبيان مفهومي المصلحة والطفل فقها وتشريعا، وبعد عرض معايير تقدير مصلحة الطفل المحضون واستعراض الحلول الوضعية لاستحقاق الحضانة من حيث ضوابط وشروط تحقيق مصلحة الطفل، سننتقل في الجزء الثاني منها إلى تحديد أسباب إسقاطها والتنازل عنها مع تبيان الحل الملائم الذي يتماشى مع المبادئ الأساسية والذي يمكن أن يتماشى أكثر من غيره مع الحقائق الاجتماعية السائدة في دول المغرب العربي.

الجزء الأول : ماهية مصلحة الطفل بعد الطلاق وضوابط معاييرها وشروطها.

الجزء الثاني : مصلحة الطفل بعد الطلاق في مواجهة مسقطات الحضانة.

الأحوال الشخصية للمسلمين،دار المطبوعات الجامعية، ١٩٨٦، ص. ١٥.

مصلحة المحضون

ماهيتها وضوابط معاييرها

إن مصلحة المحضون، "هذا المفهوم الواقعي"[(١)] أو "المفهوم المفتاح"[(٢)] الذي يبرز في مواضيع أخرى من قانون الأسرة، يحدد تدخل القاضي ويسبب حكمه[(٣)] ويبنى عليه اجتهاده. وهكذا، إن حضانة الطفل، بكاملها، سائدة بمبدأ مصلحة المحضون، ومن ثم، فهذه المصلحة هي التي تفسر طرق إسناد الحضانة ومن يمارسها، وهي التي تجعل منها وظيفة ملزمة ومؤقتة[(٤)].

وهذا ما دفع أحد الفقهاء إلى القول بشأن الحماية التي يجب أن تحيط بالطفل أن :

Cette institution a été établie, comme tant d'autres, «dans l'intérêt des enfants principalement sans doute, car il faut à leur faiblesse un protecteur, un guide à leur inexpérience ; dans l'intérêt des père et mère, car c'est pour eux non pas seulement un devoir, mais aussi un droit d'élever leurs enfants; dans l'intérêt de l'Etat lui-même enfin, car le bon ordre des familles est la première condition et la plus sûre garantie du bon ordre de la société...»[(٥)].

والحقيقة، أننا في بداية الأمر لا ندري ما المقصود بمبدأ مصلحة المحضون ؟ هل المراد بذلك أنه مبدأ يتسم بالمطاطية ؟ أم أنه يتسم بأهمية وخطورة تفوق ما للمبادئ الأخرى في المسائل الأسرية ؟ مهما يكن من أمر، قد يصح إضفاء صفة المطاطية بالمفهوم الأول على مصلحة المحضون باعتباره يخضع للواقع المعاش من اعتبارات

---

(١)« Notion de fait, l'intérêt de l'enfant peut être prouvé par tout moyen ». Cf. Th. Garé, L'enquête sociale dans la désunion des parents, aspects juridiques, R.T.D.Civ., ١٩٨٦, n° ٤, p. ٦٩٢.

(٢)Cf. J Carbonnier, Droit civil, t. ٢, La famille, édit. P.U.F., ١٩٩٣, p. ٢٨٧ ; H. Parcheminal, Le juge aux affaires familiales et la protection de l'intérêt de l'enfant, R. Dr. Sanit. Soc. ١٩٩٤, n° ٢, p. ٢٠٣..

(٣)Cf. H. Parcheminal, op. cit., p. ٢٠٣.

(٤)Cf. Ph. Simler, op. cit., R.T.D.Civ., ١٩٧٢, p. ٧٢٣.

(٥)Cf. Ch. Demolombe, Cours de Code Napoléon, édit. L.G.D.J., ٢è. éd, t. ٤, n° ٢٦٦.

اجتماعية وثقافية ودينية. أما إذا قصد المفهوم الثاني من مبدأ المصلحة وهي الأهمية التي يتميز بها باعتباره وسيلة لتربية الطفل ولصيانة حقوقه، فهذا صحيح لكن هل أهميته تقتضي عدم لزوم الشروط الواردة في النصوص القانونية أم على العكس تتطلب الإلزام بالوفاء بها؟

على كل حال نعتقد أن مفهوم المصلحة مفهوم نسبي يرتبط إلى حد بعيد بمدارك الناس وتصوراتهم وتقييمهم لأهداف الحياة وغاياتها، ولهذا ما المقصود بهذه المصلحة التي بنيت عليها مسألة الحضانة بأكملها ؟ هل مفاهيمها المختلفة تختلف عن مفهومها القانوني في هذا الإطار ؟ وما هي المعايير التي يمكن أن نرتكز عليها لإظهار وتحديد تلك المصلحة ؟

كما يحق لنا أن نتساءل عما إذا سعى المشرعون المغاربيون بحكم تطور الأوضاع الاجتماعية والاقتصادية والثقافية إلى ملاءمة النصوص القانونية مع الواقع المعاش، ومن ثم جاءت سياستهم التشريعية منذ صدور قوانينهم الأسرية محاولة تدعيم تحقيق مصلحة المحضون وتواصلت بالتنقيحات التشريعية اللاحقة. وهكذا، يتعين أن نكشف عن السياسة التشريعية المعتمدة في هذه المسألة من حيث محاولة تبيان ماهية مصلحة المحضون (**المبحث الأول**)، وكذلك من خلال تحديد ضوابط معاييرها (**المبحث الثاني**).

المبحث الأول
ماهية مصلحة المحضون

من الأمور المسلم بها في القوانين الأسرية بصفة عامة أن "قانون اليوم دولة أمراؤها الأطفال"[١]، لذلك حظي مفهوم مصلحة المحضون عناية الفقه والتشريع والقضاء، وأجمع كلهم على وجوب اعتبار مصلحة المحضون والعمل به.

فقد أقبل الفقه على الإتيان بمصلحة الطفل لما يكتنف من أهمية في حياة الأسرة والمجتمع، إذ يرى الأستاذ أبوبكر الجزائري بأنه من واجب "القضاة أن يراعوا دائما في باب الحضانة مصلحة الطفل فقط،... دون التفات إلى أي اعتبار آخر..."[٢]. ويؤكد الأستاذ الغوتي بن ملحة من جانبه بأن "حق الحضانة مؤسس على مصلحة المحضون دون سواها.

(١)« Le droit d'aujourd'hui est la cité qui a pour princes les enfants ». Cf. J. Carbonnier, Droit civil, t. ١, Introduction, les personnes, éd. Thémis, ١٩٨٤, p. ٣٦.

(٢) انظر، أبوبكر الجزائري، منهاج المسلم، (بدون دار الطبع) ، ١٩٨١، ص. ٤٣٠.

هذه المصلحة هي وحدها التي يجب أخذها في الاعتبار"[١].

وأضاف الأستاذ محمد مصطفى شلبي "أن الغرض من الحضانة تحقيق المصلحة للطفل..."[٢]، بل وذهب الأستاذ فيليب سيملر إلى حد القول أن مصلحة المحضون تشكل السبب نفسه في قيام نظرية الحضانة[٣]. وعبر الأستاذ فاروق المشري عن رأيه بالقول التالي:

« Dans le cadre du resserement de la famille sur l'enfant qui caractérise la famille moderne, une notion, non totalement ignorée auparavant, a pris une importance considérable, à savoir celle de l'intérêt de l'enfant »[٤].

وقد سبق هؤلاء، الفقهاء المسلمون القدامى الذين عرفوا عندهم هذا المفهوم وجعلوا منه أساس كل حكم من أحكام الحضانة[٥]؛ مما يؤدي بنا إلى التأكيد والإلحاح على أن قوام قواعد الحضانة مفهوم واحد ينحصر في مصلحة الطفل.

وإذا كان الأمر هكذا بالنسبة للفقه، فإن الأمر بالنسبة للتشريع لا يختلف عنه، بحيث فلم ينم واضعو قوانين الأسرة المغاربية عن النص عن مفهوم المصلحة، إذ أدلوا به في عدة مواد في موضوع الحضانة[٦]، بل وطرحوا مصلحة المحضون على القاضي أن يكون قصده الأولي. كما قد ألفتت باقي الدول هي الأخرى[٧] بمقتضى الاتفاقية الدولية

---

(١)« Le droit de hadhana est établi dans l'intérêt exclusif de l'enfant. Cet intérêt doit seul être pris en considération ».Cf. G. Benmelha, Le droit algérien de la famille, édit. O.P.U., Alger, ١٩٩٣, p. ٢٢٣..

(٢) انظر، محمد مصطفى شلبي، أحكام الأسرة في الإسلام، الدار الجامعية، الإسكندرية، ١٩٨٣، ص. ٧٦٣.

(٣)« L'intérêt de l'enfant constitue la raison d'être même de l''institution de la garde ». Cf. Ph. Simler, La notion de garde de l'enfant (sa signification et son rôle au regard de l'autorité parentale), R.T.D.Civ., ١٩٧٢, p. ٧٢٣.

(٤)Cf. F. Mechri, op. cit., p. ٧٥.

(٥)Sur cette question, cons. N. Khelef née Lamoudi, op. cit., mém., pp. ٧٨ et s.

(٦) انظر، بخصوص هذه المصلحة الفصول ٥٨، ٦٠ و٦٧ من المجلة، والمواد ٦٥-٦٧ و٦٩ من قانون الأسرة، والمواد ١٦٣، ١٦٦، ١٦٩، ١٧٠، ١٧١، ١٧٨، و١٨٦ من المدونة.

(٧)Cf. M.-S. Dupont-Bouchat, L'intérêt de l'enfant, approche historique, in Droit et intérêt, Publications des Facultés Universitaires Saint-Louis, ١٩٩٠, pp. et s. ; R. Le Guidec, L'intérêt de l'enfant en droit civil français, th. Rennes, pp. ٤ et s.; S. Martzloff, Le droit de garde des enfants en droit français,

لحقوق الطفل إلى المصلحة العليا للطفل[١]. والواقع، هذا التدقيق الاصطلاحي لـه عـلى الأقـل الفضـل، كـما تقـول الأسـتاذة فليري لكوست :

«d'insister sur la place de l'enfant qui se trouve, de fait, au-dessus de toute autre. considération»[٢]

أما الاجتهاد القضائي، ظل وبقي مفهوم مصلحة الطفل شغله الشاغل، لأنه يتحتم عليه تكريسه في الواقع بما لا يتعارض وظروف المحضون إعمالا بما جاءت به النصوص القانونية. فقد أتـت عـدة قـرارات تـبرز هـذه المصـلحة ودورهـا في الحضانة، من ذلك ما أكدته[٣] المحكمة العليا في ١٨ جوان ١٩٩١ بقولها "مـن المقـرر قانونـا وشرعـا بـأن الحضانـة يراعـى في إسنادها توفر مصلحة المحضون"[٤].

R.I.D.C., ١٩٨٧, n° spéc., pp. ١١ et s.; I. Barrière-Brousse, L'enfant et les conventions internationales, J.D.I., ١٩٩٦, n° ٤, pp. ٨٤٣ et s.

(١) انظر، المواد ٣، ٩ فقرة ٣ و٢١ من الاتفاقية. انظر، غسان خليل، حقوق الطفل،...المرجع السابق، ص. ١١٣ وما بعدها.

(٢)Cf.. V. Lacoste, Contribution à une théorie générale du droit de visite en droit civil, in Droit Prospectif, R.R.J., ١٩٩٧, n° ٣, p. ٩٧٢. عدد ،

(٣) وقبل هذا القرار، فهمت ذلك غرفة المراجعة الإسلامية كل الفهم، فاعتبرت في قرارها الصادر بتاريخ ٢٦ مارس ١٩٥٧ أن :
« En matière de hadhana, le principe de la prédominance de l'intérêt de l'enfant s'impose au juge ». Cf. Alger, Ch de rév. musul., ٢٦/٠٣/١٩٥٧, cité par G. Sand, op . cit., p. ١١٠.
كما قضى المجلس الأعلى في ٢٢ ديسمبر ١٩٦٥ أنه "من المقرر شرعا أن الحكم بالحضانة، يجب أن يراعى مصلحة المحضون". انظر، المجلس الأعلى، غ. ق. خ.، ١٩٦٥/١٢/٢٢، م.ج.ع.ق.إ.س.، ١٩٦٨، عدد ٤، ص. ١٢٤٣. وقد تأكد هذا النظر في قرار آخر صادر من نفس المجلس بتاريخ ٢٩ مارس ١٩٦٧، إذ يقول فيه أنه "من المقرر شرعا، بأنه عند الحكم بالحضانة ، يجب على قضاة الموضوع مراعاة مصلحة المحضون". انظر، المجلس الأعلى، غ. ق.خ.، ١٩٦٧/٠٣/٢٩، م. ج. ع. ق. إ. س.، ١٩٦٨، عدد ٢. ص. ١٤٩.

(٤) انظر، المحكمة العليا، غ. أ. ش.، ١٩٩١/٠٦/١٨، رقم ٧٥١٧١، غير منشور، مقتبس عن بلحاج العربي، قانون الأسرة، مبادئ الاجتهاد القضائي وفقا لقرارات المحكمة العليا، ديوان المطبوعات الجامعية، ١٩٩٤، ص. ١٢١.

وهذا ما تبنته أيضا محكمة التعقيب التونسية[١] والمجلس الأعلى المغربي[٢]. وهو ذات الموقف أخذ به كذلك القضاء المصري، حيث عبر عنه صراحة بقوله "...فليس الصغير ملكا لأبيه ولا هو الذي أودعه حاضنته بل الشرع هو الـذي سلطها على حضانة الصغير لمصلحته لا لمصلحة أبيه ولا لمصلحة أي شخص آخر بل للصالح العام..."[٣].

وأمام تلك الآراء وهذه المواقف، ما يجب ملاحظته هو أنها قد جاءت بمبدأ المصلحة دون تقديم تعريف لها ولا تحديد معاييرها. إذ "فحتى القوانين، يقول الأستاذ أحمد الخمليشي، التي تشير إلى مراعاة المحكمة لمصلحة المحضون لم تضع معايير تستند إليها المحكمة في إسناد الحضانة"[٤]. بل والأكثر من ذلك، إذا كان من اعتراف ما للقاضي من دور في البحث عن مصلحة المحضون، فإن هناك من أضعف هذا الدور وأدحض فعاليته بسبب أن هذا الموضوع مـرتبط بعلم الإنسـان الـذي يصعب التحكم فيه، وهذا ما استخلصناه من كلام العميد جون كاكربونيي حينما قال:

« De ce qui est semé dans l'enfant à ce qui lèvera dans l'homme, quelle pseudo-science autoriserait le juge à prophétiser ? ».[٥]

وأما من الجانب القانوني، لم يعرف المشرعون المغاربيون مصلحة المحضون ولم يضبطوا مشمولاتها، إنما اكتفوا في المواد القانونية بالتنصيص عليها بشأن إسناد الحضانة أو إسقاطها. ولكن، هل يجدر بنا الرجوع في هذا المجال إلى مبادئ الشريعة الإسلامية، مصدر إلهام المشرعين المغاربين في مادة الحضانة، ومن ثم تبيان ما المقصود بالمحضون وما هي ماهية مصلحته في هذا الإطار؟ (**المطلب الأول**) أم أن ذلك يتطلب منا تحديد تلك

---

(١) انظر، محكمة التعقيب، ١٩٦٥/١٢/٢٠، قرار مدني عدد ٣٩٨٤، مجلة القضاء والتشريع، ١٩٦٦، عدد ٣، ص. ٤٦؛ ١٩٩٣/٠٣/٠٨، قرار مدني عدد ٣٦٨١٥، نشرية محكمة التعقيب، ١٩٩٣، ص. ٢٩٤.

(٢) انظر، مجلس أعلى، ١٩٧٠/٠٦/٣٠، قرار رقم ١٨، قضاء المجلس الأعلى، عدد ٢١، ص. ٢٨.

(٣) انظر، س ك مصر، ١٩٧١/٠٢/٢٣، مقتبس من أحمد نصر الجندي، ط. ٣، مكتبة رجال القضاء، ١٩٨٢، ص. ٤٣٤.

(٤) انظر، أحمد الخمليشي، الأسرة بين التنظير والواقع، مجلة الحق الفصلية، ١٩٩٥، عدد ١ و٢، ص. ٨٤-٨٥.

(٥) "ما زرع في الطفل وما سيختمر في الرجل، أي علم هذا يسمح للقاضي بالاستنتاج أو بالتنبؤ".

Cf. J. Carbonnier, note sous Paris, ٣٠/٠٤/١٩٥٩, D. ١٩٦٠, p. ٦٧٣.

المبادئ مع الأخذ بعين الاعتبار الواقع المعاش[1]، مما يؤدي إلى تبيان مدى صعوبة حصر مفهوم مصلحة المحضون (**المطلب الثاني**). علما أن هذه المصلحة تقرر كذلك لحماية الطفل في النظم المشابهة للحضانة (**المطلب الثالث**).

المطلب الأول
مفهوم الطفل المحضون

يعد المحضون أي الطفل برعم الحياة، وغدا حقه في هذه الحياة حقا أساسيا يتفرع منه العديد من الحقوق تحميه وتحيطه بالأمان لغاية تأهيله جسديا وعقليا ونفسيا واجتماعيا لتولي زمام أموره والتعرف على واجباته نحو مجتمعه وتجاه الآخرين[2].

وتشكل هذه الحقوق أهمية بالغة في حياة الطفل، إذ فإن حمايتها ومراعاتها تحقق مصلحته. ولكن، بالرغم من هذه الأهمية المتميزة التي يحظى بها الطفل في عالمنا اليوم، وما يستقطبه من اهتمام عالمي واسع بسبب ما يلاقيه أطفال العالم من انتهاكات خطيرة لحقوقهم. ولهذا، ينبغي معرفة من هو الكائن الذي رتبت له هذه الحماية، وفي أي مرحلة عمرية نستطيع أن نقرر أن الشخص هو طفل، ومن ثم يكون مشمول بهذه الحماية؟ ذلك ما ينبغي توضيحه من حيث التعريفات المختلفة للطفل (**الفرع الأول**)؛ وكذا تعريفه القانوني (**الفرع الثاني**).

الفرع الأول
تعريفات مختلفة للطفل

من هو هذا المحضون الذي توخى مصلحته الكثير، وسخرت بغية حمايته الأوراق والحبر؟

---

(١)Car, «les intérêts des enfants constituent une catégorie au contenu aussi vaste que complexe, bien plus qu'une attitude subjective ou une assurance matérielle. Il convient de les apprécier au regard des positions de la morale, des principes juridiques et des exigences sociales. Ces intérêts englobent la bonne éducation des enfants, leur développement harmonieux, l'obligation de cultiver en eux des vertus morales, des habitudes de travail, de les former en vue d'une activité socialement utile». Cf. L. Nenova, Le droit de garde des enfants en Bulgarie, R.I.D.C., ١٩٨٧, n° spéc., p. ٤٥.

(٢) انظر، ممدوح خليل، البحر...، المرجع السابق، ص. ٢٠٦.

كل ما يمكن أن نقوله الآن وكمقدمة أنه ذلك المخلوق الذي يعبّر عنه بالطفل. هذا الأخير، استحوذ على مكانة بالغة من الاهتمام، وشغل فكر الكثير من المفكرين والفقهاء في شتى الدراسات، فكان محل عدة مؤلفات، منها ما وصفته، ومنها ما حدّدت سنه، ومنها ما قسّمت مراحله، ومنها ما استصعب أمر تعريفه. ولهذا فقد عرف الطفل عدّة مفاهيم.

وانطلاقا من هذا، نقوم بعرض التعاريف التي وردت بشأن الطفل والتي لا نستسيغ الحديث عنها إلا إذا عالجناها من الناحية اللّغوية (I)، والاجتماعية (II)، والنّفسية (III)، والاصطلاحية (IV).

I.- التعريف اللغوي للطفل :

ورد تعريف الطفل كالآتي: الطفل جمعه أطفال مؤنث طفلة[١]؛ وهو الولد الصغير للمفرد والجمع[٢] والمذكر والمؤنث[٣].

وهو ذكر أو أنثى في سن صغيرة[٤] ومصدره في اللغة الفرنسية بالتعبير اللاتيني "infans" ومعناه الذي لا يتكلم بعد[٥].

وهو المولود ما دام ناعما رخصا[٦] وهو أيضا الولد حتى البلوغ[٧]، ولذلك قيل "يبقى هذا الاسم له حتى يميز، وحتى لا يقال له بعد ذلك طفل، بل صبي، كما يقال له

---

(١) انظر، لويس معلوف، ص. ٤٦٧؛ القاموس الجديد للطلاب، المرجع السابق، ص. ٦١١.

(٢) كما ورد في لفظ القرآن الكريم في سورة الحج الآية ٣١ "أو الطفل الذين لم يظهروا على عورات النساء"، والطفل هنا "جنس وضع موضع الجمع اكتفاء بدلالة الوصف"، انظر، إسماعيل حقي البروسوي، تفسير روح البيان، المجلد السّادس، دار الفكر، ص. ٧ و١٤٤.

(٣) انظر، الرائد، معجم...، المرجع السابق، ص. ٩٧٢.

(٤)Enfant : garçon, fille en bas âge, latin infans, qui ne parle pas encore, cf. Grand Larousse Encyclopédique.Desf-Filao, T.٤, Librairie Larousse, Paris, ١٩٦١ (ENF); Y. Leguy, L'intérêt personnel de l'enfant et les relations familiales, th. Rennes , ١٩٧٣, p.٢٢.

(٥)Y. Leguy, op. cit., th. Rennes, p.٢٢.

(٦) "والطفل الولد ناعما كما في المفردات"، انظر، إسماعيل حقي البروسوي، المرجع السابق ، المجلد السادس، دار الفكر، ص. ٦-٧ و١٤٤؛ القاموس الجديد للطلاب، المرجع السابق، ص. ٦١١.

(٧) انظر، القاموس الجديد للطلاب، ص. ٦١١.

طفل حتى يحتلم"[١].

وذكر أن حد الطفل من أول ما يولد إلى أن يستهل صارخا إلى انقضاء ستة أعوام[٢].

ويطلق أيضا الطفل على كل صغير وكل جزء من كل شيء[٣].

والطفل إنسان في سن الطفولة[٤]. وهذه الأخيرة حالة الطفل من طور نعومته[٥] أو أولى فترة حياة الإنسان من الولادة إلى المراهقة[٦].

II.- تعريف الطفل في علم الاجتماع :

اعتمد مفكرو علم الاجتماع في دراستهم للطفل على معايير مختلفة بسبب تعدد المجتمعات وتزايل طبيعتها، فكانت التعريفات حول الطفل متعددة ومختلفة حتما. فبعضهم لجأ إلى تحديد سن الطفولة (الفريق الأوّل)، وآخرون قسموا مراحلها (الفريق الثاني)، ومنهم من وصف الطِّفل داخل المجتمع (الفريق الثالث).

فأما الفريق الأول، رأى أن الطفولة تبدأ من الولادة إلى غاية ١٣ أو ١٥ أو١٨[٧]. وهذا المعنى ورد أيضا في قاموس علم الاجتماع بأن "الطفولة فترة الحياة التي تبدأ منذ الميلاد حتى الرشد. وهي تختلف من ثقافة إلى أخرى، فقد تنتهي الطفولة عند البلوغ أو

---

(١) انظر، المنجد في اللغة والإعلام، ط. ٣٦، دار المشرق، بيروت،١٩٩٧، ص. ٤٦٨، وبهذا المعنى ورد الطفل في سورة النور، الآية ٣١. راجع بشأن ذلك، سيد قطب، في ظلال القرآن، ج. ٤، دار الشوق، ١٩٧٨، ص. ٢٥١٤.

(٢) انظر، المولى الفناري في تفسير الفاتحة، مقتبس عن إسماعيل حقي البروسوي، المرجع السابق ، دار الفكر، ص.٦-٧ و١٤٤.

(٣) انظر، المنجد في اللغة و الأدب و العلوم، ص. ٤٦٧؛ القاموس الجديد للطلاب، المرجع السابق، ص. ٦١١؛ الرائد، معجم...، المرجع السابق، ص. ٩٧٢.

(٤)Enfant, être humain dans l'âge de l'enfance, cf.,Paul Robert, Petit Robert ١, Dictionnaire., édit. Société du nouveau Littré, Paris, ١٩٧٨, p. ٦٤١.

(٥) انظر، القاموس الجديد للطلاب، ص. ٦١١.

(٦)Première période de la vie humaine, de la naissance à l'adolescence ; Figuré, première période d'existence d'une chose, commencement, début, origine, cf. Paul Robert, op. cit., p. ٦٤١; Didier Julia, Dictionnaire de la philosophie, Librairie Larousse, Paris, ١٩٦٤, p.٨٢.

(٧) انظر، عبد الله مجيدل، حقوق الطفل التربوية في الجمهورية العربية السورية، دراسة ميدانية، كلية التربية، جامعة دمشق، مجلة اتحاد الجامعات العربية، ٢٠٠١، عدد ٣٨، ص. ١٩٢.

عند الزواج أو يصطلح على سن محددة لها"[١] . وخلافا للرأيين المذكورين اللذين حددا الطفولة من الولادة، ذهب اتجاه إلى أن الطفولة تبدأ بعد سن الثانية وتستمر إلى غاية سن الثانية عشرة[٢] . والملاحظ في الأخير، أن طول مرحلة الطفولة أو قصرها يرتبط ارتباطا وثيقا بظروف المجتمع ومدى تفوقه الاجتماعي والثقافي والاقتصادي[٣] .

وعرف الفريق الثاني الطفل بتتبع النمو الاجتماعي له عن طريق تقسيم عملية التقدم الاجتماعي إلى مراحل. ولم يكن هذا التقسيم واحدا، إذ هناك من بادر بثلاث مراحل[٤]، وهناك من جاء بأربع مراحل[٥] وهناك من رأى خمس مراحل[٦] . ولا شك أن هذه

---

(١) انظر، عاطف غيث، قاموس علم الاجتماع، مادة "طفل "، الهيئة المصرية العامة للكتاب بمصر، ١٩٧٩، ص.٥٥.

(٢) رأي روبرت واليزابت شال، راجع الدويبي، حقوق الطفل ورعايته، ١٩٩٢، ص. ١٢، مقتبس عن عبد الله مجيدل، المرجع السابق، ص. ١٩٣.

(٣) انظر، عبد العزيز مخيمر عبد الهادي، اتفاقية حقوق الطفل خطوة إلى الأمام أم إلى الوراء، مجلة الحقوق، ١٩٩٣، عددان ١و٢، ص.١٣٧؛ عبد الله مجيدل، المرجع السابق، ص. ١٩٣.

(٤) جاء بهذا التقسيم الدكتور عاطف غيث حيث يتضمن ما يلي :

*- المرحلة الأولى: من الميلاد حتى نهاية سن الرضاعة وتسمى بـ " الطفولة المبكرة "؛

*- المرحلة الثانية: من سن الرابعة و الخامسة حتى سن العاشرة ، يطلق عليها " الطفولة المتأخرة "؛

*- المرحلة الثالثة: من العاشرة حتى سن الخامسة عشرة و يطلق عليها "مرحلة المراهقة وما قبلها". انظر عبد الخالق محمد عفيفي، الخدمة الاجتماعية المعاصرة في مجال الأسرة والطفولة، مكتبة عين الشمس، القاهرة،١٩٩٩-٢٠٠٠، ص. ٣١٣-٣١٦.

(٥) رأت لويز بيان أن الطفولة تنقسم إلى:

*- الطفولة الأولى: من الميلاد إلى ثلاث سنوات؛

*- الطفولة الثانية: من ثلاث إلى ست سنوات؛

*- الطفولة الثالثة: من ست سنوات إلى إحدى عشرة سنة ؛

*- المرحلة الرابعة: نحو المراهقة.

Cf. L.Pepin, L'enfant dans le monde actuel, sa psychologie, sa vie, ses problèmes, édit. Bordas Pédagogie, Paris, ١٩٧٧, pp. ٩-١٥.

(٦) وهي:

*- المرحلة الأولى: وهي مرحلة المهد أو الرضاعة وتمتد من الميلاد حتى نهاية السنة الثانية: وهذه الفترة تعتبر بداية السلوك الاجتماعي.

*- المرحلة الثانية: ويطلق عليها أحيانا مرحلة ما قبل الجماعات أو سنوات ما قبل المدرسة،

الدراسات التي لجأت إلى التقسيم تعكس بحق مدى الاهتمام الكبير والعناية الخاصة بالطفل، لأن المسألة تتعلق بمصير مجتمع وحتى بمستقبل البشرية.

وتساءل الفريق الثالث حول ما إذا كانت الطفولة شريحة عمرية أو فئة اجتماعية[١] وتوصل إلى أن الطفل "عنصر داخل خلية اجتماعية وهي الأسرة، وله مكانة ودور يحددان وضعيته الوجودية والاجتماعية، فضعفه أو قوته يتلونان حسب مكانة ودور أسرته في المجتمع الشامل"[٢] ؛ وأنه كائن اجتماعي منذ لحظة ولادته، بل وحتى قبل مولده يكون له مؤثرات هامة في حياة من يعيشون حوله[٣].

هذه نظرة علماء الاجتماع للطفل، فهل هي نفسها عند علماء النفس ؟

III.- تعريف الطفل عند علماء النفس :

يعتبر علماء النفس، على خلاف علماء الاجتماع، الإنسان طفلا، ليس من وقت ولادته، وإنما من وقت تكوينه في بطن أمه، وهو جنين، لأن مرحلة التكوين في نظرهم، أخطر مراحل عمره على الإطلاق[٤]. ولهذا، رأى "جيزل" (Gesell)، أن الطفولة

وتشمل السنوات من الثانية حتى السادسة وفيها يرتقي الطفل إلى مرحلة اجتماعية واضحة.

*- المرحلة الثالثة: وتسمى مرحلة التجمع، تبدأ تقريبا من سن السادسة وتستمر حتى حوالي الثانية عشرة.

*-المرحلة الرابعة: وتسمى المرحلة السلبية، وتكون بين الحادية عشرة والثالثة عشرة بالنسبة للبنات، والثالثة عشرة حتى الخامسة عشرة للبنين وتتسم هذه المرحلة بتخلف واضح في عملية التكيف الاجتماعي. فثمة اتجاهات خطيرة نحو الأسرة والبيت والآباء والمجتمع.

*- المرحلة الخامسة: مع البلوغ تبدأ المراهقة؛ وتمتد هذه المرحلة عادة من الثانية عشرة حتى حوالي سن العشرين. وهي مرحلة التحول من الطفولة إلى النضج. انظر، محمود حسن، الأسرة ومشكلاتها ، دار النهضة العربية، ١٩٦٧، ص. ٣٣٨-٣٣٩. للمزيد من التفاصيل حول مرحلة المراهقة، راجع هلالي عبد الإله أحمد عبد العال، حقوق الطفولة في الشريعة الإسلامية مقارنة بالقانون الوضعي، رسالة الدكتوراه، القاهرة، ١٩٩٤، ص. ٦٣-٦٤.

(١) انظر، محمد باشوش، أطفال الشوارع في تونس، المجلة التونسية للعلوم الاجتماعية، ١٩٩٢، عدد ١٠٩، ص.٧٨.

(٢) انظر، محمد باشوش، المرجع السابق، ص. ٧٩.

(٣) انظر، محمود حسن، المرجع السابق، ص. ٣٣٦.

(٤) انظر، آمال صادق وفؤاد أبو حطب، نمو الإنسان من مرحلة الجنين إلى مرحلة المسنين، ط.١، ١٩٨٨، (بدون دار الطبع)،ص. ١٥١.

الإنسانية تمتد من ٠ إلى الولادة حتى ٢٥ سنة تقريبا[١] . وتأسيسا على ذلك، فإن طور الطفولة يبدأ بالمرحلة الجنينية وينتهي ببداية البلوغ الجنسي، عند البعض[٢]، وقد تفوق هذه السن عند البعض الآخر، كما سبق ذكره.

وجاء الفقه بتعريفات أخرى للطفل.

IV.- التعريف الاصطلاحي للطفل :

اتفق جل الفقهاء على أن الطفل كائن ضعيف[٣] وقاصر بالطبيعة[٤]. وقد تعززت صحة هذا القول، وتيقنت حقيقته من قبل في القرآن الكريم في قوله عز وجل (وَلْيَخْشَ الَّذِينَ لَوْ تَرَكُوا مِنْ خَلْفِهِمْ ذُرِّيَّةً ضِعَافًا)[٥]، (وَخُلِقَ الْإِنْسَانُ ضَعِيفًا)[٦] وأيضا (اللَّهُ الَّذِي خَلَقَكُمْ مِنْ ضَعْفٍ ثُمَّ جَعَلَ مِنْ بَعْدِ ضَعْفٍ قُوَّةً ثُمَّ جَعَلَ مِنْ بَعْدِ قُوَّةٍ ضَعْفًا

R. Debré, Préface, in C. Lepage et F. Pagès, En attendant bébé, Parents/ Mercure de France, ١٩٨٨, pp.٧-٨.

(١)Cf. Grand Larousse encyclopédique, t. ٤, op. cit., « Enfant ».

(٢) انظر، هلالي عبد العال، المرجع السابق، رسالة دكتوراه، ص. ٥٩؛ نبيلة إسماعيل رسلان، المرجع السابق، ص. ٣٨.

(٣) انظر،محمد أبو زهرة ، الولاية على النفس، المرجع السابق، ص. ٩؛ متولي موسى، المرجع السابق، ص. ٤٥.

Cf. Y. Leguy, op. cit., th. Rennes, p. ٢٢; P. Victor, op. cit., th., p. ٤٣ ; F. Belkhenchir, Rôle des associations dans la promotion et la défense des droits de l'enfant, R.A.S.J.E.P., ٢٠٠٠, n°١, pp.٢٧١-٢٧٢ ; S. Fremeaux, op.cit., p.٦٧ ; I. Pacha, op. cit., th., p. ٣٢; M. Delmas-Marty, Le droit de la famille, collection Que Sais-je ?,١٩٧٢, pp.٣٦-٣٧; Fondation Belkhenchir, L'enfant et ses droits, p.١٦.

(٤)Cf. P. Victor, op. cit., th., p.٤٢.

(٥) سورة النساء، الآية ٩، وفسرت(ذُرِّيَّةً ضِعَافًا) ، أولادا صغارا. انظر، الإمامين الجليلين جلال الدين محمد بن أحمد المحلي وجلال الدين عبد الرحمن بن أبي بكر السيوطي، القرآن الكريم، تفسير، مذيل بكتاب لباب النقول في أسباب النزول للسيوطي، المكتبة الشعبية، دمشق، ١٣٨٥ هـ ص. ١٠٣.

(٦) سورة النساء، الآية ٢٨. من بين التفسيرين اللذين أعطاهما الإمام محمد أبو زهرة لهذه الآية هو أن الإنسان ينشأ في هذا الوجود ضعيفا، لا يقوى على الانفراد بمواجهته إلا بعد زمن ليس بالقصير. انظر محمد أبو زهرة ، الولاية على النفس ، المرجع السابق، ص.٩.

وَشَيْبَةً)[١].

وقد تحدث الأستاذ فيكتور عن الطفل بوجه قانوني عبر فيه عن صفات الطفل؛ فذكر بأن الطفل ليست له تجربة في الحياة ولا يسمح له ذكاؤه بالعيش دون سند، ولا يستطيع التصرف في شخصه بعقلانية ولا إدارة أمواله بحكمة[٢]. فإذن، وصف الطفل بحالة الضعف يستوجب تقديم العون له عن طريق إجراءات خاصة لحماية مصلحته التي لا يستطيع هو بنفسه الدفاع عنها[٣]. وفي هذا الشأن قال جان جاك روسو: "نولد ضعفاء، نحتاج إلى قوة؛ نولد مجردين من كل شئ، نحتاج إلى مساعدة؛ نولد سخفاء، نحتاج إلى حكم"[٤]. والإسعاف الأولي الذي نمده للطفل ليتقوى فيستقل بنفسه ثم يزول ضعفه، هو حضانته؛ أفليست الحضانة رعاية ضعف الضّعفاء.

هذا وقد بدا مفهوم الطفل للبعض أمرا يصعب تحديده[٥]، بل وتساءل آخرون عن وقت اكتساب الإنسان صفة الطفل[٦].

إن هذه الإشكاليات التي اعترضت جانب من الفقه، لم تتصدأ لآخرين. فقد سعى هؤلاء إلى تعريفه وكان ذلك برؤى مختلفة.

فقد نظر فريق إلى الطفل على أنه شخص منفصل بذاته[٧] يجب معاملته حسب

(١) سورة الروم، الآية ٥٤. فسر الضعف الأول الوارد في الآية بماء مهين، والثاني بضعف الطفولة، والثالث بضعف الكبير. الإمامين الجليلين جلال الدين محمد بن أحمد المحلي وجلال الدين عبد الرحمن بن أبي بكر السيوطي، المرجع السابق، ص. ٥٤١.

(٢)Cf. P.Victor, op.cit., th., p. ٤٣.

(٣)Cf. Y.Leguy, op. cit., th. Rennes, p. ٢٢.

(٤)« Nous naissons faibles, nous avons besoin de force, nous naissons dépourvu de tout, nous avons besoin d'assistance, nous naissons stupides, nous avons besoin de jugement ». J.J. Rousseau, cité par M. Delmas-Marty, op.cit., pp. ٣٦-٣٧.

(٥) انظر، منصور يوسف علي، محاضرات في قضايا الأسرة والطفولة، المكتب الجامعي الحديث، مصر، ١٩٩٩، ص. ٨٨.

(٦)Cf. Fondation Belkhenchir, op. cit., p. ١٤.

(٧)Cf. A. Vaissier-Catarame, L'audition de l'enfant en justice, in Droit de l'enfant et de la famille, Presses Universitaires de Nancy,١٩٩٧ , p. ١٦٣.

معايير جديدة[1] لأنه الزريدة الأضعف للمجتمع[2]. ولم يعرف آخرون تعريف الطفل إلا بتعريف الطفولة، فكانت من بين التعاريف التي انتقيناها ما يلي : الأول عرفها بأنها "الفترة من حياة الصغار منذ الميلاد إلى أن يكتمل نموهم ويصلوا إلى مرحلة النضوج"[3] ؛ والثاني، "تلك المرحلة الأولى من مراحل نمو الإنسان والتي يعتمد فيها الطفل على غيره تأمين متطلباته الحياتية"[4]، والثالث، بأنها "تلك المرحلة التي تبدأ بتكوين الجنين في بطن أمه وتنتهي بالبلوغ في سن خمس عشرة سنة تقريبا،وتلك على رأي الجمهور ووفقا لمعطيات علم نفس النمو"[5].

وقد تعرض بعض الفقه إلى الطفل من حيث كينونته على أنه "إنسان كامل الخلق والتكوين يولد مزودا بكل الملكات والقدرات والحواس والصفات البشرية والإنسانية"[6] وراح يذكر قدراته على التفكير والنطق وملكاته من إرادة وعاطفة. وخالفه آخر على أن الطفل كائن لم يكمل نموه بعد له احتياجاته المادية والعاطفية[7].

ورأى جانب من الفقه أن الضابط في تعريف الطفل هو معرفة سنه التي بواسطتها تتحدد صفة الطفل أو تنفى[8]، فجعل أقصاها ثماني عشرة سنة ميلادية كاملة ما لم يبلغ سن الرّشد بأحكام خاصّة[9] ؛ وقد اعتمد في ذلك على النّصوص الدّاخلية أو الدّولية.

---

(١)Cf. R.H. Gerraud, L'enfant et ses droits, Faits Humains, l'enfant dans la famille et la société françaises du moyen âge à nos jours, p. ٢١, cité par N. Aït-Zaï, L'abandon d'enfant et la loi, in R.A.S.J.E.P., ١٩٩١, n°٣, p. ٤٧٣.

(٢)Cf. F .Belkhenchir, op. cit., pp. ٢٧١-٢٧٢.

(٣) انظر، عبد العزيز مخيمر عبد الهادي، المرجع السابق، ص. ١٣٧.

(٤) انظر،كمال لدرع، مدى الحماية القانونية للطفل في قانون الأسرة الجزائري، م.ج.ع.ق.أ.س.،٢٠٠١، عدد ١، ص. ٤٣.

(٥) انظر، هلالي عبد العال، رسالة دكتوراه، المرجع السابق، ص.٦٧.

(٦) انظر،حسني نصار، تشريعات...، المرجع السابق، ص.١٧ وما بعدها؛ الشحات إبراهيم محمد منصور، حقوق الطفل و آثارها في الشريعة الإسلامية والقوانين الوضعية، دار النهضة العربية،٢٠٠١، ص. ٩.

(٧) انظر، عبد الله مجيدل، المرجع السابق، ص. ١٩٣.

(٨) انظر، عصام أنور سليم ، حقوق الطفل، المكتبة القانونية، الناشر المكتب الجامعي الحديث، ٢٠٠١، ص. ١١٨.

(٩) انظر، نجيبة الشريف بن مراد، المرجع السابق ، ص. ٨٦؛ رضا خماخم، المرجع السابق، ص. ١٤٣.

والجدير بالملاحظة، أن هناك من ربط مصطلح "الطفل" بتسمية قانونية أخرى هي "القاصر"[١] واعتبرها مرادفة له[٢] ولهذا عرفه من خلال القاصر وهذا ما قام به جانب من الفقه حيث عرّف القصر بأنّها فترة زمنية متغيرة نسبيا والتي تمتدّ من ولادة الإنسان إلى بلوغه[٣].

ويتحقق البلوغ في الفقه الإسلامي بالمظاهر الطبيعية المتعلقة بالرجولة والأنوثة. فإن لم تظهر الأمارات الطبيعية، فيتحدد البلوغ بالسن، ووفقا لرأي الجمهور، فإن سن البلوغ هي الخامس عشرة، بينما حددها الإمام أبوحنيفة والمشهور في مذهب الإمام مالك بثماني عشرة سنة[٤].

ولنا أن نتساءل هنا، هل التشريعات المغاربية أخذت هي الأخرى بهذا المصطلح للتدليل على الطفل ؟ هذا ما سنراه في الفقرة الموالية.

الفرع الثاني
التعريف القانوني للطفل

نعرف في هذا الفرع الطفل في القانون الدولي من جهة، (I) وفي القوانين الوطنية، من جهة أخرى (II).

---

(١) القاصر لغة هو كل من كان عاجزا أو غير قادر في ميدان من الميادين، انظر، ابن منظور، لسان العرب، ج. ٥، ط. ١، دار صادر، (بدون سنة الطبع)، ص.٩٧.

(٢)Cf. Y. Leguy, op. cit., th., p.٢٢ ; L'article ٣٨٨ de la loi ٧٤-٦٣١ du ٠٥/٠٧/١٩٧٤ dispose « Le mineur est l'individu de l'un ou de l'autre sexe qui n'a point encore l'âge de dix huit ans accomplis ».

(٣)Cf. I. Pacha, op. cit., th. , p. ١٠٧.

واعتبرت مجموعة من الفقه الطفل هو الصغير دون سن الرشد، انظر، عبد الرزاق أحمد السنهوري، الوسيط في شرح القانون المدني الجديد، نظرية الالتزام بوجه عام، المجلد الأول، منشورات دار إحياء التراث العربي، بيروت، ص.٩٩٥-٩٩٨؛ عبد الله الأحمدي، حقوق الإنسان والحريات العامة في القانون التونسي، طبع شركة أوربيس للطباعة والنشر، تونس ،١٩٩٣، ص. ٣٢٩-٣٣٠.

(٤) انظر، محمد أبو زهرة، الجريمة والعقوبة في الفقه الإسلامي، ج.١، الجريمة، ص. ٣٣٧؛ عبد القادر عودة، التشريع الجنائي الإسلامي مقارنا بالقانون الوضعي، ج.١، دار العروبة، القاهرة، ١٩٦٣، ص. ٦٠١ .

I.- تعريف الطفل في القانون الدولي :

لقد أدرك المجتمع الدولي الدور الذي يلعبه الطفل في مصير الإنسانية(١)، وتفهم عمق المسألة وخطورتها، ومن أجل هذا اهتم بالطفل أحسن اهتمام واعتبره شخصا من أشخاص القانون الدولي العام(٢)، فسخر له الإعلانات والمواثيق والاتفاقيات لتذيع حقوقه وتظهرها وتدافع عنها. وقد كرست هذه النصوص مفهوم الطفل بالسن. وهذا ما قامت به اتفاقية الأمم المتحدة لحقوق الطفل(٣)، وتبعها في ذلك البروتوكول الملحق باتفاقية الأمم

(١) راجع بشأن هذه المسألة، حمليل صالح، المركز القانوني للطفل المهمل في المواثيق الدولية والقانون الجزائري، رسالة دكتوراه، كلية الحقوق، جامعة سيدي بلعباس، ٢٠٠٤/٢٠٠٥، ص. ٢٣ وما بعدها.

(٢) انظر، حسنى نصار، المرجع السابق، ص. ٥٩.

Cf. C. Chabert, L'applicabilité directe de la convention de New-York sur les droits de l'enfant : une question en voie de réexamen ?, R.R.J., Presses Universitaires d'Aix-Marseille, droit prospectif, ١٩٩٨, p. ٦١٥.

تبنت الأمم المتحدة هذه الاتفاقية في ١٩٨٩/١١/٢٠ وأمضيت في نيويورك في ١٩٩٠/٠١/٢٦ ودخلت حيز التنفيذ في ٠٩/٠٦/، ١٩٩٠. وصادقت عليها الجزائر بمقتضى المرسوم الرئاسي رقم ٩٢-٤٦١ المؤرخ في ١٩٩٢/١٢/١٩. انظر، الجريدة الرسمية عدد ٩١ المؤرخة في ١٩٩٢/١٢/٢٣، ص. ١٨٨٥-١٨٩٤.

(٣)Document des Nations Unies, C.R.C./ C /٢/ Rev., ٥ -٣٠ juillet ١٩٩٦, et spécialement p. ٦, cité par C. Chabert, op. cit., p. ٦١٥.

نصت المادة الأولى من هذه الاتفاقية على أن "لأغراض هذه الاتفاقية، يعني الطفل كل إنسان لم يتجاوز الثامنة عشرة، ما لم يبلغ سن الرشد قبل ذلك بموجب القانون المنطبق عليه". وقد صادقت تونس على هذه الاتفاقية في ١٩٩١/١١/٢٩ بالقانون رقم ١٩٩١/٩٢.انظر أمر عدد ١٨٦٥ لسنة ١٩٩١ المؤرخ في ١٩٩١/١٢/١٠ المتعلق بنشر اتفاقية الأمم المتحدة لحقوق الطفل، الرائد عدد ٨٤ المؤرخ في ١٩٩١/١٢/١٠، ص.١٦٥٨ وما بعدها. وبعد سنة من انضمام تونس إلى هذه الاتفاقية، صادقت الجزائر عليها بتاريخ ١٩٩٢/١٢/١٩. انظر، مرسوم رئاسي رقم ٩٢-٤٦١ المؤرخ في ١٩٩٢/١٢/١٩ المتضمن المصادقة مع التصريحات التفسيرية على اتفاقية حقوق الطفل التي وافقت عليها الجمعية العامة للأمم المتحدة بتاريخ ١٩٨٩/١١/٢٠، ج. ر.، عدد ٩١، ص.٢٣١٨. أما المغرب، فحسب معلوماتنا، فلم يصادق إلا على الإعلان العالمي لبقاء الطفل وحمايته وتطوره وذلك في ١٩٩٢/٠٢/٠٣. انظر،

A. Boudahraïn, Au regard de la convention sur les droits de l'enfant, une protection illusoire par la législation marocaine, in la protection juridique et sociale de l'enfant, édit. Bruylant, Bruxelles, ١٩٩٣, p.١٥٨.

المتحدة لمكافحة الجريمة المنظمة العابرة للحدود الوطنية في مادته الثالثة[١]، واتفاقية لاهاي لعام ١٩٩٣ المتعلقة بالتبني[٢]، والإطار العربي لحقوق الطفل لعام ٢٠٠١ في بنده الأول[٣]، والميثاق الإفريقي لحقوق الطفل ورفاهيته لعام ١٩٩٠ في مادته الثانية[٤]؛ واتفقت كلها على أنه كل إنسان لم يتجاوز الثامن عشرة سنة.

وقد انعرج عن هذا الإجماع اتفاقية لاهاي لسنة ١٩٥٦ المتعلقة بالغذاء والتي حددت الحد الأقصى للطفل بـ ٢١ سنة، وكذا ميثاق حقوق الطفل العربي لسنة ١٩٨٣ والذي بين في مقدمته أن السن الأقصى للطفولة هي خمس عشرة سنة[٥]. وأخيرا، اتفاقيتا لاهاي ولوكسمبورغ المتعلقتان بالاختطاف الدولي للقصر واللتان جعلتاها ١٦ سنة[٦].

وهكذا، يمكن القول بأن المجتمع الدولي بالرغم من مجهوداته المبذولة في سبيل رعاية الطفل وترقيته لم يستطع أن يوحد تعريفه. وهذا الأمر لم يقتصر على نهاية مرحلة الطفولة، بل كان التحفظ يدور أيضا حول بدايتها وهذا ما لمسناه في اتفاقية نيويورك التي لم تذكر في مادتها الأولى الطفل في مرحلة ما قبل الولادة، ولكن شملته في ديباجتها عند قوله "أن الطفل... يحتاج إلى... حماية قانونية مناسبة، قبل الولادة وبعدها"[٧].

---

(١) والمتعلق بمنع مكافحة الاتجار في الأشخاص وبصفة خاصة النساء والأطفال الموقع في باليرمو في ديسمبر ٢٠٠٠. انظر، شريف سيد كامل، الحماية الجنائية للأطفال، ط.١، دار النهضة العربية،٢٠٠١، ص.١-٢.

(٢) Sur cette question, cf. I. Barrière-Brousse, L'enfant et les conventions internationales, J.D.I., ١٩٩٦, p. ٨٤٦.

(٣) نص البند الأول من الأهداف العامة "تكريس مفهوم الحقوق للطفل حتى إتمام سن الثامنة عشر ..." الإطار العربي لحقوق الطفل، جامعة الدول العربية، الإدارة العامة للشؤون الاجتماعية والثقافية، إدارة الطفولة، ٢٠٠١/٠٣/٢٨، ص.١٦.

(٤) انظر، فاطمة شحاتة أحمد زيدان، المرجع السابق، رسالة دكتوراه، ص.١٢.

(٥) لقد ورد في مقدمة هذا الميثاق بأن "هدف الميثاق هو تحقيق تنمية ورعاية وحماية شاملة وكاملة لكل طفل عربي من يوم مولده إلى بلوغه سن الخامسة عشر من العمر". انظر، ميثاق حقوق الطفل العربي ١٩٨٣، جامعة الدول العربية، الأمانة العامة، الإدارة العامة للشؤون الاجتماعية والثقافية، وثيقة رقم ٤، ص.٤.

(٦)Cf. I. Barrière-Brousse, op. cit., p. ٨٤٦.

(٧) ويبدو أن إدخال الجنين ضمن تعريف الطفل في ديباجة هذه الاتفاقية كان بطلب من الدول

ولا بأس، فضلا عما قلناه، أن نضيف في هذا الصدد تعليقا تقدم به أحد الفقهاء، الذي لم ير في إضفاء صفة الطفل على إنسان في سن الثامنة عشر أمرا ملائما ولا صحيحا، وخاصة وأن العلم في تطور، والأصوب عنده أن يوصف بالمراهق[(١)]. ونحن لن نخطئ هذا القول لأنه ينطوي على كثير من الصحة؛ ولكن يكفي أن نذكر ثم نشير إلى أن تعاريف القانون وتعاريف العلوم الأخرى مختلفة، هذا من جهة. ومن جهة أخرى، إن الله جل وتعالى فطر الناس ولاسيما الوالدين على الاهتمام بالطفل؛ وأن القوانين والتشريعات، والنّصوص عامة، جاءت لإبراز تلك الغريزة وتكملتها بحفظ تلك الحقوق وإقامة وسائل لحمايتها وإقرار جزاء مناسب عند انتهاكها.

ولهذا، وعلى هذا الأساس، لا مانع من تمديد سن الطفولة إلى الثّامنة عشرة إذا فرضت الظروف الاجتماعية والنمو الاقتصادي ذلك، بل إذا طلب الطفل المزيد من الرعاية والحنان وخاصة إذا عاش في أسرة لا تعرف إلا التفكك والانشقاق. فمصلحته، لاشك، تنادي بأن تمدد هذه الحماية إلى أقصى مدة.

وآخر ما نسجّله هو أن القانون الدولي لم يعرف الطفل ولم يبين تقسيمات مراحل الطفولة وإنما اكتفى بتحديد سنه. فهل الأمر كذلك في القانون الداخلي ؟ الإجابة عن هذا السؤال تكون في النقطة الموالية.

II.- تعريف الطفل في القوانين الوطنية :

لتحديد تعريف الطفل، نرى ضرورة تناول النقطتين التاليتين: تعريف الطفل في القوانين المغاربية المختلفة (آ)، ثم تعريف المحضون في القوانين المغاربية للأسرة (ب).

آ.- تعريف الطفل في القوانين المغاربية المختلفة

بادئ ذي بدء نشير إلى أن التشريعات تتباين في التسمية التي تعطيها للطفل، بل وتختلف أيضا حتى داخل الدولة الواحدة حسب الموضوع المنظم ولعل حتى السلطة المختصة فأحيانا يعبر عنه بالطفل[(٢)] وبالقاصر

=

الإسلامية ودول أمريكا اللاتينية.

Cf. G. Raymond, La convention des nations unies sur les droits de l'enfant et le droit français, J.C.P., ٣٤٥١, para. ٠٤.

(١) انظر، هلالي عبد العال، المرجع السابق، رسالة دكتوراه، ص.٦٣.

(٢) انظر، الفصل ١٣ من ظهير ١٩٤٧/٠٧/٠٢ المتعلق بتنظيم العمل.

أيضا[١] وتارة بالحدث[٢] وطورا بالصغير[٣] وحتى بالصبي[٤] وبالغلام. تسميات كثيرة لشخص واحد! وأمام هذا الترادف، لن نلبث عاجزين، بل نختار مصطلحا واحدا نقف عنده ونفضل أن يكون "الطفل".

ورجوعا إلى ما نحن خوض البحث عنه، نقول أن القوانين المغاربية سارت على درب القانون الدولي بشأن تعريف الطفل، حيث اعتمدت هي الأخرى على السن لفصل الطفل عن غيره من الفئات[٥] . وقد برزت تونس أكثر في هذا الموضوع بفضل الاستثمار الذي أنجزته لفائدة أطفال الغد[٦] والمتمثل في مجلة حماية الطفل الصادرة سنة ١٩٩٥[٧]

---

(١) انظر، المادة ١٥ من قانون ٩٠-١١ المؤرخ في ١٩٩٠/٠٤/٢١ المتعلق بعلاقات العمل، الجريدة الرسمية، عدد ١٧ لسنة ١٩٩٠.

(٢) انظر، راشد راشد، شرح علاقات العمل الفردية والجماعية في ضوء التشريع الجزائري، د.م.ج.،١٩٩١، ص.٧١؛ عبد الرحمن عزاوي، السن القانونية للعمل والحماية المقررة لصغار السن وفقا لقانون علاقات العمل الجزائري، م.ج.ع.ق.إ.س.، ١٩٩٥، عدد ٠٢، ص.٣٨٩.
وحداثة السن كناية عن الشباب وأول العمر، فيقال شاب حدث فتي السن، ورجال أحداث السن وحدثانها وحدثاؤها. ويقال هؤلاء قوم حدثان جمع حدث وهو الفتي السن وكل فتى من الناس والدواب والإبل حدث؛ والأنثى حدثة. انظر، ابن منظور، المرجع السابق، ص. ٧٩٦-٧٩٧. الحدوثة: الحداثة. الحدثان: أول الأمر وابتداؤه. انظر، لويس معلوف، المرجع السابق، ص.١٢١.

(٣) عبر الفقه عن الطفل العامل بصغير السن و الحدث والقاصر. انظر، عبد الرحمن عزاوي ، المرجع السابق، ص.٣٨٨ و٣٩٣.

(٤) انظر، المادة ١٤٤ من قانون العمل المصري لسنة ١٩٨١. راجع، هلالي عبد العال ، المرجع السابق، رسالة دكتوراه، ص.٦٤.

(٥) راجع بشأن التشريعات العربية الآخذة بهذه السن، فوزية عبد الستار، المعاملة الجنائية للطفل، دراسة مقارنة، دار النهضة العربية، ١٩٧٧، ص.٣٩. وراجع بشأن التشريعات الأوربية التي أخذت بهذه القاعدة:

C. Lazerges, Quel droit pénal des mineurs pour l'Europe de demain ?, in Mélanges offerts à G. Levasseur, édit. Litec, Paris, ١٩٩٢, p. ٤٣٩-٤٤٠.

(٦) انظر، رضا خماخم، المرجع السابق، ص. ١٤.

(٧) ونهج المنهج ذاته المشرع المصري، حيث نص في المادة ٢ من قانون الطفل رقم ١٢ لسنة ١٩٩٦ على أنه "يقصد بالطفل في مجال الرعاية المنصوص عليها في هذا القانون كل من لم يبلغ ثماني عشرة سنة ميلادية كاملة. ويكون إثبات سن الطفل بموجب شهادة ميلاده أو بطاقة شخصية أو.

والذي أظهر بحق رغبتها في ضمان احترام حقوق هذا الكائن[١]، وكان ذلك عن طريق إرساء نسق تدرجي يستجيب لواقعها ومطامحها من جهة، وينسجم مع أحدث التوجهات في القانون المقارن، ومع آخر ما صدر عن الأمم المتحدة من جهة أخرى[٢] . والمقصود بالطفل على معنى هذه المجلة "كل إنسان عمره أقل من ثمانية عشر عاما ما لم يبلغ سن الرشد بمقتضى أحكام خاصة"[٣] . وبهذه السن خرجت تونس عن المادة السابعة من مجلة الالتزامات والعقود التي حددت سن الرشد بعشرين سنة[٤] .

وتجدر الإشارة إلى أن المشرعين الجزائري والمغربي لم يفكرا بتخصيص قانون للطفل كما فعل نظيريهما التونسي؛ وبهذا الامتناع، نضطر إلى البحث عن تعريف له في تقنينات متفرقة.

والملاحظ أنه كما تعددت التسميات، تعددت السنوات المحددة للطفولة[٥] . فبخصوص القانون الجزائري، حدد المشرع المدني سن الرشد بـ ١٩ سنة كاملة[٦]، وقانون العمل خفض سن الحداثة إلى ١٦ سنة[٧] . أما قانون العقوبات، فإن سن المسؤولية

أي سند رسمي آخر". ونستخلص من هذا النص أن المشرع المصري جعل مرحلة الطفولة تبدأ بالميلاد وتنتهي ببلوغ الثامنة عشرة. انظر، فوزية عبد الستار، المرجع السابق، ص.٣٩.

(١) انظر، نجيبة الشريف بن مراد، طفلنا...، المرجع السابق، ص. ٨٦ وما بعدها.

(٢) تم إصدار مجلة حماية الطفل بموجب القانون عدد ٩٢ لسنة ١٩٩٥ المؤرخ في ١٩٩٥/١١/٠٩ وقد دخلت أحكامها حيز التنفيذ بداية من ١٩٩٦/٠١/١١. انظر، الرائد الرسمي للجمهورية التونسية عدد ٩٠، السنة ١٣٨-١٩٩٥/١١/١٠، ص.٢٢٠٥.

(٣) انظر، الفصل ٠٣ من مجلة حماية الطفل.

(٤) ينص هذا الفصل على "أن كل إنسان ذكرا كان أو أنثى تجاوز عمره عشرين سنة كاملة يعتبر رشيدا بمقتضى هذا القانون".

والجدير بالذكر أن المشرع التونسي قد ميز بين الصغير الذي لم يبلغ من العمر ١٣ سنة كاملة واعتبره فاقد الأهلية تماما في حين اعتبر الطفل الذي تجاوز ١٣ عاما أهليته مقيدة ولا تلزمه التصرفات التي يقوم بها إلا متى أجازها أبوه أو الولي (الفصل ٠٦ الفقرتين ٠٢ و٠٣ من مجلة العقود والالتزامات).

(٥) انظر، ممدوح خليل البحر، الجرائم الماسة بحق الطفل في الحياة والسلامة البدنية، مجلة الحقوق، جامعة الكويت، ٢٠٠٣، عدد ٣، ص. ٢٠٧-٥١٠.

(٦) انظر، المادة ٤٠ من القانون المدني.

(٧) تنص المادة ١٥ في فقرتها الأولى من قانون ٩٠-١١ المتعلق بعلاقات العمل على أنه "لا يمكن في

الجنائية فيه هي ١٨ سنة كاملة؛ ومع ذلك رأى في التفرقة بين القصر ضرورة، فميز بين القصر الجناة والقصر المجني عليهم. وبهذا الصنيع خرج بطائفتين : الأولى قسمها إلى فئتين : فئة القصر دون ١٣ سنة، وفئة القصر الذين تتراوح أعمارهم بين ١٣ و١٨ سنة[1]؛ والثانية، وهي القصر المجني عليهم، فإنها أيضا عرفت عدة أعمار، تنقص وتزيد حسب الجريمة المرتكبة ضدهم، وهي١٦ سنة[2] و١٨سنة[3] و١٩سنة[4].

أي حال من الأحوال أن يقل العمر الأدنى للتوظيف عن ١٦ سنة إلا في الحالات التي تدخل في إطار عقود التمهين التي تعد وفقا للتشريع و التنظيم المعمول بهما". ويبدو أن الجزائر تأثرت بالاتفاقية الدولية رقم ١٣٨ لسنة ١٩٧٣ المتعلقة بالسن القانونية الدنيا للقبول في العمل و التي انضمت إليها وصادقت عليها في ١٩٨٣/٠٩/٠٣، الجريدة الرسمية ٣٧ لسنة ١٩٨٣.

وأما المشرع التونسي فقد أولى اهتماما كبيرا بشأن تحديد السن الأدنى لتشغيل الأطفال، حيث قد تم ضبطها بحسب طبيعة العمل والوسط الذي يمارس فيه الطفل نشاطه، ومن هنا فقد حجرت مجلة الشغل التونسية تشغيل الأطفال دون ١٦ سنة بالأنشطة الصناعية. أما فيما يتعلق بالنشاط الفلاحي فلقد أجاز القانون التونسي للأطفال الذين لا تقل أعمارهم عن ١٣ سنة بتعاطي الأعمال الفلاحية غير المضرة، حيث نص الفصل ٥٥ من مجلة الشغل على أنه "يخفض سن القبول في الشغل بالمؤسسات الفلاحية والنشاط الفلاحي إلى ثلاثة عشر عاما بالنسبة للأشغال الغير مضرة الأطفال ونموهم البدني الاعتيادي بشرط أن لا يمس ذلك بمواظبتهم على المدرسة...".

أما فيما يتعلق بالأنشطة الأخرى من غير الصنفين السالفين حدد الفصل ٥٦ من ذات المجلة سن الشغل بـ ١٦ سنة كاملة. وأما قانون عملة المنازل عدد ٢٥ المؤرخ في ١٩٩٥/٠٧/٠١ حدد السن الأدنى بـ ١٤ سنة.

(١) انظر، المواد من ٤٧ إلى٥١ من الأمر رقم ٦٦-١٥٦ المؤرخ في ٠٨ جوان ١٩٦٦ المتضمن قانون العقوبات الجزائري المعدل والمتمم.

(٢) مثلا المادة ٣٣٤ من أمر رقم ٦٩-٧٤ المؤرخ في ١٩٦٩/٠٩/١٦. وأمر رقم ٧٥-٤٧ المؤرخ في ١٩٧٥/٠٦/١٧ تكلم عن فعل مخل بالحياء ضد قاصر لم يكمل ١٦سنة، والمادة ٢/٣٣٦ من ذات الأمر رقم ٧٥-٤٧ حول جريمة هتك عرض ضد قاصرة لم تكمل ١٦سنة.

(٣) فالمادة ٣٢٦ المتعلقة بخطف القصر وعدم تسليمهم تحدد القاصر بمن لم يكمل ١٨سنة، و المادة ٣٣٧ مكرر من أمر ٧٥-٤٧ في فقرتها الثالثة تخص جرائم الفواحش بين ذوي المحارم وتشير إلى القاصر الذي يبلغ ١٨سنة.

(٤) مثلا المادة ٣٤٢ من أمر ٧٥-٤٧ المؤرخ في ١٩٧٥/٠٦/١٧ المعدل بقانون رقم ٨٢-٠٤ المؤرخ في ١٩٨٢/٠٢/١٣ الخاصة بتحريض القصر على الفسق و الدعارة، أشارت إلى القصر الذين لم

وقد شهدت مجلة حماية الطفل التونسية نفس سن الرشد الجنائي المقرر في قانون العقوبات الجزائري ونفس السن الأدنى للمسألة الجزائية المحددة بـ ١٣ سنة(١) . وهذه السن تتعلق بالأطفال الجانحين، كما سبق ذكره. أما الأطفال المهددين، فإن كلا من هذين القانونين يحميانهم حتى وإن كانوا دون سن ١٣ عاما؛ لأن أي طفل يمكن أن يتعرض للتهديد من مولده إلى بلوغه سن الرشد(٢)، وحتى قبل ذلك وهو لا يزال جنينا(٣).

ومن هنا يتضح أن الطفل سواء أكان جانحا أم متضررا أم مهددا في سلامته البدنية أو المعنوية يحتاج للحماية والرعاية بحكم صغر سنه وتنوع ميولاته وعدم اكتمال ملامح شخصيته(٤) .

أما عن القانون المغربي، فإن سن الرشد عنده ١٨سنة كاملة حسب المدونة(٥) وهي ذات السن لأهلية الزواج لكلي الجنسين(٦) . وخرج المشرع العقابي عن هذه السن، إذ يكون الطفل أهلا لتحمّل المسؤولية الجنائية ببلوغه ١٦سنة(٧) .

وقد نزل المشرع هذه السن إلى ١٢سنة في قانون العمل(٨) . وفي هذا رأى البعض أن

يكملوا التاسعة عشرة.

(١) انظر، الفصل ٦٨ من مجلة حماية الطفل والفصل ٣٨ من المجلة الجنائية التونسية الذي نص على أنه "لا يعاقب من لا يتجاوز سنه ثلاثة عشر عاما كاملة عند ارتكابه الجريمة أو كان فاقد العقل"، وكذلك المادة ٧١ من مجلة حماية الطفل.

(٢) انظر على سبيل المثال المواد من ٣١٤ إلى ٣٢٠ من قانون العقوبات الجزائري المتعلقة بترك الأطفال والعاجزين وتعريضهم للخطر، والفصل ١٣١ و١٣٢ و١٧١ و٢١٢ من المجلة الجنائية التونسية.

(٣) انظر المواد الخاصة بالإجهاض من ٣٠٤ إلى٣١٣ من قانون العقوبات الجزائري.

(٤) انظر ،رضا خماخم، المرجع السابق، ص. ١٢.

(٥) انظر، المادة ٢٠٩ من مدونة الأسرة.

(٦) انظر، المادة ١٩ من مدونة الأسرة.

(٧) انظر، عبد الرحمن مصلح، عوامل انحراف الأحداث، (تقرير المغرب)، الآفاق الجديدة للعدالة الجنائية في مجال الأحداث، المؤتمر الخامس للجمعية المصرية للقانون الجنائي، القاهرة، ١٨-٢٠ أفريل ١٩٩٢، دار النهضة، القاهرة، ١٩٩٢، ص. ٢٥١-٢٥٢.

(٨) انظر، الفصل ٩ من ظهير ١٩٤٧/٠٧/٠٢ المتعلق بتنظيم العمل وسن مناسب للخدمة والعمل المطبقة على المؤسسات الصناعية والتجارية والمهن الحرة؛ والفصل ١٣ من ظهير ١٩٧٣/٠٤/٢٤ المتعلق بشروط تشغيل المأجورين الفلاحين. انظر كذلك، عبد الرحمن عزاوي، المرجع السابق،

التشريع العاملي ينقصه الصرامة في تحديد الحد الأدنى للولوج في عالم الشغل[١]، وخاصة وأن حماية الطفل تبدأ أولا وقبل كل شيء بتحديد الحد الأدنى للعمل[٢].

كل هذه التعريفات التي قدمناها ذكرت بشأن الطفل. فماذا عن المحضون، هل هو ذلك الطفل، أم يدخل في مفهومه أشخاص أخر؟

ب.- تعريف الطفل المحضون في القوانين المغاربية للأسرة

في الحقيقة، إن تعريف المحضون لم يرد إلا قليلا مقارنة مع تعريف الحضانة الذي دون فيه الكثير[٣]. وحسب رأينا يمكن التوصل إلى تعريف المحضون عن طريق الاستنتاج من تعاريف الحضانة سواء أتلك الصادرة عن الفقه أو عن التشريع.

ولا خيار لنا هنا إلا أن نقدم من التعاريف ما وجدنا حول المحضون و التي صنفناها إلى اثنين: الأول وهو تعريف الأستاذ أحمد محمد أحمد بخيت الذي جاء بما يلي : "المحضون هو من لا يستقل بأموره فيما يصلحه، ولا يتوقى ما يضره حقيقة أو تقريرا..."[٤]. والثاني ما ورد عن ابن رشد البكري في كتاب لباب اللباب بأنه "من لا يستقل بأمور نفسه بسبب

ص.٣٩١.

cit., p. ١٧٣. op. Boudahraïn, A. Cf.

(١) بلغ عدد سكان المغرب ٢٥.١٣٨.٧٠٠ نسمة في سنة ١٩٩٠. ويمثل الأشخاص الذين يقل أعمارهم عن ٢٠ سنة % ٥١,٨ أي نصف عدد السكان. أما عدد العاملين، فقدر بـ ٥.٩٩٩.٢٦٠ أي % ٢٥ من عدد السكان الإجمالي، من بينهم ١/٣ الذين يقل أعمارهم عن ٢٥ سنة.

Cf. UNICEF, La situation des enfants dans le monde en ١٩٩١, New York, ١٩٩٠, tableau ٦, p. ١١٢.

(٢)Cf. A. Boudahraïn, op. cit., p. ١٧٣.

(٣) اختلف الفقه الإسلامي في تعريف الحضانة؛ وكان التساؤل يدور حول الشخص الذي تمارس عليه الحضانة أي حول من هو المحضون. فجاء الشافعية بأن الحضانة تعني "القيام بحفظ من لا يميز ولا يستقل بأمره و تربيته بما يصلحه ووقايته عما يؤذيه". أو هي "حفظ من لا يستقل بأمور نفسه عما يؤذيه لعدم تمييزه كطفل وكبير مجنون و تربيته بما يصلحه بتعهده بطعامه وشرابه ونحو ذلك. انظر، الشربيني، مغني المحتاج إلى معرفة معاني ألفاظ المنهاج، ج.٣، مطبعة مصطفى الأبي الحلبي، القاهرة، (دون سنة الطبع)، ص.٤٥٣.

(٤) انظر، أحمد محمد بخيت، إسكان المحضون في الفقه الإسلامي والتقنيات العربية (المشكلة وتطورات في الحل)، ط.١، دار النهضة العربية، القاهرة، ٢٠٠١، ص. ٥٦.

صغر سنه أو عدم سلامة عقله أو بسبب عزوبته (بالنسبة للفتاة البكر)[١] . ونفس المعنى تبناه الأستاذ وهبة الزحيلي بقوله "المحضون هو من لا يستقل بأمور نفسه عما يؤذيه لعدم تمييزه كطفل كبير مجنون أو معتوه، فلا تثبت الحضانة إلا على الطفل المعتوه"[٢].

وإذن انطلاقا من هذه التعاريف، نتوصل إلى أن المحضون هو كل شخص قاصر تثبت له الحضانة من جراء طلاق[٣] أو وفاة[٤] ونضيف سواء كان هذا القصر بسبب صغر سنّه أو ضعف عقله.

ولكن، لا يمكن أن نعرض هذه الأقوال ونتركها دون تعليق. وأول ما نبدأ به هو عبارة "بأمور فيما يصلحه"، وهي حسب اعتقادنا عبارة تدعو إلى التأويل، لأن ما يصلح المحضون يمكن أن يفهم منه شيئان وهما نفسه وأمواله، وهذا الأخير لا تشمله الحضانة على الإطلاق.

والأمر الثاني يتعلق "بالكبير" المجنون أو المعتوه، وهنا أيضا لا يمكن أن ندمج هذا الشخص في مفهوم المحضون لأنه، من جهة، موضوع بحثنا مصلحة المحضون الصغير، ومن جهة أخرى، تماشيا مع روح قوانين الأسرة المغاربية الذي لم تشر إليه[٥] . وبالتالي يستبعد

---

(١)Cf. Ibn Rachid el Bekri, au livre de la hadana, dans son « Loubab El Loubab », dit que «Le mahdoun » est celui qui ne peut sais faire par lui-même aux besoins de sa personne en raison de son bas-âge ou de son insanité d'esprit ou du célibat (pour jeune-fille) ». Cf. Si Messaoud Chiguer, «La hadana », Traduction de M. Grimaldi, Revue Marocaine de législation, Doctrine , Jurisprudence Chérifiennes, ١٩٣٥-١٩٣٦, n°١-٤, p. ٤٢.

(٢) انظر، وهبة الزحيلي، الفقه الإسلامي...، المرجع السابق، ص.٧٢٥.

(٣) تعد الحضانة أثر من آثار الطلاق في قانون الأسرة وهذا ما أعلن عنه صراحة المشرع الجزائري في الفصل الثاني من الباب الثاني لانحلال الزواج؛ والمشرع التونسي في الفقرة ٢ من الفصل ٦٧ والمشرع المغربي في الفقرة ٢ من المادة ١٦٦.

(٤) والحضانة أيضا أثر من آثار الوفاة في القانون التونسي (الفقرة ١ من الفصل٦٧ من الجلة) والمغربي (الفقرة ٣ من المادة ١٦٦ من المدونة). أما المشرع الجزائري فقد سكت عن ذلك في قانون الأسرة، ولكنه تدارك هذا السهو في المشروع التمهيدي الثاني للقانون المعدل لقانون الأسرة في المادة ٦٥ مكرر. غير أنه لم ينص عليه في الأمر رقم ٠٥-٠٢ المؤرخ في ٢٠٠٥/٠٢/٢٧ المعدل والمتمم لقانون الأسرة.

(٥) نص الفصل ٥٤ من المجلة على أن "الحضانة حفظ الولد في مبيته ..."، والمادة ١٦٣ من المدونة على أن "الحضانة حفظ الولد مما قد يضره ..."، والمادة ٦٢ من قانون الأسرة على أن "الحضانة

الكبير حتى وإن كان مجنونا أو معتوها.كما نخرج من نطاق المحضون الجنين أيضا لأن لا محل للحضانة قبل الولادة باتفاق الفقهاء[١].

وخلاصة القول، أن المحضون طفل تمارس عليه الحضانة. يبقى النقاش حول سن هذا الطفل وهو ما سنراه حالا.

لم يجد المشرع التونسي في مجلته، سن المحضون، أي مدة انتهاء الحضانة، على خلاف المشرعين الأسريين الجزائري والمغربي اللذان عالجه في المادتين ٦٥ و١٦٦، حيث نصت الأولى منهما على أن: "تنقضي مدة حضانة الذكر ببلوغه عشر سنوات. والأنثى ببلوغها سن الزواج، وللقاضي أن يمدد الحضانة بالنسبة للذكر إلى ١٦ سنة إذا كانت الحاضنة أما لم تتزوج ثانية على أن يراعى في الحكم بانتهائها مصلحة المحضون". وأما المادة ١٦٦ من المدونة نصت على أن "تستمر الحضانة إلى بلوغ سن الرشد القانوني للذكر والأنثى على حد سواء".

هذان النصان يفيدان أن الحضانة لها مدة معينة لا يمكن أن تستمر وقتا طويلا [١]. إلا أن بلوغ السن لانتهاء الحضانة ليس فيه شيء من الإطلاق؛ ففي قانون الأسرة، للقاضي سلطة تقديرية في تمديدها بالنسبة للذكر، دون الأنثى، إذا دعت مصلحته ذلك. أما المدونة المغربية والمجلة التونسية، فلا مجال للتمييز بين الجنسين في البت في تمديد الحضانة [٢]، لكي تظل مصلحة المحضون موجه القاضي[٢] .

١.- مدة الحضانة :

من البديهي، أن تكون للحضانة مدة معينة تنتهي بعد بلوغها، لأن المحضون لا يبقى صغيرا غير مميز وغير مستغني عن خدمات الحاضن. وكذلك من الطبيعي أن تختلف أيضا مدة حضانة الأنثى عن مدة حضانة الذكر لتباين التكوين النفسي والعقلي والجسدي لكل واحد منهما.

هي رعاية الولد وتعليمه ...".

(١) تثبت الحضانة مند الولادة باتفاق الفقهاء. انظر، محمد أحمد سراج ومحمد كمال إمام، أحكام الأسرة في الشريعة الإسلامية، دار المطبوعات الجامعية، الإسكندرية، ١٩٩٩، ص.١٨٤.

(٢) انظر، المادة ١٨٦ من المدونة التي تنص على أن "تراعي المحكمة مصلحة المحضون في تطبيق مواد هذا الباب"، والفقرة ٣ من المادة ٦٧ من المجلة التي تنص على أن "وعلى القاضي عند البت في ذلك أن يراعي مصلحة المحضون".

هذان الاعتباران بنى عليهما المشرع الجزائري مواده، وخرج بقاعدة تتمثل في أن حضانة الذكر تنقضي مدتها بـ ١٠ سنوات والأنثى بسن الزواج أي بـ ١٩ سنة طبقا للمادة السابعة المعدلة من قانون الأسرة. ولم يأخذ المشرع المغربي سوى بالاعتبار الأول جاهلا الثاني، بعدما كان يأخذ بهما معا[١]، ووحد السن التي تنتهي فيها حضانة الذكر والأنثى وجعلها ١٨ سنة. أما المشرع التونسي، فإنه مر بتعدلين، للمادة ٦٧ من المجلة، متناقضين من جهة؛ ومتطابقين، من جهة أخرى. فأما الوجه الأول، فإن النص الصادر قبل تعديل ١٩٦٦ وضع سنا للمحضون حددت بسبع سنين للذكر وبتسع للأنثى؛ وبعد التعديل، فإن الصياغة الأخيرة للمادة الآنفة الذكر، الصادرة بمقتضى القانون الصادر في ١٩٩٣/٠٧/١٢، ألغت هذا التحديد ولم تعوضه بمدد أخرى. وعن الوجه الثاني، فإن انتقال الحضانة من شخص لآخر سواء بعد انتهائها- كما كان قبل التعديل- أو عند إسنادها- كما هو حاليا- يخضع لسلطة القاضي لا غير، وبناء على مصلحة المحضون وحدها.

ومعنى ذلك أن في التشريع الجزائري حق التخاصم على حضانة الأولاد يكون قبل بلوغ السن المحددة[٢]، ففي هذه السن تنتهي الحضانة بقوة القانون[٣]. ومن ثم، ليس للحواضن التمسك بحقهم فيها لعدم وجود أية فائدة بالنسبة للولد[٤] لاستقلاله بشؤونه وعدم حاجاته إلى حضانة وهذا كأصل عام.

ولكن بالمقابل، عدم ثبوت ما يسقط به الحضانة عن صاحبها لا يجيز نزع المحضون ما دامت مدة الحضانة لم تنته بعد. وبهذا قضى المجلس الأعلى في قراره الصادر في ٢٣

---

(١) كان الفصل ١٠٢ من ظهير ٠٩/١٠/ ١٩٩٣ المتعلق بتغيير وتتميم بعض فصول المدونة ينص على أن "تمتد الحضانة حتى يبلغ الذكر ١٢ سنة، والأنثى ١٥ سنة ...".

(٢) هذا هو المبدأ، إلا أن المشرع الجزائري قد أورد عليه استثناء فيما يخص المحضون الذكر كما سنراه لاحقا.

(٣) انظر، عبد العزيز سعد، الزواج والطلاق في قانون الأسرة الجزائري، ط.٣، دار هومة، ١٩٩٦، ص. ٢٩٨؛ فضيل سعد، شرح قانون الأسرة الجزائري، ج.١، الزواج والطلاق، المؤسسة الوطنية للكتاب الجزائري، ١٩٨٦، ص.٣٧٧؛ العربي بلحاج، الوجيز في شرح قانون الأسرة الجزائري، ج.١، الزواج والطلاق، د.م.ج.، الجزائر، ١٩٩٤، ص. ٣٨٩؛
                    Cf. Gh. Benmelha, op. cit., p. ٢٢٢

(٤) ومصطلح "الولد" يشمل هنا الذكر والأنثى معا.

جوان ١٩٧١، عندما قال "من المقرر شرعا أن إسقاط حضانة الولدين عن الأم وصرفهما إلى الأب لمجرد كونهما في سن التعليم دون إظهار تسبيب خاص ما إذا كان تعذر عليهما ماديا أو أدبيا مواصلة تعليمهما وهما في أحضان الأم، فهم لهذا لم يعطوا لقرارهم أساسا شرعيا وخالفوا قواعد الفقه، مما يترتب عنه نقض القرار"[١].

هذا ولا بدّ من الإشارة إلى أن الفقه القديم قد كان لأفكاره أثرها في التشريع الوضعي، كما قد اختلفت آراؤه بشأن الحل الواجب الاتباع في تحديد مدة الحضانة بالنسبة للذكر والأنثى. فيرى أصحاب الرأي الأول[٢] بضرورة التفرقة بين الذكر والأنثى، فتنتهي حضانة الأول بسن البلوغ، وأما الأنثى تنتهي حضانتها بالزواج ودخول الزوج بها. أما أنصار الرأي الثاني يقولون بوجوب توحيد الحل هنا، فجعلوا مدة حضانة الذكر والأنثى إلى غاية بلوغهما سن التمييز المقدرة بسبع سنين[٣]. بينما أصحاب الاتجاه الثالث يتمسك بانتهاء حضانة الذكر بسبع سنين، وتسع للأنثى[٤].

وثمّة رأي رابع انقسم أنصاره إلى اتجاهين[٥]، فمنهم من قدر انتهاء مدة حضانة الذكر بسبع سنين ومنهم من قدرها بسن التاسعة، لاختلافهم في تقدير وقت استقلال الذكر بخدمة نفسه. وأما بالنسبة للبنت، فانتهاء مدة حضانتها تكون، حسب اختلاف آرائهم، في التاسعة أو في الحادية عشرة سنة من عمرها[٦].

---

(١) انظر، مجلس أعلى، غ.ق.خ.، ١٩٧١/٠٦/٢٣، نشرة القضاة، ١٩٧٢، عدد ٢، ص. ٨٨.

(٢) وهذا ما سرى عليه الفقه المالكي. انظر، الحطاب، مواهب الجليل شرح مختصر خليل، ج. ٤، الطبع والنشر مكتبة النجاح، طرابلس، (بدون سنة الطبع)، ص. ٢١٤؛ الإمام مالك بن أنس، المدونة الكبرى، ج. ٥، دار السعادة، القاهرة، ١٣٢٣ هـ، ص. ٣٨؛ محمد الدسوقي، حاشية على الشرح الكبير، ج. ٢، دار احياء الكتب العلمية، (بدون سنة الطبع)، ص. ٤٨٦.

(٣) وهو رأي الشافعية. انظر، الإمام الشافعي، الأم، ج. ١٠، طبعة الأميرية، القاهرة، ١٣٢١ هـ، ص. ٢٣٦؛ الرملي، نهاية المحتاج إلى شرح المنهاج، ج.٦، الطبع بولاق، ١٢٩٢ هـ ص. ٢٧٤.

(٤) وهذا ما ذهب إليه الحنابلة. انظر، ابن القيم الجوزية، زاد المعاد...المرجع السابق، ج. ٤، ص. ١٣٥.

(٥) وبهذا أخذ الفقه الحنفي. انظر، الزيلعي، تبيين الحقائق شرح كنز الدقائق ، ج. ٣، مطبعة الأميرية، ١٣١٣ هـ، ص. ٤٨.

(٦) بل وفي حضانتها فقد فرق بعض الحنفية بين الحاضنة الأم أو الجدة وبين غيرهما. فإذا كانت الحاضنة الأم أو الجدة بقيت البنت لديها حتى تبلغ مبلغ النساء، وأما إذا كانت الحاضنة غيرهما بقيت عندها حتى سن التاسعة أو إحدى عشرة سنة. انظر، عبد الرحمن الصابوني، المرجع

والملاحظ على هذه الآراء الفقهية[١] أنها جعلت موجهها في انتهاء الحضانة هو استغناء الطفل بنفسه القيام بشؤونه. وهذا الموجه، مهما كان منطقه وإن كنا لا نعيبه، فإنه غير كاف؛ فهناك معايير أخرى تضاف إليه خليقة بالإتيان بها: كدرجة إحساس الطفل، وابتغائه للاستقرار، ومدى شعوره للأمن مع حاضنته، بل ولما لا آخذ رأيه[٢] . فمصلحة المحضون تقتضي الأخذ كل هذه الاعتبارات بعين الاعتبار.

والحق أنه ليس في الإمكان تأييد تلك الآراء، إذ أن الشيء الذي زاد انتقادا لها، هو أنها حاولت تحديد السن التي يستغني فيها المحضون عن خدمة النساء وتعميمها على كل الأطفال المحضونين. والذي يفسر تحديد السّن من قبل الفقه والتشريعات المقتبسة منه هو اعتبار الحضانة تهدف بالأساس إلى حماية الطفل في سن أين يكون فيها المحضون بحاجة أكبر لمساعدة وحنان من قبل الأقرب من والديه[٣] .

وهذا في اعتقادنا لا يخدم مصلحة المحضون حتى وإن كان ذلك هدفهم، فقد دلت التجارب على أن سن السابعة أو التاسعة أو العاشرة، سن صغيرة، لا يستغني فيها المحضون ذكرا كان أو أنثى عن الحضانة، فيكونان في خطر من ضمّهما إلى غير النساء وخصوصا إذا كان والدهما متزوجا من غير أمهما، ولذلك كثرت شكوى النساء من انتزاع أولادهن منهن في تلك السن[٤] . ولهذا أبى المشرع التونسي إلا أن يلغي سن تحديد الحضانة ويعدل

السابق، ج. ٢، ص. ٢٥٠ وما بعدها؛ محمد مصطفى شلبي، أحكام الأسرة...، المرجع السابق، ط. ١٩٨٣، ص. ٧٨٢؛ عبد الرحمن الجزيزي، المرجع السابق، ص. ٥٢٣؛ وهبة الزحيلي، الفقه الإسلامي...، المرجع السابق، ص. ٧٤٢؛ بدران أبو العينين بدران، المرجع السابق، ص. ٥٦٨.

(١) وينبغي الإشارة إلى أن فقهاء الظاهرية قالوا بانتهاء فترة حضانة الطفل لدى أمه يكون عند البلوغ (انظر، عبد الرحمن الصابوني، المرجع السابق، ج.٢، ص.٢٥٢) . وجاء المذهب الجعفري في المشهور فيه أن مدة حضانة الغلام مع أمه سنتان وهي أقصى مدة الرضاع، أما الأنثى، فمدة حضانة أمها لها تمتد إلى سبع سنين؛ وفي قول غير مشهور، إن حضانتها للفتى تمتد إلى سبع سنين، وللفتاة إلى تسع سنين (انظر، بدران أبو العينين بدران، المرجع السابق، ص. ٥٦٩؛ محمد مصطفى شلبي، أحكام الأسرة...، المرجع السابق، ص. ٧٨٤).

(٢) وهذا سنتعرض إليه في المطلب الثاني من هذا المبحث، انظر، ص. ١٦٦ وما بعدها.

(٣)Cf. M. Beji, op.cit., mém., p.٢٢.

(٤) انظر، المذكرة الإيضاحية للقانون المصري، عن محمد مصطفى شلبي، أحكام الأسرة...، المرجع السابق، ص. ٧٨٢؛ عبد الرحمن الصابوني، ج.٢، المرجع السابق، ص. ٢٥٤؛ انظر، السيد عمر

عن هذا التقييد، حيث ظهرت مشاكل اجتماعية دفعت به إلى مثل هذا الصنيع، فقد حصل كثيرا، عندما يبلغ المحضون السن القانونية، أن يضغط الأب على الحاضنة فيجبرها على الالتزام بما لا تريد مقابل تنازله عن حقه في الحضانة[١]، فينتهي هذا النزاع بصلح تلتزم فيه الأم الحاضنة بعدم المطالبة بنفقة المحضون مقابل تركه لها[٢] هذه المسألة منظور إليها من جهة الحاضنة.

أما من جهة المحضون وهي - التي تهمنا أكثر- فإن "نزع الطفل من وسط لحمله على العيش في وسط آخر يؤدي به إلى اختلال توازنه الأدبي والعاطفي، وأحيانا إلى إدخال شيء من الاضطراب على تعليمه... وليس من النادر أن نشاهد الأب بعد الطلاق يتزوج من جديد، بينما الأم كثيرا ما تعرض عن الزواج لتقصر حياتها على تربية أطفالها. وحينئذ، إذا كانت الأم قائمة بواجباتها على أحسن وجه، فإنه من العسير حرمانها من حق الحضانة بعلة أن الأطفال بلغوا سنا معينة"[٣].

ولاشك أن هذين السببين يعود العيب فيهما إلى القضاء الذي لم يفسر المادة ٦٧ من المجلة تفسيرا سليما، لأن انتقال الحضانة بعد انتهاء السن إلى الأب لم يكن بصفة تلقائية، حسب هذه المادّة، وإنما يخضع لمبدأ الأصلح للمحضون الذي يجب أن يبحث عنه القاضي ويجتهد فيه. وهذا ما تداركه القضاء لاحقا في قرار صادر في ١٩٨٦/٠٣/٠٤، حيث قضى بأن الحضانة تراعى فيها مصلحة المحضون عملا بالفصل ٦٧ من المجلة، والترفيع في مدة حفظ الحق في الاستصحاب كانت لمصلحة المحضون ولا يعد ذلك تجاوزا للسلطة[٤].

عبد الله ومحمد حامد قمحاوي، أحكام الأحوال الشخصية للمسلمين ، دار المطبوعات الجامعية، الإسكندرية، ١٩٨٦، ص.٦٧٥.

(١) هذه إجابة ممثل كتابة الدولة للعدل على السؤال "لماذا ألغى العمل بتحديد السن" ألقته عليه لجنة الشؤون الثقافية والاجتماعية لمجلس الأمة. انظر، رشيد صباغ، الحضانة، المرجع السابق، ص.١٧؛ Cf. D. Charif Feller, op. cit., p.٢٠٠.

(٢) انظر، رشيد صباغ، الحضانة، المرجع السابق، ص.١٨ .

Cf., A. Benamor, L'évolution de la famille en Tunisie et la réglementation actuelle du droit de garde, R.J.P.I.C., ١٩٦٧, n°١, p.١٥٢.

(٣) انظر، المذكرة الإيضاحية التي أصدرتها كتابة الدولة للعدل بتاريخ ١٩٦٦/٠٨/١٥؛ Cf. A.Benamor, op.cit.,p.١٥٣ .

(٤) انظر، محكمة التعقيب، ١٩٨٦/٠٣/٠٤، قرار مدني عدد ١٤٦٧٧، نشرية محكمة التعقيب، ١٩٨٦،

أضف إلى ذلك أنه توجد حالات غير عادية لا يزال الطفل فيها في حاجة إلى خدمة النساء رغم بلوغه هذه السن، كالمجنون والمعتوه أو المريض المعاق الذي يعجز عن القيام بشيء دون مساعدة. وبهذا قضى المجلس الأعلى بتاريخ ٠٣ مارس ١٩٨٧ بقوله "حيث إن الشهادات الطبية تثبت أن البنت مريضة مرضا مزمنا وتحتاج إلى رعاية أكثر والذي يوفر هذه العناية الأم فقط..."[١].

ولهذا، وإن كان عند البعض، الأصل تحديد أقصى سن الحضانة هو افتراض بأن الصغير بعده يستغنى عن خدمة النساء[٢]، إلا أن الفقهاء قد رأوا في بعض الحالات مراعاة العلة الحقيقية دون ربطها بالسن[٣].

وحتى في مصر سرى القضاء في هذا الاتجاه. فحكمت محكمة طنطا الجزئية بتاريخ ٠٥ ماي ١٩٣٢ بأن "الصغير إذا تجاوز سن الحضانة معتوها بقي عند حاضنته، فإذا كان قد ضم لوليه أعيد إليها"[٤]. وفي حكم آخر قضت محكمة المنصورة الابتدائية بأن "المعتوه يبقى عند الأم وإن تجاوز سن الحضانة، وذلك لأن العته نوع من المرض. والمعتوه لا يستغني عن الحاضنة بل يكون احتياجه إليها أشدّ، فالقول ببقائه مع الأم وإن تجاوز السن أقوى مدركا، وأقرب موافقة لحكمة الحضانة المبنية على النظر للصغير فهو أولى بالاتباع"[٥].

وقد تفطن، مؤخرا، مجمع البحوث الإسلامية، برئاسة الدكتور محمد سيد الطنطاوي، شيخ الأزهر، إلى ضرورة مد حضانة الذكور والإناث إلى سن الخامسة عشر بعدما كانت عشر سنوات للذكر وإثنتا عشرة سنة للإناث[٦] بدعوى أن متغيرات الواقع

ج.١، ص.١٥٣؛ محمد الحبيب الشريف، المرجع السابق، ص.١٧٤.

(١) انظر، مجلس أعلى، غ.أ.ش.، ١٩٨٩/٠٧/٠٣، ملف رقم ٥٤٣٥٣، المجلة القضائية، ١٩٩٢، عدد ١، ص. ٤٥.

(٢) انظر، محمد أحمد سراج ومحمد كمال إمام، المرجع السابق، ص.١٨٤ ؛ عصام أنور سليم، المرجع السابق، ص.١٣١.

(٣) انظر، عصام أنور سليم، المرجع السابق، ص.١٣١.

(٤) انظر، محكمة طنطا الجزائية، ١٩٣٢/٠٥/٠٥، مقتبس عن بدران أبو العينين بدران، المرجع السابق، ص.٥٧١.

(٥) انظر، محكمة المنصورة الابتدائية، ١٩٣٠/٠٣/٢٥، مقتبس عن بدران أبو العينين بدران، المرجع السابق، ص.٥٧١.

(٦) المادة ٢٠ فقرة أولى من القانون رقم ١٠٠ لسنة ١٩٨٥ المعدل لبعض أحكام قوانين الأحوال

الآن تفرض نظرة جديدة لسن الحضانة، لكون الأطفال في السن المذكورة لا يزالوا في مرحلة التعليم الابتدائي، وعليه لا يتصور نزع الأولاد من حضان الأم في هذه المرحلة[١]. وهكذا، لم يعد العته أو الجنون السببين الوحيدين في إبقاء المحضون عند حاضنته، وإنما فرضت مصلحة المحضون المتمثلة في التعليم مد سن الحضانة.

ولذلك، فإن الجري على هذا النحو يحقق الغرض المنشود، مما دفع بالبعض وهم الزيدية إلى عدم تحديد سن انتهاء الحضانة، فقالوا في ذلك "ومدة الحضانة للطفل حتى يستغني بنفسه أكلا وشربا ولباسا ونوما وغير ذلك مما يفعله العقلاء، فمتى استغنى بنفسه في هذه الأمور فلا ولاية للحاضنة في الذكر. سواء أبلغ الطفل السنة السابعة فأكثر أم أقل، فلا تحديد عندنا بالسنين، لأنه قد يختلف حال الصبي في الذكاء والبلادة، فمنهم من يكون ذكاؤه كثيرا في صغر سنه، ومنهم من يكون بليدا ويدخل في هذا الحد الصبي والمجنون. وأما الفتاة فتبقى لدى أمها حتى سن الزواج"[٢]. وهذا ما اتبعه التقيد بسن معينة[٣]؛ مع الإشارة أن تحديدات السن قد شغلت كذلك اهتمام علماء النفس[٤].

ولا ريب أن لهذه الوجهة ولهذا الانشغال ما يبررهما مما يجعل تأييدنا لهما، فإسقاط الحضانة عن صاحبتها تارة في سن مبكرة للمحضون، وتارة في حالات الحاجة فيه خطر جسيم على مصلحة الطفل الصغير، إذ يؤدي إلى المساس بتربيته النفسية والمعنوية. لذلك كان من اللازم أن تكون العبرة هنا بالتمييز والاستغناء، وليس لذلك مدّة محدّدة بدقة. كما أن عدم وجود نص شرعي صريح في هذه المسألة، يدعو إلى البحث عن مصلحة المحضون ودرجة استغنائه عن أمه، ولاسيما وأن بقاء الطفل مع حاضنته لن يسلب حق الولي في

الشخصية.

(١) وصرح الشيخ سيد وفا أبو عجور، الأمين العام لمجمع البحوث الإسلامية، أن هذا المد لا يتعارض مع الشريعة الإسلامية كما أنه لا يوجد نص قطعي يحدد سن الحضانة. انظر محمد عمر، القاهرة في الموقع التالي: http://www.alwatan.com/graphics.

(٢) انظر، أحمد بن قاسم الصنعاني، التاج المذهب لأحكام المذهب شرح متن الأزهار، ج. ٢، مطبعة عيسى البابي، القاهرة، ١٩٤٧، ص.٢٦٨.

(٣) انظر، عبد الله مبروك النجار، التحديد الفقهي لسن حضانة الأم لطفلها: دراسة مقارنة في الفقه الإسلامي، ط.١، دار النهضة العربية، القاهرة، ٢٠٠٢-٢٠٠٣، ص.٣٠.

(٤)Cf. A. Benamor, op. cit., p.١٤٩.

الزيارة والرقابة[١].

ومقارنة للمالكية فيما يخص انتهاء الحضانة بالنسبة للفتاة، نجد أن المشرع الجزائري يقارب رأي هذا المذهب الذي جعلها حتى الزواج ودخول الزوج بها. والفرق بينهما هو أن الفتاة يمكن أن تتزوج ويدخل بها زوجها ابتداء من بلوغها مهما صغر سنها. وبالمقابل يمكن أن تتزوج في سن تفوق ١٩ سنة، وفي هذه الفرضية تمكث عند حاضنتها حتى إلى سن كبيرة.

والحق، فما نريد الوصول إليه هو أن التحديد الذي تقدم به المالكية يناسب المحضونات في ذلك الوقت نظرا للزواج المبكر، وهو غير ملائم في الوقت الحالي في نظرنا، فأصبحت هذه القاعدة لا تتماشى والواقع الاجتماعي الجزائري المعاصر[٢]، هذا من جهة. ومن جهة أخرى، إن الفقه المالكي بهذا الموقف يفضل أن تبقى الفتاة عند الحاضنة المرأة أقصى مدة ممكنة إن لم نقل طول عمرها ولا تضم لرجل، فكلما ازداد سن الفتاة ازدادت حاجتها إلى عشرة النساء[٣]. ومن أجل هذا السبب، وجد هذا الرأي لدى الفقهاء المتأخرين إذ هناك من أيده واستنسبه، بحيث رؤوا فيه أنه يوفر للمحضونين الأمن والاطمئنان والاستقرار النفسي لعدم إزعاجهم من نزعهم من حاضناتهم من ناحية، فضلا عن أنه يمنع الصراع بين الأب والحاضنة، من ناحية أخرى[٤].

ولإبراز اندفاع حتى الشرعين لهذا الرأي ولو بصفة غير صريحة ولا ظاهرة، صرح السيد عزيز بن عمور بصفته نائبا عاما لدى محكمة التعقيب بتونس وبمعرفته الوقائع بأن القانون الوضعي التونسي في مجال مدة الحضانة لم يقدم إجابة واضحة. ولكن بالمقابل،

---

(١) انظر، عبد الرحمن الصابوني، المرجع السابق، ج.٢، ص. ٢٥٧.

(٢) وينبغي أن نشير إلى أنه حسب النتائج الأولية للإحصاء العام حول السكان والسكن لسنة ١٩٩٨، فإن السن المتوسط للزواج الأول قد ارتفع ارتفاعا ملموسا بالنسبة للجنسين، إذ أنه بعدما كان سنة ١٩٨٧ محدد بـ٢٣.٧ سنة بالنسبة للفتاة و٢٧.٦ سنة بالنسبة للفتى، أصبح سنة ١٩٩٨ محدد بالنسبة إليهما على التوالي بـ ٢٧.٧ سنة و٣١.٣ سنة. انظر، الزواج في الجزائر بالأرقام، جريدة الخبر الأسبوعي، من ٢١ إلى ٢٧ جويلية ١٩٩٩، عدد ٢٠، ص. ١٠.

(٣) انظر، فضيل سعد، المرجع السابق، ص. ٣٧٨.

(٤) انظر، هلالي عبد العال، المرجع السابق، رسالة دكتوراه، ص.٨٢٣؛ محمد علي محجوب، نظام الأسرة في الشريعة الإسلامية، (بدون دار الطبع)، ١٩٨٩، ص.٥٣٨.

أتيح لهم الرجوع إلى المذهب المالكي المعروف باستقرار رأيه حول هذه النقطة[١]. وأمام هذا الموقف التشريعي، فضل هذا النائب، اقتراح مدة تنتهي فيها الحضانة واختار أن تكون ١٦سنة لأن حسب رأيه في هذه السن يمكن للطفل أن يعمل ويكون مسئوولا جنائيا. وأضاف أيضا لتبرير هذا الاختيار أن الحضانة تنتهي، من المفروض، بزواج الطفل الذي يحصل على الإذن القضائي بالزواج[٢].

كما أننا نوجه للرأي الثاني انتقادا بسبب توحيده سن انتهاء الحضانة بالنسبة للذكر والأنثى وجعلها سبع سنين. فلا شك أن الفتاة تختلف عن الفتى في عدة نواحي كما سبق الذكر، فالفتاة بعد الاستغناء تحتاج إلى امرأة تشرف عليها، وتعلمها خدمة البيت وآداب النساء[٣]. وفي هذا قال ابن عابدين فالفتاة بعد الاستغناء "تحتاج إلى معرفة آداب النساء والمرأة على ذلك أقدر، وبعد البلوغ تحتاج إلى التحصين والحفظ والأب فيها أقوى وأهدى"[٤].

ومع ذلك فإننا نعتقد أن التحصين والحفظ يجب أن يكون قبل هذه السن بكثير طبقا للمثل القائل "النقش في الصغر كالنقش في الحجر". وأن الأم يمكن لها أيضا أن تتولى تربية ابنتها وتلقينها بعض الأسس للتحصين، واشتراط الأمانة في الخلق جعل لهذا الغرض؛ وأن مصلحة المحضون يجب أن تراعى وتحفظ في كل وقت ومن كل النواحي. كما أن البنت تظل دائما في حاجة إلى امرأة تعلمها وتعودها على ما يليق بالمرأة من عادات وأخلاق[٥]، وأن الحاضنة هي المؤهلة لذلك، وزوجة الأب ليست المرأة النموذجية لذلك. فضلا عن أن الفتاة لا تبوح بأسرارها إلا لامرأة مثلها، وإذا حصل وأن أباحتها لأبيها فإن ذلك شاذ، والشاذ لا يقاس عليه.

---

(١)Cf. A. Benamor, op. cit., p. ١٥٣.

(٢)Cf. A. Benamor, op. cit., p. ١٥٤.

(٣) وهذا ما أيده القضاء المصري، حيث قضت محكمة الدار الشرعية في حكمها الصادر في ١٩٣٨/٠٢/٠٢ بأن "المقرر شرعا... أنه إذا تجاوز الصغير سن الحضانة واستغنى عن خدمة النساء، فإنه يحتاج إلى من يحافظ عليه من عبث العابثين إن كان أنثى ويربيه ويعلمه إن كان ذكرا والرجل على ذلك أقوى، ولذا يسلم إلى العاصب...". انظر، محكمة الدار الشرعية، ١٩٣٨/٠٢/٠٢، م.ش.، ٨٦/١٠، مقتبس عن ممدوح عزمي، المرجع السابق، ص. ٨٩.

(٤) انظر، ابن عابدين، المرجع السابق، ج. ٢، ص.٨٨١.

(٥) انظر، محمد مصطفى شلبي، أحكام الأسرة...، المرجع السابق، ص. ٧٨٢.

وصحيح أن الفتاة هي كذلك بحاجة إلى رعاية رجل ونخص بالذكر أبيها، ولهذا جعل المشرع بقاء الفتاة عند حاضنتها إلى غاية ١٩ سنة، لأنها سن أدنى للتزويج[١]، وهذا الأخير يعود لولاية الأب[٢]. ولما كان الأب أقدر على صيانة بنته وأدرى بمصلحتها في الزواج، واختصاص الرجال بولاية الزواج، فإننا نعتبر تقدير المشرع لهذه السن هو الأنسب.

وفي إطار المؤاخذة على توحيد السن بالنسبة للجنسين، والتي نوجهها للمشرع المغربي حاليا في مادته ١٦٦ فقرتها الأولى من المدونة، والجزائري الذي كان يرغب تطبيق هذه القاعدة وضرب على غرار نظيره المغربي في المشروع التمهيدي الأول لتعديل قانون الأسرة في مادته الأولى المعدلة للمادة ٦٥ من قانون الأسرة بأن تصبح "تنقضي مدة حضانة الطفل ببلوغه سن الرشد. على القاضي أن يراعي عند الحكم بانتهائها مصلحة المحضون".

وقد اعتمد المشروع لتسبيب هذا التعديل على نقطتين[٣]: الأولى، وهي أنه رأى أن المادتين ٧٢ و٧٥ من قانون الأسرة تنسجمان مع تحديد نهاية فترة الحضانة المقدرة بـ ١٩ سنة. والحق، فنحن لا نستطيع التسليم بهذه الحجة، إذ لا نجد فيها أية علاقة بين

---

(١) انظر، المادة السابعة من قانون الأسرة المعدلة.

(٢) انظر، المادة ٩ مكرر والمادة ١١ المعدلة من قانون الأسرة التي تنص على أن " تعقد المرأة الراشدة زواجها بحضور وليها وهو أبوها أو أحد أقاربها أو أي شخص آخر تختاره.
دون الإخلال بأحكام المادة ٧ من هذا القانون، يتولى زواج القصر أولياؤهم وهم الأب، فأحد الأقارب الأولين والقاضي ولي من لا ولي له".

(٣) حيث قد جاء في هذا التسبيب على أن "أحكام الحضانة التي ينظمها القانون في المواد من ٦٢ إلى ٧٢ تستدعي إعادة تكييفها بما يتلاءم وينسجم مع الأحكام الأخرى الواردة في نفس القانون ولاسيما فيما يتعلق بالنفقة والولاية أثناء ممارسة الحضانة، وبهذا، فإن التعديل يحرص على حماية المحضون وتلبية الاحتياجات الضرورية لرعايته والاهتمام بمستقبله وتربيته وتعليمه الذي يتطلب الرعاية المستمرة إلى غاية بلوغه سن الرشد. واعتماد سن الرشد في تحديد نهاية فترة الحضانة ينسجم مع نص المادتين ٧٢ و٧٥ من نفس القانون ويغني عن التحديد المزدوج لانتهاء مدة الحضانة بين الذكر والأنثى والتي حددت بعشر سنوات للذكر وسن الزواج بالنسبة للأنثى. وبذلك تعدل صياغة المادة ٦٥ باعتمادها بلوغ سن الرشد حدا لانتهاء الحضانة ". انظر، المشروع التمهيدي الأول للقانون المعدل للقانون رقم ٨٤-١١ المؤرخ في ٩ جوان ١٩٨٤ المتضمن قانون الأسرة، وزارة التضامن الوطني والعائلة، ١٩٩٨، ص. ٩.

الموضوعين. فالنفقة تبقى من واجب الأب حتى سن الرشد، وخفض سن انتهاء الحضانة بالنسبة للذكر لا ينفي هذه النفقة؛ وأنه بالنسبة للفتاة تبقى على عاتق الأب حتى ولو بلغت سن الرشد فما فوق ما دامت لم تتزوج ولم يدخل بها.

وفي هدى هذا المبدأ سرت محكمة تلمسان في حكمها الصادر في ٢٣ يناير ١٩٩٩ في قضية تتحصل وقائعها في أن الأم الحاضنة طلبت من المحكمة القضاء على الأب برفع النفقة الغذائية لبنتهما نجاة البالغة من العمر ٢٣ سنة من ١٤٠٠ دج إلى ٣٠٠٠ دج، فردت المحكمة "أما بالنسبة للنفقة فتبقى سارية المفعول تطبيقا لنص المادة ٧٥ من نفس القانون التي تنص على أن تجب نفقة الولد على الأب ما لم يكن له مال...، وبما أن البنت نجاة لم يتم الدخول بها فحقها في النفقة قائم..."[1].

والثانية، هي أن توحيد السن للجنسين يغني عن التحديد المزدوج لانتهاء مدة الحضانة للذكر والأنثى. وكذلك ليس لهذا التسبيب ما يبرر التعديل، كما ليس له لا أساس اجتماعي ولا أساس قانوني، بل هو سفسفة لعمل المشرع. فهل همه توحيد الأحكام بين الأنثى والذكر حتى وإن كان لا يتماشى مع الطبيعة والمنطق؛ أليس هذا ضد مصلحة المحضون التي يدّعي حمايتها ؟

وعلاوة على ذلك، فإننا لا نرى في هذا التعديل الذي كان يريده معدلو قانون الأسرة صحة ولا بعد نظر أحسن من المادة المراد تعديلها. فإبقاء حضانة الذكر عند حاضنته إلى غاية سن الرشد لا يساير طبيعة الفتى ولا يتماشى ومصالحه الاجتماعية، لأن الفتى بحاجة إلى تعلم آداب الرجال وهذا يكتسب قبل سن التاسعة عشر، بالإضافة إلى خطر فقده ذكورته من جراء بقائه مع أمّه الحاضنة ولاحتكاك بها وبالنساء اللّواتي حولها[2].

وقد لاحظ أيضا جانب من الفقه، وإن كنا لا نقر كلامه بأكمله، أن الولد الذي يتربى في حضن أمه حتى يكبر ويصير رجلا أو امرأة، يكون في أكثر أحواله مدللا و تغلب عليه الأنانية، لأنه لا يفرض على نفسه عطفا متبادلا مع الآخرين، وذلك لأنّ، حسبه، أمّه عوّدته ذلك[3].

---

(١) انظر، محكمة تلمسان، ١٩٩٩/٠١/٢٣، قضية رقم ٩٨/٢٢٨٥، غير منشور.

(٢) انظر ما قيل حول الحواضن الرجال في هذا الصدد في المبحث الثاني من الفصل الثاني من هذا البحث، ص. ٣٤٨ و٣٦٩ وما بعدها.

(٣) انظر، محمد أبو زهرة، تنظيم الإسلام...، المرجع السابق، ص.١٠٦.

وما يزيد في الأمر غرابة، هو إضافة محاولي تعديل قانون الأسرة الفقرة الثانية من المادة المعدلة بأن قالوا "على القاضي أن يراعي عند الحكم بانتهائها مصلحة المحضون". فما فائدة هذه الفقرة؟ ما من شك أن هذه الفقرة ما هي إلا نقل للفقرة الثانية من المادة ٦٥ المراد تعديلها، وهي يفهم منه أمرين:

الأمر الأول، هو أن محاولي التعديل قد أباحوا بمقتضاها تمديد مدة الحضانة إلى سن أعلى من سن الرشد. ولكن لا نرى أية فائدة عملية من ذلك، لأن ١٩ سنة هي حد أقصى يمكن أن يبقى فيها المحضون عند حاضنته.

الأمر الثاني، هو أن هذه الفقرة، إذا وجدت، فإنها تخص الحالات غير العادية، كحالة المرض العقلي أو المرض الجسدي. وهنا يمكن للقاضي أن يصدر حكم تمديد الحضانة إذا لم يستغن المحضون عن حاضنته.

وأمام هذه المساوئ، فإننا نستحسن ما تبناه المشرع الجزائري من حيث عدم إدخاله التعديل المقترح على نص المادة ٦٥ من قانون الأسرة، وأبقى العمل بالنص الأصلي لهذه المادة مع مراعاة التعديل الذي أدخله على نص المادة السابعة من ذات القانون.

أما عن المشرع المغربي، وإن كان مدد الحضانة إلى سن الرشد القانوني، إلا أنه اتخذ موقفا معتدلا في الفقرة الموالية نستحسنه من جهة ونعيبه من جهة أخرى. إذ نص بأن المحضون قبل بلوغه ١٨ سنة وبتمامه ١٥ سنة له أن يختار من يحضنه من أبيه أو أمه وذلك مهما كان سبب إنهاء العلاقة الزوجية (أي طلاق أو وفاة). ولكنه في الوقت ذاته أخفق لما أبعد الأمر كليا عن يد القاضي؛ وكان الأجدر به أن يضيف "مع مراعاة مصلحة المحضون".

وخير ما نختتم به هذه النقطة هو تقديم رأينا حول هذا الموضوع والقول أنه يجب ترك أمر سن انتهاء الحضانة لتقدير القاضي، كما فعل المشرع التونسي- ولكن دون أن تقل عن البلوغ الطبيعي، لأن طبائع الأطفال تختلف، كما أن أجسامهم تختلف قوة وضعفا[1] . والقاضي هو الذي يختار الأصلح للمحضون بإبقائه لدى حاضنته لأنها أقدر على تربيته والعناية به أو نزعه منها. وإذا لا يوجد مانع في جعل قاعدة تحديد سن معينة لانتهاء الحضانة، فإن الأمر يجب أن يخضع دائما لسلطة القاضي حسب ظروف القضية، وتمديد

(١) انظر، محمد مصطفى شلبي، أحكام الأسرة...، المرجع السابق، ص. ٧٨٣.

الحضانة يبقى من اختصاصه سواء خص الذكر أو الأنثى.

٢- تمديد الحضانة حسب مقتضيات مصلحة المحضون

سجل بعض الفقه أن مدة حضانة الطفل من أشد المسائل إثارة من جانب الأوساط النسائية، كما أنها من أكثرها جدلا بين الفقهاء، من جهة؛ والمصلحين الاجتماعيين من جهة أخرى [(١)].

ونظرا لأهمية هذا الموضوع، رأى المشرع الجزائري إمكانية تمديد الحضانة إلى ١٦ سنة، وذلك بطلب من الحاضنة. وخص هذا الحكم الذكر دون الأنثى التي لم يتكلم عن تمديد حضانتها إلى ما بعد ١٩ سنة، وذلك بحجة أن مدة حضانة الفتاة، حسب رأينا، طويلة مقارنة مع مدة حضانة الفتى. إذ أن هذا الأخير قد لا يستغني عن حاضنته وهو في سن العاشرة، ولا يزال يحتاج إلى عناية نسوية من حيث العطف والتربية حتى وإن كان قد تعلم القيام ببعض مصالحه بمفرده، وإن كانت هذه العناية ليست بنفس الدرجة التي هو بحاجة إليها في سن أقل منها؛ فمصلحة المحضون يجب أن يقدّرها القاضي على هذا الأساس.

وإذا كان المشرع الجزائري سطر الحد الأقصى لتمديد حضانة الذكر، فإن رأيا فضل أن يترك هذا الأمر لتقدير القاضي [(٢)]، وهذا ما تبناه المشرع التونسي ضمنيا عندما سكت عن تحديد أمد الحضانة. أما المشرع المغربي، فقد كانت عبارات الفقرة الأولى من المادة ١٦٦ من المدونة وكذا الفقرات الأخرى منها تدل دلالة قطعية بأنه لم يأخذ بتمديد الحضانة إلى ما بعد سن الرشد. ولهذا، فالملاحظات التي نبديها تنطبق على التشريع الجزائري وحده.

ومن هنا وهناك، نقول أن للقاضي الجزائري سلطة تقديرية في تمديد حضانة الطفل، غير أن سلطته هذه غير مطلقة، بل مقيدة بالشروط القانونية التالية:

أولا : يتعلق التمديد، كما قلنا، بالذكر دون الأنثى. فإذا ما انتهت حضانة الفتاة لا يحق أصلا لأي من الحواضن طلب تمديد أجل انتهاء حضانتها [(٣)]. وبهذا المبدأ أخذت محكمة تلمسان في حكمها الصادر في ٢٣ يناير ١٩٩٩، حيث قضت بأنه "بعد الاطلاع

---

(١) انظر، حسني نصار، المرجع السابق، ص.٣٤٩.
(٢) انظر، حسني نصار، المرجع السابق، ص.٣٤٩.
(٣) انظر، عبد العزيز سعد، المرجع السابق، ص. ٢٩٩.

على شهادة ميلاد البنت نجاة يستنتج أنها تبلغ أكثر من ٢٣ سنة باعتبارها مولودة في ١٠ أوت ١٩٧٥، مما يجعل مدة الحضانة قد انقضت بالنسبة إليها طبقا للمادة ٦٥ من قانون الأسرة التي تنص على أن تنقضي ـ مدة حضانة البنت ببلوغها سن الزواج، وعليه استجابة للطلب المقابل للمدعى عليه يتعين التصريح بانقضاء مدة حضانة البنت نجاة...»[(١)].

ثانيا : أن يكون الحد الأقصى للتمديد ١٦ سنة، إذ يمكن للقاضي أيضا أن يمدد مدة الحضانة إلى سن أقل من ١٦ سنة حسب ما تتطلبه مصلحة المحضون. ونلاحظ هنا أن المشرع قد اختار هذه السن على أساس أنها السن المعدل التي يبلغ فيها الذكور غالبا، وفيها يقلد الرجال ويتبع سلوكهم ويركن إلى الاحتكاك بهم أكثر.

ثالثا : أن تكون الحاضنة الأم، أما غيرها فلا يجوز لهن طلب تمديد الحضانة مهما كانت الحجة التي يستند عليها.

رابعا : أن تكون هذه الأم الحاضنة غير متزوجة. وعلى سبيل المقارنة، نرى أن المشرع لم يأخذ هنا بالتفرقة التي جاء بها في إسقاط حق الحاضنة إذا تزوجت بغير قريب محرم[(٢)]. بينما يرى فريق من الفقه بأن الحاضنة لا يسقط حقها في طلب تمديد الحضانة إذا تزوجت بقريب محرم[(٣)]. حقا، إن الانسجام بين النصوص التشريعية يقضي الأخذ بالاستثناء الوارد في المادة ٦٦ من قانون الأسرة، ولكننا نعتقد أن هذا الحل لا سند له بل ويصعب تبريره، بدليل صراحة نص المادة ٦٥ من قانون الأسرة. ومن ثم، يجب أخذ النص كما هو وتعميم المسألة حتى إذا تزوجت بقريب محرم.

خامسا : وهو الشرط الأخير، مقتضاه أن يكون طلب تمديد الحضانة خلال سنة من نهاية العشر ـ سنوات[(٤)]. فإذا فاتت المدة دون أن يكون للأم عذر في تأخرها سقط حقها في المطالبة بالتمديد.

وهنا تبرز سلطة القاضي إذا ما وضعت، ويجب أن لا توضع إلا بقصد التحقق من استيفاء الشروط السالفة. فإذا تحققت هذه الشروط في الطالب فلا مانع إطلاقا من القضاء له بتمديد مدة الحضانة إذا نادت مصلحة المحضون بذلك.

---

(١) انظر، محكمة تلمسان، ١٩٩٩/٠١/٢٣، قضية رقم ٩٨/٢٢٨٥، غير منشور.

(٢) انظر، المادة ٦٦ من قانون الأسرة.

(٣) انظر، فضيل سعد، المرجع السابق، ص. ٣٧٨؛ عبد العزيز سعد، المرجع السابق، ص. ٢٩٩.

(٤) انظر، فضيل سعد، المرجع السابق، ص. ٣٧٧ و٣٧٩.

ومن ناحية أخرى، تجلب هذه المادة انتباها في فقرتها الثانية، إذ نص المشرع فيها "على أن يراعى في الحكم بانتهائها مصلحة المحضون". إن إدراج المشرع هذه العبارة في فقرة منفصلة يعني أنها تتعلق وترتبط بالفقرة التي تعلوها. وبعبارة أوضح، إن القاضي عندما يحكم بانتهاء الحضانة يراعي فيها مصلحة المحضون، فإذا رأى أن مصلحة المحضون تنادي بانتهائها حكم بذلك، وإذا صرخت بإبقائه مع حاضنته قضى بذلك أيضا، وهذا سواء تعلق الأمر بالفتى أو الفتاة.

لكن فحوى المادة يدل على أن الفقرة الثانية منها تطبق على الذكر دون الأنثى، وذلك للسبب التالي : إن بفضل طلب التمديد، يتمكن القاضي من رعاية مصلحة المحضون، وهذا الطلب لا ينطبق إلا على الذكر. فانتهاء مدة حضانة البنت يكون بقوة القانون، وبالتالي لن يتاح للقاضي المجال للتحقق من حضور مصلحة المحضون الفتاة أو غيابها.

ولذلك كان يجب على المشرع إدخال هذه الفقرة ضمن الفقرة الأولى، ومن ثم، تصبح صياغة المادة كما يلي : "تنقضي مدة حضانة الذكر ببلوغه ١٠ سنوات، والأنثى ببلوغها سن الزواج. وللقاضي أن يمدد الحضانة للذكر إذا رأى مصلحة له إلى ١٦ سنة، إذا كانت الحاضنة أما لم تتزوج ثانية".

وتطبيقا لاقتران ذلك التمديد بمصلحة المحضون، قضت المحكمة العليا في قرارها الصادر في ٠٣ جويلية ٢٠٠٢، وذلك بقولها "حيث إنه فعلا ثبت أن الأم منذ الحكم لها بالحضانة لم تمارسها وأن المحضون بقي يعيش عند والده ولما بلغ ١٠ سنوات طلب الوالد بالحضانة فحكم القاضي الأول له بالحضانة مراعاة لمصلحة المحضون باعتباره تعود على الحياة والعيش مع والده طبقا للمادة ٦٤ من قانون الأسرة وهو حكم سليم وأن تمديد الحضانة إلى ١٦ سنة هو استثناء إذا كانت في الحضانة مصلحة ولما انعدمت المصلحة في تمديدها فإن قضاة الاستئناف يكونوا قد أخطأوا في قرارهم القاضي بإلغاء الحكم المستأنف مما يتعين معه نقضه وإبطاله وبدون إحالة طبقا للمادة ٢٦٩ من قانون الإجراءات المدنية..."[١].

وما يمكن ملاحظته على هذا القرار هو أنه يحتوي على نوع من الخلط بين ما هو

(١) انظر، محكمة عليا، غ.أ..ش.م.، ٢٠٠٢/٠٧/٣٠، ملف رقم ٢٦٠٧٠٢، غير منشور.

حضانة وما هو ولاية[1]، لأن المادة ٦٥ من قانون الأسرة تنص صراحة على تمديد الحضانة للأم الحاضنة فقط ولا للأب الحاضن، لأن هذا الأخير يتمتع بالسلطة الأبوية، ومن ثم فهو بدون حاجة إلى استصدار حكم يقضي له بالحضانة بعد بلوغ الطفل المحضون ١٠ سنوات، أي بعد نهاية حضانته.

ولهذا، نشير في خضم هذه التساؤلات أن المشرع لم يبين لنا، في باب الحضانة، مصير المحضون بعد انتهاء حضانته. ولا شك أن هذا ليس بعيب، وإنما البحث عن الإجابة يكون في المواد المتعلقة بالولاية[2] وكذلك في المادة ٢٢٢ من قانون الأسرة التي تحيلنا إلى أحكام الشريعة الإسلامية التي تقرر في هذه الحالة إما ضم المحضون إلى الرجال ويقدم الأب عليهم، وإما ترك الخيار له في البقاء مع حاضنته أو الالتحاق بأبيه.

ولكن، إذا عرفنا من هو الطفل المعني بأحكام الحضانة، فإنه مع ذلك يجدر بنا الكلام إلى التساؤل التالي : ما المقصود بالمصلحة المراد حمايتها ؟

المطلب الثاني
مدى مفهوم مصلحة المحضون

إن المصلحة يتباين مفهومها بحسب الظروف الاجتماعية والثقافية والاقتصادية. ذلك ما يؤثر في تحديد تعريفها **(الفرع الأول)**، بل في فهم معنى مصلحة المحضون نظرا لصعوبة حصرها في تعريف دقيق وموحد، وهذا يرجع لأسباب شتى **(الفرع الثاني)**.

الفرع الأول
تعريف المصلحة

لجأ إلى تعريف المصلحة العديد من الفقهاء، وعلى وجه الخصوص فقهاء الشريعة الإسلامية، في مواضيع محددة لمواضيع متفرقة. وسننضم نحن بجانب هؤلاء لتقريب النظرة

---

(١) وفي قضية أخرى مماثلة لهذه القضية من حيث الوقائع، جاءت المحكمة ذاتها بحل معاكس لهذا الحل تماما، حيث بعدما صرحت بأن الأبناء المحضونين تجاوزوا سن العاشرة وهم تحت رعاية الأب، قضت برفض الطعن ضد الحكم القاضي بإسناد الحضانة للأم على أساس أن لقضاة الموضوع الحق في تمديد الحضانة للذكر إلى سن السادسة عشر إذا كانت الحاضنة لم تتزوج ثانية مع مراعاة مصلحة المحضونين دون أن يكونوا قد خرقوا المادة ٦٥ من قانون الأسرة. انظر، محكمة عليا، غ.أ.ش.، ١٩٩٥/١٠/٢٤، ملف رقم ١٢٣٨٨٩، نشرة القضاة، عدد ٥٢، ص.

(٢) انظر، المادة ٨٧ وما بعدها من قانون الأسرة.

إلى بحثنا. ومن أجل ذلك، سنعالج الموضوع من ثلاث تعاريف: اللّغوي والاصطلاحي (I)، والقانوني (II).

I.- التعريف اللغوي والاصطلاحي للمصلحة :

نبين في هذه النقطة ما المقصود بالمصلحة من الناحيتين اللغوية (آ)، والاصطلاحية (ب).

آ.- التعريف اللغوي

المصلحة لغة تعني المنفعة وهي مثلها لفظا، وإما مصدر بمعنى الصلاح، وإما اسم للواحدة من المصالح(١) وتطلق أيضا حقيقة على المنفعة، ومجازا على السبب المؤدي إلى النفع(٢). فكل ما يبعث على الصلاح وما يتعاطاه الإنسان من الأعمال الباعثة على النفع تسمى مصلحة(٣) كطلب العلم مثلا مصلحة لأن طلب العلم سبب للمنافع المادية والمعنوية(٤). وكل ما كان فيه نفع سواء كان بالجلب والتحصيل(٥) كاستحصال الفوائد واللذائذ، أو بالدفع والاتقاء كاستبعاد المضار والآلام فهو جدير بأن يسمى مصلحة(٦).

وقد عرفها بعض القواميس الفرنسية بأنها كل ما يجلب "من خير"، وهو نافع ومفيد، وكل ما يناسب شخص في أي مجال كان(٧).

---

(١) انظر، حسن حامد حسان، نظرية المصلحة في الفقه الإسلامي، مكتبة المتنبي، القاهرة،١٩٨١، ص.٤؛ محمد سعيد رمضان البوطي، ضوابط المصلحة في الشريعة ...، المرجع السابق، ص.٢٧؛ عبد العزيز عبد الرحمن الربيعة، العمل بالمصلحة، مجلة أضواء الشريعة، المملكة العربية السعودية، ١٣٩٩هـ عدد ١٠، ص.٩٠.

(٢) انظر، حسن حامد حسان، المرجع السابق، ص.٥.

(٣) انظر، علي بن هادية، بلحسن البليش، والجيلان بن الحاج يحي، القاموس الجديد للطلاب، معجم عربي مدرسي ألف بائي، الشركة التونسية للتوزيع، ط. ٣، ١٩٨٢، ص.١٠٨٨؛ جبران مسعود، الرائد، معجم لغوي عصري في مجلدين، المجلد ٢، دار العلم للملايين، بيروت، ط. ٣ ،١٩٧٨ ، ص.١٣٨٩؛ المنجد في اللغة و الأدب و العلوم، المطبعة الكاثوليكية، بيروت، ١٩٦٠، ص.٤٣٢.

(٤) انظر، حسن حامد حسان، المرجع السابق، ص.٤.

(٥) المقصود بالتحصيل جلب اللذة. انظر، حسن حامد حسان، المرجع السابق، ص.٤.

(٦) انظر، محمد سعيد رمضان البوطي، ضوابط المصلحة...، المرجع السابق، ص.٢٧.

(٧) تترجم المصلحة باللغة الفرنسية بـ"L'intérêt ".

Intérêt : ce qui importe, qui est utile à quelqu'un : agir dans l'intérêt d'un ami // souci exclusif à ce qui est avantageux pour soi ; égoïsme. Cf. Petit

أما علماء الصرف والنحو، فقد قرروا أن "المصلحة مفعلة من الصلاح بمعنى حسن الحال، وأنها صيغة مفعلة، هذه تستعمل لمكان ما كثر فيه الشيء المشتقة منه، فالمصلحة عندهم إذا شيء فيه صلاح قوي"(١).

أما اصطلاحا، بمناسبة الكلام عنها كدليل شرعي، فقد كثرت تعاريفها وهذا ما سنراه في العنصر التالي.

ب.- التعريف الاصطلاحي للمصلحة(٢) :

إن المنبع الذي لا ينضب لملء الثغرات في الفقه الإسلامي هو فكرة المصلحة (٣)، فهي نظرية تسيطر على الفقه الإسلامي في مجموعه(٤)؛ ولذلك ظهرت فيها عدة تعاريف، تتلخَّص أهمها فيما يلي:

عرف الغزالي المصلحة بأنها "عبارة في الأصل عن جلب منفعة أو دفع مضرة، ولسنا نعني به ذلك، فإن جلب المنفعة ودفع المضرّة مقاصد الخلق، وصلاح الخلق في تحصيل مقاصدهم. لكنا نعني بالمصلحة المحافظة على مقصود الشرع، ومقصود الشرع من الخلق خمسة : وهو أن يحفظ عليهم دينهم، ونفسهم، وعقلهم ونسلهم ومالهم. فكل ما يتضمن حفظ هذه الأصول الخمسة فهو مصلحة، وكل ما يفوت هذه الأصول فهو مفسدة، ودفعه مصلحة وإذا أطلقنا المعنى المحيل أو المناسب في باب القياس أردنا به هذا الجنس"(٥).

وقد عرف الطوفي المصلحة بقوله : "وأما حدها بحسب العرف فهي السبب

Larousse illustré, dictionnaire encyclopédique pour tous, librairie Larousse, ١٩٨٢, p..٥٣٥ ; «ce qui importe, ce qui convient à quelqu'un (en quelque domaine que ce soit) ». Cf. Paul Robert, op. cit., p. ١٠٢٠.

(١) انظر، مصطفى زيد، المصلحة في التشريع الإسلامي، دار الفكر العربي، ١٩٥٤، ص.١٩.

(٢) نقصد بالاصطلاح هنا التعريف الشرعي أي التعريف الذي جاء به فقهاء الشريعة الإسلامية الذين بحثوا في المصلحة كأحد مصادر الشريعة.

(٣) انظر، ثروت أنيس الأسيوطي، محاضرات في المنهج القانوني، محاضرات ألقيت على طلبة السنة الأولى ليسانس، معهد الحقوق، جامعة وهران، ١٩٧٧-١٩٧٨، ص.١٦.

(٤) انظر، حسن حامد حسان، المرجع السابق، ص.١٦.

(٥) انظر، أبي حامد محمد بن محمد الغزالي، المستصفى من علم الأصول، ج.١، دار إحياء التراث العربي، بيروت، ١٣٢٤ هـ ص.٢٨٦-٢٩٧.

المؤدي إلى الصلاح والنفع، كالتجارة المؤدية إلى الربح، وبحسب الشرع هي السبب المؤدي إلى مقصود الشارع عبادة أو عادة، ثم هي تنقسم إلى ما يقصده الشارع بحقه كالعبادات، وإلى ما يقصده لنفع المخلوقين وانتظام أحوالهم كالعادات"[١].

وعرفها الخوارزمي، بأنها : "المحافظة على مقصود الشرع بدفع المفاسد عن الخلق"[٢].

أما الشاطبي، فقد بسط تعريف المصلحة، وذكر معناها في الدين فقال عنها "وأعني بالمصالح ما يرجع إلى قيام حياة الإنسان وتمام عيشه، ونيله ما تقتضيه أوصافه الشهوانية والعقلية على الإطلاق حتى يكون منعما على الإطلاق"[٣].

ولم يقف الفقهاء عند هذا الحد، بل حاول آخرون بعدهم عرض رأيهم حول الموضوع ذاته. فتقدّم الأستاذ محمد مصطفى شلبي بالقول بأن "المصلحة في اصطلاح الفقهاء والأصوليين تطلق بإطلاقين: الأول مجازي وهو السبب الموصل للنفع، والثاني حقيقي وهو نفس السبب الذي يترتب على الفعل من خير ومنفعة، ويعبر عنه باللذة أو النفع أو الخير أو الحسنة"[٤].

وقد حللها الأستاذ مجيد حميد العنبكي إلى ثلاث عناصر وهي المنفعة والهدف وحالة الموافقة بينهما، فالمصلحة عنده تتوافد عند موافقة المنفعة للهدف[٥].

وعرفها الأستاذ رمضان البوطي، بعد أن أشار إلى علماء الشريعة الإسلامية، أنها "المنفعة التي قصدها الشارع الحكيم لعباده، من حفظ دينهم ونفوسهم وعقولهم ونسلهم

---

(١) انظر، مصطفى زيد، المرجع السابق، ص.٢١١.

(٢) انظر، محمد بن علي الشوكاني، إرشاد الفحول، مطبعة بابي الحلبي، ص.٢٤٢، مقتبس من حسن حامد حسان ، المرجع السابق، ص.١١.

(٣) انظر، الشاطبي، الموافقات في أصول الشريعة، ج.٢، المكتبة التجارية، القاهرة (بدون سنة الطبع)، ص.٢٥.

(٤) انظر، محمد مصطفى شلبي، تعليل الأحكام، الأزهر، (بدون سنة الطبع)، ص.٢٧٩؛ محمد شوقي السيد، معيار التعسف في استعمال الحق، رسالة دكتوراه، جامعة القاهرة، ١٩٧٠، ص.١٥٧-١٥٨.

(٥) انظر، مجيد حميد العنبكي، أثر المصلحة في تشريع الأحكام بين النظامين الإسلامي والإنجليزي، رسالة ماجستير، كلية القانون، جامعة بغداد،١٩٧١، ص. ٢٠.

وأموالهم طبق ترتيب معين فيما بينها"[١]، وأضاف قائلا "فكل أمر أنيط بتحقيقه نفع ما فهو مصلحة"[٢].

ورأى الأستاذ حسين حامد حسان أن "المصلحة التي تصلح دليلا في نظرنا هي المصلحة الملائمة لجنس اعتبره الشارع في الجملة بغير دليل معين، وليست هي المصلحة الغريبة التي سكتت عنها الشواهد الشّرعية"[٣].

وعلى الرغم من المحاولات التي أجهدت بغرض الوصول إلى تعريف المصلحة، اكتفى البعض بالإشارة إلى أن المصلحة أساس من أسس التشريع الإسلامي[٤] وأن العقل البشري قادر على أن يدرك هذه المصلحة[٥].

وذهب آخر، مؤكدا، أن المصلحة في غاية الوضوح غنية عن كل تعريف بل ولا خوف من تركها كما هي، لأن التعريف حسبه إلا وسيلة للغموض[٦].

إن الحوم في هذه التعريفات يؤدي بنا إلى التحير، لذا نرى من الحول أن نقر بما كشفه من سبقنا أن العلماء المسلمين مهما اختلفوا في تعريف المصلحة، يتفقون على أن الشرائع وضعت لمصالح العباد[٧]، وأن مصلحة الإنسان هي محور أحكام الشريعة

(١) و"المنفعة هي اللذة أو ما كان وسيلة إليها ودفع الألم أو ما كان وسيلة إليه". انظر، محمد سعيد رمضان البوطي، ضوابط المصلحة...، المرجع السابق، ص. ٢٧.

(٢) انظر، محمد سعيد رمضان البوطي، ضوابط المصلحة ...، المرجع السابق، ص. ١٨٨.

(٣) انظر، حسين حامد حسان، المرجع السابق، ص. ١٤.

(٤) انظر، عبد العظيم شرف الدين، تاريخ التشريع الإسلامي وأحكام الملكية والشفعة والعقد، منشورات جامعة قاريونس، ١٩٧٨، ص. ٧٠؛ شهيدة الباز، المرأة وحق العمل في الشريعة الإسلامية، مجلة الحق، ١٩٨٤، عدد ٣، ص. ١٦٩.

(٥) انظر، شهيدة الباز، المرجع السابق، ص. ١٦٩؛ عبد العزيز بن عبد الرحمن السعيد، المرجع السابق، ص. ٢-٣. (ذهب ابن حزم إلى أن العقل لا يدرك المصالح؛ الأحكام، ج. ٨، ص. ١١٤٦، وكذلك ابن تيمية، وابن القيم الجوزية في نفس المؤلف، ص. ٣).

(٦) انظر، مصطفى زيد، المرجع السابق، ص. ٢٢.

(٧) انظر الشاطبي، المرجع السابق، طبعة المكتبة التجارية، القاهرة، (بدون سنة الطبع)، ج.٢، ص.٦؛ ابن القيم الجوزية، أعلام الموقعين، ج.٣، طبعة المكتبة التجارية، القاهرة، ١٩٥٥، ص.١٤؛ حسين حامد حسان، المرجع السابق، ص.ط. و في هذا يبين الشاطبي أن كون الفعل مصلحة أو مفسدة يرجع إلى الشارع نفسه، فهو الذي يقرر أن الفعل مصلحة أو مفسدة، ولا يرجع إلى ما يمليه الطمع ويأمر به الهوى. انظر، حسن حامد حسان، المرجع السابق، ص. ٥٣.

الإسلامية وأساسها[١].

ومن ثم يخضعون لمسلمات لا ينكرها أحد منهم وهي، أولا أن المصلحة ليست الهوى أو الغرض الشخصي؛ وثانيا، أنها لا تتحدد بجلب المنفعة فحسب، بل تمتد إلى دفع الضرر أيضا[٢]؛ وثالثا وأخيرا، إن كل ما يضمن حفظ الأصول الخمسة وهي الدين والنفس والعقل والنسل والمال مصلحة وافية الرعاية[٣].

هذا، والفقه الإسلامي لا يضع مصالح الإنسان على قدم المساواة، بل يصنفها حسب سلم الأولويات كونها متفاوتة في الأهمية[٤]. وعلى هذا الأساس، قسم المصالح إلى ثلاثة أقسام: مصالح معتبرة[٥] ومصالح ملغاة ومصالح مرسلة[٦]. ورعاية كل من هذه

---

(١) انظر، محمد سعيد رمضان البوطي، ضوابط المصلحة، من مقدمة الطبعة الأخيرة، المرجع السابق، ص.٥.

(٢) دفع الضرر مقدم على جلب المنفعة إذا تساوت المنفعة مع الضرر، إذا غلبت المصلحة على الضرر بقدر كبير واضح قدمت المصلحة ولا ينظر إلى المفسدة القليلة، لأن منعها يعد في ذاته ضررا كبيرا. انظر، رشدي شحاتة أبو زيد، شروط ثبوت...، المرجع السابق، ص.١٣٥؛ عبد العظيم شرف الدين، المرجع السابق، ص.٣٤٥؛ محمد أبو زهرة، تنظيم الإسلام للمجتمع، دار الفكر العربي، (بدون سنة الطبع) ص.٥٩.

(٣) انظر، مصطفى زيد، المرجع السابق، ص.٢٢؛ وتأييدا لهذا المعنى،انظر أيضا، محمد شوقي السيد، المرجع السابق، رسالة الدكتوراه، ص.١٥٩؛ رشدي شحاتة أبو زيد، شروط ثبوت...، المرجع السابق، ص.١٣٤-١٣٥.

(٤) انظر، سعيد رمضان البوطي، ضوابط المصلحة....، المرجع السابق، ص.٦.

(٥) اعتبارها قد يكون بنص أو إجماع، أو ترتيب الحكم على وفقها في صورة بنص أو إجماع. انظر، الآمدي، الأحكام، ج.٣، ص.٢٨٢، مقتبس عن عبد العزيز بن عبد الرحمن الربيعة، المرجع السابق، ص.٩٢.

(٦) ويلاحظ أن هناك تقسيمات أخرى للمصلحة. والتقسيم الذي قدمناه هو أحد طرق تقسيمات المصلحة من حيث اعتبار الشارع وهي أهم طريقة وسار عليها جمهور الأصوليين. انظر، حسين حامد حسان، المرجع السابق، ص.١٥-١٨؛ عبد العزيز عبد الرحمن الربيعة، العمل بالمصلحة، المرجع السابق، ص.٩١-٩٢. وهناك ثلاث طرق أخرى تدخل في التقسيم المذكور نعرضها كالتالي :

الطريقة الثانية : جاء بها الإمام الغزالي وتتجلى في أربعة أقسام. الأول : مصلحة اعتبر الشارع نوعها، الثاني : مصلحة اعتبر الشرع جنسها، الثالث : مصلحة تتناقض نصا شرعيا، والرابع : المصلحة المسكوت عنها في الشرع. (انظر، حسين حامد حسان، المرجع السابق، ص.١٨-١٩).

المصالح يتم بثلاث درجات مرتبة، تأسيس ضرورياتها ثم بناء حاجياتها ثم رسم تحسيناتها[١].
فالمصالح المعتبرة : هي كل مصلحة قام دليل شرعي على رعايتها فاعتبرها[٢].

الطريقة الثالثة : وهي أن المصلحة إما أن تكون منصوصا أو مجمعا عليها بخصوصها أولا، والثانية : إما أن تكون معارضة لنص أو إجماع أو لا. (انظر، حسين حامد حسان، المرجع السابق، ص.٢١).
الطريقة الرابعة : تقدم بها الصوفي الذي يرى أن المصلحة إن عارضت نصا جامدا لم تعتبر، وإن عارضت عموما أو إطلاقا وجب الجمع بينها وبين هذا العموم، بأن نقدم المصلحة على هذا العموم بطريق التخصيص والبيان لا بطريق التعطيل والافتئات. (انظر، حسين حامد حسان، المرجع السابق، ص.٢٢).
أما التقسيم الثاني للمصلحة، فإنه يكون على أساس من حيث قوتها في ذاتها: وبهذا تنقسم إلى: مصلحة ضرورية، ومصلحة حاجية ومصلحة تحسينية. (انظر، حسين حامد حسين، المرجع السابق، ص.٢٣).
والتقسيم الثالث، فأقسام المصلحة من حيث الشمول، وهو تقسيم ثاني للإمام الغزالي الذي قال "وتنقسم المصلحة قسمة أخرى بالإضافة إلى مراتبها في الوضوح والخفاء : فمنها ما يتعلق بمصلحة عامة في حق الخلق كافة،ومنها ما يتعلق بمصلحة الأغلب، ومنها ما يتعلق بمصلحة لشخص معين في واقعة نادرة". انظر، أبو حامد الغزالي، شفاء العليل، ص.١٨٤، مقتبس عن حسين حامد حسان، المرجع السابق، ص.٣٢.
وأخيرا، القسم الرابع ويتمثّل في أقسام المصلحة من حيث الثبات و التغير : و صاحب هذا التّقسيم هو الأستاذ مصطفى شلبي الذي تفضّل بقسمين:
أولهما: المصلحة المتغيرة بتغير الزمان والبيئات والأشخاص.
ثانيهما: المصلحة الثابتة على مدى الأيام.
ورتب على هذا التقسيم نتيجة مفادها أن المصلحة المتغيرة تقدم على النص والإجماع، وذلك في أبواب المعاملات والعادات لأن مصالحها يلحقها التغير والتبديل حسب الأزمان والبيئات والأحوال، وأما إذا كانت المصلحة من المصالح التي لا تتغير، وذلك في أبواب العبادات وحدها، فإن النص والإجماع يقدمان فيها على المصلحة. انظر، محمد مصطفى شلبي، تعليل الأحكام، المرجع السابق، ص. ٣٢١، مقتبس من حسين حامد حسان، المرجع السابق، ص. ٣٦-٣٧؛ راجع حسين حامد حسان، المرجع السابق، ص.١٥-٣٧.
(١) انظر، محمد سعيد رمضان البوطي، ضوابط المصلحة...، المرجع السابق، ص.٦ من المقدمة.
(٢) انظر، محمد مقبول حسين، محاضرات في تاريخ التشريع الإسلامي، معهد العلوم القانونية، جامعة وهران،١٩٧٧-١٩٧٨، ص.٦٩.

وهي تنقسم إلى ضروريات وحاجيات وتحسينات^(١).

أما المصالح الملغاة: هي كل مصلحة خالفت الأدلة الشرعية ولم توافق ما جاء في الشرع من أحكام^(٢) . وهذه لا يصح التعليل بها وبناء الأحكام عليها^(٣).

وأخيرا المصالح المرسلة : وهي التي لا نص فيها مطلقا ويتعين أن تكون ملائمة لمقاصد الشارع وأن يكون في الأخذ بها دفع حرج أو مفسدة ولا تكون معارضة لأصل من الأصول^(٤) .

وجمعا وحوصلة لما تقدم وتيسيرا للحديث عن المصلحة في الفقهي الشرعي والأصولي ورفعا للمشقة في فهمها عند هؤلاء، ندلي بأن التشريع الإسلامي يعمل على تحقيق المصالح فردية كانت أم جماعية بل ويرعاهما معا^(٥) . وإذا تعارضت مصلحة الفرد مع

_____

(١) الضروريات : هي تلك الأمور التي لا بد منها لقيام مصالح الدين والدنيا (انظر، رشدي شحاتة أبو زيد، شروط ثبوت...، المرجع السابق ، ص.١٣٦)، بحيث إذا فقدت فسدت مصالح الدنيا وفات النعيم في الأخرى (انظر، ثروت أنيس الأسيوطي، محاضرات المنهج القانوني...، المرجع السابق، ص.١٠). وقد رد الفقهاء المسلمون أصول المصالح الاجتماعية إلى خمسة أمور وهي حفظ الدين وحفظ النفس وحفظ العقل وحفظ النسل وحفظ المال، وأن انحصار المصالح في هذه الأمور الخمسة لأن الدنيا بنيت عليها (انظر، رشدي أبو زيد، شروط ثبوت...، المرجع السابق، ص.١٣٦؛ محمد أبو زهرة، تنظيم الإسلام للمجتمع، المرجع السابق، ص.٥٩ وما بعدها).

والحاجيات : وهي ما يحتاج إليه الناس لليسر والسعادة واحتمال مشاق التكليف وأعباء الحياة ورفع الضيق المؤدي في الغالب إلى الحرج و المشقة اللاحقة يفوت المطلوب وهي جارية في العبارات والمعاملات والعادات والعبادات (انظر، رشدي أبو زيد، شروط ثبوت...، المرجع السابق، ص.١٥٠).

أما التحسينيات أو الكماليات : وهي الأخذ بما يليق من محاسن العادات وتجنب الأحوال المدنسات التي تألفها العقول الراجحات ويجمع ذلك مكارم الأخلاق، انظر الشاطبي، الموافقات...، المرجع السابق، ص.١١.

(٢) انظر، محمد مقبول حسين، المرجع السابق، ص.٦٩.

(٣) انظر، شوكت محمد عليان، التشريع الإسلامي والقانون الوضعي، ط.١، دار الشؤاف للنشر والتوزيع، ١٩٩٦، ص.٢٧٩ وما بعدها.

(٤) انظر، ثروت أنيس الأسيوطي، محاضرات في المنهج القانوني...، المرجع السابق، ص.١٦.

(٥) انظر، محمد حسنين، الوجيز في نظرية الحق بوجه عام، الأشخاص والأموال والإثبات في القانون المدني الجزائري، المؤسسة الوطنية للكتاب، الجزائر، ١٩٨٥، ص.٣٠٤.

مصلحة الجماعة قدمت الثانية على الأولى[1] إلا أن مصلحة الفرد هي التي نريدها هنا وأولا. ولكنها مصلحة بعيدة أن تكون مستقلة أنانية، لأن مصلحة المجتمع متسترة وراءها، كون مصلحة الفرد تنطوي على الخاصة والعامة في آن واحد، فهما مترابطتان ومتلازمتان، وهي خاصة لأنها تحمي فردا واحدا من أفراد المجتمع وهو المحضون، وعامة لأن بتحقيقها نؤمن مصلحة المجتمع ككل.

وفي هذا المعنى، أحسن التعبير الأستاذ مارك دونييه بقوله سواء تشبثنا بشخصية الطفل أولا، أو على العكس، بالآفاق المستقبلية للأمة، تبقى مصلحة الطفل في الخط الأول[2] وبهذا لن نحيد عن المسلمات المذكورة. وأقرب نظرة ننتقيها لموضوع بحثنا هي ما لاح في فكر أحد الأساتذة بأن "المصلحة ما تحقق الخير العام للأمة والمفسدة ضد ذلك، ولا معيار لتقدير المصالح والمفاسد إلا ما جاء عن طريق الشرع فالمدار على ذلك[3].

هذا عن التعريف الاصطلاحي للمصلحة، فماذا عن تعريفها القانوني؟

II.- التعريف القانوني للمصلحة :

نعالج المصلحة كما عرفها الفقه القانوني (آ)، ثم نتكلم عن المصلحة التي أوردها المشرعون المغاربيون للأسرة (**ب**).

آ.- تعريف الفقه القانوني للمصلحة :

عرف العميد جوسران المصلحة على أنها في اللغة العامة، كذلك كما هي في اللغة القانونية، وخاصة أنها تعني المنفعة الشّخصية للفرد[4]. وقد أيد الإمام محمد أبو زهرة هذا التعريف في شطره الأول ولكنه خالفه في شطره الثاني على أن المصلحة منفعة المجموع، والمنفعة ليست مرادفة للهوى الذي قد يكون مجاوبة للأنانية الشخصية، فالمنفعة إيثار

---

(١) انظر، عبد العظيم شرف الدين، المرجع السابق، ص.٧٠.

(٢)« Que l'on s'attache avant tout à la personnalité de l'enfant ou, au contraire, aux perspectives futures de la nation, l'intérêt de l'enfant est toujours au premier plan ». Cf. M. Donnier, op. cit, L'intérêt de l'enfant, recueil D., ١٩٥٩, chr., pp. ١٧٩-١٨٠.

(٣) انظر، عبد العزيز بن عبد الرحمن السعيد، المرجع السابق، ص.١٥.

(٤) Cf. Josserand, L'esprit des droits, cité par p. ٣٩٣, محمد شوقي السيد، المرجع السابق، ص.١٦١-١٦٢.

وليست أثرة شخصية(١) . ونظر عكس ذلك أحد الفقهاء في أن المصلحة موافقة لهوى النفوس، محصلة لرغباتها(٢).

ورأى العميد هنري باتيفول أن المصلحة في الواقع ذاتية وخاصة بالامتلاك وذاتيتها هذه تحمل على اعتبارها بمثابة واقعة لا ضرورة(٣).

وتقدم أحد الفقهاء الألمان بأن المصلحة تعني رغبة الأفراد نحو الأموال لإشباع الحاجات، وضرب مثالا لا يوضح تعريفه، فالخبز مال والجوع حاجة والحصول على الخبز مصلحة(٤). وفي هذا المعنى ذكرت المصلحة على أنها القيمة(٥) التي تساهم في منفعة إشباع حاجاتنا(٦).

وأكد البعض أن المصلحة هي الغاية من الحق وليست الحق ذاته(٧). وأثار الأستاذ ثروت أنيس الأسيوطي فكرة المفاضلة بين المصالح دون أن يعرف هذه الأخيرة. "فكل قاعدة قانونية، يقول، هي وليدة المفاضلة بين المصالح المتنازعة". فالمصالح عنده، قد تكون مادية أو مثالية أو أدبية أو وطنية أو خلقية، كما قد تكون جماعية أو فردية، عامة أو خاصة(٨).

ولوحظ أن المصلحة المستقبلية تختلف عن الماضية وتتضادان، بحيث المصلحة من حيث المستقبل تمثل ناتج الإرادة أو الغاية التي تبتغى أو كمزيّة أو فائدة أو مكسب. أما

(١) انظر، محمد أبو زهرة، تنظيم...، المرجع السابق، ص.٥٨.
(٢) انظر، شوقي محمد، ضوابط المصلحة والموازنة بينها، مجلة الدراسات القانونية، ٢٠٠٣، عدد ٨، ص.١١.
(٣) انظر، هنري باتيفول، فلسفة القانون، ترجمة سموحي فوق العادة، الشركة الوطنية للنشر والتوزيع ، ط.١، الجزائر، ١٩٧٢، ص.١٠٠.
(٤) انظر، فيليب هيك، مشكلة اكتساب القاعدة القانونية (بالألمانية)، ط.٢، ١٩١٢، ص.٢٧، مقتبس عن ثروت أنيس الأسيوطي، محاضرات في المنهج القانوني...، المرجع السابق، ص.١٠.
(٥) استعمل الفقهاء الرومان في العصر الكلاسيكي، المصلحة بمعنى القيمة، انظر:
M. Garand, L'intérêt pour agir en justice, th. Poitiers, ١٩٥٩, pp. ١٠ et s.
(٦)Cf. M. Garand, op. cit., p. ٢٠٣.
(٧) انظر، عبد الفتاح عبد الباقي، نظرية الحق، ط.٢، مطبعة النهضة الجديدة، القاهرة، ١٩٦٥، ص.٣٠٣.
(٨) انظر، ثروت أنيس الأسيوطي، محاضرات في المنهج القانوني...، المرجع السابق، ص. ١٢-١٣.

المصلحة من حيث الماضي، فإنها تعني الأضرار أو المتاعب[١].

وتبعا لذلك، انقسم مفهوم المصلحة عند فقهاء قانون الإجراءات إلى نظرتين، الأولى تعبر عن الوجه الأول المذكور، حيث عرفها بأنها كل ما يصلح به المرء من شأنه بمنفعة تأتيه إذا هو مارس حقا أو أقام دعوى[٢]، أو أنها السبب الذي من أجله يرفع المتقاضي دعواه، فرفع الدعوى بما يطلبه المدعى يحقق له مصلحة بصيانة حق قانوني أو مركز قانوني يخصه[٣]؛ وأما الثانية، فتلك المتعلقة بالوجه الثاني،إذ رأوا أن المصلحة هي طلب التعويض عن الضرر الذي يصيبنا[٤].

وفي كلتي الصورتين، تعتبر المصلحة أحد شروط رفع الدعوى،-وعدم توافرها يؤدي إلى عدم قبول الدعوى من طرف القاضي أو الدفع بعدم قبولها من طرف الخصم[٥]؛ فهي بهذا تعرف أحيانا،بأنها الفائدة المنشودة أمام القاضي عن طريق المطالبة بتقرير الأحقية في الادعاء[٦]. وبهذا أيضا، ذكرت على أنها القيمة لموضوع المطالبة الذي يتخذ أساسا لإصلاح أو منع خسارة أو اضطراب قائم مؤكد[٧].

وقد اختلف تعريف الفقه القانوني عن التشريع، وذلك ما نراه حالا.

ب.- تعريف التشريعات المغاربية الأسرية للمصلحة :

أما التشريعات الأسرية المغاربية، فإنها لم تعط تعريفا للمصلحة، وإنما وظفت تارة لفظ المصلحة، وتارة أخرى شملت فكرتها دون ذكر المصطلح.

---

(١) انظر، محمد شوقي السيد، المرجع السابق، رسالة دكتوراه، ص. ١٦٢؛ محمد عبد السلام مخلص، نظرية المصلحة في دعوى الإلغاء، رسالة دكتوراه، جامعة القاهرة، ١٩٨١، ص. ١٠.

(٢) انظر، إبراهيم نجار، أحمد زكي بدوي ويوسف شلالا، القاموس القانوني، فرنسي- عربي، ط. ٤، مكتبة لبنان،١٩٩٥، ص. ١٦٤.

(٣) انظر، حسن علام، موجز القانون القضائي الجزائري، الشركة الوطنية للنشر والتوزيع، الجزائر، ١٩٧٢، ص. ٦٩.

(٤) انظر، محمد شوقي السيد، المرجع السابق، رسالة دكتوراه، ص. ١٦٢.

(٥) انظر، ابتسام القرام، المصطلحات القانونية في التشريع الجزائري، قاموس باللغتين العربية والفرنسية، المؤسسة الوطنية للفنون المطبعية، وحدة الرغاية، الجزائر، ١٩٩٢، ص. ١٦١؛ كذلك المادة ٤٥٩ من الأمر رقم ٦٦-١٥٤ المؤرخ في ٠٨ جوان ١٩٦٦ المتضمن قانون الإجراءات المدنية الجزائري المعدل والمتمم.

(٦)Cf. N. Gassin, La qualité pour agir en justice, th. Aix, ١٩٥٥, p. ١٩٧.

(٧)Cf. M. Garand, op. cit., th. Poitiers, ١٩٥٩, p. ١١٧.

والملاحظ على هذه التشريعات أنها اتفقت على توظيف "المصلحة" في نفس المسألة من بعض المواضيع. ومثال ذلك، المادة ٠٧ من قانون الأسرة والفصل ٠٥ من المجلة والمادة ٢٠ من المدونة، عالج فيها المشرعون المغاربيون الإذن بالزواج دون السن القانونية وقيدوه بمصلحة الطرفين. وكذا الأمر بالنسبة لولاية الزواج، ذكر المشرع المغربي على غرار الجزائري "المصلحة" فيها[١]؛ أما المشرع التونسي، فإنه احتوى هذه المصلحة ضمنيا بكلامه عن القاصر وتقييد زواجه بموافقة الولي أو الأم[٢].

في موضوع إثبات النسب مثلا، ذكر المشرع المغربي مصطلح "المصلحة" في المادة ١٦٠ من المدونة ولم تذكر في قانون الأسرة.

وفي مواضيع أخرى كالتبني رأى المشرع التونسي مصلحة في الاعتراف به والأخذ به، على خلاف المشرعين الجزائري والمغربي اللذين ذهبا بعكس وجهة نظره، ولم يجدا مصلحة في إقراره[٣].

كما اتفق المشرعون الثلاثة على حماية مصلحة الأسرة التي كرست في المادة ٤ من قانون الأسرة، والمادة ٥١ فقرة ثانية من المدونة والفصل ٢٣ فقرة ثالثة من المجلة.

والجدير بالذكر أنه بالرغم من طغيان مصطلح "المصلحة" على القوانين الأسرية المغاربية، إلا أن المشرعين لم يجدوا مانعا للتعبير عنها بألفاظ أخرى كلفظ "الفائدة" الوارد في المادة ٤٨ من المدونة و"النفع" في المادة ٨٣ من قانون الأسرة والفصل ١٥٦ من المجلة.

وأيضا موضوع الكفالة روعيت فيه مصلحة المكفول[٤].

وأما المواضيع التي استحوذت على النصيب الأكبر من المواد الدالة على المصلحة لفظا ومعنى فهي تلك المتعلقة بالحضانة[٥]، وبالنيابة الشرعية لارتباطها أشد الارتباط

---

(١) انظر، المادة ٢٤ من المدونة والمادة ١٢ من قانون الأسرة.

(٢) ونصت المادة ٢١ من المدونة على أن "زواج القاصر متوقف على موافقة نائبه الشرعي".

(٣) انظر، المادة ٤٦ من قانون الأسرة والمادة ١٤٩ من المدونة.

(٤) انظر، المادة ١٢٤ من قانون الأسرة، والفصل ٠٧ من القانون رقم ٥٨-٢٧ المؤرخ في ١٩٥٨/٠٣/٠٤ المتعلق بالولاية العمومية والكفالة والتبني، وظهير عدد ١٦٥-٩٣-٠١ لـ ١٩٩٣/٠٩/١٠ المنظم لكفالة الأطفال المهملين.

(٥) راعى المشرعون المغاربيون مصلحة المحضون بالأساس عند تقنين أحكام الحضانة. انظر، المادة ٦٢ وما بعدها من قانون الأسرة، والفصل ٥٤ من المجلة، والمادة ١٦٣ وما بعدها من المدونة.

بالقصر؛ وهؤلاء بصفتهم كذلك يحتاجون إلى حماية أكبر لشؤونهم عبرت عنها بالمصلحة[١]. مع الإشارة، أن المشرع المغربي انفرد بإدراج المادة ٥٤ تحت عنوان "الأطفال" وهو عنوان مجلب للانتباه، جمع فيها حقوق الأطفال. وهي مادة تبرز عناية المشرع المغربي بالطفل وتعكس قوة انشغاله بمصالحه وإلحاحه على ضمانها.

وإذا كانت هذه المصلحة قد اختلفت بشأنها تلك التعاريف، فإن ذلك لدليل على صعوبة تأطير مفهوم مصلحة المحضون.

الفرع الثاني
صعوبة حصر مفهوم مصلحة المحضون

لقد أرسيت أحكام الحضانة على ركيزة بالغة الأهمية وأساسية تكمن في مصلحة المحضون[٢]، وهذا ما أكده المشرعون المغاربيون عند تقنينهم لتلك الأحكام في القوانين الأسرية سواء أكان ذلك صراحة أو ضمنا، إذ أنهم لم يقصروا في استرعاء الانتباه إلى وجوب وضع نصب الأعين في كل حالة مصلحة المحضون[٣].

ومعنى ذلك، أن المشرعين المغاربيين قد اكتفوا بإحالة القاضي في كل مرة إلى الرجوع إلى مصلحة المحضون أساس إسناد الحضانة وإسقاطها دون أن يتفضل باقتراح كل المعايير التي تساعده في تقدير المصلحة وتواجدها من عدمها. فهل نستحسن موقف المشرعين المغاربيين أم نعاتبهم على خوضهم هذه المنهجية في صياغة النصوص القانونية؟

وللإجابة على ذلك السؤال، نقول إن قصد المشرعين المغاربيين في عدم تحديد كل العناصر المكونة للمصلحة كان في محله، إذ أن مفهوم المصلحة بطبيعته مفهوم نسبي يتغير حسب الأزمنة وحسب المجتمعات والحالات الخاصة، فما كان يمثل مصلحة الطفل بالأمس لم يعد كذلك اليوم[٤].

---

(١) انظر، المادة ٨١ وما بعدها من قانون الأسرة، والمادة ٢١١ وما بعدها من المدونة المتعلقة بالنيابة الشرعية، والفصل ١٥٣ وما بعده من المجلة المتعلقة بالحجر والرشد.

(٢)Cf. A.C.Van Gysel, L'intérêt de l'enfant, principe général de droit, Rev. Gén. Dr. Belge, ١٩٨٨, n° ٢, pp.١٨٦ et s.

(٣)Dans ce contexte, M. G. Benmelha remarque que « la codification n'a pas manqué de souligner qu'il faille en toute circonstance avoir en vue le seul intérêt de l'enfant ». Cf. Gh. Benmelha, op. cit., p. ٢٢٣.

(٤)Cf. N. Khelef née Lamoudi, op. cit., mém. Magister, p. ٧٥.

وهكذا، فالمشرع عندما يضع القواعد، يضعها عامة ومجردة، والقاضي يفسرها ويفصل حسب كل حالة على حدة. لذلك، فإن دور المشرع ينحصر في تذكير القاضي بتغليب مصلحة الطفل و يخول له مهمة تحديد ما تشتمل عليه من الناحية العملية، إذ بمقتضى هذا المبدأ، يستوجب على القاضي تفسير معناه و تحديد محتواه لحل القضية المعروضة أمامه، فيتقدم باجتهاد قريب للحقيقة و الواقع، وخاصة ونحن أمام مادة أغلبية أحكامها اجتهادية.

والجدير بالملاحظة هو أن أهم ما يميز التفسير القضائي طابعه التطبيقي، لأنه يتأثر بما يعرض على القاضي من وقائع في الدعوى. فيعمل القاضي كل جهده بأن تتلاءم أحكامه مع الظروف الواقعية المطروحة أمامه؛ وهذا ما أشار إليه الأستاذ السيد سابق في قوله "تقدير مصلحة الصغير أو الصغيرة موكول للقاضي"[١].

ولذلك يمكن القول أن للقاضي الدور الرئيسي والأولي في هذا الموضوع؛ ويبرز فيه أشد البروز وذلك بأن يتناوب المشرع في مهمته عن طريق صياغته قاعدة يشكلها حسب الحالة المعروضة عليه ويطبقها مباشرة عليها[٢]. ومن ثم، فهذا التدخل وهذه العملية يبرزهما مفهوم مصلحة المحضون، هذا من جهة.

(١) انظر ، السيد سابق، فقه السنة، المجلد الثاني، دار الفتح للإعلام العربي، القاهرة، ١٩٩٤، ص. ٣٠٩.

(٢)A cet égard, M. le Doyen J. Carbonnier souligne « Si la jurisprudence n'est qu'une autorité, elle est une autorité privilégiée, car la th. qu'elle appuie a, par définition, dans le litige pour la solution duquel on cherche à se faire une opinion, plus de chances d'être accueillie par le tribunal saisi, donc plus de chances de devenir du droit effectif. C'est pourquoi quand on parle du droit d"un pays, il ne faut pas seulement entendre ses lois, mais ses lois et sa jurisprudence… » Cf. J. Carbonnier, op. cit., t. ١, p. ١٧٦. Sur cette question, cons. G. Chrétien, Les règles de droit d'origine juridictionnelle., th. Lille, ١٩٣٦; M. Saluden, Le phénomène de la jurisprudence, étude sociologique, th. Paris ٢, ١٩٨٣ ; E. Port-Levet-Serverin, Théorie de la pratique jurisprudentielle en droit privé, th. Lyon ٣, ١٩٨٣ ; D. Delon, La jurisprudence, source de droit, th. Paris ٢, ١٩٨٠ ; M. Waline, Le pouvoir normatif de la jurisprudence, Mélanges G. Scelle, t. ٢, pp. ٦١٣ et s. ; F. Gény, Méthode d'interprétation et sources en droit privé positif, t. ٢, édit. Dalloz, Paris, ١٩٥٤, n° ١٤٦ et s.

ومن جهة أخرى، أهم ما يمكن إضافته لتعليل موقف المشرعين المغاربيين هو أنهم، خلافا للمشرعين الفرنسي- والسوري، قد عرفوا الحضانة تعريفا واضحا[١]، إذ يقضي الفصل ٥٤ من المجلة والمادة ٦٢ من قانون الأسرة والمادة ١٦٣ من المدونة بأن مصلحة المحضون تكمن في العناية به وتعليمه وتربيته على دين أبيه وحفظه صحة وحمايته خلقا. وبهذا الإجراء يكون قد ساهم المشرعون المغاربيون في وضع بعض معالم المصلحة وبسطوا للقاضي مهمة البحث عنها[٢].

ومع ذلك، فليس من المؤكد من الناحية العملية أنه يكفي القول بأن المصلحة تتأكد إذا طبقت هذه النصوص القانونية؛ لأن تقديرها من جهة، وتطبيق تلك النصوص من جهة أخرى يخضعان في جوهرهما لتفسير القاضي، أي للعمل البشري. ذلك لأن المصالح تتعدد وتتنوع على حسب مقتضيات الأحوال التي توحي بها الأزمنة ومواقف الناس من الناس[٣].

ومن ثم، إذا جاءت تلك النصوص المغاربية الأسرية عامة ومجردة، إلا أن مكوناتها من تعليم الطفل وتربيته على دين أبيه والعناية به وحمايته خلقا وصحة عناصر كلها نسبية لا تختلف باختلاف المجتمعات فحسب، بل تختلف حتى داخل المجتمع الواحد باختلاف الأسر، والأسرة في حد ذاتها يختلف أفرادها عن بعضهم البعض.

وهذه النتيجة أكدتها تجربة الفقه، حيث ترى في ذلك الفقيهة الفرنسية كاستلون بأن:

« ni en intensité, ni en nature, les membres d'une même famille ne partagent une même affectivité ou une même angoisse. Les membres d'une même famille se rapprochent certes, souvent, mais de

---

(١) وذلك على غرار مشروع القانون العربي الموحد للأحوال الشخصية الذي نص في مادته ١٣٣ بأن "الحضانة حفظ الولد، وتربيته وتعليمه، ورعايته بما لا يتعارض مع حق الولد في الولاية على النفس".

(٢) ويرى الأستاذ عبد العزيز سعد "فإن تعريف قانون الأسرة الجزائري على الرغم من احتوائه على أهداف الحضانة وأسبابها يعتبر أحسن تعريف، ولاسيما من حيث شموليته لأفكار لم يشملها غيره. ومن حيث إنه تعريف جمع في عموميته كل ما يتعلق بحاجيات الطفل الدينية والصحية والخلقية والتربوية والمادية" . انظر، عبد العزيز سعد، الزواج والطلاق في قانون الأسرة الجزائري، دار البعث، قسنطينة، ١٩٨٨، ص. ٢٩٣.

(٣) انظر، الإمام محمود شلتوت، الإسلام عقيدة و شريعة، ص. ١٣٢.

façon très variable de famille à famille et, à l'intérieur d'une même famille, de membre à membre »[١].

لكن، حتى ولو أن المشرعين المغاربيين قد أبرزوا بعض عناصر المصلحة (معايير المصلحة)، فإنهم مع ذلك لم يظهروا كلها، بحيث قد أغفلوا نوع التربية التي تعطى للطفل وأي نوع من الأخلاق يجب أن يتحلى به. ولهذا تبقى المصلحة خاضعة عمليا لتقدير القاضي؛ فتظل العناية بالولد وتعليمه وتربيته على دين أبيه وحفظه صحة وحمايته خلقا أمرا نسبيا يختلف حسب نظرة كل أسرة للتربية وللخلق.

فإذا أراد واضعو قوانين الأسرة المغاربية فعلا أن يوحدوا المصلحة، نتيجة لاستحائهم النصوص الأسرية من الشريعة الإسلامية، لأضافوا عبارة "وفقا لأحكام الشريعة الإسلامية"، فتصبح صياغة الفصل ٥٤ من المجلة على النحو التالي "الحضانة حفظ الولد في مبيته والقيام بتربيته وفقا لأحكام الشريعة الإسلامية"؛ والفقرة الأولى من المادة ٦٢ من قانون الأسرة كما يلي : "الحضانة هي رعاية الولد وتعليمه والقيام بتربيته على دين أبيه والسهر على حمايته وحفظه صحة وخلقا وفقا لأحكام الشريعة الإسلامية"؛ والمادة ١٦٣ من المدونة "الحضانة حفظ الولد مما يضره، والقيام بتربيته ومصالحه وفقا لأحكام الشريعة الإسلامية". ولكن، هيهات أن توحد المصلحة حتى ولو كان المرجع واحد.

وزيادة على ذلك، بما أن صياغة هذه النصوص من صنع البشر، فإن واضعيها لا يمكن لهم أن يتنبؤوا بكل المسائل، فهي تعرض بالتتابع على القاضي وهو يفصل في قضايا الحضانة.

بالإضافة إلى ذلك، فقد وجهت لمفهوم مصلحة المحضون انتقادات عدة، فكانت المؤاخذة الرئيسية له تكمن في أنه "مفهوم ذاتي محض"[٢]، وأنه "مفهوم مجرد وذاتي". وهذا ما عبر عنه العميد جون كربونيي إذ جاء في قوله أن "مفهوم المصلحة ذاتي و يظّل ذاتاني

---

(١) أظهرت هذه الفقيهة بدون غموض أن أفراد الأسرة الواحدة لا تتقاسم، لا بالكثافة ولا بالمزاج، نفس الانفعالية أو حتى نفس القلق. طبعا، إن أفراد الأسرة ذاتها تتقارب غالبا، ولكن هذا يكون بصفة جد متغيرة من أسرة إلى أخرى، وداخل نفس الأسرة، من عضو إلى آخر.

Cf. Y. Castellan, La famille, édit. PUF, série Que sais-je? , ١٩٩٥, pp. ٨٣-٨٤.

(٢)P. Nepveu, De l'attribution des droits de garde et de visite dans les familles désunies, J.C.P., ١٩٦٥, I, ١٩٠٣, parag. n° ١.

لذاتانية"[١]؛ وأضاف وهو ينعته بأنه "مفتاح يفتح على مجال واسع، لأن المفهوم غامض ويصعب إدراك معناه"[٢].

وقد لقي هذا الاتجاه في الفقه ما يؤيده، إذ يرى الأستاذ إرفيي بارشمينال أن:

« La détermination et la protection de l'intérêt de l'enfant semblent en effet bien malaisées tant sont nombreuses les situations particulières et diverses les solutions possibles »[٣].

وهكذا فعلا، إن مفهوم مصلحة المحضون مفهوم ذاتي. ونضيف أيضا بأنه مفهوم نسبي ومتطور[٤]؛ والاستعانة به تحمل علامات لذاتانية واضحة[٥]. ولكن، لا يمكن أن نتفاداه طالما أن المشرعين قرروه وأكدوا على وجوب الرجوع إليه. ومن ثم، فالقول بالاستغناء عنه أو بإقصائه عن موضوع الحضانة حجة متهالكة بعيدة عن الصواب والحقائق الاجتماعية المعاشة. بل ما ينبغي الإشارة إليه هو أن هذا المفهوم لا يمكن غلقه في قاعدة قانونية[٦]، كما أنه متمرد عن كل تعريف[٧]، ولهذا ينبغي أن يستعمله القاضي، لكونه مسألة واقع[٨]، بحذر وفطنة[٩] حتى يحسن تفسيره ومن ثم تطبيقه تطبيقا سليما.

---

(١)« Le critère est et restera toujours subjectif et subjectivisme pour subjectivisme ». Cf. J. Carbonnier, note sous T.G.I. Versailles, ٢٤/٠٩/١٩٦٢, D. ١٩٦٣, ٥٤ .

(٢)« La clef ouvre sur un terrain vague. La notion est insaisissable ». Cf. J. Carbonnier, Droit civil, t. ٢, La famille, édit. P.U.F., Coll. Thémis, ١٩٩٣, p. ٢٨٧, n° ١٩٢.

(٣) "تحديد وحماية مصلحة المحضون مسألتان عويصتان وعسيرتان إلى حد كثرة الحالات الخاصة وتعدد الحلول الممكنة". Cf. H. Parcheminal, Le juge aux affaires familiales et la protection de l'intérêt de l'enfant, Rev. Dr. Sanit. Soc. , ١٩٩٤, avril-juin, p. ٢٠٣.

(٤)Cf. N. Khelef née Lamoudi, op. cit., mém. Magister Alger, ١٩٨٤, p. ٨٠.

(٥)Cf. Y. Alhalel-Esnault, Les problèmes religieux de la famille en droit privé français, th. Rennes, ١٩٧٥, p. ٢٥٧.

(٦)Cf. N. Khelef née Lamoudi, op. cit, mém. Magister, Alger ١٩٨٤, p. ٧٧.

(٧)« La notion d'intérêt de l'enfant est rebelle à toute définition ». Cf. V. Lacoste, Contribution à une théorie générale du droit de visite en droit civil, R.R.J., Droit prospectif, ١٩٩٧, n° ٣, p. ٩٧٢.

(٨)Cf. Ph. Simler, La notion de garde de l'enfant, R.T.D.Civ. ١٩٧٢, p. ٦٨٧.

(٩)Cf. Y. Alhalel-Esnault, op. cit., th. Rennes, ١٩٧٥, p. ٨٠.

وفي السياق ذاته، أننا نرد على العميد جون كربونيي أليس من ملاحظاته أن اعترف بالقول أن "في قانون الأسرة الذي أصبح يتمركز حول الطفل ظهر مفهوم مصلحة المحضون بوصفة سحرية"[١]، فسحر هذا المفهوم يكمن في سره. وسره هذا محل انشغال واهتمام كل من المشرع والقضاء والفقه.

ونختتم هذا التعليق بالقول أنه "إذا كلف القاضي برسم النطاقات الغامضة وغير الدقيقة التي تركها المشرع عمدا لكون أن مصلحة المحضون تأخذ مظاهر متعددة الأشكال، فإن هذا المفهوم لا يصبح لهذا السبب مفهوما مجردا. فهو يتهيأ انطلاقا من عناصر مادية ملموسة وموضوعية كالصحة الجسدية أو العقلية للطفل..."[٢]. وعليه، فإلى جانب المعيار الذاتي المتمثل في مصلحة الطفل، يضاف معيار موضوعي يتمثل في أهلية الحاضن في الحضانة، وكلا العنصرين متكاملين[٣].

وبناء على تلك الملاحظات، نستنتج أن تدخل القاضي في هذا الموضوع حتمي تفرضه مصلحة المحضون. وأن هذه الأخيرة تتقمص الغاية نفسها لتدخل القاضي ألا وهي حماية المحضون[٤]. ولكن، ألا تصبح سلطة القاضي في تقدير مصلحة المحضون سببا لتعسفه ولاسيما وأن مفهوم المصلحة ذاتي و نسبي ؟

وقبل الإجابة على هذا التساؤل، نشير في البداية إلى أن التساؤل ذاته كان محل

---

(١)« Dans un droit de la famille devenu pédocentrique la notion d'intérêt de l'enfant fait figure de formule magique ». Cf. J. Carbonnier, Droit civil, t. ٢, La famille, les incapacités, édit. Thémis, ١٩٨٠, p. ٣٧٠.

(٢)« Si on laisse aux juges le soin de dessiner les contours laissés volontairement par le législateur dans l'imprécision, en raison de ce que l'intérêt de l'enfant revêt des aspects multiformes, cette notion n'est pas pour autant une notion abstraite. Elle s'élabore à partir d'éléments concrets et objectifs, comme la santé physique ou psychique de l'enfant ». Cf. Y. Alhalel-Esnault, op. cit., th. Rennes, ١٩٧٥, p. ٢٥٨.

(٣)Cf. A. Bêcheur, op. cit., R.A.S.J.E.P., ١٩٦٨, n° ٤, p. ١١٥٦.

(٤)« L'intérêt de l'enfant constitue un critère neutre à la lumière duquel le juge peut porter son attention sur la situation du mineur ; mais en outre, il s'identifie à la finalité même de l'intervention judiciaire, à savoir la protection de l'enfant ».Cf. S. Frémeaux, Les notions indéterminées du droit de la famille, R.R.J., Droit prospectif, ١٩٩٨, n° ٣, p. ٨٧٢.

تخوف الفقهاء الذين يخشون من فتح باب التعسف وإقامة الذاتانية وعدم الأمن[١]، وعلى رأسهم الأستاذ ج. فيني، حيث كيف هذا الفقيه مفهوم مصلحة المحضون على أنه غامض وغير ثابت يسهل تعسف القاضي[٢]. وقد أيدته في ذلك الأستاذة كلوتيلد برينوتي بوس بالقول:

« En effet, le recours à l'intérêt de l'enfant présente des inconvénients. Principalement, cette notion permet, par son imprécision, l'arbitraire du juge. En outre, son caractère noble peut, lorsqu'une mesure est prise en son nom, masquer le véritable fondement des solutions adoptées »[٣].

إلا أن الأستاذ بيير كليي، خلافا لهذا الرأي، يرى أن :

« Cette notion est plus une clause de style permettant au juge de justifier les décisions, qu'une notion véritablement juridique »[٤]. Car, souligne M. le Doyen Carbonnier, « c'est à peine si, de temps à autre, un intérêt attire le regard, parce que la question de fait paraît s'y mélanger d'un élément de droit »[٥] .C'est donc, ajoute-t-il, « une question de fait, relevant de l'appréciation souveraine des juges de fond »[٦] ., parce qu'il « y a dans la vie beaucoup plus de choses que dans le droit »[٧]. Ainsi donc, cette notion-cadre qu'est l'intérêt de l'enfant devrait être rangée dans les notions à contenu variable[٨] .

---

(١)Cf. A. Bêcheur, op. cit., R.A.S.J.E.P., ١٩٦٨, n° ٤, p. ١١٥٥.

(٢)Cf. G. Viney, Du droit de visite, R.T.D.Civ. , ١٩٦٥, n° ١, p. ٢٢٥.

(٣)Cf. C. Brunetti-Pons, L'émergence d'une notion de couple en droit civil, R.T.D.Civ. ١٩٩٩, n° ١, p. ٤٤.

(٤) بمعنى أن هذا المفهوم ما هو إلا شرط لأسلوب يسمح للقاضي تبرير الأحكام التي يصدرها أكثر مما هو مفهوم قانوني. Cf. P. Culié, Note sous C.A. de Dijon, ١١/١٢/١٩٦٤, D. ١٩٦٥, I, p. ١٨١.

(٥)Cf. J. Carbonnier, op. cit., éd. ١٩٩٣, p. ٢٨٧.

(٦)Cf. J. Carbonnier, op. cit., p. ٢٧١.

(٧)« Le non-droit, s'il faut en donner une première approximation, est l'absence du droit dans un certain nombre de rapports humains où le droit aurait une vocation théorique à être présent ». Cf. J. Carbonnier, Flexible droit, édit. L.G.D.J., Paris, ١٩٨٣, pp. ٢٣ et s.

(٨)Cf. J. Carbonnier, Les notions à contenu variable dans le droit français de la famille, in La notion à contenu variable en droit, édit. Bruylant, Bruxelles,

وذهب الأستاذ علي بيشر في هذا الاتجاه بقوله أن قلق البعض عندما يلاحظ أن القاضي منحت له سلطات جد واسعة يعد فهما خاطئا لأحكام الحضانة التشريعية منها والفقهية (الإسلامية)، لأنه إلى جانب المعيار الذاتي وضعت مجموعة من المعطيات الموضوعية التي يجب على القاضي الأخذ بها ومراعاتها. فلا يكفي أن تملي مصلحة المحضون بأن تسند الحضانة لشخص معين، وإنما يجب أن يكون هذا الشخص جديرا بالمهمة وذلك بأن تتوافر فيه الشروط القانونية الخاصة، وإذا ما انعدمت أسقطت الحضانة عنه[١].

وهذا الرأي يستحق كل التأييد بحيث إن تعسف القاضي في مجال الحضانة لا يمكن إثارته بسبب أن موضوع الحضانة يرتكز على عمل القاضي وما يمكن أن يقدمه من منفعة للصغير؛ فتدخل القاضي، كما قلناه، أمر حتمي ووجوبي.

وهذا الموقف جاء تبريره كذلك من قبل واضعي مشروع قانون الأسرة الجزائري لسنة ١٩٨٢، وذلك حينما أوضحوا في مقدمته ما يلي : "وقد تمثل تدخل القضاء بصفة جلية في الحضانة". أضف إلى ذلك، أن غرفة المراجعة الإسلامية قد أكدت في قرارها الصادر سنة ١٨٤٥ بأن "استحقاق الحضانة يتم بيد القاضي تبعا لمصلحة المحضون"[٢].

ويستنتج في الأخير من محتوى التعليقين السالفين أن الحضانة مسألة قضائية بالأساس[٣]، أي أن حلها يتم أمام القاضي المختص في تقدير مصلحة المحضون. غير أنه في حالة ما إذا ظهر تعسف القاضي في موضوع الحضانة[٤]، فإن مرده سير الجهاز القضائي ككل. وبتعبير أفصح، ينبغي أن يكلل المجهود حول تحسين الجهاز القضائي القائم[٥].

١٩٨٤, pp. ٣٦ et s.

(١)Cf. A. Bêcheur, op. cit., R.A.S.J.E.P., ١٩٦٨, n° ٤, p. ١١٥٥.

(٢) انظر، ساسي بن حليمة، دور قاضي الأسرة...، المرجع السابق، ص. ٢٥ وما بعدها؛ نجوى الملولي، دور القاضي الصلحي في الطلاق، رسالة تخرج من المعهد الأعلى للقضاء، ١٩٩٠.

(٣)Cf. A. Bêcheur, op. cit., R.A.S.J.E.P., ١٩٦٨, n° ٤, p. ١١٥٨ ; N. Khelef née Lamoudi, op. cit., mém. Magister, Alger ١٩٨٤, p. ٧٧.

(٤) تنص المادة ١٥٠ من الدستور على أن "يحمي القانون المتقاضي من أي تعسف أو أي انحراف يصدر من القاضي".
وتطبيقا لهذا المبدأ الدستوري رتب المشرع على إخلال القاضي بواجب الحياد جزاءات جنائية (المواد ١٢٠ و١٢٦ مكرر و١٣١ و١٣٢ من قانون العقوبات) وتأديبية (المواد ٨٣، ٨٥ و١٠٠ من ق.ا.ج.) و مدنية (المواد من ٢١٤ إلى ٢١٩ و٣٠٣ من ق.ا.م.).

(٥)Cf. Ph. Simler, op. cit., R.T.D.Civ. ١٩٧٢, p. ٦٨٧.

ولهذا يقع على المشرع واجب إعادة النظر في هياكل الجهاز القضائي من جهة، و في طرق تدخل القاضي من جهة أخرى. وأن هذه الملاحظة موجهة للمشرع الجزائري، دون نظيريه التونسي والمغربي اللذين خصصا جهازا متخصصا للنظر في المسائل الأسرية(١).

إذن، ينبغي أن يكون القاضي الذي يفصل في الحضانة، على خلاف النظام المعمول به حاليا في الجزائر(٢)، قاضيا متخصصا في مسائل الأحوال الأسرية. وبهذا يكون القاضي على دراية كافية بما يضر المحضون أو ينفعه. وعليه، يجب أن تنشأ "جهات قضائية أسرية"(٣) تتكون من عدة قضاة يهتمون بمشاكل الأسرة من جانب المحضونين. وبهذا الشكل يمكن القضاء على تعسف القاضي بكل أشكاله.

ولكن، أن صعوبة تحديد مفهوم مصلحة المحضون بدقة دعت جانب من الفقه إلى انتقاد قضاء محكمة استئناف الجزائر، وكان ذلك بشأن قرارين أصدرتهما على التوالي هذه المحكمة بتاريخي ١٣ يناير ١٩٦٠ و٢ أكتوبر ١٩٦٠، إذ جاءت فيهما على أنه "يجب مبدئيا أن تمنح الحضانة حسب قواعد القانون الإسلامي، ولا يجوز الخروج عن هذه

(١) انظر، ساسي بن حليمة، دور قاضي الأسرة في قضايا الطلاق، الأحداث القانونية التونسية، ١٩٩٢، عدد ٦، ص. ٧ وما بعدها؛ محمد الصالح بنحسين، دور قاضي الأسرة، مجلة القضاء والتشريع، ١٩٩٧، عدد ٣، ص. ٥٥ وما بعدها.

(٢) انظر فيما يتعلق بهذا الاختصاص النوعي في الجزائر، بوبشير محند أمقران، النظام القضائي الجزائري، ديوان المطبوعات الجامعية، ١٩٩٣، ص. ٢٦١ وما بعدها؛ حسن علام، موجز القانون القضائي الجزائري، الشركة الوطنية للنشر و التوزيع، ١٩٧٢، ص. ١٦٧.

عبد العزيز سعد، أجهزة و مؤسسات النظام القضائي الجزائري، المؤسسة الوطنية للكتاب، ١٩٨٨؛ الغوتي بن ملحة، القانون القضائي الجزائري، ديوان المطبوعات الجامعية، ١٩٨٢؛ ابن التومي العربي، النظام القضائي في الجزائر، نشرة القضاة، ١٩٧٢، ٢، ص. ٣.

M. Bedjaoui, La nouvelle organisation judiciaire en Algérie, R.J.P.I.C., ١٩٦٩, p. ٥٤٥; A. Salaheddine, De quelques aspects du nouveau droit judiciaire algérien, R.A.S.J.E.P., ١٩٦٩, n° ٢, pp. ٤٣٥ et s.; G. Benmelha, L'Etat algérien devant la justice, R.A.S.J.E.P., ١٩٧١, n° ٢, pp. ٣٣١ et s.

(٣)Sur cette question, cons. en droit français, E. Adouard, La chambre de la famille, th. Lyon, ١٩٦٨; P. L'huillier, L'intervention du juge dans la vie familiale, th. Strasbourg, ١٩٧١; R. Fedou, L'expérience française de la chambre de la famille, Rev. Dr. San. et Soc., ١٩٧١, p. ٢٦; R. Sutton, Conflits familiaux et dialogue avec les justiciables, J.C.P., ١٩٧٢, ١, ٢٤٧٢ bis.

القواعد إلا في حالة ما إذا كانت مخالفة لمصلحة الأولاد"[١].

وكان التعليق الذي جاء به الأستاذ عبد الرحمن هرنان على هذا الموقف في محله، وذلك بتساؤله التالي : "هل يوجد من بين قواعد الفقه الإسلامي، قواعد تتعارض ومصلحة الأولاد ؟" فأجاب قائلا : "لقد سبق إثبات أنها (قواعد الفقه الإسلامي) وضعت كلها من أجل تحقيقها (مصلحة الأولاد) رغم اختلاف وجهات النظر أحيانا بين الفقهاء"[٢].

ونحن نرى، تأييدا للاتجاه السابق، بأن مصلحة المحضون هي فعلا المقصد الذي دارت عليه اجتهادات الفقهاء في التفاصيل التي جاؤوا بها في أحكام الحضانة؛ وتقديرهم لتلك المصلحة هو الذي أدى بهم حقا إلى الاختلاف في بعض الجزئيات لاختلاف الأوضاع والأعراف والتقويم الشخصي لتلك المصلحة.

ولكن، ما جاء القضاء بالقرارات سالفة الذكر، ليس لينكر اهتمام الفقهاء بمصلحة الطفل، وإنما ليؤكد فقط على نسبية هذا المفهوم وتطوره حسب الزمان والمكان. ونضيف قائلين أنه قد أجاب الأستاذ عبد الرحمن هرنان عن سؤاله بنفسه حينما أورد عبارة "رغم اختلاف وجهات النظر أحيانا بين المذاهب"، إذ أليس هذا الاختلاف راجع إلى النظرة الخاصة لكل فقيه إلى مصلحة المحضون ؟ أليس نظرتهم للمصلحة من زوايا مختلفة وتقديرهم لها وتفسيرهم للأحكام الشرعية هي التي ولدت واقعيا هذا الاختلاف؟[٣]

---

(١) انظر، محكمة استئناف الجزائر، ١٩٦٠/٠١/١٣ و١٩٦٠/١٠/٢٦، مقتبس عن عبد الرحمن هرنان، الحضانة في القانون الجزائري ومدى تأثرها بالقانون الأجنبي، مذكرة ماجستير، الجزائر ١٩٨٤، ص. ١١٠.

Sur ces différents arrêts, cons. G. Siband, Répertoire alphabétique de jurisprudence musulmane – Sommaire des arrêts rendus par la chambre de révision musulmane de la cour d'appel d'Alger, années ١٩٥٦ à ١٩٦٠.

(٢) انظر، عبد الرحمن هرنان، المرجع السابق، مذكرة، ص. ١١٠.

(٣) إذ أنه بعد وفاة الرسول (ص)، "كان على الفقهاء أن يفسروا الأدلة الأولى المنقولة والمستمدة من القرآن والسنة، ويمحصوها على ضوء الحاجات التقدمية، التي أوجبها تطور المجتمع الإسلامي وتوسعه الجديد. فعند عدم النص المقدس، كانوا يرجعون إلى العقل والرأي... وبنتيجة هذا الاجتهاد، كان الاستنباط المنطقي من النصوص، أو الاستقراء العقلي عند عدمها، من أسباب اختلاف الفقهاء، ومن ثم من دواعي نشوء المدارس و تعدد المذاهب الفقهية...". انظر، صبحي محمصاني، القانون والعلاقات الدولية في الإسلام، دار العلم للملايين، بيروت، ١٩٧٢، ص. ١٧.

ولذلك، فإن الأوضاع الحالية والواقع الاجتماعي المعاش يفرضان تشجيع العلماء على الاجتهاد "لأنه الطريق الوحيد الذي يؤدي إلى إعادة الفقه الإسلامي لدوره القيادي في مجال القضاء، ويجب أن نسلم في البداية أن الفقه الإسلامي ليس ما كان من آراء مدونة في كتب الفقهاء، و إنما يشمل كل رأي جديد يصدر عن أي فقيه معاصر أيضا، وإذا أردنا له النماء و الثراء فعلينا أن نشجع حركة الاجتهاد..."[(١)].

وهكذا، إذا كانت القواعد الشرعية المنظمة للحضانة مبنية في الأساس على مصلحة المحضون، فإنه مع ذلك يحق لنا أن نتساءل عن تقدير هذه المصلحة؛ متى يظهر تعليل مصلحة المحضون؟ ومتى تكون شروط إسناد الحضانة وأسباب إسقاطها المقررة شرعا وتشريعا متوافرة؟

للإجابة عن ذلك، ننطلق بالتذكير أن مصلحة المحضون نسبية ومتطورة تختلف بحسب المكان والزمان. فتعليل مصلحة المحضون يظهر عندما تكون الحالة المعروضة على القاضي لا تستكمل شروط سبب إسقاط الحضانة أو استحقاقها؛ أو لأن السبب لم يعد صالحا لتغير نظرة القاضي له ؟[(٢)] أو لأنه عولج بإمكانيات لم يعرفها إلا هذا الزمان. وهذه كلها عوامل لا يمكن الإغفال عنها حين تقدير تلك المصلحة.

وللتدليل على ذلك، أيد المجلس الأعلى الجزائري موقف قضاة الموضوع الذين رفضوا إسقاط الحضانة عن الأم بالرغم من توافر سبب الإسقاط المتمثل في بعد موطن الحاضنة عن موطن الأب، وذلك بحجة أن وسائل النقل أصبحت اليوم تفي بالغرض لكونها متطورة وسريعة[(٣)]. فكان بقاء المحضون مع أمه أصلح له. وهذا ما تبنته أيضا محكمة التعقيب التونسية في إحدى قراراتها، وذلك بقولها "للمحكمة حق الاجتهاد المطلق في تقدير بعد المسافة أو قربها لزيارة المحضون"[(٤)].

وفي نفس السياق، وتدعيما لما نتمسك به، قضى المجلس الأعلى المغربي في قراره

---

(١) انظر، محمد فاروق النبهان، المدخل للتشريع الإسلامي، وكالة المطبوعات، الكويت ودار القلم بيروت، ط.١، ١٩٧٧، ص ٣٢٢.

(٢) انظر، زبدة مسعود، الاقتناع الشخصي للقاضي الجزائري، مذكرة ماجستير، المؤسسة الوطنية للكتاب، ١٩٨٦.

(٣) انظر، المجلس الأعلى، غ.ق.خ.، ١٩٦٦/٠٥/١٨، نشرة القضاة، ١٩٦٦، عدد ٣، ص. ٣٤.

(٤) انظر، محكمة التعقيب، ١٩٦١/٠٢/٠١، قرار مدني عدد ٦٠٦، مجلة القضاء والتشريع، ١٩٦١، عدد ٤، ص. ٣٨.

الصادر في ٢٨ مارس ١٩٨٩ بأنه "ليس في مقتضيات مدونة الأحوال الشخصية ما يمنع قاضي الموضوع من اتخاذ ما يراه لمصلحة المحضون في المبيت عند غير حاضنته بل أنها صريحة في تقدير مصلحة المحضون في هذا الشأن"[١].

ويتضح مما تقدم كله، أن هذه القرارات القضائية المغاربية تجلي كيف يمكن لمفهوم مصلحة المحضون أن يتدخل ويتغير، وكذلك كيف باسم مصلحة المحضون تفقد أسباب إسقاط الحضانة المنظمة قانونا، قوتها ودواعيها[٢]. كما أنها تبين بوضوح أن تطبيقات مبدأ مصلحة المحضون من الناحية العملية لا تختلف باختلاف الأوضاع فحسب، بل تخضع لاعتبارات وضوابط متعددة ومتشعبة، وهذه لا يقدرها إلا القاضي.

ويفهم من الملاحظات المسطرة أعلاه أن مصلحة المحضون مسألة نسبية وشخصية يصعب إحاطتها في مفهوم واحد. وهذا ما أكدته القوانين الأسرية المغاربية بالتنصيص وفي كل مرة على ضرورة مراعاة مصلحة الطفل لأن الأمر يتعلق بمسألة تختلف باختلاف الأزمنة والأمكنة. وأن تطبيق أحكام الفقه الإسلامي بحذافيرها في مجال الحضانة قد يكون ضد مصلحة المحضون، لأن الواقع المعاش وتحولات المجتمع في حاجياته وضروراته يطور مفهوم المصلحة[٣]، ولأن سائر أحكام الحضانة أحكاما اجتهادية قابلة للتغيير.

وإلى جانب ذلك، فمن المستحسن أن نوضح نقطة لفتت انتباهنا تتعلق بالطريقة المتبعة من قبل واضعي قوانين الأسرة لصياغة مواد الحضانة. ففي بعض المواد فرض المشرعان الجزائري والتونسي أن تكون القواعد الشرعية هي الواجبة التطبيق دون الالتفات إلى مصلحة المحضون، وهذا ما لاحظناه بشأن التشريع الجزائري في الفقرة الثانية من المادة ٦٢، وفي المادة ٦٦ في جملتها الأولى "يسقط حق الحضانة بالتزوج بغير قريب محرم"، وفي المواد ٦٨ و٧٠ و٧١؛ وكما هو وارد في الفصل ٥٥ من المجلة الذي نص على أنه "إذا امتنعت الحاضنة من الحضانة لا تجبر عليها إلا إذا لم يوجد غيرها"؛ وفي الفصلين

(١) انظر، المجلس الأعلى، ١٩٨٩/٠٣/٢٨، مجموعة قرارات المجلس الأعلى، ١٩٨٥-١٩٩٥، ص. ٥٠.
(٢) وذلك حتى وإن كنا لا نتفق مع الموقف الذي تبناه المجلس الأعلى الجزائري في قراره الصادر في ١٩٨١/١٢/١٤ والذي سيكون محل نقد في موضوع إسقاط الحضانة، انظر، الجزء الثاني من هذه الدراسة.
(٣) انظر، محمد قطب، التطور والثبات في حياة البشر، دار الشروق، ١٩٧٤، ص. ٢٣٢؛ أبو المجد أحمد، الاجتهاد الديني المعاصر، ط. ١، دار البعث، ١٩٨٥، ص ١٨٣؛ محمد صالح موسى حسين، الاجتهاد في الشريعة الإسلامية، ط. ١، طلاس، ١٩٨٩، ص. ١١٩.

٥٨ و٦٤. وأما المدونة المغربية، فقد جاءت في المادة ١٨٦ ونصت على أنه "تراعي المحكمة مصلحة المحضون في تطبيق مواد هذا الباب".

هل المقصود من وراء ذلك هو أن مصلحة المحضون في التشريعين الجزائري والتونسي في تلك المواد قد احتواها ضمنيا ؟ وإذا كانت الإجابة بنعم، فما هو المبتغى في إبراز في المواد الأخرى مصلحة المحضون مع اعتبارها أنها المبدأ[1] ؟

هل يمكن التصريح بأن المواد المذكورة أعلاه تكون فيها مصلحة المحضون هي الاستثناء، أي البديل لأحكام الحضانة الشرعية عند غيابها ؟ وبتعبير أدق، هل أنهما جعلا من مصلحة المحضون المعيار الأساسي في بعض مواضيع الحضانة، وجعلها المعيار الثانوي في البعض الآخر ؟

للإجابة على هذه الأسئلة وغيرها، يبدو أن المشرعين بخصوص هذه المسألة وهم يصوغون مواد الحضانة قد تأثروا في الوقت ذاته بأحكام الفقه الإسلامي وبمواد التشريع اللاتيني والذي نخص به التشريع الفرنسي- فجهزوا حكم النص التشريعي مزيج بين النظريتين قلبا وقالبا : فاستقوا من الفقه الإسلامي شروط الحضانة ومسقطاتها، وترتيب الحواضن ومدة الحضانة وانتهائها؛ وأخذوا بمنهجية المشرع الفرنسي في تقنين عبارة مصلحة المحضون وجعلوها محور الحضانة[2]. بل يمكن القول أن تأثيرهم بهذه المنهجية مصدره الاتفاقيات الدولية الرامية إلى حماية حقوق الطفل.

ومن ثم، إذا كانت الحضانة في هذه التشريعات قائمة في الأساس على مصلحة المحضون، فإن هذه المصلحة مما لاشك فيه هي التي تمد الأحكام القضائية شرعيتها. وهكذا، أنه بتقرير مبدأ مصلحة المحضون في مسائل الحضانة يتأكد للطفل من الناحية القانونية الحق في الحماية الكلية.

وفي الختام، بعد تقديم هذه الملاحظات وإيراد تلك الانتقادات والتفاسير، هل

---

(١) وذلك في المواد ٦٤، ٦٥، و٦٦ فقرة ثانية، و٦٧ و٦٩ من قانون الأسرة.

(٢)L'article ٢٨٧ du code civil français dispose à cet égard que « l'autorité parentale est exercée en commun par les deux parents. Le juge désigne, à défaut d'accord amiable ou si cet accord lui apparaît contraire à l'intérêt de l'enfant, le parent chez lequel les enfants ont leur résidence habituelle.
Si l'intérêt de l'enfant le commande, le juge peut confier l'exercice de l'autorité parentale à l'un… ».

يتسنى لنا إعطاء تعريف لمصلحة المحضون ؟

والحقيقة، إن إعطاء تعريف لمصلحة المحضون يقول الأستاذ مارك دونيي صعب، وتبريره في ذلك ما يلي:

« Si l'intérêt de l'enfant est difficile à définir, c'est parce qu'il s'agit d'une matière en contact étroit avec la vie, or la vie faite de nuances et de relativité s'adapte mal à un cadre préétabli »[١].

في هذا السياق، يضيف الأستاذ فيليب سملير أنه :

« S'il est un domaine où le droit trouve difficilement prise, c'est bien celui de vie familiale »[٢].

وفي هذا، ذهب العميد جون كربونيي إلى تحديد مفهوم مصلحة الطفل بالقول :

« Le droit de la famille était devenu "pédocentrique", et que la notion de l'intérêt de l'enfant mineur faisait figure de formule magique. Il s'agit d'un intérêt spécifique, propre à l'enfant en tant que jeune, ce que l'on appelle parfois son intérêt éducatif...Son intérêt, il ne sait pas l'apprécier lui-même, et ce n'est pas, au surplus, son intérêt de l'instant présent, c'est bien plutôt son intérêt à venir, son intérêt d'homme dans un futur indéterminé »[٣].

وتفسر الأستاذة خلاف أن مفهوم مصلحة المحضون هو ليس فحسب "مفهوم نسبي لأن المصلحة تتوقف على الظروف الخاصة بكل طفل على انفراد من حيث جنسه، سنه، محيطه، درجة حساسيته"، بل أيضا "مفهوم شخصي، ومن ثم يصعب تقديم مفهوم موحد للمصلحة، وبالتالي للقاضي تقديرها حسب الوقائع بما يمليه عليه مستواه الثقافي، والتربوي، والديني، والخلقي الذي يشكل به اقتناعه"[٤].

هذا، وما يجب احتذاره ونحن بصدد هذه المسألة هو تنكر مصلحة المحضون في

---

(١) بمعنى أن الأمر يتعلق بمادة في صلة ضيقة مع الحياة، والحياة المكونة من فوارق ونسبية لا تتكيف مع إطار مرسوم مسبقا.

Cf. M. Donnier, L'intérêt de l'enfant, D., ١٩٥٩, Chr., p. ١٨٠.

(٢) أي، إذا وجد مجال أين يصعب على القانون التحكم فيه، فهو حقا مجال الحياة الأسرية.

Cf. Ph. Simler, op. cit., R.T.D.Civ. ١٩٧٢, p. ٦٨٧.

(٣)Cf. J. Carbonnier, Droit civil, t. ٢, La famille, les incapacités, édit. P.U.F., ٨ è éd., ١٩٦٩, p. ٣٧٠.

(٤)Cf. N. Khelef née Lamoudi, op. cit., mém., p. ٨١.

ادعاءات الأطراف[١]، هذه المصلحة التي يجب البحث عنها، لا ينبغي أن تكون مبررا لهدر الحقوق أو لتحقيق أغراض الأطراف، وهنا يكون دور القاضي فعالا وحاسما. ذلك مما يتطلب مقارنة الحضانة بما يشابهها من النظم التي تعتمد هي الأخرى على مصلحة الطفل بشأن الأحكام الخاصة بها.

المطلب الثالث
مصلحة الطفل
في النظم المشابهة للحضانة

يختلط مفهوم الحضانة بمفاهيم أخرى قريبة منها. كالولاية على النفس **(الفرع الأول)** والكفالة **(الفرع الثاني)** والتبني **(الفرع الثالث)** والوصاية **(الفرع الرابع)**. ولتوضيح تلك الفروق، كان لزاما التطرق إلى أوجه الاختلاف والشبه بينها.

الفرع الأول
الحضانة والولاية على النفس

في الوقت الذي نتكلم فيه عن الحضانة ومصلحة المحضون، يفرض موضوع الولاية عن النفس الخوض فيه؛ إذ يتراءى لنا بعد الاطلاع على النظريات القائمة حول هذين المفهومين (الحضانة والولاية على النفس) أنهما متحابكين إلى حد ما، يصطدمان مع بعضهما البعض.

فالسؤال ما زال يطرح حول ما إذا كانت الحضانة جزءا من الولاية عن النفس أم أنها مؤسسة مستقلة بذاتها. وسبب هذا التعقيد وأزلية النقاش راجع، حسب نظرنا، إلى الصياغة التشريعية[٢] وتفسير القضاء[٣]. أما الفقه، فقد وجد المصطلحين يتعاركان في

(١)Cf. E. Nepveu, op. cit., J.C.P., ١٩٦٥, ١, ١٩٠٣, parag. n° ١.

(٢) انظر، الفصل ٥٤ من المجلة التونسية ، والمادة ٦٢ من قانون الأسرة، والمادة ١٦٣ من المدونة المغربية.

(٣) حيث حكمت المحكمة الابتدائية بسوسة (تونس) في حكمها الصادر بتاريخ ١٩٧٢/٠٢/٢٤ على أن "المقصود من الحضانة هو تحقيق أمرين هامين، أولهما حفظ الصبي في مبيته بما يستوجب من رعاية وعناية بالفراش وما إلى ذلك مما يضفي عليه السكينة والاطمئنان وثانهما التربية بما توحي به هذه العبارة من إطلاق وشمول، وهذا الطور بالنسبة للصغير مدته أطول والمجهود فيه أدق للمراحل التي يمر بها الصغير في حياته". حكم مدني عدد ٣٠٥١ صادر بتاريخ ١٩٧٢/٠٢/٢٤.

حرب عنيدة لكونهما يتداخلان تارة وينفصلان طورا[1]. فقد رأى البعض أن الحضانة نوع من الولاية على النفس أو جزء منها[2]. وذهب آخرون إلى أن الحضانة منفصلة عن

مجلة القضاء والتشريع ١٩٧٣، عدد ١، ص.٨٠. انظر، البشير الفرشيشي، خواطر...، المرجع السابق، ص.١٥-١٦؛ الحبيب العش، المرجع السابق، ص.٤٨؛ عمار الداودي، المرجع السابق، مذكرة، ص.١٩٢. وقد رأى القضاء الجزائري سابقا خلاف نظيره التونسي في قرار صادر بتاريخ ١٩٦٠/١٠/١٧ على أن:

La mère à qui a été attribuée la garde de ses enfants mineurs ne peut les représenter en justice ni faire valoir leurs droits, le père étant seul investi de la tutelle et de l'administration légale ». Cf. G. Siband, Hadana, p.١١٤.

(١) هذه المعركة ازدادت حدتها نتيجة النصوص القانونية المغاربية التي تعرف الحضانة حيث وسع التعريف مفهومها بل وزاده فضفضة. ويفسر هذا التوسيع من القانون المغاربي بالتأثر الكبير بالقانون الفرنسي الذي يجعل من الحضانة "هيكلة " السلطة الأبوية (B.Ferchichi, op. cit.,th., p.٣٥٠). للمزيد من التفاصيل انظر،

Ph. Simler, op. cit. , p. ٦٨٩. Cette conception très large de la notion de garde semble avoir été celle de la commission de réforme du code civil (citée par Colombet, commentaire de la loi du ٠٤/٠٦/١٩٧٠, D. ١٩٧١, chr., p.١, note ٢١) : « L'autorité comporte notamment, les droits et obligations suivants : :١°- Assure la garde de l'enfant, spécialement fixer sa résidence, pourvoi à son instruction et à son éducation… ». Cf. Ph. Simler, op. cit., p. ٦٨٩.

(٢) انظر، وهبة الزحيلي، الفقه الإسلامي...، المرجع السابق، ص. ٧١٨؛ رشيد صباغ، الحضانة...، المرجع السابق، ص. ٩؛ محمد حسنين، المرجع السابق، ص. ٩٦؛ فاطمة الزهراء بن محمود، تنفيذ الأحكام الأجنبية المتعلقة بالحضانة، مجلة القضاء والتشريع، ٢٠٠٢، عدد ٠١، ص.٢٧؛ الطيب اللومي، المرجع السابق، ص. ٧٩؛ عمار الداودي، المرجع السابق، مذكرة، ص. ١٩٤؛ محمد أبو زهرة، الأحوال الشخصية، المرجع السابق، ص. ٤٠٤؛ رشدي شحاتة أبو زيد، شروط ثبوت... ، المرجع السابق، ص. ١٢٧-١٢٩. وسبق هؤلاء الفقه الإسلامي حيث ذكر ابن قدامة في تعليل المذهب الحنبلي "ولنا أنها ولاية "، انظر، موفق الدين ابن قدامة وشمس الدين ابن قدامة المقدسي، المغنى...، المرجع السابق، ص. ٢٩٨؛ وقول الكاساني "...لأنها ضرب ولاية"، ج. ٢، آثار الولاية والأهلية والنيابة، ط١، دار المعرفة، ص. ١١٧.

F. Belknani, Le mari chef de famille, R.T.D. ٢٠٠٠, p.٧٧ ; H. Safaï, op. cit., p. ٩٣. R. Ait-Ihadanene, Le droit de garde dans le cas du divorce des couples mixtes franco-algériens, Rapport de recherche DEA, Droit international, Paris II ; R. Sabbagh, op. cit., pp. ٥٠-٥١; « … désormais, la

الولاية ومستقلة عنها[١]، ونادت قلة بالتوفيق بين النظريتين السابقتين[٢] واتخاذها مؤسسة منفردة[٣].

ودون الدخول في متاهات لا مخرج منها، وحتى لا ننزلق عن موضوعنا، سوف لن نتعدى دراسة البون بين المؤسستين؛ ويكون ذلك بالتطرّق إلى أوجه التشابه بينهما (I)، ثم أوجه الاخــتلاف (II).

I.- أوجه التشابه بين الحضانة والولاية على النفس :

إذا أوجد الفقه فروقات بين الحضانة والولاية على النفس، فإنه لن يعثر عنها بلا شك في الهدف الذي أسست كل منهما لأجله، ألا وهو مصلحة الطفل[٤]. لأن حماية الطفل من الضياع ورعاية مصالحه سببا قيام هاتين المؤسستين؛ وهذا ما يدعو إلى القول بأنها من النظام العام.

إذا كان هذا هو التشابه المشترك، فإن الاختلافات كثيرة ومتعددة الأوجه.

II .- أوجه الاختلاف بين الحضانة والولاية على النفس:

نجلي هنا وجود تباين فعلي بين الحضانة والولاية على النفس، وذلك من حيث مصدرهما (آ)، ومن حيث موضوعهما (ب)، ومن حيث الأشخاص المخول لهم هاتين

», G. notion de droit de garde doit être assimilée à la notion d'exercice de l'autorité parentale , in Mélanges en l'honneur d'Elie Alfandri. enfant éducation de l' Le risque civil de l' Raymond, Dalloz, ١٩٩٩, p. ٤٤١ ;Y. Linant de Bellefonds, op. cit., p. ١٥١.

(١) انظر، محمد الكشبور، المرجع السابق، ص.٤٦٩ وما بعدها؛ أحمد الخمليشي، التعليق على...، المرجع السابق، ص.١١. و١١٨؛ صبحي محمصاني، المبادئ الشرعية، (دون دار الطبع)، بيروت، ١٩٥٤، ص. ٥٨؛ عصام أنور سليم، المرجع السابق، ص١٤٧؛ زكرياء أحمد البري، أحكام الأولاد في الإسلام، نشر الدار القومية للطباعة والنشر، القاهرة، (بدون سنة الطبع)، ص. ٣٩.

Cf. Y. Linant. de Bellefonds, op.cit., p.١٥١ ; H. Joly, De l'esprit du droit familial dans l'islamisme, th., Dijon, ١٩٠٢, pp.١٣٢ et s. ; M. Beji, op. cit. , mém., pp. ١٦٣,١٧١ et ١٩٥.

(٢) انظر، البشير الفرشيشي، خواطر...، المرجع السابق، ص. ١٩؛ الحبيب العش، المرجع السابق، ص.٤٩-٥٠.

(٣)Cf. B. Ferchichi, op. cit., th., p.٣٦٦.

(٤)Cf. .R. Sebbagh, op. cit., p. ٥١.

المهمتين (ج)، ومن حيث سن الطفل (د)، ومن حيث أحد شروطهما (هـ)، وأخيرا، من وقت انتهاء كل منهما (و).

آ.- من حيث مصدرهما:

يشهد الفقه الفرنسي[١] وغيره من الفقهاء العرب[٢] أن الشريعة الإسلامية تمتاز عن غيرها من الشرائع والقوانين أن لها سابقة في تأسيس الحضانة، أي أنها مؤسسة إسلامية النشأة؛ وهذا ما يجعلنا نضيف، مؤيدين في ذلك الفقه، أن الحضانة مؤسسة طبيعية على خلاف الولاية على النفس مؤسسة القانون المدني[٣] والأسري.

ب.- من حيث موضوعهما :

إن الحدود الفاصلة بين الحضانة والولاية على النفس رغم صعوبة تطويقها ترتسم في موضوع كل منهما. فالحضانة تحمل ألفاظه معنى جسدي عاطفي محض[٤]، لذلك كيفها البعض على أنها وظيفة بيولوجية غذائية[٥] وأنها ولاية عاطفية[٦].

هذه التعابير في مجملها تنطوي على فكرة واحدة مفادها أن الحضانة "خدمة مادية"[٧] ترمي إلى الحماية الجسدية للطفل[٨] وتلبيه حاجاته المادية[٩] كحفظه وإمساكه

---

(١)Cf. H. Joly, op. cit., th., p.١٣٢ ; J. Carbonnier, Droit civil, p.٦٦٩, cité par B. Ferchichi, op. cit., th., p. ٣٣٥; Y. Linant de Bellefonds, op. cit., p. ١٧٤.

(٢) انظر، صبحي المحمصاني، المبادئ الشرعية، المرجع السابق، ص.٥٨؛ عمار الداودي، المرجع السابق، مذكرة، ص. ١٨٨.

(٣)Cf. L. Milliot, Introduction à l'étude du droit musulman, éd. Sirey, Paris, ١٩٧١, p. ٤٠٥ ; B. Ferchichi, op. cit., th., p.٧٦; F. Belknani, op. cit., th., p. ٧٦.

(٤)Cf. B. Ferchichi, op. cit., th., p.٣٣٥.

(٥)Cf. S. Bouraoui, La constante inégalité entre les sexes ou de l'antinomie entre droit interne et conventions internationales, quelques réflexions sur la loi, R.T.D., ١٩٨٣, n° ١, p. ٤٣٤.

(٦)Cf. F. Dulout, op. cit. , pp. ١-١٢.

(٧) انظر، أحمد الخمليشي، التعليق على...، المرجع السابق، ص. ١١٧.

(٨)Cf. H. Safaï, op. cit., p. ٥١ ; B. Ferchichi, op. cit., th., p. ٣٦٦; F. Belknani, op. cit., p. ٧٦.

(٩)Cf. R. Sabbagh, op. cit., p. ٥١ ; N. khelef, op. cit., mém., p.٢٩.
عمار الداودي، المرجع السابق، مذكرة، ص.١٨٩.

ومنحه الطعام وتنظيف جسمه وغسل ثيابه، فضلا عن العناية الرؤومة، كضمه إلى الصدر والحديث معه ومداعبته. بينما الولاية على النفس(١) تشمل التربية بمعناها الواسع(٢)، حيث لا تمتد مشمولات الحضانة إليها(٣)، فهي تقتصر على تنشئته وحراسته فحسب(٤). لذلك يجب أن نفرق بين التنشئة(٥) (L'élevage) التي تخص الحضانة، والتربية (L'éducation) التي تتعلق بالولاية على النفس.

وبتعبير أدق، يجب أن نميز، كما لاحظ موفقا بعض الفقه، بين الأعمال الإعتيادية(٦) والشؤون اليومية للطفل(٧) والتي تعد آنية تقدم للمحضون في الحال(٨). وهذه تدخل ضمن أعمال الحاضن. وتلك القرارات و/أو الأعمال المتعلقة بصفة قطعية وخطرة بمستقبل الطفل(٩) والتي تنادي "بحكمة"(١٠) الولي صاحب سلطة التقرير والتوجيه(١١) لاتخاذ القرارات وحسم الاختيارات الهامة(١٢)، وهذه من صلاحيات الولي عن النفس. إذن كل يؤدي عمله في وقته(١٣).

---

(١) وفي هذا يقول الأستاذ محمد فاروق النبهان "أن الولاية على النفس تتضمن العناية بالقاصر وتربيته وتأديبه عن طريق النصح والتوجيه...". انظر، محمد فاروق النبهان، المرجع السابق، ص. ٧٢.

(٢) انظر، بشير الفرشيشي، خواطر...، المرجع السابق، ص. ١٥.

(٣) انظر، عمار الداودي، المرجع السابق، مذكرة، ص. ١٩٠.

(٤)Cf. Y. Linant de Bellefonds, op. cit., p. ١٧٤ ; «Littéralement, la garde était le pouvoir de retenir physiquement les enfants de les avoir près de soi, sous ses yeux, dans sa maison ; plus psychologiquement, le droit de régler leurs relations avec le dehors ». J. Carbonnier, Droit civil, T.٢, la famille, P.U.F., ١٩٩٣, p.٢٧٥.

(٥) وبهذا المعنى أخذت المادة ٣٩ فقرة ٢ من قانون الأسرة قبل تعديله، حيث كانت تنص بأنه "يجب على الزوجة : إرضاع الأولاد عند الاستطاعة وتربيتهم ".

(٦)Cf. P. Smiler , op. cit., p. ٧٠٤.

(٧)Cf. M. Beji, op. cit. , p. ١٩٨.

(٨) انظر، أحمد الخمليشي، التعليق...،المرجع السابق، ص. ١١٧.

(٩)Cf. B. Ferchichi, op. cit. , th., p. ١٩٨.

(١٠)Cf. Viney cité par M. Beji , op. cit. ,p. ١٩٨.

(١١) انظر، أحمد الخمليشي، التعليق...، المرجع السابق، ص. ١١٨.

(١٢)Cf. P. Smiler, op. cit. , p. ٧٠٤.

(١٣) انظر، محمد أبو زهرة، تنظيم الإسلام للمجتمع، المرجع السابق ، ص. ١٠٢ .

ج.- من حيث أصحابهما:

الولاية على النفس من احتكار[١] الرجال[٢]، فهي تمارس من الأب وغيره من العصبة[٣] حسب ترتيبهم في الإرث[٤] .

بينما الحضانة تسند للنساء[٥]، أي للأم وجهتها[٦] وغيرهن من القريبات، وهذا كله في الفقه الإسلامي.

أما التشريعات المغاربية، فقد حادت عن الفقه الإسلامي نوعا ما في مسألة الحضانة. إذ نجد المشرع التونسي قد عدل عن قاعدة أولوية النساء، بل وحذف أولوية الأم وجعل الوالدين على قدم المساواة[٧] ثم بعدهما الغير قريبا أو بعيدا، والمرجع في ذلك مصلحة المحضون[٨] . في حين، ألقى القانون الجزائري أولوية الأم، ولكنه قدم الأب على جهتها، ثم أم الأم، ثم أم الأب، ثم الخالة، ثم العمة ثم الأقربون درجة وفي كل ذلك على القاضي أن يراعي مصلحة المحضون[٩] . أما القانون المغربي، وضع قائمة من النساء الحاضنات بعد الأب الذي قدمه عليهن[١٠].

غير أنه بشأن الولاية على النفس، فالقوانين المغاربية، خلافا للفقه الإسلامي، لم

---

(١)Cf. K. Méziou, op. cit., p. ٢٧٣.

(٢)Cf. Y. Linant de Bellefonds, op. cit. , p. ١٥١; M. Beji , op. cit., mém., p. ١٩١.

انظر رشدي شحاتة أبو زيد، ثبوت حق...، المرجع السابق، ص. ١٢٤؛ عمار الداودي، المرجع السابق، مذكرة، ص. ١٩٠.

(٣) انظر، الفصلين ١١ و١٤٩ من المدونة السابقة. وعلى سبيل المقارنة، انظر المواد ٢١ و٢٣١ و٢٣٣ من المدونة الحالية؛ والمادتين ١١ و٨٧ من قانون الأسرة الجزائري؛ الطيب اللومي، المرجع السابق، ص.٨٢.

Cf. S. Bouraoui, op. cit, p. ٤٣٤ ; M. Beji, op. cit. , mém. , p. ١٨٤ ; F. Belknani, op. cit. , pp. ٧٥-٧٦.

(٤) انظر، محمد الكشبور، المرجع السابق، ص. ٤٧٠.

(٥)Cf. Y. Linant de Bellefonds, op. cit., p.١٥١ ; H. Joly, op. cit., p. ١٣٢; D. Charif Feller, op. cit., p. ٥٤.

(٦) انظر، صبحي المحمصاني، المبادئ ...، المرجع السابق، ص. ٥٨.

(٧) انظر، الفصل ٦٧ فقرة ثانية من المجلة التونسية.

(٨) انظر، رشيد صباغ، المرجع السابق، ص. ١٣.

(٩) انظر، المادة ٦٤ من قانون الأسرة.

(١٠) انظر، المادة ١٧١ من المدونة المغربية.

تجعلها من احتكار الرجال، بحيث قد جاء التنصيص عليها في المادة ٨٧ من قانون الأسرة على أنه "يكون الأب وليا على أولاده القصر، وبعد وفاته تحل الأم محله قانونا"، بل أكثر من ذلك، تنص الفقرة الثانية من ذات المادة المعدلة بأن الأم تحل محل الأب في حالة غيابه أو حصول مانع له، والفقرة الثالثة جاءت بقاعدة جديدة نصها أنه في "حالة الطلاق، يمنح القاضي الولاية لمن أسندت إليه الحضانة"[١]، أما كانت أو أبا أو غيرهما. وهذا ما أكدته المادة ٩٢ من ذات القانون بقولها "يجوز للأب أو الجد تعيين وصي للولد القاصر إذا لم تكن له أم تتولى أموره أو ثبت عدم أهليتها لذلك بالطرق القانونية،...".

وتنص المادة ٢٣٠ في فقرتها الأولى من المدونة على أن "الولي وهو الأب والأم والقاضي"، وهذا ما قامت بتحديده المادة ٢٣٨ من المدونة. وفي نفس الاتجاه، سارت المجلة التونسية، حيث جاءت في فصلها ١٥٤ على أن "القاصر وليه أبوه أو أمه إذا توفي أبوه أو فقد أهليته...ولا يعمل بوصية الأب إلا بعد وفاة الأم أو فقدانها الأهلية"[٢]. بل والأكثر من ذلك، ينص الفصل ٦٧ من المجلة في فقرتيه الرابعة والخامسة على تمتع الأم الحاضنة "بصلاحيات الولاية فيما يتعلق بسفر المحضون ودراسته والتصرف في حساباته المالية"، وكما يجوز للقاضي "أن يسند مشمولات الولاية لها إذا تعذر على الولي ممارستها أو تعسف فيها أو تهاون في القيام بالواجبات المنجرة عنها على الوجه الاعتيادي، أو تغيب عن مقره وأصبح مجهول المقر، أو لأي سبب يضر بمصلحة المحضون".

د.- من حيث سن الطفل :

تمارس الحضانة على الطفل في قصر حياته[٣] أي منذ ولادته وفي المرحلة الأولى من طفولته[٤] ومن ثم فإن سن المحضون أصغر من سن الطفل الممارس عليه الولاية على النفس[٥].

---

(١) وبهذا يكون المشرع، خلافا للشريعة الإسلامية، قد منح للأم المسيحية وغيرها من الحواضن من دينها كأم الأم والخالة الولاية على النفس على الطفل المسلم، في حين يقول سبحانه وتعالى(وَلَنْ يَجْعَلَ اللَّهُ لِلْكَافِرِينَ عَلَى الْمُؤْمِنِينَ سَبِيلًا) سورة النساء، الآية ١٤١.

(٢) انظر، عبد الرزاق دنقير، المرجع السابق، ص. ٤٧ وما بعدها.
Cf. B. Ferchichi, op. cit., th., ١٩٨٣ , p. ٢٥.

(٣) انظر، بشير الفرشيشي، المرجع السابق، ص. ١٥.

(٤) انظر، عبد الرحمن الصابوني، نظام الأسرة...، المرجع السابق، ص. ١٩٢.

(5)Cf. Y. Linant de Bellefonds, op. cit., p. ١٥١.

شرعا.

وفي ذلك نستشهد بقول الدكتور عبد الرحمن الصابوني بما يلي"... وعلى ولي النفس ضم الولد إليه بعد انتهاء فترة حضانة النساء..."(١) . وفي هذا، يرى الأستاذ محمد عبد الجواد محمد أن الفقه "يقسم الولاية إلى ثلاثة أنواع: الأولى ولاية التربية في المرحلة الأولى من مراحل الطفولة وهي الحضانة، والولاية الثانية تكون على النفس وهي تشمل تربية الطفل التي بدأت بالحضانة، والثالثة على المال..."(٢).

هـ- من حيث شرط وحدة الدّين :

يشترط من الناحية الشرعية في الولاية على النفس أن يكون الولي على دين المولى عليه(٣) . أما الحضانة فلا يتوجب أن تكون الحاضنة متحدة في الدين مع المحضون إذا كان الحاضن امرأة(٤) .

و.- من حيث مدة انتهائها :

تنتهي الولاية على النفس في القوانين المغاربية ببلوغ سن الرشد(٥) . وفي الشريعة الإسلامية، تنتهي ببلوغ الذكر وزواج الأنثى أو تقدمها في السن(٦) . بينما الحضانة تنتهي بسن معينة في القانونين الجزائري والمغربي، حيث حددها الأول بـ ١٠ سنوات للذكر
و١٩ سنة للأنثى، والثاني بسن الرشد لكلى الجنسين(٧) . أما المشرع التونسي، فقد أخضع

---

(١) انظر، عبد الرحمن الصابوني، نظام الأسرة...، المرجع السابق، ص. ٢١٩.

(٢) انظر، محمد عبد الجواد محمد، المرجع السابق، ص. ٦٤.

(٣) هذا الحكم في الشريعة الإسلامية. أما في القوانين المغاربية، فالقانون الجزائري لا يطبق نفس الحكم بحيث منح بمقتضى الفقرة الثالثة من المادة ٨٧ من قانون الأسرة في حالة الطلاق للحاضن الولاية، حتى ولو كانت الأم الحاضنة على أولادها مسيحية أو يهودية.
Cf. L. Milliot, op. cit., p. ٤٠٥.

(٤) ما عدا الحنابلة، الذين اشترطوا من الحاضن التدين بنفس دين المحضون، لأن الحضانة عندهم ولاية "فلا تثبت لكافر على مسلم". انظر، موفق الدين ابن قدامة وشمس الدين ابن قدامة المقدسي، المرجع السابق، ص. ٢٩٨. انظر، الفرع الثاني من المطلب الرابع من الفصل الثاني لهذه الدراسة.

(٥) انظر، محمد الكشبور، المرجع السابق، ص. ٤٧٢؛ رشدي شحاتة أبو زيد، شروط ثبوت...، المرجع السابق، ص. ١٢٤؛ أحمد عبد الحي، أحكام الحضانة في الفقه الإسلامي، دراسة مقارنة، مجلة علمية شرعية قانونية محكمة، ٢٠٠٠، عدد ١٢، ج.١، ص. ٢٠.

(٦) انظر، محمد مصطفى شلبي، أحكام الأسرة...، المرجع السابق، ص. ٧٩١-٧٩٢. P. Victor, op. cit. , pp.٥٠-٥١.

(٧) انظر، المادة ٦٥ من قانون الأسرة، والمادة ١٦٦ من المدونة.

الأمر لسلطة القاضي وفقا لما تمليه مصلحة المحضون(١).

هذا عن المقارنة بين الحضانة والولاية على النفس، أما الحضانة تختلف أيضا مع الكفالة.

الفرع الثاني

الفرق بين الحضانة والكفالة

وهنا أيضا يتحتم علينا معرفة الفرق بين الكفالة والحضانة، وذلك لأن من الفقه من جعلهما مرادفين(٢). فهل حقا لا يوجد اختلاف بينهما ؟ وما هو الموقف الذي اتخذه المشرع المغاربي؟

لقد نظم المشرع الجزائري الكفالة في قانون الأسرة وذلك في الفصل السابع من الكتاب الثاني المتضمن النيابة الشرعية في تسع مواد، وذلك من المادة ١١٦ إلى المادة ١٢٥. ولم يكن الأول في معالجة هذا الموضوع(٣)، وإنما سبقه المشرع التونسي الذي أصدر في ٠٤ مارس ١٩٥٨ قانونا يتعلق بالولاية العمومية والكفالة والتبني(٤)، حيث حصر الكفالة في خمس مواد من الفصل الثالث إلى الفصل السابع. أما المشرع المغربي، فقد تفطن، إلا مؤخرا، للفراغ الخطير الذي عانى منه موضوع الكفالة(٥)، فأحدث في سنة

---

(١) انظر، رشيد صباغ، المرجع السابق، ص.١٧- ١٨.

(٢) على سبيل المثال، عند فتح كتاب ابن قدامة نجد في فهرسه عنوان "باب من أحق بكفالة الطفل". وفيه تكلم عن الحضانة، وهذا يدل على عدم تفرقته بين الكفالة والحضانة. انظر، ابن قدامه، المغني، ج. ٩، دار الكتاب العربي، بيروت، ١٩٨٣، ص.٢٩٧؛ نفس الرأي سار عليه الدكتور وهبة الزحلي في موضوع الحضانة الذي عنونه بـ "الحضانة أو كفالة الطفل". وهبة الزحيلي، الفقه الإسلامي...، المرجع السابق، ص. ٧١٧. وهذا ما نهجه أيضا جمهور الفقهاء ما عدا الشافعية. انظر، أحمد عبد الحي، المرجع السابق، ص. ١٦.

(٣) وتجدر الملاحظة أن المشرع الجزائري استعمل عبارة "كفالة" لأول مرة في قانون الصحة العمومية الصادر في ١٩٧٦/١٠/٢٣ والذي ألغي لاحقا بالقانون الصادر في ١٩٨٥/٠٢/١٦ المعدل والمتمم.

Cf. N. Younsi Haddad, La kafala en droit algérien, R.A.S.J.E.P., ١٩٩٤, n° ٤, p. ٢٢.

(٤) قانون عدد ٢٧ / ٥٨ المؤرخ في ٠٤ / ٠٣ / ١٩٥٨، الرائد الرسمي للجمهورية التونسية، عدد ١٩، بتاريخ ٠٧ / ٠٣ / ١٩٥٨، ص. ٣٠٦.

(٥) انظر، أحمد الخمليشي، التعليق على...، المرجع السابق، ص. ٢٨٩.

١٩٩٣ أول نص تضمن "كفالة الأطفال المهملين"[١]، حيث رتبه في خمس وعشرين مادة.

وعليه، فإن تنظيم المشرع المغاربي لموضوع الكفالة إلى جانب موضوع الحضانة، لدليل على استقلال كـل مـنهما عـن الآخر. ونحن من ناحيتنا، لن نقف عند هذا القول، بل لا بدّ من توضيح أكثر للفرق بين النظامين.

أول ما نبدأ به لكشف الفرق بين الحضانة والكفالة هو التعريف اللغوي لكل من المصطلحين. يقال كفل فلانا[٢] بمعنى عاله وأنفق عليه وقام بأمره[٣]، وحضن الصبي أي جعله في حضنه وضمه إلى صدره[٤]. ومن خلال هذين التعريفين استقطبنا الفرقين التاليين:

١- إن القاموس الذي اعتمدنا عليه وظب "فلان" في الكفالة و"صبي" في الحضانة، فهذا حسب استخلاصنا يدل على أن الحضانة تتعلق بطفل أصغر سنا ممن هو في الكفالة، وهذا هو القول الذي ندعمه بنظر الشافعية الذين جعلوا الحضانة قبل بلوغ الصبي سبعاً أو ثمان سنين، أما الكفالة فجعلوها بعد ذلك[٥].

٢- إن الكفالة تلزم الكفيل بالإنفاق على المكفول[٦]، في حين الحضانة غرضها مد

---

(١) انظر، ظهير عدد ١٦٥ / ٩٣ / ٠١ المؤرخ في ١٠ / ٠٩ / ١٩٩٣ المنظم لـ "كفالة الأطفال المهملين".

(٢) ورد ذكر "كفيل" في القرآن الكريم في قوله تعالى﴿وَكَفَّلَهَا زَكَرِيَّا﴾ سورة آل عمران، الآية ٣٧؛ وفي قوله تعالى ﴿إِذْ يُلْقُونَ أَقْلَامَهُمْ أَيُّهُمْ يَكْفُلُ مَرْيَمَ﴾ سورة آل عمران، الآية ٤٤؛ وفي قوله جل شأنه ﴿هَلْ أَدُلُّكُمْ عَلَى مَن يَكْفُلُهُ﴾ سورة طه، الآية ٤٠.

(٣) انظر، المنجد في اللغة والأدب والإعلام، المرجع السابق، ص. ٦٩١. وهناك معنى ثاني للكفالة وهو الضمان في القانون المدني(Le cautionnement) وهو نوع من أنواع التأمين، نظمه المشرع الجزائري في القانون المدني في مادته ٦٤٤ التي نصت على أنه "عقد يكفل بمقتضاه شخص بتنفيذ التزام بأن يتعهد للدائن بأن يفي بهذا الالتزام إذا لم يف به المدين نفسه".

(٤) انظر، المنجد في اللغة والأدب والإعلام، المرجع السابق، ص. ١٣٩.

(٥) انظر، أحمد عبد الحي، المرجع السابق، ص. ١٦.

(٦) وهذا ما نفهمه أيضاً من حديث سيد الورى- صلى الله عليه وسلم- "أنا وكافل اليتيم في الجنة هكذا، وأشار بالسبابة والوسطى وفرج بينهما"، رواه البخاري وأبو داود والترمذي. الإمام أبي عبد الله محمد البخاري الجعفي، صحيح البخاري، دار الفكر، (بدون سنة الطبع)، م. ٤، ج. ٧، ص. ٧٦. واليتيم لغة وفقها من كان فاقد الأب، ولما كان الأب مكلف بالنفقة على أولاده، فقياسا الكفيل مخاطب بالنفقة على المكفول.

الحنان والرعاية و تقديم الخدمات المادية كما سبق ذكره دون أن تلزم الحاضن بالنفقة على المحضون[١].

أما التباينات الأخرى فهي كالتالي:

٣.- إن الكفالة التزام[٢] وعلى وجه الدقة عقد[٣] يتم بدون مقابل؛ حيث لا يأخذ الراغب في التكفل أي عوض ولا يقدمه[٤] على خلاف الحضانة التي يجوز فيها أخذ أجرة[٥].

٤.- إن الكفالة تسند بقرار إداري[٦]، بعد أن تحرر في وثيقة رسمية أمام موثق أو أمام

(١) الأصل أن نفقة المحضون من ماله إن كان له مال، وإلا فعلى من تجب عليه نفقته، كأبيه أو غيره. انظر، المادة ٧٢ من ق. أ.، المادتين ١٨٧ و١٨٨ من المدونة، والفصل ٥٦ من المجلة. عبد الرحمن الصابوني، المرجع السابق، ص.٢٤٢ ، ٢٨٨ و٢٨٩.

(٢) انظر، المادة ١١٦ من قانون الأسرة.

(٣) انظر، الفصل ٣ من قانون ٠٤ /٠٣ /١٩٥٨ التونسي؛ أحمد الخمليشي، التعليق على...، المرجع السابق، ص. ٢٩٦؛ الهادي سعيد، التشريع التونسي وحقوق الطفل، مجلة القضاء والتشريع، ١٩٨٥، عدد ٠٥ ،ص.٣٦.

ويجدر التنبيه إلى الخطأ الذي ورد في المادة ١١٧ من قانون الأسرة التي ورد فيها "عقد شرعي" والأصح "محرر شرعي" وهذا ما يؤكده النص الفرنسي الذي استعمل "Acte légal".

(٤) انظر، أحمد داود رقية، الحماية القانونية للطفل بين قانون الأسرة الجزائري والمعاهدات الدولية، مذكرة ماجستير، كلية الحقوق، تلمسان، ٢٠٠٣، ص. ١٢٥. ١٣ .Cf. N. Younsi Haddad, op. cit., p

(٥) وهذا ما يراه الحنفية في أن الأم بعد انقضاء عدتها أو غيرها من الحاضنات تستحق أجرة الحضانة مقابل قيامها بعمل، وتلك الأجرة غير أجرة الإرضاع ونفقة الولد. انظر، وهبة الزحيلي، الفقه الإسلامي...، المرجع السابق، ج.٢، ص.٧٣٤-٧٣٥؛ عبد الرحمن الصابوني، المرجع السابق، ص.٢٤٢. وهذا ما أخذ به المشرع المغربي في المادة ١٦٧ من المدونة، والمشرع التونسي في الفصل ٦٥ من المجلة. أما المشرع الجزائري، فقد سكت عنها.

Cf. D.Charif .Feller, op. cit. , p. ١١٨ ; H. safai, op. cit. , p.١١٠.

(٦) تتم إجراءات الكفالة كما يلي:

تقديم طلب خطي إلى مدير الصحة والرعاية الاجتماعية مرفوق بالوثائق التالية: شهادة ميلاد الزوجين الكفيلين، شهادة عقد الزواج، بطاقة عائلية، شهادة طبية تثبت سلامة الكفيلين، عقد العمل و كشف الراتب، جنسية الزوجين الكفيلين، نسخة طبق الأصل لبطاقة التعريف لكل من الزوج و الزوجة، بحث اجتماعي من المساعدة، صورتان شمسيتان.

ويحال الطلب بالإضافة إلى ملف الطفل المرغوب في كفالته، على اللجنة الولائية التي تتكون من مختص نفساني، رئيس المصلحة، المساعدة الاجتماعية، مسئول دار الحضانة وممثل الملاحظة

المحكمة أو بمصادقة هذه الأخيرة[١]، أما الحضانة فتسند بحكم قضائي.
٥.- للكافل الولاية القانونية على المكفول[٢]، أما الحاضن فليست له مبدئيا الولاية القانونية[٣].

والتربية في الوسط المفتوح.
وبعد إعطاء اللجنة الولائية موافقتها للكفالة، تسجل حينئذ في محرر رسمي عند الموثق أو رئيس المحكمة.
بعد هذا الإجراء الأخير، يسلم الملف للمدير مع الوثائق التالية: شهادة مصلحة المديرية، شهادة الأصل، شهادة الوضع، القرار الولائي، عقد ميلاد الطفل، عقد ميلاد الزوج والزوجة، عقد الزواج، نسخة من بطاقة التعريف للزوجين، نسخة تعريف الشاهدين، الطلب الخطي الذي قدم لرئيس المحكمة إذا تمت الكفالة أمام المحكمة.
وفي الأخير لا بدّ من موافقة إدارة دار الحضانة لخروج الطفل منها. انظر، أحمد داود رقية، المرجع السابق، مذكرة، ص. ١٣٠-١٣١، هذا في الجزائر . أما في تونس تكون الكفالة بعقد أمام عدلين (أي موثقين) بين الأب الكافل ووالدي المكفول وإلا الولي العمومي، ثم يصادق حاكم الناحية على هذا العقد. انظر، F. Mechri, op. cit., p.٢٢٩
أما في المغرب، يصدر القرار من اللجنة الإدارية الإقليمية ثم يوثق في عقد الكفالة الذي يحرره عدلان. انظر، بخصوص إسناد الكفالة بقرار إداري ، التعليق الذي جاء به الأستاذ أحمد الخمليشي، التعليق على...، المرجع السابق، ص. ٢٩٧.

(١) انظر، المادة ١١٧ من قانون الأسرة، والفصل ٤ من قانون ١٩٥٨/٠٣/٠٤ التونسي، والمادتين١٥و١٦ من ظهير ١٩٩٣/٠٩/١٠.

(٢) انظر، المادة ١٢١ من قانون الأسرة، و المادة ١٢٢ المتعلقة بالولاية على المال، والفصل الخامس الفقرة الأولى من القانون التونسي الصادر بتاريخ ١٩٥٨/٣/٤.

(٣) في القانون الجزائري، تمنح الفقرة الثالثة من المادة ٨٧ من قانون الأسرة المعدلة الولاية للحاضن بصرف النظر عن جنسه. وكما تؤول الولاية للأم الحاضنة في حالة فقد الأب أهليته في التشريعين المغربي والتونسي (المادة ٢٣١ من المدونة والفصل ١٥٤ من المجلة). وبالنسبة للتشريع التونسي، فإنه خول بمقتضى المادة ٦٧ من مجلة الأحوال الشخصية الأم، بمجرد إسنادها الحضانة، صلاحيات الولاية فيما يتعلق بسفر المحضون ودراسته والتصرف في حساباته، بل وفتح لها باب طلب تجريد أب المحضون من الولاية إذا تعذر له القيام بها بسبب اختياري كتعسفه أو تهاونه أو بسبب قهري كتغيبه وجهل مقره أو أي سبب يضر بمصلحة المحضون. انظر، محمد الحبيب الشريف، المرجع السابق، ص. ١٧٠.
وفي هذه المسألة، كان المشرع الجزائري مقداما على موقف نظيره التونسي ومغلاقا له في آن واحد. هذا التردد ظهر في مسألتين: الأولى: أنه أقحم محتوى المادة ٦٣ من قانون الأسرة ضمن

٦.- الحضانة تطلق على الطفل الذي يكون في حضانة أمه أو أبيه أو غيرهما، بينما الكفالة تطلق في الطفل الذي يكون عند غير والديه المنسلين[١].

٧.- المكفول يطلق على الطفل الذي يكون معروف النسب أو مجهول النسب[٢] أما المحضون يطلق على طفل معروف النسب.

٨.- اشترط المشرع الجزائري على غرار المشرع المغربي دون نظيريهما التونسي الإسلام في الكافل[٣]، أما في الحضانة لم يشترط مثل هذا الشرط في الحاضنة للاختلاف الفقهي القائم ما لم يكن الحاضن رجلا فلا نقاش في أن يكون متحدا في الدين مع المحضون[٤].

٩.- تنتهي الكفالة في القانونين التونسي والمغربي ببلوغ المكفول سن الرشد[٥]، في حين أشار القانون الجزائري إلى أن الكفالة تبقى مستمرة إلى غاية طلب الأبوين أو أحدهما عودة المكفول إلى ولايتهما[٦] أو التخلي

=

الحضانة (وذلك قبل إلغائها بمقتضى المادة ١٨ من الأمر رقم ٠٥-٠٢ المؤرخ في ٢٠٠٥/٠٢/٢٧ المعدل والمتمم لقانون الأسرة)؛ والثانية، أنه منح للأم سلطة توقيع كل شهادة إدارية مدرسية أو اجتماعية يتعلق بطفلها (داخل التراب الوطني) بعد تقديم طلبها أمام المحكمة. لكن، من ناحية أخرى قيدها في ذلك بإحدى الحالتين رأى فيهما ضرورة قصوى لتدخلها وهما، إهمال الأب لعائلته أو فقدانه. ولربما كان لهذا الموقف المتذبذب ما يبرره، كأن تتعدى الحاضنة سلطات الولي، فتذوب صلاحيات الولاية في مهام الحضانة وهو شيء قد لا يرغب فيه المشرع الجزائري؛ و قد تكون أقوى هذه التبريرات مصلحة المحضون التي تنادي بتفقد أحوال المحضون و شؤونه وعدم تضييعها.

(١) في هذا المعنى، انظر، رشدي شحاتة أبو زيد، ثبوت حق...، المرجع السابق، ص. ٤٤.

(٢) انظر، المادة ١١٩ من ق.أ.، والمادة الأولى من ظهير ١٩٩٣/٠٩/١٠ سالف الذكر.

(٣) انظر، المادة ١١٨ من ق.أ؛ المادة ٠٧ من ظهير ١٩٩٣/٠٩/١٠.

(٤) انظر، حول هذه النقطة شرط اتحاد الدين في الفصل الثاني، المطلب الرابع، الفرع الثاني، ص. ٢٩٧ وما بعدها.

(٥) انظر، الفصل٧ من قانون ١٩٥٨/٠٣/٠٤؛ والمادة ٢٣ من ظهير ١٩٩٣/٠٩/١٠.

(٦) انظر، المادة ١٢٤ التي تنص على أن "إذا طلب الأبوان أو أحدهما عودة الولد المكفول إلى ولايتهما يخير الولد في الالتحاق بهما إذا بلغ سن التمييز وإن لم يكن مميزا لا يسلم إلا بإذن من القاضي مع مراعاة مصلحة المكفول". ويلاحظ أنه يمكن في ظل القانون التونسي للمحكمة الابتدائية فسخ عقد الكفالة بطلب من الكافل أو من والدي المكفول أو من النيابة العامة. انظر بشأن هذا الموضوع،
A. Mahbouli, L'enfant en droit tunisien, R.J.P.I.C., ١٩٧٧, n° ٢, p. ٤٤٩.

عنهما[١]، وهي طريقة لإنهاء عقد الكفالة[٢]. أما انتهاء مدة الحضانة، فقد عرفت ثلاث مواقف قانونية مختلفة كما سبق الإشارة إليه. في التشريع الأسري الجزائري تنتهي الحضانة بالنسبة للذكر ببلوغه عشر سنوات مع إمكانية تمديدها إلى ١٦سنة، والأنثى ببلوغها سن الزواج[٣] أي ١٩ سنة حسب الفقرة الأولى من المادة ٠٧ من نفس القانون. والمشرع المغربي تنتهي الحضانة عنده كما سبق ذكره ببلوغ المحضون سن الرشد سواء كان ذكرا أو أنثى[٤]، في حين أن المشرع التونسي لم يحدد سنا لذلك.

الفرع الثالث
الفرق بين الحضانة والتّبني

لقد أقرت تونس، بالرغم من انتمائها إلى العالم العربي الإسلامي[٥]، ونظرا لتصورها الجد الحامي "للقاصر"[٦]، نظام التبني[٧]، وأسسته بالقانون المؤرخ في ٠٤ مارس ١٩٥٨،

(١) والتخلي عن الكفالة يتم أمام الجهة التي أقرت الكفالة، وأن يكون بعلم النيابة العامة. انظر، المادة ١٢٥ من قانون الأسرة.

(٢) فالمشرع الجزائري لم يقيد انتهاء الكفالة بسن معينة.

(٣) انظر، المادة ٦٥ من قانون الأسرة.

(٤) انظر، المادة ١٦٦ من المدونة. وسن الرشد القانوني في المغرب هي ١٨سنة كاملة (المادة ٢٠٩ من المدونة).

(٥) انظر، الفصل الأول من دستور جمهورية تونس.

(٦)Cf. L. Pruvost, Le statut juridique du mineur en Tunisie, R.T.D., ١٩٧٥, p.٢٨١.

(٧) وأن القرآن الكريم يرفض نظام التبني رفضا قاطعا لا يحتمل أدنى شك، ...وقد استغنى عنه بالأخوة في الدين، التي وإن كانت لا تجعل المؤمنين إخوة بالميلاد فيتوارثون مثلا، ولكنها تفرض على المسلمين إذا ما أرادوا أن يكونوا مسلمين حقيقيين أن يتعاونوا على البر والتقوى مصداقا لقوله تعالى ﴿ وَتَعَاوَنُوا عَلَى الْبِرِّ وَالتَّقْوَى وَلَا تَعَاوَنُوا عَلَى الْإِثْمِ وَالْعُدْوَانِ﴾ (سورة المائدة الآية ٢)، وأن يحب أحدهم لأخيه ما يحب لنفسه مصداقا لقوله عليه الصلاة والسلام "لا يؤمن أحدكم حتى يحب لأخيه ما يحب لنفسه" (انظر، السيوطي، الجامع الصغير، ج.٢، ص.٢٠٤؛ محمد عبد الجواد محمد، المرجع السابق، ص.٤٧-٤٨).

جاهلة كل الانتقادات[١]، مطبقة مبدأ المساواة بين الطفل الشرعي وغير الشرعي[٢]. ولم يتأثر جيران تونس بهذا العمل الجرئ، إذ أبطله المغرب، ومنعته الجزائر صراحة في قانونيهما الأسريين[٣].

والذي يبدو لنا من موقف المشرع الجزائري[٤]، أنه لم يوصد باب التبني بإحكام، بل إنه شقه بالمرسوم التنفيذي رقم ٢٤/٩٢ المؤرخ في ١٣ يناير ١٩٩٢، الذي جاء في مادته الأولى بأن "يمكن أن يتقدم الشخص الذي كفل قانونا في إطار الكفالة، ولدا قاصرا مجهول النسب من الأب، بطلب تغيير اللقب باسم هذا الولد ولفائدته، وذلك قصد مطابقة لقب الولد المكفول بلقب الوصي. وعندما تكون أم الولد القاصر معلومة وعلى قيد الحياة، فينبغي أن ترفق موافقتها المقدمة في شكل عقد شرعي بالطلب"[٥].

وبهذا النص يستلحق المكفول بالكافل عن طريق اللقب، وبمعنى آخر، فإن هذا المرسوم قد أقر صراحة التبني حتى ولو اقتصر آثاره في اكتساب لقب الكافل[٦]؛ فهذا نوع من التبني وهو التبني البسيط[٧] الذي أخذت به بعض الدول الغربية منها فرنسا[٨].

وعليه لن نقول،كما صرح بعض الفقهاء، بأن تونس من بين الدول الإسلامية، انفردت بنظام التبني[٩].

---

(١)Cf. M. Benjâafar, Les acquis juridiques et sociaux de l'enfant, in la protection juridique et sociale de l'enfant, édit. Bruylant, Bruxelles, ١٩٩٣, p. ٢٠٢ ; L. Aslaoui, op. cit. , p. ٢٥٤ ; F. Mechri, op. cit , pp. ٧٤ et s.

(٢) انظر، جيلالي تشوار، أحكام الأسرة...، المرجع السابق، ص.٢٣٧.

(٣) حيث نصت المادة ١٤٩ من المدونة في فقرتها الأولى على أن "يعتبر التبني باطلا، ولا ينتج عنه أي أثر من آثار البنوة الشرعية". ونصت المادة ٤٦ من قانون الأسرة على أن "يمنع التبني شرعا وقانونا".

(٤)Cf. Ch. Kalfat, Les aspirations conflictuelles du droit de l'adoption, R.A.S.J.E.P., ١٩٩٤, n° ١, pp. ٧ et s.

(٥) انظر، الجريدة الرسمية، الصادرة في ١٩٩٢/٠١/٢٢، عدد ٠٥، ص.١٣٨-١٣٩.

(٦)Cf. M. Mechri, op. cit. , pp. ٢٤٠ et s.

(٧) انظر، جيلالي تشوار، تغيير اللقب تجاه الصلاحيات الدستورية للسلطتين التشريعية والتنفيذية، مجلة العلوم القانونية والإدارية، ٢٠٠٤، عدد ٢، ص. ١٠ وما بعدها.

(٨)Voir articles ٣٦٠ et suivants du code civil français portant sur l'adoption simple.

(٩) انظر، الهادي سعيد، المرجع السابق، ص.٢٦؛ للمزيد من التفاصيل حول التبني في القانون

وما يمكن ذكره لنعود إلى موضوعنا، هو أن الفرق بين التبني والحضانة قائم[١]، وسيظل منفرجا حتى و إن تراءى للبعض، أن التبني يحمي مصالح الأطفال ويخدم مستقبلهم؛ وإذا كان الأمر كذلك، فإنه لاشك يتفق معها حوله. أما الاختلافات بينهما فهي كالآتي:

١)- إن الحضانة تمارس على طفل معلوم النسب؛ أما التبني فيكون إما على شخص معلوم النسب أو مجهوله[٢].

٢)- إن المحضون يحتفظ بنسبه؛ على خلاف المتبنى الذي يأخذ نسب العائلة المتبنية[٣]، ومن ثم فما التبني إلا تزييف للنسب[٤].

٣)- يسقط زواج الحاضنة حقها في الحضانة،كقاعدة عامة؛ على نقيض التبني الذي يشترط في المتبني أن يكون متزوجا[٥].

٤)- يرتب التبني جميع آثار البنوة من حقوق وواجبات[٦] كحرمة الزواج[٧]

الجزائري، انظر جيلالي تشوار، تغيير اللقب تجاه الصلاحيات الدستورية للسلطتين التشريعية والتنفيذية، مجلة العلوم القانونية والإدارية، تلمسان، ٢٠٠٤، عدد ٢، ص. ١٠ وما بعدها.

Tchouar, ,Reflexions..., op. cit. , pp. ٢١٣ et s. Cf. D.

(١) لقد مقت الإسلام التبني لقوله تعالى ﴿مَا جَعَلَ اللَّهُ لِرَجُلٍ مِنْ قَلْبَيْنِ فِي جَوْفِهِ وَمَا جَعَلَ أَزْوَاجَكُمُ اللَّائِي تُظَاهِرُونَ مِنْهُنَّ أُمَّهَاتِكُمْ وَمَا جَعَلَ أَدْعِيَاءَكُمْ أَبْنَاءَكُمْ ذَلِكُمْ قَوْلُكُمْ بِأَفْوَاهِكُمْ وَاللَّهُ يَقُولُ الْحَقَّ وَهُوَ يَهْدِي السَّبِيلَ (٤) ادْعُوهُمْ لِآبَائِهِمْ هُوَ أَقْسَطُ عِنْدَ اللَّهِ فَإِنْ لَمْ تَعْلَمُوا آبَاءَهُمْ فَإِخْوَانُكُمْ فِي الدِّينِ وَمَوَالِيكُمْ﴾ سورة الأحزاب، الآيتين ٤ و٥. راجع بشأن مخاطر التبني، جيلالي تشوار، تغيير اللقب...، المرجع السابق، ص. ١١ وما بعدها.

(٢)Cf. F. Mechri, op. cit., pp. ٣٢٩ et s.

(٣) انظر، الفصل ١٤ من قانون ١٩٥٨/٠٣/٠٤ المتعلق بالولاية العمومية والكفالة والتبني.

Cf. A. Mahbouli, op. cit., p. ١٤٩.

(٤) انظر، جيلالي تشوار، أحكام الأسرة...، المرجع السابق، ص.٢٣٥؛ عبد العزيز سعد، الجرائم الواقعة على الأسرة، المؤسسة الوطنية للكتاب، الجزائر، ١٩٩٦، ص.١٨٥.

(٥) انظر، الفصل ٠٩ من قانون ١٩٥٨/٠٣/٠٤، وعلى سبيل المقارنة، يشترط القانون الفرنسي أيضا الزواج في المتبني (المادتان ٣٤٣ و٣٤٣-١ من القانون رقم ٧٦- ١١٧٩ لـ ١٩٧٦/١٢/٢٢ المتعلق بالتبني الكامل من القانون المدني الفرنسي).

(٦) انظر، الفصل ١/١٥ من قانون ١٩٥٨/٠٣/٠٤.

(٧) نص الفصل ١٥ في فقرته الثانية من قانون ١٩٥٨/٠٣/٠٤ على أن موانع الزواج تبقى قائمة بين

واستحقاق الميراث والنفقة مثلا؛ أما الحضانة، فلا ترتب شيئا من ذلك إذا كانت بيد غير الأبوين.

الفرع الرابع
الفرق بين الحضانة والوصاية

الوصاية هي "نظام لرعاية أموال القاصر بما يكفل حسن إنفاقها"، أما الحضانة فهي "حق مقرر لرعاية الطفل وحفظه بما يكفل حسن تربيته"[١]. ولذلك إن الفقه الإسلامي قد فرق بين حق الحضانة والوصاية، فخول لوالد الطفل أن يعين عليه وصيا مختارا يدير أمواله، ولم يجعل له حق اختيار من يحضنه بل جعل ذلك منوطاً بمصلحة المحضون في الحدود التي رسمها ولا اعتبار لإرادة والده فيها.

ومن ثم، فإذا اشترط الوالد أن تكون حضانة ولده لشخص معين كان شرطا باطلا ولا يعمل به، بخلاف الوصاية. وحكمة التشريع في ذلك أن الحضانة نوع من الولاية جعلها الشارع في أشخاص بعينهم ومرجعها النص محافظة على الطفل فلا تكون بجعل الجاعل[٢].

هكذا، إذا كان مدار الحضانة يتمثل في الحفاظ على مصلحة المحضون والنظر في ذلك موكل إلى القاضي الذي يجب عليه النظر في خصوص المسائل وعروف الحوادث، غير أن في الوصاية، تنص المادة ٩٢ من قانون الأسرة على أنه "يجوز للأب أو الجد تعيين وصي للولد القاصر إذا لم تكن له أم تتولى أموره أو ثبت عدم أهليتها لذلك بالطرق القانونية..."[٣]. وهذا ما تبنته أيضا المجلة التونسية في الفصل ١٥٤ بقولها "... ولا يعمل بوصية الأب إلا بعد وفاة الأم أو فقدانها الأهلية..."، وكذلك المادة ٢٣٧ من المدونة بقولها " يجوز للأب أن يعين وصيا على ولده المحجور أو الحمل...".

وأمام هذه الملاحظات بشأن الاختلافات القائمة بين الحضانة والنظم المشابهة لها،

المتبنى وأقاربه إذا كانوا معروفين.
(١) انظر، رشدي شحاتة أبو زيد، ثبوت حق...، المرجع السابق، ص. ٤٥-٤٦.
(٢) انظر، محكمة الجمالية، ١٩٤٢/٠٢/٠٢، مقتبس عن خالد شهاب، الوسيط في تشريعات الأحوال الشخصية، الكتاب الثاني (بدون دار النشر)، ١٩٩٢، ص. ١١٩.
(٣) وتشترط المادة ٩٣ من ذات القانون أن يكون الوصي مسلما.

وتلك المتعلقة بصعوبة تحديد مفهوم مصلحة المحضون، يحق لنا أن نتساءل عما إذا كانت هذه الصعوبة تمنع المشرع أو الفقه من تقديم بعض التوجيهات للقاضي ليستعين بها في حكمه لتكون نظرته أكثر موضوعية وعادلة. هذا ما سنراه في المبحث الثاني.

المبحث الثاني
ضوابط معايير مصلحة المحضون

إن سكوت المشرع، وعجز الفقهاء عن تقديم تعريف دقيق لمصلحة المحضون، لم يحل دون اقتراح بعض المعايير والضوابط التي يستعين بها القاضي في تقديرها. ولاشك أن ذلك يقرب حكم القاضي إلى الموضوعية والعدالة، ويبعد تخوف البعض من تعسفه بسبب المجال الواسع الممنوح له في مسائل الحضانة.

كما نشير هنا، أن الفقه الإسلامي[(١)] قد أدلى بدلوه لتحقيق مصلحة المحضون، ولجأ في سبيل ذلك إلى تنظيم أحكام الحضانة من شروط، وأصحاب الحق فيها، وأجرتها، ومكان ممارستها، وحالات إسقاطها، وحالات عودتها، وجعل منها معايرا لتقدير مصلحة المحضون يتأكد منها القاضي لإسناد الحضانة أو إسقاطها.

وفي فرنسا، فالقضاء مقيد، في المسألة التي نحن بصددها هنا، بدراسة عناصر ثلاثة حددتها المادة ٢٩٠ من القانون المدني. فإن هذه المعايير التي تساعده في تحديد موضع المصلحة[(٢)] تتمثل في الاتفاقات المبرمة بين الزوجين، وفي المعلومات المتحصل عليها من مصالح المساعدة الاجتماعية، وأخيرا في رغبات الطفل[(٣)] . إذن، فما يمكن قوله هنا، هو

---

(١) وعلى رأسهم الزيلعي وابن الهمام وابن رشد والشيرازي وابن قدامة. انظر، محمد مصطفى شلبي، أحكام الأسرة...، المرجع السابق، ص. ٧٥١ وما بعدها.

(٢)Cet article dispose expressément que «le juge tient compte : ١° des accords passés entre les époux ; ٢° des renseignements qui ont été recueillis dans l' enquête et la contre- enquête sociale prévues à l "article ٢٨٧-١ à l 'article ١٢٧-٢ ; ٣° des sentiments exprimés par les enfants mineurs dans les conditions prévues à l'article ٣٨٨-١ (loi n° ٩٣-٢٢ du ٠٨ janvier ١٩٩٣) ».

(٣)Sur cette audition, cons. Cass. Civ. ٥/٠٦/١٩٩١, D. ١٩٩٢, Somm. ٦٣, obs. Delecourt ; Defrénois, ١٩٩٢, ٣٠٢, obs. J. Massip ; Cass. Civ., ٢٥/٠٥/١٩٩٣, Bull. Civ., II, n° ١٨٥ ; Lyon, ٢٨/١١/١٩٩١, J.C.P. ١٩٩٢, II, ٢١٨٠١, note Matocq ; Montpellier, ٣/٠٢/١٩٩٢, J.C.P. ١٩٩٢, II, ٢١٠٩٤, note

أن المصلحة تشكل معيارا حياديا على ضوئه يمكن للقاضي أن يهتم بحالة كل محضون على حدة[١].

أما في الدول المغاربية الثلاثة، فليس ثم نصوص من هذا القبيل؛ ولذلك يعمل عند تحديد معايير مصلحة المحضون بالقاعدة العامة الواردة في النصوص التشريعية التي جاءت بها قوانين الأسرة[٢]، التي تسطر بعضا منها ونجملها عموما في معيارين أساسين :

الأول : يشمل المعيار المعنوي والروحي، وعنته النصوص التشريعية بتعليم الولد وتربيته الدينية وحفظه خلقا **(المطلب الأول)**. ونضيف إلى هذا المعيار عنصرا يرتبط به وهو عنصر الأمن والاستقرار، إذ أن الطفل وهو يعيش تمزق الأسرة في حاجة ماسة إلى من يعوض حرمانه ويحافظ على صحته **(المطلب الثاني)**.

الثاني : يتمثل في المعيار المادي، وهو ما أشارت إليه النصوص السالفة الذكر بالسهر على حماية الولد ورعايته ماديا **(المطلب الثالث)**.

فإذا رأى الأستاذ عبد العزيز سعد بخصوص التعريف الوارد في المادة ٦٢ من قانون الأسرة الجزائري[٣]، أنه تعريف جمع في عموميته كل ما يتعلق بحاجيات الطفل الدينية والصحية والخلقية والتربوية والمادية، فإنه مع ذلك نرى أن الطفل بحاجة إلى رعاية أكبر واهتمام أكثر، فكان من الضرورة إضافة معايير أخرى نستدل بها لتحقيق مصلحة المحضون.

والجدير بالذكر، قد سرى القانون الجزائري[٤]، على منوال أغلب قوانين الدول الإسلامية [٥]، في جعل الحضانة طبقا للترتيب الفقهي[٦] دون أن يكون للمحضون رأي في

Gouron-Mazel.

(١)Cf. E. Frémeaux, Les notions indéterminées du droit de la famille, R.R.J., Droit Prospectif, ١٩٩٨, n° ٣, p. ٨٧٢.

(٢) ذلك ما دفع بالقضاء الجزائري إلى الاكتفاء في تسبيب أحكامه بأن مصلحة المحضون هي التي وجهته في إسناد أو إسقاط الحضانة. انظر، المجلس الأعلى، ١٩٨٨/١١/٠٧، المجلة القضائية، ملف رقم ٥٠٢٧٠، ١٩٩١، عدد ٣، ص. ٤٨.

(٣) انظر، عبد العزيز سعد، المرجع السابق، ص. ٢٩٣.

(٤) انظر ، المادة ٦٤ من قانون الأسرة.

(٥) انظر، المادة ١٧١ من مدونة الأسرة، و المادة ١/١٣٩ من قانون الأحوال الشخصية السوري.

(٦) انظر، عبد الرحمن الجزيري، المرجع السابق، ص. ٥٢٠ وما بعدها؛ محمد مصطفى شلبي، أحكام

ذلك؛ مع تخصصه، على غرار القانونين التونسي والمغربي[١]، بإضافة عبارة "مراعاة لمصلحة المحضون". غير أنه إذا كانت هذه المصلحة فعلا هي الواجبة الاعتبار، فهل سماع المحضون يساهم ويساعد واقعيا في تحقيق النتيجة المرجوة إذا وافقنا على التماسه ؟ **(المطلب الرابع).**

كذلك أن حاجة الطفل إلى حماية كافية تتأكد بسبب ضعفه[٢]؛ مما يجعله في تبعية لأبويه داخل الأسرة؛ وتظل هذه التبعية، حتى بعد طلاق أبويه، إلى غاية سن الرشد[٣]. لذلك، فهو يبقى خاضعا، أثناء ممارسة الحضانة وبمقتضى حق الزيارة، للرقابة والإشراف **(المطلب الخامس)**، ذلك مما يجعل أحكام الحضانة أحكاما تتصف بالتأقيت **(المطلب السادس).**

المطلب الأول
المعيار المعنوي والروحي

أول معيار يلجأ إليه القاضي لكشف موقع مصلحة المحضون هو العنصر المعنوي والروحي الذي يشكل حجر زاوية تلك المصلحة. ولاشك أن الفقه برمته لا يعارض على هذا المعيار، بل ويؤكده متبعا في ذلك المتخصصين في علم النفس. وليس للقضاء، في هذا الموضوع، إلا أن يصغوا إلى علماء النفس لكي يسد ثغرات سكوت القانون.

ولهذا، تستدعي طبيعة هذا الموضوع الاستعانة والاعتماد على النتائج الطبية، منها النفسية والعامة، لتوضيح أهمية العنصر النفسي والروحي في حياة الطفل.

أكيد أن الحنان والعطف اللذين يمدهما الوالدان لأبنائهما والأم على الخصوص[٤]، لا

الأسرة...، المرجع السابق، ص. ٧٥١ وما بعدها؛ السيد سابق، المرجع السابق، ص. ٣٥٢ وما بعدها.

(١) انظر، الفصل ٢/٥٧ من المجلة التونسية للأحوال الشخصية.

(٢) Y. Alhalel-Esnault, op. cit., th. Rennes ١٩٧٥, p. ٢٠٨. Cf.

(٣) انظر، المادة ٤٠ من القانون المدني، و المواد من٨٧ إلى ٩٩ من قانون الأسرة.

(٤) وقد ركز الطب على هذا الدور في حياة الطفل، بحيث يرى أن التعلق بالأم مرتبط من جهة بالحاجة الغذائية...، ومن جهة أكبر، هذا التعلق مرتبط بعوامل أخرى.

« L'attachement (à la mère) n'est que par une part liée au besoin de nourriture... et que pour une grande part, cet attachement était lié à bien d'autres facteurs ». Cf. R. Debré, L'enfant dans sa famille..., p. ٥٤.

بديل لهما[١]؛ فهذين العنصرين مهمين في تكوين بنية الطفل العقلية والجسمية. ولهذا، يحرص علماء النفس والأطباء أشد الحرص على توفيرهما للطفل خاصة في حياته الأولى. فإذا فقد الطفل أمه وهو في شهوره الأولى، ترك هذا الحرمان آثارا سيئة على نموه الجسمي والعقلي والعاطفي والاجتماعي[٢]. وهذا ما نستخلصه من خلال القواعد الفقهية والنصوص القانونية في ترتيب الحواضن وتقديم النساء على الرجال[٣]، لأنهن الأقدر على مده بالعناية الروحية. يوضح الأستاذ محمد فتحي أن "إهمال الطفل من جانب والديه وحرمانه من رعايتهما لأي سبب يسلب من نفسه عاطفة الحب"[٤].

وما يجب ملاحظته هنا هو أن هاته الحالات التي تكلم عنها علماء النفس تزداد تفاقما كلما كان الطفل في سن صغيرة والتي حددت عندهم بسنتين إلى اثنتي عشرة سنة. وصعوبة حالة هؤلاء الأطفال، تفسر من الناحية المنطقية من جهة، بحرمانهم وفقدهم للمواد الضرورية لنموهم نموا سليما، ولتغطية متطلباتهم الأساسية في الحياة[٥]؛ ومن جهة أخرى، تتكون لدى الكثير منهم عقدا نفسية يعانون منها في حياتهم المستقبلية[٦].

أما من جانب الطب العام، فإن هذا الأخير كان ولا يزال الطفل محل اهتمامه، وقد

---

(١) ذكرت دراسة حديثة نشرتها مجلة "لانست" الطبية مؤخرا أن الأطفال الذين يعانون من البرودة أو انخفاض في درجة الحرارة، يدفؤون بسرعة أكبر إذا حضنتهم أمهاتهم مما لو وضعوا في الحضانة. هؤلاء الأطفال كانت المستشفيات تقوم بتدفئتهم في الحضانة. إلا أن الباحثين من معهد أبحاث العناية الصحية الدولي في ستوكهولم درسوا حالة ٨٠ طفل ممن انخفضت حرارة جسمهم دون المعدل الطبيعي، بتقسيمهم إلى مجموعتين، حيث وضع نصفهم في الحاضنات والنصف الآخر على جسد أمهاتهم. وتبين من الدراسة أنه بعد أربع ساعات ارتفعت حرارة ٩٠ % من الأطفال الذين حضنتهم أمهاتهم إلى المعدل الطبيعي، بالمقارنة مع ٦٠ % من أطفال الحاضنات. انظر، و.ا.ج.، يدفأ في حضن أمه أكثر من الحاضنة، الخبر ل ١٩٩٨/١٠/٠٥، ص. ١٢.

(٢) انظر، بولبي، مشار من علي واضح، أثر الجانب النفسي والاجتماعي على سلوك الجانح، مجلة الشرطة، ١٩٩١، عدد ٤٦، ص.١٦.

(٣) انظر، المادة ٦٤ من قانون الأسرة، المادة ١٧١ من مدونة الأسرة المغربية؛ و المادة ١٣٨ من مشروع القانون العربي الموحد للأحوال الشخصية.

(٤) انظر، محمد فتحي، أستاذ علم النفس الجنائي بجامعة القاهرة، مشار من علي واضح، المرجع السابق، ص. ١٧.

(٥) انظر، مصطفى الخشاب، المرجع السابق، ص. ٢٣٤؛ مسعودة كسال، المرجع السابق، ص. ٦٢.

(٦) انظر، مصطفى الخشاب، المرجع السابق، ص. ٢٣٤.

علق أحد الأطباء[١] حل الكثير من المسائل المتعلقة بالأطفال إذا كان الطب العام والمتخصص على دراية كافية بالنمو الفكري والعاطفي للطفل العادي . وفوق هذا وذاك، يدمج الأطباء الحب والحنان من بين الحاجات الأساسية للطفل أثناء نموه ويؤكدون على فعالية دور الأم في هذه المرحلة [٢].

وبالفعل أجمع أيضا، أطباء الأمراض العقلية على أن الطفل خلال حياته الأولى، في حاجة ملحة إلى أمه أو امرأة تمده الحنان والعطف. نموه وتوازنه النفسي وتكوينه الخلقي لا يتحققوا بصفة كاملة إلا بين يدي أمومية[٣] .

ولعل أن أهمية هذا المعيار، بالإضافة إلى ما قيل أعلاه، تكمن في درء المخاطر على المجتمع ككل؛ فالحرمان العاطفي يؤثر على سلوك الطفل ويؤدي به إلى الانحراف[٤] والجنوح ووقوفه ضد المجتمع الذي يعيش فيه[٥] .

ويلقى هذا الاتجاه منا كل التأييد، فيفسر الأستاذ محمد فتحي سلوك المنحرف بأنه "تعبير رمزي للانتقام لما سلب منه من حب وحنان"[٦] . ويشهد الباحثون الاجتماعيون وهم في صدد الحديث عن جرائم الأحداث أن الأطفال هم دائما الضحايا في الطلاق، وبالتالي لا يوجد أطفال مذنبون، مؤكدين في ذلك أن اختلال توازن الأسرة يؤدي حتما إلى اضطراب تنشئة الطفل بطريقة صالحة.

وفي هذا تقول القاضية نجيبة الشريف بن مراد بأن "الرأي استقر على أن الأسرة كلما كانت متصدعة، يسودها التوتر والاهتزاز كلما تهيأت عوامل الانحراف لأفرادها فلا يكفي أن تكون الأسرة موجودة ليستبعد عنها الخطر... ومن بين عوامل الانحراف

(١) « ...Le médecin de médecine générale et le pédiatre peuvent résoudre beaucoup de problèmes simples, s'ils ont une connaissance suffisante du développement intellectuel et affectif de l'enfant normal ».Cf.J. Boyer, Précis d'hygiène et de médecine préventive, éd. ٤è, édit. PUF, Paris, ١٩٦٧, p. ٥٩٠.

(٢)Cf. M.H. Revault d'Allaune, cité par S. Cordelier, Les enfants de la discorde, p. ١١٤.

(٣)Cf. R. Sabbagh, op. cit. , p. ٥٧.

(٤) انظر، علي واضح، المرجع السابق، ص. ١٦.

(٥) انظر، محيمدات محمد، المرجع السابق، ص. ٣٦.

(٦) انظر، محمد فتحي، المرجع السابق، ص. ٣٩.

المتصلة بالأسرة نجد التفكك الأسري كحالة الطلاق... التي عادة ما ينجم عنها حالة من الاضطراب"

وفي هذا الاتجاه قال أحد باحثي علم الإجرام بأن من بين العوامل التي تؤثر بصفة مباشرة أو غير مباشرة على الإجرام هي الأسرة...؛ بمعنى أن الظروف الأسرية لها، كما قلنا، تأثير كبير على حياة الطفل الحاضرة، والمستقبلية على الخصوص. وقد سبق هؤلاء العلماء والباحثين في إخبارنا ما للمحيط الأسري من تأثير على الطفل أكبر علماء النفس، النبي- صلى الله عليه وسلم- بحديثه "كل مولود يولد على الفطرة، فأبواه يهودانه، أو ينصرانه، أو يمجسانه، كما تنتج البهيمة بهيمة جمعاء، هل تحسبون فيها من جدعاء ؟"(١).

فالطفل، تفسيرا لذلك الحديث، يخلق نقيا صافيا، ولكن البيئة الفاسدة هي التي تلوث فطرته وتفسد خلقه، ولاسيما أبواه، إذ لهما الدور الأكبر في إصلاحه، أو فساده، فهما سبب من أسباب استقامته أو اعوجاجه(٢). لذلك، يقتضي الأمر وجوب الحاضن أن يهتم بالمحضون أحسن اهتمام ويعوضه قدر الإمكان الجو العائلي الذي فقده بأن يراعيه ويعتني به ويحسن معاملته.

وفي هذا الإطار، يلاحظ هؤلاء كلهم أن الإحصائيات الواردة على مئات الأطفال تشير بأن أكثر المنحرفين هم الأطفال غير المحبوبين وغير المرغوب فيهم(٣).

وهذا ما أكدته ميدانيا العملية الإحصائية لسنة ١٩٩٧ التي قامت بها مصالح الأمن في الجزائر عبر مختلف الولايات، بحيث سجلت ٢٧٤٢ حدثا من بينهم ٩٨٤ فتاة معرضة لخطر معنوي وجسماني والهروب من المنزل العائلي. وتم تسليم حوالي ١٨٤٨ لأهلهم من بينهم ٥٦٠ فتاة(٤).

---

(١) انظر، الإمام أبو عبد الله محمد البخاري الجعفي، صحيح البخاري ، المجلد الأول، باب "إذا أسلم الصبي"، ج.٢، دار الفكر، ص.٩٧.

(٢) انظر، متولي موسى، المرجع السابق، ص.٥٣؛ انظر في هذا المعنى كذلك، نبيلة عباس الشوربجي، المشكلات النفسية للأطفال، ط.١، دار النهضة العربية، القاهرة، ٢٠٠٢-٢٠٠٣، ص.٧-٨.

(٣)Cf. L. Pépin, L'enfant dans le monde actuel, édit. Bordas, Paris, ١٩٧٧, p. ٨ ; A.M. Fournier, La protection judiciaire de l'enfance en danger, ٣ème. éd., Paris, ١٩٧٠.

(٤) انظر، تقرير المديرية العامة للأمن الوطني لسنة ١٩٩٧؛ الخبر، ٢٢٤ طفلا ضحايا العنف الجسدي والجنسي،٠١/٠٦/١٩٩٨، ص. ٣.

وفي نفس السياق، جاءت مصالح فرقة الأحداث لمدينة وهران بإحصائيات تتعلق بجنوح الأحداث في هذه المدينة، فلاحظت أن الظاهرة الاجتماعية لجنوح الأحداث مستمرة وفي ارتفاع مثير، بحيث في خلال مدة ٦ أشهر - من أكتوبر ١٩٩٧ إلى مارس ١٩٩٨ - تم توقيف ١٦١ حدث، من بينهم ١٧ فتاة؛ وأن هؤلاء تتراوح أعمارهم ما بين ١٤ و١٦ سنة ويعانون كلهم من انزعاج نفسي (خطر معنوي).

وتشير نفس الإحصائيات أن ١٤٩ حدثا، من بينهم ٨ فتيات، تورطوا في قضايا السرقة؛ وتم اكتشاف ٢٧ جريمة متعلقة بتكوين جمعيات أشرار؛ وتم القبض على ١٧ جانح من بينهم ٩ فتيات بحوزتهم أسلحة بيضاء؛ و٥ آخرين تم توقيفهم بسبب الضرب والجرح العمديين. كما أنه تم توقيف خلال نفس المدة، ١٩ جانح بسبب حيازة وتناول المخدرات، والقبض كذلك على ١٠ جانح بسبب تأسيس أماكن الدعارة وارتكاب الجرائم المخلة بالحياء[١]. وتشير إحصائيات أخرى بأنه خلال سنة ٢٠٠٢ تم توقيف بمعسكر ١٧٠ قاصرا متورطا في عدة جرائم[٢].

وسجلت الشرطة القضائية تورط ١٠.٨٥٦ حدثا على المستوى الوطني خلال سنة ٢٠٠٣، واعتبرت شريحة الأحداث الذين تتراوح أعمارهم بين ١٣ و١٨ سنة الأكثر تورطا في الجريمة بمختلف أنواعها، حيث تؤكد هذه الإحصائيات تورط ٩٧٢٠ حدثا منتمين لهذه الشريحة العمرية، ثم يليهم من هم بين سني ١٠ و١٣ سنة بعدد ٩٢٩ حدثا، في حين سجل عند من هم دون سن العشر سنوات ٢٠٧ حدث، علما أن أكثر الجنح انتشارا تتمثل في السرقة (٥٥٠٩ حالة) ويليها الضرب والجرح العمدي (٢٥٧٤ حالة)، ثم تأتي جنحة تخريب أملاك الغير (٤٩٩ حالة)، ثم جنح الآداب العامة والمساس بالعائلة (٤٠٠ حالة)...ثم العنف ضد الأصول (٦٢ حالة)[٣]. وخلال شهر أكتوبر من سنة ٢٠٠٤، تشير الإحصائيات الوطنية للدرك الوطني بأنه تم ضبط ٢٦٨ حدثا متورطا في جرائم مختلفة[٤].

---

(١)Cf. F.I., Bilan de la délinquance juvénile ces six derniers mois : des chiffres effarants, in Le Quotidien d'Oran, du ١٤/٠٦/١٩٩٨, p. ٣.

(٢) انظر، ع. فريدة، رقعة الإجرام تتوسع بمعسكر، جريدة الخبر، يومية، ٢٠٠٣/٠٢/٢٧، ص. ٦

(٣) انظر، ص. ب.، يعيش في الشوارع بعيدا عن الرقابة الأسرية، الخبر، جريدة يومية، ٢٠٠٤/٠٤/٢٠، ص. ١٣

(٤)Cf. M.A., La délinquance juvénile fait des ravages, in Le Quotidien d'Oran, ٠٩/١١/٢٠٠٤, p. ٣.

وأما في تونس، فقد بلغت الأحكام المتعلقة بالأحداث خلال سنوات ١٩٨٢-١٩٨٧، ١٢.٧٦٨ قضية بمعدل ٢١٢٨ جنحة في السنة، وأن تلك القضايا كان محلها الاعتداء بالعنف على الأشخاص، الإخلال بالنظام العام، قضايا الأخلاق العامة، الجنح الأخلاقية والدعارة، الخ[١] . وكما أثبتت الإحصائيات لسنة ١٩٩٩ أن من بين ٣٨٧٢٨ دعوى قضائية أقيمت فإن ٣١٠٧١ رجلا متهمون في قضايا العنف، أي ما يمثل ٧٢.٧٧%، فيما تمثل نسبة قضايا العنف التي ترتكبها النساء ٧.٦٢٨، أي ما يمثل % ٢٧.٣٣. وقد تطورت هذه الظاهرة بين عامي ١٩٩٨ و١٩٩٩ بنسبة % ١.٥٦ وارتفعت إلى % ٧.٣٢ بين سنتي ١٩٩٩ و٢٠٠٠. وأثبتت هذه الإحصائيات أن الطفل كان فيها ضحية للعمليات المنحرفة كما كان هو نفسه متسببا في هذه الأعمال حين ينعدم لديه منذ نشأته أبسط مقومات الحياة الكريمة في إطار عائلي مستقر يحقق له التوازن النفسي المطلوب، هذا من جهة[٢] .

ومن جهة أخرى، أبرزت دراسة قام بها أحد المراكز التونسية للدفاع الاجتماعي، وهي مؤسسة تهتم بإعادة إدماج الأطفال الجانحين من خلال عينة تمثل ١٩٢ عائلة، أسباب السلوك العدواني نحو الطفل بأن ذلك يعود بنسبة كبيرة إلى العنف الذي يمارس داخل الأسرة وإلى الخلافات العائلية التي لها أثر شديد على التوازن النفسي والأخلاقي للطفل. وقد سجلت الدراسة أنه من هذه العينة توجد ٨٣ حالة تمزق الأطفال دون السادسة بين الوالدين حال الطلاق. وخلاصة لذلك، أبرزت هذه الدراسة أن الأطفال الذين لم يتمتعوا بطفولة عادية ولا بالأمان وتم استغلالهم بأبشع الطرق في طفولتهم يتحولون إلى أشخاص عدوانيين ومقلبين ومجرمين في مرحلة لاحقة[٣] .

ففي إحصاء نشرته وزارة الشبيبة و الرياضة المغربية عام ١٩٨٠ تبين أن ارتكاب الأفعال الإجرامية من طرف عصابات الأحداث عرف ارتفاعا مستمرا خلال السنوات العشر كما يلي: ١٩٧٠ (%٢٤.٧٦)، ١٩٧٣ (%٣٧.١٦)، ١٩٧٢ (%٣٥.٢٠)، ١٩٧٤ (%٣٥.٢٠)، ١٩٧٥ (%٤١.٦٠)، ١٩٧٦ (%٣٦.٨٦)، ١٩٧٧ (%٤٤.٠٠)، ١٩٧٨

(١) انظر، محمد باشوش، المرجع السابق، ص. ٩٢.

(٢) انظر، تزايد الجريمة في تونس يكدر صفوة المجتمع، مجلة المجتمع، عدد ١٦٢٤، الصادرة في ٢٠٠٤/١٠/٢٣، موقع الانترنت، www.almujtamaa-mag.com.

(٣) انظر، تزايد الجريمة في تونس يكدر صفوة المجتمع، المرجع السابق.

(٣٥.٧١%)، ١٩٧٩ (٤١.٥٦%)، ١٩٨٠ (٤٤.٠٢%)[1].

وسدا لجنوح الأحداث، وحماية لهؤلاء من الانحراف، تعاقب القوانين الجنائية المغاربية أحد الوالدين الذي يعرض صحة أولاده أو واحد أو أكثر منهم أو يعرض أمنهم أو خلقهم لخطر جسيم بأن يسئ معاملتهم أو يكون مثلا سيئا لهم للاعتياد على السكر أو سوء السلوك أو بأن يهمل رعايتهم أو لا يقوم بالإشراف الضروري عليهم، و ذلك سواء قد قضي بإسقاط سلطته الأبوية عليهم أم لم يقض بإسقاطها[2].

---

(١) انظر، أحمد الخمليشى، الأسرة بين التنظير و الواقع ، مجلة الحق، ١٩٩٥، عدد ١-٢، ص. ٨٢

(٢) ففي الجزائر، تعاقب المادة ٣٣٠ في فقرتها الثالثة من قانون العقوبات (قانون رقم ٨٢-٠٤ المؤرخ في ١٩٨٢/٠٢/١٣) الأشخاص المذكورة بالحبس من شهرين إلى سنة و بغرامة من ٥٠٠ إلى ٥٠٠٠ دج.

كما أنه قد اتخذ تدابير الحماية والمساعدة التربوية لصالح الأحداث في الأمر رقم ٧٢-٠٣ المؤرخ في ١٩٧٢/٠٢/١٠ المتعلق بحماية الطفولة والمراهقة (المواد ١، ٤، ٥، ١٠، ١٥، و١٦).

وكذلك نجد أن القانون الوضعي في تونس يتدخل بقوة لحماية الطفل في بدنه وعرضه وشرفه، حيث قد اشتمل التشريع الجنائي على الجرائم التي تقع على الأحداث وسن العقوبات الرادعة على الأشخاص الذين يرتكبونها ضدهم ضمن الفصول من ٢١٠ إلى ٢١٣، و٢٢٤، و٢٢٧ و٢٢٧ مكرر و٢٢٨ و٢٢٨ مكرر و٢٣٣ و٢٣٧ و٢٣٨ و٢٤٠ وغيرها من النصوص الواردة بالمجلة الجنائية. وفي هذا ينص مثلا الفصل ٢٢٩ من ذات المجلة المنقح بالقانون عدد ٢٣ المؤرخ في ١٩٨٩/٠٢/٢٧ على أن "يكون العقاب ضعف المقدار المستوجب إذا كان الفاعلون للجرائم المشار إليها بالفصل ٢٢٧ مكرر و٢٢٨ و٢٢٨ مكرر من أصول المجني عليه وأي طبقة أو كانت لهم السلطة عليه...".

ومن جهة أخرى، أن الحديث عن الأطفال وكيفية حمايتهم وحماية حقوقهم يجرنا إلى الحديث عن القانون عدد ٩٣ المؤرخ في ١٩٩٥/١١/٠٩ المتعلق بتنقيح وإتمام بعض فصول المجلة الجنائية، حيث بعد التنقيح أصبح الفصل ٢١٢ ينص على أنه "يستوجب السجن مدة ثلاثة أعوام وخطية قدرها مائتا دينار من يعرض مباشرة أو بواسطة أو يترك مباشرة أو بواسطة بقصد الإهمال في مكان آهل بالناس طفلا لا طاقة له على حفظ نفسه أو عاجزا.

ويكون العقاب بالسجن مدة خمسة أعوام وبخطية قدرها مائتا دينار إذا كان المجرم أحد الوالدين أو من له سلطة على الطفل أو العاجز أو مؤتمنا على حراسته. ويضاعف العقاب في الصورتين السابقتين إذا حصل التعريض أو الترك في مكان غير آهل بالناس".

وإلى جانب هذه النصوص فقد شمل التنقيح أيضا عقاب كل من يستخدم طفلا في التسول أو كل من ينوي الاعتداء على الأشخاص كيفما كان الاعتداء (الفصول ١٣١، ١٣٢، و١٧١ من المجلة).

أما في المغرب، فترك الأطفال في أماكن خالية من السكان وتعريضهم للخطر وتخلي الوالدين عنهم قبل الولادة أو بعدها، كلها جرائم رتبت لها مجموعة القوانين الجنائية الصادرة بتاريخ ٢٦

وما يجب ملاحظته هو أنه كان على المشرع الجزائري أن يقنن نفس العقوبة على الحواضن غير الوالدين، وذلك حماية لمصلحة المحضون وتغليبها، قانونيا وفعليا، على أي اعتبار آخر. وفضلا عن ذلك، يجب على القاضي، لكي يراعي مصلحة المحضون أن يبحث عن الاستقرار والأمن له؛ فعليه أن يختار للمحضون الحاضن الذي يستطيع تهيئة الجو لذلك.

المطلب الثاني
معيار الاستقرار والأمن والمعيار الصحي

تعتبر هذه المعايير هي الأخرى من أهم المعايير التي ترتكز عليها تربية المحضون، بل مصلحة المحضون، إذ أن وجودها أمر إلزامي لا يمكن الاستغناء عنه، مما يدفعنا إلى التساؤلات التالية: ما المقصود بمعيار الاستقرار والأمن، وكيف تحدد ضوابطه في موضوع الحضانة ؟ (الفرع الأول) وما هي كذلك ضوابط المعيار الصحي لتحقيق تلك المصلحة (الفرع الثاني).

الفرع الأول
معيار الاستقرار والأمن

يجري الفقه المعاصر في كافة آرائه على الاعتراف بهذا المعيار لتقدير مصلحة

نوفمبر ١٩٦٢ عقوبات في الفصول ٤٥٩ إلى ٤٧٠ تختلف من شهر حبسا إلى الإعدام.

وخطف القاصرين وتغريرهم وعدم تقديمهم لمن لهم الحق في المطالبة بهم يشكل أفعالا مجرمة بموجب الفصول ٤٧١ إلى ٤٧٨ من القانون الجنائي، تصل العقوبة في بعض الحالات منها إلى السجن المؤبد.]

وإفساد الشباب جريمة تشحب القانون الجنائي في الفصول ٤٩٧ و٤٩٨ و٤٩٩ وتختلف العقوبات فيها من شهرين إلى خمس سنوات حبسا.

وينص الفصل ٤٨٢ من ذات المجموعة على أنه "إذا تسبب أحد الأبوين في إلحاق ضرر بالغ بأطفاله أو بواحد أو أكثر منهم، وذلك نتيجة سوء المعاملة أو إعطاء القدوة السيئة في السكر أو سوء السلوك أو عدم العناية أو التقصير في الإشراف الضروري من ناحية الصحة أو الأمن أو الأخلاق يعاقب بالحبس من شهر واحد إلى سنة وغرامة من مائة وعشرين إلى خمسمائة درهم، سواء حكم عليه بالحرمان من السلطة الأبوية أو لا...". راجع بشأن هذه المسألة، حدو عبد الرحمن، إهمال الأسرة في التشريع المغربي، مجلة الميادين، ١٩٨٨، عدد ٣، ص. ١٤٩ وما بعدها.

المحضون. وقد اهتدى الأستاذ دونيي بموجهين يمكن للقاضي الاسترشاد بهما للبحث عن تلك المصلحة، **الأول** سيادة المصلحة المعنوية على المصلحة المادية، **والثاني** أمن الطفل واستقراره[١]. وانضم إلى رأيه المستشار معوض عبد التواب، فيما يخص العنصر الثاني، إذ أنه بين أن مصلحة الصغير تقتضي العمل على استقراره حتى تتوافر له الأمان والاطمئنان وتهدأ نفسه[٢]. وقد تعززت هذه الأقوال الفقهية بأخرى علمية نفسية أثبت فيها أطباء علم النفس أن التركيب النفسي للطفل الذي سيحدد شخصيته عندما يصبح رجلا يتكيف بطريقة لا شعورية خلال سنواته الأولى وما يلقاه من أمن أو عدم أمن[٣].

ومن ثم، فإن هذا الاستقرار يتولد من الاستقرارية والدوام في التصرفات المعتادة في الحياة. والواقع، أن استقرار الأسرة يعد عنصرا أساسيا للأمن، إذ يلعب الإطار الثابت للحياة دورا فعالا في هذا الميدان. وهذا الأمن، حسب براستن «Preston» يبنى على ثلاثة عناصر: الأول: هو الحب الذي تغمره به أمه؛ الثاني: هو الشعور بأنه مع حبه مرغوب فيه ومقبول في عائلته؛ والثالث: هو الجو العائلي[٤]، فلا يحصل الاتزان في تركيب الطفل النفسي إلا إذا أحيط بإطار عائلي توفر فيه الانسجام وتركزت فيه القيم الدينية والأخلاقية والاجتماعية التي يجد فيها الطفل معيارا ثانيا يرجع إليه ويدفع عنه الحيرة[٥].

وقد أجمع علماء النفس على أن أقوى هذه العناصر الثلاثة في توفير أمن الطفل وفي نموه هو حب الأم، وأن حاجة الطفل لهذا الحب كحاجته للغذاء[٦]. ولهذا فإذا استطاع القائمون على رعاية الطفل أن يتعرفوا على حاجاته، وأن يستجيبوا لها في الوقت المناسب، ساعد ذلك على تنمية علاقة قوامها الثقة في نفسه وفيمن حوله[٧].

وبالمقابل، ففي الظروف التي يسيطر فيها التوتر والصراع، فلا مفر من أن ينطلق

---

(١) Cf. M. Donnier, op. cit., p. ١٧٩.

(٢) انظر، معوض عبد التواب، موسوعة الأحوال الشخصية، ج. ٢، ط. ٦، منشأة المعارف، الاسكندرية، ١٩٩٥، ص. ٦٠٠.

(٣) نظر، رشيد صباغ، المرجع السابق، ص.١٨٧.

(٤)Ainsi, «c'est la continuité et la permanence dans les habitudes de vie qui font les enfants stables ». Cf. L. Pépin, op. cit., p. ٨٥.

(٥) انظر، براستين، مقتبس عن رشيد صباغ، المرجع السابق، ص.١٨٧.

(٦) انظر، رشيد صباغ، المرجع السابق، ص.١٨٧.

(٧) انظر، عمار الدين إسماعيل، الأطفال مرآة المجتمع، عالم المعرفة، ص.١٣٩-١٤٠.

العداء وتسود الكراهية المتبادلة وتتعرض وحدة الأسرة وبكاملها للانهيار[١] والمجتمع للانحراف، إذ "أن ارتفاع عدد الأطفال الذين فقدوا استقرار البيت الأبوي ينعكس على استقرار المجتمع ككل. لذلك، لا غرابة من أن يكون من بين ما تفرزه هذه الظاهرة ارتفاع انحراف الأحداث وارتفاع أساليب إجرامهم"[٢].

وفي هذا السياق، تشير الأستاذة لويز بيبن أن الملاحظات الواردة على الأطفال المنحرفين، تثبت أن التوازن العاطفي يكتسب عن طريق تشبع الطفل بالحياة اليومية داخل الأسرة، وبيئتها، وبالحوارات والنقاشات المسموعة، وبالسيرة السائدة فيها[٣]. ومن هنا، فإن الاحترام المتبادل بين أفراد الأسرة وخاصة بين الوالدين يقول أحدهم، هو من أهم مقومات الاستقرار والثبات في حياتها، ومتى كانت الأسرة يسودها الاستقرار والثبات، فإن تأثير ذلك سينعكس بكل تأكيد بشكل إيجابي على تربية الأطفال ونشأتهم[٤].

وهكذا، فالاستقرار والأمن ينتجان عن الديمومة في التصرفات اليومية الصادرة عن الأشخاص الذين سيعيش معهم المحضون. لذلك، نؤيد ما ذهب إليه جانب من الفقه في ضرورة معرفة من يعيش في البيت الذي تمارس فيه الحضانة، إذ يجب أن نأخذ ذلك كعامل في تقدير مصلحة المحضون، لأن أحرى الاحتمال تأثر المحضون بالوسط العائلي سلبا أو إيجابا[٥].

وما يجب ملاحظته هو إن الاستمرار الذي لا تعتريه تغيرات يجعل الحياة أكثر يسرا وسهولة؛ وتغيير محل إقامة الطفل يؤدي إلى اضطراب مجرى حياته، بحيث يشعر بأنه فقد شيئا ما بعد انتقاله من بيئته[٦]. هذا، والتغيرات التي تحدث في حياة المحضون تسبب له اضطرابا في دراسته.

---

(١) انظر، محمود حسن، المرجع السابق، ص. ٩؛ حامد حمداني، المرجع السابق، ص.٢. وأشارت رضوى فرغلي في دراستها التي أعدتها للمجلس العربي للطفولة والتنمية أن "الأطفال العدوانيين ينشؤون في أسر يزداد السلوك العدواني لدى أفرادها بدرجة كبيرة". انظر، رضوى فرغلي، البيئة الأسرية تؤثر بالسلوك العدواني لدى الأطفال، مجلة العلوم الاجتماعية لـ ٢٤ جانفي ٢٠٠٤، ص.١.

(٢) انظر، أحمد الخمليشي، الأسرة بين...، المرجع السابق، ص. ٨٢.

(٣)Cf. L. Pépin, op. cit., p. ٨٥.

(٤) انظر، حامد الحمداني، المرجع السابق، ص.١.

(٥) انظر، أحمد الخمليشي، الأسرة بين...، المرجع السابق ، ص. ٨٥.

(٦) انظر، محمود حسن، المرجع السابق، ص. ٣١٧-٣١٨.

ويشرح بلانت أن ظاهرة تردد الأطفال المهاجرين على العيادات النفسية، نتيجة لتكرار تغيير موطن إقامتهم، تؤدي لا محالة إلى مظاهر عدم الأمن لديهم. ويضيف قائلا، أن الطفل الذي لم يتوفر له الشعور بالأمن يعبر دائما عن صورة نمطية للقلق والرعب(١).

ويقول الأستاذ دونيي أن الطفل في حاجة إلى استقرار وأمن، وهذان العاملان حددا لصحته الجسمية والمعنوية(٢).

إذن، على الحاضن أن يوفر للمحضون الأمن والاستقرار ولا يتأتى ذلك، إلا إذا كان الحاضن ذاته مستقرا(٣). فالأهم، هو أن يتمكن الطفل من الاستمرار في العيش داخل الإطار الاعتيادي دون أي إزعاج(٤).

ويستنتج من ذلك كله، أن العلاقة وطيدة بين الحرمان العاطفي وعدم الاتزان النفسي والانحراف. فمصلحة المحضون إذن، تراعى بتخفيف جرح وآلام المحضون لانفصال والديه، وتعويض قدر الإمكان ضرره المعنوي، ومنه اجتناب انحرافه، بتنقية الشخص الأحسن والأنسب على مده الحنان، والأقدر على العناية به لتغذى حاجاته المعنوية والروحية وتستقر نفسه وتهدأ. والقاضي، لا محالة، هو الذي يأخذ على عاتقه هذه المهمة، وهو الذي يضع نصب أعينه الملاحظات السابقة، لأنه أدرى بظروف المحضون والحامي لمصلحته، وهذا ما يأخذه بعين الاعتبار كذلك عند تعرضه إلى المعيار الصحي.

الفرع الثاني

المعيار الصحي

قررت الحضانة لضمان حماية المحضون. وهذه الحماية تتأكد عندما تراعى حالة

---

(١)Cf. J. S. Plant, Personality and the cultural pattern, Common wealth Fund, New York, ١٩٣٧, p. ٢٠٤.

(٢)Cf. M. Donnier, op. cit. , p. ١٧٨.

(٣)Ainsi l'une des résolutions adoptées lors du colloque maghrébin sur l'instabilité de la famille et le droit de l'enfant au Maghreb, précise que « les législateurs se doivent d''apporter des solutions aux problèmes posés afin de combattre ces causes d''instabilité et d''enrager le fléau social constitué par la dislocation des familles ». Cf. Résolutions du colloque organisé les ٨, ٩, ١٠ mai par la faculté de droit et des sciences économiques d'Alger, R.A.S.J.E.P., ١٩٦٨, n° ٤, p. ١١٧٧.

(٤)Cf. L. Aslaoui, Dame justice, réflexions au fil des jours, édit. ENAL, Alger, ١٩٩٠, p. ١٤٤.

الطفل الصحية[١]. ويتأتى ذلك بتعهد الطفل بالتغذية الصحية السليمة ووقايته من الأمراض وتحصينه وتطعيمه منها[٢]. وتحقيقا لذلك، تولت الدول، كالجزائر مثلا، مهمة الوقاية من الأمراض ومكافحتها ولم تر إلا الضرورة كل الضرورة في ضمان هذا الجانب الحيوي في دستورها، فأعلنت بأن الرعاية الصحية حق وهي حق لكل المواطنين[٣].

وقد تضمن كذلك قانون الأسرة، على غرار المدونة والمجلة، الحق في الصحة أيضا من خلال النفقة الغذائية[٤]، والعلاج وكل ما يعتبر من الضروريات في العرف أو العادة[٥].

---

(١)Ceci résulte clairement de l'article ٦٨ de la loi n° ٨٥-٠٥, modifiée par la loi n° ٩٠-٥٧ du juillet ١٩٩٠ relative à la protection et à la promotion de la santé, proclamant que « La protection maternelle et infantile est l''ensemble des mesures médicales sociales, administratives, ayant pour but, notamment… :

- de réaliser les meilleures conditions de santé et de développement psycho-moteur de l'enfant ».

وفي نفس المعنى، نص الفصل الأول من مجلة حماية الطفل على أن "تهدف هذه المجلة في إطار الهوية الوطنية التونسية والشعور بالانتماء الحضاري إلى تحقيق الغايات التالية:

١- الارتقاء بالطفولة بما لها من خصوصيات ذاتية تميز إمكانياتها الجسمية وميولاتها الوجدانية وقدراتها الفكرية ومهارتها العملية إلى مستوى ما توجبه من رعاية تهيئ أجيال المستقبل بتأكيد العناية بأطفال الحاضر".

٢- ونص الفصل من ذات المجلة على أن " في جميع الإجراءات التي نضع إقرارها تجاه الطفل، يجب أن يعطى الاعتبار للعمل الوقائي داخل العائلة، حفاظا على دورها الأساسي وتأكيدا للمسؤولية التي يتحمله أبواه أو ممن يحل محلها في تربية الطفل وتعليمه وإحاطته بالرعاية اللازمة من أجل ضمان نمو الطبيعي".

(٢) انظر، نبيلة إسماعيل رسلان، المرجع السابق، ص.٢٤٧؛ انظر أيضا، المادة ٧٤ من قانون ٨٥-٠٥ لـ ١٩٨٥/٠٢/١٦ المتعلق بحماية الصحة وترقيتها، المعدل.

(٣) نصت المادة ٥٤ من دستور ١٩٩٦ على أن "الرعاية الصحية حق للمواطنين، تتكفل الدولة بالوقاية من الأمراض الوبائية والمعدية وبمكافحتها". نشير أنه لا يوجد مادة مماثلة في الدستورين التونسي والمغربي.

(٤)Cf. M. Akkacha, Les droits moraux et patrimoniaux de l'enfant après le divorce, R.A.S.J.E.P., ٢٠٠٠, n° ٠١, p. ٢٦١.

(٥) وهذا بنص المادة ٧٨ من قانون الأسرة، انظر أيضا، الفصل ٥٠ من المجلة، والمادة ١٨٩ من المدونة.

ولذلك لا يمكن للمحضون أن يكون صحيحا إلا إذا ترعرع في وسط صحيح بعيدا عن الأمراض المعدية.

وفي هذا الصدد نذكر ما رآه الأستاذ عفيف عبد الفتاح طبارة حول أهمية الصحة البدنية والعقلية فقال "الإنسان المريض، ضعيف الإرادة، واهي الأعضاء، مضطرب التفكير، عصبي المزاج لا يستفيد منه المجتمع الإنساني كما يستفيد من الأصحاء الأقوياء"[(١)] فالقوة البدنية إذن، ميزة محمودة[(٢)] . وعلى هذا الأساس، نريد أن يكون الحاضن أحد أعضاء المجتمع الذي يستفيد منه المحضون.

وتطبيقا لذلك، اشترطت المجلة في فصلها ٥٨ على أن يكون مستحق الحضانة سالما من الأمراض المعدية، وكذا المدونة المغربية التي يستنتج من فقرتها الأخيرة من المادة ١٧٣ أن تدهور الحالة الصحية للحاضن وتفاقمها يعد مبررا لإسقاط الحضانة عنه. إذن، بإبعاد الحاضن السقيم عن الحضانة يتحقق مردود فعال يتمثل في تخفيض احتمال وقوع المحضون في المرض، وبهذا يصح ويعافى المجتمع.

وبالعنصر الصحي هنا نقصد به، كما تقدم، ألا يكون الحاضن عاجزا عن القيام برعاية المحضون؛ وأن ما نقصده بالعاجز في هذا الإطار هو ذلك المريض أو الطاعن في السن الذي لم يعد جسمه ولا عقله يساعده على القيام بأعماله اليومية، ولا تمكنه صحته على رعاية المحضون رعاية كافية، كفاقد البصر أو المصاب بعاهة أو أن صحته تلحق أذى به إذا كان مرضه معديا[(٣)] . لأن المنطق يرفض أن يتولى الشخص الذي يكون هو في حد ذاته بحاجة إلى مساعدة من الغير، العناية والرعاية بالمحضون[(٤)] .

---

(١) انظر، عفيف عبد الفتاح طبارة، المرجع السابق، ص.٤٣٠.

(٢) وتأكد ذلك في سورة البقرة الآية ٢٤٧ بعد قوله عز وتعالى في طالوت ﴿إِنَّ اللَّهَ اصْطَفَاهُ عَلَيْكُمْ وَزَادَهُ بَسْطَةً فِي الْعِلْمِ وَالْجِسْمِ وَاللَّهُ يُؤْتِي مُلْكَهُ مَنْ يَشَاءُ وَاللَّهُ وَاسِعٌ عَلِيمٌ﴾ . وفي قوله على لسان ابنه "شعيب عن موسى عليه السلام"﴿يَا أَبَتِ اسْتَأْجِرْهُ إِنَّ خَيْرَ مَنِ اسْتَأْجَرْتَ الْقَوِيُّ الْأَمِينُ﴾ سورة القصص، الآية ٢٦.

(٣) انظر، بشأن ذلك، الفصل الثاني، المبحث الثاني، المطلب الثالث، من هذه الدراسة.

(٤) وتطبيقا لذلك، قضت محكمة النقض السورية في إحد قراراتها "إن العبرة في ثبوت الحضانة لمن تستحقه هي القدرة على صيانة المحضون صحة...". انظر، محكمة النقض، الغرفة الشرعية، ١٩٧٦/٠٢/١٨، رقم القرار ١٢١/١١٦، مجلة نقابة المحامين، ١٩٧٢، ص. ٤٦٠.

وعلى هذا الأساس، سارع التشريع[1] والفقه[2] إلى وجوب سلامة الحاضن من أي مرض سواء مس جسمه أو عقله، وذلك لتجنب انتقال هذا المرض إلى المحضون أو تفاقم صحته أو ضياع المحضون من عدم تمكن الحاضن من ممارسة الحضانة على الشكل الذي تقتضيه مصلحته.

ولا شك أن هذا المعيار مرتبط بآخر وهو الجانب المادي الذي يعتبر وسيلة لتحقيقه.

المطلب الثالث

المعيار المادي

إذا كان الفقهاء يغلبون المصلحة المعنوية على المادية[3]، فإن ذلك، لا يعني أنهم ينكرون أهمية الجانب المادي. إن إسهام العنصر المادي في حضانة الطفل أمر واضح، لأن العناية بكل طفل تتطلب حتما تغطية حاجاته الضرورية وهي تكاليف لا بدّ منها.

وعليه، فإذا ما وفر العنصر المادي للطفل من مأكل وملبس ومسكن وغير ذلك مما

---

(١)Dans ce contexte, l'article ٦٧ de la loi n° ٨٥-٠٥ du ١٦ février, modifiée par la loi n° ٩٠-٥٧ du juillet ١٩٩٠ et relative à la protection et à la promotion de la santé dispose que « la famille bénéficie de la protection sanitaire pour sauvegarder et promouvoir les conditions de santé et d'équilibre psycho-affectif de ses membres ». En ce sens, cf. Arts ٧٩ et ٨٠ de ladite loi.
وهذا يستنتج كذلك من المادة الثالثة من قانون الأسرة التي تنص على أن "تعتمد الأسرة في حياتها على الترابط والتكافل وحسن المعاشرة والتربية الحسنة وحسن الخلق ونبذ الآفات الاجتماعية "، ومن المادة ٦٢ من ذات القانون؛ ونص الفصل ١٥ من مجلة حماية الطفل على أن "يتمتع الطفل المسلم لإحدى مؤسسات الرعاية التربوية والإصلاح أو المودع بمحل إيقاف الحق في الحماية الصحية والجسدية والأخلاقية، كما له الحق في العناية الاجتماعية والتربوية ويراعى في ذلك سنه وجنسه وقدراته وشخصيته". ونصت الفقرة الأولى من المادة ٢٧ من اتفاقية حقوق الطفل على أن "تعترف الدول الأطراف بحق كل طفل في مستوى معيشي ملائم لنموه البدني والعقلي والروحي والمعنوي والاجتماعي".

(٢) انظر، عبد الحميد خزار، الأسرة القدوة، دار الشهاب، باتنة، ١٩٨٧، ص. ١٠٩ وما بعدها.
Sur cette question, cons. particulièrement en droit français, J. Deiss, Le juge des enfants et la santé des mineurs, J.C.P. ١٩٨٣, I, ٣١٣٥.

(٣)Cf. M. Donnier, op. cit., p. ١٧٩.

يحتاجه[١]، أحس المحضون براحة تساهم في إحياء معنوياته المتمثلة في الشعور بالحماية والأمن. وهذا ما أقره البعض عند قولهم "الأسرة تحتاج إلى دخل اقتصادي ملائم يسمح لها بإشباع حاجاتها الأساسية من مسكن ومأكل وملبس، كما تحتاج إلى تدبير ما يلزمها من خدمات صحية"[٢]. ويشهد آخرون أن نجاح الطفل واستمراره في الدراسة يتحقق حسب الشروط المادية والثقافية التي توفر له[٣].

وهذا، إن أهم النقاط التي تثار في هذا الموضوع تتلخص في سؤالين أساسين، فيما تكمن المصلحة المادية للمحضون ؟ (الفرع الأول) وهل راع المشرعون المغاربيون هذه المصلحة في تنظيمهم لسكن المحضون؟ (الفرع الثاني).

الفرع الأول
تحديد المصلحة المادية المحضون

نقول بداءة أن المشرعين المغاربيين لم يغفلوا المصلحة المادية للطفل المحضون، حيث عالجوا الجوانب المادية التي يعوزها المحضون في موضوع الحضانة[٤] ؛ وفي النفقة[٥] ؛ وفي الطلاق[٦] وبتتبع هذه النصوص المترابطة ثم تحليلها بقصد معرفة المصلحة المادية للمحضون، توصلنا إلى أنها بكل بساطة تتمثل في نفقته (I) وفي أجرة الحضانة (II) ، وأخيرا في أجرة الرضاع أثناء الحضانة (III)؛ مع الإشارة إلى أن المشرع الجزائري على خلاف نظيريه لم يتطرق إلى النقطتين الأخيرتين.

وانطلاقا مما ذكر، وتوضيحا لمصلحة المحضون المادية ارتأينا أن ندرس كل نقطة

---

(١) انظر، حميدو زكية، المعيار المادي لتقدير مصلحة المحضون، محاضرة ألقيت خلال الملتقى المغاربي الذي نظمه معهد العلوم القانونية والإدارية، جامعة سيدي بلعباس، يومي ٧ و٨ جوان ١٩٩٩ حول "قوانين الأسرة وتحولات المجتمع المغاربي".
(٢) انظر، محمود حسن، المرجع السابق، ص. ٥٢.
(٣) انظر، باهية العمروني، إستراتجية العائلة للتعليم والمدرسة الأساسية، ص. ١٤.
(٤) انظر، المادة ٧٢ من قانون الأسرة، والمادتين ١٦٧ و١٦٨ من المدونة، والفصلين ٥٦ و٦٥ من المجلة.
(٥) انظر، المادة ٧٥ إلى ٨٠ من ق.أ.، ومن المادة ١٨٧ إلى١٩٣ من قانون الأسرة، ومن المادة ١٩٨ إلى ٢٠٢ من المدونة، ؛ والفصول ٤٣، ٤٦ و٤٨ ومن ٥٠ إلى ٥٣ مكرر من المجلة.
(٦) انظر، المادة ٥٧ و٥٧ مكرر المعدلة من قانون الأسرة والمادتين ٨٥ و١١٩ من المدونة، والفصل ٣٢ فقراته ٥، ٦، ٧، ٨، ١٠ من المجلة.

من النقاط المشار إليها اتباعا.

I.- نفقة المحضون

إن من الحقوق التي يقررها القانون للطفل والمحضون على وجه الخصوص حقه في الإنفاق عليه مادام لم يبلغ سن الرشد أو غير قادر على الكسب لصغر أو لعجز أو لسبب التعليم[١]. وتطبيقا لذلك، لم يغفل المشرعون المغاربيون تحديد مشتملات النفقة[٢]، فذكرها المشرع الجزائري في المادة ٧٨ من قانون الأسرة، والمغربي في المادة ١٨٩ من المدونة، والتونسي في الفصل ٥٠ من المجلة. وقد اتفقت هذه القوانين الثلاث على اعتبار الغذاء والكسوة إحدى مشتملاتها وأولها إلحاحا، فالحاجة إلى القوت لا تحتاج إلى عناء إثبات، إذ لا يمكن للمرء أن يعيش بمعزل عن الطعام والشراب[٣] وهو ضروري لإقامة البنية[٤]. وأما اللباس فهو معافاة للبدن، يقي الجسد من برد الشتاء وحرارة الصيف، وهو أيضا ستر للعورة[٥].

وبعد هذين العنصرين، رتب المشرعان الجزائري والمغربي العلاج، وهما اختلفا بهذا الصنيع عن التونسي الذي منح المرتبة الثالثة للسكن، علما أن هذا الأخير لم يجعله المشرع الجزائري إلا بعد العلاج.

والخليق بالتنبيه أن المدونة في مادتها المشارة أعلاه لم تنظم السكن بصريح العبارة

(١) إلا أن هذا السبب (التعليم) لم يجعله المشرعان المغربي والتونسي مطلقا، وإنما أقراه فقط بالنسبة للراشد الذي لم يتم بعد سن الخامسة والعشرين (المادة ١٩٨ من المدونة والفصل ٤٦ من المجلة) على خلاف المشرع الجزائري الذي لم يسقط حق الإنفاق للشخص المزاول لدراسته بسن معينة وإنما بالكسب (المادة ٧٥ من ق.أ.).

(٢)Le terme nafaqah peut désigner soit l'obligation alimentaire, soit l'obligation d'entretien. L'obligation alimentaire a pour but d'assurer la subsistance de l'enfant, c'est -à- dire sa nourriture, ses vêtements et son logement. L'obligation d'entretien se distingue de l'obligation alimentaire par le fait qu'elle est plus vaste et quelle vise non seulement à assurer la subsistance de l'enfant, mais aussi à préserver sa santé et à permettre l'exécution de l'obligation d'éducation. Cf. D. Charif Feller, op. cit., p. ١٣١.

(٣) انظر، أحمد بخيت، المرجع السابق، ص.٣٧.

(٤) انظر، المذكرة التوضيحية لمشروع القانون العربي الموحد للأحوال الشخصية، ص. ٤٠.

(٥) انظر، أحمد بخيت، المرجع السابق، ص.٣٥.

ضمن مشتملات النفقة، وسبق أن أكدت هذا الموقف في المادة ١٦٨ منها التي جعلت تقدير سكن المحضون مستقلا عن النفقة. وأما الشيء الذي أثار تعجبنا هو ليس عمل المشرع المغربي، وإنما ما اتبعه المشرعان الجزائري والتونسي في تصنيف السكن تارة في مشتملات النفقة، وتارة أخرى أخرجاه منها وهو ما أعربت عنه المواد ٥٧ مكرر و٧٨ و٧٥ من قانون الأسرة، والمادة ٧٢ من ذات القانون التي فصلت في سكن المحضون[١]، وما جاء به أيضا الفصل ٣٢ في فقرتيه الخامسة والعاشرة من المجلة.

وحيث إنه نظرا لافتقاد قانون الأسرة للمذكرة الإيضاحية ولافتقارنا لتلك الخاصة بالمجلة لم نستطع كشف سبب إفراد السكن بالذكر - وحتى في المادة ٧٢ المعدلة من قانون الأسرة- مع أنهما اعتبراه من مشتملات النفقة. وخاصة وأن المحكمة العليا في الجزائر قد أكدت في ٢١ جويلية ١٩٩٨ بأن: "أجرة مسكن الحضانة تعتبر عنصرا من عناصر النفقة، ومنها فإنها من التزامات الأب تجاه أولاده المحضونين، إلا أن تقديرها يخضع للسلطة التقديرية لقضاة الموضوع ولا رقابة عليهم في ذلك"[٢].

وعلى سبيل المقارنة، فسرت المذكرة التوضيحية لمشروع القانون العربي الموحد للأحوال الشخصية مصطلح "النفقة" الوارد في المادة ٤٢ المتعلقة بحقوق الزوجة على زوجها بأنه الغذاء والدواء والملبس والمسكن وجميع ما به مقومات الحياة بحسب العرف[٣] ؛ وأكدت على هذا المعنى، أي الطعام والكسوة والمسكن الفقرة الأخيرة من نفس المادة عند كلامها عن العدل بين الزوجات في حالة تعددهن[٤]. وأما المادة الخاصة

---

(١) وأيضا القضاء الجزائري تمسك بأن السكن حر مستقل عن النفقات الأخرى بنص قانوني. انظر، المحكمة العليا، غ.أ.ش.، لـ ١٩٨٨/١١/٠٧، ملف رقم ٥١٥٩٦، نشرة القضاة، عدد ٤٥ ، ص.٥٢.

(٢) انظر، محكمة عليا، غ. أ. ش. م، ١٩٩٨/٠٧/٢١، ملف رقم ١٩٧٧٣٩، نشرة القضاة، ١٩٩٩، عدد ٥٦، ص. ٣٧-٣٩.

(٣) جاءت هذه المذكرة في المادة ٤٢ بأنه "للزوجة على زوجها حقوق مالية أو مادية وحقوق أدبية أو معنوية. فالمهر والنفقة الشاملة للغذاء والدواء والملبس والمسكن وجميع ما به مقومات الحياة بحسب العرف، من الحقوق المالية للزوجة، ذات الأحكام التفصيلية التي لا بد لها من بيان شامل وإفراد بمواد خاصة، وأبواب مستقلة". انظر، مجلس وزراء العدل العرب، المذكرة التوضيحية لمشروع القانون العربي الموحد للأحوال الشخصية، سبتمبر ١٩٨٢، ص.٣٦.

(٤) فالعدل الواجب بين الزوجات هو العدل الذي يستطيعه الإنسان، وهو العدل في المعاملة في

بمشتملات النفقة فإنها سرت مع ما ذهبت إليه المذكرة التوضيحية بنصها "تشمل النفقة الطعام والكسوة، والمسكن، والتطبيب، وكل ما به مقومات حياة الإنسان حسب العرف"[١].

وأما جانب الفقه، فقد رأى السكن من مشتملات النفقة، حيث اعتمد ابن الهمام عند تعريفه للنفقة على حديث قال فيه الرسول – صلى الله عليه وسلم- ردا على سؤال هشام "أنها الطعام والكسوة والسكن"[٢]. وهذا هو التعريف الذي تمسك به العديد من الفقهاء منهم خاصة ابن نجيم[٣] وابن عابدين[٤] والتمطزي[٥].

وذهب المحدثون إلى ما جاء من قبلهم؛ إذ عرف الأستاذ بدران أبو العينين بدران النفقة على أنها "اسم لما يصرفه الإنسان على زوجته وعياله وأقاربه ومماليكه من طعام وكسوة ومسكن وخدمة"[٦]. وعرفت أيضا على أنها "إخراج الشخص مؤنة من تجب عليه نفقته من خبز وأدم وكسوة ومسكن وما تابع ذلك من ثمن كراء ودهن ومصباح ونحو ذلك"[٧]. ويعرفها الأستاذ وهبة الزحيلي بأنها "شرعا كفاية من يمونه من الطعام والكسوة والسكن، وعرفا هي الطعام. والطعام يشمل الخبز والأدم والشرب. والكسوة : السترة والغطاء. والسكن يشمل البيت ومتاعه ومرافقه من ثمن الماء ودهن المصباح وآلة

القسم، وفي النفقة التي تشمل الطعام والكسوة والمسكن، المرجع السابق، ص.٣٧.

(١) انظر، المادة ٤٧ من هذا المشروع. وبينت المذكرة التوضيحية لمشروع القانون العربي الموحد للأحوال الشخصية النفقة بأنها مشتقة من النفوق، لاستهلاكها في مقتضيات الحياة، ويراد بها هنا ما يصرفه الإنسان على غيره من نقود أو نحوها، مما يحتاج إليه عادة كالطعام، والكسوة، والمسكن، والدواء، والمركوب، والخدمة، بحسب المتعارف عليه بين الناس، لإقامة الأود، وسد العوز.

(٢) انظر، ابن الهمام، فتح القدير... المرجع السابق، ج.٣، ص. ٣٤٤-٣٤٥.

(٣) انظر، ابن نجيم، البحر الرائق... المرجع السابق، ج.٤، ص.١٩٤.

(٤) ورد في حاشية ابن عابدين "...فإن المسكن من السكن". انظر، ابن عابدين، الحاشية... المرجع السابق، ج.٣، ص. ٥٦٢.

(٥) انظر، التمطزي، التنوير، ج.٢، ص. ٩٤٥.

(٦) انظر، بدران أبو العينين بدران، المرجع السابق، ج.١، الزواج والطلاق، ص. ٢٣٢.

(٧) انظر، عبد الرحمن الجزيري، المرجع السابق، ص. ٥٥٣.

التنظيف والخدمة ونحوها بحسب العرف"[١].

ومن ثم، فهذا التعريف الثلاثي يحدد ما هي حاجات[٢] الطفل الضرورية التي يجب

---

(١) انظر، وهبة الزحيلي، الفقه الإسلامي...، المرجع السابق، ج.٧، ص. ٧٦٥ و٧٨٦.

(٢) الحاجات أو الحاجيات (Les besoins) هي مجموع الضروريات الطبيعية والاجتماعية (الغذاء، السكن،...) اللازمة للحياة المادية لإنسان في المجتمع.

يحتاج الإنسان عددا كبيرا من الحاجيات، بعضها ذات طبيعة حياتية، وبعضها ذات طبيعة اجتماعية. فلكي يعيش، يجب أن يأكل، ويجب أن يناضل ضد الكوارث الطبيعية وضد تقلبات الجو، ويجب أن يلبس، الخ. ولكي يحمي نفسه من الحيوانات، وليجد الراحة المطلوبة بعد العمل اليومي، كان عليه أن يبني المساكن. ولكي يحافظ على جنسه قامت العائلة وتربية الأطفال. كما كان عليه أن يلبي عددا آخر من الحاجات يمكن تسميتها بشكل عام بالحاجيات الثقافية والفكرية. كما هو الحال بالنسبة للحاجيات العلمية والفنية والأدبية، الخ.

إن هذه الحاجيات دائمة وفي كل لحظة يجب على كل إنسان التمكن من إشباعها. وعندما يعجز عن تحقيق ذلك فيشعر بالحرمان والعوز، وعند حد معين سيشعر أن ذلك سيهدد كثيرا أو قليلا حياته.

وبما أنه لا يمكن قياس الحاجيات مباشرة، فإنها تقيم وتعبر عنها بالأشياء التي تسمح في لحظة معينة بإشباعها. لهذا غالبا ما يقترح - على سبيل المثال - التدرج التالي:

الحاجيات الأولية، وهي تعني الحاجيات الحيوية الدنيا (غذاء، ملابس، سكن)؛

الحاجيات الثانوية، وهي المتعلقة بشكل نمط الحياة (عدد منزلية، اللهو، الثقافة)؛

الحاجيات الأخرى، وهي ما تتعلق بما يمكن تسميته بالبذخ و الترف.

ويمثل هذا التدرج طابعا سكونيا ولا يبين نمط تطور الحاجيات ولا شكل الانتقال من درجة إلى أخرى. فعلى سبيل المثال، إذا كان امتلاك حمام في المنزل في القرن التاسع عشر يمثل علامة للثراء. فإن الأمر لم يعد كذلك اليوم. إذ يجب أن تضم جميع المنازل حماما. انظر، عادل عبد المهدي وحسن الهموندي، مجموعة من الاقتصاديين، الموسوعة الاقتصادية، ط.١، دار ابن خلدون، بيروت، ١٩٨٠، ص.١٩٧- ١٩٨.

Au sens économique, un besoin est une exigence née de la nature ou de la vie sociale dont la satisfaction se heurte à la rareté.

Il existe de nombreuses catégories de besoins : selon leurs sujets (individuels, collectifs, familiaux), selon leurs finalité subsistance, confort, désir de plaire), etc. On distingue souvent les besoins primaires qui répondent à des exigences physiologiques (boire, manger, se loger, dormir, se vêtir…), et les autres, qui sont dits secondaires (besoins culturels, sociaux…) et ne sont pas incompressibles comme les besoins primaires.

L'expression de tous les besoins solvables constitue la « demande ».

أن يلبيها الأب في إطار النفقة. ويرى السرخسي في مبسوطه أن النفقة تعطى للكفاية[1] تلبية لضروريات الطفل بالمقدار الكافي[2].

=

Le fondement de l'activité économique consiste à produire des « biens » et des « services » susceptibles de satisfaire ces besoins, quelle que soit l'origine de ceux-ci : publicité, propagande, imitation sociale, survie, mode. Cf., Dixéco de l'économie, Ceneco, Dunod, France, ١٩٨٠, p.١٨.

ومعروف أن حاجات الإنسان لا تنتهي، كما أنها تتطور زيادة ونقصا بتطور المراحل السنية للإنسان. انظر، أحمد بخيث، المرجع السابق، ص. ٣٣.

(١) والكفاية تعني ضمان حق لائق لمعيشة كل فرد. انظر، رفعت العوضي، النظام المالي الإسلامي، (بدون دار الطبع)، ١٩٩٧، ص. ١١٠؛ يوسف القرضاوي، فقه الزكاة، ط. ٢٤، مؤسسة الرسالة، ١٩٩٩، ص.٥٧٥ وما بعدها؛ عبد السميع المصري، عدالة توزيع الثروة في الإسلام، نشر مكتبة وهبة، ١٩٨٦، ص.٩٩. وهي بعبارة الإمام النووي "المعتبر... " المطعم والملبس والمسكن وسائر ما لا بد منه، على ما يليق بحاله، بغير إسراف ولا إقتار لنفس الشخص ولمن هو في نفقته". انظر، محمد أحمد بخيت، المرجع السابق، ص. ٥٠؛ يوسف القرضاوي، دور القيم... المرجع السابق، ص. ١٧٠.
ويطلق الاقتصاديون وفق أسس إسلامية حاجات الكفاية على "تلك الحاجات التي تنشأ عن محاولة الحفاظ على الإنسان قادرا على المساهمة الفعالة في نشاط المجتمع". انظر، عبد الله عبد العزيز عابد، مفهوم الحاجات في الإسلام وأثره على النمو الاقتصادي ضمن مجموعة بحوث مختارة من المؤتمر الدولي الثاني للاقتصاد الإسلامي، نشرها المركز العالمي للاقتصاد الإسلامي، جامعة الملك عبد العزيز، ١٩٨٥، تحت عنوان : دراسات في الاقتصاد الإسلامي، ص.٢٢ وما بعدها.
وأحسن كما يرى الأستاذ أحمد بخيث أن تحدد النفقة بالمعروف، امتثالا لقوله تعالى ﴿ وَعَلَى الْمَوْلُودِ لَهُ رِزْقُهُنَّ وَكِسْوَتُهُنَّ بِالْمَعْرُوفِ﴾ (سورة البقرة، الآية ٢٣٣)، ولقوله - صلى الله عليه وسلم - "خذي ما يكفيك وولدك بالمعروف"، عن محمد بن المثنى عن يحي عن هشام قال أخبرني أبي عن عائشة أن هند بنت عتبة قالت يا رسول الله أن أبا سفيان رجل شحيح وليس يعطيني ما يكفيني وولدي إلا ما أخذت منه وهو لا يعلم، فقال خذي ما يكفيك وولدك بالمعروف. انظر، الإمام أبي عبد الله محمد بن إسماعيل البخاري الجعفي، صحيح البخاري، المجلد الثالث، الجزء السادس، دار الفكر، ص.١٩٣؛ لأن الحاجات الأصلية مفهوم متطور يخضع لتغيرات الأزمان والبيئات والأحوال. انظر، أحمد بخيث، المرجع السابق، ص.٥١؛ للمزيد من التفاصيل، انظر، بلقاسم شتوان، نفقة الأقارب والزوجة بين الشريعة والقانون، مذكرة لنيل درجة الماجستير في الفقه الإسلامي، معهد الشريعة، قسنطينة، ١٩٩٥ ، ص.٢٨ وما بعدها.

(٢) انظر، السرخسي، المبسوط، المرجع السابق، ج. ٥، ص.١٨١ وما بعدها.

إذن، هذه التعاريف كلها تتفق على أن السكن يدخل في النفقة وهو عنصر من عناصرها في حالة انفصال الأبوين خلال مرحلة الحضانة[١] . إلا أن بعضا من الفقه أطلق النفقة على الطعام فقط كما رأينا في التعريف الأخير الذي قدمناه لحديث فاطمة بنت قيس أن زوجها طلقها بائنا فأتت النبي - صلى الله عليه وسلم - فقال لها "لا نفقة لك ولا سكن"[٢]، وفسر هذا ابن عابدين على أنه عرفا طارئا في لسان أهل الشرع، لذا يعطفون عليه الكسوة والسكن"[٣] . وإلى هذا الاتجاه الفقهي يمكن نسب تذبذب المصطلحات حول النفقة والسكن الواردة في نصوص قانون الأسرة الجزائري والمجلة التونسية اللذين لعلهما سلكاه.

وبالرغم من هذه الوجهة، رأى البعض أن الشريعة الإسلامية اعتبرت الإنفاق ليس مقصورا على ما ينفقه الأب من ماله للمطعم والمشرب والملبس فقط، بل اعتبرت إيواء الطفل نوع من النفقة حتى يبعد الطفل من أن يكون متسولا أو متشردا[٤] . فالسكن إذن، إلى جانب المأكل والملبس في قمة الحاجات الإنسانية[٥] مهما تطورت المراحل العمرية وقطعه منها مضر بنفس المحضون ونفسيته، وقياما بالنفقة، أوجبها المشرعون المغاربيون في مال المحتاج إليها إن كان له مال[٦] أو في مال أبيه إن لم يكن له مال أو لم يكفيه.

ونظرا لأهمية السكن في حياة كل إنسان والطفل خصوصا، حيث يعتبر إسكانه مظهرا من مظاهر رعايته ووسيلة لكرامته ومصدرا لسلامته، فهو وجه للحفاظ على مصلحته؛ سنخصص القسط الأوفر لهذا العنصر الهام من النفقة، وذلك بعد تبيان أحكام

(١) انظر، حسني نصار، المرجع السابق، ص.٣٥٧.

(٢) لقول علي، وابن عباس، وجابر وفاطمة بنت قيس - رضي الله عنهم -، وعطاء، وطاوس والحسن وأبو ثور وداود وظاهر مذهب الحنابلة. انظر ابن قدامة، المغني... المرجع السابق، ج.٨، ص. ٢٨٨-٢٨٩؛ انظر، سلمان نصر، مرويات نفقة وسكنى المطلقة المبتوتة، دراسة نقدية، مجلة المعيار، ٢٠٠١، عدد ١، قسنطينة، ص. ١٦٣. وفي روايات أخرى لها النفقة والسكنى. انظر، الدار قطني، السنن ... المرجع السابق، ج.٤، ص. ٢٧ و٢٨؛ سلمان نصر، المقال السابق، ص. ١٦٥؛ بلقاسم شتوان، حق الزوجة في السكن شرعا وقانونا، مجلة المعيار، ٢٠٠٣، عدد ٥، ص.٨٠؛ أحمد محمد بخيث، المرجع السابق، ص.٣٩.

(٣) انظر، ابن عابدين، الحاشية...، المرجع السابق، ج.٣، ص.٦٢٨.

(٤) انظر، الشحات ابراهيم محمد منصور، المرجع السابق، ص.٧١.

(5)Cf. D. Charif Feller, op. cit. , p. ١٣١.

(٦) انظر، المادة ٧٢ من قانون الأسرة، والفصل ٥٦ من المجلة، والمادة ١٨٧ من المدونة.

أجرتي الحضانة والرضاع.

II.- أجرة الحضانة

لما كانت الحضانة خدمة الطفل والقيام بشؤونه فهي عمل مشروع يمكن الاعتياض عنه بالمال[١]؛ هذا العمل الذي تقوم به الحاضنة من رعاية وحفظ وصيانة للمحضون خلال فترة الحضانة تستحق به أجرا. يسمى أجرة الحضانة. وهي تختلف عن نفقة المحضون[٢]، فهذه الأخيرة تسدد لتغطية حاجيات المحضون؛ أما الأجرة فهي تقدم للحاضنة عوضا لخدمتها إذا طالبت بها. هذه الاستقلالية تأكدت قانونا في الفقرة الأولى من المادة ١٦٧ من المدونة، بنصها "أجرة الحضانة ومصاريفها... هي غير أجرة الرضاعة والنفقة".

ويجدر التنبيه إلى أن "مصاريف الحضانة" التي وردت في الفقرة المذكورة آنفا هي عامة وتثير اللبس قد تشمل أيضا نفقة المحضون، ولهذا كان على المشرع المغربي حذفها والاكتفاء بذكر "أجرة الحضانة".

ولم يعالج المشرع الجزائري أجرة الحضانة، بخلاف المشرعين التونسي والمغربي اللذين نصا عليها في المادتين ٦٥ من المجلة و١٦٧ فقرة ثانية من المدونة، حيث نصت الأولى على أن "لا تأخذ الحاضنة أجرة إلا على خدمة شؤون المحضون من طبخ وغسل وثياب ونحو ذلك بحسب العرف" والثانية "لا تستحق الأم أجرة الحضانة في حال قيام العلاقة الزوجية أو في عدة من طلاق رجعي"[٣].

وإن سكوت المشرع الجزائري عن هذه المسألة لن يقف حجرة عثرة، وإنما تطبيقا للنصوص القانونية التي تحيلنا إلى الفقه الإسلامي بمقتضى المادة ٢٢٢، هو العلاج لسد هذه العثرة والعون لفهم نصي المجلة والمدونة.

لقد عرف الفقه الإسلامي آراء مختلفة حول أجرة الحضانة. وفرق فيها بين ما إذا كانت الدائنة بها هي الأم أو غير الأم.

(١) انظر، محمد مصطفى شلبي، المرجع السابق، ص.٧٦٧.

(٢) رأى الأستاذ محمد مصطفى شلبي أن العوض الذي تتلقاه الحاضنة ليس أجرة خالصة بل فيه شبه بالنفقة. انظر، محمد مصطفى شلبي، أحكام الأسرة...، المرجع السابق، ص.٧٦٧.

(٣) مع الإشارة أن التعديل الأخير للمدونة أبقى على نفس الصياغة السابقة، حيث نص الفصل ١٠٤ السابق والموافق لنص الفقرة الثانية من المادة ١٦٧ الجديد على أن "لا تستحق الأم أجرة للحضانة في حال قيام الزوجية أو في عدة الطلاق الرجعي".

فإذا كانت الحاضنة هي غير الأم، فهنا المجمع عليه أن لها أجر الحضانة. أما إذا كانت الحاضنة هي الأم فهذه الحالة لها أهميتها في الجانب القانوني أكثر من العملي القضائي، لأنه نادرا ما تطلب الأمهات أجرة على العناية بأولادهن[١] وحولها ثار الخلاف.

ذهب الحنفية إلى أن الأم لها طلب أجرة الحضانة إلا بعد الطلاق وبعد انتهاء العدة. ورأى المالكية بعدم جواز تمسك الأم بطلب أجرة مقابل حضانتها لأولادها. أما الشافعية والحنابلة فإنهم أقروا للأم أجرة مقابل حضانة أولادها في جميع الحالات[٢] . وهذه الأجرة تؤخذ من مال المحضون إن كان له مال أو تقع على عاتق المكلف بنفقته[٣] . والمشرع المغربي أخذ بالحل الثاني حسب عبارات المادة ١٦٧[٤] .

واعتمادا على هذه الوجهات الفقهية، نستنتج أن المشرع التونسي لم يأخذ لا بالرأي المالكي ولا بالحنفي، فالحاضنة سواء كانت أما أم غيرها، لا تأخذ أجرة إلا على الطبخ وغسل الثياب ونحو ذلك بحسب العرف. وهذا ما سارت عليه محكمة التعقيب في ١٣ جانفي ١٩٨٧ بقولها "اقتضى القانون أن الحاضنة لا تستحق أجرا عن حضانتها وإنما الأجر يستحق عن القيام بشؤون المحضون من طبخ وغسل ثياب ونحو ذلك"[٥] .

والجدير بالذكر، أن المشرع التونسي اعتبر أجرة الحضانة من الأمور الاستعجالية الاختيارية وذلك بالفصل ١٢٦ من مجلة المرافعات المدنية والتجارية الذي نص بأن "يمكن الإذن بالتنفيذ مؤقتا بضامن أو بدونه... إذا كان الحكم صادرا بأداء أجرة حضانة ..."[٦].

بينما اعتمد المشرع المغربي الرأي الحنفي. ولكن ليس هناك من الناحية القانونية ما

---

(١)Cf. Y. Linant de Bellefonds, op. cit. , p.١٥٤.

(٢)Cf. H. Safaï, op. cit. , p.١١٠; L. Milliot, op. cit. , p. ٤٠٧; Y. Linant de Bellefonds, op. cit. , p.١٥٤

انظر، وهبة الزحيلي، الفقه الإسلامي...، المرجع السابق، ص. ٧٣٤-٧٣٥؛ محمد مصطفى شلبي، أحكام الأسرة...، المرجع السابق، ص.٧٦٧-٧٦٨.

(٣)Cf. M. Beji, op. cit. , mém., p. ٢١٠; H. Safaî, op. cit. , p. ١١١.

عبد الرحمن الصابوني، شرح قانون الأحوال الشخصية، الطلاق...، المرجع السابق، ج.٢، ص.٢٤٢.

(٤) وهو رأي بعض الأحناف والشيعة الزيدية. انظر، هلالي عبد العال، المرجع السابق، ص.٨١٥.

(٥) انظر، محكمة التعقيب، ١٩٨٧/٠١/١٣، قرار مدني، عدد ١٦٤٧٥، نشرية محكمة التعقيب، ١٩٨٧، ص.٢٠٩.

(٦) انظر، محمد الحبيب الشريف، المرجع السابق، ص.١٦٨.

يمنع القيام بها على سبيل التبرع بكيفية مطلقة في الزمن أو إلى حدود سن معينة كالفطام[١] وهذا ما أقره المجلس الأعلى في ١٨ مارس ١٩٧٥[٢] . إلا أن حالة التبرع هذه، تطرح سؤالا يفرض نفسه ألا وهو : إذا وجدت متبرعة للحضانة، فهل تقدم هذه الأخيرة على الأم ؟

فنقول أنه إذا وجدت متبرعة والأم لم تطلب أجرة الحضانة، فالأم أولى بها، وتفضل لأن مصلحته معها. أما إذا طالبت الأم بأجرة، ووجدت متبرعة، فهنا نكون أمام أمرين : الأول هو الحفاظ على مال المحضون إن كان له مال وبالتالي نعطي الأولوية للمتبرعة، والثاني : تغليب الجانب المعنوي، فنفضل الأم[٣] وهنا يجب أن يخضع الأمر للقاضي وإن كنا نغلب الحل الثاني.

وعناية بالمحضون وبمصلحته، نرى في اعتراف للحاضنة أجرة على حضانتها الرأي الصائب، فيه تحفيز على القيام بهذه المهمة على الوجه الحسن؛ لأن العدالة تملي أن كل عمل يجازى بأجر. وأن عدم الوفاء بهذا المقابل المادي خاصة إذا كان الشخص في حاجة إليه قد يدفعه إلى الإحجام عن هذا العمل والتنصل من تبعاته[٤]، وفي هذا ضرر بالمحضون والحضانة قررت لنفع المحضون لا لضرره.

III.- أجرة الرضاع

ورد الحديث عن أجرة الرضاع في موضوع النفقة، سواء عند المشرع التونسي أو المغربي. وكانت صياغة نص المجلة مختلفة عن نص المدونة. حيث نص الفصل ٤٨ من المجلة على أن "على الأب أن يقوم بشؤون الإرضاع بما يقتضيه العرف والعادة إذا تعذر على الأم إرضاع الولد". ونصت المادة ٢٠١ من المدونة على أن "أجرة رضاع الولد على المكلف بنفقته". والفرق بين النصين يكمن في أن الأول يشمل كل ما يتعلق بالرضاع بما

(١) انظر، محمد الكشبور، المرجع السابق، ص.٤٨٨.

(٢) انظر، المجلس الأعلى، غرفة اجتماعية، ١٩٧٥/٠٣/١٨، ملف عدد ٤٧٨٩٥، غير منشور، عن محمد الكشبور، المرجع السابق، ص.٤٨٨.

(٣) والفقه يفرق في حالة إذا ما طلبت الأم أجرة مع وجود متبرعة بالحضانة بين حالتين :

١.- إذا كانت المتبرعة غير قريبة، فتظل الحضانة للأم وتمنح الأم أجرة المثل

٢.- إذا كانت المتبرعة قريبة ومحرم للمحضون فتفضل على الأم بشرطين : إذا كان الطفل غير ذي مال وكان الملتزم بالنفقة معسرا. انظر، Y. Linant de Bellefonds, op. cit. , p.١٥٤.

(٤) انظر، هلالي عبد العال، المرجع السابق، ص.٨١٣.

فيه الأجرة، بينما الثاني قصر الحديث على أجرة الرضاع فقط.

ونحن بصدد موضوعنا المتعلق بالجانب المادي، سنتكلم عن أجرة الرضاع أثناء فترة الحضانة ونصيب مصلحة المحضون من ذلك.

نقول بذاءة أن الرضاع هو مص لبن المرأة من ثديها[١] . فهو إذن، خدمة غذائية بحتة تقدم للطفل[٢] . ولما كانت كذلك، فكل امرأة تقدمها يمكن تأجيرها عليها، سواء أكانت المرضعة هي الأم أم غيرها.

ولكن، السؤال المطروح هو إذا طلبت الأم بأجرة الرضاع، فهل ستفضل على المتبرعة؟

إن الرضاع لا يقف عند التغذية المادية فحسب، وإنما يتعداها إلى التغذية الروحية. والأم في إرضاع ابنها أشفق وأحنى من غيرها، ولبنها أمرأ من لبن غيرها[٣]، فهو أفضل غذاء له. ومن هنا، فإن مصلحة المحضون أن يرضع من أمه إذا كانت قادرة على ذلك وطلبها أجرة لا يجب أن يحول دون إرضاعها لابنها المحضون[٤] .

ولم تفرق المادة ٢٠١ من المدونة بين المرضعة الأم والمرضعة غير الأم، فإحياء للطفل تجب الأجرة للأم والمرضعة على السواء. أما الفصل ٤٨ من المجلة، فإنه يخاطب الأم قبل غيرها لإرضاع ولدها، للسبب المذكور آنفا، وإن تعذر لها ذلك، استأجرت مرضعة حتى لا يضيع المحضون.

وحفاظا على مال المحضون، تقع أجرة الرضاع على أبيه طبقا للفصل ٤٨ من المجلة.

أما المشرع الجزائري، فإنه كما سبق الذكر، لم يشر إلى أجرة الرضاع، وإنما كان يشير إلى أحد واجبات الزوجة نحو زوجها وهو إرضاع الأولاد عند استطاعتها[٥] .

وكخلاصة لمسألة النفقة من حيث مشمولاتها ومن جانبها القانوني، نقول، أن القصور التشريعي في حق الأطفال في سكن المطلق ظهر بجلاء في التشريع الجزائري،

---

(١) نستبعد هنا الرضاع بالحليب الصناعي.

(٢)Cf. Y. Linant de Bellefonds, op. cit. , p.١٥٦.

(٣) انظر، وهبة الزحيلي، المرجع السابق، ص.٧٠٣.

(٤) فالأجرة حق لها طبقا لقوله تعالى ﴿فَإِنْ أَرْضَعْنَ لَكُمْ فَآتُوهُنَّ أُجُورَهُنَّ﴾ سورة الطلاق، الآية ٦.

(٥) كانت تنص المادة ٣٩ فقرة ثانية من قانون الأسرة قبل إلغائها على أن "يجب على الزوجة : ... إرضاع الأولاد عند الاستطاعة...".

خلافا لما هو عليه في التشريعين المغربي والتونسي.

الفرع الثاني
حق المحضون في السكن

السكن مشتق من فعل "سكن" أي قر وانقطع عن الحركة، وتسكن: اطمأن ووقر، والسكينة تعني الوقار والطمأنينة والمهابة[١] . والمسكن والسكينة مشتقان من أصل واحد[٢]، فإن لم يكن مسكن لن تكون سكينة، ووقع الاضطراب[٣] والحياة الدنيئة وقد يؤديان إلى ضياع ليس له بعد ذلك دواء يعالجه.

هذا، وتجدر الإشارة أن صياغة نصوص القوانين الأسرية المغاربية بشأن حق الطفل المحضون في السكن قد اختلفت، بحيث نجد المشرع المغربي في ثوبه الجديد قد خصص المادة ١٦٨ من المدونة التي احتوت على أربع فقرات والتي عكست رغبة المشرع في تدارك ما فاته من نقص في هذا المجال. وكذا المشرع التونسي الذي بالرغم من وجازة الفصل ٥٦ من المجلة في تقريره هذا الحق للمحضون، إلا أنه بدا واضحا في الحماية. وأما قانون الأسرة الجزائري، فإنه قد خصص قبل تعديله مادتين لسكن المحضون وهما المادة ٥٢ والمادة ٧٢ واللتين يمكن القول عنهما متناقضتين، لذلك ظهرت الحاجة إلى إعادة النظر فيهما (I). غير أن القصور التشريعي في حق الأطفال في سكن المطلق، لا ننتظر الآن سلبياته، بل نعيشها يوميا مما أثر تأثيرا كبيرا على الواقع الاجتماعي المعاش (II).

I.- حق المحضون في السكن بين القصور التشريعي والحماية القانونية

وهنا نتطرق إلى هذا الحق على التوالي في قانون الأسرة (آ)، ثم في المجلة (ب)، وأخيرا، في المدونة (ج).

(١) انظر، المنجد في اللغة، المرجع السابق، ص.٣٤٢.
(٢) انظر، لسان العرب والمصباح المنير مادة "سكن"، مقتبس من محمد أحمد بخيت، المرجع السابق، ص.٣٤.
(٣) انظر، أحمد بخيت، المرجع السابق، ص.٣٤. وقد ذكر القرآن الكريم السكن في سياقات مختلفة كقوله تعالى ﴿وَمِنْ آيَاتِهِ أَنْ خَلَقَ لَكُمْ مِنْ أَنْفُسِكُمْ أَزْوَاجًا لِتَسْكُنُوا إِلَيْهَا﴾ (سورة الروم، الآية ٢١)، وفي قوله تعالى ﴿وَلَنُسْكِنَنَّكُمُ الْأَرْضَ مِنْ بَعْدِهِمْ﴾ (سورة إبراهيم، الآية ١٤)، وفي قوله جل جلاله ﴿وَمِنْ رَحْمَتِهِ جَعَلَ لَكُمُ اللَّيْلَ وَالنَّهَارَ لِتَسْكُنُوا فِيهِ﴾ (سورة القصص، الآية ٧٣).

آ.- حق المحضون في السكن في القانون الجزائري

سنتعرض في هذه المسألة إلى حق الطفل المحضون في السكن قبل تعديل قانون الأسرة (١.) وبعده (٢.).

١.- حق المحضون في السكن قبل تعديل قانون الأسرة

تضمن قانون الأسرة في صياغته الأولى موضوع سكن الطفل بعد الطلاق[١]، كما سبق ذكره، في المادتين ٥٢ و٧٢. وهما مادتان لم تعرفا انسجاما ولا تكاملا. فبالنسبة للمادة ٥٢، فقد رتبت في فصل الطلاق وتكلمت عن الطلاق التعسفي في فقرتها الأولى وخصصت الفقرات الموالية للحضانة. ومن هنا، فهي تخاطب الحاضنة الأم دون سواها. وأما المادة ٧٢ من قانون الأسرة، فإنها منظمة في موضوع الحضانة، فهي بذلك تخاطب كل الحاضنات، هذا من ناحية.

ومن ناحية أخرى، تبدو أكثر حماية بالمقارنة مع الأولى بسبب إلزام الأب توفير مسكن أو على الأقل أجرته، الشيء الذي لا نجده في المادة ٥٢ من قانون الأسرة، بل هذه الأخيرة تضع شروطا صعبة التحقق لكي تحصل الأم على مسكن تمارس فيه الحضانة. وهكذا، فإن حظ حصول المحضون على حقه في الإيواء وهو في يد حاضنة غير أمه أوفر من ذلك إذا كان مع أمه. وبالرغم من إيجابيات المادة ٧٢ المذكورة، إلا أن سلبياتها قائمة وتتمثل في عيبين:

الأول: لم تعتبر هذه المادة السكن من مشتملات النفقة، وهذا ما يجعلها متعارضة من جهة، مع المادة ٧٨ من قانون الأسرة التي تنص صراحة على أن النفقة تشمل "الغداء والكسوة والعلاج والسكن أو أجرته..."؛ ومع ما ذكر آنفا، من جهة أخرى[٢].

الثاني: في حالة عدم وجود مال للمحضون، تعرض المشرع لحل مشكل السكن أو أجره الذي يقع على عاتق الأب دون أن يحل مشكل باقي مشتملات النفقة.

ولذلك، حتى تنسجم النصوص مع بعضها البعض[٣]، آخذين في الاعتبار

---

(١) انظر، زكية تشوار حميدو، حق المطلقة الحاضنة في السكن بين النقص التشريعي والواقع الاجتماعي، مجلة المعيار، جامعة الأمير عبد القادر، قسنطينة، ٢٠٠٤، العدد ٩، ص. ٢٨٧ وما بعدها.

(٢) انظر، الفرع الأول من هذا المطلب.

(٣) انظر، المادة ٧٧ من قانون الأسرة.

الملاحظات الفائتة، تسنى لنا قبل التعديل اقتراح الصياغة التالية: "نفقة المحضون من ماله إن كان له مال، وإلا فمن مال والده".

والخليق بالذكر أن المادة ٥٢ من قانون الأسرة شكلت موضوع احتدام القانونين وغير القانونيين[1]، وهي تعكس مدى مراعاة المشرع لمصلحة المحضون وعلى الأخص فقرتيها الثانية والثالثة.

وفي هذا، تنص الفقرة الثانية من ذات المادة على أنه "وإذا كانت حاضنة ولم يكن لها ولي يقبل إيواءها يضمن حقها في السكن مع محضونيها حسب وسع الزوج". وكما هو ملاحظ، هذه الفقرة تحتوي على شطرين مشلولين سنبين عيوبهما.

إن ما كان يقدح على المشرع في الشطر الأول من هذه الفقرة هو أنه يجبر بصفة غير مباشرة الحاضنة الأم بأن تثبت للقاضي بأن وليها يرفض إيواءها، أو أنها تفقد لولي تلجأ إليه[2]. وقد تأكد ذلك في قضاء المجلس الأعلى، إذ ألزم في قراره الصادر في ١١ أفريل ١٩٨١ بأن يأخذ في الاعتبار تحقيق المساعدة القضائية الذي يدلي بأن الزوجة ليس لها مسكنا آخرا يسمح لها بممارسة حق الحضانة لأولادها الثلاثة[3].

ولاشك أن هذا الإجراء يتضارب ومصلحة المحضون ولا يراعيها بتاتا، لأن في الوقت الذي يحقق في توفر مسكن آخر للحاضنة أو تحاول فيه الحاضنة الأم إثبات ذلك، أين يترك المحضون، ومع من ؟ بل والأكثر من ذلك، افترض المشرع استقبال الحاضنة مع محضونيها من طرف الولي قبل أن يلزم الأب على ذلك !

لكن إذا كان هذا هو الذي كان يتجه إليه واضعو قانون الأسرة، إلا أنه شتان بين ما هو كائن وما يجب أن يكون. فالقانون الوضعي، منذ القديم، يتجه نحو إسقاط حق الحاضنة في السكن، بل ولقد توسع في ذلك فأجاز هذا الإسقاط في كل أنواع الطلاق حتى ولو كان سببه تافها.

وما من شك في أن سلوك المشرع هذا المسلك يتجافى مع المبادئ الأساسية التي تحكم الحضانة، كما قد يترتب عليه الإخلال بحق ضحايا الطلاق، بل وقد ينطوي على

---

(١) انظر، الشيخ شمس الدين، قانون الأسرة والمقترحات البديلة، من رسائل الإسلام والمجتمع، دار الأمة، ٢٠٠٣، ص. ١٤٨ وما بعدها.

(٢)Cf. L. Aslaoui, op . cit., p. ١٤٣.

(٣) انظر، المجلس الأعلى، غ.ق.خ.، ١٩٨١/٠٤/١١، ملف رقم ٢٤٥٢٦، غير منشور، مقتبس عن :
Gh. Benmelha, op. cit., O.P.U., Alger, p. ٢٣٢.

الخلط بين فكرة التمتع بالحقوق - كحق الزوج في الطلاق بالإرادة المنفردة - وبين مصلحة المحضون. وأقصى ما يمكن أن يتسامح فيه المشرع هو إمكان ممارسة الحضانة، أولا وقبل كل شيء، بناء على مصلحة المحضون، إذ سيتمتع بمقتضى رعايتها بحق الحماية وهو حق مسلم به من الجميع.

غير أن تفسير المحكمة العليا للنصوص قد تغير لاحقا عندما بينت في أحد حيثيات قرارها الصادر بتاريخ ٢٥ سبتمبر ٢٠٠٢ أن إثبات فقدان الحاضنة الأم لولي يقبل إيواءها يقع على عاتق المطلق إذ قضت أن "حيث إن الطاعن لم يثبت أن ولي مطلقته قد قبل إيواء ابنته المطلقة ومحضونيها الأمر الذي يجعل القرار المنتقد سليما ولم يخرق القانون ولا المادة ٥٢ من قانون الأسرة مما يجعل الوجه المثار غير مؤسس ويستلزم معه رفضه وتبعا لذلك رفض الطعن"[(١)] .

أما عن الشطر الثاني من الفقرة ذاتها، فيعاب على المشرع أنه كان يستعمل مصطلح "يضمن" مع عبارة "حسب وسع الزوج"، وهما عبارتان لا تتطابقا لا من الناحية القانونية ولا من الناحية اللغوية، لأن استعمال كلمة "يضمن" معناه أن الشيء موجود ومتوفر وبغض النظر فيه عن حالة الشخص وإمكانياته المادية، ذلك ما لا يستقيم مع اشتراط وسع الزوج في آن واحد.

والملاحظ على هذا الشطر أيضا أنه لم يحدد بدقة عدد المحضونين الذي تستطيع بواسطته الحاضنة الأم الاستفادة من السكن لممارسة الحضانة. ونتساءل هنا، هل حضانة طفل واحد تخول لها هذا الحق ؟ الواقع، إن مرجع إثارة هذا التساؤل أمرين :

الأول : إن كلمة "محضونيها" الواردة في هذه الفقرة قد تقرأ إما بصيغة الجمع أو بصيغة المثنى.

والثاني: إن القضاء الجزائري نفسه، صنع هذه التفرقة، إذ اشترط أن يكون العدد أكثر من واحد[(٢)] . وقد اتخذ في هذه المسألة موقفين مختلفين: أولهما ظهر في قرارين مؤرخين على التوالي في ١٨ أفريل ١٩٨٤ و٠٧ أكتوبر ١٩٨٥ بحيث لم يعترف فيهما بحق

(١) انظر، المحكمة العليا، غ.أ.ش.م.، ٢٠٠٢/٠٩/٢٥، ملف رقم ٢٨٥٠٦٢، غير منشور.

(٢) انظر، جيلالي تشوار، الاجتهاد الفقهي والتطور التشريعي في مسائل الزواج والطلاق، دراسة نقدية لقانون الأسرة، مجموعة محاضرات ألقيت على طلبة الماجستير بمعهد العلوم القانونية و الإدارية بجامعة سيدي بلعباس، سنة ١٩٩٨/١٩٩٧، ص. ٢١٠ وما بعدها.

الإيجار للزوجة إلا إذا كان لها ثلاثة أطفال فأكثر[١] . أما ثانيهما، جاء به القرار الصادر في ٠٦ أفريل ١٩٨٧ والذي لم يكن هو الآخر أشد حرصا على مصلحة المحضون، إذ جعل استفادة الأم الحاضنة بحق الإيجار إلا إذا كانت حاضنة لأكثر من طفل واحد[٢] . وعلل موقفه هذا بالقول أن الفقرة الثانية من المادة ٤٦٧ من القانون المدني، التي تنص على أنه "وفي حالة الطلاق يجوز للقاضي أن يعين من الزوجين يمكنه أن ينتفع بحق الإيجار باعتبار تكاليف هذا الزوج من أجل حضانة الأولاد خاصة"، لا تفتح هذا الحق لحاضنة طفل واحد[٣] .

وأما الفقه، قد اختلفت آراؤه من حيث الأخذ بهذه القرارات، إذ هناك من أيد هذا الموقف، بحيث يرى الأستاذ عبد العزيز سعد أن عدد المحضونين الذين تحضنهم أمهم وتتمتع بحق السكن لا يجب أن يقل عن ثلاثة أولاد[٤] . وهو رأي اعترض عليه ووصف بأنه اجتهاد ضعيف وغريب[٥] . لكن إذا كان أنصار هذا الرأي الثاني قد تمسكوا بهذا الاعتراض إلا أنهم اختلفوا فيما بينهم وانقسموا إلى فريقين : فريق يرى بحق الأم الحاضنة في السكن سواء قل عدد المحضونين أم كثر[٦] ؛ وآخر دعا إلى ضرورة التشدد في ضمان السكن للمطلقة في حالة كثرة المحضونين[٧] .

وأمام هذا التضارب في الآراء الفقهية، نرى بأنه ليس في الإمكان تأييد الرأي الأول، إذ فالقول بما ذهب إليه يعني به إنكار حق المحضون في السكن إذا كان واحدا وقبول فكرة التعدد الدائم. وهذا الأمر وإن كان مفهوما في العهود الفارطة إلا أنه أصبح لا

---

(١) انظر، مجلس الأعلى، غ.ق.خ.، ١٩٨٤/٠٤/١٨، ملف رقم ٣٤٦٣٠؛ ١٩٨٥/١٠/٠٧، ملف رقم ٣٨٠٩٥، غير منشورين، مقتبسين عن Gh. Benmelha, op. cit., O.P.U., Alger, p..٢٣٢

(٢) انظر، مجلس الأعلى، غ.ق.خ.، ١٩٨٧/٠٤/٠٦، ملف رقم ٤٥٤٥٤، غير منشور، مقتبس عن.

Gh. Benmelha, op. cit., O.P.U., Alger, p. ٢٣٢

(٣)Sur l'ensemble de cette question, cons. Gh. Benmelha, op. cit., O.P.U., Alger, pp. ٢٣١-٢٣٢.

(٤) انظر، عبد العزيز سعد، المرجع السابق، ط. ٢، ١٩٨٨، ص. ٣٠٧.

(٥) انظر، الغوتي بن ملحة، آراء حول التشريع الذي يحكم الأسرة على العموم، وبالخصوص في قانون الأسرة الجزائري، مداخلة لملتقى مغاربي حول قانون الأسرة، الجزائر العاصمة، أيام ٤، ٥، و٦ ماي ٢٠٠٢، ص. ١٠.

(٦) انظر، العربي بلحاج، المرجع السابق، ج. ١، الزواج والطلاق، ص. ٢٤٠.

(٧) انظر، فضيل سعد، المرجع السابق، ص. ٣٣٦.

يتماشى مع الواقع الاجتماعي الحاضر. وهكذا، فهذا الاتجاه ليس عملي من هذه الزاوية، بل وفي الأخذ به خطر كبير على مصالح المجتمع، وخاصة وأنه قد يحصل أن يقع الطلاق بعد مرور فترة زمنية قصيرة من الزواج قد تكون سنة أو سنتين، مما يجعل الردّى حاضنة لطفل واحد.

وفضلا عن ذلك، فإن وجهة النظر السالفة لا تحقق حماية حقوق المحضون ولا نرى في العمل بها لأن هذا التفسير لا يتماشى ومصلحة المحضون، إذ أن مبدأ مصلحة المحضون جعل لحماية المحضون سواء كان واحدا أو أكثر، ولا جدوى من التفرقة، ولأن المشرع نفسه قد كرر عبارة "المصلحة" كلما رأى لزوما لهذا التكرار.

ونظرا لهذه الاعتبارات والقضايا التي واجهها القضاء، وعملا دائما بمصلحة المحضون، تفطن القضاء لضرورة تغيير مسار من سبقه، فكانت ثمرة حنكته أن فكر في تفسير يخدم مصلحة المحضون تولد عنه موقفا مغايرا اعترف فيه بحق الأم الحاضنة بالسكن أو بأجرته ولو كان تحت حضنها طفل واحد؛ وتجسد ذلك في عدة قرارات أهمها قرار مؤرخ في ٢٩ نوفمبر ١٩٩٤ الذي جاء فيه "لما ثبت - من قضية الحال - أن قضاة المجلس أسسوا قرارهم على أن "الطاعنة لا يحق لها المطالبة بسكن لممارسة الحضانة أو بأجرته إلا إذا كانت حاضنة لأكثر من ولدين"، فإنهم بذلك قد أساؤوا تطبيق القانون وكان يتوجب عليهم إلزام المطعون ضده - بتوفير سكن للحاضنة أو بتسليم أجرته، مما يتعين معه نقض وإبطال قرارهم وبدون إحالة"[1].

وفي قرار حديث صادر عن ذات المحكمة بتاريخ ٢٥ سبتمبر ٢٠٠٢، ورد في حيثياته أن "المادة ٥٢ من قانون الأسرة لم تشر قط إلى أن الحاضنة لا يحق لها المطالبة بسكن لممارسة الحضانة أو بدل إيجاره إلا إذا كانت حاضنة لأكثر من ولد، بل نصت على أن الحاضنة إذا لم يكن لها ولي يقبل إيواءها يضمن حقها في السكن مع محضونيها حسب وسع الزوج"[2].

ولا شك أن المحكمة العليا بقضائها قد تفادت التضارب في الآراء؛ فالعدالة تقضي بأن تكون المساواة بين الأمهات الحاضنات مهما كان عدد المحضونين، ولا يتحقق ذلك

(١) انظر، المحكمة العليا، غ.أ . ش. م.، ١٩٩٤/١١/٢٩، ملف رقم ١١٢٧، المجلة القضائية، ١٩٩٤، عدد ٠١، ص.١٤٠.
(٢) انظر، المحكمة العليا، غ.أ . ش. م.، ٢٠٠٢/٠٩/٢٥، ملف رقم ٢٨٥٠٦٢، غير منشور.

إلا عن طريق وضع نصوص تشريعية تضمن تلك المساواة وتوفر للمحضون الإحساس بالآمان تحت سقف يحميه. كل ذلك يدفع إلى القول بضرورة تعديل هذه الفقرة.

أما الفقرة الثالثة من المادة ٥٢ من قانون الأسرة قبل تعديلها، فجاءت بما يلي : "ويستثنى من القرار بالسكن، مسكن الزوجية إذا كان وحيدا".

وقبل أن نشرع في إبداء أية ملاحظة حول الموضوع بشأن هذا النص، نود أن ننبه إلى التعبير المستعمل من قبل المشرع والمتعلق بـ "مسكن الزوجية"[1]، وهو مصطلح في غير محله يخل بدقة الصياغة التشريعية ويمس بسلامة الفكرة القانونية للأسباب التالية :

أولا : إن مسكن الزوجية يطلق حال قيام الحياة الزوجية، هذه الأخيرة تضمحل بالطلاق؛

ثانيا : أن مسكن الزوجية يقدر حسب حال الزوج ولا يلتفت فيه إلى حال الزوجة. أما مسكن الحضانة، فطبقا للمادة ٧٢ قبل التعديل من قانون الأسرة أو الفصل ٥٦ من المجلة، فإنه ينظر فيه أولا إلى حال الأولاد، ثم إلى حال الحاضنة، حيث لا يجب إسكانها إذا كانت صاحبة مسكن[2]؛

ثالثا : إن مسكن الزوجية يتقرر للزوجة بصفتها كذلك، أما مسكن الحضانة فيتقرر للحاضنة أما كانت أم غيرها[3].

---

(١) نفس الملاحظة توجه إلى المشرع المغربي في المادة ١٦٨ فقرة الثالثة.

(٢) وهذا ما أكده الأستاذ محمد مصطفى شلبي بقوله "إذا لم يكن للحاضنة مسكن خاص بها أو مسكن تسكن فيه مع زوجها القريب للطفل قرابة محرمية في مكان الحضانة وجب إعداد مسكن لها أو إعطاؤها أجرة مسكن مناسب تقوم فيه بالحضانة، لأنها مضطرة إلى ذلك لئلا يسقط حقها في الحضانة". انظر، محمد مصطفى شلبي، أحكام الأسرة... المرجع السابق، ص. ٧٦٩. وأيضا الأستاذ عبد الكريم زيدان بقوله "إذا لم يكن للحاضنة مسكن تحضن فيه الولد، وجب لها أجرة مسكن ويعتبر هذا من أجرة الحضانة التي تستحقها، فإن كان لها مسكن تسكن فيه، ويمكنها أن تحضن فيه الولد تبعا لها، فلا تستحق أجرة مسكن مع أجرة حضانتها". انظر، عبد الكريم زيدان، المفصل في أحكام المرأة والبيت المسلم، ج.١٠، ص.٥٨، مقتبس عن الشيخ شمس الدين، المرجع السابق، ص.١٦١.

(٣) انظر، عبد الناصر العطار، الأسرة وقانون الأحوال الشخصية، ص.١٦٤؛ محمد بلتاجي، دراسات في الأحوال الشخصية، ص.٣١٦-٣١٧. اقترح هذا الأستاذ "مسكن الأب"، مقتبس عن محمد كمال الدين إمام، الزواج والطلاق في الفقه الإسلامي، ط.١، المؤسسة الجامعية للدراسات والنشر والتوزيع، ١٩٩٦، ص.٣٠٨. وللإشارة أن بعض الفقه لم يلحظ هذا الخطأ الاصطلاحي.

رابعا : أن مسكن الزوجة قد يكون ملكا للزوجة أو لأقاربها أو لأقارب الزوج أو مشتركا بين الزوجين.

وحسب اعتقادنا، واستنتاجا من عبارة "إذا كان وحيدا"، نقول أن المعنى الذي قصده المشرع الجزائري من مسكن الزوجية هو مسكن المطلق. ولهذا نقترح، على غرار غيرنا، استبدال هذا المصطلح "بمسكن المطلق" أو "مسكن والد المحضونين" [١].

هذا وإذا تأملنا في هذه الفقرة، لوجدنا أنها أكثر شكلية مما هي موضوعية، فهي تدل على فراغها [٢] وتعكس عدم رغبة المشرع في توفير السكن للمحضون، ومنه لا تحمي مصلحة المحضون. ويظهر ذلك فيما يلي :

أولا : إن الحالة العامة والغالبة أن يكون مسكن الزوجية وحيدا ولاسيما أن أزمة السكن أصبحت حادة ومنتشرة في ربوع الوطن [٣].

ثانيا : إنه ليس من المعقول، يقول البعض، أن يعفى الزوج المطلق من إسكان الحاضنة مع المحضون بحجة أن مسكن الزوجية هو الوحيد، هذا خاصة إذا تسبب الزوج في إيقاع الطلاق. وكأن الحق في السكن حسب ما ورد في المادة ٥٢، يضيف، هو من حقوق المطلقة التي تتصل بتوابع فك الرابطة الزوجية. هذا الموقف، يخالف حكم المادة ٧٢ من قانون الأسرة التي توجب على والد المحضون تهيئة له سكن أو دفع أجرته [٤].

والتناقض الذي لا يمكن الإغفال عنه هو أنه كيف كان يتسنى للمشرع الاعتراف للزوجة بحق الحضانة حتى ولو لم يكن لها سكنا، وفي نفس الوقت يستثنى من القرار بالسكن "مسكن الزوجية"؟ [٥] . فكيف يتم إسناد الحضانة على أساس مصلحة المحضون والأم الحاضنة مقيمة في الشارع مع أولادها ؟ فكيف تتم في هذه الحالة المحافظة على

راجع السيد عيد نايل، حق الحاضنة وصغار المطلق في الاستقلال بمسكن الزوجية بين القانون المدني وقانون الأحوال الشخصية، مجلة العلوم القانونية والاقتصادية، ١٩٨٩، عدد ٥، ص. ٨٢ وما بعدها.

(١) انظر، محمد كمال الدين إمام، المرجع السابق، ص.٣٠٩-٣١٠.

(٢)Cf. K. Mostefa, L'évolution de la jurisprudence en matière de hadana, R.A.S.J.E.P., ٢٠٠٣, n°١, p. ٤٨.

(٣) وهذا ما سنشير إليه في النقطة الموالية من هذا البحث، ص. ١٥٧ وما بعدها.

(٤) انظر، الغوتي بن ملحة، آراء حول التشريع ...المداخلة السابقة، ص.١٠.

(٥) انظر، جيلالي تشوار، محاضرات...، المرجع السابق، ص. ٢١٥.

التربية الحسنة للأطفال ؟ أين هي مصلحة المحضون التي شددها المشرع ؟

والملاحظة الأخرى التي تضاف، إلى جانب الانتقادات السالفة الذكر بشأن المادة ٥٢ قبل تعديلها، هي أن المشرع في المادة ٥٧ من قانون الأسرة قد فتح الباب للطعن بالاستئناف في الجوانب المادية للطلاق بما في ذلك النفقة بما فيها السكن من جهة، ومن جهة أخرى، أقفل هذا الباب بصريح العبارة والصرامة "يستثنى من القرار بالسكن، مسكن الزوجية إذا كان وحيدا".

والأغرب في ذلك، هو أن مشروع تقنين الشريعة الإسلامية لسنة ١٩٠٧ قد سبق وأن أبدا حرصه على مصلحة المحضون بخصوص هذه النقطة، وذلك في المادتين ١١٥ الفقرة الأولى و١١٧ منه. فجاءت المادة ١١٥ في فقرتها الأولى بحكم مفاده "إن الحضانة لا تنطوي، في حد ذاتها، بالنسبة للحاضن، التزام تلبية السكن والغذاء للمحضون، وللحاضن، إذا لم يكن ملزما شخصيا بالنفقة بسبب قرابته مع المحضون، الحق في فرض على الشخص الملزم بها، تسديد له نفقاته"[١]. وقد بينت المادتان ١٠٢ و١٠٤ من ذات المشروع أن الأب هو الملزم بتلبية الغذاء والملبس والمسكن لولده[٢]. وما يزيد في إبراز

---

(١)l'article ١١٥ alinéa ١ du projet de codification du droit musulman disposait que « la garde n'emporte pas, par elle-même, pour le gardien, obligation de pourvoir au logement et à la nourriture de l'enfant; et le gardien, à moins qu'à raison de sa parenté avec l'enfant, il ne soit tenu personnellement de l'entretien, a le droit d'exiger de celui à qui cet entretien incombe, le remboursement de toutes ses dépenses ».

(٢)L'article ١٠٢ proclamait que « le père est tenu de pourvoir à la nourriture, à l'habillement et au logement de son enfant… ». Et, l'article ١٠٤ disposait que « le père doit pourvoir à l'entretien du fils, jusqu'à ce qu'il atteint l'âge de la puberté, et de la fille jusqu'à la conclusion de son mariage ». Sur cette question, cons . Khalil Ibn Ischak, Al-Moukhtacar (l'abrégé), trad. fr. de N. Perron, Paris, ١٨٥٤, t. ٣, p. ١٥٥; Ibn Acem Al-Gharnati, Tuhfat al-hukkam, trad . fr. de O. Houdas et F. Martel, Alger, ١٨٨٢, vers. ٥٩٤ ; Charani, La balance (El-mizane), trad. fr. de N. Perron, éd. Luciani, pp. ٢٦٧ et s.

انشغال واضعي هذا المشروع بمصلحة المحضون المادية هو ما ورد في مادته ١١٧ التي نصت على أن "التكاليف الضرورية للإنفاق على الولد تسدد قبل أي دين آخر"(١).

وبالإضافة إلى ذلك، إن الأب إذا كان مالكا أو مستأجرا لمسكن وحيد، فإن ذلك لا يمنعه من أن يوفر لأولاده أجر مسكن آخر. لأن ذلك من الالتزامات التي تقع على الأب في حالة عدم وجود مال للمحضون. بل إن المشرع في القانون المدني والذي سبق قانون الأسرة في الظهور منح للقاضي(٢) إمكانية إسناد حق الإيجار للزوجة المطلقة الحاضنة(٣) في المادة ٤٦٧ فقرة ثانية(٤). ولكن منح هذا الحق لا يكون بصفة آلية، بل هو

---

(١)Cet article édictait que « les frais nécesssaires à l'entretien de l'enfant sont payables avant toute autre créance ».

(٢) وتجدر الإشارة أن الفصل في موضوع السكن يعود اختصاصه للقاضي الذي يفصل في دعوى الطلاق وهذا المبدأ أكده المجلس الأعلى في ١٩٨٤/١٢/٣١ بقوله "متى كانت أحكام المادة ٤٦٧ من القانون المدني صريحة في النص على اختصاص القاضي الذي يفصل في دعوى الطلاق بالفصل في موضوع سكن الحاضنة وتقديم الانتفاع بحق الإيجار، ونتيجة لذلك فإنه ليس لدى قاض أن يحكم من جديد بتقرير حق الانتفاع بالسكن أو استبداله أو مراجعة الحكم الذي فصل فيه القاضي الذي قضى بالطلاق خاصة وأن الحكم بتقرير السكن كان أثرا من آثار الطلاق، ومن ثم فإن القضاء بما يخالف هذا المبدأ يعد انتهاكا لأحكام المادة المشار إليها أعلاه وخرقا لمبدأ قوة الشيء المقضي به وتجاوز للسلطة في نفس الوقت، ومتى كان ذلك استوجب نقض القرار المطعون فيه. لما كان ثابتا- في قضية الحال - أن المجلس القضائي صادق على حكم بالإشهاد المدعية بتمتعها بالسكن الزوجي الكائن بوهران، في حين أن الحكم الذي قضى بعد التصريح بالطلاق يمنح المطلقة السكن الكائن بعين تموشنت أصبح نهائيا وصار له قوة الشيء المقضي به، فإن المجلس القضائي بقضائه هذا انتهك أحكام المادة ٤٦٧ من القانون المدني وخرق مبدأ حجية الشيء المقضي به وتجاوز سلطته في نفس الوقت.
ومتى كان كذلك استوجب نقض القرار المطعون فيه". انظر، مجلس أعلى، غ.أ.ش.، ١٩٨٤/١٢/٣١، قرار رقم ٣٤٨٤٩، المجلة القضائية، ١٩٨٩، عدد ٤، ص.١١١. وفي نفس الاتجاه، انظر، مجلس أعلى، غ.أ.ش.، ١٩٨٠/١٢/٠٢، ملف رقم ٢٤١٤٨، نشرة القضاة، ١٩٨٩، ص.٨٣.

(٣) تنص المادة ٤٦٧ في فقرتها الثانية على انتقال حق الإيجار فقط عند الطلاق ولم تتعرض لمسألة انتقال حق البقاء بالأمكنة في حالة الطلاق. انظر، بن رقية بن يوسف، "إيجار السكنات التابعة لدواوين الترقية والتسيير العقاري"، م.ج.ع.ق.إ. س.، ١٩٩٩، عدد ٢، ص.١٣٦.

(٤) تنص الفقرة ٢ من المادة ٤٦٧ على أن "وفي حالة الطلاق يجوز للقاضي أن يعين من الزوجين يمكنه أن ينتفع بحق الإيجار باعتبار تكاليف هذا الزوج من أجل حضانة الأولاد خاصة ".

أمر جوازي بالنسبة للقاضي[١] . وهذا ما عبر عنه المجلس الأعلى بقراره الصادر في ٢٣ نوفمبر ١٩٨٧ والذي أوضح أن القاضي ليس دائما مجبرا بأن يمنح حق الإيجار للزوج الذي له حضانة الأولاد؛ فالمنح هذا يبقى من اختصاص القضاة حسب ظروف الدعوى وملابساتها .

فضلا عن ذلك، فقد أضاف القضاء شرطا آخرا مفاده أن الاستفادة بحق الإيجار لا يمكن أن يحصل إذا كان السكن "ملكا" لغير الحاضن[٢] . صحيح أن طمع بعض الزوجات في الحصول على السكن قد أدى إلى خروقات وانحرافات[٣] ؛ ولكن مهما كان منطق هذا الموقف، فإنه عرضة للنقد، فهو ينطوي على الفوضى، إذ يوافق على تشريد الأطفال كواقعة طبيعية ويحتم على القاضي التسليم بها بل السكوت عنها. فهو إذن يقر أن يستمر الأب في شغل مسكنه دون أن يفكر في أبنائه الملقين في الشارع وحتى ولو كان ظالما في طلاقه.

غير أن المحكمة العليا لم تر في موقفها السابق الصحة ولا السند المتين، مما دفعها إلى الإفراش عنه وتغيير وجهة نظرها كليا وتجلى ذلك في قرارات لاحقة؛ أولها قرار ٢١ أفريل ١٩٩٨ الذي قرر للأم الحاضنة لبنتين أجرة السكن على الوالد بالرغم من أنها عاملة[٤] .

وفي قرار لاحق لم تأخذ المحكمة في الاعتبار شرط الولي الذي يقبل إيواء الحاضنة[٥]،

---

(١) من دلالة العبارة "يجوز".

(٢) قرار مجلس أعلى، ١٩٨٢/٠٢/٢٢، ملف رقم ٢٦٩٩٧، نشرة القضاة، ١٩٨٢، عدد خاص، ص. ٢٢٧.
Cf. K. Mostefa, op.cit. , p. ٤٩

(٣) انظر، بعض الأمثلة الواردة في مرجع الأستاذ الشيخ شمس الدين، المرجع السابق، ص.١٥٤-١٥٩؛
Cf. K. Mostefa, op.cit., p. ٤٩.

(٤) انظر، المحكمة العليا، غ.أ.ش.م.، ١٩٩٨/٠٤/٢١، ملف رقم ١٨٩٢٦٠، المجلة القضائية، ٢٠٠١، عدد خاص، ص.٢١٣.

(٥) وحتى قبل هذا التاريخ، قضت المحكمة العليا بأنه "لما ثبت، في قضية الحال، أن للزوج مسكنا آخرا بنفس البلدية حسب اعترافه، فإن قضاة المجلس قد أخطؤوا بقضائهم من جديد برفض طلب الطاعنة بتخصيص مسكن يضمن حق المحضون بالإيواء فيه ولاسيما احتمال عدم وجود ولي يقبل إيواءها مع محضونها قائما". انظر، محكمة عليا، ١٩٩٣/٠٤/٢٧، ملف رقم ١٠٥٣٦٦، المجلة القضائية، ١٩٩٤، عدد ٢، ص. ٨٨.

وذلك بتاريخ ٢١ جويلية ١٩٩٨ أين أيدت فيه قرار مجلس قضاء الجزائر الصادر في ٢٣ مارس ١٩٩٧ والذي ألغى الحكم المستأنف في شقه المتعلق برفض تخصيص مسكن لممارسة الحضانة والحكم من جديد بإلزام الأب بدفعه للحاضنة مبلغ ٤٠٠٠ دج بدل أجرة المسكن بالرغم من أن ولي الحاضنة قبل إيواءها، لأن أجرة مسكن الحضانة تعتبر عنصرا من عناصر النفقة التي هي من التزامات الأب تجاه أولاده المحضونين[١].

وفي قرار صدر مؤخرا نسبيا في ١٨ جويلية ٢٠٠١ ألزمت المحكمة العليا أب المحضونين دفع بدل الإيجار متى حصلت الأم على الحضانة[٢].

وأمام هذه المشاكل وغيرها، سرى المشرع في نفس سياق المحكمة العليا، إذ تدخل وقام بتعديل المادتين ٥٢ و٧٢ من قانون الأسرة؛ ولكن، هل جاءت النصوص المعدلة في صياغتها الجديدة لتحقيق الحماية المتطلبة للمحضون؟

٢.- حق المحضون في السكن بعد تعديل قانون الأسرة

إذن، قد أدى ذلك النقص التشريعي وتلك الاجتهادات القضائية إلى شعور المشرع في إعادة النظر في قانون الأسرة، وذلك بضرورة تعديل المادة ٥٢ بإلغاء فقراتها الثانية والثالثة وحتى الرابعة وكذا تعديل المادة ٧٢ منه واستبدالها بفقرتين وهما "في حالة الطلاق، يجب على الأب أن يوفر، لممارسة الحضانة، سكنا ملائما للحاضنة، وإن تعذر ذلك فعليه دفع بدل الإيجار.وتبقى الحاضنة في بيت الزوجية حتى تنفيذ الأب للحكم القضائي المتعلق بالسكن"[٣].

وإذا كان هذا النص يحمل تحت طياته الرغبة في حماية المحضون، وتجنب عيوب النص السابق، إلا أنه لم يفلت هو الآخر من بعض الانتقادات وهي :

١.- استعمال مصطلح "بيت الزوجية" ليس في محله، بل الأصح "بيت المطلق"،

---

(١) انظر، المحكمة العليا، غ.أ.ش.م.، ١٩٩٨/٠٧/٢١، ملف رقم ١٩٧٧٣٩، نشرة القضاة، ١٩٩٩، عدد ٥٦، ص.٣٧-٣٩.

(٢) انظر، المحكمة العليا، غ.أ.ش.م.،٢٠٠١/٠٧/١٨، ملف رقم ٢٦٢٢٢٨، غير منشور. وجاء في حكم لمحكمة تلمسان بالإشهاد على تنازل الأب عن حقه في السكن من أجل حضانة الأم لأولادها. انظر، محكمة تلمسان، ق.أ.ش.،١٩٨٨/٠٦/١١، قضية رقم ٨٨/٣٠٩، غير منشور.

(٣) جاء في عرض أسباب هذا التعديل في المشروع التمهيدي أنه "تلزم هذه المادة الزوج بأن يوفر للمطلقة الحاضنة مع أولادها سكنا ملائما. وإن تعذر ذلك فعليه أجرته. والهدف من ذلك هو حماية مصلحة الأطفال بعد الطلاق قصد التوفير لهم مستوى معيشي مقبول".

لأن "الزوجية" صفة لشخصين مرتبطين بعقدة النكاح، وهو لم يعد كذلك بعد فكها بالطلاق. والخليق بالإشارة إلى أنه يمكن أيضا استبدال الزوجية بـ "بيت والد المحضون"، إذ أن العبارة الأليق هي الأولى، لأن هذه المادة تعالج مسألة الحضانة، وهي منظمة في فصل "توابع الطلاق".

٢.- ألغيت الفقرة الرابعة من المادة ٥٢ من قانون الأسرة، غير أن هذا الإلغاء لا يتماشى والنصوص المقررة لمصلحة المحضون، إذ ذلك الإجراء يدفعنا إلى القول بأن النص السابق كان أكثر وضوحا ومؤكدا للقاعدة القائلة "سقوط الحضانة يسقط حق الحاضنة في السكن". ولربما أن المشرع قد اعتبرها من الأمور المسلم بها.

٣.- وكما أغفلت تلك الفقرة الحالة التي يكون فيها للحاضنة سكن، وهنا لا يتوجب على أب المحضون توفير لها مسكن لممارسة الحضانة[١]، بل أجرته.

٤.- أن العمل بالنص الجديد يؤدي حتما إلى تحليل ما حرمه الله، وذلك، على غرار المدونة المغربية[٢]، بإبقاء المطلق والمطلقة في نفس البيت[٣]، حتى ولو انتهت عدتها، لأن الفقرة الثانية من المادة المعدلة صريحة بشأن ذلك: "وتبقى الحاضنة في بيت الزوجية حتى تنفيذ الأب الحكم القضائي المتعلق بالسكن".

ومن الجدير بالذكر أن وجود المطلق والمطلقة في نفس السكن، خاصة إذا انتهت الزوجية بطلاق تعسفي أو بتطليق ناتج عن ضرر، سينتج عنه الانشقاق والتمزق والتناحر والصراع الحاد داخل بيت المطلق. ومن ثم تفقد الأسرة الاحترام الواجب تبادله بين الأبوين المطلقين أمام أطفالهما، بل قد يتوسع الصراع ليشمل الأبناء، حيث يحاول كل طرف تجنيد الأبناء في صالحه مما يسبب لهم عواقب وخيمة، وفي هذه الحال يفقد المحضون القدوة الضرورية التي يتعلم منها القيم والسلوك الحميدة، وقد يلجأ المحضون إلى

---

(١) انظر، السيد عيد نايل، المرجع السابق، ص. ٨٦؛ أشرف مصطفى كمال، المشكلات العلمية في قانون الأحوال الشخصية، ط.٢، ج.١، (بدون دار وسنة الطبع)، ص.٣٧٨.

(٢) انظر، الفقرة الثالثة من المادة ١٦٨ من المدونة.

(٣) مع العلم أن المادة ١٨ مكرر من القانون المصري رقم ١٠٠ لسنة ١٩٨٥، كانت تنص قبل إلغائها من قبل المحكمة الدستورية العليا لمخالفتها للدستور، كانت تنص على أن "الزوج المطلق أن يهيئ لصغاره من مطلقته ولحاضنتهم المسكن المناسب، فإذا لم يفعل خلال مدة العدة استمروا في شغل مسكن الزوجية المؤجر دون المطلق مدة الحضانة. ..". انظر بشأن هذه المسألة، محمد أحمد سراج ومحمد كمال إمام، المرجع السابق، ص. ١٨١-١٨٢.

البحث عن قرين لهذه القدوة غير كفء من خارج البيت.

٥.- ويؤخذ أيضا على المشرع، أنه بتقريره للفقرة الثانية من المادة ٧٢ من قانون الأسرة، يكون قد تناقض مع نفسه، لأن التعديل كان من المفروض أن يمس حتى المادة ٦١ من ذات القانون، إذ أن هذه الأخيرة تنص بصراحة العبارة أن الزوجة المطلقة لا تخرج "من السكن العائلي مادامت في عدة طلاقها"، بمعنى، وبمفهوم المخالفة أنه ينبغي عليها أن تغادر السكن بمجرد انقضاء عدتها حتى ولو كانت حاضنة.

٦.- وأخيرا، قد اشترط المشرع في المادة ٧٢ من قانون الأسرة أن يكون السكن ملائما للحاضنة، وبهذه الصياغة المعيبة جعل المشرع الحق في السكن قاصرا على ملاءمته مع الحاضنة، بدلا من أن يشترط أن يكون السكن ملائما لممارسة الحضانة، لأنها لا تحصل على ذلك الحق إلا إذا كانت حاضنة، وهو حق مقرر أصلا للمحضون.

هذا، وقد هوجمت المادة ٥٢ الملغاة من قانون الأسرة، كما سبق ذكره بآراء تختلف نظرة وفكرا وتكوينا، بحيث رئي فيها في حالة تعديلها – وهو التعديل الوارد حاليا في المادة ٧٢ من قانون الأسرة- إلا الظلم وإعطاء لغير ذي حق ما ليس له، ووصفت بأنها نص "يشرد الآباء بحجة مصلحة الأبناء...، وأنه منهج لا يؤدي في النهاية إلا إلى تفاقم الأزمة وتنوعها وتوتر المجتمع... ويدفع الرجال إلى معاشرة نسائهم بالحيلة حماية لمنازلهم ويدفع النساء إلى معاشرة أزواجهن بالحيلة والمكر والمكيدة..."[١]. فتكليف الرجل، يضيف هذا الاتجاه قائلا، "بتوفير مسكن لمطلقته في مدة لا تتجاوز عدتها ضرب من الجنون، تجريده من مسكنه ظلم، تشريد المطلقة حرام، تكليفه بأجرة مسكن مع غلق المؤسسات وانتشار البطالة انتحارا"[٢].

واقترح إرضاء للجميع، مستندا في ذلك على حالة الفقر والبطالة في الجزائر[٣] حلا بيد الدولة وهو أن تخصص هذه الأخيرة مجموعة من مساكن وظيفية توضع تحت تصرف

(١) انظر، الشيخ شمس الدين، المرجع السابق، ص.١٦٠.

(٢) انظر، الشيخ شمس الدين، المرجع السابق، ص.١٦٣.

(٣) أشار المؤلف إلى أنه يوجد في الجزائر ١٦ مليون فقير، منهم ٦ ملايين في حالة جد خطيرة مع وجود ٤ ملايين عاطل عن العمل. أما من يعمل فـ ٧٠% لا تكفيه أجرته لسد حاجياته وللعيش الكريم، ناهيك عن توفير مسكن أو أجرة مسكن أو خادم لمطلقته . انظر، الشيخ شمس الدين، المرجع السابق، ص. ١٦٢.

القاضي للحاضنات اللواتي ليس لهن مسكن ولا لمطلقيهن[١].

في الحقيقة، إن هذا الحل معقول ممكن التحقيق يذكرنا بقانون تونس المتضمن خلق صندوق ضمان النفقة الغذائية وجراية الطلاق[٢]. ولكن، إذا كان هدف هذا التعديل هو الحد من الطلاق التعسفي، فإن الشريعة الإسلامية لا تمنع هذه المبادرة.

ولربما جاءت المادة المعدلة لهذا الغرض فضلا عن توفير الحماية للمحضون. أكثر من ذلك لا نريد أن يكون نص المادة ٧٢ المعدل من قانون الأسرة عقوبة للمطلق أكثر من أن يكون حماية للمحضونين. كما أن هذا السكن يقرره التشريع والفقه الإسلاميين للمحضونين وللحاضنة بصفتها كذلك. أضف إلى أن الحضانة مؤقتة فهي متوقفة على أهلية الحاضن من جهة، وعلى مدة الحضانة من جهة أخرى.

وأمام هذا التعديل، هناك مسألة أخرى مرتبطة به تستوجب التطرق إليها وهي تلك المتعلقة بحق البقاء، إذن يتحتم علينا الأمر البحث ما المقصود بهذا الحق، وهل يمكن العمل به في إطار الصياغة الجديدة للمادة ٧٢ من قانون الأسرة ؟

للإجابة على ذلك، وحتى قبل التعديل سالف الذكر، قضت المحكمة العليا في قرارها الصادر بتاريخ ١٥ جوان ١٩٩٩ بأن "للحاضنة الحق في البقاء في مسكن الزوجية متى ثبت للزوج مسكنا آخرا وهذا نظرا لمصلحة المحضونين. ولما كان ثابتا - في قضية الحال - أن المطعون ضدها تمارس حضانة الأولاد في المسكن المتنازع عليه مند ١١ سنة أي من تاريخ صدور الحكم بالطلاق وأن محضر إثبات حالة يثبت أن الطاعن يملك سكنا آخرا وعليه فإن القضاة بقضائهم برفض دعوى الطاعن لعدم التأسيس وحق الزوجة في البقاء في مسكن الزوجية نظرا لمصلحة الأولاد المحضونين الأربعة، فإنهم بقضائهم كما فعلوا طبقوا صحيح القانون. ومتى كان كذلك استوجب رفض الطعن"[٣].

---

(١) انظر، الشيخ شمس الدين، المرجع السابق، ص.١٦٣-١٦٤.

(٢) انظر، قانون رقم ٩٣-٦٥ المؤرخ في ١٩٩٣/٠٧/٠٥ المتضمن خلق صندوق ضمان النفقة الغذائية وجراية الطلاق. وأن هذا الصندوق قد نص عليه مشروع تعديل قانون الأسرة الثاني في مادته ٨٠ مكرر وذلك بقوله "ينشأ طبقا للشروط والكيفيات المحددة في التشريع المعمول به صندوق عمومي لدفع النفقة الغذائية بما فيها أجرة السكن التي بقي تحصيلها بطرق التنفيذ القانونية دون جدوى"، غير أن التعديل الذي أدخل على قانون الأسرة استغنى على هذا النص لأسباب مجهولة.

(٣) انظر، المحكمة العليا، غ.أ.ش.م.، ١٩٩٩/٠٦/١٥، ملف رقم ٢٢٣٨٣٤، المجلة القضائية، ٢٠٠١، عدد خاص، ص.٢٢٥.

والملاحظ على هذا القرار على غرار القرارات اللاتي سبقته أنه جاء ليضمن للمحضون سكن يأوي إليه، فتوفير السكن هو في مصلحة المحضون. إلا أنه بالرغم من هذه الحماية المقررة له، لن يفوتنا أن نبدي بعض الملاحظات على هذا القرار، والتي تتعلق أساسا حول عبارة "الحق في البقاء" المستعملة في منطوقه[١].

إن الحق في البقاء[٢] يقصد به مكوث المستأجر بالعين المؤجرة والانتفاع بها بعد انتهاء عقد الإيجار بالنسبة للعقود المحددة المدة أو بعد توجيه تنبيه بالإخلاء بالنسبة للعقود غير محددة المدة، بغض النظر عن رفض المؤجر لهذا البقاء، لأن هذا الحق يثبت له قانونا[٣].

أضف إلى ذلك أن هذا الحق ينتقل[٤] حسب نص المادة ٥١٥ من القانون المدني لأفراد عائلة المستأجر في حالة هجره للمنزل أو وفاته؛ والطلاق لا يمثل إحدى هاتين الحالتين[٥]،

---

(١) مع الإشارة أن هذا القرار أيضا معيب من حيث استعماله لمسكن الزوجية الذي سبق وأن أبدينا ملاحظاتنا حوله.

(٢) يختلف الحق في البقاء عن التجديد الضمني لعقد الإيجار في أن الثاني يبقى فيه المستأجر منتفعا بالعين المؤجرة بعد انتهاء مدة الإيجار ولكن دون اعتراض من المؤجر، أي وجود إيجاب وقبول ضمنيين في هذا العقد. أضف إلى أن التجديد الضمني لعقد الإيجار ينصب على عقود الإيجار محددة المدة، بينما حق البقاء يطبقَ على عقود الإيجار محددة المدة وغير محددة المدة. انظر، شيخ سناء، حق البقاء في الأماكن المعدة للسكن، رسالة ماجستير، كلية الحقوق تلمسان، ٢٠٠٢-٢٠٠٣، ص.٢.

(٣) انظر، المواد ٥١٤ وما بعدها من القانون المدني الجزائري. راجع بشأن ذلك، ابن رقية بن يوسف، المرجع السابق، ص. ١٣٦؛ محي الدين عواطف، التنظيم التشريعي للإيجارات السكنية في القانون الجزائري، رسالة ماجستير، كلية الحقوق، سيدي بلعباس،٢٠٠١-٢٠٠٢، ص. ٢٦٢؛ شيخ سناء، المرجع السابق، مذكرة، ص. ٢. وعلى سبيل المقارنة، أقرت تونس أيضا حق البقاء بالقانون رقم ١٣٥/٧٦ المؤرخ في ١٩٧٦/٠٢/١٨. وفي فرنسا تدخل المشرع الفرنسي لأول مرة بقانون ١٩١٨/٠٣/٠٩ لينص على ما يسمى بتمديد الإيجار بعد انقضاء العقد، وتوالت التشريعات بعد ذلك لتستعمل مصطلح تمديد الانتفاع بقانون ١٩٢٦/٠٤/٠١ ثم إبقاء الحيازة بموجب المرسوم التشريعي لـ ١٩٣٩/٠٩/٢٦. وأخيرا، أصدر قانون ١٩٤٨/٠٩/٠١ الذي استحدث مصطلح حق البقاء في الأمكنة والذي عكس الإرادة الحقيقية للمشرع. انظر، محي الدين عواطف، المرجع السابق، ص.٢٠٣-٢٠٤.

(٤) انظر، شيخ سناء، المرجع السابق، مذكرة، ص.٦٠؛ محي الدين عواطف، المرجع السابق، مذكرة، ص. ٢٠٨.

(٥) أضافت هذه المادة شروطا وهي - أن يكون أفراد عائلة المستأجر على نفقته، وأن يعيشون معه

فضلا عن ذلك، إن حق البقاء قد ألغي بالمرسوم التشريعي رقم ٩٣-٠٣ المؤرخ في ٠١ مارس ١٩٩٣ المتعلق بالنشاط العقاري[١] . ولذلك، فإن الصياغة الصحيحة هي الاستمرار في شغل المسكن. غير أن ما في الأمر هو أنه ممكن اقتراح على سبيل الاستثناء أن يستفيد المحضونون مع حاضنتهم بهذا الحق اعتبارا لمصلحة الأطفال القصر[٢] .

وحول هذا الموضوع، ذهب اتجاه من الفقه إلى أن تخصيص السكن العائلي لممارسة الحضانة باعتبارها مؤقتة ليس فيه خرق لحق ملكية المطلق[٣] . وهذا ما أكدته المحكمة العليا في قرارها الصادر في ١٥ فبراير ٢٠٠٠، حينما قضت بأن "حق الإسكان لممارسة الحضانة حق شخصي وأن هذا الحق لا يمكن اعتباره بأي حال من الأحوال من الحقوق التي تنتقل مع الملكية وعلى المستفيد (الزوجة المطلقة) من هذا الحق استعمال طرق التنفيذ القانونية للحصول عليه"[٤] .

وزيادة على ما قلناه أعلاه[٥]، إن مسكن الزوجية قد يكتسي أثناء النطق بالطلاق عدة صور، حيث قد يكون مملوكا مملوكا للزوج المطلق ملكية تامة وهذا لا يجوز التصرف فيه فيما عدا صاحبه، وقد يكون الزوج المطلق مستأجره، وكما قد يكون مملوكا لوالديه أو أحد أقربائه أو لأقارب المطلقة، وهي حالات كلها لا تخضع لحكم موحد. فإننا نعتقد أن النص المعدل الوارد في المادة ٧٢ من قانون الأسرة لا يشمل الحالات الثالثة الأخيرة،

عادة مند أكثر من ٠٦ أشهر.

(١) تنص المادة ٢٠ من هذا المرسوم على أن "لا تطبق المواد ٤٧١ و٤٧٢ و٤٧٣ و٤٧٤ و٥٠٩ وكذا المواد من ٥١٤ إلى ٥٣٧ من الأمر رقم ٧٥-٥٨ المؤرخ في ١٩٧٥/٠٩/٢٦، والمذكور أعلاه، والمتعلقة بحق البقاء في الأمكنة على عقود الإيجار ذات الاستعمال السكني المبرمة بعد تاريخ صدور هذا المرسوم التشريعي.
يظل تجديد عقود الإيجار المبرمة قبل تاريخ صدور هذا المرسوم التشريعي خاضعا للتشريع السابق المطبق على هذه العقود "، الجريدة الرسمية لسنة ١٩٩٣، عدد ١٤، ص. ٣.

(٢)Cf. K. Mostefa, op. cit. , p.٥٥.

(٣) وخاصة وأن بعض التشريعات كفرنسا تسمح للقاضي أن يجبر المطلق المالك لسكن منح لمطلقته الحاضنة الإيجار على السكن وليس تخصيص فحسب وهو ما يسمى بالإيجار المجبر، انظر،
Ph. Jestaz, Bail entre conjoints divorcés, R.T.D.Civ., ١٩٧٥, p.٧٩٩

(٤) انظر، محكمة عليا، ٢٠٠٠/٠٢/١٥، ملف رقم ١٨٤٩٧٢، غير منشور، مقتبس عن ماروك نصر الدين، قانون الأسرة...، المرجع السابق، ص. ١٢٦.

(٥) انظر، ص. ١٤٠ وما بعدها من هذه الدراسة.

وكذا الشأن بالنسبة للمادة ٤٦٠ من القانون المدني[١]. زيادة على ذلك، فإنه ليس من المنطق أمر تخصيص هذا المسكن لممارسة الحضانة وكذلك "لا ينسجم... مع الأخلاق والعادات والتقاليد بحيث لا يعقل أن تطلق امرأة من رجل وتبقى تمارس حضانة أولادها عند أهله"[٢] أو عند أهلها وهو مقيم معها.

ولذلك يقترح جانب من الفقه أن يتدخل المشرع، أمام تلك الحالات، وينص على بدل الإيجار كحل عادل للطرفين حتى لا يتهرب الزوج من التزاماته...، وبدل الإيجار يجب على القاضي أن يمنحه مباشرة مع منح الحضانة للحاضنة في حالة تجاوز عدد الأولاد أكثر من اثنين"[٣] مما يجعل النصوص القانونية منسجمة مع الواقع العملي.

ولكن، إذا تأملنا في هذا الاتجاه، لوجدنا أنه لا يستقيم مع كل الحالات سالفة الذكر، فهو يدل، إن أخذ به المشرع، على عدم رغبته في توفير السكن للمحضون، ومن ثم على عدم حماية مصلحة المحضون. ولذلك، يمكن الأخذ به، وليس ككل في حالات دون أخرى. وينصرف إلى هذا الاتجاه كذلك نفس النقد الذي وجهناه أعلاه إلى الموقف القائل بأن الحاضنة لا تستحق السكن إلا إذا كانت حاضنة لثلاثة أطفال فأكثر، فحل كهذا لا يخدم بتاتا مصلحة المحضون، بل يهدرها بغير حق[٤].

وفي خضم هذا الموضوع، السؤال الذي يمكن أن يفرض نفسه هنا هو الكامن في معرفة عما إذا كان تمديد الحضانة بعد انتهائها يمنح للحاضنة الحق في الاستمرار في شغل مسكن والد المحضون أو المطالبة بأجرته؟

رأى جانب من الفقه المقارن أنه في هذه الحالة لا يجوز لها الاستمرار في شغل المسكن[٥]. وحسب رأينا، فإن قانون قانون الأسرة لا يمنع ذلك صراحة مادام أن تمديد الحضانة يخضع لشروط وأنها تنتهي بمدة معينة. فإذن، لها الحق في أن تستمر في شغل

---

(١) وهذا ما أكده القرار الصادر عن المجلس الأعلى، حيث قضى بأنه "إذا كانت أحكام المادة ٤٦٠ من القانون المدني التي تخول للقاضي الذي يصرح بالطلاق إعطاء السكن الزوجية للزوج الذي أسندت إليه حضانة الأولاد أخذت في اعتبارها أن السكن المذكور مؤجر وأن تأجيره باسم أحدهما، أما إذا كان باسم غيرهما فإنه ليس لأحدهما أن يستفيد منه تحت ظل نص هذه المادة، ومن ثم فإن القضاء بما يخالف هذا المبدأ يعد خرقا للقانون.
ولما كان القرار المطعون فيه قد قضى بمنح السكن المؤجر باسم أم الزوج، للزوجة المطلقة فإنه بهذا القضاء قد خرق أحكام المبدأ المتقدم". انظر، مجلس أعلى، ١٩٨٤/١٢/٠٣، ملف رقم ٣٤٣٩٧، غير منشور، مقتبس عن ابن رقية بن يوسف، أهم النصوص التشريعية والتنظيمية المتعلقة بالإيجار المدني التجاري، اجتهادات المحكمة العليا، الديوان الوطني للأشغال التربوية، ٢٠٠٠، ص. ٧٧-٧٨.

(٢) انظر، نصر الدين مروك، قانون الأسرة...، المرجع السابق، ص. ٣٨.

(٣) انظر، نصر الدين مروك، قانون الأسرة...، المرجع السابق، ص. ٣٩.

(٤) انظر بشأن الانتقادات الموجهة لهذا الرأي، الهامش ٥٤٢ وما بعده من هذه الدراسة.

المسكن أو المطالبة بأجرته ما دامت الحاجة قائمة ومصلحة المحضون تنادي بذلك، فالوجوب مستمر.

هذا عن القانون الجزائري، هل سرى المشرع التونسي في نفس الاتجاه، ومن ثم أولى حماية فعلية للمحضون ؟

ب.- حق المحضون في السكن في المجلة التونسية

ففي المجلة التونسية، إن عمومية عبارة "مصاريف شؤون المحضون" الواردة في الفصل ٥٦ منها لا تدل على امتداد التزام النفقة إلى الطعام والكسوة والمسكن والتعليم وما يعتبر من ضروريات العرف والعادة، أي الرجوع إلى الفصل ٥٠، فحسب، وإنما أيضا إلى خصوصية صاحب هذه الحقوق وهو المحضون[١].

هذه الخصوصية والعناية بها، تأكدت عندما أبدى المشرع حرصه على حق المحضون في السكن بإضافة الشق الثاني من الفصل ٥٦ من المجلة وهو "وإذا لم يكن للحاضنة مسكن فعلى الأب إسكانها مع المحضون". فهذا الشطر يفيد أن على الأب إعداد المسكن

(١) وذلك طبقا للمادة ١٨ مكرر ثالثا من المرسوم المصري الخاص ببعض أحكام الأحوال الشخصية رقم ٢٥ لسنة ١٩٢٩ والمعدل بالقانون رقم ١٠٠ لسنة ١٩٨٥. انظر، السيد عيد نايل، المرجع السابق، ص. ٧٥؛ أحمد نصر الجندي، الأحوال الشخصية، تعليق على نصوص القانون، ط.١، المكتبة القانونية، ١٩٨٧، ص.٣٦٣-٣٦٤؛ أحمد نصر الجندي، الطلاق والتطليق وآثارهما، دار الكتب القانونية، مصر، ٢٠٠٤، ص. ٦٤٤؛ احمد إبراهيم بك وواصل علاء الدين أحمد إبراهيم، أحكام الأحوال الشخصية في الشريعة الإسلامية والقانون، مطبعة الخربوطي، القاهرة، ١٩٩٤، ص.٥٩٦-٥٩٧. وقد طبق القضاء المصري ذات الحكم، فقضى للمطلق أن يسترد مسكن الحضانة سن مطلقته "إذا بلغ الصغير العاشرة والصغيرة اثنتي عشرة سنة لو حكم في دعوى الضم ببقاء الصغير البالغ الخامسة عشرة مع حاضنته والصغيرة مع حاضنتها حتى تتزوج" (محكمة النقض المصرية لـ ١٩٨٩/٠٣/٢٨. وفي نفس الاتجاه، انظر قرار ١٩٩٠/٠١/١١ وقرار ١٩٩٠/٠٥/١٠، مقتبس عن كمال صالح البنا، موسوعة الأحوال الشخصية، دار الكتب القانونية، ١٩٩٧، ص.٢٣٣).

(٢) Cf. M. Beji, op. cit. , mém., p.٢٠٥.

للحاضنة لتمارس حضانتها[١]، لا مجرد تركهم يبحثون عن مسكن لهم أو مكان يأويهم، وإنما عليه هو إيجاد السكن، إذ هو الملزم بتوفير المسكن لأولاده[٢]؛ هذا من جهة، ولأن المسكن من مصاريف شؤون المحضون، وهو من المصاريف الأساسية. والالتزام به هو التزام بتحقيق نتيجة[٣] يتم تنفيذه عينا[٤] عندما لا يكون للمحضون مال ولا للحاضنة مسكن، من جهة أخرى.

وهذا ما قضت به محكمة التعقيب في قرارها المؤرخ في ١٩ مارس ١٩٦٣ بقولها "نفقة المحضون واجبة قانونا على الأب سواء كان المحضون عند الحاضنة أو عند غيرها "[٥]؛ وأيضا محكمة استئناف تونس في قرارها الصادر في ١١ نوفمبر١٩٦٣ الذي ورد فيه : "... مصاريف شؤون المحضون تقام من ماله إن كان له مال وإلا فمن مال أبيه، وإن لم يكن للحاضنة مسكن فعلى الأب إسكانها مع المحضون"[٦].

ومصدر هذا الشق الأخير من الفصل ٥٦ من المجلة هو الفقه الإسلامي، وبالتحديد الرأي الراجح في مذهب الأحناف الذي يوجب أجرة لمسكن الحاضنة إذا لم يكن لها مسكن، إذ أن أساس أجرة المسكن مبني على وجوب نفقة المحضون، لأن المسكن من النفقة[٧].

---

(١) انظر، فاطمة شحاتة زيدان، المرجع السابق، دكتوراه، ص.٢٢؛ الهادي سعيد، المرجع السابق، ص.٢٣؛
Y. Linant de Bellefonds, op. cit. .p. ١٧٤

(٢) انظر، أحمد إبراهيم بك وواصل علاء الدين أحمد إبراهيم، المرجع السابق، ص.٥٩٥.

(٣) انظر، أحمد نصر الجندي، الطلاق والتطليق وآثارهما، المرجع السابق، ص.٦٣١.

(٤) انظر، مجمد كمال الدين إمام، المرجع السابق، ص. ٣٢٠.

(٥) انظر، محكمة التعقيب، ١٩٦٣/٠٣/١٩، قرار مدني عدد ١٩٤٧، مجلة القضاء والتشريع، ١٩٦٣، عدد ٩، ص.٣٧.

(٦) انظر، محكمة استئناف تونس،١٩٦٣/١١/١١، حكم مدني، ملف رقم ٥٦٤٣٣، مجلة القضاء والتشريع، ١٩٦٤، عدد ٢، ص. ٧٩.

(٧) انظر، ابن عابدين، الحاشية... المرجع السابق، ج.٣، ص.٥٦٢؛ وهو رأي الحصفكي، مقتبس عن هلالي عبد العال، المرجع السابق، ص.٨١٦-٨١٧؛ أحمد إبراهيم بك وواصل علاء الدين أحمد إبراهيم، المرجع السابق، ص. ٥٩٥؛ محمد كمال الدين إمام، المرجع السابق، ص. ٣٢٠. وذهبت قلة من الأحناف إلى أنه لا تجب في الحضانة أجرة مسكن مطلقا وذلك لأن وجوب الأجر على الحضانة لا يستلزم وجوب أجرة المسكن بخلاف النفقة. انظر، هلالي عبد العال، المرجع السابق، ص.٨١٧.

. وبهذا خالف المشرع التونسي المشهور عند المالكية الذين قرروا وجوب أجرة المسكن سواء كان للحاضنة مسكن أم لم يكن لها[١] .

هذا، ولا تتوقف الالتزامات عند الأب، بل للحاضنة أيضا واجب السهر على ضمان الحصول على السكن والغذاء والكسوة للمحضون[٢] . وهذا المعنى تبنته محكمة التعقيب في قرارها الصادر في ١٠ مارس ١٩٨١ عندما قضت "... إن قضايا النفقة المتعلقة بعديمي الأهلية... تهم حاضنهم في الدرجة الأولى لأنهم هم الذين يتولون الإنفاق عليهم مباشرة فيهمهم إذن أن تكون مبالغ النفقة متماشية مع حاجيات محضونيهم ويستميتون في الدفاع عن ذلك..."[٣] .

وواجب التمسك بحق السكن وعدم التنازل عنه لأنه متمسك بحق المحضون، وهذا المبدأ اعتمده قضاء محكمة التعقيب في قرارها الصادر في ١٨ جويلية ١٩٦٠ التي بينت فيه أن "الحاضنة إذا لم يكن لها مسكن فعلى الأب إسكانها مع المحضون. والتنازل بوجه الصلح من الحاضنة على حقها في السكنى لا يكفي لحرمانها وحرمان محضونيها منها، لأن السكنى تتعلق بمصلحة المحضون ولا ينظر للحاضنة في ذلك إلا على وجه التبع"[٤] .

ولم ينل الحل الذي تقدم به الفصل ٥٦ من المجلة تأييد كل الفقهاء، بل هناك من عاب عليه أنه حل مجرد لا يلتفت إلى الحالات المتنوعة للحقيقة الاجتماعية[٥] . إن الرد على هذا النقد يحتم علينا الاستناد على المجلة، وبالضبط على الفصل ٢٣ في فقرته الخامسة التي تلزم الزوجة[٦] المساهمة في الإنفاق على الأسرة[٧] ، وعلى الفصل ٣٧ حيث يلزمها

---

(١) واتجه قلة من المالكية إلى أن اشتراط وجوب أجرة مسكن للحضانة متوقف على يسر الأب وإلا فلا. الدسوقي، الحاشية...المرجع السابق، ج.٢، ص.٥٣٣-٥٣٤.

(٢)Cf. L. Milliot, op. cit. , pp. ٤٠٦-٤٠٧.

(٣) انظر، محكمة التعقيب، ١٩٨١/٠٣/١٠، قرار مدني عدد ٣٦١٣، نشرية محكمة التعقيب،١٩٨١، ج.١، ص.٩٥.

(٤) انظر، محكمة التعقيب، ١٩٦٠/٠٧/١٨، قرار مدني عدد ١٨٩٢، مجلة القضاء والتشريع، ١٩٦٠، عدد ٨، ص.٥٣.

(٥)Cf. D. Charif-Feller, op. cit. , p. ١١٠.

(٦) يلاحظ الأستاذ الحبيب العش أن لمجة الإجبار في هذه الفقرة تقرب أكثر منها إلى لمجة الاختيار والتقدير يرجع لقاضي الموضوع حسب ظروف القضية. انظر، الحبيب العش، المقال السابق، ص.٤٧.

(٧) وتنص الفقرة ٥ من الفصل ٢٣ من المجلة على أنه "وعلى الزوجة أن تساهم في الإنفاق على الأسرة

بذلك[1] إذا تطوعت[2]، و أيضا على الفصل ٤٧ الذي يوجب على الأم قبل الجد الإنفاق على ولدها إذا كان الأب معسرا[3].

هذه النصوص تخاطب حقا الأم الموسرة فقط. فإذن الخطاب موجه أولا إلى الأب. ولكن لما أراد المشرع أن يكون العطف العائلي والتضامن الأسري، اللذان هما أساسا واجب النفقة[4]، حسب منظوره هو، ابتدع - بفعل تمزق العائلات وتضاعف دعاوى المطالبة بالنفقة من قبل الحاضنات لعدم استجابة الآباء لها بسبب الصعوبات المالية نتيجة البطالة[5] أو لسبب آخر - صندوقا لضمان النفقة وجراية الطلاق[6]. وهو تعزيز وضمان لحسن تطبيق الفصل ٥٦ من المجلة. ولا شك أن المشرع راعى فيه أمرين وهما الواقع الاجتماعي التونسي وتطوره، وملاءمة هذا القانون للمفهوم الإسلامي لفورية تسديد النفقة لصالح الأولاد والمحضون خصوصا.

وقد حاول القضاء من جهته تطبيق الفصل ٥٦ من المجلة بما يخدم مصلحة المحضون، حيث صان حقه في السكن، وقرر له هذا الحق حيث وجوده مع حاضنته. وتجسد ذلك في قرار ٢١ ماي ١٩٩٦ الذي نقضت فيه محكمة التعقيب قرار محكمة الدرجة الثانية التي أهملت طلب الطاعنة بوصفها حاضنة لبنتها إسكانها بمقر الزوجية أو منحة سكن. فلم يكن من بد لمحكمة التعقيب إلا أن تنقضه على أساس أن الفصل ٥٦ من

إن كان لها مال".

(١) ينص الفصل ٣٧ من المجلة على أن "أسباب النفقة هي الزوجية والقرابة والالتزام".

(٢) وهذا ما أكدته محكمة التعقيب بقولها بأن "طالما حضانة الأبناء حكم بها لفائدة الأب فإن ممارسة الأم للحضانة الفعلية يعتبر غير قانوني لمخالفته لما قضت به المحكمة المختصة وإنفاقها عليهم يعتبر واقعا على وجه التبرع باعتبارها تعلم أن واجب حضانتهم. إنما هو محمول على والدهم...". انظر، محكمة التعقيب، ١٩٨١/٠٣/١٠، قرار مدني عدد ٥٣٩٨، نشرية محكمة التعقيب، ١٩٨١، ج.٢، ص.٢٩٩.

(٣) ينص الفصل ٤٧ من المجلة على أن "الأم حال عسر الأب مقدمة على الجد في الإنفاق على ولدها".

(٤)Cf. F. Mechri, op. cit. , p. ١٠٥.

(٥)Cf. F. Mechri, op. cit. , p. ١٠٧.

(٦) انظر، قانون رقم ٦٥-١٩٩٣ لـ ١٩٩٣/٠٧/٠٥ المتضمن خلق صندوق الضمان وجراية الطلاق الذي يحتوي على عشر مواد. مواد.

المجلة يسمح للحاضنة بأن تطالب بمحل سكنى تسكن فيه صحبة المحضون[١].

وحرصا دائما من محكمة التعقيب في ضمان حق السكن للمحضون ومنحه الاعتبار، أكدت للمحاكم الأدنى درجة بضرورة التفريق بين الفصل ٥٠ من المجلة الذي يحوي مشتملات النفقة - ومن بينها السكن - والفصل ٥٦ منها الذي يمنح الحق للحاضنة في طلب سكن لممارسة حضانتها من خلال عدة قرارات. نذكر منها قرارها الصادر في ٠٨ نوفمبر ١٩٩٤ والذي قضت فيه "إذا تبين من أسانيد الحكم الابتدائي الواقع إقراره من قبل محكمة الدرجة الثانية أنه قضى بإلزام المعقب هذه النفقة على ابنه واعتبار السكن مشمولا في تلك النفقة. فإن هذا التعليل غير مستساغ قانونا ذلك أن السكن المقرر بالفصل ٥٠ من م.أ.ش. والمشمول بأحكام النفقة كعنصر من عناصر تقريرها يغاير في إسناده وتعليل الحكم به للسكن المقرر بالفصل ٥٦ من نفس المجلة... فالإسكان بمقتضى أحكام هذا النص يراعى في إسناده مصلحة المحضون وتكون الحاضنة بالنسبة لهذا الفرع تابعة لها معنية مباشرة بالإسكان وهو فارق هام له انعكاسه مند النظر في وجاهة الطلب من عدمه... وحينئذ فقد أساءت المحكمة تطبيق الفصل ٥٠ المشار إليه بالاختصار على اعتماد أحكامه دون مراعاة مقررات الفصل ٥٦ الموما إليه والتي لها مساس بالنظام العام لاتصالها بوضع المحضون ومصلحته التي هي فوق كل اعتبار وتعين لذلك التصريح بقبول المطعن من هذه الناحية"[٢].

وفي قرار حديث نسبيا تأكد موقف تلك المحكمة، حيث قضت بموجبه بتاريخ ٢٦ جانفي ١٩٩٩ "... وحيث إن السكن المنصوص عليه في الفصل ٥٠ من م.أ.ش. مغاير في إسناده وتعليل الحكم به للسكن الوارد بالفصل ٥٦ من نفس المجلة... أما الفصل ٥٠ فإنه يعرف بمشتملات النفقة فقط. إذن، فالإسكان بمقتضى الفصل ٥٦ مستقل عن النفقة

---

(١) انظر، محكمة التعقيب، ١٩٩٦/٠٥/٢١، قرار مدني عدد ٤٩٣٥٢، المجلة القانونية التونسية، ٢٠٠٠، ص.٢٠٤-٢٠٦؛ في نفس الاتجاه، محكمة التعقيب، ١٩٩٤/١١/٠٨، قرار مدني عدد ٤١٨٦٣، نشرية محكمة التعقيب، ١٩٩٤، ص.٣٠٧.

(٢) انظر، محكمة التعقيب، ١٩٩٤/١١/٠٨، قرار مدني عدد ٤١٥٩٣، نشرية محكمة التعقيب، ١٩٩٤، ص.٣٣٠. في نفس الاتجاه، محكمة التعقيب، ١٩٩٤/٠٣/٠٨، قرار مدني عدد ٣٨٦٥، نشرية محكمة التعقيب، ١٩٩٤، ص.٣٣٦؛ محكمة التعقيب، ١٩٨٦/١٢/١٦، قرار مدني عدد ١٦٥٦٩، مجلة التشريع والقضاء، ١٩٨٨، عدد ٤، ص.٨٨؛ محكمة التعقيب، ١٩٨٢/٠٢/٢٣، قرار مدني ٦٢١٨، نشرية محكمة التعقيب، ١٩٨٢، ج.١، ص.٤٣٥.

المقررة بالفصل ٥٠ وتراعى في إسناده مصلحة المحضون وتكون الحضانة بالنسبة له غير معنية مباشرة به وإنما هي تابعة له"[١].

وتجدر الإشارة أن القضاء السابق لهذه القرارات كان يتجه نحو عدم التفريق بين الفصل ٥٠ والفصل ٥٦ من المجلة، بدعوى أن الفصل ٥٠ يشمل السكن المنصوص عليه في الفصل ٥٦[٢].

أما بخصوص عبارة "إذا لم يكن للحاضنة مسكن"، فإن القضاء منح لها تفسيرا لم يعرف ثباتا، تمخض عنه تفسيرين متضادين : الأول يمثل التفسير الواسع، ظهر في قرار ٠٦ فبراير١٩٧٩، حيث حكمت بمقتضاه محكمة التعقيب بأن سكن الحاضنة بمحل والدها ينفي عن الوالد لزوم إسكانها[٣]. والثاني وهو التفسير الضيق، تبنته المحكمة ذاتها في قرارها الصادر في ٢٦ جانفي ١٩٩٩، والذي أفاد بأن سكن الحاضنة بمنزل أبويها لا ينفي عن الأب واجب الإسكان لأن الأبوين المذكورين غير ملزمين ولا معنيين به[٤].

كما لا يجب أن يفهم من "إذا لم يكن للحاضنة مسكن فعلى الأب إسكانها مع المحضون" بأن الأب ملزم بالتخلي عن مسكنه (أي مسكن الزوجية قبل الطلاق) لتمارس فيه حضانة أولاده؛ وإنما توفير مسكن آخر أو تسديد بدل إيجار مسكن يصلح أن يكون وفاء لحاجيات المحضون من ناحية هذا الحق. وهذا ما عنته محكمة التعقيب في ٠٤ فبراير ١٩٨٢ بقولها "محل سكنى الحاضنة مع المحضون إذا ما بيع وهو مسجل وأوجد لها والد المحضون محلا آخر عوضه، وبه المرافق، فلم تبق لها صفة في السكنى بالمحل الأول ويمكن إخراجها مع المحضون بقرار استعجالي دون أن يكون ماسا بالأصل ولا خارقا للقانون

(١) انظر، محكمة التعقيب، ١٩٩٩/٠١/٢٦، قرار مدني عدد ٦٧٨٢٥، نشرية محكمة التعقيب، ١٩٩٩، ج.٢، ص.٣٢٢.
(٢) انظر، محكمة التعقيب، ١٩٦٠/٠٧/١٨، قرار مدني عدد ١٨٩٢، مجلة القضاء والتشريع، ١٩٦٠، عدد ٨، ص.٥٣؛ محكمة التعقيب، ١٩٨١/١٢/٠٨، قرار مدني عدد ٦١٠١، نشرية محكمة التعقيب، ١٩٨١، ج.٤، ص.٢١٣. راجع بشأن هذه المسألة، ساسي بن حليمة، سكنى الحاضنة، المجلة القانونية التونسية، ١٩٨٩، ص.٤٢ وما بعدها.
(٣) انظر، محكمة التعقيب، ١٩٧٩/٠٢/٠٦، قرار مدني عدد ٢٥٦٧ ، نشرية محكمة التعقيب، ١٩٧٩، ج.١، ص.٦٣.
(٤) انظر، محكمة التعقيب، ١٩٩٩/٠١/٢٦، قرار مدني عدد ٦٧٨٢٥، نشرية محكمة التعقيب، ١٩٩٩، ج.٢، ص. ٣٢٣.

ويكون الطعن فيه مرفوضا"(١).

إلا أن التأويل في هذا الاتجاه بإطلاقه دحض رعاية لمصلحة المحضونين، وذلك بقرار لاحق صدر عن محكمة القانون بتاريخ ١٤ جوان ١٩٩٤، حيث نقضت فيه محكمة الاستئناف التي لم تلتفت لطلب الطاعنة بتخصيص لها ولأبنائها محل والدهم لكونه قريب من المدرسة، واعتبرت طلبها هذا من الطلبات التي يجب مراعاتها في دعاوى الطلاق(٢) لأهميتها.

تبقى نقطة هامة أخرى مرتبطة بهذا الموضوع، وهي تلك المتعلقة بمدى تداخل الفصل ٥٦ من المجلة مع الفصل ٣١ في فقرته الأخيرة التي تنص على أن "... وبالنسبة للمرأة يعوض لها عن الضرر المادي بجراية تدفع لها بعد انقضاء العدة مشاهرة وبالحلول على قدر ما اعتادته من العيش في ظل الحياة الزوجية بما في ذلك المسكن...". وبمعنى أدق، هل يجوز للحاضنة طلب السكن بناء على الفصل ٥٦ من المجلة بالرغم من استفادتها من جراية المسكن ؟

والواقع، هذا التساؤل طرحه الفقه(٣) وأجاب عنه القضاء.

نقول، من زاوية قانونية بحتة، يسوغ للمرأة بصفتها زوجة سابقة أن تطلب السكن كجراية تدفع لها بناء على الفصل ٣١ من المجلة، فضلا عن حقها في طلب السكن بصفتها حاضنة طبقا للفصل ٥٦ من المجلة. وقد رأت محكمة التعقيب عين الحل وأقرته في عدة قرارات(٤).

(١) انظر، محكمة التعقيب، ١٩٨٢/٠٢/٠٤، قرار مدني عدد ٣٦٩٨، مجلة القضاء والتشريع، ١٩٨٢، عدد ٥، ص. ٩٥.

(٢) "إذا تبين بالاطلاع على أوراق القضية أن الطاعنة كانت تمسكت لدى محكمة الترفيع في نفقة أبنائها وتخصيصهم بالسكن بمحل والدهم القريب من المدرسة.
- وإذا لم يتناول القرار هذا العنصر بالمناقشة ولم يرد عليه إيجابا أو سلبا في حين أنه من الطلبات التي يجب مراعاتها في دعاوى الطلاق، ونظرا لإحجام القرار عن مناقشة هذا الطلب الجوهري فإنه يكون قاصر التعليل بصورة تعرضه للنقض". انظر محكمة التعقيب، ١٩٩٤/٠٦/١٤، قرار مدني عدد ٤١٣٤٣، نشرية محكمة التعقيب، ١٩٩٤، ص. ٣٠٤.

(٣) انظر، ساسي بن حليمة، سكنى الحاضنة، المرجع السابق، ص. ٤٦؛
D. Charif-Feller, op. cit., p. ١٠٧

(٤) بقولها : "إن التعويض للزوجة على الضرر المادي لا يغني عن القضاء لها بنفقة السكنى لمحضونيها، إذ من حق المحكمة القضاء بمبلغ مستقل لسكنى الحاضنة وهو ما اقتضاه الفصل ٥٦ م.أ.ش.". انظر، محكمة التعقيب، ١٩٨٦/١١/١٨، قرار مدني عدد ١٦٢٨٣، نشرية محكمة التعقيب، ١٩٨٦، ج. ٢.

ولكن من جانب آخر قانوني دائما، المشي على هذا المسلك، حتى وإن لقي تأييد البعض[١]، فإنه يعد مع ذلك إغفالا للشرط المذكور في الفصل ٥٦ من المجلة، وهو عدم وجود مسكن للحاضنة. ومن هنا سواء تمسكنا بالتفسير الضيق أو بالتفسير الواسع لهذا الشرط، لا يحق لها أن تقدم طلب السكن ولو بصفتها حاضنة، لأن الاستفادة بالسكن للحاضنة متوقف على عدم وجوده، فالأب ملزم بتوفير سكن للمحضون طبقا للفصل ٥٦ من المجلة في إحدى الحالتين : عدم وجود مال للمحضون أو فقدان الحاضنة لمسكن؛ مع اعتقادنا أن هذا الفصل يخاطب الحاضنة غير الأم لأنه ليس من المتصور، من الناحية العملية، أن يشغل شخص واحد مسكنين في وقت واحد، ولا في مصلحة المحضون أن يغير الإقامة من حين إلى حين.

وانطلاقا مما ذكر، حتى لا تحس المطلقة الحاضنة بعدم الاستقرار نتيجة عدم حصولها على سكن، وتلافيا لتأثير تخوف الحاضنة على المحضونين، الأحسن أن يثبت لها جراية سكن تمارس فيه الحضانة وتنتفع به حتى بعد انتهاء حضانتها أو سقوطها.

وأخيرا، تجدر الإشارة أن قاضي الأسرة ملزم بإثارة مشكل السكن والتأكد من وجوده. وكما يتعين عليه إلزام الأب بإسكان الحاضنة والمحضون ولو من تلقاء نفسه[٢]، وذلك عملا بالمبدأ القانوني أن الحضانة تهم النظام العام[٣]. ولهذا، لنا أن نتساءل عما إذا سارت المدونة المغربية على هذا النهج؟

ج.- حق الطفل المحضون في السكن في المدونة المغربية

لقد أدخل المشرع المغربي نصا جديدا لم تعرفه المدونة من قبل، حاول بواسطته

ص. ٢٠٤. في نفس الاتجاه، انظر، محكمة التعقيب، ١٩٨٥/١١/٠٥، قرار مدني عدد ١٢٦٦٠، نشرية محكمة التعقيب، ١٩٨٥، ج.٢، ص.٢١١؛ محكمة التعقيب، ١٩٨٦/٠١/١٤، قرار مدني عدد ١٤١٧٩، نشرية محكمة التعقيب، ١٩٨٦، ج.١، ص. ١٥٩.؛ محكمة التعقيب، ١٩٩٩/٠١/٢٦، سابق الذكر.

(١) انظر، ساسي بن حليمة، سكنى الحاضنة، المرجع السابق، ص. ٤٦.

(٢) وهو ما ينص عليه الفصل ٣٢ من المجلة في فقرته الرابعة بقوله "وعلى قاضي الأسرة أن يتخذ ولو بدون طلب جميع القرارات الفورية الخاصة بسكنى الزوجين وبالنفقة وبالحضانة وبزيارة المحضون. ويمكن للطرفين أن يتفقا صراحة على تركها كلا أو بعضا ما لم يتعارض ومصلحة الأبناء القصر ".

(٣) انظر، الحبيب العش، المرجع السابق، ص. ٥٦.

حل مشكل سكن المحضون وسد الفراغ التشريعي الذي كان سائدا. حيث كان القضاء يطبق الأحكام العامة المتعلقة بالنفقة[1] . هذا النص الوارد في المادة ١٦٨ من المدونة قدم حماية كبيرة وضمان أوفر فيما يخص سكن المحضون، هذا من جهة؛ وكما أنه متع القاضي بسلطة واسعة وأكبر مما كانت له، من جهة أخرى. ويتجلى ذلك فيما يلي :

أولا : إنه فرق سكنى المحضون في تقديره عن النفقة، والمقصود بهذه الأخيرة الطعام واللباس والعلاج ومصاريف التعليم وما يعتبر من الضروريات؛ وعن أجرة الحضانة. وبمعنى أدق، طلب سكنى المحضون يكون مستقلا، والقاضي يقدر كل هذه العناصر المذكورة على حدة[2] .

ثانيا : إن الأب هو الملزم بتهيئة السكن لأولاده أو دفع مبلغ كرائه الذي تحدده المحكمة.

وما ينبغي ملاحظته أيضا هو أن المشرع لم يتوقف عند التزام الأب بتوفير مسكن للمحضون فحسب، وإنما أوجب أن يكون ذلك المسكن لائقا وهذا ما نستشفه من المادة ١٧١ من ذات القانون[3] . وهو بهذا الوصف قد تميز عن نظيريه التونسي والجزائري، علما أن هذا الأخير قد اشترط في المادة ٧٢ من قانون الأسرة أن يكون السكن ملائما للحاضنة.

وبالرغم من عدم دقة هذا المصطلح الوارد في المدونة، إذ هو معرض لتفسيرات فقهية وقضائية، إلا أن لا تثريب على المشرع، لأنه، حسب رأينا، تعبير يخدم مصلحة المحضون، فهو يعكس انشغال المشرع بتحسين الظروف الإيوائية للمحضون قدر الإمكان حتى لا يقع ضحية تهديد جسدي أو نفسي.

وقد يكون المشرع معتمدا في وضع هذا الشرط ليفتح باب اجتهاد القضاء على مصرعيه، ويوسع من سلطته باعتباره الأدرى بظروف كل قضية. وليس للقاضي هنا إلا

---

(١) وهو الفصل ١٢٧ السابق الذي كان ينص على أنه "يجب للأولاد والأبوين النفقة وما يتبعها من المؤونة والكسوة والسكنى والتعليم للأولاد على قدر حال المنفق وعوائد المجتمع الذي يعيشون فيه ".

(٢) وهو ما نصت عليه الفقرة الأولى من هذه المادة بقولها: " تعتبر تكاليف سكنى المحضون مستقلة في تقديرها عن النفقة وأجرة الحضانة وغيرهما".

(٣) تنص المادة ١٧١ في آخرها "... مع جعل توفير سكن لائق للمحضون من واجبات النفقة ".

أن يستعين بالمادة ١٨٩ من المدونة في فقرتها الثانية التي تحدد معايير تقدير النفقة[1] والسكن أيضا والذي يراعي في تقديره دخل الملزم بالنفقة[2]، حال مستحقيها أي مراعاة الوضعية المعيشية والتعليمية للأولاد قبل الطلاق بتعبير المادة ٨٥ من المدونة، مستوى الأسعار، الأعراف والعادات السائدة في الوسط الذي تفرض فيه النفقة. وفي كل ذلك يجوز للقاضي الاستعانة بالخبرة[3].

وحرصا من المشرع على مصلحة المحضون في أن لا يجرد من المأوى فيتشرد، أو يتردد من بيت إلى آخر فيتزعزع استقراره، وجد حلا مفاده أن المحضون يظل في بيت الزوجية السابق إلى حين تنفيذ الأب الحكم المتعلق بسكن المحضون. وهذا ما جاءت به الفقرة ٣ من ذات المادة بنصها "لا يفرغ المحضون من بيت الزوجية، إلا بعد تنفيذ الأب للحكم الخاص بسكنى المحضون".

صحيح أن هذا النص جاء ليوحد القضاء السابق له الذي لم يعرف استقرارا[4] حول هذا الموضوع. وتبين ذلك بوضوح في قرارين : الأول صدر عن الغرفة الاجتماعية لدى المجلس الأعلى، في ٢٣ جويلية ١٩٨٤، حيث حكمت بموجبه أنه "... طبقا لمقتضيات الفصل ١٢٧ من مدونة الأحوال الشخصية فإن السكنى هي من مشمولات نفقة الأولاد وحقا من حقوقهم وأن الحاضنة ما دامت ملتصقة بمحضونيها فهي تسكن معهما بصفتها هاته ولا حق لها في التنازل عن حقوق محضونيها. ولهذا فإن المحكمة عندما اعتبرت موافقة الطاعنة على تحديد النفقة والتزامها بالإفراغ يفقدها في السكنى مع أولادها وحكمت بإفراغها تكون قد خالفت الفصل ١٢٧ المذكور وعرضت قرارها للنقض.."[5].

---

(١) انظر في هذا، أحمد الخمليشي، التعليق...، المرجع السابق، ص. ١٩٢ وما بعدها.

(٢) لقد طبق القضاء منشورا وزاريا لـ ٠١/ ١٩٦٠/٠٦ الذي فرض أن يكون تقدير النفقة ملائما مع المنح العائلية، بحيث لا يجب أن يحدد مقدار النفقة أقل من مستوى المنح العائلية. والنيابة العامة تتدخل في حالة خرق هذه الطريقة للتقدير. انظر،
M. Beji, op. cit. , p.٢٠٦.

(٣) استنادا على المادة ١٩٠ التي تنص في فقرتها الأولى على أن "تعتمد المحكمة في تقدير النفقة على تصريحات الطرفين وحججهما، مراعية أحكام المادتين ٨٥ و١٨٩ أعلاه، ولها أن تستعين بالخبراء.

(٤) انظر، محمد الكشبور، المرجع السابق، ص. ٤٨٩.

(٥) انظر، مجلس أعلى، غرفة اجتماعية، ١٩٨٤/٠٧/٢٣، مجلة القضاء والقانون، ١٩٨٤، عددان ١٣٥ و١٣٦، ص. ١٩٤ وما بعدها.

وأن القرار الثاني صادر عن الغرفة المدنية لذات المجلس بتاريخ ١٩ ديسمبر ١٩٩١، إذ قضت فيه "...حيث إن سند سكنى الطالبة بالدار موضوع النزاع بعدما طلقها زوجه المطلوب في النقض، وهو الأمر القضائي الصادر عن قاضي التوثيق بأكادير في تاريخ ١٤ نوفمبر ١٩٨١ تحت رقم ١١٠ الذي عين لها هذه السكنى لقضائها فيها عدة الطلاق فقط، ولذلك وبعد انقضاء هذه المدة لم يعد الأمر المذكور مبررا لبقاء الطالبة بالدار المشار إليها وتظل محتلة لها بدون مبرر، وبالتالي فإن الفصلين ١٠٣ و١٢٧ من مدونة الأحوال الشخصية اللذين اعتمدهما الحكم الابتدائي والمتمسك بهما في الوسيلة واللذين يتعلقان بأجرة الحضانة ومصاريفها وبالنفقة على الأولاد وما يتبعها، لا ينطبقان على النزاع الذي هو الاحتلال بدون مبرر، لأن الطالبة إذا كانت تستحق على المطلوب أجرة حضانتها ونفقة أولادها منه، طبق مقتضيات الفصلين ١٠٣ و١٢٧ المحتج بهما، فلها أن تطلب ذلك بصفة قانونية لا أن تستمر محتلة للدار بعد انتهاء المدة التي حددها لها الأمر القضائي السالف الذكر..."[١].

ولكن إذا كان مشكل توحيد القضاء قد حل، إلا أن لب الإشكال القائم في هذين القرارين لم يتعرض إليه المشرع في هذه الفقرة ولا في المادة التي تحويها، أي أن المحضون هو موضوع اهتمامه الأساسي، ولكن مصلحته مرتبطة بحالتين نطرحهما على التوالي:

الحالة الأولى : تتمثل في التساؤل التالي : إذا حكم للأم بحضانة ولدها أو أولادها، فهل يجوز لها أن تبقى في محل والد محضونيها وهي أجنبية عنه ؟

الحالة الثانية : إذا فرضنا أنها تغادر مسكن الزوجية السابق، وهي حاضنة، فستنتقل الحضانة في هذه الحالة من الأم إلى الأب أي ستتحول الحضانة في هذه الحالة من قانونية إلى فعلية.

فإذن، ستزيد هذه الفقرة في آخر المطاف، الطين بلة.

في الحقيقة، إن المشرع أوجب القاضي أن يفصل في النفقة بما فيها السكن في خلال أجل أقصاه شهر[٢]. وبمعنى آخر، أن المشرع اعتبر سكن المحضون من القضايا التي

(١) انظر، مجلس أعلى، غرفة مدنية، ١٩٩١/١٢/١٩، مجلة قضاء المجلس الأعلى، ١٩٩١، عدد ٤٦، ص. ١٠٦ وما بعدها.

(٢) طبقا للفقرة الثانية من المادة ١٩٠ التي تنص على أن "يتعين البت في القضايا المتعلقة بالنفقة في أجل أقصاه شهر واحد". وكما أن المشرع الجزائري قد نص في المادة ٥٧ مكرر على أنه "يجوز

لا تحتمل الانتظار، أي أمرا استعجاليا[١]، لكن حتى أثناء هاته الفقرة يتوجب اقتراح حل وهو إما اعتراف المشرع بالحضانة الفعلية للإبقاء على هذه الفقرة كما هي. وإما دعوة الأب إلى مغادرة محله ليبقى المحضون مع حاضنته في انتظار تنفيذ توفير مسكن آخر؛ هذا إن لم يتعين عليه المغادرة نهائيا (أي خلال كل مدة ممارسة الحضانة) إذا تقرر للمحضون السكن مع حاضنته في بيت والده إذا كان هذا الأصلح له. وهنا يجب تعديلها بما يدل على ذلك.

وإذا كان القاضي يتمتع بسلطات كبيرة في هذا المجال، إلا أن المسؤوليات التي تقع على عاتقه أثقل. فواجب القاضي، بعد احترام الإجراءات الواردة في المادة ١٦٨، ليس ضمان تنفيذ حكمه وإنما أكثر من ذلك، وهو ضمان استمرار تنفيذ حكمه من قبل الأب المدين، وهذا قد تم تأكيده والإصرار عليه في المادة ١٩١ الفقرة الأولى[٢] .

وبهذين النصين - أي المادتين ١/١٦٨ و١/١٩١ من المدونة - يتطلب في القاضي أن يكون ذا خبرة كبيرة في مسائل الأحوال الشخصية وعلى الأخص في مسائل الطلاق، وعلى دراية كافية بالنصوص القانونية . وفي هذا، لا يسعنا إلا أن نقول أن ضمان استمرار تنفيذ الحكم من قبل الأب المدين، فضلا عن وسيلة الاقتطاع من منبع الريع أو الأجر هو إخضاع كل إخلال بالمادة ١٦٨ للنصوص الجزائية الخاصة بهذا الموضوع، إن وجدت، والحرص على تطبيقها وتنفيذها.

وإذا كانت حالة الطفل المحضون في هذه المرحلة من حياته تستوجب حفظه ممن لا يستقل بأمره وتربيته ووقايته مما يهلكه أو يضره[٣]، هل يمكن تحقيق ذلك في ظل الحقائق

للقاضي الفصل على وجه الاستعجال بموجب أمر على عريضة في جميع التدابير المؤقتة ولاسيما ما تعلق منها بالنفقة والحضانة والزيارة والمسكن".

(١) لقد قرر المشرع المغربي بأن يبت القاضي بشكل استعجالي في طلبات النفقة، وأن الأوامر المتعلقة بها تنفذ رغم كل طعن. انظر، إدريس الفاخوري، المرجع السابق، ص.٢٩٩.

(٢) تنص هذه الفقرة بأن "تحدد المحكمة وسائل تنفيذ الحكم بالنفقة، وتكاليف السكن على أموال المحكوم عليه، أو اقتطاع النفقة من منبع الريع أو الأجر الذي يتقاضاه، وتقرر عند الاقتضاء الضمانات الكفيلة باستمرار أداء النفقة ".

(٣) وفي هذا يقول الإمام محمد أبو زهرة أن الطفل يثبت عليه منذ ولادته ثلاث ولايات وهي، ولاية تربية، وولاية على النفس، وولاية على ماله. "أما الولاية الأولى، وهي ولاية التربية، فالدور الأول منها يكون للنساء، وهو ما يسمى بالحضانة، فالحضانة هي تربية الولد في المدة التي لا يستغني

المغاربية من حيث النصوص القانونية والواقع المعاش ؟

II.- سكن المحضون والواقع الاجتماعي المغاربي

لنا أن نتساءل هنا عما إذا أخذ واضعو قوانين الأسرة المغاربية بعين الاعتبار عند صياغتهم لهذه القواعد المنظمة لسكن الطفل المحضون التحولات الاجتماعية[١] والاقتصادية والسياسية التي عرفها المجتمع المغاربي؟ هل رعوا ما هو مناسب للأوضاع الجديدة ومتطلبات العصر ؟[٢] هل أحاطوا الطفل، ضحية الطلاق، بكل الضمانات القانونية الكفيلة؟[٣].

من زاوية الواقع المعاش، مما لا شك فيه أن الأسرة المغاربية، كما تقدم[٤] أصبحت اليوم في حالة غير مطمئنة[٥]، بما أصابها من تراجع وانحسار وتفكك، ولعل من أهم

فيها عن النساء ممن لها الحق في تربيته...". انظر، الإمام محمد أبو زهرة، الأحوال الشخصية، دار الفكر العربي، القاهرة، ص. ٤٠٤.

(١) انظر على سبيل المثال، محسن عقون، تغيير بناء العائلة الجزائرية، مجلة العلوم الإنسانية، قسنطينة، ٢٠٠٢، عدد ١٧، ص. ١٢٧ وما بعدها.

(٢) انظر، عبد الرحمن هرنان، الأسرة الجزائرية بين الأصالة والمعاصرة، م.ج.ع.ق.إ.س.، ١٩٩٠، عدد ٢، ص. ٤١٢.

(٣)Sur cette question, cf. M. Bédjaoui, op. cit. , p. ١٠٤٩.

(٤) انظر، مقدمة هذه الدراسة، ص. ٢٠-٢١.

(٥) زيادة على الإحصائيات السابقة، نضيف أن في الجزائر تشير الإحصائيات القضائية الخاصة بحالات الطلاق قبل وبعد الاستقلال إلى أنها بلغت سنة ١٩٦٠، ٦.١٠٠ حالة طلاق من بين ٨٩.٠٠٠ عقد زواج (Cf. M. Cadi Mostefai, L'image de la femme algérienne pendant la guerre (١٩٥٤-١٩٦٢), mém. de D.E.A., Alger, ١٩٧٨, p. ٩٠)، فإذا بها وصلت سنة ١٩٨٠ إلى ٢٢.٠٩٦ حالة طلاق من بين ٢٥.٩٩١ طلب مسجل ومن بين ١٢٨.٤٢٤ عقد زواج (Cf. Ministère de la planification et de l'aménagement du territoire, Paramètres démographiques de l'année ١٩٨٠, résultats des faits d'état civil de ١٩٨٠, Alger, ١٩٨٠, p. ٣٣) أي الزيادة في حالات الطلاق بالمقارنة بين هذين العقدين كانت ١٥.٩٩٦ حالة طلاق (انظر، وزارة العدل، الإحصائيات القضائية، الجزائر، ١٩٧١-١٩٨٠، ص. ٧٢ و٧٤).

وفي سنة ١٩٩٢ بلغت حالات الطلاق ١٥.٦٥٣ حالة مقابل ١٥٩.٣٨٠ عقد زواج. وفي هذه الإحصائية الأخيرة بلغ عدد حالات الطلاق بالجلفة ٣٥٠ حالة مقابل ١٤٩١ عقد زواج أي بنسبة ٢٣.٤٩ في المائة ، وفي سطيف ١٥٢٤ حالة مقابل ٦٤٥٢ عقد زواج أي بنسبة ٢٣.٦٢ في المائة. وفي وهران ١٦٦٢ حالة طلاق مقابل ٦٢٠٥ حالة زواج أي بنسبة ٢٦.٧٨ في المائة.

الظواهر التي لحقت بها، واقعة الطلاق أصبحت اليوم آفة اجتماعية[١] مسّت كل شرائح المجتمع، من مثقفين وأميين، ومن موظفين وتجار وفلاحين.

وتعليلا لذلك، أصبح الطلاق التعسفي يمثل في ولاية تلمسان بالجزائر[٢] مثلا أكثر من ستين في المائة من سبعة ألاف حالة طلاق خلال الخمس سنوات الأخيرة (١٩٩٩-٢٠٠٣)، تاركا أكثر من ١١ ألف قاصر في حالة يرثى لها[٣]. وكما سجل مجلس قضاء الشلف ارتفاعا ملحوظا في عدد القضايا المتعلقة بالطلاق وتوابعه التي عرضت على مختلف المحاكم التابعة له مقارنة بسنة ٢٠٠٢، حيث بلغ ١٤.٤٦٨ قضية حسب إحصائيات سنة ٢٠٠٣[٤].

وهكذا إن المطلقات في الجزائر، على أساس هذه الأرقام وتلك التي سبقتها، أصبحن يشكلن لوحدهن شريحة اجتماعية لا يستهان بها. وهذه الملاحظة تسري أيضا، حسب الإحصائيات سالفة الذكر[٥] على تونس والمغرب. في هذه الدولة الأخيرة بلغ عدد الطلاق سنة ٢٠٠٣ ما يقارب ٤١.٠٠٠ حالة[٦]. وللإشارة، أنه في إحصاء صادر عن محكمة مدينة سلا بالمغرب بالمغرب بلغ عدد حالات الطلاق بالمحكمة سنة ١٩٩٢، ١٥٣٢ حالة

وفي أدرار ٢٤١ حالة، والشلف ١٦٧٢ حالة، وأم البواقي ٧٣٣ حالة وباتنة ٧٢٠ حالة، وبسكرة ١٦٢٩ حالة، وبشار ٣٧٧ حالة، والبليدة ١٥٨٦ حالة، وتمنراست ١١٦ حالة، وتبسة ٤٠٤ حالة، وتلمسان ١٠١١ حالة، والجلفة ٣٥٠ حالة، وجيجل ٤٧٧ حالة، وسكيكدة ٦٦٢ حالة، وعنابة ٦٩٢ حالة، وقسنطينة ٦٣٣ حالة، والمدية ٣٩٥ حالة، ومسيلة ٧٦٩ حالة. وأما الولايات التي لا تدخل في هده الإحصائيات هي لغواط، بجاية، بويرة، تيزي وزو، الجزائر العاصمة، سعيدة، سيدي بلعباس، قالمة، مستغانم، معسكر وورقلة. انظر، الديوان الوطني للإحصائيات، المجموعة الإحصائية السنوية للجزائر، ديسمبر ١٩٩٦، عدد ١٧، ص. ١٤٠.

(١) انظر، مقدمة هذه الدراسة.

(٢) انظر، ب. سجية، إشكالية الطلاق في الجزائر، المرأة المطلقة ضحية المشرع والتعسف الرجالي، الخبر، جريدة يومية، ٢٠٠٤/٠٥/١٢، ص. ١٢.

(٣) انظر، جمعية الإشراق، يوم دراسي حول "المشاكل العائلية والبطالة والمشاكل العاطفية والفراغ والفقر"، كلية الحقوق، تلمسان، ٢٠٠٤/٠٢/١٦، الخبر، جريدة يومية، ٢٠٠٤/٠٢/١٨، ص. ١٢.

(٤) انظر، ع. دحماني، المرجع السابق، ص. ١٢.

(٥) انظر، مقدمة هذه الدراسة، ص. ٢١ وما بعدها.

(٦) انظر، الجزيرة، أبغض الحلال أكثر من ٤٠ ألف حالة طلاق سنويا في المغرب، مجلة أسبوعية، ٢٠٠٤/٠٣/٠٩، عدد ٧١، ص. ص. ١٤.

مخلفة من ورائها ١٠٦٣ طفلا أي بنسبة ٦٩.٣٨%، ومن ثم، فتعميم هذه النسبة على مجموع حالات الطلاق بالمغرب عام ١٩٩٢، يوحي بأن مجموع الأطفال الذين افترق أباؤهم في نفس السنة يصل إلى ٤٨.١٧٩ طفلا[١]، فكم يصل عددهم اليوم ؟ وفي تونس[٢]، بلغ عدد قضايا الطلاق خلال السنة القضائية ٢٠٠٣/٢٠٠٤، ١٦.٢٥٥ قضية صدر بشأنها ١٠.٠٦٢ حالة طلاق، منها ٥٥٩٨ حالة تمت على وجه الطلب الإنشائي ورغبة أحد الزوجين في إيقاف الحياة الزوجية[٣].

وهكذا من زاوية أطفال المطلقين، وبناء على تلك الأرقام يتضح لنا بجلاء أن فئة الأطفال المحضونين تمثل قسما هاما في المجتمع المغاربي التي تجب العناية بها والاهتمام بها، ومن هنا تبرز فائدة تنظيم مسألة سكن المطلق بدقة.

لذلك، لم يتوقف الفقه الإسلامي عند إلزام الأب بتوفير مسكن أو أجرته للمحضون، وإنما نادى وعلى رأسه الحنفية بأن يكون البيت الذي يسكن فيه المحضون غير معرض لأذى الجيران ولو كانوا أقرباءه[٤]. واشترط إسحاق بن خليل من المالكية أن تسكن الحاضنة في بيت لا يسبب أي خوف للمحضون[٥].

وهكذا، يلاحظ بمناسبة الحديث عن مسكن الحضانة، أن مبدأ رعاية مصلحة المحضون المادية يلزم القاضي، عند تقديره لتلك المصلحة، أن ينظر إلى سعة المنزل الذي يسكن فيه المحضون وموقعه[٦]. فمكان الحضانة ينبغي أن يخضع للشروط الضرورية التي

---

(١) انظر، أحمد الخمليشي، الأسرة بين...، المرجع السابق، ص. ٨٢.

(٢) وفي هذا، يرى الأستاذ أحمد الخمليشي أن حالات الطلاق في تونس قد تضاعفت أكثر من ثمان مرات بين عامي ١٩٥٧ (تاريخ ابتداء العمل بالمجلة) و١٩٨٠. وقد بلغت عام ١٩٥٧، ١٩٦٢ حالة وارتفعت إلى ٦٨٤٣ حالة في السنة القضائية ١٩٧٩/١٩٨٠، وذلك بالرغم من فرض المشرع التونسي لصدور الطلاق عن طريق المحكمة وبعد فشل محاولة الصلح. انظر، أحمد الخمليشي، الأسرة بين... المرجع السابق، ص. ٨٣؛

S. Sahli, Le couple entre l'union et la rupture, Revue Tunisienne des Sciences Sociales, ١٩٨١, n° ٦٦, pp. ١٢٥ et s.

(٣) انظر، الشروق، صحيفة تونسية، ١٢/١٢/٢٠٠٤، ص. ١٢.

(٤) انظر، ابن عابدين، رد المحتار...،المرجع السابق، ج. ٢، ص. ٦٨٧.

(٥) انظر، إسحاق بن خليل، مختصر...، مقتبس عن K. Mostéfa, op.cit., p. ٤٥

(٦) انظر، أحمد الخمليشي، الأسرة بين...، المرجع السابق، ص. ٨٥.

تساعد على التكوين المنسجم للمحضون[1]. وقد وجدت هذه الوجهة ما يعززها من دراسات في علم الاجتماع. فقد أكدت الحقائق العلمية أن المسكن غير الملائم يلعب دورا أساسيا في السلوك المنحرف، إذ قد تبين أن المساكن الرديئة عامل هام في كافة مظاهر الانحرافات الاجتماعية على وجه التقريب وخاصة بالنسبة لانحراف الأحداث[2].

ولكن، ما بالك إذا قلنا، كما كان مقنن في التشريع الجزائري الأسري، أن المطلقة الحاضنة ليس لها الحق في سكن المطلق إذا لم يكن له سكنا آخر، أو أن تبقى، كما هو عليه في النص المعدل في سكن المطلق مع مطلقها لغاية تنفيذ الحكم المتعلق بالسكن، وهذا هو ما سيحصل لاحقا، بل هو الواقع المعاش نظرا للأزمة الخانقة التي تعيشها الجزائر في مسألة السكن، وذلك منذ عدة عقود، حيث تبين الإحصائيات في هذا الإطار، أن النقص في الشقق كان يقدر سنة ١٩٧٦ بـ ٥٥٢.٠٠٠ وحدة سكنية، وفي وسط الثمانينات بمليون وحدة سكنية[3]. وبهذا انتقلت نسبة شغل الشقة من١,٦ أشخاص سنة ١٩٦٦ إلى ١,٧ أشخاص سنة ١٩٧٧، وأن شغل الحجرة الواحدة انتقل في نفس الفترة من ٢,٦ أشخاص إلى ٣,٢ أشخاص[4]. وفي سنة ١٩٩٤ قدرت وزارة السكن أن الجزائر بحاجة إلى ١,٢مليون وحدة سكنية وأن ٢١ مليون جزائري يعيشون في حالة اكتضاض

---

(١)« Le lieu où s'exerce la garde doit répondre aux conditions essentielles de confort indispensable à la vie et notamment au développement harmonieux de l'enfant ». Cf. K. Mostéfa, op. cit., p. ٤٥.

(٢) انظر، محمد باشوش، أطفال الشوارع في تونس، المجلة التونسية للعلوم الاجتماعية، ١٩٩٢، عدد ١٠٩، ص٧٧ وما بعدها؛ محمود حسن، المرجع السابق، ص. ٦٠.

(٣)« Nous constatons que, sur les ٢٦٨ ٠٠٠ logements urbains programmés pendant la période ١٩٦٧-١٩٧٨, seulement ٤٥ ١٤٨ ont été livrés, soit un taux de réalisation de ١٧%...En ١٩٧٨ on a estimé à ١٤ ٥٨٥, le nombre de logements urbains livrés et à ٢٥ ٠٠٠ en ١٩٧٩... ». Cf. Ch. Hadji, se loger, in Les Temps Modernes, Algérie, espoirs et réalités, ١٩٨٢, juill.-août, pp. ٢٤٦-٢٤٧. De même, on note que « pour la seule période de ١٩٨٠ à ١٩٨٢ près d'un demi million de logements inscrits (٤٥٢ ٦٧٩). Or, au cours de l'année ١٩٨٠, ٢٣ ٩٦٢ logements seulement ont été livrés, l'année suivante, le chiffre s'est légèrement amélioré pour atteindre ٢٨ ٨٧٦ et en ١٩٨٢... a atteint ٤٢٦٨٠, soit ٩,٤ % ». Cf. D. Sari, Les mutations socio-économiques et spatiales en Algérie, O.P.U., ١٩٩٣, pp. ٢٥١ et s.

(٤)Cf. D. Labidi, Science et pouvoir en Algérie, O.P.U., Alger, ١٩٩٣, pp. ٩٤ et s.

داخل الوحدات السكنية(١)، مما نتج عنه سنة ٢٠٠٠ أن معدل شغل الشقة أصبح من ٧ أشخاص(٢).

وفي المغرب، فالمسألة السكنية لا تختلف عما هي عليه في الجزائر، حيث حسب الإحصائيات لسنة ٢٠٠٤ قدر بأن هذا البلد بحاجة إلى ١،٢٤ مليون وحدة سكنية(٣). ومن ثم، أصبح الطلب السنوي لعدد الوحدات السكنية مقدر بـ ١٢٥.٠٠٠ وحدة، في حين أن الإنتاج الحالي لا يتجاوز ٨٠.٠٠٠ وحدة سكنية(٤). وأما في تونس، فهذه المسألة تعتريها حدة أقل من الدولتين السابقتين(٥).

وتفسيرا لذلك، فقد ظهرت العلاقة بين حالة المسكن والجناح بوضوح، وذلك في عدة نقاط وهي على النحو التالي :

أولا : إن السكن المشترك أو الضيق يدفع بالطفل إلى الهروب من المنزل والتجمع في الشارع نتيجة ما يشعر به من توترات وضغوط(٦)، وهذا يدفعه إلى الالتقاء مع غيره من الأحداث وإلى تكوين العصابات التي تشجع على الانحراف(٧).

وهكذا، إن أطفال

---

(١)Cf. R. Bekkar, Les habitants bâtisseurs, compétences et savoir faire, in Annales de la recherche urbaine, n° ٦٦, pp. ٢٠ et s. Sur cette question, cons. L. Abdi, Les mutations de la société algérienne, éd. La Découverte, ١٩٩٩, pp. ٦١-٦٨.

(٢)Il y a en moyenne ٧ personnes par logement (ce n'est qu'une moyenne...) et ٨٦% des jeunes femmes vivent quelques années avec leur belle-mère. Cf. Z. Ouadah-Bedidi, La prenante évolution démographique du Maghreb moderne, in Groupe X- Démographie, Economie et Population, ٠٨/١٠/٢٠٠٢.

(٣)Cf. A. Boukhalef, Financement de l'immobilier : de nouvelles pierres pour consolider l'édifice social, in Le Matin, ٠٩/٠٨/٢٠٠٤, www.lematin.ma; M. Belmâaza, Entre hier et aujourd'hui : on se marie de moins en moins, in AlBayane, ٠٩/٠٨/٢٠٠٤, www.albayane.ma

(٤)Cf. Ch. Jaidani, Malgré les mesures de l'Etat : offre et demande la difficile, in Le Matin, ٠٩/٠٨/٢٠٠٤, site internet : www.lematin.ma, p. ١.

(٥)Cf. S. Rahmouni, La famille tunisienne dans la dynamique du développement global, in Actes du colloque sur « La famille au Maghreb, organisé par la fondation du Roi Abdul-Aziz Al SAOUD, Casablanca, le ٢١/٠٤/٢٠٠٤, in www.fondation.org.ma

(٦) انظر، محمد باشوش، أطفال الشوارع في تونس، ص. ٨١-٨٢.

(٧) انظر، محمود حسن، المرجع السابق، ص. ٦١.

الشوارع[١] "يعانون تقلبات الحياة اليومية ومعرضون أكثر إلى ضروب الظواهر الخارجة عن العرف والمشاكل الأخلاقية والاجتماعية، على أن الجنوح والعنف والدعارة التي يحفل بها عالمهم يعطي صورة قائمة ولكن مشوهة عن أطفال الشوارع"[٢].

وتأويلا لذلك، إن ارتفاع قضايا الطلاق، كما هو مقدما، يعد مؤشرا على ازدياد حجم التفكك الأسري ومن الأسباب التي أدت إلى ذلك مشكل البطالة والسكن الضيق أو المنعدم، مما نتج عنه ازدياد قضايا الأحداث في الجزائر، حيث بلغت سنة ٢٠٠٣، ١٠٦٤ قضية عرضت على المحاكم التابعة لمجلس قضاء الشلف، مما يعني انتشار الانحراف بين القصر والأحداث[٣].

وكما أثبتت إحصائيات الشرطة القضائية في ولاية تلمسان ارتفاع الجريمة وسط الأحداث، حيث تورط ٢٩٠٣ حدث خلال الثلاثي الأول من سنة ٢٠٠٢ في جرائم مختلفة، انطلاقا من السرقة وتناول المخدرات ووصولا إلى القتل وهتك الأعراض[٤]. وكما أثبتت خبيرة في الطب الشرعي بالمستشفى الجامعي ابن باديس بقسنطينة أن أزيد عن % ٧٦ من المدمنين على المخدرات هم من الشباب وهذا من خلال دراسة أنجزتها خلال سنة ٢٠٠٣[٥]، وعرفت السنة ذاتها أكثر من نصف مليون شاب مدمن على المخدرات في الجزائر[٦]، من بينهم ١٢.٠٠٠ طفل، حيث هناك حالات لا يزيد فيها عمر المستهلك عن

(١) وقد عرف المغرب، على غرار الجزائر وتونس، هذه الظاهرة خلال العقدين الأخيرين بحكم تفكك بنياته التقليدية وما واكبه من متغيرات مست مؤسسات المجتمع وعلى رأسها الأسرة. وحسب دراسة إحصائية أجريت سنة ١٩٩٨، فإن ظاهرة أطفال الشوارع منتشرة في جل المدن المغربية الكبرى والمتوسطة، حيث بلغ عددهم في العمالات والأقاليم التي شملتها الدراسة ٨٧٨٠ طفلا... ويصل عدد الأطفال الذين يقل عمرهم عن التاسعة ٢٥٢٢ طفلا، أما الأعمار المتراوحة بين ١٥ و١٨ سنة فيبلغ عددهم ٢٧٠١ طفل، إضافة إلى ٢٤٨٧ طفلا يتراوح أعمارهم من ١٠ و١٤ سنة... انظر، نور الدين بن مالك، المغرب: فقر +تفكك= تشرد، إسلام أون لاين، ٢٠٠١/٠٧/٢٦، موقع الانترنت، www.islamonline.net

(٢) انظر، محمد باشوش، المرجع السابق، ص. ٨١-٨٢.

(٣) انظر، ع. دحماني، مرجع سابق، ص. ١٢.

(٤) انظر، الخبر، جريدة يومية، ٢٠٠٤/٠٢/١٦، ص. ١٢.

(٥) انظر، ز. ف.، امرأة مقابل كل ٦ رجال يتعاطون المخدرات بقسنطينة، الخبر، جريدة يومية، ٢٠٠٣/٠٧/٠٢، ص. ١٧.

(٦) انظر، الخبر، جريدة يومية، ٢٠٠٣/٠٤/٢٦، ص. ١٢.

١٣ سنة[١]. وفي خلال شهر أكتوبر من سنة ٢٠٠٤، تم ضبط ٢٦٨ قاصرا متورطا في جرائم مختلفة[٢].

وأما في تونس، أمام انعدام إيجاد الحلول للمشكلات الاجتماعية، تورط قطاعا مهما من الأطفال إلى الانغماس في الرذيلة والانحراف بشتى أصنافه[٣]. ومن الجدير بالذكر حسب إحصائيات تمتد من ١٩٧٩ إلى ١٩٨٢ أن انحراف الأحداث انحصر بالخصوص في العنف بنسبة ٣٠ في المائة والسرقة بنسبة ٣٦ بالمائة والإضرار بملك الغير بنسبة ١٠ بالمائة والجرائم الأخلاقية بنسبة ٤ بالمائة[٤]. وفي خلال سنوات ١٩٨٢-١٩٨٧ بلغت الأحكام المتعلقة بالأحداث ١٢.٧٦٨ قضية متعلقة بالاعتداء بالعنف على الأشخاص، الإخلال بالنظام العام، الجنح الأخلاقية والدعارة، الخ[٥].

وفي المغرب، أصبح سن الأطفال المنغمسين في الرذيلة والبغاء يتراوح مثلا في مدينة مراكش، بين ٩ و١٥ سنة بسبب الحاجة والفقر، وإلى غير ذلك من الدوافع الأخرى[٦].

ثانيا : اشتراك صغار الأولاد والبنات في نفس المكان مع الكبار، وذلك نتيجة للازدحام الشديد في الأسرة. وقد نهض المختصون في الأمراض العقلية والنفسية ضد النوم الجماعي بسبب ما يحدثه من صدمات نفسية لدى الأطفال من جراء نومهم مع

---

(١)Cf. S. Tlemçani, Le fléau de la drogue gagne du terrain, un ravage parmi les jeunes algériens, in El-Watan, ٢٧ et ٢٨/٠٦/٢٠٠٣, p. ٥.

(٢) Cf. M. A., La délinquance juvénile fait des ravages, in Le Quotien d'Oran, ٠٩/١١/٢٠٠٤, p. ٣.

(٣) حيث عادة ما يكون الطفل متورطا في هذه الجرائم، "حين ينعدم لديه منذ نشأته أبسط مقومات الحياة الكريمة في إطار عائلي مستقر يحقق له التوازن النفسي المطلوب من أجل أن يظهر مواهبه وتتفتق طاقاته". انظر، هندة العرفاني، تزايد الجريمة في تونس يكدر صفوة المجتمع، مجلة المجتمع، ٢٠٠٤/١٠/٢٣، عدد ١٦٢٤، ص. ١.

(٤) انظر، الهادي سعيد، التشريع التونسي وحقوق الطفل، مجلة القضاء والتشريع، ١٩٨٥، عدد ٥، ص. ٣٤.

(٥) انظر، محمد باشوش، المرجع السابق، ص. ٩١-٩٢.

(٦)Cf. AMADEC (Association marocaine pour le développement communautaire), Marrakech, Enquête sur la prostitution infantile, in L'économiste, ٢٦/٠٧/٢٠٠٤, cité par Afrik.com du ١٠/٠٨/٢٠٠٤, site internet : www.afrik.com.

والديهم[١]. زيادة عن تمكن الأطفال من اكتشاف أسرار العلاقات الجنسية لوالديهم. وبهذا، ليس بعيداً أن تنتشر الآفات الاجتماعية وخاصة الطغيان الجنسي[٢]. وكذلك، فإن اشتراك المراهقين من الجنسين في نفس الحجرة يؤدي لا محالة إلى الفواحش.

وفي هذا الاتجاه، يرى الأستاذ بوسبسي أن الفواحش فيما بين المحارم يرجع سببها أصلا إلى الاختلاط، أي النوم في نفس الحجرة...وأن الحالات المنتشرة لهذه الفواحش تقع بين الإخوة أو بين الإخوة والأخوات.

وكما ترى الأستاذة لعجالي، أن أغلبية حالات هذه الجريمة تقع في الأوساط المحرومة أين يرتكز إضناء الحياة؛ وتشير هنا إلى حالة فتاة بالغة من العمر ١٥ سنة التي تم انتهاك عرضها على التوالي من طرف أبيها وأخيها وابن عمها والتي بعد أن وضعت حملها - في المستشفى - ردت إلى أهلها، وفي نفس المكان...[٣].

وفوق هذا وذاك، نؤمن مع الأستاذ بربيش أن هذه الرذيلة ترتكب في أغلب الحالات في الأسر الكبيرة التي تعيش في المساكن الضيقة التي تجبر أفراد الأسرة أن يناموا معا، وغالبا جنبا إلى جنب[٤].

وتأكيدا لذلك، نشير إلى أن مصالح الشرطة القضائية الجزائرية سجلت سنة ٢٠٠٣

---

(١)Cf. C. Roubier, Dans le lit familial, in Rev. l'Ecole des parents, ١٩٨٤, n° ٤, pp. ١١ et s. ; N. Zerdouni, Enfants d'hier, édit. Maspéro, Paris, ١٩٧١, p. ٢٧١.

(٢)Cf. D. Tchouar, Le mariage polygamique entre le fiqh et le droit positif algérien, R.A.S.J.E.P., ١٩٩٧, n° ٢, p. ٥٣٢.

(٣)Cf. M. Boucebci, Ladjali et Berbiche, Les troubles de la sexualité, ١٠èmes journées d'enseignement post-universitaire tenues le ٠٢ mars ١٩٨٦ à l'hôpital Mustapha , Alger , cités par L. Aslaoui, Dame justice, op. cit., pp. ١٤٧-١٥١.

(٤)Cf. M. Boucebci, Ladjali et Berbiche, op. cit., cités par L. Aslaoui, Dame justice, op. cit., pp. ١٤٧-١٥١. Selon cet auteur, il ressort que la promiscuité du lit est la principale cause de l'inceste, car selon les statistiques fournies par le service de médecine légale du Professeur Mehdi, le problème du logement revient souvent. Ainsi en est-il des cas comme celui de deux frères partageant le même lit ou d'une fille violée par son père et dénoncé par son frère ou encore d'une femme divorcée mère de deux enfants enceinte de son oncle maternel, père de quatre enfants. Cf. L. Aslaoui, op. cit., p. ١٤٨-١٤٩.

ارتفاعا مذهلا في جانب جريمة زنا المحارم، حيث بلغت ٨٦ حالة، كانت ضحيتها ٣٨ فتاة و٤٨ فتى[١] . هذا بالنسبة للجرائم المعلن عنها، ولكن كم هي تلك التي تم كتمانها سترا للفضيحة والعار.

وفي هذا السياق، انكبت محكمة الجنايات لمجلس قضاء مستغانم في دورتها الجنائية لسنة ١٩٩٨، على الفصل في قضية بشعة متعلقة بالزنا بين المحارم قد ارتكبه[٢]، أب، بالغ من العمر ٣٥ سنة، على ابنته البالغة من العمر ١٤ سنة، التي هتك عرضها وحملت منه[٣] . وهذا ما حدث أيضا بين أب وابنته البالغة من العمر ١٧ سنة، في قضية عرضت على محكمة الجنايات لمجلس قضاء البليدة في دورتها لسنة ٢٠٠٣، إذ بدلا من أن يربيها تربية سليمة ويغرس فيها القيم والمبادئ النبيلة، زج بنفسه وبابنته في عالم الرذيلة والفساد، مما أدى إلى حملها، وتم اكتشاف أمرها بعد وضعها والإلقاء بالجنين على قارعة الطريق الذي

---

(١) انظر، ص.ب.، ظاهرة رهيبة تهدد الأطفال، الخبر، جريدة يومية، ٢٠٠٤/٠٤/١٣، ص. ١٢٣.

(٢) لقد اعتبرت المادة ٣٣٧ مكرر من قانون العقوبات (أمر رقم ٧٥-٤٧ المؤرخ في ١٧ جوان ١٩٧٥) من الفواحش بين ذوي المحارم العلاقات الجنسية التي ترتكب بين :

١- الأقارب من الفروع أو الأصول؛
٢- الإخوة و الأخوات الأشقاء، من الأب أو الأم؛
٣- بين شخص وابن أحد أخوته أو أخواته من الأب أو الأم أو مع أحد فروعه؛
٤- الأم أو الأب و الزوج أو الزوجة و الأرمل أو أرملة ابنه أو مع أحد آخر من فروعه؛
٥- والد الزوج أو الزوجة أو زوج الأم أو زوجة الأب و فروع الزوج الآخر؛
٦- من أشخاص يكون أحدهم زوجا لأخ أو لأخت.

تكون العقوبة بالسجن من ١٠ إلى ٢٠ سنة في الحالتين ١ و٢ و بالحبس من خمس إلى عشر سنوات في الحالات رقم ٣ و٤ و٥ و بالسجن من سنتين إلى خمس سنوات في الحالة رقم ٦.

وفي جميع الأحوال إذا ارتكبت الفاحشة من شخص راشد على شخص قاصر يبلغ من العمر ١٨ عاما فإن العقوبة المفروضة على الراشد تفوق وجوبا العقوبة المفروضة على الشخص القاصر.

ويتضمن الحكم المقضي به ضد الأب أو الأم فقدان حق الأبوة أو الوصاية الشرعية ".

(٣)En réalité ce procès, souligne Ras, donne à réfléchir sur la dégradation des mœurs et démontre que la société devient de plus en plus agressive en faisant fi de toutes les valeurs civilisationnelles et islamiques. De nos jours, tout est possible et nul d'entre-nous n'est à l'abri de tels fléaux sociaux. Cf. Ras, Il viole et engrosse sa fille âgée de ١٤ ans, in Ouest Tribune, du ١٩/١٠/١٩٩٨, p. ٦.

فارق الحياة بعد ثلاثة أيام من العثور عليه[١].

والواقع، ليس الغرض من ذكر هذه الحالات مجرد السرد والاستطراد، بل أردنا بها إبراز ضرورة ارتكاز حكم القاضي عند تقديره لمصلحة المحضون على هذا العنصر المادي الحساس، على سكن المحضون. ولذلك، أن العمل بالتعاليم الدينية في هذا الإطار تقتضيه طبيعة الأمور، ومن ثم فما علينا إلا أن نمتثل لقوله عليه الصلاة والسلام "وفرقوا بينهم في المضاجع"[٢].

وفي النهاية، نقول أنه يجب على القاضي ألا يغفل هذا الجانب؛ إذ أن المسكن الذي يقضي به للمحضون ينبغي أن يكون مسكنا صحيا ملائما، تتوفر فيه العلاقات الاجتماعية الإيجابية، ويسوده الجو النفسي الصحي حتى يترعرع المحضون فيه بسلام ويتفادى الانحرافات المختلفة مستقبلا.

إلا أن هذا العنصر، وهو عنصر السكن، يتصل بعنصر آخر ذي أثر كبير في المحافظة على مصلحة المحضون. ذلك العنصر هو عنصر عمل الحاضنة. فالتطرق له تحتمه طبيعة الموضوع لوجود علاقة وطيدة بينهما. ولاسيما وأن هناك من يصف الحضانة "بأنها هدية مسممة عندما لا يكون للحاضنة الإمكانيات لممارستها"[٣].

والحقيقة هو أن الأم عندما تؤول لها الحضانة، تساهم كالأب إن لم نقل أكثر لعول المحضون[٤]. والواقع يبين أن الأم هي التي تلبي في غالب الحالات طلبات الطفل ولا

(١) انظر، ع. ق.، جنين على قارعة الطريق لستر الفضيحة، الخبر، جريدة يومية، ٢٠٠٢/٠٣/٢٠، ص. ١٣. وقد أدانت المحكمة الأب الجاني بخمس سنوات سجنا نافذا. انظر، ب.س.، خمس سنوات سجنا للمعتدي على ابنته، الخبر، جريدة يومية، ٢٠٠٣/٠٨/٢٤، ص. ١٣.

(٢) انظر، عبد الناصر عيسوي، آراء ابن القيم في التربية، منار الإسلام، ١٩٨٢، عدد ١١، ص. ١١؛ السيّد سابق، المرجع السابق، ص. ٣٦٠.

(٣)Cf. L. Aslaoui, Dame justice, op. cit., p. ١٤٤.

(٤)Cf. M.M. Hadj Ali, L'entretien de l'enfant des parents divorcés, R.A.S.J.E.P., ١٩٦٨, n° ٤, p.١١٦٦.

L'office national des statistiques en Algérie a mis en relief, après le recensement général des populations et de l'habitat effectué en juin ١٩٩٨, que « Les familles monoparentales composées d'un seul parent et d'enfants célibataires sont au nombre de ٦١٨.٠٠٠, dont plus de ٩١ % ont pour chef de famille la mère... ». Cf. S. Mekki, Un million d'Algériens ont changé de wilaya en ١٠ ans, in Le Quotidien d'Oran, ٠٣/٠٢/٢٠٠١, p. ٧.

الأب(١) . لذلك، في مثل هذه الحالات، يكون عمل الحاضنة ضروري إن لم نقل إلزامي، وحتى ولو كان الأب هو الملزم قانونا بتسديد كل المصاريف... وخصوصا نفقة أطفاله بطريقة منتظمة. إلا أن قيمة النفقة التي تقضي بها المحاكم إزاء غلاء المعيشة، غير كافية لتغطية كل حاجيات المحضون(٢) . بالإضافة إلى أن الآباء لا يكونوا دائما واعيين لمسؤولياتهم، بحيث غالبا ما يدفعون هذه النفقة بطريقة غير منتظمة إن لم نقل أحيانا تحت سطوة القانون(٣) .

وعليه، ففي مثل هذه الظروف، تضطر الحاضنة إلى الخروج إلى العمل(٤) لكون هذا الأخير هو المورد الوحيد للإنفاق، من جهة؛ ولإشباع حاجات المحضون المتزايدة حسب الجنس والسن من جهة أخرى(٥) .

واستنادا إلى ما ذكر واستخلاصا لما قيل، نشير أن الحرمان من الناحية المادية للمحضون يتعداه إلى سلوكه الاجتماعي حيث يساعد على تشرده وتسوله وانحرافه، خاصة في الأسرة المعسرة(٦) . فمنذ الأزمنة القديمة، كانت النظرة إلى الضيق الاقتصادي(٧) باعتباره السبب الأساسي لأمراض المجتمع. وقد ظهرت تفسيرات اقتصادية مطلقة للجناح، والجريمة، وإدمان الخمر، وانتشار البغاء، والإصابة بالأمراض العقلية وغيرها من المشكلات الاجتماعية(٨) . وحاولت كثير من الدراسات أن تثبت أن الفقر هو السبب

---

(١)Cf. M.M. Hadj Ali, op. cit., p. ١١٦٢.

(٢)Cf. A. Belhadj Hamouda, op. cit. , p.٥٥.

(٣)Cf. L. Aslaoui Hammadi, Le divorce-répudiation, ce fléau, in El-Moudjahid, le Quotidien, du ٢٦/٠٣/١٩٧٩, p. ١٦.

(٤) صحيح أن عدم توفر مورد للحاضنة قد يؤدي إلى انحرافها و ممارستها الفسق، ولكن فيما يتعلق بنوعية العمل الذي يجب أن تقوم به الحاضنة حتى في هذه الحالات، انظر المبحث الثالث من المفصل الأول من الجزء الثاني من هذه الدراسة.

(٥)« Le refus du père de subvenir aux besoins de ses enfants est surtout lié à l''hostilité réciproque qui subsiste entre les parents suite au divorce. Cette situation n'est d'ailleurs pas spécifique à la Tunisie ni aux pays arabo-musulmans… ». Cf. A.C. Chamari, La femme et la loi en Tunisie, édit. Bouchène, Alger, ١٩٩١, pp. ٧٣-٧٤.

(٦) انظر، أحمد الغندوز، المرجع السابق، ص. ٦٨.

(٧) انظر محمود حسن، المرجع السابق، ص. ٥٢.

(٨) انظر، محمود حسن، المرجع السابق، ص. ٥٣-٥٦.

الرئيسي للانحراف الاجتماعي. وقد أكد الاجتماعيون وجود علاقة بين الفقر والإجرام، بالرغم من أنهم نفوا وجود سببية بينهما[١].

وأخيرا كل ما نرجوه من المشرعين المغاربين، هو أن يصوغوا نصوصا قانونية بعيدة عن التناقض، دنية إلى الواقع المعاش، وخاصة مستندة إلى أحكام الشريعة الإسلامية[٢]، توفر الحماية الحقة للمحضون الذي يجب أن يعيش في ظروف ملائمة، وللحاضنة حتى تمارس الحضانة على أتم وجه، لتحقق مصلحة المحضون أحسن تحقيق، وذلك حتى ولو اقتضى الأمر استماع المحضون لتحري مصلحته؟

المطلب الرابع

معيار استماع المحضون لتحري مصلحته

إذا كانت مصلحة المحضون هي العمود الفقري للحضانة، فإنه ينبغي دراسة واقتراح كل ما يمكن أن يساعد على تحقيقها. ولهذا، لا غرابة في محاولة إعطاء للمحضون فرصة الإسهام في تحقيق مصلحته بنفسه. ومما لا شك فيه أن وضع هذا النظام له فائدة من الناحية العملية، فالطفل إنسان يحس ويرغب ويفضل، ولكنه إنسان ضعيف يفتقر إلى بعد النظر، يحتاج إلى توجيه. بمعنى، هل استدعاء رأيه في مادة الحضانة ضروري ومفيد؟ هل نأخذ برأيه أم نتركه؟ متى تكون إرادته محل استماع ؟

في الحقيقة هذه التساؤلات مرتبطة ببعضها البعض وقد أكدت اتجاهات أفرزت جدلية لا متناهية (لا تحسم الأمر نهائيا) توحي بأن هذا المعيار حساس يتطلب منا التمعن والحذر والانتباه.

---

(١) انظر، عدم ذكر المؤلف، دور بعض الموظفين والمواطنين في مجال الجريمة المشهودة، مجلة الشرطة، ١٩٧٨، عدد ١٢، ص. ٧٥.

(٢) إذ يقول محمد قطب "إنما يعنينا على أي حال أن نتبين طريقة الإسلام في مسايرة الفطرة، وتنظيم حياة البشرية على أساسها... تنظيم يشمل الفرد و المجتمع في ذات الوقت، و بوسيلة واحدة مشتركة. فالمجتمع النظيف المتوازن، تقوم فيه الأسرة النظيفة المتوازنة، التي تربي الفرد النظيف المتوازن. والفرد النظيف المتوازن بدوره ينشئ الأسرة و ينشئ المجتمع. ومن ثم يعمد الإسلام إلى تنظيف ضمير الفرد، بربط قلبه ومشاعره بالله، و تربيته على طاعته، وحبه وخشيته، وفي ذات الوقت يضع التنظيمات الاجتماعية والاقتصادية والسياسية، والتوجيهات الفكرية والروحية التي ترسي المجتمع على قواعده السليمة، التي تنشئ الأفراد المتوازنين". انظر، محمد قطب، المرجع السابق، ص. ٢٠٧.

والجدير بالملاحظة هو أن عامل استماع المحضون، هو عامل قديم، دخل لغة الشرع في عصر الرسول صلى الله عليه وسلم، واختلفت الآراء الفقهية بشأنه **(الفرع الأول)**. أما التشريع الجزائري على منوال التونسي- لم يتضمن أحكاما خاصة باستماع المحضون حول تخيير حاضنه، وذلك على خلاف المغربي الذي تنبه لتخيير المحضون سواء في النص السابق الوارد في الفصل ١٠٢ من المدونة أو اللاحق المتمثل في المادّة ١٦٦ منها **(الفرع الثاني)**.

الفرع الأول

موقف الفقه من تخيير المحضون لحاضنه

مسألة تخيير المحضون لحاضنه من المسائل التي اختلفت فيها الآراء الفقهية، سواء تعلق الأمر بالفقه الإسلامي **(I)** أم الغربي **(II)**.

I.- موقف الفقه الإسلامي

ظهرت مسألة تخيير المحضون لحاضنه في عهد الرسول صلى الله عليه وسلم، حيث جاءت امرأة إلى الرسول الكريم، فقالت "يا رسول الله، إن زوجي يريد أن يذهب بابني وقد سقاني من بئر أبي عنبة[١]، وقد نفعني". فقال رسول الله صلى الله عليه وسلم "هذا أبوك وهذه أمك. فخذ بيد أيهما شئت. فأخذ بيد أمه فانطلقت به"[٢]. وقد قضى بذلك عمر بن الخطاب رضي الله عنه الذي خيّر غلاما بين أبويه، وعلي كرم الله وجهه الذي خير صبيا بين أمه وعمه[٣].

---

(١) بئر بعيد عن المدينة نحو ١٨٥٢ متر.

(٢) رواه أحمد وأبوداود والأربعة وصححه الترميذي، مقتبس عن السيد سابق، المرجع السابق، ص. ٣٥٩؛ صديق حسن خان، الروضة الندية، م. ١٢، ج. ٢، ص. ٩٢.

(٣) انظر، السيد سابق، المرجع السابق، ص. ٣٥٩.

وفي هذا الإطار قال الشافعي: "أخبرنا سفيان بن عينية أن زياد بن سعد عن هلال بن أبي ميمونة عن أبي ميمونة عن أبي هريرة رضي الله عنه أن النبي صلى الله عليه وسلم خير غلاما بين أبيه وأمه. وما جاء عن عمر بن الخطاب رضي الله عنه خير غلاما بين أبويه. وعن عمارة الجرمي قال خيرني علي كرم الله وجهه بين أمي وعمي ثم قال لي لأخ لي أصغر مني، وهذا أيضا لو قد بلغ مبلغ هذا خيرته، وقال في الحديث وكنت بن سبع أو ثمان سنين". انظر، الشافعي، الأم، ج. ١٠، ص. ٢٣٤.

والجدير بالملاحظة هو أن هذا الحديث يعتبر بمثابة انطلاقة لفكرة استماع الطفل لتحري مصلحته ومصدر اجتهاد الفقه الإسلامي ومنبع استقاء القوانين الوضعية. غير أن هذه المسألة لم يجمع عليها الفقه، فاختلفت الآراء فيها وتباينت الحجج والأدلة.

يرى الاتجاه الأول أنه لا خيار للولد في هذه المسألة، ويعني بذلك أنه إذا بلغ الطفل السن التي يجب فيها أن ينزع من الأم، فإنه ينزع منها ويأخذه الأب دونما خيار للصغير ذكرا كان أو أنثى[١]. وقد استدل بحجج عملية وأخرى نظرية. فقال أولا، إن الصغير غير رشيد لا يعرف مصلحته، فلا يعتبر اختياره كسائر تصرفاته. وأنه قاصر العقل لا ينظر إلى بعيد بل يقف عند العاجل من تحصيل اللهو واللعب، فيميل إلى من عنده اللعب والراحة. واتباع الغلام في هذا الميل لا يتحقق معه مقصود الشارع من النظر إلى الصغير، ورعاية شؤونه الحقة، والأخذ بيده إلى مراقي الفلاح.

وقد أضاف إلى ذلك، ثانيا، إن الحديث يجوز أن يكون حكاية حال، فلا يمكن الاحتجاج به. وزعم، ثالثا، أن الحديث لم يذكر حصول الفرقة بين الزوجين والظاهر سياقه أنها كانت في صحبته، يدل على ذلك قولها "إن زوجي يريد ..." ولو لم يكن في صحبته لما قالت ذلك[٢].

غير أن هناك من الفقه من قال برأي مخالف، مقتضاه أن الصبي له أن يخير بين والديه، فإن اختار أحدهما كان له. وله بعد اختيار أحدهما أن يتحول للآخر وإن تكرر منه ذلك[٣]. وسنده في ذلك ما جاء عن الرسول صلى الله عليه وسلم في الحديث المذكور.

---

(١) وتمسك بهذا الرأي الأحناف. انظر، عبد العزيز عامر، الأحوال الشخصية في الشريعة الإسلامية فقها وقضاء، النسب، الرضاع، الحضانة، نفقة الأقارب، دار الفكر العربي، القاهرة، ١٩٧٦، ص. ٣١٦.

(٢) انظر، ابن عابدين، المرجع السابق، ج. ٢، ص. ٥٦٧؛ عبد العزيز عامر، المرجع السابق، ص. ٣١٨.

(٣) وهو موقف الشافعية، انظر، الرملي، نهاية المحتاج إلى شرح المنهاج، ج.٦، طبع بولاق، ١٢٩٢ هـ ص. ٢٧٤. للمزيد من المعلومات، راجع، عبد الرحمن الجزيزي، المرجع السابق، ص. ٥٢٤؛ السيد سابق، المرجع السابق، ص. ٣٦٠؛ بدران أبو العينين بدران، الفقه المقارن...، المرجع السابق، ص. ٥٦٩؛ عبد الرحمن الصابوني، المرجع السابق، ج.٢، ص. ٢٥١؛ عبد الله مبروك النجار،

في حين ذهب الاتجاه الثالث إلى وجوب التفرقة بين الفتى والفتاة في هذه المسألة. لكن إذا كان أنصار هذا الرأي قد تمسكوا بهذه التفرقة إلا أنهم اختلفوا فيما بينهم وانقسموا إلى فريقين : فريق يقول أن الفتى إذا بلغ سن سبع سنين، يخير بين البقاء مع الحاضنة أو تركه إلى أبيه؛ أما البنت فتسلّم إلى الأب من غير تخيير[1] تطبيقا للحديث السالف الذي منح حق التخيير للفتى دون الفتاة ولاختلاف طبيعتهما. وفريق يقول أن الأم أحق بالصغير حتى يثغر؛ أما الصغيرة، فإنها تخيّر[2] .

فبأي رأي نأخذ ؟ وما هو الاتجاه الراعي لمصلحة المحضون ؟ وما هي قوة الأدلة فيه؟

للإجابة عن تلك الأسئلة، نتمسك في بداية الأمر بأنه لا يمكن تغليب رأي على آخر، كما لا يمكن ترك كل الآراء، وإنما نقترح حلا وسطا. نعم، نحن لا ننكر أن مصلحة المحضون تقضي هنا بأن يحظى الطفل بكل الضمانات الممكنة، غير أن ذلك لا يمكن أن يكون بناء على التفرقة الوهمية بين الجنسين بل بمبادئ صريحة تضع الأمور في نصابها. ومن ثم، فإننا لا نفرق بين الغلام والبنت ونعطي حق الخيار لأحدهما دون الثاني كما فعله الحنابلة ومالك. ولا نقول كذلك بعدم الخيار مطلقا كما جاء به الحنفية، ولا نأخذ بتخيير الولد مطلقا، فالأصوب أن نغلب ما تدعو إليه مصلحة المحضون.

وفي هذا نستعين برأي ابن القيم الجوزية الذي يتفق مع شيخه ابن تيمية اللذان

المرجع السابق، ص.٤١-٤٢. (١) وهو رأي الحنابلة، انظر، ابن القيّم الجوزية، المرجع السابق، ج. ٤، ص. ١٣٥.
وقد علل ابن قدامة المؤيد لهذا الرأي أن "الغرض من الحضانة الحفظ، أي مصلحة المحضون، ومصلحة البنت بعد سبع سنوات هي إبقاؤها عند أبيها، لأنها في حاجة إلى حفظ وتزويج وهو الأقدر على ذلك. كما لا يصح قياسها على الفتى لأن طبيعتها تختلف عن طبيعته". وأما حجته الثانية، فإن الحديث خص الغلام دون البنت. انظر، ابن قدامة، المرجع السابق، ج. ٩، ص. ٣٠١. للمزيد من التفصيل حول هذا الرأي، انظر، عبد الرحمن الجزيري، المرجع السابق، ص. ٥٢٤-٥٢٥؛ عبد العزيز عامر، المرجع السابق، ص.٣١٧؛ عبد الله مبروك النجار، المرجع السابق، ص.٤١.

(٢) وهو ما ذهب إليه الفقه المالكي، انظر، الإمام مالك، المدونة الكبرى، ج. ٥، دار السعادة، القاهرة، ١٣٢٣ هـ ص. ٣٧؛ محمد الدسوقي، المرجع السابق، ج. ٢، ص. ٤٨٦؛ ابن جزي، المرجع السابق، دار الكتاب، الجزائر، ١٩٨٧، ص. ١٨٠.

حاولا الاهتمام بمصلحة الطفل قبل الالتفات إلى حق الحاضن. يرى العلامة ابن القيم الجوزية أن الأم إذا كانت تترك الولد في الكتاب وتعلمه القرآن وهو يؤثر اللعب وأبوه يمكنه من ذلك، فإنها أحق به بلا تخيير. وكذلك العكس. أي أن الأحق به من يراعي أصلحه في دينه وتربيته الخلقية[١].

وقد جاء ابن تيمية بحادثة تبين أن الطفل يمكن أن يخير. تنازع أبوان صبيا عند بعض الحكام فخيره بينهما، فاختار أباه، فقالت له أمه "أسأله لأي شيء يختار أباه"، فسأله فقال "أمي تبعثني كل يوم للكتاب والفقيه يضربني، وأبي يتركني ألعب مع الصبيان"، فقضى به للأم وقال "أنت أحق به". أما عن الفتاة، يقول الشيخ ابن تيمية، أن الحضانة من جنس الولاية التي لا بدّ فيها من القدرة على الجواب والعلم به وفعله بحسب الإمكان. فإذا كان الأب متزوجا بامرأة لا تراعي مصلحة ابنته ولا يقوم بها وأمها أقوم بمصلحتها منها فالحضانة هنا للأم قطعا[٢].

وأن التضارب في المواقف بشأن استماع الطفل لتحري مصلحته لم يجتنب كذلك الفقه الغربي، فيا ترى ما هو موقفه من هذه المسألة ؟

II.- موقف الفقه الغربي

وإجابة على التساؤلات سالفة الذكر اختلفت أيضا آراء الفقه الغربي بشأن استماع المحضون، بحيث منها ما اعتبرت أن الموضوع الذي يمكن أن يستمع فيه إلى المحضون هو ذلك المتعلق بإسناد الحصانة، بمعنى أن يستدعى المحضون إلى القضاء لاختيار حاضنه[٣].

وثمة من الآراء ما لم تقر الاتجاه السابق، حيث ترى بوجوب إبقاء الطفل بعيدا كل البعد حين تقدير مصلحته قضائيا. زيادة على ذلك، فإنه لا يتقبل هذا الرأي أن يفرض المحضون إرادته على الحواضن القانونيين وعلى القاضي في الوقت ذاته، لكي يقدر هو بمفرده مصلحته، هذا من جهة. ومن جهة أخرى، استماع المحضون يعني منح له الحرية الكاملة[٤].

---

(١) انظر، ابن القيم الجوزية، المرجع السابق، ج. ٤، ص. ١٣٨؛ عبد الله مبروك النجار، المرجع السابق، ص.٣٠ وما بعدها.

(٢) انظر، ابن تيمية، عن عبد الرحمن الصابوني، المرجع السابق، ج.٢، ص. ٢٥٣؛ السيّد سابق، المرجع السابق، ص. ٣٦٠.

(٣)Cf. Ph. Simler, op. cit., R.T.D.Civ. ١٩٧٢, p. ٧٢٢.

(٤)Cf. H. Parcheminal, Le juge aux affaires familiales et la protection de l'intérêt de l'enfant, Rev. Sanit. Soc., ١٩٩٤, n° ٢, p. ٢٠٦.

لو أمعنا النظر في الحلول السابقة بوجه عام لوجدنا أنها في مجموعها لا تخلو من عيوب.

فالرأي الأول، بالرغم ما له ما يبرره، يمكن أن يؤخذ عليه أنه لا يجب أن نتصور أن المحضون هو الذي يحقق مصلحته بنفسه إذا ما استمع إليه. كما لا يمكن أن نجعل الحضانة رهينة إرادة المحضون لأن رغبة الطفل قد لا تلتقي أبدا مع مصالحه الموضوعية[1]، و إنما يتجلى دوره في الإسهام في مساعدة القاضي على تقدير مصلحته، وإنارة الطريق له لكشف موقع هذه المصلحة. إذ يستطيع القاضي أن يجمع بمقتضاه المعلومات الكافية لتقدير مصلحة المحضون، فهو يساعد على أية حال على إحلال اليقين محل الشك بالنسبة لتلك المصلحة. وكما سيساهم بدرجة محسوسة في الحد من الصعوبات التي يتعرض لها القاضي في هذا المجال.

كذلك، لا تعتبر الحضانة فقط علاقة قانونية بين المحضون والحاضن يستطيع هذا الأخير بمقتضاها مباشرة سلطته، بل هي أيضا تعبير عن الأماني الخاصة للمحضون، كما تعتبر مسألة متعلقة بالضمير.

وكما أننا لا نستطيع التسليم بالاتجاه الثاني ولا بالنتائج المترتبة عليه، حيث إننا نعتقد أنه غير واقعي، فمصلحة المحضون تقضي بتخويل القاضي سلطة استماع الطفل. فقيل بأن فكرة عدم الاستماع تجعل المحضون بعيدا عن النزاعات إذ تربط مصيره بمصيرها، وهذا الأمر وإن كان مفهوما في العهد الغابر إلا أنه أصبح لا يتماشى مع الأفكار السائدة في الوقت الحالي.

فإن تلك الفكرة لم تعد متماشية مع التطور الاجتماعي والثقافي للعائلة، ولا مع الفكرة الحديثة للحضانة. فالأسرة في الوقت الحاضر ليست هي الجماعة القومية المتماسكة التي يخضع جميع أعضائها لسلطة رئيسها والتي عرفت في الماضي[2]؛ فقد ضعفت السلطة

---

(١)Cf.L. Nenova, Le droit de garde des enfants en Bulgarie, R.I.D.C., ١٩٨٧, n° spécial, p.٤٦.

(٢) M. M. Bédjaoui, Ministre de la justice à l'époque, soulignait déjà en ١٩٦٨ qu' : « on observe aujourd'hui un rétrécissement de la famille, dont le type patriarcal tend à disparaître, et dont le cercle se réduit au couple, notamment dans les cités… ».Cf. M. Bédjaoui, op. cit. , p.١٠٤٨. Sur l'esprit des paters familias en droit romain, cons. particulièrement N. Mougarède, Lois du mariage et du divorce dans le droit romain, ٢ème éd.,

الأبوية ضعفا ظاهرا[١]، وكما أن الطفل أصبح اليوم أكثر تفطنا عما كان عليه في السابق.

ويضاف إلى ذلك أن السير على هذا الاتجاه المطلق يعتبر مخالفا تمام المخالفة لبعض المبادئ التي راجت رواجا عظيما في عصرنا هذا كمبدأ مصلحة المحضون وإسناد الولاية للأم بعد وفاة الأب أو إسقاطها عنه. وأيضا، الاعتراف الدولي بحقوق الطفل الذي أرسى حق الطفل في التعبير عن رأيه.

ونظرا لهذه الأسباب، دافع بعض الفقه بحماسة، عن أهمية استماع المحضون، والطفل بصفة عامة، في الأمور التي تخصه و المرتبطة بأسرته، بالقول أنه يعلم الجميع كم يتقلب الأطفال وكم هم يتأثرون، ولكن لا ننكر أنهم أصبحوا مبكري النضج، وبسماحنا لهم بالتعبير نتفادى تمردهم ضد أمر محتوم[٢]، ولهذا أكدوا أن المصلحة العليا للطفل لا ترمي إلى سماعه فحسب بل إلى الإنصات إليه[٣]، غير أن ذلك يتطلب أيضا تطور الأذهان[٤].

وقد رد على هذا الموقف بأن الحقوق الخاصة بالطفل وتلك المتعلقة بحمايته يلتقيان ويصطدمان. وهنا يتساءل كيف يثار حق الآباء في التوجيه والطفل يتمتع بالاستقلالية التي منحته له الاتفاقيات الدولية ولاسيما اتفاقية نيويورك[٥]؟ كيف يمكن

; R. Accarias, Précis de droit romain, ٤ème éd., Paris, ١٨٨٦. Paris, ١٨١٦

(١) وآثار هذا التطور يمكن أن تستنتج بوضوح من المادتين ٥٧ مكرر و٨٧ المعدلتين من قانون الأسرة. انظر، غوتي بن ملحة، سقوط السلطة الأبوية والمساعدة التربوية: تدبيران من أجل حماية الطفولة، م.ج.ع.ق.إ.س.،٢٠٠٠، عدد ١، ص.٩ وما بعدها.

(٢) Cf. J. Castaignède, L'avis de l'enfant mineur dans le divorce de ses parents, D.١٩٩٢, ٢, chr., p.١٢١.

(٣)Cf. J. Castaignède, op. cit., p.١٢٤.

(٤)Dans cet esprit, A. Vaissier-Catarame souligne qu'il « est clair que pour que le droit des mineurs et l'intérêt de l'enfant soient considérés comme primordiaux dans une procédure de divorce, il faudra encore une évolution des esprits ». Cf. A. Vaissier-Catarame, L'audition de l'enfant en justice, in Droit de l'enfant et de la famille, Hommage à Marie-Josèphe Gebler, Presses Universitaires de Nancy, ١٩٩٧, pp. ١٦١ et s.

(٥)L'article ١٢ de cette convention dispose clairement que « Les états, parties, garantissent à l'enfant qui est capable de discernement, le droit d'exprimer librement son opinion sur toutes questions l'intéressant, les opinions de

التأكد من أن حرية الطفل لا تكون ضارة بمصلحته[١] ؟

وأما عن التخوف من الحرية الممنوحة للمحضون، فإنه لا مجال منه، لأن هذه الحرية وإن وجدت، ليست مطلقة حتما، بل مقيدة بمراقبة القاضي. فلا يمكن أن يؤخذ في الحسبان إحساس المحضون الذي يقدر بواسطته هو مصلحته، وإلا لن يعد هذا المعيار عقلانيا ما دام يفترض في القاضي عدم قدرته على إعطاء حكم ذي قيمة[٢] . ونقول أنه، إذا وجد شخص يملك حرية في هذا الموضوع، فإنه حقا القاضي، لأنه يحتفظ بسلطته التقديرية وهو يستمع إلى المحضون، دون أن يكون مجبرا باتباع ما يقوله الطفل المسموع.

وفي هذا يقول الأستاذ نيرينك :

« L'audition du mineur concourt à sa protection parce qu'elle rappelle qu'il est personne humaine, avec ses préférences et ses souffrances. Mais l'audition de l'enfant devient atteinte à sa protection et régression du droit lorsqu'elle s'analyse en une liberté donnée de trancher en dernier ressort »[٣].

أضف إلى ذلك، إذا كان يهمنا أن يبقى المحضون بعيدا عن النزاعات التي تضر بصحته المعنوية والجسدية، وأن لا يصدم نفسيا، فإن استماعه ينبغي أن يكون للضرورة، وألا يكون طرفا في تلك النزاعات، وهذا إلى غاية إثبات إنّ النّزاعات أصبحت جزءا من

---

l'enfant étant dûment prises en considération, eu égard à son âge et son degré de maturité. A cette fin, on donnera notamment à l'enfant la possibilité d'être entendu dans toute procédure judiciaire ou administrative l'intéressant, soit directement, soit par l'intermédiaire d'un représentant ou d'un organisme approprié de façon compatible avec les règles de procédure de la législation nationale ». Sur cette question, cons. Particulièrement, S. Demars, L'enfant et la justice dans les travaux du conseil de l'Europe, in La protection juridique et sociale de l'enfant, édit. Bruylant, Bruxelles, ١٩٩٣, pp. ٥٧٧ et s. ; Y. Benhamou, Réflexions en vue d'une meilleure défense en justice de l'enfant, D. ١٩٩٣, Chr., pp. ١٠٣ et s. ; Cf. R. Joyal, La notion d'intérêt supérieur de l'enfant, sa place dans la convention des Nations-Unies sur les droits de l'enfant, R.I.D.P., ١٩٩١, pp. ٧٨٥ et s.

(١) Cf. F. Dekeuwer-Defossez, L'enfant et la justice familiale, Familles et justice, L.G.D.J., ١٩٩٧,p.٥٦٢.

(٢)Cf. M. Donnier, op.cit., p.١٨١.

(٣)Cf. C. Neirinck, La protection de la personne de l'enfant contre ses parents, L.G.D.J., Paris, ١٩٨٤, p. ٢٩٥.

التربية[١].

وبتعبير أوضح، يمكن للمحضون أن يخير إذا كانت مصلحته تنادي بذلك. ومادام أن مصلحته هي السيدة في مادة الحضانة، فلا مانع من أن يستمع، ولاسيما إذا كنا أمام حالة أو حالات تكون فيها الحضانة محل خلاف ومصلحة المحضون موضوع تردد. وليس ببعيد أن يتقلص دور القاضي إلى تسجيل إرادة المحضون إذا لاحظ أنها متماشية ومصلحته غير متضاربة معها.

وأما عن كيفية تعبير الطفل عن إرادته، اقترح فريق من الفقه أن لا يكون أخد رأي المحضون بطريق السؤال المباشر، ولكن عن طريق بحث اجتماعي يجرى بمعرفة أخصائيين[٢]، كالطبيب النفسي والمرشدة الاجتماعية، ويتحقق هؤلاء من مدى تعلق المحضون بكل من والديه، أو من حاضنته، رغبته في العودة إلى أحد والديه وغير ذلك من العوامل التي تتصل بعاطفة الطفل[٣]. وهذا التفسير يلقى منا كل التأييد، فهو يتماشى مع الحكمة التي من أجلها وضع مبدأ المصلحة في مسائل الحضانة.

وفي ضوء الحقائق التي أشرنا إليها، والاعتبارات التي أجملناها، والملاحظات التي سطرناها، نقول أنه من المؤكد أن لا يترك المحضون وحده يقرر إلى درجة أنه يحدد بمفرده أين مصلحته، وهذا لن يكون حتما مادام لم يبلغ سنا معينة. ولا يصح أن يفهم من هذا أن رأيه يجب أن يستبعد تلقائيا[٤]، فكل ما نركز عليه هو أن استماع المحضون، يجب أن يحظى بالعناية الكافية في بعض الحالات، إذ غالبا ما يكون له صدى عند تقدير المصلحة.

وما يمكننا أن نسجله في هذا الإطار، هو أن دور إرادة المحضون ينحصر خاصة، في محاولة فهم ما يختلج في نفس الطفل من رغبة في الحصول على الحنان والعطف، من جهة؛ وعلى متطلباته المادية أونزواته، من جهة أخرى.

ولذلك، على القاضي أن يكون أكثر حذرا في الإتيان برأي المحضون، بحيث يراعى مصلحته قبل أن يراعى رغبته، لأن رأي المحضون إن كان له محل، فإنه يشرع من أجل

---

(١)Cf. J. Carbonnier, Droit Civil,op. cit.,t.٢, La famille, les incapacités, P.U.F., Coll. Thémis, ٨ème édit., ١٩٦٩, p. ٣٧٠.

(٢) نظر، حسني نصار، المرجع السابق، ص.٣٥١.

(٣) انظر، حسني نصار، المرجع السابق، ص.٣٥١.

(٤)Cf. Ph. Simler, op. cit., p. ٧٢٢.

معرفة موضع مصلحته وتحقيقها، لا من أجل تلبية رغباته المتغيرة. هل سارت على هذا النهج القوانين المغاربية للأسرة؟

الفرع الثاني

موقف القوانين المغاربية للأسرة

لاشك أن في الأقوال السالفة صحة لا ننكرها، هدفها النظر إلى مصلحة المحضون التي فسرت الآراء السابقة واللاحقة. ولكنه لا يمكن أن نختار أحد الآراء أو نجمع بينها إلا بعد تصفح قانوننا وقوانين الدّول المجاورة لنخرج بما يتلاءم مع أحكامها ونصوصها، بل بما يتماشى ومصلحة المحضون آخذين بعين الاعتبار الحقائق الاجتماعية الحديثة.

ومع ذلك فينبغي، قبل البدء في هذه الدراسة، أن نشير إلى أن تخيير الولد في الفقه الإسلامي لا يكون إلا بعد بلوغ المحضون سنا معينة أي بعد انتهاء مدة الحضانة. وهو ذات الموقف الذي سلكه المشرع المغربي سابقا في الفصل ١٠٢ من المدونة[1] ثم عدل عنه مؤخرا في المادة ١٦٦ من ذات المدونة، وجعل تخيير المحضون لحاضنه حال قيام الحضانة، وبهذا العمل غير مفهوم استماع المحضون وتخييره.

أما مشرعنا، كما قلنا، فإنه أغفل الكلام عن وضعية المحضون بعد انتهاء مدة الحضانة[2]. وللعلم، فبانتهاء مدة الحضانة، يفقد الولد صفة المحضون[3]. ولذلك، إذا أردنا إقرار تخيير "المحضون" أو استماعه في قانون الأسرة، فإن ذلك يحصل أثناء مدة الحضانة التي يكون فيها للنزاع على المحضون محلا.

وهذا القول، يمكن أن نطبقه أيضا على التشريع التونسي الذي سكت هو الآخر

(١) نص الفصل ١٠٢ من المدونة السابقة على أنه "تمتد الحضانة حتى يبلغ الذكر ١٢ سنة، والأنثى ١٥سنة، ويخير المحضون بعد ذلك في الإقامة مع من يشاء من أبيه أو أمه أو غيرهما من أقاربه المنصوص عليهم في الفصل ٩٩".

(٢) انظر، العربي بلحاج، المرجع السابق، ج. ١، ص. ٣٩٣؛ عبد العزيز سعد، المرجع السابق، ص. ٢٩٩.

(٣) وفي هذا يقول عبد العزيز سعد أن "من حق كل واحد من الفتى أو الفتاة بعد نهاية الحضانة أن يختار الإقامة في مسكن أحد الوالدين الذي يستأنس إليه ويشعر بأن مصلحته في جانبه. ولكن يبقى دائما من حق الأب الإشراف على حياتهما ومراقبة تصرفاتهما وضمان ما يجب ضمانه لتأمين مستقبلهما وحسن تربيتهما بما في ذلك حق تزويجهما في الوقت المناسب ووفقا للشروط التي يقررها القانون". انظر، عبد العزيز سعد، المرجع السابق، ص. ٢٩٩.

عن هذه المسألة، مع الإشارة أنه لا يوجد، في المجلة، ما يمنع الأخذ بهذه القاعدة ولاسيما وأن محكمة التعقيب، رغم الفراغ القانوني وحرصا منها على العمل بمبدأ مصلحة المحصون أخذت باستماعه[١] . وليس بحوزتنا إلا هذا القرار الوحيد المتعلق بسماع رأي المحضون، إذ حسب معرفتنا، لم يفصل القضاء التونسي في هذه المسألة من قبل[٢].

وإذا حللنا موقف المشرع الجزائري نجد أن المادة ٦٤ من قانون الأسرة التي تذكر أصحاب الحق في الحضانة وترتيبهم لا تبدو مؤيدة لاستماع المحضون وأخذ رأيه في حاضنه، لأن مراعاة مصلحة المحضون التي نص عليها المشرع في هذه المادة فرض تحقيقها من بين الأشخاص المذكورة، وهؤلاء محددين قانونا يختارهم القاضي لا المحضون.

وهذه الفكرة نجدها تنطبق على المدونة أيضا. فلو تأملنا المادة ١٦٦ منها لفهمنا أنها لا تمتع المحضون إلا بحقوق خيالية، فهي تقصر الاستماع والتخيير إلا على والدي المحضون. ودليل قولنا أن الفقرة الثالثة من ذات المادة التي تبدو منح المحضون الحق في اختيار الحواضن مطلقا ليست كذلك في شئ، لأن عند عدم وجود والدي المحضون يختار هذا الأخير أحد أقاربه المنصوص عليهم في المادة ١٧١ من المدونة، أي، سيخير بين أم الأم والأقارب "الأكثر أهلية". وهذه الفئة الأخيرة يحددها القاضي حتى ينتقي منها الأصلح. وفي نهاية المطاف، الاختيار سيقوم به القاضي لا المحضون، وذلك بدليل عبارتي "شريطة أن لا يتعارض ذلك مع مصلحته" الواردة في الفقرة الثانية من المادة ١٦٦ و"الأكثر أهلية" التي جاءت بها المادة ١٧١ منها. وكل ذلك يخضع لرقابة القاضي؛ هذا إن لم نقل للنائب الشرعي الذي يتوجب موافقته على اختيار المحضون إن أتيح له ذلك وكأن المشرع بهذه المادة فتح باب أخذ رأي المحضون، ومن جهة أخرى أغلقها ليبت القاضي وفق مصلحته الخاصة.

وقد تأكدت هذه النظرة في القضاء الجزائري بمناسبة قرار أصدره المجلس الأعلى بتاريخ ٢١ أكتوبر ١٩٧٠، عندما قضى بأن "سماع الأولاد المحضونين والنظر في اختيارهم أحد الوالدين هو وجه غير سديد لأن الشرع يعطي الحضانة للأم بطريق الأولوية، كما أنه ليس هناك نص يلزم سماع الأولاد في هذا الموضوع"[٣].

(١) وهو القرار الصادر بتاريخ ١٩٨١/٠٣/٢٤، نشرية محكمة التعقيب، ١٩٨١، ج.١، ص.١٤٧.

(٢)Cf. A. Becheur, op. cit., p.١١٥٦.

(٣) انظر، مجلس أعلى، غ.ق.خ.، ١٩٧٠/١٠/٢١، نشرة القضاة ، ١٩٧٢، عدد ١، ص. ٥٨.

أضف إلى ذلك، أن التخيير الذي يقرّه القانون يعد طريقة لإسقاط الحضانة من شخص وإسنادها إلى آخر[1]، بينما الأمر يختلف في الفقه الإسلامي، فالتخيير فيه يثير مسألة أخرى تتعلق بالسلطة الأبوية لا الحضانة. وفي هذا الصدد، يمكن إبداء الملاحظات التالية :

إن قانون الأسرة جعل مدة انتهاء الحضانة أطول بكثير مما جعلها الفقه الإسلامي.

إلى جانب ذلك، فإن المجال الذي يمكن أن تطرح فيه مسألة التخيير بالنسبة للذكر في قانون الأسرة، هو المادة ٦٥ التي تنهي حضانته ببلوغه ١٠ سنوات، مع أنها تعطي، كما سبق شرحه[2]، أمر تمديد الحضانة للقاضي حسب ما تتطلبه مصلحة المحضون وتحت شروط معينة. وهكذا لا يمكن للمحضون تمديد حضانته بنفسه، وبالتالي لا يمكن أن يختار البقاء مع حاضنته أو ذهابه مع أبيه.

كما أننا لو افترضنا إقرار المشرع الجزائري بالتخيير بالنظر إلى المادة ٦٦ من قانون الإجراءات المدنية في فقرتها الأولى التي تقبل شهادة القصر دون الثامنة عشر حتى وإن كان على سبيل الاستدلال، فإن الفقرة الثالثة من المادة ٦٤ من نفس القانون تبطل هذا الادعاء ولا تجيز بأي حال من الأحوال للأبناء قصرا كانوا أو راشدين شهادتهم في مسائل الحالة والطلاق.

وقد عزز هذا الموقف جانب من القضاء الذي لم يأخذ بسماع المحضون ولا برغبته. وقد تبين ذلك في القرار الصادر عن المجلس الأعلى بتاريخ ٢١ أكتوبر ١٩٧٠ السالف ذكره؛ وفي القرار الذي أصدره نفس المجلس بتاريخ ١١ يناير ١٩٨٢، حيث قرر فيه "من المقرر أن رغبة المحضون لا تؤخذ بعين الاعتبار في تعيين الحاضن..."[3].

وبهذين القرارين يتضح أن القضاء الجزائري يبدو هو الآخر حاسم في عدم الإقرار بتخيير المحضون. كما أن هذين القرارين يكشفان عن احتمال وهو أن التخيير إذا طرح، فإنه يطرح بصدد إسناد الحضانة أي في تعيين الحاضن واختياره، ومن ثم، يكون التخيير

(١) مع هذا الفارق، أن القانونين الجزائري والتونسي يمنح لصاحب الحضانة الولاية على المحضونين.
(٢) انظر بشأن مدة الحضانة، التعريف الخاص بالطفل في القوانين المغاربية للأسرة الوارد في هذه الدراسة.
(٣) انظر، مجلس أعلى، غ.أ.ش.، ١٩٨٢/٠١/١١، ملف رقم ٢٦٥٠٣، نشرة القضاة، ١٩٨٢، ص. ٢٣٦.

أثناء مدة الحضانة ولا بعدها كما يراه الفقه الإسلامي.

وكذلك، فالشيء الذي يلفت أذهاننا ويثير تعجبنا في آن واحد، هو أن المشرع الجزائري[١] منح للمكفول حق تخيير البقاء مع كفيله أو العودة إلى والديه إذا ما بلغ سن التمييز. وبهذا النص، يكون المشرع قد استلهم حكمه من الفقه الإسلامي فيما يتعلق بالتخيير.

وهنا، وفي هذا المقام بالذات، حيث نعلق أهمية خاصة على ما للتخيير من أثر في الحضانة، يصح أن نتساءل لا عن جواز أو عدم جواز تخيير المحضون لحاضنه، وإنما كيف يمكن أن يكون سماع المحضون موجها للقاضي ليكتشف مصلحة الطفل، وذلك مقارنة مع الكفالة ؟

لقد منحت المادة ١٢٤ من قانون الأسرة أهمية لرأي المكفول، وقد توجب على القضاء تقديم انتباه للطفل المكفول، بحيث لا يمكن التخلي عن الكفالة بطلب من الأبوين إلا بعد استماع المكفول وتخييره، بحيث يكون هذا الاستماع إجباري على القاضي وواجب الاتباع إذا ما بلغ المكفول سن الثالثة عشر[٢]. وتجدر الإشارة إلى أن المكفول الذي لم يبلغ ١٣ سنة ليست له مبدئيا الأهلية القانونية لقبول الكفالة. ولكن، صياغة المادة ١١٧ من قانون الأسرة توحي بأن رضاه إجباري[٣]. وقد لوحظ أن هذا الرضا غير ممكن قانونا بسبب قصر الطفل وفعليا بسبب صغر سنه، الشئ الذي قاد الممارسين من قضاة وموثيقين إلى تفسير هذه المادة بأن الأمر يتعلق برضا أبوي الطفل[٤]، ولهذا فالصياغة السليمة هي "... وأن تتم برضا أبوي الطفل إن كانا معلومين".

وتطبيقا لذلك، قضت المحكمة العليا في قرارها الصادر في ٢١ ماي ١٩٩١ بأن "من المقرر قانونا أن المسائل المتعلقة بالحالة الشخصية والنظام العام لا يجوز الصلح بشأنها إلا

---

(١) إذ تنص المادة ١٢٤ من قانون الأسرة على أنه "إذا طلب الأبوان أو أحدهما عودة الولد المكفول إلى ولايتهما يخير الولد في الالتحاق بهما إذا بلغ سن التمييز وإن لم يكن مميزا لا يسلم إلا بإذن من القاضي مع مراعاة مصلحة المكفول".

(٢) انظر، الفقرة الثانية من المادة ٤٢ من القانون المدني المعدلة بالقانون رقم ٠٥-١٠ المؤرخ في ٢٠ /٢٠٠٥/٠٦.

(٣) تنص هذه المادة على أن "يجب أن تكون الكفالة أمام المحكمة أو أمام الموثق وأن تتم برضا من له أبوان".

(٤)Cf. N. Younsi Haddad, op. cit., pp. ١٦-١٧.

بنص خاص. ومن ثم، فإن قضاة الموضوع باعتمادهم على وثيقة الصلح في إسناد كفالة البنت من دون سماع رأيها، وتخييرها بين البقاء عند مربيها - أو الذهاب لولدها - رغم أنها تجاوزت سن التمييز، فإنهم بذلك خرقوا القانون واستحق قرارهم النقض"(١).

هذا القرار يجلي بوضوح أن سماع المكفول وتخييره إجراء جوهري على القضاة اتباعه وإلا عرض قرارهم للطعن : هذه القاعدة من النظام العام وإبعاد سماع المكفول لا يكون إلا بحكم خاص ومسبب هذا من جهة. و من جهة أخرى، إن رأي المكفول يجب أن يؤخذ في الاعتبار لأنه قد يعبر عن إرادة مستنيرة.

أما إذا كان المكفول غير مميز، فإنه لا يؤخذ رأيه، وإنما يسلم بإذن من القاضي إلى الشخص الذي يرى القاضي تواجد مصلحة المكفول معه.

فهل يمكن أن نطبق الأمر على المحضون ؟

مما لاشك فيه، فالإجابة بنعم هنا، مهما كان منطقها، عرضة للنقد؛ فهي تنطوي على الفوضى، بمعنى آخر إن تطبيق المادة ١٢٤ من قانون الأسرة بحذافيرها على الحضانة ينطوي على شيء من التسرع، إذ إذا اتفق النظامان في حرصهما على مصلحة الطفل، فإن كلا منهما وضع لتحقيق مهمة معينة وخاصة.

لكن أليس من واجبنا التحري عما يجلب للمحضون من فائدة وضمانات خاصة ؟

قد يحملنا ما سبق أن عرضنا عن الحضانة، بالمقارنة إلى الكفالة، إلى الإشارة في بداية المطاف أن المحضون إذا استدعي لسماعه، فإنه ليست له أهلية التقاضي وذلك طبقا للمادة ٤٥٩ من قانون الإجراءات المدنية(٢) . ومن هنا وترتيبا على ذلك فلا يمكن له أن يطعن بالاستئناف في الحكم الذي يرفض سماعه، ولا في الحكم الذي يفصل في حضانته(٣) .

---

(١) انظر، محكمة عليا، غ.أ.ش.، ١٩٩١/٠٥/٢١، ملف رقم ٧١٨٠١، المجلة القضائية، ١٩٩٦، عدد ١، ص. ١٠٥.

(٢) تنص هذه المادة على أنه "لا يجوز لأحد أن يرفع دعوى أمام القضاء ما لم يكن حائزا لصفة وأهلية التقاضي، وله مصلحة في ذلك. ويقرر القاضي من تلقاء نفسه انعدام الصفة أو الأهلية. كما يقرر من تلقاء نفسه عدم وجود إذن برفع الدعوى إذا كان هذا الإذن لازما".

(٣)Pour plus de détails en droit français, cf. J. Bonnard, La garde du mineur et son sentiment personnel, R.T.D.Civ., ١٩٩١, n° ١, p. ٥٧; H. Parcheminal, op. cit., p. ٢١٠; J. Rubellin-Devichi, Une importante réforme en droit de la famille : la loi n° ٩٣-٢٢ du ٠٨/٠١/١٩٩٣, J.C.P., éd. Gle., ١٩٩٣, n° ١٢, p. ١٢٨.

ولكن، استماع المحضون لن يلتمس إلا إذا صرخت مصلحته الاستماع إليه. ويكون هذا الإجراء بأمر من القاضي كون أنه داخلٌ في إطار سلطته التقديرية في الأمر بإجراء تحقيق[١] ولا سيما تحقيق اجتماعي أو خبرة موضوعها تحليل طبي نفسي للطفل[٢] الذي يتمثل دوره في فك حديث الطفل والتعرف عما إذا كان تفضيله لأحد الأشخاص يناسب وحقيقة شعوره.

ومن هنا، للقاضي إما أن يبعد تصريحات المحضون إذا تبين له أنها تعكس رأي أحد الأطراف، بل وقد يتردد القضاة في الاستماع إلى المحضونين لكونهم مشوشين بفعل النزاع بين والديهم[٣]؛ أو أن يأخذ بها إذا لم يشك في صحتها. ويشترط هنا أن تكون إرادة المحضون بأكملها حرة وواعية لا غموض فيها[٤]. ولكن، حتى في هذه الحالة الأخيرة، فالقاضي غير مقيد على الإطلاق بإدعاءات المحضون، وإنما سماعه يؤخذ على سبيل الاستئناس لأنه لا يقدم سوى رأي، فهذا الأخير يعتبر فقط عنصرا للتقدير كبقية العناصر الأخرى[٥].

وإزاء هذا التحليل، فالسؤال الذي يفرض نفسه هنا يتعلق بالسن التي تجوز فيها الاستماع إلى المحضون. بمعنى أخر، ابتداء من أي سن يستطيع الطفل إصدار رأي معقول وجدي؟

لقد أجابت عن هذا السؤال المدونة في فقرتها الثانية من المادة ١٦٦ والتي حسمته ١٥سنة. ولا بأس أن نمد معرفتنا إلى موقف بعض القوانين المقارنة الغربية في تحديد السن التي يؤخذ فيها برأي الطفل. فذهب القانون الإنجليزي إلى صياغة مبدأ مضمونه أن الطفل

(١) انظر، المادتين ٤٣ و٤٤ من قانون الإجراءات المدنية الجزائري.

(٢) إن التحقيق الاجتماعي والخبرة الطبية إجراءان لا يتماثلان، لأن في سماع المحضون يتعلق الأمر بمعرفة إحساسه، أما في إطار التحقيق الاجتماعي يتعلق الأمر فقط بالتقاط معلومات موضوعية حول حالته.

Sur cette question, cf. H. Fulchiron et A. Gouttenoire-Cornut, Réformes législatives et permanence des pratiques : à propos de la généralisation de l'exercice en commun de l'autorité parentale par la loi du ٠٨/٠١/١٩٩٣, D., ١٩٩٧, chr., p. ٣٦٨.

(٣)Cf. H. Fulchiron et A. Gouttenoire-Cornut, op. cit., p. ٣٦٧.

(٤)Cf. Y. Leguy, op.cit., these, p.٥٣.

(٥)Cf. J. Bonnard, op. cit., pp. ٦٠-٦١; H. Fulchiron et A. Gouttenoire-Cornut, op. cit., p. ٣٦٨; H. Parcheminal, op. cit., p. ٢١٠.

البالغ ١٦ سنة يمكن له أن يبدي برأيه الذي يكون له وزن ثقيل في قرار القاضي[١]. واشترطت الفقرة ٣ من المادة ١٠٦ من القانون المدني البلغاري سن ١٤ لكي يقبل سماع الأطفال[٢] وهي نفسها في ألمانيا. وفي هولندا، حددت هذه السن بـ ١٢ سنة[٣]. وهكذا، نلاحظ أن التشريعات عندما تدعو إلى سماع الأطفال، فإنها عموما تحدد سنا لذلك. أما في فرنسا، فقد اعتنى القانون المدني هو الآخر بإرادة المحضون، وعرف في مادته ٢٩٠ تطورا تشريعيا ملحوظا بحيث مر بثلاثة قوانين :

الأول، وهو القانون الصادر في ١١ جويلية ١٩٧٥، فجاء هذا القانون بحلّ معقول مفاده أن "الأحاسيس المعبرة من الأطفال القصر"[٤] تعتبر عنصرا يجب على القضاة الأخذ به، غير أنه تبقى لهم سلطة القرار، ومن ثم، فلا يمكن تفويض سلطتهم هذه للأطفال.

أما القانون الثاني، وهو القانون رقم ٨٧-٥٧٠ المؤرخ في ٢٢ جويلية ١٩٨٧، فقد جاء بتغيير هام، فأصبحت بمقتضاه المادة ٢٩٠ من القانون المدني تميز بين حالتين : حالة الأطفال القصر الذين دون ١٣ سنة، فالقاضي يستمع إليهم إذا رأى في ذلك ضرورة ولا يشكل خطراً عليهم؛ وحالة الأطفال القصر الذين سنهم أكثر من ١٣ سنة، فالقاضي غير ملزم في الاستماع إليهم، غير أنه إذا استبعد ذلك الاستماع، يجب عليه أن يسبب هذا الاستبعاد[٥].

---

(١)Cité par A. Bêcheur, op. cit., p. ١١٥٦.

(٢)Cf. L. Nenova, op. cit., p. ٤٦.

(٣)Cité par F. Dekeuwer- Defossez, op. cit., p.٥٦٤.

(٤) وهي عبارة قد استعملها المشرع في المادة ٢٩٠ السالفة :
" Les sentiments exprimés par les enfants mineurs "

(٥)l'article ٢٩٠ ancien du code civil disposait que le juge tient compte " Des sentiments exprimés exprimés par les enfants. Lorsque ceux-ci ont moins de treize ans, ils ne peuvent être entendus que si leur audition paraît nécessaire et ne comporte pas d'inconvénients pour eux; lorsqu'ils ont plus de treize ans, leur audition ne peut être écartée que par décision spécialement motivée. Cette décision n'est susceptible d'appel qu'avec la décision qui statue sur l'autorité parentale ". Faisant application de ce texte, la cour de cassation avait affirmé que " l'art. ٢٩٠ al. ٣ n'impose pas au juge de procéder lui-même à l'audition des enfants de plus de ١٣ ans; il suffit aux juges du fond de constater que l'enfant a été entendu au cours de l'enquête sociale". Cf. Cass. civ., ٠٥/٠٦/١٩٩١, D. ١٩٩٢, Somm. ٦٣, obs. Delecourt; Répert. Defrénois, ١٩٩٢, p. ٣٠٢, obs. J. Massip.

إلا أن القانون الثالث، وهو قانون رقم ٩٣-٢٢ الصادر في ٠٨ يناير ١٩٩٣، تخلى بمقتضاه المشرع عن التحديد السالف للسن، تاركا في ذلك الأمر للقاضي، إذ هو الذي يقدر ملاءمة الاستماع إلى الطفل[١] . وتفسيرا لذلك، رأى بعض الشراح أن شروط سماع المحضون تتعلق في آن واحد بأهلية التمييز وبرغبته في أن يستمع إليه[٢] . وذهب جانب من الفقه إلى أن الوقت الملائم لذلك هو البلوغ الطبيعي دون ربطه بسن معينة[٣] . بينما يرى البعض الآخر أنه يجب أن يكون المحضون مدركا وناضجا ومميزا دون تحديد أي سن[٤] . وبهذا الرأي[٥] أخذ المشرع اليوناني الذي جعل الاستماع إلى الطفل مشروطا "بنضجه"[٦] .

(١)L'alinéa ٣ de l'article ٢٩٠ du code civil dispose clairement que le juge tient compte : "Des sentiments exprimés par les enfants mineurs dans les conditions prévues à l'article ٣٨٨-١". Toutefois, la cour de cassation précise que le juge n'est pas tenu " de se conformer aux souhaits des enfants en ce qui concerne les modalités d'exercice de l'autorité parentale". Cf. Cass. civ., ٢٥/٠٥/١٩٩٣, Bull. civ., ١٩٩٣, n° ٢, n° ١٨٥.

De même, l'article ١١٨٣ alinéa ١ du nouveau code de procédure civile édicte « Le juge entend les père et mère, le tuteur de l'enfant ou la personne représentant le service à qui l'enfant a été confié, ainsi que toute autre personne dont l'audition lui paraît utile. Il entend le mineur à moins que l'âge ou l'état de celui-ci ne lui permette pas ». Sur l'ensemble de cette question, A. Vaissier-Catarame, op. cit., pp. ١٦١ et s.

(٢)Cf. H. Parcheminal, op. cit., p. ٢٠٧.

(٣) انظر، عبد الله مبروك النجار، المرجع السابق، ص.٣٥.

(٤)Cf. J. Bonnard, op. cit., p. ٥٨; J. Rubellin-Devichi, op. cit., p. ١٢٨.

(٥)En Europe, « il faut rappeler que, lors de travaux de groupe de travail du Comité d'experts sur le droit de la famille, il avait été proposé d'octroyer un véritable pouvoir décisionnel aux opinions des enfants doués de discernement dans le cadre des procédures qui le concernent, spécialement en matière de droit de garde et de droit de visite (Cf. A. Nollinger, Le conseil de l'Europe et le droit des enfants, in Autorité, responsabilité parentale et protection de l'enfant, Chronique sociale, Lyon, ١٩٩٢, pp. ٣٣٠-٣٣١). Mais dans la mesure où la convention a vocation à s'appliquer à des procédures très diverses sans qu'il soit toujours dans l'intérêt supérieur de l'enfant d'exercer un pouvoir décisionnel à l'égard de certaines questions, le texte n'a pas retenu le droit pour l'enfant de consentir ou d'opposer son veto à une décision projetée ». Cf. S. Demars, op. cit., p. ٥٩٢.

(٦)Cité par F. Dekeuwer-Defossez, op. cit., p.٥٦٤.

غير أن هذا النضج أو الرشد وإن كان مفهوما إلى حد ما من جانب القاضي، إلا أنه مع ذلك يبقى مفهوما شخصيا ومتغيرا، إذ يمكن الطفل أن يكتسب هذه الإمكانية قبل طفل آخر. ولذلك، وتماشيا مع هذه الفكرة، أن ما يمكن الأخذ به في مادة الحضانة، هو أنه من الأحسن أن يترك الأمر للقاضي في أن يقدر شخصيا تمييز كل محضون[١]، ومدى قدرته على التعبير عن رغبته وإرادته. ولا مجال هنا في الأخذ بالسن كما هو الحال في الكفالة (في القانون الجزائري) نظرا لاختلاف النظامين كما سبق تبيانه. فمن الصّعب، إن لم نقل مستحيلاً إعطاء إجابة دقيقة حول السن[٢].

وكذلك، يجدر بنا أن نضيف هنا أنه لا يهمنا إذا ما اصطدم البعض بهذه السلطة الواسعة المخولة للقاضي[٣]، أليس إقرارنا للطفل كل الإقرار في اختيار حاضنته فيه شئ من تجريد القاضي من سلطته في اتخاذ القرار[٤] ؟ وإلا فمن أحسن من القاضي بوظيفته وبدرايته بالملف يمكن أن يجري مثل هذه التقديرات ؟[٥]

ولهذا نضيف أن القاضي يجب أن يكون له كل العناصر الواقعية التي تسمح له بتقدير القيمة الحقيقية لتصريحات المحضون، ومن بين هذه العناصر نثر الإرشاد الاجتماعي الذي تنحى له القضاء التونسي كثيرا في بناء أحكامه[٦] وكذا القضاء الجزائري حديثا[٧].

الإجابة بعكس ذلك لن تكون بلا شك من طرف القضاء الذي أيد بنفسه هذا

---

(١) وقد لاحظ بعض الفقه أن التمييز يصعب تعريفه، فتساءل هل القصد به القابلية للإرادة، أم هو الأهلية للتفكير أو هو فقط القدرة على التمييز بين الخير والشر. انظر بشأن هذا الموضوع،

J.J. Lemouland, L'assistance du mineur, une voie possible entre l'autonomie et la représentation, R.T.D. Civ., ١٩٩٧, ١, p. ٥.

(٢)Cf . Y. Leguy, op. cit., th., p.٥٣.

(٣)Sur cette question, cons. J. Hausser, Du discernement ou une famille réduite à la procédure, Petites affiches, ١٩٩٩, n° ٨٤ et s.

(٤) Cf . Y. Leguy, op. cit., th., p.٥٧.

(٥)Cf. J. Rubellin-Devichi, une importante…, op. cit., p. ١٢٨.

(٦) انظر، محكمة التعقيب، ١٩٨١/٠٥/١٢، قرار مدني عدد ٥٠١٤، نشرية محكمة التعقيب، ١٩٨١، ج.١، ص.٣٠٤؛ ١٩٩٢/١٢/٢٢، قرار مدني عدد ٣٣٩١٣، نشرية محكمة التعقيب، ١٩٩٢، ص. ١٨١.

(٧) انظر، محكمة عليا، غ.أ.ش.م.، ١٩٩٨/٠٣/١٧، ملف رقم ١٧٩٤٧١، المجلة القضائية، ٢٠٠١، عدد خاص، ص. ١٧٢؛ محكمة عليا، غ.أ.ش.م.، ١٩٩٩/٠٥/١٨، ملف رقم ٢٢٢٦٥٥، المجلة القضائية، ٢٠٠١، عدد خاص، ص.١٨٥.

التساؤل في العديد من أحكامه، إذ منه من أخذ في الاعتبار اختيار مراهق يبلغ من العمر ١٨ سنة[١]، ومنه من قضى بأن "مصلحة المحضون لا تتطابق مع اختياراته الشخصية"[٢].

وبعد عرض هذه الملاحظات والآراء وتدعيمها بدراسة مقارنة، يمكننا في سكوت النص التشريعي وتذبذب القضاء ونحن مهتمين بمصلحة المحضون وحريصين عليها أن نتجه إلى تبني رأيا يملي بالاستعانة برأي المحضون وخصوصا وأن القضاء الذي بدا متصلبا في أحكام، ظهر مرنا في أحكام أخرى، وهو بهذا الموقف لا ينفي كليا إمكانية أو ضرورة السماع إلى المحضون، إذا دعت مصلحته ذلك.

وقد تأكدت هذه المرونة عند القضاءين الجزائري والتونسي، حيث حكم الأول في قضية استمع فيها قاضي محكمة تلمسان إلى فتاة وبتاريخ ٠١ ديسمبر ١٩٦٦ قضى، آخذا برأيها، بإسناد حضانتها إلى أمها، وأيده في ذلك مجلس قضاء تلمسان في قراره الصادر بتاريخ ٠٦ جويلية ١٩٦٧، حيث قرر بأن "القاضي الأول بإسناده إلى الأم حضانة البنت (أكبر الأولاد) التي أضحت لا تطيق العيش مع أبيها، فإنه بذلك طبق القانون تطبيقا سليما..."[٣].

والثاني صادر عن محكمة التعقيب بتاريخ ٢٤ مارس ١٩٨١ حيث قرر بأنه "طالما ثبت من تقرير المرشد الاجتماعي أن إسناد حضانة البنت "هندة" لوالدها أولى. كما أن الابن "فيصل" قد بلغ من السن ما يجعله يدرك منفعته، وقد أعرب عن عدم رغبته في الإقامة مع أمه حيث فر عنها إلى أبيه الذي يعيش معه بعد، و أن ما ذهبت إليه محكمة الموضوع من إسقاط حضانة الأم لأبنائها إلى الأب مراعاة لمصلحة المحضون وطبق تقرير المرشد الاجتماعي يكون معللا تعليلا سائغا قانونا"[٤].

وفي قضية أخرى رفض قضاة الموضوع لمجلس قضاء مستغانم بتاريخ ١٨ مارس

---

(١)Cf. Trib. Saint Brieuc, ٢٧/١١/١٩٤٥, Gaz. Pal., ١٩٤٦, ١, ٩٧; T.G.I. Seine, ٠٣/٠٢/١٩٦٢, D. ١٩٦٢, p. ٢٣١, note A. Rouast.

(٢)« Les déclarations faites par l'enfant ne sauraient être retenues pour déterminer son véritable intérêt ».Cf. T.G.I. Paris, ١٤/١٠/١٩٥٨, D. ١٩٥٨, p. ٧١٦. En l'espèce, il s'agissait d'un enfant de ١٢ ans.

(٣) انظر، مجلس قضاء تلمسان، غ.م.، ١٩٦٧/٠٧/٠٦، م.ج.ع.ق.إ.س.، ١٩٦٨، عدد ٤، ص. ١٢٤٠.

(٤) انظر، محكمة التعقيب، ١٩٨١/٠٣/٢٤، قرار مدني عدد ٥٠٣٧، سالف الذكر.

١٩٨٠ التلفظ بإسقاط الحضانة عن الأم رغم زناها آخذين في الاعتبار عدة عناصر، منها عفو الزوج، ورغبة الأطفال الذين صرحوا في مواجهة أمام المجلس القضائي بأنهم يفضلون البقاء عند أمهم. وقد أيدهم في ذلك المجلس الأعلى في قراره الصادر بتاريخ ١٤ ديسمبر ١٩٨١، عندما قال بأنه "يظهر من تحريات قضاة الموضوع ومن تقديراتهم أن الحضانة تبقى حقا للزوجة مراعاة لسماح الزوج... ومراعاة لرغبة الأولاد أنفسهم الذين فضلوا البقاء مع أمهم حين المواجهة أمام المجلس وبحسبه، فإنهم اعتمدوا في تأسيس قرارهم على الفقه الإسلامي وعلى مصلحة الأولاد أنفسهم"، مما يستوجب رفض طلب النقض(١).

وهكذا تبرز أمامنا فكرة التخيير والاستماع التي ولاه هذا القضاء اهتماما بارزا. وكل هذا يؤكد أن قضاءنا تارة يأخذ برأي المحضون، وتارة يرفضها، وهذا بلا شك ليس راجعاً إلى تغير ميزاجه، وإنما حسب ظروف كل قضية وحسب ما تقتضيه مصلحة المحضون.

ولما كان منع هذا الاستماع من الظهور مستحيلا، فمن اللازم إذن أن نبحث عن حل له حتى نستطيع أن نجنب الطفل النتائج الوخيمة المترتبة على الرفض القطعي وحتى نخول للقاضي عاملا آخرا يساعده في تقدير مصلحة المحضون(٢)، أي في معرفة ما هو الأصلح للطفل.

ومن ثم، يمكن أن نقول أنه لا يوجد في الاستماع إلى المحضون ما ينفي كليا مصلحته، إذ يمكن أن يؤخذ برأيه كما يمكن أن نستبعده. فمسألة ترك للمحضون اختيار حاضنه ليست بمطلقة ولا بوجوبية، بل تظل مصلحة الطفل هي الموجه، وهذه لا يقدرها

---

(١) انظر، مجلس أعلى، غ.أ.ش.، ١٩٨١/١٢/١٤، ملف رقم ٢٦٢٢٥، غير منشور.

(٢)«Le critère de l'organisation de la garde après le divorce est l'intérêt de l'enfant. Dès lors, avant toute décision, il appartiendra au juge de découvrir ce que requiert cet intérêt.... Cependant, étant donné le rôle essentiel que cette notion joue en matière de garde après divorce, et afin que l'intérêt du mineur puisse être reconnu avec une plus grande certitude, le législateur a organisé… une mesure d'instruction spécifique par laquelle le juge obtiendra une meilleure connaissance de la situation familiale, et des informations concrètes sur ce requiert l'intérêt de l'enfant ;… c'est l'enquête sociale. La nécessité de recourir à des investigations sociales, après divorce, est apparue avec la disparition, au profit de la notion essentielle, mais insaisissable et fluctuante, d'intérêt de l'enfant, des critères précis et objectifs ». Cf. Th. Garé, op. cit., p. ٦٩٢.

إلا القاضي. وفي هذا قال المجلس الأعلى بتاريخ ١١ يناير ١٩٨٢ أن "في الحضانة، لا يؤخذ بعين الاعتبار إرادة الطفل وإنما مصلحته، فإذا أكد المجلس القضائي على الوجه المتعلق برغبة الأولاد، فإنه قد استعمل سلطته التقديرية، وإذا سلط الضوء على رغبة الأولاد، فإنه فقط لتعزيز حججه لا لتأسيس قراره"[١] .

ومن هنا وترتيبا على ذلك فإذا لاحظ القاضي أن اختيار الطفل فيه فعلا مصلحة له، حكم له به، وإذا رأى انتفاء مصلحته مع المخير أبقى الحضانة للحاضن الأول. ولكن، فوق هذا وذاك، ينبغي التأكيد على أن الاستماع إلى رأي المحضون لا يكون، كما قلنا، سوى استعانة للقاضي في كشف مصلحة المحضون.

ولهذا وذاك، ينبغي أن يخضع استماع المحضون إلى عدة شروط، منها خاصة أن يكون استماع المحضون جوازيا بالنسبة للقاضي؛ وأن يكون استماعه للضرورة أمام القاضي وبمكتبه دون حضور المعنيين حتى يجنب الانحياز الناتج عن تأثير ضار أو مناورة أو ضغط. وكما ينبغي أن يكون التخيير من بين أصحاب الحق في الحضانة المنصوص عليهم قانونا؛ وأن يكون الطفل ناضجا ومميزا، والقاضي هو الذي يقدر مدى قدرة تمييز المحضون[٢] . وزيادة على ذلك، أن يؤخذ رأي المحضون على سبيل الاسترشاد لأن مصلحته هي الموجه، وللقاضي السلطة التقديرية الكاملة في الأخذ برأيه أو تركه، حيث إذا كان اختياره يتماشى ومصلحته حكم له بما خير، وإلا يحكم القاضي بما يراه الأصلح للطفل. وفي كل ذلك، يشترط أن يكون القاضي متخصصا في المسائل الأسرية التي يدخل في إطارها حق الزيارة.

(١) انظر، مجلس أعلى، غ.أ.ش.، ١٩٨٢/٠١/١١، نشرة القضاة، ١٩٨٢، عدد خاص، ص. ٢٣٦.

(٢)Dans ce sens, la cour de Toulouse note que pour s'apercevoir du discernement en cas de doute il faut procéder « à une audition qui sera interrompue dès que le juge, ou la personne désignée par lui, se sera convaincue de cette absence de discernement » et elle ajoute que « lorsqu'il apparaît qu'un enfant est manifestement trop jeune, même s'il approche de ce qu'il est convenu d'appeler l'âge de raison, ce qui est en l'espèce, il convient de ne pas procéder à son audition même s'il est présenté comme étant mûr pour son âge, que ce serait faire peser sur ses épaules un poids sans commune mesure avec l'intérêt présenté à l'audition ». Cf. Cour de Toulouse, ٢١/٠٤/١٩٩٨, R.T.D.Civ. ١٩٩٩, p. ٨٣٠, note J. Hausser.

المطلب الخامس
حق الزيارة، أداة لرقابة مصلحة المحضون

أسمى لون من ألوان التربية هو تربية الطفل في أحضان والديه، إذ ينال من رعايتهما وحسن قيامهما عليه ما يبنى جسمه وينمي عقله، ويذكي نفسه، وإذا افترق الأبوين، فالحضانة تؤول لمن تتحقق معه مصلحة المحضون وللأم في هذا حق الأولوية من الأب، ما لم يقم بها مانع يمنع تقديمها. غير أن الشخص الذي لم تسند إليه الحضانة لا يقطع جذريا من الطفل المحضون[١]، بل يبقى له حقا لفائدته ولفائدة المحضون، وهو حق زيارة هذا الأخير.

وتعرف الزيارة لغة على أنها الذهاب عند شخص بقصد الالتقاء به[٢]؛ أو أنها الذهاب عند شخص لرؤيته والبقاء معه مدة معينة؛ أو استقبال زائر[٣].

أما اصطلاحا، فقد عرفها بعض الفقهاء على أنها رؤية المحضون والاطلاع على أحواله المعيشية والتربوية والتعليمية والصحية والخلقية في نفس المكان الذي يوجد به المحضون[٤].

ومهما يكن من أمر، فإن الزيارة قررت لمصلحة شخص، سواء كانت هذه المصلحة عبارة عن مجاملة أو عبارة عن عطف وحنان وتمسك[٥]. لذلك تنهض هذه الحجة الأخيرة سببا كافيا لإدراج حق الزيارة بين أحكام الحضانة، فليست العبرة بطبيعته القانونية، بل العبرة بالنتائج المترتبة عن هذا الحق والدور الذي سيلعبه في حياة الطفل.

وعليه، فمن الجانب التشريعي تقضي النصوص بأن يحكم القاضي بحق الزيارة للطرف الذي لم تسند إليه الحضانة، هذا السلوك المتخذ من قبل المشرع تبرره مصلحة المحضون **(الفرع الأول)**. كما أن المشرعين المغاربيين خولوا للقاضي دون سواه سلطة تنظيم هذا الحق بما يناسب المحضون وما تتطلبه حاجاته العاطفية **(الفرع الثاني)**. وكذلك، مما أبرز اهتمام القانون بالمحضون وحمايته من أي صدمة نفسية هو تدخل المشرع العقابي

---

(١)Cf. A. Bêcheur, op. cit., p. ١١٥٦.

(٢) انظر، لويس معلوف، المرجع السابق، ص. ٣١٠.

(٣)« La visite est le fait d'aller voir quelqu'un et de rester avec lui un certain temps; le fait de recevoir un visiteur ». Cf. P. Robert, Le petit Robert, op. cit., p. ٢١٠٢.

(٤) انظر، عبد العزيز سعد، المرجع السابق، ط. ٢، ص. ٢٩٧.

(٥)Cf. V. Lacoste, Contribution à une théorie générale du droit de visite en droit civil, Droit Prospectif, R.R.J., ١٩٩٧, n° ٣, p. ٩٥٧.

في تجريم فعل عدم تسليم الطفل وتسليط العقوبة على مرتكبها (**الفرع الثالث**).

الفرع الأول
مصلحة المحضون أساس حق الزيارة

نستشف من تحليل النصوص القانونية المغاربية أن الحكمة من تقرير حق الزيارة تتجلى، من الناحية التطبيقية، في هدفين يبررين وجوده، حيث إن الأول منهما يكمن في خلق علاقات عاطفية وتوطيد روابط الأسرة اللتان تعدان ضروريتان وملحتان للنمو العاطفي العادي للمحضون[١] . إذن، فقوانين الأسرة المغاربية تعترف بالحنان (I). بينما الثاني منهما يتجلى في اعتباره وسيلة لرقابة الطفل من حيث صحته، وتربيته، وسلوكه الخلقي (II).

وبناء على ذلك يمكن القول إذن، أن هذا الحق يحتوي على شقين، شكله العاطفي ودوره الرقابي، غير متناقضين، بل غالبا ما يكونا مترابطين[٢] ومسخرين لصيانة حقوق الطفل وحماية مصالحه.

I.- حق الزيارة، أداة لتقوية العلاقات الأسرية

وما ينبغي الإشارة إليه في بداية هذه الدراسة هو أن تبادل الزيارات بين الأشخاص، كما هو مسطر في باب المجاملات حرية لا يمكن لأحد أن يفرضها على الآخر، فهي التزام أدبي أو ديني تخرج عن كل جزاء قانوني.

ولكن، هذه الحقيقة لا يمكن تطبيقها على المحضون الذي هو بحاجة ماسة إلى رؤية والديه أو أقاربه. هذه الزيارة تعتبر بالنسبة إليه مصدرا للحنان والعطف. وفي هذا تقول الأستاذة فاليري لاقوسط، أن حق الزيارة سيسمح للمحضون بالاحتفاظ بعدد معين من العلاقات العاطفية التي يجب أن تكون في المستقبل وسيلة لحريته وسيادة قراراته في علاقاته مع الغير[٣] . وعليه، فمصلحة المحضون هنا تتجلى في التفكير في مستقبله وصيرورته. وذلك يدفعنا إلى القول أن حق الزيارة يصبح واجبا أو التزاما قانونيا لمصلحة المحضون.

---

(١)Cf. J. Rubellin-Devichi, Jurisprudence française en matière de droit civil, R.T.D.Civ., ١٩٨٨, ٢, p. ٣٢٠.

(٢)Cf. V. Lacoste, op. cit., p. ٩٥٨.

(٣)Cf. V. Lacoste, op. cit., p. ٩٧٣.

والجدير بالذكر أن الشرع قد سبق التشريع في تقرير حق الزيارة الذي جعله من باب صلة الرحم. فقد كثرت الآيات القرآنية والأحاديث النبوية بشأن هذه المسألة، حيث جاء في قوله تعالى(وَاعْبُدُوا اللَّهَ وَلَا تُشْرِكُوا بِهِ شَيْئًا وَبِالْوَالِدَيْنِ إِحْسَانًا وَبِذِي الْقُرْبَى)[١]، وأيضا قوله(وَاتَّقُوا اللَّهَ الَّذِي تَسَاءَلُونَ بِهِ وَالْأَرْحَامَ إِنَّ اللَّهَ كَانَ عَلَيْكُمْ رَقِيبًا) [٢]، وأيضا (وَأُولُو الْأَرْحَامِ بَعْضُهُمْ أَوْلَى بِبَعْضٍ فِي كِتَابِ اللَّهِ)[٣] . ومن الأحاديث الحاثة على تلك الصلة، عن عائشة رضي الله عنها قال رسول الله صلى الله عليه وسلم "الرحم متعلقة بالعرش تقول : "من وصلني وصله الله، ومن قطعني قطعه الله""[٤]؛ وعن أنس رضي الله عنه أن رسول الله صلى الله عليه وسلم قال "من أحب أن يبسط له في رزقه وينسأ له في أثره فليصل رحمه""[٥].

ومما تقدم جميعه، يمكن الإدلاء بأن حق الزيارة مؤسس أساسا على الحفاظ على علاقات القرابة[٦]. وفي هذا يقول الأستاذ فاروق المشري بأن :

---

(١) سورة النساء، الآية ٣٦.

(٢) سورة النساء، الآية الأولى.

(٣) سورة الأنفال، الآية ٧٥.

(٤) رواه البخاري ومسلم، عن سعد التجاني، اللألي والدرر في الآداب والمحاسن الغرر، مطبعة المنار، تونس، (بدون سنة الطبع)، ص. ٢٤.

(٥) رواه البخاري ومسلم، عن سعد التجاني، المرجع السابق، ص. ٢٤.

(٦) وقد أكدت الاتفاقية الجزائرية الفرنسية لـ ١٩٨٨/٠٦/٢١ هذه العلاقات في فصلها الثاني الذي عنونته "المحافظة على علاقات الطفل بالوالدين". انظر، المرسوم رقم ٨٨-١٤٤ المؤرخ في ٢٦ يوليو سنة ١٩٨٨ يتضمن المصادقة على الاتفاقية بين الجزائر وفرنسا، المتعلقة بأطفال الأزواج المختلطين الجزائريين والفرنسيين في حالة الانفصال. الجريدة الرسمية للجمهورية الجزائرية، ١٣ ذو الحجة ١٤٠٨ هـ ص. ١٠٩٧-١٠٩٩.

En réalité, le fondement de ce droit de visite a divisé la doctrine française, car, d'aucuns pensent que son fondement est le droit naturel tenant à la parenté par le sang (cf. A. Rouast, note sous Paris, ٠٩/١٠/١٩٥٨, D. ١٩٥٩, p. ٨) ; d'autres, en revanche, estiment qu'il réside dans l'autorité, la puissance paternelle des parents et la puissance autonome des grands-parents (cf. M. de Juglart, Le droit de puissance paternelle des ascendants, Rev. Crit. de Légis. et de Jurisp., ١٩٣٣, p. ٣٨٨) ; enfin, d'autres ont souligné la relation étroite entre le droit de visite et l'obligation alimentaire (cf. H. Desbois, Observations sous Paris, ٠٩/١٠/١٩٥٨, R.T.D.Civ., ١٩٥٨, p. ٥٠٦).

« Tous ces systèmes, malgré leur diversité, procèdent d'une idée commune : l'étranger ne peut obtenir qu'un droit de visite lui soit accordé. Le fondement de ce droit se situe dans la parenté »[١].

لكن، من هم الأشخاص الذين لهم الحق في طلب الزيارة؟ من هم هؤلاء الأقارب؟ والحقيقة، إن إقرارنا بأن حق الزيارة مؤسس على الأحاسيس يجعلنا نجيب عن هذا السؤال بالقول أن كل شخص يحمل شعورا نحو المحضون يمكن له أن يطالب بالزيارة.

إن هذه الفرضية المطروحة لم يحققها المشرعان المغربي والتونسي، بحيث لم توسع المدونة ولا المجلة أصحاب حق الزيارة وإنما أقصرا هؤلاء على الأبوين فقط. وهذا ما أكدته محكمة التعقيب في قرارها المؤرخ في ٢٦ أكتوبر ١٩٦٤ بقولها "حق الزيارة حق يتمتع به أحد الأبوين الذي لم تسند إليه الحضانة"[٢].

ولكن، اقترح بعض الفقه إدخال في صنف المستفيدين من حق الزيارة كل الأصول ويخص بالذكر أجداد المحضون[٣]. وهذا ما طبقته فعلا محكمة استئناف تونس في قرارها الصادر في ١٠نوفمبر ١٩٦٥حيث بررت موقفها بالاعتراف الضمني بالقرابة الامتيازية الناشئة عن روابط الدم مع الطفل[٤].

وأضاف أنصار هذا الاتجاه أن هذه القرابة لا تمتد إلى الحواشي ولا إلى الأقارب بدرجة أبعد[٥]، لأن كما عبر الأستاذ "Guiho" كلما بعدت القرابة، ضعفت الواجبات المتبادلة وروابط الحنان إلى درجة زوالها[٦].

وتأييدا لهذا الرأي، كتب الأستاذ فاروق المشري بأن حق الزيارة أو الرؤية لا يمكن امتداده إلى عدد كبير من الأشخاص، وحجته في ذلك ما يلي :

---

(١)Cf. F. Mechri, op. cit., p. ٩٠.

(٢) محكمة التعقيب، ١٩٦٤/١٠/٢٦، قرار مدني رقم ٣٠٩٢، نشرية محكمة التعقيب، ١٩٦٤، ص.٤٣.

(٣)Cf. M. Beji, op. cit.,mém. p.١٧٥.

(٤)Appel Tunis, ١٠/١١/١٩٦٥, , n°٥٨١٥٠, R.J.L.,١٩٦٥, p. ٧٧٥; R.T.D. ١٩٦٦-٦٧, p. ١٨٨.

(٥)En réalité, si la jurisprudence française a parfois attribué le droit de visite aux oncles, et tantes tantes et cousins, c'est moins en raison du lien de parenté qu'en fonction de circonstances particulières mettant en évidence les liens d'affection qui les unissent à l'enfant. Cf. Trib. Civ. Seine, ١٤/١٢/١٩٤٩, R.T.D.Civ. ١٩٧٤, p. ٣١٢, obs. G. Lagarde ; Paris, ٠٢/٠٤/١٩٥٧, D. ١٩٥٨, p. ٢١١, note E. de G. de Lagrange.

(٦)Cf. Guiho, n° ٢٤ , cité par M. Beji ; op. cit., mém., p. ١٧٥.

«Si les liens du sang sont de nature à faire présumer l'existence de liens d'affection, le droit n'a pu ignorer que ceux-ci s'affaiblissent généralement à mesure que la parenté s'éloigne, de sorte que les personnes qui n'ont entre elles qu'une parenté éloignée sont souvent comme étrangères l'une à l'autre. Le droit positif des différentes législations a donc tendance à inscrire la présomption d'affection dans un cercle plus étroit »[١].

وهذا ما أكده الفصل ١١ من مجلة حماية الطفل التونسية بقوله "تضمن هذه المجلة للطفل المنفصل عن أبويه أو أحدهما حق المحافظة بصورة منتظمة على علاقات شخصية وعلى اتصالات بكلا أبويه وبقية أفراد عائلته إلا إذا قررت المحكمة المختصة خلاف ذلك وفقا لمصلحة الطفل الفضلى". وجاءت هذه الأحكام متماشية مع الفقرة الثانية من المادة ١٠ من اتفاقية حقوق الطفل لسنة ١٩٨٩، حيث نصت على "للطفل الذي يقيم والده في دولتين مختلفتين الحق في الاحتفاظ بصورة منتظمة بعلاقات شخصية واتصالات مباشرة بكلي والديه، إلا في ظروف استثنائية...".

أما المشرع الجزائري، فإقحامه حق الزيارة ضمن المادة المرتبة لأصحاب الحق في الحضانة يدل على أن هؤلاء فقط يحق لهم طلبه. فعندما يحكم القاضي بإسناد الحضانة لأحد منهم، فإنه يقضي بحق زيارة الطرف الآخر الذي نازع الحاضن.

وفي هذا جعل القضاء الجزائري قبل إصدار قانون الأسرة وحتى بعده الأجداد ضمن الأشخاص الذين لهم حق استقبال أو زيارة أحفادهم[٢]، ويقصد بالأجداد هنا الجد والجدة سواء أكانوا من جهة الأب أو من جهة الأم. وذلك، لأن الطفل غالبا ما تكون له علاقات حميمة بل وطيدة مع أجداده.

وبالفعل هذا ما قضى به المجلس الأعلى في قراره الصادر في ٠٨ أكتوبر ١٩٦٩، عندما قرر أن "من حق الأجداد استقبال أحفادهم لزمن محدد خلال السنة دون المساس

---

(١)Cf. F. Mechri, op. cit., p. ٩٠.

(٢) وفي هذا السياق، نصت المادة ٢٠ من قانون الأحوال الشخصية المصري رقم ١٠٠ لسنة ١٩٨٥ على أنه "ولكن من الأبوين الحق في رؤية الصغير أو الصغيرة وللأجداد مثل ذلك عند عدم وجود الأبوين، وإذا تعذر تنظيم الرؤية اتفاقا، نظمها القاضي على أن يتم في مكان لا يضر بالصغير أو الصغيرة نفسيا، ولا ينفذ حق الرؤية قهرا ولكن إذ امتنع من بيده الصغير عن تنفيذ الحكم بغير عذر أنذره القاضي، فإن تكرر منه ذلك جاز للقاضي بحكم واجب النفاذ نقل الحضانة مؤقتا إلى من يليه من أصحاب الحق فيها لمدة يقدرها".

بحقوق الشخص القائم على السلطة الأبوية وبما يتفق مع مصلحة الطفل"[١].

وفي قرار آخر، قضت المحكمة العليا بتاريخ ٢١ أفريل ١٩٩٨ بأنه "من المقرر شرعا أنه كما تجب النفقة على الجد لابن الابن يكون له حق الزيارة أيضا. ومن ثم فإن قضاة الموضوع لما قضوا بحق الزيارة للجد الذي يعتبر أصلا للولد وهو بمنزلة والده المتوفى كما تجب عليه النفقة يكون له أيضا حق الزيارة طبقا لأحكام المادة ٧٧ من قانون الأسرة، فإن القضاة بقضائهم كما فعلوا طبقوا صحيح القانون. ومتى كان كذلك استوجب رفض الطعن"[٢].

ما من شك أن لهذا الموقف ما يبرره. فمنح الأجداد هذا الحق فيه منفعة عظمى على مصلحة المحضون، إذ يعتبر الجد كالجدة من المقربين للطفل والمشفقين عليه[٣]. وفي هذا المضمار، دعى العميد كربوني إلى اعتبار الجدات أعمدة الحضارة[٤]، وهو قول عميق المعنى وواسع المدلول والمغزى.

ولا شك أيضا أن لتلك القرارات أهمية بالغة في إبراز مصلحة المحضون، إذ أنها تذكر بدور الأجداد الذي لا يستهان به في حياة المحضون، لأن في مثل هذه الأزمات يظهرون كضامنين الوحيدين للاستقرار واستمرار الحياة العائلية[٥].

« En effet, le droit de visite des grands-parents est doublement induit par le respect que les enfants doivent vouer à leurs ascendants. D'une part, l'enfant ne peut véritablement témoigner du respect à ses grands-parents que dans la mesure où il les connaît et entretient avec eux des relations régulières. D'autre part, faire obstacle aux relations de leurs enfants avec les grands-parents constitue, pour les père et mère, un manquement au respect qu'ils doivent eux-mêmes aux aïeux »[٦].

غير أن المشرع المغربي تداركا منه للفراغ القانوني الذي شاب الفصل ١١١ من

(١) انظر، مجلس أعلى، غ.ق.خ.، ١٩٦٩/١٠/٠٨، ن.س.، ١٩٦٩، ص. ٣٢٧.

(٢) محكمة عليا، غ.أ.ش.، ١٩٩٨/٠٤/٢١، ملف رقم ١٨٩١٨١، المجلة القضائية، ٢٠٠١، عدد خاص، ص.١٩٢.

(٣) انظر، محمد شتا، الحضانة والرؤية، (بدون دار الطبع)، ٢٠٠٢، ص. ٩٣.

(٤)Cf. J. Carbonnier, cité par H. Bosse-Platière, La présence des grands-parents dans le contentieux familial, J.C.P. ١٩٩٧, n° ٢٥, p. ٢٦٧.

(٥)Cf. H. Bosse-Platière, op. cit., p. ٢٦٧.

(٦)Cf. F. Mechri, op. cit., p. ٩٤.

المدونة[١]، منح بمقتضى المادة ١٨٥ منها للأجداد أي لوالدي أحد أبوي الطفل حق زيارته، ولكن علق هذا الحق بشرط وفاة أحد والديه. وهكذا يحق فقط لأبوي الوالد المتوفى زيارة المحضون أو استزارته؛ أما أبوا الوالد على قيد الحياة لا يخضعا لأحكام المادة المذكورة ولا المواد الأخرى التي تعلوها. وحبذا لو شملت المادة ١٨٥ سالفة الذكر جميع الأجداد ودون أن تكون الوفاة قيدا ولا سببا في إنعام المحضون برؤية أجداده.

وهذا ما حرصت عليه سابقا محكمة الدار البيضاء في حكمها الصادر في ٢٧ جويلية ١٩٨٦، حيث قضت بمقتضاه بأن حق الزيارة مضمون للأجداد ضمن نفس الشروط المذكورة للأبوين[٢].

ونود أن نلفت الانتباه في هذا الإطار إلى ما تمسك به جانب من الفقه في قوله بأن الزيارة حق يمارسه القاضي بنفسه[٣]. والحق إن هذا الرأي وإن كان يفضل منح حق الرقابة للقاضي من حيث جعله ممارسة الزيارة حقا للقاضي إلا أنه لم يتدارك العيب وهو احتمال تشتيت الروابط الأسرية، لأن بمقتضى هذا الاتجاه فمصلحة المحضون في جانبها المتعلق بالمحافظة على الروابط العائلية والتزود بالحنان لا تحقق.

ومع العلم، فالطفل، من أجل توازنه النفسي-العاطفي، وفي غياب استفادته من الحنان المتحد لأبويه، فهو بحاجة إلى توحيد حنانيهما الفرديين. وفي هذا، نتمسك بما ذهب إليه العميد جيرار كورنيي، حينما قال :

«s'il existe, dans le droit de la filiation, une certitude fondamentale,une seule, c'est l'innocence de celui qui n'a pas demandé à naître »[٤].

ومن ثم، يصبح هذا الحق في الزيارة إن لم نقل مقدس، بل طبيعي[٥].

---

(١) كان ينص هذا الفصل على أنه "إذا كان الولد محضونا لأحد الوالدين، فلا يمنع الآخر من زيارته وتعهد أحواله وإذا طلب نقله إليه إلى الزيارة فله ذلك على الأقل مرة في كل أسبوع ما لم ير القاضي مصلحة المحضون في غير ذلك".

(٢)Cf. T.P.I. Casablanca, ٢٧/٠٧/١٩٨٦, G.T.M., n° ٤٨, p. ١٢٢, cité par F. Sarehane, Droit de la famille marocain, J.C.P., ١٩٩٩, ٨, p. ٢٦.

(٣)Cf. R. Legeais, L'autorité parentale et les filiations complexes, D. ١٩٧٨, chr., pp. ٤٣ et s.; M.-J. Gebler, Divorce, Conséquences du divorce pour les enfants, Jcl. Civ., Fasc. ٧٠, n° ٢٢.

(٤)Cf. G. Cornu, Droit de la famille, édit. Thémis, ٦è. éd., ١٩٩٨, p. ١١٩.

(٥)Cf. E. de Oliveira Leite, Le droit (non sacré) de visite, in Liberamicorum

وبالإضافة إلى ذلك، فهذا الاقتراح الذي يبرر بالحرص على مصلحة المحضون لا يبقى إلا اقتراح مثالي، إذ لا يمكن أن يحدث في الواقع نظرا لكثرة المحضونين ونظرا لانشغال القاضي بملفاته العديدة والمتشعبة. ومع ذلك، حتى وإذا تقبلنا فكرة زيارة القاضي للمحضون، فإنه يكون لها، كما قلنا، صدى أكثر في رقابة مصلحة المحضون.

II.- حق الزيارة، أداة لرقابة مصلحة المحضون

قلنا فيما سبق أن حق الزيارة قرر، إلى جانب دوره في متن الروابط العائلية، لرقابة الطفل المحضون، أي أنه أداة لرقابة تربية الطفل (على دين أبيه) وتعليمه وتفقد صحته وخلقه (تحقيق أهداف المادة ٦٢ من قانون الأسرة والمادة ١٦٣ من المدونة والفصل ٥٤ من المجلة)، وهو كذلك وسيلة غير مباشرة لرقابة الحاضنة في ممارستها اليومية للحضانة[١].

والشيء الذي نؤكده هو أن رفض زيارة الطفل المحضون من أبيه أو من أمه ممنوع إطلاقا[٢]، سواء كان هذا المنع مصدره القانون[٣] أو الشرع[٤]. والأمر الثاني الذي نلفت إليه الانتباه هو أن حق الزيارة قد يخول للأب أو للأم. فإذا كانت الحضانة للأم وجب عليها أن تترك الطفل يتصل بأبيه حتى يرعى مصالحه ويراقب شؤونه ويوجهه التوجيه السليم[٥]. لأن ما ما لا يمكن إنكاره هو أن حق الزيارة عندما يخول للأب أو للولي، حسب الاختلاف الوارد في النصوص القانونية الأسرية، يصبح جزءا من السلطة الأبوية يعترف له بمقتضاها برقابة تربية المحضون. ولذلك، إذا ما منع من رؤية المحضون، لن يتأتى له ممارسة سلطته الأبوية[٦]؛ وإن كان يذهب البعض إلى اعتبار بناء حق رقابة الزوج غير الحاضن على السلطة الأبوية أمرا غير منطقي[٧].

Marie-Thérès Meulders-Klein, Droit comparé des personnes et de la famille, édit. Bruylant, Bruxelles, ١٩٩٨, p. ١٦١.

(١) Cf. M.-F. Callu, Le nouveau droit de la femme, édit. L'Hermès, ١٩٨٦, p. ٢٢١; H. Joly, De l'esprit du droit familial dans l'islamisme, th. Dijon, ١٩٠٢, p. ١٣٦.

(٢) انظر، محمد الكشبور، المرجع السابق، ص.٤٩١.

(٣) يعاقب عليه جزائيا عند ارتكاب جريمة عدم تسليم الطفل.

(٤) لقوله جل شأنه ﴿ لَا تُضَارَّ وَالِدَةٌ بِوَلَدِهَا وَلَا مَوْلُودٌ لَهُ بِوَلَدِهِ ﴾ سورة البقرة، الآية ٢٣٣.

(٥) انظر، إدريس الفاخوري، المرجع السابق، ص. ٢٩٥.

(٦) انظر، عبد الرحمن هرنان، المرجع السابق، مذكرة، الجزائر، ١٩٧٨، ص. ٦٩.

(٧) Cf. M. Beji, op. cit., mém., p. ١٨٥.

وبالمقابل إذا كان الأب هو الحاضن وجب عليه أن لا يحرم الأم من الالتقاء بولدها، لأنها بفطرتها تحمل الحنان والعطف والشفقة، ستتمكن بواسطة هذه الزيارة من تقديمها له. ولكن، هل وظيفة الأم المخول لها حق الزيارة تنتهي عند هذه المهمة ؟

إن الإجابة بنعم نجدها في الفقه الإسلامي[1] ومن اتبعه من القوانين الوضعية كقانون الأسرة قبل تعديله والمدونة. أما في المجلة، فإن هذا التساؤل يبقى جذابا وحساسا لدرجة لا يمكن الإجابة بالقطع. فما يمكن قوله كملاحظة أولية أن الأم يمكن لها أن تراقب الحاضن من خلال أقوال المحضون أو أفعاله، هذا من جهة. ومن جهة أخرى، إن الفصل ٦٦ من المجلة لم يبين موضوع الزيارة أو سببها، ولكن الفصل ٦٠ منها وكذا الفصل ٦٧ في فقرته الخامسة يمكن أن يفيدانا في توضيح أنه بتقرير للأم مشمولات الولاية ستتمتع بنفس الحقوق التي للأب الزائر لو كان غير حاضن. بعبارة أخرى لها أن تراقب بالنظر إلى هذين النصين تعليمه وأن تؤدبه أيضا، وهذا ما ذهب إليه أيضا المشرع الجزائري في تعديله للمادة ٨٧ من قانون الأسرة بتقريره الولاية لمن أسندت له الحضانة، ذكرا كان أو أنثى، أما كانت أو غيرها.

غير أن بالرغم من أن هذا مقررا بالنصوص إلا أن القضاء التونسي لم يتجرأ الإعراب عنه سواء قبل تعديل الفصل ٦٧ من المجلة، حيث جاء في قرار تعقيبي بتاريخ ٢٢ ديسمبر ١٩٩٢ أنه "يؤخذ من الفصول ٥٤ و٦٠ و٦١ م.أ.ش.، وحسب ما درج عليه فقه قضاء محكمة التعقيب، أن الحضانة شرعت على اعتبار حقين، أحدهما لفائدة المحضون في إقامته عند حاضنته حتى لا يحرم من عطف الأمومة، وثانيهما لفائدة الولي في الإشراف على تنشئة المحضون كالنظر في شؤونه وإرساله للمدرسة وتأديبه..."[2]، أو حتى بعد تعديله، وهذا ما بدا واضحا في القرار الصادر عن محكمة التعقيب بتاريخ ٠٨ مارس ١٩٩٤، حيث قضت بمقتضاه أن "... حق الحضانة يسقط إذا... استقرت (الحاضنة)

---

(١) لأن الولاية على النفس لا تثبت إلا للرجال العصبة مبدئيا. انظر، وهبة االزحيلي، الفقه...، المرجع السابق، ص.٧٤٦ وما بعدها.

(٢) انظر، محكمة التعقيب، ١٩٩٢/١٢/٢٢، قرار مدني عدد ٣٣٥٤٠، نشرية محكمة التعقيب، ١٩٩٢، ص.١٦٧؛ وفي نفس الاتجاه، قرار استئنافي تونس، ١٩٦٣/١٢/٢٣، عدد ٥٦٤٣٤، مجلة القضاء والتشريع، ١٩٦٥، عدد ١، ص. ٥٩؛ محكمة التعقيب، ١٩٦٩/٠٧/١٥، قرار مدني عدد ٦٧٠٧، نشرية محكمة التعقيب، ١٩٦٩، ص. ٨٨.

بمكان بعيد يتعطل معه حق الولي في الإشراف على شأن المحضون كالنظر في شؤونه وإرساله للمدرسة وتأديبه..."[١].

واستنتاجا لما سبق، ليس لنا إلا أن نقر بما أقره غيرنا من حيث إن الحاضن خاصة الأب قد يكون له احتكار القرار ولكن ليس له احتكار ولا اختصاص التأثير[٢]. وبدون حق الرقابة، يفقد البناء القانوني للحضانة أهميته، إذ أن الحضانة تحتاج إلى أن تراقب[٣].

والحقيقة، إذا كان لصاحب حق الزيارة مصلحة في مطالبته، فإن مصلحة المحضون هي الأساس للحق نفسه، فالمحضون هو المستفيد الحقيقي من هذا الحق، أو كما قال الفقه "الزائر مدين لالتزام يكون فيه المحضون هو الدائن"[٤].

وهذا ما عبر عنه المجلس الأعلى المغربي بتاريخ ٣٠ جوان ١٩٧٠ بأن "الحضانة شرعت لمصلحة المحضون وعلى المحاكم أن تلتمس هذه المصلحة في كل قضية"[٥]. وقد ظهر ذلك بجلاء في المادة ٦٤ من قانون الأسرة التي أوجبت القاضي عندما يحكم بإسناد الحضانة أن يقضي بحق الزيارة من تلقاء نفسه حتى ولو لم يطلب منه ذلك.

وفي الفقه الجزائري، ثار الجدل بشأن هذا الشطر من المادة ٦٤ من قانون الأسرة، حيث يرى عبد العزيز سعد، معاتبا واضعي قانون الأسرة، أن ما صاغه المشرع في هذا النص فيه عواقب سيئة ومضرة بالمحضون، إذ يقول "أن المشرع الجزائري حينما ألزم القاضي أن يقضي بحق الزيارة من تلقاء نفسه وبدون أي طلب من أي أحد يكون قد فاته أن منح حق الزيارة دون طلب ودون رقابة مسبقة من القاضي يمكن أن تنتج عنه عواقب سيئة ومضرة بالمحضون. وذلك عندما يتجاوز الوالد المحكوم له بالزيارة حدود اللياقة ويصر على أخذ المحضون معه واصطحابه إلى أماكن غير أخلاقية"[٦].

ولكن مهما كانت قيمة هذا النقد والنتائج التي توصل إليها، فالمشرع حينما أورد الشطر السالف إنما أتى به كطريقة من طرق حماية المحضون، حيث إن مصلحة المحضون

---

(١) انظر، محكمة التعقيب، ١٩٩٤/٠٣/٠٨، قرار مدني عدد ٣٨٧٩٨، نشرية محكمة التعقيب، ١٩٩٤، ص. ٢٨٤.

(٢)Cf. G. Viney, op. cit., R.T.D.Civ. ١٩٦٥, n° ١, p. ٢٢٥.

(٣)Cf. M. Beji, op. cit., mém., p. ١٨٧.

(٤)Cf. G. Viney, op. cit., R.T.D.Civ. ١٩٦٥, p.٢٣١.

(٥) انظر، مجلس أعلى، ١٩٧٠/٠٦/٣٠، مجلة قضاء المجلس الأعلى، عدد ٢١، ص.٢٨ وما بعدها.

(٦) انظر، عبد العزيز سعد، المرجع السابق، ط. ٢، ص. ٢٩٧.

هي التي تبرر اتخاذ القاضي مثل هذا الحكم ومن تلقاء نفسه، هذا وإن تناسى المشرع الإحالة إلى مصلحة المحضون. وقد تكفل المشرع نفسه ببيان هذه المصلحة حينما نص في المادة الثالثة من قانون الأسرة على أن "تعتمد الأسرة في حياتها على الترابط والتكافل وحسن المعاشرة والتربية الحسنة وحسن الخلق ونبذ الآفات الاجتماعية"، وفي الفقرة الثالثة من المادة ٣٦ المعدلة من ذات القانون التي تنص على أنه يجب على الزوجين "التعاون على مصلحة الأسرة ورعاية الأولاد وحسن تربيتهم"، وفي الفقرة السابعة من ذات المادة بقولها "زيارة كل منهما لأبويه وأقاربه واستضافتهم بالمعروف".

إذن، كيف يتحقق ذلك الترابط وهذه الرعاية إذا لم نلزم من لم تسند إليه الحضانة بالزيارة، فمصلحة المحضون لا تتماشى والتصرفات الانتقامية، لأن الضحية فيها هو الطفل لا الشخص الذي أسندت إليه الحضانة.

وهكذا، بالرغم من عدم توحيد الآراء الفقهية بشأن هذه المسألة، فإن حق الزيارة بوظيفته الرقابية يهدف إلى حماية المحضون. غير أن هذا الحق، وإن كانت وظيفته الرقابية سليمة في الظاهر، يعتبر مع ذلك سلاح ذو حدين إذ أنه إذا كان يسمح برقابة مستمرة تضمن للطفل تربية حريصة، إلا أنه غالبا ما يمارس بهدف نقل الحضانة إلى صاحبه. وبهذا، فإن ذلك سيكون له تأثيرا على الطفل[١]، مما يفصح عن فعالية الدور الذي يجب أن تلعبه المحكمة في تنظيم حق الزيارة.

الفرع الثاني
مدى دور المحكمة في تنظيم حق الزيارة

إذا أمعنّا النظر في الشطر الأخير من المادة ٦٤ المعدلة من قانون الأسرة القائل "وعلى القاضي عندما يحكم بإسناد الحضانة أن يحكم بحق الزيارة" نستشف بوضوح أنه يقدم عدة نقاط قانونية تترأسها فكرة تجمعها تتمثل في أن القاضي الجزائري له حرية تصرف جد واسعة في مجال الزيارة : في حكم واحد يقضي بإسناد الحضانة للأهل بها، ويمنح للطرف الآخر المتنازع حق زيارة المحضون وذلك من تلقاء نفسه وإلا عرض حكمه للالتماس إعادة النظر.

وهذا ما صرحت به المحكمة العليا في قرارها الصادر في ٠٨ أفريل ١٩٩٨ بقولها "إن

---

(١)Cf. A. Bêcheur, op. cit., R.A.S.J.E.P., ١٩٦٨, n° ٤, p. ١١٥٧.

عدم فصل قضاة الموضوع في حق الزيارة رغم المطالبة يعتبر حالة من حالات التماس إعادة النظر طبقا للمادة ١٩٤ من قانون الإجراءات المدنية وليست وجها من أوجه الطعن المنصوص عليها في المادة ٢٣٣ من قانون الإجراءات المدنية"[١].

غير أنه إذا كان هذا هو الذي اتجه إليه قانون الأسرة، إلا أن الملاحظ عليه هو أنه لم يعط للقاضي ولا توجيه في طرق حق الزيارة وكيفية ممارستها، بل إنه لم يشر إطلاقا في المادة سالفة الذكر إلى مصلحة المحضون عند منح هذا الحق لصاحبه. فالقاضي الجزائري عليه أن ينفق جهدا كبيرا في موضوع الزيارة ليجد مصلحة المحضون. كيف لا والمشرع أعد له جملة واحدة لذلك ! وهذا الأمر ينطبق أيضا على القاضي التونسي إذ هو الآخر ترك له المجال الواسع للاجتهاد مادام خصص له مادة واحدة.

وكما أن هذا الموقف التشريعي قد يفسر بالحرية الموسعة للقاضي التي بموجبها يكشف هذا الأخير على الأصلح والأنسب للمحضون[٢]. فهو الذي يحدد طرق الزيارة في إطار هذه السلطة سواء من حيث المدة - أسبوعيا، شهريا، الأعياد الوطنية والدينية -، أو من حيث مكان ممارستها[٣].

هكذا، فالعقبة السالفة والخاصة بسكوت المشرعين لم تكن مثبطة لجهود القضاء، بل بالعكس دفعته بأن يجتهد في تحديد مدة الزيارة. فقد حددتها المحكمة العليا بمرة في كل أسبوع على الأقل، وذلك في قرارها الصادر بتاريخ ١٦ أفريل ١٩٩٠، عندما ذكرت "متى أوجبت أحكام المادة ٦٤ من قانون الأسرة على أن القاضي حينما يقضي بإسناد الحضانة أن يحكم بحق الزيارة، فإنه من الواجب أن يكون ترتيب هذا الحق ترتيبا مرنا وفقا لما

---

(١) انظر، محكمة عليا، غ.أ.ش. م.، ١٩٩٧/٠٤/٠٨، ملف رقم ١٥٨٨٤٢، نشرة القضاة، ١٩٩٨، عدد ٥٣، ص. ٤٧.

(٢) فالمشرع لم يذكر في المادة ٦٤ السالفة أن حق الزيارة يمنح وفقا لمصلحة الطفل، ولكن من زاوية المقارنة، نلاحظ أنه صادق لاحقا على الاتفاقية بين الجزائر وفرنسا في ١٩٨٨ التي تشير إلى مصلحة المحضون، وخصوصا في المواد ١، و٤، و٦، و١٢. للمزيد من المعلومات حول هذه الاتفاقية، R. Aït Ihadadene, op. cit., pp. ٢٣ et s.

وفي هذا الصدد وعلى سبيل المقارنة كذلك، انظر، المادتين ٣١١-١٣ و٣٧١-٤ من القانون المدني الفرنسي.

(٣) انظر، محكمة تلمسان، ١٩٩٨/١٢/٠٥، قضية رقم ١٤٢٥/٩٨، غير منشور؛ ١٩٩٨/١٢/٢٦، قضية رقم ٩٨/ ١٨٢٦، غير منشور؛ ١٩٩٩/٠١/١٦، قضية رقم ٢٢٥٠/٩٨، غير منشور.

تقتضيه حالة الصغار، فمن حق الأب أن يرى أبناءه على الأقل مرة في الأسبوع لتعهدهم بما يحتاجون إليه والتعاطف معهم. ومن ثم، فإن القرار المطعون فيه القاضي بترتيب حق زيارة إلا مرتين كل شهر يكون قد خرق القانون. ومتى كان كذلك استوجب نقض القرار المطعون فيه"(١).

وبهذا القرار، أضحت سلطة قاضي الموضوع مقيدة أصلا بما قررته المحكمة العليا. وكذا الشأن بالنسبة لمكان الزيارة، إذ فقد قررت المحكمة العليا في ٣٠ أفريل ١٩٩٠ بأن "من المستقر عليه فقها وقضاء أن حق الشخص لا يقيد إلا بما قيده به القانون، فزيارة الأم أو الأب لولدها حق لكل منهما وعلى من كان عنده الولد أن يسهل على الآخر استعماله على النحو الذي يراه بدون تضييق أو تقيد أو مراقبة. فالشرع أو القانون لا يبني الأشياء على التخوف، بل على الحق وحده، ومن ثم، فإن القضاء بما يخالف هذا المبدأ يعد خرقا للقانون.

ولما كان ثابتا، في قضية الحال، أن المجلس القضائي لما قضى بزيارة الأم لابنتيها بشرط أن لا تكون الزيارة خارج مقر سكن الزوج، فبقضائه كما فعل تجاوز اختصاصه وقيد حرية الأشخاص وخالف القانون والشرع. ومتى كان كذلك، استوجب نقض القرار المطعون فيه"(٢).

وكذا ما حكمت به المحكمة العليا بخصوص مكان الزيارة في قرارها الصادر في ١٥ديسمبر ١٩٩٨، حيث قضت فيه بأنه "من المقرر شرعا أنه لا يصح تحديد ممارسة حق الزيارة للزوج في بيت الزوجة المطلقة. ومتى تبين- في قضية الحال- أن قضاة الموضوع قد حددوا مكان الزيارة للطاعن ببيت المطعون ضدها فإنهم بقضائهم كما فعلوا خالفوا الشرع والقانون لأن المطعون ضدها بعد طلاقها أصبحت أجنبية عن الطاعن وأن الهدف من حق الزيارة لا يتحقق في قضية الحال إلا عندما تتمتع البنت برعاية والدها ولو ساعات محددة. ومتى كان كذلك استوجب نقض القرار المطعون فيه جزئيا فيما يخص مكان

(١) انظر، محكمة عليا، غ.أ.ش.، ١٩٩٠/٠٤/١٦، ملف رقم ٥٩٧٨٤، المجلة القضائية، ١٩٩١، عدد ٤، ص. ١٢٦.
(٢) انظر، محكمة عليا، غ.أ.ش.، ١٩٩٠/٠٤/٣٠، ملف رقم ٧٩٨٩١، المجلة القضائية، ١٩٩٢، عدد ١، ص. ٥٥.

ممارسة حق الزيارة "[١].

وهو ذات النهج الذي سار عليه قبله القضاء التونسي في قضية فصلت فيها المحكمة التعقيبية بتاريخ ٠١ فبراير ١٩٦١ فكان نطقها "للمحكمة حق الاجتهاد المطلق في تقدير بعد المسافة أو قربها لزيارة المحضون"[٢].

ولا بدّ من الإشارة إلى أن هذه القرارات تثير مسألة هامة وهي أن تنظيم حق الزيارة يحد من حرية الأشخاص التي يحميها الدستور[٣]، فتقسيم وقت الزيارة وتحديد مكانها له نتيجتين هامتين: فهو من جهة، يعد بلا شك مماسا بالحياة الخاصة؛ ومن جهة أخرى، سيسمح لصاحب حق الزيارة بممارسة كاملة لحقه[٤]. ومن ثم، فالحاضن وصاحب حق الزيارة سيكونان معرضين لتنظيم مادي لوقتهما.

غير أن هذا الأمر لا مناص منه، فلا بدّ من تنظيم حق الزيارة، لأن الغرض الأساسي والوحيد منه ليس تقييد حرية الأشخاص وإنما تسهيل ممارسة الزيارة. وكل ما في الأمر هو أنه إذا اتفق الحاضن وصاحب حق الزيارة على مكان الزيارة ووقتها، فإنه ما على القاضي إلا المصادقة على هذا الاتفاق ما دام يخدم المحضون.

وهذا ما جاءت به المادة ١٨١ من المدونة وما قررته محكمة استئناف تونس في ١٠ نوفمبر ١٩٦٥ بقولها "إذا تأسست زيارة المحضون على اتفاق بين الطرفين، فإنه لا يجوز تغيير ذلك الاتفاق لغير أسباب جدّية تهمّ مصلحة المحضون والحاضن"[٥].

أما في حالة عدم اتفاقهما حددهما القاضي مع الحذر من خلق للمحضون اضطراب نفسي. وهذا ما أرادت به المادّة ١٨٢ من المدونة بفقرتيها الأولى والثانية عندما نصت على أن "في حالة عدم اتفاق الأبوين، تحدد المحكمة في قرار إسناد الحضانة، فترات الزيارة وتضبط الوقت والمكان بما يمنع قدر الإمكان التحايل في التنفيذ.

---

(١) انظر؛ محكمة عليا، غ.أ.ش. م، ١٩٩٨/١٢/١٥، ملف رقم ٢١٤٢٩٠، المجلة القضائية،٢٠٠١، عدد خاص، ص.١٩٤.

(٢) انظر؛ محكمة التعقيب، ١٩٦١/٠٢/٠١، قرار مدني، عدد ٦٠٦، مجلة القضاء والتشريع، ١٩٦١، عدد ٤، ص.٣٨.

(٣) انظر، المادتين ٣٢ و ٣٩ من دستور ١٩٩٦.

(٤)Cf. V. Lacoste, op. cit., p. ٩٧٥.

(٥) انظر، محكمة استئناف تونس، ١٩٦٥/١١/١٠، قرار عدد ٥٨١٥٠، مجلة القضاء والتشريع، ١٩٦٥، عدد ١٠، ص.٦٣.

تراعي المحكمة في كل ذلك ظروف الأطراف والملابسات الخاصة بكل قضية، ويكون قرارها قابلا للطعن".

وتكون المدونة بذلك قد استوحت نصها[١] من القرار التعقيبي المدني الصادر بتاريخ ٢٦ أكتوبر ١٩٦١ والذي أكد أن "مدة الزيارة والكيفية التي تقع عليها من مطلقات قاضي الموضوع دون معقب عليه في ذلك"[٢]، والتي خالفته في الشطر الأخير منه.

هذا الدور الذي لعبه القضاءان التونسي والجزائري لم يشهده القضاء المغربي، لأن المدونة على خلاف القانونين السابقين أولت عناية بالغة لحق الزيارة جسدتها في سبع مواد، مما يدعو بنا إلى الاستنتاج بأن المشرع المغربي لم يمتع القاضي بحرية فضفاضة كتلك التي عرفها نظيراه؛ وإنما دعاه إلى تطبيق النصوص كما هي. ولكن بالمقابل، فرج سلطته إلى حد أصبحت سلطة "مطاطة" وذلك بنص المادة ١٨٦من المدونة التي تنص على أن "تراعي المحكمة مصلحة المحضون في تطبيق مواد هذا الباب".

ومفاد ذلك أن الأصل في تحديد مكان الزيارة يكون بالاتفاق بين الحاضن ومن تقرر له حق الزيارة شريطة أن لا يكون ذلك المكان ماسا بمصلحة المحضون. أما إذا كان المكان يضر بالطفل فلا يعتد بهذا الاتفاق وكما لا يمكن للقاضي أن يصادق عليه، باعتبار أن الاتفاق ورد به شرط باطل فيبطل الشرط ويبقى الاتفاق ويكون للقاضي أن يحدد المكان من بين الأماكن غير الضارة بالمحضون. ويكون المكان مضرا بالمحضون إذا كان

(١) ومن باب المقارنة، نشير هنا إلى أن المادة ٦٧ من القانون المصري رقم ١ لسنة ٢٠٠٠ نصت على أن "ينفذ الحكم الصادر برؤية الصغير في أحد الأماكن التي يصدر بتحديدها قرار من وزير العدل بعد موافقة وزير الشؤون الاجتماعية، وذلك ما لم يتفق الحاضن مع الصادر لصالحه الحكم على مكان آخر. ويشترط في جميع الأحوال أن يتوافر في المكان ما يشيع الطمأنينة في نفس الصغير". وقد أصدر وزير العدل القرار رقم ١٠٨٧ لسنة ٢٠٠٠ تنفيذا لهذه المادة وقد نصت المادة ٤ منه على أنه "في حالة عدم اتفاق الحاضن أو من بيده الصغير والصادر لصالحه الحكم على المكان الذي يتم فيه رؤية الصغير، يكون للمحكمة أن تنتقي من الأماكن التالية مكانا للرؤية وفقا للحالة المعروضة عليها وبما يتناسب، قدر الإمكان، وظروف أطراف الخصومة، مع مراعاة أن يتوافر في المكان ما يشيع الطمأنينة في نفس الصغير ولا يكبد أطراف الخصومة مشقة لا تحتمل : ١- أحد النوادي الرياضية أو الاجتماعية؛ ٢- أحد مراكز رعاية الشباب؛ ٣-إحدى دور رعاية الأمومة والطفولة التي يتوافر فيها حدائق؛ ٤- إحدى الحدائق العامة.

(٢) انظر، محكمة التعقيب، ١٩٦٤/١٠/٢٦، قرار مدني، عدد ٣٠٩٢، نشرية محكمة التعقيب، ١٩٦٤، ص.٤٣.

مثلا لا يشيع الطمأنينة في نفس الطفل، أو لوجوده في منطقة صناعية بها تلوث بيئي أو ينتشر بها الأوبئة والأمراض.

وفي حالة ما إذا تولى القاضي تحديد مكان وميقات الزيارة، فإنه ينبغي عليه أن يحترم الشروط التالية :

١.- أن يكون المكان المحدد من الأماكن التي تشيع فيها الطمأنينة في نفس المحضون، أي أن يكون المكان يتسم بالهدوء والأمان.

٢.- ألا يكون في المكان المحدد قضائيا ما يكبد طرفي الخصومة عبء ومشقة، سواء كان ذلك العبء عبئا ماديا أو مشقة الانتقال.

٣.- أن تكون الزيارة قدر الإمكان في نهاية الأسبوع وفي أيام العطلات، وذلك تقديرا لأعمال الناس سواء كان من بيده الطفل أو من له الحق في الزيارة، وينبغي أن يراعي ألا يكون في وقت الدراسة إن كان المحضون من المتمدرسين.

وهذا الشرط، رعاه القضاء الجزائري في الكثير من أحكامه وقراراته، حيث قضت محكمة تلمسان في حكمها الصادر في ١٣ مارس ١٩٩٩ بأنه " ...يبقى للأم حق الزيارة كل يوم خميس وجمعة وفي الأعياد الدينية والوطنية ابتداء من الساعة ٠٩ صباحا إلى غاية الساعة السادسة مساء"[١] . وفي حكم آخر، قضت محكمة المشرية بتاريخ ٠٧ ديسمبر ١٩٩٩ "بحق الزيارة للأب كل يوم خميس وجمعة وفي الأعياد الدينية والوطنية ابتداء من الساعة ٠٩ صباحا إلى غاية ٠٦ مساء"[٢] . وفي حكم آخر، قضت محكمة عين تموشنت بحق الأب في زيارة ابنته "يوم الجمعة وخلال العطل الرسمية (الوطنية والدينية) ابتداء من الساعة التاسعة صباحا إلى غاية الخامسة مساء..."[٣] . وهو ذات الحكم قضت به محكمة سيدي بلعباس بتاريخ ٢٧ جويلية ٢٠٠٠[٤] .

---

(١) انظر، محكمة تلمسان، قسم الأحوال الشخصية، ١٩٩٩/٠٣/١٣، قضية رقم ٢٧٩٨/٩٨، غير منشور. ٢٠٠٠/١٢/١٠، قضية رقم ٣٢١/٢٠٠٠، غير منشور.

(٢) انظر، محكمة المشرية، قسم الأحوال الشخصية، ١٩٩٩/١٢/٠٧، قضية رقم ٩٩ /٣١١، غير منشور.

(٣) انظر، محكمة عين تموشنت، قسم الأحوال الشخصية، ٢٠٠٠/٠٢/٢٢، قضية رقم ٤٠٥/٩٩، غير منشور.

(٤) انظر، محكمة سيدي بلعباس، قسم الأحوال الشخصية، ٢٠٠٠/٠٧/٢٥، قضية رقم ٨٦٣/٢٠٠٠، غير منشور.

غير أن محكمة تلمسان قد حادت عن هذا الاجتهاد القضائي، وذلك في حكمين، الأول منهما، قضت بموجبه "... بإسناد الحضانة للأب ويبقى للأم حق زيارتها مرة في كل شهر قابلة للتعديل ..."[١]، وفي الثاني، قضت بمقتضاه للأب "حق الزيارة كل يوم جمعة وفي الأعياد الدينية والوطنية لمدة ٠٣ ساعات ما بين الساعة ٠٩ صباحا و٠٦ مساء بحضور الأم مراعاة لمصلحة المحضون"[٢] . وفي نفس السياق، أيد مجلس قضاء سعيدة في قرار له حكم محكمة المشرية القاضي بأن "للأب حق الزيارة في العطل الرسمية والدينية"[٣]. وأن محكمة سيدي بلعباس قضت"بإسناد حضانة الطفل لأمه ولأبيه حق زيارته مرة واحدة كل شهر..."[٤] .

وكما هو واضح، فالحكم الأول والأخير جاءا مخالفين لما قضت به المحكمة العليا في قرارها الصادر بتاريخ ١٦ أفريل ١٩٩٠ سالف الذكر، وذلك بقولها "...فمن حق الأب أن يرى أبناءه على الأقل مرة في الأسبوع لتعهدهم بما يحتاجون إليه والتعاطف معهم".

وكما "قد استقر فقه القضاء التونسي على تمكين الزوج غير الحاضن من زيارة محضونه في أوقات محددة وذلك حسب سن الطفل ومصلحته. فطالما لم يبلغ الطفل سن الثالثة فإن القاضي لا يخول لوليه الغير الحاضن زيارته إلا في أوقات محدودة وعادة ما تكون بدون استصحاب. أما إذا تجاوز الطفل هذه السن، فإن القاضي يمكن الولي الغير الحاضن من استصحابه وحتى المبيت لديه خلال عطلة آخر الأسبوع وأيام الأعياد الدينية والوطنية وخلال العطل المدرسية في النصف الأول منها أو في النصف الأخير"[٥] .

وفي هذا السياق، نقضت محكمة التعقيب التونسية القرار الصادر عن محكمة الاستئناف بتونس في ٢٧ نوفمبر ١٩٩٦ بدليل أن "محكمة الأساس لم تستعرض إلى طلب

---

(١) انظر، محكمة تلمسان، قسم الأحوال الشخصية، ١٩٩٨/١٢/٠٥، قضية رقم ١١٢٥/٩٨، غير منشور.
(٢) انظر، محكمة تلمسان، قسم الأحوال الشخصية، ١٩٩٩/٠٣/١٣، قضية رقم ٢٨٤٠/٩٨، غير منشور.
(٣) انظر، مجلس قضاء سعيدة، غرفة الأحوال الشخصية، ٢٠٠٢/٠٧/٠٣، قضية رقم ١٩١/٢٠٠٢، غير منشور.
(٤) انظر، محكمة سيدي بلعباس، قسم الأحوال الشخصية، ١٩٩٧/٠٣/٠٢، قضية رقم ٩٦/١٢٨٤، غير منشور.
(٥) انظر، نجيبة الشريف بن مراد، طفلنا...، المرجع السابق، ص. ٤٢.

التوسع في القرار الفوري المتعلق بحق الزيارة والاستصحاب ليشمل نصف العطل المدرسية وعطلة الصيف مع إضافة حق المبيت، ولم تتول فحصه ومناقشته وإبداء الرأي فيه كما يجب قانونا، ... ومن ثم تكون أغفلت دفعا جوهريا وطلبا له أساس قانوني من شأنه إمكانية تغيير وجه الرأي في هذا الفرع من الدعوى وسكوت الحكم لغير سبب ظاهر في بحث هذا الطلب يجعله قاصر التعليل وقصور التعليل يعتبر بمثابة فقدانه وهو ما يشكل هضما لحقوق الدفاع يستوجب النقض من هذه الوجهة"[١].

غير أنه أمام هذه المشاكل التي طرحت على القضاءين الجزائري والتونسي بشأن أوقات الزيارة، فنعاتب مع القاضية نجيبة الشريف بن مراد موقف المشرع التونسي وكذا الجزائري في هذا الصدد، وذلك لما قالت "... فعلا فعلى صعيد الواقع الأمثلة كثيرة وكثيرة جدا غير أنني سأقتصر على مثل واحد بموجبه أرى وجوب إصدار قانون جديد مقابل للقانون الصادر بمناسبة جريمة عدم إحضار محضون والسالف الإلماع إليه وذلك مناداة بتحديد أوقات الزيارة مع معاقبة الزوج الحاضن عند تقصيره في استعمال حقه في الزيارة في الأوقات المحددة له"[٢].

والجدير بالذكر في نهاية هذه النقطة أن من يكون عنده المحضون، سواء كان الحاضن أو صاحب حق الزيارة، فإنه يكون المسؤول عن تعويض الضرر الذي يلحقه المحضون بالغير لأنه تحت سلطته ورقابته[٣]. هذه الحالة يمكن أن تشكل سببا من أسباب سقوط حق الزيارة[٤].

---

(١) انظر، محكمة التعقيب، ١٩٩٧/٠٥/٠٦، قرار مدني عدد ٥٧٢٠٢، نشرية محكمة التعقيب، ١٩٩٧، ج. ٢، ص. ٣٢٨.

(٢) وتضيف قائلة "وببساطة تتمثل هذه الحالة عند عدم حضور الزوج غير الحاضن لزيارة واستصحاب المحضون وتعمده رغم تقصيره الإضرار بالزوج الحاضن وذلك بالبقاء مثلا قرب مسكن الحاضن في انتظار خروجه صحبة محضونه ضرورة أن الزوج الحاضن في بعض الأحيان وبعد طول انتظار يغادر المنزل صحبة محضونه لقضاء بعض شؤونه أو للترويح عن النفس فيعمد عند ذلك الزوج الغير الحاضن إلى إحضار أحد عدول التنفيذ لتسجيل وإثبات وأنه لم يجد المحضون في اليوم المحدد لذلك، ثم يقوم ضد الزوج الحاضن بقضية في عدم إحضار محضون...". انظر، نجيبة الشريف بن مراد، طفلنا...، المرجع السابق، ص. ٤٦.

(٣) انظر، المادة ١٣٤ من القانون المدني المعدلة بالقانون رقم ٠٥-١٠ المؤرخ في ٢٠٠٥/٠٦/٢٠.

(٤) انظر، عبد العزيز سعد، المرجع السابق، ص.٢٩٧-٢٩٨.

الفرع الثالث
حماية المحضون من جريمة الامتناع عن تسليم الطفل

إن منطق الأمور يقود إلى القول بأن ممارسة حق الزيارة لا يجب أن يعرقل بأي حال من الأحوال ممارسة حق الحضانة؛ كما لا يجب أن ينفذ جبرا(١) حفاظا على نفسية المحضون "حتى لا تترتب بأعماقه شوائب نفسية نخشى عقباها "(٢). وبالمقابل، ليس لصاحب حق الزيارة التعسف في استعمال حقه، كأن يحتفظ بالمحضون عنده أكثر من المدة المحددة قضاء(٣) .

وهكذا إذا حاولت الأم الحاضنة عرقلة زيارة الأب ابنه، أو العكس، حاول الأب إذا كان حاضنا ذلك، رفع الأمر إلى قاضي الأمور المستعجلة. وهذا الإجراء عرفه القضاء المغربي واستقر عليه العمل(٤) ؛ حيث جاء في حكم قاضي الأمور المستعجلة بالدار البيضاء بتاريخ ٠٩ يناير ١٩٩٢ بأن "- صلة الرحم حق طبيعي وشرعي ضمنه القانون لكل واحد من الطرفين بعد وقوع الطلاق.- قاضي المستعجلات مختص باتخاذ أي إجراء لضمان ممارسة هذا الحق.- طبيعة طلب صلة الرحم في إطار استعجالي يقتضي النفاذ المعجل على المسودة..."(٥).

وعلى خلاف هذا الموقف لم ير القضاء التونسي في موضوع زيارة المحضون مسألة مستعجلة، حيث قرر في ٢٩ أفريل ١٩٨٠ بأن "القرارات الصادرة عن القاضي الصلحي في قضايا الطلاق بخصوص الوسائل المتأكدة التي منها الحضانة وزيارة المحضون وإن كانت قابلة للمراجعة عند البت في أصل دعوى الطلاق إلا أن المشرع لم يميزها عن سائر

---

(١) ففي مصر، تنص المادة ٢٠ من المرسوم بقانون رقم ٢٥ لسنة ١٩٢٩ المعدل بالقانون رقم ١٠٠ لسنة ١٩٨٥ في فقرتها الثالثة على أن "لا ينفذ حكم الرؤية قهرا، ولكن إذا امتنع من بيده الصغير عن تنفيذ الحكم بغير عذر، أنذره القاضي، فإن تكرر منه ذلك جاز للقاضي بحكم واجب النفاذ نقل الحضانة مؤقتا إلى من يليه من أصحاب الحق فيها لمدة يقدرها ". انظر، محمد شتا، الحضانة والرؤية، (بدون دار الطبع)، ٢٠٠٢، ص. ٩٤ وما بعدها.

(٢) انظر، ممدوح عزمي، المرجع السابق، ص. ٦٨.

(٣)Cf. A. Bêcheur, op. cit, p. ١١٥٧.

(٤) انظر، محمد الكشبور، المرجع السابق، ص.٤٩٢.

(٥) انظر، محكمة دار البيضاء، ١٩٩٢/٠١/٠٩، مجلة المحاكم المغربية، العددان ٦٤ و٦٥، ص. ١٢٣.

الأحكام والقرارات من حيث قابليتها للتنفيذ وفقا لقواعد الإجراءات"(١).

والظاهر أن المشرع التونسي جعله أمرا اختياريا حسب أحكام الفصل ١٢٦ من مجلة المرافعات المدنية والتجارية التي تنص على أنه "يمكن الإذن بالتنفيذ مؤقتا بضامن أو بدونه... إذا كان الحكم صادرا...بتسليم الصغير لأمه..." (٢) . وبهذا يظهر أن ما ذهب إليه القضاء المغربي أكثر حرصا على مصلحة المحضون.هذا ولا يفوتنا أن نشير أن المادة ٥٧ مكرر المعدلة من قانون الأسرة على أنه "يجوز للقاضي الفصل على وجه الاستعجال بموجب أمر على عريضة في جميع التدابير المؤقتة ولاسيما ما تعلق...والزيارة...".

وصيانة لحقوق المحضون وحماية لمصالحه وضمانا للاحترام الفعلي لهذه القواعد، خصصت قوانين العقوبات المغاربية تكملة لقوانين الأسرة المغاربية موادا عالجت فيها حالة عدم تسليم الطفل، إذ جرمت هذا الفعل وعاقبت مرتكبه.

وتنفيذا لذلك، نصت المادة ٣٢٧ من قانون العقوبات الجزائري على أن "كل من لم يسلم طفلا موضوعا تحت رعايته إلى الأشخاص الذين لهم الحق في المطالبة به يعاقب بالحبس من سنتين إلى خمس سنوات". وقد جاء في المادة ٣٢٨ من نفس القانون بأنه "يعاقب بالحبس من شهر إلى سنة وبغرامة من ٥٠٠ إلى ٥٠٠٠ دج الأب أو الأم أو أي شخص آخر لا يقوم بتسليم قاصر قضي في شأن حضانته بحكم مشمول بالنفاذ المعجل أو بحكم نهائي إلى من له الحق في المطالبة به وكذلك كل من خطفه ممن وكلت إليه حضانته أو من الأماكن التي وضعه فيها أو أبعده عنه أو عن تلك الأماكن أو حمل الغير على خطفه أو إبعاده حتى ولو وقع ذلك بغير تحايل أو عنف.

وتزاد عقوبة الحبس إلى ثلاث سنوات إذا كانت قد أسقطت السلطة الأبوية عن الجاني".

وكذلك، حماية للمحضون، نص الفصل ٤٧٦ من القانون الجنائي المغربي على أنه يعاقب هو الآخر بالحبس من شهر إلى سنة كل من امتنع من تقديم طفل إلى شخص له

---

(١) انظر، محكمة التعقيب، ١٩٨٠/٠٤/٢٩، قرار مدني عدد ٣٩٢٦، نشرية محكمة التعقيب، ١٩٨٠، ج.١، ص.١٠٩؛ في هذا الاتجاه، محكمة الاستئناف بصفاقس، ١٩٧٦/٠١/٢٢، مجلة القضاء والتشريع، ١٩٧٩، عدد ٤، ص.١٣٨ وما بعدها.

(٢) انظر، محمد الحبيب الشريف، المرجع السابق، ص.١٦٨.

الحق في المطالبة به[١].

وأسس المشرع العقابي التونسي قانونا تحت رقم ٦٢-٢٢ بتاريخ ٢٤ ماي ١٩٦٢ نظم فيه مادة واحدة جرمت فعل عدم تسليم المحضون[٢]. هذا النص هدف إلى معاقبة الجهل بأحكام الحضانة من قبل الزائر غير الحاضن أو من أي متعدي آخر على حق الحضانة. وقد امتد تطبيق أحكام هذا النص بفعل الممارسة إلى معاقبة عدم احترام الأحكام القضائية المتعلقة بحق الحضانة والمبيت[٣].

مفاد هذه النصوص أن جريمة عدم تسليم الطفل إلى الأشخاص الذين لهم الحق في المطالبة به جنحة تقوم بتوافر العنصر المادي المبني على عمل سلبي والمتمثل في الامتناع عن تسليم الطفل[٤] في الوقت المحدد لذلك[٥]. وكما أن هذه الجريمة تعتبر من الجرائم المستمرة وليس من الجرائم الوقتية، وذلك لأن شأن تنفيذها قابلا بطبيعته للامتداد فترة من الزمن كلما أراد فاعلها ذلك، ولكون الالتزام بالتسليم لا ينقضي في لحظة محددة وإنما يظل قائما طيلة الوقت الذي يبقى فيه المحضون محبوسا عن صاحب الحق في تسليمه.

وكما يستنتج من تلك النصوص، أن تلك الجريمة تكون قائمة حتى ولو لم يتم الخطف أو عدم التسليم بواسطة الاستعانة بالغير، وكما أنه لا يشترط أن يتم الخطف بطريق التحايل بل يتحقق الخطف بالتغرير بالطفل بإغرائه بإحضار ملابس أو لعب له حتى يذهب معه، إذ لا يعتد برضاء الطفل في هذه الحالات. أما إذا ذهب الطفل إلى أي من الوالدين فلا تتحقق جريمة الخطف.

---

(١) انظر، إدريس الفاخوري، المرجع السابق، ص. ٢٩٦.

Cf. A. Boudahrain, op. cit., , p. ١٦٠-١٦٣.

(٢) حيث نص على أنه "في صورة حكم وقتي أو بات بالحضانة فإن الأب أو الأم أو كل شخص آخر لا يحضر المحضون لمن له الحق في طلب إحضاره أو يعتمد ولو بدون حيلة أو قوة اختطاف ذلك المحضون واختلاسه أو يكلف من يتولى اختطافه أو اختلاسه من أيدي من هو في حضانتهم أو من المكان الذي وضعوه به يعاقب بالسجن من ثلاثة أشهر إلى عام ويخطيه من أربعة وعشرين دينارا إلى مائتين وأربعين دينارا أو بإحدى العقوبتين فقط".

(٣)Cf. M.Beji , op. cit. , mém., p.١٨٢.

(٤) غير أنه إذا كان الامتناع عن التسليم له ما يبرره كمرض الصغير المزمن بأن يكون مريض بالحمى وأن يكون من شأنه تسليمه خطورة على حياته فلا تقوم الجريمة لانتفاء الركن المعنوي للممتنع.

(٥) انظر، محمد صبحي نجم، شرح قانون العقوبات الجزائري، القسم الخاص، ط. ٢، د.م.ج.، الجزائر، ١٩٩٠، ص. ٦٩.

وقد اشترط القانون الجزائري لقيام الركن المادي للجريمة أن يكون هناك حكما مشمولا بالنفاذ المعجل أو نهائيا بضم الصغير، ومن ثم إذا كانت الحضانة أو مسألة الزيارة محل منازعة قضائية فلا جريمة جنائية، وتكون المنازعة قائمة طالما لم يصبح الحكم بالحضانة أو الزيارة مشمولا بالنفاذ المعجل أو نهائيا. والحكم يكون نهائيا باستنفاذ طرق الطعن العادية أو بفوات مواعيد الطعن العادية.

إلا أن الأغرب في ذلك، أن القضاءين الجزائري والتونسي لم يعتبرا الامتناع عن تسليم المحضون سببا من الأسباب المسقطة للحضانة بالرغم من أن مرتكبه، كما أشرنا إليه أعلاه، يعاقب على فعله جزائيا.

وهذا ما تبناه المجلس الأعلى في قراره الصادر في ١٤ ماي ١٩٦٩ بقوله "من المقرر شرعا أنه لا يسقط الحق في الحضانة إلا لأسباب معينة شرعا ليست من جملتها عدم تسليم الحاضن الولد المحضون على وجه الزيارة المقررة إلى أبيه أو غيره ممن يهمهم الأمر. وحيث فضلا عن ذلك أن عدم تسليم الولد المحضون في مثل هذه المادة جنحة ربما أدت إلى عقاب جنائي لا إلى سقوط الحق في الحضانة. وعليه، فإن مجلس الجزائر إذا قضى على ذلك الوجه لم يبرر قراره تبريرا قانونيا مما يترتب عنه النقض والإلغاء"[١].

وهو نفس الموقف، اتخذته المحكمة الابتدائية لتونس في حكمها الصادر في ٣١ ماي ١٩٧٦، حيث رفضت بمقتضاه إسقاط الحضانة عن صاحبها أمام تعنت الأطفال رؤية أبيهم الزائر، بحجة أن الأطفال بلغوا من السن ما يسمح لهم بالتعبير عن إرادتهم ورغبتهم في رؤية أبيهم[٢].

أما إذا رفض المحضون تنفيذ حكم القاضي دون أن يخضع لتأثير الحاضن وكان هذا الأخير قد حاول قصارى جهده إقناعه برؤية زائره، فإنه لا محل لجريمة عدم تسليم الطفل؛ لأن العبر بسوء نية الحاضن[٣].

وبهذا المبدأ قضت المحكمة العليا في قرارها الصادر في ١٤جويلية ١٩٩٦[٤]، حيث

(١) انظر، مجلس أعلى، غ.ق.خ.، ١٩٦٩/٠٥/١٤، نشرة القضاة، ١٩٧٠، عدد ٤، ص. ٤٨.

(٢)Cf. Trib. ١ère instance de Tunis ٣١/٠٥/١٩٧٦, n° ٤٨٩٨٠, inédit, cité par M. Beji, op.cit., mém., p.١٨٢.

(٣)Cf. M. Beji, op. cit., mém., p.١٨٢.

(٤)Par contre, en France, la cour de cassation énonce « que la résistance du mineur ou son aversion à l'égard de la personne qui le réclame, ne saurait

بعدما جاءت بالقاعدة بقولها "من المقرر قانونا، أنه كل من لم يسلم طفلا موضوعا تحت رعايته إلى الأشخاص الذين لهم الحق في المطالبة به، يعاقب بالحبس من سنتين إلى خمس سنوات"، قررت "ولما ثبت في قضية الحال أن الطاعن لم يعلن صراحة عن رفضه تسليم البنتين ولم يلجأ إلى أية مناورة لمنع الوالدة من حقها في الزيارة، بل إن البنتين هما اللتان رفضتا الذهاب إلى والدتهما، كما يشهد بذلك تصريح المحضر القضائي.

ومتى كان كذلك، فإن إدانة المتهم بجنحة عدم تسليم الطفل يعد خرقا للقانون لعدم توفر الركن المادي"[1].

وأخيرا وليس آخرا، إن ما يمكن قوله هنا هو أن مصلحة المحضون هي التي يجب أن تغلب على أحكام القضاء فيما يخص تسليم الطفل، أي أن مصلحة المحضون من حيث صيانة توازنه العقلي والنفسي هو الذي يجب أن يحافظ، لأن صاحب حق الزيارة يبقى محتفظا بحقه عن طريق تحسين علاقاته مع المحضون في المستقبل. غير أنه يجدر بنا التساؤل عما إذا كانت الأحكام المتعلقة بالحضانة هي أحكام غير نهائية؟ أي يمكن إعادة النظر فيها كلما صرخت مصلحة المحضون بذلك.

المطلب السادس

تأقيت الأحكام الخاصة بالحضانة،

وسيلة أخرى لتحقيق مصلحة المحضون

تكتسي مسألة اعتبار الأحكام الخاصة بالحضانة أحكاما غير نهائية أهمية بالغة في إبراز مدى اهتمام المشرع والقضاء بمصلحة المحضون وفي اكتشاف رعايتهما لها.

لقد ثارت هذه المسألة في الجزائر فعلا، وفي المغرب أيضا، وأجاب عنها المشرع الجزائري بالإيجاب المشترط في المادة ٧١ من قانون الأسرة التي نصت على أن "يعود الحق في الحضانة إذا زال سبب سقوطه غير الاختياري".

ولكن قبل الخوض في تفسير هذا النص القانوني، يجدر بنا أولا تصحيح الخطأ الذي

---

constituer pour celui qui a l'obligation de le représenter, ni un fait justificatif, ni une excuse légale, sauf circonstances exceptionnelle ». Cf. Cass. crim.,١٣/٠٤/١٩٨٨, cité par J. Bonnard, op. cit., p. ٦٣.

(١) انظر، محكمة عليا، غ.أ.ش..م.، ١٩٩٦/٠٧/١٤، ملف رقم ١٣٠٦٩١، المجلة القضائية، ١٩٩٧، عدد ١، ص. ١٥٣.

وقع فيه المشرع الجزائري، ونغير مصطلح "سقوط" بمصطلح "إسقاط"، فتصبح صياغة المادة كالتالي : "يعود الحق في الحضانة إذا زال سبب إسقاطها غير الاختياري". ومما يقطع في الدلالة على أن المشرــع قرر أن الحق في الحضانة يعود إذا اندثر السبب غير الاختياري الذي أدى إلى إسقاطها. ومما يـدل، بمفهوم المخالفة، علـى أن سبب الإسقاط الاختياري مانـع قطعي من استرجاع الحضانة.

وعليه، فهذا النص القانوني يمكن تأويله إلى تفسيرين :

يمكن أن يفهم منه أن السبب الاختياري أو غير الاختياري يكون بالنظر إلى الحاضن، أي أن الحاضن بتصرفه المختار أدى إلى إسقاط الحضانة عنه. ومثال ذلك، الزواج الذي يعد تصرفا رضائيا، عمل الحاضنة، الانتقال من مكان إلى آخر، التنـازل عن الحضانة، ترك مدة السنة تمر دون المطالبة بالحضانة. ففي كل هذه الحالات لا تعود إليه الحضانة.

كما يمكن أن يفهم منه أيضا أن السبب هذا، يفسر بالنظر إلى القاضي، وبمعنى أوضح أن المشرع لا يترك للقاضي في بعض الأسباب سلطة تقديرية في الحكم بإسقاط الحضانة أو إبقائها لصاحبها، وإنما وجود هـذا السبب يفـرض عليـه الحكـم بإسقاطها، كما هو الشأن بالنسبة للشطر الأول من المـادة ٦٦ مـن قـانون الأسرة المتعلق بإسقاط الحضانـة بسبب تـزوج الحاضنة بغير قريب محرم، وبالمادة ٦٨ الخاصة بفوات المدة، وبالمادة ٧٠ المتعلقة بإسقاط حضانة الجدة أو الخالة السـاكنة بمحضونها مع أم المحضون المتزوجة بغير قريب محرم. فإن كل هذه النصوص التشريعية جاءت بصيغة آمرة، لا تترك للقـاضي حرية في تقدير ما هو مضر بالمحضون أو غير مضر له. وفيما عدا هذه الأسباب، فإن له السلطة التقديرية الكاملـة في النطـق بإسقاطها أو إبقائها[1]، فتكون أسبابا اختيارية بالنسبة له.

في الحقيقة، فالتفسير الأخير، وإن كان سليما في الظاهر، إلا أنه لا يرتكز على أساس متين، ولا يكـون لـه محـل، لأنـه برجوعنا إلى النص الفرنسي للمادة ٧١ المذكورة القائل :

"Le droit de garde est rétabli dès que la cause involontaire qui en a motivé la déchéance disparaît ",

نفهم أن الأمر لا يتعلق بالقاضي وإنما بالحاضن. وهذا ما أكدته، كما سنراه لاحقا،

---

(١) انظر، المواد ٦٦، ٦٧، و٦٩ من قانون الأسرة.

الأحكام القضائية التي نجدها تأخذ بالتفسير الأول في إسقاط الحضانة أي أن يكون السبب باختيار الحاضن.

ولقد كان المشرع المغربي في الفصل ١١٠ من المدونة يخضع لنفس الفرضيات والتفسيرات عندما كان ينص على أن "تعود الحضانة لمستحقها إذا ارتفع عنه العذر غير الاختياري الذي منعه منها". والملاحظات التي أبديت أو كانت ستبدى على نص المادة ٧١ من قانون الأسرة تنطبق عليه أيضا. ولكن باستبدال هذا الفصل بالمادة ١٧٠ من مدونة الأسرة التي تخلت عن لفظ "غير الاختياري" انقشع الغموض وصحى التفسير؛ فأضحت مصلحة المحضون هي المرجع الوحيد في هذا المقام لا دخل للأسباب، مهما كانت، فيه.

ولم تتكلم المجلة التونسية عن عودة الحضانة إلى صاحبها بعد فقدها، ولنا أن نتساءل إذا كان هذا السكوت يعني عدم الاعتراف باسترجاع الحضانة. بيد أن ما يمكن قوله هو بالتأمل في الأساس الذي بنيت عليه الحضانة في القانون التونسي اعتمادا على القضاء[1] يتبين أن مصلحة المحضون لا تمانع أن تعود الحضانة إلى الحاضن إذا اندثر سبب الإسقاط. وليس بحوزتنا أمام هذا الغياب التشريعي أي حكم أو قرار قضائي يمنع أو يجيز هذه المسألة. ولاشك أن الحديث عن هذه النقطة يجرنا إلى مسألة تتعلق بمعرفة ما إذا كان النطق في مسائل الحضانة نهائيا في تونس.

ورجوعا إلى قانون الأسرة الجزائري، وترتيبا على ما قيل فقد ثار أثير التساؤل الهام التالي : ما هو السبب الاختياري الذي يسقط الحضانة نهائيا ؟ فعلى أي أساس يتم اعتبار سبب اختياري وآخر غير اختياري ؟

لم يوضح المشرع الجزائري ذلك، وإنما ترك المجال مفتوحا لاجتهاد القضاء. بيد أن التوسع المنتظر من هذا الأخير في تفسير السبب الاختياري لم يف بالغرض المنشود. فقد اكتفى المجلس الأعلى بالتأكيد في الكثير من قراراته على أن السبب الاختياري يسقط الحضانة نهائيا. فقد قضى في قراره الصادر في ٠٢ جوان ١٩٨٠ بأن "... المجلس لم يقصد بذلك إلا التدليل على أن الأم تنازلت عن الحضانة، وليس لها أن تعود لتطالب بها مرة أخرى... والنعي عليه بقصور التسبيب وانعدام الأساس القانوني في غير محلها وغير ملتفت إليها"[2] .

(١) "أساس الحضانة مصلحة المحضون". انظر، محكمة التعقيب، ١٩٦٩/٠٧/٠١، قرار مدني، عدد ٦٨٢٧، مجلة القضاء والتشريع، ١٩٧٠، عدد ٤، ص.٣٥.
(٢) انظر، مجلس أعلى، غ.أ.ش.، ١٩٨٠/٠٦/٠٢، ملف رقم ٢٣٢٥٢، غير منشور.

وفي قرارين آخرين أكد نفس المجلس بأنه "من المقرر شرعا أن التنازل عن الحضانة باختيار الحاضن مانع من إعادتها إليه، وفي خليل "ولا تعود بعد الطلاق أو فسخ الفاسد على الراجح أو الإسقاط"؛ ومن ثم، فإن مخالفة هذا المبدأ يعد خرقا لأحكام الشريعة الإسلامية"[1].

وقد تأكد هذا النظر في قرار آخر صادر عن نفس المجلس بتاريخ ٢٧ من مارس سنة ١٩٨٩، إذ يقول "من المقرر فقها وقانونا أن المتنازلة عن الحضانة باختيارها لا تعود إليها ولا يقبل منها طلب استرجاع الأولاد لها، ومن ثم، فإن القضاء بما يخالف هذا المبدأ يعد مخالفا للقواعد الفقهية والقانونية. لما كان من الثابت، في قضية الحال، أن الطاعنة تنازلت عن حضانتها باختيارها دون أن ترغم على ذلك، فإن قضاة الاستئناف الذين قضوا بإلغاء الحكم المستأنف لديهم ومن جديد القضاء برجوع المطعون ضدها أم الأولاد عن تنازلها عن حقها في الحضانة وبإسناد من كان منهم في حضانة النساء إليها، فإنهم بقضائهم كما فعلوا خالفوا الفقه والقانون. ومتى كان كذلك استوجب نقض القرار المطعون فيه دون إحالة"[2].

وكما قضت المحكمة العليا، تباعا لهذه المنهجية في التسبيب، "وحيث إنه بالنسبة للحضانة فرغم تنازلها عن محضونها...علما بأنه يجوز لها التراجع عن تنازلها متى ثبت للمجلس أن تنازلها كان نتيجة عوامل خارجة عن إرادتها، وعليه فقضاء المجلس بالنسبة لهذه المسألة غير مؤسس، إذ لم يبينوا في قرارهم بحثهم عن مصلحة المحضون التي هي الأساس في دعاوى الحضانة"[3].

والشيء الجديد الذي جاءت به هذه القرارات هو أنها اعتبرت السبب الاختياري يكمن في التنازل. كما اعتبرت المحكمة العليا في قرارها المؤرخ في ٠٥ فبراير ١٩٩٠ أن زواج الأم بالأجنبي يعد تصرفا رضائيا واختياريا، وبالتالي إسقاط حضانتها لهذا السبب.

(١) انظر، مجلس أعلى، غ.أ.ش.، ١٩٨٢/٠١/٠١، ملف رقم ٢٦٥٣٥، نشرة القضاة، ١٩٨٦، عدد ٤، ص. ٢٤٠؛ ١٩٨٢/٠١/٢٥، ملف رقم ٢٦٥٤٥، نشرة القضاة، ١٩٨٢، عدد خاص، ص. ٢٤٣.
(٢) انظر، مجلس أعلى، غ.أ.ش.، ١٩٨٩/٠٣/٢٧، ملف رقم ٥٣٣٤٠، المجلة القضائية، ١٩٩٠، عدد ٣، ص. ٨٥.
(٣) انظر، محكمة عليا، ٢٠٠١/٠٥/٢٣، ملف رقم ٢٥٧٧٤١، غير منشور.

يعد تنازلا منها لا يعيد لها الحق في استرجاع حضانتها[١] . وعلى خلاف ذلك رأت المحكمة ذاتها في قرارها الصادر في ٢٥ سبتمبر ٢٠٠٢ بأن " كان على المجلس الرد على الدفع المتعلق بطلاقها من الزوج وهو أمر لم يناقشوه، حيث إنه بالفعل بأن المجلس اكتفى بتأييد الحكم المستأنف مدعيا أن قاضي الدرجة الأولى قد أحاط بموضوع النزاع عمقا وكفاءة...في حين أنه لم يوضح قضاته تلك الإحاطة والكفاءة علما بأنهم لم يردوا على دفع الطاعنة في أن سبب إسقاط الحضانة عنها زال كما أنهم لم يناقشوا مبدأ مصلحة المحضون الذي هو العماد في قضية الحال الأمر الذي يتعين معه نقض القرار"[٢] . وهو نفس الموقف تبنته محكمة النقض السورية في ٣ ماي ١٩٨٦ بأن إسقاط الحضانة هو طابع مؤقت[٣] .

لكن، ما الشأن بالنسبة لإسقاط الحضانة بسبب فساد أخلاق الحاضن مثلا، فهل خير الحاضن الاستمرار في فسقه عن حضانة الولد ؟ وما هو الشأن بالنسبة للأسباب الأخرى؟

لقد اكتفى القضاء، كما قلنا، بالقول أن المتنازلة عن الحضانة باختيارها لا تعود إليها، ويبدو في هذا أن التنازل هو الصورة الأوضح للسبب الاختياري الذي لا يعيد الحق في الحضانة. إلا أن توسيع الكلام إلى غير ذلك، قد يؤدي بنا إلى الخروج عن إطار القانون والدخول في نقاشات فقهية أو متاهات فلسفية، كالزواج مثلا، فإنه يكون فرضا في حالة تحقق لدى الشخص الوقوع في معصية الزنى لو لم يتزوج، إذن، لا اختيار له هنا[٤] .

ومن ثم، إذا كان هذا هو الرأي الذي تمسك به القضاء، إلا أن التنازل قد لا يحصل بإرادة الحاضن الحرة، إذ أنه في كثير من الأحيان ما ترغم الحاضنة على التنازل عن محضونها بسبب إكراه أبيها أو أمها الناتج عن الخلافات العائلية على ذلك، أو بسبب لا تقدر به على رعاية المحضون.

---

(١) حيث جاءت في قرارها على أنه "من المقرر قانونا أنه يعود الحق في الحضانة إذا زال سبب سقوطها غير الاختياري، ومن ثم، فإن القضاء بما يخالف هذا المبدأ يعد مخالفا للقانون. لما كان من الثابت، في قضية الحال، أن الأم أسقطت حضانتها بعد زواجها بأجنبي، فإن المجلس لما قضى بإسناد الحضانة إليها بالرغم من أن زواجها بالأجنبي يعد تصرّفا رضائيا واختياريا يكون قد خالف القانون. ومتى كان كذلك استوجب نقض القرار المطعون فيه". انظر، محكمة عليا، غ.أ.ش.، ١٩٩٠/٠٢/٠٥، ملف رقم ٥٨٨١٢، المجلة القضائية، ١٩٩٢، عدد ٤، ص. ٥٨.

(٢) انظر، محكمة عليا، ٢٠٠٢/١٢/٢٥، ملف رقم ٢٨٨٤٢٣، غير منشور.

(٣) انظر، محكمة النقض، ١٩٨٦/٠٥/٠٣، مجلة المحامون، ١٩٨٧، عدد ٣، ص. ٣١١-٣١٢.

(٤) انظر، بدران أبو العينين بدران، الفقه المقارن...، المرجع السابق، ص. ١٥.

وفوق هذا وذاك، فما يجب معرفته هنا هو أنه إذا كان التنازل يبدو في مظهر إرادي، فإن الحقيقة ليست دائما كذلك وخاصة إذا تعلق الأمر بالأم[١] . وهذا ما يستنبط من القرارات السالفة الذكر حينما ذكرت "وأن الطاعنة تنازلت عن حضانتها باختيارها دون أن "ترغم" على ذلك، و"أن التنازل باختيار الحاضن..."، و"زواج الأم ... يعد تصرفا رضائيا واختياريا". هذه العبارات تدل، وفقا لما جاءت به المادة ٧١ من قانون الأسرة الجزائري، على أن التنازل قد يكون اختياريا كما قد يكون غير اختياري. وعليه، فإن عدم استرجاع الحاضنة لحضانتها يخص التنازل الاختياري، فما هو الحكم بالنسبة للتنازل غير الاختياري ؟

لقد أجاب القضاء عن هذا التساؤل، وذلك في القرار الذي أصدره المجلس الأعلى بتاريخ ٢٧ فبراير ١٩٧٨ حيث قضى فيه "إن المطعون ضدها لما تركت حضانة البنتين كانت مصابة بمرض خطير أرغمها على إجراء عدة عمليات جراحية وإقامات طويلة على سرير المرض بالمستشفى وبدار والديها، وتركها حضانة بنتيها لوالديهما كان أمرا ضروريا. ولما رأى القضاة أن شفاءها من المرض يعيد لها حقها في الحضانة حكموا لها بها، هذا من جهة؛ ومن جهة أخرى، فإن الحضانة حق للمحضون ينتقل من شخص قريب له إلى آخر حسب ما تقتضيه مصلحته. وفي قضية الحال، فإنه تبين للقضاة أن مصلحة البنتين تتوفر لدى أمهما، هذا يرجع إلى سلطتهم التقديرية السامية لا رقابة فيها عليهم من طرف المجلس الأعلى. وعليه، فإن وجه الطعن في غير طريقه ويتعين رده ومعه رفض مطلب النقض"[٢] .

ولا شك أنه استنتاجا لهذه القرارات، فالقاضي ينكب على دراسة ظروف التنازل ليتحقق ما إذا كان فعلا إراديا أم لا، وأن التنازل غير الاختياري، أي الذي يبرره عذر، يعتبر تنازلا مؤقتا، ومن ثم، يعيد الحق في الحضانة لصاحبها بعد زوال سببه إذا كانت مصلحة المحضون تقتضي ذلك.

وإذا كان هذا الاستنتاج الأخير قد توصلنا إليه تفسيرا للقرارات القضائية لمذكورة، فإن هناك ما يبطله من القرارات القضائية نفسها. فقد أقرّ المجلس الأعلى بتاريخ ٠٩ مارس ١٩٨٧ أن "حيث إن السيدة الحاضنة تقيم بفرنسا وخوفا على العقيدة الإسلامية للبنات،

---

(١)Cf. N. Khelef née Lamoudi, op. cit., mém, p. ٧١.

(٢) انظر، مجلس أعلى، غ.أ.ش.، ١٩٧٨/٠٢/٢٧، ملف رقم ١٥٤٠٣، غير منشور.

فإن الحضانة تعطى للأب المقيم بالجزائر، وحيث إن حكم الحضانة غير نهائي، فمتى رجعت الأم إلى الوطن يمكنها المطالبة بحضانة بناتها الثلاثة"[١].

إننا لا نريد الدخول في تفصيلات كافة النقاط الخاصة بهذا القرار، ولكن ما نريد أن نلفت الانتباه إليه، هو أن سبب إسقاط الحضانة عن الأم في هذه القضية كان اختياريا وهو انتقالها إلى خارج التراب الوطني، ورغم ذلك، فإن القضاء أدرج إمكانية عودة الحق في الحضانة للأم. وبمعنى أوضح، إن الحكم الصادر عن القاضي بشأن الحضانة يكون إبتدائيا مهما كان سبب إسقاط الحضانة. فهل هذا الموقف مخالف لما قررته المادة ٧١ من قانون الأسرة ؟

في الواقع، تثير المادة ٧١ المذكورة افتراضا يتمثل في أن الحكم المسقط للحضانة بسبب غير اختياري يعد حكما غير نهائي، أما إذا كان الإسقاط بسبب اختياري، فإن الحكم فيه يكون نهائيا. وما كان يؤكد هذه النظرة المادة ٥٧ قبل تعديلها من ذات القانون التي كانت لا تسمح بالاستئناف في الجوانب غير المادية، ومن ثم، فالأحكام الخاصة بهذه الأخيرة تعد غير قابلة للاستئناف. وذلك يدفعنا إلى الافتراض أن المشرع قد جعل من المادة ٧١ من قانون الأسرة استثناء للمادة ٥٧ من ذات القانون إذا تعلق الأمر بالسبب غير الاختياري، وتقيدا للمادة الثالثة من قانون الإجراءات المدنية[٢].

في الواقع، وإن كان هذا التفسير سليما في باب الافتراضات، إلا أنه لا يستطيع أن يقف على قدميه من الناحية العملية، إذ أن القضاء لا تنقصه الأمثلة المبينة أن الطعن بالاستئناف في الحضانة ممكن وموجود، وهذا ما يدل على أن الحكم فيها غير نهائي، وقد سرى على هذا المسلك العديد من القرارات القضائية التي تعرضنا إليها قبلا في المسائل المختلفة والمتعلقة بالحضانة.

والحق أن الاحتمال الذي أبديناه أعلاه، ما هو إلا تكريس لرأي الفقه المالكي الذي نقل مشرعنا عنه تفرقة السبب الاختياري عن السبب غير الاختياري، فجعل الأول لا تعود الحضانة فيه، والثاني تعود فيه[٣]. فضلا عن أن غالبية الفقه لا تؤيد هذه الفرضية.

---

(١) انظر، مجلس أعلى، غ.أ.ش.، ١٩٨٧/٠٣/٠٩، ملف رقم ٤٥١٨٦، غير منشور، مقتبس عن العربي بلحاج، مبادئ الاجتهاد....، المرجع السابق، ص. ١٣١-١٣٢.
(٢) تنص هذه المادة على أن "تقضي المحاكم في جميع الدعاوى الأخرى بأحكام قابلة للاستئناف".
(٣) انظر، عبد الرحمن الصابوني، المرجع السابق، ج.٢، الطلاق وآثاره، ط.٨، ص. ٢٣٧.

فذهب كل من الحنفية[١] والشافعية[٢] والحنابلة[٣] إلى أن زوال سبب السقوط يعيد الحق في الحضانة مطلقا[٤]، وعللوا ذلك بأن الحكم إذا ثبت بعلة زال بزوالها[٥].

وقد شاطره في هذا الرأي الفقه المعاصر الذي تقدم بأن حكم إسناد الحضانة ابتدائي وهو قابل للتعديل في أي وقت إذا كان في مصلحة المحضون[٦]. وانطلاقا من هذه الآراء الأخيرة، لم تر المحكمة العليا فيها إلا الصحة والسداد والترجمة السليمة للحفاظ على مصلحة المحضون، ثم المصدر المناسب للاقتباس، الأمر الذي جعلها تعدل عن موقفها مؤخرا في قرارين قضت فيهما خلافا ما استقر عليه، الأول بتاريخ ٢١ جويلية ١٩٩٨ حيث قالت فيه بأن "من المقرر قانونا أنه يعود الحق في الحضانة إذا زال سبب سقوطها غير الاختياري. ومتى تبين - في قضية الحال - أن المطعون ضدها قد تزوجت بغير قريب محرم ثم طلقت منه ورفعت دعوى تطلب فيها استعادة حقها في الحضانة، فإن قضاة المجلس بقضائهم بحقها في الحضانة طبقا لأحكام المادة ٧١ من قانون الأسرة قد طبقوا صحيح القانون"[٧].

---

(١) انظر، الزيلعي، المرجع السابق، ج. ٣، ص. ٤٧؛ ابن عابدين، المرجع السابق، ج. ٣، ص. ٥٤٨.

(٢) انظر، الرملي، المرجع السابق، ج. ٦، ص. ٢٧٤.

(٣) انظر، ابن القيّم الجوزية، المرجع السابق، ج. ٤، ص. ١٢٩.

(٤) وفي هذا قد قال الشافعية والحنابلة أن الطلاق الرجعي أو البائن يعيد للحاضنة حقها في الحضانة، لأن انشغال الزوجة بزوجها كان مانعا أسقط عنها حضانتها، فلما طلقت ولو كان رجعيا، فإن المانع قد زال ولم يعد لها علاقة بزوجها فتتفرّغ لرعاية طفلها. وأما الحنفية، فقالوا أن الحضانة لا تعود بالطلاق الرجعي قبل مضي العدة لأن الزوجة ما تزال مرتبطة بزوجها ببعض أحكام الزواج، ولاحتمال أن يراجعها الزوج ما دامت معتدة. انظر، عبد الرحمن الصابوني، المرجع السابق، ج.٢، الطلاق وآثاره، ط.٨، ص. ٢٣٧-٢٣٨.

(٥) انظر، عبد الرحمن الجزيري، المرجع السابق، ص. ٥٢٢-٥٢٣ وص. ٥٢٦؛ عبد الرحمن الصابوني، المرجع السابق، ج.٢، الطلاق وآثاره، ط.٨، ص. ٢٣٨.

(٦) Cf. A. Bêcheur, op. cit, p. ١١٥٩.

(٧) انظر، محكمة عليا، غ. أ.ش. م.، ١٩٩٨/٠٧/٢١، ملف رقم ٢٠١٣٣٦، المجلة القضائية، ٢٠٠١ ، عدد خاص، ص. ١٧٨. ومتماشيا مع هذه الفكرة، تنص المادة ٣٨٣ من قانون الأحوال الشخصية الأردني على أنه "إذا تزوجت الحاضنة، أما كانت أو غيرها، بزوج غير محرم للصغير، سقط حقها في الحضانة، سواء دخل بها الزوج أم لا، ومتى سقط حقها، انتقل إلى من تليها في الاستحقاق من الحاضنات، فإن لم توجد مستحقة أهل للحضانة، فلولي الصغير أخذه، ومتى زال المانع يعود حق الحضانة للحاضنة،

والثاني في ٢٠ أفريل ١٩٩٩ لما قضت بأن "من المستقر عليه أن مسألة إسناد الحضانة، يمكن التراجع فيها لأنها تخصّ حالة الأشخاص ومصلحتهم. ومتى تبين في قضية الحال أن تنازل الأم عن الحضانة لا يحرمها نهائيا من إعادة إسناد الحضانة إليها إذا كانت مصلحة المحضون تتطلب ذلك طبقا لأحكام المادتين ٦٦ و٦٧ من ق. أ. وأن قضاة المجلس لما اعتمدوا في حكمهم فقط على تنازل الأم عن الحضانة عند الطلاق دون مراعاة مصلحة المحضون أخطأوا في تطبيق القانون. مما يستوجب نقض القرار المطعون فيه"[١].

وعلاوة على ذلك، فإن الشيء الذي يجعلنا نتمسك بالقول أن أحكام إسقاط الحضانة غير نهائية مهما كان السبب، هو أن المشرع في المادة ٧١ من قانون الأسرة، خلافا للفقه المالكي[٢]، لم يحدد لنا ما هي الأسباب الاختيارية وما هي الأسباب غير الاختيارية، فلو حصرها لقلنا أن الأحكام في الأولى تكون نهائية وفي الثانية إبتدائية. وبهذا منح المشرع الجزائري للقاضي السلطة التقديرية المطلقة في تبيان الأسباب الاختيارية عن الأسباب غير الاختيارية، وهذا عمليا أمر نسبي، فقد يرى قاض أن سببا ما اختياري ويراه آخر أنه غير اختياري.

وبهذا الموقف، يمكن القول أن المشرع والقضاء الجزائريين قد أعطيا للمحضون حقه وراعيا مصلحته، بالرغم من أن صياغة المادة ٧١ المذكورة لا تظهر ذلك صراحة : المشرع يحذر القاضي من تلاعب الحاضن في حقه من إسقاط واسترجاع كما يروق له، لأن الحاضن غالبا ما يغفل أن الحضانة شرعت أولا لحماية المحضون قبل حمايته، وهذا ما قصده المالكية عندما فرقوا بين السبب الاختياري والسبب غير الاختياري. ولكن في نفس الوقت ينبهه بأن مصلحة المحضون قد تنادي بعودة الحضانة إلى الحاضن السابق دون أن يكترث بسبب إسقاطها. وهذا ما فكر فيه الجمهور.

التي سقط حقها، بتزويجها بغير محرم للصغير".

(١) محكمة عليا، غ.أ.ش. م.، ١٩٩٩/٠٤/٢٠، ملف رقم ٢٢٠٤٧٠، المجلة القضائية،٢٠٠١، عدد خاص، ص.١٨١.

(٢) إذ جاء في الشرح الكبير للدردير "ولا تعود الحضانة لمن سقطت حضانتها بدخول زواج بها بعد تأيمها، أي فراقها، بطلاق أو موت لزوجها أو فسخ الفاسد بعد الدخول... أو بعد إسقاطها... بخلاف لو سقطت حضانتها لعذر كمرض وخوف مكان أو سفر ولي بالمحضون سفر نقلة، وزال ذلك العذر فلها الرجوع عنها". انظر، الدردير، المرجع السابق، م.١، ص. ٥٣٠.

وفي آخر المطاف، نقول أنه من الأجدر أن يترك الأمر للقاضي - وهذا ما تبناه المشرع- في أن يعطي للحاضن إمكانية استرجاع الحضانة دون الالتفات إلى سبب الإسقاط. وهذا ما قام به المشرع المغربي مؤخرا الذي نستحسن موقفه عندما أضاف الفقرة الثانية قائلا فيها أن "استعادة الحضانة أو عدم استعادتها متوقف على مصلحة المحضون"[1]، لأن ذلك لا يعرفه إلا القاضي، ومن خلال ظروف الدعوى، وحسب كل قضية، مع جواز تجديد هذا الاسترجاع مرة واحدة إذا اقتضت مصلحة المحضون ذلك.

وهذا التصور، المنطوي على حقائق الواقع المعاش، يستثير التساؤل عما إذا كان لمستحقي الحضانة أن يثبت أنه أهلا لذلك، بمعنى أن الشروط التي جاء بها المشرع في هذا الإطار متوافرة فيه. هذا التساؤل ينقل البحث إلى إطار شروط استحقاق الحضانة، فستعالج في الفصل الموالي.

(١) نصت هذه الفقرة على أنه "يمكن للمحكمة أن تعيد النظر في الحضانة إذا كان ذلك في مصلحة المحضون". وعلى سبيل المقارنة، نصت المادة ١٤١ من قانون الأحوال الشخصية السوري على أن "يعود حق الحضانة إذا زال سبب سقوطه"؛ ونصت المادة ٨١ من لائحة مشروع قانون الأسرة لسنة ١٩٧٣ على أن "للذي انتزعت منه الحضانة أن يطالب بردها له إذا زال سبب إسقاطها"، وزارة العدل، ص. ١٢؛ ونصت المادة ١٤٤ من مشروع القانون العربي الموحد للأحوال الشخصية على أن "تعود الحضانة لمن سقطت عنه متى زال سبب سقوطها"؛ ونصت المادة ١١٤ من مشروع تقنين الشريعة الإسلامية لسنة ١٩١٦ على أنه "يمكن للشخص الذي أسقطت عنه الحضانة المطالبة بإعادتها إليه، إذا زال سبب الإسقاط". ونصت المادة ١٢٩ في فقرتها الثانية من قانون الأحوال الشخصية الموريتاني على أنه :

« Si la cause de la déchéance du paraît, le dévolutaire de la hadhana peut en redevenir titulaire, à moins, qu'il n'ait observé un silence un an après la disparition de la déchéance et qu'elle n'ait été encourue de plein gré ».

الفصل الثاني

شروط استحقاق الحضانة،

أداة لتحقيق مصلحة المحضون

والآن وقد أبرزنا في الفصل الأول أهم معايير تقدير مصلحة المحضون وبينا أنها معنوية، وروحية، ومادية، وجسدية، وصحية، وعصية على القياس، وتقوم أحيانا على سماع المحضون وزيارته، يجدر بنا ألا نترك هذا الموضوع دون أن نشير في شيء من التفصيل إلى مدى ارتباط تلك المصلحة بشروط الحضانة.

إن الحضانة، خلافا لباقي توابع الطلاق، ليست حقا بحتا للشخص المسندة إليه، بل هي أصلا حقا للمحضون كون أنها شرعت من أجل رعايته وتربيته وحفظه صحة وخلقا^(١) . وبمعنى أدق، يقصد بمراعاة مصلحة الطفل المحضون عند إسناد الحضانة هو أنه يجب على القاضي أن يتحرى عما إذا كان طالبها تتوفر فيه شروط استحقاق الحضانة ويحقق الأهداف المرجوة منها لصالح المحضون.

ولهذا، ارتأينا من الضروري أن نسلط الضوء على الأهلية المتطلبة في المترشح للحضانة، ولذلك لنا أن نتساءل عما إذا كانت هذه الأهلية هي ذاتها الأهلية المتطلبة في المسائل القانونية الأخرى، أم هنا الأمر يختلف لأنها تتعلق بتربية الطفل ومستقبله (**المبحث الأول**)، ومن ثم تحديد الأشخاص الذين لهم الحق في الحضانة (**المبحث الثاني**).

المبحث الأول
مصلحة المحضون
تجاه شروط أهلية مستحقي الحضانة

وفي ضوء الحقائق السابقة، يجب أن نقول إن تربية الطفل تتطلب عناية خاصة ومقدرة معينة ودفع كل ما يلحق به الضرر؛ وفي كل ذلك أنه يشترط في استحقاقها شروطا باجتماعها يمكن الوصول إلى تلك التربية المنشودة وتحقيق المصلحة المسطرة.

ولهذا وذاك، أن الأهلية المشترطة في الحاضن تختلف نوعا ما عما هي عليه في المسائل المدنية الأخرى (**المطلب الأول**)؛ وكما أنه لا يكفي في الحاضن البلوغ والرشد

---

(١) انظر، المطلب الثاني، والمطلب الثالث من المبحث الأول من هذا الفصل.

كي يكون أهلا للحضانة، وإنما تملي مصلحة الطفل المحضون شروطا أخرى تتعداهما إلى السلامة العقلية والجسدية (**المطلب الثاني**) والأمانة في الخلق (**المطلب الثالث**) مع أن هناك شروط أخرى، وان كانت ذات طابع ديني، إلا أنها قررت لمصلحة الطفل المحضون (**المطلب الرابع**).

المطلب الأول
الأهلية المشترطة في مستحق الحضانة

فالمشرع الجزائري، خلافا للتشريعين المغربي والتونسي وكذلك لأغلبية التشريعات العربية الأخرى [1]، لم يسرد شروط الحضانة في مادة واحدة، وإنما أجملها في عبارة واحدة "أهلا للقيام بذلك" في الفقرة الثانية من المادة ٦٢ من قانون الأسرة. ومن ثم لنا أن نتساءل ما المقصود بهذه العبارة وما هو محتواها من حيث الأهلية الواجب توافرها في الحاضن. وأن هذا التساؤل ينصرف كذلك إلى العبارات المستعملة من قبل المشرعين التونسي حينما نص في الفصل ٥٨ من المجلة على أنه يجب أن يكون الحاضن "مكلفا"، والمغربي حينما نص في الصياغة القديمة في الفصل ٩٨ من المدونة على شرط "البلوغ".

الفرع الأول
أهلية الحاضن بين التحديد والتنقيح

من تفحص النصوص القانونية يتبين أن الحلول التي تضمنتها التشريعات المغاربية قد اختلفت بوجه عام وتباينت، وقد كان تباينها جوهريا من حيث الصياغة التي جاءت بها. وهكذا يشترط التشريع التونسي في مستحقي الحضانة أن يكون "مكلفا"، بينما كان التشريع المغربي في لباسه القديم يشترط لأهلية الحضانة: "العقل والبلوغ"، أما التشريع الجزائري اكتفى بالقول "أن يكون أهلا" لتولي الحضانة.

وعلى أية حال، فإن هذه التشريعات لم توضح محتوى تلك العبارات ولا معناها القانوني، مما يستوجب الاستنجاد بجملة من التعريفات الدالة على الأهلية لإيضاح الشروط التي عناها المشرّعون المغاربيون. إذن، ما المقصود بالأهلية ؟

---

(١) انظر على سبيل المثال، الفصل ٩٨ من مدونة الأحوال الشخصية المغربية، والفصل ٥٨ من المجلة التونسية للأحوال الشخصية، والمادة ١٣٤ من القانون العربي الموحد للأحوال الشخصية.

فالأهلية لغة هي الصلاحية للأمر[١] أو صلاحية الشخص لصدور الأمر عنه وطلبه منه[٢].

أما اصطلاحا، فقد عرفها الفقه التونسي "بأنها قدرة الإنسان على الالتزام وعلى مباشرته شخصيا ما يترتب عن تصرفه من حقوق وواجبات"[٣]. وكما عرفها البعض الآخر بأنها "صلاحية الإنسان لوجوب الحقوق المشروعة لـه أو عليـه، وصلاحيته لصدور الأفعال منه على وجه يعتد به شرعا"[٤]؛ أو صلاحية الشخص للإلزام والالتزام[٥].

ومن بين الفقهاء الجزائرين الذين تعرضوا إلى موضوع الأهلية، الأستاذ لعشب محفوظ حيث عرفها بأنها "صلاحية الشخص لكسب الحقوق والتحمل بالالتزامات والقيام بالأعمال والتصرفات القانونية التي يترتب عليها كسب هـذه الحقـوق أو التحمل بهذه الالتزامات"[٦]. واعتبر فقيه آخر أن الشخص الآهل هو الـذي لا يكـون قـاصرا أو محجـورا عليـه أو محكومـا بسب جرم شائن أو من أسقط من الولاية الأبوية، الخ[٧]. وأما العميد جون كربونيي عرف الأهليـة بأنهـا "صـلاحية الشـخص لممارسة حقوقه بنفسه"[٨]. بينما

---

(١) انظر، المنجد في اللغة و الآداب والعلوم، المرجع السابق ، ص. ٢٠؛ منجد الطلاب، المرجع السابق ، ط. ١٣، ص. ١٦؛ الرائد، معجم لغوي عصري، المرجع السابق، ص. ٢٨٢.

(٢) انظر، محمد حسنين، المرجع السابق، ص. ٥٣.

(٣) انظر، محمد الزين، النظرية العامة للإلتزامات، الجزء الأول، العقد، (بدون دار الطبع)، تونس، ١٩٩٣، ص. ٨١.

(٤) انظر، بدران أبو العينين بدران، الشريعة الإسلامية، تاريخها و نظرية الملكية والعقود، مؤسسة شباب الجامعة، الإسكندرية، ص. ٥٣؛ مصطفى السباعي و عبد الرحمن الصابوني، الأحوال الشخصية، في الأهلية والوصية والتركات، ط. ٥، مديرية الكتب الجامعية، دمشق، ١٩٧٧، ص. ١٣.

(٥) انظر، عدنان خالد التركماني، ضوابط العقد في الفقه الإسلامي، دار الشروق، جدة،١٩٨١، ص. ٧٦.

(٦) انظر، لعشب محفوظ، المبادئ العامة للقانون المدني الجزائري، د.م.ج.، ١٩٩٢، ص.٧٧؛ محمدي فريدة زواوي، المدخل للعلوم القانونية، نظرية الحق، المنشورات الدولية، الجزائر، ٢٠٠٠، ص. ٧٥-٧٦.

(٧) انظر، يوسف نجم جبران، النظرية العامة للموجبات، ص. ٢٧.

(٨)Selon cet auteur, « la capacité est l''aptitude à exercer ses propres droits ». Cf. J. Carbonnier, Droit Civil, t.٤, Les obligations, édit. Thémis, Paris, ١٩٧٩, p. ٩٩ et s.

عرفها الأستاذ هنري كابتو (Henri Capitant) بأنها "القدرة على أن يصبح موضوعا للحقوق ومن ثم، ممارستها"[١].

وأمام هذا وذاك، فإن مما هو جدير بالذكر في هذا المقام ذلك التساؤل حول معرفة عما إذا كان يحتم علينا الأمر الرجوع إلى الفقه الإسلامي لتوضيح ما هو مبهم في تلك التشريعات بشأن الأهلية المشترطة في الحاضن ؟

إن الإجابة عن هذا السؤال في غاية الأهمية بسبب قصور نصوص القوانين وغموضها. إلا أنه، قبل التحليل والتدقيق في هذه المسألة، ينبغي علينا الرجوع إلى القوانين الأخرى المنظمة للأهلية ولكن في مواضيع مختلفة[٢]، لأن النص التشريعي وإن كان غير فاصح بشأن الأهلية المشترطة في الحاضن، فإنه واضح في المواد الأخرى. ولكن هل أن الأهلية التي تم التنصيص عليها في القانون المدني[٣]، باعتباره الشريعة العامة، وفي قانون الأسرة[٤]

---

(١)Pour cet auteur, « la capacité juridique est l'aptitude à devenir le sujet de droits et à les faire valoir. Cette notion de capacité ainsi définie renferme deux éléments distincts et, pour ainsi dire, successifs. Devenir le sujet de droits, c'est acquérir des droits, en être titulaire, en avoir la jouissance; faire valoir les droits, c'est les mettre en mouvement, pour retirer les avantages qu'ils sont susceptibles de procurer, ou pour les démembrer, les céder, les transmettre à des tiers, en un mot, les exercer ». Cf. H. Capitant, Introduction à l'étude du droit civil, ٤ème éd., édit. A. Pédone, Paris, ١٨٩٨, pp. ١٧٨-١٧٩.

(٢) انظر، فيما يتعلق بموضوع الأهلية، محمد حسنين، المرجع السابق، ص. ١٠٧ وما بعدها؛ صبحي محمصاني، النظرية العامة للموجبات والعقود في الشريعة الإسلامية، ط. ٢، مكتبة الكشاف، بيروت،١٩٤٧، ص. ١٠٠ وما بعدها؛ ابن مالك، شرح المنار، الأستانة، ١٣١٣ هـ ص. ٣٣٣ وما بعدها؛ إسحاق إبراهيم منصور، نظريتا القانون والحق وتطبيقاتها في القوانين الجزائرية، د.م.ج.، الجزائر، ١٩٨٧، ص. ٢٤٦ وما بعدها.

Cf. H. L. et J. Mazeaud, Leçons de droit civil, t. ١er, ٦ème éd. par M. de Juglart, ٣. Vol., Les personnes, édit. Montchrestien, ١٩٧٦, p. ٦٦١ et s.; J. Carbonnier, Droit civil, op. cit., t.٤ , pp. ٩٩ et s. ; Ch. Larroumet, Droit civil, t. ١, Introduction à l'étude du droit, édit. Economica, Paris, ١٩٨٤, pp. ١٩٩ et s .

(٣) انظر، المادة ٤٠ وما بعدها من القانون المدني.

(٤) انظر، المادة ٨١ وما بعدها من قانون الأسرة.

والمدونة المغربية[(١)] في باب النيابة الشرعية وفي المجلة التونسية في باب الحجر والرشد[(٢)]، هي ذاتها المشترطة في الحاضن في التشريعات الثلاثة ؟

وليس الغرض من طرح هذه الأسئلة مجرد السرد والاستطراد، بل إننا قصدنا بها أن نؤكد ونبرز ضرورة ارتكاز الإجابة عنها لا يكون إلا بعد تحليل النصوص ومقارنة الأحكام لاستخراج مصلحة المحضون من كل ذلك.

وهكذا، فبرجوعنا إلى القانون المدني الجزائري نجده يرتب الأهلية في عدة مواد، غير أن أساسها المادة ٤٠ التي حددت أهلية الأداء المدنية الكاملة ببلوغ الشخص سن التاسعة عشر عاما بشرطين: تمتعه بقواه العقلية وغير محجور عليه، وهذا ما أكدته المادة ٨٦ من قانون الأسرة بقولها "من بلغ سن الرشد ولم يحجر عليه يعتبر كامل الأهلية وفقا لأحكام المادة ٤٠ من القانون المدني"[(٣)]. وأما المدونة المغربية[(٤)] في ثوبها القديم والمجلة التونسية للأحوال الشخصية[(٥)] قد حددتاها ببلوغ الشخص عشرين سنة كاملة.

وبرجوعنا أيضا إلى هذه القوانين المنظمة للمسائل الأسرية، فنجدها أنها، إلى جانب تنظيمها أحكام الأهلية المدنية خصصت نصا منفردا لأهلية الزواج، إذ حددت المادة ٧ من قانون الأسرة الجزائري قبل تعديلها السن القانوني للزواج بـ ١٨ سنة للفتاة و٢١ سنة للفتى[(٦)]، بينما حددته المدونة المغربية قبل تعديلها في فصلها ٨ بـ ١٨ سنة

(١) انظر، الفصل ١٣٣ السابق من مدونة الأحوال الشخصية المغربية، وقد تمت الإحالة إلى هذه المادة بموجب المادة ٣ من قانون الالتزامات والعقود المغربي.

(٢) انظر، المادة ١٥٣ وما بعدها من المجلة التونسية للأحوال الشخصية، وكذلك المادة ٧ من قانون الالتزامات والعقود.

(٣) انظر، المادتين ٤٤ و٧٩ المعدلة من القانون المدني. ومقارنة مع الأهلية المدنية، فإن الأهلية الجنائية حددت بـ ١٨ سنة (المادة ٤٩ من قانون العقوبات)، والأهلية السياسية بـ ١٨ سنة (قانون الانتخابات رقم ٨٩-٠١ المؤرخ في ١٩٨٩/٠٨/٢٠، المعدل والمتمم)، وأهلية العمل بست عشرة سنة (المادة ١٥ من القانون المتعلق بعلاقات العمل).

(٤) انظر الفصل ١٣٧ من المدونة (ظهير ١٩٩٢/٠٦/١١).

Pour plus de détails sur cette question, cons. A. Colomer, La tutelle des mineurs dans la moudawwana ou code du statut personnel marocain, R.I.D.C., ١٩٦١, n° ١, pp. ٣٢٨ et s.

(٥) انظر، الفصل ١٥٣ من المجلة.

(٦) انظر، جيلالي تشوار، سن الزواج بين الإذن والجزاء، م.ج.ع.ق.إ.س.، ١٩٩٩، عدد ٤، ص. ٧٥-٩٠.

للفتى و١٥ سنة للفتاة، غير أن المجلة التونسية حددته في فصلها ٥ بـ ٢٠ سنة للفتى و١٧ سنة للفتاة.

إذن، من تلك الأهليات الواجب تطبيقها في مجال الحضانة؛ هل يسوغ لنا تفسير الأهلية المشترطة في الحاضن على أساس الأهلية المدنية[١] أم على أساس أهلية الزواج لأن نظامي الزواج والحضانة شرعا لحماية الطفل والأسرة في آن واحد[٢] ؟ أم أن الأمر بشأنها لا يتعلق لا بهذه الأهلية ولا بتلك ؟ وبمعنى أدق، فأيهم الأوفق لمصلحة المحضون ؟

وهكذا يبدو تنظيم أحكام الأهلية مختلف، وذلك نظرا لتدخلها في جميع نواحي الحياة لتنظمها وتضبطها، وما التعاريف التي تم طرحها بشأنها أعلاه هي إلا المفهوم العام لها، وأن الأسئلة التي طرحت بشأن أهلية الحاضن جاءت لتؤكد اختلاف مفهومها حسب الموضوع المعالج. ولذلك، إذا كان الحل المغاربي بشأنها، كما قلنا، يقوم على عبارات غير فاصحة من حيث فحواها وتحديدها القانوني، فهل فكر المشرعون المغاربيون فيما وراء هذا التنظيم ؟ هل تأكدوا من جدية هذا التنظيم ومن الآثار المترتبة عنه ؟

وللإجابة عن ذلك يقتضي الأمر في هذه الحالة، وذلك نظرا لخصوصية الموضوع

---

(١) يرى الأستاذ علي علي سليمان، أن قانون الأسرة هو مكمل للقانون المدني، وتأخر إصدار قانون الأسرة لا يعني به أنه غير مكمل للقانون المدني، فهناك، حسب رأيه، تشريعات تصدر حتى اليوم لتكملة القانون المدني، وأوضح دليل على أنه مكمل للقانون المدني، أن هذا الأخير قد أحال إلى قانون الأسرة في المواد ٣١، ٧٩، ٧٧٤، و٧٧٥ من القانون المدني. ويضف قائلا، فإذا لم يكن قانون الأسرة مكملا للقانون المدني فإلى أي قانون نرجع بصدد هذه المواد ؟ واعتبر أن قانون الأسرة إذا لم يكن مكملا للقانون المدني فإن هذا الأخير يكون قانونا أبتر. انظر، علي علي سليمان، التعارض بين القانون المدني وبين قانون الأسرة، مجلة الشرطة، ١٩٩٢، عدد ٤٩، ص. ١١. والحق أنه ليس في الإمكان تأييد هذا الرأي، بل نقول مع الأستاذ غوتي بن ملحة، إلا أن ما في الأمر هو أن القانون المدني يعتبر الشريعة العامة نرجع إليه كلما وجد نقص في القوانين الأخرى، فهو بمثابة المرجع الأم عند غياب النص. انظر، علي علي سليمان، ردي على مقال الأستاذ غوتي بن ملحة، مجلة الشرطة، ١٩٩٢، عدد ٤٩، ص. ١١ وما بعدها.

(٢) تنص المادة الرابعة من قانون الأسرة في شطرها الثاني على أن "من أهدافه (عقد الزواج) تكوين أسرة أساسها المودة والرحمة والتعاون وإحصان الزوجين والمحافظة على الأنساب. كما تنص المادة ٣٦ المعدلة من ذات القانون على أنه "يجب على الزوجين : ١- المحافظة على الروابط الزوجية وواجبات الحياة المشتركة، ٣- التعاون على مصلحة الأسرة ورعاية الأولاد وحسن تربيتهم...".

الذي نحن بصدده تبيان مدى تعلق أهلية الحاضن ببلوغه ورشده.

الفرع الثاني
مدى تعلق أهلية الحاضن ببلوغه ورشده

فقد تعود جانب من الفقه على استعمال ألفاظ غير الأهلية للدلالة على معناها، ومن هذه الألفاظ نجد خاصة لفظ البلوغ أو الرشد. والحق أن هذه الملاحظة لا تنهض سببا لإدراج خاصية البلوغ لوحدها أو خاصية الرشد لوحدها ضمن شرط الأهلية، لأن العبرة ليست بالأمارات الطبيعية المحددة للبلوغ، بل العبرة بقدرة الشخص على ممارسة الحضانة لأن هذه الأخيرة أساسها حماية مصلحة المحضون.

وقد اختلفت آراء الفقه الإسلامي بشأن اشتراط الرشد كصفة ضرورية في الحاضن، وذلك وإن أجمعت كلمتهم على اعتبار البلوغ أحد الشروط الواجب توافرها في الحاضن[1]. حيث قال المالكية، خلافا للمذاهب الأخرى، أن الشخص غير الراشد لا يملك الأهلية التامة لممارسة الحضانة[2]. وقد اشترط هذا الاتجاه في الحاضن أن يكون بالغا ورشيدا لتمام جسمه وعقله كي يتسنى له بموجبهما تحمل مشقات الحضانة.

ولكن هل العبارات المستعملة من قبل المشرعين المغاربين، كعبارة "أهلا للقيام

---

(١) انظر، ابن مالك، المرجع السابق، ص. ٣٣٤؛ أبو الفرج عبد الرحمن ابن رجب، القواعد في الفقه الإسلامي، مطبعة الصدق، الخيرية، مصر، ١٩٣٣، القاعدة ٨٤، ص. ١٧٨ وما بعدها؛ أبو عبد الله الحطاب، مواهب الجليل شرح سيدي خليل، المرجع السابق، ص. ٦٢؛ عبد الله الخرشي، شرح مختصر سيدي خليل، المرجع السابق، ص. ٣٤٧؛ عثمان بن علي الزيلعي، تبين الحقائق شرح كنز الدقائق، بولاق، ١٣١٣ هـ ، ج. ٥، ص. ١٩١؛ بدران أبو العينين بدران، الفقه... ، المرجع السابق، ص. ٥٥٠؛ عبد الرحمن الجزيري، المرجع السابق ، ص. ٥٢٢-٥٢٣، الإمام محمد أبو زهرة، الأحوال الشخصية، المرجع السابق، ص. ٤٠٥؛ السيّد سابق، المرجع السابق، ص. ٣٥٤؛ وهبة الزحيلي، الفقه الإسلامي...، المرجع السابق، ص. ٧٢٦؛ محمد مصطفى شلبي، أحكام الأسرة ...، المرجع السابق، ص. ٧٦٣؛ ممدوح عزمي، أحكام الحضانة بين الفقه والقضاء، دار الفكر الجامعي، الإسكندرية، ١٩٩٧، ص. ٢٥ وما بعدها؛ عبد الرحمن الصابوني، المرجع السابق، ج.٢، ص. ٢٢٥.

(٢) اشترط المالكية دون غيرهم أن يكون الحاضن رشيدا، فلا حضانة لسفيه مبذر، لئلا يتلف مال المحضون إن كان له مال. انظر، وهبة الزحيلي، الفقه الإسلامي...، المرجع السابق، ج. ٧، ص. ٧٣٦؛ عبد الرحمن الجزيري، المرجع السابق، ص. ٥٢٣.

بذلك" أو عبارة "مكلفا" أو عبارة "عاقلا بالغا" تشمل الشرطين معا ؟ وهل كل من البلوغ والرشد شرطين أساسيين لممارسة الحضانة ؟ وبعبارة أخرى، هل يستحق الشخص الحضانة بمجرد بلوغه، أم يشترط لذلك تحقق رشده أيضا ؟ أو أن لكل واحد منهما خاصية مستقلة بذاتها وكافية لتلك الممارسة ؟ وقبل كل ذلك، ما المقصود بالبلوغ والرشد ؟

فالبلوغ لغة هو الإدراك[١]، وهو الطور الذي يفترض في الطفل أنه استكمل عقله. ومن هنا، ففي الشرائع القديمة[٢]، كان البلوغ الشرعي يتم بالبلوغ الطبيعي، ولكنه اليوم يتم في سن متأخرة، كما سنوضحه عند الكلام على الرشد. وكما أن في الفقه الإسلامي يعتبر البلوغ الطبيعي حدا للبلوغ الشرعي، ويعرف عنده بظهور أمارات طبيعية تختلف من فتى إلى فتاة[٣]. فهي عند الفتى: الإنزال، والاحتلام، والإحبال؛ وعند الفتاة : الحيض، والاحتلام، والحبل[٤]،

(١) انظر، المنجد في اللغة والأدب والعلوم، المرجع السابق، ص. ٤٨؛ القاموس الجديد للطلاب، المرجع السابق، ص. ١٥٦.

(٢) فعند الرومان، كان البلوغ الطبيعي مرادفا للبلوغ القانوني، غير أن إثبات ذلك تولد عنه بعض المشقة والحرج، مما دفعهم بعد ذلك إلى تحديد البلوغ بسن معينة هي ١٢ سنة كاملة للفتاة و١٤ سنة كاملة للفتى. انظر بشأن ذلك،

Ainsi, écrivait-il H. Capitant, « Dans les législations primitives, cet âge est très précoce; on le fait coïncider avec l'état physique et on prend comme critérium l'époque de la puberté, qui, à Rome, avait été fixée à ١٢ ans pour les filles et ١٤ ans pour les garçons. La simplicité des mœurs anciennes, la rudesse de l'éducation et surtout la protection très efficace de la famille peuvent expliquer cette concession de la capacité à un âge où l'enfant n'a pas encore atteint son développement cérébral ». H. Capitant, op. cit., p. ١٨٣. De même, cons. L. Amiable, Essai historique et critique sur l'âge de la majorité, Rev. Hist. du dr. Fr. et étranger, ١٨٦١, pp. ٢٠٥ et s.

(٣) انظر، عبد الله الموصلي، المختار وشرحه الاختيار، مطبعة حجازي، مصر، (بدون سنة الطبع)، ج. ١، ص. ٢٦٦؛ موفق الدين ابن قدامة، المغني، مطبعة المنار، القاهرة، ١٣٤٨ هـ ص. ٥١٣؛ الرافعي، فتح العزيز شرح الوجيز، ج. ١٠، (بدون سنة ودار الطبع)، ص. ٢٧٧ وما بعدها.

(٤) انظر، بدران أبو العينين بدران، الشريعة الإسلامية...، المرجع السابق، ص. ٤٣٨؛ مصطفى السباعي وعبد الرحمن الصابوني، المرجع السابق، ص. ١٤؛ ثروت أنيس الأسيوطي، النظرية العامة للالتزام على ضوء الميثاق الوطني الجزائري، محاضرات ألقيت على طلبة السنة الثانية ليسانس، معهد الحقوق، جامعة وهران، ١٩٧٧-١٩٧٨، ص. ٢٣٧.

Cf. Ch. Chehata, op.cit., p. ٩٩.

والثديين[١]. هذه العلامات متى ظهرت في الشخص عد بالغا، أما إذا تأخرت يجوز إثبات البلوغ بالسن، حيث حدده أصحاب الإمام مالك في المشهور عنهم بثماني عشرة سنة. وبهذا قال أبو حنيفة للفتى دون الفتاة التي حدد سن بلوغها بسبع عشرة سنة[٢]، بينما باقي الأئمة[٣] فقالوا أن سن البلوغ هي خمس عشرة سنة كاملة للجنسين معا[٤].

أما الرشد، فهو في اللغة الصلاح والهدى إلى الصواب في الأعمال[٥]، والاستقامة على طريق الحق[٦].

غير أن في الفقه، فكان في معناه خلاف، حيث عرفه البعض على أنه النضج العقلي[٧]؛ وهو حسن التصرف في المال سواء في أمور الشر أو في أمور الخير[٨]. وعرفه الشافعي وابن عباس وابن المنذر بأنه الصلاح في الدين والمال، لأن "الفاسق غير رشيد ولأن إفساده لدينه يمنع الثقة به في حفظ ماله، كما يمنع قبول قوله"، بينما يرى باقي

---

(١) وعند المالكية توجد أمارات أخرى تدل على البلوغ، منها خاصة: غلظ الصوت، وفرق أرينة الأنف.

(٢) واستدل أبو حنيفة في هذا الصدد إلى قوله عز وجل ﴿وَلَا تَقْرَبُوا مَالَ الْيَتِيمِ إِلَّا بِالَّتِي هِيَ أَحْسَنُ حَتَّىٰ يَبْلُغَ أَشُدَّهُ﴾ (سورة الأنعام، الآية ١٥٢)، والأشد لا يكون تفسيره قبل تلك السن.

(٣) وهم الشافعي، وابن حنبل والأوزاعي وأبو يوسف ومحمد صاحبا أبي حنيفة. وسندهم في ذلك ما رواه البخاري في صحيحه والشافعي في مسنده وغيرهما عن ابن عمر أن قال عرضت على رسول الله صلى الله عليه وسلم يوم أحد وأنا ابن أربع عشرة سنة فلم يجزني وعرضت عليه يوم الخندق وأنا ابن خمس عشرة سنة فأجازني. انظر، ابن ماجه القزويني، المرجع السابق، ص. ٢٧٦؛ البخاري وشرحه للعيني، ج.١٣، ص. ٢٣٩-٢٤١؛ الشافعي، مسند، بهامش كتاب الأم مطبعة بولاق، مصر، ١٣٢٥ هـ ج. ٦، ص. ٢٥١.

(٤) وهذا ما يسمى بالبلوغ التقديري ، أي يقدر البلوغ بالسن عند عدم التحقق من البلوغ الطبيعي. انظر، علاء الدين الكاساني، بدائع الصنائع في ترتيب الشرائع، مطبعة الجمالية، مصر، ١٣٢٨ ، ج. ٧، ص. ١٧٢. وهذه الأهلية الكاملة للفتى والفتاة حين يبلغان هذه السن، هي غير أهلية الرشد المالي. انظر، مصطفى السباعي وعبد الرحمن الصابوني، المرجع السابق، ص. ١٤-١٥؛ بدران أبو العينين بدران، الشريعة...، المرجع السابق، ص. ٤٣٨ ؛ ثروت أنيس الأسيوطي، النظرية العامة...، المرجع السابق، ص. ٤٣٨.

(٥) انظر، بدران أبو العينين بدران، الشريعة...، المرجع السابق، ص. ٤٣٨.

(٦) انظر، المنجد في اللغة والأدب والعلوم، ط. ١، ١٩٦٠، ص. ٢٦١.

(٧) Cf. Ch. Chehata, op. cit., p. ٩٥.

(٨) انظر، بدران أبو العينين بدران، الشريعة...، المرجع السابق، ص. ٤٣٨.

الأئمة بأنه الصلاح في المال فقط[١].

وأما اليوم، فقد أصبحت الحياة الاجتماعية معقدة أكثر مما كانت عليه في القديم، وصار لا بدّ فيها من خبرة وتجارب تكون غالبا غير متوافرة لدى الشخص بمجرد وصوله إلى البلوغ الطبيعي، بل أن الفترة المحددة التي تكون فيها للشخص القدرة على إدارة شؤونه تختلف في الواقع بحسب كل شخص. وفي هذا يرى الأستاذ ثروت أنيس الأسيوطي أن الحل الأكثر حماية للمرء هو الأخذ بالنضوج العقلي واعتباره متمشيا مع البلوغ الطبيعي، لأن الأصل في الإنسان البالغ أنه يعقل إلى أن يقام الدليل على العكس. لكنه، يضيف قائلا، بأن البلوغ والتعقل يختلفان من شخص لآخر وأن إثباتهما ليس دائما أمرا هينا من الناحية العملية[٢].

ومن هنا، فإن القضايا القانونية لا يمكنها أن ترتكز على ذلك التحديد الذاتي المحض، فحماية العلاقات تتطلب من القانون أن يضع قاعدة موحدة وأن يحدد السن الذي تنتهي بمقتضاه الصبية. وهذا النظر هو الذي أخذت به التشريعات المغاربية، حيث استغنى المشرع الجزائري فيها عن تعريف الرشد، وإنما حدد سنه في القانون المدني[٣] وفي القوانين الأخرى على النحو الذي أسلفناه[٤].

ولعل أبرز ما يمكن استخلاصه من هذا التحديد القانوني وتلك التعاريف الفقهية، هو أن البلوغ شرط مبدئي للرشد[٥]، فلا رشد قبل البلوغ، ولكن يمكن أن يبلغ الشخص

---

(١)Cf. Ch. Chehata, op. cit., pp. ٩٥ et s.

(٢) انظر، ثروت أنيس الأسيوطي، النظرية العامة، المرجع السابق، ص. ٢٣٥-٢٣٦.

(٣) حددت المادة ٤٠ فقرة ٢ من القانون المدني الجزائري سن الرشد بـ ١٩ سنة كاملة.

(٤) انظر، الفصل ١٣٧ السابق من المدونة المغربية للأحوال الشخصية والفصل ١٥٣ من المجلة التونسية.

(٥)La doctrine hanéfite est partagée entre deux tendances quant à l'interdiction. La première, celle du fondateur de l'école, Abou-hanifa lui-même, considère l'impubère comme frappé d'interdiction, en tant que tel. Mais la puberté n'entraine pas, de plein droit, la levée de l'interdiction. Il peut qu'elle soit accompagnée d'une certaine maturité d'esprit, appelée ruchd. Au cas où l'enfant devenu pubère, n'est pas en possession de cette maturité d'esprit, ses biens ne lui seront pas remis : ils demeurent entre les mains de son père ou tuteur, jusqu'à l'âge de ٢٥ ans. Parvenu à cet âge, il prendra possession de ses biens : la puissance du père ou du tuteur cessera

ويرشد في الوقت ذاته. هذه الحالات، إذن، تكون حسب التكوين الطبيعي للشخص وحسب خبرته في شؤون المال والمحيط الذي يعيش فيه.

وعليه، فمناط كمال الأهلية هو أصلا الرشد لا البلوغ[1]. غير أننا نعود فنذكر بما قلناه أعلاه، من أن الفقه الإسلامي ولو انصب اتفاقه على اشتراط البلوغ في الحاضن، إلا أنه لم يحدد كقاعدة عامة سنا معينة تؤهله لممارسة الحضانة، إذ لم ير وجوب تحديد أهلية الشخص في الحضانة على أساس تقديري بحت.

ذلك مما يدفعنا إلى القول أن ما يهمنا في كل هذا التحليل والتبسيط في المفاهيم هو تحديد معيار يمكن بموجبه تأهيل الشخص لممارسة الحضانة آخذين بعين الاعتبار

---

de plein droit, sans qu'il soit question de se demander s'il est parvenu ou non à la maturité requise. Il importe cependant qu'il soit sain d'esprit.

Cette doctrine, comme on le voit, distingue la puberté de la majorité. Or est majeur à ٢٥ ans : âge fixe déterminé par la loi. Mais le mineur n'est pas nécessairement incapable jusqu'à sa majorité. Si, à la puberté, il jouit d'une certaine maturité d'esprit, il est pleinement capable.

La seconde tendance, diamétralement opposée, est celle représentée par Abou-Yusuf. Dans cette doctrine, il n'est pas question de majorité à âge fixe. La puberté, accompagnée de la maturité d'esprit, est la seule condition requise pour la levée de l'interdiction. Si cette condition – à double face – fait défaut, l'incapacité peut durer indéfiniment. Après avoir atteint l'âge de ٢٥ ans, le pubère, démuni de la maturité requise, demeurera sous la puissance paternelle ou tutélaire, comme au temps antérieur à la puberté.

Mais, et c'est là le propre de la doctrine attribuée à Abou-Yusuf, il appartient toujours au juge de décider si l'interdiction doit continuer après la puberté ou non.

Entre deux tendances opposées vint se placer l'enseignement attribué à Chaybani. Pour ce dernier, comme pour Abou-Yusuf, il n'y a pas d'âge fixe pour la majorité. La condition de la puberté accompagnée de maturité d'esprit est la seule requise pour la levée de l'interdiction. Cf. Ch. Chehata, op. cit., pp. ٩٤-٩٥. Quant en matière de la hadhana, on peut estimer que l'adoption des deux dernières tendances n'en est pas moins valable et justifiable si l'on considère la position de Abou-Hanifa.

(١) انظر، ثروت أنيس الأسيوطي، النظرية العامة...، المرجع السابق، ص. ٢٣٥؛ بدران أبو العينين بدران، الشريعة...، المرجع السابق، ص. ٤٣٩؛ مصطفى السباعي وعبد الرحمن الصابوني، المرجع السابق، ص. ١٥، مصطفى الزرقاء ، المرجع السابق، ص. ٧٧٤.

مصلحة المحضون، وذلك سواء أكانت الأولوية للضوابط المعرفية الإدراكية، أم للضوابط التقديرية.

استجابة لذلك، يرى نفر من الفقه الحديث، وعلى رأسهم الأستاذ لينو ذي بلفو أن في الدول الإسلامية التي حددت بشأن الشخص سنا معينة للرشد، سنا تكون دائما مجاوزة لسن البلوغ، فهذا الرشد هو الذي يجب أن يحل محل البلوغ، حتى نتمكن من تحديد الوقت الذي يمكن للمرأة فيه ممارسة الحضانة[١].

وتأثرا بهذا الموقف، ذهبت الأستاذة خلاف نظيرة، من الفقه الجزائري، إلى القول بأن القانون ما دامه حدد سن الرشد، فإن هذه السن هي التي تؤخذ بعين الاعتبار لتحديد الوقت الذي يصبح فيه الشخص أهلا للحضانة[٢]. وأيدها في ذلك الأستاذ فضيل سعد، حيث أدلى أن البلوغ المشترط في الحاضن يعني به أهلية الأداء، وهي ١٩ سنة، لأن الشخص فيها يكون قادرا على شؤون نفسه[٣]. وكما أيدها في ذلك أيضا السيد عبد العزيز سعد، حيث يرى من جانبه أنه تطبيقا للمادة ٢٢٢ من قانون الأسرة، يشترط في الشخص الذي تسند إليه الحضانة ذكرا كان أو أنثى أن "يكون عاقلا لأنه لا يمكن شرعا وقانونا إسنادها إلى مجنون أو معتوه... وراشدا لأنه لا يمكن إسناد الحضانة إلى شخص صغير هو نفسه في حاجة إلى رعاية وعناية"[٤].

وعلى أن هذا الرأي أخذ به اتجاه آخر من المفسرين لقانون الأسرة، حيث يرى الأستاذ العربي بلحاج بأنه يشترط في الحاضنة أن تتحقق فيها الأوصاف التالية : العقل إذ لا حضانة لمجنون...، البلوغ، لأن الصغيرة لا تستطيع أن تقوم برعاية نفسها، فلا تصلح

---

(١)Pour cet auteur, « Dans les pays musulmans qui ont adopté un âge fixe pour la majorité, quant à la personne, âge toujours nettement supérieur à celui de la puberté, c'est cette majorité qui devra être substituée à la puberté, afin de fixer le moment où la femme commence à pouvoir être à même de recueillir la hadâna ». Cf. Y. Linant de Bellefonds, Traité de droit musulman, t.٣, édit. Co et Mouton, Paris, ١٩٧٣, p. ١٦٣.

(٢)Pour elle, " A notre époque, l'âge de la majorité étant fixé par la loi, c'est cet âge qui sera pris en considération pour fixer le moment où une personne devient apte à recueillir la hadhana". Cf. N. Khelef née Lamoudi, op. cit., mém., p. ١٢.

(٣) انظر، فضيل سعد، المرجع السابق، ص. ٣٧١.

(٤) انظر، عبد العزيز سعد، المرجع السابق، ص. ٢٩٦.

لرعاية غيرها. وسن البلوغ في القانون الجزائري هو ١٩ سنة (المادة ٤٠ من القانون المدني)[١].

وتعليقا على كل ما سبق من آراء حول التأهيل الجزائري، نقول أنه تأييدا للفقه الإسلامي، قالت الأستاذة خلاف نظيره بأن الشخص المؤهل لتولي الحضانة هو الشخص الراشد أو على الأقل البالغ فيزيولوجيا[٢]. وهكذا لا يخلو هذا الرأي من عيب إذ يحتمل أن يؤدي إلى الخلط بين البلوغ والرشد بشأن أهلية الحاضن. ومن ثم، فكان ينبغي، في نظرنا، أن تتخذ موقفا واحدا لأن الرأي الذي تبنته يدفعنا إلى طرح السؤال التالي: أيشترط في الحاضن الرشد، أي ١٩ سنة ؟ أم يكفي البلوغ الفيزيولوجي ؟

وكما أن الموقف الذي تبناه الأستاذ فضيل سعد لا يخلو بدوره من عيب إذا ما رعينا التحليل الذي بنى عليه رأيه، إذ أنه بعد أن جاء بالمبدأ السابق الذكر، فسر عبارة "أهلا للقيام بذلك" على أنها "الأهلية الخاصة وليست أهلية التصرف المنصوص عليها في المادة ٤٠ من القانون المدني، ولا أهلية الزواج المنصوص عليها في المادة ٧ من قانون الأسرة". ثم يأتي بعد ذلك في شرح أهلية الحاضن ويذكر بأن هذه الأهلية تكون متوفرة عندما يستوفي الحاضن الشروط التي قال بها الفقه الإسلامي، ثم عاد وفسر البلوغ في الحضانة أنه أهلية الأداء وهي ١٩ سنة[٣].

وهكذا يتبين لنا التناقض الفاضح الوارد في أقوال هذا الاتجاه، بحيث لنا أن نتساءل: هل الفقه الإسلامي المشار إليه أعلاه فسر، فيما يتعلق بشروط الحضانة، شرط البلوغ على هذا المنوال ؟ وما هو الرأي الذي استقر عليه الأستاذ فضيل سعد ؟

وإذا حاول كل من الأستاذين عبد العزيز سعد وبلحاج العربي بمقتضى ما ذهب إليه التوازي بين الفقه الإسلامي والقانون الوضعي، ومن ثم، التوحيد بين الرشد بالمعنى الشرعي والرشد بالمعنى

---

(١) انظر، العربي بلحاج، الوجيز في شرح قانون الأسرة الجزائري، ج. ١، في الزواج والطلاق، د.م.ج.، ١٩٩٤، ص. ٣٨٣.

(٢) « Les auteurs musulmans enseignent tout d'abord que la personne qui exerce la hadhana doit être apte, capable d''exercer ce droit, ceci veut dire que la personne doit être majeure ou tout au moins pubère, car dans le cas contraire elle ne pouvait pas s'occuper d'un enfant, étant elle-même en état de minorité et ayant besoin de la tutelle de quelqu'un d'autre ». Cf. N. Khelef née Lamoudi, op. cit., p. ١٢.

(٣) انظر، فضيل سعد، المرجع السابق، ص. ٣٧١.

التشريعي،فإن مما يعاب على هذه المحاولة هي أنها لا تعد إلا مجرد ميل ولا يمكن أن نحل المسألة التي نحن بصددها هنا بإثارة مشكل آخر يتمثل في البحث عن الحالات التي يمكن أن يكون فيها الشخص راشدا.

وكما أنه من غير اليسير أن نتمسك بأنه يشترط في الحاضنة أن تكون متمتعة بكل قواها الجسدية والعقلية[١]، وأن نجتنب بعد ذلك تحديد المحتوى القانوني لهذه العبارات ذات المفهوم الواسع والمجال المحدود.

هذا عن الفقه الجزائري ومدى تأويله لعبارة "أن يكون أهلا" الواردة في المادة ٦٢ من قانون الأسرة. فماذا عن الفقه المغربي ومدى تأويله لكلمتي "العقل والبلوغ" ؟

في الواقع، ذهب جانب من الفقه إلى تفسير عبارة "العقل والبلوغ" الواردة في الفصل ٩٨ قبل تعديله من المدونة على أساس أنها "لا تثبت الحضانة للصغير ولو كان مميزا، لأنه لا يستقل بأمور نفسه لذلك فهو محتاج إلى من يشرف عليه، كذلك لا تثبت الحضانة للمجنون ولا المعتوه، فغير العاقل لا يصلح للقيام بمهمة الحضانة"[٢].

وهذا ما قال به الأستاذ عبد الكريم شهبون[٣] وأيده في ذلك الأستاذ محمد الكشبور بقوله: "إن فاقد العقل- وهو عادة إما مجنون أو معتوه - لا يميز بين الصالح والطالح، وهو نفسه في حاجة ماسة لمن يقوم بشؤونه، فكيف يقوم بشؤون غيره عن طريق الحضانة"، وأن "غير البالغ فاقد الإدراك أو التمييز، أو على الأقل فهو ناقصهما، ومن ثم فهو لا يصلح للقيام بشؤون الحضانة"[٤]. وما يلاحظ على هذا الاتجاه هو أنه تبنى في تفسيره لتلك العبارة ما جاء به الرأي الراجح في الفقه الإسلامي[٥] من حيث عدم اشتراطه الرشد لممارسة الحضانة.

وتفسيرا لتلك العبارة، يرى الأستاذ أحمد الخمليشي أن العقل "شرط بديهي لا نزاع في ضرورة توافره في من يتولى حضانة الصغير"، ومن ثم فالتمتع "بالملكة العقلية يتعين أن يكون تاما ودائما، فالمعتوه ناقص ملكة العقل والتمييز ليس أهلا للحضانة، وكذلك الذي

---

(١)Cf . Gh. Benmelha, op. cit., p. ٢٢٦.

(٢) انظر، إدريس الفاخوري، المرجع السابق، ص. ٢٩١.
(٣) انظر، عبد الكريم شهبون، شرح المدونة...، المرجع السابق، ص. ٣٩٨-٣٩٩.
(٤) انظر، محمد الكشبور، المرجع السابق، ص. ٤٧٣.
(٥) انظر في هذا الصدد، أحمد عبد الحي، أحكام الحضانة في الفقه الإسلامي، دراسة مقارنة، مجلة شرعية قانونية محكمة، ٢٠٠٠، عدد ١٢، ج. أول، ص. ٢٦-٢٧.

تعتريه نوبات عصبية يفقد فيها التمييز غير قادر على القيام بواجبه إزاء المحضون...". ويضف قائلا بشأن البلوغ أن "الاقتصار على اشتراط البلوغ في الحاضن لا يبدو سليما، خصوصا مع تحديد سن الرشد في عشرين عاما... إذ أن الحضانة التي تمتد إلى بلوغ الفتى، وزواج الفتاة فيبدو من الصعب أن يعهد بها إلى محجور عليه خاضع لولاية غيره في شؤونه ومصالحه الخاصة، ولذلك كان ينبغي أن يشترط الرشد القانوني، وليس مجرد البلوغ الذي لا يخرج من الحج"[١].

وهذا الموقف إن دل على شئ فهو يدل على أنه خلافا للاتجاه الواسع الذي تبناه المشرع المغربي سابقا إزاء نظام الحضانة عامة، فإن موقفه من نظام أهلية مستحقي الحضانة يبدو متحررا نظرا لعدم اتباعه ما أقره الفقه المالكي في هذا الصدد، مما يدفع إلى التأكيد أن في هذا التحرر ما لم يساعد على معرفة وتحقيق مصلحة الطفل المحضون، "إضافة إلى ما فيه من عدم الانضباط"[٢]. وفي هذا الرأي سار المشرع المغربي لاحقا واشترط في المادة ١٧٣ الرشد القانوني[٣].

وأما فيما يتعلق بالقانون التونسي، تجدر الإشارة في بداية الأمر إلى أن النص القانوني للفصل ٥٨ من المجلة المدون باللغة الفرنسية ينص صراحة على أنه يجب أن يكون صاحب الحق في الحضانة راشدا Le titulaire du droit de garde doit être majeur. وللوهلة الأولى، هذا ما دفع الأستاذ محمد باجي إلى القول أن النصوص الواردة في المادة ٩ من قانون ٩ مارس ١٩٥٨ الخاص بالتبني، والتي تنص على أنه يجب أن يكون المتبنى راشدا، يستخلص منها وجود تنسيق جيد بين الأحكام المنظمة لمختلف النظم التي يكون محلها الحضانة[٤].

ولكن لتحديد المقصود بالمكلف، هل يقتضي منا الرجوع إلى النص الفرنسي للقانون، ذلك لأن المشرع وقت وضعه كان يهدف، بصرف النظر عن اللغة المستعملة، حماية المحضون، إذ أن هذه الحماية تبرز خاصة من حيث الصياغة التي انتهجها المشرع في هذا الإطار.

(١) انظر، أحمد الخمليشي، التعليق على...، المرجع السابق، ص. ١٣٦-١٣٧.
(٢) انظر، أحمد الخمليشي، التعليق على...، المرجع السابق، ص. ١٣٧.
(٣) وهذا الشرط لا يتعلق بالأبوين، راجع المادة ٢٠ من المدونة.
(٤) Cf. M. Beji, op. cit. , mém. p. ٨٠.

فأجابت على ذلك محكمة التعقيب في قرارها الصادر في ١٨ فبراير ١٩٦٩، حيث صرحت بأن الجري به العمل في التشريع التونسي هو أن النص العربي، باعتباره النص الرسمي هو الوحيد الواجب تطبيقه في حالة عدم انسجامه مع النص الفرنسي[١] الذي لا يرجع إليه إلا على سبيل الاسترشاد[٢].

وإذا كان الأمر كذلك فإن النص العربي يشترط "التكليف"[٣]، مما يجعله بعيدا عن تطابقه مع مفهوم الرشد مثلما هو منصوص عليه ومحدد في مجلة الأحوال الشخصية[٤]. لذلك، يذهب بعض الفقهاء التونسيين إلى أنه يشترط في الحاضن عملا بالفصل ٥٨ من المجلة أن يكون مميزا، وبالتالي بالغا، وأن سن ١٦ سنة هو المعتبر غالبا في الفقه الإسلامي[٥]. وفي هذا يرى أحد أصحاب هذا الاتجاه "أن شرط التكليف يثير مشكلا في تحديد سن الحاضن. فقد نص الفصل ٥٨ من مجلة الأحوال الشخصية أنه لا بدّ في مستحق الحضانة أن يكون مكلفا أي يتوفر فيه التمييز والإدراك وذلك لا يعني أن يكون قد بلغ سن الرشد"[٦]. وبهذا، يبقى نظام الحضانة هو الوحيد "من مشمولات الولاية الذي يتمتع بامتياز الاستثناء من شرط الأهلية والاكتفاء بالبلوغ"[٧].

وكما أن اجتهاد محكمة التعقيب التونسية مندفع في هذا الاتجاه بصفة واضحة، حيث قضت في قرارها الصادر في ٠٦ نوفمبر ١٩٦٢ بأن القانون لا يشترط بشأن أهلية مستحقي الحضانة "أن يكون راشدا، بل أن يكون مميزا وبالغا فقط"[٨]، أي بالغا، حسب

(١) انظر، محكمة التعقيب، ١٩٦٩/٠٢/١٨، قرار مدني، عدد ٦٣٩٦، مجلة القضاء والتشريع، ١٩٦٩، عدد ٩، ص. ٥٣.
(٢) انظر، عمار الداودي، المرجع السابق، مذكرة، ص. ٩٤.
(٣) والمكلف حسب ابن منظور هو الولوع أي المحب للشئ الحريص عليه. انظر، أبي الفضل جمال الدين محمد بن مكرم ابن منظور الإفريقي المصري، لسان العرب، المرجع السابق، ص. ٣٠٧.
(٤)Cf. M. Beji, op. cit., mém, p. ٨١ ; L. Pruvost, op. cit., R.T.D., ١٩٧٥, pp. ٣٠١ et s.
(٥)Cf. A. Bêcheur, op. cit., p. ١١٥٥.
(٦) انظر، الحبيب العش، الحضانة في القانون التونسي، مجلة القضاء والتشريع، ١٩٨٥، عدد ٥، ص. ٥٣.
(٧) انظر، عمار الداودي، المرجع السابق، مذكرة، ص. ٩٥.
(٨) انظر، محكمة التعقيب، ١٩٦٢/١١/٠٦، قرار مدني، عدد ١٥٠٧، نشرية محكمة التعقيب، ١٩٦٣، ص. ٥٧.

الأستاذ الفرشيشي، "البلوغ الطبيعي المحدد بعلامات طبيعية"[١].

ولكن، إزاء هذا الموقف، اقترح الفقه التونسي بأنه "من الممكن أن نلجأ إلى القياس على قانون التبني فيصبح الفارق الأدنى بين سن الحاضن والمحضون ١٥ عاما على أقل تقدير"[٢]، وذلك حتى نتفادى الحالة التي يكون فيها مثلا سن المحضون ١٥ وسن الحاضن ١٤ سنة.

وإذا كان هذا هو الجانب القانوني والتفسير الفقهي والقضائي لأهلية مستحق الحضانة، فإن الأستاذ بشير الفرشيشي انتقد منهجية المشرع في هذا الصدد، حيث يرى بأنه "بقدر ما تجعل نظرية الرشد القانوني باطلا تطبيق نظرية البلوغ كشرط لإسناد الولاية للأب والأم، بقدر ما يظهر ضروريا تطبيق التقنية الأولى على جميع النظم المتعلقة بحماية القاصر (ومنها الحضانة). وإلا فغياب التوافق يبقى مستمرا وماسا بالشروط الخاصة بإسناد هذه النظم"[٣]. ويلاحظ على هذا الرأي أنه يحبذ اشتراط سن الرشد في مستحقي الحضانة، بدلا من التكليف المعبر عنه بالبلوغ.

وهذا كله يؤكد لنا تارة الغموض الذي يشوب الأهلية المشترطة قانونا في الحاضن وتارة أن عدم حسن الصياغة واختيار الألفاظ الدقيقة والدالة في المسائل القانونية يؤدي إلى التضارب في الآراء والمواقف، مما يمس أحيانا حقوق الأشخاص ذاتها بغير حق وينعكس ذلك على المساس بمصلحة المحضون. إذن، ما هو الحل الأنجع والراعي لمصلحة المحضون ؟

الفرع الثالث
ما نراه متماشيا مع رعاية مصلحة المحضون

نستنتج مما تقدم، أنه ليس هناك منزلة ثالثة بين المنزلتين، أو مرتبة وسيطة بين المرتبتين في النقطة المبحوث فيها. فالشخص، من حيث البلوغ أو التكليف أو التأهيل،

---

(١) انظر، البشير الفرشيشي، المرجع السابق، ص. ١٨.

(٢) انظر، السيد الحبيب العش، المرجع السابق، ص. ٥٣.

(٣)« Ainsi, autant le concept de majorité légale rend caduque l'utilisation du concept de puberté puberté comme condition d'attribution de la tutelle aux père et mère, autant il s'avère nécessaire de généraliser l'application de cette première technique juridique à toutes les institutions protectrices du mineur. Sinon, le défaut d'harmonisation ne cessera pas de marquer le chapitre des conditions de dévolution de ces institutions ». Cf. B. Ferchichi, op. cit., th., p. ١٤١.

إما أن يكون أهلا، أو لا يكون. ومتى كان أهلا، يصبح من مستحقي الحضانة إذا ما توفرت فيه الشروط الأخرى. وبغير هذا الحسم يصبح الأمر أشبه بحالة مزج بين الأبيض والأسود لاستخراج لون ثالث هو الذي يسمونه تارة التمييز والإدراك وتارة الرشد، الخ. ومقابل هذا "التهجين" قد لا يجد له مكانا مستقرا في ساحة القانون الوضعي.

تلك هي نقطة الضوء التي تحتاج إلى نظرة جديدة ومتحررة بهدف مراجعة الاجتهاد الراهن لهجر التناقض القائم بينه. وعبر هذا الفهم الموضوعي التحليلي لنصوصنا نقتبس الخلاص للخروج من دوامة الشك في قضية "الأهلية" الذي طالما رسم إشارات التعجب في أذهان رجال القانون إثر كل حكم يصدر معلنا بغير تبرير حقيقي وأصيل عدم استحقاق الحضانة.

ولذلك، فهناك نقطتان أساسيتان تتصلان بهذا الشرط واللتان لا يمكن إغفالهما لشرحه. ولكن قبل التعليق عليهما، ثمة سؤال آخر يطرح نفسه علينا، ويساهم نسبيا في الإجابة عما سبق. والسؤال هو : ما الفائدة من التنوع في المصطلحات المستعملة من قبل المشرعين المغاربيين ؟ لماذا البلوغ ولا التكليف ؟ ولماذا العموم "أهلا" ولا التحديد ؟ ولماذا التأكيد ولا الحصر ؟

أن الإجابة هنا ممكنة، إلا أنها تقتضي منا بالنسبة للتشريع المغربي للأحوال الشخصية قبل التعديل الأخير ما يلي: أولا المواجهة بين نصين، النص الأول وهو الفقرة الأولى من الفصل ٩٨ التي تصنف من شروط استحقاق الحضانة "العقل"، والنص الثاني وهو الفقرة الخامسة من ذات الفصل التي اشترطت في مستحقي الحضانة "السلامة من كل مرض معد أو مانع من قيام الحاضن بالواجب". وبهذا نتساءل ما المسار التوفيقي بين الفقرتين، وما ميزان التفريق بين ما يجعل الإنسان "عاقلا" وما لا يجعله كذلك بسبب إصابته بإحدى الأمراض أو الموانع ؟

ليس هناك من جواب... ! فالشخص إذا كان غير عاقل، فهو حتما مصاب بمرض من الأمراض العقلية والنفسية، كالجنون أو العته، مثلا، وبالتالي فإن كلمة "العقل" زائدة قطعا، لأنه لا يوجد "شخص غير عاقل" و "شخص مصاب بمرض عقلي"[1]. وكما أن الفقرة الرابعة من ذات الفصل جاءت إلا أن تؤكد هذه الزيادة. إذن، كان بإمكان المشرع المغربي أن يستغني في صياغته الأصلية عن الفقرة الأولى، لأن دوره يكمن في التحديد ولا

(١) انظر، محمد باشوش، المرجع السابق، ص.٨٣ وما بعدها.

في التفصيل.

ولكن، بالمقابل، هل أن تفسير ذلك الغموض أو التوسيع الوارد في النصوص المغاربية يحتم علينا الرجوع إلى الفقه الإسلامي ؟ أم ينبغي أن يتم ذلك التفسير وفقا للقواعد العامة والفلسفة التشريعية المتبعة من قبل كل مشرع على حدة ؟

فالإجابة على هذا السؤال تختلف من مشرع إلى آخر إذا ما رعينا النصوص المنظمة للحضانة في كل دولة من هذه الدول.

فلقد كان الهدف من الأخذ بنظرية الإحالة إلى الفقه المالكي في القانون المغربي متمثلا في توسيع باب الاجتهاد أمام المسائل التي أغفل عنها المشرع، وتيسير الأمور على القضاة من حيث إخضاع كل ما يتصل بمسائل الأحوال الشخصية المغفل عنها بحسب نص الفصول ٨٢، ١٧٢، ٢١٦، و٢٩٧ من المدونة إلى "الراجح أو المشهور أو ما جرى به العمل من مذهب الإمام مالك".

لكن الغريب أن الأخذ بالنظرية ذاتها في مسائل الحضانة، كما أسلفنا، قد أهملها المشرع المغربي كليا. وكأن الهدف منه قد صار متمثلا في إغلاق باب الاجتهاد والارتياح من التخلص من الخوض في بحر الفقه المالكي، على حساب التوافق بين الأحكام. وهذه المنهجية إلى استنتاج هو أنه لا يمكن الرجوع إلى الفقه الإسلامي لتفسير مصطلح "البلوغ" الوارد في الفصل ٩٨ من المدونة.

وهذا ما أكده المجلس الأعلى[1]، حيث قضى بأنه "يعتبر خرقا لمقتضيات الفصل ٣ من قانون المسطرة المدنية والفصل ٩٨ من مدونة الأحوال الشخصية العدول عن تطبيق

(١) غير أن الأستاذ عبد الكريم شهبون يرى عكس ذلك، إذ قال بأنه خلافا لاجتهاد المجلس الأعلى "فلا يقال : إن الشروط الواردة في المادة ٩٨ في هذا الفصل جاءت على سبيل الحصر،... لأن مدونة الأحوال الشخصية قد أحالت كل ما لم يرد ذكره فيها إلى أحكام الشريعة الإسلامية وخاصة الراجح أو المشهور وما جرى به العمل من مذهب الإمام مالك، عولا بأحكام الفصل ٨٢، والفصل ١٧٢ والفصل ٢١٦ والفصل ٢٩٧ من المدونة. علما أن المدونة بمجموع كتبها تكوّن قانونا واحدا وقواعد موضوعية تطبق أحكامها في موضوعات الأحوال الشخصية. وأشار إلى هذا الفصل الأول من الظهير الشريف رقم ١.٥٧.٣٤٣ الصادر بتاريخ ١٩٥٧/١١/٢٢، المتعلق بتطبيق مقتضيات الكتاب الأول والثاني منها، حيث نص على ما يلي : "ستنشر سلسلة كتب في موضوع الأحوال الشخصية، ويتألف من مجموعها مدونة تحمل اسم (مدونة الأحوال الشخصية). انظر، عبد الكريم شهبون، شرح مدونة...، المرجع السابق، ص. ٤٠٣.

الفصل ٩٨ المذكور، والالتجاء إلى أقوال الفقهاء رغم كون الكتاب الثالث من المدونة والذي وردت في بابه الثالث المقتضيات التي تطبق فيما يتعلق بالحضانة لا يشمل فصلا يحيل على الراجح أو المشهور، أو ما جرى به العمل من مذهب الإمام مالك فيما لم يشمله الكتاب المذكور خلافا لما هو الشأن لباقي فصول المدونة نفسها"[1].

إلا أن النص الجديد وهو المادة ١٧٣ قد عفانا من الرجوع إلى الفقه الإسلامي ليس على أساس السبب المذكور وإن كان اتبع نفس المنهجية في النص المعدل، وإنما على أساس شرط "الرشد القانوني" الذي أحدثه.

ولكن، لم يكن المشرع الجزائري، عند وضعه لقانون الأسرة في سنة ١٩٨٤، بعيدا عن التأثير بموقف الفقه الإسلامي في هذا المجال. وخلافا للمشرع المغربي، فحرص، كما هو وارد في المادة ٢٢٢ من ذات القانون، على أن يطبق من أحكام المذاهب الإسلامية ما يسمح بقدر الإمكان تفسير ما هو غامض أو ناقص في الأحكام التي تبناها في مسائل الحضانة. وعند هذا الاقتباس نقول : هل يجوز تفسير عبارة "أهلا" الواردة في المادة ٦٢ من قانون الأسرة وفقا لما تبناه الفقه الإسلامي من أحكام في هذا الصدد ؟ وهل يصبح الشخص "أهلا" للحضانة بمجرد بلوغه الطبيعي ؟ وهل نأخذ بالبلوغ الطبيعي حتى وإن أهمله المشرع الجزائري في المسائل المدنية والأسرية معا ؟

لعل الأمر يحتاج إلى بعض الجهد في التتبع والتقصي والمعايرة موازين الموضوع عن طريق الربط بين المادة ٦٢ والمادة ٧، دون إهمال المادة ٨١ من قانون الأسرة. فثمة وشائج تربط بينها، غير أننا سوف نتطرق إليها إلا بعد تبيان موقف المشرع التونسي من النقطة المدروسة.

خلافا للتشريعين المغربي والجزائري، لم يحيل المشرع التونسي ولا في مادة من مواد المجلة القاضي، في حالة انتفاء النص التشريعي أو غموضه، إلى أحكام الفقه الإسلامي[2]. والتساؤل الواجب هنا : ما دور الفقه الإسلامي في هذا المجال ؟ ما هي أحكام تفسير نصوص المجلة ؟ إنه تساؤل مزدوج ومشتق من تفكيك مصطلح "مكلفا"، بهدف تفسيره.

نحن لا نعتقد بأن تفسير تلك النصوص يبقى بعيدا كل البعد عما توصل إليه الفقه

(١) انظر، مجلس أعلى، ١٩٨٠/٠٩/٢٢، قرار رقم ٧٢٧، مجلة القضاء والقانون، ١٩٨١، عدد ٢٧، ص. ١٤٥.

(٢)Cf. B. Ferchichi, op. cit., th. Tunis, ١٩٨٣, p. ١٧٦.

الإسلامي من حيث استنباط المبادئ ووضع الأحكام، وهذا ما أكده القرار الصادر عـن محكمـة التعقيـب بتـاريخ ٣١ جـانفي ١٩٦٦، حيث سمح الرجوع إلى أحكام الشريعة الإسلامية من أجل سد الفراغ الوارد في مجلة الأحوال الشخصية"(١). وهـذا مـا أكدته المحكمة الاستئنافية بتونس في قرارها الصادر بتاريخ ٢٢ ديسمبر ١٩٩٣، وذلك بقولها "ويكون أوكد الواجبـات محاولـة الوصول إلى حل لهذه الإشكالية عبر القرآن والسنة واجتهاد الفقهاء المسلمين، باعتبار أن الفصل الأول من الدستور اقتضى ـ أن "تونس جمهورية دينها الإسلام"، ولغتها العربية"(٢).

غير أن ثمة سؤال آخر يطرح نفسه علينا، ويساهم في الإجابة عما سبق. والسؤال هو : هل أن هذه الأحكام الفقهية تتماشى مع السياسة التشريعية التي سطرها المشرع التونسي في هذا الإطار؟

إن المادة ٦٢ من قانون الأسرة، والفصل ٩٨ من المدونة المغربية مرتبطتان وواسعتان إلى درجة تلغي مقولة "النص الأصلح للحاضن" كسند للدفع بعدم استحقاق الحضانة. وحين تذهب المحكمة إلى ذلك تكون قد فارقت التفسـير الصحيح واستبدلت العدالة بضدها، لأنها تأخذ بما يؤذي مصالح الطفل، من حيث لا تقصد، طرفا أو آخرا. بـل إنها في خاتمة المطاف تستبدل النصوص الصريحة والجلية ببعض الأحكام الغامضة والمبهمة والمعروفة أيضـا، هـو أن معالجـة حضانة الأطفال تتضمن قواعد مرنة يجري إعمالها حسب الواقعة المطروحة والواقع المعاش.

نخلص من كل ما سبق كنتيجة لهذا الموضوع إلى أنه أمام لزوم ربط سن الشخص بقدرته الصحية والذهنية؛ وأمام عدم وجود نص صريح يسمح باستخدامه لجعل الشخص غير أهل للحضانة، وأمام نص المادة ٦٢ من قانون الأسرة في ضوء ما شرحناه عنها، فإن

---

(١)Cf. C. cass., civ. ٣١/٠١/١٩٦٦, arrêt n° ٣٣٨٤, R.T.D., ١٩٦٦, p. ١١٤, note E. de Lagrange.
وهذا الموقف قد صرحت به لاحقا محكمة ابتدائية تونس بقولها "م تتعرض م.أ.ش. إلى التفريق بين الثيب والعذراء ويتعين حينئذ الرجوع إلى الفقه الإسلامي الذي هو أهم المصادر التي استمدت منها مجلة الأحوال الشخصية أحكامها ". انظر، ابتدائي مدني تونس، ١٩٦٨/١٢/٣٠، حكم عدد ٧٤٨٧، مجلة القضاء والتشريع، ١٩٦٩، عدد ٦ و٧، ص. ١٦٤.
(٢) انظر، محكمة استئناف تونس، ١٩٩٤/١٢/٢٢، قرار مدني، عدد ١٠٢٩٨، مجلة القضاء والتشريع، ١٩٩٤، عدد ١، ص. ١٠٩-١١٠ (كان الأمر يتعلق في هذه القضية بحالة تغيير الجنس).

أي بناء على تلك الفكرة يفتقر إلى مقوماته، ويؤدي إلى تعطيل نصوص صريحة. وكأننا في هذا المسلك، إذا مضينا به، لا نستهدف سوى القول بعدم استحقاق الحضانة كغاية في ذاتها، حتى ولو كانت الوسيلة عاجزة، بل غير قانونية.

ولذلك، فالإجابة عن هذا وذاك تستلزم منا الرجوع إلى تحليل النقطة الأولى من النقطتين المشار إليهما أعلاه والمتعلقة بسن الرشد المدني، وكذلك الثانية الخاصة بسن الزواج. وبعبارة أخرى، هل يكتفى، حماية لمصلحة المحضون، أن يشترط في الحاضن البلوغ أم يجب أن يشترط فيه أيضا سنا معينة تؤهله للحضانة ؟

مما لا شك فيه أن الإجابة تتعلق هنا بتحديد إحدى ضوابط تأهيل الشخص لممارسة الحضانة. والواقع، فإننا لا نرى من حيث اشتراط في الحاضن سنا معينة زيادة على البلوغ فيه انتفاء لمصلحة المحضون، بل قد يكون عاملا لتحققها. غير أن الأمر قد يختلف عن ذلك إذا توافرت في الحاضن كل الشروط عدا شرط السن الذي يحدد امتثالا للفقرة الثانية من المادة ٤٠ من القانون المدني الجزائري بـ ١٩ سنة، وبـ ١٨ سنة وفقا للمادة ٢٠٩ من المدونة وبـ ٢٠ سنة طبقا للفصل ١٥٣ من المجلة.

والملاحظ أن هذه الفرضية تطرح خاصة بالنسبة للأم في التشريع التونسي[1] بسبب أن السن القانونية لزواج الفتاة هو أدنى من سن الرشد وهو ١٧ سنة[2]، بيد أنها لا تطرح بالنسبة للأم والأب في التشريع المغربي والجزائري بسبب أنهما حددا على التوالي سن الزواج بـ ١٨ و١٩ سنة لكلي الجنسين[3]. ولكن، هل يمكن أن تكون الأم المرشحة للحضانة في التشريع الجزائري والتونسي والمغربي في سن أقل من ١٩ سنة و ١٧ سنة و١٨ سنة ؟ وهل يمكن أن يكون الأب في التشريعين المغربي والجزائري في سن أقل من ١٨ سنة و١٩ سنة ؟ وعموما، هل يمكن أن نتصور حالة أين تثار فيها مسألة إسناد الحضانة لأم ولأب يكون سنهما أقل من سن الزواج ؟

---

(١) كان الفصل ٥ من المجلة في صياغته الأولى يعتبر السن الأدنى للزواج ١٥ عاما بالنسبة للفتاة و١٨ عاما بالنسبة للفتى. وبمقتضى المرسوم عدد ١ لسنة ١٩٦٤ المؤرخ في ٢٠ فيفري ١٩٦٤ والمصادق عليه بقانون ٢١ أفريل ١٩٦٤ تم تنقيح الفصل ٥ من المجلة والترفيع في السن الأدنى للزواج من ١٥ إلى ١٧ بالنسبة للفتاة، ومن ١٨ إلى ٢٠ سنة بالنسبة للفتى.

(٢) انظر، الفصل ٥ من المجلة.

(٣) انظر، المادة ١٩ من المدونة.

والإجابة عن هذا السؤال الأخير نجدها في الشطر الثاني من المادة ٧ المعدلة من قانون الأسرة الجزائري[١]، وكذلك في الفصل ٥ من المجلة[٢] وفي المادة ٢٠ من المدونة، حيث أجازوا جميعهم الزواج بإذن قضائي، عندما لا يتمتع المقبل عليه السن القانوني له بعد[٣]. فكيف يمنح القانون إمكانية الإذن بالزواج في سن أقل من ١٩ سنة و١٧ سنة و١٨ سنة، وفي الوقت ذاته لا يمنح الحضانة للأم إذا لم تبلغ سن الرشد المدني ؟ فهل وفق المشرعون المغاربيون في تحقيق التناسق بين الأحكام المنظمة لأهلية الزواج مع تلك التي تعالج أهلية الأبوين المرشحين للحضانة ؟ وهل تجاوز ذلك ليعمم هذه الأحكام حتى تشمل كل من سيتولى حضانة الطفل ؟

فمن حيث الواقع، إن للإذن القضائي دور هام ووقائي إذ سيؤكد لنا إمكانية تحمل تكاليف الزواج وآثاره قبل السن المحددة له قانونا[٤]. ومن حيث القانون، فإنه يضفي الصبغة القانونية للزواج، مما يؤدي إلى الاعتراف بكامل آثاره، منها خاصة إنجاب الأطفال في غير السن القانونية للزواج، إذ هؤلاء لا ينفيهم لا قانونا ولا قضاء. ومن ثم،

(١) انظر، تشوار جيلالي، حماية الطفل عبر الإذن بالزواج، م.ج.ع.ق.إ.س.، ٢٠٠٠، عدد ٠١، ص.١٩ وما بعدها.

(٢) انظر، محمد الحبيب الشريف، الإذن القضائي بالزواج، دار الميزان للنشر، سوسة، ٢٠٠٠، ص. ٧ وما بعدها.

(٣) وفي هذا قررت محكمة التعقيب بأن "الإذن بالزواج الممنوح من طرف رئيس المحكمة الابتدائية هو عمل ولائي ينقلب إلى عمل قضائي في صورة إذا ما وقع الرجوع فيه ممن يهمه الأمر حسب مقتضيات الفصل ٢١٩ من مجلة المرافعات المدنية والتجارية"، انظر، محكمة التعقيب، ١٩٨٦/٠٣/٠٣، قرار مدني، عدد ١٣٤٣٧، نشرية محكمة التعقيب، ١٩٨٦، ج.١، ص.١٤٧.

(٤) في تونس مثلا، كانت الأذون بالزواج على معنى الفصل الخامس من المجلة محل اهتمام الجهات الحكومية، حيث جاء في المنشور عدد ١٢٩ الصادر عن كاتبة الدولة للعدل بتاريخ ١٧ ماي ١٩٦٥ ما يلي "تقوم كتابة الدولة للعدل في الوقت الراهن ببحث اجتماعي حول الزواج وهي في حاجة لذلك إلى إرشادات عديدة بشأن سن الأزواج وترغب في معرفة عدد الأنكحة التي يكون فيها الزوجان أو أحدهما دون السن القانوني وتتطلب من أجل ذلك منح إذن خاص من طرف الحاكم وفقا لأحكام الفصل الخامس من مجلة الأحوال الشخصية. ولهذه الأسباب فإن كتابة الدولة للعدل تعلق أهمية بالغة على أن تمدها كل محكمة ابتدائية شهريا بجدول في مطالب الأذون بالزواج يحتوي زيادة على الطالب، على سنه وعلى الأسباب التي بنى عليها طلبه وما تقرر بشأن هذا الطلب، والسلام".

فإذا كان هذا الزواج يرتب على الزوجين واجبات نحو أطفالهما، فإن وقوع الطلاق بينهما لا يعدمها[1]، بل تبقى ويولد هنا الطلاق آثاره، منها الحضانة التي يفصل فيها القاضي طبقا لمصلحة المحضونين، بحيث إن المنطق يملي أن تسند الحضانة للأم في هذه الحالة حتى ولو لم تبلغ سن ١٩ سنة.

وبعد، فهذا الإذن القضائي المطلوب من الشخص المقبل على الزواج قبل بلوغه السن القانوني لا يطرح عموما الكثير من الإشكال، غير أن المشكلة الجادة تتجلى هنا في النقص التشريعي المتمثل في عدم تحديد المشرعين المغاربيين الحد الأدنى للسن التي لا يمكن للقاضي النزول عنها حين يمنح الإذن[2]، مع هذا الفارق أن المدونة المغربية في صياغتها الأولى عندما حددت سن الزواج للفتاة بـ ١٥ عاما فإنها لم تقرر بشأنها الإذن القضائي، مما يدفعنا إلى القول أن الحد الأدنى لزواج الفتاة والذي لا يمكن النزول عنه كان ١٥ سنة. وهذا ما لم تنص عليه في صياغتها الجديدة.

وعلى كل حال أن هذا النقص التشريعي يضع القاضي في حيرة، بل في حرج بالرغم من السلطة التقديرية التي يتمتع بها في هذا المجال[3]، وذلك راجع لوجود تناقضين

---

(١) انظر، المرسي عبد العزيز السماحي، بحوث في فرق النكاح، ط. أولى، مطبعة الفجر الجديدة، مصر، ١٩٨٦، ص.١٠-١٣.

(٢) خلافا لذلك، قد سمح التشريعان السوري والعراقي بالنزول عن السن الأدنى مع تحديد السن الذي يمكن النزول إليها صراحة، إذ نصت المادة ١٨ من قانون الأحوال الشخصية السوري على أنه "إذا ادعى المراهق البلوغ بعد إكماله الخامسة عشر أو المراهقة بعد إكمالها الثالثة عشر وطالبا الزواج، يؤذن به القاضي إذا تبين له صدق دعواهما واحتمال جسميهما". بينما يسمح القانون العراقي بالنزول من الثامنة عشرة إلى الخامسة عشرة. انظر، فيما يتعلق بهذه المسألة، أحمد الخمليشى، الأسرة بين...، المرجع السابق، ص. ٦٨-٦٩؛ جيلالي تشوار، الزواج والطلاق ...، المرجع السابق، ص. ٥٤؛

Cf. M.Borrmans, op.cit., R.I.D.C., ١٩٨٦, n°1, pp. ١٣٣-١٣٩.

(٣) مع الإشارة إلى أن في تونس، قد سبق لكاتب الدولة أن اعتبر أن ١٥ عاما هي أدنى سن يمكن فيها لإذن بالزواج، وذلك حسبما يؤخذ من إحدى محاضر جلسات العمل: هل يحول عدم توفر السن المقررة للزواج دون تطبيق الفصل ٢٢٧ من القانون الجنائي ؟ تساءل السيد الوكيل العام للجمهورية عما إذا كان من الممكن الترخيص في زواج البنت التي لم تبلغ من العمر سبعة عشر عاما في الصورة المقررة بالفصل ٢٢٧ من القانون الجنائي، والتي اقتضت إيقاف التتبع أو تنفيذ العقاب عند زواج الفاعل بالمجني عليها.
دار النقاش حول هذا الموضوع وأدلى كل برأيه. وفي الختام لاحظ السيد كاتب الدولة أن البنت

بارزين، إذ من جهة ينبغي إسناد الحضانة لشخص في سن صغيرة، ومن جهة أخرى، وجود حاجة ماسة للطفل لأمه. ولكن إزاء هذا الإغفال التشريعي بشأن تحديد سن أدنى للزواج في حالة الرخصة القضائية، فينبغي على القاضي أن يجعل نصب عينيه في كل ذلك مصلحة المحضون. ولذا فإن معالجة هذا الفراغ التشريعي سيوفر للقاضي ربح الوقت والجهد من حيث إنه يسهل عليه إسناد الحضانة، وبالتالي يلتفت لمصلحة الطفل ومقتضياتها بدل من الانشغال بسن الحاضن والانغماس في المسائل المعقدة اللصيقة بها.

وأقصى ما يمكن أن نتصوره من هذه المنهجية التشريعية، إذا أريد إعمالها بدلا من إهمالها، أن تفسر على أن سن المرشح للحاضنة مرتبط بالمواد التشريعية المخصصة لسن الزواج التي ينطلق بها بناء الأسرة ويرتكز عليها كيان المجتمع. وهكذا، نرى أن تطبيق النصوص المنظمة للأهلية المدنية المشار إليها أعلاه[١] ليس بأمر بديهي في هذا الصدد.

وهذا ما كان يعبر عنه القضاء المغربي، حيث قضى المجلس الأعلى بتاريخ ٢٦ ديسمبر ١٩٨٩ بأنه "تختلف الأهلية في الزواج والطلاق (وآثارهما) عنها في العقود الأخرى من حيث إنه لا يشترط فيها بلوغ سن الرشد القانوني الذي هو ٢١ سنة بل يكتفي في الفتى بلوغ ١٨ سنة وفي الفتاة ١٥ سنة"[٢]. وذلك لأن الحضانة، كون أنها مبنية

في مثل هذه الصورة إذا كان سنها دون خمسة عشر عاما لا يمكن في أية حالة الترخيص لها بالزواج. أما بالنسبة لمن تجاوز سنها الخمسة عشر عاما، فيمكن الترخيص المذكور لكن بصفة استثنائية وفي حالات نادرة جدا، إذ لا يمكن تشجيع البعض على الاعتداء على فتيات من ذلك الصنف بمنح رخص الزواج على أساس اتقاء الفضيحة ". انظر، أرشيف وزارة العدل، مقتطف محضر جلسة عمل إنعقدت بتاريخ ١٩٦٤/٠٥/١٦، حيث جمعت كاتب الدولة للعدل بسامي القضاة.

(١) راجع نص الفقرة الثانية من المادة ٤٠ من القانون المدني الجزائري والفصل ١٥٣ من المجلة، والمادة ٢٠٩ من المدونة.

(٢) انظر، مجلس أعلى، ١٩٨٩/١٢/٢٦، قرار عدد ١٩٢٢، قضاء المجلس الأعلى، عدد ٤٠، ص. ١٠٨. وأكد المجلس موقفه هذا في قراره الصادر بتاريخ ١٩٩٢/٠٩/١٥، حيث قضى فيه "إن الأهلية في النكاح غيرها في التصرفات المالية التي تستوجب بلوغ ٢١ سنة كاملة فالفصل ٨ من مدونة الأحوال الشخصية نص على أن الأهلية في الفتى تكمل بتمام الثامنة عشرة وفي الفتاة بتمام الخامسة عشرة وبالطبع فإن الطلاق جاء نتيجة لعقد الزواج وتابعا له ولم نجد أحداً من الفقهاء اشترط بلوغ ٢١ سنة فهم اشترطوا مطلق البلوغ لا غير". انظر، مجلس أعلى، ١٩٩٢/٠٩/١٥، قرار عدد ٩٧٦، غير

في الأساس على مصلحة المحضون، تخرج عن إطار المعاملات ذات الصبغة المالية؛ واشتراط عندئذ سن لممارستها أو عدم اشتراطها لا يكون إلا طبقا لهذه المصلحة. وهذا ما تم التنصيص عليه في الفصل الرابع من المجلة التونسية لحماية الطفل بقوله أنه"يجب اعتبار مصلحة الطفل الفضلى في جميع الإجراءات التي تتخذ بشأنه سواء من قبل المحاكم...".

هذا، واقع الأمر أن الرعاية التي يمدها الحاضن للمحضون من عطف وحنان لا يتوقف على بلوغ الحاضن سنا معينة بالذات، وذلك أيضا بالنظر لما يترتب عليه من مشاكل لا حصر لها سواء بالنسبة للأبوين أم بالنسبة للطفل المحضون، فهي إذن مسألة فطرية. ولكن، بالرغم من هذه الملاحظة الأولية، فإنه مع ذلك لا يكون الحاضن البالغ صغير السن كثيرا. وبهذا قال خليل بن إسحاق بالحرف : "يجب أن يكون الحاضن... ذا سن تمكنه من عناية ورعاية الطفل" [(١)]. ومن يتأمل في هذا القول يستطيع أن يلاحظ الملاحظة التالية : أنه لا بدّ أن لا يكون المرشح للحضانة صغير السن كثيرا ولا كبيرها كثيرا، وإنما اشتراط سنا تؤهله لممارستها ولرعاية مصالح المحضون.

وهكذا تقضي مصلحة المحضون كما تقضي حماية الكيان الأسري بأن البلوغ الفيزيولوجي غير كافي هنا، وإن كان القاضي في السابق كان يقره شخصيا بحضور المعنى بالأمر أمامه، حيث في هذا المعنى قرر قاضي تلمسان في حكمه الصادر في ٢٥ مارس ١٨٦٥ بأنه "حيث إنه أمام الشهود المعينين لاحظ القاضي شخصيا أن س... لازال صغيرا ولم يصل بعد إلى سن البلوغ". وكما أن قاضي قسنطينة قرر، بمقتضى حكمه الصادر في ٢٢ ماي ١٨٦٥ بأنه "لوحظ وبصفة مؤكدة أن س... قد وصل إلى سن البلوغ". وأن هذين الحكمين قد أيدهما مجلس قضاء الجزائر[(٢)].

وكما أن اشتراط سن الرشد المدني، استجابة، كما نعلم، لما ذهب إليه نفر من الفقه المغاربي، أو السن القانوني للزواج بصفة مطلقة وبغير استثناء لا هو مناسب ولا

منشور، مقتبس عن عبد العزيز توفيق، التعليق...، المرجع السابق، ص. ٤٧.

(١) انظر، الحطاب، مواهب الجليل شرح مختصر خليل، ج. ٤، مطبعة السعادة، القاهرة، ١٣٢٩ هـ، ص. ٢١٥.

(٢)Cf. Cour d'Alger, ٢٨ juin et ٤ novembre ١٨٦٥, Rev. Mar. de légis., Doc., juris. Chérifiennes, ١٩٣٥-١٩٣٦, n° ١-٤, p. ٢٨, obs. Paul Zeys.

مفيد، وإنما الحل الأنسب والأنجع هو أن يكون الحاضن بالغا وعلى الأقل ذا سن تتماشى والسن المرخَّصة قضاء للزواج. ولهذا يقتضي الأمر تحديد سنا أدنى للزواج لا يمكن النزول عنها في حالة الترخيص القضائي، وترشيد المرأة بإبرامها عقد القران. وفي غير حالة الترخيص القضائي، تقتضي مصلحة المحضون أن تسند الحضانة للأم إذا كانت بالغة سن الزواج.

هذا إذا كان الحاضن أحد الوالدين، الأم أو الأب، فما هو الشأن يا ترى بالنسبة للأشخاص الآخرين المرشحين للحضانة، سواء تم ذكرهم في النصوص القانونية كما هو الشأن في التشريعين الجزائري[(١)] والمغربي[(٢)] أولم يتم مثلما هو عليه في التشريع التونسي[(٣)]؟

وما يجب ملاحظته، قبل الإجابة عن هذا السؤال، هو أننا نخص بالحواضن الآخرين في هذا الصدد الخالة وأخت المحضون وعمته والأقربون درجة، لأن إثارة مشكل صغر السن بالنسبة للجدات الأموية أو الأبوية أمر لا يتصور وقوعه من الناحية العملية.

وإلى جانب هذه الملاحظة، نحن نرى بأنه من المستحسن أن نتبنى، بشأن هؤلاء المرشحين، غير عين الحل المعتمد بالنسبة للوالدين، وذلك حتى ولو كان على حساب عدم تنسيق القواعد المنظمة للحضانة وعدم تحقيق نوع من الانسجام بين القواعد المنظمة للحضانة في هذا الإطار. فالقاضي متى لاحظ الشروط مجمعة في المرشح، ووجد فيه الرغبة في رعاية المحضون أسند له الحضانة، ولكن شريطة، على خلاف الأبوين أن يكون بالغا سن الرشد القانوني كما جاء في الفقرة الأولى من المادة ١٧٣ من المدونة المغربية أو مرشدا بالزواج بالنسبة للتشريعات المعترفة بالترشيد بالزواج. وينبغي أن يستقر قضاؤه على هذا الأساس، إذ يمكن قبول التفرقة في هذه المسألة نظرا لما تنطوي عليه من حل غير معيب بحيث تأخذ بعين الاعتبار صفة الشخص لتحديد حقه في الحضانة -أي معرفة عما إذا كان الأمر يتعلق بالوالدين أم غيرهما - وهي صفة لها علاقة بتأهله للحضانة بصرف النظر عن حق الأولوية المسطر قانونا لا في التشريع التونسي بل في التشريعين الجزائري والمغربي.

فالأخذ بهذا الحل يجعل منه في اعتقادنا أكثر الحلول تطابقا مع الواقع المعاش ومع

---

(١) انظر، المادة ٦٤ من قانون الأسرة.

(٢) انظر، الفصل ١٧١ من مدونة الأسرة.

(٣) انظر الفقرة الثانية من الفصل ٦٧ من المجلة التونسية.

الأساس الذي بني عليه مبدأ مصلحة المحضون. إذ أن الاستعمال الصحيح لهذه الشروط هو الذي يولد فقط نتيجة سليمة من الناحية العملية وأن تقدير صحة هذا الاستعمال وعدم صحته أمر ينطوي على جانب كبير من التحكم. بذلك، وبذلك وحده، نكون قد صنا قاعدة من القواعد الأساسية والجوهرية في مسألة رعاية مصلحة المحضون ويكون القضاء قد احترم التزاما من التزاماته الجوهرية في هذا الخصوص.

وفي النهاية، نقول أن الأخذ بوحدة سن الرشد في الحضانة[١] يحقق عدة فوائد تطبيقية، سواء كان ذلك من ناحية المحضون أم من ناحية الحاضن. بحيث إذا كانت الحضانة خاضعة لشرط موحد وكان الرشد محددا تقديريا، فإن هذا يجنب حصول أي تنازع يمكن أن يشب بين أصحاب الحق في الحضانة وأي اختلاف أن يطرأ بين القضاة[٢]. بل سيضع حدا للكثير من المناقشات القانونية العقيمة التي تثار في هذا الصدد وقد لا تصل إلى تحقيق الهدف المنشود المتمثل في حماية مصالح المحضون. وكما أنه من الأجدر، توحيدا للقواعد التشريعية، الاعتراف بترشيد الأشخاص بالزواج، كما هو عليه الشأن في القانون التونسي[٣] والمدونة المغربية[٤] وكذا القانون الجزائري مؤخرا[٥].

إذن، فالأخذ بمبدأ وحدة القاعدة في الحضانة، باعتباره مبدأ يتماشى وروح الشريعة

---

(١) سن الرشد المقصودة في هذه المسألة هي تلك السن المشار إليها أعلاه، وليست سن الرشد التي حددتها الفقرة الثانية من المادة ٤٠ من القانون المدني الجزائري وفي الفصل ١٥٣ من المجلة التونسية والمادة ٢٠٩ من مدونة الأسرة المغربية.

(٢) أما إذا اختلفوا في تحديد أهلية الحاضن لحصل التساؤل عن أي الأمارات يجب العمل بها، هل هي الاحتلام أم واحدة من تلك غير المتفق عليها فقها ؟

(٣) ينص الفصل ١٥٣ من المجلة على أن "...وزواج القاصر يرشده إذا تجاوز السابعة عشرة من عمره".

(٤) انظر، المادة ٢٢ من المدونة المغربية.

(٥) والجدير بالملاحظة هنا هو أن الفقرة الثانية من المادة ٧ المعدلة من قانون الأسرة أصبحت تنص على إمكانية الترشيد بالزواج، وذلك بقولها "يكتسب الزوج القاصر أهلية التقاضي فيما يتعلق بآثار عقد الزواج من حقوق والتزامات". غير أن ما يعاب على هذه الفقرة هو أنها لم تضف عبارة "المرخص له" بجانب الزوج، حتى يكون المعنى مفهوما ودالا، إذ لنا أن نتساءل عما إذا للزوج القاصر المتزوج عرفيا، أي غير المرخص له بالزواج بسبب السن، حق اكتساب أهلية التقاضي أم لا. بل والأكثر من ذلك، هل هذا الترشيد يسمح للزوجة المطلقة إقامة الدعوى بسبب مثلا إسقاط الحضانة، علما أن الحضانة هنا هي أثر من آثار الطلاق ولا الزواج، الخ.

الإسلامية، وبما بنيت عليه من عدل وعدالة يعمل على حماية مصالح المحضون إلى حد بعيد، وكذا الأمر بالنسبة لشرط خلو المرشح للحضانة من الأمراض العقلية والجسدية.

المطلب الثاني
خلو المرشح للحضانة
من الأمراض العقلية والجسدية

رعاية لمصلحة الطفل المحضون، لا بدّ أن تتوفر في المرشح للحضانة السلامة العقلية والنفسية **(الفرع الأول)** وكذلك الجسدية **(الفرع الثاني)**. ولإبراز هذه المصلحة سنعالج كل واحدة منهما على حدة.

الفرع الأول
الخلو من الأمراض العقلية والنفسية

يشترط كذلك لاستحقاق الحضانة، وذلك رعاية لمصلحة المحضون، أن يكون الحاضن معفى من كل مرض يصيب العقل[1]. وعليه، فإذا كان المرشح للحضانة مجنونا[2] أو معتوها لم يصح جعله حاضناً على غيره، لأنه في هذه الحال يكون في حاجة إلى من يرعى شؤونه، فكيف يكون حاضنا على غيره[3]، بل ذلك لأن غير العاقل لا يحسن القيام

---

(١) انظر، وهبة الزحيلي، الفقه الإسلامي...، المرجع السابق، ج. ٧، ص. ٧٢٦.

(٢) انظر في تعريف الجنون وأنواعه، عبد القادر عودة، المرجع السابق، ص. ٥٨٥؛ مصطفى السباعي وعبد الرحمن الصابوني، الأحوال الشخصية، الأهلية والوصية والتركات، مرجع سابق، ص.٢٤-٢٥.

Cf. P. A. Ibrahim, De la responsabilité pénale en droit musulman d'après la doctrine hanafite, th. Paris, ١٩٤٤, pp. ١٢٠-١٢١ ; D. Tchouar, op. cit., th. Rennes, ١٩٨٧, p. ٤٣٧ et s.

وفيما يتعلق بالعته، انظر عبد القادر عودة، المرجع السابق، ص.٥٨٧؛ مصطفى السباعي وعبد الرحمن الصابوني، المرجع السابق، ص.٢٥.

Cf. M. Amid, Le divorce en droit iranien, th. Paris, ١٩٣٩, p. ٦٠ ; D. Tchouar , op. cit, th. Rennes, ١٩٨٧, pp. ٤٣٩ et s.

Sur les prodigues et les faibles d'esprit, cons. H. L. et J. Mazeaud, Leçons de droit civil, T. ١er, ٦ème éd., par M. de Juglart, ٣ème Vol., Les personnes, édit. Montchrestien, Paris, ١٩٧٦, pp. ٧٧١-٧٧٣.

(٣) انظر، السيد سابق، المرجع السابق، ص. ٣٠٥؛ وهبة الزحيلي، الفقه الإسلامي...، المرجع

بحفظ الصغير ورعايته به وقد يخشى على الصغير منه لا يتحقق المقصود من الحضانة[1].

هذا هو شرط الخلو من الأمراض العقلية والنفسية الذي أقره الفقه الحديث والقديم وأعمله القضاء المقارن في أحكامه وقراراته، بل وسطرتها التشريعات المغاربية في نصوصها، وفي ذلك ينص الفصل ٥٨ من المجلة التونسية في شطره الأول على أنه "يشترط في مستحقي الحضانة أن يكون قادرا على القيام بشؤون المحضون...". وأما المادة ١٧٣ فقرة ثالثة من المدونة المغربية تشترط في الحاضن "القدرة على تربية المحضون وصيانته ورعايته دينا وصحة وخلقا وعلى مراقبة تمدرسه". أما المشرع الجزائري جاء، كما أسلفنا، بعبارة عامة تحتوي في طياتها الشروط الواجب توافرها في الحاضن وذلك بقوله "ويشترط في الحاضن أن يكون آهلا للقيام بذلك".

ويتضح من هذه التشريعات، أن الصياغة التي جاءت بها نصوصها بصدد هذا الشرط غير منسجمة، بل متفاوتة من تشريع لآخر، حيث منها، كما هو ظاهر أعلاه، من أعتمدت على العموم كالتشريع الجزائري، ومنها من عبرت عنه بالمقدرة دون التحديد كالتشريع التونسي، ومنها كالمدونة المغربية من حددت الشرط ولكن لم تؤكده كما جاءت به في صياغتها الأولى.

ومعنى ذلك أن التشريعين الجزائري والمغربي لم يضعا تعريفا لشرط العقل، كما أنهما لم يقدما له أية معايير وصفية، ولم يكن قصدهما في تلك النصوص أن يضيقا من ساحة هذه الأمراض، بدليل استخدامهما عبارات واسعة مرنة مثل "أهلا" أو"القدرة". وهذا خلافا للمجلة التونسية التي بعدما اشترطت في الحاضن القدرة راحت تفسر ذلك بأنه يشترط فيه أن لا يكون مصابا بمرض مانع من القيام بواجبه. ولكن حتى في هذا النص الأخير لا نجد المعيار المطلوب بدلالة أن هذه الأمراض المانعة للقيام بالواجب يمكن أن تصيب الجسم كما يمكن أن تصيب العقل، ولذلك يظل السؤال الأساسي : ما المعيار الذي بموجبه نقول عن المرض العقلي أنه يتنافى ومصلحة المحضون ؟

السابق، ص. ٧٢٦؛ الإمام محمد أبو زهرة، الأحوال...، المرجع السابق، ص. ٤٠٥.

(١) ولما كان هذا الشرط مطلوبا في الولاية، فإنه من الأحرى أن يتوافر في الحاضن، لأن مصلحة المحضون لا تراعى إلا من شخص سليم - العقل - يدرك وزن المهمة الملقاة على عاتقه، وينتبه لحاجات الطفل المعنوية والمادية فيوفر له العناية اللازمة لذلك.

فإذا كان النص غامضا أو يشوبه التدقيق، هل يصح لنا الرجوع إلى المبادئ الفقهية الإسلامية لتوضيحه، ومن ثم لتحديد معيار الشرط الذي نحن هنا بصدده ؟ هذه الأسئلة، وغيرها، لا يجوز أن تظل بلا إجابات، حتى لا يكون الحكم بعدم استحقاق الحضانة لانتفاء هذا الشرط مجرد كلام مرسل وعار عن أسبابه. وإذا ألححنا في طلب الإجابات فإننا نريدها من منهل محلي يواجه نصوصنا المغاربية.

صحيح إن القضاء المغربي قد أقر صراحة، تفسيرا للفصل ٩٨ من المدونة السابق، بأنه قد حدد على سبيل الحصر- شروط الأهلية للحضانة[١]، لكن مع ذلك فهذا التصريح لا يمنعنا من الرجوع إلى أحكام الفقه الإسلامي من أجل تفسير وتوضيح ما هو غامض في هذه الشروط إذا ما رعينا القواعد التي ترتكز عليها طرق تفسير النصوص القانونية من حيث المصدر. هذه هي فكرة الرجوع إلى المصادر التاريخية لتفسير النص الغامض أو الناقص التي أقرها الفقه وتبنتها المبادئ الأساسية للتشريع المغربي[٢]. وفي هدي هذه المبادئ سار القانون الجزائري[٣] والقضاء التونسي[٤] ومدونة الأسرة المغربية في صياغتها الجديدة[٥].

ونلج هذا الرجوع عبر السؤال التالي: ما هو موقف الفقه الإسلامي من هذا الشرط وما هو المعيار الواجب الاقتضاء به في هذا المجال ؟

الواقع، إذا وقع اتفاق الفقه الإسلامي[٦] على اشتراط العقل في الحاضن[٧]، إلا أنه لم

---

(١) انظر، المجلس الأعلى، ١٩٨٠/٠٩/٢٢، قرار عدد ٧٢٧، قضاء المجلس الأعلى، عدد ٢٧، ص. ١٤٥.
(٢) حيث ما يؤكد ذلك هو أن المشرع قد نص في الفصل ١٧٢ المدرج في الكتاب الرابع الخاص بالأهلية والنيابة الشرعية على أن " كل ما لم يشمله هذا القانون يرجع فيه إلى الراجح أو المشهور ما جرى به العمل من مذهب الإمام مالك ".
(٣) انظر، المادة ٢٢٢ من قانون الأسرة.
(٤)Cf. C. cass., civ. ٣١/٠١/١٩٦٦, arrêt n° ٣٣٨٤, précité.
(٥) انظر، المادة ٤٠٠ من مدونة الأسرة.
(٦) انظر، محمد علي محجوب، نظام الأسرة في الشريعة الإسلامية، (بدون دار وسنة الطبع)، ص.٦٤١.
(٧) انظر، ابن عابدين، رد المحتار..ز، المرجع السابق، ج. ٢، ص.٦٣٣ ؛ الحطاب، التاج والإكليل...، المرجع السابق، ج. ٤، ص. ٢١٦؛ الدردير، مع حاشية الدسوقي على الشرح الكبير، طبعة دار إحياء الكتب العلمية، (دون سنة)، ج. ٢، ص. ٥٢٨؛ ابن قدامه، المرجع السابق، ج.٧، ص. ٦١٢.

يقع بشأن تأثير درجة المرض العقلي على إسناد الحضانة.

فقد اكتفى الحنفية باشتراط العقل دون تفصيل(١)، وتفادوا عندئذ كل نقاش حول هذه المسألة(٢). أما الحنابلة والشافعية، فقد استثنيا من المرض العقلي العته، فساوى المذهب الأول بين الجنون المطبق والمتقطع وجعل كلاهما مانعا لممارسة الحضانة. وعلى النقيض من ذلك أعطى الاتجاه الثاني إمكانية إسناد الحضانة إلى المجنون جنونا نادرا(٣). بينما انتزع المالكية الحضانة من الشخص المصاب بخفة عقله وطيشه وجعلوا الجنون المطبق والمتقطع في نفس المرتبة(٤).

والحق، إن المفاضلة بين هذه المذاهب الأربع إنما تتوقف على مدى نظرتهم لرعاية مصلحة المحضون وعلى الحماية التي سطرها كل واحد منهم لتحقيق تلك المصلحة، إذ أن العلاقة بين الحاضن والمحضون لا تكون سوية إلا إذا بنيت على قواعد مستقيمة وخالية من الثغرات.

ومن ثم، ما يمكن قوله حول هذه الآراء، هو أنه إذا كان الحنابلة على صواب عندما ساووا بين الجنون المطبق والمتقطع بحجة أن الطفل يكون معرضا للخطر والإهمال في كلتي الحالتين، إلا أنه لم يسلم هذا الاتجاه من النقد حينما استبعد العته، لأن هذا المرض لا يقل عن الجنون بالشيء الكثير. فإسناد الحضانة لمعتوه، سيعرض لا محالة الطفل للضياع، لأن المسألة هنا تتعلق بمدى قدرة وقابلية الحاضن استيعاب الدور المنوط به، وبالتالي فمصلحة الطفل تصبح متوقفة على هذه النقطة، فكيف يمكن أن تتحقق مع حاضن معتوه لا يقدر على تدبير أموره هو.

لكن ليس معنى ذلك أننا نقر الشافعية على وجهة نظرهم السالفة، إذ من يتأمل الأحكام التي تبناها في هذه المسألة يجد أنها لم تراع تحقق مصلحة المحضون رعاية تامة. وفي اعتقادنا أن هذا المذهب لا يخل موقفه من انتقادين على الأقل :

---

(١) انظر، حميدو زكية، مصلحة المحضون في قانون الأسرة الجزائري، مذكرة ماجستير في القانون الخاص، سيدي بلعباس، ١٩٩٩، ص. ٩٢ وما بعدها.

(٢) انظر، ممدوح عزمي، المرجع السابق، ص. ٢٢-٢٧ .

(٣) بالنسبة لهذا المذهب، يعد شرط العقل من أول الشروط الواجب توافرها في الحاضنة. انظر، ممدوح عزمي، المرجع السابق، ص. ٢٧.

(٤) انظر، وهبة الزحيلي، الفقه الإسلامي...، المرجع السابق، ص. ٧٢٦؛ عبد الرحمن الجزيري، المرجع السابق، ص. ٥٩٨؛ ممدوح عزمي، المرجع السابق، ص. ٢٤.

الأول، أنه هو الآخر استبعد العته كمانع للحضانة، وفي ذلك تعارض مع مصلحة المحضون كما سبقت الإشارة إليه أعلاه.

الثاني، هو أنه إذا كان الحاضن مصابا بجنون متقطع، فمعنى ذلك أنه في حالة إفاقته يكون المحضون عنده، فما هو الشأن في حالة غشيانه؟ هل يبقى الطفل عنده إلى غاية إفاقته؟ ولكن ما هي النتيجة المترتبة على ذلك؟ ألا يكون الطفل معرضا هنا لخطر محقق؟ أم أن الحل هو وضع نظام "الحضانة المتقطعة" يكون بمقتضاه الشخص تارة حاضن وتارة غير أهل لذلك. مما يؤدي إلى تردد الطفل بين تركه عند المصاب بالجنون في حالة إفاقته وانتزاعه منه في حالة نوبته، ولكن في الفرضية الأخيرة إلى من يسلم الطفل؟

إذن، فبمقتضى هذا النظام نكون أمام سقوط الحضانة تلقائيا وعودتها تلقائيا وهذا ما لم ينص عليه أي قانون من قوانين الأسرة المغاربية، ولا يتقبله العقل ولا المنطق. وفوق هذا وذاك، فهذه التفرقة لا يمكن قبولها نظرا لما تنطوي عليه من حل معيب إذ أن مصلحة المحضون لا يمكن تحققها بمقتضى هذا النظام إطلاقا. إلى جانب هذا، إنه لا يصلح لحل مشكلة الحضانة حينما يكون الحاضن في حالة جنون.

ولتجنب كل هذه الأمور، نحن نفضل رأي المالكية على سواه ونرى وجوب الأخذ بالحل الذي يقضي به، فهو يعتبر في نظرنا أحسن الحلول وأعدلها، وأكثرها تماشيا مع الواقع بل ومع الأساس الذي بنيت عليه فكرة المصلحة في مسألة الحضانة. فهذا الاتجاه إذن يظهر أكثر حرصا على مصلحة المحضون من خلال حسم موقفه بإبعاد كل حالات الجنون والعته والطيش أيضا، لأن مصلحة المحضون الواجبة الاعتبار، لا تحتمل المخاطرة بتكوينه النفسي ـ والعقلي والصحي. فتصرفات المجنون، ولو كان الجنون نادرا، غير متوقعة، قد يصيب المجنون أذى في لحظة نوبة الجنون.

هذا، وقد قرر المالكية، تبعا لاشتراطهم الرشد في الحاضن، بأن لا حضانة للسفيه الذي يبذر مال المحضون أو ينفق عليه بلا حسبان[1]. وهذا ما لم يقل به

---

(١) يعرف السفه لغة بأنه الجهل في أمور النفقات، واصطلاحا هو حالة الشخص الذي يتصرف في ماله خلافا ما يقتضيه الشرع والعقل، وهو الذي يبذر في ماله تبذيرا لا يقع من العقلاء الراشدين عادة. انظر، مصطفى السباعي وعبد الرحمن الصابوني، ص. ٢٦-٢٧؛ حاشية الدسوقي على الشرح الكبير، المرجع السابق، ج. ٢، ص. ٤٨٩؛ وهبة الزحيلي، الفقه الإسلامي....، المرجع السابق، ص.٧٢٦؛ عبد الرحمن الجزيري، المرجع السابق، ص. ٢٤؛
Cf.D. Tchouar., op. cit. , th…, ١٩٨٧, p. ٤٣٩

جمهور الفقهاء[١] وكذلك جانب من الفقه المغربي، حيث اكتفى بذكر الجنون والعته كسببين مانعين لإسناد الحضانة دون السفه[٢]. وفي هذا يقول الأستاذ محمد الكشبور "إن فاقد العقل، وهو عادة إما مجنون أو معتوه، لا يميز بين الصالح والطالح، وهو نفسه في حاجة ماسة لمن يقوم بشؤونه، فكيف إذن يقوم بشؤون غيره عن طريق الحضانة"[٣].

وقد حظي هذا الموقف بالتأييد من طرف بعض شراحي قانون الأسرة الجزائري[٤]، إذ صرح الأستاذ عبد العزيز سعد بأنه يشترط في الحاضن أن لا يكون مجنونا ولا معتوها ولا صغيرا[٥]، بينما اكتفى الأستاذ بلحاج العربي بذكر الجنون كمانع من موانع استحقاق الحضانة دون باقي العوارض الأخرى، كالعته والسفه[٦]. وكما قد حضي بالتأييد من قبل بعض المعلقين على مجلة الأحوال الشخصية التونسية[٧].

لا نشاطر من جانبنا أصحاب هذا الرأي، بل أن رأي المالكية له كل ما يبرره، فالمصلحة، وهي الركيزة الأولى والأخيرة لإسناد الحضانة، إنما ترتبط ارتباطا وثيقا بسلامة الحاضن عقليا، الأمر الذي يقتضي أن يتمتع هذا الأخير بكامل قواه العقلية حينما تسند إليه الحضانة وذلك حتى نستطيع أن نحافظ على مصلحة المحضون سواء كانت هذه المصلحة معنوية أم مادية.

وتجدر الإشارة إلى أن هذا الرأي لا يتعارض مع النصوص التشريعية المغاربية المتعلقة بالقصر؛ إذ أن المشرعين المغاربين نظموا أحكام الأهلية والولاية في قوانين الأسرة[٨]،

---

(١) حيث فسر شرط العقل بأن لا يكون الحاضن مجنونا ولا معتوها. انظر، الرملي، نهاية المحتاج...، المرجع السابق، ج. ٦، ص. ٢٧٣؛ ابن قدامه، المرجع السابق، ج. ٩، ص. ٢٩٦.

Pour plus de détails sur cette question, cons. Y. Linant de Bellefonds, op. cit., p. ١٦٣.

(٢) انظر، عبد الكريم شهبون، شرح مدونة...، المرجع السابق، ص. ٣٩٩؛ إدريس الفاخوري، المرجع السابق، ص. ٢٩١.

(٣) انظر، محمد الكشبور، المرجع السابق، ص. ٤٧٣.

(٤) انظر، فضيل سعد، المرجع السابق، ص. ٣٧١؛ عبد الفتاح تقية، المرجع السابق، ص. ٢٦٥

(٥) انظر، عبد العزيز سعد، المرجع السابق، ص. ٢٩٦.

(٦) انظر، بلحاج العربي، المرجع السابق، ص. ٣٨٣.

(٧) انظر، عمار الداودي، المرجع السابق، مذكرة، ص. ٢٠٧.

(٨) وإن كان المشرع الجزائري قد نظم البعض من أحكامها في القانون المدني في المادتين ٤٢ و٤٣ المعدلتين وفي المادة ٤٤ .

ومنحوا للقاصر الحماية الضرورية لحفظ أمواله[١]. ومما لاشك فيه أن هذه الأحكام تقبل التطبيق على المحضون لكونه قاصرا[٢] من جهة، ولكون أن مصلحته المادية تكون مراعية من جهة أخرى. فمصلحة المحضون إذن تستدعي حسن استعمال ماله، ومن ثم، لا تعزز هذه المصلحة إلا بوجود شخص رشيد أو مرشد[٣] يدرك تسيير نفقات الطفل.

إن المشرعين المغاربين لما أباحوا للولي أو الوصي حق التصرف في أموال القاصر[٤]، علقوا بعض التصرفات ذات الأهمية الخاصة على وجوب استئذان القاضي[٥]، وفي ذلك اعتبار

(١) انظر فيما يتعلق بأحكام المجنون والمعتوه والسفيه، المواد ٨٥، و١٠١، و١٠٧ من قانون الأسرة الجزائري؛ والفصول من ١٦٠ إلى ١٧٠ من مجلة الأحوال الشخصية التونسية؛ والمواد ٢١٢-٢١٨ من مدونة الأسرة.

(٢) انظر، عبد الرزاق السعيدي، أحكام الأهلية في القانونين التونسي واللبناني، مجلة القضاء والتشريع، ١٩٦٧، عدد ١، ص. ٢٥؛ خالد بنيس، مدونة الأحوال الشخصية، الولادة ونتائجها في مدونة الأحوال الشخصية، مطبعة بابل للطباعة والنشر، الرباط، ١٩٨٩، ص. ١٧٦.

(٣) انظر، الفصل ١٥٣ من المجلة التونسية للأحوال الشخصية. راجع بشأن ذلك، عامر بورورو، الترشيد بالزواج، مجلة القضاء والتشريع، ١٩٩٥، عدد ٢ خاص بالمرأة، ص. ٧؛ عبد الباسط خالدي، الترشيد بالزواج، مجلة القضاء والتشريع، ١٩٩٥، عدد ٨، ص. ١٧٥ وما بعدها؛ المادة ٧ فقرة ٢ من قانون الأسرة بشأن أهلية التقاضي وكذلك المادة ٢٢ فقرة ٢ من المدونة.

(٤) Cf. B. Ferchichi, op. cit.,.th. Tunis, ١٩٨٣, pp. ٣٩٨ et s.

(٥) انظر، المادتين ٨٨ و٨٩ من قانون الأسرة الجزائري، والفصل ١٥٨ من المجلة التونسية والمواد ٢٤٠ و٢٦٥ وما بعدها من المدونة المغربية. غير أن المجلس الأعلى المغربي قضى بموجب قراره الصادر في ١٩٩١/٠٥/٠٤ على أنه "بمقتضى الفصل ١٤٩ من مدونة الأحوال الشخصية المغربية فإن للأب الولاية على شخص القاصر وأمواله، وله التصرف في أموال محجوره ولو بالبيع دون إذن من القاضي.
المقدم والوصي هما اللذان يحتجان إلى إذن القاضي بالنسبة لهذه التصرفات وليس الأب". انظر، المجلس الأعلى، ١٩٩١/٠٥/٠٤، قرار عدد ٥٤٦، مجموعة قرارات المجلس الأعلى، أحوال شخصية، ١٩٨٣-١٩٩٥، ص. ٩. ولكن رفعا لهذا اللبس، نصت المادة ٢٤١ من المدونة على أنه "إذا تعدت قيمة أموال المحجور مائتي ألف درهم (٢٠٠ ألف درهم) أثناء إدارتها، وجب على الولي إبلاغ القاضي بذلك لفتح ملف النيابة الشرعية، كما يجوز للمحجور أو أمه القيام بنفس الأمر".
أما محكمة التعقيب التونسية قضت في قرارها الصادر بتاريخ ١٩٩٣/٠١/١٩ بأن "القائم بالحق الشخصي ولي القاصر المتضرر. وإن كان من حقه إدارة شؤونه المدنية والقيام في حقه إلى غاية بلوغه سن الرشد القانوني إلا أن التنازل والتخلي عن أمواله وحقوقه أمر خارج عن إرادته، فلا يمكن له ذلك أبدا إلا بموجب إذن خاص من القاضي المعني بالأمر". انظر، محكمة التعقيب،

لمصلحة القاصر. ذلك مما يدفعنا إلى القول أن المحكمة حينما تسند الحضانة إلى شخص لا بدّ أن تراعي مصلحة المحضون المعنوية والمادية معا[١].

أضف إلى ذلك، فمن التعريف الذي تبنته التشريعات المغاربية بشأن الحضانة[٢]، وإن اختلفت صياغتهم، من حيث إنها رعاية الولد وتعليمه وتربيته، نستشف أن هذه العناية تستوجب نفقة حسب ما يحتاج إليه الطفل، ولا يضطلع الحاضن بهذه المهمة على أتم وجه إلا إذا أحسن تدبير شؤون المحضون دون مغالاة ولا تقصير، فلا يبذر ماله فيما لا حاجة له به، ولا يضن عندما يعوز. وعليه، يتضح لنا بجلاء أن مصلحة المحضون تقضي أن يكون بجانب هذا الأخير حاضن غير سفيه[٣].

وصفوة القول، أن مصالح المحضون مترابطة ومتداخلة، وإذا كان جزء منها يغلب عليه الجانب الشخصي والجزء الآخر الطابع المالي، فإن الثانية وسيلة حتمية لممارسة الأولى. كما أن طريقة التصرف في الشؤون المالية لها تأثير مباشر على الشؤون الشخصية. لذلك ينبغي اشتراط في مستحق الحضانة أن لا يكون ذلك المبذر الذي يصرف ماله أو أموال غيره فيما لا فائدة فيه.

وبناء على هذه الحجج والأدلة لم يبق لنا إلا أن نؤيد موقف المالكية من حيث اعتبار السفه[٤] سببا متضاربا ومصلحة المحضون بدليل أن من بين غايات الحضانة حفظ

١٩/٠١/١٩٩٣، قرار جزائي، عدد ٤٣٦١٥، نشرية محكمة التعقيب، ١٩٩٣، القسم الجزائي، ص. ٢٠٣. وهذا ما ذهب إليه القضاء الجزائري، حيث قضى المجلس الأعلى بأنه "من المقرر قانونا أن تقسيم عقار القاصر من بين التصرفات التي يستأذن الولي فيها القاضي...". انظر، المجلس الأعلى، غ.أ.ش.، ١٩/١٢/١٩٨٨، ملف رقم ٥١٢٨٢، المجلة القضائية، ١٩٩١، عدد ٢، ص. ٦٣.

(١) انظر فيما قيل عن ضوابط معايير تحديد مصلحة المحضون، المبحث الثاني من الفصل الأول من هذه الدراسة.

(٢) انظر، المادة ١٦٣ من المدونة المغربية والمادة ٦٢ من قانون الأسرة الجزائري والفصل ٥٤ من المجلة التونسية.

(٣) وخاصة وأن المادة ٧٥ من قانون الأسرة تنص على أن "تجب نفقة الولد على الأب ما لم يكن له مال،...".

(٤) غير أنه ما يؤخذ على قانون الأسرة الجزائري ما نص عليه بالمادة ٨٥ التي تقضي باعتبار تصرفات السفيه غير نافذة شأنها شأن تصرفات المجنون والمعتوه، في حين تعتبر المادة ٤٣ المعدلة من القانون المدني السفيه ناقص الأهلية فقط. وكما أن المادة ٨٥ سالفة الذكر لم تشر إلى أهلية ذي

مال المحضون من الضياع والتبديد تحقيقا لمصلحته، بل كيف يمكن أن تسند الحضانة إلى شخص يمكن أن يكون محل حجر[١]، ومن ثم كل تصرفاته المالية باطلة[٢].

وهذا ما اتجه إليه غالبية الفقه الحديث[٣]، وهو كذلك الرأي المعمول به في القضاءين المقارن[٤] والمغاربي، حيث قضى المجلس الأعلى الجزائري في هذا الصدد بأنه "من المقرر شرعا بأن الحكم بالحضانة يجب أن يراعى مصلحة المحضون وكذا مراعاة شروط جدية تكون متوفرة في الشخص الذي يكلف بالحضانة، ومن جملتها أن تكون

الغفلة، مع أن السفيه وذي الغفلة يقرنان دائما في الشريعة الإسلامية، "إذ أنهما، على الرغم من أن حكم تصرفاتهما واحد، يختلفان في حالتهما، فالصفة المميزة للسفيه هي أنه تعتري الإنسان فتحمله على تبذير المال وإتلافه على خلاف مقتضى العقل والشرع، أما الغفلة فإنها تعتبر صورة من صور ضعف بعض الملكات النفسية يرد على حسن الإرادة والتقدير...". انظر، علي علي سليمان، تعليق على قانون الأسرة، مجلة الشرطة، ١٩٨٦، عدد ٢٥، ص. ٥٠. والغريب في الأمر هو أن حتى التعديل الذي أدخله المشرع في قانون الأسرة لم يتنبه لهذه المسألة، بل تركها على ما كانت عليه سابقا.

(١) انظر، المادة ١٠١ من قانون الأسرة الجزاري، والفصل ١٦٤ من المجلة التونسية، والمادة ٢/٢١٣ من المدونة المغربية.

(٢) انظر، المادة ١٠٧ من قانون الأسرة الجزائري والفصل ١٤٦ من المدونة المغربية. أما الفصل ١٦٥ من المجلة التونسية جعل هذه التصرفات من حيث نفاذها متوقفة على إجازة الولي، وهذا الموقف تبنته أيضا المدونة المغربية في مادتها ٢٢٨.

(٣) انظر، أحمد نصر الجندي، الطلاق...، المرجع السابق، ص. ٥٨٢ وما بعدها.

(٤) حيث قضت محكمة العطارين بمصر في حكمها الصادر بتاريخ ١٩٤٨/٠٤/٢٠ بأن "العاصب مثل الحاضنة يجب أن يكون مصلحا وأمينا فإذا كان مفسدا أو مبغضا للصغير أو غير أمين على نفسه وماله وارتكب ما يتنافى مع مصلحة الصغير انتزع منه...، ومن فساد العاصب... أن يتجاوز حد الاعتدال إلى الإسراف في بذل ماله وهو في سبيل البر، وعللوا ذلك بأن المفسد في المال لا يصلح لولاية النفس كما لا يصلح لولاية المال ولا لحفظ الصغير". انظر، محكمة العطارين، حكم عدد ٤٨/٢٩٥، مقتبس عن السيد عمر عبد الله ومحمد حامد قمحاوي، المرجع السابق، ص. ٥٧٨. وهذا ما قالت به أيضا محكمة سوهاج بمصر، حيث قضت بأن "المنصوص عليه شرعا أن العاصب إذا لم يكن أمينا على الصغيرة في النفس والمال لا تسلم إليه بل يسقط حقه إلى من يليه...". انظر، محكمة سوهاج، ١٩٤٦/٠٤/٢٩، حكم عدد ٤٤/٢٠٧١، مقتبس عن السيد عمر عبد الله ومحمد حامد قمحاوي، المرجع السابق، ص. ٥٨٢.

الحاضنة... سليمة في صحتها... العقلية"[١].

كما قضى أيضا في قراره الصادر بتاريخ ٢٥ ديسمبر ١٩٧٨ بأن "الحاضن يشترط فيه من جملة الشروط سلامة العقل... وأنه من الثابت أمام المجلس أن الزوج صمم على طلاق زوجته لأنها مصابة بمرض عقلي أو عصبي... وأن المجلس لم يسبب قراره في إسناد الحضانة إلى الأم المدعى عليها بأنها حائزة لصحة العقل أو البرء من المرض الذي أصابها حتى تصبح صالحة للقيام بمحضونها. وعليه، فإن قضاة الاستئناف لم يسببوا قرارهم تسبيبا كافيا وخالفوا المبدأ المتقدم... مما يستوجب نقض القرار المطعون فيه الصادر من مجلس قضاء الجزائر العاصمة في ١١ ديسمبر ١٩٧٧ نقضا جزئيا في إسناده حضانة الولد إلى أمه..."[٢].

وأخيرا، تأكد هذا الموقف في قرار أصدره نفس المجلس في ١٣ جانفي ١٩٨٦ إذ قضى بمقتضاه أن "الشريعة الإسلامية تراعي بالدرجة الأولى إلى مصلحة المحضونين وشروط جدية تكون متوفرة في الشخص الذي يكلف بالحضانة من جملتها أن الحاضنة... تكون سليمة في صحتها البدنية والعقلية..."[٣].

وفي نفس السياق، قضت محكمة التعقيب التونسية في قرارها الصادر بتاريخ ٠٢ فيفري ١٩٨٩ بأن "أسباب الحضانة توجب على المحكمة أن تستوعب جميع العناصر المادية والأدبية التي تحيط بالدعوى لتقدير حقيقة الأصلحية حرصا على حماية المحضون وهو أمر أساسي قانوني وأمر يهم النظام العام..."[٤]، وذلك حتى ولو أنها قد اعتبرت بشأن المسائل المدنية الأخرى "أن السفه لا علاقة له بضعف المدارك العقلية"[٥].

وكما أن ذلك التبذير في المال وعدم الرعاية لمصلحة المحضون يمكن أن يستنتج بمفهوم المخالفة من القرار الذي قضت فيه المحكمة ذاتها بأنه "يتجه إسقاط حضانة الأم

---

(١) انظر، مجلس أعلى، غ.ق.خ.، ١٩٦٥/١٢/٢٢، م.ج.ع.ق.إ.س.، ١٩٦٨، عدد ٤، ص. ١٢٤٢.

(٢) انظر، مجلس أعلى، غ.أ.ش.، ١٩٧٨/١٢/٢٥، رقم الملف ١٨٣٩٥، غير منشور.

(٣) انظر، مجلس أعلى، غ.أ.ش.، ١٩٨٦/٠١/١٣، ملف رقم ٣٩٥٥٩، غير منشور، مقتبس عن العربي بلحاج، مبادئ الاجتهاد...، المرجع السابق، ص. ١٢٣؛ ١٩٨٦/٠٥/٠٥، ملف رقم ٤١١٠، غير منشور، مقتبس عن العربي بلحاج، مبادئ الاجتهاد...، المرجع السابق، ص. ١٢٨-١٢٩.

(٤) انظر، محكمة التعقيب، ١٩٨٩/٠٢/٠٢، قرار مدني، عدد ٢٠٤٣١، مجلة القضاء والتشريع، ١٩٩١، عدد ٧، ص ٩٤.

(٥) انظر، محكمة التعقيب، ١٩٩٣/٠٣/٢٢، قرار مدني، عدد ٣٠٤٥٨، نشرية محكمة التعقيب، ١٩٩٣، ص. ٣٤٦.

لأبنائها إذا تبين أن مال النفقة الذي قبضته لفائدتهم إنما تصرفه خاصة لنفسها... وقد أبقت بهذا التصرف أبناءها في حالة خصاصة وإهمال"[١].

وإذا كان القضاء المغاربي يقوم، كما هو ظاهر، بدور فعال في تطبيق المبادئ الأساسية من حيث رعاية مصلحة المحضون. ويعتمد في ذلك على قاعدة مفادها أن حق المحضون أقوى من حق مستحقي الحضانة. وفي تطبيق هذه القاعدة يرتكز القضاء إلى جملة من المفاهيم المستقرة في الفقه الإسلامي تتمثل في تعريف أنواع الأمراض العقلية. ومن ثم فإن هذا المنهج يتفق مع الأحكام العامة التي أرساها المشرعون المغاربيون وتركوا للقضاء مرونة تطبيقها. ولعل هذا المنهج نابع من قناعة مفادها أن الأصل في بحث استحقاق الحضانة ليس الخلو من المرض في حد ذاته بل بآلية عدم تماشيه ومصلحة المحضون. وعلى هذا يختلف سبب عدم استحقاق الحضانة باختلاف المرض. وبذا يعتمد هذا المنهج على قاعدة قوامها أن القضاء وحده هو الذي يضطلع بعبء بحث مدى جسامة المرض العقلي وليس المشرع.

ولكن، مهما يكن الأمر، فإن ذلك قد يؤدي إلى اختلاف الأحكام عند تماثل أو تشابه الوقائع وذلك نظرا لاختلاف القضاة، وهذا ما نستشفه مقارنة بين القرارات الصادرة عن القضاء التونسي ذاته، حيث قضى هذا الأخير بأن "أب الابن تعرض لنوبات عصبية، فإن ذلك المرض... لا يعد من الأمراض المانعة من استحقاق الحضانة"[٢]. في حين أن قرارا آخر صادر عن ذات المحكمة اعتبر الاضطرابات النفسية من الأمراض المضعفة للعقل[٣].

وهكذا، يظهر لنا أن القضاء التونسي تارة يعتبر الأمراض النفسية من الأمراض غير المضعفة للعقل، ومن ثم غير المانعة لاستحقاق الحضانة، وإن كان قد أقر في العديد من قراراته أن مصلحة المحضون هي الأساس في إسناد الحضانة[٤]، وتارة كيفها على أنها من

---

(١) انظر، محكمة التعقيب، ١٩٧٠/١٠/٢٢، قرار مدني، عدد ٦٢٢٩، مجلة القضاء والتشريع، ١٩٧١، عدد ٦، ص. ٨٥.
(٢) انظر، محكمة التعقيب، ١٩٨١/٠٥/١٢، قرار مدني، عدد ٥٢٤١، نشرية محكمة التعقيب ، ١٩٨١، ص. ٣٠٦.
(٣) انظر، محكمة التعقيب ، ١٩٩٢/٠٦/٢٦، قرار مدني، عدد ٢٥٣٧٠، نشرية محكمة التعقيب ، ١٩٩٢، ص. ١٦.
(٤) من أمثلة هذه القرارات، انظر، محكمة التعقيب، ١٩٦٧/٠٢/١٤، قرار مدني، عدد ٤٨١٢،

الأمراض الماسة بالإدراك العقلي.

وأما بشأن القضاءين الجزائري والمغربي لم نعثر ضمن الأحكام التي تمكنا الحصول عليها على حكم ولا قرار معالجا للمسألة التي نحن بصددها هنا، ذلك مما يجعلها محلا للنقاش والتأويل الفقهية من حيث اعتبار المرض النفسي- هنا سببا مانعا للحضانة أو غير ذلك.

وفي هذا يرى الأستاذ الخمليشي في تعليقه على قانون المدونة المغربية أن "الذي تعتريه نوبات عصبية يفقد فيها التمييز وتجعله غير قادر على القيام بواجباته إزاء المحضون أو يتعرض معها هذا الأخير لخطر بدني أو معنوي"[(١)]. وكما أن المحكمة الشرعية السنية للبصرة بالعراق قضت "بأن الأم ليس لها الحق في حضانة ولدها إذ حيث ثبت حسب الخبرة التي قام بها مستشفى الأمراض العصبية والعقلية بأن المدعية تعاني من مرض يسمى : سيكوباتية الشخصية (اضطراب الشخصية)[(٢)] (Psychopathie de la personnalité).

ولهذا وذاك، نحن نرى بأنه على الرغم من أن نصوص قوانين الأسرة المغاربية لا تشير صراحة إلى هذه الحالة من الأمراض النفسية، فإن هذه الصورة تدخل هي الأخرى ضمن قائمة الأمراض المانعة للحضانة، وهو أمر منطقي، فلا داعي لترك الطفل مع شخص قد يؤثر وهو بجانبه على حالته النفسية، بل قد يلقه ما هو يعيشه من اضطرابات نفسية.

وعلى العموم، ينهض المعيار هنا على أساس قوامه النظر إلى مدى تضارب مصلحة المحضون مع الحالة النفسية للشخص المرشح للحضانة، أي مدى كون المرشح قادرا نفسيا وبالكامل في ممارسة الحضانة. فإذا كان المرشح تكتنفه اضطرابات نفسية تسلب إدراكه العقلي كان غير أهل الحضانة، ومن ثم يكون خاضعا لمبدأ رعاية مصلحة المحضون. فليس ثمة منعا لاستحقاق للحضانة إذا كان المرشح لها مجنبا لنوبات المرض النفسي التي لا

نشرية محكمة التعقيب، ١٩٦٧، ص. ٥٥؛ محكمة التعقيب،١٩٦٩/٠٧/٠١، عدد ٦٨٢٧، مجلة القضاء والتشريع، ١٩٧٠، عدد ٤، ص. ٣٥؛ محكمة التعقيب، ١٩٧٩/٠١/٠٢، قرار مدني، عدد ٢٧١٧، نشرية محكمة التعقيب، ١٩٧٩، ج. ١، ص. ١٣.

(١) انظر، أحمد الخمليشي، التعليق على...، المرجع السابق، ص. ١٣٦-١٣٧.

(٢) انظر، المحكمة الشرعية السنية للبصرة، ١٩٥٩/٠٨/١٦، حكم رقم ٥٩/٩٥، وتم تأييد هذا الحكم بمقتضى القرار الصادر عن المحكمة الشرعية السنية للاستئناف في قرارها الصادر في ١٩٥٩/٠٩/٢٦، قرار رقم ٤١٦، مقتبس عن علاء الدين كرفه، التعليق على قانون الأحوال الشخصية، ج. ٢، (بدون سنة الطبع)، بغداد، ١٩٦٣، ص. ٢٦١.

تذهب التمييز.

ولكن ما تجدر الإشارة إليه هو أن المبدأ مع وضوحه النظري تعتريه بعض الصعوبة في الميدان التطبيقي، حيث إنه بالرغم من وضوح المعيار المشار إليه أعلاه إلا أن التأثر بتلك الاضطرابات يتدرج ويتفاوت كثيرا بين شخص وآخر. ومن الدقة بمكان من الجانب العملي تعيين الحد الفاصل بين التأثر المعتبر عاديا والذي لا يتنافى ومصلحة المحضون، وبين الذي يتجاوز الحد العادي ويجعل صاحبه في حالة لا يمكنه فيها رعاية مصلحة المحضون.

زيادة على ذلك، فإن مشكل الإثبات يزيد هذه المسألة تعقيدا لاسيما في الحالات العابرة التي يسترجع فيها المرشح للحضانة رشده وتمييزه بعد فوات الاضطرابات النفسية، كما في حالات الانفعال الشديد الناتج عن صدمة قوية تارة لأتفه الأمور المتعلقة بالحياة اليومية. لذلك تبقى وسائل الإثبات التي يلجأ إليها المتقاضي الآخر غالبا هي شهادة الشهود، وأحيانا مع وصفات الأدوية أو نوع العلاج الذي كان يتلقاه المرشح ولا زال يتلقاه أثناء طرح مسألة الحضانة على القضاء.

فالسلامة العقلية إذن بحسب النصوص والأحكام السالفة هي إحدى الأسس التي ترتكز عليها مصلحة المحضون. ومن ثم، فالمرشح للحضانة، سواء أكان الأم أم الأب، وسواء أكان أحد الأقارب أم الغير(١)، يكون مستحقا لها إلا إذا كان سليما عقليا. ولا يهم مطلقا أن يثبت أنه كان مريضا في السابق. فالسلامة العقلية مفروضة هنا فرضا وقت استحقاق الحضانة ولا قبلها وإلا نكون ائتمرنا بأمر يتنافى ومصلحة المحضون ويتجافى مع المنطق وعلقنا استحقاق الحضانة على أن يكون المرشح لها سليما منذ الميلاد ولا عبرة لشفائه بعد ذلك. وهذا أمر لا يمكن أن يكون ولم يسلم به أي تشريع من التشريعات المغاربية، ولا حكم من الأحكام القضائية المغاربية.

وفي هذا قضت محكمة التعقيب التونسية بأن "الشهادة الطبية المدعى فيها والتي تفيد أن أب الابن تعرض لنوبات عصبية فإن ذلك المرض لم يكن أثناء نشر القضية بل سابقا لها..."(٢). وكما، قضت المحكمة ذاتها بأنه "يكون قابلا للنقض الحكم الذي قضى

---

(١) انظر، الفقرة الثانية من الفصل ٦٧ من المجلة التونسية.

(٢) انظر، محكمة التعقيب، ١٩٨١/٠٥/١٢، قرار مدني، عدد ٥٢٤١، نشرية محكمة التعقيب، ١٩٨١، ج. ٢، ص. ٣٠٦.

بحرمان والدة من حضانة ابنها بحجة أنها مصابة بمرض قبل التحقق...من استمراره إلى يوم الحكم"[١].

وأكثر من ذلك، وعلى ما سوف نرى تفصيلا في موضوع الخلو من الأمراض الجسدية، فإن القضاءين التونسي والجزائري قد اتجها بشأنه نبل الغاية، إلى قول الأطباء الأخصائيين، باعتبارهم أهل البصر والمعرفة في المسائل الطبية، لمعرفة حكم الواقع على وجهها الصحيح. ومعنى هذا أن الجنون وجميع الأمراض العقلية والنفسية هي من الأمور التي لا تثبت إلا بالخبرة الطبية المتخصصة، دون أية وسيلة أخرى، وهي متى وقعت صحيحة لا تنتفي إلا بخبرة فنية أخرى، لأن الشيء لا ينقض إلا بمثله.

وهذا ما نستنتجه من عدة قرارات قضائية صادرة عن محكمة التعقيب التونسية، منها خاصة ما قضت به بشأن إدعاء أن الأم مصابة بمرض نفسي وهي كانت تتناول أدوية مهدئة، بأن "هذا الادعاء يفتقر لأدلة طبية ومثبتات"[٢]، إذ أن "تشخيص حالة المرض العقلي والميز والإدراك من اختصاص أهل الخبرة وهم الأطباء الذين لهم وحدهم المرجع في ذلك،..."[٣] ؛ أي "إن حسم الأمر في مسألة الجنون يرجع إلى أهل الخبرة من الأطباء"[٤]. ومن ثم، أن الحاضنة "تتمتع بكامل مداركها العقلية وقادرة على حضانة أبنائها حسب الشهائد الطبية"[٥].

أما المجلس الأعلى الجزائري، قضى في إحدى قراراته بأن قضاة الموضوع قد "استنتجوا من الخبرة أن الجدة صحيحة العقل..."[٦].

وعلى ضوء ما قيل، نستنتج أن هذا الشرط يحقق مصلحة المحضون المعنوية والمادية

(١) انظر، محكمة التعقيب، ١٩٦٢/٠٢/١٩، قرار مدني عدد ١٤٧٩، مجلة القضاء والتشريع، ١٩٦٣، ص. ١٩.
(٢) انظر، محكمة التعقيب، ١٩٩٢/١٢/٢٢، قرار مدني، عدد ٣٣٩١٣، نشرية محكمة التعقيب، ١٩٩٢، ص. ١٨١.
(٣) انظر، محكمة التعقيب، ١٩٩٢/٠٦/٢٦، قرار مدني، عدد ٢٥٣٧٠، نشرية محكمة التعقيب، ١٩٩٢، ص. ١٦.
(٤) انظر، محكمة التعقيب، ١٩٩٣/٠٢/٠٩، قرار مدني، عدد ٢٥٧١٢، نشرية محكمة التعقيب، ١٩٩٣، ص. ٣٠٨.
(٥) انظر، محكمة التعقيب، ١٩٩٧/٠٤/٢٢، قرار مدني عدد ٥٧٤٦٦، المشار إليه لاحقا.
(٦) انظر، مجلس أعلى، غ. أ.ش.، ١٩٧٩/٠١/١٥، ملف رقم ١٧٤٨١، غير منشور.

معا، ولذلك لا بدّ أن يتمتع الحاضن بكل قواه العقلية لإبعاد أي احتمال وقوع ضرر يحدق بالمحضون. والواقع أن مراعاة هذه المصلحة يقتضي أيضا السلامة الجسدية في الحاضن.

الفرع الثاني
الخلو من الأمراض الجسدية

ويشترط في المرشح للحضانة، إضافة إلى ما قلناه أعلاه، جملة من الصفات الأخرى ترجع في حقيقتها إلى الرعاية والمحافظة على مصلحة المحضون وتوفير راحته وصحته، ولهذا فإن سلامته من الأمراض الجسدية ليست أقل وجوبا من تلك الشروط سالفة الذكر. وهكذا يشترط في الحاضن أن يكون خاليا من كل مرض جسدي يحول دون العناية بالطفل، أو يهمل تربيته أو يدهور صحته[١].

ولعل أن "الفيصل في ذلك، كما يقول الأستاذ معوض عبد التواب، هو تحري مصلحة الصغير، والابتعاد عما فيه ضرره وما يحتمل أن يؤدي إلى هذا الضرر، إذ أن الحضانة لنفع المحضون وجر المصلحة له ودفع الضرر، ولم تشرع لإيراده موارد الهلاك أو جعله في أماكن الضرر"[٢].

وكذلك قد نظم المشرعون المغاربيون هذا الشرط استجابة لرعاية مصلحة المحضون، وباعتبار الطبيعة المنفردة لمسألة الحضانة، من دون أن يحسم هذا التنظيم النقاش القانوني الدائر حول ماهية هذا الشرط، أي حول ما كان يقصده المشرعون من وضعه من حيث الصيغة التي جاء بها في تشريعات الأسرة. ولم يكن القانون المغربي في صياغته السابقة بعيدا عن التأثر بما تمليه الأحكام الفقهية في شأن شرط الخلو من الأمراض الجسدية، فكان ينص الفصل ٩٨ من المدونة على أنه يشترط لأهلية الحضانة "... القدرة على تربية المحضون وصيانته صحة... والسلامة من كل مرض معد أو مانع من قيام الحاضن بالواجب".

أما المشرع الجزائري فقد نص على ذلك ضمنيا في المادة ٦٢ من قانون الأسرة

---

(١) خلافا للمشرع الجزائري، نص المشرع التونسي صراحة على شرط السلامة من المرض المعدي في الفصل٥٨ من مجلة الأحوال الشخصية، وكذلك مشروع القانون العربي الموحد للأحوال الشخصية في المادة ١٣٤.

(٢) انظر، معوض عبد التواب، موسوعة الأحوال الشخصية، ج. ٢ ، منشأة المعارف، الإسكندرية، ١٩٩٥، ص. ٦١١.

سالفة الذكر بقوله "ويشترط في الحاضن أن يكون آهلا للقيام بذلك"، أي آهلا "للسهر على حمايته وحفظه صحة...".

أما التشريع التونسي فقد نظم هذا الشرط على أسس شبه مغايرة، فقد جاء في الفصل ٥٨ من مجلة الأحوال الشخصية "يشترط في مستحق الحضانة أن يكون... قادرا على القيام بشؤون المحضون سالما من الأمراض المعدية".

وأمام هذه الصيغ المختلفة للنصوص القانونية المغاربية، قد ثار الجدل والنقاش في المغرب بخصوص مفهوم النص سالف الذكر[١]. فارتأى الأستاذ أحمد الخمليشي أن "القصد من القدرة على التربية القدرة البدنية، والقدرة المعنوية. فالأولى تعني اللياقة البدنية للقيام بأعمال العناية التي تتطلبها الحضانة، ومن أهم ما تنتفي به كبر السن... ومما تنتفي به القدرة البدنية كذلك، الإصابة بعاهة تؤثر على بذل العناية المطلوبة مثل فقد السمع أو البصر، أو بعض الأعضاء التي يرتبط بها القيام بشؤون المحضون"[٢]. وأما القدرة المعنوية التي أشار إليها تتعلق بمسائل أغلبيتها ذات طابع مادي، كالظروف الاقتصادية والعمل، الخ. وأضاف قائلا، أن شرط السلامة من الأمراض "يشمل نوعين من الأمراض : النوع الأول المعدي، والثاني المانع من القيام بواجبات الحضانة..."[٣]، وأن "الأمراض المشار إليها في هذه الفقرة لا تشمل العاهات مثل فقدان إحدى الحواس، أو بعض الأطراف أو الشلل وما إلى ذلك من العاهات التي تعطل الجسم كله أو بعض أجزائه. فهذه تدخل في الشرط الرابع الخاص بالقدرة على تربية المحضون"[٤].

غير أن الأستاذ عبد الكريم شهبون لم يقر نسبيا هذا التفسير إذ يرى أن المقصود "بالسلامة من كل مرض معد، مانع من القيام بواجب الحضانة، فلا حضانة لكفيفة أو ضعيفة البصر ولا مريض مرضا معديا، أو مرضا يعجزها عن القيام بشؤون الطفل، ولا لمتقدمة في السن تقدما ما يحوجها إلى رعاية غيرها لها". ثم أضاف قائلا أن المقصود من شرط القدرة على تربية المحضون، هو "أن تكون الحاضنة قادرة على القيام بشؤون

---

(١) تنص الفقرة الثالثة من المادة ١٧٣ من المدونة على أنه يشترط في الحاضن "القدرة على تربية المحضون وصيانته ورعايته دينا وصحة وخلقا وعلى مراقبة تمدرسه".

(٢) انظر، احمد الخمليشي، التعليق على...، المرجع السابق، ص. ١٤١-١٤٢.

(٣) انظر، احمد الخمليشي، التعليق على...، المرجع السابق، ص. ١٤٥.

(٤) انظر، احمد الخمليشي، التعليق على...، المرجع السابق، ص. ١٤٦.

المحضون، فإن كانت عاجزة عن ذلك لانشغالها بغيره،...، وذلك لا يكون مع العجز لمرضها أو لتقدمها في السن"[١].

ونحن وإن كنا نقر الأستاذ أحمد الخمليشي على تفسيره من حيث إن عبارة "القدرة على تربية المحضون وصيانته صحة..." الواردة في النص تنصرف أيضا إلى الشخص الذي بلغ من الكبر عتيا[٢]، إلا أننا لا نستطيع مجاراته في النتيجة التي توصل إليها، من حيث اعتبار أن الفقرة الخامسة من الفصل ٩٨ السابق من المدونة لا تشمل فاقد البصر، أو الأبكم أو الأصم أو المصاب بشلل أو بعاهة من العاهات التي تعطل الجسم كله أو بعض أجزائه. فمثل هذا الشخص لا يمكن أن يكون بحسب التشريع الراهن إلا مندرجا ضمن الشرط المتعلق "بالسلامة من كل مرض معد أو مانع من قيام الحاضن بالواجب" ولا بالشرط المتعلق "بالقدرة على تربية المحضون وصيانته صحة...".

نعم، نحن لا ننكر أن مصلحة الطفل تقضي، كما يقول الأستاذ أحمد الخمليشي، بأن يكون بين أحضان شخص خلي من الأمراض الجسدية المضرة بصحته. ولكن يبدو أن المناسب هو حصر المرض المانع للحضانة في النص التشريعي المناسب له حيث إن عدم التداخل في تفسير النصوص يؤدي لا محالة إلى إعطاء المفهوم المناسب والسليم للنص التشريعي ومن ثم إلى التطبيق الصحيح له.

بينما يرى الأستاذ إدريس الفاخوري أنه يقصد من شرط السلامة من الأمراض، بأنه "يجب أن يكون الحاضن غير مصاب بمرض معد لأن في ذلك ضرر بالطفل المحضون"[٣]، مع العلم أن النص يشترط السلامة من الأمراض المعدية والمانعة لتأدية الحضانة على أحسن وجه، ولا المعدية دون المانعة.

وهناك من اعتبر، تفسيرا لشرط القدرة على تربية المحضون، أنه "من الطبيعي أن القدرة المالية للاعتناء بالمحضون تعد بدورها شرطا واجبا في هذا الصدد، وقد أكد عليها المشرع المغربي في الفصل ١٠٠ من المدونة"[٤].

---

(١) انظر، عبد الكريم شهبون، شرح مدونة...، المرجع السابق، ص. ٤٠٠-٤٠١.
(٢) أي الشخص المتقدم في السن
(٣) انظر، إدريس الفاخوري، المرجع السابق، ص. ٢٩٢.
(٤) انظر، محمد الكشبور، المرجع السابق، ص. ٤٧٥.

ويتضح من هذا التفسير المشلول أن نفقة المحضون تقع مباشرة على الحاضن[١] مع أن التنسيق بين الفصلين ١٠٣ و١٠٤ من المدونة يقضي بخلاف ذلك، إذ ينص الأول صراحة بأن "أجرة الحضانة ومصاريفها على المكلف بنفقة المحضون..."[٢]، والثاني أن "النفقة في الأقارب تجب على الوالد لأولاده"[٣]. وهذا ما أكده المجلس الأعلى المغربي، حيث قضى أن "الأصل في الحضانة بعد انفصام العلاقة الزوجية أن تكون للأم مادام لم يثبت سقوط حضانتها عن ولديها ولها الصفة في طلب النفقة أو أجرة الحضانة..."[٤].

وكما أن هذا النقاش لم يجنب الفقه التونسي بصدد الشرط الذي أقره المشرع، حيث يرى الأستاذ باجي محمد، بعد أن أشار إلى أن تحديد مفهوم هذا الشرط يقتضي منا الرجوع إلى الشريعة الإسلامية، بأنه ينبغي ابتعاد إمكانية الفرض على عاتق الحاضن أي التزام مالي، لأن ذلك يقع على عاتق الأب (الفصلين ٤٦ و٥٦ من المجلة). ومن ثم، فإن الأمر لا يتعلق هنا إذن إلا بقدرة القيام بشؤون الطفل واحتياجاته، كتحضير الأكل، الغسل وبكل ما يتعلق بشروط السكن ونمو الطفل...

غير أنه يضيف قائلا، أن حاليا، فالشرط المتعلق "بالقدرة الجسدية" ليس له من مبرر لأنه، من جهة، فالحضانة لا تقتصر على القيام بشؤون الطفل اليومية، بل تعتنق

(١) ومع أن الفصل ١٢٩ من مدونة الأحوال الشخصية ينص على أنه "إذا عجز الأب عن الإنفاق على ولده، وكانت الأم غنية وجبت عليها النفقة". وفي هذا قضى المجلس الأعلى بأنه "بمقتضى الفصلين ١٢١ و١٣٠ من مدونة الأحوال الشخصية فإن النفقة الواجبة للأقارب تنقسم من حيث استحقاقها إلى ثلاث أنواع :... والثالث نفقة الأولاد على الأب أو الأم الغنية عند عجز الأب وتستحق من تاريخ الامتناع من أدائها عند طلبها...". انظر، المجلس الأعلى، ١٩٧٧/٠٩/٢٧، قرار رقم ١٢١، مجلة المحاكم المغربية، عدد ١٨، ص. ١١٥.

(٢) وهذا ما نصت عليه المادة ١/١٦٧ من المدونة بقولها "أجرة الحضانة ومصاريفها على المكلف بنفقة المحضون وهي غير أجرة الرضاعة والنفقة". انظر، كذلك الفقرة ٠٣ من المادة ٥٤ من المدونة.

(٣) تنص المادة ١٩٨ من المدونة على أن "تستمر نفقة الأب على أولاده إلى حين بلوغهم سن الرشد، أو إتمام الخامسة والعشرين بالنسبة لمن يتابع دراسته".

(٤) انظر، مجلس أعلى، ١٩٨٤/٠٣/٢٥، قرار رقم ١١٥٤، غير منشور، مقتبس عن عبد العزيز توفيق، التعليق ...، المرجع السابق، ص. ١٠٦. وهذا ما أكده المشرع في المادة ١٦٧ من المدونة بالتنصيص على أن "لا تستحق الأم أجرة الحضانة في حال قيام العلاقة الزوجية، أو في عدة من طلاق رجعي".

"التعليم والتكوين الخلقي للأطفال"، ومن جهة أخرى، ليس هناك ما يمنع من أن يعين الحاضن شخصا آخرا للقيام بهذه المهمة[١].

وهكذا إذا كان المشرع التونسي قد أدرج كل الأمراض غير المعدية المانعة للقيام بشؤون المحضون في عبارة واحدة وهي أن يكون الحاضن "قادرا على القيام بشؤون المحضون" واختلف المفسرون بشأنها، فإن هذا العموم في التعبير لا يمكن أن ندرج بشأنه نفس الملاحظة الخاصة بالتشريع الجزائري الذي جاء هو الآخر بعبارة أوسع مما هي عليه في التشريعين التونسي والمغربي[٢]. لذلك فإن الرجوع إلى الفقه الإسلامي لتأويل وتفسير تلك العبارات العامة أضحى ضروريا[٣]، وذلك سواء تعلق الأمر بالتشريع الجزائري أم بالتشريع التونسي. أما بشأن التشريع المغربي، كان مفسره من قضاء وفقه بأن القاضي، من باب التفسير، فهو ملزم بهذا الفصل وليس له أن يخرج عنه أو يرجع إلى الراجح أو المشهور أو ما جرى به العمل في الفقه المالكي[٤]. غير أن المادة ٤٠٠ من المدونة جعلت حدا لهذا النقاش القائم، مع هذا الفارق في أنها أحالت القاضي إلى المذهب المالكي والاجتهاد الذي يراعى فيه تحقيق قيم الإسلام...".

وتطبيقا لذلك، لقد اشترط الحنابلة في الحاضن ألا يكون أبرصا أو أجذما أو مصابا بأي مرض من شأنه أن ينقل العدوى إلى المحضون. وما يمكن ملاحظته هنا هو أن هذه الوجهة لها كل ما يبررها من حيث المبدأ الذي ترتكز عليه الحضانة. فلا يعقل ولا يستساغ أن يقبل إسناد الحضانة إلى شخص هو بذاته في حاجة إلى عناية ورعاية الغير. وإن مراعاة حماية الطفل في تقرير القواعد والمبادئ القانونية تقتضي الموازنة بين المصالح المختلفة وترجيح المصلحة الأولى بالرعاية ألا وهي مصلحة المحضون.

وثمة سؤال يطرح بشأن معرفة عما إذا كان ينطبق وبنفس الدرجة على حالات العجز الأخرى - كالعاهات - عن الحكم الخاص بالمرض المعدي. وبتعبير أدق، فهل تقتضي مصلحة المحضون وجوب توحيد الأمراض الأخرى والمرض المعدي في جعلها

---

(١)Cf. M. Beji, op. cit., mém., pp. ٨٢-٨٣.

(٢) انظر، المادة ١٧٣ فقرة ٣ من المدونة.

(٣) ولا إلزاميا وذلك إذا ما أخذنا بعين الاعتبار التطورات العلمية التي عرفها مجال الطب في هذا الإطار.

(٤) انظر، عبد الكريم شهبون، شرح مدونة...، المرجع السابق، ص. ٤٠١.

سببا قطعيا مانعا للحضانة؟

ولكن، قبل الإجابة على هذا السؤال، ما ينبغي الإشارة إليه هو أن المشرعين التونسي والجزائري، على منوال المذهب الحنفي[١]، وخلافا للمشرع المغربي في صياغته الأولى[٢]، لم يتكلما عن هذه العاهات في أحكام الحضانة ولا في الأحكام الأخرى الواردة في قانوني الأسرة، غير أن المشرع المدني الجزائري جاء بحالات ذوي العاهتين وهي: أصم أبكم، أعمى أصم، أعمى أبكم في المادة ٨٠ المعدلة من القانون المدني[٣].

ولكن مع هذا، فقد سكت المشرعان عن إعطاء حل في هذا الخصوص. ومن ثم، إذا سكت عن الإشارة إلى هذه العاهات فيجب على القاضي أن يطبق ما جاءت به المادة ٢٢٢ من قانون الأسرة الجزائري، أي الرجوع إلى الفقه الإسلامي كما قال بذلك القضاء[٤] والفقه[٥] التونسيين والمشرع المغربي في المادة ٤٠٠ من المدونة.

فمن جانب الفقه الإسلامي، اشترط الحنابلة في الحاضن خلوه من أي عجز. فالكفيف مثلا لا يصح عندهم أن يكون حاضنا، بل وضعيف البصر أيضا، ويعلل البهوتي ذلك بأن ضعف البصر يمنع من كمال ما يحتاج إليه المحضون[٦]. أما المالكية ذهبوا إلى عدم إسناد الحضانة لعاجز بسبب بلوغه سن الشيخوخة أو إصابته بعاهة العمى أو الصم

(١) انظر، عبد الرحمن الجزيري، المرجع السابق، ص. ٥٢٢.
(٢) حيث كان ينص المشرع المغربي في الفصل ٩٨ من المدونة على المرض المانع للقيام بشؤون المحضون.
(٣) تنص هذه المادة على أنه "إذا كان الشخص أصم أبكم، أو أعمى أصم، أو أعمى أبكم، وتعذر عليه بسبب تلك العاهة التعبير عن إرادته، جاز للمحكمة أن تعين له مساعدا قضائيا يعاونه في التصرفات التي تقتضيها مصلحته.
ويكون قابلا للإبطال كل تصرف عين من أجله مساعد قضائي إذا صدر من الشخص الذي تقررت مساعدته بدون حضور المساعد بعد تسجيل قرار المساعدة ".
(٤) انظر بشأن هذه المسألة، البشير الفرشيشي، المرجع السابق، ص.٩ وما بعدها؛ حبيب بودن، تأصيل مجلة الأحوال الشخصية في الشريعة الإسلامية، مجلة القضاء والتشريع، ١٩٨٢، عدد ٨، ص.٢٧.
(5)Cf. M. Beji, op. cit., mém. , p. ٨٢.
(٦) انظر، البهوتي الحنبلي، كشاف القناع عن متن الإقناع، ج. ٣، المطبعة الشرقية، القاهرة، ١٣١٩-١٣٢٠ هـ، ص. ٣٢٨.

أو البكم، ما لم يكن عنده من يمكنه القيام بالحضانة تحت إشرافه[١]. وعلى منوال هذين المذهبين، يدخلون الشافعية أساسا العمى في مظاهر العجز؛ فيرى الرملي في نهاية المحتاج إلى شرح المنهاج "إن الأوجه أن العمى مانع من الحضانة إن احتاجت للمباشرة ولم تجد من يتولاها عنها وإلا فلا"[٢].

وإذا كانت هذه الآراء قد اشترطت مثل هذا الشرط لحرصها على مصلحة المحضون، إلا أن هذه المصلحة قد لا تنخرم بسبب وجود حالة عجز من الحالات المذكورة أعلاه، لأن القدرة على الاعتناء بالطفل لا تنتفي قسرا أو كليا ببلوغ سن الشيخوخة أو عند الإصابة بعاهة لأنهما أمران نسبيان يختلفان من شخص إلى آخر وحسب سن المحضون.

وأن هذا النقد نوجهه كذلك للقضاء الجزائري، حيث قضى المجلس الأعلى الجزائري في قراره الصادر في ٠٥ ماي ١٩٨٦ بأن من جملة الشروط الجدية المتوفرة في الشخص أن الحاضنة لا تكون مسنة، وسليمة في صحتها البدنية[٣]. وكما قضت ابتدائية وجدة من المغرب لصالح الأب بسقوط الحضانة عن الجدة لكبر سنها[٤].

إذن، ليس في الإمكان تأييد هذه الوجهة. نعم، إننا لا ننكر أهمية السلامة الجسدية في تسهيل مهمة الحاضن على القيام بشؤون الطفل، ولكن ذلك لا يمنع من توليه لاسيما إذا مال الطفل إلى حاضنه وألفه. وفي هذا، قضت محكمة التعقيب التونسية في قرارها الصادر في ١٩٧٣/٠٧/٠٣ في قضية تمسك فيها الأب بأن الجدة لأم الحاضنة أصبحت

---

(١) انظر، عبد الرحمن الجزيري، المرجع السابق، ج. ٤، ص. ٥٢٣؛ ممدوح عزمي، المرجع السابق، ص. ٢٣.

(٢) انظر، الرملي، المرجع السابق، ج.٦، ص. ٣٧٣.

(٣) انظر، مجلس أعلى، غ.أ.ش.، ١٩٨٦/٠٥/٠٥، ملف رقم ٤١١١٠، مقتبس عن العربي بلحاج، قانون الأسرة، مبادئ الاجتهاد ...، د.م.ج، ص. ١٢٩ وما بعدها.

(٤) إذ جاء في حيثيات الحكم "... أنه جاء في الفصل ٩٨ من م.أ.ش. في الفقرة الرابعة منه في استعراض شروط الحضانة إن من شروطها القدرة على تربية المحضون وصيانته صحيا وخلقا، وحيث إن الجدة في هذا السن المتقدم (من مواليد ١٩٢٢) تكون هي نفسها محتاجة لمن يتولى خدمتها لا أن تقوم بخدمة أحفادها وتتحمل الأتعاب التي تقتضيها حضانتهم مما ترى معه المحكمة إنه بذلك غير صالحة للحضانة". انظر، ابتدائية وجدة، ١٩٩١/٠٤/١٠، ملف رقم ٩٠٢٢١، غير منشور، مقتبس عن إدريس الفاخوري، المرجع السابق، ص. ٢٩٢.

عاجزة عن القيام بتدبير شؤون الطفلة لتقدمها في السن، بأن "للمحكمة حق إسناد الحضانة للجدة إذا رأت في ذلك مصلحة للمحضون وليس للوالد أن يعارض هذا الحكم إلا بأسباب يقيم الدليل على صحتها"[١].

وهذا الموقف تبناه أيضا المجلس الأعلى المغربي في قراره الصادر في ٤ فبراير ١٩٩٤،حيث قضى فيه بأن "... كبر السن بدون عجز لا يبرر إسقاط الحضانة"[٢].

كما أنه ردا على الأستاذ باجي محمد، متبعا في ذلك رأي المالكية، الذي علق إمكانية ممارسة العاجز للحضانة بوجود شخص تحت إشرافه يمكنه القيام بها، فالسؤال الذي نوجهه إليه لدفع قولهم هو كما يلي : ألم يشترط توافر أهلية الحضانة في الحاضن شخصيا؟ وما فائدة إذن ترتيب الحواضن الذي اقترحه الفقه الإسلامي؟

فالقول بوجهة نظر المالكية ومن اتبعهم في ذلك معناه إنكار واجب ممارسة الحضانة من قبل الشخص المسندة إليه وقبول فكرة تجزئة هذا الواجب أو ممارسة الحضانة من قبل شخصين في آن واحد. فلو فضّلنا تطبيق هذا الرأي دون غيره سيكون في مسلكنا هذا مساس بمصلحة المحضون، بل ويترتب عليه أيضا أن يجد المحضون نفسه خاضعا لتربية شخص حينا، ومفروضا عليه تربية أخرى، حينا آخرا.

وإزاء ذلك كله، لا بأس أن نفتح بصدد حديثنا عن شرط السلامة الجسدية المجال لعرض بشيء من التفصيل نقطة عدم إبصار الحاضن فيما إذا كان يتنافى كليا مع مصلحة المحضون. فقد اختلفت آراء الكتاب بشأن الحل الواجب الاتباع في هذه المسألة وسنحاول تلخيص هذه الآراء فيما يلي.

فرأى جانب من الفقه، كما سبقت الإشارة إليه[٣]، أن العمى مانع من الحضانة[٤]، وهو عاهة يحول بين الحاضنة وبين أداء وظيفتها[٥] ويمنعها من القيام بشؤون المحضون[٦].

---

(١) انظر، محكمة التعقيب، ١٩٧٣/٠٧/٠٣، قرار مدني، عدد ٨٦٠٣، نشرية محكمة التعقيب، القسم المدني، ١٩٧٣، ص.١٣١.
(٢) انظر، المجلس الأعلى، ١٩٩٤/٠٢/٠٤،مجلة المحامي، عددان ٢٥ و٢٦، ص.٢١٩ وما بعدها.
(٣) انظر، الرملي، المرجع السابق، ج. ٣، ص. ٣٢٨؛ البهوتي الحنبلي، المرجع السابق، ج. ٦، ص. ٣٧٣، عبد الرحمن الجزيري، المرجع السابق، ج. ٤، ص. ٥٢٢-٥٢٣.
(٤) انظر، أحمد عبيد الكبيسي، المرجع السابق، ص. ٣٨٥.
(٥) انظر، محمد مصطفى شلبي، المرجع السابق، ص. ٧٦٣.
(٦) انظر، فضيل سعد، المرجع السابق، ص. ٣٧١

وعلى النقيض من ذلك، لم ير الجانب الثاني من الفقه، وعلى رأسه العلامة ابن نجيم، في العمى ما يمنع تولي الحضانة؛ إذ أن عدم الإبصار بذاته، حسب قوله، لا يفقد القدرة على تربية الصغير، بل يجب النظر إليه باعتباره مرضا كسائر الأمراض الأخرى، قد يمنع من التربية وقد لا يمنع، أي أن الأمر متروك لقاضي الموضوع، ينظر فيه بما فيه المصلحة، ولا مانع في هذا، إذ أن بعض من يصاب بفقدان البصر ويؤتيهم الله القدرة والبصيرة قد لا تتوفر فيمن يبصرون[١].

ولقد كان من ثمار هذا التضارب الفقهي أن ظهر في القضاء المقارن ماساير الرأيين معا. فتارة سار في أحكامه في هدى الرأي الأول، وتارة أخذ بالثاني. هذا الموقف تبنته المحاكم المصرية التي تضاربت أحكامها. فقضت محكمة امبابة بتاريخ ٢٤ أفريل ١٩٤٤ "بأنه ليس فيما اشترط الفقهاء في الحضانة الإبصار، فلا يقبل الطعن على الحاضنة بأنها فاقدة الإبصار، متى توافرت فيها صفات الأمانة والقدرة على تربية الصغير والمحافظة على مصلحته"[٢]. بينما قضت محكمة كفر الشيخ عكس ذلك، فجاء في حكمها المؤرخ في ١١ أفريل ١٩٥٠ "بأن الغرض من الحضانة هو حفظ المحضون، فإن لم يتحقق في الحاضنة ذلك، فلا يحكم لها بها، والعماء من أكبر أمارات العجز عن القيام بالحضانة، لأن الضريرة عاجزة عن القيام بأمر نفسها، فهي عن القيام بأمر غيرها أعجز"[٣].

أما إذا انتقلنا إلى القضاء الجزائري لوجدنا الأحكام المنشورة نادرة في هذه المسألة، بحيث قد تعرض إليها في قرار واحد صدر عن المجلس الأعلى في ٠٩ جويلية ١٩٨٤. وتتلخص وقائع هذه القضية في أن أبا طلب بحضانة أولاده الأربعة لعدم إبصار الأم؛ فاستجابت لطلبه محكمة تندوف بتاريخ ٠٦ أفريل ١٩٨٢. إلا أن مجلس قضاء بشار أبطل هذا الحكم في قراره الصادر في ٠٦ جوان ١٩٨٢ وقضى بإسناد حضانة الأولاد لأمهم. ولكن، هذا الموقف لم ينل تأييدا من قبل المجلس الأعلى الذي قضى بنقض القرار المطعون

(١) انظر، زين العابدين بن إبراهيم بن نجيم الحنفي، الأشباه والنظائر، ج. ١، مطبعة عيسى الحلبي، القاهرة ١٩٦٨، ص. ٦٢.

(٢) انظر، محكمة امبابة، ١٩٤٤/٠٤/٢٤، مقتبس عن معوض عبد التواب، المرجع السابق، ط. ٥، ص. ٦٠٧.

(٣) انظر، محكمة كفر الشيخ، ١٩٥٠/٠٤/١١، مقتبس عن معوض عبد التواب، المرجع السابق، ط. ٥، ص. ٦٠٧.

فيه على أساس أن "المريض ضعيف القوة لا حضانة له وكذلك الأعمى والأصم والأخرس والمقعد. والحاضنة هنا فاقدة للبصر، ومن ثم فلا حضانة لها لعجزها عن القيام بشؤون أبنائها. وقضاة القرار المطعون فيه، بإسنادهم حضانة الأولاد إليها وهي على هذا الحال قد حادوا عن الصواب وخالفوا القواعد الشرعية مخالفة يتعين معها نقض قرارهم فيها وحدها دون سواها"[١].

ونستنتج مما تقدم جميعه أن نظرة الفقه إلى هذه المسألة بنظرة معينة ومن زاوية مختلفة هو الذي أدى إلى اختلاف في الآراء الفقهية. وأن انشغال القضاء بمصلحة الطفل والاحتياط من ضياع حقوقه هو الذي أوصل إلى تعارض في الأحكام القضائية. وهذا بالرغم من أن كلا منهما اشتركا في هدف واحد ألا وهو جلب المنفعة للمحضون وابتغاء مصلحته.

وتجدر الإضافة، تماشيا مع الفكرة ذاتها، أنه استنادا إلى ما قيل أعلاه، نستخلص أنه مما لا شك فيه أن قدرة الحاضن على الحضانة مسألة تقديرية. ولذلك فهي متروكة للقاضي[٢]، فهو الذي يتحقق من قدرة الحاضن عن طريق دراسة كل حالة على حدة وفحص وقائعها معتمدا في كل ذلك على خبرة طبية تثبت استطاعة الحاضن أو عدم استطاعته على تولي الحضانة. ولكنه في الوقت ذاته ما يجب معرفته هو أن هذا القول صائب كل الصواب إذا كنا أمام حالات غير حالة فقدان البصر[٣].

وعليه، نجيب على الذين لم يمانعوا في حضانة فاقد البصر، أن الضرير في حاجة ماسة إلى من يأخذ بيده ويمدّه العون؛ وإذا كان يعسر عليه القيام بشؤون نفسه، فإن تولي شؤون غيره أعسر وأشق. والمحضون يتطلب قدرة وصحة وعناية وتفطنا أثناء كل مدة الحضانة.

وحتى وإن وجد من الأكفاء من يلهمهم الله البصيرة، فإن ذلك يقف عند حد تولي شؤون أنفسهم فقط. وما يدعم قولنا مثال القضية سالفة الذكر التي طرحت على المجلس الأعلى والتي أثبتت فيها الأم الحاضنة عجزها عن مراقبة محضونيها وحمايتهم من خلال ما حصل لأخت المحضونين من أبيهم من هتك عرض الذي ارتكبه عليها خال المحضونين.

---

(١) انظر، مجلس أعلى، غ.أ.ش.، ١٩٨٤/٠٧/٠٩، المجلة القضائية، ١٩٨٩، عدد ٤، ص. ٧٨.
(٢) انظر، ممدوح عزمي، المرجع السابق، ص. ٢٨.
(٣) ونقيس عليها حالة الشلل، والصم والبكم.

ولذلك، عد فاقد البصر عاجزا عن القيام بشؤون المحضون والسهر على تربيته وحمايته.

ومن ثم، لا نرى في القرار الذي تبناه المجلس الأعلى في هذا الصدد ما يناهض مبدأ مصلحة المحضون في جوهره إذ يظل لهذا المبدأ مجاله الذي يعمل به فيه. ولعل في القرار ما يؤكده أو يضيف توضيحا لشروط إعمال المبدأ. فإن ثبت أن فاقد البصر عاجز عن القيام بشؤونه كيف يتسنى له رعاية شؤون غيره. ولا شك في أن هذه الوجهة توفر للمحضون ضمانة أكيدة وحماية كافية.

وتركيزا لذلك، نستحسن ما فعل المشرع السوري بشأن حضانة الضرير، عندما قطع الشك باليقين، ورفع تردد القضاة وحسم موقفه بسن القاعدة "يعد الأعمى عاجزا عن الحضانة لعدم تحقق المقصود به"[1]. ويا حبذا لو يسري المشرعون المغاربيون على نحوه ويتقدمون بتقنين نفس النص.

وإذا كنا لا نقر بحضانة الكفيف لتأكد عجزه، فإننا بالمقابل نعارض من منع ضعيف البصر من الحضانة مطلقا. هذه الحالة على خلاف فقدان البصر لا يمكن الحسم فيها، و إنما ينطبق عليها ما قلناه من ضرورة الاستشهاد بخبرة طبية؛ ولا يجب أن يكتفي فيها القاضي بملاحظة العجز والقول بعدم كفاءة الشخص.

إذن، ففي هذه الحالة يكون دور القاضي بارزا وفعالا في تقدير قدرة ضعيف البصر على الحضانة وعدم قدرته، وبالتالي قد يسندها له كما قد يمنعها منه، ذلك كله رعاية لمصلحة المحضون. ويقينا فإنه من زاوية الواقع والمبادئ لا يبدو مستقيما مع مصلحة المحضون جعل ضعيف البصر في مرتبة الضرير، وإعمالا بذلك يكون القضاء قد احترم التزاما من التزاماته الجوهرية في هذا الخصوص؛ وهذا الالتزام يتقيد به القضاء أيضا عند تقديره لتلك المصلحة بسبب الأمانة في الخلق.

المطلب الثالث
الاستقامة والأمانة في الخلق

إذا كان تدخل المشرع أمرا ضروريا في تحديد شروط استحقاق الحضانة وأقر من بينها، بحسب المصطلحات القانونية المستعملة الأمانة في المجلة التونسية أو الاستقامة في المدونة المغربية. غير أنه في التشريع الجزائري نستشف شرط الأمانة في الخلق من تنسيق

---

(١) انظر، الفقرة الثانية من المادة ١٣٩ من قانون الأحوال الشخصية السوري لسنة ١٩٥٣.

الفقرتين الأولى والثانية من المادة ٦٢ من قانون الأسرة حينما عرّفت الأولى الحضانة على أنها السّهر على حماية الولد وحفظه خلقا، واشترطت الثانية في الحاضن أن يكون أهلا لذلك.

والتربية الصحيحة التي يتلقاها الطفل لا تتأتى حسب مفهومها الفعلي إلا إذا كان المرشح للحضانة متصفا بصفة الأمانة والاستقامة[١]. ولذلك أن اشتراط هذه الصفة في المربي نستخلصها من النصوص الراهنة للقوانين المغاربية، منها خاصة ما نص عليه المشرع التونسي صراحة في الفصل ٢٣ فقرة ثالثة من مجلة الأحوال الشخصية بقوله "ويتعاونان (الزوجان) على تسيير شؤون الأسرة وحسن تربية الأبناء وتصريف شؤونهم..". وهذا ما صرح به أيضا المشرع الجزائري في المادة الثالثة من قانون الأسرة بقوله "تعتمد الأسرة في حياتها على الترابط والتكافل وحسن المعاشرة والتربية الحسنة وحسن الخلق ونبذ الآفات الاجتماعية"[٢]، وقياسا، في المادة ٣٦ المعدلة بقوله "يجب على الزوجين... التعاون على مصلحة الأسرة ورعاية الأولاد وحسن تربيتهم".وهذه الفلسفة ذاتها قد نهجتها المدونة المغربية حيث نصت المادة ٥١ منها في فقرته الثانية على أنه يجب على الزوجين "المعاشرة بالمعروف، وتبادل الاحترام والمودة والرحمة والحفاظ على مصلحة الأسرة".

وزيادة على ذلك، فالمصدر الأساسي لقوانين الأسرة المغاربية المتمثل في الشريعة الإسلامية جعل من الأخلاق أساس المجتمع الإسلامي[٣]، لذلك اتفقت الآراء فقها واجتهادا وتشريعا على اشتراط الأمانة والاستقامة في المترشح للحضانة حماية لمصلحة المحضون. ولكن لا بأس أن نتعرض أولا إلى تحديد معنى هذه المصطلحات من الوجهة الفقهية والقانونية (**الفرع الأول**)، ثم ننتقل بعد ذلك إلى تبيان من جهة، موقف القضاء المغاربي من هذا الشرط (**الفرع الثاني**)، ومن جهة أخرى، علاقة سقوط الولاية بالحضانة (**الفرع الثالث**)، إذ أن انعدام ذلك الشرط لا يحقق مصلحة المحضون (**الفرع الرابع**).

(١) انظر، المادة ١٧٣ فقرة ثانية من المدونة المغربية.
(٢) وذلك تنفيذا لما جاءت به المبادئ الدستورية إذ تنص المادة ٥٨ من دستور ١٩٩٦ على أنه "تحظى الأسرة بحماية الدولة والمجتمع".
(٣) انظر، الإمام محمود شلتوت، المرجع السابق، ص. ١٤٤ وما بعدها؛ يوسف القرضاوي، الحلال...،المرجع السابق،ص. ١٢٣ وما بعدها؛ صلاح أبو إسماعيل، الأبوة المثلى، منار الإسلام، ١٩٧٩، عدد ٩، ص. ١١٢ وما بعدها.

وننتهي بإبداء جملة من الملاحظات حول سلطة القاضي في هذا الصدد **(الفرع الخامس)**.

الفرع الأول

تحديد مفاهيم بعض المصطلحات المستعملة

أمام المصطلحات المختلفة والمتعددة المفاهيم التي استعملها المشرعون المغاربيون وكذا الفقه في هذا الموطن من حيث الأمانة والاستقامة وعدم الفسق والعدالة، يحق لنا أن نتساءل : ما مفهوم هذه المصطلحات؟ ما المقصود بالأمانة في الخلق المطلوبة في الحاضن؟ وما هي الاستقامة؟ أيعني بها الاستقامة التامة بحيث لا تحقق مصلحة المحضون إلا بتوافرها؟ وما هي العدالة المطلوبة في هذا الإطار؟

للإجابة عن ذلك، يدعو الأمر في غياب النص التشريعي، التطرق إلى آراء الفقهاء حول مفاهيم تلك المصطلحات، ومدى تأثيرها على سلوك الطفل.

يقصد هنا بداءة بالاستقامة "السلوك القويم الذي لا اعوجاج فيه، أي الالتزام بقواعد السلوك المأمور بها دينيا، والمحمودة أخلاقا واجتماعيا دون انحراف إلى التصرفات المشينة أو الأعمال الساقطة المنبوذة"[١].

بينما عبارة "العدالة" فقد عرفها ابن منظور على أنها "ما قام في النفوس أنه مستقيم، وهو ضد الجور" ويقال "رجل عدل بين العدل والعدالة معناه ذو عدل"[٢]. ومعنى ذلك، أن العدل هو المستقيم في أعماله وتصرفاته، البعيد عن الحيف والجور، أي الممتثل إلى أوامر الدين والمجتنب لنواهيه[٣]، مما يجعل العدالة صفة مرتبطة بالمسلم دون سواه، إذ فهي الالتزام الديني سواء في المعاملات أو في العبادات[٤].

غير أن الأمانة تتحقق في الشخص عند قيامه بواجبه بصفة كاملة من حيث السهر على مصالح الأشخاص الذين تحت رعايته واجتناب سائر التصرفات المضرة بهم صحة أو خلقا أو تربية، أي الوفاء بكافة الالتزامات المقررة في باب الحضانة. وبمعنى أدق، يقصد بها أن يكون من شأن القائم بحضانة الصغير "المحافظة عليه وصيانته مما يضر بصحته أو

---

(١) انظر، أحمد الخمليشي، التعليق على...، المرجع السابق، ص. ١٣٨.

(٢) انظر، ابن منظور، لسان العرب، المرجع السابق، المجلد ١١، ص. ٤٣.

(٣) انظر، أحمد الخمليشي، التعليق على...، المرجع السابق، ص. ١٣٨.

(٤)Cf. H. Safaï, op. cit. , p. ١٣٣.

بسلوكه أو يؤثر في نفسيته أو دينه"[١].

وأما بشأن كلمة الفسق، إذا رجعنا إلى معاجم فقه اللغة فإننا نجدها غير عاجزة عن تحديد معنى الفسق، فهي تعرفه على أنه "الخروج عن طريق الحق والصواب"[٢] أو "عصيان أمر الله"[٣]. وأما اصطلاحا، فقد فسره ابن عابدين في موضوع الحضانة على أنه الزنا[٤]. ولكننا من جهة أخرى، يحق لنا أن نتساءل حول إمكانية استعمال هذا المصطلح في هذا الموضوع وأن المشرع الجزائري قد استعمل مصطلح "الفاحشة" بصدد تعداد أسباب التطليق في الفقرة السابعة من المادة ٥٣ من قانون الأسرة[٥]، في حين أن المدونة المغربية قد أدرجته في المادة ٩٩ فقرة ٢ منها والخاص بالتطليق للضرر، وكذا الشأن بالنسبة للمجلة التونسية التي أقرت في فصلها ٣١ بتوقيع الطلاق "بناء على طلب أحد الزوجين بسبب ما حصل له من ضرر"[٦].

وعليه، فإن السؤال يبقى قائما بخصوص تحديد معنى هذا المصطلح، أيقصد به المعنى الواسع، أي معناه اللغوي أم معناه الضيق أي الزنا، هذا من جهة. كما أننا لا نجد ونحن بصدد قراءتنا للنصوص القانونية المغاربية الحاثة عن الأخلاق الحسنة ما يوضح مفهومها، فنجد، كما قدمنا أعلاه، أن قانون الأسرة الجزائري يتكلم عن "التربية الحسنة

---

(١) انظر، محمد علي محجوب، المرجع السابق، ص. ٤٤٤.

(٢) انظر، المنجد في اللغة والآداب والعلوم، المرجع السابق، ص. ٥٨٣؛ القاموس الجديد، المرجع السابق، ص. ٧٧٧. وبهذا المعنى جاء الحديث الشريف، عن أبي هريره أنه قال قال رسول الله - صلى الله عليه وسلم "من حج فلم يرفث ولم يفسق، رجع كيوم ولدته أمه". انظر، أبي عبد الله محمد بن يزيد بن ماجه القزويني، سنن ابن ماجه، بيت الأفكار الدولية، لبنان، ٢٠٠٤، ص.٣١٤؛ أبا عبد الله محمد البخاري الجعفي، صحيح البخاري، المجلد ١، ج. ٢، دار الفكر، ص.١٤١.

(٣) وفي هذا يقول سبحانه وتعالى (فَسَجَدُوا إِلَّا إِبْلِيسَ كَانَ مِنَ الْجِنِّ فَفَسَقَ عَنْ أَمْرِ رَبِّهِ) سورة الكهف، الآية ٥٠.

(٤) انظر، ابن عابدين، مقتبس عن عبد العزيز عامر، المرجع السابق، ص. ٢٤١.

(٥) الفاحشة : ج. فواحش والفحشاء : الزنى.

(٦) حيث قضت محكمة التعقيب في قرارها الصادر في ١٩٧١/٠٥/٠٤ على أنه "إذا تأسس قضاء حكم الطلاق من أجل ضرر الزنا بناء على ثبوته بحكم جزائي قائم في تاريخ ذلك القضاء فلا مجال للخدش في ذلك الحكم بطريقة التعقيب...". انظر، محكمة التعقيب، ١٩٧١/٠٥/٠٤، قرار عدد ٧٧٤١، نشرية محكمة التعقيب، ١٩٧١، القسم المدني، ص. ٦٦.

وحسن الخلق"[١]، وعن "حسن تربية الأولاد"[٢]، وعن "حفظ الولد خلقا"[٣]. وأن المجلة التونسية تتحدث عن "رعاية الأولاد وحسن تربيتهم"[٤]، في حين أن المدونة المغربية جاءت بعبارة أوسع من العبارات سالفة الذكر، حيث تم التنصيص فيها على "الحفاظ على مصلحة الأسرة"[٥] وعلى الأبوين للأطفال (أو الحاضن الفقرة السابعة من المادة ٥٤) "حماية حياتهم وصحتهم"[٦]، وعلى كذلك "اتخاذ كل التدابير الممكنة للنمو الطبيعي للأطفال بالحفاظ على سلامتهم الجسدية والنفسية..."[٧]. وفي القوانين المدنية نجد التشريعات المغاربية تثير فكرة " النظام العام والآداب العامة"[٨] هذا من جهة أخرى.

أمام تلك التعريفات وهذه الملاحظات، فإنه يمكننا استخراج روح النصوص القانونية ومن ثم مقصود المشرع الجزائري، ماجاء به من اقتراح أحد أعضاء البرلمان بمناسبة مناقشة مشروع قانون الأسرة لسنة ١٩٨٤، وذلك بإدخال تعديل على المادة الثالثة السالفة الذكر بإضافة عبارة "طبقا للشريعة الإسلامية" فتصبح صياغة المادة "... والتربية الحسنة وحسن الخلق طبقا للشريعة الإسلامية ونبذ الآفات الاجتماعية". وعلل ما تبناه هنا بقوله أن مفهوم الأخلاق يختلف من مجتمع إلى آخر، والأسرة الجزائرية تستلهم تربيتها وأخلاقها من مبادئ الدين الإسلامي الحنيف، وعليه رأى ضرورة تحديد نوعية التربية في هذه المادة [٩].

ونحن نفضل هذا الاقتراح على سواه ونسانده كل المساندة سواء من حيث فكرة توضيح مفهوم الأخلاق وذلك لرفع أي غموض، أو من حيث تفسير الأخلاق بالمفهوم الوارد في الشريعة الإسلامية ولاسيما وأن النص التشريعي يصرح في مادته ٢٢٢ من قانون

---

(١) انظر، المادة ٣ من قانون الأسرة.
(٢) انظر، المادة ٣٦ فقرة ٣ من قانون الأسرة.
(٣) انظر، المادة ٦٢ فقرة أولى من قانون الأسرة.
(٤) انظر، الفصل ٢٣ من المجلة التونسية
(٥) انظر، المادة ٥١ من المدونة المغربية.
(٦) انظر، المادة ٥٤ فقرة أولى من المدونة.
(٧) انظر، المادة ٥٤ فقرة خامسة من المدونة.
(٨) انظر على سبيل المثال، المادة ٢٤ المعدلة، والمادة ٩٧ من القانون المدني الجزائري.
(٩) انظر، عبد الرحمن لعوامري، مشروع قانون الأسرة لـ ١٩٨٤، جلسة بوم ١٩٨٤/٠٤/٢٢، مناقشات المجلس الشعبي الوطني، ص. ٧.

الأسرة على ضرورة الرجوع إلى أحكام الشريعة الإسلامية عند وجود نقص في هذا القانون.

وهذا كله يجرنا إلى الحديث عن موقف الفقه الإسلامي من هذه القضية. ولكن نحب أن نشير، قبل البدء في هذه الدراسة إلى الجدل الذي عم الفقه الحنفي بخصوص الفسق كمانع من موانع الحضانة، إذ حتى ولو اتفقت كلمته على أن الفسق من حيث المبدأ مانع من الحضانة[1]، غير أنه انقسم في مدى الفسق المانع من الحضانة إلى ثلاث آراء. فيرى الاتجاه الأول بمطلق الفسق لمنع الحضانة، فالفاسقة التي لا تصوم مثلا لا حضانة لها. بينما يرى الاتجاه الثاني، خلافا لذلك، بأن المراد هنا بالفسق ذلك الفسق الذي يضيع به الولد، كالزنا المقتضي لانشغال الحاضنة عن الولد بالخروج من المنزل ونحو ذلك كأن تكون سارقة أو محترفة حرفة دنيئة[2]. إذن، فالمناط عند أنصار هذا الرأي الأخيرهو ضياع الطفل[3]. بينما قصر الاتجاه الثالث الفسق الذي يسقط الحق في الحضانة على الزنا لانشغال الأم عن الولد بالخروج من المنزل أما غيره فلا[4].

أما الحنابلة، يعد سكوتهم عن هذا الشرط أمرا سلبيا من حيث التأويل الذي يمكن أن يكتنفه موقفهم هذا بالقول مثلا أنهم قد رفضوا شرط الاستقامة أو العدالة أو الأمانة في هذا المجال؛ ولذلك يرى الشيخ ابن القيم الجوزية في أن اشتراط العدالة[5] في الحاضن في غاية البعد سيؤدي إلى ضياع أطفال العالم[6].

وخلافا لذلك، قال كل من الشافعية والمالكية بأن الفسق مانع من الحضانة لو اختلفت صوره على أساس أن الفاسق غير موثوق به في أداء واجبه من الحضانة، وفي حضانته للولد ضرر، لأنه ينشأ على طريقته في الحياة فاسقا مثله. وهذا ينافي مقاصد الحضانة التي هي نفع الولد وتحقيق مصلحته ودفع الضرر عنه. ولذلك، اشترط الشافعية

---

(١) ينطبق عين الحل على الرجل الحاضن.
(٢) ومثالها النائحة والراقصة، انظر، ممدوح عزمي، المرجع السابق، ص. ٢٢؛ عبد الرحمن الجزيري، المرجع السابق، ص.٥٢٥ ص.٥٢٥ ؛ عبد العزيز عامر، المرجع السابق، ص. ٢٣٧.
(٣) انظر، عبد العزيز عامر، المرجع السابق، ص. ٢٣٧.
(٤) انظر، أحمد عبد الحي، المرجع السابق، ج. ١، ص. ٣٠.
(٥) ويقصد بالعدالة الاستقامة، أي التدين وحسن الخلق. انظر، المنجد في اللغة والآداب والعلوم، المرجع السابق، ص. ٤٩١.
(٦) انظر، ابن القيم الجوزية، المرجع السابق ، ج. ٤، ص. ٢٥٩-٢٦٠.

العفة، فلا حضانة لفاسق الذي هو من ارتكب كبيرة كالغصب والقذف وشرب الخمر والزنا سواء فعل ذلك مرة أو تكرر منه. ويعد تارك الصلاة فاسقا عندهم بينما يرون بأنه يكتفى فيمن يستحق الحضانة بعدالة الظاهر(١). واشترط المالكية الأمانة في الدين، فلا حضانة لفاسق يشرب الخمر ومشتهر بالزنا ولهو محرم(٢).

وعلى أية حال فإن ما قلناه بالنسبة للمصطلحات التي أتينا بمفاهيمها قبلا يسري بالنسبة لها كما يسري بالنسبة لهذه المواقف المختلفة، إذ أن المشكل لازال قائما أمام عدم توحيد كلمة الفقه الإسلامي بشأن هذا الشرط. إذن، فما علينا إلا أن نختار الرأي الذي تتحقق بموجبه مصلحة المحضون، فما هو هذا الرأي؟ وما هي الدوافع التي أدت إلى ترجيحه عما سواه؟

والواقع، يبدو موقف الشافعية والمالكية وجانب من الحنفية غريبا في الحقيقة، فقد سوى بين شخصين يختلف الأول منهما عن الثاني من حيث إلقان التربية للطفل. ومن ثم فإذا كان فرض هذا الشرط على الحاضن يتجلى نحو دفع الضرر عن المحضون باجتناب الفاسق تربيته من نشأته مثله - وهذا مبتغى كل شارع -، فإن فرضه مع ذلك في الوقت الحاضر على الحاضن يبدو منطويا على التجاوز والشذوذ بسبب واحد وهو أنه يقوم على نوع من المثالية بسبب تشدده دون الالتفات إلى الحقائق الاجتماعية المعاشة.

لذلك كان ينبغي في نظرنا أن تحصل التفرقة في المعاملة بين الفئتين من الأشخاص لاختلاف تصرفات كل منهما، إذ أننا نعتبر أن اشتراط العدالة مطلقا في الحاضن شتان أن تدرك، لأن ما لا يصح فهمه هو أن تدين الحاضن شرط لاستحقاق الحضانة، فإن غير المتدين أهل في الجملة للحضانة(٣) إلا إذا أدّى فسقه إلى الإضرار بالمحضون(٤). وعليه، فلا يهمنا في هذا الشرط سلوك الحاضن بقدر ما يهمنا تأثير هذا السلوك على تكوين الطفل المعنوي والخلقي.

---

(١) انظر، الشيرازي، المهذب، ج. ٢، مطبعة عيسى البابي الحلبي، القاهرة، ١٣٤٣ هـ، ص. ٣٢٤؛ عبد العزيز عامر، المرجع السابق، ص. ٢٣٧؛ عبد الرحمن الجزيري، المرجع السابق، ص. ٥٢٣.

(٢) انظر، الدسوقي، المرجع السابق، ج. ٢، ص. ٥٢٨-٥٢٩؛ عبد الرحمن الجزيري، المرجع السابق، ص. ٥٢٥؛ ممدوح عزمي، المرجع السابق، ص. ٢٤.

(٣) انظر، الإمام محمد أبو زهرة، الأحوال الشخصية، المرجع السابق، ص. ٤٠٦؛ معوض عبد التواب، المرجع السابق، ط. ٦، ١٩٩٥، ص. ١١٠٥.

(٤) انظر، الإمام محمد أبو زهرة، الأحوال الشخصية...، المرجع السابق، ص. ٤٠٦.

ولا يهم لإعمال هذا الشرط إن كان الشخص متدينا أم غير متدين، وإن كان أحد والدي المحضون أم أحد أقربائه الأخرين. فالنص عام ويشمل الجميع مادام لهم حق الترشيح للحضانة، ومادام أن مصلحة المحضون هي المعيار الأساسي الذي يجب الارتكاز عليه هنا.

إذن، ما يخشى على المحضون من أخلاق الحاضن هو تكونه على عادات سيئة وتطبعه على سيرة شائنة، وفي هذه الحالة عدم أهلية الحاضن للحضانة سببها ليس عدم التدين وإنما عدم الأمانة في الخلق. ويستخلص من ذلك، إذا كان عدم تدين الحاضن ليس من شأنه المس والإضرار بآداب الطفل أو دينه، فإن الحاضن أهل لحضانته[١].

وهذا الموقف قد تبناه أيضا جانب من الفقه المغربي عند تحليله لنصوص المدونة المتعلقة بشرط "الاستقامة"[٢]، حيث قال "فالشخص قد لا يكون مستقيم السلوك اجتماعيا بل قد يعتبر فاسقا من منظور الأوامر والنواهي الدينية، ومع ذلك لا يفقد أهلية الحضانة إذا كانت التصرفات التي تسيئ إلى سلوكه بعيدة عن علاقاته اليومية بالمحضون، وبالتالي لا تأثير على سلوكه وعلى التربية والتوجيه اللذين يتلقاهما منه". إذن، "إن الاستقامة المشترطة في الحاضن ليست مطلوبة لذاتها، وإنما لتفادي تأثير القدوة السيئة على المحضون"[٣].

غير أن هذا المعنى[٤] لم يتمسك به جانب آخر من الفقه المغربي، حيث يرى بأنه يدخل في نطاق شرط الاستقامة "ألا يكون الحاضن فاسقا حتى لا يتعدى فسقه إلى المحضون فينشأ على خلقه، والقاعدة السائدة اجتماعيا أن من عاشر قوما أربعين يوما صار

---

(١) انظر في هذا الشأن، المطلب الثاني من هذا المبحث.

(٢) تشترط الفقرة الثانية من المادة ١٧٣ من المدونة في الحاضن "الاستقامة والأمانة".

(٣) انظر، أحمد الخمليشي، التعليق على...، المرجع السابق، ص. ١٤٠.

(٤) وهذا المعنى أخذ به أيضا الفقيه عبد الرحمن الصابوني لما قام بتفسير كلمة "الأمانة" التي استعملها المشرع التونسي، وذلك بقوله "أن تكون أمينة على الطفل، فالمرأة الفاسقة التي لا تقيم للأخلاق الفاضلة وزنا لا يجوز أن تكون حاضنة للصغير لأن سوء سلوكها يخشى منه على الصغير في التربية إلا إذا كان سلوك المرأة لا يؤدي إلى فساد الطفل أو إهماله بتركه دون رعاية فتبقى الحضانة لهذه المرأة حتى يعقل الطفل ويخشى منه على نفسه ونشأته حينئذ تنزع الحضانة منها ". انظر، عبد الرحمن الصابوني، المرجع السابق، ج. ٢، ص. ٢٢٦.

منهم"[١]. لذلك، يؤكد الأستاذ إدريس الفاخوري، بأنه "يتعين أن يكون الحاضن مستقيما غير فاسق الأخلاق، لذلك يجب أن لا تكون الحاضنة امرأة فاجرة فاسقة أو تمارس الدعارة، الخ..."[٢].

ولكن، خلافا لذلك، هل يمكن اشتراط عن طريق القياس في الحاضن شرط العدالة مثلما اشترطه رأي من الفقه التونسي في الولي على النفس، مادام أن مصلحة الطفل هي المتوخاة في كلي النظامين، الحضانة والولاية، وذلك بقوله "وبما أن مصلحة الصغير تتطلب وجود شرط العدالة عند الإسناد فقد وجب القول أن فلسفة التشريع التونسي لا تتعارض مع وجوده"[٣]، لأن "الحضانة من باب الولاية، والعدالة شرط في استحقاق الولاية، فكانت شرطا في استحقاق الحضانة"[٤].

والواقع، أمام هذه الآراء الفقهية المتضاربة بعضها البعض[٥]، نرى أن القول بعدم اشتراط العدالة قطعا، مهما كانت شخصية صاحبه، فهو غير مستقيم. صحيح، فإذا كان قد أصاب في أن اشتراطها فيه مشقة لوجود ناس فساق يقومون بتربية أولادهم[٦]، فإنه مع ذلك قد أخفق في عدم اشتراطها بتاتا أو قصرها على الزنا فقط. لأن السند الذي اعتمد عليه ابن القيم الجوزية، ومن قال به من بعده والمتمثل في عدم منع النبي صلى الله عليه وسلم ولا أحد من الصحابة (رضي الله عنهم) فاسقا من تربية ابنه وحضانته له، قد لا يجد مكانة في هذا الإطار، بحيث إن عدم المنع في اعتقادنا- لعدم ذكر الحديث من قبله والتأكد من وجوده - يتعلق بحضانة الوالدين لابنهما وأثناء الزواج؛ علما أن الأمر يختلف إذا افترق الزوجان وكان الحاضن غيرهما، لأن الحضانة بعد الطلاق[٧] تأخذ شكلا آخرا عن تلك التي أثناء الحياة الزوجية وأن محورها يبنى على مصلحة المحضون.

---

(١) انظر، محمد الكشبور، المرجع السابق، ص. ٤٧٣.
(٢) انظر، إدريس الفاخوري، المرجع السابق، ص. ٢٩١.
(٣) انظر، عمار الداودي، المرجع السابق، مذكرة، ص. ١٠٢.
(٤) انظر، أحمد عبد الحي، المرجع السابق، ص. ٣٢.
(5)Cf. Y. Linant de Bellefonds, op. cit., T.٣, pp. ١٦٣-١٦٤.
(٦) انظر، السيد سابق، المرجع السابق، ص.٣٥٤.
(٧) وتجدر الإشارة في هذا الصدد إلى أن المشرع الجزائري، على غرار المشرع الفرنسي، جعل الحضانة أثر من آثار الطلاق؛ أما أما الفقه، فإنه تكلم عنها أثناء الرابطة الزوجية وبعد فكها. انظر، عبد الرحمن هرنان، المرجع السابق، مذكرة، ص. ١٩ وما بعدها وص. ٣٠ وما بعدها.

وهكذا نرى إن هذه الدلالة لا تعد حجة قطعية لاستئصال شرط الأمانة في الخلق أو الاستقامة من شروط الحضانة، وهذا ما يظهر بجلاء من الأحكام والقرارات الصادرة عن القضاء المغاربي.

الفرع الثاني
موقف القضاء

لعل ما يؤكد أهمية توافر هذا الشرط في الحاضن، ما ذهب إليه القضاء المغاربي، حيث جاء القرار الصادر عن المحكمة العليا الجزائرية في ٣٠ سبتمبر ١٩٩٧ بعبارات واضحة غير تارك مجالا للشك بقوله "من المقرر شرعا وقانونا أن جريمة الزنا من أهم المسقطات للحضانة مع مراعاة مصلحة المحضون"[١].

كما قضت المحكمة ذاتها أيضا في ٢٢ماي١٩٨٩ بأن إسناد حضانة بنات لأمهن ثبت سوء خلقها هو خرق للقانون، ومن ثم رفض تسبيب قضاة الموضوع القائم على الاعتبار العاطفي بحجة أن هذا الخرق يتمثل في عدم تطبيق قضاة الموضوع القانون الذي نص صراحة على مصلحة المحضون التي طغى فيها حقه في اكتساب أخلاق حسنة على حق أمه في حضانته[٢].

وقد سبق أن سرى القضاء على هذا المنوال[٣] حتى قبل الاستقلال، بل كان موقفه أكثر صرامة بخصوص وجوب توافر هذا الشرط، متأثرا بذلك بالمذهبين المالكي والشافعي. ومن أمثلة ذلك، ما قضت به غرفة المراجعة الإسلامية في ١٦نوفمبر ١٩١٦

---

(١) انظر، محكمة عليا، غ.أ.ش.، ١٩٩٧/٠٩/٣٠، ملف رقم ١٧١٦٨٤، المجلة القضائية، ٢٠٠١، عدد خاص، ص. ١٦٩.

(٢) إذ جاء بصريح العبارة أنه "من المقرر فقها وقانونا أن الحضانة هي رعاية الولد وتعليمه والقيام بتربيته على دين أبيه والسهر على حمايته وحفظه صحة وخلقا، ومن ثم، فإن القضاء بما يخالف هذا المبدأ يعد خرقا للقانون. ولما كان ثابتا - في قضية الحال - أن المجلس عندما أسند حضانة البنات الثلاثة للأم على اعتبار عاطفي بالرغم من ثبوت سوء خلقها يكون قد خرق القانون، ومتى كان كذلك استوجب نقض القرار المطعون فيه". انظر، المجلس الأعلى، غ.أ.ش.، ١٩٨٩/٠٥/٢٢، ملف رقم ٥٣٥٧٨، المجلة القضائية، ١٩٩١، عدد ٤، ص. ٩٩.

(٣) انظر، مجلس أعلى، غ.أ.ش.، ١٩٦٨/٠٦/١٢، مجموعة الأحكام، ج.١، ص. ٤٢؛ ١٩٦٨/١١/١٣، مجموعة الأحكام، ج. ١، ص. ص. ٦٩؛ ١٩٨٤/٠١/٠، ملف رقم ٣١٩٩٧، المجلة القضائية، ١٩٨٩، عدد ١، ص. ٧٣.

بقولها أن "أخلاق الحاضنة يجب أن تكون أكيدة وذات آداب غير معيبة وأن لا تكون سيرتها مشبوهاً فيها"[١]. ولقد توالت قرارات الغرفة بعد قرارها هذا لتؤكد استمرارها في الأخذ بهذا الشرط، وقضاؤها في ذلك غزير[٢].

وقد نسجت حيثيات القرار الصادر عن محكمة التعقيب التونسية على منوال الفصل ٥٨ من مجلة الأحوال الشخصية بقولها "يشترط في مستحقي الحضانة أن يكون...أمينا..."[٣]. وتطبيقا لذلك، فإنه يفهم من القرار الصادر عن محكمة الاستئناف بتونس بتاريخ ١٠ جانفي ١٩٦٣ بأن زنى الزوجة يعد سببا مانعا لإسناد الحضانة إذا ما أثره الزوج يوم أن طلبها لأول مرة، وإلا فلا يقبل منه بعد ذلك بحجة أن "وقائع السبب الأخيرة تختلف مع وقائع السبب الأول ولم يسبق طرحها لدى تلك المحكمة وبذلك لا وجه لاعتماد السبب الأخير لدى هاته المحكمة كمبنى للطلب لكون تغيير السبب..."[٤].

وبتاريخ ٠٧ أكتوبر ١٩٨٦ قضت محكمة التعقيب ذاتها بقبول الطعن على أساس أن المرأة ذات الخلق السيئ المثبتة بحكم جزائي لا تتوفر فيها الشروط المنصوص عليها قانونا لإسناد الحضانة[٥].

وإذا انتقلنا إلى القضاء المغربي، فإنه يظهر لنا بجلاء من القرار الذي أصدره المجلس الأعلى في ٠٨ ديسمبر ١٩٥٨ إن تعاطي الحاضنة لأنواع الكسب غير المشروعة، كالبغاء

---

(١)En ce sens, il a été jugé que la moralité de la hadhina doit être certaine et les moeurs irréprochables, sa conduite ne doit pas être suspecte. Cf. Alger, Ch. Rev. mus, ١٦/١١/١٩١٦, Recueil Nores, n° ١٢٥, cité par Gh. Benmelha, Le droit algérien..., op. cit., p. ٢٢٧.

(٢)Cf. Alger, Ch. Rev. mus., ٢٨/١١/١٩٢٥, Recueil Nores, n° ٣٢١ ; R..A.S.J.E.P., ١٩٢٧, ٢, p. ٣٥ ; ١٩٣٣/١٢/١٨,Recueil Nores, n° ٧٣٣, cité par Gh. Benmelha, op. cit., p. ٢٢٧.

(٣) انظر، محكمة التعقيب، ١٩٨٥/٠٢/٠٥، قرار مدني، عدد ١١١٠٧، مجلة القضاء والتشريع، ١٩٨٦، عدد٧، ص. ٦

(٤) انظر، محكمة الاستئناف بتونس، ١٩٦٣/٠١/١٠، حكم مدني، عدد ٥٥٦٨١، مجلة القضاء والتشريع، ١٩٦٣، عدد ٨، ص.٧٥٢.

(٥) انظر، محكمة التعقيب، ١٩٨٦/١٠/٠٧، قرار مدني، عدد ١٥٦٤٠، المجلة التونسية للقانون، ١٩٨٨، ص. ٨٢.

مثلا[١] يسقط حقها في الحضانة[٢].

وإزاء ذلك، فمن الأهمية أن نلاحظ أنه من الأجدر البحث عن مفهوم الفسوق وتطوّره من وقت النبي صلى الله عليه وسلم إلى يومنا هذا. والحق أن وجود الطفل مع حاضن يحترف الفسوق لا يجعله بعيدا كل البعد عن فساد خلقه. فهناك حالات صارخة [٣] تكون من مصلحة المحضون عدم بقائه مع حاضنه الفاسق.

ويدخل في إطار هذه الحالات التي تتطلب الحيطة واليقظة تلك الحالة المنتشرة في الدول التي تعترف بحرية الجنس باعتبرها حق من حقوق الإنسان الأساسية[٤] والمتمثلة في العهر، وهي حالة تتنافى بصفة مؤكدة مع مصلحة المحضون. إذ أن الحضانة يراعى في

---

(١) وذلك خلافا لبعض الدول الغربية كهولندا وألمانيا التي جعلت من البغاء عملا مشروعا، حيث أصبح الجنس في هده الدول صناعة مربحة للغاية إذ يعمل بألمانيا نحو ٤٠٠ ألف عاهرة في تنظيم أقدم مهنة في التاريخ بحيث أصبح لممارساتها الحق في الحصول على معاشات التقاعد والتأمين الصحي، وحد أقصى لساعات العمل لا يتجاوز ٤٠ ساعة أسبوعيا. وأما في هولندا أصدر المشرع قانونا يبيح بمقتضاه البغاء مند ثلاث سنوات، ويمنح للعاهرات حقوق مشابهة لنظيريهن في ألمانيا، ويجب أن تدفع مقابل ذلك ١٩ بالمائة من دخولهن. ويبحث البرلمان البلجيكي حاليا مشروع قانون ينظم البغاء من أجل إخراجها من التصرفات غير المشروعة مع منح العاملين في هذا المجال نفس الحقوق التي يتمتع بها العاملون في القطاعات الأخرى، حيث تنتظر الحكومة الحصول على ٥٠ مليون أورو سنويا كضرائب في هدا المجال. انظر، الوكالات، بلجيك على خطي هولندا وألمانيا، تقنين الدعارة من أجل ٥٠ مليون أورو سنويا. انظر، جريدة الخبر، ٢٠ جويلية ٢٠٠٣، ص. ١٢. وقد أباحت فرنسا علاقة الشذوذ الجنسي بمقتضى القانون رقم ٩٩-٩٤٤ الصادر في ١٩٩٩/١١/١٥ (.P.A.C.S) (المادة ٥١٥-١ وما بعدها من القانون المدني).

(٢) انظر، مجلس أعلى، ١٩٥٨/١٢/٠٨، مجلة القضاء والقانون، ١٩٥٩، عدد ١٧، ص. ٩٥.

(٣) ففيما يتعلق بهذه الحالات، انظر، المبحث الأول من الفصل الثاني من هذا المذكرة.

(٤) انظر، تشوار جيلالي، حقوق الإنسان بين الثبات والمتغير على ضوء المستجدات العلمية والتحولات الاجتماعية، مقال تحت النشر، المجلة الجزائرية للعلوم القانونية والاقتصادية والسياسية، ٢٠٠٤.

Ainsi, par exemple en France, « la sexualité est descendue dans la rue, le sexe a perdu son caractère honteux et vient s'exposer sans gêne aux yeux de tous. Il y a rejet de tabous sexuels de tous ordres ». Cf. J.M. Resseguier, La sexualité des époux, mém. D.E.A., Rennes, ١٩٧٩, p. ٥. En ce sens, cons. Egalement, A. Toulemon, L'amour, la loi, la liberté et la sexualité, Gaz. Pal., ١٩٧٧, pp. ٢٧-٢٩ ; J.-P. Branlart, Le sexe et l'état des personnes, th. Paris ٢, ١٩٩١.

إسنادها توفر مصلحة المحضون وهذه يقدّرها قضاة الموضوع"[١]، ومن ثم، لما "تعترف الأم دون تفسير ولا تعليل بزناها، فإنه يجوز لقضاة الموضوع الحكم بأنها صارت غير جديرة بحضانة الولدين"[٢].

هذا ولا يفوتنا أن نشير إلى موقف القضاء السوري من هذه المسألة، فقضت محكمة النقض بأنه "إذا كان الفجور يستدعي ترك الولد مشردا بسبب خروج الفاجرة من منزلها استجابة لرغبتها، فإنه يسقط حق الحضانة مهما كان سن الصغير[٣]. وكما قضت محكمة الأزبكية المصرية في حكم لها بأن "الحاضنة إن كانت فاسقة فسقا يلزم معه ضياع الولد عندها سقط حقها..."[٤].

وتعد أيضا كذلك "إذا كانت سيئة السلوك أو سارقة أو مغنية أو نائحة أو متهتكة تهتكا يخشى على المحضون إذا بقي عندها أن يتأثر بأفعالها"[٥]. وكما أننا نذكر من هذه الحالات أيضا، وقياسا على العهر، حالة السكر[٦]، فمدمن الخمر ومدمن المخدرات[٧]، وهما في حالة السكر، ينشغلان عن المحضون؛ وهذا بالإضافة إلى الخطر الذي يحدقه نظرا

(١) انظر، محكمة عليا، غ.أ.ش.، ١٩٩١/٠٦/١٨، ملف رقم ٧٥١٧١، غير منشور، مقتبس عن العربي بلحاج، مبادئ الاجتهاد ...، المرجع السابق، ص. ١٢١؛ محكمة التعقيب، ١٩٦٩/٠٧/٠١، قرار مدني، عدد ٦٨٢٧، مجلة القضاء والتشريع، ١٩٧٠، عدد ٤، ص. ٣٥.

(٢) انظر، مجلس أعلى، غ.م.، ١٩٦٨/٠٥/١٥، ن.س.، ١٩٦٨، ص. ١٠٩.

(٣) انظر، محكمة النقض السورية، مجلة القانون، ١٩٦٤، عدد ٣، ص. ٢٨٧، مقتبس عن عبد الرحمن الصابوني، المرجع السابق، ٢٠٠٠-٢٠٠١، ص.٢٣١.

(٤) محكمة الأزبكية، ١٩٢٩/١٢/٢٠، حكم رقم ٢٩/٢٥٤، عن عمر عبد الله ومحمد حامد قمحاوي، المرجع السابق، ص.٥٧٨.

(٥) انظر، عبد الكريم شهبون، المرجع السابق، ص. ٣٩٩.

(٦) ففي الدول المغاربية، فتعاطي الخمر غير ممنوع وبإمكان كل مواطن أن يتناوله. انظر مثلا بالنسبة للجزائر، الأمر رقم ٧٥-٢٦ المؤرخ في ١٩٧٥/٠٤/٢٧ المتعلق بقمع السكر العمومي وحماية القصر من الكحول. غير أن الجزائر تختلف عن باقي الدول المغاربية من حيث إن استيراد الكحول أصبح محظورا فيها بمقتضى قانون المالية لسنة ٢٠٠٤، وهذا ما أبقى عليه قانون المالية لسنة ٢٠٠٥، أما بشأن المخدرات، انظر، حشاني نورة، المخدرات في ظل التشريع الجزائري ودور العدالة في محاربة هذه الآفة، نشرة القضاة، ١٩٩٩، عدد ٥٤، ص.١٥٣ وما بعدها.

(٧) انظر، مكي دردوس، الإدمان على الخمر والمخدرات، مجلة العلوم الإنسانية، قسنطينة، ٢٠٠٢، عدد ١٨، ص. ١٤٧ وما بعدها.

لما يجول في خاطرهما من أمور خارقة للعادة وهما في حالة غيبوبة يفقدان بمقتضاها قوة التمييز والإدراك[١].

غير أن هذا التفسير الواضح للمصطلحات الذي جاءت به القوانين المغاربيـة للأسرة، وإن كان واسعا مـن حيـث مدلوله، إلا أنه يؤدي إلى حماية أكثر للمحضون، بل بمقتضاه نعرف في هذا الإطار عما إذا كان المرشح للحضانة صالحا لها أم لا. وهذا ما يمكن استنتاجه بوضوح من القرار الصادر عن محكمة التعقيب التونسية بتاريخ ٠٦ نـوفمبر ١٩٦٢ لما أكدت في إحدى حيثياتها "أن المنظور إليه أصالة في مادة الحضانة هـو قـدرة الحاضـن... وتحليه بما يجب مـن الصفات الأخلاقيـة والصحية إذ توفر هذه الشروط في الحاضن هو الذي يبعث الاطمئنان على القيام بواجب الحضانة"[٢].

الفرع الثالث
عدم الانسجام بين السلوك السيء ومصلحة المحضون

فكل الحالات المشار إليها أعلاه تفصح بجلاء عـن أن عـدم اتصاف الحاضـن بالفسـق شرط لا بـدّ منـه في ميدان الحضانة، إذ أن مصلحة المحضون مرهونة به ولا تسند إلا بتحققه.

إذن، هذا الشرط مفهوم أيضا، إذ من المحتمل أن يكون من بين الأشخاص الذين استوفيت فيهم الشروط السالفة أشخاص من سيئ السير والسلوك ولا يعقدون لمصلحة المحضون عزما، وإنما يقصـدون مـن وراء حصولهم على الحضانة تحقيق بعض المصالح الشخصية لا غير (ولو كانت سلبية كالانتقام بسـبب الطـلاق)، ولذلك رؤى مـنح المحكمـة، كـما قلنـا، سلطة تقديرية فخول القاضي، طبقا للمبادئ المستقر عليها قضاء، حق إسناد الحضانة وعدم إسنادها.

وفي ضوء هذه الأحكام وبناء على المعطيات المعاشة، يعاتب على ما تمسك به نفر من الفقه مـن أن الرجـل الفاسـق يحتاط لابنته ولا يضيعها ويحرص على الخير لها بجهده،

---

(١) انظر، محمد عبد الجواد محمد، الخمر والمخدرات في الشريعة الإسلامية، مجلة القانون والاقتصاد، ١٩٧٤، عدد ٤، ص. ٤١٠ وما بعدها.

(٢) انظر، محكمة التعقيب، ١٩٦٢/١١/٠٦، قرار مدني، عدد ١٥٠٧، مجلة القضاء والتشريع، ١٩٦٣، ص. ٥٧.

وإن حدث غير ذلك، فهو قليل[١]. أن هذا الموقف ليس بصحيح كل الصحة ولا بخاطئ على إطلاقه، غير أن القاعدة التي تبناها تعد في رأينا استثناء على مبدأ عام بسبب إدراجها ضمن الحالات الشاذة، كون أن "الطفل يشكل نشاطه الفسيولوجي والعقلي والعاطفي طبقا للقوالب الموجودة في محيطه"[٢]، حيث "إن مشكلة الأحداث الجانحين كظاهرة اجتماعية ابنة بيئتها[٣]، هي لا تحمل أبعادا لم تنشأ جذورها أصلا في بنية المجتمع"[٤].

وهكذا، "ضرورة أن الطفل الذي يفقد الرعاية النفسية - والخلقية كذلك - في طفولته المبكرة ينتهي به الأمر إلى السلوك المنحرف الذي يمكن أن يأخذ العديد من المظاهر كالكبت والتشتت والنكوص والتخيلات والعقد النفسية التي من جرائها يصبح الطفل مخالفا للقانون وجانحا في أغلب الأحيان"[٥]. لذلك، فإن الطفل "ينشأ على ما عوده المربي في صغره"[٦].

ولهذا ينبغي أن نلاحظ أن للأخلاق التي يتحلى بها الحاضن دورا هاما في تربية الطفل، وفي هذا يقول فيليب جسطاز :

«La morale… vit par la réflexion, par une science ou une philosophie (au sens de connaissance) par une forme d'action morale qui, malgré son caractère dispersé, aboutit à un travail considérable d'éducation. La morale nous éduque et il est plausible que réciproquement tout ce qui éduque exerce un magistère moral »[٧].

---

(١) انظر، السيد سابق، المرجع السابق، المجلد ٢، ص. ٣٥٤.

(٢) انظر، ألكسي كاريل، الإنسان ذلك المجهول، ص. ٣١٨-٣١٩، عن محمد قطب، التطور والثبات في حياة البشر، دار الشروق، ١٩٧٤، ص.١٥٩.

(٣) انظر، محمد باشوش، أطفال الشوارع في تونس، المجلة التونسية للعلوم الاجتماعية، ١٩٩٢، عدد ١٠٩، ص. ٧٧ وما بعدها.

(٤) انظر، مجاهدة الشهابي الكتاني، الأحداث الجانحون في البيئة العربية : "الواقع والآفاق"، المجلة التونسية للعلوم الاجتماعية، ١٩٩٢، عدد ١٠٩ خاص بأشغال ملتقى الإقصاء الاجتماعي والتهميش في العالم العربي، تونس، ١٨-٢٣ نوفمبر ١٩٩١، ص.٩ وما بعدها.

(٥) انظر، نجيبة الشريف بن مراد، طفلنا...، المرجع السابق، ص.١٣٢.

(٦) وإذا ركز ابن القيم الجوزية على ضرورة الاعتناء بالناحية الخلقية للطفل وتنشئه عليها، فإنه مع ذلك لم يشترط العدالة في الحاضن كما سبق ذكره. انظر، ابن القيم الجوزية، تحفة المودود بأحكام المولود، المرجع السابق، ص.١٢٣؛ عبد الناصر عيسوي، آراء ابن القيم في التربية، منار الإسلام، ١٩٨٢، عدد ١١، ص. ٧٤.

(٧)Cf. Ph. Jestaz, Pouvoir juridique et pouvoir moral, R.T.D.Civ., ١٩٩٠, n° ٤,

بل والأخطر ما يمكن تصوره هو تعرض الطفلة للأذى الجنسي والنفسي من هتك عرض وضرب خاصة إذا كان ذلك صادرا من الأقربين لها درجة، وما النصوص العقابية[1]

p.٦٣٨.

(١) ففي الجزائر، تنص الفقرة الثالثة من المادة ٣٣٠ من قانون العقوبات (قانون رقم ٨٢-٠٤ المؤرخ في ١٩٨٢/٠٣/١٣) على أنه يعاقب بالحبس من شهرين إلى سنة وبغرامة من ٥٠٠ دج إلى ٥٠٠٠ دج "أحد الوالدين الذي يعرض صحة أولاده أو واحدا أو أكثر منهم أو يعرض أمنهم أو خلقهم لخطر جسيم بأن يسيء معاملتهم أو يكون مثلا سيئا لهم للاعتياد على السكر أو سوء السلوك أو بأن يهمل رعايتهم أو لا يقوم بالإشراف الضروري عليهم وذلك سواء كان قد قضى بإسقاط سلطته الأبوية عليهم أو لم يقض بإسقاطها".
كما تنص المادة ٣٣٤ من قانون العقوبات (أمر رقم ٦٩-٧٤ المؤرخ في ١٩٦٩/١٢/١٦ وأمر رقم ٧٥-٤٧ المؤرخ في ١٩٧٥/٠٦/١٧) على أنه "يعاقب بالحبس من خمس إلى عشر سنوات كل من ارتكب فعلا مخلا بالحياء ضد قاصر لم يكمل السادسة عشرة ذكرا كان أو أنثى بغير عنف أو شرع في ذلك.
ويعاقب بالسجن المؤقت من خمس إلى عشر سنوات أحد الأصول الذي يرتكب فعلا مخلا بالحياء ضد قاصر ولو تجاوز السادسة عشرة من عمره ولم يصبح بعد راشدا بالزواج".
وأما في تونس، ينص الفصل ٢٢٧ مكرر (المنقح بقانون عدد ٢٣ لسنة ١٩٨٩) على أنه "يعاقب بالسجن مدة ستة أعوام كل من واقع أنثى بدون عنف سنها دون خمسة عشر عاما كاملة...". وينص الفصل ٢٢٨ مكررمن المجلة الجنائية على أنه "كل اعتداء بفعل الفاحشة بدون قوة على طفل لم يبلغ من العمر ثمانية عشر عاما كاملة يعاقب بالسجن خمسة أعوام والمحاولة موجبة للعقاب". وكما ينص الفصل ٢٢٩ من المجلة الجنائية (المنقح بالقانون عدد ٢٣ لسنة ١٩٨٩ المؤرخ في ١٩٨٩/٠٢/٢٧) على ما يلي "ويكون العقاب ضعف المقدار المستوجب إذا كان الفاعلون للجرائم المشار إليها بالفصل ٢٢٧ مكرر و٢٢٨ و٢٢٨ مكرر من أصول المجني عليه وأي طبقة أو كانت لهم السلطة عليه أو كانوا معلميه أو خدمته أو أطبائه أو جراحيه أو أطباء للأسنان أو كان الاعتداء بإعانة عدة أشخاص".
وأما في المغرب، تقضي الفقرة الأولى من المادة ٤٨٢ من قانون المسطرة الجنائية على أنه "إذا تسبب أحد الأبوين في إلحاق ضرر بالغ بأطفاله أو بواحد أو أكثر منهم، وذلك نتيجة سوء المعاملة أو إعطاء القدوة السيئة في السكر، أو سوء السلوك، أو عدم العناية أو التقصير في الإشراف الضروري من ناحية الصحة، أو الأمن أو الأخلاق يعاقب بالحبس من شهر واحد إلى سنة وغرامة من مائة وعشرين إلى خمسمائة درهم، سواء حكم عليه بالحرمان من السلطة الأبوية أم لا". وكما تنص المادة ٨٨ من ذات القانون على أنه "يتعين على المحكمة أن تحكم بسقوط الولاية الشرعية على الأولاد عندما تصدر حكما من أجل جناية أو جنحة معاقب عليها قانون

التي وضعها المشرعون المغاربيون للحد من هذا النوع من الجرائم ما هي إلا تعبيرا وتأكيدا لوجودها في أرض الواقع.

وفي هذا الإطار، يستقى من واقع المجتمع المغاربي المعاش عدة أمثلة متنوعة بتنوع الجرائم المرتكبة، إذ تثبت جليا معاناة البنات من الجرائم المرتكبة من أصولهم وحواشيهم عليهم [1]. وفي هذا الصدد تشير الإحصائيات في الجزائر مثلا وفق للتقرير السنوي للمديرية العامة للأمن الوطني لسنة ١٩٩٧، أن التعدي الجنسي- بين المحارم سجل بـ ٧ ذكور و١٩ فتاة. ويضيف هذا المصدر أن عدد الأطفال الذين تعرضوا لسوء المعاملة وصل إلى ٥٧ حالة لدى الذكور و٢٩ لدى الإناث، مع الإشارة أن هناك أرقاما خاصة بالأحداث الضحايا لا يتم التصريح بها لاعتبارات عائلية وعرفية وشرفية [2].

بالحبس، ارتكابها أحد الأصول على شخص أحد أطفاله القاصرين...". وكما ينص الفصل ٤٠ من ذات القانون على أنه يجوز للمحاكم، في الحالات التي حددها القانون، إذا حكمت بعقوبة جنحية أن تحرم المحكوم عليه، لمدة تتراوح بين سنة وعشر سنوات، من ممارسة حق أو عدة حقوق من الحقوق الوطنية أو المدنية أو العائلية المنصوص عليها في الفصل ٢٦".

(١) وأن هذه الجرائم لا تخص الدول المغاربية، بل هي تمس أيضا دول عربية أخرى كمصر مثلا، حيث نقلت لنا جريدة LeQuotidien d'Oran" " قصة العم الذي أحيل على العدالة بسبب ارتكابه جريمة الزنا على ابنة أخيه الذي كان وليها أيضا، وعلى إثر ذلك أصبحت حاملا من ماء عمها ووليها.
Cf. D. Darwich, La vie au bout des menottes, in Le Quotidien d'Oran, du ١٨/١٢/٢٠٠٣, p. ١٦.

(٢) انظر، المديرية العامة للأمن الوطني، التقرير السنوي الخاص بمختلف الولايات، عن الخبر، ١٩٩٨/٠٦/٠١، ص. ٣.
Sur cette réalité sociale, cf. également, L. Aslaoui, Dame justice, Réflexions au fil des jours, édit. E.N.A.L., Alger, ١٩٩٠, pp. ١٤٧-١٥١.
وفي قضية عرضت على القضاء الجزائري تتلخص وقائعها في أن الأب عمد فيها إلى الاعتداء على شرف إحدى بناته القاصرات بفعل الفاحشة، مما أدى إلى حملها، واكتشاف أمرها بعد وضعها والإلقاء بالجنين على قارعة الطريق، انظر، ع.ق. جنين على قارعة الطريق لستر الفضيحة، يومية الخبر، لـ ٢٠٠٢/٠٣/٢٠، ص.١٣. وفي قضية أخرى، أصدرت محكمة الجنايات لدى مجلس قضاء سكيكدة خلال شهر مارس ٢٠٠٥ حكما بـ عشر سنوات سجنا نافذا في حق متهم انتهك عرض طفلة قاصرة، وهي ابنة زوجته. انظر. ع. فلوري، السجن للمعتدي على ابنة زوجته، الخبر، جريدة يومية، ٢٠٠٥/٠٣/٢٠، ص. ١٣.

ولذلك حذر الأستاذ الغوثي بن ملحة من تعرض الطفل وهو في بيت الحاضن الشخصي لمخالطة قرناء السوء نظرا لما فيها من خطر على أخلاقه[١] ونفسيته، وهذا ما سيقوم به القاضي عند استعمال سلطته التقديرية راعيا في ذلك قبل كل شيء مصلحة المحضون.

الفرع الرابع

سلطة القاضي في تقدير تحقيق شرط الأمانة من عدمه

الواضح إذن من خلال التفاسير والتحليل السالفة الذكر، أنه يشترط ألا يكون لحاضن فاسدا فسادا يفوت غرض الشارع[٢]. غير أن تحديد الفساد الذي يضيع به المحضون يرجع الاختصاص فيه أساسا إلى القاضي دون سواه[٣]، فهو الذي يتحقق من وجود فسق أو عدم وجوده عن طريق دراسة الواقع، وهو الذي يفسر الفسق حسب نظرة المجتمع، أي حسب فكرة النظام العام والآداب العامة.

وهذا الرأي يجد له تأييدا في الاجتهاد القضائي المغاربي الذي أخذ منذ فترات طويلة يربط بين تصرفات الأشخاص المرشحين للحضانة وبين الحقائق الاجتماعية المعاشة ليعدّها فسادا يتعارض مع مصلحة المحضون.

وللتدليل على هذا الموقف الذي تبناه الاجتهاد المذكور يمكن التنويه ببعض قرارات المحاكم العليا تفصح عنه صراحة أو ضمنيا. من ذاك القرار الصادر عن محكمة التعقيب بتاريخ ٢٢ ديسمبر ١٩٩٢، حيث قضت فيه أن "مسألة الأصلحية والأفضلية بين الوالدين ولئن كانت من المسائل الواقعية الراجعة لاجتهاد حكم الأصل دون رقابة عليهم من محكمة التعقيب..."[٤]، ذلك لأن "مصلحة المحضون هي مسألة موضوعية أوكلها القانون لاجتهاد القاضي وتبصره وحكمته، فهو يقر على ضوء الأبحاث التي أجراها لتحقيق تلك المصلحة..."[٥].

---

(1)Cf. Gh. Benmelha, op. cit., édit. O.P.U., ١٩٩٣, p. ٢٢٧.

(٢) انظر، معوض عبد التواب، المرجع السابق، ط. ١٩٩٣، ص. ٦٠٨.

(٣) ومعنى ذلك أن هذا لا يدخل ضمن اختصاص المشرع.

(٤) انظر، محكمة التعقيب، ١٩٩٢/١٢/٢٢، قرار مدني، عدد ٣٣٩١٣، نشرية محكمة التعقيب، ١٩٩٢، ص. ١٨١.

(٥) انظر، محكمة التعقيب، ١٩٧٠/٠٣/٢٤، قرار مدني، عدد ٧٠١٩، مجلة القضاء والتشريع، ١٩٧٠،

وقبل هذا التاريخ، تسنى الأمر للمجلس الأعلى الجزائري أن يقضي في ١٥ ماي ١٩٦٨ بأنه "من المقرر شرعا أنه عندما تعترف الأم دون تفسير ولا تحليل بزناها، فإنه يجوز لقضاة الموضوع الحكم بأنها صارت غير جديرة بحضانة الولدين"[١]، لأن "الحضانة يراعى في إسنادها توفر مصلحة المحضون وهذه يقدرها قضاة الموضوع"[٢]. بل " أن مسألة إسناد الحضانة لا تعد من الأشكال الجوهرية في الإجراءات بل مسألة موضوعية من اختصاص وتقدير قضاة الموضوع،..."[٣] وعلى هذا الأساس، يقتضي الأمر أن ننظر في هذا الصدد إلى المسألة من جهة الطفل لا من جهة الحاضن[٤]، فيكفي قيد ألا يكون الفسق فسقا يضيع به الولد، أو لا يفهم الطفل ذلك[٥].

وبمثل هذا الاتجاه وتلك العبارات وغيرها تجرى أحكام القضاء في المغرب منذ نحو ثلاثين عاما أو يزيد، بحيث استقرت على أن مسألة الفسق المسقط لحق الحضانة مسألة نسبية تختلف باختلاف الحالات والأوضاع، وذلك راجع أساسا إلى تقدير مصلحة المحضون، وأن "تقدير هذه المصلحة يرجع إلى قاضي الموضوع"[٦].

عدد ٨، ص. ٧٣.

(١) انظر، مجلس أعلى، غ.م.، ١٩٦٨/٠٥/١٥، ن.س.، ١٩٦٨، ص. ١٠٩.

(٢) انظر، محكمة عليا، غ.أ.ش.، ١٩٩١/٠٦/١٨، ملف رقم ٧٥١٧١، غير منشور، مقتبس عن العربي بلحاج، قانون الأسرة، مبادئ الاجتهاد القضائي...، المرجع السابق، ص.١٢١.

(٣) انظر، محكمة عليا، ٢٠٠٣/٠٦/١٨، ملف رقم ٣٠٦٧٤٥، غير منشور.

(٤) انظر، عبد العزيز عامر، المرجع السابق، ص. ٢٣٨.

(٥) فقضت محكمة الأزبكية في ١٩٢٩/١٢/٢٠ بأن "الحاضنة إن كانت فاسقة فسقا يلزم معه ضياع الولد عندها سقط حقها، حقها، وإلا فهي أحق به إلى أن يعقل فينتزع منها" (انظر، محكمة الأزبكية، ١٩٢٩/١٢/٢٠، المحاماة الشرعية، السنة الأولى، ص. ٧٢٢، مقتبس عن ممدوح عزمي، المرجع السابق، ص. ٩٨-٩٩) . وفي حكم آخر، جاءت محكمة الخليفة في ١٩٣١/١١/١٤ بأنه "إذا كان الفسق ليس من شأنه أن يضيع الولد، فإن حق الحضانة يظل" (انظر، محكمة الخليفة الشرعية، ١٩٣١/١١/١٤، المحاماة الشرعية، السنة الثالثة، ص. ٨٩٦ وما بعدها. وأخيرا، فصلت محكمة الجمالية في حكمها الصادر في ١٩٣٣/٠١/١٨، بأن "المناط في عدم الأهلية للحضانة الفسق وكون الصغيرة تعقله أو ترك المحضونة عرضة للهلاك" (انظر، محكمة الجمالية، ١٩٣٣/٠١/١٨، المحاماة الشرعية، السنة الرابعة، ص. ٩٨).

(٦) انظر، مجلس أعلى، ١٩٧٢/٠٦/٢٦، قرار رقم ١٩٦، مجموعة قرارات المجلس الأعلى، ١٩٨٩/١٩٦٥، ص. ٢٠٧.

وأمام هذا الموقف الذي اعتنقه القضاء المغاربي، يرى المستشار معوض عبد التواب، بشأن تحديده المعايير التي يجب أن تأخذ بعين الاعتبار لإقامة الشرط الذي نحن بصدده هنا من عدمه، هو "أنه لا يعاب في أمانة الحاضنة اتهامات سرقة أو خيانة أمانة، إذ أن ذلك، حسب رأيه، لا يؤثر في حياة الصغير إلا إذا رأى القاضي من ظروف الدعوى انشغال الحاضنة بما تقترفه عن رعاية الصغير أو يخشى عليه أن يتعلم منها ما تفعله. والقاضي لا بدّ في ذلك أن يراعى تعدد سوابقها والسّن التي وصل إليها الصغير الذي تحتضنه"[١].

وإعمالا بالقاعدة الأصولية القائلة "من شب على شيء شاب عليه"، نعود فنقول بأنه من الأجدر أن لا تسند الحضانة لفاسق الذي لا يقيم للأخلاق الفاضلة وزنا. وذلك مع الأخذ في الحسبان سن المحضون إذ بحكم المبادئ القانونية فيصبح المرشح للحضانة وهو في هذه الحالة غير أهل لها بحكم أنه سيلقى بالمحضون في بيئة مصاحبة تؤثر عليه سلبا، وتثير الشكوك حول سلامة تربيته، والمناط في سقوط الحضانة مصلحة الطفل، وحمايته من الضياع وصيانته من الإهمال.

وكذلك لو رجعنا إلى منطوق القرارات الصادرة عن المحاكم العليا لوجدناها متمشية مع وجهة النظر التي نقول بها، حيث حتى ولو أقرت صراحة بأن مصلحة المحضون هي مسألة موضوعية أوكلها القانون لاجتهاد القاضي. غير أن هذه السلطة التي يتمتع بها القاضي في هذا المجال ليست بالمطلقة كل الإطلاق، بل ينبغي عليه، وفقا لما قضت به محكمة التعقيب، القيام في حكمه "بالتعليل المستوفى، ومخالفة هذا تورث القرار ضعفا في التعليل يحول دون إمكانية إجراء سلطة المراقبة من قبل محكمة التعقيب وتعرضه للنقض"[٢]. إذن، "في خصوص الحضانة، فإن الفصل ٦٧ م.أ.ش. يركز على مصلحة المحضون فقط، وأن فقه القضاء المتوارد في هذه المادة يرتكز على مبدأ يتمثل في وجوب تعليل مصلحة المحضون عند إسنادها لأحد الطرفين"[٣].

(١) انظر، معوض عبد التواب، المرجع السابق، ط. ١٩٩٣، ص. ٦٠٨.
(٢) انظر، محكمة التعقيب،١٩٧٧/٠٢/٠١، قرار مدني، عدد ٧٣١، نشرية محكمة التعقيب، ١٩٧٧، ج. ١، ص. ٧٤.
(٣) انظر، محكمة التعقيب، مدني، ١٩٩٠/٠٥/٠٨، قرار عدد ٢٥٩١٣، نشرية محكمة التعقيب، ١٩٩٠، ص. ٢٥٩.

وقد سلك القضاء الجزائري نفس المسلك التونسي، حيث قضت المحكمة العليا في العديد من قراراتها بإلزامية تعليل الحكم الخاص بالحضانة، فنذكر منها خاصة ما قضت به بتاريخ ٢٤ فبراير ١٩٨٦ بقولها "في حالة انتقال الحضانة من شخص لآخر، فإنه يجب على قضاة الموضوع ذكر أسباب هذا الانتقال..."[١]. وكذلك ما قضت به في قرارها الصادر في ١٨ جويلية ٢٠٠١ والقاضي بأنه "الذي يحول بين الحاضنة ومحضونيها يجب أن يكون مسببا تسبيبا جديا يسمح للمحكمة العليا بمزاولة رقابتها، والقرار هذا لم يوضح الأسباب ولاسيما تلك المتعلقة بالمصلحة..."[٢].

وهذا الموقف تبناه أيضا القضاء المغربي من حيث رقابة تعليل الحكم في إسناد الحضانة، وذلك يستنتج من القرار الصادر عن المجلس الأعلى بتاريخ ١٤ أكتوبر ١٩٨١ حينما قضى بأن "المحكمة... قد عللت قضاءها تعليلا خاطئا يوجب نقضه"[٣]؛ وكذلك من القرار القائل بأن "الحكم الذي لم يبين فيه مصلحة... المحضون يكون ناقص التعليل ويوازي انعدامه"[٤].

وإننا إذ نختتم هذه الدراسة التحليلية لشرط الأمانة ومدى تماشيه مع مصلحة المحضون، نعود فنجمل النتيجة المتوصل إليها بأنه شرط ضروري في الحاضن لا استغناء عنه لحفظ الطفل من الناحية الخلقية رعاية لمصلحته. إلا أن هذا الشرط، كما قلناه يبقى خاضع لتقدير القاضي، فهو الذي يقضي بإسناد الحضانة للمرشح لها أو إسقاطها عنه آخذا في ذلك بعين الاعتبار المعايير الآتية :

أولا : تعميم مصطلح الفسق. تقتضي مصلحة المحضون أن يعمم مصطلح "الفسق" على كل عمل مشين يعاقب عليه الشرع والتشريع، وذلك لإبعاد احتمال وقوع أي ضرر من شأنه أن يصيب المحضون جسميا ومعنويا.

ثانيا : تأثر المحضون بأفعال حاضنه. فلا شك إذا كان المحضون في سن يعقل الفسوق، فإن مآله في هذه الحالة الضياع بجانب حاضن فاسق[٥]، مما يستوجب على

(١) انظر، مجلس أعلى، ١٩٨٦/٠٢/٢٤، ملف رقم ٣٩٧٦٨، غير منشور، مقتبس عن بلحاج العربي، المرجع السابق، مبادئ الاجتهاد...، ص. ١٢٨.

(٢) انظر، محكمة عليا، ٢٠٠١/٠٧/١٨، ملف رقم ٢٦٢٢٢٨، غير منشور.

(٣) انظر، مجلس أعلى، ١٩٨١/١٠/١٤، مجموعة قرارات المجلس الأعلى، ١٩٨٩/١٩٦٥، ص. ٣٤٢.

(٤) انظر، مجلس أعلى، ١٩٧٣/٠٣/٢٩، قرار رقم ١١١، مجلة القضاء والقانون، عدد ١٢٨، ص. ٣١.

(٥) فقضت محكمة النقض الليبية في قرارها الصادر في ١٩٨٧/٠٣/٢٥ بأن "المادة ٦٥ من القانون رقم ١٠ لسنة ١٩٨٤ قد نصت على شروط الحضانة، ومن بينها أن يكون الحاضن قادرا على تربية

القاضي الحكم برفض حضانة هذا الفاسق حماية ورعاية لمصلحة الطفل، لأن "الطفل في يد الحاضن في حكم الأمانة ومضيع الأمانة لا يستأمن"[١].

ثالثا : السن الواجب اعتمادها. إذا كان النضج العقلي للطفل أصبح اليوم مختلفا عما كان عليه في السابق من حيث السن، فإننا نقترح بأن لا يبقى المحضون مع فاسق إذا بلغ من العمر ثلاث سنوات كحد أقصى، إذ من المحتمل جدا أن يعقل المحضون في هذه السن الفسوق ويألف ما يراه من أفعاله، وهذا ما لم تقض مصلحة المحضون بخلاف ذلك[٢].

وصفوة الكلام أنه لا يهم أن يكون العيب في الحاضن منبعه الإجبار أو أساسه الإرادة الحرة كسلوكه بالعمل المشين وهو سلوك اختياري[٣] ينتج عنه سقوط الحق في الحضانة بسبب إضراره بالصغير. غير أنه للتوصل إلى حماية مصلحة المحضون ورعايتها تعد هذه الشروط غير كافية، بل يستوجب أيضا مراعاة، إلى جانبها الشروط ذات الصبغة الدينة.

المطلب الرابع
الشروط ذات الصبغة الدينية

إذا كانت الشروط ذات الصبغة الدينية تغترف مصدرها من الشريعة الإسلامية التي وفت بها قوانين الأسرة المغاربية في معظم أحكامها، فإن هذه الشروط خلافا للمدونة المغربية[٤] والمجلة التونسية[٥] لم تدل بها الفقرة الثانية من المادة ٦٢ من قانون الأسرة كما سبق وأن عرضنا، وإنما نكتشفها متفرقة في المواد الأخرى للحضانة وبصورة تلميحية، والتي أجملناها في شرطين أساسين هما اتحاد الدين والمحرمية.

المحضون وصيانته ورعايته... وكان من المقرر أن مناط عدم الصيانة والرعاية للمحضون هو لحوق المعرة به وتركه معرضا للضياع لدرجة تفويت المصلحة من الحضانة أو تجعله على خطر من حيث الصيانة والحفظ". انظر، محكمة عليا (ليبية)، ١٩٨٧/٠٣/٢٥، قرار رقم ٨٦/٠٢، المجلة العربية للفقه والقضاء، عدد٧، ص. ١٢٩.

(١) انظر، ممدوح عزمي، المرجع السابق، ص. ٩٣.

(٢) انظر، محمد علي محجوب، المرجع السابق، ص. ٤٤٤-٤٤٥.

(٣) إذ "أن الإدمان على الخمر والمخدرات - كالخوض في بحر الزنا - عادة يكتسبها الإنسان بمحض إرادته وبإمكانه أن يتجنبها ويعرض عنها". انظر، مكي دردوس، المرجع السابق، ص. ١٤٧.

(٤) انظر المادتين ١٧٤ و١٧٥ من المدونة.

(٥) انظر، الفصل ٥٨ من المجلة.

وتجدر الملاحظة والتذكير أن اتحاد الدين والمحرمية شرطان جاء بهما الفقه الإسلامي السائد، دون أن ينفرد بهذه البادرة. كما نجد التشريعات التي اقتبست أحكامها من الشريعة الإسلامية قد قننت هذين الشرطين في صياغات متنوعة؛ في حين لم ير المشرع في الدول الأخرى أية حاجة في اشتراطهما، هذا وإن كانت مصلحة المحضون قد تنادي بهما في بعض الحالات والمواقف.

ولكن، نظرا لارتباط هذين الشرطين بعنصر الدين، يتطلب منا الأمر بادئ ذي بدء معالجة مسألة حرية الديانة في القوانين المغاربية **(الفرع الأول)**، وهذا كله لإبراز نصيب مصلحة المحضون من شرطي اتحاد الدين **(الفرع الثاني)** والمحرمية **(الفرع الثالث)** اللذين لا تكون دراستهما هنا بنفس النظرة السابقة لفقهاء الشريعة الإسلامية القدامى، وإنما حسب تطوّر مفهوم مصلحة المحضون بتطور المجتمع المغاربي.

الفرع الأول
حرية الديانة في القوانين المغاربية

سنتعرض في هذا الموضوع إلى مسألة حرية الديانة في الدساتير المغاربية (I)، ثم إلى مفهوم حرية العقيدة بين الاتفاقيات الدولية والاجتهادات الفقهية (II)، وإلى موقف قوانين الأحوال الشخصية المغاربية من تلك الحرية، وأخيرا إلى موقف قوانين الأحوال الشخصية المغاربية من حرية العقيدة (III).

I.- حرية الديانة في الدساتير المغاربية

الواقع، إن الحديث عن حرية الديانة لا ينفتح المجال له بوساعة، ولا تبسط الأرضية المهيأة له إلا في دولة لائكية[١] ؛ فهذه الأخيرة تبدي حيادها تجاه الاعتقادات الدينية المختلفة، وتعترف به وتحميه دستوريا. وعليه، ففي ظلها كل ما يتعلق بالأسرة والأحوال الشخصية هو ذو طابع مدني بحت، فهذه الأحكام تحكم الأشخاص دون تفرقة لانتمائهم الديني[٢].

---

(١)Cf. R. Rémond, La laïcité et ses contraires, in Pouvoirs, ١٩٩٥, n° ٧٥, p. ٩; G. Koubi, La laïcité sans la tolérance, R.R.J. Droit prospectif , ١٩٩٤, n° ٣, pp. ٧٢٢ et s.; Ph. Ardant, La laïcité, in Pouvoirs, ١٩٩٥, n° ٧٥, pp. ٥ et s.

(٢) انظر، جيلالي تشوار، النظام العام في مسائل الزواج والطلاق، مجموعة محاضرات ألقيت على طلبة الماجستير بمعهد العلوم القانونية والإدارية، جامعة سيدي بلعباس، ١٩٩٨/١٩٩٧، ص. ١١ وما

وإلى جانب هذا، إذا كانت دولة غير لائكية تكرس حرية العقيدة وفي قانونها الأساسي (١)، فهذا الموقف يثير الفضول لفهم معنى حرية الديانة في هذه الدولة. ومعنى هذا إن إقرار مبدأ حرية الديانة وإعلان الدولة في الوقت ذاته عـن دينهـا يشوق الكلام عنه.

هذا الأمر ينطبق على الدول المغاربية (٢)، إذ عرفت الدساتير التي مرت بها (٣) الكثير مـن المبـادئ المكرسـة للحقوق والحريات الفردية (٤)، ومن جملتها تلك الخاصة بحرية المعتقد (٥).

ففي الجزائر (٦)، فإذا نص المشرع التأسيسي في المادة ٣٦ من دستور ١٩٩٦ (٧) على

بعدها.

Sur cette question, cons. G. Ripert, L'ordre public et la liberté individuelle, in Recueil Gény, ١٩٣٤, T. ٢, pp. ٣٤٧ et s.; A. Chapelle, Les fonctions de l'ordre public en droit international privé, th. Paris ٢, ١٩٧٩; C. Coulombel, Le droit privé français devant le fait religieux depuis la séparation des églises et de l'Etat, R.T.D.Civ., ١٩٥٦, pp. ١٥ et s.

(١) انظر، عبد المنعم محفوظ، علاقة الفرد بالسلطة وضمانات ممارستها، دراسة مقارنة، المجلد الثاني، (بدون دار النشر)، ط. ٢، ١٩٨٩، ص. ٢٧٥ وما بعدها؛ كريم يوسف أحمد كشاكش، الحريات العامة في الأنظمة السياسية المعاصرة، منشأة المعارف، الإسكندرية، ١٩٧٨، ص. ٤٨٩ وما بعدها.

(٢)Cf. J.L. Lajoie, Libertés, participation et ordre public en droit algérien, th. Lyon, ١٩٨٣, pp. ٢١٦ et s.; H. Sanson, La laïcité islamique en Algérie, édit. C.N.R.S., Paris, ١٩٨٣, pp. ٣٣ et s.

(٣) عرفت الجزائر منذ الاستقلال أربعة دساتير وهي : دستور ١٩٦٣، ودستور ١٩٧٦، ودستور ١٩٨٩، وأخيرا دستور ١٩٩٦. Concernant la constitution de ١٩٧٦, cons. A. Benmeghsoula, L'expression et les garanties des libertés fondamentales et des droits de l'homme et du citoyen dans la constitution du ٢٢ nov. ١٩٧٦, R.A.S.J.E.P., ١٩٨٤, n° ٢, pp. ٤٥٣ et s.

(٤) انظر، ابن طيفور نصر الدين، السلطات الاستثنائية لرئيس الجمهورية الجزائري والضمانات الدستورية للحقوق والحريات العامة، دراسة مقارنة، رسالة دكتوراه دولة، سيدي بلعباس، ٢٠٠٤، ص. ٥٧ وما بعدها.

(٥) انظر، المواد ٤، و١٠ فقرة ٨ و١٧ من دستور ١٩٦٣. والمواد ٢، و٣٩، و٥٣ من دستور ١٩٧٦؛ والمادتين ٢ و٣٥ من دستور ١٩٨٩.

(٦) انظر، عمر سعد الله، مدخل في القانون الدولي لحقوق الإنسان، د.م.ج.، ١٩٩٣، ص. ٦١-٦٣.

(٧) انظر، المرسوم الرئاسي رقم ٩٦-٤٣٨، المؤرخ في ١٩٩٦/١٢/٧ المتعلق بإصدار نص تعديل

أنه "لا مساس بحرمة حرية المعتقد،..."، معنى هذا ألا يكون الشخص مكرها في اختيار عقيدته، فإنه مع ذلك نص في ديباجته على أن "الجزائر أرض الإسلام"[(١)]، وأقر في المادة الثانية منه أن "الإسلام دين الدولة"؛ بل وأوجب في المادة ٧٦ منه على رئيس الدولة عند تأدية اليمين التعهد باحترام الدين الإسلامي وتمجيده، والمحافظة عليه والسهر على تطبيق أحكامه ومبادئه والالتزام بقيمه وأهدافه، وكذلك في اعتلاء منصب الرئاسة الذي أسند لمن يكون مسلما[(٢)]. وهذا ما أكدته لاحقا المادة الثانية من الأمر رقم ٠٦-٠٣ المؤرخ في ٢٨ فبراير ٢٠٠٦ المتعلق بشروط وقواعد ممارسة معتقدات أخرى غير الإسلام، حيث جاء في مضمونها بأن الدولة الجزائرية التي دينها الإسلام تضمن حرية ممارسة المعتقد في إطار احترام أحكام الدستور وهذا الأمر والقوانين واللوائح المعمول بها، والنظام العام والآداب العامة، والحقوق والحريات الأساسية للغير[(٣)].

بيد أن المؤسس الدستوري المغربي لم يقتصر على إعلان إسلامية الدولة المغربية بالدلالة على أن الدين الإسلامي دين الدولة، بل تجاوز ذلك بقوله في الفقرة الأولى من ديباجة الدستور أن المملكة المغربية دولة إسلامية، وهذا ما يعبر بوضوح عن إسلامية المملكة المغربية، وفي هذا تؤكد المادة ١٩ من الدستور المغربي على أن الملك بوصفه أمير المؤمنين هو الممثل الأسمى للأمة وحامي حمى الدين الإسلامي. ولكن، خلافا للدستور الجزائري، فإن الدستور المغربي لم يتعرض للقسم.

هذه التأكيدات الإسلامية المؤكدة لإسلامية الدولة في الدستورين الجزائري والمغربي يفهم منها ابتعاد الدستورين عن العلمانية، وما تذهب له من فصل الدين عن الدولة. غير

الدستور، المصادق عليه في استفتاء ١٩٩٦/١١/٢٨، الجريدة الرسمية، ١٩٩٦، عدد ٧٦، ص. ٧ وما بعدها.

(١) انظر، الجريدة الرسمية للجمهورية الجزائرية، ١٩٩٦/١٢/٠٨، عدد ٧٦، ص. ٨.

(٢) للمزيد من التفاصيل بشأن، هذه الحريات والحقوق، انظر، علي بن فليس، الحريات الفردية والجماعية في الدساتير الجزائرية، م.ج.ع.ق.إ.س.، ١٩٩٨، عدد ٢، ص. ٤٩ وما بعدها؛ بوزيد لزهاري، تعديل ٢٨ نوفمبر ١٩٩٦ وحقوق الإنسان، مجلة الإدارة، ١٩٩٧، عدد ١، ص. ٨٧ وما بعدها.

(٣) انظر، الأمر رقم ٠٦-٠٣ المؤرخ في ٢٨ فبراير ٢٠٠٦ المتعلق بشروط وقواعد ممارسة معتقدات أخرى غير الإسلام، الجريدة الجريدة الرسمية للجمهورية الجزائرية، ٢٠٠٦، عدد ١٢، ص. ٢٣.

أن الدستور التونسي انتهج نسبيا نفس المنهج، ولكن باستعماله عبارات أقل استعمالا وتدقيقا للتعبير عن الإسلامية، وهذا بالتنصيص في المادة الأولى منه على أن "تونس دينها الإسلام" دون التأكيد بأنه دين الدولة أو دين الشعب التونسي- ولكن رغم هذه الملاحظة، فإن المادة ٣٧ من الدستور تشترط في الرئيس أن يكون مسلما، وأن هذا الأخير لا يشرع في ممارسة مهامه إلا بعد تأدية القسم وفقا للمادة ٤١ من الدستور بالقول "أقسم بالله العظيم..."، مما يعني به التزامه بالقيام على حماية الدين الإسلامي والمحافظة عليه.

وما تجب الإشارة إليه هو أن دول المغرب العربي قد عبرت في المعاهدة المنشئة للاتحاد عن ارتباطها بالتربية الإسلامية كأساس لتنمية الوعي الثقافي، واعتبار الدين الإسلامي أحد المقومات الأساسية التي تربط بين أفراد الشعوب المغاربية. وهذا يتضح جليا من الفقرة الرابعة من المادة ٣ منها بقولها "إقامة تعاون يرمي إلى تنمية التعليم على اختلاف مستوياته، وإلى الحفاظ على القيم الروحية والخلقية المستمدة من تعاليم الإسلام السمحة..."[١].

هذا من زاوية التشريع الأساسي الذي وضعته الدول المغاربية الثلاث والمعاهدة المنشئة لاتحاد دول المغرب العربي، أما المسألة الأساسية الواجب طرحها تجاه هذه المبادئ تتجلى في معرفة عما إذا كانت هذه الأحكام توحي حقيقة عن وجود حرية المعتقد في تلك الدول؟

II.- مفهوم حرية العقيدة بين الاتفاقيات الدولية والاجتهادات الفقهية

وبديهي أنه يجب الرجوع إلى تحديد بداءة مفهوم حرية المعتقد؛ وعلى ضوئه تتسنى لنا الإجابة على السؤال المطروح.

وإجابة على ذلك قد أشارت المواثيق الدولية إلى مفهوم حرية العقيدة[٢]، وأول ما نعود إليه هو الإعلان العالمي لحقوق الإنسان الصادر في ١٠ ديسمبر ١٩٤٨[٣] الذي يتألف

---

(١) انظر، محمد المدهون، الإسلامية والقومية في الدساتير المغاربية ومعاهدة الاتحاد المغاربي، مجلة الميادين، وجدة، ١٩٩٠، عدد ٦ ص. ٩٤-٩٥.

(٢)Sur cette question, cons. particulièrement, P. Lanares, La liberté religieuse dans les conventions internationales et dans le droit public général, th. Genève, ١٩٦٤, pp. ٧, ١٢٥ et ٢٠٩.

(٣)Cf. E. Aroneanu, Des dix commandements, déclaration universelle des

من ديباجة و٣٠ مادة تحدد حقوق الإنسان وحرياته الأساسية[١]، التي ينبغي أن يتمتع بها جميع الرجال والنساء في كافة أنحاء العالم بلا تمييز. وفي هذا جاءت المادة الثامنة عشرة منه للتنصيص على أن الحق في حرية التفكير والضمير والدين يشمل حرية تغيير ديانة الشخص أو عقيدته، وحرية الإعراب عنهما بالتعليم والممارسة وإقامة الشعائر ومراعاتها، سواء أكان ذلك سرا أم جهرا، منفردا أم مع الجماعة[٢].

وفي نفس السياق، ينبغي الإشارة إلى الميثاق الإفريقي لحقوق الإنسان والشعوب[٣] الذي تم التوقيع عليه بنيروبي في ٢٨ جويلية ١٩٨١[٤]، إذ يلزم الدول في المادة ٢٥ منه بواجب النهوض بالحقوق والحريات الواردة فيه وضمان احترامها، منها خاصة الحق في حرية اختيار العقيدة، ومن ثم عدم إهدار حقوق الأشخاص لاختلاف الدين، بل عدم إجبار الإنسان على عقيدة لا يريد اعتناقها.

وكما قد أشارت إلى ذلك أيضا الاتفاقية الأوروبية لحقوق الإنسان الموقعة بروما

---

droits de l'homme, Rev. De Droit International des Sciences diplomatiques et politiques, Genève, ١٩٦٠, n° ١, pp. ٣٠-٣٧ ; G. Vedel, La déclaration universelle des droits de l'homme, Dr. Soc., ١٩٤٩, pp. ٣٧٢-٣٨٥.

(١) ومع العلم قد سبقه إعلان حقوق الإنسان والمواطن في فرنسا عام ١٧٨٩، حيث نص في مادته العاشرة على أنه "لا يجوز أن يقلق أي فرد بسبب آرائه حتى الدينية ما لم يترتب عليها إضرار بالنظام العام". ولكن كما هو واضح من هذا النص فإنه لم يقرر حرية العقيدة على الوجه الأكمل، بل أن المادة الأولى من القانون الصادر في ١٩٠٥/١٢/٠٩ هي التي قررت ذلك بقولها "أن الجمهورية الفرنسية تضمن وتؤكد حرية العقيدة، وتضمن كذلك حرية ممارسة الشعائر في ضوء القيود التي يفرضها النظام العام".

Sur cette question, cons. J. Rivéro, Libertés publiques, ٣ème éd., P.U.F., Paris, ١٩٨٣, pp. ١٧٠ et s.

(٢) صادقت عليه الجزائر سنة ١٩٦٣، إذ جاء في المادة ١١ من دستور ١٩٦٣ أن الجمهورية تبدي مصادقيتها على الإعلان العالمي لحقوق الإنسان.

(٣) انظر، محمد أبو الوفا، الملامح الرئيسية للميثاق الإفريقي لحقوق الإنسان والشعوب، محاضرة ألقيت خلال المؤتمر حول "حقوق الإنسان والشعوب في الميثاق" المنعقد في القاهرة أيام ١-٣ ماي ١٩٨٤، تحت إشراف مركز الدراسات الدولية القانونية والاقتصادية بجامعة الزقازيق.

(٤) صادقت عليه الجزائر بالمرسوم رقم ٨٧-٣٧ مؤرخ في ١٩٨٧/٠٢/٠٣ (الجريدة الرسمية الصادرة في ١٩٨٧/٠٢/٠٤، عدد ٦).

في ٠٤ نوفمبر ١٩٥٠(١)، حيث نصت في المادة ٩ على الحق في حرية التفكير والعقيدة والديانة، وهذا الحق يشمل حرية اعتناق الديانة دون تدخل من السلطة العامة(٢).

وبالرجوع إلى اتفاقية الأمم المتحدة لحقوق الطفل لسنة ١٩٨٩(٣) نجدها هي الأخرى تقر في المادة ١٤ منها على احترام الدول الموقعة عليها لحق الطفل في حرية الدين، أي أن تكون له الحرية في اختيار دينه وفي تغييره كلما شاء(٤).

وهذا المفهوم قد عبر عنه أيضا القضاء المقارن، إذ جاء عن المحكمة الأوربية لحقوق الإنسان في قرارها الصادر في ٢٥ ماي ١٩٩٣ أنه بدون حرية الاعتناق وحرية أن يعتنق، فحرية تغيير الدين أو العقيدة توشك أن تظل رسالة ميتة. وعليه فإن حرية الدين التي تشكل إحدى أسس المجتمع الديمقراطي تقتضي قبل كل شيء الحق في اختيار الدين وفي تغييره(٥).

أما الفقه، لقد شحذ هممه للتعريف بالحرية وبحرية العقيدة خاصة، فاستعصى عليه

(١) أصبحت هذه الاتفاقية سارية المفعول، ابتداء من سبتمبر ١٩٥٣، وذلك بعد المصادقة عليها من قبل عشر دول تنفيذا لما نصت عليه الفقرة الثانية من المادة ٦٦ منه .انظر، عبد العزيز محمد سرحان، الاتفاقية الأوروبية لحماية حقوق الإنسان والحريات الأساسية، دار النهضة العربية، القاهرة، ١٩٦٦، ص. ٢٨ وما بعدها.

(٢)Pour plus de détails sur cette question, cons. Velu et Ergec, La convention européenne des droits de l'homme, éd. Bruylant, Bruxelles, ١٩٩٠, pp. ١٣٩ et s. ; G. Cohen-Jonathan, La convention européenne des droits de l'homme, éd. Economica, Paris, ١٩٨٩ ; H. Labayle, L'Union européenne et les droits fondamentaux (Un espace véritable de liberté ?), in Mélanges en l'honneur de Louis Dubouis, Au carrefour des droits, éd. Dalloz, ٢٠٠٢, p p. ٥٨٧ et s.

(٣) صادقت عليها الجمهورية التونسية بمقتضى القانون عدد ٩٢ -٩١ المؤرخ في ١٩٩١/٠٣/٢٩، والمملكة المغربية بمقضى الظهير الشريف الصادر بتاريخ ١٩٩٦/١١/٢١.

(٤) ويرى بعض الفقه التونسي أن عدم إقرار حرية المعتقد للطفل رغم أن الدستور التونسي ضمنها لكل المواطنين، فهو راجع إلى ما هو وارد "في المبادئ العامة للمجلة المنصوص عليها بالفصل الأول وخاصة ما جاء بالفقرة الثانية منه والمتضمنة تنشئة الطفل على الاعتزاز بهويته الوطنية وبالانتماء الحضاري وطنيا ومغربيا وعربيا وإسلاميا". انظر، عبد الله الأحمدي، مجلة حماية الطفل وحقوق الإنسان، مجلة القضاء والتشريع، ١٩٩٧، عدد ٣، ص. ١٥٣.

(٥)Cf. Cour Européenne des droits de l'homme, ٢٥/٠٥/١٩٩٣, Kokkinakisc Grèce, R.T.D.Hom., ١٩٩٤, pp.١٣٧ et s.

أن يجد لها تعريفا جامعا مانعا، وذلك لاختلاف مفهوم الحرية باختلاف الأزمنة والأنظمة، أو كما قال الأستاذ عبد المنعم محفوظ "أن حرية العقيدة هي إحدى حريات الفكر، تلك الحريات التي يختلط بعضها بالبعض الآخر، مما يؤدي إلى صعوبة التمييز بينها، ويرجع ذلك إلى التدخل بين الخطوات التي يمكن أن تمر بها الفكرة ذاتها من ناحية، كما يعود إلى الخلط بين الفكر والرأي والعقيدة، وكلها يمكن أن ترتد إلى حركة داخلية واحدة، أو شعور يتأتى لوهلة واحدة أو اقتناع واحد"(١).

ولهذا، فقد وردت عن الفقه عدة تعاريف لحرية المعتقد، غير أن ما ينبغي الإشارة إليه أن الغربيين يعنون بمصطلح "حرية العقيدة" معنا مغايرا لما اتفق عليه في الشريعة الإسلامية من حيث إنهم يقصدون به حق الإنسان في الإيمان أو عدم الإيمان أو الارتداد بعد إيمان والدعوة لمذهبه وإن خالف عقيدة سماوية. وبهذا المعنى، صرح الأستاذ جون ريفيرو أن الحرية الدينية إنما "هي حرية معقدة، وهي تشمل في نفس الوقت حرية الاعتقاد بمعنى حرية الاختيار بين الإلحاد أو المعتقدات وبين الارتباط بعقيدة أو ديانة من العقائد التي تفرض على الإنسان، وحرية أداء الشعائر الدينية بمعنى الممارسة الجماعية أو الفردية لهذا الدين أو ذاك"(٢).

وعلى نفس المنوال، ترى الأستاذة الهلال-إنوا أنه يعني بحرية العقيدة أن الشخص له أن يكون مؤمنا أو كافرا، وله أن ينتمي إلى عقيدة اختارها، وله أن يغيّر من دينه متى شاء(٣). وأضافت الأستاذة فورتيي أن حرية العقيدة تشمل حرية اتباع قواعد السلوك، والقيام بالممارسات والطقوس المحدّدة من قبل الدين والعقيدة المعتنقة(٤). ووضح الأستاذ دي نوروا أن حرية العقيدة ليست فقط حرية اختيار الدين، بل حرية عدم اعتناق أي دين(٥).

وذهب العميد جون كربونيي إلى حد القول أن حرية العقيدة تعني "أن يترك الشخص وشأنه"(٦). ويعني بهذا أن يمارس الشخص بكل حرية اختياره الديني الذي أملاه

---

(١) انظر، عبد المنعم محفوظ، علاقة الفرد بالسلطة، المرجع السابق، المجلد الأول والثاني، ص. ١٠٢.

(٢)Cf. J. Rivéro, op. cit., p. ١٦٤.

(٣)Cf. Y. Alhalel-Esnault, op. cit., th., p. ٢٤.

(٤)Cf. V. Fortier, Justice civile, religions et croyances, R.R.J., Dr. Prospectif, ١٩٩٨, n- ٣, p. ٩٧٥.

(٥)Cf. L. De Naurois, Aux confins de droit privé et du droit public, la liberté religieuse, R.T.D. Civ., ١٩٦٢, p. ٢٤٩.

(٦)Cf. J. Carbonnier, Note sous Cons. d'Etat, ١٩/٠٧/١٩٤٣, D. ١٩٤٤, p. ١٦٠.

عليه ضميره، وأن يعيش واقعيا اختياره هذا بدون أي إكراه. واستخلص الأستاذ تشوار من هذه التعاريف الغربية "إن حرية العقيدة تكمن في أن الشخص له الحق أن يؤمن بالله أو أن لا يؤمن به، وأن له الحق أن يعتنق المعتقدات التي يختارها وأن يمارسها بكل حرية، حتى وإن لم تكن تعبير الأغلبية. ومن ثم، تكون له إمكانية تغيير دينه بدون أي إكراه، وبدون أن يحتمل أي ضرر سواء في حالته الشخصية (زواج، طلاق، حضانة، ميراث) أو في حقوقه السياسية والاجتماعية"[١].

وأما من جانب الفقه الإسلامي، فقد عرفها الشيخ محمد أبو زهرة بقوله "ولقد احترم الإسلام حرية الاعتقاد، وجعل الأساس في الاعتقاد هو أن يختار الإنسان الدين الذي يرتضيه من غير إكراه ولا حمل وأن يجعل أساس اختياره التفكير السليم، وأن يحمي دينه الذي ارتضاه فلا يكره على خلاف ما يقتضيه"[٢]. وهذا التعريف قد تبناه أيضا الأستاذ زكريا البري[٣].

وكما عرفها البعض الآخر بأنه بمقتضى الحرية الدينية "لا يلزم شخص بقبول عقيدة لا يؤمن بها أو الخروج من عقيدة دخل فيها، كما تعني عدم جواز إلزام شخص بممالأة إحدى الديانات تحاملا على غيرها، سواء بإنكارها وازدرائها، أو التهوين من شأنها والحط من قدرها، ومؤدى ذلك أنه لا يكره أحد على الدخول في عقيدة، لأن العقيدة اقتناع داخلي لا يجدى فيه إكراه"[٤]، يقول تعالى ﴿لَا إِكْرَاهَ فِي الدِّينِ قَدْ تَبَيَّنَ الرُّشْدُ مِنَ الْغَيِّ﴾[٥].

ويمكننا بناء على ما تقدم أن ننظر لحرية المعتقد في المفهوم الغربي لها، على أن

---

(1)Cf. D. Tchouar, op.cit., th., Rennes, ١٩٨٧, p. ٢٧٩.

(٢) انظر، الإمام محمد أبو زهرة، تنظيم الإسلام...، المرجع السابق، ص. ١٨٢. للمزيد من التفصيل، انظر، عبد الوهاب الشيشاني، الحريات العامة في النظام الإسلامي والنظم المعاصرة، رسالة دكتوراه، جامعة الأزهر، ١٩٧٥، ص. ٤٢؛ محمود حلمي، نظام الحكم الإسلامي مقارنا بالنظم المعاصرة، ط. ١، دار الفكر العربي، ١٩٧٠، ص. ٦٤؛ عبد المتعال الصعيدي، الحرية الدينية في الإسلام، دار الفكر العربي، القاهرة، (بدون تاريخ الطبع)، ص.٧ وما بعدها.

(٣) انظر، د. زكريا البري، حقوق الإنسان في الإسلام، مجلة منبر الإسلام، ١٩٨٢، ص. ١٢.

(٤) انظر، صوفي أبو طالب، بحث قدم لمؤتمر الإسلام والغرب، الماضي، الحاضر،المستقبل، ص. ٣١٣، مقتبس عن فاطمة محمد عبد العليم عبد الوهاب، أثر الدين في النظم القانونية، دراسة مقارنة بين الإسلام والمسيحية، كلية الحقوق، جامعة القاهرة، ٢٠٠١، ص. ٧٤٧.

(٥) سورة البقرة، الآية ٢٥٦.

معناها يلخّص في إبعاد أي تفرقة بين المواطنين على المستوى الديني؛ أي لا يجب لسبب الدين، تفضيل البعض ومعاقبة البعض الآخر. وبمعنى أدق، هو أن تسن الدولة القوانين دون أن تنشغل بالتعاليم الدينية التي يمكن أن تتعارض معها[1]، ومن ثم الأخذ بمبدأ العلمانية. وخلافا لذلك، تقررت حرية العقيدة في الشريعة الإسلامية ذلك النظام الشامل لجميع مناحى الحياة[2]، وبغير حاجة لفصل الدين عن الدولة. وكما تختلف الشريعة الإسلامية عن النظم الغربية من حيث إنها لا تقر حرية الإنسان في الإلحاد والدعوة إليه لتعارضه مع الفطرة الإنسانية[3].

ولكننا من زاوية أخرى، يجب أن نقول إحقاقا للحق أن إقرار الدول المغاربية علنية وصراحة اعتناق دين الإسلام لا يعني أنها، كما تقدم بيانه ترفض أن تمارس على ترابها ديانة أخرى، بل تسمح بذلك[4]، لأنه "إذا كان الإسلام يسود بلا شريك، يقول

(١)Cf. J. Carbonnier, La religion, fondement du droit, in Droit et religion, ١٩٨٣, T. ٣٨ , pp. ١٩ et s.; J.-M. Trigeaud, Droit et religion : observations finales, in Droit et religion, ١٩٩٣, T. ٣٨, pp. ٢٣٣ et s.; Ph. Malaurie, Droit, sectes et religion, in Droit et religion, ١٩٩٣, T. ٣٨, pp. ٢١١ et s.; R. Minnerath, La spécificité de la liberté religieuse par rapport aux autres libertés de l'esprit, Rev. conscience et liberté, ١٩٩٠, n° ٤٠, pp. ١٧ et s.

(٢) انظر، قادبن بن علي، الأسس القانونية والدستورية للدولة في الإسلام، رسالة دكتوراه دولة، سيدي بلعباس، ٢٠٠٣/٢٠٠٤، ص. ٢٨٣ وما بعدها.

(٣) ولهذا، فقد أولى الإسلام اهتماما بالأديان السماوية الثلاثة : الإسلام، المسيحية واليهودية، باعتبار أصلهما واحد وهو الدعوة إلى توحيد الله. انظر، أحمد رشاد طاحون، حرية العقيدة في الشريعة الإسلامية، رسالة دكتوراه، كلية الحقوق، جامعة القاهرة، ص. ٨٥.

(٤) وفي هذا الإطار، يمكن الإشارة إلى التقرير السنوي المعنون "تقرير حول الحريات الدينية العالمية لعام ٢٠٠٣" الصادر عن مكتب الديمقراطية والعمل وحقوق الإنسان التابع لكتابة الدولة الأمريكية، أن الدولة الجزائرية بحكم دستورها تحترم الحريات الدينية في الممارسة وإن كانت هناك قيود وضوابط، وكما صرح التقرير بوجود رخص في حدود معينة لإقامة الشعائر الدينية لغير المسلمين دون تدخل السلطات، ودخول بعض المجموعات المسيحية غير المقيمة للزيارة، كما يسمح للبعثات المسيحية إذا كان عملها غير علني وبارز ولم تسع للتبشير... موضحا أن هيئات ومسؤولي كنائس على اتصال مع الحكومة الجزائرية ولم ترد أي ضغوط واجهوها في الجزائر، بل أن المجموعات المسيحية تمارس شعائرها دون تدخل السلطات في بعض الكنائس الكاثوليكية والبروتستانية. وأما عن عدد المقيمين من الأديان الأخرى في الجزائر، أوضح التقرير بأن هناك أكثر من ٢٥ ألف مقيم يعتنقون الديانة المسيحية، لا سيما الكاثوليكية في الجزائر، وأما

الأستاذ سنسو، فإن المعتقدات الأخرى لها الحق في الوجود. والجزائر - ونقول كذلك المغرب وتونس - ذات عقيدة واحدة، هي كذلك متعددة العقائد"[1].

III.- موقف القوانين المغاربية للأسرة من حرية العقيدة

وعلى كل حال، ما ينبغي ملاحظته هو أن استخلاص موقف التشريعات المغاربية للأسرة من حرية العقيدة يجرون إلى التصفح بعضا من نصوصها.

إذا كان ما يميز المجلة التونسية للأحوال الشخصية هو عدم تنصيصها، كما قلنا قبلا على الرجوع إلى مبادئ الفقه الإسلامي في حالة الفراغ التشريعي، فإنه مع ذلك قد انتهج فقه القضاء منهجا مخالفا من حيث إنه أكمل كل فراغ تشريعي في مجال الأحوال الشخصية بأحكام الفقه الإسلامي[2]. غير أن أول ما يقدم كبيان لموقف القانون الجزائري الأسري هو المادة ٢٢٢ التي تعد مادة جامعة إذ تحيلنا، عند غياب النص التشريعي أو قصوره، إلى أحكام الشريعة الإسلامية.

وقد سلك الشارع المغربي نفس المسلك الجزائري تقريبا، حيث نص في المادة ٤٠٠ من المدونة على الرجوع إلى مذهب الإمام مالك والاجتهاد الذي يراعي فيه تحقيق قيم الإسلام فيما لم تشمله المدونة خلافا لما هو الشأن بالنسبة لباقي فصول المدونة نفسها. ويدخل في ذلك بطبيعة الحال تطبيق المبادئ الإسلامية التي تبناها الفقه المالكي بشأن الحالات التي لم يتم التنصيص عليها من قبل المشرع.

وعليه، إذا كان القضاء التونسي والتشريعان الجزائري والمغربي يقرون الإحالة إلى

المجموعة اليهودية فعددها حوالي ١٠٠. انظر، ص.ح.، الجزائر تدرج في أول تقرير لكتابة الدولة الأمريكية حول الديانات، جريدة الخبر اليومية، ٢٠٠٣/١٢/٢٩، ص. ٣.

(1)Cf. H. Sanson, op. cit., édit. C.N.R.S., Paris, ١٩٨٣, p. ٣٣.

(٢) ونذكر هنا على سبيل المثال، الحكم الصادر عن محكمة الناحية بتونس بتاريخ ١٩٧٤/١٢/٢٦، حيث قد اشترط أن يدلي الأجنبي الذي يريد أن يتبنى طفلا تونسيا بما يثبت إسلامه (انظر، محكمة الناحية، ١٩٧٤/١٢/٢٦، حكم عدد ٢٢٧٢، المجلة القانونية التونسية، ١٩٧٥، عدد ٢، ص. ١١٧، تعليق كلثوم مزيو). وقررت محكمة التعقيب في قرارها الصادر في ١٩٦٦/٠١/٣١ أن ذكر الموانع (موانع الزواج) في الفصل ١٤ من مجلة الأحوال الشخصية ليس على سبيل الحصر، وعلينا أن نرجع إلى الشريعة الإسلامية لمعرفة الموانع الأخرى غير المنصوص عليها في المجلة. انظر، محكمة التعقيب، ١٩٦٦/٠٩/٣١، قرار مدني، عدد ٣٣٨٤، المجلة القانونية التونسية، ١٩٦٨، ص.١١٦.

الشريعة الإسلامية في حالة غياب النص التشريعي، فإن هذه الأخيرة، كما أشرنا إليه أعلاه تقر صراحة حرية الديانة في القرآن الكريم في قوله تعالى﴿ لَا إِكْرَاهَ فِي الدِّينِ قَدْ تَبَيَّنَ الرُّشْدُ مِنَ الْغَيِّ﴾[١].

ولكن، أن هذه الحرية تقف بمجرد اعتناق الشخص الديانة الإسلامية، إذ يحظر عليه بعد ذلك تغييرها، وإلا فيدخل في طائفة المرتدين[٢]، ومن ثم يصبح من الخاسرين في الدنيا والآخرة[٣]. وفي هذا يقول سبحانه وتعالى ﴿وَمَنْ يَرْتَدِدْ مِنْكُمْ عَنْ دِينِهِ فَيَمُتْ وَهُوَ كَافِرٌ فَأُولَئِكَ حَبِطَتْ أَعْمَالُهُمْ فِي الدُّنْيَا وَالْآخِرَةِ وَأُولَئِكَ أَصْحَابُ النَّارِ هُمْ فِيهَا خَالِدُونَ﴾[٤]، وقوله عز من قائل ﴿مَنْ كَفَرَ بِاللَّهِ مِنْ بَعْدِ إِيمَانِهِ إِلَّا مَنْ أُكْرِهَ وَقَلْبُهُ مُطْمَئِنٌّ بِالْإِيمَانِ وَلَكِنْ مَنْ شَرَحَ بِالْكُفْرِ صَدْرًا فَعَلَيْهِمْ غَضَبٌ مِنَ اللَّهِ وَلَهُمْ عَذَابٌ عَظِيمٌ (١٠٦)﴾[٥]؛ وقوله جل جلاله ﴿إِنَّ الَّذِينَ آمَنُوا ثُمَّ كَفَرُوا ثُمَّ آمَنُوا ثُمَّ كَفَرُوا ثُمَّ ازْدَادُوا كُفْرًا لَمْ يَكُنِ اللَّهُ لِيَغْفِرَ لَهُمْ وَلَا لِيَهْدِيَهُمْ سَبِيلًا (١٣٧)﴾[٦].

وفي الحديث "فالعقاب الدنيوي لهذه الجناية، وهو القتل، فيثبته الفقهاء بحديث يروى عن ابن عباس رضى الله عنه قال: قال رسول لله صلى الله عليه وسلم" من بدل دينه

---

(١) انظر، سورة البقرة، الآية ٢٥٦.

(٢) وفي تعريفه للردة، يقول الإمام الكاساني "أن ركنها: إجراء كلمة الكفر على اللسان بعد الإيمان - فالردة عبارة عن الرجوع عن الإيمان". انظر، الكاساني، بدائع الصنائع، المرجع السابق، ج. ٧، ص. ١٣٤. للمزيد من التفاصيل، انظر، أحمد رشاد طاحون، المرجع السابق، ص. ٢٥٨ وما بعدها.

(٣) "ولذلك تعتبر العقيدة في الدولة الإسلامية من النظام العام فلا يجوز الاعتداء عليها ولا الطعن فيها ولا تجريحها وإعلان معارضتها، فإن ذلك يعتبر تخريبا للمجتمع وتهديما للدولة وتقويضا للنظام وتفكيكا لروابط المجتمع... ولا تقبل الدولة إعلان الخروج عن العقيدة الإسلامية وتعتبر هذا العمل تمردا على نظام الدولة...، ويسمى هذا الخروج المعلن ردة وارتداداً. وجزاء المرتد هو جزاء كل معلن لتهديم نظام دولة وكل داعية للثورة عليها والخروج على نظامها في الدول الملتزمة وهو القتل إذا أعلن ذلك...". انظر، محمد المبارك، نظام الإسلام، الحكم والدولة، دار الفكر، بيروت، ١٩٨٠، ص. ١١٧.

(٤) سورة البقرة، الآية ٢١٧.

(٥) سورة النحل، آية ١٠٦.

(٦) سورة النساء، الآية ١٣٧.

فاقتلوه"[١]. وقال عليه الصلاة والسلام أيضا "لايحل دم امرئ مسلم إلا بإحدى ثلاث: كفر بعد إيمان، وزنا بعد إحصان، وقتل نفس بغير حق"[٢]. وكما أجمع أصحاب رسول الله صلى الله عليه وسلم على وجوب قتل المرتد[٣].

وذلك مما دفع أحد الفقهاء إلى القول أن "في بلاد الإسلام، الحرية الدينية لا توجد فعليا إلا لغير المسلم، فالقانون يسمح له أن يحتفظ بعقيدته، بممارستها وأن يستمر في عيش حياته الجماعية والخاصة، دون خشية إكراه معين يجبره على اعتناق الإسلام"[٤]. بل في الحقيقة، أن الشريعة الإسلامية لا تقبل أي دين آخر غير الإسلام لقوله عز وجل (وَمَنْ يَبْتَغِ غَيْرَ الْإِسْلَامِ دِينًا فَلَنْ يُقْبَلَ مِنْهُ وَهُوَ فِي الْآخِرَةِ مِنَ الْخَاسِرِينَ(٨٥))[٥]، وقوله أيضا "إن الدين عند الله الإسلام"[٦].

وهكذا لا يهم لإعمال هذا الموقف إن كان الشخص ذكرا أم أنثى، بل أنه يفهم منه بجلاء أن الشريعة الإسلامية لا تسمح بالتغييرات المزاجية مهما كان جنس المعني[٧]. ولذلك فإن قوانين الأسرة المغاربية لم تبق تجاه هذا الحكم بلا تأثير، بل بل قيدها ولكن بدرجة مختلفة، إذ جعل صراحة كل من التشريع الجزائري والمغربي من التغيير في العقيدة تغيير في الحالة[٨]. وقضت أيضا محكمة التعقيب التونسية في قرارها الصادر في ١٤ جويلية

---

(١) رواه ابن ماجه عن ابن عباس. انظر، ابن ماجه القزويني، سنن ابن ماجه، المرجع السابق، ص.٢٧٦.

(٢) ولحديث معاذ الذي حسنه الحافظ أن النبي - صلى الله عليه وسلم - قال لما أرسله إلى اليمن "أيما رجل ارتدى عن الإسلام فادعه، فإن عاد، وإلا فاضرب عنقه، وأيما امرأة ارتدت عن الإسلام فادعها، فإن عادت، وإلا فاضرب عنقها". انظر، السيد سابق، المرجع السابق، المجلد الأول، ص. ٤٣٩.

(٣) انظر بشأن هذا الإجماع، مسلم، صحيح بشرح النووي، باب أصناف المرتدين، ج.١، ص. ١٧١-١٧٧؛ البخاري، صحيح، باب قتل من أبى قبول الفرائض وما نسبوا إلى الردة، ج. ٤، ص. ١٩٦.

(٤)Cf. E. Rabbath, La théorie des droits de l'homme dans le droit musulman, R.I.D.C., ١٩٥٩, pp. pp. ٦٨٢-٦٨٣.

(٥) سورة آل عمران، الآية ٨٥.

(٦) سورة آل عمران، الآية ١٩.

(٧)Cf. D. Tchouar, op. cit., th. Rennes, ١٩٨٧, p. ٢٧٨.

(٨) انظر، المادة ١٣٨ من قانون الأسرة الجزائري والمادة ٥٧ فقرة ٢ من المدونة المغربية.

١٩٩٣ بأن "إعلان الإسلام والدخول في زمرة المسلمين يعتبر قانونا من قبيل الوقائع المادية الإرادية التي يرتب عنها المشرع آثارا قانونية ويسمح بإثباتها بجميع وسائل الإثبات القانونية"[١].

وفي الجزائر، قد أظهر أيضا القضاء قبل الاستقلال وبعده، تشبثها بالدين الإسلامي. وهذا يتضح بجلاء من خلال قرارين، أولهما قرار مجلس قضاء الجزائر العاصمة الصادر في ١٤ أفريل ١٨٧٤ الذي بين دور الدين الإسلامي في بلاد الإسلام فاحتوى نصه على ما يلي "حيث إنه لا يمكن الإغفال على أن مبادئ هذا الدين لها بعد أكبر في آثارها بالمقارنة مع الديانات الأخرى؛ وأنه، إذا كان حقا يمكن تبني كما نريد دين أو آخر كالدين الكاثوليكي والبروتستاني، دون أن يعدّل الحق المدني أو الجنسية، فإن ذلك لا يكون عندما نعتنق الدين الإسلامي، هذا الدّين بذاته وبآثاره يؤثر مباشرة على الشخص وعلى الحقوق التي يمكن المطالبة بها"[٢].

وثانيهما، القرار الصادر عن المجلس الأعلى في ٠٩ مارس ١٩٨٧ الذي قضى فيه بأن "حيث إن السيدة الحاضنة تقيم بفرنسا، وخوفا على العقيدة الإسلامية للبنات، فإن الحضانة تعطى للأب المقيم بالجزائر"[٣].

وكذلك من بين الأحكام القائمة على عامل التمييز بسبب الديانة نجد أن في التشريعين الأسريين الجزائري والمغربي لا يجوز صراحة للمسلمة الزواج بغير مسلم[٤].

---

(١) انظر، محكمة التعقيب، ١٩٩٣/٠٧/١٤، قرار مدني، عدد ٨٤٨٨، مجلة القضاء والتشريع، ١٩٩٣، عدد ٩، ص. ١٢٠.

(٢) "Attendu qu'il ne faut perdre de vue que les principes de cette religion ont une portée plus grande dans ses effets que les autres religions; qu'ainsi, s'il est vrai qu'on peut indifféremment adopter telle ou telle religion comme par exemple la religion catholique ou protestante sans que le droit civil ou la nationalité puissent être modifiés, il n'en est pas de même quand on embrasse l'islamisme; cette religion ayant par elle et par ses conséquences une influence directe sur la personne et les droits qu'elle peut revendiquer". Cf. Cour d'Alger, ١٤/٠٤/١٨٧٤, R. A., ١٨٧٤, p. ٩٢.

(٣) انظر، مجلس أعلى، غ.أ.ش.، ١٩٨٧/٠٣/٠٩ ملف رقم ٤٥١٨٦، غير منشور، مقتبس عن العربي بلحاج، مبادئ الاجتهاد القضائي...، المرجع السابق، ص. ١٣١-١٣٢.

(٤) انظر، المادة ٣٠ فقرة ثانية المعدلة من قانون الأسرة. وهذا ما أبقيت عليه أغلبية تشريعات الدول

غير أن الموقف الذي اتخذه المشرع التونسي أدى إلى اختلاف الفقه إلى رأيين[1]، حيث يرى البعض أن هذا الزواج هو زواج صحيح بحجة أن التباين في الدين لم يرد صلب موانع الزواج التي حددتها المجلة في الفصل ١٤ وما بعده[2]. في حين يرى البعض الآخر أن هذا الزواج يعد باطلا بحكم أن المشرع نص صلب الفصل ٥ من المجلة على أن كلا من الزوجين يجب أن يكون خلوا من الموانع الشرعية[3]، وهذا ما ذهبت إليه محكمة التعقيب بقولها "زواج المسلمة بغير المسلم يعتبر زواجا باطلا من أصله"[4].

وكما أن اختلاف الدين والردة يعدان مانعان للإرث في التشريعين المغربي والجزائري[5]، فالمسلم لا يرث المرتد والكافر. وهو عين الحل الذي أخذت به محكمة التعقيب التونسية في قرارها الصادر في ١٣ فبراير ١٩٨٥، حيث قضت فيه بأنه "إذا

الإسلامية، منها مثلا المادة ٨٥ من قانون حقوق العائلة اللبناني.

(١) للمزيد من التفاصيل حول هذا الاختلاف، انظر، الهادي كرو، زواج المسلمة بغير المسلم ومصادقة الدولة التونسية على اتفاقية نيويورك، مجلة القضاء والتشريع، ١٩٧١، عدد ٢، ص. ١١ وما بعده؛ فيصل غديرة، زواج المسلمة بغير المسلم، مذكرة لنيل شهادة الدراسات العليا في القانون الخاص، كلية الحقوق والعلوم السياسية والاقتصادية، تونس، ١٩٧٨.

De même, se prononçant sur cette question, M. O. Carré estime que « Le code tunisien a le caractère d'une sorte de code civil laïque d'inspiration religieuse ». Cf. O. Carré, L'Islam laïque ou le retour à la grande tradition, éd. Armand Colin, Paris, ١٩٩٣, p. ١١١.

(٢) وهذا ما دفع بعض الشراح إلى القول "أن هذا المشكل يؤكد مرة أخرى حرص المشرع التونسي على إبراز المجلة بمظهر القانون اللائكي غير المتأثر بدين ما بصورة عامة وبالدين الإسلامي بصورة خاصة". انظر، ساسي بن حليمة، خواطر حول قانون الأسرة الجزائري، الأحداث القانونية التونسية، ١٩٩٠، عدد ١، ص. ٢٣؛

(٣)Toutefois, il y a lieu de souligner à cet égard, qu'en ١٩٧٣, une circulaire interdit la célébration et l'enregistrement des mariages entre musulmanes et non-musulmans. Pour plus de détails, cons. Z. Daoud, Les femmes tunisiennes, Gains juridiques et statut économique et social, Magh.-Mach.,١٩٩٤, n° ١٤٥, p. ٢٩.

(٤)Cf. Cass. Civ., ٣١/٠١/١٩٦٦, arrêt n° ٣٣٨٤, R.T.D. ١٩٦٨, p. ١١٤, note E. De Lagrange.

(٥) انظر، المادة ٣٣٢ من المدونة المغربية و المادة ١٣٨ من قانون الأسرة الجزائري.

تمسكت الزوجة الأجنبية[١] بأنها عاشرت زوجها المسلم على دين الإسلام، كان على محكمة الموضوع التحقق من ذلك بجميع الوسائل...، كل ذلك يدل على أن الزوجة كانت مسلمة في تاريخ الوفاة، بالإضافة إلى أن بقية الورثة لم يعارضوا في إسلام تلك الزوجة واستحقاقها للميراث..."[٢]. وأن المسلم يحق له أن يتزوج بغير مسلمة شريطة أن تكون كتابية.

ومن الأثر المترتب على التمييز الديني، نجد أن القانونين الجزائري والمغربي قد اشترطا في الكافل اعتناقه الديانة الإسلامية، حيث نصت المادة ٧ من الظهير عدد ١٦٥-٩٣-١ الصادر بتاريخ ١٠ سبتمبر ١٩٩٣ بأن تسند كفالة الأحداث الذين صدر حكم بشأن إهمالهم إلى الهيئات والأشخاص الآتي ذكرهم:... ٢.- الزوجان المسلمان[٣]. وكما نصت عليه المادة ١١٨ من قانون الأسرة الجزائري بقولها "يشترط أن يكون الكافل مسلما،...". وزيادة على ذلك اشترطت المادة ٩٣ منه في الوصي أن يكون كذلك مسلما.

ويلاحظ في النهاية أن النصوص المغاربية السالفة توحي لنا بكل وضوح أن حرية الديانة في الدول المغاربية محدودة، فهي تمس فقط حرية اختيار الدين؛ وإذا اختار الشخص الدين الإسلامي، فلا يمكن له أن يتراجع عنه وإلا سيؤثر ذلك على حالته المدنية، كما تأثرت به عند اعتناقه هذا الدين. فحرية العقيدة بمعناها الواسع تبقى إذن لازمة للائكية فقط[٤]، وهي حالة لا وجود لها في هذه الدول، ذلك ما سنستشفه أيضا

---

(١) ولا يفوتنا في هذا المقام أن نقول أن التمييز بسبب الدين قد امتد حتى إلى الأسماء، فنصت المادة ٦٤ من قانون الحالة المدنية في فقرتها الثانية على أنه "يجب أن تكون الأسماء أسماء جزائرية، ويجوز أن تكون غير ذلك بالنسبة للأطفال المولودين من أبوين معتنقين ديانة غير الديانة الإسلامية". ويعني هنا بالأسماء الجزائرية الأسماء المسلمة، لأن لو عنى بها أسماء ذات أصل وطابع جزائري لأثار الجنسية لا الديانة وقال " ... من أبوين أجنبيين". انظر، حميدو زكية، المرجع السابق، مذكرة، ١٩٩٩، ص. ١١٩ وما بعدما.

(٢) انظر، محكمة التعقيب، ١٩٨٥/٠٢/١٣، قرار مدني، عدد ١٠١٦٠، مجلة القضاء والتشريع، ١٩٩٣، ص. ١٠٢.

(٣) ويشترط في هذين الزوجين أن يكونا صالحين للكفالة أخلاقيا واجتماعيا، ولهما مؤهلات مادية كافية لتوفير احتياجات الطفل؛ وأن لا يكون قد سبق الحكم عليهما معا أو على أحدهما من أجل جريمة ماسة بالأخلاق، أو جريمة مرتكبة ضد الطفل؛ وأن يكونا سليمين من كل مرض معد أو مانع من قيامهما بالواجب.

(٤)Sur cette question, cons. K. Elgeddawy, Relations entre systèmes

وبغير إبهام من خلال الشرط المتعلق بوحدة الدّين.

الفرع الثاني
وحـدة الـدين بين الحاضن والمحضون

والآن وقد أبرزنا في الفرع السابق خصائص حرية الديانة وما هـي مكانتهـا في الـدول المغاربيـة وبينـا أنهـا مقيـدة، وترتب ترتيبا هرميا مع إعطاء الأولوية للدين الإسلامي، يجدر بنا ألا نـترك هـذا الموضـوع دون أن نـبرز العلاقـة الوثيقـة بـين الدين وتعاليمه والحضانة.

ولكي يتضح مفهوم العلاقة التي نحن بصددها، يجب أن نؤكد أن الدين يعد بحق من أكبر وأقوى عوامـل التنظـيم والضبط في علاقات الأفراد سواء في داخل المجتمع ككل أو في داخل الخلية الأولى للمجتمع. فهو يسهل لهم أفعالهم، ويحـدد منطق الترابط والتعامل فيما بينهم. ويوضح ذلك لانـراس P.Lanarès بقولـه "إن حياتنـا، حتـى في أشـكالها اليوميـة، متـأثرة باختيارنا الفلسفي أو الديني. تصرفاتنا نحو الدولة، علاقاتنا مع أمثالنا، طريقة اسـتراحتنا، تغـذيتنا، إجـراء المعـاملات وتربيـة أولادنا تتنوع حسب قبولنا لعقيدة ما أو فلسفة ما"[(١)].

والواقع، إن هذا القول يكشف عن الكثير من الحقائق، ويدلي بالصواب، ويوحي إلى شتى المعـاني، فهـو ينبـه الفـرد بأثر العقيدة على سلوكه وعلى المجتمع. ولذلك تقتضي الرعاية بالطفل أن نلقي العناية على دينه لما لـه مـن أهميـة قصـوى وأثر كبير في تكوين الفرد. فمن شب عليه سار عليه وتطبع به واتخذه منهجا سلوكيا في حياته ومن اتبع هواه

confessionnel et laïque en droit international privé, édit. Dalloz, Paris, ١٩٧١, pp. ٣ et s.; J. Carbonnier, Terre et ciel dans le droit français du mariage, in Mélanges G. Ripert, édit. L.G.D.J., ١٩٥٠, t. ١, pp. ٣٢٥ et s.; Ph. Malaurie, Religion et droit international privé français, R.J.P.I.C, ١٩٨٤, n° ٢, pp. ٦٠٠-٦٠٢; P. Lampué, Les juridictions françaises devant le droit musulman, R.J.P.I.C., ١٩٨٤, n° ٢, pp. ٦٠٤-٦١٠ ; I. Fadlallah, Vers la reconnaissance de la répudiation musulmane par le juge français,R.C.D.I.P., ١٩٨١, pp. ١٧ st s. ; F. Monéger, Les musulmans devant le juge français, R.C.D.I.P., ١٩٩٤, n° ١, pp. ٣٤٥ et s.

(١) Cf. P. Lanarès, op. cit., th., p. ١١.

غير مراع طريق الهدى وشب على ذلك تعود على أسوء وسوء معاملة الآخرين[١].

وأن النفس إذا كانت على الفطرة الأولى كانت متهيئة لقبول ما يرد وينطبع فيها من خير أو شر[٢]. وفي هذا يقول الإمام أبو حامد الغزالي "اعلم أن الطريق في رياضة الصبيان من أهم الأمور وأوكدها. والصبي أمانة عند والديه. وقلبه الطاهر جوهرة نفيسة ساذجة خالية عن كل نقش وصورة. وهو قابل لكل ما نقش ومائل إلى كل ما يمال به إليه. فإن عوده الخير وعلّمه نشأ عليه وسعد في الدنيا والآخرة... وإن عوده الشر وأهمله إهمال البهائم شقي وهلك"[٣].

ولا يفوتنا، في هذا الخصوص أن نسجل مبدأ جوهريا ينبهنا إليه الرسول صلى الله عليه وسلم حيث يقول "كل مولود يولد على الفطرة[٤]، فأبواه يهودانه أو ينصرانه أو يمجسانه"[٥].

ومعنى كل هذا أن التقويم السلبي والتقويم الإيجابي للأشياء، يتحدد على أساس إطار المرجع الذي يكونه الطفل. والتربية هي التي تؤدي إلى تكوين إطار مرجع معين. فإذا نشأ الطفل في بيئة متدينة كان له إطار مرجع يختلف عن إطار المرجع للطفل الذي نشأ في بيئة متحررة. فمن ينشأ ويترعرع في ثقافة إسلامية، يقوم أكبر تقويم السلوك السوي، لأن الإسلام هو الدين الذي ينسجم مع الفطرة الإنسانية في أصالة نقائها وصفائها. أما من ينشأ في ثقافة غربية فإنه يقوم الأشياء كما تمليها عليه أوضاع هذه الثقافة[٦]. ولهذا، يجب

---

(١) انظر، عبد الرحمن هرنان، المرجع السابق، مذكرة ، ص. ٤٥.

(٢) انظر، العلامة عبد الرحمن بن خلدون، المقدمة، ط. ٣، المجلد الأول، دار الكتاب اللبناني، بيروت، ١٩٦٧، ص. ٢١٥.

(٣) انظر، الإمام أبو حامد محمد بن محمد الغزالي، إحياء علوم الدين، ج. ٣، دار الفكر، بيروت، ص. ٧٠-٧١.

(٤) وهي هنا إيمانية : تتعلق بالقلب والنفس وتقوم على معرفة الله تعالى والإيمان به فيتطهر القلب وتزكي النفس؛ وعملية : تتعلق باللبن، وتقوم على طهارته، وحسن المظهر والتي تشير إليها أحاديث سنن الفطرة. انظر، متولي موسى، تربية الأطفال في فترة الحضانة، الدار العربية للعلوم، بيروت، ١٩٩٣، ص ٥٤.

(٥) انظر، الإمام أبي عبد الله محمد البخاري الجعفي، صحيح...، المرجع السابق، المجلد ١، ج.٢، ص.٩٧؛ راجع بشأن ذلك، سعاد إبراهيم صالح، المرجع السابق، ص. ٦٠.

(٦) إذ ما يكون سلوكا سويا في ثقافة ما، يكون انحرافا في ثقافة أخرى، ولذلك يقول المثل الإنجليزي "إن رذائل بيكادلي هي فضائل بيرو"؛ فالحرية الجنسية التي عرف بها حي بيكادلي في لندن وسمي

أن يكون إسناد الحضانة بشكل يحفظ به الشخص الولد ودينه[(١)].

ويجدر بنا في هذا المقام أن نتساءل: ما هو الدين الذي يلقن للمحضون؟ وللإجابة عن هذا السؤال، واستنادا لما بسطناه أعلاه من معلومات وملاحظات ولاعتبارات تتعلق بمصلحة المحضون، اشترطت المادة ٦٢ من قانون الأسرة في فقرتها الأولى أن تكون التربية الدينية للمحضون طبقا لدين أبيه. وكما اشترطت المادة ١٧٣ من المدونة المغربية في فقرتها الثالثة في الحاضن "القدرة على تربية المحضون وصيانته ورعايته دينا...". ويظهر بجلاء اتباع الابن أباه في دينه في المادة ١٤٥ من المدونة بقولها "متى ثبتت بنوة ولد مجهول النسب بالاستلحاق أو بحكم القاضي، أصبح الولد شرعيا، يتبع أباه في نسبه ودينه،..."، وضمنيا من المادة ١٥٧ منها التي رتبت على النسب حق الشخص في الإرث، ويفهم من ذلك أن يكون الطفل على دين أبيه لأن لا ميراث مع اختلاف الدين[(٢)].

وبالإضافة إلى ذلك، نصت الفقرة السادسة من المادة ٥٤ من المدونة على أن للأطفال على أبويهم حق "التوجيه الديني والتربية على السلوك القويم وقيم النبل المؤدية إلى الصدق في القول والعمل..."[(٣)].

وكما نص الفصل ٥٩ من المجلة التونسية على أنه "إذا كانت مستحقة الحضانة من غير دين أب المحضون فلا تصح حضانتها إلا إذا لم يتم المحضون الخامسة من عمره وأن لا يخشى عليه أن يألف غير دين أبيه. ولا تنطبق أحكام هذا الفصل على الأم إن كانت هي الحاضنة"[(٤)].

ويتضح لنا من هذه النصوص بجلاء أن المشرعين المغاربيين حاولوا أن يتحاشوا

من أجلها حي الرذيلة، هي السلوك الشائع المعياري الذي يجب اتباعه في دولة البيرو بأمريكا الجنوبية. انظر، فوزية دياب، القيم والعادات الاجتماعية، دار النهضة العربية، بيروت، ١٩٨٠، ص. ٥٥.

(١) انظر، عبد الله ابن قدامة، المرجع السابق، ج. ٩ ، ط. ١٩٧٢، ص.٢٩٧-٢٩٨.

(٢) انظر، المادة ٣٣٢ من المدونة.

(٣) علما أن المادة ٥١ من المدونة تنص في فقرتها الرابعة على أن للأبوين حق التشاور في اتخاذ القرارات المتعلقة بتسييرشؤون...الأطفال.

(٤)En interprétant cet article, Mme. L.Pruvost, souligne que « Le mineur dont le père est musulman ou présumé tel est également musulman ». Cf. L.Pruvost, Statut juridique du mineur en Tunisie, R.T.D., ١٩٧٥, p. ٣١٥ ; v. également, B. Ferchichi, op.cit., th., pp. ٢٨٩ et s.

الانزلاق إلى المخاطر التي يؤدي إليها تطبيق مبدأ حرية اختيار دين الطفل المحضون في صورها المتشعبة. والحكمة التي يتغياها المشرعون الجزائري والتونسي والمغربي من جعل المحضون على دين أبيه هي أنهم قدروا في ذلك الأسس التي تقوم عليها الأسر المغاربية، ومن ثم فلهذه النصوص ما يبررها من نواحي شتى، أهمها ما يلي:

آ.- إن الولد لا يمكن له وهو في سنّ صغيرة اختيار الدين الذي يعتنقه، بل إن قصر سنه يفرض عليه طاعة والديه؛

ب.- وكذلك بحكم القاعدة أن المسلمة لا يجوز لها أن تتزوج بغير المسلم[١]، فإن الأطفال الناتجين عن زواج مختلط هم مسلمين تلقائيا[٢]؛

ج.- بما أن الأب هو رئيس العائلة في التشريع التونسي[٣] ويتمتع بالسلطة الأبوية[٤]، فإن التربية الدينية لأولاده تضحى من صلاحيته، وهي خاصية من خصائص السلطة الأبوية[٥].

د.- فإذا كان المبدأ القانوني الذي ترتكز عليه الأسر المغاربية، مثلما سبقت الإشارة إليه أن الطفل ينشأ على دين أبيه وليس على دين والديه، فإن هذا الحكم يعد من النظام العام، أي من القواعد الآمرة التي تجعل من الاتفاق المخالف لها اتفاقا باطلا. بمعنى أن كل اتفاق بين زوجين مختلفي الدين يمس بدين أطفالهما يعد لاغيا، وكذا الشأن بالنسبة

---

(١) انظر، المادة ٣٠ فقرة ثانية معدلة من قانون الأسرة.

(٢)Cf. Y.L. de Bellefonds, op. cit., pp. ١٦٤-١٦٥; H. Bencheikh Hocine Dennouni, op. cit., p. ٩٠٤.

(٣) انظر، الفصل ٢٣ فقرة رابعة من المجلة التونسية. بشأن هذه المسألة، راجع، بلقاسم الشابي، حول وضع المرأة بتونس، مجلة التشريع والقضاء، ١٩٧٥، عدد ٧، ص. ٣٥ وما بعدها؛

M. Missoum, Les devoirs entre époux en droit tunisien : Supports des apports, mém. Tunis, ١٩٩٧.

لقد كان الأب في التشريع الجزائري بمقتضى المادة ٣٩ فقرة أولى من قانون الأسرة رئيس العائلة ولم يعد كذلك بعد صدور أمر رقم ٠٢/٠٥، المؤرخ في ٢٠٠٥/٠٢/٢٧ الذي ألغى هذه المادة.

(٤) إذ تنص المادة ٨٧ من قانون الأسرة على أن " يكون الأب وليا على أولاده القصر... "، هذا صحيح إذا كانت الزوجية لازالت قائمة. أما بعد الطلاق، تسند الولاية طبقا للمادة ٨٧ فقرة ٣ معدلة من ذات القانون إلى من تسند إليه الحضانة.

(٥) ويقصد هنا بالسلطة الأبوية، السلطة التي تعد للأب دون الأم.

للاتفاق الذي يحرم الأب من ممارسة حقه في تربية طفله على دينه[1].

وفي القانون الفرنسي، هذا ما كان جاري به العمل سابقا، وكما أن القضاء أكد من جانبه[2]، ولمدة طويلة أن الشخص الذي يتمتع بالسلطة الأبوية هو الوحيد الذي له الحق في اختيار دين الطفل، وأن كل اتفاق بين الوالدين من شأنه يحد من هذه السلطة يعد باطلا[3]. وهذا ما قضت به محكمة استئناف باريس في قرارها الصادر في ١٨ أكتوبر ١٩٥٥ بقولها "إن دين الطفل يكون مشترك مع دين منسله (أي أبيه)" [4]. وأكدته في قرارها الصادر في ١١ ديسمبر ١٩٦٤، حيث قالت أن "اختيار دين الولد يكون من اختصاص السلطة الأبوية"[5].

أما اليوم، تقضي النصوص القانونية أن تمارس السلطة الأبوية من قبل الأبوين[6].

---

(١)Cf. D. Tchouar, op. cit., th., p. ٢٨٤.

(٢) ولكن، بعد إصدار قانون ٧٠-٤٥٩ المؤرخ في ١٩٧٠/٠٦/٠٤ المنظم للسلطة الأبوية والمتعلق بشخص الطفل، ولاسيما المواد من ٣٧١ إلى ٣٧٤ من القانون المدني، أصبح إسناد ممارسة السلطة الأبوية بكاملها للزوج الذي قضت له المحكمة بالحضانة، ما عدا حق الزيارة والرقابة اللذان يكونان للزوج الآخر. إلا أن المادة ٢٨٧ من القانون المدني (قانون رقم ٩٣-٢٢ المؤرخ في ١٩٩٣/٠١/٠٨) تنص في ثيابها الجديد على أن السلطة الأبوية تمارس أصلا من قبل الوالدين، ولكن يمكن للقاضي أن يقضي بإسناد هذه السلطة لأحد الأبوين إذا اقتضت مصلحة الطفل ذلك.

Sur le pouvoir souverain des juges du fond pour apprécier l'intérêt de l'enfant à cet égard, v. particulièrement, Cass. Civ., ٢٨/٠٣/١٩٧٧, Gaz. Pal., ١٩٧٧, ٢, ٦٠٢, note J.V.; Cass. Civ., ١٥/٠٤/١٩٨١, Gaz. Pal., ١٩٨٢, ٢, ٥٨٣, note Viatte; Cass. Civ., ٢٤/٠٢/١٩٩٣, Bull. civ., ١٩٩٣, ٢, n° ٧٦.

(٣)Cf. Y. Alhalel-Esnault, op. cit., th., ١٩٧٥, pp. ٢٢٥-٢٣٠.

(٤)En effet, la Cour d'appel de Paris soulignait avec insistance le fait que "sa religion (de l'enfant) lui est commune avec son auteur (en l'occurrence le père)... ".Cf. C.A. Paris, ١٨/١٠/١٩٥٥, Gaz. Pal., ١٩٥٥, ٢, ٢٩٩.

(٥)Ainsi, la Cour d'appel de Paris avait rappelé que " ... le choix de la religion relève de la puissance paternelle et qu'après le démembrement de la puissance paternelle par suite de divorce, cet élément est indépendant du droit de garde". Cf. C.A. Paris, ١١/١٢/١٩٦٤, J.C.P. ١٩٦٥, ١٤١٥٥.

(٦)Dans ce contexte, Mme.V. Fortier souligne que" les parents sont libres d'élever leurs enfants selon les préceptes de la religion ou de la croyance à laquelle, eux-mêmes, adhèrent. Les textes internationaux proclament, du reste, cette liberté des parents, comme, par exemple l'article ٢ du Protocole additionne l I de ١٩٥٢ concernant la CEDH qui reconnait « le

وكما أنه يمكن للقاضي أن يسندها لأحدهما إذا ادعت مصلحة الطفل ذلك[١]، وللزوج الآخر الحق في مراقبة رعاية وتربية أطفاله، وأن يتم إبلاغه بكل الاختيارات الخاصة بحياتهم، ومنها خاصة الاختيار الديني[٢].

و.- وكما أنه بسبب المؤثرات الدينية وضد الدينية، فإن الطفل يكون بحاجة ماسة إلى توجيه وإرشاد، وفي اتجاه واحد إذا أردنا أن لا يضل ذهنه[٣]. وعلى هذا الأساس، فمصلحة المحضون تقضي- تجنب أي نزاع ديني، وأن لا يشوش المحضون بتعديل تربيته الدينية المتبعة منذ ولادته، وإلا سيتعرض لصدمة نفسية حادة[٤]. ولهذا، وتماشيا مع الحكمة التي جاءت بها النصوص المغاربية سالفة الذكر، نرى أنه من الثغرات التي جاء بها القضاء الفرنسي هو ذلك الحكم القاضي بأن "اختلاف عقائد الوالدين، إذا تمت ممارسته بشكل حقيقي وفي احترام متبادل لرأي الآخر، يمكن أن يشكل عاملا ثريا للطفل"[٥].

---

droit des parents d'assurer cette éducation et cet enseignement conformément à leurs convictions religieuses et philosophique » , ou encore l'article ٥ de la déclaration sur l'élimination de toutes les formes d'intolérance et de discrimination fondées sur la religion ou la conviction du ٢٥ novembre ١٩٨١ «١ .- Les parents ou, le cas échéant, les tuteurs légaux de l'enfant ont le droit d'organiser la vie au sein de la famille conformément à leur religion ou conviction et en tenant compte de l'éducation morale conformément à laquelle ils estiment que l'enfant doit être élevé ». .«٢ .- Tout enfant jouit du droit d'accéder, en matière de religion ou de conviction, à une éducation conforme aux vœux de ses parents ou, selon le cas, de ses tuteurs légaux, et ne peut être contraint de recevoir un enseignement relatif à une religion ou une conviction contre les vœux de ses parents ou de ses tuteurs légaux, l'intérêt de l'enfant étant le principe directeur ». Cf. V. Fortier, op. cit., pp. ٩٦٥-٩٦٦.

(١) Sur l'appréciation concrète de l'intérêt de l'enfant, v. T.G.I. Versailles, ٠٧/٠٧/١٩٨٠, J.C.P., ١٩٨٣, ٢, ١٩٩٥٢, note F. Boulanger; C.A. Paris, ٣١/٠٣/١٩٨٩, Gaz. Pal., ١٩٩٠, ٢, p. ٤٥٦, note Renard; Cass. Civ. ١٦/٠٧/١٩٩٣, R.C.D.I.P., ١٩٩٣, p. ٦٥٠, note B. Ancel.

(٢) فهذا يستنتج من تنسيق المادتين ٣٧٣ فقرة أولى و٢٨٧ من القانون المدني.

(٣)Cf. D. Tchouar, op. cit., th., p. ٢٨٤.

(٤)En ce sens, cons., par exemple, T.G.I. Bordeaux, ٢٣/١١/١٩٨٣, Jurisdata n° ٠٤٣٥٨٤.

(٥)Cf. T.G.I. Beziers, ٠٤/٠٧/١٩٩١, Jurisdata, n° ٠٥١٧٩٩.

فإن هذه الوجهة تنطوي على عيوب مرجعها الأسس التي قامت عليها، وهي الأسس التي من شأنها إهدار حقوق المحضون وتعريض مصالحه للخطر، لأنه بني على "نظرة مثالية ونوعا ما خيالية للأشياء"[١]، إذ أن "الديانات ليست فقط مختلفة في المحتوى وفي الماهية، بل هي متعارضة بعضها البعض بشكل أساسي"[٢]. وبناء على ذلك، يجوز لنا أن نتساءل: كيف يعتقد واقعيا أن اختلاف العقائد يمكن أن يمارس في احترام متبادل لآراء الطرف الآخر، وخاصة إذا تعلق الأمر بتربية الطفل؟ أليس هناك خطر يحدق بمصلحة المحضون، ومن ثم يجرّه فيما يسمى بحرب الديانات؟

ولذلك، نعود فنقول أن هذا الموقف يتنافى كليا مع مبدأ مصلحة المحضون، بل إنه يصادره من عدة نواحي، وفي ذلك يتجلى الخطر على حقوق المحضون ومصالحه وعلى الأخص في حالة ما إذا نشب نزاع بين الأبوين حول الديانة التي يتلقاها الطفل.

غير أن التساؤل الآخر يكمن في معرفة عما إذا كان يمكن، درءا لزعزعة مصلحة المحضون، أن نترك الأمر للقاضي، باعتباره حارسا لتلك المصلحة؟ فهل يمكن له تحديد الدين الذي يتّخذه الولد في حالة ما إذا كان الوالدان مختلفي العقيدة؟

إن الإجابة عن هذا السؤال هي بالنفي القاطع إذ لا يمكن تطبيق ذلك الاقتراح باعتبار أن الدول المغاربية الثلاث باعتبارها بلدان مسلمة وبحكم الفصل ٥٩ من المجلة والمادتين ١٧٣ فقرة ٣ من المدونة وكذا الفقرة الأولى من المادة ٦٢ من قانون الأسرة. ولذلك، ففكرة تدخل القاضي في هذه المسائل ذات الصبغة الدينية البحتة يجب أن تبعد ولا تجلب قط اهتمام المشرع. ولا يوجد في الحق شيء أبخس للآباء من أن يتدخل القضاء في تنظيم وتحديد ديانة نجلهم.

بل ولماذا نذهب بعيدا، حتى في الدول اللائكية، إن مبدأ الحياد يفرض هنا على

(١)En effet, Mme. Fortier se demande : "n'est-ce pas tout de même avoir, là, une vision idyllique et quelque peu utopique des choses ?". Cf. V. Fortier, op. cit., p. ٩٨١.

(٢)Car, M. Cl. Tresmontant estime, " non seulement ce qu'on appelle les religions n'ont pas le même contenu, la même substance mais elles s'opposent entre elles d'une manière fondamentale". Cf. Cl. Tresmontant, De quelques malentendus philosophiques, in Droit et religion, ١٩٩٣, t. ٣٨, p.١٤٢.

القاضي: ليس من صلاحية القضاء أن يتدخل في اختيار دين أو عقيدة ما[١]. كما أنه يمنع عليه من اتخاذ حكم ذو قيمة أو إبداء رأي في دين أو عقيدة معينة[٢].

والواقع، فقد حاول كل من الفقه[٣] والقضاء الفرنسيين إيجاد وتحديد مصدر قاعدة ميلاد الطفل على دين أبيه وتفسيرها[٤]. يرى الفقيه جون-دني بردوان أن الانتماء الديني للطفل يحدده الأب مثل كل ما هو متعلق بالحالة، وأن التربية الدينية تخضع للسلطة الأبوية[٥]. بينما تفضل العميد جون كربونيي باقتراح جديد مفاده أن المسائل العقائدية تنزع من "القرارات المستبدة" (décisions autoritaires) للعدالة التي يمكن أن تشكل تعديا على روح الطفل، وأن تسند هذه المسائل لا للسلطة الأبوية، وإنما تدمج في "حالة" الطفل[٦]. إذ أن هناك علاقة ضيقة بين الدين والاسم والجنسية، كون أن هذين الأخيرين يعدان لا محالة خاصيتان لحالة الأشخاص. وعليه، فإن قرار دين الطفل يكون من صلاحية الأب، لا بمقتضى السلطة الأبوية وإنما بموجب مبدأ عام مفاده أن الطفل يتبع المركز القانوني لأبيه[٧]. وهذا ما عبر عنه بقوله :

(١)Cf. Cass. Civ., ١١/٠٦/١٩٩١, D. ١٩٩١, ٥٢١, note Ph. Malaurie.

(٢)Cf. V. Fortier, op. cit., R.R.J. Droit prospectif, ١٩٩٨, n° ٣, p. ٩٦٥; R. Barrot, Réflexions sur la justice actuelle, édit. Lacassagne, Lyon, ١٩٩٢, pp. ٣٧ et s.; Y. Madiot, Le juge et la laïcité, in Pouvoirs, ١٩٩٥, n° ٧٥, pp. ٧٣ et s.

(٣)A ce sujet, Cf. Y. Alhalel-Esnault, op. cit., th. Rennes, ١٩٧٥, pp. ١١٧ et s.; R. Pottier, L'éducation religieuse des enfants et le droit de la famille, th. Rennes, ١٩٥١, pp. ١١٤ et s.; P. Nepveu, De l'attribution des droits de garde et de visite dans les familles désunies, J.C.P., ١٩٦٥, I, ١٩٠٣, para. n° ٤.

(٤) Dans ce contexte, le Tribunal de Briançon précisait dans son jugement en date du ٦ janvier ١٩٤٨ que "le choix d'une religion pour l'enfant reste du domaine de la puissance paternelle". Cf. T. Briançon, ٠٦/٠١/١٩٤٨, J.C.P., ١٩٤٨, II, ٤١٦٣, note L. Vouin; T. Paris, ١٤/٠٢/١٩٥٧, D. ١٩٥٧, ٢١٤.

(٥)Cf. J.D. Bredin, La religion de l'enfant, D. ١٩٦٠, Chr., p. ٧٣.

(٦)Cf. J. Carbonnier, Note sous Trib. Civ. Briançon, ٠٦/٠١/١٩٤٨, D. ١٩٤٨, ٥٧٩.

(٧)Comp. P. Coulombel, Le droit privé français devant le fait religieux depuis la séparation des Eglises et de l'Etat, R.T.D.Civ., ١٩٥٦, pp. ١٦-١٧; P. Barbier, La religion de l'enfant et l'exercice de la puissance paternelle, Gaz. Pal., ١٩٥٧, II, Doc., p. ٥٥.

"Que la religion soit donnée à l'enfant par son père est donc une question de jus sanguinis et non de volonté". C'est un rattachement objectif en dehors de toute volonté exprimée par le père. Un enfant posthume prend la religion du père quoique celui-ci n'ait pas fait acte de volonté à son sujet de puissance paternelle"[1].

ولكن، لم يتبع الاجتهاد القضائي هذه الوجهة، إذ قررت محكمة المرافعة الكبرى لفرساي في حكمها الصادر في ٢٤ سبتمبر ١٩٦٢ أن دين الطفل ليس عنصرا من عناصر حالته؛ وأن حالة الشخص هي مجموعة من الصفات التي يأخذها القانون في الاعتبار ليرتب لها آثارا قانونية، وأن ربط الدين بالحالة ينجر عنه الاعتراف بالآثار القانونية للدين، وهذا ما يتعارض مع النظام اللائكي[٢].

وما ينبغي ملاحظته في هذا الصدد هو أن اتفاقية حقوق الطفل لسنة[٣] ١٩٨٩، خلافا للعهد الدولي بشأن الحقوق الاقتصادية والاجتماعية والثقافية[٤]، أصبحت تعترف للأبوين بحقوق نسبية اتجاه أطفالهم؛ فحرية الطفل في تغيير عقيدته الدينية لم يعد يملك الأبوان بشأنها سوى حرية توجيه وإرشاد الطفل، إذ لم يرد في هذه الاتفاقية ما يفيد حق الوالدين في تأمين تلقي الطفل لتعليم ديني يتماشى مع عقيدته.

غير أنه نعتقد مع الأستاذ عبد العزيز مخيمر عبد الهادي "أن الحد من سلطة الوالدين حيال الطفل، ووضع القيود على حريتها في تعليمه وتربيته يعد خروجا عن طبائع الأشياء والفطرة السليمة التي فطر الله الناس عليها، وانتقاصا من حقوق أقرت بها الأديان السماوية والشرائع الوضعية. وما جاءت به اتفاقية حقوق الطفل بهذا الخصوص لا يخرج عن كونه تقنينا لما جرى في المجتمعات الغربية، التي تؤمن بالحرية في حدودها القصوى، وتسمح

(١)Cf. J. Carbonnier, note précitée, p. ٥٧٩.

(٢)Cf. T.G.I. Versailles, ٢٤/٠٩/١٩٦٢, D. ١٩٦٢, p. ٥٢, note J. Carbonnier.

(٣) حيث تنص المادة ١٤ من هذه الاتفاقية على أن "- تحترم الدول الأطراف حق الطفل في حرية الفكر والوجدان والدين؛
- تحترم الدول الأطراف حقوق وواجبات الوالدين وكذلك، تبعا للحالة، الأوصياء القانونيين عليه، في توجيه الطفل في ممارسة حقه بطريقة تنسجم مع قدرات الطفل المتطورة...".

(٤) كان العهد الدولي بشأن الحقوق الاقتصادية والاجتماعية والثقافية الصادر عن الأمم المتحدة بتاريخ١٩٦٦/١٢/١٦يعترف في مادته ١٣ فقرة ٣ للأباء حرية اختيار ما يرونه من مدارس لأطفالهم، وأن يؤمنوا لأطفالهم التعليم الديني المتماشي مع معتقداتهم الخاصة. وهذا ما أخذ به أيضا العهد الديني للحقوق المدنية والسياسية في مادته ١٧ فقرة ٣.

للفرد بإدارة شؤون حياته في وقت مبكر، وإذا كان ذلك يصلح، أو تسير عليه الأمور في المجتمعات الغربية الصناعية فإنه لا يصلح لتنظيم شؤون الطفل في مجتمعات، كالمجتمعات الإسلامية، حيث مازالت الأسرة هي النواة الرئيسية في المجتمع، وحيث تتميز الروابط الأسرية بالعمق والترابط الشديدين، وحيث يكون للوالدين سلطة قوية في توجيه وتربية الأطفال في كافة شؤون حياتهم بدءا بالإنفاق وانتهاء بإشباع حاجاتهم العاطفية والوجدانية"[١].

وزيادة على ذلك، حتى أن مجلة حماية الطفل التونسية يتضح منها أنها لم تقر بحرية المعتقد للطفل، وذلك راجع إلى "المبادئ العامة للمجلة المنصوص عليها بالفصل الأول وخاصة ما جاء بالفقرة الثانية منه والمتضمنة تنشئة الطفل على الاعتزاز بهويته الوطنية وبالانتماء الحضاري وطنيا ومغربيا وعربيا وإسلاميا"[٢].

ومهما يكن من أمر فإن التشريعات المغاربية الأسرية، على النقيض من القضاء الفرنسي، قد أفصحت عن موقفها بصريح العبارة أن تتم تربية المحضون على دين أبيه، حيث يؤكد الأستاذ الفرشيشي ذلك بقوله:

«Ainsi donc, le rattachement religieux de l'enfant à son père constitue une règle indiscutable qui illustre la physionomie patriarcale des relations parents-enfants. Non seulement le père confère sa filiation à sa progéniture[٣], mais encore sa nationalité[٤] et sa religion »[٥].

ولكن مع ذلك إن كل هذه التأويلات والتوضيحات، تولد سؤالا آخرا لا يقل أهمية عنها، يتلخص في الطرح التالي: هل يفهم من عبارة "إذا كانت مستحقة الحضانة من

(١) انظر، عبد العزيز مخيمر عبد الهادي، المرجع السابق، ص.١٧٢.
(٢) انظر، عبد الله الأحمدي، المرجع السابق، ص.١٥٣.
(٣) انظر، المادة ٤١ من قانون الأسرة والمواد ١٤٥و١٥٠و١٥٧ من مدونة الأسرة والفصل ٦٨ من المجلة التونسية.
(٤) انظر، المادة ٠٦ من قانون الجنسية الجزائري (ومع العلم أن المادة الثانية من الأمر رقم ٠٥-٠١ المؤرخ في ٢٧ فبراير ٢٠٠٥ المعدل والمتمم للأمر رقم ٧٠-٨٩ المؤرخ في ١٥ ديسمبر ١٩٧٠ المتضمن قانون الجنسية الجزائرية، عدلت المادة السادسة على النحو التالي: يعد جزائريا الطفل المولود من أب جزائري أو أم جزائرية)، والمادة ٠٦ من قانون الجنسية التونسي والمادة ٠٦ من قانون الجنسية المغربي.
(5)Cf. B.Ferchichi, op.cit., th.., p.٢٨٨.

غير دين أب المحضون" التي جاء بها الفصل ٥٩ من المجلة، وعبارة "بتربيته (الولد) على دين أبيه" التي تم التنصيص عليها في المادة ٦٢ من قانون الأسرة، وعبارة "يتبع (الولد) أباه في... ودينه،..." ينبغي أن يكون الحاضن متحدا في الدين مع المحضون لكي يتمكن من تربيته على دين أبيه؟ وبمعنى آخر هل يشترط أن يكون الحاضن على نفس دين أبي المحضون؟ وفي كل ذلك أين تكمن مصلحة المحضون؟

وللإجابة على هذه الأسئلة المتشعبة، نوضح في بداية الأمر أن اشتراط اتحاد الدين بين الحاضن والمحضون يجد مصدره في الفقه الإسلامي والقضاءين التونسي[1] والجزائري، حيث أكّد هذا الأخير في العديد من قراراته الرجوع إلى الشريعة الإسلامية فيما يخص شروط الحاضن. وبهذا الصدد يقتضي التوقف عند القرار الذي أصدره المجلس الأعلى بتاريخ ١٢ ماي ١٩٦٨، وأقر فيه فلسفة الاجتهاد القضائي بقوله أنه "من المقرر فقها وقضاء أنه يجب أن تتوفر في الحاضنة الشروط الواردة في الشريعة الإسلامية"[2].

وبالرجوع إلى الشريعة الإسلامية نجد الفقه قد فرق فيما يتعلق بشرط اتحاد الدين بين ما إذا كان الحاضن رجلا أم امرأة.

فإذا كان الحاضن رجلا، فإنه يشترط فيه أن يكون متحدا في الدين مع المحضون[3]، وإلا لا حضانة له[4]. وسندهم في ذلك أمران: الأول أن الحضانة نوع

(١) انظر، محكمة التعقيب، ١٩٦٦/٠١/٣١، قرار مدني، عدد ٣٣٨٤، المجلة القانونية التونسية، ١٩٦٨، ص.١١٦.
(٢) انظر، مجلس أعلى، غ.ق.خ.، ١٩٦٨/٠٥/١٩، م.ج.ع.ق.إ.س.، ١٩٦٨، عدد ٢، ص. ٥٤٥.
(٣) هذا على قول بعض الأئمة (بعض الحنفية وابن حزم) إذا كان الرجال من المحارم العصبة. أما الرجال المحارم غير العصبة، فلم يشترط فيهم اتحاد الدين. انظر، علاء الدين أبي بكر بن مسعود الكاساني، المرجع السابق، ج.٤، ص.٤٢-٤٣؛ الإمام أبي محمد علي بن أحمد بن سعيد بن حزم، المحلى بالآثار، تحقيق عبد الغفار سليمان البنداري (بدون دار الطبع والسنة)، ج.١، ص.٣٢٣-٣٢٤؛ عثمان بن علي الزيلعي، المرجع السابق، ج.٣، ص.٤٩؛ ابن عابدين، الحلبي، ، ج.٢، ص.٦٥٧؛ بدران أبو العينين بدران، الفقه الإسلامي...، المرجع السابق، ص. ٥٥٥. وأما المالكية، فلم يشترطوا الإسلام في الحاضن سواء كان ذكرا أم أنثى. انظر، عبد الرحمن الجزيري، المرجع السابق، ج. ٤، المكتبة التوفيقية، ص. ٥٢٣؛ ممدوح عزمي، المرجع السابق، ص. ٢٤؛ أحمد عبد الحي، المرجع السابق، ص.٣٥.
(٤) وهذا ما طبقته المحاكم المصرية، حيث قد جاء في حكم لمحكمة مصر"أنه يشترط في الحاضن العاصب اتحاد الدين للعصبة في حضانة الصبي إلا أن يكون دينه- فإذا كان أخوان أحدهما مسلم

من الولاية[١]، ولا ولاية مع اختلاف الدين، فلا يجوز ولاية غير المسلم على المسلم[٢]. والثاني أن حق الرجال في الحضانة مبني على الميراث[٣]، ولا توارث مع اختلاف في الدين[٤]. ويضيفون قائلين، من حيث المعقول، أن الكافر لا يكون حريصا على تربية الطفل على تعاليم دينه بل أنه قد يجتهد في إخراجه عن دينه بتعليمه الكفر وتربيته له مادام أنه قد نشأ هكذا فإنه في كبره، إما أن يكون على دين الكفار أو يكون في حكمهم، ويصعب بعد كبره رده إلى دين الحق[٥].

والآخر يهودي والصبي يهودي فاليهودي أولى". (حكم محكمة مصر في ١٩٣٨/٠٩/١٢، حكم رقم ٣٧/٤٤٦، مجلة المحاماة الشرعية، السنة ١١، ص.٦٣). وكما قضى "بأن إمساك الصغار المسلمين في بيت غير المسلمين يعتبر إمساكا لهم في بيت المبغضين لهم بمقتضى طبيعة اختلاف الدين، وفي الوقت نفسه يخشى منه على الصغار الذين بلغوا سن التمييز أو سن التقليد من أهل الكفر وعادات أهله"، مقتبس عن أحمد نصر الجندي، مبادئ القضاء في الأحوال الشخصية، ط.٣، مكتبة رجال القضاء، ١٩٨٦، ص.٩٢١.

(١) أما من حيث تكييف هذا النوع من الولاية، فمن الفقه من اعتبر الحضانة ولاية على النفس. انظر، بدران أبو العينين بدران، المرجع السابق، ص. ٥٥٥، ومنه من جعلها ولاية تربية. انظر، الإمام محمد أبو زهرة، الأحوال الشخصية، المرجع السابق، ص. ٤٠٤، ومنه من اعتبرها ولاية فقط. انظر، سعاد إبراهيم صالح، المرجع السابق، ص. ١١٢)، وقال السيد سابق، أنها كولاية الزواج والمال (انظر، السيد سابق، فقه السنة، المجلد الثاني، ص. ٣٥٥).

(٢) إذ يقول سبحانه وتعالى: (وَلَن يَجْعَلَ اللَّهُ لِلْكَافِرِينَ عَلَى الْمُؤْمِنِينَ سَبِيلًا) (سورة النساء، الآية١٤١)؛ ويقول أيضا (يَا أَيُّهَا الَّذِينَ آمَنُوا لَا تَتَّخِذُوا الْكَافِرِينَ أَوْلِيَاءَ مِن دُونِ الْمُؤْمِنِينَ أَتُرِيدُونَ أَن تَجْعَلُوا لِلَّهِ عَلَيْكُمْ سُلْطَانًا مُّبِينًا(١٤٤)) (سورة النساء، الآية ١٤٤)؛ ويقول أيضا (وَالْمُؤْمِنُونَ وَالْمُؤْمِنَاتُ بَعْضُهُمْ أَوْلِيَاءُ بَعْضٍ يَأْمُرُونَ بِالْمَعْرُوفِ وَيَنْهَوْنَ عَنِ الْمُنكَرِ وَيُقِيمُونَ الصَّلَاةَ وَيُؤْتُونَ الزَّكَاةَ وَيُطِيعُونَ اللَّهَ وَرَسُولَهُ أُولَٰئِكَ سَيَرْحَمُهُمُ اللَّهُ إِنَّ اللَّهَ عَزِيزٌ حَكِيمٌ(٧١))(سورة التوبة، الآية ٧١)؛ وقوله أيضا (وَالَّذِينَ كَفَرُوا بَعْضُهُمْ أَوْلِيَاءُ بَعْضٍ إِلَّا تَفْعَلُوهُ تَكُن فِتْنَةٌ فِي الْأَرْضِ وَفَسَادٌ كَبِيرٌ(٧٣)) (سورة الأنفال، الآية ٧٣).

(٣) انظر، ابن قدامة، المرجع السابق، ج. ٩، ص. ٢٩٧-٢٩٨ ؛ ابن القيم الجوزية الحنبلي، زاد الميعاد ...، المرجع السابق، ص. ٢٥٧ وما بعدها؛ الرملي، المرجع السابق، ص. ٢٧٣؛ محمد مصطفى شلبي، المرجع السابق، ط. ١٩٨٣، ص. ٧٦٦؛ بدران أبو العينين بدران، الفقه...، المرجع السابق، ص. ٥٥٥؛ وهبة الزحيلي، الفقه الإسلامي...، المرجع السابق، ص. ٧٢٨.

(٤) انظر، المادتين ١٣٨ و٢٢٢ من قانون الأسرة والمادتين ٣٣٢ و٤٠٠ من مدونة الأسرة.

(٥) انظر، الإمام محمد بن علي الشوكاني، نيل الأوطار... المرجع السابق، ج.٧، ص.٢٠.

وأما من الناحية التشريعية، إذا كان الفصل ٥٩ من المجلة التونسية والمادة ١٤٥ من المدونة المغربية والمادة ٦٢ فقرة أولى من قانون الأسرة الجزائري يحثون على تربية الولد على دين أبيه، فإنه من الأولى أن يكون الحاضن الرجل يدين بدين أبي المحضون. ولا شك في أن توافر هذا الشرط في الحاضن الرجل لا يتعارض مع مصلحة المحضون ولا يعيقها، ولا يعرضه للضياع، بل هو أصلح له وللمجتمع. وألا يمكن الرجوع إلى فقه الأغلبية بمقتضى الإحالة الواردة في قانوني الأسرة المغربي والجزائري، بل في القضاء التونسي إذا اقتضت مصلحة المحضون ذلك. ويرى الأستاذ باجي محمد، على النقيض من ذلك، بأنه ينبغي الإشارة إلى أنه بإلغاء الفقرة الثانية من الفصل ٥٧ من المجلة[١]، فإنه لم يعد يشترط شرط الديانة بين المحضون والحاضن الذكر، وذلك لأن وحدة الدين بين هذا الأخير والطفل يمكن أن لا تكون في المستقبل مجلية لأن الحاضن يمكن أن يكون قريبا غير محرم للطفل أو حتى شخصا أجنبيا عنه كليا[٢].

أما إذا كان الحاضن امرأة، فقد اختلفت الآراء وتشعبت الحجج والأدلة فيما توجب توافره فيها[٣]، وانقسم الفقه في صدده إلى فريقين : الأول يقول بعدم وجوب هذا الشرط، والثاني يقول بوجوبه.

فيرى أصحاب الرأي الأول بعدم وجوب اتحاد الدين بين الحاضنة والمحضون[٤].

---

(١) وذلك بمقتضى القانون عدد ٤٩ المؤرخ في ١٩٦٦/٠٦/٠٣، حيث كانت تنص هذه الفقرة في صياغتها الأصلية (أمر ١٣ أوت ١٩٥٦) على أنه "يشترط في العصبة اتحاد الدين".

(٢)Cf. M.Beji, op. cit., mém., p.٩٤.

(٣) تكلم الفقه الإسلامي عن هذا الشرط في الحالة التي يكون فيها المحضون مسلما والحاضنة غير مسلمة.

(٤) وبهذا جاء الأحناف وعلى رأسهم الزيلعي، انظر، الزيلعي، المرجع السابق، ص. ٤٩؛ أبو بكر أحمد الرازي، البدائع...، المرجع السابق، ج.٤، ص.٤٢؛ السرخسي، المرجع السابق، ج.٥، ص.٢١٠، وابن القاسم من المالكية وأبو ثور (انظر، شمس الدين الشيخ محمد عرفة الدسوقي، حاشية الدسوقي على الشرح الكبير، طبعة دار إحياء الكتب العلمية، (دون سنة)، ج.٢، ص.٥٣٩. وابن قدامة، وابن القيم وهم من الحنابلة (ابن قدامة، المغني، المرجع السابق، ج. ٩، ص. ٢٩٧-٢٩٨؛ ابن القيم الجوزية، المرجع السابق، ج. ٤، ص.٢٥٧-٢٥٨ . انظر في كل ذلك، السيد سابق، المرجع السابق، ص. ٣٥٥؛ وهبة الزحيلي، الفقه الإسلامي...، المرجع السابق، ص. ٧٢٧؛ عبد الرحمن الجزيري، المرجع السابق، ص.٥٢٢-٥٢٣؛ عبد الرحمن الصابوني، نظام الأسرة...، المرجع السابق، ص.١٩٧-١٩٨.

ومن ثم، فإن الذمية أحق بولدها المسلم ما لم يعقل دينا. وحجتهم في ذلك "أن الحضانة تبنى على الشفقة والأم الذمية أشفق عليه، ولا يرفع من هذه الشفقة اختلافها معه في الدين لأن الشفقة لا تختلف باختلاف الدين. فيكون دفعه إليها على الرغم من اختلافها معه دينا أنظر له ما لم يعقل دينا"(١). ولكن، إذا عقل الصغير الأديان، يضيفون قائلين، وخيف عليه من إيلاف غير الإسلام (٢). ينزع لاحتمال حدوث الضرر.

وكما استدل بأنه قد روي عن عبد الحميد بن جعفر الأنصاري قال أخبرني أبي عن جدي رافع بن سنان أنه أسلم وأبت امرأته أن تسلم فأتت النبي صلى الله عليه وسلم فقالت ابنتي وهي فطيم أو شبهه وقال رافع ابنتي فقال رسول الله صلى الله عليه وسلم أقعد ناحية وقال لها اقعدي ناحية فاقعد الصبية بينهما ثم قال ادعواها فمالت إلى أمها فقال النبي صلى الله عليه وسلم اللهم اهدها فمالت إلى أبيها فأخذها(٣). ويتضح من هذا الحديث أن الحاضنة للأم الكافرة ثابتة وإن كان الولد مسلما، إذ أن التخيير الذي أمر به الرسول صلى الله عليه وسلم ما هو إلا دليلا لثبوت الحق.

لكن إذا كان اتفاق أنصار هذا الرأي بالإجماع ولا خلاف حول إمكانية ممارسة الحضانة مع اختلاف الدين بين الحاضنة والمحضون(٤)، إلا أنهم اختلفوا فيما بينهم وانقسموا إلى فريقين حول مسألة إسهام الحاضنة الذمية أو المجوسية محضونها في بعض الأمور التي يحرمها الشرع الإسلامي عليه، كسقيه الخمر وإطعامه لحم الخنزير والذهاب به إلى معابدها. فمنهم من قال بنزع الولد عن أمه في هذه الحالة حتى لا يتأثر بما تلقنه(٥)، ومنهم

---

(١) انظر، الزيلعي، المرجع السابق، ج.٣، ص.٥٠.

(٢) انظر، أبو بكر أحمد الرازي، المرجع السابق، ج.٤، ص.٤٢؛ ابن حزم الأندلسي، المحلى...، المرجع السابق، ج.١، ص.٣٢٣-٣٢٤. وهذا ما ذهب إليه فريق من الفقه الحديث، انظر، عبد الرحمن الصابوني، المرجع السابق، ج. ٢، ص. ٢٢٦؛ الإمام محمد أبو زهرة، الأحوال الشخصية، المرجع السابق، ص. ٤٠٦-٤٠٧؛ محمد مصطفى شلبي، أحكام الأسرة...، المرجع السابق، ط. ١٩٨٣، ص. ٧٦٥؛ فضيل سعد، المرجع السابق، ص. ٣٧٣.

(٣) أخرجه الترميدي عن أبي هريرة وقال صحيح الإسناد، انظر، الترمذي، السنن، المرجع السابق، ج.٣، ص.٧٥، ابن ماجه، السنن، المرجع السابق، ج.٢، ص.٧٨٨.

(٤) واستدلوا بقوله تعالى (وَٱلْوَٰلِدَٰتُ يُرْضِعْنَ أَوْلَٰدَهُنَّ حَوْلَيْنِ كَامِلَيْنِ) (سورة البقرة، الآية ٢٣٣)، إذ يستفاد من هذه الآية الكريمة، أن الله سبحانه وتعالى أثبت حق الأم في إرضاع ولدها حولين كاملين سواء كانت مسلمة أو غير مسلمة لعموم الآية والإرضاع نوع من الحضانة.

(٥) وهذا ما ذهب إليه الأحناف. انظر، عبد الرحمن الجزيري، المرجع السابق، ص. ٥٢٣؛ ممدوح

من اشترط انضمام الحاضنة إلى أناس من المسلمين ليراقبوها حرصا على مصلحة المحضون[١].

وتبعا لهذين الاتجاهين جاء في مدونة الإمام مالك "قلت أرأيت إن طلقها زوجها وهو مسلم وهي نصرانية أو يهودية، ومعها ولد صغار من أحق بولدها؟ قال هي أحق بولدها وهي كالمسلمة في ولدها... قلت فإن كانت مجوسية؟... قال الأم أحق بالولد واليهودية والنصرانية والمجوسية في هذا سواء بمنزلة المسلمة"[٢].

وفي هذا يقول الكاساني أن "أهل الذمة في هذه الحضانة بمنزلة أهل الإسلام لأن هذا الحق إنما يثبت نظرا للصغير وأنه لا يختلف بالإسلام والكفر وكذا اتحاد الدين ليس بشرط لثبوت هذا الحق"[٣].

وجاء في الفتاوى الإسلامية الصادرة من دار الإفتاء المصرية، الفتوى المؤرخة في ٢٨ أكتوبر ١٩١٨، بأن اختلاف الدين لا يؤثر على حق الحضانة. فإن كان المحضون مسلما والحاضنة غير مسلمة معتنقة دينا سمويا أو غير سماوي أما كانت أو غيرها من بقية الحاضنات فلها أن تحضن الولد وتربيته متى كان أهلا للحضانة ومستوفية شرائطها إلا إذا خيف على الولد أن يألف دينا غير الإسلام[٤].

غير أن هذه الإباحة لم يجمع عليها كافة الفقهاء، إذ قال الفريق الثاني برأي عكسي مضمونه أن الديانة يجب أن تكون واحدة بين الحاضنة والمحضون[٥]، ومن ثم يجب أن تكون الحاضنة مسلمة، فلا حضانة لكافرة على مسلم[٦]. أما إذا كان المحضون

عزمي، المرجع السابق، ص. ٢٤. محمد مصطفى شلبي، أحكام الأسرة...، المرجع السابق، ص. ٧٦٥. (١) انظر، الزيلعي، المرجع السابق، ج.٣، ص. ٤٩. وهذا ما ذهب إليه المالكية. انظر، عبد الرحمن الجزيري، المرجع السابق، ج. ٤، ص. ٥٢٣؛ وهبة الزحيلي، الفقه الإسلامي...، المرجع السابق، ج. ٧، ص. ٧٢٨.

(٢) الإمام مالك، مدونة، رواية أشهب عن ابن القاسم، مطبعة السعادة، ١٣٢٣ هـ ج.٥، ص.٤١.

(٣) انظر، الكاساني، المرجع السابق، ج.٣، ص.٤٩.

(٤) انظر، الفتاوى الإسلامية، فتاوى صادرة بتاريخ ١٩١٨/١٠/٢٨، المجلد الأول، ص.٣٦٢.

(٥) ويجدر التنويه بأن حضانة الكافر للكافر، والمسلم للكافر، ثابتة.

(٦) وهذا ما ذهب إليه خاصة الشافعية والجعفرية وقول عند الحنابلة. انظر، محمد الشربيني الخطيب، المرجع السابق، ج. ج. ٣، ص. ٤٥٦ -٤٥٧؛ البهوتي الحنبلي، المرجع السابق، ج.٥، ص. ٥٧٩ وما

غير مسلم فيجوز حضانة المسلم له رغم اختلاف الدين، لأنه لا يلحق المحضون هنا ضرر باعتبار أن الإسلام يعلو ولا يعلى عليه[١].

وقد دعم أنصار هذا الرأي وجهة نظرهم بحجج نظرية وأخرى عملية. فقالوا بأنه ليس من المنطق، لا القانوني ولا الواقعي أن يكون الفسق سببا لإسقاط الحضانة ولا يكون التدين بالإسلام غير لازم[٢].

وقد أضافوا إلى ذلك أن الأخذ بعدم اتحاد الدين في الحضانة يترتب عنه أضرارا عملية لا يستهان بها، سواء أكان ذلك من ناحية الطفل أم من ناحية الأسرة. ففي حضانة الكافر ضرر، لأنه ينشئه على ألف دينه ويصعب عليه بعد ذلك أن يتحول عنه[٣] فيخرج به رويدا عن الإسلام، إذ يقول عليه الصلاة والسلام "كل مولود يولد على الفطرة، فأبواه يهودانه أو ينصرانه أو يمجسانه". وكذلك الأمر بالنسبة للأسرة، فمبدأ اتحاد الدين بين الحاضن والمحضون يعمل على حماية مصالحها، إذ يؤدي إلى إيجاد أسرة مسلمة في جميع عناصرها. وفوق هذا وذاك، فإن ضياع دين الطفل هلاك له[٤] وللأسرة وللمجتمع ككل[٥].

ولكن ما هو موقف القوانين المغاربية من هذه الآراء[٦]؟ وهل رعت بمقتضى

بعدها؛ الرملي، المرجع السابق، ج.٦، ص.٢٧٣؛ بدران أبو العينين بدران، المرجع السابق، ص. ٥٥٤؛ عبد الرحمن الجزيري، المرجع السابق، ص. ٥٢٢؛ أحمد عبد الحي، المرجع السابق، ص.٣٧-٣٨.

(١) انظر، الدار قطني، سنن، سبل السلام، المرجع السابق، ج.٤، ص.٦٧.

(٢)Cf. Y. L. de Bellefonds, op. cit. , pp. ١٦٥ - ١٦٦.

(٣) انظر، السيد سابق، المرجع السابق، ص. ٣٥٥.

(٤) وإذا كان في هذه الحالة ضياع الدين هلاك، فإنما الحضانة شرعت للحفظ والصيانة ومراعاة مصلحة الولد في المقام الأول. الأول. انظر، سعاد إبراهيم صالح، المرجع السابق، ص. ١١٢.

(٥) وفي ذلك يقول ابن حزم "من ترك الصغير أو الصغيرة يدربان على سماع الكفر ويتمرنان على جحد نبوة رسول الله صلى الله عليه وسلم وعلى ترك الصلاة والأكل في رمضان وشرب الخمر والأنس عليهما حتى يسهل عليهما شرائع الكفر أو على صحبة من لا خير في دينه والانهماك فيه البلاء، فقد عاون على الإثم والعدوان". انظر ابن حزم، مقتبس عن عبد الرحمن هرنان، المرجع السابق، ص. ٤٥.

(٦)L'Article ١٢٢ du code de statut personnel mauritanien dispose dans son alinéa ٧ que pour être apte à assurer la hadhana, il faut : « résider dans un milieu musulman, si le titulaire de la hadhana n'est pas de confusion

أحكامها مصلحة المحضون؟ أم استغنى عنها؟

تقضي المجلة التونسية بعدم إلزامية اتحاد الدين بين الأم ومحضونها، حيث نصت صراحة على أن الفصل ٥٩ منها المقر لوحدة الدين في مجال الحضانة "لاينطبق على الأم إذا كانت هي الحاضنة". ومن ثم، فلم تشترط المجلة في الأم هذا الشرط ويبقى القاضي مقيدا بمصلحة المحضون ليس إلا عند إسناد الحضانة"[١].

وتطبيقا لذلك، قضت محكمة استئناف تونس بإسناد حضانة الطفل لأم على غير دين أبيه مع قولها بأنه يجب أن يتبع الابن ديانة أبيه الذي يلقنه مبادئ الشريعة الإسلامية، وأن الأم ليس لها حق الاعتراض على ذلك[٢].

وهذا ما أكدته محكمة التعقيب في قرارها الصادر في ١٣ سبتمبر ١٩٧٢، وذلك حينما قضت بأنه "إذا اختلف الزوجان في الحضانة وكانا مختلفين في الدين، فلا يمنع ذلك من إسناد الحضانة للأم"[٣].

وكما أنه حفاظا على تربية الطفل على دين أبيه، ورعاية لمصلحته، قضت المحكمة ذاتها بأن "عدم مساس الحكم الأجنبي بقواعد النظام العام ينظر إليه في صورة الحال من زاوية عدم تصادمه مع ما يتطلبه دستورها من مقومات ذاتية للأسرة والمجتمع تندرج في

---

musulmane quand il s'agit d'un enfant dont le père est musulman ».

وتنص المادة ٦٤ من القانون الليبي رقم ١٠ لسنة ١٩٨٤ على أنه "تستحق الأم الكتابية حضانة أولادها المسلمين ما لم يتبين منها تنشئة الأولاد على غير دين أبيهم المسلم". ويفهم من هذا أنه إذا كانت الحاضنة غير الأم يجب إسقاط حق الحضانة عن التي هي على غير دين أبي المحضون آليا، ولو قبل بلوغ الطفل سن السابعة ". انظر، عبد السلام محمد السريف العاصم، الزواج والطلاق في القانون الليبي، منشورات جامعة قار يونس، بنغازي، ١٩٩٥، ص.٣١٦.

وكما تنص المادة ١٣٥ من المشروع القانون العربي الموحد للأحوال الشخصية على أنه "إذا كانت الحاضنة على غير دين أبي المحضون، ولم تكن أما، سقطت حضانتها بإكمال المحضون السنة الخامسة من عمره، أما إذا كانت أما فتستمر حضانتها ما لم يتبين استغلالها للحضانة لتنشئة المحضون على غير دين أبيه".

(١) انظر، الحبيب العش، المرجع السابق، ص.٥٥.

(٢)C.A. Tunis, ٢٣/١٢/١٩٦٣, R.T.D. ١٩٦٦-١٩٦٧, p.١٩٨ ; R.J.L.١٩٦٥, n°1, p.٥٩-٦١.

(٣) انظر، محكمة التعقيب، ١٩٧٢/٠٩/١٣، قرار مدني، عدد ٩٣٩٣، غير منشور، مقتبس عن محمد الحبيب الشريف، المرجع السابق، ص. ١٦٢.

تكوينها المناهج التربوية والدينية واللغوية وما يكفل بصفة خاصة حب الوطن وهي في الإسلام ركن أساسي من أركان الإيمان.وتأسيسا على ذلك، فإن نقل المحضون إلى بيئة مغايرة لبيئته الأصلية دينا ووطنية وحضارة لا يخلو من خطر انبتاته عن مقوماته الذاتية مما يتجه معه رفض مطلب إكساء الحكم الأجنبي الصيغة التنفيذية"[١].

وفي قرار آخر، قضت "حكم طلاق الأجنبية من زوجها العربي التونسي الصادر بالخارج وبإسناد حضانة الولد لها وهو يعيش عند والده بتونس أين يكمن تنفيذ الحكم بالنسبة للحضانة بعد إكسابه الصفة التنفيذية من طرف القضاء التونسي حسب القانون الذي أوجب عدم تعارض ذلك الحكم مع قواعد النظام العام بتونس التي منها العروبة والإسلام اللذين هما من مقومات السيادة التونسية حسب دستورها ولا يمكن الحياد عنهما وبذلك فإن ما ذهب فيه الحكم التونسي- من إكساب الحكم الأجنبي الصفة التنفيذية فيه خرق للقانون فيوجب نقضه"[٢].

بل أخذت هذه المحكمة بهذا الموقف حتى ولو كانت الأم تونسية غير أنها تعيش بالخارج وذلك في قرارها الصادر في ٠٩ نوفمبر ١٩٨٢ وذلك بقولها "الزوجة التونسية المفارقة وهي تعيش بالخارج وامتنعت من الرجوع لتونس أين يقيم مفارقها التونسي تفقد حقها في حضانة الأولاد ويحكم بها لوالدهم دون حرمانها هي من حق زيارتهم وبذلك فإن الحكم الذي قضى بذلك لا مطعن فيه"[٣].

ويبرر هذا الموقف الأستاذ DEPREZ بقوله :

« C'est le fait de s'établir dans une famille et un milieu européens qui peut inciter la femme musulmane à abandonner toute exigence quant à l'éducation islamique de ses enfants, la société ambiante ne se prêtant guère à la conservation des traditions musulmanes, alors surtout que le conjoint n'est pas musulman ». Ceci se justifie également par le fait que pour toutes les sociétés laïques d'occident, d'abord « l'adhésion religieuse y est en déclin, ensuite

---

(١) انظر محكمة التعقيب، ١٩٧٩/٠٥/١٥، قرار مدني، عدد ٢٠٠٠، مجلة القضاء والتشريع، ١٩٨٠، عدد ١٠، ص.٧٩.
(٢) انظر، محكمة التعقيب، ١٩٨٢/٠٦/٠٣، قرار مدني، عدد ٧٤٢٢، مجلة القضاء والتشريع، ١٩٨٣، عدد ٠٩، ص.٦٣.
(٣) انظر، محكمة التعقيب، ١٩٨٢/١١/٠٩، قرار مدني، عدد ٦٧٩١، نشرية محكمة التعقيب، ١٩٨٢، ج.٤، ص.٢١١.

parce que le père, partageant à égalité avec sa femme l'autorité parentale, n'a aucun moyen juridique d'imposer sa religion »[(١)].

أما من جهة القانون الجزائري، وفي غياب النص التشريعي الصريح فالثابت في هذا الصدد أن قضاء المحكمة العليا لم يجد مانعا في ممارسة الحضانة من قبل أم غير مسلمة. وقد طبق المجلس الأعلى هذه القاعدة في كثير من قراراته. ومنها قراره الصادر في ١٦ أفريل ١٩٧٩ في قضية تتحصّل وقائعها في أن أما حاضنة حاولت تربية ولدها على دينها المسيحي، متجاهلة دين أبيه، حيث قالت "من المقرر... أن الأم تستحق حضانة الأولاد ولكن شريطة أن يبقى هؤلاء على دين أبيهم"[(٢)].

وفي قرار آخر صدر بتاريخ ٠٨ مارس ١٩٨٢ قضى المجلس أن "المجلس الأعلى لحد الآن لم يعتبر... الاختلاف في الدين من مسقطات الحضانة، فالمسيحية... لها الأولوية فيها بالجزائر كما للمسلمة الحق فيها... وأن الشريعة الإسلامية تولي الأهمية في مسألة الحضانة للأم وتعطى لها الأسبقية فيها بقطع النظر عن دينها"[(٣)].

كما طبق المجلس القاعدة نفسها في قراره الصادر في ٠٢ جانفي ١٩٨٩، فقضى بأنه "من المقرر قضاء في مسألة الحضانة أنه في حالة وجود أحد الأبوين في دولة أجنبية غير مسلمة، وتخاصما على الأولاد بالجزائر، فإن من يوجد بها يكون أحقّ بهم ولو كانت الأم غير مسلمة"[(٤)].

كذلك قرر المجلس بتاريخ ١٣ مارس ١٩٨٩ أنه "من المقرر شرعا وقانونا أن الأم أولى بحضانة ولدها ولو كانت كافرة إلا إذا خشي على دينه"[(٥)].

وفي قرارها الصادر في ١٩ فبراير ١٩٩٠، قضت المحكمة العليا بأنه "من المقرر شرعا وقانونا أن إسناد الحضانة يجب أن يراع فيه مصلحة المحضون والقيام بتربيته على

---

(١)Cf. M.Deprez, Mariage mixte, Islam et nation, R.A.S.J.E.P., ١٩٧٥, n° ١, p.١١٠.

(٢) انظر، مجلس أعلى، غ.أ.ش.، ١٩٧٩/٠٤/١٦، ملف رقم ١٩٢٨٧، ١٩٨١، نشرة القضاة، عدد ٢، ص. ١٠٨.

(٣) انظر، مجلس أعلى، غ.أ.ش.، ١٩٨٢/٠٣/٠٨، ملف رقم ٢٩٢٩٣، غير منشور.

(٤) انظر، مجلس أعلى، غ.أ.ش.، ١٩٨٩/٠١/٠٢، ملف رقم ٥٢٢٠٧، المجلة القضائية، ١٩٩٠، عدد ٤، ص. ٧٤.

(٥) انظر، مجلس أعلى، غ.أ.ش.، ١٩٨٩/٠٣/١٣، ملف رقم ٥٢٢٢١، المجلة القضائية، ١٩٩٣، عدد ١، ص. ٤٩.

دين أبيه، ومن ثم فإن القضاء بإسناد حضانة الصغار إلى الأم التي تسكن في بلد أجنبي بعيد عن رقابة الأب كما هو حاصل في قضية الحال يعدّ قضاء مخالفاً للشرع والقانون، ويستوجب نقض القرار المطعون فيه"[١].

ونستنتج من استعراض القضاءين التونسي والجزائري أي قضاء محكمة التعقيب وقضاء المحكمة العليا في مسألة اتحاد الدين أنهما كانا ينهجان إلى التشدّد حيث ينبغي التشدّد، كما يتجهان إلى المرونة حيث ينبغي المرونة، وهما في كل ذلك أصدرا قراراتهما عن مبدأ واحد أساسه مصلحة الطفل. وخير مثال على صدق هذا القول ما أقراه في قراراتهما عندما أجازا الحضانة مع اختلاف الدين بين الحاضنة والمحضون[٢]، ولكن شريطة أن تمكث الأم الحاضنة أثناء فترة الحضانة في تونس أوفي الجزائر، وإلا لا حضانة لها.

والواقع أنه ليس في وسعنا أن ننكر المساوئ العملية التي يمكن أن تترتب على عدم اتحاد الدين بين الحاضن والمحضون. ولكن يلاحظ أن القاعدة العكسية لا يمكن أن تحقق بصفة دائمة، ومطلقة مصلحة المحضون، ومن ثم، فإن المساوئ من نوع آخر يحتمل أن تقع إذا أخذنا بالرأي القائل باتحاد الدين بينهما، وهي مشاكل قد لا تكون يسيرة الحل في الحقيقة.

صحيح أن مصلحة المحضون تتحقق إذا أخذنا بقاعدة عدم اتحاد الدين في الحضانة، ولكن هذه المصلحة لا تكون دائما، بل من المحتمل أن يترتب على الأخذ بهذا الرأي كثير من المساوئ نظرا لما يؤدي إليه من تقليل وظيفة رعاية مصلحة المحضون إلى حدّ بعيد، فيجب أن تكون ممارسة هذه الحضانة إلا في حالات معينة. حيث قضت محكمة العطارين المصرية بأن "المنصوص عليه أن الذمية أحق بولدها المسلم مالم يعقل الأديان، وجمع في

---

(١) انظر، محكمة عليا، غ.أ.ش.، ١٩٩٠/٠٢/١٩، ملف رقم ٥٩٠١٣، المجلة القضائية، ١٩٩١، عدد ٤، ص. ١١٦.

(٢) وبهذا أخذت المحاكم المصرية، حيث قضت محكمة العطارين في حكمها الصادر في ١٩٤٨/٠٤/٢٠ أن "المنصوص عليه أن الذمية أحق بولدها المسلم ما لم يعقل الأديان ". انظر محكمة العطارين، ١٩٤٨/٠٤/٢٠، م.ش. ٢٠، ٣٤٠، مقتبس عن ممدوح عزمي، المرجع السابق، ص. ١٠٠. وخلافا لذلك، قضت محكمة التمييز العراقية بأنه "إذا كان دين الحاضنة يختلف عن دين المحضون فتكون غير أمينة على دينه وتفقد بذلك أحد شروط الحضانة المنصوص عليها في الفقرة الثانية من مادة ٥٧ من قانون الأحوال الشخصية المعدل". انظر، محكمة التمييز، ١٩٨٠/٠٢/١٦، قرار رقم ٧٩/٦٣٥، مجلة المحاماة العراقية، ١٩٨٠، عدد ١، ص.٣٢.

الهداية مع هذا أمرا آخرا هو أصل استنتجه من قواعدهم وهو أن الذمية أحق بولدها المسلم ما لم يعقل الأديان أو يخاف عليه من أن يألف الكفر ولو لم يعقل الأديان"(١).

وعلاوة على ذلك فإن تربية الولد تربية دينية لا يعقلها المحضون إلا بعد بلوغ سن معينة حدّدها الفقهاء بسبع سنوات(٢)، وذلك لصحة إسلامه في هذه السن، حيث يقول الرسول عليه الصلاة والسلام" مروا صبيانكم بالصلاة لسبع سنين واضربوهم عليها لعشر وفرقوا بينهم في المضاجع"(٣). ويقول الحصكفي "أن الحاضنة الذمية ولو مجوسية كمسلمة، ما لم يعقل دينا وأنه ينبغي تقديره سبع سنين لصحة إسلامه في هذه السن..."(٤).

لكن، وقبل هذه السن، قد تنطبع في ذهن الطفل صور المرئيات والمسموعات في سن مبكرة قبل بلوغ السن التي يعقل فيها الأديان، فيكون لها تأثير في حياته وفي سلوكه المستقبلي لتستقر في ذهنه ما يفسد عليه عقيدته(٥).

بيد أن المحضون في حاجة إلى رعاية وعناية ولاسيما في السنوات الأولى أكثر من تلقينه تعاليم دينه، لأن ما يحتاجه في هذه السن هو الحماية المعنوية والاستقرار اللذان يتأكدان للمحضون بغض النظر عن دين الحاضنة، لأن مناط الحضانة الشفقة، وهذه تتوافر بالأم وغيرها من الحاضنات.

<hr/>

(١) انظر، محكمة العطارين، ١٩٧٨/٤/٢٠، عدد ٤٨/٢٩٥، م. ش. ٢٠.٣٤؛ وفي نفس الاتجاه، محكمة الإسكندرية الشرعية ١٢ /١٩٤٠/٠٥، مجلة المحاماة الشرعية السنة ٢٠، ص.٣٤.

(٢)En droit français, R. Pottier distingue entre l'enfant âgé de moins de sept ans, et l'enfant âgé de plus de sept ans. Selon cet auteur, l'enfant de moins de sept ans, doit suivre « par nécessité » les tribulations religieuses du couple parental, car il n'a pas encore de religion propre. On doit, par contre, respecter la religion d'origine de l'enfant âgé de plus de sept ans, quel que soit l'événement venant bouleverser l'équilibre religieux familial (conversion des deux parents, conversion d'un seul parent, décès d'un parent, etc.), à moins qu'il ne manifeste lui-même le désir d'un changement possible à sa majorité. Cette majorité religieuse, poursuit-il, doit être fixée à ١٦ ans. Cf. R. Pottier, L'éducation religieuse des enfants et le droit de la famille, th. Rennes, ١٩٥١, pp. ١٠١-١٠٣.

(٣) انظر، ابن عابدين، حاشية رد المختار، المرجع السابق، ج.٢، ص.٦٣٩.
(٤) انظر، الحصكفي، الدر المختار شرح تنوير الأبصار، مطبعة عيسى البابي، القاهرة، ١٩٦٦، ص. ٢٥.
(٥) انظر، سعاد إبراهيم صالح، المرجع السابق، ص. ١١١- ١١٣.

غير أن ذلك، لا يعني أن ترك المحضون بجانب حاضنته غير المسلمة يبعده عن تأثره بعقيدتها، لأن الشفقة وإن كانت أصلية في الحاضنة بالنسبة للمحضون، إلا أنها قد تعتبر من الشفقة عليه أن ينشأ على دينها، لأنها اختارته، واختيارها له مظنة إيمانها بأنه في نظرها الدين الحق. الأسلم أن يكون حق الحضانة ثابتا لها، إلا أن يضر ـ ذلك بمصلحة الطفل التي يراعى فيها دينه وعدم المساس به.

ولذلك، رجح القول الذي يرى أنه إذا كان الإسلام قد استشعر حاجة الأم غير المسلمة إلى تعميق مشاعر الأمومة لديها تجاه طفلها، وخولها من ثم حق الحضانة، "إلى المدى الذي يقف عند حدود طمس الأم الحاضنة لمعالم الهوية الإيمانية للطفل، أو الانحراف به عن تنشئته الإسلامية، وتلقينه تعاليم دين آخر غير دين الإسلام أو تعويده شعائر غير المسلمين، وبث شعائر الدين المخالف وممارسته لرسوم وطقوس دين الزوجة غير المسلمة، فإذا أقدمت الأم على ذلك، يسقط حقها في حضانة ابنها. وذلك بسبب خروجها عن حدود مهمتها في التربية والتهذيب إلى الولوج إلى ما هو محظور، إذ بذلك تكون قد خانت الأمانة التي ائتمنها عليها الإسلام، واستغلته لمراميها الخاصة، ومقاصدها الخفية"[١].

وبمعنى أدق، إذا صار الطفل يعقل الدين - وذلك مهما كانت سنه - ويتأثر بعقيدة أمه التي تحاول تلقينه طقوس عقيدتها وتنشئته عليها وتتخذ في سبيل ذلك كل حيلة لإخفاء قصدها وفعلها[٢]، فإن ذلك، لا بدّ أن ينكشف عند ممارسة الأب أو غيره حق الزيارة التي تعتبر وسيلة لرقابة المحضون من خلال أقواله وأفعاله وتصرفاته. ولهذا، نادى سيد خليل بتأسيس مجلس يراقب الحاضنة في محاولة تأثيرها على التكوين الديني للطفل[٣].

ولكن فإن فكرة تأسيس مجلس العائلة لم تعد متماشية مع تطور الأسرة ولا مع الفكرة الحديثة للرقابة. فالأسرة في الوقت الحاضر ليست هي الجماعة القوية المتماسكة التي عرفت في الماضي ولا زال يحن إليها الكثيرون، فقد حرر جميع أعضائها إلى حد كبير بنمو الحياة الفردية. وعليه، إزاء ضعف السلطة الأبوية وانفكاك الأسرة لا يجلب ذلك المجلس نفعا، بل قد يؤدي إلى إهمال الطفل نظرا لاتقال أعضائه على بعضهم البعض. إذن،

---

(١) انظر، محمد الشحات الجندي، المرجع السابق، ص.٦٣-٦٤.
(٢) انظر، سعاد إبراهيم صالح، المرجع السابق، ص. ١١٣.
(٣)Cf. Sidi Khalil, Traité de droit musulman, trad. Perron, t. ٣, p. ١٤٠, cité par N. Khelef née Lamoudi, op. cit., p. ٣٩.

فاستقلال أعضاء الأسرة على هذا النحو وفهم الرقابة بحسب هذا التصوير كل ذلك يساعدنا على القول بأنها لا يمكن أن تكون إلا فردية.

وإذا كانت الحضانة لا تعتبر فقط علاقة قانونية بين المحضون والحاضنة تستطيع بمقتضاها هذه الأخيرة مباشرة سلطتها وتأثيرها عليه، بل هي أيضا تعتبر بمثابة حياة روحية ومسألة متعلقة بالضمير، فإنه كان لهذه الفكرة أثرها في التشريع التونسي.

والحق، وفق واضعو مجلة الأحوال الشخصية التونسية إلى حد بعيد بين مصلحة المحضون من حيث حاجته للحنان والعطف وبين مصلحته الدينية بتقريره للتفرقة التالية: فلم يعط للحاضنة غير الأم حق الحضانة إلا بتوفر الشرطين التاليين[١] : أن يكون المحضون دون الخامسة من عمره؛ وأن لا يخشى عليه أن يألف غير دين أبيه[٢].

أما الأم، فقد ترك لها الحضانة دون تحديد سن الطفل وهذا ما كانت تشترطه أيضا المدونة المغربية في صياغتها الأصلية لكن مع الفارق، أنها كانت تعترف للأم غير المسلمة بهذا الحق شريطة أن لا تمارس تأثيرها لتنشئة المحضون على غير دين أبيه[٣].

ولا نجد لهذا النص شبيها له في الصياغة الجديدة للمدونة. وتأييدا لهذا الموقف، يقول السيد باجي محمد :

« Il y a lieu de s'interroger alors si la condition inhérente à la religion du gardien trouve encore sa justification. Du moins, aurait-on souhaité que le tribunal pourra être en mesure d'apprécier, souverainement, en dehors de toute restriction légale fondée sur le sexe et l'âge de l'enfant ou aussi sur la qualité du gardien, le danger que constitue le comportement du gardien vis à vis du mineur. Car, il n'est nullement sûr que la seule disparité de culte entre l'enfant et le gardien constitue une menace pour l'intérêt de l'enfant »[٤].

والواقع من الأمر أن التخلي في ذاته من المشرع المغربي عن هذا النص الوارد في

(١) انظر، الفصل ٥٩ من المجلة.

(٢) انظر، الحبيب العش، المرجع السابق، ص.٥٥.

(٣) ينص الفصل ١٠٨ السابق من مدونة الأحوال الشخصية على أنه "إذا كانت الحاضنة على غير دين أبي المحضون ولم تكن أما لم يكن لها حق الحضانة إلا في السنين الخمس الأولى من عمر المحضون. فإذا كانت الحاضنة أما صحت حضانتها بشرط أن لا يتبيّن استغلالها للحضانة لتنشئة المحضون على غير دين أبيه".

(٤)Cf. M.Beji, op.cit., mém. p.٩٤.

الفصل ١٠٨ السابق من مدونة الأسرة، بالنظر لما يترتب عليه من مشاكل لا حصر لها سواء بالنسبة للمحضون ذاته أم بالنسبة للأبوين، وسنكشف عن ذلك حينما نتحدث عن حق أولوية الأم في الحضانة مع تبيان العلاج الأمثل الذي يمكن أن يقوم مقام العموم ويحقق المقصود.

ويرى الأستاذ عبد الكريم شهبون بشأن هذه المسألة، أن اختيار المدونة (قبل التعديل) اختيار حسن، اتجاه مقبول يتلاءم مع ظروف وأحوال الطفل، ومصلحته الخلقية والدينية، خصوصا وأن الطفل يتبع أباه في الدين شرعا، فإذا ثبت أن الحاضنة الكتابية تحاول تلقين محضونها دينها، وتعويده عاداته وتنشئته عليه، فإنه في هذه الحال ينزع من يدها، إذ تصبح غير أمينة على دينه، وقد علمت أن الأمانة والاستقامة شرط في الحضانة"[1].

ولذلك لسائل أن يتساءل إذا كانت الحاضنة على غير دين المحضون ولم تكن أما، هل تنتهي حضانتها للطفل بعد الخمس سنين الأولى من سن المحضون؟ ولئن لم نحصل على أحكام قضائية في هذا المضمار، فإننا نقر بأنه، تبعا للفلسفة التي انتهجها المشرع المغربي في شؤون الأسرة، يبقى لها حق الحضانة إلى أن يعقل الولد الأديان وهذا ما أقره أيضا المشروع العربي الموحد للأحوال الشخصية حيث نص في مادته ١٣٥ "إذا كانت الحاضنة على غير دين أبي المحضون، ولم تكن أما، سقطت حضانتها بإكمال المحضون السنة الخامسة من عمره، أما إذا كانت أما فتستمر حضانتها ما لم يتبين استغلالها للحضانة لتنشئة المحضون على غير دين أبيه".

وبالتالي يكون، تحققا لمصلحة المحضون، من موجب للاسترشاد بما ذهب إليه المشرع المغربي من وجهة التفرقة بين الأم الحاضنة وغيرها من الحواضن إذا كان الأمر يتعلق بمسألة اختلاف الدين بين الحاضن والمحضون. ولا بدّ من التذكير بأنه في الواقع ليس إعمال هذه التفرقة سهلا دوما في مجال التطبيق، إذ قد تتداخل من الظروف وتستجد من التعقيدات ما يدق معها التمييز بين التوقع واستحالته فيما يتعلق بتربية الطفل على دين أبيه أو عدم تربيته على ذلك.

ولكن بالرغم من هذه الملاحظة، فهذا التذكير يستتبع التنويه تأكيدا بأن الأم، خشية من إسقاط حضانة ولدها عنها -وهي الحالة التي تختلف فيها عن باقي الحواضن-،

---

(١) انظر، عبد الكريم شهبون، المرجع السابق، ص.٤٢٣.

ستعمل كل ما في وسعها على تربية الطفل على دين أبيه. فهي إذن مجبرة قانونيا ونفسيا للقيام بالتصرف السوي الذي يسري عليه شرط المادتين ١٤٥ و١٧٣ الفقرة الثالثة من المدونة والفصل ٥٩ من المجلة و الفقرة الأولى من المادة ٦٢ من قانون الأسرة. وهو شرط ذو صبغة دينية، شأنه في ذلك شأن شرط عدم الارتداد.

الفرع الثالث

مصلحة المحضون في مواجهة أحكام الـردة

يشترط في الحاضن، أكان ذكرا أم أنثى، ألا يكون مرتدا[١] عن دين الإسلام، حيث إن ردته قد تدفعه إلى أن يغير دين الصغير فلا يؤمن عليه فلا يكون له بناء على ذلك الحق في الحضانة[٢]. وتطبيقا لهذا الشرط[٣]، بأنه وإن كانت هذه الأخيرة لم تشر صراحة إلى هذا الشرط[٤]، فإنه "لا يمنعنا من الاعتماد على المذكور، فيما لم يشمله الكتاب من المدونة، سيما وأن أصولها وقواعدها مستمدة من مذهب الإمام مالك رحمه الله"، والقول عندئذ بأنه يشترط في الحاضنة "أن لا تكون مرتدة، لأنها حينئذ يجب - وفقا للفقه الإسلامي- أن تحبس حتى ترجع إلى الإسلام، أو تموت، فلا تصلح إذن لهذه المهمة، ولو رجعت إلى الدين عاد لها حق الحضانة،..."[٥].

---

(١) تعرف الردة شرعا بأنها الرجوع عن الإسلام أو قطع الإسلام وكلا التعبيرين بمعنى واحد. انظر، الكاساني، المرجع السابق، ج. ٧، ص. ١٣٤؛ الرملي، المرجع السابق، ج.٤، ص. ٣٩٣؛ منصور بن إدريس الحنبلي، المرجع السابق، ج.٤، ص ١٠٠؛ لحطاب، المرجع السابق، ج.٦، ص. ٢٧٩.

(٢) انظر، محمد علي محجوب، المرجع السابق، ص. ٤٤٧؛ بدران أبو العنين بدران، الفقه...، المرجع السابق، ص. ٥٥٣-٥٥٤؛ عبد الرحمن الصابوني، ج.٢ ص. ٢٢٧.

(٣) وبالرجوع إلى قوانين الأحوال الشخصية المغاربية، نستشف بأنها لم تشر صراحة إلى هذا الشرط، وإن كان المشرع الجزائري مثلا قد اعتبر صراحة الردة مانعا للميراث (المادة ١٣٨ ق.أ.)، والمغربي ضمنيا في المادة ٣٣٢ من المدونة.

(٤) قد جاء في المادة ١٦٠ في فقرتها أ من مشروع قانون الأحوال الشخصية الموحد للإقليمين المصري والسوري في الجمهورية العربية المتحدة بأنه "يشترط في الحاضنة أن تكون... غير مرتدة عن الإسلام،...".

(٥) انظر، عبد الكريم شهبون، المرجع السابق، ص. ٤٠٢-٤٠٣.

والمرتد يعلن خروجه على النظام الاجتماعي والقانوني الإسلامي[١]، زيادة عن إنكاره لقضية الإيمان من أساسها، بل قد يكون إيمانه بداءة على غير اقتناع، إنما لمصلحة يراها، أو طمعا في مغنم، فإن تحقق له ما أراد عاد إلى ما كان عليه، ومثل هذا يشكل عنصرا هداما في بناء المجتمع، لأن تركه وما هو عليه بحجة الحرية الدينية للمرتد يؤدي إلى قيامه بالتشكيك في النظام الإسلامي ذاته من العبادات والمعاملات.

وما تجدر الإشارة إليه هنا أن الفقه الإسلامي لا يحكم على مسلم بالارتداد عن الإسلام إلا إذا توافرت أدلة وبراهين قاطعة، حيث قد يرتكب المسلم فعلا أو يقول قولا لا يستدل منه استدلالا بينا على ارتداده عن الإسلام، في هذه الحالة لا يجوز الحكم بردته، بل يقتضي تفسير أمره على أحسن الاحتمالات. وإذا كان يدخل في حكم المرتدين الشخص الذي أنكر فرضية الصلاة أو الصيام أو الزكاة أو الحج أو جحد نبيا من أنبياء الله، أو رأى أن القوانين الوضعية تسمو على المبادئ الشرعية متصفا هذه الأخيرة بالرجعية لأنها عقبة في سبيل التقدم والتطور، الخ[٢]. غير أن من اعتقد بسمو أحكام الشريعة الإسلامية على غيرها من الشرائع الوضعية، ولكن لم يعمل بأحكامها لضعف لديه فلا يمكن اعتباره مرتداً ولا كافراً، بل مسلم ظالم[٣].

كذلك تقضي قواعد الفقه الإسلامي بوجوب تجسيم في قول أو عمل ما يعتبر خروجا من الإسلام، حيث إن الاعتقاد المجرد لا يعتبر ردة فلا عقاب عليه لقوله عليه الصلاة والسلام "إن الله عفى لأمتي عما وسوست أو حدثت به أنفسها ما لم تعمل به أو تتكلم". وهكذا، "فإذا اعتقد المسلم اعتقادا منافيا للإسلام أيا كان هذا الاعتقاد فهو لا يخرجه عن الإسلام إلا إذا أخرجه من سريرته في قول أو عمل"[٤].

---

(١) انظر بشأن الأسس التي بنيت عليها أحكام عقوبة الردة، قادبن بن علي، المرجع السابق، ص. ٢٨٨-٢٨٩.

(٢) للمزيد من التفاصيل،راجع بشأن ذلك،أبي يوسف، الخراج،دار المعرفة للطباعة والنشر، بيروت، (بدون تاريخ النشر)، ص. ١٨٢.

(٣) وهذا استنادا لقوله تعالى ﴿وَمَن لَّمْ يَحْكُم بِمَا أَنزَلَ اللَّهُ فَأُولَٰئِكَ هُمُ الْفَاسِقُونَ﴾ (سورة المائدة، الآية ٤٧). وفي هذا روى ابن جرير عن ابن عباس رضي الله عنهما أنه قال "من جحد ما أنزل الله فقد كفر، ومن أقر به فهو ظالم فاسق". انظر، ابن كثير، تفسير القرآن الكريم، ج. ٢، (بدون دار الطبع)، ١٩٤٨، ص. ٦١.

(٤) انظر، عبد القادر عودة، المرجع السابق، ص. ٧١١.

وأن منع إسناد الحضانة للأم المرتدة إنما كان لحماية الطفل الصغير ومن ثم البنيان الاجتماعي للجماعة المسلمة من عبث العابثين، وزجرا لمن يريد تشكيك الأمة في دينها. وفي هذا يرى الأستاذ رشدي أبو زيد شحاتة أن منع المرتدة من حق الحضانة يرجع إلى الأسباب التالية :

١.-"المرتدة لا دين لها، والحضانة نوع من الولاية، والمرتدة لا ولاية لها على المحضون، إذا كان مسلما...

٢.- ولأن المرتدة تحبس عقوبة لها على الردة حتى تعود إلى الإسلام أو تموت، ومادام ذلك حالها فإنها تكون غير قادرة على الحضانة. كما أنه ليس في مصلحة الصغير إمساكها له لأنها غير مأمونة فيخشى أن تغير دينه ولهذا فهي ليست أهلا للحضانة.

٣.- وكما أن الحضانة ثقة بها وتكريم لها، ولا تستحق المرتدة أي ثقة أو تكريم، ومثلها لا يعتمد عليه في التحمل بالأحكام الشرعية وتربية النشئ على المبادئ والخلق ويخشى على الولد منها أن تؤثر على عقيدته أو تزرع فيه بذور الإلحاد والزيغ"[١].

ولكن، إذا كان جانب من الفقه الإسلامي يرجع سبب عدم ثبوت حق الحضانة للمرتدة إلى حبسها لتتوب أو تموت[٢]، إذ وهي في هذه الحالة "لا تتمكن من القيام بتربية أولادها والعناية بأمرهم"[٣]، وأن المشرعين المغاربيين لم يسعوا إلى الأخذ بهذه العقوبة، لنا أن نتساءل عما إذا كان هذا المنع يبقى قائما مهما كانت سن الطفل المحضون؟ أم يقتضي الأمر هنا، قياسا عن ما سبق قوله بشأن مسألة اتحاد الدين، أن تسند الحضانة إليها إلى أن يعقل الصغير ويعرف الأديان؟

للإجابة عن ذلك، نرى أن المشرعين المغاربيين لم يصدروا نصا يؤثمون جريمة الردة في قوانينهم للعقوبات، ومن ثم لا يمكن تسليط العقوبة الجنائية على المرتدة بسبب

---

(١) انظر، رشدي شحاتة أبو زيد، شروط...، المرجع السابق، ص. ٢٢٢.

(٢) هذا ما ذهب إليه الأحناف بقولهم أن المرأة المرتدة تستتاب، فإن لم تتب حبست وضربت حتى تقع منها التوبة على أساس أن الرسول صلى الله عليه وسلم نهى عن قتل النساء. انظر، الإمام محمد بن علي الشوكاني، نيل الأوطار...المرجع السابق، ج. ٧، ص. ١٩٠. بينما يرى جمهور الفقهاء بقتل المرتد ولا فرق في ذلك بين الرجل والمرأة لقوله عليه الصلاة والسلام "من بدل دينه فاقتلوه" (انظر، علي بن أبي بكر الهيشمي، مجمع الزوائد ومنبع الفوائد، ج. ٦، ط. ٣، مطبعة المقدسي، القاهرة، ص. ٢٦١).

(٣) انظر، بدران أبو العينين بدران، الفقه...، المرجع السابق، ص. ٥٥٤.

ارتدادها[١]. غير أن ذلك لا يمنع سقوط حقها في الحضانة إلا إذا كان المحضون في فترة الرضاعة وكانت الحاضنة أمه ولم يقبل غيرها فينبغي بقاء المحضون معها حفاظا على حياته ورعاية له أخذا، بالاستنتاج عن طريق القياس من فعل الرسول صلى الله عليه وسلم لما حكم بتأخير عقوبة الرجم للزانية الحامل حتى يمكن استغناء الولد عنها.

بل قد يدفعنا القول أيضا إلى أنه، إزاء عدم تجريم الردة، من المستحسن أن تسند الحضانة إلى المرتدة إلى أن يعقل الطفل ويعرف الأديان، وذلك بغية انسجام النصوص الجنائية مع الأحكام الأسرية. ولكن، بالرغم من أن المشرعين المغاربيين لم يهتموا إطلاقا في هذا الإطار بالارتداد، لا يمكن اعتبار أحكامهم المطلقة هذه عاملا مساعدا في خلق تلك الحالة البغيضة شرعا، ألا وهي حالة قياس أحكام الأم المرتدة بالأحكام التي تخضع لها الأم المسيحية أو اليهودية، بحيث إذا كان الأمل قائما نحو هذه الأخيرة في اعتناقها الديانة الإسلامية، فإن الأولى أصبحت مبغضة لهذه الديانة.

وبهذا المعنى، جاء في فتوى عن دار الإفتاء المصرية بأن "المرتدة ليست أهلا للحضانة لأن جزاءها الحبس حتى تتوب أو تموت فلا تصلح لحضانة الطفل وتربيته ما بقيت على ردتها، ولأنها برجوعها عن الإسلام تكون مبغضة لدين الطفل المسلم، ولا تؤمن أن توجهه إلى غير الإسلام فينزع من يدها محافظة عليه...الخ"[٢]. ومع العلم أنه قد جاء، خلافا لذلك، في فتوى سابقة لها "بأن سقوط حق المرتدة في الحضانة ليس لذات الردة بل لما يترتب عليها من الحبس بالفعل وعدم التفرغ للحضانة، فإذا لم تحبس لم يكن ضرر على الصغير من بقائه عند الحاضنة فلا يكون هناك مقتضى لزوال حق الحضانة عنها، أما إذا بلغ المحضون مبلغ من يعقل دينا بأن بلغ السابعة كما هو الشأن في ولد الذمية المسلم أو خيف عليه أن يألف الكفر فإنه يسقط حقها في حضانته لتضرر المحضون من البقاء عند الحاضنة"[٣].

وأمام هذه الآراء والفتاوى المختلفة، تبقى الصلاحية للقاضي في تقدير تحقق شرط

---

(١) وعلى سبيل المثال، جاء في التقرير السنوي لسنة ٢٠٠٣ بشأن الديانات الصادر عن مكتب الديمقراطية والعمل وحقوق الإنسان التابع لكتابة الدولة الأمريكية بأن تقارير المجموعات المسيحية تشير إلى وجود حالة اعتناق عدد من الجزائريين للديانة المسيحية دون أن تكون هناك عقوبات من قبل السلطات. انظر، ص . م.، المرجع السابق، جريدة الخبر اليومية، ص. ٣.

(٢) انظر، دار الإتاء المصرية، فتوى، ١٩٦٧/١٢/٢٦، المجلد الخامس، ١٩٨٢، ص. ١٩٥٧.

(٣) انظر، دار الإفتاء المصرية، فتوى، ١٩٣١/٠١/٠٢.

المحافظة على دين المحضون أو عدم تحققه بالنسبة للحاضن المرتد. ونشير في النهاية أن مسألة الردة لا تثار إلا إذا كان المرشح للحضانة مسلما واعتنق دينا آخرا، أما إذا كان يهوديا وأصبح نصرانيا أو العكس، فإنها لا تثار بتاتا بشأنه لأن إمكانية تعرض المحضون لضرر ديني قاصر على الخروج على الديانة الإسلامية ولا على غيرها من الديانات الأخرى.

الفرع الرابع
المحـرمـيـة

ما ينبغي ملاحظته أنه إذا كان الفقه الإسلامي قد اشترط المحرمية في مسألة الحضانة، فإنه لم ينفرد بالإتيان بهذا الشرط، وإنما لقي ترحيبا أيضا من التشريعات المغاربية، حيث قد نصت على ذلك صراحة المدونة المغربية في المادتين ١٧٤ و١٧٥ والمجلة التونسية في الفصلين ٥٨ و٦٣ وكذلك التشريع الجزائري في المادتين ٦٦ و٧٠ من قانون الأسرة وضمنيا في المادة ٦٤ منه[١].

ومن البين أن هذه النصوص القانونية، كما فسرت، تأتي دليلا على أن المشرعين المغاربيين عنوا بها مع بعض الاختلاف بينها وضعين مستقلين: أولهما هو المتمثل في تزوج الأم بغير قريب محرم، والثاني فيهما هو سكن الحاضنة مع الأم المتزوجة بغير قريب محرم؛ وجعلاهما مانعا من ممارسة الحضانة. مما يؤدي بنا إلى الاستنتاج بمفهوم المخالفة أن الحاضن يجب أن يكون محرما للمحضون.

ولكن الذي يلفت إليه هو أن التشريعين الجزائري والتونسي ـ ذاتهما لا يعتدان بالمحرمية في مسألة الكفالة[٢]، إذ أنهما لم يشترطا فيها أن يكون الكافل محرما للمكفول[٣] على الرغم من أن الكفالة هي الأخرى مفادها العناية بالطفل وتربيته ورعايته[٤]. ومع مثل

(١) انظر هذه المسألة بالتفصيل، المبحث الثاني من هذا الفصل الثاني المتعلق بمستحقي الحضانة تجاه مصلحة المحضون.

(٢) الكفالة : كفل لغة فلانا ، عاله وأنفق عليه وقام بأمره (انظر، المنجد في اللغة والأدب والعلوم، المرجع السابق، ص. ٦٩١)؛ وكفل الصغير، رباه وأنفق عليه (انظر، القاموس الجديد، المرجع السابق، ص. ٩١٠).

(٣) ولكن يشترط المشرع الجزائري في المادة ١١٨ من قانون الأسرة أن يكون الكافل مسلما، وهذا ما لم ينص عليه المشرع التونسي بشأن الكفالة في المجلة.

(٤) وهذا ما نصت عليه المادة ١١٦ من قانون الأسرة بقولها "الكفالة التزام على وجه التبرع بالقيام بولد قاصر من نفقة وتربية ورعاية قيام الأب بابنه وتتم بعقد شرعي". وينص الفصل ٧٧ من المجلة

هذا النص كان لا بدّ من العلة القانونية التي تحول دون التوحيد بين الحضانة والكفالة. وليس في مبادئ الحضانة، كما بسطت، ما يمدها بهذه العلة، فتظل الغاية من التفرقة ذاتها هي الغالبة في تبريرها، وهذه الغاية تستهدف أصلا ضمان مصلحة الطفل على الوجه الأكمل، إذ أن الطفل، محل الكفالة ليس المحضون، فهو غالبا ما جاء نتيجة لعلاقة غير شرعية[١]، فهو ولد زنا[٢]، ومن ثم يضحى مجهول الأبوين في بعض الحالات. فإن انتفى النسب، فإنه يقتضي إعطاء الحل الذي تستوجبه هذه الحالة. إذن، فالمنطق الواقعي يقودنا إلى الرأي بعدم توحيد الحل بين الحضانة والكفالة فيما يتعلق بشرط المحرمية.

ومع هذا الشرط على المحرمية في الحضانة وترتيبه يقتضي التساؤل عن العلة التي بني عليها ليكون مصدرا لحماية مصلحة المحضون. في الواقع، إننا نرى أن شرط المحرمية مرتبط بشرط الأمانة في الخلق، لأن غير المحرم تارة قد يفتن بالمحضون، وتارة لا يشفق عليه. وتلافيا لذلك، ولدرء أي فساد محتمل عن المحضون، تطلب في الحاضن الرجل أن يكون محرما للمحضون الفتاة، والحاضن المرأة محرما للمحضون الفتى.

ولكن ينبغي أن نلاحظ، من جهة، أن هذا المانع للحضانة كما سنراه لاحقا في

على أنه "من تكفل بلقيط واستأذن من الحاكم وجبت عليه نفقته إلى أن يصير قادرا على التكسب، ما لم يكن لذلك اللقيط مال". انظر، عبد الفتاح زراتي، الوضعية القانونية للطفولة فاقدة السند، مجلة القضاء والتشريع، ١٩٩٥، عدد ٨، ص. ٧٣ وما بعدها.

(١)Cf. D.Tchouar, op.cit., pp. ٢١٨ et s.; M.Boucebci, Psychopathologie sociale en Algérie, Rev. Temps modernes, n°spécial Algérie, ١٩٨٢, pp. ٢١٣ et s.

(٢)En ce sens, M. Boudahrain souligne que « Même les intermédiaires (proche de la famille de l'enfant ou simples tiers) ne sont pas souvent inquiétés lorsque, dans l'esprit du lucre, provoquent les parents ou l'un d'eux à abandonner leur enfant pour que celui-ci soit recueilli ou adopté par d'autres personnes. Le ou les parents vivant dans la misère et le dénuement, voire une fille enceinte du fait d'une liaison illégitime, seraient heureux de se décharger du fardeau que représente un nouveau-né ou un enfant à naître »..Boudahrain, op. cit., pp.١٦١-١٦٢.

انظر، ساسي بن حليمة، وضعية الطفولة الطبيعية أو غير الشرعية في تونس، مجلة القضاء والتشريع، ١٩٦٦، عدد ٢ ؛ انظر، نجيبة الشريف بن مراد، طفلنا بين...، المرجع السابق، ص.٥٠ وما بعدها.

باب المسقطات، اختلفت آراء الفقه الإسلامي بشأنه[١]، كما ينبغي أن نلاحظ من جهة أخرى، أن التشريعات المغاربية لم تأت، على العموم، بحل موحد لهذه المسألة.

وعلى أية حال فإنه يبدو وأن التشريع التونسي متأثرا نسبيا برأي بعض الأحناف، قد اشترط في الحاضن الرجل المحرمية بالنسبة للأنثى حتى يستبعد كافة الحالات الأخرى التي يكتسب فيها الشخص حق الحضانة دون تمييز، ما عدا مصلحة المحضون إذا كان المحضون ذكرا. وهكذا، يشترط التشريع التونسي، خلافا للتشريعين الجزائري والمغربي، أن يكون الحاضن ذا رحم محرم في كل الحالات[٢] بدون اعتداد سن الصغيرة حتى ولو كانت غير مشتهاة سدا لأسباب الفتنة.

غير أن إعمال الحكم التونسي ينطوي على بعض المخاطر، فيحتمل من جهة، أن عدم وجود ذي رحم محرم للطفلة يقضي تركها بدون حاضن. كما يحتمل من جهة أخرى، أن يكون لها عصبة غير ابن عمها وهو بمقتضى النص غير أهل لحضانتها، علما أن الاتجاه الفقهي الذي تأثر به المشرع التونسي قد أجاز الحالة الثانية وذلك بإبقاء الطفلة عند ابن عمها إذا كان مأمونا عليها ولا يخشى عليها الفتنة من وجودها عنده[٣]، لأنه أولى من الأجنبي.

لقد كان لهذه الاعتبارات أثرها في التشريعين الجزائري والمغربي، فنظما هذه المسألة على نحو مخالف تفاديا للوقوع في مثل هذه المخاطر وضمانا لمصلحة الطفل. حيث يتبين من قراءة المادة ٦٦ من قانون الأسرة والمواد ١٧٣ و١٧٤ و١٧٥ من المدونة أن هذين التشريعين سكتا عن هذه الحالة، وذلك باستعمالهما على التوالي عبارة "يسقط حق الحاضنة" أو عبارة كما هو وارد في المدونة "عدم زواج طالبة الحضانة" أو "الحاضنة غير الأم" أو "الحاضنة الأم"، وهي عبارات تتحدث كلها عن الحاضنة دون الحاضن.

غير أن هذا الموقف وإن كان صريحا إلى حد ما من جانب التشريعين المغربي والجزائري، إلا أنه مع ذلك من الصعب الأخذ به على إطلاقه، لا من جانب الفلسفة

---

(١) انظر، الفصل الثاني من الجزء الثاني من هذه الدراسة.

(٢) وهذا الموقف قد أيده كذلك رأي من الفقه الحديث، وذلك بقوله "أن يكون الرجل الحاضن للأنثى المحضونة ذا رحم محرم لها في كل مرحلة حياتها، وذلك من أجل التحرز من الفتنة لأن القرابة غير المحرمية يحل معها الزواج من خشي أن يترتب على حاضنته لها أو ضمه لها بعد انتهاء حضانة النساء مفسدة". انظر، رشدي شحاته أبو زيد، شروط...، المرجع السابق، ص.٣١٢.

(٣) انظر، ابن نجيم، المرجع السابق، ج.٤، ص.١٦٩.

المتبعة في هذا المضمار من قبل هذين التشريعين ولا من جانب مصلحة المحضون. فالإحالة إلى مبادئ الشريعة الإسلامية، وهي مسألة ثابتة في هذين التشريعين بمقتضى المادتين ٤٠٠ من المدونة و٢٢٢ من ق.أ.، تنير أن المالكية[١] والشافعية[٢] والحنابلة[٣] وبعض الأحناف[٤] قد فرقوا بين مرحلتين من حياة الأنثى المحضونة، مرحلة ما قبل الرغبة فيها، وهي مرحلة لم يشترطوا أن يكون الحاضن فيها ذا رحم محرم للأنثى لأن وقوع الفتنة مع هذه السن أمر بعيد، ومرحلة ما بعد الرغبة فيها التي حددها البعض سبعة سنين فما فوق[٥].

أما إذا كانت طالبة الحضانة امرأة، فلا يكفي مجرد الزواج، بل يجب التأكد من أنها لا تدخل ضمن الاستثناءات التي جاء بها التشريعان التونسي والمغربي بالفعل وذلك حتى لا يكون حرمانها من الحضانة أمرا تعسفيا، إذ لا يمكن للقاضي أن يمنعها من ممارستها إلا إذا كانت تتعارض مع مصلحة المحضون لأسباب أخرى غير زواجها.

وقد ذهب المشرع المغربي إلى التفرقة بين الأم الحاضنة وغير الأم حيث أقر لهذه الأخيرة في المادة ١٧٤ من المدونة حق الحضانة شريطة عدم تزوجها فيما عدا إذا كان زوجها قريبا محرما أو نائبا شرعيا للمحضون، أو إذا كانت هي نائبا شرعيا للمحضون. أما زواج الحاضنة الأم لا يسقط حقها في الحضانة بمقتضى المادة ١٧٥ من المدونة إذا كان المحضون صغيرا لم يتجاوز سبع سنوات أو يلحقه ضررا من فراقها.

وهذا ما تبناه أيضا نسبيا المشرع التونسي، ولكن مع هذا الفارق أنه طبق في الأصل[٦] الاستثناءات الواردة في الفصل ٥٨ من المجلة على الحاضنة الأم وغير الأم، بحيث نص صراحة على أنه "إذا كان مستحق الحضانة أنثى فيشترط أن تكون خالية من زوج دخل بها ما لم ير الحاكم خلافا ذلك اعتبارا لمصلحة المحضون وإذا كان الزوج محرما للمحضون أو وليا له... أو أنها كانت مرضعا للمحضون...".

غير أن هذا النص في صياغته هذه[٧] يثير عدة إشكالات، منها خاصة الإشكال

(١) انظر، الشيخ أحمد الصاوي، المرجع السابق، ص.٥٢٩.
(٢) انظر، الرملي، المرجع السابق، ج.٧، ص.٢٣٧.
(٣) انظر، الشيخ منصور بن يونس البهوتي، المرجع السابق، ج.٢، ص.٣٢٩.
(٤) انظر، ابن الهمام، المرجع السابق، ج.٤، ص.٣٧.
(٥) انظر، ابن عابدين، المرجع السابق، ج.٣، ص.٥٦٤.
(٦) حيث استثنى حالة الأم من الإسقاط، مقارنة مع غير الأم، إلا إذا كانت ولية عليه.
(٧) تم تنقيح هذا النص بمقتضى القانون المؤرخ في ١٩٨١/٠٢/١٨.

التالي: إذا قام من له الحق في الحضانة مباشرة بعد علمه بالدخول برفع دعوى إسقاط الحضانة، فهل يكون القاضي في هذه الحالة بفقرة واضحة تسقط بمقتضاها الحضانة إذا ما تزوجت الحاضنة بغير محرم أم أنه يتمسك بالمبدأ العام ألا وهو مراعاة مصلحة المحضون سواء في إسناد الحضانة أو إسقاطها؟

وإزاء هذا التساؤل، نرى أن الحل الثاني يفرض نفسه والقاضي مقيد بمصلحة المحضون ليس إلا. وبالتالي "فإن التنقيح الذي أدخل على الفصل ٥٨ كان سريعا مما جعل الفصل مختلا ينقصه الإحكام في التركيب اللغوي الشيء الذي يخشى منه اختلاف في التفسير والأولى حسب رأينا أن يكون النص محررا على النحو التالي يشترط في مستحق الحضانة... أن تكون خالية من زوج دخل بها ما لم ير الحاكم خلاف ذلك اعتبارا لمصلحة المحضون"(١).

وتطبيقا لذلك النص، قضت محكمة التعقيب في قرارها الصادر في ٠١ مارس ١٩٧٧ على أنه "إذا تزوجت الحاضنة بغير محرم للمحضون وتم الدخول سقط حقها في الحضانة..."(٢).

وأما من جانب القانون الأسري الجزائري، إذا كان شرط المحرمية في حد ذاته، لا يثير الكثير من التساؤلات من حيث الصياغة، إلا أن عبارة "محرم" التي تكلم عنها المشرع في المادتين ٦٦ و٧٠ السالفتين لا تخلو من أي ملاحظة.

فبدون الإطناب في التعليق على هذا الشرط، نسجل هنا استنتاجا يكمن في أن العائق الذي يجب أن تجتازه أم المحضون بالأولى، والجدة أو الخالة لكي يحصلن على الحضانة هو إذا أردن الزواج أن يتزوجن مع محرم له، وإلا سقط حقهن في الحضانة، لأن المشرع الجزائري، خلافا للتشريعين المغربي والتونسي، لم يرد أي استثناء بشأن هذا السبب المانع للحضانة.

ومع هذا التسلسل في التفكير تجدر الإشارة إلى قرار أصدره المجلس الأعلى الجزائري في ٠٥ ماي ١٩٨٥، حيث قضى فيه أنه "من المقرر في أحكام الشريعة الإسلامية، أنه يشترط في المرأة الحاضنة ولو كانت أما، فأحرى بغيرها أن تكون خالية

---

(١) انظر، الحبيب العش، المرجع السابق، ص.٥٥.

(٢) انظر، محكمة التعقيب، ١٩٧٧/٠٣/٠١، قرار مدني، عدد ٣٠٨، نشرية محكمة التعقيب، ١٩٧٧، ج.١، ص.١٥٢.

من الزواج، أما إذا كانت متزوجة فلا حضانة لها لانشغالها عن المحضون... لذلك يستوجب نقض القرار الذي خالف أحكام هذا المبدأ وأسند حضانة البنت لجدتها لأم المتزوجة بأجنبي عن المحضونة"[١].

وفي قرار آخر صدر في ٢٠ جوان ١٩٨٨ أكد المجلس ذاته هذه القاعدة بقوله "من المقرر شرعا أنه يشترط في الجدة الحاضنة (أم الأم) أن تكون غير متزوجة وألا تسكن مع ابنتها المتزوجة بأجنبي...، وأن قضاة الموضوع بإسنادهم الحضانة إلى الأب يكونوا قد راعوا شروط الحضانة وسبّبوا قرارهم تسبيبا كافيا..."[٢].

ولا شك في أن المحرمية توفر للمحضون ضمانة أكبر في حالة تعدد الحواضن، ولكنها في الوقت ذاته لا تسلم من النقاش في أساسها، إذ أنها تبقى مجالا للتساؤل عندما ينعدم الحواضن المحرمين للمحضون، فهل تنادى مصلحة المحضون بإبقاء الولد بدون حاضن؟

لعل أن الإجابة تكون بالنفي. والسبب في ذلك هو أن بقاء الولد بدون من يحضنه أضر بالمحضون. فهل يعقل أن يترك الطفل وشأنه دون راع ولا حارس؟ أتحقق مصلحة المحضون بذلك؟

والحقيقة، أنه من الموازنة بين هذه الحالة - أي حالة عدم توفر شرط المحرمية - وبين الحالة التي يبقى فيها المحضون بدون حاضن يتضح أن الحضانة المنصوص عليها في القوانين المغاربية للأسرة من أرادها المشرعون محصورة في نطاق قيدوه بشرط المحرمية لتحقق مصلحة المحضون، فكان نطاقها محدودا.

بينما استكمالا لتحقق تلك المصلحة، وتناسقا مع التحليل الذي بسط في معرض دراسة معايير تقدير مصلحة المحضون، نرى أن القاضي يعمد، عند تقديره لتلك المصلحة، إلى استعراض المعطيات المتوافرة لديه. وليس مستبعدا في الواقع أن يدخل بين هذه المعطيات درجة إهمال المحضون، فلا تغيب عنه هذه الدرجة عند قياسها للعناصر المكونة لهذه المصلحة[٣].

(١) انظر، مجلس أعلى، غ.أ.ش.، ١٩٨٦/٠٥/٠٥، ملف رقم ٤٠٤٣٨، المجلة القضائية، ١٩٨٩، عدد ٢، ص. ٧٥.
(٢) انظر، مجلس أعلى، غ.أ.ش.، ١٩٨٨/٠٦/٢٠، ملف رقم ٥٠٠١١، المجلة القضائية، ١٩٩١، عدد ٢، ص. ٥٧.
(٣) ففي هذه الحالة، فالسلطة التي يتمتع بها القاضي تسمح له بتعيين حاضنة حتى ولو كانت متزوجة

ولا نرى ما يوجب تحميل المصلحة تلك أكثر مما تفترضه مدلولا وواقعيا.كما لا نرى الحل بخلاف ذلك، فإذا تحتم الأمر على القاضي في إسناد الحضانة لشخص غير محرم للمحضون، فليفعله بعد أن يتأكد أن مصلحة المحضون لم تمس، أي أن يتحقق من توافر الشروط الأخرى في الحاضن المرشّح للحضانة، وأن يبدي هذا الشخص رغبته في حضانة الطفل.

وهذا الحل منطقي لأن الأخذ بعدم المحرمية اجتهادا من دون نص عليه في النصوص القانونية يفترض قياسه على مبدأ مصلحة المحضون الذي ورد النص عليه صراحة في قانون الأسرة حتى يستوي وإياه في مفعوله.

ومن المفترض أن المحرمية لم تكن قد فاتت واضع هذه النصوص القانونية الجزائرية فترة وضعها، إذ أن هذه الحالة كان مما تعرّض إليها الفقه بحثا والتشريع نصا. فلا يكون إغفال التحريم فيما عددته النصوص ذاتها من قبيل السهو الذي وقع فيه المشرع، إنما التفسير المنطقي لما أغفله هو أنه ركز على الحضانة دون مراعاة الأحكام الأخرى الواردة في مسائل الزواج، من ذلك أن زوج الأم يعد محرما لولدها بمجرد الدخول بها[1]، بل ومحرما مؤبدا له[2]. ولكن، هذا القول قد يرد عليه أن المشرع اشترط أن تكون صفة المحرمية على زوج الأم الحاضنة قبل الدخول. فنجيب، فيما يكمن الفرق؟

وعلاوة على ذلك، فإن كانت لشرط المحرمية علل أخرى، فإننا لا نرى مع ذلك ضرورة لهذا التعميم، كما أننا لا نريد الدخول في تفصيلات كافة هذه الأحكام، فإن ذلك سنتعرض له في أوانه. غير أنه ينبغي على القاضي أن يرفض طلب إسقاط الحضانة إذا توافرت في الحاضن الشروط المطلوبة عدا شرط المحرمية إذ لا يصح له أن يتعنت أو يتعسف في استعمال سلطته ما دام ذلك لا يمس مصلحة المحضون.

وأخيرا، إذا كانت هذه هي الشروط التي تقدر بمقتضاها مصلحة المحضون، يبقى التساؤل عما إذا كان كل شخص توفرت فيه يصبح أهلا لتولي الحضانة.

بقريب غير محرم ما دام أن مصلحة المحضون قد اقتضت ذلك.

(١) انظر، الفقرة الثانية من المادة ٢٦ من قانون الأسرة.

(٢) انظر، المادة ٢٤ من قانون الأسرة.

المبحث الثاني
مصلحة المحضون
تجاه اختيار مستحقي الحضانة

لقد أخذ ترتيب الحواضن اهتماما بالغا من قبل الفقه الإسلامي حيث قد اعتمد في سبيل ذلك ليس فقط تحري الأشخاص الأقرب للطفل والأكثر جودا للعطف والشفقة، بل والأكثر حرصا على تربية الصغير وتأديبه، ذلك مما جعل الترتيب الذي جاء به يتماشى وجدارة الحواضن حسب نظرة كل فقيه لمصلحة المحضون[1].

وهذا المبدأ لم تتجاهله القوانين المغاربية للأسرة، إذ كان جدير بأن يكون في موطن رعايتها، لأن العلاقة بين الطفل والمربي ذات طبيعة إنسانية، ويجب أن تبرز فيها المعاني الإنسانية التي تؤكد مصلحة المحضون ورسوخ الترابط الذي تقيمه الحضانة بين الحاضن والمحضون.

وإذا كان من الطبيعي أن تكون الأحكام التي جاءت بها تلك القوانين مجسدة قيم تعاليم الفقه الإسلامي، ومعبرة عن المكانة الفضيلة في المعاملات الإنسانية، فإن البعض منها قد خرجت مع ذلك نوعا ما عن تلك التعاليم آخذة بعين الاعتبار الحقائق الاجتماعية الجديدة المعاشة. ولذلك فباعتماد المشرع الجزائري مبدئيا على المنهجية الفقهية في تحديد الأشخاص المستحقين للحضانة لا ننفي أهمية التساؤل حول معرفة عما إذا رعيت مصلحة المحضون عندما جاء المشرع، من جانبه، بترتيب معين للحواضن؟ وهذا التساؤل يتعلق أيضا بما شرعته المدونة في هذا المضمار، علما أن المجلة التونسية تبنت مبدأ المساواة بين الأبوين بشأن هذه المسألة.

وأمام هذا التعدد في النصوص والاختلاف في الأحكام، فإننا لا نستطيع التوصل إلى النتيجة المتماشية مع مبدأ مصلحة المحضون، إلا بعد أن نستعرض من جهة إلى بسط الترتيب المتشعب للحواضن الذي جاء به الفقه الإسلامي مع تبيان المبادئ التي بنى عليها أصحاب الحق في الحضانة وترتيبهم **(المطلب الأول)**، وأن نركز، من جهة أخرى، على مصلحة المحضون من خلال تفسيرنا للنصوص المغاربية مستعينين في ذلك تارة بآراء الفقه،

---

(١) انظر، رشدي شحاتة أبو زيد، شروط...، المرجع السابق، ص. ٣٨ وما بعدها؛ أحمد نصر الجندي، الطلاق...، المرجع السابق، ص.٥٨٢-٥٨٣.

وتارة أخرى بالقضاء والقانون المقارنين (**المطلب الثاني**).

المطلب الأول

آراء الفقه الإسلامي من مستحقي الحضانة

في الحقيقة، فالأبناء أمانة وضعها الله بين أيدي الآباء، حيث يخلقون مزودين بقوى فطرية تصلح لأن توجه للخير، كما تصلح لأن توجه للشر[١]. وفي حالة الطلاق، حتى ينشأ الطفل نشأة خيرة ينفع نفسه وينفع أسرته ينبغي أن يكون من يتولى تربيته من يكون أهلا لحضانته.

ويعني بذلك أن الشخص المستحق للحضانة هو من يسلك ما تتطلب منه مصلحة المحضون. ومن ثم، فالمعيار الأساسي في اختيار أصحاب الحق في الحضانة هو مصلحة المحضون، بمعنى أن الشخص السوي هنا لا يمكن أن يكون كذلك إلا بالعلاقة التي تربطه بالطفل.

وما يجب الإشارة إليه في بداية الأمر أن تحديد أصحاب الحق في الحضانة وترتيبهم فيما عدا الأم لم يرد النص عليه لا في الكتاب الكريم ولا في السنة النبوية، وإنما هو خلاصة اجتهاد فقهي.

وعلى هذا الأساس، اتفق الفقه الإسلامي على إعطاء الأولوية في الحضانة للنساء قبل الرجال[٢]، وحجتهم في ذلك أنه إذا كانت الحضانة حقا للأم دون الأب، يقتضي القياس أن تكون للنساء أولا دون الرجال. فالواقع ليس في ذلك غرابة، فالنساء أليق بالحضانة لأنهّن مطبوعات على الحنان والشفقة وهن أهدى إلى التربية وأصبر على القيام بها، وأشد ملازمة للأطفال[٣]. واتباعا لذلك، رتبوا الحواضن النساء، وجعلوا بعضا مقدم على بعض حسب قرابتهن أو شفقتهن، وذلك وفقا لنظرة كل منهم إلى مصلحة المحضون، ثم الرجال حسب ترتيبهم في الإرث[٤].

---

(١) وفي ذلك يقول الإمام أبو حامد الغزالي "فأوائل الأمور هي التي ينبغي أن تراعى، فإن الصبي بجوهره خلق قابلا للخير والشر جميعا، وإنما أبواه يميلان به إلى أحد الجانبين". انظر، أبو حامد الغزالي، إحياء علوم الدين، م. ٣ دار الفكر، بيروت، (بدون سنة الطبع)، ص. ٧٣.

(٢) انظر، الإمام محمد أبو زهرة، الأحوال الشخصية، المرجع السابق، ص. ٤٠٥.

(٣) انظر، وهبة الزحيلي، الفقه الإسلامي...، المرجع السابق، ج. ٧، ص. ٧١٨-٧١٩.

(٤) انظر، الكاساني، المرجع السابق، ج. ٤،ص. ٤١-٤٤؛ ابن عابدين، رد المحتار...، المرجع السابق،

وإذا قدموا في الجنس الواحد من كان أشفق وأقرب[١]، فأجمعوا أن تكون الأم في صدر القائمة، وهي أولى من غيرها في تربية أطفالها، استنادا لقول الرسول الكريم صلى الله عليه وسلم " أنت أحق به"[٢]. ولا ريب أن لهذا الموقف ما يبرره واقعيا أيضا، إذ أن الأم لها الحضانة والرضاع، لأنها أعرف بالتربية وأقدر عليها. وفوق هذا وذاك، لها من العبر في هذه الناحية ما ليس للرجل، وعندها من الوقت ما ليس عنده، لهذا قدمت الأم رعاية لمصلحة الطفل[٣]. ثم تليها أم الأم[٤]، لأنها أشفق وأقدر على القيام بها في المرحلة الأولى من الطفولة بصفة خاصة[٥].

وإذا اتفقت كلمة الفقه حول هذا الترتيب الأولي[٦]، إلا أن ما اختلفت فيه، هو

ج. ٢، ص. ٨٧١ وما بعدها؛ ابن الهمام، فتح القدير، المرجع السابق، ج. ٣، ص. ٣١٣ و٣١٨؛ ابن جزي، القوانين الفقهية،، المرجع السابق،ص.١٧٩-١٨٠؛ الشيرازي، المهذب، ج. ٢، مطبعة دار الكتاب العربية الكبرى، القاهرة، ١٣٢١ ها، ص. ١٦٩-١٨١؛ الشربيني الخطيب، مغني المحتاج...، المرجع السابق، ج. ٣، ص. ٤٥٢-٤٥٤؛ البهوتي الحنبلي، المرجع السابق، ج. ٣، ص. ٣٢٦؛ ابن قدامة، المغني، المرجع السابق، ج. ٩، ط. ١٩٧٢، ص. ٣٠٧؛ ابن القيم الجوزية، زاد المعاد...، المرجع السابق، ج. ٤، ص. ١٢٢- ١٢٣؛ الحطاب، المرجع السابق، ج. ٤، ص. ٢١٥؛ عبد الرحمن الجزيري، المرجع السابق، ج. ٤، ص. ٥٢٠ -٥٢٢؛ وهبة الزحيلي، الفقه...، المرجع السابق، ج. ٧، ص. ٧١٨-٧٢٠؛ السيد سابق، المرجع السابق، ص. ٣٥٢-٣٥٣؛ محمد مصطفى شلبي، أحكام الأسرة...، المرجع السابق، ص. ٧٥٦-٧٦٢؛ بدران أبو العينين بدران، الفقه المقارن...، المرجع السابق، ص. ٥٤٥- ٥٥٠؛ محمد أبو زهرة، الأحوال الشخصية...، المرجع السابق، ص. ٤٠٤، ٤٠٥ و٤٠٧.

(١) انظر، وهبة الزحيلي، الفقه الإسلامي...، المرجع السابق، ج. ٧، ص. ٧١٩.

(٢) رواه أحمد وأبو داود والبيهقي وصححه الحاكم. انظر، العسقلاني، بلوغ المرام، المرجع السابق، حديث رقم ١١٨٠، ص. ٢٤٠؛ الشوكاني، المرجع السابق ، ج.٦، ص. ٣٤٩.

(٣) وفي بعض الروايات، قال أبو بكر لعمر بن الخطاب "الأم أعطف وألطف وأرحم وأحنى وأخير وأرأف، وهي أحق بولدها ما لم تتزوج". انظر، السيد سابق، المرجع السابق، ص. ٣٥٢.

(٤) وقد اتفقت على ذلك المذاهب السنية الأربعة (الحنفية، والمالكية، والشافعية والخابلة). انظر، الكاساني، المرجع السابق، ج. ٤، ص. ٤١؛ ابن جوزي، المرجع السابق، ص. ١٧٩؛ الشيرازي، المرجع السابق، ج. ٢، ص. ١٧٠؛ ابن قدامة، المرجع السابق، ج. ٩،، ص. ٣٠٩؛ عبد الرحمن الجزيري، المرجع السابق، ص. ٥٩٤- ٥٩٦.

(٥) انظر، عبد الرحمن هرنان، المرجع السابق، مذكرة، ص. ٤٦.

(٦) وعلى هدى هذه المبادئ سرى القضاء المصري، حيث قضت محكمة الجمالية في حكمها الصادر

الترتيب الذي يلي الأم وأم الأم. وفي هذا، رأى الإمام مالك أن الخالة هي التي تلي الأم وأم الأم إعمالا بالحديث الذي قال فيه عليه الصلاة والسلام "الخالة أم"[١]. بينما تقدم الشافعية بأن الأخت من الأب أولى بالحضانة من الأخت من الأم[٢]. في حين اتفق الحنابلة والشافعية على أن يكون الأب بعد الأم وأم الأم ثم أمه[٣]. أما الحنفية ذهبوا إلى أن التي تلي الأم وأم الأم هي أم الأب ثم الأب[٤].

في ٠٢ /٠٣/ ١٩٤٢ أن "رتبت الشريعة حق الحضانة للصغار، فالجدة لأم أولى بحضانته من جدة لأبيه...". انظر، محكمة الجمالية، ١٩٤٢/٠٣/٠٢، مقتبس عن ممدوح عزمي، المرجع السابق، ص. ٨٨. أما المذهب الجعفري، فقد اختلف رأيه واتخذ مبدأين في الحضانة ، الأول هو أن الأم أولى بالحضانة من الأب حتى يبلغ الطفل سنا معينة وهي سنتين لوجود نص صريح في القرآن الكريم في قوله تعالى ﴿وَالْوَالِدَاتُ يُرْضِعْنَ أَوْلَادَهُنَّ حَوْلَيْنِ كَامِلَيْنِ﴾ (سورة البقرة، الآية ٢٣٣)، وللأنثى قيل سبع سنين وقيل تسع، وقيل هي أحق بها ما لم تتزوج. والمبدأ الثاني هو درجة القرابة بين الحاضن والمحضون سواء كانت هذه القرابة من جهة الأب أم من جهة الأم والمعيار لترتيب القرابة هو ترتيب الإرث. إذا اجتمعت مثلا أخت لأب وأخت لأم كانت الحضانة للأخت من الأب نظرا إلى كثرة النصيب في الإرث. انظر، عبد الرحمن هرنان، المرجع السابق، مذكرة، ص. ٤٤؛ محمد مصطفى شلبي، أحكام الأسرة...، المرجع السابق، ص. ٧٦٠ - ٧٦٢، بدران أبو العينين بدران، المرجع السابق، ص. ٥٤٩ - ٥٥٠.

(١) رواه أبو داود. انظر، الدسوقي، حاشية...، المرجع السابق، ج. ٢، ص. ٤٨٧ وما بعدها؛ الحطاب، المرجع السابق، ج. ٤، ص. ٢١٥ - ٢١٦.

(٢) إذ يرى أصحاب هذا الرأي أنه إذا استوى اثنان في القرابة والإدلاء كالأخوين أو الأختين أو الخالتين والعمتين، أقرع بينهما، لأنه لا يمكن اجتماعهما على الحضانة، ولا مزية لإحداهما على الأخرى، فوجب التقديم بالقرعة. انظر، وهبة الزحيلي، الفقه الإسلامي...، المرجع السابق، ج.٧، ص. ٧٢٤؛ عبد الرحمن الجزيري، المرجع السابق، ج. ٤، ص. ٥٢١ - ٥٢٢. في حين يرى بعض الفقه، أنه إذا تساوى من هم في مرتبة واحدة لاستحقاق الحضانة يفضل أصلحهم دينا وورعا، فإن تساووا في التفضيل يفضل أكبرهم سنا. انظر، ممدوح عزمي، المرجع السابق، ص. ٣٤. بينما يرى اتجاه ثالث أنه إذا تساوى المستحقون للحضانة في درجة واحدة كوجود عدة أخوات شقيقات فيقدم أصلحهن ثم أصغرهن سنا. انظر، معوض عبد التواب، المرجع السابق، ص. ١١١٣.

(٣) انظر، عبد الرحمن الجزيري، المرجع السابق، ج. ٤، ص. ٥٢٠- ٥٢٢.

(٤) انظر، ابن عابدين، المرجع السابق، ج. ٢، ص. ٦٥٥؛ الكاساني، المرجع السابق، ج. ٤، ص. ٤١.

وعلى كل حال فإن من اعتبر تقديم الأم لأمومتها، قدم أقاربها على أقارب الأب؛ ومنهم من قدم أقارب الأب على الأب لأنها من النساء وهي أقدر على الحضانة من الرجال[١]. وتوصل البعض عن طريق القياس أن الحضانة للنساء الأصول والحواشي والفروع من جهة الأم ثم من جهة الأب[٢]. وهكذا كانت الخالات أولى من العمات وإن تساوين في القرب، لأن الخالات يدلين بقرابة الأم فكن أشفق[٣]. والحضانة مدارها الشفقة، وقرب القرابة هو مظنة هذه الشفقة، والشفقة مراتب تعرف بدرجة القرابة، فأعلاها قرابة الأم وأدناها قرابة العمة لأب[٤].

وهناك من رأى عكس ذلك، فالنساء اللواتي يدلين بالقرابة من جهة الأب تقدم على جهة الأم[٥]، كالأخت لأب أحق من الأخت لأم، والخالة لأب قبل الخالة لأم، وبنت الأخت لأب أولى من بنت الأخت لأم، لأن القرابة عندهم تقدر بالميراث[٦]. بالميراث[٦]. أما بنات الأعمام وبنات العمات وبنات الأخوال وبنات الخالات، فلا حق لهن في الحضانة لأنهن غير محرم[٧].

أما إذا لم يوجد من النساء محرم للصغير، كان حق الحضانة مخول للمحارم العصبات ويكون ترتيبهم حسب الترتيب الوارد في الميراث[٨] وولاية الزواج[٩]. ومن ثم، نجد أن قرابة الأب مقدمة على قرابة الأم، إذ يقدم الأخ لأب على الأخ لأم. وإذا انعدمت

(١) انظر، عبد الرحمن الصابوني، المرجع السابق، ج. ٢ الطلاق وأثاره، ط. ٥، ص. ٢٢٢.
(٢) انظر، عبد الرحمن هرنان، المرجع السابق، مذكرة ، ص. ٤٦.
(٣) انظر، معوض عبد التواب، المرجع السابق، ص. ١١١١.
(٤) انظر، معوض عبد التواب، المرجع السابق، ص. ١١١٠.
(٥) وهذا ما ذهب إليه ابن القيم الجوزية. انظر، ابن القيم الجوزية، زاد المعاد، المرجع السابق، ج. ٥، ص. ٤٣٥.
(٦) وهو رأي للشافعية، انظر، عبد الرحمن هرنان، المرجع السابق، مذكرة، ص. ٤٢.
(٧) انظر، وهبة الزحيلي، الفقه الإسلامي...، المرجع السابق، ج. ٧، ص. ٧٢٣.
(٨) وذلك على النحو التالي : الأب وأب الأب وإن علا، الأخ الشقيق، الأخ لأب، ابن الأخ الشقيق، ابن الأخ لأب، العم الشقيق، الشقيق، العم لأب، الخ. انظر، السيد سابق، المرجع السابق، م. ٢، ص. ٣٥٣؛ وهبة الزحيلي، الفقه...، المرجع السابق، ج. ٧، ص. ٧٢٣؛ ممدوح عزمي، المرجع السابق، ص. ٣٣ -٣٤؛ محمد مصطفى شلبي، أحكام الأسرة...، المرجع السابق، ص. ٧٥٩؛ بدران أبو العينين بدران، المرجع السابق، ص. ٥٤٨.
(٩) انظر، معوض عبد التواب، المرجع السابق، ص. ١١١١.

العصبات آل حق الحضانة للمحارم ذوي الأرحام[١].

وإذا لم يكن للمحضون أحد من المحارم ذوي الأرحام كانت الحضانة لأقربائه غير المحارم على أنه لا حق للإناث في حضانة الذكور، كما أنه لا حق للرجال في حضانة البنات. مع الإشارة إلى أنه إذا وجدت أنثى محضونة لا قريب لها إلا ابن عم لها، فالقاضي يختار من هو الأصلح، إما أن يسلّمها بنت عمّه لحضانتها أو يسلّمها إلى أنثى ثقة أمينة تسهر على رعايتها.

وبهذا الترتيب يوضح ابن القيم بعض ضوابط الفقهاء في ترتيب أصحاب الحق في الحضانة، ومن ذلك الاعتبار في الحضانة بالولادة المحققة، وهي الأمومة ثم الولادة الظاهرة وهي الأبوة. ثم الميراث، ثم الإدلاء، فتقدم الخالة على العمة لإدلائها بالأم[٢]. إلا أنه عارض هذه الطريقة واعتبرها غير مستقيمة، حيث قال أن "من لوازم تقديم الأمومة تقديم من في جهتها على الأب ومن في جهته. ومن ذلك تقديم الأخت لأم وبنت الخالة على الأب وأمه، وهذا ليس بسائغ فضلا عن مخالفته لأصول الشرع"[٣]. وانتهى بعد ذلك بتأييد الضابط الذي جاء به ابن تيمية عندما اعتبر أن الحضانة ولاية تعتمد على على الشفقة والتربية والملاحظة؛ فأحق الناس بها أقومهم بهذه الصفات وهم أقاربه يقدم منهم أقربه إليه، وأقومهم بصفات الحضانة. وإذا استوت درجتهم، قدمت الأنثى على الذكر[٤].

والواقع، أن هذا الترتيب المتنوع لم يتبناه الفقهاء في معظم أسسه إلا لدرء المفسدة عن المحضون ورعاية لمصلحته وصونه. ومعنى ذلك أن ترتيب الحواضن في الفقه الإسلامي مؤسس في مبدئه على القرابة، فالأقرب عندهم هو الأشفق ومنه الأصلح. وبالتالي كان

---

(١) وما يجب ملاحظته هو أن ذوي الأرحام في الحضانة يختلفون عما هم عليه في الميراث، فالأخ لأم مثلا ليس من ذوي الأرحام في الميراث، أما في الحضانة فيدخل في صنف ذوي الأرحام. وكما أن الحضانة لذوي الأرحام مناطها المحرمية، إذ يشترط في ذوي الأرحام أن يكون رحما محرما. وتطبيقا لذلك، يرتب ذوو الأرحام في الحضانة على النحو التالي : الجد لأم، الأخ لأم، ابن الأخ لأم، العم لأم، الخال الشقيق، الخال لأب، الخال لأم. انظر، الزيلعي ، ج. ص. ٤٧ -٤٨؛ السيد سابق، المرجع السابق، م. ٢، ص. ٣٥٣؛ ممدوح عزمي، المرجع السابق، ص. ٣٤؛ عبد الرحمن الصابوني، المرجع السابق، ج.٢، ط.٥، ص. ٢٢٠.

(٢) انظر، ابن القيم الجوزية، المرجع السابق، ج. ٤، ص. ٢٤٨.

(٣) انظر، ابن القيم الجوزية، المرجع السابق، ص. ٢٤٨-٢٤٩.

(٤) انظر، سعاد إبراهيم صالح، المرجع السابق، ص. ١٠٤.

الاختلاف عندهم فيمن هو الأقرب؛ فحاول كل واحد أن يقوم مصلحة المحضون على هذا الأساس.

من كل هذه الآراء مجتمعة، نرى أنه ليس ما يمنع شرعا من الأخذ بزمام الأمور وترتيب من لهم الحق في الحضانة ترتيبا يتماشى ومصلحة المحضون آخذا في ذلك الحقائق الاجتماعية المغاربية الجديدة المعاشة. وهنا نتساءل: هل راعى المشرّعون المغاربيون هذه المعطيات عند ترتيبهم للحواضن؟ أم تجاهلوا الظروف المحيطة بهم وواقع الحياة، مما جعل نصوصهم غير قابلة للتطبيق العملي بسبب تعارضها مع مصلحة المحضون؟

المطلب الثاني

موقف القوانين المغاربية للأسرة من مستحقي الحضانة

إذا كان في أحكامه قد سار المشرع الجزائري في هدى تلك المبادئ الفقهية الإسلامية، حيث عمد إلى ذكر أصحاب الحق في الحضانة ورتبهم على منوال معين في نص واحد يتمثل في المادة ٦٤ من قانون الأسرة، وذلك سواء قبل تعديل هذا القانون أو بعده. غير أن هذه المنهجية في وضع الأحكام الخاصة بمستحقي الحضانة لم يتبعها المشرع التونسي- الذي اكتفى بالتنصيص في الفقرة الثالثة من الفصل ٦٧ من المجلة على أنه ينبغي على القاضي عند البت في الحضانة أن يراعي مصلحة المحضون دون الإشارة إلى أية أولوية كانت فيما يتعلق بمستحقي الحضانة. أما المدونة المغربية فلم تأخذ بمبدأ المساواة على إطلاقه، بل جاءت في المادة ١٧١ منها بترتيب جديد معتمدة في ذلك على مبدأ مصلحة المحضون.

ولهذا يتسنى لنا القول أن واضعي القانونين الجزائري والمغربي قد استقوا في سبيل ذلك أحكام الفقه الإسلامي دون أن يتقيدوا بمذهب معين، حيث أعطوا، خلافا للتشريع التونسي، الأولوية للأم، ومنحت القوانين المغاربية الثلاث الحضانة أيضا صراحة للأب، مع إلحاحهم على تقديم في كل ذلك مصلحة المحضون (**الفرع الأول**)، وانفرد المشرع الجزائري والمغربي باعترافهما بتلك الأولوية كذلك للحواضن النساء، وضمنا للحواضن الرجال (**الفرع الثاني**)، وفي هذا كله، فهذه النصوص لا تخلو من بعض المآخذ، فكان من الضروري تبيان بعض ثغراتها (**الفرع الثالث**).

الفرع الأول
أولوية الأبوين، مبدأ راع لمصلحة المحضون

من باب الواقع، تنادي مصلحة الطفل، كما أشرنا إليه أعلاه، أن يقدم للولد العناية

الكاملة ويوفر له الاهتمام الكافي. هاتان الحاجتان تضطلع بهما أولا وقبل كل شيء الأم لأنها بحكم الطبيعة مجبولة على ذلك (I)، وهل ينصرف نفس القول بالنسبة للأب في حالة عدم استحقاقها للحضانة؟ (II).

I.- حق الأم في الحضانة بين الأولوية والمساواة

تماشيا مع أحكام الطبيعة، يشهد البعض أن الحضانة مؤسسة نسوية بالأساس(١)؛ فالنساء تحتفظ بالأولوية وتحظى بالأسبقية في موضوع الحضانة إن لم نقل تحتكرنه. ولعل أن السبب في ذلك راجع بالدرجة الأولى إلى أن الشفقة والحنان اللذين تتطلبهما الحضانة تتوفر عندهن لا شك. ويرجع ذلك أيضا إلى عدم توفر الوقت الكافي للأب للعناية بالطفل. وفي هذا الإطار، قد أكد علماء النفس والاجتماع على دور الأم خاصة في حياة الطفل. كما كرّس كل من قانون الأسرة والمدونة هذه الأولوية في نصوص تشريعية(٢).

إذن، إذا كانت النساء أولى بالحضانة، فإن أم المحضون تتصدرهن وتسبقهن، وهذا ما اعترف به المشرعان الجزائري والمغربي عندما نص على التوالي في الشطر الأول من المادة ٦٤ من قانون الأسرة على أن "الأم أولى بحضانة ولدها"، وفي المادة ١٧١ من المدونة على أن "تخول الحضانة للأم،...".

وهذه القاعدة كان يجرى تطبيقها أيضا في القضاء الجزائري(٣). ففي ظل النظام

---

(١)Cf. Gh. Benmelha, op. cit. , p. ٢٢٣; H. Bencheikh Hocine Dennouni, op.cit. , pp. ٨٩٧ - ٨٩٨; M.F. Callu, Le nouveau droit de la femme, édit. L'Hermès, Paris, p. ٢١٨; L. Gaston, Le droit de visite, th. Poitiers, ١٩٤١, pp. ٢٩ et s.

(٢) نصت المادة ٦٤ من قانون الأسرة السابقة على أن "الأم أولى بحضانة ولدها، ثم أمها، ثم الخالة، ثم الأب ثم أم الأب، ثم الأقربون درجة مع مراعاة مصلحة المحضون في كل ذلك..."، والمادة ١٣٩ فقرة أولى من قانون الأحوال الشخصية السوري، والفصل ٩٩ من مدونة الأحوال الشخصية المغربية السابق نصا على أن "الحضانة من واجبات الأبوين ما دامت الزوجية قائمة بينهما فإذا انفكت فالأم أولى بحضانة ولدها من غيرها، ثم أبوه ثم أمها...".

(٣)En effet, la jurisprudence, durant même la période coloniale, faisait application de ce principe. Ainsi, par exemple, la Cour d'appel d'Alger décidait, dans son arrêt en date du ١٤ mai ١٩٥٧, " Par contre, en décidant que la loi musulmane qui accorde en premier lieu la hadhana à la mère"…. Cf. C.A. Alger, ١٤/٠٥/١٩٥٧, G. Siband, op. cit., p. ١١٢. En ce sens, v. également, Alger, Ch. Rév. mus., ٣١/٠٥/١٩١٩, Recueil E. Nores, n° ١٣٧;

السابق، أكد القضاء أسبقية الأم في الحضانة قبل غيرها من خلال أحكام المحاكم، وقرارات المجالس القضائية[١].

وفي هذا الاتجاه، أقر المجلس الأعلى أن مصلحة المحضون تتأكد وتتوفر مع أمه، فجاء المنطوق صريح العبارة دال على هذه المرتبة التي تحوزها الأم في الحضانة بحيث قضى على أن "من المقرر شرعا أن الأسبقية في الحضانة تعطى لجهة الأم مع مراعاة مصلحة المحضون. إن الأم أولى بحضانة ولدها..."[٢].

كذلك قرر المجلس ذاته بتاريخ ١٢ جوان ١٩٦٨ أن "من المقرر شرعا بأنه حرصا على مصلحة الولد تسند الشريعة الإسلامية حضانته إلى الأم أولا ما لم يسقط حقها فيها بسبب من الأسباب المحددة في الشرع"[٣].

وفي قرار آخر صدر بتاريخ ١٣ نوفمبر ١٩٦٨ قضى المجلس، تأييدا لذات المبدأ، أن "من المقرر شرعا بأنه تطبيقا لمصلحة المحضون، فإنه لا يمكن التفكير في نزع الولد من أمه ما لم يثبت أنها خالفت سيرتها أو عدم استقرار مواردها الشروط التي حددتها الشريعة الإسلامية"[٤].

وإذا كان الاجتهاد الأول هو الذي أقر أولوية الأم في الحضانة فإنه في الوقت ذاته وضع المعيار الذي يربط الحضانة بالأم. فمن مراجعة تلك القرارات، يتبين أن المجلس الأعلى الذي أصدرها قال صراحة بأن الأم تفقد حقها إذا تعارضت حضانتها مع مصلحة المحضون.

وهذا القول يعني، بطريقة تركيبه لغة وصياغته قانونا، أن المجلس الأعلى يعتبر أن الأم لها الأولوية في حضانة طفلها إلا إذا لم يعد بيدها أصلا أمر تحقق مصلحته ورعايته ورقابته، مادية كانت هذه الرقابة أو معنوية. وهكذا تكون الأولوية ملازمة للمصلحة، وتكون هذه القرينة قابلة الدليل العكسي بإقامة البرهان على فقدان مقومات الحضانة.

Alger, Ch. Rev. mus., ٠٤/٠٤/١٩٣٨, Recueil E. Nores, n° ٧٨٠ (cités par Gh. Benmelha, op. cit., p. ٢٢٣).

(١) انظر، مجلس قضاء تلمسان، ١٦ مارس ١٩٦٧، م.ج.ع.ق.إ.س.، ١٩٦٨، عدد ٤، ص. ١٢٣٥-١٢٣٨.

(٢) انظر، مجلس أعلى، غ.ق.خ.، ١٩٦٨/٠٩/٢٥، م.ج.ع.ق.إ.س.، ١٩٦٩، ج. ٢، ص. ٥٤٦.

(٣) انظر، مجلس أعلى، غ.م.، ١٩٦٨/٠٦/١٢، ن.س.، ١٩٦٩، ص. ٢٤٠.

(٤) انظر، مجلس أعلى، غ.م.، ١٩٦٨/١١/١٣، ١٩٦٨، ن. س.، ص. ١٢٩.

وهذا الربط المفترض بين مصلحة المحضون وبين صفة الحاضن استعاده المجلس الأعلى بعد صدور قانون الأسرة[١]، في كثير من قراراته. ففي قرار صادر عنه في ٢٤ فبراير ١٩٨٦ قضى أنه "من المقرر في الشريعة الإسلامية أن الحضانة تسند للأم من باب أولى مادامت شروطها متوفرة فيها..."[٢].

كذلك طبق المجلس هذا الاتجاه في قراره الصادر في ٠٦ جوان ١٩٨٨ حيث قال إن "الحضانة من حق الأم ومصلحة المحضون لا تحقق بصورة كاملة إلا إذا كان عند أمه، وإذا صرفت لها، فلا تؤخذ منها إلا بموجب مسقط شرعي أو ثبت عدم قدرتها على تربيته والاعتناء به"[٣]. وذلك ما أكدته المحكمة العليا في قرارها الصادر بتاريخ ٠٨ جويلية ٢٠٠١، حينما قضت بأنه بالرجوع إلى القرار المطعون "لم يبين فيه قضاة الموضوع الأسباب التي جعلتهم يحكمون للمطعون ضده بحضانة البنتين علما أن الذي يحول بين الحاضنة ومحضونيها يجب أن يكون مسببا تسبيبا جديا..."، نظرا لأولويتها في الحضانة[٤].

وإذا كان هناك ما يمكن أن يؤيد قرارات المجلس الأعلى فهو ربط أولوية حضانة الأم بتوافر الشروط فيها، وهو ما يتفق ومبدأ حماية حقوق الطفل ومصالحه، حيث إن المجلس تبنى دائما هذا المبدأ على أساس وقائع مختلفة تحمل أكثر من تفسير أو تأويل.

---

(١) وهذا ما سارت عليه أيضا المحاكم والمجالس القضائية، حيث قضت محكمة تلمسان في قرارها الصادر في ١٩٩٧/٠٦/١٤ بأن "الحضانة حق للأم ومصلحة المحضون لا تتحقق بصورة كاملة إلا إذا كان عند أمه، وعليه يتعين الاستجابة لطلب المدعية..." (انظر، محكمة تلمسان، ١٩٩٧/٠٦/١٤، قضية رقم ٩٧/٢٤٦، غير منشور)؛ وأقرت المحكمة ذاتها بأن "الأم أولى بحضانة أطفالها ما دامت قادرة على تربيتهم ورعايتهم وحفظهم صحة وخلقا..." (انظر، محكمة تلمسان، ١٩٩٨/٠٣/٢٨، قضية رقم ٩٨/١٠٩٦، غير منشور؛ محكمة تلمسان، ١٩٩٨/١١/١٤، قضية رقم ٩٨/١٧٠٤ غير منشور؛ محكمة تلمسان، ١٩٩٨/١٢/٢٦، قضية رقم ٩٨/١٨٢٦ غير منشور؛ مجلس قضاء تلمسان، ١٩٩٩/٠١/١٦، قضية رقم ٩٩/٢٢٥٠، غير منشور؛ مجلس قضاء تلمسان،١٩٩٩/٠١/٢٣، قضية رقم ٩٨/١٩٣٧، غير منشور).

(٢) انظر، مجلس أعلى، غ.أ.ش.، ١٩٨٦/٠٢/٢٤، ملف رقم ٣٩٩٤١، غير منشور، مقتبس عن العربي بلحاج ، قانون الأسرة، مبادئ الاجتهاد القضائي...، المرجع السابق، ص. ١١٩.

(٣) انظر، مجلس أعلى، غ.أ.ش.، ١٩٨٨/٠٦/٠٦، ملف رقم ٦٩١٩١، غير منشور، مقتبس عن العربي بلحاج، قانون الأسرة ، مبادئ الاجتهاد القضائي...، المرجع السابق، ص. ١١٩-١٢٠.

(٤) انظر، المحكمة العليا، ٢٠٠١/٠٧/٠٨، ملف رقم ٢٦٢٢٨، غير منشور.

وهذا الموقف الذي يعطي الأولوية للأم مقبول قانونا وواقعيا.

وعلى هذا سار أيضا القضاء المغربي، حيث أكد في العديد من قراراته أولوية الأم في الحضانة، وذلك ما قضى به المجلس الأعلى في قراره الصادر في ١٢ جويلية ١٩٨٢ بقوله "الحضانة للأبوين مادامت الزوجية قائمة فإذا انقطعت فالأم أولى بحضانة ولدها...".[١]

وكما قضى المجلس ذاته بأن "الحضانة في هذه السن المبكرة – أربع سنوات – خاصة بالأم دون غيرها لما يخشى عليها من الضياع ولما تحتاجه المحضونة من حنان أمها...".[٢] وفي قرار آخر صادر بتاريخ ٢٨ جوان ١٩٨٦، قضى المجلس ذاته بأن "الأم أولى بالحضانة فإن تنازلت انتقل الحق...".[٣]. ولقد توالت قرارات المجلس الأعلى بعد قراراتها السابقة لتؤكد استمراره في الأخذ بهذا المبدأ، ومن قضائه في ذلك ما جاء به القرار الصادر عنه بتاريخ ٠٤ أكتوبر ١٩٩٤ بقوله "... رتبة الأب موالية لرتبة الأم ومقدمة على رتبة الجدة...".[٤]

ومن مجمل هذه القرارات يمكن أن نستخلص أن مبدأ أولوية الأم في الحضانة في صورتها القديمة، والتي شادها الفقه الإسلامي منذ زمن كبير ما زالت تجد لها مكانا فسيحا وأرضا خصبة في القضاءين الجزائري والمغربي. هذا في الوقت الذي هجر فيه المشرع التونسي منذ قانون ٣ جوان ١٩٦٦ هذا المبدأ الذي قام عليه نظام الحضانة، ورفض تطبيقه في هذا المجال وذلك بعد أن تبين له ما ينطوي عليه من عدم المرونة وعدم المساواة والتجديد بين الجنسين في الحقوق وهو لا شك موقف غير حكيم من القانون التونسي.

إذن، إن الحكم بحق الأم في أولوية الحضانة لغاية سن معينة للمحضون[٥] قد عدل

---

(١) انظر، مجلس أعلى، ١٩٨٢/٠٧/١٢، قرار رقم ٥٤٥، مجلة القضاء والقانون، عدد ١٣٣-١٣٩، ص. ١٨٣.

(٢) انظر، مجلس أعلى، ١٩٨٢/٠٥/١٠، قرار رقم ٣٨٥، قضاء المجلس الأعلى، عدد ٣٣-٣٤، ص. ١١٦.

(٣) انظر، مجلس أعلى، ١٩٨٦/٠٦/٢٨، قرار رقم ٩١١، مجلة القضاء والقانون، عدد ٨٣-٩٥، ص. ٣٤.

(٤) انظر، مجلس أعلى، ١٩٩٤/١٠/٠٤، قرار رقم ١٢٠٨، مجلة القضاء والقانون، عدد ٤٧، ص. ١٦٣.

(٥) كان الفصل ٦٧ من المجلة في صياغته الأولى ينص على أنه "يتعين أن يكون المحضون، قبل بلوغ الذكر لسبع سنين وبلوغ الأنثى تسع سنوات، عند الحاضنة. وفيما بعد هذا الأمد إذا طلب الأب نقل المحضون إليه، يجاب إلى طلبه، ما لم ير الحاكم أن من الأصلح بقاءه عند الحاضن".

بمقتضى القانون عدد ٤٩ المؤرخ في ٣ جوان ١٩٦٦ فأصبحت الأم لا تستطيع اكتساب الحق في الحضانة على أساس الأولوية بل على أساس المساواة بينها وبين أب المحضون، إذ ينص الفصل ٦٧ بعد تعديله على أنه "إذا انفصمت الزوجية بموت عهدت الحضانة إلى من بقي حيا من الأبوين، وإذا انفصمت الزوجية وكان الزوجان بقيد الحياة عهدت إلى أحدهما أو إلى غيرهما". وهذا ما أكده القانون عدد ٧٤ المؤرخ في ١٢ جويلية ١٩٩٣، حيث نص في الفصل ٦٧ بعد تنقيحه على أنه "وإذا انفصم الزواج وكان الزوجان بقيد الحياة، عهدت الحضانة إلى أحدهما أو إلى غيرهما".

وفي شرحها لهذا الموقف، ترى الأستاذة دنوني هجيرة أن هذه القاعدة التي تبناها المشرع التونسي والذي يحكمها مبدأ المساواة بين الأب والأم في إسناد الحضانة، تدخل ضمن سياق طويل تبناه المشرع التونسي ابتداء من إصداره مجلة الأحوال الشخصية، حيث كان هدفه، عصرنة القانون وجعله متطابقا مع الطموح الجديدة للمجتمع التونسي: المساواة بين الجنسين، ترقية دور المرأة بحذف بعض امتيازات الذكور (الطلاق، تعدد الزوجات)..."[١].

وفي نفس السياق، يرى الأستاذ الفرشيشي بشير أن المكسب الكبير لقانون ٣ جوان ١٩٦٦ يكمن بشأن إسناد الحضانة في تمديد مبدأ المساواة بين الأب والأم حتى في حالة انفصام العلاقة الزوجية بسبب الطلاق أو الوفاة[٢].

فإننا لا نقر هذا الموقف لعدم تماشيه مع الواقع ولا مع نواميس الطبيعة ذلك أن المساواة في الحقوق بين الوالدين في هذا الإطار ليس له ما يفنده، بل له ما يتعارض معه بحكم الطبيعة وما المساواة هنا إلا مكمن الخطر على حقوق الطفل ومصالحه. ومن هنا كان موقف القانون التونسي محدودا وغير مرغوب فيه، وهو اتجاه غير محمود لم يأخذ به لا القانون الجزائري ولا القانون المغربي عند تعديلهما لقانونيهما الأسريين.

ولهذا القول ما يبرره من عدة نواحي، فإنه من الناحية العملية أثبتت دراسات علم النفس أن الطفل يقر في الحياة من خلال أمه؛ وإلى غاية سن الحولين، هي الوحيدة التي تعد، وما الأب إلا دخيل عليهما[٣]. ففي هذه المرحلة من نمو الطفل، "تكون الأم والطفل

(١)Cf. H. Bencheikh Hocine Dennouni, op. cit., p. ٩١٥.

(٢)Cf. B. Ferchichi, op. cit., th., p. ٣٤٨.

(٣)En effet, selon L. Pépin, "l'enfant s'installe dans la vie à travers sa mère.

شيئا واحدا ويكون الأب موضوعا ثانويا، يعيش في الخلفية..."[١]. مما يجعل الأمومة من الوظائف الخاصة في الحياة الاجتماعية وهي من الأدوار الخاصة في الأسرة التي تكرس الأم نفسها لها. ومن ثم، فالأمان الذي يجده الطفل في حضن أمه يؤسس النمو النفسي بأكمله، وعلى مدى كل الطفولة تبقى الأم قطب الحياة، والملجأ لكل من الصغيرة والصغير[٢]. وفوق هذا وذاك، إن علاقة الأم بطفلها تكون، مما لاشك فيه، محضرة قبل الولادة أي أثناء الحمل ثم تتأسس بعد الولادة[٣].

ويرى الأستاذ محمد الكشبور أنه "من الناحية العقلية، فلا يتنازع اثنان في كون الأم أشفق وأرفق بولدها من غيرها، وأقدر وأصبر على تحمل المشاق والصعاب في سبيل حضانته – وخاصة في حياته الأولى – وهي عادة أفرغ لخدمته من أبيه". "وأن الأب نفسه، يضيف قائلا، عندما تثبت له حضانة ولده في صغره أو تتخلى له عنها الأم لسبب ما، كثيرا ما يعهد بذلك الولد إلى غيره من النساء كأمه أو أخته أو زوجته مثلا، وليس من بين هؤلاء من هو أحن على المحضون من أمه"[٤].

ويرى الأستاذ رشيد صباغ في هذا الإطار، بعدما تعرض إلى تحليل وتفسير التنقيحات التي جاء بها قانون ٣جوان ١٩٦٦ في باب الحضانة، أنها كلها مقبولة فيما عدا تلك المتعلقة بالمساواة بين الأب والأم في إسناد الحضانة، وذلك بقوله "أن جميع تجارب علماء التحليل النفسي تثبت أن الطفل في حياته الأولى يكون في حاجة أكيدة إلى الأم...وأن نموه واتزانه النفسي وتكوينه الخلقي لا يتم إلا على يديها وأن انحراف الأطفال

. Cf. L. Pépin, "Jusqu'à deux ans, elle est seule à compter; le père n'étant qu'un comparse ou un intrus L'enfant dans le monde actuel, sa psychologie, sa vie, ses problèmes, édit. Bordas Pédagogie, Paris, ١٩٧٧, pp. ٨٦-٨٧.

(١) انظر، محمود حسن، المرجع السابق، ص. ٩٣.

(٢)"La sécurité rencontrée dans le giron naturel fondera le développement psychique tout entier. Tout au long de l'enfance, la mère restera le pivot de la vie, et le recours tant du garçon que de la fille". L. Pépin, op. cit., p. ٨٧.

(٣)Cf. M. Aïd, Femme, Famille et société en Algérie, Journées d'étude, ٢, ٣ et ٤ juin ١٩٨٨, ١ère éd., ١٩٨٨, p. ٢٥٠.

(٤) انظر، محمد الكشبور، المرجع السابق، ص. ٤٦٧.

مرتبط في أحوال كثيرة بفقدان الأم خلال الخمس أعوام الأولى من العمر. وقد ثبت أيضا أن اتجاه المحاكم في كثير من البلدان المتحضرة يميل إلى إثبات أولوية الأم بحضانة الأطفال الصغار"(١). وتأكيدا لذلك، يقول الأستاذ فاروق المشري، أن:

« La parente maternelle est une parenté plus empreinte d'affection que la parenté paternelle. D'ailleurs, dans tous les pays du monde, ne dit-on pas d'un enfant, qui est par trop entouré d'affection, qu'il est « materné » (٢).

وكما اقتضى المبدأ الثامن من وثيقة إعلان حقوق الطفل المنادى بها يوم ٢٠ نوفمبر ١٩٥٩ خلال الدورة الرابعة عشرة للأمم المتحدة على أنه "يحتاج الطفل إلى الحب والتفهم كي تتفتح وتنسجم شخصيته...ويجب أن لا يفرق بين الطفل الصغير وأمه إلا في الحالات الاستثنائية"(٣).

يستفاد من هذا المبدأ وتلك النظريات أن مسألة الأم وأولويتها بحضانة ولدها تفرضها الطبيعة قبل أن تفرضها قاعدة قانونية. ولذلك، ذهب البعض إلى حدّ تصوّر الأم فيتامينا؛ إذا حرموا الأولاد منها مرضوا وماتوا(٤). إذن، علاقة الطفل بالأم هي ارتباط بالحاجات البيولوجية(٥).

وهذا القول يعني أن تلك النظريات لم تنشئ حق الولد وحاجته الماسة إلى رعاية أمه، بل تقره فقط، فهي أثبتت أن مصلحة المحضون توجد مع أمه قبل أي شخص آخر، لأن الأم هي الوحيدة التي يتوافر عندها ما يحتاج إليه الطفل. ولذلك نجد أن الشريعة الإسلامية - وقد

---

(١) انظر، رشيد صباغ، المرجع السابق، ص. ١٣-١٤.

En effet, les psychiatres sont unanimes à affirmer que l'enfant, au cours de son premier âge, a un besoin pressant de sa mère….Sa croissance, son équilibre psychique et sa formation morale ne peuvent se faire parfaitement qu'entre des mains maternelles ». Les déviations, dans la croissance des enfants, sont très souvent liées au fait qu'ils ont été séparés de leur mère au cours des cinq premières années de la vie enfantine »١.Cf. R. Sabbagh, op. cit, p. ٥٧.

(٢)Cf. F. Mechri, op. cit., p. ٨٢.

(٣)Sur cette question, cons. M. Borrmans, Le droit de garde et son évolution récente en Tunisie, I.B.L.A., ١٩٦٧, n° ١١٨-١١٩, p. ١٢٥.

(٤) انظر، مصطفى السباعي، المرجع السابق، ص. ٢٥٥.

(٥) انظر، محمود حسن، المرجع السابق، ص. ٩٤.

سبقت هؤلاء - حثت الأمهات على إرضاع أولادهن حولين كاملين[١] نظرا لما تحتوي الرضاعة الطبيعية من فوائد جمة تتجلى في تمكين الطفل من اكتمال نموه واستواء عقله وإعطاء لجسمه مناعة ضد كثير من الأمراض[٢]، إلى جانب أنه يشعر بالأمان والحماية[٣].

الحاصل، تعد الأم المصدر الأول للغذاء، سواء كان بيولوجيا وهو الحليب، أو روحيا بحيث يتوقف شعور الطفل بالأمن والراحة واستمرار الحياة على رعاية أمه[٤]، والاعتناء به ومدّه العطف والحنان وخاصة في المراحل الأولى من عمره.

أما من جانب علم الاجتماع، فقد بينت الأبحاث أن الأم تعتبر أهم شخص في حياة الطفل[٥] وأن علاقة الأم بالطفل تتضمن عملية تأثير سلوك الأم في الطفل.

ولا يفوتنا بمناسبة الحديث عن دور الأم في تحقيق مصلحة الطفل ذكر حادثة امرأة جاءت تشتكي إلى النبي صلى الله عليه وسلم من أب ابنها الذي نازعها فيه، فقالت "يا رسول الله، إن ابني كان بطني له وعاء، وثديي له سقاء وحجري له حواء[٦] وأن أباه طلقني

---

(١) حيث يقول سبحانه وتعالى (وَالْوَالِدَاتُ يُرْضِعْنَ أَوْلَادَهُنَّ حَوْلَيْنِ كَامِلَيْنِ لِمَنْ أَرَادَ أَنْ يُتِمَّ الرَّضَاعَةَ)سورة البقرة، الآية ٢٣٣. ويقول أيضا (وَفِصَالُهُ فِي عَامَيْنِ)سورة لقمان، الآية ١٤.

(٢) فعلا، ليس ثمة أفضل من أن يرضع الطفل ثدي أمه، وفوائد الرضاع من ثدي الأم لا أحد ينكرها، لأن لحليب الأم ميزات لا يمكن أن تتوفر في غيره من أنواع الحليب الصناعي. انظر، عبد الحميد خزار، الأسرة القدوة، دار الشهاب، باتنة، ١٩٨٧، ص. ١٣١.

(٣) وفي هذا يقول الدكتور تاج الدين محمود الجاموني أن "الرضاعة الطبيعية أفضل طريقة ممكنة تحقق احتياجات الطفل الغذائية. وهي تحتوي على فضائل جمة: إن حليب الأم معقم أصلا وجاهز؛ يحتوي على كميات وافرة من البروتينات السهلة الهضم؛ يحتوي على أجسام مضادة تكسب الرضيع مناعة ضد أمراض كثيرة؛ يحتوي على نسبة معينة من السكر تناسب الطفل، ينمو الطفل أكثر طبيعيا بعد رضاعته من أمه مباشرة؛ الرضاعة الطبيعية تخلق علاقة نفسية عاطفية خاصة بين الطفل وأمه؛ كلاهما يشعر بنشوة: الأم بالأمومة، والطفل بنشوة الرضا والحماية. الرضاعة الطبيعية تحقق انخفاضا في نسبة انتقال المكروبات للطفل عن طريق الرضاعة الاصطناعية، تتأخر الحمل عند الكثيرات. إذن فالرضاعة وسيلة طبيعية أخرى من وسائل تنظيم الأسرة أو التباعد بين الأحمال". انظر، تاج الدين محمود الجاموني، الإنسان هذا الكائن العجيب، ج. ٣ و٤، ط. أولى، دار عمار، الأردن، ١٩٩٣، ص. ٢٤٩-٢٥٠

(٤) انظر، محمود حسن، المرجع السابق، ص. ٩٥.

(٥) انظر، محمود حسن، المرجع الساتبق، ص. ٩٦.

(٦) حواء : اسم المكان الذي يحوى الشيء أي يضمه ويجمعه. انظر، وهبة الزحيلي، الفقه الإسلامي...، المرجع السابق،

وأراد أن ينزعه مني"، فقال لها الرسول الكريم "أنت أحق به ما لم تنكحي"[١]. ويجب أن نعترف بأن قولها كان بطني له وعاء وثديي له سقاء وحجري له حواء إدلاء منها وتوسل إلى اختصاصها به.

وتدعيما للدور الفعال الذي تلعبه الأم في حياة الطفل من تقديم طعام ورعاية وشفقة وصيانة، قال الرسول صلى الله عليه وسلم "من فرق بين والدة وولدها فرق الله بينه وبين أحبته يوم القيامة"[٢]. وعن أبي هريرة أن رجلا جاء إلى رسول الله صلى الله عليه وسلم فقال "يا رسول الله من أحق الناس بحسن صحبتي"؟ قال "أمك". "قال ثم من"؟ قال "أمك". "قال ثم من"؟ قال "أمك". "قال ثم من"؟ قال "أبوك"[٣].

وإذا كانت "الأم بطبيعة الحال تحمل النصيب الأوفر؛ وتجود به (بالطفل) في انعطاف أشد وأعمق وأحنى وأرفق"[٤]، وتندفع بالفطرة إلى رعايته،" وإلى التضحية بكل شيء حتى بالذات"[٥]، فإن توافر فيها الأهلية لذلك يتوج دورها في الحضانة، فتضطلع به على أحسن ما يرام. ويبدى أنه في ضوء قانون الأسرة الجزائري يصح تأويلا أن هذا التأهيل يخضع للسلطة التقديرية للقاضي، وأنه يحصل من المادة ٦٤ من ذات القانون سواء في ثوبها القديم أو الجديد أن مصلحة المحضون هي العمود الفقري لتقديره هذا.

وهكذا، لما كان تقدير القاضي تحدده مصلحة المحضون، وأن هذه الأخيرة تتحقق أساسا بوجود أمه بجانبه، فإن القاضي إذا لاحظ أن الأم تريد التحرر من حضانتها والمحضون في حالة لا يستغني عنها، فإنها تعامل بعكس قصدها. وبهذا بتّ المجلس الأعلى في قرار له بتاريخ ٠٣ جويلية ١٩٨٩ حينما تبين من وقائع القضية أن أما تنازلت عن حضانتها لأبي طفلتها، وكانت هذه الأخيرة مريضة تحتاج إلى عناية في كل وقت، وأن الشهادة الطبية أثبتت ذلك، فقد قرّر أن تنازل الأم عن حضانة بنتها أصبح دون جدوى

ج. ٧، ص. ٧٢٠؛ ابن رشد، بداية المجتهد...، المرجع السابق، ج. ٢، ص. ٥٦.

(١) رواه أحمد وأبو داود، انظر، الشوكاني، المرجع السابق، ج. ٦، ص. ٣٤٩؛ وهبة الزحيلي، الفقه الإسلامي...، المرجع السابق، ج ٧، ص. ٧٢٠؛ السيد سابق، المرجع السابق، ١٩٩٤، ص. ٣٥٥.

(٢) رواه أحمد والترمذي والحاكم عن أبي أيوب. انظر، وهبة الزحيلي وهبة الزحيلي، الفقه الإسلامي...،المرجع السابق، ج ٧، ص. ٧٢٠.

(٣) انظر، أبي عبد الله البخاري الجعفي، صحيح...، المرجع السابق، المجلد الرابع، ج.٧-٨، ص. ٦٩.

(٤) انظر، سيد قطب، في ظلال القرآن، ج. ٥، ط. ٧، دار الشروق، بيروت، ١٩٧٨، ص. ٢٧٨٨.

(٥) انظر، سيد قطب، المرجع السابق، ج.٤، ص. ٢٢٢١.

وغير ملفت إليه، لأن التنازل هذا قد مسّ مصلحة المحضونة[١].

وفي ضوء الحقائق التي أشرنا إليها، والاعتبارات التي سطرناها، يمكننا القول في الختام أن ترتيب الأم على قائمة الحواضن له أساس لا يقبل زعزعة ما لم تقض مصلحة المحضون بخلاف ذلك[٢]. وهذا ما اتفق عليه الفقه الإسلامي بأجمعه[٣] والتشريع والقضاء الجزائريين والمغربيين، حيث اتفقت مواقفهم على أن الأم مقدمة في الحضانة على غيرها[٤] وهي الأكفأ لجلب العناية اللازمة الضرورية لابنها الصغير. فالأم وخاصة في المراحل الأولى في حياة الطفل بعلاقاتها العاطفية مع طفلها تشقّ الطريق لأي نمو لاحق، هذا فضلا عن أنها تظل راعية المحضون إلى غاية بلوغه[٥].

وأما من زاوية باب المقارنة أيضا، تتفق التشريعات المغاربية الثلاث والفرنسي من حيث تعليقها إسناد الحضانة على تحقق مصلحة المحضون[٦]. ولكن بينما يقضي، كما بيناه

(١) انظر، مجلس أعلى، غ.أ.ش.، ١٩٨٩/٠٧/٠٣، ملف رقم ٥٤٣٥٣، المجلة القضائية، ١٩٩٢ ، عدد١، ص. ٤٥.

(٢) وهذا ما تبنته أيضا محكمة النقض السورية، حيث جاء في قرارها الصادر في ٢٤ مارس ١٩٨٣ ما يلي "الشرع الحنيف جعل الأم أولى من الجميع بحضانة الصغير وضمه، مادامت قادرة على القيام برعايته والعناية به ولا يمكن العدول عنه إلا بمسوغ معقول يدل على عجز الأم، وهذه النقطة من النظام العام" (انظر، محكمة النقض، ١٩٨٣/٠٣/٢٤، قرار رقم ١٣٦، مجلة القانون، ١٩٨٣، عدد ٥-٦، ص. ٥٩٢.

(٣) إذ "لثبوت الحضانة للأم دون الأب من الناحية الشرعية سبب نقلي يستفاد من حديث عبد الله بن عمر والذي يقويه في الحقيقة إجماع الصحابة وإجماع فقهاء كل المذاهب السنية" (انظر محمد الكشبور، المرجع السابق، ص. ٤٦٦)؛ ومن ثم لا خلاف بين الفقهاء في أن الأم مقدمة في الحضانة على غيرها لرفقتها وشفقتها على المحضون، ورحمتها به، ... ولذلك لا ينزع الصغير من أمه إلا بشروط خاصة حفاظا عليه، ومحافظة على حقه" (انظر، رشدي شحاتة أبو زيد، شروط ثبوت...، المرجع السابق، ص. ٢٧٧).

(٤) حيث قضت محكمة أمبابة في مصر على أن "الأم مقدمة في الحضانة على غيرها...". انظر، محكمة أمبابة، ١٩٤٤/٠٢/١٤، م.ش. ٩١٦، مقتبس عن ممدوح عزمي، المرجع السابق، ص. ٨٨.

(٥)En effet, "les relations affectives entre mère et enfant frayent le chemin à tout autre développement pendant la première année de la vie".Cf. R.A. Spitz, La première année de la vie de l'enfant, édit. PUF, Paris, ١٩٦٣, p. ٤٦.

(٦)Cf. J. Rubellin-Devichi, Le principe de l'intérêt de l'enfant dans la loi et la jurisprudence françaises, J.C.P., ١٩٩٤, éd. G., I, ٣٧٣٩.

أعلاه، المشرعان الجزائري والمغربي بإعطاء الأولوية للأم في ذلك بشرط أن تكون أهلا لممارستها، إذا بالتشريعيين التونسي والفرنسي لم يعطياها هذه الأولوية بصفة مطلقة، وإنما تركا الأمر لتقدير القاضي طبقا لما تمليه عليه مصلحة المحضون.

ما من شك أن مبدأ أولوية الأم في الحضانة قد هجر في الدول الغربية بسبب ما وجه إليه من نقد من حيث إهداره لمبدأ آخر ألا وهو مبدأ المساواة بين الأبوين، لذلك يتضح لنا جليا أن المشرع التونسي لم يتبن هذا المبدأ نظرا للظروف الاجتماعية المعاشة، وإنما كان تأثيره بالقانون الفرنسي بارزا في هذا المجال، وذلك من عدة نواحي.

في الحقيقة، إن هذا الاختلاف بين التشريعات الجزائري والمغربي وبين التونسي والفرنسي يرجع أساسه إلى أن الحضانة في القانونين الأخيرين، خلافا للقانونين الجزائري والمغربي، تعتبر خاصية من خصائص السلطة الأبوية " autorité parentale"[١]، حيث قد طغى، كما أشرنا إليه أعلاه، في ظل هذين القانونين مبدأ المساواة بين الرجل والمرأة[٢]، فأضحى القانون يشكل حسب هذا المبدأ حتى في الأمور التي يجب أن تعطى فيها الأولوية للأم بحكم الطبيعة. فقد نصت المادة ٢٨٧ في فقرتها الثانية من القانون المدني الفرنسي على أنه "يمكن للقاضي أن يسند ممارسة السلطة الأبوية لأحد الأبوين إذا اقتضت مصلحة الطفل ذلك..."[٣]؛ ونصت الفقرة الرابعة من الفصل ٦٧ من المجلة على أنه "وتتمتع الأم في صورة إسناد الحضانة إليها بصلاحيات الولاية فيما يتعلق بسفر[٤]

(١)Cf. Ph. Simler, op. cit., pp. ٦٨٧ et s.

(٢)Cf. M.-L. Morançais-Demeester, Vers l'égalité parentale, D. ١٩٨٨, I, pp. ٧ et s.; I. Carbonnier, Autorité parentale. Exercice de l'autorité parentale, Rép. Not. Defrénois, ١٩٩٤, Fasc. ١٠, art. ٣٧١ à ٣٨٧.

(٣)En effet, l'article ٢٨٧ al. ٢ (L. n° ٩٣-٢٢ du ٠٨/٠١/١٩٩٣) dispose clairement que "Si l'intérêt de l'enfant le commande, le juge peut confier l'exercice de l'autorité parentale à l'un des deux parents".

(٤) أصبح الفصل ٦٧ من المجلة على صياغته الحالية بمقتضى القانون عدد ٧٤ المؤرخ في ١٢ جويلية ١٩٩٣ والمتعلق بتنقيح بعض فصول المجلة، وبهذا التنقيح قد متع الأم الحاضنة بصفة آلية بصلاحيات الولاية فيما يتعلق بمصالح الطفل الأساسية وهي الدراسة والسفر والذمة المالية. انظر بشأن ولاية الأم، مصطفى بن جعفر، حماية الأم في تونس في التشريع والقضاء، مجلة القضاء والتشريع، ١٩٩٥، عدد ٨، ص. ٢٥؛ عبد الرزاق دنقير، المرجع السابق، ص. ٤٧؛ سعاد الشبار، الولاية بمجلة الأحوال الشخصية من خلال تنقيحها بالقانون المؤرخ في ١٢جويلية ١٩٩٣، رسالة

المحضون ودراسته والتصرف في حساباته المالية"، وجاء في الفقرة الخامسة منه على أنه "ويمكن للقاضي أن يسند مشمولات الولاية إلى الأم الحاضنة إذا تعذر على الولي ممارستها أو تعسف فيها...، أو لأي سبب يضر بمصلحة المحضون".

إلا أنه فيما يخص القانون الجزائري وبعد التعديل الذي طرأ على المادة ٨٧ والتي منح المشرع بمقتضاها للحاضن الولاية على المحضون وإبقاء أولوية الأم في الحضانة، نقول أنهما قاعدتان قادرتان على التعايش لا تمنع وجود إحداهما قيام الأخرى؛ وهي نظرة تختلف عن النظرة التونسية أو الفرنسية.

وبهذا الموقف، أراد المشرع التونسي أن يقرب نظام الحضانة بنظام الولاية[1]، حتى لا تبقى الحضانة امتيازا نسويا "ce privilège féministe" أو تلك الأداة لتربية الأطفال الصغار :

«cet outil d'élevage des enfants en bas âge»[2]."

إذن، فهذه النصوص القانونية ساوت بين الأم والأب وجعلتهما في نفس المرتبة[3]؛ ومن ثم، فمصلحة المحضون هي وحدها التي تقرر من يمارس السلطة الأبوية[4] دون أية أفضلية بينهما في ذلك[5].

تخرج، المعهد الأعلى للقضاء، ١٩٩٥؛ عمار الداودي، المرجع السابق، ص. ١٨٩-١٩٠؛
F.Belknani, op. cit., R.T.D., ٢٠٠٠, p. ٧٥ et s.

(١) انظر، نجيبة الشريف بن مراد، طفلنا بين...، المرجع السابق، ص. ٣١-٣٢.

(٢)Cf. B. Ferchichi, op. cit., th., pp. ٣٤٩-٣٥٠.

(٣)Cf. H. Fulchiron, Une nouvelle réforme de l'autorité parentale. Commentaire de la loi n° ٩٣-٢٢ du ٨ janvier ١٩٩٣ à la lumière de l'application de la loi Malhuret, D. ١٩٩٣, pp. ١١٧ et s.

(٤)Car, "l'intérêt de l'enfant pourrait d'abord être considéré comme fondant le droit lui-même. Cette th. ferait alors du mineur le véritable bénéficiaire de ce droit. On ne pourrait plus parler du droit d'entretenir des relations avec un enfant, mais du droit de l'enfant à entretenir des relations avec autrui ". Cf. G. Viney, op. cit., p. ٢٣١.

(٥)Car, il a été jugé, avant la loi du ٨ janvier ١٩٩٣, que la dévolution de l'autorité parentale à la mère en application de l'article ٣٧٤ (ancien), al. ١er, du code civil, est contraire aux articles ٨ et ١٤ de la convention européenne des droits de l'homme relatifs au respect de la vie familiale et à la jouissance des droits et libertés sans distinction fondée notamment sur.

ولكن ماذا قصد المشرعان الفرنسي والتونسي بالمصلحة هنا؟ ومتى تتحقق هذه المصلحة مع الأم؟
للإجابة على ذلك، يبدو أن القضاء الفرنسي يرى أن المصلحة مع الأم لا تظهر إلا إذا كان الطفل في سن صغيرة وبحاجة للعناية الأمومية. ولا شك أن تحديد سن الصغر وحاجة الصغير للعناية الأمومية يبقى من اختصاص قاضي الموضوع؛ وعليه، فإسناد حضانة الأولاد لأمهم حتى بوجود هذين الشرطين غير قطعي لأنها مسألة نسبية وللقاضي سلطة تقديرية في ذلك[1].

وأما القضاء التونسي، قد جاء من جانبه بعبارات عامة توحي بمبدأ المساواة، حيث قد قضت محكمة التعقيب في قرارها المؤرخ في ١ فبراير ١٩٧٧ بأن "إسناد الحضانة لأحد الأبوين أو للغير أمر موضوعي يرجع لاجتهاد قاضي الأساس مع مراعاة مصلحة المحضون شريطة التعليل المستوفى..."[2]. وتأكيدا لذلك، قضت المحكمة ذاتها في قرار آخر صادر بتاريخ ١٢ ماي ١٩٨١ بأن إسناد الحضانة لأحد الأبوين أو لغيرهما راجع لمحكمة الموضوع بحسب مصلحة المحضون،..."[3].

وهذا قد استقر القضاء التونسي[4] على أن "في خصوص الحضانة، فإن الفصل ٦٧

---

le sexe. Cf. T.G.I. Rochefort-sur-Mer, ٢٧/٠٣/١٩٩٢, D. ١٩٩٣, p. ١٧٤, note E. Flauss; J.C.P. ١٩٩٢, II, ٢١٨٨٥, note A. Garé

(١)Ainsi, la Cour de Cassation souligne qu'une « cour d'appel ayant constaté que les deux parents présentent des qualités et garanties égales estime souverainement que l'intérêt de l'enfant ne commande pas que les conditions d'exercice de l'autorité parentale soient modifiées et que celle-ci soit confiée au pèr ». Cf. Cass. Civ., ١٦/٠٧/١٩٩٣, R.C.D.I.P., ١٩٩٣, p. ٦٥٠, note B. Ancel.

(٢) انظر، محكمة التعقيب ، ١٩٧٧/٠٢/١، قرار مدني، عدد ٧٣١، نشرية محكمة التعقيب، ١٩٧٧ ، ج. ١، ص. ٧٤.

(٣) انظر، محكمة التعقيب ١٩٨١/٠٥/١٢، قرار مدني، عدد ٥٠١٤، نشرية محكمة التعقيب، ١٩٨١، ص. ٣٠٤.

(٤) وذلك بعد ما كانت الأحكام القضائية في بداية تنقيح الفصل ٦٧ من المجلة متضاربة بعضها البعض، حيث منها ما بقيت متمسكة بما ذهب إليه الفقه الإسلامي، ومن ثم إعطاء الأولوية للأم في الحضانة (انظر، المحكمة الابتدائية بقرمبلية، ١٩٦٨/١٢/٠٣، حكم مدني، رقم ٨٤٨٧، مجلة التشريع والقضاء، ١٩٦٩، ص. ١٦٤؛ المحكمة الابتدائية تونس، ١٩٧٦/٠٥/٠٣، حكم مدني، رقم ٥٠٥٣٨، مقتبس عن

م.أ.ش. يركز على مصلحة المحضون فقط وأن فقه القضاء المتوارد في هذه المادة يرتكـز علـى مبـدإ يتمثـل في وجـوب تعليـل مصلحة المحضون عند إسنادها لأحد الطرفين"[1].

وفي قرار آخر، قضت محكمة التعقيب أن "مصلحة المحضون هي الرائد الأساسي والمعيار الوحيد لإسناد الحضانة وفق الفصل ٦٧ من م أش وأن تقدير الأولوية في الحضانة بين الأب والأم من المسائل الموضوعية الخاضعة لاجتهـاد محكمـة الأصل في نطاق مصلحة المحضون شريطة التعليل المستكمل"[2].

وفي قرار آخر حديث نوعا ما، قضت المحكمة ذاتها " أن مصلحة المحضون هـي الرائـد الأساسي والمعيـار الوحيد لإسناد الحضانة. وأن مسألة الأفضلية والأصلحية بين الوالدين لحضانة الأبناء مـن المسائل الواقعية الراجعة لاجتهاد حكـم الأصل دون رقابة عليهم من محكمة التعقيب متى كان رأيها مؤسسا على الوقائع الصحيحة الثابتة بالأوراق"[3].

وإذا كان هذا هو موقـف المشـرع والقضـاء الفرنسيـين[4] والتونسيـين، فإن القـول بالأخذ بـه واتباعـه، لا يتوافـق ومجتمعنا المغاربي. ففي الحضانة لا مجال للتسوية بين الأم والأب، والقول بأن لكليهما الأولوية في الحضانة.

نعم، قد يكون ذلك، إذا لم يوجد أحدهما أو لم يملأ أحدهما شروط الحضانة. لكن في حالة توفر شروطها في الأم وفي الأب، فإن الأم أولى منه، لأن الأمهات أشفق وأرفق

(M. Beji, op. cit., mém., p.١٠) بشأن نقد هذا الموقف، انظر، .M. Mezghani, op. cit., p. ٦٢ ; M. Beji, op. cit
mém., p.١٠٨ et s.

(١) انظر، محكمة التعقيب ، ١٩٩٠/٠٥/٨، قرار مدني، عدد ٢٥٩١٣، نشرية محكمة التعقيب، ١٩٩٠، ص. ٢٥٩.

(٢) انظر، محكمة التعقيب ، ١٩٩٧/٠٤/٠١، قرار مدني عدد ٥٤٨٠٨، نشرية محكمة التعقيب،١٩٩٧، ص.٢٨١.

(٣) انظر، محكمة التعقيب، ١٩٩٩/٠٦/٠٨، قرار مدني، عدد ٧٠٥٦٣، نشرية محكمة التعقيب، ١٩٩٩، ج. ٢، ص. ٣٣٨.

(٤)Cf. J. Vassaux-Vanoverschelde, Le droit de l'enfant à sa famille dans la loi n° ٩٣-٢٢ du ٨
janvier ١٩٩٣, D. ١٩٩٣, I, p. ٤; M. King et C. Kratz, La notion d'intérêt de l'enfant en droit :
vecteur de coopération ou d'interférence ?, in Droit et Société, ١٩٩٢, n° ٢٢, pp. ٦٠٧ et s.; C.
Martin, L'après divorce, lien familial et vulnérabilité, Presses Universitaires de Rennes,
١٩٩٧, pp. ٢١٢ et s.

وهنّ في الوقت ذاته أقدر من غيرهن وأصبر على تحمل المشاق[١]، وزيادة على ذلك أن الأب لن يتولى شؤون الولد بنفسه[٢]. ويكفي هنا الاستشهاد بحادثة عمر بن الخطاب، عندما فارق زوجته ونازعها في ابنه، فقال له أبو بكر رضي الله عنه "ريحها ومسها خير له من الشهد عندك"[٣].

والواقع، ما كانت الأم في هذا الموضع المتميز، في استحقاقها لحضانة المحضون إلا لأنها أكثر عاطفة، وأعمق حنانا، وأقوى شعورا، وأصبر حنانا على ابنها في هذه المرحلة الأولى، المحددة لمعالم شخصيته، النائية به عن التعقيدات النفسية، والرواسب المعنوية، ولعل هذا الملمح الأصيل لدى الأم، هو الذي صوره جل جلاله بدقة في قصة أم موسى عليه السلام بقوله ﴿فَرَجَعْنَاكَ إِلَى أُمِّكَ كَيْ تَقَرَّ عَيْنُهَا وَلَا تَحْزَنَ﴾[٤] لما أودعه الله فيها من خصال العطف والمحبة الفياضة[٥].

وأخيرا، فإن مفهوم الأولوية التي أقرتها الشريعة الإسلامية ومن بعدها المشرعون الجزائري والمغربي والتونسي- في صياغته الأولى للمجلة لا تعني التمييز الإنساني للنساء على الرجال، وإنما تعني حق الرعاية والصيانة والرأفة والشفقة لكي يستقيم أمر الأسرة. لأن الأم بسبب طبيعة مسؤوليتها الخاصة وبسبب ما لها من حنان وعطف وصبر أقدر من الأب على تربية الطفل. وهذا ما يبرر أيضا إعطاء الأفضلية لقرابة الأم على قرابة الأب. غير أنه لنا نتساءل عما إذا تتحقق مصلحة الطفل في حالة إسناد حضانته لأبيه؟

---

(١) انظر، عبد العزيز عامر، المرجع السابق، ص. ١٩٣.

(٢) وهذا ما أكده المجلس الأعلى في قراره الصادر في ١٩٨٨/١٢/١٩ حيث قضى "فإن قضاة الموضوع الذين قضوا بإسقاط حضانة الأولاد عن أمهم بناء على طلبها وإلزام الأب بأخذهم وهو ليس حاضنا مباشرا بل يحضن بغيره من النساء (زوجته الثانية) التي ليست أكثر حنانا من أمهم فإنهم بقضائهم كما فعلوا خالفوا أحكام الحضانة...". انظر، مجلس أعلى، ١٩٨٨/١٢/١٩، ملف رقم ٥١٨٩٤، المجلة القضائية، ١٩٩٠، عدد ٤، ص. ٧٥.

(٣) وكان الصحابة حين قال ذلك حاضرين ولم ينكر أحد منهم ذلك، فكان إجماعا. انظر، عبد العزيز عامر، المرجع السابق، ص. ١٩٢؛ محمد مصطفى شلبي، أحكام الأسرة...، المرجع السابق، ص. ٧٥٧.

(٤) سورة طه، الآية ٤٠.

(٥) انظر، محمد الشحات الجندي، المرجع السابق، ص.٦٢-٦٣.

II.- تقدّم الأب، عامل آخر لتحقق مصلحة المحضون

واضح مما سلف أن التشريعات المغاربية الثلاثة قد أكدت أهمية الأب في الحضانة وأولويته ليس على الحواضن الرجال في التشريع الجزائري فحسب، بل والحواضن النساء فيما عدا الأم في التشريعين المغربي والجزائري[١]، وذلك لكون الأب يحرص على مصلحة ولده أكثر من غير هؤلاء[٢]. وتجمع غالبية فقهاء علم النفس على الدور الفعال الذي يلعبه الأب في حياة الطفل[٣].

ولكن رغم هذه الأهمية التي يتحلى بها الأب، فقد خرجت قلة من الفقه الغربي ترى عدم الأخذ بهذه الأهمية على إطلاقها. فنادت هذه القلة بإدانة سلطة الأب، وذهبت إلى حد القول "يجب التحرر من الأب، لأن عقدة أوديب[٤] طبيعيا ليس لها وجود، وإنما مصدرها اجتماعي-ثقافي وبطريركي"[٥]. وهنا يحق لنا أن نتساءل : هل تستحق سلطة الأب هذا الإنكار؟ إن الإجابة عن هذا السؤال هي بالنفي القاطع إذ أن مثل هذا الرأي لا يخدم بتاتا مصلحة المحضون ولا يتماشى مع الواقع الاجتماعي المغاربي المعاش.

وأول ما نستشهد به هنا هو ما جاء عن الرسول الكريم وصحابته من حث الأب على تربية ابنه ومسؤوليته عنه، حيث يقول صلى الله عليه وسلم "لأن يؤدب أحدكم ولده خير له من أن يتصدّق كل يوم بنصف صاع على المساكين"[٦]. وفي ذلك يقول علي كرم

---

(١) انظر، المادة ١٧١ من المدونة..

(٢) ولهذا كان أولى بالولاية على النفس كولاية الزواج. انظر، المواد من ١١ إلى ١٣ من قانون الأسرة قبل التعديل والمادة ١١ المعدلة، وأولى بالولاية على المال خلال قيام العلاقة الزوجية، انظر المواد من ٨٧ إلى ٩١ من ذات القانون.

(٣)Cf. A. Le Gall, Le rôle nouveau du père, édit. Sociales françaises, ١٩٧١, pp. ١٣٠ et s.; M. Porot, L'enfant et les relations familiales, édit. P.U.F., ١٩٦٦, p. ١٩١; V. Smirnoff, La psychanalyse de l'enfant, édit. P.U.F.,١٩٧٤, p. ٣٢٦.

(٤) فهي عقدة نفسية تتم بحب الابن لأمه والبنت لأبيها حبا مفرطا مصحوبا بتحيز ضد الأب في الحالة الأولى وضد الأم في الحالة الثانية.

(٥)Pour W. Reich, le complexe d'oedipe n'existe pas forcément : il est d'origine socio-culturelle et patriarcale... Il faut donc se libérer du père ". Cf. W. Reich, L'analyse caractérielle, édit. Payot, ١٩٧١, pp. ٦١ - ٦٣.

(٦) من حديث سماك، عن جابر بن سمرة في معجم الطبراني، مقتبس عن عبد الناصر عيسوي، آراء ابن

الله وجهه "علموهم وأدبوهم وفقهوهم"[(١)]. وقال عبد الله بن عمر "أدب ابنك، فإنك مسؤول عنه، ماذا أدّبته، وماذا علّمته؟"[(٢)].

وقد جاء ابن القيم الجوزية أن من أهمل تعليم ولده ما ينفعه وتركه سدى، فقد أساء إليه غاية الإساءة، وأكثر الأولاد غنما جاء فسادهم من قبل الآباء وإهمالهم لهم. ولذلك كان ابن القيم تارة يجعل الآباء كالعدو الشديد العداوة مع عدوه وهم لا يشعرون، وأخرى يجعلهم سبب الخسران إلى أن جمع ذلك في قوله " إذا اعتبرت الفساد رأيت عامته من قبل الآباء"[(٣)].

ولهذا، أكد باحثون آخرون على دور الأب من خلال الحوار الذي يدور بينه وبين ولده، فهم ينكرون على الأب الحق في عدم حصول حديث مع ولده، لأن الاتّصال، في رأيهم، يساعد الأب على فهم طفله وتكوين نظره حوله[(٤)]، وذلك ما يسمح له بمحاولة تصحيح أخطائه وتقويمه وإرشاده؛ وفي هذا نفع كبير للطفل لا محالة[(٥)].

وعليه، فإننا نعتقد أن هذا النظر ينطوي على الشيء الكبير من الصحة، فمصلحة المحضون تقضي بتخويل الأب حق الحضانة، إذ أن أهمية ذلك الحوار تكمن في أن الولد يكتسب منه نظرة خلقية وأدبية وسياسية يستعين بها في حياته المستقبلية. وبمعنى آخر، فإن ذلك الحوار يساهم في تكوينه الثقافي والتربوي. ومن ثم، يصبح الأب شكلا واضحا للأبوة، يقوم بدور تزداد أهميته في تدريب الطفل خلال مراحل نمّوه لإدماجه في المجتمع، إذ نجد أن أصول الأبوة هي أكثر ارتباطا بالعلاقات الاجتماعية[(٦)].

لكن ينبغي لإحداث هذا الأثر، و يكون ذلك التأثير إيجابيا، أن يملأ الأب الشروط التي سبق ذكرها في المبحث السابق، وإلا لا حضانة له رعاية لحقوق الطفل ومصالحه.

القيم في التربية، منار الإسلام، ١٩٨٢، عدد ١١، ص. ٧٠.

(١) انظر، عبد الناصر عيسوي، المرجع السابق، ص. ٦٩؛ السيد سابق، المرجع السابق، ص. ٣٦٠.

(٢) انظر، عبد الناصر عيسوي، المرجع السابق، ص. ٧٠.

(٣) انظر ابن القيم، مقتبس عن عبد الناصر عيسوي، المرجع السابق، ص. ٧٢-٧٣.

(٤)Cf. L. Pépin, op. cit., p. ٩٥.

(٥)Cf. J. Commaille, Famille sans justice ? Le droit de la famille face aux transformations de la famille, édit. Centurion, Paris, ١٩٨٢, pp. ١١١ et s.

(٦) انظر، محمود حسن، المرجع السابق، ص. ٩٤.

والواقع، أن الآباء يعبرون عن عواطف الأبوة كما تفعل الأمهات[١]. وغاية ما هناك أن أهمية الأب كوالد تزداد بعد انقضاء فترة الرضاعة، ويتطوّر نضج الطفل عندما يتعلم المشي والكلام[٢].

وإننا إذا أمعنّا النظر فيما سبق أن بسطناه من الآراء والحقائق أعلاه يمكننا أن نخلص إلى القول أن هذه الآراء تجلي موضع مصلحة المحضون مع الأب الحاضن، وبالقياس مع الحواضن الرجال، وحاجته إليه ليتلقى طبع الرجال إذا كان ذكراً. ولهذا يعارض العميد جون كربونيي أن تكون تربية الأطفال من قبل الأم فقط عندما تكون هي الحاضنة، لأن ذلك، حسب رأيه، يؤدي إلى فقد رجولة فئة هامة من الشباب الذكور[٣]؛ وليتمتع بحمايتهم إذا كانت أنثى.

وكفى إشهاد علماء النفس بدور الأب بالشيء الكثير، وإلحاح الفقه الإسلامي لهذا الدور الجليل والصعب في نفس الوقت. ونحن نفضل هذا الرأي على سواه ونرى وجوب الإبقاء بالحل الذي يقضي به، فهو يعتبر في نظرنا أحسن الحلول وأكثرها تمشيا مع الواقع بل ومع الأساس الذي بنيت عليه فكرة مصلحة المحضون. ومن ثم، فلا نرى أي أساس في القول بإبعاد السلطة الأبوية.

وأخذ بهذا الموقف الفقه الحديث[٤] كما عمله صراحة المشرع المغربي في تعديله لمدونة الأحوال الشخصية بمقتضى الظهير الصادر في ١٠ سبتمبر ١٩٩٣، حيث نص في الفصل ٩٩ منها على أن "الحضانة من واجبات الأبوين مادامت الزوجية قائمة بينهما فإذا انفكت فالأم أولى بحضانة ولدها من غيرها ثم أبوه...". وهذا ما تبنته أيضا مدونة الأسرة

---

(١) انظر، محمود حسن، المرجع السابق، ص. ٩٢.

(٢) انظر، محمود حسن، المرجع السابق، ص. ٩٢-٩٣.

(٣)Cf. J. Carbonnier, op. cit., t. ٢, p. ٢٣٥.

(٤)Cf. V. Lacoste, op. cit., R.R.J. Droit prospectif, ١٩٩٧, n° ٣, pp. ٩٥٧ et s.; Ph. Simler, La notion de garde de l'enfant, sa signification et son rôle au regard de l'autorité parentale, R.T.D.Civ., ١٩٧٢, pp. ٧٠٦ et s.; R. Legeais, Commentaire de la loi du ٤ juin ١٩٧٠, Rép. Defrénois, ١٩٧١, pp. ١٠٦٨ et s.; M.-F. Nicolas-Maguin, A propos de la garde conjointe des enfants de parents divorcés, D. ١٩٨٣, Chr., p. ١١٣; R. Sebbagh, L'évolution du droit de garde dans les pays du Maghreb, R.T.D., ١٩٦٩-١٩٧٠, pp. ٤٩ et s.; J. Ladjili, Recherche d'une responsabilité égale des père et mère dans la garde de l'enfant mineur en droit tunisien, R.T.D., ١٩٨٠, pp. ٢٢٥ et s.; A. Bêcheur, op. cit., R.A.S.J.E.P., ١٩٦٨, n° ٤, pp. ١١٤٩ et s.

في تعديلها لسنة ٢٠٠٤، حيث نصت في المادة ١٧١ منها على أن "تخول الحضانة للأم، ثم للأب،...". وقد جاء أيضا في المادة ١٣٨ من مشروع القانون العربي الموحد للأحوال الشخصية أن "الحضانة من واجبات الأبوين معا مادامت الزوجية قائمة بينهما، فإن افترقا فهي للأم، ثم للأب، ثم لأقرباء المحضون وفق الترتيب التالي ما لم يقدر القاضي خلافه لمصلحة المحضون...".

ويلاحظ في هذا التعديل الأخير للمدونة أنه لا يهم إذا كانت الجدة لأم أهلا للحضانة أم غير أهل لها إذ هي على الحالتين تأتي بعد الأب.

وقد كان المشروع التمهيدي الأول للقانون المعدل للقانون الجزائري رقم ٨٤-١١ المؤرخ في ٠٩ جوان ١٩٨٤ قد أضاف المادة ٦٥ مكرراً التي كانت تنص على أنه "في حالة انحلال عقد الزواج بوفاة الزوجة، تعود الحضانة الأب مع مراعاة مصلحة المحضون"[١].

وما يمكن تسجيله هنا، هو أن المشروع عندما أقحم هذه المادة في باب الحضانة قد أطرأ تعديلا ملموسا على أحكام الحضانة بأن جعل هذه الأخيرة فضلا عن كونها أثرا من آثار الطلاق، أثرا من آثار الوفاة. ولكن مع هذا الفارق أن الأب في هذه الحالة فقط يكون أولى بالحضانة وأحق بها قبل غيره وذلك طبعا بعد تأكّد القاضي من وجود مصلحة المحضون معه وإلا لا حضانة له، مما يتعين، احتراما لتحقق تلك المصلحة، رعاية الترتيب الأصلي.

وما يجب الإشارة إليه هو أن ترتيب الحضانة بسبب الوفاة لا تكتسي نفس الشكل ولا تأخذ نفس المعنى كتلك التي تكون نتيجة طلاق. ومعنى ذلك، أنه في حالة الطلاق تفرض مصلحة المحضون نفسها أكثر، وتثار بقوة أشد، لأن الطفل يكون موضوع نزاع، ومحل تمزّق بين أبويه أو بين الحواضن الآخرين. وأما في حالة الوفاة، فيكون لمفهوم المصلحة خصوصية لا نجدها في الحالة التي يفترقان فيها الزوجان بعد خصام ونزاع، حيث قد ينصرف هذا التصرف قبل الأطفال كذلك[٢].

ولهذا جاء المشروع التمهيدي الأخير لتعديل قانون الأسرة، اقترح تعديل المادة ٦٤ على النحو التالي: "الأم أولى بحضانة ولدها، ثم الأب، ثم الجدة للأم، ثم الخالة، ثم

---

(١) انظر، المشروع التمهيدي الأول للقانون المعدل للقانون رقم ٨٤-١١ المؤرخ في ٩ جوان ١٩٨٤ المتضمن قانون الأسرة.

(٢)Dans ce contexte, un auteur tunisien souligne parfaitement la contradiction de certaines articles de la madjella avec « l'éclatement de la famille agnatique ». Cf. F. Belknani, op. cit., R.T.D., ٢٠٠٠, pp. ٨٠ et s.

الجدة للأب، ثم الأقرب في درجة مع مراعاة مصلحة المحضون في كل ذلك...". وهو ما تم تبنيه فعلا، وإبقاء مرتبة الأب بعد الأم مع تعديل ترتيب الحواضن الآخرين؛ حيث نصت المادة ٦٤ المعدلة بالأمر رقم ٠٥-٠٢ لـ ٢٧ فبراير ٢٠٠٥ المعدل والمتمم لقانون الأسرة على ما يلي: "الأم أولى بحضانة ولدها، ثم الأب ثم الجدة لأم، ثم الجدة لأب، ثم الخالة، ثم العمة، ثم الأقربون درجة مع مراعاة مصلحة المحضون في كل ذلك...".

والحقيقة، فهذه التعديلات التي طرأت على التشريعات المغاربية للأسرة مفهومة ولها حكمتها إذ تهدف إلى رعاية ما أصاب المجتمع المغاربي من "تطور" وانفكاك "الأسرة الكبيرة"[١]. ويعني بهذا أن إعطاء الأولوية للأب في الحضانة بعد الأم يعود سببه إلى أن :

«Les intérêts de la famille supérieurs aux intérêts de ses membres, étaient alors garanties par ce que Durkheim appelle le « communisme familial»[٢] axé sur le dépouillement des autres membres du groupe de leurs intérêts personnels ou en tout cas du droit de les revendiquer, et par le caractère indissoluble ou presque du lien familial pour ceux-ci. Mais cette famille rouleau compresseur, qui écrase l'individu sur son passage, se trouve doublement minée par l'évolution moderne des droits de l'homme et par l'individualisme grandissant de notre société»[٣].

Car, « la panoplie de famille part de la famille agnatique, patriarcale ou souche, pour arriver à la famille nucléaire,…»[٤]. Ainsi, comme l'a signalé M. Farouk Mechri, « Dans les différentes études démographiques et sociologiques faites dans le monde arabo-musulman apparait une constante : le développement de la famille nucléaire»[٥].

---

(١)Sur cette question, cons. pour ce qui est du droit français, C. Brunetti-Pons, L'émergence d'une notion de couple en droit civil, R.T.D.Civ. ١٩٩٩, n° ١, pp. ٢٧ et s.

(٢)V. E. Durkheim, cité par F. Dekeuwer-Defossez, Rapport Français, in Travaux de l'association Henri Capitant des amis de la culture juridique française, édit. L.I.T.E.C., Paris, ١٩٩٤, T. XLV, p. ٢١٥.

(٣)Cf. F. Belknani, op. cit., R.T.D., ٢٠٠٠, pp. ٨١-٨٢.

(٤) (٤)Cf. A. Michel, Modèles sociologiques de la famille dans les sociétés contemporaines, in Archives de philosophie de droit, Réformes du droit de la famille, ١٩٧٥, p. ١٢٧.

(٥)Cf. F. Mechri, op. cit., p. ٢٤٦.

فهذا التطور العصري يحيي لنا ما توصلت إليه الأسرة في يومنا الحاضر[١]، إذ يقول الأستاذ محسن عقون "أن أهم الفوارق بين الأسرة النووية والعائلة الممتدة أي الفوارق بين الأسرة الجزائرية الحديثة والعائلة الجزائرية التقليدية الممتدة هي أن الأسرة النووية هي أسرة صغيرة الحجم تتكون على العموم وفي معظم الحالات من الزوج والزوجة والأطفال... أما العائلة الممتدة فهي عائلة كبيرة الحجم حيث إنها تتكون من الزوج والزوجة والأطفال...والأقارب الذين يسكنون مع العائلة الأصلية في بيت واحد"[٢].

"ويظهرمن ذلك، يرى الأستاذ رشيد الصباغ، أن قاعدة مراتب الحضانة ترتكز على مصلحة المحضون كما قدرها الفقهاء بالقياس منذ صدر الإسلام في ظروف كانت فيها الروابط العائلية سواء من جهة الأم أو من جهة الأب قوية متماسكة وأن هذه الظروف قد تغيرت اليوم بتفكك العائلات الكبرى وانحلالها إلى أسر صغيرة تتألف من الأبوين فقط في أغلب الأحيان". وفي خضم هذا التحويل الأسري، يضيف قائلا[٣] بشأن القضاء التونسي، أنه خلال العشرية الأولى من صدور المجلة قد بلغت القرارات المنشورة ٢٧ قرار، منها ١٤ قرارا استئنافيا و١٣ قرارا تعقيبيا، وأن النزاع فيها جميعا دار بين الأم والأب لا غير ما عدا قرار استئنافي واحد دار فيه النزاع بين جد المحضون للأب من جهة وأم المحضون وجدته للأم من جهة أخرى[٤]. وهذا ما استشفناه أيضا في القرارات والأحكام الصادرة عن القضاءيين المغربي والجزائري[٥].

ويرى المستشار عبد العزيز توفيق بشأن التعديل الذي أدخلته المدونة في الفصل٩٩

---

(١)Cf. D. Mahfoudh-Draoui, Traditionalisme et modernisme conjugal dans la famille tunisienne, in Actes du colloque organisé par l'Institut supérieur de l'éducation et de la formation continue, Tunis, ٣-٤ février, ١٩٩٤, édit. C.E.R.E.S., ١٩٩٤, p. ٨٢ ; Ph. Fargues, Algérie, Maroc, Tunisie : vers la famille restreinte, in Populations et sociétés, Paris, ١٩٩٦, n° ٢٤, pp. ٣٢ et s.

(٢) انظر، محسن عقون، تغيير بناء العائلة الجزائرية، مجلة العلوم الإنسانية، ٢٠٠٢، عدد ١٧، ص. ١٢٩.

(٣) انظر، رشيد الصباغ، المرجع السابق، ص. ١٥.

(٤) انظر، محكمة استئناف تونس، ١٩٦٦/٠٧/١٤، مجلة القضاء والتشريع، ١٩٦٦، عدد ٩، ص. ٣٥.

(٥) انظر في هذا الشأن، بلحاج العربي، مبادئ الاجتهاد...، المرجع السابق، ص. ١١٢-١٣٧؛ والقرارات الصادرة عن المحكمة العليا بشأن حق الحضانة، المجلة القضائية، ٢٠٠١، عدد خاص، ص. ١٦٦ وما بعدها.

سابقا، على أنه "محققا لكثير من الآمال، وقاضيا على كثير من المشاكل والصعاب التي كانت تعترض حياة الأطفال الذين تتعرض أسرهم لهزات قد تؤدي إلى أبغض الحلال إلى الله، إلى ما يهتز منه عرش الرحمن، جل علاه، إلى اليتم في حياة الأبوين...إلى الطلاق، وجعل الأب في الدرجة الطبيعية التي أعطاه إياها الله تعالى"(١).

وقد سار فعلا القضاء المغربي على هذا المنوال بإقراره صراحة، تطبيقا للنصوص القانونية، أولوية حق الأب في الحضانة بعد الأم، وذلك في القرار الصادر عن المجلس الأعلى بتاريخ ٠٤ أكتوبر ١٩٩٤، حيث قضى بموجبه بأن "... رتبة الأب موالية لرتبة الأم ومقدمة على رتبة الجدة، ولما لم تعتبر المحكمة ما ذكر وقضت للجدة باستحقاق الحضانة رغم ثبوت سكناها مع بنتها التي سقطت حضانتها تكون خالفت القانون وعرضت قضاءها للنقض"(٢).

وتأييدا لهذا الموقف يقول الأستاذ أحمد الخمليشي أن "وضع الأسرة اليوم الاجتماعي، والاقتصادي والسكنى يفرض قصر واجب الحضانة على الأبوين، ولا يبدو مبرر لتقديم الجدات والخالات وخالات الخالات على الأب كما كان الأمر قبل تعديل ١٠/٠٩/١٩٩٣..."(٣).

وتماشيا مع الفكرة ذاتها، سار القضاء الجزائري على عين الخطة في العديد من أحكامه وقراراته. فأسندت محكمة معسكر في حكمها الصادر في ٣٠ ديسمبر ١٩٨٤ حضانة الابن لأبيه بعد أن تنازلت الأم عن حقها في الحضانة(٤). وكما قضت محكمة سعيدة في حكمها الصادر في ١٨ ديسمبر ١٩٩٩ بما يلي "الإشهاد عن تنازل المدعية (الأم) عن حضانة ولدها... وإسنادها إلى المدعي (الأب)..."(٥).

كذلك قضت محكمة تلمسان في حكمها الصادر في ١٠ يناير ١٩٩٨ بما يلي "حيث أمام التنازل الاختياري للأم عن حضانة طفلها واستعداد المدعى عليه للتكفل به

---

(١) انظر، عبد العزيز توفيق، المرجع السابق، ص. ٩.

(٢) انظر، مجلس أعلى، ٠٤/١٠/١٩٩٤، قرار رقم ١٢٠٨، مجلة القضاء والقانون، عدد ٤٧، ص. ١٦٣.

(٣) انظر، أحمد الخمليشي، التعليق على...، المرجع السابق، ص. ١٨٧.

(٤) انظر، محكمة معسكر، قسم الأحوال الشخصية، ٣٠/١٢/١٩٨٤، غير منشور.

(٥) انظر، محكمة سعيدة، قسم الأحوال الشخصية، ١٨/١٢/١٩٩٩، حكم رقم ١٦٠٠، غير منشور.

يتعين الإشهاد لها عن ذلك وتخويل الحضانة للأب"[1]. وقد تأكد هذا النظر في حكم آخر صادر من نفس المحكمة بتاريخ ٠٥ ديسمبر ١٩٩٨[2]، وفي حكم غيره صادر بتاريخ ٢٣ من يناير سنة ١٩٩٩، حيث قضت فيه بأنه يقتضي الأمر "الإشهاد على التنازل الاختياري للأم عن حقها في حضانة الطفل م.ل. والحكم تبعا لذلك بإسناد حضانته إلى أبيه"[3].

وكما تبنى المجلس القضائي بتلمسان نفس الموقف حينما قضى في قراره الصادر بتاريخ ٣١ يناير ٢٠٠٠ بأنه "... وبعد التصدي من جديد الإشهاد عن تنازل المستأنفة (الأم) عن حضانة ولدها وبالنتيجة إسناد حضانته لأبيه..."[4]؛ بل منح المجلس ذاته حق الأولوية للأب حتى ولو طلبت الجدة لأم إسناد الحضانة لها، وذلك بحجة أنه "بالرجوع إلى مصيره وحسن تربيته، فإن المستأنف عليه (الأب)... قدم للمجلس شهادة تثبت ابنه الأكبر يدرس في مدرسة بانتظام وأن الطفلين متعودان على نمط من العيش مع أبيهما هو أفضل بكثير من نمط العيش مع الجدة الكبيرة سنا بالإضافة إلى مقر السكن للجدة الموجود بولاية تلمسان والذي سيؤثر على متابعة الأب لتربيتهما والإشراف عليهما"[5].

وكما أكدته محكمة مستغانم في حكمها الصادر في ٨ مارس ١٩٩٤ بإسنادها حضانة الأولاد الثلاثة إلى والدهم في قضية تتحصل وقائعها، خلافا للقضايا السالفة الذكر، في أن النزاع كان قائما بين والدي الأطفال وطلبت الأم رعاية الترتيب الذي جاءت به المادة ٦٤ من قانون الأسرة قبل التعديل، فردت المحكمة طلبها وأيدّها في ذلك مجلس قضاء مستغانم في قراره الصادر في ١٢ جوان ١٩٩٥، كما أيدّتها المحكمة العليا في قرارها الصادر بتاريخ ١٨ فبراير من سنة ١٩٩٧، إذ تقول "من المستقر عليه قضاء أن الحضانة تمنح حسب مصلحة المحضون. ولما كان ثابتا في قضية الحال أن الحضانة أسندت إلى الأب مراعاة لمصلحة المحضون واعتمادا على تقرير المرشدة الاجتماعية التي تؤكد

---

(١) انظر، محكمة تلمسان، قسم الأحوال الشخصية، ١٩٩٨/٠١/١٠، قضية رقم ٩٧/٩٤٩، غير منشور.
(٢) انظر، محكمة تلمسان، قسم الأحوال الشخصية، ١٩٩٨/١٢/٠٥، قضية رقم ٩٨/١٤٢٥، غير منشور.
(٣) انظر، محكمة تلمسان، قسم الأحوال الشخصية، ١٩٩٩/٠١/٢٣، قضية رقم ٩٨/٣٦٠٤، غير منشور.
(٤) انظر، مجلس قضاء تلمسان، غ.أ.ش.، ٢٠٠٠/٠١/٣١، قرار رقم ١٣٣٩، غير منشور.
(٥) انظر، مجلس قضاء تلمسان، غ.أ.ش.، ١٩٩٨/٠٦/٢٢، قرار رقم ٤٣٦، غير منشور.

ذلك فإن قضاة الموضوع إعمالا لسلطتهم التقديرية فقد طبقوا القانون"[١].

ويجب البيان بهذا الخصوص أن الأب أسندت إليه الحضانة في القضايا التي بسطت بصرف النظر عن جنس المحضون؛ بيد أن مصلحة الطفل بقيت لدى المحاكم موضع اعتبار فأوحت إليهم بالخروج عن الترتيب المقترح والتمسك بالمبدأ الذي تتحقق معه رعاية الطفل ومصالحه، سواء أكان ذكرا أم أنثى. إذن، لا أثر لجنس الطفل في هذه الحالة إذا ثبتت إقامة مصلحته مع والده.

ويلاحظ في النهاية، أن إشراك الحواضن الرجال، ونخص بالذكر الأب مع الحواضن النساء، كما فعلته التشريعات المغاربية[٢]، في تكوين الطفل نفسيا وجسديا وخلقيا له وقعه في حياة الطفل. وما لا شك فيه أنه ليس المقصود إسناد الحضانة للأب بصفة آلية. فقد قيد الفقه المالكي ومن بعده التشريع التونسي استحقاق الحضانة للأب بشرط معروف لا بد من توافره في الحاضن وهو يرمي في أساسه إلى تحقيق مصلحة المحضون.

يتضح من أقوال الفقه المالكي أن مصلحة المحضون تقتضي أن يكون للأب - أو غيره من الذكور - الذي أسندت إليه الحضانة من يحضن من النساء كزوجة أو أم أو خالة أو عمة[٣] وإلا فلاحق له في الحضانة، وذلك لأن - وفقا لما يراه أصحاب هذا الرأي - "لا قدرة ولا صبر للرجال في أحوال الأطفال كما للنساء"[٤].

وقد سارت المجلة التونسية على ذلك فنص الشطر الثاني من الفصل ٥٨ منها على أنه "... ويزاد إذا كان مستحق الحضانة ذكرا أن يكون عنده من يحضن من النساء وأن يكون محرما بالنسبة للأنثى...". وأصبحت هذه القاعدة من المسلمات في القضاء التونسي، حيث جاء في قرار محكمة التعقيب أن "إسناد حضانة الأبناء إلى الأب اعتمادا

---

(١) انظر، محكمة عليا، غ.أ.ش.، ١٩٩٨/٠٢/١٨، المجلة القضائية، ١٩٩٧، عدد ١، ص. ٣٩.

(٢) وعلى هذا سارت محكمة التمييز العراقية، حيث قضت في قرارها الصادر بتاريخ ١٩٨١/٠٥/٠٩، بأنه "إذا سقطت حضانة الأم بسبب زواجها من أجنبي عن المحضون انتقلت الحضانة إلى الأب إلا إذا اقتضت مصلحة الصغير خلاف ذلك". انظر، محكمة التمييز، ١٩٨١/٠٥/٠٩، قرار رقم ٧٩٣، مجلة الحق العراقية، عدد ١٩٨١، ص. ٥٣.

(٣) انظر، الشيخ أحمد الصاوي، المرجع السابق، ج. ١، ص. ٥٢٩؛ عبد الباقي الزرقاني، المرجع السابق، ج. ٤، ص. ٢١٢.

(٤) انظر، وهبة الزحيلي، الفقه الإسلامي...، المرجع السابق، ج. ٧، ص. ٧٣٠؛ عمر عبد الله ومحمد حامد قمحاوي، المرجع السابق، ص. ٣٣١.

على البحث الاجتماعي والحال أن هذا البحث لم يثبت إن كان لهذا الأب من النساء من يستطيع مباشرة الحضانة طبق الفصل ٥٨ من م.أ.ش.، يعلل بإجراء قانوني وأساسي يهم النظام العام موجب للنقض"[١].

وكما تقول هذه المحكمة في إحدى قراراتها "إن ما جاء في القرار المطعون فيه من إسناد حضانة البنت إلى والدها بالنظر لكونه معلما وذا سيرة حسنة وله والدة وأخت مراهقة ستقومان بشؤون المحضونة وما استخلص من تقرير المرشدة الاجتماعية من كون المحضونة في حاجة إلى التربية والتعليم برياض الأطفال هو استخلاص وتعليل سليمان يقتضيهما الواقع... ومؤديان للنتيجة التي انتهى إليها"[٢].

وإذا كان متضحا من ذلك أن المشرع التونسي وإن أخذ بالمساواة بين الأم والأب في الحضانة إلا أنه لم يكتف باختصاص الأب بالحضانة بل اشترط فيه أن يكون له من النساء من يصلح للحضانة، فبماذا أخذ قانون الأسرة الجزائري والمدونة المغربية؟

ما من شك أن هذا الشرط الذي جاءت به المجلة التونسية وطبقه القضاء تطبيقا دقيقا لاعتباره من الشروط الماسة بالنظام العام، لا نجد له مثيلا لا في قانون الأسرة الجزائري ولا في المدونة المغربية، وذلك بالرغم من تأثيرهما في أغلبية المسائل المتعلقة بالحضانة بالفقه المالكي.

ولكن، مع ذلك فإنه يبدو لدى البعض أن التعديل الذي جاء به المشرع الجزائري، ومن قبله المدونة المغربية، ينطوي على الشيء القليل من النقصان، إذ بالرغم من العناية التي بذلها المشرع للمحضون، فإن المادة ٦٤ المعدلة لا توفي مع ذلك بالغرض أحق الوفاء. ولكي يكون لها صدى، فمصلحة المحضون تقضي بعدم تخويل الأب حق التمتع بالحضانة إلا إذا كان الطفل بالغا على الأقل السنتين ما لم تكن زوجته (زوجة الأب) أو إحدى قريباته كأمه مثلا مستعدّة لحضانة الولد، فيصبح الشرط عندئذ لاغيا. لأن قبل هذه السن يعسر على الأب القيام بشؤون طفله وحده، بل يفضل في هذه الحالة أن تمنح الحضانة للنساء القريبات، كأم الأب وأم الأم والخالة أو غيرهن ممن تتحقق معهم مصلحة المحضون.

---

(١) انظر، محكمة التعقيب، ١٩٧٧/١٠/١١، قرار مدني، عدد ١١٦٢، نشرية محكمة التعقيب، ١٩٧٧، ج. ٢، ص. ١٢٠.

(٢) انظر، محكمة التعقيب، ١٩٨١/٠٣/٠٣، قرار مدني، عدد ٢٦٢٣، نشرية محكمة التعقيب، ١٩٨١، ج. ١، ص. ٧٨.

ولذلك، بالرغم من هذه الأفضلية التي منحتها بعض الأحكام والقرارات الصادرة عن القضاء الجزائري للأب بشأن حضانة أبنائه، غير أن الترتيب الذي جاءت به المادة ٦٤ من قانون الأسرة في ثوبها القديم يعد ترتيبا إجباريا في نظر القرار الصادر عن المحكمة العليا بتاريخ ٢٣ فبراير ١٩٩٣، وذلك حينما نقض القرار الصادر عن مجلس قضاء سكيكدة بتاريخ ١٣فبراير ١٩٩٠ المادة ٦٤ وقضى بأنه "من المقرر قانونا أنه لا يمكن مخالفة الترتيب المنصوص عليه في المادة ٦٤ قانون الأسرة بالنسبة للحاضنين إلا إذا ثبت بالدليل من هو أجدر للقيام بدور الحماية والرعاية للمحضون.ولما كان ثابتا -في قضية الحال - أن القرار المنتقد أسقط حضانة الولدين الصغيرين عن الطاعنة وهي خالتهما التي تأتي في مرتبة أسبق من الطاعن بحجة أن مركز الأب كأستاذ يجعله أقدر على الرعاية والإنفاق من الخالة مع العلم أن الإنفاق يكون على الأب"[1].

والواقع، ما يمكن ملاحظته على هذا القرار هو أن المحكمة العليا نقضت القرار الصادر عن مجلس قضاء سكيكدة ومنحت، خلافا له، حق الأولوية للخالة تطبيقا للنصوص القانونية بحجة، إلى جانب ما قلناه أعلاه، أن المادة ٦٢ من قانون الأسرة "ركزت على العناصر الأساسية التي يجب أن تعتمد في إسناد الحضانة وهي الرعاية من أجل التربية والسهر قصد الحماية وأن المحضون في الصغر هو أحوج إلى الحماية من التربية التي تأتي في مرحلة لاحقة"[2].

هذا وآخر ما يمكن إضافته من استنتاج هو أن الطفل يكون في أشد الحاجة إلى أمه عندما يكون في سن معينة، وأن بعد مرور هذه السن يبدأ في انفصاله عن أمه تدريجيا واختلاطه بالأشخاص الآخرين ليقتحم العلاقات الاجتماعية، ويكون عندئذ الأب أول من يدمجه فيها وأول ممهد لذلك.

وهنا يحق لنا أن نتساءل: هل عدم التنصيص على الشرط الذي جاءت به المجلة في التشريعين السالفين يدفعنا إلى الرجوع إلى مبادئ الشريعة الإسلامية بحكم المادة ٢٢٢ من قانون الأسرة والمادة ٤٠٠ من المدونة؟ إن الإجابة عن هذا السؤال هي بالنفي القاطع في فقه القضاءين الجزائري والمغربي.

---

(١) انظر، محكمة عليا، غ.أ.ش.، ١٩٩٣/٠٢/٢٣، ملف رقم ٨٩٦٧٢، المجلة القضائية، ٢٠٠١، عدد خاص، ص. ١٦٦-١٦٧.

(٢) انظر، محكمة عليا، غ.أ.ش.، ١٩٩٣/٠٢/٢٣، ملف رقم ٨٩٦٧٢، مرجع سابق.

وهذا النفي جرى تطبيقه في كل القرارات المنشورة والمعثور عليها التي أصدرتها المحكمة العليا، حيث جاء في أحد قراراتها دون الإشارة إلى الشرط الذي نحن هنا بصدده أن "... مجلس القضاء سبب قراره تسبيبا كافيا في إسناد الحضانة إلى الأب..."[١]. بل أن موقفها بعدم الأخذ بالرأي الذي جاء به الفقه المالكي كان واضحا من القرار الذي أصدرته بتاريخ ١٩ ديسمبر ١٩٨٨، إذ قضت بموجبه بما يلي "فإن قضاة المجلس الذين قضوا بإسقاط حضانة الأولاد عن أمهم بناء على طلبها التي ليست أكثر حنانا من أمهم فإنهم بقضائهم كما فعلوا خالفوا أحكام الحضانة،..."[٢].

وكما أن القرارات المنشورة والصادرة عن المجلس الأعلى المغربي لم تشترط هي الأخرى في الأب - أو غيره من الرجال - أن يكون لديه امرأة يعهد إليها بشؤون المحضون[٣].

ولكن خلاصة لما قيل أعلاه أنه مهما كانت قيمة الحلول التي تبنتها المجلة التونسية والضمانات التي تقتضيها مصلحة المحضون فإنه لا يمكن تأييدها بصفة مطلقة، حيث إن شرط المالكية يبدو سليما بالنسبة للسنين الأولى للمحضون إذ لا يختلف الاثنان في أن المرأة في هذه السن أجدر وأقدر على القيام بخدمات الطفل من الرجل.

غير أن ما يجري العمل به هو أن زوجة الأب هي التي تقوم عادة بالحضانة لما تسند هذه الأخيرة إلى الأب، وهنا نتساءل: هل حضانتها لا تتعارض مع الفلسفة التشريعية المسطرة في هذا المجال؟ بل هل حضانتها تتماشى ومصلحة المحضون؟

إن من البداهة القول باستحالة ذلك، ولكن مما لا ريب فيه أن الواقع الاجتماعي المعاش يبرهن أتم البرهان أنه من النادر جدا أن تتحقق مصلحة المحضون مع زوجة الأب، إذ من النادر جدا أن تتحقق لديها "عاطفة الرعاية والعناية بأبناء ضرتها المطلقة..."[٤].

---

(١) انظر، مجلس أعلى، غ.ق.خ، ١٩٧١/٠٢/٠٣، نشرة القضاة، ١٩٧٢، عدد ٢، ص. ٣٨.

(٢) انظر، مجلس أعلى، غ.أ.ش.، ١٩٨٨/١٢/١٩، ملف رقم ٥١٨٩٤، المجلة القضائية، ١٩٩٠، عدد ٤، ص. ٧٥.

(٣) انظر،إدريس ملين، مجموعة قرارات المجلس الأعلى، مادة الأحوال الشخصية، ١٩٦٥-١٩٨٩، منشورات جمعية البحوث والدراسات القضائية، ١٩٩٠؛ عبد العزيز توفيق، المرجع السابق، ص. ٩٧-١١٣

(٤) انظر، أحمد الخمليشي، التعليق على...، المرجع السابق، ص. ١٥٤.

ولذلك نقول أن عدم اشتراط وجود امرأة لدى الحاضن الأب - وغيره من الذكور-، يغني عنه شرط أهلية الحاضن الوارد في المادة ٦٢ من قانون الأسرة، أو شرط "القدرة على تربية المحضون وصيانته ورعايته دينا وصحة وخلقا..." الذي تم التنصيص عنه في الفقرة الثالثة من المادة ١٧٣ من المدونة، أو شرط القدرة "على القيام بشؤون المحضون" الذي جاء به الفصل ٥٨ من المجلة، وهو شرط عام يخضع له الحاضن والحاضنة دون أي تمييز.

وعليه، فإن ما أخذت به المجلة التونسية من حيث تمسكها بشرط المالكية لا يقوم عليه دليل يسكن القلب إليه فالصواب النظر والاحتياط للطفل في الأصلح له والأنفع، إذ قد يظهر للقاضي أن عدم وجود امرأة لدى طالب الحضانة تعني بالمحضون، من العناصر الأساسية المخلة لتحقق شرط الأهلية أو القدرة التي جاءت بها النصوص التشريعية المغاربية، آخذا في ذلك بعين الاعتبار مثلا سن الطفل وحالته الصحية، وعمل الحاضن، الخ.

ولكن لا يبدو مستقيما اشتراط وجود امرأة لدى الحاضن في جميع الأحوال واعتباره من النظام العام كما كيفه القضاء التونسي. فمن المستحسن أن نكتفي في هذا الإطار بشرط الأهلية أو القدرة على تربية المحضون...وترك السلطة التقدرية للقاضي من حيث تحديده، حسب الوقائع المطروحة عليه عما إذا كانت مصلحة المحضون متحققة مع طالب الحضانة أم لا. وهذا القول ينصب حتى إذا كان الأمر يتعلق بالحواضن من غير الأبوين.

الفرع الثاني
مدى تحقق مصلحة المحضون مع الحاضن من غير الأبوين

ولعل أن أم الولد أقدرهن على مده الحنان وأقواهن على تحمل المشاق، وقياسا على ذلك، كانت جهتها في التشريعين الجزائري و المغربي ولا التونسي مقدمة على جهة الأب (I). ولكن، بالرغم من هذا الاهتمام والإتيان بهؤلاء الحواضن في قائمة السلم في التشريع الجزائري وتجاهلهم كليا في المجلة التونسية ونسبيا في المدونة، إلا أنه شتان بين ما هو كائن وما يجب أن يكون، بل أن مصلحة المحضون تقتضي في بعض الحالات أن تسند الحضانة إلى الرجال (II)، أو إلى الأقربين درجة (III)، بل إلى الأجنبي (IV).

I.- أولوية قرابة الأم، استثناء لتحقق مصلحة المحضون

ويترتب على إعطاء الأم حق الأولوية في الحضانة في التشريعين المغربي والجزائري، أن تعطى أيضا، وبحكم القانون وبلا حاجة إلى اللجوء إلى المادتين ٤٠٠ من المدونة و٢٢٢ من

قانون الأسرة، للحواضن من جهتها اللواتي تقدمن على من يدلي إلى الأب بقرابة[١].

وهكذا، إذا انتقلت الحضانة عن الأبوين حسب الاختلاف التشريعي المغاربي، فتفضّل أم الأم على أم الأب في التشريعين الجزائري والمغربي. ذلك لأن صلة أم الأم أقوى[٢]، ولأن قرابة الأم أعطف على الصغير من قرابة الأب[٣]. وفوق هذا وذاك، إذا كانت الحضانة، كما قلنا، حقا أوليا للأم دون الأب في هذين التشريعين، فقد اقتضى القياس أن يكون للنساء أولا دون الرجال، واقتضى أن تكون قرابة الأم مقدمة على قرابة الأب[٤]، بل وأن تقدم جهة الأم في الفقه الإسلامي[٥] إلى غاية نفاذها، وأن الحضانة لا تنتقل إلى الرجال إلا عند عدم وجود كليا جهة الأم[٦].

ومع ذلك فلو أمعنا النظر في هذه التشريعات بوجه عام لوجدنا أنها تختلف بعضها بعضا. فالمدونة المغربية رتبت أم الأم في المرتبة الثالثة بعد الأبوين، فلا يؤول لهذه الأخيرة حق الحضانة إلا إذا كانت مصلحة المحضون غير قائمة مع الوالدين تبعا لما تقضي به المادة ١٧١ منها. ويشارك قانون الأسرة الجزائري المدونة المغربية في قيامه بترتيب الحواضن من غير الأبوين، حيث جعل أم الأم في صياغته الأصلية في المرتبة الثانية بعد الأم وتليها الخالة حسب ما قررته المادة ٦٤. وبعد تعديل هذه الأخيرة أصبح الأب بعد الأم وبعدهما

---

(١)De même, la jurisprudence d'avant l'indépendance, soulignait expressément cette préférence reconnue à la ligne maternelle : "en règle générale, la ligne maternelle est préférée à la ligne paternelle et la parenté utérine a le pas sur la parenté consanguine ". Cf. Trib. Béjaïa, ١٥/٠٥/١٩٢٥, R.A., ١٩٢٦, ٢, p. ٢٠٧ ; Alger, Ch. Rév. mus., ٣١/٠٥/١٩١٩, Recueil Nores, n° ١٣٧, cités par Gh. Benmelha, op. cit., p. ٢٣٣.

(٢) انظر، عبد الرحمن الصابوني، المرجع السابق، ج.٢، ص. ٢١٨.

(٣) انظر، محمد مصطفى شلبي، أحكام الأسرة...، المرجع السابق، ص. ٧٥٨.

(٤) انظر، الإمام محمد أبو زهرة، الأحوال الشخصية...، المرجع السابق، ص. ٤٠٥.

(٥) انظر، محمد مصطفى شلبي، أحكام الأسرة...، المرجع السابق، ص. ٧٥٧ وما بعدها؛ عبد الرحمن الصابوني، المرجع السابق، ج.٢، ص. ٢١٨ وما بعدها.

(٦)Ceci est très bien souligné par le Professeur Gh. Benmelha, pour qui "La loi musulmane a, d'ailleurs fixé une échelle et un ordre d'attribution de la hadhana qui fait passer la ligne maternelle jusqu'à épuisement et la hadhana ne se transmet aux hommes qu'à défaut total de la ligne maternelle ". Cf. Gh. Benmelha, op. cit., p. ٢٢٣.

تناوبت جهة الأم مع جهة الأب فصار الترتيب كالتالي : أم الأم ثم أم الأب ثم الخالة ثم العمة ثم الأقربون درجة. أما المجلة التونسية فهي وإن كانت ذكرت الأبوين كمستحقين للحضانة إلا أنها استغنت عن ذكر باقي الحواضن بقولها في الفصل ٦٧ "وإذا انفصم الزواج وكان الزوجان بقيد الحياة، عهدت الحضانة إلى أحدهما أو إلى غيرهما".

ويلاحظ في هذه النصوص التشريعية أن الحضانة تسند إلى كل من تتوافر فيه شروط استحقاقها ضمانا لمصلحة المحضون، ولكن مع هذا الفارق أن الترتيب الذي تبنته المدونة أو قانون الأسرة يعد ترتيبا إجباريا ولا يمكن للقاضي أن يتخطاه ما لم تقض مصلحة المحضون بخلاف ذلك. غير أنه رغم إمكانية إدخال في مضمون عبارة "غيرهما" الواردة في المجلة التونسية، أم الأم والخالة وأم الأب، الخ، إلا أنه لا يمكن إعطاء حق الأسبقية لهذه أو لتلك.

وهكذا يبين من هذا العرض أن الحلول التي تضمنتها التشريعات المغاربية قد اختلفت بوجه عام وتباينت، بل وقد كان تباينها جوهريا في ترتيب الحواضن من غير الأبوين.

وفي هذا السياق، يلاحظ أن المادة ٦٤ من قانون الأسرة في ثوبها القديم، قد أتت بما ارتآه المذهب الحنبلي[١]، حينما أقرت بتقديم الأب على أم الأب، بل نحن نعتقد أن المشرع قد تأثر بما كان يسري عليه القضاء وجعل من المبدأ الذي جاء به المجلس الأعلى بتاريخ ٢٥ سبتمبر ١٩٦٨ قاعدة قانونية مناسبة يجب اتباعها، والقاضي بأنه "من المقرر شرعا أن الأسبقية في الحضانة تعطى شرعا لجهة الأم مع مراعاة مصلحة المحضون. إن الأم أولى بحضانة ولدها ثم أمها ثم الخالة، ثم الأب ثم أم الأب"[٢]. وأسندت الحضانة في هذا القرار للخالة بعد أم الأم إعمالا بقوله صلى الله عليه وسلم "الخالة أم"[٣]. وكذلك قرّر المجلس ذاته أن "تمنح قواعد الشريعة الإسلامية لجهة الأم الأولوية في حق الحضانة"[٤].

وهنا نتساءل: ألا تكون رعاية المحضون أكبر مع أم الأب مادام أن الأب حاضن بغيره لا بنفسه؟ بل ألا يمكن له أن يمارس رقابته على ولده دون إشكال وهو عند جدّته لأبيه؟

(١) انظر، وهبة الزحيلي، الفقه الإسلامي...، المرجع السابق، ج. ٧، ص. ٧٢١.
(٢) انظر، مجلس أعلى، غ.ق.خ.، ١٩٦٨/٠٩/٢٥، م.ج.ع.ق.إ.س.، ١٩٦٩، عدد ٢، ص. ٥٤٦.
(٣) رواه أبو داود. انظر، الدسوقي، المرجع السابق، ص. ٤٨٧ وما بعدها؛ الحطاب، المرجع السابق، ج. ٤، ص. ٢١٥ - ٢١٦.
(٤) انظر، مجلس أعلى،غ.ق.خ.، ١٩٦٨/٠٩/٢٥، ن.س.، ١٩٦٩، ص. ٢٤٠.

إن الإجابة بالنفي القطعي لا مجال لها هنا. ومن خلال التحليل السابق يتبين لنا مدى عدم منطقية تقديم أم الأب على الأب في تولي الحضانة إذا ما رعينا الواقع المعاش، وذلك حتى ولو كان الطفل في بداية حياته. ففي هـذه السـن يجـب حقا تفضيل النساء على الرجال للاعتبارات التي سبق لنا أن شرحناها، ولكن مع إبقـاء دائمـا مصلحة المحـضون المرشد الأول لذلك.

وإلى جانب هذه الملاحظة، تجدر الإضافة، تماشيا مع الوجهة ذاتها، أنه بالرغم من صدور قانون الأسرة، فإن بعـض القضاء الجزائري لا زال متمسكا بصدد تعليل قراره المتعلق بتقديم جهة الأم على جهة الأب بما جاء به الفقه الإسلامي دون أن ينصّ على وجوب التثبت من توافر مصلحة المحضون[1]، وهو في هذه الحالة قد قدّم أحكام الفقه الإسلامي عـن الـنص التشريعي، وهذا ما يتعارض مع ترتيب مصادر القانون الجزائري[2].

وما يزيد الأمر غرابة هو أن القرارات القضائية الصادرة قبل قانون الأسرة كانت تضع ترتيبا للحواضن مع الإلحاح دائما على مراعاة مصلحة المحضون. ومن أمثلة ذلك القرار الذي أصدره المجلس الأعلى بتاريخ ٢٥ سبتمبر ١٩٦٨، حيث قال فيه أنه "من المقرر شرعا أن الأسبقية في الحضانة تعطى شرعا لجهة الأم مع مراعاة مصلحة المحضون"[3].

إذن، فمن تحليل القرار ذاته في ضوء معطياته وبالرجوع إلى الترتيب الـذي جـاء بـه قـانون الأسرة، والمبـدأ الـذي يحكمه عند إسناد الحضانة، ومن الاسترشاد بالمنطق القانوني

---

(١) حيث قضى بأنه "من المقرر شرعا أن الفقه الإسلامي قد وضع فيما يرجع إلى الحضانة أن الخالة في الدرجة الرابعة يعني قبل الجدة للأب...." (انظر، مجلس أعلى، ١٩٨٥/١٢/٣٠، ملف رقم ٣٩٢٠٣، نشرة القضاة، عدد ٤٤، ص. ١٧٢).

(٢) إذ تنص المادة ٠١ من القانون المدني الجزائري على أن: "يسري القانون على جميع المسائل التي تتناولها نصوصه في لفظها أو في فحواها.
وإذا لم يوجد نص تشريعي، حكم القاضي بمقتضى مبادئ الشريعة الإسلامية، فإذا لم يوجد فبمقتضى العرف.
فإذا لم يوجد فبمقتضى مبادئ القانون الطبيعي وقواعد العدالة ".

(٣) انظر، مجلس أعلى، غ.ق.خ.، ١٩٦٨/٠٩/٢٥، م.ج.ع.ق.إ.س.، ١٩٦٩، عدد ٢، ص. ٥٤٦؛ وفي هذا الاتجاه، راجع، مجلس أعلى، غ.ق.خ.، ١٩٦٧/٠٣/٢٩، م.ج.ع.ق.إ.س.، ١٩٦٨، عدد ١، ص. ١٤٩؛ مجلس أعلى، غ.ق.خ.، ١٩٦٩/١٠/٠٨،ن.س..، ١٩٦٩، ص. ٣٢٧؛ مجلس أعلى، غ.ق.خ.، ١٩٧١/٠٢/٠٣،نشرة القضاة، ١٩٧٢، عدد ٢، ص. ٣٨؛ مجلس أعلى، غ.أ.ش.، ١٩٨٢/٠٢/٢٢، ملف رقم ٢٦٩٩٧، ن. س.، ١٩٨٢، ص. ٢٧٧.

والواقعي نستخلص الملاحظتين التاليتين:

أولاهما هي أن ترتيب الخالة، طبقا للمذهب المالكي وتطبيقا للمادة ٦٤ من قانون الأسرة قبل التعديل، يأتي بعد الأم وأم الأم أي في الدرجة الثالثة، وليس في الدرجة الرابعة كما ورد في نص القرار حينما قال "من المقرر شرعا أن الفقه الإسلامي قد وضع فيما يرجع إلى الحضانة أن الخالة في الدرجة الرابعة...".

والملاحظة الثانية هي أن المجلس الأعلى، كما قلنا، قد انشغل فقط، ولو خطأ، بالترتيب الوارد في المادة ٦٤ من قانون الأسرة مع التركيز أن الخالة قبل الجدة لأب، ولكن أغفل في الوقت ذاته ضرورة مراعاة مصلحة المحضون المنصوص عليها تشريعا. ومهما يكن من أمر فإن التساؤل المطروح هو: هل فكر قضاة المجلس الأعلى فيما وراء هذا الترتيب؟ ومن جانب آخر هل تأكدوا أن مصلحة المحضون مع الخالة؟ وإذا كانت هذه المصلحة مع الجدة لأب، هل يصر المجلس على الترتيب الوارد في قانون الأسرة ومن ثم القول أن الخالة قبل الجدة لأب؟

ولذلك، نقول أنه كان على المجلس أن يقضي هنا أن مصلحة المحضون تواجدت وتوافرت لا مع الجدة لأب وإنما مع الخالة. بينما إذا كانت مصلحة المحضون توجد وتتحقق عند كليهما، فإن الترتيب الذي جاءت به المادة ٦٤ من قانون الأسرة هو الذي يؤخذ في الاعتبار. بل وحتى في هذه الحالة، وتماشيا مع روح النص التشريعي، يجب على القاضي أن ينظر إلى علاقة الطفل مع أبيه وعائلة أبيه، لأن هناك من الحالات ما يكون الطفل أكثر ارتباطا بأقربائه من جهة أبيه. ومن ثم، ففي هذه الحالة لا مانع من أن نقدم أم الأب في الحضانة على جهة الأم مادام، كما يقول الأستاذ الغوثي بن ملحة، "أن مصلحة المحضون في مركز إسناد الحضانة"[١]. وهذا ما صرح به القضاء لاحقا في قرار مؤرخ في ١٨ جوان ١٩٩١ حيث ورد فيه أنه "من المقرر قانون وشرعا بأن الحضانة تراعى في إسنادها توفر مصلحة المحضون، وهذه يقدرها قضاة الموضوع"[٢].

وبمثل هذه العبارات وغيرها تجرى أحكام وقرارات القضاء الأدنى درجة، حيث

---

(١)"L'intérêt de l'enfant est au centre de l'attribution de la hadhana ". Cf. Gh. Benmelha, op. cit., p. ٢٢٣.

(٢) انظر، محكمة عليا، غ.أ.ش.، ١٩٩١/٠٦/١٨، ملف رقم ٧٥١٧١، غير منشور، مقتبس عن العربي بلحاج، قانون الأسرة، مبادئ الاجتهاد القضائي...، المرجع السابق، ص. ١٢١.

طبقت محكمة تلمسان هذه القاعدة في قرارها الصادر في ٩ أوت ١٩٩٧ في قضية تتخلص وقائعها في أنه بعد وفاة الأم الحاضنة التمست أم الأم إسناد لها هذه الحضانة. فقضت المحكمة بأنه "من المقرر شرعا وقانونا أن الأسبقية في الحضانة تعطى شرعا لجهة الأم مع مراعاة مصلحة المحضون، وعليه وخاصة أمام عدم معارضة المدعي عليه على هذا الطلب، كذلك لا يسوغ للمحكمة إلا الاستجابة لطلب المدعية المتعلق بالحضانة"، ومن ثم، "إسناد حضانة الطفلتين لجدتهما"[(١)].

كما طبقت محكمة أولاد ميمون المبدأ نفسه في حكمها الصادر في ٦ ديسمبر ١٩٩٧ في قضية تختلف وقائعها مع وقائع القضية السابقة، حيث قضت بإسناد حضانة الطفلة إلى أم أمّها بعد ما حكمت بإسقاطها عن أمها بسبب زواجها بغير قريب محرم. وأيدها في ذلك مجلس قضاء تلمسان في قراره الصادر في ٦ أفريل ١٩٩٨ بقوله "حيث إن المستأنف (الأب) غير متزوج لم يقدم لهيئة المجلس وسائلا يمكن بها الاستجابة لطلبه المتمثل في إسقاط الحضانة عن أمها وإسنادها له مع رفض طلب المتدخلة في الخصومة الجدة لأم؛ مادام أن مبادئ الشريعة الإسلامية والقانون الوضعي قررت أسبقية الجدة لأم في الحضانة على الأب ذلك ما يجعل الحكم المعاد قد طبق الشرع والقانون تطبيقا سليما"[(٢)].

كذلك رفضت محكمة تلمسان في حكمها الصادر في ١٤ نوفمبر ١٩٩٢ إسناد حضانة الطفلين لأبيهما بعدما قضت بها في ٢٩ مارس ١٩٩٧ لأمهما. إلا أن هذه الأخيرة تنازلت عنها أمام المحكمة ذاتها وادعت أن والدتها هي التي تهتم بهما منذ طلاقها منه لذا تلتمس الحكم بإسناد حضانة الطفلين إلى الجدة. فقضت المحكمة بأن "الجدة من الأم أولى بالحضانة من غيرها بعد تنازل الأم عنها، لذا يتعين الإشهاد على التنازل الاختياري للأم عن حضانة طفليها والحكم بإسناد حضانتهما إلى جدتهما"[(٣)].

وذلك ما تبنته أيضا المحكمة العليا في قرارها الصادر في ٢٣ فبراير ١٩٩٣، حيث قضت بموجبه في قضية تنازع فيها الأب مع الخالة بشأن حضانة الأولاد بأنه "من المقرر قانون أنه لا يمكن مخالفة الترتيب المنصوص عليه في المادة ٦٤ من ق.أ. بالنسبة

(١) انظر، محكمة تلمسان، ١٩٩٧/٠٨/٠٩، قضية رقم ٩٧/٤١٥، غير منشور.
(٢) انظر، مجلس قضاء تلمسان، ١٩٩٨/٠٤/٠٦، قضية رقم ٩٨/٥١، غير منشور.
(٣) انظر، محكمة تلمسان، ١٩٩٨/١١/١٤، قضية رقم ٩٨/١٤٩٥، غير منشور.

للحاضنين إلا إذا ثبت بالدليل من هو أجدر بدور الحماية والرعاية للمحضون"[1].

وأما من جانب القانون التونسي، يلاحظ أن المشرع لا يقتصر على اشتراط قيام المساواة بين الأبوين في تولي الحضانة بل أخذ بها حتى تجاه الغير. ولذلك فإن ما قلناه بالنسبة لهذا الموضوع ينصب هنا كما ينصب هناك، فالحالتين، كما نعلم، مشمولتين بحكم الفقرتين الأولى والثانية من الفصل ٦٧ من المجلة. ومع العلم أن هذا الفصل كان في صياغته الأولى مانحا حق أولوية الحضانة للنساء دون الذكور حيث كان ينص على أنه "يتعين أن يكون المحضون، قبل بلوغ الذكر لسبع سنين وبلوغ الأنثى تسع سنوات، عند الحاضنة...".

وأمام هذا الإلغاء التشريعي وتلك المساواة بين مستحقي الحضانة من الأبوين أو الغير، نقول أن ورود الفصل ٦٧ من المجلة بهذه الصياغة إنما يقربه من التشريعات الغربية[2] بدلا من التشريعات المستمدة أحكامها من الفقه الإسلامي. كيف يتسنى لنا أن نجعل في مرتبة واحدة الأبوين والغير الذي يمكن أن يكون بحكم هذه الصياغة شخصا أجنبيا عن المحضون، وذلك حتى ولو اشترط المشرع على وجوب رعاية مصلحة المحضون عند البت في الحضانة.

وتطبيقا لذلك حكمت محكمة التعقيب قبل تنقيح الفصل ٦٧ سنة ١٩٩٣ بأنه "اقتضى الفصل ٦٧ من مجلة الأحوال الشخصية أنه إذا انفصمت الزوجية... عهدت الحضانة لمن بقي حيا من الزوجين أو إلى غيرهما وعلى الحاكم عند البت في ذلك أن

---

(١) انظر، محكمة عليا، ١٩٩٣/٠٢/٢٣، ملف رقم ٨٩٦٧٢، المجلة القضائية، ٢٠٠١، عدد خاص، ص. ١٦٦-١٦٧؛ في هذا الاتجاه، محكمة عليا، ١٩٩٨/٠٣/١٧، ملف رقم ١٧٩٤٧١ ، المجلة القضائية، ٢٠٠١، عدد خاص، ص. ١٧٢-١٧٣.

(٢)Par exemple, l'article ٢٨٧-١ du code civil français dispose clairement que le juge aux affaires familales peut décider, à titre exceptionnel et si l'intérêt de l'enfant l'exige, de confier ce dernier à un tiers lors du prononcé du divorce.Sur cette question, cf. A.-M. Lefoyer, L'enfant confié à un tiers : de l'autorité parentale à l'autorité familiale, R.T.D.Civ. ١٩٩٨, n° ٣, pp. ٥٨٧ et s. ; J. Poussin-Petit, La négation du lien nourricier par le droit français, P.U. des Sciences Sociales de Toulouse, ١٩٩٧, pp. ١٩٧ et s.; F. Delcourt, L'enfant dans les recompositions familiales, th. Lille, ١٩٩٤ ; F. Dekeuwer-Defossez, Familles éclatées, familles reconstituées, D. ١٩٩٢, chr., p. ١٣٥ et s.

يراعي مصلحة المحضون وتفريعا على ذلك فإذا تنازع جدا المحضون حول استحقاق الحضانة يتوجب على المحكمة أن تستوعب جميع العناصر المادية والأدبية التي تحيط بالدعوى لتقدير حقيقة الأصلحية حرصا على حماية المحضون"[١].

وهذا الذي قررته المحكمة في هذا القرار عادت فرددته في قرارات أخرى كثيرة، نذكر من بينها القرار الصادر في ٠٣ جويلية ١٩٧٣ والذي قضت بموجبه بأنه "للمحكمة حق إسناد الحضانة للجدة (أم الأم) إذا رأت في ذلك مصلحة للمحضون وليس للوالد أن يعارض هذا الحكم إلا بأسباب يقيم الدليل على صحتها"[٢]، وأن هذا القرار جاء تأييدا للقرار المطعون فيه الصادر عن محكمة الاستئناف بتونس في ٢٢ أكتوبر ١٩٧٠ التي أوردت في خصوص موقفها "أن استحقاق المدعي عليها للحضانة لم يكن موضع خلاف بين الطرفين وأن النزاع إنما انحصر بينهما فيما ينسبه العارض للحاضنة عن عجز عن القيام بشؤون المحضونة...".

وكذلك في قرارها الصادر في ١٢ ماي ١٩٨١، حكمت هذه المحكمة بأنه "طالما أثبت البحث الاجتماعي أن الجدة توفر للمحضونتين جميع أسباب الراحة والمناخ الاجتماعي الطيب وأن رجوعهما لوالدهما وزوجته سيجعلهما في جو ثقيل له انعكاس سيء على حياتهما، فإن المحكمة لما قضت بعدم سماع دعوى الوالد في طلب الحضانة وإبقاء المحضونتين عند جدتهما لما فيه من مصلحة واضحة للمحضونتين قد أحسنت تطبيق القانون..."[٣].

والمستفاد من هذه القرارات أن إسناد الحضانة إلى أحد مستحقيها يرتكز أساسا على مصلحة المحضون، وأن تقدير تلك المصلحة يعد من المسائل الموضوعية العائدة لاجتهاد قاضي الأساس الذي ينبغي عليه تعليل قراره تعليلا واضحا. بل في جميع هذه القرارات حاولت محكمة التعقيب أن تتحاشى الانزلاق إلى المخاطر التي يؤدي إليها

(١) انظر، محكمة التعقيب، ١٩٦٩/٠٥/١٣، قرار مدني، عدد ٦٦٤٨، مجلة القضاء والتشريع، ١٩٧٠، عدد ٢، ص. ٣١.
(٢) انظر، محكمة التعقيب، ١٩٧٣/٠٧/٠٣، قرار مدني، عدد ٨٦٠٣، نشرية محكمة التعقيب، ١٩٧٣، ج. ١، ص.١٣١.
(٣) انظر، محكمة التعقيب، ١٩٨١/٠٥/١٢، قرار مدني، عدد ٥٠١٤، نشرية محكمة التعقيب، ١٩٨١، ج. ١، ص.٣٠٤.

التطبيق السيء لمبدأ مصلحة المحضون، وإن كان المأمول هو أن يخطو المشرع التونسي خطوات أكبر في هذا الطريق كما فعلت من قبل بعض التشريعات العربية الأخرى.

وأما المدونة المغربية كانت في صياغتها الأصلية قد حددت المستحقين للحضانة، على منوال الفقه المالكي، عدد كبير من الأشخاص، فقد نص الفصل التاسع والتسعون منها على أن "...فإذا انفكت (الزوجية) الأم أولى بحضانة ولدها من غيرها، ثم أمها، ثم أخت الأم الشقيقة، ثم التي للأم، ثم للأب، ثم أم الأب، ثم جدة الأب من أمه وأبيه وإن علت، ثم أخت المحضون، ثم عمته، ثم عمة الأب، ثم خالة الأب، ثم ابنة الأخ، ثم ابنة الأخت، ثم أخ المحضون...".

وقد أعمل المجلس الأعلى هذه النصوص في بعض قراراته، فقضى في ٢٨ جوان سنة ١٩٨٦ بأن "الأم أولى بالحضانة فإن تنازلت انتقل الحق للجدة..."[١]. وتبدو أهمية هذا التطبيق الحرفي للنصوص القانونية واضحة بالنسبة للقضاء المغربي، وهي أن النساء أقدر على القيام بأمور الطفل في طوره الأول لما لهن من الخبرة والصبر. وقد دفعه إلى ذلك تأثر المشرع بالفقه المالكي، حيث قد حافظ على إعطاء الأولوية للنساء بشأن استحقاق الحضانة، كما حافظ على الترتيب الذي تبناه الفقه المالكي فيما عدا الوصي الذي جعلته المدونة يستحق الحضانة ويقدم على سائر العصبات، خصوصا بالنسبة للمحضون الذكر، والأنثى في حال صغرها[٢].

وأما التعديل الذي عرفه الفصل ٩٩ بالظهير الصادر في ١٠ سبتمبر ١٩٩٣ لم يخرج هو الآخر عن هذه الأولية، حيث نص على أن "... إذا انفكت (الزوجية) فالأم أولى بحضانة ولدها من غيرها ثم أبوه ثم أمها ثم أم أمها ثم أخت الأم الشقيقة ثم التي للأم ثم التي للأب ثم أم الأب ثم جدة الأب من أمه وأبيه وإن علت ثم أخت المحضون ثم عمته ثم عمة الأب ثم خالة الأب ثم ابنة الأخ ثم ابنة الأخت...".

وتأييدا لما جاء به المشرع في هذا الترتيب، يرى الأستاذ عبد الكريم شهبون أنه "يعتمد ثبوت حق الحضانة على قوة القرابة، مع كثرة الشفقة الداعيين إلى رعاية مصالح

---

(١) انظر، مجلس أعلى، ١٩٨٦/٠٦/٢٨، قرار رقم ٩١١، مجموعة قرارات المجلس الأعلى، ١٩٨٣-١٩٩٥، ص. ٣٤.

(٢) انظر، عبد الكريم شهبون، شرح مدونة...، المرجع السابق، ص. ٤٠٥؛ محمد الكشبور، المرجع السابق، ص. ٤٦٧-٤٦٨.

الطفل، وتوفير ما فيه نفع وصلاحية، والقيام على حفظه وتدبر شؤونه كلها، ولما كان النساء فيهن رفق قوة عاطفة أكثر من الرجال، جعل الشارع لهم حق الحضانة، ولكن على ترتيب خاص قائم على المعاني، فهو لذلك على درجات متفاوتة...»[١].

ويرى كذلك الأستاذ محمد الكشبور، أن المشرع "قد راعى في هذا الترتيب جانب الإناث قبل جانب الـذكور"وقـد" قدم من اعتبره أكثر شفقة على الصغير من غيره، وتلك قرينة تفرضها قرابة الشخص لأم المحضون بالخصوص،...»[٢]. وهكذا، "باستثناء الأب يعطي المشرـع الأسبقية للنساء مـن جهـة الأم قبل الرجال بـدعوى أن القريبـات مـن جهـة الأم أرحـم إلى المحضون من أقارب الأب،...»[٣].

غير أن هذا الترتيب، كما سبقت الإشارة إليه، قد تخلى عنه المشرع المغربي نظرا للتفكك الأسري الذي عرفه المغرب كسائر الدول المغاربية الأخرى، لذلك بات ضروريا حصر أصحاب الحق في الحضانة عـلى أسـاس الواقـع الاجتماعـي المعـاش، حيث نصت المادة ١٧١ من المدونة على أنه "تخول الحضانة للأم، ثم للأب، ثم لأم الأم...".

ويترتب على ذلك أنه لا تسند الحضانة بحكم هذا النص في المغرب إلى أم الأم إلا بعد الأبوين، كما أنه لا تسند إليها الحضانة بهذا النص إلا إذا اقتضت مصلحة المحضون ذلك. ومن ثم فلا تعتبر من بين المستفيدين بالحضانة كل جـدة تتنافى معها مصلحة المحضون، وحجة ذلك أن مصلحة الطفل تعتبر هنا المعيار الأساسي بسبب الحماية التي يجب أن تحوم الطفل بعد الطلاق.

وأما من زاوية القضاء المقارن غير المغاربي، فقضت محكمة السيه المصرية بتاريخ ١٨ فبراير ١٩٥٢ أن "الأصل المقرر أن حق حضانة الصغير لأمه ثم لأم الأم لتوفر الشفقة عليه والرحمة به، لأن الصغير لا ينزع من صاحب الحق في حضانته إلا بشروط خاصة حفظا على الصغير ومحافظة على حقه"[٤].

كذلك قررت محكمة اللبان الجزئية بتاريخ ٢٥ ماي ١٩٥٨ أن "الحق في الحضانة

---

(١) انظر، عبد الكريم شهبون، شرح مدونة...، المرجع السابق، ص. ٤٠٧.
(٢) انظر، محمد الكشبور، المرجع السابق، ص. ٤٦٨.
(٣) انظر، إدريس الفاخوري، المرجع السابق، ص. ٢٩٠.
(٤) انظر، محكمة السيه، ١٩٥٢/٠٢/١٨، المحاماة الشرعية، ٣٨١/٢٤، مقتبس عن ممدوح عزمي، المرجع السابق، ص. ٨٨.

مبني على الشفقة وأم الصغير أوفر الناس شفقة عليه، فيكون حق الحضانة مستفادا من جهتها وينبني على ذلك عند عدم وجودها تقديم الأقرب، فالأقرب بالنسبة إليها، من كان مدليا للصغير من جهة الأم أحق بحضانته ممن كان منسبا إليه من جهة الأب، وبذلك تكون الجدة لأم أحق بالحضانة من الجدة لأب"(١).

وفي نفس السياق، قضت محكمة النقض السورية بأن انتقال الطفل المحضون من أمه إلى جدته لأمه مثلا لا يحتاج إلى حكم قضائي وتستطيع الأم أن تسلم الولد إلى من يليها بالحضانة إذا سقطت عنها الأهلية اللازمة لذلك(٢).

ومن الواضح أن مثل هذا القرار، مهما كان منطقه، فإنه عرضة للنقد؛ فهو ينطوي على الفوضى إذ يوافق على منح اختيار الحاضن من قبل شخص كثيرا ما تقوده الذاتية في مثل هذه المسائل، إن لم نقل تلقائيا. فلا يعقل ولا يستساغ أن يقبل من الأم اختيار الحاضنة اللازمة بعد إسقاط الحضانة عنها ولا يلزم في الوقت ذاته مراعاة مصلحة المحضون عند إسنادها. ثم ما هي معايير الأم في اختيار الحاضنة الصالحة؟ ألا يخشى في هذه الحالة من تحيزها إلى أقربائها على عاتق مصلحة المحضون؟ والواقع، إن مراعاة مصلحة المحضون في تقرير الحضانة تقتضي تدخل القضاء لا غير.

ويجب التوضيح بأن تقدير مصلحة المحضون يحصل في ضوء المعايير والاعتبارات السالفة الذكر، وهذا ما يقودنا بطبيعة الحال إلى التعليق من هذا الجانب على النصوص المنظمة لحضانة الرجال فيما عدا الأب.

II.- الحواضن الرجال ومصلحة الطفل

نستخلص من الأحكام الفقهية للحضانة بشأن مستحقيها وترتيبهم(٣)، أن الحضانة تنتقل إلى الرجال عندما لا يوجد من في النساء القدرة على رعاية الطفل أو عند انعدامهن(٤). وإذا كانت مصلحة الطفل تقتضي توافر الشفقة والسلطة في آن

(١) انظر، محكمة اللبان الجزئية، ١٩٥٨/٠٥/٢٥، قضية رقم ١٩٥٨/٩٤، مقتبس عن معوض عبد التواب، المرجع السابق، ص. ١١٢١.

(٢) انظر، القاعدة ١٠٢٥ من مجموعة القواعد القانونية لمحكمة النقض السورية، ص. ٥١٤، مقتبس عن عبد الرحمن الصابوني، المرجع السابق، ط. ٥ ، ص. ٢١٩.

(٣) انظر، محمد مصطفى شلبي، أحكام الأسرة...، المرجع السابق، ص. ٧٥٩

(٤) وكذا عندما تنتهي الحضانة: بلوغ المحضون السن القانونية لانتهاء الحضانة، ورؤية القاضي مصلحة المحضون في انتقالها إلى حاضن رجل.

واحد[١]، فإن هذه الأخيرة يتمتع بها الرجال قبل النساء[٢].

كذلك فإنه من المسلم به عند بعض الفقهاء الغربيين[٣] أن الحضانة لها علاقة وطيدة بسلطة الأب أكثر من أي شيء آخر[٤]. وهذا الرأي إذا استعنّا به إنما لإظهار أن إسناد الحضانة للحواضن الرجال لها أساس في ضرورة الإشراف على المحضون ورقابته ليس إلاّ، بحيث تساهم هذه السلطة في تحقيق مصلحة الطفل[٥].

وما من شك في أن أحق الناس بحضانة الولد من الحواضن الرجال، كما قلناه أعلاه، هو الأب إذا كانت مصلحة المحضون معه، إذ أن عدم اتباع مثل هذا المنهج سيترتب عليه تعدد المشاكل مع ما ينجم عن ذلك من مضار لا تخفى. غير أن التشريعات المغاربية للأسرة لم تنص في هذا المجال على الترتيب الذي جاء به الفقه الإسلامي، بل اكتفى المشرـع الجزائري بالتنصيص صراحة في المادة ٦٤ من قانون الأسرة على الأب دون باقي الحواضن الرجال سواء أكان ذلك قبل التعديل أو بعده. كذلك تبنى المشرع المغربي الحكم ذاته في المادة ١٧١ من المدونة، وذلك بعدما كان الفصل التاسع والتسعون منها ينص صراحة على أن الحضانة تنتقل...إلى أخ المحضون، ثم إلى الجد من قبل الأب، ثم ابن الأخ، ثم العم، ثم ابنه، ويقدم في الجميع الشقيق، ثم الذي للأم، ثم الذي للأب...". أما المجلة التونسية، هي الأخرى لم تـذكر في الفصل ٦٧ منها إلا الأب مـن بين الحواضن الرجال.

وعلى أية حال فإن هذه التشريعات الأسرية التي نظمت مستحقي الحضانة راعـت في ذلك تنظيم الحقائق الاجتماعية المعاشة، لذلك لم يظهر لها مفيدا ذكر كل أصحاب الحق في الحضانة مثلما قام به الفقه الإسلامي.

وزيادة على ذلك، تتفق التشريعات المغاربية للأسرة في هذا المجال من حيث تعليقها

---

(١) انظر، عبد الرحمن هرنان، المرجع السابق، مذكرة، ص. ١١٠.

(٢) إلا أن المادة ٨٧ من قانون الأسرة أدخلت عليها فقرة ثالثة تقضي بأن القاضي يمنح الولاية للحاضن.

(٣)Cf. R. Jambu-Merlin, Le droit privé en Tunisie, p. ٢٦٥.

(٤) وقد قصد به مصلحة المحضون، إلا أن هذا الرأي سيكون محل نقد في الفصل الثالث. انظر، ص. ٩٢ وما بعدها.

(٥) انظر ما قيل في الفصل الأول الخاص بمعايير البحث عن مصلحة المحضون، الفرع المتعلق بحق الزيارة، ص. ١٨٥ وما بعدها.

إسناد الحضانة على أساس مبدأ مصلحة المحضون[1]. ولكن بينما اكتفى المشرعان الجزائري والمغربي بذكر هذا المبدأ، إذا بالتشريع التونسي أضاف شرطين آخرين، فنص في الفصل ٥٨ من المجلة على أنه "... إذا كان مستحق الحضانة ذكرا أن يكون عنده من يحضن من النساء وأن يكون محرما بالنسبة للأنثى..."[2].

ومن جهة أخرى، أنه يجوز للقاضي أيضا أن يقضي- بإسناد الحضانة للأقربين درجة حسبما يراه خيرا لمصلحة المحضون. وهذا التأثير يمتد صداه إذا أحسن القاضي اختيار الحواضن وإسناد الحضانة للأجدر ولو من الأقربين درجة.

III.- الأقربون درجة

لاخلاف على أن المبدأ المكرس في التشريعات المغاربية للأسرة هو الذي يجب اعتماده تحديدا به لطريقة إسناد الحضانة. ولا جدل في أن مصلحة المحضون هي التي يعمل بها لو تعدد أصحاب الحق في الحضانة. ولا شك في أن هذه التشريعات توفر للمحضون ضمانة أكيدة في حال تعدد الحواضن، ولكنها في الوقت ذاته لا تسلم من النقاش في أساسها، إذ تبقي مجالا للتساؤل عن المفهوم الذي يجب أن تكتسيه عبارة "الأقربون درجة" التي جاءت بها المادة ٦٤ من قانون الأسرة أو عبارة "أحد الأقارب" المنصوص عليها في المادة ١٧١ من المدونة أو كلمة "الغير" التي جاء بها الفصل ٦٧ من المجلة.

وبمعنى آخر، فإذا ذكر المشرعان الجزائري والمغربي بعض أصحاب الحق في الحضانة ورتبهم درجة فدرجة، فإنه مع ذلك ترك البعض الآخر دون ذكر صفاتهم ولا نوعية قرابتهم من المحضون[3]، بل اكتفيا بوصفهم بالأقربين. ومن هنا يقتضي- إزاء هذه العبارة الواسعة النطاق، طرح الأسئلة التالية : أيقصد بهم الحواضن النساء أم الحواضن

---

(١) وتطبيقا لهذا المبدأ قضت محكمة التعقيب التونسية بأن "تحويل الحضانة من أحد الحاضنين إلى الآخر يرتكز على مصلحة المحضون (انظر، محكمة التعقيب، مدني، ١٩٥٨/٠٥/٢٩، عدد ١٦٧٨٠، مجلة القضاء والتشريع، ١٩٥٩، عدد ٦، ص. ٥٤).

(٢) وفي هذا يرى الفقه الإسلامي بأن الحضانة تنتقل إلى الرجال من العصبات مطلقا إذا كان الطفل ذكرا، وإلى العصبة المحارم إن كان أنثى". انظر، محمد مصطفى شلبي، المرجع السابق، ص. ٧٥٩؛ عبد الرحمن الصابوني، نظام الأسرة وحل مشكلاتها في ضوء الإسلام، دار الفكر المعاصر لبنان، ٢٠٠١، ص. ١٩٤-١٩٦.

(٣) انظر، عبد العزيز سعد، المرجع السابق، ط. ٢، ص. ٢٩٣.

الرجال؟ وهل يكون استحقاقهم وترتيبهم على أساس الميراث أم على أساس الولاية؟[1] وهل من جهة الأم أم من جهة الأب؟

وللإجابة على ذلك نرى أن الحلول لهذه التساؤلات متعددة. فيمكن أن نستنتج أن المشرعين قصد "بالأقربين" النساء، كالأخت، والعمة، وابنة الأخت، وابنة الأخ، لأن الأمر لا يتعلق بالولاية وإنما بالحضانة. كما يمكن أن نقول أنهما أرادا بهم الرجال، سواء كانوا من المحارم العصبة[2] أو من المحارم غير العصبة[3].

ومما لاريب فيه، ووفقا لما تقتضيه مصلحة المحضون، فإنه أمام هذه الاحتمالات، لا يسعنا إلا أن نلاحظ بأن ترتيب الحواضن على النحو الذي جاءت به المادتان ٦٤ و١٧١ السالفتان، يدلى بمن هم أحق الناس بحضانة الولد، وأولى الناس به قرابته، وبعض القرابة أولى من بعض[4].

فكان الاختلاف في هذه القرابة، إذ أن الخلاف الشديد الذي احتدم بين الفقهاء حول هذا الموضوع قد حال دون اتفاقهم على إجراء محدد يمكن أن يكتمل به

---

(١) انظر، جيلالي تشوار، الاجتهاد الفقهي والتطور التشريعي في مسائل الزواج والطلاق، دراسة نقدية لقانون الأسرة الجزائري، محاضرات ألقيت على طلبة الماجستير فرع القانون الخاص، معهد العلوم القانونية والإدارية، جامعة سيدي بلعباس، ١٩٩٧/١٩٩٨، ص. ٣٢ وما بعدها.

(٢) وخاصة وأن المشرع الجزائري قد منح الولاية لمن تسند إليه الحضانة. تتمثل المحارم العصبات في: الأب، ثم أب الأب وإن علا، ثم الأخ الشقيق، ثم الأخ لأب، ثم ابن الأخ الشقيق، ثم ابن الأخ لأب، ثم العم الشقيق، ثم العم لأب، ثم عم الأب الشقيق، ثم عم الأب لأب. ورأى الحنابلة كالحنفية أن الحضانة عند فقد العصبات تثبت لذوي الأرحام الذكور والإناث، وأولاهم أبو أم، فأمهاته، فأخ لأم، فخال، ثم الحاكم يسلم المحضون لثقة يختاره. انظر، السيد سابق، المرجع السابق، المجلد الثاني، ص. ٣٥٣؛ وهبة الزحيلي، الفقه الإسلامي...، المرجع السابق، ج. ٧، ص. ٧٢٣ -٧٢٤. ومع العلم، إن المشرع الجزائري قد اعترف، ووفقا لبعض الشروط المحددة، في المواد ١٢٦ و١٣٩ فقرة ٣ و١٦٧ فقرة ٢ و ١٨٠ فقرة ٤ من قانون الأسرة لذوي الأرحام بحق الإرث.

(٣) وهم : الجد لأم، ثم الأخ لأم، ثم ابن الأخ لأم، ثم العم لأم، ثم الخال الشقيق، ثم الخال لأب، ثم الخال لأم. انظر، السيد سابق، المرجع السابق، المجلد الثاني، ص. ٣٥٣؛ عبد الرحمن الصابوني، المرجع السابق، ج. ٢، الطلاق وآثاره، ص. ٢١٨ وما بعدها؛ مصطفى السباعي، الزواج وانحلاله، ط. ٥، مطبعة جامعة دمشق، ١٩٦٢، ص. ٣٠٠ وما بعدها؛ محمد مصطفى شلبي، أحكام الأسرة...، المرجع السابق، ص. ٧٥٦ وما بعدها.

(٤) انظر، السيد سابق، المرجع السابق، المجلد الثاني، ص. ٣٥٣.

التشريع[1]. لذلك، ترك المشرعان المغربي والجزائري للقاضي اختيار الأصلح من الأقرباء حسب حالة كل محضون، وحسن ما فعل، لأن المشرع لا يمكن له حصر وتحديد كل الأقارب في مادة واحدة، فالأمر يرجع للقاضي في انتقاء المحضون من بين أقاربه من هو الأصلح له.

إذن، هذا النص في محله، ذلك لأنه وإن كان من أسس النظام القانوني والمبادئ التشريعية ألا تسند الحضانة إلا بعد احترام الترتيب المقترح، إلا أنه مع ذلك يجوز للقاضي ولاعتبارات تتعلق بمصلحة الطفل أن يستقل هو بتقدير مبرراتها ودوافعها وأن يقضي بإسناد الحضانة إلى الشخص الأجدر بها. "وليقوم القاضي بهذا الدور يجب أن يتوفر لديه مجال واسع للاجتهاد ومن هنا أصبحت الفكرة السائدة في القوانين العصرية هي إفساح المجال لسلطة القاضي ليقدر بحسب ضميره وبصيرته النافذة ما هو الأصلح للمحضون ولا يتقيد اجتهاده في ذلك إلا بالحدود التي ترسمها مصلحة المحضون ذاتها"[2].

ولما كان ذلك كذلك، فإن كلمة "الغير" الواردة في الفصل ٦٧ من المجلة التونسية يمكن أن تثير خلافا في الرأي والموقف بحيث قد يرى البعض أنها لا تفيد الحصر وأنه يجوز بناء على ذلك أن تنصرف إلى القريب والأجنبي في آن واحد. غير أنه يمكن أن يعتبر البعض الآخر أن هذه الكلمة وإن لم تكن لغة أداة حصر- إلا أنه بالنظر إلى أن الحضانة تتعلق بالمسائل الأسرية البحتة فإن تلك الكلمة تعتبر حدا فتفيد الحصر ولا تتناول في طياتها من لم يكن قريبا للمحضون. وعلاوة على ذلك فإن الأستاذ رشيد الصباغ، بعد إتيانه ببعض الحجج يرى أن "الاعتبارات المذكورة تؤيد ما ذهب إليه المشرع التونسي من عدم التعرض إلى مراتب الحضانة بالنص ولو أن ذلك لا يمنع القاضي من الاستنارة بما قاله الفقهاء في شأنها لتركيز اجتهاده في تقدير الأصلح للمحضون"[3].

ولكن، تمشيا مع الفكرة ذاتها، يجوز لنا أن نتساءل عما إذا تتحقق مصلحة المحضون مع أجنبي عنه، وخاصة وأن الفصل ٦٧ من المجلة قد سمح للقاضي أن يحكم بإسناد الحضانة إلى "الغير"؟

---

(١) انظر ما قيل بشأن ذلك في الفقه الإسلامي، المطلب الأول من هذا المبحث، ص. ٣٣٠ وما بعدها.

(٢) انظر، رشيد الصباغ، المرجع السابق، ص. ١٥.

(٣) انظر، رشيد الصباغ، المرجع السابق، ص. ١٥.

IV.- مدى تحقق مصلحة المحضون مع أجنبي عنه

والآن وقد انتهينا من استعراض ومناقشة الاتجاهات الفقهية المختلفة والنصوص القانونية حول مستحقي الحضانة، فهل نستطيع أن نظفر بإجابة محددة عن السؤال الذي سبق أن طرحناه أعلاه وهو: إذا لم يكن في الأشخاص المبيّنة في النصوص القانونية المغاربية للأسرة من تتحقق معه مصلحة الطفل، هل يمكن أن تسند الحضانة لشخص أجنبي عنه؟ ما هو الإجراء الذي تكتمل به هنا المصلحة؟ هل هو إجراء ترك الطفل وشأنه؟ أم هو إسناد الحضانة لقريب غير متوافرة فيه الشروط المذكورة؟ أم هو إسنادها لأجنبي ثقي؟

والحق أن صياغة المادة ١٧١ من المدونة والمادة ٦٤ من قانون الأسرة على النحو الذي جاءت به لم تجبنا على ذلك. نعم، إن حكمهما مفهوم بالنسبة للأشخاص الذين حددتاهما لتولي الحضانة، إذ ترجحا مصلحة المحضون التي تقتضي ترتيب الحواضن على مصلحة هؤلاء الأشخاص حتى لا يبقى الطفل بدون حاضن رغما عنه مع ما يترتب على هذا الإبقاء من التأثير في أحواله وحقوقه واحتمال حصول نزاع على هذه الحضانة بين الأقارب، ولكنهما غير واضحتان بالنسبة للأشخاص الغرباء عن المحضون، إذ ليس فيهما ما ينيرنا حول هذه المسألة ما لم نأخذ بعين الاعتبار المبدأ الأساسي الذي بنيت عليه الحضانة ألا وهو مصلحة المحضون.

فإذا كان هذا هو المبدأ في مسألة الحضانة، فهل يمكن تطبيقه حتى في الحالات التي سكت عنها المشرع؟ فهل فكر الشارع فيما وراء هذا السكوت؟ ألم يدر في خلده أن فقد الأقارب بمعناه الفعلي والقانوني يجب أن يكون مصحوبا بإسناد الحضانة لآخرين وأنه لا يصح أن يبقى الطفل بلا حضانة؟

ومع ذلك فنحب أن نشير، قبل البدء في الإجابة عن هذه التساؤلات، إلى ما توصل إليه القانون الفرنسي، حيث خلافا للقانونين الجزائري والمغربي، قد احتاط لهذه المسألة في المادة ٢٨٧-١ من القانون المدني[١] التي سمحت بإسناد الحضانة بعد الأم والأب لشخص

---

(١)Cet article dispose clairement qu' "A titre exceptionnel et si l'intérêt des enfants l'exige, le juge peut décider de fixer leur résidence soit chez une autre personne choisie de préférence dans leur parenté, soit, si cela s'avérait impossible, dans un établissement d'éducation. La personne à qui les enfants sont confiés accomplit tous les actes usuels relatifs à leur

ثالث يكون من الأفضل قريبا للطفل دون تحديد درجته أو جهته تركا في ذلك الأمر للقاضي(١). كما يمكن للقاضي الفرنسي أن يسند حضانة الولد للغير بمقتضى المادة ٢٨٩ من ذات القانون(٢). وهو الحكم ذاته، كما قلناه، تبنه المشرع التونسي في الفصل ٦٧ من المجلة.

ومع ذلك فيلاحظ أن هذه التشريعات كلها بما فيها التشريع الفرنسي- قد اعتبرت الحضانة أساسها مصلحة المحضون، علاوة على ذلك، كحق من حقوق الطفل. كما يلاحظ أن القانونين الجزائري والمغربي، وإن كانا ساكتين على بيان حكم مسألة الحاضن الأجنبي في المادتين ٦٤ و١٧١ المذكورتين ولم يردا في شأنها نص خاص، فإنهما يحيلان بمقتضى المادة ٢٢٢ من قانون الأسرة والمادة ٤٠٠ من المدونة إلى أحكام الشريعة الإسلامية التي لم تعرف بدورها مثل تلك النصوص الفرنسية، وهذا لاختلاف المجتمعات ونظرة مصلحة المحضون لتأثير عنصر الدين في ذلك.

ومعنى ذلك، أن الفقه الإسلامي، مبدئيا لا يعهد بالمحضون إلى أجنبي عنه، بل اشترط أن يكون حاضنه محرما(٣). أما القريب غير المحرم، فلا حضانة له في الأصل، فما بال الأجنبي عنه، وذلك لإبعاد أي مفسدة أو ضرر عن المحضون. فضلا عن أن الفقهاء يعتبرون أن الشفقة تتوفر مبدئيا في القربى(٤). وقد وردت آيات

---

surveillance et à leur éducation ".

(١) De toute évidence, la place des grands-parents est généralement privilégiée dans cette hypoth.. Cf. Cass. civ., ٠٢/١١/١٩٩٤, Cesselin c/ Amadieu et a., Bull. civ., ١٩٩٤, II, n° ٣١٣.

(٢)Cet article proclame que " le juge statue sur les modalités de l'exercice de l'autorité parentale ou décide de confier l'enfant à un tiers, à la demande de l'un des époux, d'un membre de la famille ou du ministère public ".

(٣) هذا في الأصل، ما لم تنتف المحارم وكان الحاضن مؤتمن فيه. انظر، عبد الرحمن الجزيري، المرجع السابق، ص. ٥٢٠ وما بعدها؛ ابن جزي، المرجع السابق،ص. ١٧٩-١٨٠؛ الإمام عبد الله بن أبي زيد القيرواني، متن الرسالة، مكتبة رحاب، الجزائر، ١٩٨٧، ص. ١٠٤.

(٤) هذا أن الحكمة في اهتمام الإسلام بصلة الرحم تقوم على داع نفساني، وهو أن رحم الإنسان دائم التطلع إلى خير قريبه فإن حرم منه عد عمله جرما. انظر، عفيف عبد الفتاح طبارة، الخطايا في نظر الإسلام، ط. ٤، دار العلم للملايين، بيروت، ١٩٧٩، ص. ٩٨؛ الإمام محمود شلتوت، الإسلام، عقيدة وشريعة، المرجع السابق، ص. ١٤٥.

قرآنية[١] وأحاديث نبوية[٢] على صلة الرحم، ومادامت الحضانة حقا للحاضن والمحضون، فإن القريب أولى بها من غيره، هذا إذا كان مستوفيا للشروط[٣].

زيادة على ذلك، أن الأم التي هي أحق الناس بحضانة ولدها، إذا تزوجت بغير قريب محرم، لن يبقى لها هذا الحق مطلقا في التشريع الجزائري ونسبيا في المدونة المغربية[٤]. وفوق هذا وذاك، تعتبر القرابة لدى الفقه الإسلامي من العناصر الأساسية التي تساعد على تحقيق مصلحة المحضون. لكن ما الحل إذا لم يكن للمحضون قريب محرم؟

وللإجابة عن هذا السؤال، وتوضيحا للتساؤلات التي سبقته، نرى أن القاضي هو الذي يخول له مهمة وضع المحضون عند من يثق به سواء كان رجلا أم امرأة[٥]. ومن ثم،

---

(١) يقول سبحانه وتعالى ﴿وَأُولُو الْأَرْحَامِ بَعْضُهُمْ أَوْلَى بِبَعْضٍ فِي كِتَابِ اللَّهِ﴾ (سورة الأنفال، الآية ٧٥)؛ ويقول أيضا ﴿اتَّقُوا رَبَّكُمُ الَّذِي خَلَقَكُمْ مِنْ نَفْسٍ وَاحِدَةٍ وَخَلَقَ مِنْهَا زَوْجَهَا وَبَثَّ مِنْهُمَا رِجَالًا كَثِيرًا وَنِسَاءً وَاتَّقُوا اللَّهَ الَّذِي تَسَاءَلُونَ بِهِ وَالْأَرْحَامَ إِنَّ اللَّهَ كَانَ عَلَيْكُمْ رَقِيبًا (١)﴾ (سورة النساء، الآية ١)؛ ويقول أيضا ﴿وَاعْبُدُوا اللَّهَ وَلَا تُشْرِكُوا بِهِ شَيْئًا وَبِالْوَالِدَيْنِ إِحْسَانًا وَبِذِي الْقُرْبَى وَالْيَتَامَى وَالْمَسَاكِينِ وَالْجَارِ ذِي الْقُرْبَى وَالْجَارِ الْجُنُبِ وَالصَّاحِبِ بِالْجَنْبِ وَابْنِ السَّبِيلِ وَمَا مَلَكَتْ أَيْمَانُكُمْ إِنَّ اللَّهَ لَا يُحِبُّ مَنْ كَانَ مُخْتَالًا فَخُورًا(٣٦)﴾ (سورة النساء، الآية ٣٦)، كما يقول سبحانه وتعالى ﴿فَهَلْ عَسَيْتُمْ إِنْ تَوَلَّيْتُمْ أَنْ تُفْسِدُوا فِي الْأَرْضِ وَتُقَطِّعُوا أَرْحَامَكُمْ (٢٢) أُولَئِكَ الَّذِينَ لَعَنَهُمُ اللَّهُ فَأَصَمَّهُمْ وَأَعْمَى أَبْصَارَهُمْ(٢٣)﴾ (سورة محمد، الآيتين ٢٢ و٢٣).

(٢) عن أبي هريرة قال قال رسول صلى الله عليه وسلم "من أحب أن يبسط له في رزقه وينسأ له في أثره فليصل رحمه" (انظر، أبي عبد الله البخاري الجعفي، المرجع السابق، المجلد ٤، ج.٧، ص. ٧٢).
وعن عائشة رضي الله عنها قال رسول الله صلى الله عليه وسلم "الرحم متعلقة بالعرش تقول: "من وصلني وصله الله ومن قطعني قطعه الله " (انظر، أبي عبد الله البخاري الجعفي، المرجع السابق، المجلد ٤، ج.٧، ص.٧٣)؛ ومن قوله أيضا "لا يدخل الجنة قاطع رحم" (انظر، أبي عبد الله البخاري الجعفي، المرجع السابق، المجلد ٤، ج.٧، ص.٧٢)؛ كما يحث النبي صلى الله عليه وسلم على صلة الرحم مرغبا في ذلك من كان يؤمن بالله واليوم الآخر فليكرم ضيفه، ومن كان يؤمن بالله واليوم الآخر فليصل رحمه، ومن كان يؤمن بالله واليوم الآخر فليقل خيرا أو ليصمت" (انظر، أبي عبد الله البخاري الجعفي، المرجع السابق، المجلد ٤، ج.٧، ص.٧٨-٧٩). انظر، عفيف عبد الفتاح طبارة، المرجع السابق، ص. ٩٧.

(٣) انظر، عبد الرحمن هرنان، المرجع السابق، مذكرة، ص. ١٠٩.
(٤) انظر، المادتين ٦٦ و٧٠ من قانون الأسرة. قارن المادتين ١٧٤ و١٧٥ من المدونة.
(٥) انظر، ممدوح عزمي، المرجع السابق، ص. ٣٥.

فإذا كان القاضي مسؤولا عن تعيين من يصلح للحضانة، فإنه يجب عليه أن يتحقق من نزاهة الشخص المؤهل للحضانة ومن أنه سيقوم بمصالح الصغير لو كان من الأجانب، وذلك اتقاء لإبقاء الطفل بدون حاضن.

وعلى كل حال، فالذي نراه تفسيرا لروح النصوص القانونية أن حق الحضانة ينتقل إلى القاضي حيث يختار من يراه أهلا للحضانة مما يضمن فيه مصلحة المحضون. فإن كانت أنثى لا قريب لها يسلمها إلى امرأة ثقة أمينة تسهر على رعايتها وإلا لرجل إذا كانت الطفلة صغيرة جدا بحيث لا يخشى عليها من الفتنة، وإذا كان ذكرا فليس للأنثى الحق في حضانته لما يخشى عليه من الفتنة.

ومن هذا ندرك في وضوح وجلاء، الأهمية العظمى لمصلحة المحضون، وكيف أنها تدخل في سائر نواحي الحضانة لتنظيمها وتضبطها، كما نرى أيضا، خلاصة لما قلناه، أن عند انعدام الحواضن الأقارب يبقى للقاضي مؤشرا واحدا هو مصلحة المحضون، فيتحقق من الشروط الآتية :

١- انعدام حاضن قريب للمحضون؛

٢- إسناد حضانة الفتاة لامرأة والفتى لذكر عندما يخشى عليهما من الفتنة؛

٣- أن يثق القاضي بهؤلاء الحواضن ويتأكد من قدرتهم على الحضانة وحماية المحضون خلقا وصحة، وذلك كله رعاية لمصلحة المحضون.

وبناء على ما ذكر من ملاحظات وتأويل وتفاسير يتضح أن حضانة الطفل أمر لا بدّ منه[1]، فإن لم يكن ثمة قريب، فالقاضي مسؤول عن تعيين من أجدر بالحضانة[2]. ومن ثم، مادام لا يوجد نص قاطع يلزم المحكمة احترام، في جميع الحالات ومهما اختلفت

(١) انظر، السيد سابق، المرجع السابق، المجلد الثاني، ص. ٣٥٣.

(٢) وعلى هذا النهج سارت محكمة الجمالية المصرية في حكمها الصادر في ١٩٥٨/٠٢/١٨، حيث قضت فيه على أنه "من المقرر فقها أن البنت إذا بلغت بكرا ضمّها الأب إليه وكذا العاصب ذي الرحم المحرم كالأخ والعم إذا لم يكونا مفسدين وإن كانا وضعها القاضي عند امرأة ثقة". انظر، محكمة الجمالية الجزئية، ١٩٥٨/٠٢/١٨، قضية رقم ١٩٥٨/٤٢، مقتبس عن معوض عبد التواب، المرجع السابق، ط. ٦، ج. ٢، ص. ١١٢٢.

المصالح، الترتيب التشريعي للحواضن، فإن المسألة تبقى خاضعة لسلطة القاضي في إسناد الحضانة مختارا في ذلك الأولوية للقرابة مع وضع نصب أعينه موجهّه ألا وهو مصلحة المحضون.

وهكذا، إذا وجد من بين أصحاب الحق في الحضانة من هو أكفأ للقيام بها، وجب منحها له دون مراعاة الأولوية في الترتيب، لأن "أساس الحكم بضم الصغير هو مصلحته ومنفعته، ورفع الضرر عنه... فإذا رأى (القاضي) مصلحة الصغير في ضمه إلى أبيه، حكم بضمه إليه، وإذا رأى المصلحة في ضمه إلى أمه ضمه إليها"[١]. وإذا رأى المصلحة في ضمه إلى شخص آخر لو أجنبيا ضمه إليه. ولذلك، إنما ما يفعله القاضي هنا هو أن يضع بالتوازي النص التشريعي أي التصور المجرد للذي يمكن أن يكون، ويدرس الحالة الملموسة. وبهذا، وبهذا وحده، يمكن للحكم القضائي أن يصل إلى تقريب الواقع المعاش للطفل مع الهدف الذي يحمي مصلحته على الوجه الأكمل[٢].

ويظهر من ذلك أن الدور الذي يلعبه القاضي في الحضانة يختلف عن دوره في المواد المدنية الأخرى "التي يقتصر فيها على تطبيق النص القانوني والقول بأن موضوع النزاع راجع لهذا أو لذاك من الخصوم حسب قاعدة مسطرة بالنص من قبل بقطع النظر عن أحوال هؤلاء الخصوم وملابساتهم الشخصية بل أن دوره في مادة الحضانة يقتضي منه البحث من تلقاء نفسه عن مصلحة المحضون وعدم الاكتفاء في ذلك بما يقوله الشقان المتنازعان ويقتضي منه معاملة المحضون كشخص هو صاحب الحق في النزاع عن الحضانة لا كموضوع لهذا النزاع"[٣].

وقد عبر عن ذلك صراحة مشروع تقنين الشريعة الإسلامية لسنة ١٩٠٧ في المادة ١١١ التي نصت على أنه "في حالة انعدام القريب الرحمي، يختار القاضي الشخص الذي يثق فيه ويكون أهلا لحضانة الطفل"[٤]. وكما عبّر عنه مشروع القانون العربي الموحد

---

(١) انظر، محكمة الإسكندرية الإبتدائية، ١٩٥٨/٠٢/١٧، قضية رقم ٥٧/٥١٥، مقتبس عن معوض عبد التواب، المرجع السابق، ص.١١١٧.

(٢) p. ٨٧٢. , Cf. S. Frémeaux, op. cit.

(٣) انظر، رشيد الصباغ، المرجع السابق، ص. ١٥.

(٤) Cet article disposait qu' "A défaut de parent utérin, le magistrat désigne la personne de confiance à qui l'enfant sera remis "; et l'article ١١٢ al. ١er du même projet proclamait " que la personne appelée à garder l'enfant soit

للأحوال الشخصية عندما قال في مادته ١٣٩ على أنه "إذا لم يوجد الأبوان، ولم يقبل الحضانة مستحق لها، يختار القاضي من يراه صالحا من أقارب المحضون، أو غيرهم، أو إحدى المؤسسات المؤهلة لهذا الغرض".

ومن ثم، فإذا كنا نروم حلا عربيا موحدا في هذا الصدد فيجب الاقتضاء، في نظرنا، بهذا النص ولكن مع إعطاء الأولوية في الحضانة للأقارب، فلهم ذلك على شرط أن تتحقق معهم مصلحة المحضون، وإلا سقط حقهم فيها، ذلك كله يدفعنا من جهة أخرى إلى الخوض في تبيان النقائص الواردة في النصوص المنظمة لمستحقي الحضانة.

الفرع الثالث
بعض المآخذ على النصوص القانونية
المنظمة لمستحقي الحضانة

وهكذا تختلف أحكام التشريعات المغاربية للأسرة في تنظيم الأشخاص المستحقين للحضانة، فمنها كالتونسي ما يعمل مبدأ المساواة بين الأبوين والغير على إطلاقه، ومنها مالم يقبل ترتيب هذه النتيجة في الحال، بل علق ذلك على إعطاء حق الأولوية للأم عن باقي الحاضنين؛ لكن ينبغي لإحداث هذا الأثر أن تكون مصلحة المحضون قد رعيت في ذلك، وأن هذه المصلحة لا يقدرها إلا القاضي عند استعمال سلطته التقديرية.

ومع ذلك، فيؤخذ على الموقف التونسي أنه لا يحقق في الأخذ به على إطلاقه الغرض المقصود تماما. فالمساواة بين الأبوين، بل بين الأبوين والغير في تقريرها إجحاف في حق الأم، ولا تكفي للدلالة بصفة قطعية على أن الغير – وخاصة الأجنبي – أصبح آمنا وراعيا لمصلحة الطفل بحيث يسهل ضمه إليه. لذلك كان من اللازم أن تكون هذه المساواة غير قائمة في هذا المضمار وبخاصة أن المشرع قد جعل من عدم المحرمية سببا مجيزا لإسقاط الحضانة ولم يرد عليه أي استثناء متعلقا بمصلحة المحضون.

كذلك يلاحظ على الحلول السابقة وجود شيء من التفاوت بينها وهي ليست موحدة في التشريعات جميعا، صحيح أن هذا التطابق ليس مطلوبا بالنسبة لمستحقي

ou non sa parente, l'enfant ne lui doit être confié que si elle satisfait aux conditions suivantes : la santé, la vigilance, la sécurité du logis, la pleine possession de toutes ses facultés et les bonnes moeurs".

الحضانة في غير الأبوين؛ فهذا الاستحقاق يتفاوت حتما بتفاوت حالة التكافل الأسري في كل منها أي الحقائق الاجتماعية المعاشة، ولكن المبدأ الأساسي الذي يهدف إلى تحقيق مصلحة المحضون بصفة خاصة ليس ثمة ما يمنع من توحيده. وهكذا تبدو ضرورة مسارعة المشرع التونسي إلى إعطاء الأولوية إلى الأقارب بدلا من استعمال كلمة "الغير" التي تنصرف إلى القريب والأجنبي في ذاتهن وهذا ما راعته المدونة المغربية في صياغتها الجديدة.

في حين يؤخذ على التشريعين الجزائري والمغربي أنهما قد تضمنا حق الأب في الحضانة، ولكنهما لم يعلقانه على الشرط الذي جاء به المشرع التونسي والقاضي بأن يكون للأب من يحضن من النساء، ومن المحتمل أن لا يتوفر في الأب في بعض الحالات هذا الشرط، وتمنح له الحضانة والطفل لا زال في بداية عمره، ولذلك يستحسن أن يتم التنصيص على هذا الشرط في التشريعات المغاربية إذا كان المحضون في السنوات الأولى من عمره مع مراعاة مصلحته. ولكن، يمكن أن يستخلص ذلك الشرط ولو بصفة ضمنية من تعليق المشرعان الجزائري والمغربي إسناد الحضانة على أساس مصلحة المحضون، غير أن العمل بالقواعد الضمنية لا يزيل الإبهام ولا يوحد الأحكام.

وكما نلاحظ من الشطر الأول من المادتين ٦٤ من قانون الأسرة الجزائري و١٧٣ من المدونة أن المشرعين قد أتيا بأصحاب الحق في الحضانة ورتبهم حسب الأولوية في القرابة من جهة؛ وحسب الأشخاص الأكثر حنانا وشفقة وأكثر صبرا أو تحملا لمشاكل الأطفال من جهة أخرى[١]. والمقصود بذلك أن هاتين المادتين تشيرا ضمنا وبحكم الطبيعة بالنسبة للتشريع الجزائري أن مصلحة المحضون توجد مع أمه، ثم مع أبيه، ثم مع أم أمه، ثم مع أم أبيه، ثم مع خالته ثم مع عمته وبالنسبة للتشريع المغربي مع أمه، ثم أبيه ثم أم أمه. وهذا الترتيب يطرح للبحث مسألة ما إذا كان من اللازم على القاضي أن يحترمه أم هو مجرد اقتراح.

والواقع، فمن الجانب النظري، إذا رأينا المسألة بنظرة الفقه الإسلامي، نجد أن الترتيب الذي رتبه الفقهاء، ونقيس عليه ترتيب المادتين السالفتين، يعد إلزاميا متى استوفت كل الأشخاص شروط الحضانة، بمعنى أنه إذا كانت أم الأم مثلا تملأ كل شروط الحضانة، وكانت أم الأب هي الأخرى أهلا لها، فتسبق أم الأم على أم الأب. فاختيار

(١) انظر، عبد العزيز سعد، المرجع السابق، ط. ٢، ص. ٢٩٤.

أصحاب الحق في الحضانة وترتيبهم من قبل الفقه الإسلامي انطوى بحدّ ذاته على مصلحة المحضون، أي أنه مؤسس على نظرة كل فقيه إلى مصلحة المحضون. فلذلك، اختلفت المذاهب في الترتيب.

وأما من جانب القانون الوضعي، فإن الترتيب الوارد في المادتين السالفتين أصله مراعاة مصلحة المحضون. فإذا كانت مصلحة المحضون متوافرة مع الشخص الأول في القائمة، أسندت إليه الحضانة؛ أما إذا لم تتوفر معه المصلحة، فتسند إلى من بعده أو من بعد بعده. وهذا ما يدفعنا إلى القول أن هذا الترتيب ما هو سوى مجّرد اقتراح ويمكن عدم احترامه إذا اقتضت مصلحة المحضون ذلك.

وتجدر الإضافة أنه حتى في حالة استيفاء الأشخاص المذكورة كلهم نفس الشروط، فإن هنا أيضا لا بدّ أن يكون من بينهم من هو الأحسن والأجدر وبالتالي الأسبق، بمعنى أنه يجب على القاضي البحث عن من يحقق مصلحة أكبر للمحضون. واستنتاجا لذلك يمكن القول بصفة مؤكدة أن هذا الترتيب ليس إلزاميا للقاضي ولا من النظام العام[1]. وقد اعتمد المجلس الأعلى الجزائري الوجهة ذاتها في قرار أصدره بتاريخ ٢٢ ماي ١٩٨٩ في قضية كان النزاع فيها قائم بين أبوي المحضونين، حيث قال فيه أنه "من المقرر فقها وقانونا أن الحضانة هي رعاية الولد وتعليمه والقيام بتربيته على دين أبيه والسهر على حمايته وحفظه صحة وخلقا، ومن ثم فإن القضاء بما يخالف هذا المبدأ يعد خرق للقانون"[2].

غير أن هذا الاستنتاج قد يؤدي بالبعض إلى التساؤل عن مدى فائدة الترتيب الذي جاءت به المادتين ١٧٣ من المدونة و٦٤ من قانون الأسرة.

فمن جانبنا، نرى أن هذا الترتيب، حتى ولو لم يكن إلزاميا، فهو مع ذلك ضروريا، لأنه يصلح كموجه للقاضي في إعانته على كشف الأشخاص القادرين على الحضانة والمؤهلين لها. وتطبيقا لذلك، إذا تنازع شخصان على ولد أمام القاضي، فإن هذا الأخير أول ما يتبادر إلى ذهنه هو تقدير مصلحة المحضون راعيا في ذلك الترتيب الوارد في المادتين السالفتين الذكر. بمعنى إذا تحقق مثلا أن مصلحة الطفل ليست مع أمه بالرغم من

(١) انظر، عبد العزيز سعد، المرجع السابق، ط. ٢، ص. ٢٩٣.

(٢) انظر، مجلس أعلى، غ.أ.ش.، ١٩٨٩/٠٥/٢٢، ملف رقم ٥٣٥٧٨.،المجلة القضائية، ١٩٩١، عدد ٤، ص. ٩٩.

أنها أولى، فإنه لا يقضي لها بالحضانة. ويطبق عين الحكم بالنسبة للحواضن الآخرين.

ومن ثم، تكمن فائدة هذه النصوص القانونية في تبيان من هم أصحاب الحق في الحضانة، أما ترتيبهم فيكون على أساس ما تتطلبه مصلحة كل محضون. ويبدو أن عبارة "مع مراعاة مصلحة المحضون" لم تكن مقصودة بمعناها النظري الذي يرتب الأم في المرتبة الأولى، بل بمعناها العملي والتطبيقي الذي يتماشى والواقع المعروض. مما يستلزم على القاضي البحث والتنقيب لتحديد الشخص الأجدر بالحضانة. ومن ثم فلا شكّ أن الحكم بإسناد الحضانة للأم أو لغيرها ليس سببّه الترتيب القانوني، بل لكون أن مصلحة المحضون قد صرخت بذلك.

وفي خضم هذا التحليل، يحق لنا أن نتساءل عن كيفية انتقال الحضانة: هل تنتقل بقوة القانون؟ أم يشترط استصدار حكم قضائي لأجل ذلك؟

من حيث القانون المقارن، قد سبق أن قلنا أن القضاء السوري يقضي بانتقال الطفل المحضون من أمه إلى جدته لأمه مثلا بدون حكم قضائي، وتستطيع الأم أن تسلم الولد إلى من يليها بالحضانة إذا سقطت عنها الأهلية اللازمة لذلك[1].وكما أن القضاء المغربي سار تقريبا قبل تعديل المدونة في هذا الاتجاه[2]، حيث قضى المجلس الأعلى في قراره الصادر بتاريخ ١٢جويليا ١٩٨٢ على أن "الحضانة للأبوين ما دامت الزوجية قائمة فإذا انقطعت فالأم أولى بحضانة ولدها وأن القانون لا يشترط فيمن له حق الحضانة بعد

(١) انظر، القاعدة ١٠٢٥ من مجموعة القواعد القانونية لمحكمة النقض السورية، ص. ٥١٤، مقتبس عن عبد الرحمن الصابوني، المرجع السابق، ص. ٢١٩.

(٢) وقد عاتب الأستاذ الخمليشي هذا الموقف بقوله "ولا يبدو مبرر لهذه الصفة الإلزامية لترتيب الحاضنين، خصوصا وأن الموضوع مجرد اجتهاد، وعلاقة الفرد بقرابته يتعذر الحكم عليها بقواعد نظرية عامة، فالواقع أنها تختلف من أسرة إلى أخرى، بل ومن فرد إلى آخر، فليس صحيحا أن يقال مثلا أن أم الأم أصلح للحضانة وأرأف بالمحضون من أم الأب في جميع الأحوال والظروف وفي كل قضية اجتمعت فيها الجدتان". انظر، أحمد الخمليشي، التعليق على...،المرجع السابق، ص.١٣٥.

وتنص المادة ١٣٢ من المشروع العربي الموحد لقانون الأحوال الشخصية على أن "الحضانة من واجبات الأبوين معا ما دامت الزوجية قائمة، فإن افترقا فهي للأم ثم للأب ثم لأقرباء المحضون وفق الترتيب التالي ما لم يقرر القاضي خلافه لمصلحة المحضون..."؛ وكذلك تنص المادة ٦٢ من القانون الليبي في فقرتها الثالثة: "للمحكمة ألا تتقيد بالترتيب الوارد في الفقرة السابعة لمصلحة المحضون فيما عدا أم المحضون وأمها، وأبيه وأمه".

الأم أن يطالب بها قضاء[١] ما دام قد مارسها فعليا..."[٢].

ولكن، خلافا للقضاء السوري، قضى المجلس ذاته في قراره الصادر في ٢٨ جوان ١٩٨٦ بأنه "إذا كانت الأم المطلقة قد تنازلت عن حضانتها، فإنه ليس (لها)... أن تمنح الحضانة لمن تشاء"، بل "ليس في الفقه ما يتمسك به الطاعن من أن للأم أن تتصرف في الحضانة كيف تشاء فتمنحها لمن تشاء"[٣].

حقا وإذا ألقينا نظرة إلى التشريع المغربي لوجدنا أن المدونة في صياغتها الجديدة قد تأثرت نوعا ما بهذه الفكرة في حالتين، وهذا مانصت عليه الفقرتان الثانية والثالثة من المادة ١٦٦ منها وذلك بقولهما "بعد انتهاء العلاقة الزوجية، يحق للمحضون الذي أتم الخامسة عشرة سنة، أن يختار من يحضنه من أبيه أو أمه.

في حالة عدم وجودهما، يمكنه اختيار أحد أقاربه المنصوص عليهم في المادة ١٧١ بعده، شريطة أن لا يتعارض ذلك مع مصلحته، وأن يوافق نائبه الشرعي.

وفي حالة عدم الموافقة، يرفع الأمر إلى القاضي ليبت وفق مصلحة القاصر".

وكما يبدو أن الفقرة ٥ من المادة ١٧٣ منها أخذت بالفكرة ذاتها وذلك بقولها "إذا وقع تغيير في وضعية الحاضن خيف منه إلحاق الضرر بالمحضون، سقطت حضانته وانتقلت إلى من يليه". ولكن، إذا رجعنا إلى النصوص الأخرى الواردة في المواد ١٦٥، ١٧٠ فقرة ثانية، ١٧٢، ١٨٤ والمادة ١٨٦ من المدونة التي نصت على أن "تراعي المحكمة مصلحة المحضون في تطبيق مواد هذا الباب"، يظهر لنا أن الحضانة لا تنتقل بصفة تلقائية وإنما تتطلب استصدار حكم قضائي.

ولذلك، إننا نعتقد أن انتقال الحضانة تلقائيا يصعب تبريره، بدليل صعوبة تقدير مصلحة المحضون من قبل الأشخاص المستحقين للحضانة، فضلا عن إخفائهم فكرة

(١) حيث نجد أن مدونة الأحوال الشخصية المغربية لم تشر في الفصل ٩٩ منها إلى مراعاة مصلحة المحضون؛ وهذا يعني أن هذه المصلحة روعيت ضمنيا بوضع ترتيب الحواضن وما على القاضي إلا تطبيق المواد الخاصة بذلك. أما اختيار القاضي للحاضن وتحقق من كفاءته، فلا يكون إلا عند تساوي مستحقي الحضانة في الرتبة.

(٢) انظر، مجلس أعلى، ١٩٨٢/٠٧/١٢، قرار رقم ٥٤٥، مجلة القضاء والقانون، عدد ١٣٣-١٣٩، ص.١٨٣.

(٣) انظر، مجلس أعلى، ١٩٨٦/٠٦/٢٨، قرار رقم ٩١١، مجموعة قرارات المجلس الأعلى، ٨٣-٩٥، ص.٣٤.

التحيز الدائم التي لا يمكن القضاء عليها وأصبحت لا تتماشى مع مصلحة المحضون.

ومهما يكن من أمر، فمن المستحسن دائما في مثل هذه الأحوال أن يتدخل القضاء بحكم يضع الأمور في نصابها، حكم يقوم على أساس الفكرة القائلة بأن انتقال الحضانة يجب أن يكون راعيا لمصلحة المحضون. و هنا نتساءل : هل سعى المشرعان التونسي والجزائري هذا المسعى؟

أجابت مجلة الأحوال الشخصية التونسية عن ذلك برعايتها قصر المصلحة المحضون دون الإتيان بأي ترتيب ما، إذ تنص الفقرة الثانية من الفصل ٦٧ منها على أنه "إذا انفصم الزواج وكان الزوجان بقيد الحياة، عهدت الحضانة إلى أحدهما أو إلى غيرهما. وعلى القاضي عند البت في ذلك أن يراعي مصلحة المحضون"[١]؛ وكذلك من الفصل ٥٨ منها الذي نص على أنه "يشترط في مستحقي الحضانة... ما لم ير الحاكم خلافا ذلك اعتبارا لمصلحة المحضون..."؛ ومن الفصل ٦٠ منها بقوله "... كل ذلك ما لم ير القاضي خلافه لمصلحة المحضون"، ومن الفصل ٦٤ بقوله "يمكن لمن عهدت إليه الحضانة أن يسقط حقه فيها ويتولى الحاكم في هذه الصورة تكليف غيره بها".

وتطبيقا لذلك، قضت محكمة التعقيب في قرارها الصادر بتاريخ ١٠ مارس ١٩٨١ بأنه "طالما أن حضانة الأبناء حكم بها لفائدة الأب فإن ممارسة الأم للحضانة الفعلية يعتبر غير قانوني لمخالفته لما قضت به المحكمة المختصة..."[٢].

وكما قضت المحكمة ذاتها بأن "إسناد الحضانة لأحد الأبوين أو للغير أمر موضوعي يرجع لاجتهاد قاضي الأساس مع مراعاة مصلحة المحضون..."[٣]. وكما قضت أيضا بأنه "...اقتضت فقرات الفصل ٦٧ م.أ.ش. أن الحضانة تعهد إلى أحد الأبوين وإلى غيرهما، وعلى الحاكم عند البت في ذلك أن يراعي مصلحة المحضون..."[٤].

وكما أن المشرع الجزائري قد أجاب عن التساؤل السابق وأجلى موقفه ضمنيا

(١) نقح هذا الفصل بالقانون عدد ٧٤ لسنة ١٩٩٣ المؤرخ في ١٢ جويلية ١٩٩٣.

(٢) انظر، محكمة التعقيب، ١٩٨١/٠٣/١٠، قرار مدني، عدد ٥٣٩٨، نشرية محكمة التعقيب، ١٩٨١، ج.٢، ص.٢٩٩.

(٣) انظر، محكمة التعقيب، ١٩٧٧/٠٢/٠١، قرار مدني، عدد ٧٣١، نشرية محكمة التعقيب، ١٩٧٧، ج.١، ص.٧٤.

(٤) انظر، محكمة التعقيب، ١٩٨٩/٠٢/٠٢، قرار مدني، عدد ٢٠٤٣١، مجلة القضاء والتشريع، ١٩٩١، عدد ٠٧، ص.٩٤.

وبصفة عامة من خلال أحكام الحضانة[١]؛ وصراحة وبصفة خاصة من خلال مادتين[٢]: الأولى موضوعية وهي المادة التي نحن بصدد دراستها، والثانية إجرائية وتتمثل في المادة ٦٨ من قانون الأسرة.

والحق أن ورود المادة ٦٤ من قانون الأسرة، على منوال المواد الأخرى الرامية إلى الأخذ في الاعتبار مصلحة المحضون، بصياغة واضحة إنما يقضي بتدخل القاضي ولا بالانتقال التلقائي للحضانة. فالخطاب موجه فيها على منوال الفصول ٥٨ و٦٠ و٦٧ من المجلة التونسية لشخص واحد ألا وهو القاضي، إذ فهو الذي يبحث عن هذه المصلحة ويتأكد من وجودها أو غيابها. ومن ثم، فليس لصاحب الحق في الحضانة أن يقرّر وجود المصلحة أو عدمها. ويعني بذلك، أنه متى توجب مراعاة مصلحة المحضون من قبل القاضي، فإن الحضانة تكون قضائية. وهو يعتبر كذلك في نظر المادة ٦٥ من ذات القانون، فقد جاءت بصراحة العبارة أنه "...للقاضي أن يمدد الحضانة بالنسبة للذكر إلى ١٦ سنة إذا كانت الحاضنة أما لم تتزوج ثانية.على أن يراعى في الحكم بانتهائها مصلحة المحضون".

كما جاء في المادة ٦٧ من ذات القانون أنه "تسقط الحضانة باختلال أحد الشروط المنصوص عليها في المادة ٦٢ أعلاه (الفقرة الأولى). غير أنه يجب في جميع الحالات مراعاة مصلحة المحضون" (الفقرة الثالثة من ذات المادة). كما تقضي بفرض تدخل القضاء أيضا المادة ٦٩ من قانون الأسرة بقولها "إذا أراد الشخص الموكول له حق الحضانة أن يستوطن في بلد أجنبي رجع الأمر للقاضي في إثبات الحضانة له أو إسقاطها عنه مع مراعاة مصلحة المحضون".

زيادة على ذلك، فإن المادة ٦٨ من قانون الأسرة[٣] تشير على منوال المادة ١٧٦ من المدونة والفصل ٥٨ من المجلة إلى أن طلب الحضانة من قبل صاحب الحق فيها يكون

---

(١) انظر في شأن ذلك، المواد ٦٦، ٦٨، و٧١ من قانون الأسرة المعدل والمتمم بالأمر رقم ٠٥/٠٢ المؤرخ في ٢٠٠٥/٠٢/٢٧.
(٢) وذلك إلى جانب المواد ٦٥، و٦٧، و٦٩ من قانون الأسرة المعدل والمتمم بالأمر رقم ٠٥/٠٢ المؤرخ في ٢٠٠٥/٠٢/٢٧.
(٣) تنص هذه المادة على أنه "إذا لم يطلب الحضانة من له الحق فيها لمدة تزيد عن سنة بدون عذر سقط حقه فيها".

أمام القضاء وفي مدة معينة، ويتراءى ذلك من خلال وجهين: الوجه الأول هو أن طلب الحضانة أي الادعاء لا يكون إلا أمام القضاء، وهذا يدخل ضمن القواعد العامة(١). والوجه الثاني هو المدة المحدّدة لطلب الحضانة، بمعنى أن حق الحضانة يتقادم، وبمفهوم المخالفة، إذا لم تكن الحضانة قضائية، صاحب الحق فيها لا يسقط حقه.

وللتدليل على ذلك أيضا، أكدت المادة ٥٧ مكرر من قانون الأسرة على أنه "يجوز للقاضي الفصل على وجه الاستعجال بموجب أمر على عريضة في جميع التدابير المؤقتة ولاسيما ما تعلق منها...والحضانة والزيارة والسكن".

إذن، فمن يتأمل الأحكام التي استعرضناها أعلاه يجد أنها تقضي على عدم الانتقال التلقائي للحضانة قضاء كليا، ومن ثم فليس هناك أي إسناد للحضانة بدون حكم قضائي. ولقد جرى قضاء المجلس الأعلى منذ إنشائه على الأخذ بذات المبدأ حيث استقر على التمييز بين الحضانة القضائية والحضانة التلقائية وذلك عندما قضى بأن "من المقرر شرعا بأنه عند الحكم بالحضانة فإنه يجب على قضاة الموضوع مراعاة مصلحة المحضون"(٢). وقد تأكد هذا الموقف في قرار آخر صادر من المحكمة العليا بتاريخ ١٦ أفريل ١٩٩٠ حيث قضت فيه بأنه "من المقرر قانونا أنه وفقا لنص المادة ٦٤ من قانون الأسرة على القاضي حينما يقضي بإسناد الحضانة أن يحكم بحق الزيارة "(٣)، كما أكدته نفس المحكمة في قرارها الصادر بتاريخ ١٨ جوان ١٩٩١ والسابق الإشارة إليه، إذ تقول أنه "من مقرر قانونا وشرعا أن الحضانة يراعى في إسنادها توفر مصلحة المحضون، وهذه يقدرها قضاة الموضوع"(٤).

وينبني على ذلك التحليل وهذه القرارات أن القاضي له واجب البحث عن مصلحة المحضون، ويتمتع بسلطة واسعة في تقرير تواجد هذه المصلحة. وهذا خلافا لما زعمت به الأستاذة ليلى حمدان حينما جاءت بخصوص تعليقها على المادة ٦٤ من قانون الأسرة أن

---

(١) انظر في هذا الشأن، المادة الخامسة من دستور ١٩٩٦.

(٢) انظر، مجلس أعلى، غ.ق.خ.، ١٩٦٧/٠٣/٢٩، م.ج.ع.ق.إ.س.، ١٩٦٨، عدد ١، ص. ١٤٩.

(٣) انظر، محكمة عليا، غ.أ.ش.، ١٩٩٠/٠٤/١٦، ملف رقم ٥٩٧٨٤، المجلة القضائية،١٩٩١، عدد ٤، ص. ١٢٦.

(٤) انظر، محكمة عليا، غ.أ.ش.، ١٩٩١/٠٦/١٨، ملف رقم ٧٥١٧١، غير منشور، مقتبس عن بلحاج العربي، الاجتهاد القضائي...، المرجع السابق، ص. ١٢١.

"حق الحضانة يؤول أوليا إلى الأم (المادة ٦٤)، التي يجب أن تقوم بـدورها التربـوي؛ والقـاضي لـيس لـه أن يقـرر أيـن توجـد المصلحة لهذا الطفل بخلاف المجلة التونسية"[١].

إذن، نحن لا نقر الأستاذة حمدان على تفسيرها من حيث إن المادة ٦٤ مـن قانون الأسرة لا تمـنح للقـاضي سـلطة تقدير مصلحة المحضون إذ أن الترجمة الفرنسية، كالنص العربي، توضح لنا بجلاء نية المشرع، فمثل هـذا القـاضي لا يمكـن أن يقضي بالحضانة بحسب قانون الأسرة السابق أو المعدل إلا للشخص الذي تتم معه تلبية مصلحة المحضون. فيجب إذن عـلى القاضي أن يقدر مع من تكون مصلحة المحضون.

وخير ما نختتم به هذا التعليق هو أن النصـوص المغاربيـة للأسرة المنظمـة للحضانة تبـين مـن جهـة، أن مصلحة المحضون المستشفة من خلال حالة معينة تتناسب والحالة التي يحاول القـاضي إعـدادها للمحضون. ومـن جهـة أخـرى، أن مفهوم مصلحة المحضون، يشكل قاعدة عامة ومجردة تفرض على القاضي الرجوع إليها[٢] سواء أكان الأمر متعلقـا بالحواضـن النساء أم بالحواضن الرجال، وسواء أكان متعلقا بالتنازل عن الحضانة أو القضاء بإسقاطها.

---

(١) "Ce dernier, dit-elle, est dévolu en priorité à la mère (art. ٦٤), celle-ci doit remplir son obligation éducative; le juge n'est pas à même de décider où se trouve l'intérêt de cet enfant contrairement à la majella tunisienne". Cf. L. Hamdan, Les difficultés de codification du droit de la famille algérien, R.I.D.C., ١٩٨٥, n° ٤, p. ١٠١٣.

(٢)Cf. S. Frémeaux, op. cit., p. ٨٧٢.

الدكتورة تشوار حميدو زكية

كلية الحقوق

جامعة تلمسان

مصلحة المحضون

في ضوء الفقه الإسلامي والقوانين الوضعية

دراسة نظرية وتطبيقية مقارنة

الجزء الثاني

مصلحة المحضون

في مواجهة مسقطات الحضانة

بسم الله الرحمن الرحيم

مقدمة

نظم الشارعون المغاربيون شروط الحضانة واستحقاقها ومعاييرها على النحو الذي أسلفناه، ومن يتأمل قليلا في الحلول التي أوردها كل منهم في هذا الصدد نجد أن كل ذلك يحكمه مبدأ عام لا استغناء عنه كونه العمود الفقري لهذه المسألة ألا وهو مصلحة الطفل المحضون، وهو المبدأ ذاته الذي تخضع له كل الحالات المتعلقة بمسقطات الحضانة أو التنازل عنها. وقد جرى على ذلك القضاء المغاربي باعتباره مصلحة الطفل المحضون المرشد الواجب حذوه هنا؛ إذ كلما كانت المصلحة حاضرة، كانت الحضانة قائمة، وكلما انتفت المصلحة، سقطت الحضانة.

والجدير بالملاحظة أن مصلحة الطفل بعد الطلاق تجد نطاقها الواسع في هذا المجال، بل تبز أكثر من أية مسألة من مسائل الحضانة، ذلك لأن القضاء بإسقاط الحضانة قد يزعزع استقرار الطفل زعزعة تلحق به صدمة نفسية طوال حياته. ومن ثم، ودرءا لهذا الاحتمال، فيتحتم على كل شخص يتمسك بإحدى المسقطات وفقا لما هو منصوص عليه قانونا أن يقدم كافة الأدلة المثبتة أن الحاضن أصبح غير أهل لذلك، والمحكمة من جانبها تتريث ولا تحكم بالإسقاط إلا إذا اقتضت مصلحة المحضون ذلك. الأمر الذي يستوجب عليها التحري من أن إسقاطها لا يضر بمصلحة المحضون بصرف النظر عن المسقطات التي تم التنصيص عليها قانونا، وذلك راجع إلى أن هناك حالات قد تقوم ومع ذلك أغفلتها القوانين المغاربية[(1)].

هذا، ويتفق المشرعون المغاربيون من حيث تعليقهم إسقاط الحضانة على حكم قضائي شريطة أن تكون مصلحة الطفل قد صرخت بذلك، إذ لم يجعلوا قط حالات الإسقاط من المسائل التي تقع بقوة القانون، بل يجب على كل من يدعي بها إثباتها أمام القضاء إذ أن القول بعدم أحقية الحاضن بالحضانة يجب أن يكون مبررا بسبب قانوني[(2)].

---

(1) انظر ما قيل في المبحث الأول من الفصل الأول من الجزء الأول حول صعوبة تحديد مفهوم مصلحة المحضون.

(2) انظر، المحكمة العليا، ١٩٩٧/١٢/٢٣، ملف رقم ١٧٨٠٨٦، نشرة القضاة، عدد ٥٦، ص. ٣٣.

وقد حكم المجلس الأعلى الجزائري، تطبيقا لذلك، في ٢٤ فبراير ١٩٨٦ بأنه "يجب على قضاة الموضوع مراعاة أسباب سقوط الحضانة... وأن يتأكدوا من أن أسباب سقوط الحضانة القانونية قد تضاربت مع مصلحة المحضون"(١).

وهذا ما جرى به العمل أيضا في القضاء التونسي ـ إذ قضت محكمة التعقيب بتاريخ ١٠ مارس ١٩٨١ بأنه "لا قيمة لقرار الوكالة العامة للجمهورية قانونا في تسليم المحضونين إلى أمهم طالما أن الحضانة وقع إسنادها من طرف المحكمة المختصة..."(٢)، وذلك لأن "أسباب الحضانة توجب على المحكمة أن تستوعب جميع العناصر المادية والأدبية التي تحيط بالدعوى لتقدير حقيقة الأصلحية حرصا على حماية المحضون وهو أمر أساسي قانوني يهم النظام العام..."(٣).

وأكدت المحكمة ذاتها ذلك بقولها "حيث إن محكمة القرار لم تتعرض إلى المبنى الأساسي الذي صير المحضون عند جدته للأم لانعدام القرار القضائي الذي يعد السند القانوني الوحيد للبت في ذلك..."(٤).
وسلك عين الطريق قضاء المجلس الأعلى المغربي، حيث قضى ـ في ١٨ مارس ١٩٧٥ "بأن الحضانة شرعت لمصلحة المحضون وعلى المحاكم أن تلتمس هذه المصلحة في كل قضية"(٥)، لأن مثلا " مجرد السكوت لا ينبغي أن يرتبط به سقوط الحضانة"(٦).

والسر في هذا الموقف القضائي المغاربي من جعل عدم رعاية مصلحة الطفل بعد الطلاق شرطا أساسيا لإسقاط الحضانة هو أنه يعترف ضمنيا أن بعض أسباب إسقاط

(١) انظر، مجلس أعلى، غ.أ.ش.، ١٩٨٦/٠٢/٢٤، ملف رقم ٣٩٧٦٨، غير منشور، عن العربي بلحاج، الاجتهاد القضائي...، المرجع السابق، ص. ١٢٨.
(٢) انظر، محكمة التعقيب، ١٩٨١/٠٣/١٠، قرار مدني عدد ٥٣٩٨، نشرية محكمة التعقيب، ١٩٨١ ، ج.٢. ص. ٢٩٩.
(٣) انظر، محكمة التعقيب، ١٩٨٩/٠٢/٠٢، قرار مدني عدد ٢٠٤٣١، مجلة القضاء والتشريع، ١٩٩١، عدد ٧. ص. ٩٤.
(٤) انظر، محكمة التعقيب، ١٩٩٢/٠٤/٢١، قرار مدني عدد ٣١٤٨١، مجلة القضاء والتشريع، ١٩٩٤، عدد ١، ص.٨٦.
(٥) انظر، مجلس أعلى، ١٩٧٥/٠٣/١٨، قرار عدد ٤٧٨٩٥، غير منشور، مقتبس عن محمد الكشبور، المرجع السابق، ص. ٢٩٢.
(٦) انظر، مجلس أعلى، ١٩٨١/١٠/١٤، قرار عدد ٥٨٣، قضاء المجلس الأعلى، عدد ٣٠، ص. ٩٧.

الحضانة التي كانت صالحة ومقبولة في الوقت الذي أسست فيه لهدف حماية المحضون أصبحت محل إعادة نظر لتطور ضروريات الحياة المعاصرة. ولكن، لا يعني ذلك أن تستبعد هذه الأحكام تماما، لأن الطفل بعد الطلاق يظل دائما في حاجة إلى حنان وعطف مهما دار الزمن وتغير.

وكما أنه يجوز التنازل عن الحضانة، وذلك ما نصت عليه صراحة قوانين الأسرة الجزائري [١] والمغربي [٢]، وكذلك التونسي [٣]، ولكن هل يمكن للقاضي في إطار ممارسة سلطته التقديرية إجبار الحاضن الراغب في التنازل عن وظيفته إذا اقتضت مصلحة الطفل ذلك؟ وهذا ما يدفعنا إلى التساؤل من جانب آخر عما إذا كانت الحضانة حقاً أم واجباً بالنسبة للحاضن؟ ما هي إذن الطبيعة القانونية للحضانة؟

وذلك ما سنحاول الرد عليه في فصلين، إذ سندرس في الأول منهما مصلحة المحضون تجاه مسقطات الحضانة المبنية على ضياع الطفل صحة وخلقا (**الفصل الأول**)، وسنخصص ثانيهما لدراسة مصلحة المحضون تجاه التنازل الصريح والضمني عن الحضانة (**الفصل الثاني**).

(١) انظر، المواد ٦٦، ٦٨ و٧٠ من قانون الأسرة.
(٢) انظر، المواد ١٧٤، ١٧٥، ١٧٦ و١٧٨ من مدونة الأسرة.
(٣) انظر، المواد ٥٥، ٥٨، ٦١ و٦٣ من مجلة الأحوال الشخصية.

الفصل الأول

مصلحة المحضون تجاه مسقطات الحضانة

المبنية على ضياعه صحة وخلقا

إذا وقعت الحضانة مستوفية مقوماتها وشروطها كانت صحيحة يجوز لمستحقها أن يتولاها بمجرد الحكم بها. ومعنى ذلك أنه إذا توفرت في الحاضن الأهلية للقيام بالحضانة، كما سبق شرحها، فله أن يمارسها. وقد يحدث لها ما يعرقل نفاذها فيسقطها، ويسمى مسقطا، ومسقطات الحضانة كثيرة تعرضت لها قوانين الأسرة المغاربية.

إذن، مسقطات الحق في الحضانة التي سنتعرض إليها هي تلك المبنية على اختلال أحد شروط الحضانة، مع هذا التنبيه أن أسباب الإسقاط المتمخضة عن هذه الشروط تتضح لنا في قانون الأسرة الجزائري إلا بتنسيق مادتيه ٦٢ و٦٧، وفي مجلة الأحوال الشخصية التونسية إلا بتنسيق فصليها ٥٨ و٦٤، وهذا خلافا للنص الذي جاء به المادة ١٧٣ من المدونة المغربية.

غير أنه بالتأمل في نصوص هذه القوانين وإمعان النظر فيها نستشف أن مناط سقوط الحق ليس هو المرض أو الاحتراف في حد ذاته وإنما المناط لذلك هو ضياع الولد وإهماله. وأوجبت تلك التشريعات توافر جملة شروط ترجع في حقيقتها إلى المحافظة على الطفل وتوفير راحته وصحته من نحو عقل الحاضن وأمانته وقدرته على التربية. ولعل سلامته من الأمراض المعدية ليست أقل من الشروط المشترطة وجوبا إن لم تكن أولى منها بالرعاية. وعموما نقول أنه إذا كان عدم أهلية الحاضن حائلا للاضطلاع بالحضانة، وأدى هذا المنع إلى المساس بمصلحة الطفل المحضون أسقطت الحضانة عن صاحبها.

ومن زاوية التطبيق، أن القاضي من جانبه لا يقضي بتلك المسقطات إلا بعد رعاية حقوق الطفل ومصالحه مستهديا في ذلك بما تتطلبه الحياة المعاصرة والتطور الذي عرفه المجتمع المغاربي. ومن هنا يمكن القول أنه إزاء هذه الوضعية، فمن واجب القاضي أن يوفق بين مصلحة الطفل وضرورة الحياة المعاصرة، فهو يواكب العصر دون أن تطغى اعتبارات الحاضن على مصلحة المحضون.

ويسترشد القاضي عند استعمال سلطته في مسألة أسباب إسقاط الحضانة هذه بمعيارين أساسين، وهما:

الأول، موضوعي، مستنبط من قانون الأسرة الجزائري من الفقرة الأولى من المادة ٦٧، وفي المجلة التونسية من الفصل ٥٨، وفي المدونة المغربية من المادة ١٧٣، ومستمد خصوصا من تطبيق الأحكام الشرعية، لأن أسباب الإسقاط تتمخض عن شروط الإسناد التي حددتها القواعد الفقهية.

والثاني، شخصي، غير أنه إذا كان مستنبطاً في قانون الأسرة الجزائري بعد تعديله من الفقرة الثالثة من المادة ٦٧، والمدونة المغربية من الفقرة الخامسة من المادة ١٧٣، فإنه يستخلص، خلافا لذلك، من الفلسفة التي اتبعها المشرع التونسي في هذا الإطار؛ وهو في الواقع مستمد من سلطة القاضي عند تقديره لمصلحة الطفل المحضون وفق ما تتطلبه المعطيات المعاشة في الوقت الراهن.

وفي هذا الإجراء، تأكيد فكرة نسبية الطبيعة المعيارية لمصلحة الطفل المحضون، وهي فكرة محورية في دراسة حالات مسقطات الحضانة المتعلقة بالمرض العقلي والجسدي للحاضن (**المبحث الأول**)، وبسلوكه المشين (**المبحث الثاني**)، وأخيرا بعمل الحاضنة (**المبحث الثالث**).

المبحث الأول
المسقطات المبنية على الأمراض العقلية والجسدية

قد اتضح لنا عند معالجتنا لموضوع شروط الحضانة أن التشريعات المغاربية للأسرة قد اشترطت في الحاضن السلامة العقلية والجسدية[1]، حيث إنه إذا ما فقد هذه القوى، يصبح غير صالح لأن يكون حاضنا، فيسقط حقه في ممارسة الحضانة. ولكن، هل كل حالة مرضية تطرأ على الحاضن تجعل حقه مهددا بالسقوط؟ وهل يعمل بذلك حتى ولو كان المرض قابلا للاستشفاء؟ وبمعنى أدق هل اشترطت هذه التشريعات في الحاضن السلامة العقلية والجسدية الدائمة كي لا يحكم بإسقاط حقه في الحضانة؟

فمن زاوية النصوص التشريعية، لم تجب المادة ٦٧ من قانون الأسرة الجزائري ولا الفصلان ٥٨ و٦٤ من المجلة التونسية، ولا المادة ١٧٣ من المدونة المغربية على هذه التساؤلات بصفة دقيقة وهي إجابة لها ضرورتها، إذ أن القضاء بإسقاط الحق في الحضانة

---

(١) راجع بشأن ذلك الشرط المتعلق بخلو المرشح للحضانة من الأمراض العقلية والجسدية الوارد في المطلب الثاني من الفصل الثاني من الجزء الأول من هذه الدراسة.

بمجرد إصابة الحاضن بمرض لا يعتد به لعدم بنيانه على أسس سليمة، بل يقتضي- ذلك أن يكون وفق معايير محددة، وإلا لمكنا غيره من أن يصنع لنفسه دليله بيده، وفي يسر- وسهولة، وهذا أمر لا يمكن أن يكون.

ومن ثم، اكتفت المادة ٦٧ من قانون الأسرة بالتنصيص على القاعدة العامة الخاصة بحالات عدم تأهيل الحاضن والتي يستند عليها الحكم القاضي بإسقاط الحضانة، تاركة الأمر للتحليل والتفصيل والتأويل للسلطة التقديرية للقاضي. بيد أن المدونة المغربية كانت في صياغتها الأصلية أكثر فصاحة من قانون الأسرة الجزائري، حيث كانت تشترط في الفقرة الخامسة من المادة ٩٨ سلامة الحاضن من كل مرض معد أو مانع من قيامه بالواجب، وهو نفس الاتجاه الذي سارت عليه المجلة التونسية في الفصل ٥٨ منها.

غير أن المدونة جاءت في صياغتها الجديدة بعبارة واسعة وذلك بقولها في المادة ١٧٣فقرة ثالثة "القدرة على تربية المحضون وصيانته ورعايته دينا وصحة وخلقا وعلى مراقبة تمدرسه".

ولا ريب أن لهذا الموقف المغاربي سره رغم تفاوت النصوص من حيث الفصاحة والدقة إذ أن الحكمة منه هي أن المرض، باعتباره من الأمور النسبية، لا يؤسس دعوى إسقاط الحضانة إلا بعد تحديد صنفه ودرجة حدته ومن هنا آثاره، وهي من المسائل التي تلعب فيها سلطة القاضي دورا هاما مادام أنها تندرج في باب الوقائع ومادام أنها تختلف باختلاف الزمان والمكان. وما يزيد هذه المنهجية ذروة، أنه لا يصلح بالمشرع أن يفصل في موضوع يخشى أن تكون أحكامه متنافية مع مصلحة الطفل المحضون إذا ما أخذنا بعين الاعتبار التطور السريع الذي عرفته ولا زالت تعرفه الاكتشافات الطبية والبيولوجية(١).

صحيح، أنه قد يترتب على إسقاط الحضانة في هذه الحالة أن يصبح مستحقها الأول كالأم مثلا بلا حق فيها، وخاصة إذا ما كان الطفل في السنين الأولى من عمره، غير أن المشرع قد رأى من غير ذلك بدلا لأنه جعل من مصلحة الطفل المحضون المعيار الأول الذي يجب أن يقتضى به مع تقدمه على أي اعتبار آخر.

ولذلك، إنه ليس من المهم أن يكون المرض المصاب به مستحقي الحضانة مرضا عقليا أم جسديا، كما لا يهم أيضا أن يكون له حق الأولوية في الحضانة أم ليس له ذلك، وكل ما في الأمر أنه يجب أن يكون العجز الذي يصاب به الحاضن منافيا لصيانة حقوق

---

(١) انظر، جيلالي تشوار، الزواج والطلاق...، المرجع السابق، ص. ٢٣.

المحضون ومهدّدا لمصالحه.

وهذا التحليل منطقي في تسلسله، ومعقول في دافعه، وكان للقضاء المغاربي دوره في هذا الاستنتاج فأفتى بإسقاط الحضانة أو ببقائها كلما اقتضت مصلحة الطفل ذلك. إذ تعرضت محكمة التعقيب التونسية في قرارها الصادر في ٠٧ جويلية ١٩٧٣ إلى قضية تتلخص وقائعها في أن والد المحضونة تقدم بدعوى على أساس أن الجدة الحاضنة أصبحت عاجزة عن القيام بمهامها، وقضت فيها بأنه "للمحكمة حق إسناد الحضانة للجدة إذا رأت في ذلك مصلحة المحضون وليس للوالد أن يعارض هذا الحكم إلا بأسباب يقيم الدليل على صحتها"[١]. وهذا ما قضى به أيضا المجلس الأعلى الجزائري سابقا بقوله "من المقرر شرعا أن إسقاط الحضانة لا يكون إلا لأسباب جدية وواضحة ومضرّة بالمحضون ومتعارضة مع مصلحته"[٢].

وما ينبغي توضيحه، تماشيا مع الفكرة ذاتها، بأن مسقطات الحق في الحضانة تتعلق هنا بأي شلل جسدي جزئي أو كلي أو ذهاب للقوة العقلية أو مرض معدي[٣]، أي بجميع الأمراض التي تؤثر على قدرة العمل بشكل يعجز معه الحاضن عن العناية بالطفل ورعايته. وهذا ما يمكن أن نستشفه من القرار الذي أصدره مجلس قضاء تلمسان في ١٩ ماي ١٩٧٧ لما قضى بإسقاط الحضانة عن الجدة لأم بسبب مرضها البدني إستنادا للخبرة الطبية، وأيده في ذلك المجلس الأعلى في قراره الصادر في ١٥ يناير ١٩٧٩ حيث قال "حيث إن القضاة غير ملزمين بتعيين المساعدة الاجتماعية واستنتجوا من الخبرة أن الجدة صحيحة العقل مريضة البدن وهي ليست بقادرة على الحضانة"[٤].

وفي قضية أخرى مقامة على أساس الإسقاط ولكن بسبب المرض العقلي، استبعد المجلس الأعلى سابقا أن تكون حضانة الأم مستجمعة شروطها واعتمد، في وجهته هذه،

(١) انظر، محكمة التعقيب، ١٩٧٣/٠٧/٠٣، قرار مدني عدد ٨٦٠٣، نشرية محكمة التعقيب، ١٩٧٤، ص. ١٣١.

(٢) انظر، مجلس أعلى، غ.أ.ش.، ١٩٨٨/١١/٠٧، ملف رقم ٥٠٢٧٠، المجلة القضائية، ١٩٩١، عدد ٣، ص. ٤٨.

(٣) وهذا ما قضى به أيضا القضاء السوري، إذ جاء في القرار الصادر عن محكمة النقض بتاريخ ١٩٥٤/٠٥/٣٠ "أن عجز الحاضنة عن القيام بالحضانة لوجود علة في جسمها يفقدها حق الحضانة". انظر، محكمة النقض السورية، ١٩٥٤/٠٥/٣٠، أخذ عن عزة ضاحي، المرجع السابق، ص. ١٣٩.

(٤) انظر، مجلس أعلى، غ أ.ش.، ١٩٧٩/٠١/١٥، ملف رقم ١٧٤٨١، غير منشور.

على عناصر استقاها من الظروف التي تم فيها الطلاق، عندما قال "حيث إنه من الثابت أمام المجلس أن الزوج إنما صمم على طلاق زوجته لأنها مصابة بمرض عقلي أو عصبي؛ وحيث إن المجلس لم يسبب قراره في إسناد الحضانة إلى الأم المدعى عليها بأنها حائزة لصحة العقل او البرء من المرض الذي أصابها حتى تصبح صالحة للقيام بمحضونها، وعليه فإن قضاة الاستئناف لم يسببوا قرارهم تسبيبا كافيا"[1].

لكن إذا كانت محكمة التعقيب التونسية قد قررت إسقاط الحضانة في حالة المرض المؤثر على قدرة العمل وعلى النحو الذي أسلفناه، إلا أن هذه المحكمة ذاتها قد قضت عكس ذلك بالرغم من أن الأم كانت مصابة بشلل النصف السفلي من جسدها وأصبحت تنتقل على كرسي متحرك. والحقيقة، لم يحرمها القضاء التونسي من حضانة أبنائها الثلاثة على أساس أنها لا تشكو من أي مرض معد أو عته وهي تتمتع بكامل مداركها العقلية وقادرة على حضانة أبنائها حسب الشهائد الطبية المظروفة بالملف وتبعا لسن المحضونين الصغار وحاجتهم الأكيدة لأمهم وعطفها وحنانها ومصلحتهم. وفي هذا، قضت محكمة التعقيب التونسية بتاريخ ٢٢ أفريل ١٩٩٧ بأن "أحكام الحضانة هي أحكام وقتية تهم النظام العام لتعلقها بالقصر. ولا تأثير لحالة مرض عضلي لا خطورة منه في شأن إسنادها بعد استبانة مصلحة المحضونين التي هي الأهم والأساس دون اعتبار آخر"[2].

ويسري هذا القول سواء بشأن العجز الجزئي أم الأمراض الأخرى غير الخطيرة. فقد قررت المحكمة ذاتها بأن "الشهادة الطبية المدعى فيها والتي تفيد أن أب الابن تعرض لنوبات عصبية فإن ذلك المرض لم يكن أثناء نشر القضية بل سابقا لها من جهة، ومن جهة أخرى، فإنه لا يعد من الأمراض المانعة من استحقاق الحضانة"[3].

ويتضح من تتبع الاجتهادين الجزائري والتونسي أن مفهوم المرض العقلي والجسدي ليس محدد الإطار ولا مفهوم على وجه الدقة فيهما، إنما الملاحظ أن القضاءين يحرصان على التثبت من اكتمال شروط الإسقاط للقول به، وفي هذا الصدد تعتبر مصلحة المحضون

(١) انظر، مجلس أعلى، غ.أ.ش.، ١٩٧٨/١٢/٢٥، ملف رقم ١٨٣٩٥، غير منشور.
(٢) انظر، محمة التعقيب، ١٩٩٧/٠٤/٢٢، قرار مدني عدد ٥٧٤٦٦، نشرية محكمة التعقيب، ١٩٩٧، ج.٢، ص. ٢٧٧.
(٣) انظر، محكمة التعقيب، ١٩٨١/٠٥/١٢، قرار مدني عدد ٥٢٤١، نشرية محكمة التعقيب، ١٩٨١، ج.١، ص. ٣٠٦.

هي المنظور لها بالدرجة الأولى وهي المعيار الوحيد والرائد الأساسي.

ففي قضية كانت الحاضنة فاقدة البصر، اعتبر المجلس الأعلى الجزائري سابقا أنها بسبب ذلك يسقط حقها في الحضانة إذ أن "المريض الضعيف القوة لا حضانة له وكذلك الأعمى والأخرس والمقعد والحاضنة هنا فاقدة البصر ومن ثم فلا حضانة لها لعجزها عن القيام بشؤون أبنائها، ومن ثم فإن قضاة القرار المطعون فيه بإسنادهم الأولاد لها وهي على هذا الحال قد حادوا عن الصواب وخالفوا القواعد الشرعية مخالفة يتعين معها نقض قرارهم فيها"[(١)].

وهذا ما ذهبت إليه المحاكم المغربية، إذ قضت ابتدائية وجدة لصالح الأب بسقوط الحضانة عن الجدة لكبر سنها، حيث جاء في حيثيات الحكم "... أنه جاء في الفصل ٩٨ من م.أ.ش. في الفقرة الرابعة منه في استعراض شروط الحضانة إذ من شروطها القدرة على تربية المحضون وصيانته صحيا وخلقا، وحيث إن الجدة في هذا السن المتقدم (من مواليد ١٩٢٢) تكون هي نفسها محتاجة لمن يتولى خدمتها لا أن تقوم بخدمة أحفادها وتتحمل الأتعاب التي تقتضيها حضانتهم مما ترى معه المحكمة إنه بذلك غير صالحة للحضانة"[(٢)].

وهذا ما هو جاري به العمل في الفقه الإسلامي عامة[(٣)] والمغاربي خاصة[(٤)]. وقد جاء في القوانين الفقهية لابن جزي وهو أحد أقطاب الفقه المالكي أن الحضانة تسقط...."بضرر في بدن الحاضن كالجنون، والجذام، والبرص..."[(٥)]. والواقع، ركز الفقه الإسلامي كثيرا بشأن هذه المسألة على حالة المرض المعدي[(٦)]، حيث رأى البعض منه

---

(١) انظر، مجلس أعلى، غ.أ.ش.، ١٩٨٤/٠٧/٠٩، ملف رقم ٣٣٩٢١، المجلة القضائية، ١٩٨٩، عدد ٤، ص. ٧٦.

(٢) انظر، ابتدائية وجدة، ١٩٩١/٠٤/١٠، ملف رقم ٩٠٢٢١، غير منشور، مقتبس عن إدريس الفاخوري، المرجع السابق، ص. ٢٩٢.

(٣) غير أن جانب من الفقه الإسلامي، وعلى رأسه علي التسولي، يرى بأنه "ما دام المرض غير معد، ويقتصر أثره على عجز المريض عن القيام بشؤون المحضون، فإنه لا يسقط الحضانة إذا كان لدى المريض من يقوم بها تحت إشرافه ورقابته". انظر، علي التسولي، البهجة في شرح التحفة، ج. أول، مطبعة المعاهد، القاهرة، ١٣٥٣ هـ، ص. ٤٠٧.

(٤) انظر بشأن الفقه المغاربي، ص. ٢٥٦ وما بعدها من هذه الدراسة.

(٥) انظر، ابن جزي، القوانين الفقهية، المرجع السابق، ص. ٢٢٤.

(٦) وقيد الرملي إسقاط الحضانة في هذا الصدد بالمخالطة، مما يفيد أنه إذا لم تكن هناك مخالطة فلا

أنه لا يجوز للحاضنة أن تستمر في حضانتها إذا حال دون ذلك مرض معدي يخشى انتقاله[١]، بل ذهب البعض الآخر إلى القول بإسقاط الحضانة عن صاحبتها إذا كانت مصابة بأحد الأمراض المعدية ولو كان المحضون مريضا بنفس المرض الذي بالحاضنة[٢] لاحتمال تفاقم الحالة الصحية للمحضون.

وهذا ما يمكن تأييده، إذ أن الحضانة أساسها المخالطة بل فهي إسم على مسمى، مما يتطلب إسقاطها عن الحاضنة المريضة مرضا معديا. فالحضانة لم تشرع للإضرار بالمحضون ولا يمكن أن تكون له موردا للهلاك والضياع، بل هدفها يصبو إلى حماية الطفل ورعايته والسهر على حفظه صحة وخلقا.

إذن، مما لا شك فيه أن ما تمسكنا به هنا لا يتعارض مع ما أخذ به الاجتهاد القضائي المغاربي القائم على التفرقة بمقتضى أحكامه وقراراته، كما تقدم أعلاه، بين الأمراض المتنافية ومصالح المحضون والأمراض غير المتعارضة معها من جهة، وبين الأمراض القابلة للشفاء والأمراض المستديمة من جهة أخرى.

وينجم عن هذه المنهجية في التفسير أن القاضي لا ينطق بإسقاط الحضانة إلا بعد اعتماده على الخبرة الطبية التي تثبت عجز الحاضن أو تنفيه، لأن ثبوت عدم القدرة على صيانة المحضون ورعايته بسبب الأمراض العقلية والجسدية في زمن ما يستلزم، وليس ما يمنعه لا تشريعا ولا شرعا، الاستعانة بأهل المعرفة. وهو ما أكده الأستاذ أحمد الخمليشي عند تفسيره للمدونة المغربية للأحوال الشخصية بقوله "فالأمراض المعدية والمؤذية للمحضون، لا جدال في وجوب اعتماد الخبرة الطبية بشأنها"[٣].

لذلك، ذهب القضاء المغاربي إلى أنه كان من اللازم إثبات العجز المدعى به. وهذا

يسقط حق الحضانة بالمرض المعدي (الرملي، المرجع السابق، ج ٦، ص.٢٧٣) ، وقيده البعض الآخر بألا يكون المرض خفيفا، فقالوا إن خفيف الجذام والبرص مغتفر وفاحشهما مانع من الحضانة (البهوتي الحنبلي، المرجع السابق، ج. ٣، ص. ٣٢٨؛ الدسوقي، المرجع السابق، ج. ٢، ص. ٤٨٩) .

(١) انظر، عبد الرحمن الصابوني، شرح قانون...، المرجع السابق، ج. ٢، ط. ٨، ص. ٢١٣، وص. ٢٣١-٢٣٧.

(٢) انظر، سعاد إبراهيم صالح، المرجع السابق، ص. ١١٩.

(٣) انظر، أحمد الخمليشي، التعليق على...، المرجع السابق، ص. ١٦٦.

ما قضى به المجلس الأعلى الجزائري في قراره الصادر في ١٥ يناير ١٩٧٩ عندما عبر بأن قضاة الموضوع قد "استنتجوا من الخبرة أن الجدة صحيحة العقل مريضة البدن وهي ليست بقادرة على الحضانة"(١).

وفي قرار آخر وبنفس التاريخ رفض المجلس ذاته طعن الأب الطالب إسقاط حضانة ابنته عن جدتها لأم بادعائه أنها كبرت وعجزت عن القيام بالحضانة، قائلا "ولكن حيث إن الطاعن اكتفى بالقول أن الجدة لأم الحاضنة كبيرة السن عاجزة عن القيام بحضانة حفيدتها وأن الحاضنة ولدت سنة ١٩٢٠ ولم يأت ببينة على عجزها... فالوجه لا أساس له من الصحة"(٢).

وفي قرار ثالث، قضت المحكمة العليا في قضية تتلخص وقائعها في أن الأب طلب نقض قرار المجلس على أساس أن الجدة لأم مسنة ومريضة وأن مصلحة المحضون تقضي ببقاء الطفل مع أبيه، فردت المحكمة على " أن القول بعدم أحقية الحاضن بالحضانة يجب أن يكون مبررا بسبب شرعي، ومن ثم إن إسناد حضانة الطفل للجدة لأم يعتبر تطبيقا للقانون"(٣).

وقضت محكمة التعقيب التونسية من جهتها في قرارها الصادر في ١٩ فيفري ١٩٦٢ بأنه "يكون قابلا للنقض الحكم الذي قضى بحرمان والدة من حضانة ابنها بحجة أنها مصابة بمرض قبل التحقق من خطورة هذا المرض ومن استمراره إلى يوم الحكم"(٤)، وذلك في قضية تتلخص وقائعها في أن الوالد طلب حضانة ابنته وسقوطها عن أمها... لكون أن هذه الأخيرة مصابة بمرض معدي يحرمها من حق الحضانة حسب الفصل ٥٨ من م.أ.ش.، اعتمادا على شهادة من المستشفى تشير إلى معالجتها فيه من مرض السل، في حين أن الوالدة تعارض بأنها سليمة البدن وطلبت الإذن بتحقيق حالتها.

وهذا ما أكدته المحكمة ذاتها في قرارها الصادر بتاريخ ٢٢ ديسمبر ١٩٩٢، حيث

(١) انظر، مجلس أعلى، غ. أ.ش.، ١٩٧٩/٠١/١٥، ملف رقم ١٧٤٨١، غير منشور.

(٢) انظر، مجلس أعلى، غ.أ.ش.، ١٩٧٩/٠١/١٥، ملف رقم ١٧٦٣٥، غير منشور.

(٣) انظر، محكمة عليا، ١٩٩٧/١٢/٢٣، ملف رقم ١٧٨٠٨٦، نشرة القضاة، ١٩٩٩، عدد ٥٦، ص. ٣٣.

(٤) انظر، محكمة التعقيب، ١٩٦٢/٠٢/١٩، قرار مدني عدد ١٤٧٩، نشرية محكمة التعقيب، ١٩٦٢، ص.١٩؛ المجلة التونسية للقانون، ١٩٦٨، ص. ١١١.

قضت "إن الادعاء المتعلق بتناول الأم لأدوية مهدئة لا يكفي وحده لإثبات سوء حالتها النفسية ومرضها المزمن الذي يمكن أن يكون مانعا لها من الحضانة، فضلا عن افتقار هذا الادعاء لأدلة طبية مثبتات"[1]. وفي قرار آخر بالقول أن الحاضنة "تتمتع بكامل مداركها العقلية وقادرة على حضانة أبنائها حسب الشهائد الطبية"[2].

وإذا تأملنا في هذه القرارات نجد أن تقييم مصلحة المحضون هي مسألة موضوعية ترجع بالتقدير إلى محكمة الموضوع، تبت فيها حسب الوقائع المعروض عليها وما يتمتع لديها من العناصر الكافية، وما حكمها هنا يكون إلا ضمانا للاطمئنان النفسي للطفل المحضون.

ومع ذلك فقد خرج القضاء الجزائري عن هذا المألوف، حيث أيد المجلس الأعلى الحكم بإسقاط الحضانة حتى ولو لم يثبت العجز البدني للحاضنة بخبرة طبية، وذلك في قراره الصادر في ١٥ ماي ١٩٦٨ عندما قضى بأن "من المقرر شرعا بأن الحكم بالحضانة يجب أن يراعي مصلحة المحضون، وكذا مراعاة شروط جدية تكون متوفرة في الشخص الذي يكلف بالحضانة، ومن جملتها أن تكون الحاضنة غير مسنة..."[3]. وفي قرار آخر قال المجلس ذاته بأنه "من المقرر شرعا أن الشريعة الإسلامية تراعي بالدرجة الأولى مصلحة الأولاد المحضونين وشروط جدية تكون متوفرة في الشخص الذي يكلف بالحضانة والتي من جملتها أن تكون الحاضنة غير مسّنة..."[4].

وهو نفس الأسلوب الذي تبناه القضاء المغربي لأول وهلة لما قضى، كما ذكرناه أعلاه، بأن الحاضنة المسنة يسقط حقها في الحضانة حتى ولو لم يثبت عدم قدرتها على القيام بالمهمة المنوطة بها[5]. غير أن هذا القضاء تراجع عن موقفه هذا في قرار لاحق صادر بتاريخ ٠٤ فبراير ١٩٩٤، حيث قضى المجلس الأعلى بموجبها بأن "... كبر السن

(١) انظر، محكمة التعقيب، ١٩٩٢/١٢/٢٢، قرار مدني عدد ٣٣٩١٣، نشرية محكمة التعقيب،١٩٩٢، ص. ١٨١.
(٢) انظر، محكمة التعقيب، ١٩٩٧/٠٤/٢٢، قرار مدني عدد ٥٧٤٦٦، المشار إليه سابقا.
(٣) انظر، مجلس أعلى، غ.م.، ١٩٦٨/٠٥/١٥، ن. س.، ١٩٦٨، ص. ١٠٩.
(٤) انظر، مجلس أعلى، غ.أ.ش.، ١٩٨٦/٠٥/٠٥، ملف رقم ٤١١١٠، غير منشور، عن العربي بلحاج، مبادئ الاجتهاد ...، المرجع السابق ، ص. ١٢٨-١٢٩.
(٥) انظر، ابتدائية وجدة، ١٩٩١/٠٤/١٠، ملف رقم ٩٠٢٢١، سابقة الإشارة إليه.

بدون عجز لا يبرر إسقاط الحضانة"[١].

والحقيقة، إن ما تبناه القضاء الجزائري، خلافا للقضاءين المغربي والتونسي[٢]، من أحكام وقرارات في هذا الشأن سيتولد عنه مشاكل واقعية لا حصرة لها من حيث عدم التطبيق المحكم والعادل للنصوص القانونية، الأمر الذي يجعل من قراراته المطلقة هذه عاملا مساعدا في خلق تلك الحالة البغيضة: حالة سقوط الحضانة بدون مسوغ. لذلك، فإن اللجوء إلى أهل المعرفة سيعين لا محالة القاضي على تفادي الحكم بسقوط الحضانة من غير حق أو ظلم، ومن شأنه أن يجعل الرقابة على ما يدعيه الخصم ممكنة[٣].

إذن، وبناء على ذلك، فهل من المعقول أن نحكم بسقوط الحضانة عن مستحقيها لأن عيبه الوحيد هو أنه مسن دون التثبيت من قدرته أم عدم قدرته على ممارستها؟ وإذا كان القضاء الجزائري يسقط حضانة المسن، فإنه ينبغي عليه أن يحددا السن الأقصى لممارسة الحضانة، أي تلك السن التي تسقط ببلوغها الحضانة، وحتى في هذه الحالة، أليست السن مسألة نسبية؟ ومع العلم، لا القانون ولا الفقه الإسلامي لم يجعل حدا أقصى لسن الزواج، وإلا فلمن تسند حضانة الطفل الذي بلغ أبوه من الكبر عتيا؟

فكم من شخص مسن ولا زالت لديه القدرة الكافية لممارسة الحضانة، فالمعيار الوحيد والسليم هنا هي القدرة الصحية لمستحقي الحضانة ولا سنه، وهي حالة لا يمكن تحديدها إلا بالاستعانة بأهل المعرفة. وتطبيقا لذلك، وبمعنى أدق ينبغي على المحاكم أن لا تتسرع بجعل كل مسن غير أهل لممارسة الحضانة، وإنما تستعين بأهل الاختصاص في ذلك، مما يتطلب من المدعي إثبات عجز الحاضن لإسقاط الحضانة عنه لا مجرد الاكتفاء بالقول بكبر سن الحاضنة، بمعنى أنه لا بدّ حين التذرع بفقدان القدرة الصحية من خبرة فنية طبية تثبت قيام المانع الصحي.

ولذلك كان حريا بالقضاء الجزائري أن يسلك، بالنسبة لهذا النوع من المسقطات،

---

(١) انظر، مجلس أعلى، ١٩٩٤/٠٢/٠٤، مجلة المحامي، عددان ٢٥ و٢٦، ص. ٢١٩ وما بعدها.

(٢) انظر، محكمة التعقيب، ١٩٩٧/٠٤/٢٢، قرار مدني عدد ٥٧٤٦٦، المشار إليه سابقا.

(٣) وفي القضاء المقارن، قضت محكمة النقض السورية في ١٩٥٨/٠١/٣٠ بأنه "يجب على القاضي التثبت من مصلحة الصغير المحضون، فالحضانة ليست من الحقوق الشخصية التي يكفي في إثباتها أو نفيها إقرار المتخاصمين ". انظر، محكمة النقض السورية، ١٩٥٨/٠١/٣٠، مقتبس عن عزة ضاحي، المرجع السابق، ص. ١٣٩.

عين الطريق الذي سلكه القضاءان المغربي والتونسي- وأن يراعي فيما يقرره من أحكام ما سيلقى على الحاضن من واجبات تربوية متصلة بمصالح المحضون. وهذا ما تفطنت له المحكمة العليا في قرارها الصادر في ٢٠ جوان ٢٠٠٠، وذلك بنقضها للقرار الصادر عن مجلس قضاء الجلفة بتاريخ ٢٠ نوفمبر ١٩٩٩ والقاضي بعدم الحكم للجدة للأم بالحضانة على اعتبار... كونها مسنة وتجاوزت ٦٧ سنة من العمر، حيث جاء في إحدى حيثياته "أن قضاة الموضوع لم يشيروا في القرار موضوع الطعن إلى الأدلة التي جعلتهم يصرحون بأن الجدة غير قادرة على القيام بشؤون الطفل ورعايته أو هل اعتمدوا على تصريحات مرشدة اجتماعية بخصوص كون الجدة غير مؤهلة صحيا للقيام بتربيته..."، ومن ثم "فإن قضاة الاستئناف بقضائهم بإسناد حضانة الولد للأب يكونوا بذلك قد خرقوا أحكام المادة ٦٢ وما بعدها من قانون الأسرة..."[(١)].

ولا داعي أن نتفرع في هذه المسقطات وذلك لسبق معالجتها بما فيه الكفاية في الفصل الثاني من الجزء الأول وحتى نتفادى أي تكرار، نكتفي بالقول هنا، وختاما لدراسة هذه النقطة، أن المرض العقلي والجسدي، في ظل القوانين المغاربية، إذا طرأ على الحاضن بالشكل الذي تعرضنا إليه أصبح داعيا لإسقاط الحضانة، شأنه في ذلك شأن السلوك المشين للحاضن.

المبحث الثاني
السلوك المشين للحاضن

تعد الأسرة لبنة من لبنات الأمة، "التي تتكون من مجموعة أسر، يرتبط بعضها ببعض ومن الطبيعي أن البناء المكون من لبنات الأمة، يأخذ ما لهذه اللبنات من قوة أو ضعف، فكلما كانت اللبنات قوية ذات تماسك ومناعة، كانت الأمة المكونة منها كذلك، قوية ذات تماسك ومناعة، وكلما كانت اللبنات ذات ضعف وانحلال، كانت الأمة كذلك، ذات ضعف وانحلال "[(٢)].

ولذلك لم يغفل المشرعون المغاربيون عن العناية بمصلحة الطفل، بل رعوها وأخذوا الطريق إليها بمقتضى وضع مبادئ قانونية قوية تبنى عليها السبل المؤدية إلى حماية

---

(١) انظر، محكمة عليا، غ.أ.ش.م. ٢٠ /٠٦/٢٠٠٠، ملف رقم ٢٤٦٧٨٣، غير منشور.
(٢) انظر، الإمام محمود شلتوت، المرجع السابق، ص. ١٤١.

الطفل. وإذا كانت هذه هي السياسة التشريعية التي اقتبسها المشرعون في هذا الإطار، فجعلوا من السلوك المشين للحاضن، على غرار المبادئ الفقهية الشرعية، أحد أسباب إسقاط الحضانة.

وعليه، فمن اللازم إذن أن نبدأ البحث بتحديد معنى السلوك المشين (**المطلب الأول**)، حتى نتمكن اجتناب الطفل الآثار الوخيمة التي ستترتب على سوء تربيته وأن نحول دون المخاطر الناجمة عنه (**المطلب الثاني**).

المطلب الأول
مفهوم السلوك المشين المسقط للحضانة

من بين معايير تحديد مصلحة المحضون وشروط إسناد الحضانة يكتسي معيار وشرط "الأمانة في الخلق" أو "الاستقامة"، كما أشرنا إليه في مستهل الفصلين السابقين من هذا البحث، أهمية بالغة ومرموقة في إبقاء الحضانة لمن أسندت إليه، إذ لا يمكن الاستغناء عنه عند تقدير أسباب إسقاط الحضانة. إذن، فإن الغرض المنشود لا يتحقق إلا بالسير في هذا الطريق[1]. لذلك كان من اللازم أن يكون السلوك المشين للحاضن سببا مسقطا للحضانة، وهذا غرض يضحى في سبيله بكل غرض آخر، ولا يضحى به في سبيل أي غرض.

ولكن لتحقيق ذلك فإنه يجدر بنا أن نتعرض إلى مسألة في غاية الأهمية، هي المسألة الكامنة في التساؤل عن المعنى المراد من عبارة "السلوك المشين" أو "الاستقامة" في هذا المجال: أينحصر معناها في بعض التصرفات والأعمال دون الأخرى؟ أم يعني بها كل تصرف منافي لأحكام الشرع؟ أم هل يجب الأخذ بالمعنى الضيق لهذه العبارة حتى يمكن تحديد مضمونها الشرعي والتشريعي في مسألة الحضانة؟

فالمتفق عليه هو أن انخفاض الوازع الديني يؤدي، لا محالة، إلى زعزعة الأسرة، ومن ثم إلى تشتت كيانها وانحطاط قيمها واضمحلال أحكامها ونواميسها. إذن، فهذه

---

(١) انظر، شمس الدين الذهبي، كتاب الكبائر، (بدون دار الطبع) ، القاهرة، ١٩٥٤، ص. ١٢ وما بعدها؛ عفيف عبد الفتاح طباره، المرجع السابق، ص. ١١ وما بعدها؛ يوسف القرضاوي، الحلال والحرام...، المرجع السابق، ص. ١٧ وما بعدها.
Cf. R. Stehly, Un problème de théologie islamique : la définition des fautes graves (KABA'IR) , Rev. des Etudes Islamiques, 1977, fasc. 2, pp. 165-181.

الآثار السلبية والمزرية اللاحقة بلبنة الأمة تترتب نتيجة لعدم مراعاة أفرادها المبادئ والتعاليم السامية التي حددها المشرع الإلهي في هذا الصدد، وهي مبادئ وتعاليم لم تأت إلا لتطهير المجتمع والنفس الأمارة بالسوء من التصرفات المشينة والجرائم الفاسدة والضارة التي يتولد عنها الهلاك والإهلاك.

ويعلق الأستاذ سيد قطب على ذلك في تفسيره للآية الأولى من سورة الطلاق[١] بقوله "فالإسلام نظام أسرة. البيت في اعتباره مثابة وسكن، في ظله تلتقي النفوس على المودة والرحمة والتعاطف والستر والتجمل والحصانة والطهر؛ وفي كنفه تنبت الطفولة، وتندرج الحداثة؛ ومنه تمتد وشائج الرحمة وأواصر التكافل"[٢].

وإذا تأملنا في هذا التفسير القرآني وجدنا أنه قد وصل إلى نتيجة تفوق من حيث نسبة تأمين الأسرة من المصائب والكوارث الأخلاقية، ما وصلت إليه النظرية الغربية الحديثة من حيث جعل حقوق الطفل والمرأة من المبادئ التي جاءت بها المواثيق والمعاهدات الدولية[٣]. وكما أنه يتماشى مع الفكرة التي بني عليها النظام الأسري الإسلامي من حيث قيامه على أساس الأخلاق الفضيلة، ومن ثم عدم وجود التشابه والتماثل بين النظام الإسلامي القائم على المبادئ الصالحة لكل الأمصار والأقطار وبين النظام الغربي القائم على الماديات الجاحدة.

والفارق واضح بين الحكمين، ففي النظرية الإسلامية تكون الحماية للأسرة من حيث الأساس، فالإنسان وهو عضو من الجماعة لا يملك التصرف في جسمه ولا في معاملاته إلا في الحدود التي وضعها الله تعالى في القرآن الكريم والأحاديث النبوية. فإذا خرج الإنسان عن هذه الحدود، فقد خالف أوامر الله[٤]. وذلك راجع إلى "أن ميزان المصالح في الشريعة الإسلامية مضبوط بحياتي الدنيا والآخرة معا، بل النظرة إلى مصالح

(١) إذ يقول سبحانه وتعالى (يَا أَيُّهَا النَّبِيُّ إِذَا طَلَّقْتُمُ النِّسَاءَ فَطَلِّقُوهُنَّ لِعِدَّتِهِنَّ وَأَحْصُوا الْعِدَّةَ وَاتَّقُوا اللَّهَ رَبَّكُمْ لَا تُخْرِجُوهُنَّ مِنْ بُيُوتِهِنَّ وَلَا يَخْرُجْنَ إِلَّا أَنْ يَأْتِينَ بِفَاحِشَةٍ مُبَيِّنَةٍ وَتِلْكَ حُدُودُ اللَّهِ وَمَنْ يَتَعَدَّ حُدُودَ اللَّهِ فَقَدْ ظَلَمَ نَفْسَهُ لَا تَدْرِي لَعَلَّ اللَّهَ يُحْدِثُ بَعْدَ ذَلِكَ أَمْرًا(1)) سورة الطلاق، الآية الأولى.

(٢) انظر، سيّد قطب، المرجع السابق، ج.٦ ، ص. ٣٥٩٥.

(٣) انظر، توفيق الطويل، مذهب المنفعة العامة، مكتبة النهضة، ١٩٦٨، ص. ١٨١-١٨٢.

(٤) انظر، حميدو زكية، المرجع السابق، مذكرة ماجستير، ص. ٢٠٤.

الدنيا محكومة بسلامة مصالح الآخرة، ومن ثم فلا مجال لاضطرابها بين اختلاف الميول والأحاسيس"[١].

أما في النظرية الغربية الحديثة، فالإنسان له أن يتصرف في جسمه كيفما شاء[٢]، ويتصرف في ذلك طبقا لما يضعه المشرع من قواعد في القوانين والدساتير التي يملك حق تعديلها في كل وقت. وقد تتدخل الأهواء والأعراض الخاصة لفرد أو أفراد، أو لفئة من الحاكمين ومن بيدهم الأمر، فتستعمل سلطتها وتسيء التصرف في وضع القوانين التي ترتكز عليها الخلية الأولى للمجتمع[٣].

وبتعبير أوضح يمكن القول "..إن أكثر المرافق التي تكون حضارة الإنسان كالتجارة والصناعة والزراعة ونظام الأحزاب والديمقراطيات بأنواعها والحريات على مختلف ألوانها، أكثر ما تحركها الانفعالات وتقودها الشهوات وتتحكم فيها المطامع والأغراض، أقل ما تكون خضوعا لمحكمة الضمير..."[٤].

ومن ثم، يمكن القول أن الميزان الذي اتخذته هذه الوجهة لضبط المصالح ومعرفتها ميزان دنيوي مجرد، ذلك أن النفع المادي عندها - سواء كان خاصا أو عاما - هو الذي ينبغي أن يكون الغرض الرئيسي من وراء سعي الفرد والمجتمع، وبناء على ذلك فإن من السهل أن ينقلب ما هو رذيلة وشر، بحد ذاته، إلى فضيلة وخير، عندما يساهم في تحقيق رخاء مادي مثلا[٥].

---

(١) انظر، محمد سعيد رمضان البوطي، ضوابط المصلحة...، ص. ٢٨.

(٢) ومن نتائج ذلك، انتشار المخادنة في الدول الغربية - وكذا في بعض الدول الإسلامية -، حيث أصبح لكل رجل عدد من الخليلات يشاركن زوجته في رجولته وعطفه وماله. وفي ذلك يقول محمد صلاح الدين المستاوي "فما إن يبلغ الابن سن الرشد حتى يصبح لا دخل تماما لأهله في تصرفاته يخرج متى شاء ويدخل متى شاء ويخالط من يشاء ويأتي من التصرفات ما يشاء فهو حر والمجتمع مجتمع حرية. ليس لأبيه ولأمه أن تحاسبه عن تصرفاته، القانون فقط سيد الجميع وهو الذي أعطاه هذه الحرية ورآه أهلا لها". انظر، محمد صلاح الدين المستاوي، الأسرة بين الإسلام والمذاهب العصرية، جواهر الإسلام، ١٩٧٥، عدد ٥، ص. ٥٨.

(٣) انظر فيما يتعلق بهذه المسألة، محمد قطب، التطور والثبات...، المرجع السابق، ص. ٢٠١ وما بعدها.

(٤) انظر، إسماعيل مظهر، فلسفة اللذة والألم، مطبعة حجازي، ١٩٧٥، ص. ٣٩.

(٥) انظر، بنتام، أصول الشرائع، ترجمة أحمد فتحي زغلول، مطبعة بولاق، (بدون تاريخ الطبع) ، ص. ١٠٦ وما بعدها.

و في هذا يقول الأستاذ محمد سعيد رمضان البوطي "إن فتح أبواب دور اللهو على مصاريعها، وعرض أشد المغريات الجنسية في أنحاء المجتمع، وإطلاق الخمور والمكيفات في رؤوس الناس وعقولهم – كل ذلك إنما يعد شرا في النظرة الأولى فقط، ولكنه سرعان ما ينقلب إلى خير كبير عندما يلاحظ الربح المادي الذي تثمره دور اللهو وتجنيه ضرائب الخمور"[١].

إذن، كم هي جميلة شعارات: الحرية والعدالة والمساواة، ولكن كم هي أيضا وخيمة نتائجها عندما نسئ تطبيقها ونترك العنان لأهوائنا تتحكم فينا وفي أجيالنا المتعاقبة. ولذلك، تحاشيا ما وقع فيه المجتمع الغربي، فيجب أن تكون النظرة للأسرة نظرة واقعية إنسانية إلى أبعد ما تكون الإنسانية.

ومن هنا، إن أول هدف قانون الزواج الإسلامي هو حماية الأخلاق، لذلك فإن اعتبار عقد الزواج من أقدس وأنبل الروابط التي يمكن أن تنشأ بين رجل وامرأة[٢]، واعتباره كذلك السبيل الشرعي الوحيد الذي يمكن أن يجمعهما من أجل إحصانهما والمحافظة على الأنساب، يؤكد لنا لا محالة أن الزنى حرام، لما يرتبه من اختلاط الأنساب، وانحلال الأسر، وتفكك الروابط، وانتشار الأمراض وانهيار الأخلاق وتغمس المجتمع في الفساد.

وقد أوجب القرآن الكريم حماية الأسر من الأخلاق الفاسدة ووقاية أفرادها من الفاحشة وأعمال السوء لما يترتب عن ذلك من جنايات أقلها كثرة أبناء

(١) انظر، محمد سعيد رمضان البوطي، ضوابط المصلحة...، المرجع السابق، ص. ٣٨.
(٢) تحث الشريعة الإسلامية على الزواج إذ ففي نطاقه وفي حدود الأسرة تتيح للطاقة الجنسية مجالها الطبيعي المعقول.
فيقول عزّ وجل (وَأَنْكِحُوا الْأَيَامَى مِنْكُمْ وَالصَّالِحِينَ مِنْ عِبَادِكُمْ وَإِمَائِكُمْ إِنْ يَكُونُوا فُقَرَاءَ يُغْنِهِمُ اللَّهُ مِنْ فَضْلِهِ)(سورة النور، الآية ٣٢) . ويقول عليه الصلاة والسلام "يا معشر الشباب من استطاع منكم الباءة فليتزوج، فإنه أغض للبصر، وأحصن للفرج ومن لم يستطيع فعليه بالصوم فإنه له وجاء" (رواه البخاري وابن ماجه، ابن ماجه القزويني، المرجع السابق، ص.٢٠١؛ انظر البخاري الجعفي، المرجع السابق، المجلد ٣، ج. ٦، ص.١١٧.) ، ويقول أيضا "إذا تزوج العبد فقد استكمل نصف دينه فليتق الله في النصف الباقي" (رواه البيهقي) ، ويقول صلى الله عليه وسلم أيضا "ثلاثة حق على الله عونهم : الناكح الذي يريد العفاف، والمكاتب الذي يريد الأداء، والغازي في سبيل الله" (رواه أحمد، والنسائي والترمذي وابن ماجه والحاكم . في هذا المعنى، انظر، ابن ماجه القزويني، المرجع السابق، ص.٢٥٩) .

السفاح وقتل الأجنة في بطون أمهاتها لقوله تعالى (وَلَا تَقْرَبُوا الزِّنَا إِنَّهُ كَانَ فَاحِشَةً وَسَاءَ سَبِيلًا (32)) [١]. ولكل ذلك "عبر القرآن الكريم عن الزواج بلفظ الإحصان، فالحصن هو القلعة. والإحصان يعني التحصن داخل القلعة، والمتزوج يقال له "محصن" كأنه يبنى حصنا وقلعة. والمرأة المتزوجة تسمى "محصنة" يعني أنها دخلت في حماية هذا الحصن الذي بني لحماية أخلاقها، وصون نفسها في حالة زواجها"[٢].

وتطبيقا لذلك اشتمل القرآن الكريم على العديد من الأحكام الدالة على أن كل ما يلحق الأذى بالكيان الأسري هو حرام، إذ يقول تعالى (وَلَا تَنْكِحُوا مَا نَكَحَ آبَاؤُكُمْ مِنَ النِّسَاءِ إِلَّا مَا قَدْ سَلَفَ إِنَّهُ كَانَ فَاحِشَةً وَمَقْتًا وَسَاءَ سَبِيلًا (22))[٣]، كما يقول أيضا (يَا أَيُّهَا النَّبِيُّ إِذَا طَلَّقْتُمُ النِّسَاءَ فَطَلِّقُوهُنَّ لِعِدَّتِهِنَّ وَأَحْصُوا الْعِدَّةَ وَاتَّقُوا اللَّهَ رَبَّكُمْ لَا تُخْرِجُوهُنَّ مِنْ بُيُوتِهِنَّ وَلَا يَخْرُجْنَ إِلَّا أَنْ يَأْتِينَ بِفَاحِشَةٍ مُبَيِّنَةٍ)[٤]، كما يقول أيضا (وَاللَّاتِي يَأْتِينَ الْفَاحِشَةَ مِنْ نِسَائِكُمْ فَاسْتَشْهِدُوا عَلَيْهِنَّ أَرْبَعَةً مِنْكُمْ فَإِنْ شَهِدُوا فَأَمْسِكُوهُنَّ فِي الْبُيُوتِ حَتَّى يَتَوَفَّاهُنَّ الْمَوْتُ أَوْ يَجْعَلَ اللَّهُ لَهُنَّ سَبِيلًا (15)) [٥].

غير أن التحريم لا يقتصر على العلاقة الجنسية القائمة بين الرجل والمرأة الأجنبيين، بل ينصرف كذلك إلى الشذوذ الجنسي الذي يعرف باللواط والسحق، إذ أن الوطء في الدبر مشارك للزنا في المعنى الذي يستدعي الحدود وهو الوطء المحرم فهو داخل تحت الزنا دلالة[٦]، حيث إن الخروج عن العلاقة الجنسية المقدسة المتمثلة في التقاء الذكر بالأنثى عن طريق الزواج هو خروج عن الفطرة وعن قانون الحياة برمته لما فيه من جناية عن قدسية الجنس والمرأة والأسرة[٧].

---

(١) سورة الإسراء، الآية ٣٢.
(٢) انظر، أبو الأعلى المودودي، حقوق الزوجين، دار الوفاء، الجزائر،١٩٨٩، ص.١٩.
(٣) سورة النساء، الآية ٢١.
(٤) سورة الطلاق، الآية الأولى.
(٥) سورة النساء، الآية ١٥.
(٦) انظر، دندل جبر، الزنا، تحريمه، أسبابه ودوافعه، نتائجه وآثاره، دار الشهاب، باتنة، ١٩٨٨، ص. ٥٧.
(٧) انظر، عفيف عبد الفتاح طبارة، الخطايا...، المرجع السابق، ص. ٨٧.

وهذا كله يتنافى مع العفاف والإحصان، ولا يتصوره الإنسان العاقل بل الضال، حيث يقول تعالى (أَتَأْتُونَ الذُّكْرَانَ مِنَ الْعَالَمِينَ (165) وَتَذَرُونَ مَا خَلَقَ لَكُمْ رَبُّكُمْ مِنْ أَزْوَاجِكُمْ بَلْ أَنْتُمْ قَوْمٌ عَادُونَ(166))[١]، كما يقول أيضا، والخطاب موجه لقوم لوط، (إِنَّكُمْ لَتَأْتُونَ الْفَاحِشَةَ)[٢]. وقد ورد عن النبي صلى الله عليه وسلم قوله "لعن الله من عمل عمل قوم لوط"[٣]. وقال النبي أيضا "إن أخوف ما أخاف على أمتي عمل قوم لوط"[٤].

وأما تحريم السحق يستنتج من قوله تعالى (وَالَّذِينَ هُمْ لِفُرُوجِهِمْ حَافِظُونَ (29) إِلَّا عَلَى أَزْوَاجِهِمْ أَوْ مَا مَلَكَتْ أَيْمَانُهُمْ فَإِنَّهُمْ غَيْرُ مَلُومِينَ (30) فَمَنِ ابْتَغَى وَرَاءَ ذَلِكَ فَأُولَئِكَ هُمُ الْعَادُونَ(31))[٥]. وروى أبو موسى الأشعري عن رسول الله صلى الله عليه وسلم أنه قال "إذا أتى الرجل الرجل فهما زانيان، وإذا أتت المرأة المرأة فهما زانيتان"[٦].

وكذلك أن نص القرآن الكريم صريح بشأن تنظيم الدوافع الفطرية في صورة مثمرة نظيفة، لا يخجل الأطفال معها من الطريقة التي جاؤوا بها ولا تكره الفتاة بمقتضاه لاكتساب عيشها. وعليه، أن "حرفة البغاء" المرخصة في الدول الغربية تعد من الفواحش النكراء والمعرضة المجتمع للخلل والفساد، ولذلك يمنع على المرأة، أيا كانت وضعيتها المالية، اكتساب قوتها أو قوة غيرها بفرجها، بحيث يقول عز وجل (وَلَا تُكْرِهُوا فَتَيَاتِكُمْ

---

(١) سورة الشعراء، الآيتين ١٦٥ و١٦٦.
(٢) سورة العنكبوت، الآية ٢٨.
(٣) رواه الإمام أحمد. وعن ابن عباس أن رسول الله - صلى الله عليه وسلم - قال "من وجدتموه يعمل عمل قوم لوط فاقتلوه الفاعل والمفعول به ". انظر، ابن ماجه القزويني، المرجع السابق، ص.٢٧٨.
(٤) عن جابر بن عبد الله رواه ابن ماجه والترمذي. انظر، ابن ماجه القزويني، المرجع السابق، ص.٢٧٩.
(٥) سورة المؤمنون، الآيات ٥ - ٧.
(٦) أخرجه البيهقي وأبو داود. وفي حديث آخر، يقول عليه الصلاة والسلام "لا ينظر الرجل إلى عورة الرجل ولا المرأة إلى عورة المرأة، ولا يفض الرجل إلى الرجل في ثوب واحد ولا تفض المرأة إلى المرأة في الثوب الواحد". رواه أحمد وأبو داود والترمذي. الشوكاني، نيل الأوطار ...، ج. ٦، ص.١١.

عَلَى الْبِغَاءِ إِنْ أَرَدْنَ تَحَصُّنًا لِتَبْتَغُوا عَرَضَ الْحَيَاةِ الدُّنْيَا) [١]. فقد دل ذلك على أن مصلحة المال وكسبه متأخرة عن مصلحة حفظ النسل[٢]، وهذا فيما إذا أردنا الخوض في ترتيب الكليات الخمسة.

وعلى أية حال فكل ما يفضي إلى الزنى من وسائل ومقدمات ومغريات يتصف بصفة الفاحشة والسلوك المشين، كاحتراف الرقص الجنسي المثير، إذ فما هذا إلا إغراء بها وتحريض عليها. ولذلك، فالإسلام يقرر صراحة تحريم ذلك سدا للذريعة، ودرءا للمفسدة.

وكذلك يندرج ضمن السلوك المشين تناول الخبائث والمهلكات التي ثبت ضررها الصحي والنفسي والخلقي والاجتماعي والاقتصادي[٣]، ومن ذلك الخمر والمخدرات[٤]. ونهى القرآن الكريم عن الخمر وحذر منها في قوله تعالى(يَا أَيُّهَا الَّذِينَ آمَنُوا إِنَّمَا الْخَمْرُ

---

(١) سورة النور، الآية ٣٣.
وفي هذا الصدد روى ابن عباس أن عبد الله بن أبي جهام- رأس المنافقين - جاء إلى رسول الله صلى الله عليه وسلم ومعه جارية من أجمل النساء تسمى معاذة فقال : يا رسول الله، هذه لآيتام فلان، أفلا تأمرها بالزنى فيصيبون من منافعها ؟ فقال عليه السلام : "لا". الفخر الرازي، مفاتيح الغيب، التفسير الكبير، ط. أولى، مطبعة البهية المصرية، القاهرة، ١٩٣٨، ج. ٢٣، ص. ٣٢٠.

(٢) انظر، محمد سعيد رمضان البوطي، ضوابط المصلحة...، المرجع السابق، ص. ٢٢٤.

(٣) وفي هذا المعنى يقول الأستاذ عبد القادر عودة "لقد دعت الشريعة الإسلامية العالم إلى ترك الخمر وحرمتها على الناس من القرن السابع، وأثبت العلم المادي أخيرا أن الخمر مفسدة عظمى، وأنها تهدم الصحة وتضيع المال وتضعف النسل والعقل وتضر بالإنتاج ضررا بليغا". انظر، عبد القادر عودة، المرجع السابق، ج. ١، ط. ٩، ص. ٥١.

(4)D'ailleurs, dans son rapport de 1998, l'O.I.C.S. (organe international de contrôle des stupéfiants, basé à Vienne et chargé de superviser les décisions de l'O.N.U. relatives aux drogues) met en garde contre les substances contenues dans ces médicaments et qui peuvent comporter un risque élevé d'abus et de dépendance", et ce qu'il s'agisse de stimulants ou de tranquilisants. Et, en raison de ses effets néfastes, le président de cet organe regrette que "les possibles usages médicaux du cannabis servent à justifier la légalisation de tous les usages de cette drogue et préconise des recherches scientifiques sérieuses sur les propriétés médicales préservées du cannabis". Cf. H. Ghodse, in tranquilisants et stimulants, les drogues légales des occidentaux, Quotidien d'Oran, du 25/02/1999, p. 23.

وَالْمَيْسِرُ وَالْأَنْصَابُ وَالْأَزْلَامُ رِجْسٌ مِنْ عَمَلِ الشَّيْطَانِ فَاجْتَنِبُوهُ لَعَلَّكُمْ تُفْلِحُونَ) (90) [١]. وهذا المعنى نفسه يستخلص من أحاديث نبوية كثيرة متشابهة، كقوله عليه الصلاة والسلام "اجتنبوا الخمر فإنها أم الخبائث فمن لم يجتنبها فقد عصى الله ورسوله واستحق العذاب بمعصية الله". ويقول أيضا "لا يدخل الجنة مدمن خمر"[٢].

والحق فإذا كانت الخمر هي كل شراب مسكر[٣]، حيث يقول عليه الصلاة والسلام "كل مسكر خمر وكل خمر حرام"[٤] سواء أكان متخذا من العنب كالعرق والنبيذ، أو كان متخذا من الشعير كالبيرة، أو كان متخذا من التمر والعسل[٥]، فإن ذلك يعني به أن الخمر هو كل ما خامر العقل أي غطاه سواء كان رطبا أو يابسا أو مأكولا أو مشروبا. ومن ثم، فالمخدرات، كالحشيش والكوكايين والأفيون ونحوها، داخلة فيما حرم الشرع من الخمر لفظا ومعنى[٦].

ومن هذا المنطلق، فقد أثبتت الدراسات العلمية والواقع العملي أن هذه الخبائث هي أخبث من الخمر لأنها تؤثر بالدرجة الأولى على الجهاز العصبي وتسمم جميع المراكز العصبية في الدماغ فتقتل الإحساس بكل شيء[٧]، وتفسد المزاج حتى يصير في الرجل تخنث ودياثة، وذهاب الحياء منه مما يدفع به كشارب الخمر إلى نبذ الأخلاق وفعل كل

---

(١) سورة المائدة، الآية ٩٠.
(٢) عن أبي الدرداء، انظر، ابن ماجه القزويني، المرجع السابق، ص.٣٦٦.
(٣) انظر، محمد لخضر مالكي، الخمر والتشريع الجزائي الجزائري، مذكرة ماجستير، قسنطينة، ١٩٨٦.
(٤) رواه البخاري ومسلم. وعن أبي هريرة رضي الله عنه أن رسول لله صلى الله عليه وسلم قال "مدمن الخمر كعابد وثن". رواه الإمام أحمد في مسنده وابن ماجه. انظر، ابن ماجه القزويني، المرجع السابق، ص.٣٦٦.
(٥) وفي هذا يقول عليه الصلاة والسلام "إن من العنب خمرا، ومن التمر خمرا، وإن من العسل خمرا، وإن من البر خمرا، وإن من الشعير خمرا". رواه أبو داود وأخرجه الترمذي والنسائي وابن ماجه. انظر، ابن ماجه القزويني، المرجع السابق، ص.٣٦٦-٣٦٧.
(٦) وقد وصف لنا ابن تيمية حكم وآثار هذه المخدرات فقال "هذه الحشيشة الصلبة حرام سواء سكر منها أو لم يسكر. وإنما يتناولها الفجار لما فيها من النشوة والطرب، فهي تجامع الشراب المسكر في ذلك، والخمر توجب الحركة والخصومة، وهذه توجب الفتور والدلة، وفيها مع ذلك من فساد المزاج والعقل، وفتح باب الشهوة...". انظر، ابن تيمية، الفتاوى، ج. ٤، ص. ٢٦٢.
Pour plus de détails, cf. C.Kalfat, L'islam et la toxicomanie, R.A.S.J.E.P., 1995, n°2, pp. 269 et s.
(٧) انظر، مكي دردوس، المرجع السابق، ص.١٤٧ وما بعدها.

منكر قبيح، وغير ذلك من الفساد[١].

ويدخل أيضا في زمرة السلوك المشين القمار، أي المال الذي يخلو للاعب فيه من ربح أو خسارة. وتحث الشريعة الإسلامية على اجتنابه، وكما تحذر من جعله وسيلة للهو أو من اتخذه وسيلة للاسترزاق، إذ يقول سبحانه وتعالى (يَا أَيُّهَا الَّذِينَ آمَنُوا إِنَّمَا الْخَمْرُ وَالْمَيْسِرُ وَالْأَنْصَابُ وَالْأَزْلَامُ رِجْسٌ مِنْ عَمَلِ الشَّيْطَانِ فَاجْتَنِبُوهُ لَعَلَّكُمْ تُفْلِحُونَ) (90)[٢].

ومضار القمار عديدة لا تحصى[٣]، "فالمقامر تتوجّه جميع قواه العقلية إلى اللعب الذي يرجو منه الربح ويخشى الخسارة"[٤]. وذلك يلهيه عن عبادة الله ويشغله عن الاعتناء بما حوله من، أفراد، بحيث "حين ينفلت الإنسان من ضوابط العبادة الحقة لله تملكه شهواته ونزواته، فيستعبد لها ويستذل "وعندئد تتضارب الحاجات، وتتمزق المشاعر، ويحدث الجنون والاضطراب..."[٥].

وإلى جانب هذه التصرفات المشينة، يمكن إدراج أيضا ضمن السلوك المشين السحر الذي يعد من الكبائر، وهو انحراف بشري استفلح حاليا في كل المجتمعات الإسلامية وغيرها. وقد جاء ذلك في صريح القرآن الكريم بشأن حق الأشخاص الذين يتعلمون السحر، حيث قال تعالى (وَيَتَعَلَّمُونَ مَا يَضُرُّهُمْ وَلَا يَنْفَعُهُمْ)[٦]. وتأكيدا لذلك، قال عليه الصلاة والسلام "ليس منا من تطير أو تطير له، أو تكهن أو تكهن له، أو سحر أو سحر له"[٧].

---

(١) ولكن، الخمر أخبث منها من جهة أنها تفضى إلى المخاصمة المقاتلة.
(٢) سورة المائدة، الآية ٩٠.
(٣) ففيما يتعلق بأهداف التحريم، انظر، يوسف القرضاوي، الحلال والحرام...، المرجع السابق، ص. ٢٤٨-٢٤٩.
(٤) انظر، عفيف عبد الفتاح طباره، روح الدين...، المرجع السابق، ص. ٢٣١.
(٥) انظر، محمد قطب، المرجع السابق، ص. ١٨٤.
(٦) سورة البقرة، الآية ١٠٢.
(٧) الطبراني بإسناد حسن من حديث ابن عباس، عن يوسف القرضاوي، الحلال والحرام...، المرجع السابق، ص. ١٩٨.

وإلى جانب ذلك كله، يدخل في معنى السلوك المشين السرقة المعتادة بكل أنواعها، فهي تتناقض مع الإيمان الذي يجب أن يتحلى به المؤمن، حيث يقول الرسول صلى الله عليه وسلم "لا يسرق السارق حين يسرق وهو مؤمن"[١].

وصفوة الكلام أن من جملة ما شرعته المبادئ الإسلامية للإنسان من أحكام أن يتحل بالأخلاق الفضيلة والسيرة الحميدة حتى يحمي نفسه ومجتمعه من الفساد والرذيلة. وما تم ذكره أعلاه ما هو إلا جانب من السلوك المشين والفواحش اللائي نبهنا عنها ديننا الحنيف والابتعاد عنها طاعة لربنا وامتثالا لأمره لنتفادى آثارها ونتائجها الوخيمة، حيث فهي لا تستقيم مع تربية الطفل الحسنة المثلى فحسب، بل تتجافى مع مصلحة المحضون.

غير أن "الجماعة التي تنطلق فيها الشهوات بغير حساب جماعة معرضة للخلل والفساد. لأنه لا أمن فيها للبيت، ولا حرمة فيها للأسرة. والبيت هو الوحدة الأولى في بناء الجماعة، إذ هو المحضن الذي تنشأ فيه الطفولة وتدرج؛ ولا بدّ له من الأمن والاستقرار والطهارة، ليصلح محضنا ومدرجا، وليعيش فيه الوالدان مطمئنا كلاهما للآخر، وهما يرعيان ذلك المحضن. ومن فيه من فراخ"[٢]. ذلك كله يبرهن أن التحلي بالسلوك المشين وعدم الاستقامة ما هو إلا دعامة من دعائم طلب إسقاط الحضانة.

المطلب الثاني
إسقاط الحضانة لسبب السلوك المشين

يترتب على السلوك المشين للحاضن مخاطر عظمى ليس فقط بالنسبة للمحضون، بل بالنسبة لأسرته وللمجتمع بأكمله.بالنسبة للمحضون، أولا، حيث ينجم على هذا السلوك انحلاله واضطرابه نفسيا، وما جرائم جنوح الأحداث إلا خير دليل على ذلك. وبالنسبة للمجتمع، ثانيا، إذ من المحتمل أن يؤدي هذا التصرف إلى كثير من الجرائم الماسة بمصالح الدولة والأفراد وإلى انتشار الفساد في البلاد.

ذلك كله راجع إلى أن العناية بالطفل المحضون وتخصيصه بحماية خاصة للسعي من خلالها إلى التعامل معه بصفة تكفل الأخذ بعين الاعتبار لمكوناته الذاتية المتميزة عادة

---

(١) عن عكرمة بن عباس. انظر، البخاري الجعفي، المرجع السابق، المجلد ٤، ج.٨، ص.١٥؛ ويقول الله عز وجل (وَالسَّارِقُ وَالسَّارِقَةُ فَاقْطَعُوا أَيْدِيَهُمَا جَزَاءً بِمَا كَسَبَا نَكَالًا مِنَ اللَّهِ وَاللَّهُ عَزِيزٌ حَكِيمٌ(38)) (سورة المائدة، الآية ٣٨).

(٢) انظر، سيد قطب، في ظلال القرآن، دار الشروق، ج. ٤، ١٩٧٨، ص. ٢٤٥٥.

بعدم نضجه العقلي بما يجعله عرضة إلى العوامل التي قد تهدد شخصه أو تجعله يقدم على إلحاق الأذى بنفسه وبمن حوله. إذ نفس الطفل في بادئ الأمر قابلة لأن تنقش فيها الأخلاق الفاسدة أو الأخلاق الكريمة، ومثلها كمثل المرآة المصقولة، تنطبع فيها الصور الحسنة بكمالها وتمامها، وبعبارة قد تكون أقرب: نفس الطفل كالصحيفة البيضاء يمكن للمربي أن ينقش فيها ما يشاء.

وأكدت الأبحاث التربوية والنفسية أن الطفل منذ مولده يتلقى مؤثرات مختلفة مستمرة من الوسط الذي يعيش فيه، ومن أبويه وإخوته وزملائه في المدرسة وأساتذته وغيرهم من الذين يختلط بهم، وأنه دائم التأثر بذلك. ولعل أهم جوانب النمو، هو النمو الاجتماعي؛ فالطفل ينمو بالتفاعل مع غيره من أب وأم، وهو ينمو بالأخذ والعطاء والقبول والإسداء، والقيادة والاقتداء، والخضوع والاعتداء[(١)]. إذن، فالقيم التي يكتسبها الطفل أثناء سيره نحو النضج إنما هي نتيجة لمؤثرات عدة، إلا أن تأثير البيت هو أقواها، إذ أن المبادئ التي سارت عليها تربيته الأولى ستؤثر في سلوكه.[(٢)]. ولذلك اعتبر السلوك المشين من مسقطات الحضانة.

وهذا المنهج اعتنقه الفقه المغاربي[(٣)]، وسارت عليه أحكام وقرارات القضاء في كل

---

(١) انظر، حميدو زكية، المرجع السابق ، مذكرة ماجستير، ص.٢١٠

(2)Cf. L'éducation et l'instruction de l'enfant favorisent" son développement intellectuel, c'est de ses relations avec le milieu et presque exclusivement avec sa famille, surtout dans son plus jeune âge, que dépendent son équilibre et l'évolution normale de son affectivité." A. Benamor, op. cit., R.J.P.I.C., 1967, n° 1, p. 32.

(٣) انظر، ابن قدامة، المرجع السابق ، ج. ٩، ص. ٢٩٦؛ الرملي، المرجع السابق، ج. ٦، ص. ٢٧٣، محمد الدسوقي،المرجع السابق، ج. ٢ ، ص. ٤٧٩؛ العربي بلحاج، الوجيز في...، المرجع السابق، ج. ١، ص. ٣٨٨؛ فضيل سعد، المرجع السابق، ج. ١، ص. ٣٧٩-٣٨٠؛ عبد العزيز سعد، المرجع السابق ، ط. ٢، ص. ٣٠١؛ Cf. Gh. Benmelha, op. cit. , p. 23 ;أحمد الخمليشي، التعليق على...، المرجع السابق، ص. ١٤٤-١٤٥؛ إدريس الفاخوري، المرجع السابق، ص. ٢٩١؛ عبد الكريم شهبون، شرح مدونة...، المرجع السابق ، ص. ٣٩٩- ٤٠٠؛ محمد الكشبور، المرجع السابق، ص. ٤٧٣-٤٧٤؛ Cf. A. Colomer, op. cit., parag. 257 ;

F. Sarehane, Maroc, op. cit., para. 270 et s.

انظر، محمد منصور عقاضي، أحكام الزواج المستحدثة بالتشريع التونسي، المجلة القانونية التونسية، ١٩٧٤، عدد ١، ص. ١٦؛

Cf. A. Benamor, op. cit., pp. 32 et s. ; A. Becheur, op. cit., p. 1152 ; M.

من الجزائر والمغرب وتونس، بل وهو الذي أقرته قوانين الأسرة المغاربية فعلا، وإن كانت تختلف من حيث الصياغة التي وردت بها نصوصها. وقد نصت على هذا الحكم المادة ٦٧ المعدلة^(١) من قانون الأسرة الجزائري بقولها "تسقط الحضانة باختلال أحد الشروط المنصوص عليها في المادة ٦٢ أعلاه...". كذلك يقضي ـ بإمكانية إسقاط الحضانة القانون التونسي إذ ينص الفصل ٦٤ من مجلة الأحوال الشخصية على أنه " يمكن لمن عهدت إليه الحضانة أن يسقط حقه فيها ويتولى الحاكم في هذه الصورة تكليف غيره بها".

أما المدونة المغربية لم يرد بها نص خاص بشأن إسقاط الحضانة بسبب السلوك المشين أو لعدم أهلية الحاضن، غير أن الفقرة الخامسة من المادة ١٧٣ من المدونة لا تنفي إسقاطها في هذه الحالة وفقا للقاعدة العامة المقررة والتي تضمنتها الفقرتين الثانية والثالثة من ذات المادة واللتان اشترطتا في الحاضن شرط الاستقامة مع القدرة على تربية المحضون وصيانته صحة وخلقا.

والحق أننا للوهلة الأولى لا نحبذ علاج الأمور على هذا الأساس، فبدلا من هذه العبارات العامة والحلول الجزئية، نرى من المستحسن أن يجيئ العلاج عن طريق الصياغة الدقيقة التي لا تحتمل أكثر من معنى بشأن السلوك المشين للحاضن بدلا من هذه العموميات التي قد تصبح منبعا لتضارب الأحكام القضائية وتناقضها.

وفي اعتقادنا أن التشريع الجزائري، وكذا المغربي، كان أكثر هذه التشريعات توفيقا في هذه المسألة. فقد نص صراحة عن طريق الإحالة على إسقاط الحضانة إذا أصبح الحاضن غير أهل لذلك، ولكنه خشي ـ مع ذلك من ظهور بعض حالات عدم الاستقامة المسببة لإسقاط الحضانة، فاستدرك بنص عام كان بمثابة صمام أمان، بحيث يترتب على إعمال هذا النص القضاء على كل حالة من حالات عدم الاستقامة محتملة الظهور.

صحيح أن القانون التونسي قد أورد هذا الحكم في قاعدة عامة كما قد سبق أن أشرنا إليه قبلا، ولكن يعيب هذا القانون أنه اكتفى بالنص على إمكانية القضاء بإسقاط

; K. Meziou, Tunisie, Mariage et Filiation, Juris-Class. 1997, n°8, fasc. Borrmans, op. cit. , pp. 191 et s.
1, parag. 170.

(١) مع هذا الفارق أن النص القديم كان ينص على أن تسقط الحضانة باختلال أحد الشروط المرعية شرعا في المادة ٦٢ أعلاه"، ومن ثم فقد حذف المشرع في النص الجديد عبارة "المرعية شرعا" واستبدلها بعبارة " المنصوص عليها".

الحضانة دون تبيان لا الحالات التي تندرج تحت هذا الحكم، علما أنه نص على بعض الحالات الأخرى في الفصلين ٦١ و٦٣ من المجلة، ولا الشروط الواجب توافرها لتطبيقه. والجدير بالذكر أن هذا الفصل قد نقح بالقانون رقم ٤٩ لسنة ١٩٦٦ المؤرخ في ٣ جوان ١٩٦٦، وأن الحكمة التي توخاها المشرع من هذا التعديل هي في اعتقادنا رعاية مصلحة المحضون، غير أن هذه الحماية والرعاية لم تكن مبنية على أسس متينة ولا خالية من كل إبهام وغموض.

ويلاحظ في النهاية أن الحكم الذي نحن بصدده هنا يسري حتى ولو كانت النصوص المغاربية تختلف بعضها عن بعض، لأن القضاء بخلاف ذلك يؤدي حتما إلى المساس بمصلحة المحضون التي تعد العمود الفقري لإسناد الحضانة وإسقاطها في جميع التشريعات المغاربية.

وعلى هذا الأساس، فإن كل ما قلناه بالنسبة لمعنى السلوك المشين قد ينطبق برمته على حالات إسقاط الحضانة، ويجب على القاضي المغاربي رعايتها، وإلا فإن مثله في ذلك سيكون كمثل الطبيب الذي يعطي المريض مسكنا من المسكنات دون أن يحاول استئصال ما به من مرض. ولذلك يمكن القول بصفة مؤكدة بضرورة العمل على الحكم بإسقاط الحضانة كلما دعت إلى ذلك مصلحة المحضون من أجل حمايته ووقاية المجتمع من الانحلال والانحطاط.

وخير مثال على صدق هذا القول ما فعله القضاء المغاربي عندما جعل من هذه المصلحة المعيار الأول والأخير في موضوع الحضانة. وقد فسرت المحاكم هذا المبدأ تفسيرا صارما، وقضت بأنه يعمل على حماية مصلحة الطفل المحضون.

ففي الجزائر، أخذ القضاء بهذا المبدأ خلال الاحتلال الفرنسي منذ نحو ثمانين عاما أو يزيد. حيث قضت الغرفة الإسلامية للمراجعة في قرارها الصادر بتاريخ ١٦ نوفمبر ١٩١٦ بأنه:

"Que la moralité de la hadhina doit être certaine et les moeurs irréprochables; sa conduite ne doit pas être suspectes".[1] Car, l'inconduite ou l'immoralité de la hadhina autorise le magistrat à changer l'ordre d'attribution établi [2].

---

[1] Cf. Ch. de rév. mus., Alger, 16/11/1916, Recueil Nores, n° 125.
[2] Cf. J. Paix, Béjaïa, 15/05/1925, R.A.., 1926, n° 2, p. 207.

وتطبيقا للمبدأ ذاته حكم المجلس الأعلى في قراره الصادر في ١٤ ماي ١٩٦٩ على أنه "من المقرر شرعا أنه لا يسقط الحق في الحضانة إلا لأسباب معينة شرعا..."[(١)] . وأكد المجلس ذلك في قراره الصادر في ٠٧ نوفمبر ١٩٨٨ بقوله "من المقرر شرعا أن إسقاط الحضانة لا يكون إلا لأسباب جدية وواضحة ومضرة بالمحضون ومتعارضة مع مصلحته"[(٢)].

وفي قرار آخر قضى المجلس ذاته بأنه "من المقرر شرعا أن سقوط الحضانة عن الأم لفساد أخلاقها وسوء تصرفاتها، فإنه يسقط أيضا حق أمها في ممارسة الحضانة لفقد الثقة فيها معا. وللحكم بخلاف هذا المبدأ استوجب نقض القرار الذي قضى بإسناد حضانة الأولاد لجدتهم لأم بعد إسقاط هذا الحق عن الأم لفساد أخلاقها وإقرارها باتخاذ وسائل غير شريفة لترغم زوجها على طلاقها"[(٣)].

وهكذا فإن القضاء الجزائري ثابت ومستقر على تطبيق النصوص المتعلقة بإسقاط الحضانة بسبب الفاحشة كلما تأكد ارتكابها من قبل الحاضن، ومن ذلك أيضا ما قضت به المحكمة العليا في قرارها الصادر في ٣٠ سبتمبر ١٩٩٧ بقولها "من المقرر شرعا وقانونا أن جريمة الزنا من أهم المسقطات للحضانة مع مراعاة مصلحة المحضون. ومتى تبين في قضية الحال أن قضاة الموضوع لما قضوا بإسناد حضانة الأبناء الثلاثة للأم المحكوم عليها من أجل جريمة الزنا، فإنهم بقضائهم كما فعلوا خالفوا القانون وخاصة أحكام المادة ٦٢ من قانون الأسرة..."[(٤)].

وكما قضت محكمة تلمسان في حكمها الصادر في ١٠ ديسمبر ٢٠٠٠ بإسقاط حضانة الأطفال الثلاثة عن أمهم بحجة أنها "لم تعد أهلا لممارستها بسبب سوء سلوكها وتصرفاتها لكونها طرف في قضية جزائية متعلقة بغلق محل بيع الخمور وتناولها وأنه تم سماعها كشاهدة من طرف قاضي التحقيق في القضية رقم ٢٠٠٠/٦١ بجلسة ٠٨ نوفمبر

(١) انظر، مجلس أعلى، غ.ق.خ.، ١٩٦٩/٠٥/١٤.،نشرة القضاة، ١٩٧٠، عدد ٤، ص. ٤٨.
(٢) انظر، مجلس أعلى، غ.أ.ش.، ١٩٨٨/١١/٠٧، ملف رقم ٥٠٢٧٠، المجلة القضائية، ١٩٩١، عدد ٣، ص. ٤٨.
(٣) انظر، مجلس أعلى، غ.أ.ش.، ١٩٨٤/٠١/٠٩، ملف رقم ٣١٩٩٧، المجلة القضائية، ١٩٨٩، عدد ١، ص. ٧٣.
(٤) انظر، محكمة عليا، غ.أ.ش. م.، ١٩٩٧/٠٩/٣٠، ملف رقم ١٧١٦٨٤، المجلة القضائية، ٢٠٠١، عدد خاص، ص. ١٦٩-١٧٠.

٢٠٠٠ وصرحت أنها معتادة على السهر والشرب في فندق "س".
حيث إن المدعى عليها لم تنكر تصريحات المدعي واكتفت بالقول أن القضية لم يفصل فيها بعد"[١].

ورغم تمسك القضاء بهذا المبدأ ورغم مرور ما يقرب من تسعين عاما على موقفه الأول فما زال الاستثناء الوارد على مبدأ الإسقاط نافذا كما لازال شرط توافر المصلحة المحددة للمحضون نفسه متطلبا لإبقاء الحضانة لصاحبها ذي السلوك المشين. وهذا يستنتج صراحة من الفقرة الثالثة من المادة ٦٧ المعدلة من قانون الأسرة بقولها "غير أنه يجب في جميع الحالات مراعاة مصلحة المحضون"، ومن القرار المشار إليه أعلاه، حيث جاء في إحدى حيثياته: "حيث إن جريمة الزنا من أهم مسقطات الحضانة شرعا وقانونا إلا بالنسبة للولد الصغير الذي لا يستطيع الاستغناء عن أمه"[٢].

ونخلص من كل ذلك أن مبدأ مصلحة المحضون ما زال حتى الآن هو المبدأ السائد، وهو ما يمكن القول معه بأن قضاءنا مازال يحيط نفسه بسياج متين من التشبث بالآراء الفقهية السائدة رغم انحطاط أخلاق المجتمع وانخفاض الوازع الديني.

هذا وإذا انتقلنا إلى القضاء التونسي لوجدنا القرارات النادرة التي صدرت من محكمة التعقيب في هذا الموضوع لا يشوبها لا الغموض ولا التردد، إذ هي تفصح بصراحة عن موقفها من جواز إسقاط الحضانة بسبب السلوك المشين. ففي قرارها الصادر بتاريخ ٩ فبراير ١٩٨٥ قضت هذه محكمة بأن الأم التي ثبت انحرافها بحكم قضائي جزائي أصبحت غير أهل للحضانة، ومن ثم من حق الأب أن يطلب إسقاطها عنها بعدما قضي لها بها[٣].

وأصبح يجري القضاء التونسي في كافة أحكامه وقراراته - التي تمكنا الحصول عليها - على الاعتراف بهذا المبدأ، وهو المبدأ الذي طبقته أيضا محكمة التعقيب في قرارها

(١) انظر، محكمة تلمسان، قسم الأحوال الشخصية، ٢٠٠٠/١٢/١٠، قضية رقم ٢٠٠٠/٣٢١، غير منشور.
(٢) انظر، محكمة عليا، غ.أ.ش. م.، ١٩٩٧/٠٩/٣٠، ملف رقم ١٧١٦٨٤، المجلة القضائية، ٢٠٠١، عدد خاص، ص. ١٧٠.
(٣) انظر، محكمة التعقيب، ١٩٨٥/٠٢/٠٩، قرار مدني رقم ١١١٠٧، مجلة القضاء والتشريع، ١٩٨٦، عدد ٧، ص. ٦٩.

الصادر في ٠٧ أكتوبر ١٩٨٧[١]، وقبلها محكمة تونس في حكمها الصادر في ٠٢ ديسمبر ١٩٧٦ بقولها أن السلوك المشين للأم يشكل خطرا على التكوين السوي والتربية المثلى للطفل وينجر عنه إسناد الحضانة إلى الأب[٢].

وفي المغرب استقر القضاء على الأخذ بهذا المبدأ، وذلك بالرغم من أن نصوص المدونة الأصلية لم تنص عليه إلا ضمنيا، وهو مبدأ ليس جديدا إنما هو مبدأ قديم رسخت أقدامه منذ أكثر من ستين عاما في القضاء المغربي، حتى صار من المبادئ المستقرة التي جرى هذا القضاء الأخذ بها باطراد. إذ جاء في إحدى حيثيات الحكم الذي أصدرته محكمة فاس في ١٧ نوفمبر١٩٣٧ ما يلي "حيث إن عدم استقامة الأم، إذ تم إثباته، سيؤدي إلى سقوط هذا الحق الخالص"[٣] للأم والمتمثل في الحضانة. ويستنتج أيضا بمفهوم المخالفة من القرار الصادر عن المجلس الأعلى بتاريخ ٠٨ ديسمبر ١٩٥٨ إن تعاطي الحاضنة لأنواع الكسب غير المشروعة، كالبغاء مثلا[٤] يسقط حقها في الحضانة[٥].

وكما أنه يفهم من القرار الصادر عن المجلس الأعلى بتاريخ ٢٦ مارس ١٩٨٤ بأن الطعن في أهلية الحاضنة كقول "غير مستقيمة في سيرتها، وتتعاطى ما يخل بمروءتها" لا يعتد به لإسقاط الحضانة عن صاحبها لأنها "ألفاظ عامة لا تثبت فعلا معينا منسوبا للحاضن"[٦]. ولذلك لنا أن نؤكد هنا مع الأستاذ أحمد الخمليشي أن القضاء المغربي لن يتردد في الحكم بإسقاط الحضانة إذا تعلق الأمر بنموذج من "نماذج السلوك المشين غير المختلف فيه بين الأمس واليوم مثل الإدمان على المخدرات أو الكحول وارتكاب الجرائم

---

(١) انظر، محكمة التعقيب، ١٩٨٧/١٠/٠٧، قرار مدني رقم ١٥٦٤٠، المجلة القانونية التونسية، ١٩٨٨، ص. ٨٢.

(٢) انظر، محكمة تونس، ١٩٧٦/١٢/٠٢، حكم رقم ٧٠٧٤٧، غير منشور، مقتبس من M. Beji, op. cit., mém. p. 85.

(3)“Attendu que seule l’inconduite de la mère pourrait si elle était démontrée, faire échec à ce droit absolu… ». Cf. Trib. de 1ère Instance de Fès, 17/11/1937, Revue Marocaine de Législation, Doctrine, Jurisprudence Chérifiennes, 1937-1938, n° 5, p.57.

(٤) انظر، المطلب الثالث من المبحث الأول من الفصل الثاني، من الجزء الأول من هذه الدراسة.

(٥) انظر، مجلس أعلى، ١٩٥٨/١٢/٠٨، مجلة القضاء والقانون، ١٩٥٩، عدد ١٧، ص. ٩٥.

(٦) انظر، مجلس أعلى، ١٩٨٤/٠٣/٢٦، قرار عدد ٢٣٥، عن أحمد الخمليشي، التعليق على...، المرجع السابق، ص. ١٦٦-١٦٧.

الأخلاقية أو المشينة"[١].

وهنا يحق لنا أن نتساءل عما إذا كان إثبات السلوك المشين لا يقتضي إجراء تحقيق قضائي، بل يمكن القضاء بإسقاط الحضانة عن صاحبها بمجرد إثبات الانحراف بصرف النظر عن الوسيلة المقدمة؟

إن الإجابة عن هذا السؤال هي بالنفي القاطع في القضاء المغاربي، إذ اعتبرت المحاكم الجزائرية أن إثبات انحراف الحاضنة يتطلب إجراء تحقيق قضائي، وذلك في قضية تمكن الزوج من إثبات سوء سيرة الزوجة وفساد أخلاقها عن طريق تحقيق رئيس مجلس البلدية والدرك الوطني. ففي حكمها الصادر في ٠٨ أفريل ١٩٧٩ قضت محكمة تابلاط بإسناد حضانة الولدين لأبيهما بسبب سوء سيرة الزوجة وفساد أخلاقها الثابت من تحقيق رئيس مجلس البلدية والدرك الوطني.

غير أنه بعد الاستئناف، قضى مجلس قضاء المدية بإبطال هذا الحكم في قراره الصادر في ١٠ جوان ١٩٨٠ على أساس أن شهادة البلدية والدرك غير كافية للحكم على إسقاط الحضانة عنها لأن ذلك يتطلب تحقيقا قضائيا، وأيده في ذلك المجلس الأعلى في قراره الصادر في ٣٠ نوفمبر ١٩٨١، حيث قال " ...ويستفاد من قرارهم - قرار قضاة الموضوع - أنهم إن سكتوا عن شهادات الدرك والبلدية فما ذلك إلا أنهم لم يعتبروا شهادة البلدية كافية للحكم على طالبة الحضانة بالفساد... لأن ذلك يتطلب تحقيقا قضائيا... لاستخلاص ما يرمى إليه الطاعن... وفي كل ذلك فقد استعمل قضاة الموضوع سلطتهم التقديرية وأعطوا لقرارهم قاعدة قانونية سليمة في منح الحضانة"[٢].

وعلى كل حال فإننا لم نتردد ولو لحظة في التمسك بأن الانحراف الخلقي بأنواعه المسطرة أعلاه يعد من مسقطات الحضانة، إذ لا يمكن تصور حماية مصلحة المحضون وصيانته من الناحية الخلقية لما يكون الحاضن منغمس في حمأة القذارة. فإذا كان السحق واللواط اعوجاجا للفطرة التي فطر الله الناس عليها وفسادا للرجولة ولأنوثة المرأة، وانحطاطا للأخلاق وفسادا للأذواق وانتشارا للرذيلة، فإن ذلك يتنافى كليا مع التربية الحميدة التي يجب أن يتلقاها الطفل ويؤثر على أخلاقه وتصرفاته.

ونظرا لخطورة هذه التصرفات المشينة، لم يكتف قضاء المجلس الأعلى الجزائري

(١) انظر، أحمد الخمليشي، التعليق على...، المرجع السابق، ص. ١٤٥.
(٢) انظر، مجلس أعلى، غ.أ.ش.، ١٩٨١/١١/٣٠، ملف رقم ٢٦٤٠٣، غير منشور.

بعدم الأخذ بجميع وسائل الإثبات حتى ولو توافرت شروطها، وإنما جرى العمل فيه على التمييز بين الزنى الثابت المسقط للحضانة، والزنى الذي لم تتوفر فيه شروط الإثبات وذلك عندما قضى بأنه "من المقرر شرعا أنه عندما تعترف الأم دون تفسير ولا تعليل بزناها، فإنه يجوز لقضاة الموضوع الحكم بأنها صارت غير جديرة بحضانة الولدين"[١]. وما الإقرار هنا إلا اعترافا جهرا بارتكاب الفاحشة، وهو سيد الأدلة.

كما جاء في حيثيات قرار آخر بأنه "من الثابت فقها وقضاء أن الزنا لا يثبت إلا بإقرار مرتكبه أو بحكم جزائي أصبح نهائيا أو بشهادة أربعة شهود شاهدوا في آن واحد مباشرة الزنا، وبما أن الأمر ليس كذلك، في قضية الحال، لأن الزوجة قد صدر في حقها حكم بالبراءة المؤيد أمام المجلس. ومن ثم، فإن الزوجة عند صدور الطلاق فهي أولى بالحضانة حتى يسقط حقها شرعا وتنتفع بجميع حقوقها الزوجية من نفقة لها ولأولادها"[٢].

وفي قرار آخر أيد نفس المجلس بتاريخ ١٢ فبراير ١٩٧٩ القرار الصادر عن مجلس قضاء وهران في ٢٠ فبراير ١٩٧٧ المؤيد للحكم المعاد الصادر عن محكمة وهران بتاريخ أول أفريل ١٩٧٥ القاضي بإسناد حضانة البنتين لأمهما، وغض قضاة الموضوع النظر عن شهادة الشاهدين التي قدمها الطاعن للمجلس في ٢٨ أكتوبر ١٩٧٦ ولم يعطوها أية أهمية واستنتجوا ضمنيا أنها لا تذل على ارتكاب الزوجة جريمة الزنا، إذ حدد الشارع والشريعة شروط ثبوتها بالضبط، منها إحضار أربعة شهود رأوا الزوجة تزني[٣].

وهذا ما أكده المجلس ذاته في قراره الصادر بتاريخ ١٥ نوفمبر ١٩٧٩ والمؤيد للقرار الصادر عن مجلس قضاء الجزائر الصادر في ١٥ جانفي ١٩٧٨ المؤيد للحكم القاضي

---

(١) انظر، مجلس أعلى، غ.م.، ١٩٦٨/٠٥/١٥، م.ج.ع.ق. إ . س.، ١٩٦٨، ج.١، ص. ٣٢.

(٢) انظر، مجلس أعلى، غ.أ.ش.، ١٩٨٦/٠٢/٢٤، ملف رقم ٣٩٤٧٣، غير منشور، عن العربي بلحاج، مبادئ الاجتهاد...، المرجع السابق، ص. ١٢٨.

(٣) وجاء في قرار المجلس الأعلى "أن القضاة لم يعبؤوا بشكاوى الطاعن ضد مطلقته في خصوص جريمة الزنا المزعومة غير الثابتة فإن قضاة الموضوع بإسنادهم حضانة البنتين إلى أمهما طبقوا الشرع إذ لم يكن راعوا مصلحة المحضونتين ولم يكن عليهم إجراء بحث أو تعيين مساعدة اجتماعية ما داموا مقتنعين بما سمعوا. وهذا الاقتناع حاصل من محض سلطتهم التقديرية السامية التي لا رقابة للمجلس الأعلى عليها، لأن القاعدة تقول أن الحكم يتبع المصلحة الراجحة وأن المصلحة حسبما أدلى به الطرفان في جانب الأم". انظر، مجلس أعلى، غ.أ.ش.، ١٩٧٩/٠٢/١٢، ملف رقم ١٨٨٩٦، غير منشور.

بإسناد حضانة الولدين لأمهما، حيث قضى بأن "فاحشة الزنا لا تثبت بمجرد القرائن وإن تعددت لخطورتها[1] وإنما تثبت بإقرار مرتكبها أو شهادة أربعة شهود شاهدوا ارتكاب الفاحشة في آن واحد أو بحكم حاكم. هذا هو المبدأ الذي استقر عليه الاجتهاد القضائي والقضاة لما لم يلتفتوا إلى الوثائق المدلى بها من طرف الطاعن كانوا عملوا بهذا المبدأ. أما الحضانة فهي حق للأم بالدرجة الأولى ما لم يقم مسقط من مسقطاتها والطاعن لم يأت بدليل على أن المطعون ضدها لم تتوفر فيها شروط الحضانة المطلوبة شرعا، ولذلك يجب رفض طلب النقض"[2].

وتأكد ذلك أيضا، في القرار الصادر عن المحكمة العليا بتاريخ ١٨ جويلية ٢٠٠٠ والذي نقضت بموجبه قرار مجلس قضاء تيارت الصادر بتاريخ ٠٣ نوفمبر ١٩٩٩ والقاضي بإسناد حضانة الولدين للمطعون ضده على أساس المعلومات الواردة من رجال الأمن على أن الطاعنة صاحبة سلوك سيء، حيث قالت "أن الاعتماد على مصالح الأمن لا يعتبر دليلا كافيا لحرمان الطاعنة من حقها في الحضانة بل هي مجرد معلومات لا يمكن الاعتماد عليها وكان على قضاة الموضوع اللجوء إلى وسائل أخرى باستماع الشهود أو تعيين مرشدة اجتماعية قصد معرفة الجهة التي تليق بمصلحة الأولاد..."[3].

وهذا ما ذهب إليه أيضا المجلس الأعلى المغربي في قراره الصادر بتاريخ ٩ فبراير ١٩٨٢ المؤيد للقرار المطعون فيه الصادر عن محكمة الاستئناف بالبيضاء بتاريخ ٠٢ أفريل ١٩٨٠، في قضية تتلخص وقائعها في أن السيد ك.ل. طلق السيدة ف.ب. مع احتفاظها بحضانة أبنائه الأربعة. غير أنه لما أصبحت بعد ذلك لا تقوم بواجبات الحضانة لفساد سيرتها، فطلب الحكم من ابتدائية البيضاء بسقوط حضانتها وتمكينه من أبنائه لرعايتهم، وأدلى كدليل على ذلك بلفيفة لم تسلمها المدعى عليها وادعت فيها الزور. وبعد الإجراءات، أصدرت محكمة الاستئناف قرارها بإلغاء الحكم المستأنف بحجة أن هذا الأخير اعتمد شهود التجريح وأهمل شهود التعديل بالرغم من أن الأصل عكس ذلك وإلى

---

(١) تمسك الزوج في هذه القضية بأن المجلس القضائي لم يأخذ بعين الاعتبار الرسالة التي أدلى بها والتي تشكل في اعتقاده قرينة ذات بال وخطيرة تدل على سوء سيرة الزوجة ولا شهادة الأولاد الذين صرحوا بأنهم رأوا أمهم تختلي برجل في غيبة أبيهم.

(٢) انظر، مجلس أعلى، غ.أ.ش.، ١٩٧٩/٠١/١٥، ملف رقم ١٨٨٩١، غير منشور.

(٣) انظر، محكمة عليا، غ.أ.ش.م. ٢٠٠٠/٠٧/١٨، ملف رقم ٢٤٥١٢٣، غير منشور.

أن الشريعة جعلت الحضانة للأمهات لرفقهن.

وعليه، قرر المجلس الأعلى بشأن هذه القضية ما يلي: "حيث إن المحكمة اعتمدت على القاعدة الفقهية الناصة أن من ادعى انعدام شروط الحضانة فعليه إثبات دعواه وأن المدعي أدلى باللفيفة عدد ٨٩ توثيق البيضاء عارضتها المدعى عليها بلفيفة عدد ٦٨١ ص. ٣١٢... تشهد بقدرتها على القيام بحضانة أولادها، وقد وازنت محكمة الاستئناف بين الحجتين - في نطاق سلطتها التقديرية في تقييم الحجج - ورجحت حجة المستأنفة إستنادا إلى أن الأصل هو التعديل فجاء قرارها بذلك معللا بما فيه الكفاية ولم تخرق أية قاعدة فقهية"[١].

وهذا ما نستخلصه أيضا من القرار الصادر عن محكمة التعقيب التونسية بتاريخ ٩ فبراير ١٩٨٥، وذلك لما قضت "بأن الأم التي ثبت انحرافها بحكم قضائي جزائي أصبحت غير آهل للحضانة"[٢]. وبمفهوم المخالفة أن الزنى لا يعد سببا مسقطا للحضانة إلا إذا تم إثباته وفقا للشروط المنصوص عليها قانونا.

لكن، أمام هذا التشدد القضائي في الاعتراف بوسائل إثبات الزنى، ينبغي أن نلاحظ أن مرونة القضاءين الجزائري والمغربي تجاه الأم الحاضنة جعلته لم يرتب على هذه الجريمة، حتى ولو تم إثباتها سقوط الحضانة عنها.

وتطبيقا لذلك، أيد المجلس الأعلى الجزائري في قراره الصادر في ١٤ ديسمبر ١٩٨١ القرار الصادر عن مجلس قضاء مستغانم في ١٨ مارس ١٩٨٠ القاضي برفض إسقاط الحضانة عن الأم حتى وأن شرط حسن الأخلاق كان غير متوافر في الحاضنة، إذ بحبسها فإن الزوجة ثبت زناها الذي وجدت متلبسة به وحكم على الزاني بها بمقتضى حكم جزائي[٣]. وهذه النتيجة ذاتها توصل إليها قضاء المجلس الأعلى المغربي في قراره الصادر في ٠٩ فبراير ١٩٨٢[٤].

(١) انظر، مجلس أعلى، ١٩٨٢/٠٢/٠٩، ملف اجتماعي رقم ٩١٧٧٧، مجموعة قرارات المجلس الأعلى، مادة الأحوال الشخصية، ١٩٦٥-١٩٨٩، ١٩٩٠، ص. ٣٥٦.

(٢) انظر، محكمة التعقيب،١٩٨٥/٠٢/٠٩، قرار مدني، عدد ١١١٠٧، مجلة القضاء والتشريع، ١٩٨٦، عدد ٧، ص. ٦٩.

(٣) انظر، مجلس أعلى، غ.أ.ش.، ١٩٨١/١٢/١٤، ملف رقم ٢٦٢٢٥، غير منشور.

(٤) انظر، مجلس أعلى، ١٩٨٢/٠٢/٠٩، ملف اجتماعي رقم ٩١٧٧٧، سبقت الإشارة إليه.

في حين، يرى محمد باجي أن القضاء التونسي(١)، آخذا في الحسبان مصلحة المحضون التي تتنافى وفسوق الحاضنة، تميز بتشدده نحو الحاضنة الفاسقة، وذلك خلافا لما هو عليه في الفقه الإسلامي(٢).

ولكن، هل يمكن القول هنا أن دور القاضي في كل من الجزائر والمغرب اقتضى منه البحث من تلقاء نفسه عن مصلحة المحضون وعدم الاكتفاء في ذلك بما يقوله الشقان المتنازعان وما هو ثابت تجاه الحاضنة، ذلك نتيجة ما يتوفر لديه مجال واسع للاجتهاد ليقدر بحسب ضميره وبصيرته ما هو الأصلح للمحضون(٣). ومهما يمكن قوله في هذا الصدد، فإننا نعتقد أن هذا الموقف القضائي ينطوي على الشيء الكثير من التجاوز، فمصلحة المحضون تقضي بإسقاط الحضانة في حالة ثبوت زنى الحاضنة، إذ أن سماح الزوج لزوجته لا يطهرها من الدنس ولا من انحلال الأخلاق وخصوصا أن الزوجة اعترفت في القضية المطروحة على القضاء الجزائري بأنها زنت مع المتهم.

ومن المحتمل أن القضاءين الجزائري والمغربي قد تأثرا في هذه المسألة بما ذهب إليه جانب من الفقه الإسلامي(٤) من حيث إنه أقر أن الحاضنة إن كانت فاسقة سقط حقها

---

(١) انظر، محكمة تونس، ١٩٧٦/١٢/٠٢، قضية رقم ٧٠٧٤٧، غير منشور؛ ١٩٧٦/٠٧/٢٩، قضية رقم ٧٠٣١٢، غير منشور، مقتبس من: M Beji Mohamed, op. cit., mém. , p. 85.

غير أنه، خلافا لذلك رفض القضاء التونسي الحكم بإسقاط الحضانة عن الأم بالرغم أن الأب قد ادعى أنه قد سبق منه أن طلب فك العصمة بينهما من أجل الزنا وتحصل على حكم في ذلك من محكمة الكاف تحت عدد ١٢٠٢ في ٢٠ فيفري ١٩٦٠ بناء على ثبوت السبب المذكور، وذلك على أساس الفصل ١٤٨ من م.م.ت. الذي ينص على أنه يمكن تغيير السبب المبني عليه الطلب إذا كان موضوع الطلب الأصلي باقيا على حاله بدون تغيير وكان السبب الجديد غير قائم على وقائع جديدة لم يقع طرحها لدى محكمة الدرجة الأولى.

وحيث يظهر مما وقع بسطه أن وقائع السبب الأخير تختلف مع وقائع السبب الأول ولم يسبق طرحها لدى تلك المحكمة وبذلك لا وجه لاعتماد السبب الأخير لدى هاته المحكمة كمبنى للطلب". ففي هذه القضية لم يثر المدعي جريمة الزنا كسبب مسقط للحضانة أمام محكمة أول درجة، وأنه لم يتمسك بذلك إلا أمام محكمة الاستئناف بتونس. انظر، محكمة استئناف تونس، ١٩٦٣/٠١/١٠، حكم مدني عدد ٥٥٦٨١، مجلة القضاء والتشريع، ١٩٦٣، عدد٨، ص٤٩-٥٠.

(٢) Cf. M. Beji Mohamed, op. cit., mém. , p. 85.

(٣) بشأن هذه السلطة، انظر رشيد صباغ، المرجع السابق، ص. ٦٢٣-٦٢٤.

(٤) انظر، ابن عابدين، المرجع السابق، الجزء ٢، ص. ٦٥٠-٦٥١.

في الحضانة وإلا فهي أحق به إلى أن يعقل الطفل فينزع منها؛ وقد حدد البعض منه السن التي يعقل فيها الصغير بخمس سنوات ومنه من حددها بسبع سنوات على أساس سن التمييز. ومع العلم أن تأثر القضاء الجزائري لم يكن هنا إلا نسبيا، إذ أن الأمر في القضية المطروحة عليه كان يتعلق بحضانة أربعة أطفال على أن سن أكبرهم كان يفوق سن التمييز المحددة فقها ولا قانونا[١].

وفي هذا يقول الأستاذ بدران أبو العينين بدران "أما إذا كان فسق المرأة والرجل لا يمنع من العناية بالصغير والقيام بأمره فلا يسقط حقهما، إلا أن المرأة إذا كانت سيئة السلوك، وخيف على الولد أن يتأثر بسلوكها فإنه يكون لها حق الحضانة إلى أن يعقل الصغير، وذلك ببلوغه سبع سنين..."[٢]؛ أو كما قال الأستاذ وهبة الزحيلي "ما لم يصبح الولد في سن يعقل فيها فجور أمه، فينزع منها، صونا لأخلاقه من الفساد، لأنها غير آمنة"[٣].

وذلك ما أكده الأستاذان عمر عبد الله ومحمد حامد قمحاوي بقولهما أنه لا يسقط حقها في الحضانة حتى ولو كانت تصرفاتها منافية في الجملة مع أحكام الشرع "بشرط أن يكون الولد مصونا غير ضائع ولا يخشى عليه الفساد أو التخلق بأخلاق الفاسدين"[٤].

غير أن الواقع يدلي بعكس ذلك، إذ أن الصغير أصبح اليوم نظرا لنمو عقله المذهل وللواقع الذي نعيش فيه، يتأثر كثيرا بما يجرى حوله قبل بلوغ هذا السن، خاصة إذا ما تعلق الأمر فيما يشاهد من تصرفات مشينة تحيط به. وكما أن "تسوية الفاسقة بالكتابية

---

(١) كانت تنص الفقرة الثانية من المادة ٤٢ قبل تعديلها من القانون المدني على أنه "يعتبر غير مميز من لم يبلغ السادسة عشرة سنة ". ذلك مما دفع آنذاك الأستاذ علي علي سليمان إلى اعتبارها ، "مدة متأخرة جدا بالنسبة للتمييز، وقد جعلها القانون المصري والليبي والعراقي والسوري والأردني٧ سنين، آخذا عن الشريعة الإسلامية، فكان ينبغي للمشرع الجزائري أن يحدد سن التمييز بسبع سنين ولا سيما وقد خفض سن الرشد إلى ١٩ سنة (المادة ٤٠ من القانون المدني) ، فأصبح لا يفصل بين سن التمييز وسن الرشد إلا ثلاث سنين ". انظر، علي علي سليمان، النظرية العامة للالتزام، مصادر الالتزام، د.م.ج.، الجزائر، ١٩٩٠، ص. ٤٨-٤٩.

(٢) انظر، بدران أبو العينين بدران، الفقه المقارن...، المرجع السابق، ص. ٥٥٢. وفي نفس الاتجاه، محمد مصطفى شلبي، أحكام الأسرة...، المرجع السابق، ص. ٧٦٤.

(٣) انظر، وهبة الزحيلي، الفقه الإسلامي...، المرجع السابق، ص. ٧٢٨.

(٤) انظر، عمر عبد الله ومحمد حامد قمحاوي، المرجع السبق، ص. ٣٣١-٣٣٢.

في الإمساك إلى أن يعقل لا يقتضي التسوية بينهما في التقدير، فإن الصغير يعقل أشياء قبل الأخرى وتعقله الإسلام وتصوره أصعب من تعقل الأفعال الشائنة التي يحس بها الأطفال في ديارنا في سن الرابعة أو الخامسة ويذكرون كثيرا من آثارها"(١).

وما حيثيات الحكم الصادر بتاريخ ١٦ ديسمبر ١٩٣٠ عن محكمة طنطا بمصر- إلا تعبيرا صارخا لعدم صيانة أخلاق المحضون من الفساد عندما يكون بين أحضان امرأة تتسم بالفسوق، وذلك بقولها "وحيث إنه وإن تكن البنت المطلوب ضمها صغيرة ولا تعقل الفسق إلا أن الاحتراف بالبغاء من شأنه إن يضيع البنت لعدم تفرغ أمها لخدمتها كلما لزمت الخدمة.

وحيث إن الفقهاء اشترطوا في الفسق الذي يمنع حق الحضانة أن يترتب عليه ضياع الصغير لم يبينوا الأحوال التي يضيع فيها الصغير والتي لا يضيع بل تركوا ذلك لتقدير الحاكم - ومن حيث إن الفساد لم يكن عاما في زمنهم حتى صار البغاء غير ممنوع ولو كان الحال عندهم كما هو عندنا اليوم لما ترددوا في سلب العاهر حقها في الحضانة حرصا على مصلحة المحضون"(٢).

هذا عن مسقطات الحضانة بسبب زنى الحاضن، أما في حالة شربه الخمر بصفة اعتيادية، فإننا لم نتردد أيضا في القول بأن مصلحة المحضون تقتضي إسقاط الحضانة عن كل من يتصف بهذا الفسق وإلا كيف يمكن رعاية تلك المصلحة مع حاضن حاضر جسديا وغائب عقليا. وللدلالة أيضا على ذلك نقول أن مدمن الخمر فاسق ملعون قد لعنه الله ورسوله، وأن الشرع لم يقرر التحريم هنا لحال الجماعة أو استجابة لرغباتها، وإنما ليرفع مستواها وتوجهها نحو السمو والكمال(٣).

إذن، مما لا شك فيه أن بقاء الطفل مع حاضن كهذا ستنعكس آثاره السلبية على خلقه وعلى تربيته، بل على العديد من الأطفال نظراً لتشتيت الأسر ووجود عدد كبير من أولاد المطلقين بسبب انتشار الطلاق. وعليه، فإن المسألة أصبحت لا تتعلق بمصلحة

(١) انظر، محكمة الأزبكية، ١٩٢٩/١٢/٢٠، م ش ٧٢٢/١، مقتبس من عمر عبد الله ومحمد حامد قمحاوي، المرجع السابق، ص. ٥٧٨.

(٢) انظر، محكمة طنطا، ١٩٣٠/١٢/١٦، م ش ٢٧٠/٣، مقتبس عن عمر عبد الله ومحمد حامد قمحاوي، المرجع السابق، ص. ٥٧٩.

(٣) انظر، عبد القادر عودة، المرجع السابق، ج.١، ص. ٥٠-٥١.

طفل بل بمصلحة أطفال، أي بمصلحة المجتمع ككل، وإلا كيف لا نقضي- بإسقاط الحضانة عن شخص يسبح في بحر الأحلام والأوهام؛ وكيف تراعى مصلحة المحضون مع حاضن يتناول مواداً فيها من فساد المزاج والعقل وبموجبها يتم إتلاف المال.

وتماشيا مع هذه الفكرة، ألغى مجلس قضاء الجزائر في قراره الصادر بتاريخ ٠٧ جويلية ١٩٨١ الحكم المعاد الصادر عن محكمة سيدي محمد يوم ٢٤ يناير ١٩٧٨، ومن جديد وبعد الإحالة قضى بإسقاط الحضانة للبنات الثلاث عن أمهن وألغى استحقاقها السكن الزوجي، وذلك بسبب فسوقها. ونال هذا الموقف القضائي منا كل تأييد من قبل المجلس الأعلى في قراره الصادر في ٠٨ مارس ١٩٨٢، إذ جاء في حيثيات القرار بأنه "قد ثبت لقضاة الموضوع بعد إجرائهم التحقيق بواسطة الخبير الذي عينته المحكمة، أن الطاعنة فاسقة مشتهرة بشرب الخمور ومخالطة الأجانب. وبهذا قد أظهر القضاة أن شرطا من شروط الحضانة وهو الأمانة في الدين قد اختل وجعل حق الحضانة للأم غير مشروع فأسندوها لوالد البنات وبحسبه فإن قرارهم جاء سليما"[١].

وفي غياب الأحكام والقرارات المنشورة والصادرة عن القضاءين المغربي والتونسي، نعتقد أنهما لن يترددا عن القضاء بإسقاط الحضانة عن الحاضن المنغمس في أودية الخمور والكحول بشتى أنواعها، وخاصة أن القضاء التونسي، على منوال القضاء المغربي، جعل من مصلحة المحضون المعيار الأساسي الذي يجب الاكتناف به عند القضاء بسقوط الحضانة، حيث قضت محكمة التعقيب التونسية في قرارها الصادر في أول أفريل ١٩٩٧ بأن "مصلحة المحضون هي الرائد الأساسي والمعيار الوحيد لإسناد الحضانة وفق الفصل ٦٧ من مجلة الأحوال الشخصية..."[٢].

وكما قضى المجلس الأعلى المغربي في قراره الصادر في ٣٠ جوان ١٩٧٠ بأنه "إذا كانت الحضانة شرعت لمصلحة المحضون فعلى المحاكم أن تلتمس هذه المصلحة في كل قضية"[٣]. بل أن المادة ١٧٣ فقرة خامسة من مدونة الأسرة تنص على أنه "إذا وقع تغيير في وضعية

---

(١) انظر، مجلس أعلى، غ.أ.ش.، ١٩٨٢/٠٣/٠٨، ملف رقم ٢٩٢٩٣، غير منشور.
(٢) انظر، محكمة التعقيب، ١٩٩٧/٠٤/٠١، قرار مدني، عدد ٥٤٨٠٨، نشرية محكمة التعقيب، ١٩٩٧، ج.٢، ص. ٢٨١.
(٣) انظر، مجلس أعلى، ١٩٧٠/٠٦/٣٠، قرار عدد ١١٨، مجلة قضاء المجلس الأعلى، ١٩٧٠، عدد ٢١، ص. ٢٨.

الحاضن خيف منه إلحاق الضرر بالمحضون، سقطت حضانته وانتقلت إلى من يليه".

وما هو متصل أيضا بحالات الإسقاط، وتنعكس آثاره السيئة على تربية الطفل، نجد السحر الذي يعد من الموبيقات السبعة إذ غالبا ما يمارس لأغراض هي ذاتها غير مشروعة[1]. وعليه، فهذه الممارسة تخالف التعاليم السامية والآداب الحكيمة العالية لديننا الحنيف، مما يجعل مصلحة المحضون متنافية مع حاضن يعيش في بيئة السحارين وأن القرآن الكريم حثنا على الاستعاذة من شرهم في قوله تعالى: (وَمِنْ شَرِّ النَّفَّاثَاتِ فِي الْعُقَدِ(4))[2].

وإلى جانب هذه الأسباب المسقطة للحضانة، فالاحتراف في القمار ومزاولته المستمرة يندرج هو الآخر في طياتها، إذ أن المقامر يستغرق زمنا طويلا في لهوه يلزم منه ضياع الولد عنده من حيث حفظه خلقا ودينا. "وليس هناك عمل من الأعمال يشغل الفكر ويصرفه عن كل ما سواه مثل القمار"[3]. إذن، فمصلحة المحضون تتعارض مع حاضن مستعد أن يبيع من أجل الميسر دينه وعرضه ووطنه، مما يترتب عنه أضرارا مؤكدة تجاه الفرد والأسرة والأخلاق[4].

وكذلك أن النشل أو الرقص المغري ممارسة تشمئز منها النفوس وتأباها الأخلاق، ولذلك فالاحتراف في إحداهما يجعل من حضانة صاحبتهما متنافية لمصلحة المحضون، والذي نراه أن حكم هذه المسألة يقضي بسقوط حاضنة ناشلة أو راقصة مادام أن المناط في الحضانة هو رعاية صالح الصغير.

وفي المجال التطبيقي، تعرض القضاء الجزائري إلى هذه المسألة، حيث قضت محكمة سطيف في ١٥ جوان ١٩٨٦ بإسناد حضانة البنات الثلاثة إلى أبيهن بسبب انحراف أمهن، إلا أن هذا الحكم لم ينل كل التأييد من مجلس قضاء سطيف، حيث قد أسند هذا الأخير في قراره الصادر في ٠٨ جويلية ١٩٨٦ حضانة البنات لأمهن على اعتبار عاطفي وهو أن البنات فضلن الحياة معها، وذلك بالرغم من أن الغرفة الجزائية لمجلس قضاء سطيف قد حكمت في ٠١ جوان ١٩٨٦ على الزوجة بالسجن لمدة ثلاث سنوات حبسا نافذة بتهمة جنحة تعريض خلق

---

(١) انظر، محمد قطب، منهج التربية الإسلامية، ط. ٢، دار الشروق، بيروت، (بدون سنة الطبع) ، ص. ١٩ وما بعدها.

(٢) سورة الفلق، الآية ٤.

(٣) انظر، عفيف عبد الفتاح طبارة، روح الدين...، المرجع السابق، ص.٢٣١.

(٤) انظر، يوسف القرضاوي، الحلال والحرام...، المرجع السابق ، ص. ٢٤٩.

الأولاد للخطر طبقا للفقرة الثالثة من المادة ٣٥٠ من قانون العقوبات[١].

وقد نقض المجلس الأعلى هذا القرار لعدم رعاية مصلحة المحضون بقوله بأنه "من المقرر فقها وقانونا أن الحضانة هي رعاية الولد وتعليمه والقيام بتربيته على دين أبيه والسهر على حمايته وحفظه صحة وخلقا، ومن ثم فإن القضاء بما يخالف هذا المبدأ يعد خرقا للقانون. ولما كان ثابتا - في قضية الحال - أن المجلس عندما أسند حضانة البنات الثلاث للأم على اعتبار عاطفي بالرغم من ثبوت سوء خلقها يكون قد خرق القانون..."[٢].

وأما بشأن موقف القضاء المغربي والتونسي لم نعثر على حكم ولا قرار خاص بهما حول هذه المسألة. ومع ذلك نعتقد أنه، تبعا للأساس الذي بني عليه نظام الحضانة في إطارهما فلا يكون موقفهما معاكسا لما هو عليه في القضاء الجزائري.

وسواء أكان السلوك المشين دافعه جنسي كالزنا والشذوذ، أم مالي كالنشل والرقص المغري والميسر والبغاء، أم تخديري كالكحول والمخدرات، فإن كل ما كان يهمنا هنا هو توضيح تنافيه مع مصلحة المحضون، ووجوده بأي شكل كان لا يتماشى مع التربية الحسنة التي يجب أن يتلقاها الطفل داخل بيئته.

ومن ثم، فإذا كان الحاضن يتعاطى الفواحش في مكان إقامة ممارسة الحضانة، أو يصطحب معه المحضون إلى الأماكن الخليعة، فإن ذلك ينعكس على الطفل حتما ثم ينطبع في نفسه صور ما يراه ويعايشه من انحطاط ورذائل وفساد وانحراف فيتربى على السلوك المشين. ولا شك هنا أن إسقاط الحضانة يأتي صيانة لأخلاق المحضون وحماية لمصالحه. وبمعنى أدق، أن من هذا الحكم ارتفع الشرع والتشريع بالطفل وبالعلاقات الأسرية إلى ذلك المستوى الرفيع الطاهر الكريم[٣]. وأنشأ للطفل ما أنشأ من القيمة والاعتبار والحقوق

---

(١) تنص هذه الفقرة على أنه "كل من اختلس شيئا غير مملوك له يعد سارقا ويعاقب بالحبس من سنة على الأقل إلى خمس سنوات على الأكثر وبغرامة من ٥٠٠ إلى ٢٠.٠٠٠ دج. ويجوز أن يحكم على الجاني علاوة على ذلك بالحرمان من حق أو أكثر من الحقوق الواردة في المادة ١٤ والمنع من الإقامة....ويعاقب على الشروع في هذه الجنحة بالعقوبات ذاتها المقررة للجريمة التامة".

(٢) انظر، مجلس أعلى، غ.أ.ش.، ١٩٨٩/٠٥/٢٢، ملف رقم ٥٣٥٧٨، المجلة القضائية، ١٩٩١، عدد ٤، ص. ٩٩.

(٣) انظر، صلاح أبو إسماعيل، الأبوة المثلى، منار الإسلام، ١٩٧٩، أغسطس، ص. ١١٢؛ فتيحة محمد توفيق، مسؤولية الزوجين في الأسرة، منار الإسلام، ١٩٨٠، يناير، ص. ١٠٩-١١٣. وقد نصت

والضمانات... شخص لا يوأد ولا يهان.

وإننا إذ نختم هذه الدراسة التحليلية الخاصة بمسقطات الحضانة بسبب السلوك المشين بقول محمد قطب "فالمجتمع النظيف المتوازن، تقوم فيه الأسرة النظيفة والمتوازنة، التي تربي الفرد النظيف المتوازن. والفرد المتوازن بدوره ينشئ الأسرة وينشئ المجتمع ومن ثم يعمد الإسلام إلى تنظيف ضمير الفرد، بربط قلبه ومشاعره بالله، وتربيته على طاعته، وحبه وخشيته"[١]. ولذلك فقد أصاب الأستاذ السيد قطب في تبيانه للنظام الإسلامي الأسري لما كتب بأن "الإسلام نظام أسرة. البيت في اعتباره مثابة وسكن، في ظله تلتقي النفوس على المودة والرحمة والتعاطف والستر والتجمل والحصانة والطهر، وفي كنفه تنبت الطفولة، وتندرج الحداثة..."[٢].

وإذا كان السلوك المشين سببا مسقطا للحضانة رعاية وصيانة لحقوق الطفل، فإنه مع ذلك لنا أن نتساءل عما إذا كان ينطبق الحكم ذاته لو كانت الحاضنة عاملة؟ هل الخروج من مسكن الحضانة للعمل يسبب دعوى إسقاط الحضانة بدلالة ضياع الطفل؟

المبحث الثالث
إسقاط الحضانة بسبب عمل المرأة الحاضنة

إن العملية الإنتاجية وجوهرها العمل الإنساني هي أساس تطور المجتمعات وتقدمها وتغيير أشكالها التنظيمية اقتصاديا واجتماعيا وسياسيا. ومن هنا يمكن القول أن الإنسان لا يمكن أن يحفظ وجوده إلا من خلال عمل الآخرين، فأفراد المجتمع على اختلاف أجناسهم يكمل بعضهم البعض[٣]. ولذلك فالمرأة كما نعلم جميعا هي نصف المجتمع، وعملها هو نصف طاقة هذا المجتمع التي لا يمكن الاستغناء عنها.

والعمل المقصود في الموضوع الذي نحن هنا بصدده النشاط الذي يبعد الحاضنة عن رعاية مصلحة الطفل أتم الرعاية والصيانة. ومن هنا، فإننا لا نخشى بصدد التطرق إلى

المادة ٥٨ من دستور ١٩٩٦ على أن "تحظى الأسرة بحماية الدولة والمجتمع".

(١) انظر، محمد قطب، التطور والثبات...، المرجع السابق، ص. ٢٠٧.

(٢) انظر، السيد قطب، في ظلال القرآن...،المرجع السابق، ص. ٣٥٩٤.

(٣) انظر، محمد دويدار، الاقتصاد السياسي، ط. ثانية، المكتب المصري الحديث، الاسكندرية، ١٩٧٥، ص. ٢٢.

عمل المرأة ومدى فعاليته في إسقاط الحضانة أن نقول أن مصلحة الطفل تجد نطاقها الواسع وامتدادا في هذه المسألة، بل تبرز أكثر من أي مسألة من مسائل الحضانة.

وذلك راجع لأسباب شتى، لأنه من جهة، الإسقاط الذي يتلفظ به القاضي قد يزعزع استقرار الطفل زعزعة تسبب له صدمة نفسية طوال حياته. ومن جهة أخرى، لأنه لا جدال في أن الأسرة المغاربية أصبحت اليوم في حالة غير مطمئنة، بما أصابها من آفات وظواهر اجتماعية، كالطلاق، مما نتج عنه بروز فئة الأطفال المحضونين التي أصبحت اليوم تمثل قسما هاما في مجتمعنا. ولأنه من جهة ثالثة، متطلبات الأسرة وغلاء المعيشة يقتضيان اشتغال المرأة إذا ما رعينا مقدار النفقة الذي يحكم به القاضي.

وعليه، فإذا كان يمكن للمرأة أن تمارس سائر الأعمال التي يباشرها الرجل، بمعنى أن المساواة بين المرأة والرجل في العمل مبدأ كرسته الدساتير المغاربية وسنته المعاهدات والاتفاقات الدولية الخاصة بعمل المرأة (**المطلب الأول**)، غير أنه يحق لنا أن نتساءل عما إذا كان عمل المرأة يتضارب في جميع الحالات مع مصلحة الطفل المحضون؟ (**المطلب الثاني**).

المطلب الأول
حق المرأة الحاضنة في العمل

والواقع، قبل البدء في دراسة موضوع إسقاط الحضانة بسبب عمل الحاضنة، لنا أن نتعرض إلى مسألة في غاية الأهمية، هي مسألة المساواة بين الرجل والمرأة في العمل (**الفرع الأول**) مع تبيان الإحصائيات المبينة لعمل المرأة (**الفرع الثاني**).

الفرع الأول
المساواة بين الرجل والمرأة في العمل

يعد مبدأ المساواة بين الرجل والمرأة بحق أهم المبادئ التي أثرت على تطور التشريع في الدول المغاربية. فاعتناق هذا المبدأ وتكريسه بواسطة المشرع الدستوري استوجب حتما، تطبيقا لمبدأ تدرج القوانين[1]، تقيد المشرع العادي به واستلهامه له في كل ما وضعه وما سوف يضعه من نصوص قانونية في هذا الإطار.

(١) انظر، سمير عبد السيد تناغو، النظرية العامة للقانون، توزيع منشأة المعارف، الإسكندرية، ص. ٣٣٨ وما بعدها.

ونظرا لأهمية هذا التدرج، نرى في هذه الدول، أن سائر القواعد التي يضمنها النظام القانوني، وأيا كانت طبيعتها، قد جاءت متفقة ومنسجمة مع هذا المبدأ الناتج عن المبدأ العام القاضي باحترام حقوق الإنسان والحريات الأساسية للمجتمع بلا تمييز بسبب الجنس أو اللغة أو الدين ولا تفريق بين الرجال والنساء ومراعاة تلك الحقوق فعلا[1]. ويدخل في مجال هذه الحقوق حق الشخص في العمل الذي تبناه ميثاق الأمم المتحدة في مادتيه ٥٥ و٥٦، وكذا الإعلان العالمي لحقوق الإنسان الصادر في ١٠ ديسمبر ١٩٤٨ في مواده ٢٣[2]، ٢٤ و٢٥. وكذلك لمزيد من الضمانات القانونية ضم المجتمع الدولي الحق في العمل في العهد الدولي للحقوق الاقتصادية والاجتماعية والثقافية الصادر عن الأمم المتحدة في ١٦ ديسمبر ١٩٦٦[3] في مواده ٢، و٣[4]، و٦، و٧[5]، و١٠، وكذا إعلان القضاء على التمييز ضد المرأة الصادر عن الأمم المتحدة في ٠٧ نوفمبر ١٩٦٧ في مادته العاشرة[6].

(١) انظر، المواد من ٢٩ إلى ٥٩ من الدستور الجزائري لسنة ١٩٩٦. المرسوم الرئاسي رقم ٩٦-٤٣٨ المؤرخ في ١٩٩٦/١٢/٠٧ المتعلق بإصدار نص تعديل الدستور، جريدة رسمية لـ ١٩٩٦/١٢/٠٨، عدد ٧٦، ص.١١-١٤.

(٢) تنص هذه المادة على أن : "- لكل شخص حق العمل وفي حرية اختيار عمله وفي شروط عمل عادلة ومرضية.
- لجميع الأفراد، دون تمييز، الحق في أجر متساوي على العمل المتساوي.
- لكل فرد يعمل الحق في مكافأة عادلة ومرضية تكفل له ولأسرته عيشة لائقة بالكرامة البشرية، وتستكمل، عند الاقتضاء بوسائل أخرى للحماية الاجتماعية". وقد جاء في المادة ١١ من الدستور الجزائري لسنة ١٩٦٣ على أن "الجمهورية تبدي مصادقتها على هذا الإعلان". انظر، جريدة رسمية لـ ١٩٦٣/٠٩/١٠، عدد ٦٤، ص.٨٨٨.

(٣) أصبح هذا العهد نافذا ابتداء من يناير ١٩٧٦ طبقا للمادة ٢٧ منه. وقد صادقت عليه تونس بمقتضى القانون الصادر في ٢٩ نوفمبر ١٩٦٨ والمغرب بمقتضى ظهير ٨ جوان ١٩٧٩.

(٤) تنص هذه المادة على أن تتعهد الدول الأطراف في هذا العهد بالحق في العمل الذي يشمل ما لكل شخص في الحق أن تتاح له إمكانية رزق بعمل يختاره ويقبله بحرية.

(٥) تنص هذه المادة على أن تتعهد الدول الأطراف في هذا العهد بكفالة تساوي الرجال والنساء في حق التمتع بجميع الحقوق المدنية والسياسية المنصوص عليها في هذا العهد.

(٦) تنص هذه المادة على أن تتخذ جميع التدابير المناسبة لكفالة تمتع المرأة متزوجة أو غير متزوجة، بحقوق مساوية لحقوق الرجل في ميدان الحياة الاقتصادية والاجتماعية لاسيما :
١- (أ) الحق دون تمييز بسبب الحالة الاجتماعية أو أي سبب آخر في تلقي التدريب المهني، وفي العمل وفي حرية اختيار المهنة ونوع العمل وفي نيل الترقية في المهنة والعمل.

وهذا ما أكدته الاتفاقية الصادرة عن الأمم المتحدة في ١٨ ديسمبر ١٩٧٩ بشأن القضاء على جميع أشكال التمييز ضد المرأة وحقها في العمل، وذلك لتحقيق المساواة الحقيقية في الحقوق للمرأة، متزوجة كانت أم غير متزوجة، في كل مكان، وفي جميع الميادين من سياسية واقتصادية واجتماعية[١]. حيث ألزمت المادة الحادية عشرة من هذه الاتفاقية الدول باتخاذ كافة الإجراءات والتدابير للقضاء على التمييز ضد المرأة في ميدان العمل لكي تكفل لها نفس الحقوق التي تعطى للرجل سواء من ناحية أحقيتها في الحصول على الحق في العمل، أوالحق في اختيار المهنة والعمل، أوالحق في الترقي والأمن الوظيفي، أوالحق في المساواة في الأجر بما في ذلك الاستحقاقات، أوالحق في الضمان الاجتماعي ولا سيما حالات التقاعد والبطالة والمرض والعجز والشيخوخة، أوالحق في إجازة مدفوعة الأجر.

وكذلك أقرت المادة ذاتها في فقرتها الثانية مبدأ أساسيا بشأن التدابير الواجب اتخاذها من قبل الدول الأطراف في الاتفاقية لمنع التمييز ضد المرأة بسبب الزواج أو الأمومة، ومن أجل ضمان حقها الفعلي في العمل[٢]. وبمعنى أدق، يجب اتخاذ التدابير المناسبة لمنع فصل المرأة من الخدمة بسبب الحمل أو إجازة الأمومة أو رعاية الأطفال، مع فرض جزاءات على المخلين بهذه القواعد.

وفي نفس السياق، إذا كانت منظمة العمل الدولية قد أقرت منذ إنشائها سنة

(ب) حق تقاضي مكافأة مساوية لمكافأة الرجل، والتمتع بمعاملة متساوية عن العمل ذي القيمة المساوية.

(ج) حق التمتع بالإجازات مدفوعة الأجر والاستحقاقات التقاعدية والضمانات الاجتماعية المؤمنة ضد البطالة أو المرض أو الشيخوخة أو غير ذلك من أسباب العجز عن العمل.

(د) حق تقاضي التعويضات العائلية على قدم المساواة مع الرجل.

٢- بغية منع التمييز ضد المرأة بسبب الزواج أو الحمل وكفالة حقها الفعلي في العمل، تتخذ التدابير المناسبة اللازمة لمنع فصلها في حالة الزواج أو الحمل، وإعطائها إجازة أمومة مدفوعة الأجر مع ضمان عودتها إلى عملها السابق، ولتوفير الخدمات الاجتماعية اللازمة لها بما في ذلك خدمات الحضانة.

(١) راجع في ذلك، أحمد الخمليشي، مصادر القانون المنظم لوضعية المرأة بالمغرب، ضمن كتاب جماعي تحت عنوان : ملامح نسائية، نشر الفنك، ١٩٨٧، ص. ١٨ وما بعدها.

(٢) حيث إن الأسباب الرئيسية التي تعوق عمل المرأة في كثير من الدول هي عدم توفير الضمانات القانونية للمرأة في حالة الزواج أو الوضع أو قيامها برعاية أطفالها.

١٩١٩ إلى غاية ١٩٨١ حوالي ١٥٣ اتفاقية و١٦١ توصية تغطي كافة الجوانب المتعلقة بالعمل وشروطه وظروفه، فإن المادة الثانية من الاتفاقية رقم ١١١ الصادرة عن هذه المنظمة في ٢٥ يونيو ١٩٥٨ نصت على ضرورة تحقيق المساواة في الفرص وفي المعاملة على صعيد الاستخدام والمهنة بغية القضاء على التمييز في هذا المجال. والجدير بالذكر أن الاتفاقية رقم ١٥٦ لسنة ١٩٨١ حثت الدول الأطراف على تبني سياسة وطنية لإتاحة الفرصة والمعاملة المتساوية للعمال من الرجال والنساء من ذوي المسؤولية العائلية(١)، ومن ثم أقرت المادة الثامنة من هذه الاتفاقية بعدم اعتبار المسؤولية العائلية مبررا لإنهاء الوظيفة أو الخدمة.

وإذا كان إقرار هذه الاتفاقيات للحقوق السابقة للمرأة العاملة تعد خطوة رائدة في مجال القضاء على التمييز بين الجنسين وتعد أيضا وسيلة أساسية لتمكين المرأة العاملة من المشاركة الإيجابية في التنمية، فإنه مع ذلك لنا أن نتساءل عما إذا كانت الدول المغاربية سارت على نفس المنهج في مجال عمل المرأة؟

للإجابة على هذا التساؤل، نقول أولا أن منظمة العمل العربية قد تمكنت هي الأخرى منذ نشأتها عام ١٩٦٥ إصدار عدد من الاتفاقيات والتوصيات، تناولت موضوعات مختلفة متعلقة بشؤون العمل والعمال، منها خاصة الاتفاقية رقم ٥ لعام ١٩٧٦ بشأن حق المرأة في الحصول على إجازة الأمومة المشتملة على إجازة الوضع وإجازة رعاية الطفل بأجر كامل قبل وبعد الوضع(٢)، وكذلك في حصولها على الأجر المماثل لأجر الرجل وذلك عن العمل المماثل.

وينبغي أن نشير هنا، زيادة على ما قلناه أعلاه، أن إعلان القاهرة لقمة المرأة العربية الصادر بتاريخ ٢٠ نوفمبر ٢٠٠٠ قد جاء في نصه على أنه ينبغي "تأمين مبدأ تكافؤ

(١) ولعل أن الغرض الأساسي من هذه الاتفاقية هو إتاحة الفرصة والمساواة في المعاملة بالنسبة للعمال رجالا ونساء الذين يقع على عاتقهم مسئولية رعاية أبنائهم ...وأصبحت هذه الاتفاقية نافدة ابتداء من ١٩٨٣.

Car, les taux des ménages ayant une femme pour chef de famille rapportés par le PNUD en 1995, démontrent l'évolution de ce phénomène : en 1980, la Tunisie comptait 10,4 de ménages ayant pour chef de famille une femme; l'Algérie en comptait 11 en 1990; le Maroc en avait 17,3 en 1990. Cf. A. Boudiaf, op. cit., p. 30.

(٢) انظر المادة ١٠ من هذه الاتفاقية.

الفرص بين الرجال والنساء بصفة عامة بما في ذلك التعليم والتدريب... والعمل... ودعم قدرة المرأة على الجمع بين حقها في العمل وواجباتها الأسرية بتقديم الخدمات المساعدة وتعديل التشريعات التي تحول دون ذلك... وتأمين حق المرأة العربية في هياكل وآليات السلطة ومواقع صنع القرار على مختلف المستويات وذلك انطلاقا من تراثنا الثقافي والحضاري وما تحث عليه تعاليم الديانات السماوية من قيم وتوجهات وما حددته المواثيق الدولية لحقوق الإنسان"(١).

وكما نصت المادة ١٣ من إعلان القاهرة حول حقوق الإنسان في الإسلام على أن "العمل حق تكفله الدولة والمجتمع لكل قادر عليه، فالإنسان حرية اختيار العمل الائق به مما تتحقق به مصلحته ومصلحة المجتمع، وللعامل حقه في الأمن والسلامة وفي كافة الضمانات الاجتماعية الأخرى. ولا يجوز تكليفه بما لا يطيقه، أو إكراهه، أو استغلاله، أو الإضرار به، وله، دون تمييز بين الذكر والأنثى، أن يتقاضى أجرا عادلا مقابل عمله دون تأخير وله الإجازات والعلاوات والفروقات التي يستحقها،..."(٢).

والواقع، إن حرصنا على اتباع الإجراءات القانونية بما قررته الاتفاقيات الدولية والعربية ينبع من قاعدة قانونية وهي أن نصوص هذه الاتفاقيات لا تصبح سارية المفعول في الدول المغاربية إلا عن طريق الإجراء القانوني(٣) الذي يتأثر غالبا بالظروف السياسية

---

(١) انظر، قوانين عربية، إعلان القاهرة لقمة المرأة العربية بتاريخ ٢٠٠٠/١١/٢٠.

(٢) انظر، قوانين عربية، إعلان القاهرة حول حقوق الإنسان في الإسلام، وقد تم إجازة هذا الإعلان من قبل مجلس وزراء خارجية منظمة مؤتمر العالم الإسلامي، القاهرة، ٥ أوت ١٩٩٠.

(٣) وفي هذا الإطار ينص الفصل ٣٢ من القانون الدستوري التونسي عدد ٥١/٢٠٠٢ المؤرخ في ٠١ جوان ٢٠٠٢ على أن "لا تعد المعاهدات نافذة المفعول إلا بعد المصادقة عليها وشريطة تطبيقها من الطرف الآخر. والمعاهدات المصادق عليها من قبل رئيس الجمهورية والموافق عليها من قبل مجلس النواب أقوى نفوذا من القوانين". وأن الفقرة الثانية من تصدير الدستور المغربي تنص على أن "الأحكام المضمنة في المواثيق الدولية وفي المعاهدات المصادق عليها بكيفية قانونية صحيحة، ترجح في التطبيق العملي على الأحكام المضمنة في القانون الداخلي". انظر بشأن هذا الترجيح، قرار المجلس الأعلى الصادر بتاريخ أول أكتوبر ١٩٧٦، المجلة المغربية للقانون والسياسة والاقتصاد، ١٩٧٦، عدد ٥، ص. ١٤٥ وما بعدها. وكذلك، راجع

H. Ouazzani Chahdi, La pratique marocaine du droit des traités, L.G.D.J. , Paris, 1982 ; L'article 31 de la constitution de 1972 et le droit des traités, R.M.D.E.D., 1982, n° 1.

والاقتصادية والاجتماعية والثقافية والتعاليم الدينية السائدة في كل دولة من هذه الدول[1]، علما أن كل دساتير هذه الدول قد تضمنت مبدأ التكافؤ وإتاحة الفرصة والمساواة في العمل وفي الأجر بين الرجال والنساء، سواء بمقتضى نصوص صريحة أو بمقتضى مبادئ

وتنص المادة ١٣٢ من الدستور الجزائري على أن "المعاهدات التي يصادق عليها رئيس الجمهورية، حسب الشروط المنصوص عليها في الدستور، تسمو على القانون".

(١) ومن قبل ذلك الاتفاقية الصادرة عن الأمم المتحدة في ١٨ ديسمبر ١٩٧٩ بشأن القضاء على جميع أشكال التمييز ضد المرأة وحقها في العمل. أصبحت هذه الاتفاقية نافدة ابتداء من ٣ سبتمبر ١٩٨١ وصادقت عليها الجزائر بمقتضى المرسوم الرئاسي رقم ٩٦-٥١ الصادر في ٠١/٢٢/ ١٩٩٦ (الجريدة الرسمية رقم ٦ المؤرخة في ١٩٩٦/٠١/٢٤) ، وذلك مع إبداء خمس تحفظات على بعض النصوص المخالفة لأحكام الشريعة الإسلامية وللتقاليد والأعراف الوطنية، ويتعلق الأمر هنا بالمواد ٢ و١٥ فقرة ٤، و١٦ و٢٩. انظر، عمار رزيق، المرجع السابق، ص. ١٠٩.

Cf. H. Kheddache, L'Algérie et les instruments internationaux relatifs aux droits de l'homme : état des lieux, in Le Quotidien d'Oran, du 11/12/2001, p. 08.

وأما المملكة المغربية التي صادقت هي الأخرى على هذه الاتفاقية سنة ١٩٩٣، قد أوردت بعض التحفظات على هذه الاتفاقية خاصة فيما يتعلق بالمادة ١٦ منها التي تقضي بضرورة اتخاذ التدابير المناسبة للقضاء على التمييز ضد المرأة في كافة الأمور المتعلقة بالزواج والعلاقات الأسرية، حيث جاء في هذا التحفظ "تحتفظ المملكة المغربية على مقتضيات هذه المادة وخصوصا ما يتعلق منها بتساوي الرجل والمرأة في الحقوق والمسؤوليات أثناء الزواج وعند فسخه، وذلك لكون مساواة من هذا القبيل تعتبر منافية للشريعة الإسلامية التي تضمن لكل من الزوجين حقوقا ومسؤوليات في إطار من التوازن والتكامل، وذلك حفاظا على الرباط المقدس للزواج. فأحكام الشريعة الإسلامية تلزم الزوج بأداء الصداق عند الزواج وبإعالة أسرته، في حين ليست المرأة ملزمة بمقتضى القانون بإعالة الأسرة...".

وتعتبر تونس أول دولة مغاربية صادقت على هذه الاتفاقية، وكان ذلك في ١٢/٠٧/ ١٩٨٥ ولكن مع إبدائها التحفظ على بعض النصوص الواردة في هذه الاتفاقية (المواد ٩ فقرة ٢،١٦ فقرة س، د، ف،ج، ن، و٢٩ فقرة ٢، و١٥ فقرة ٤) ، كتلك التي تعترف للمرأة بحق المساواة مع الرجل بشأن الميراث أو بشأن بعض الحقوق المدنية الأخرى، كالحق في أن تقرر بحرية عدد الأطفال والفترة بين إنجاب طفل وآخر (نشرت في الجريدة الرسمية للجمهورية التونسية يوم ١٩٩١/١٢/١٣) .

Sur l'ensemble de cette question, cons. Chapitre 2 : La persistance des inégalités dans le monde, in Rapport Mondial sur le Développement Humain, PNUD, 1995 ; A. Boudiaf, op. cit., 1997, p. 27.

عامة. وزيادة على ذلك، فإن التصديق على تلك الاتفاقيات يعني التماثل والتقارب بين الأنظمة والقوانين المعمول بها في الدول المغاربية، مما يساهم في تطوير الأنظمة القانونية المعمول بها بالنسبة لوضع المرأة العاملة في هذه الدول.

وقد سار المشرع الجزائري على عين الخطة، إذ فإن الرغبة في تطبيق هذه المواثيق والاتفاقيات في مسائل العمل، والحرص على استمرار هذا التطبيق وصموده أدّيان بالمشرع التأسيسي لسنة ١٩٦٣ إلى النص صراحة على مبدأ المساواة بين الرجل والمرأة في العمل[١]. وقد ظل هذا المبدأ مطبقا بمقتضى دستور ١٩٧٦ [٢] ودستور ١٩٨٩. وقد سار الدستور الجديد لسنة ١٩٩٦ على نهج جميع الدساتير السالفة، فنص صراحة في مادته ٥٥ على أن "لكل المواطنين الحق في العمل". وهذا ما تبنته أيضا الدساتير المغربية لسنوات ١٩٦٢ و١٩٧٠ و١٩٧٢، حيث نصت المادة ١٢ من دستور ١٩٧٢ على مبدأ المساواة في الالتحاق بالوظائف العمومية[٣]، وأقرت المادة ١٣ منه[٤] مبدأ المساواة بين المواطنين في التربية وفي العمل[٥]. وأن الدستور التونسي الصادر في أول جوان ١٩٥٩ لم يهمل، هو الآخر،مبدأ المساواة، حيث نص الفصل السادس منه على أن "كل المواطنين متساوون في الحقوق والواجبات وهم سواء أمام القانون"[٦].

(١) تنص المادة ١٢ من دستور ١٩٦٣ على أن "لكل المواطنين من الجنسين نفس الحقوق ونفس الواجبات".

(٢) تنص المادة ٣/٣٩ من الأمر رقم ٧٦-٩٧ المؤرخ في ١٩٧٦/١١/٢٢ المتضمن إصدار دستور الجمهورية الجزائرية الديمقراطية الشعبية على أن "يلغى كل تمييز قائم على أحكام مسبقة تتعلق بالجنس أو العرف أو الحرفة ".

M.A. Bekhechi, La constitution algérienne de 1976 et droit international, th. Paris II, 1986 ;

A. Mabroukin, L'Algérie et les traités dans la constitution de 1976, Mém. Magister, Alger, 1980.

(٣) حيث تنص هذه المادة على أنه "يمكن للجميع أن يتقلدوا الوظائف والمناصب العمومية، وهم سواء فيما يرجع إلى الشروط المطلوبة لنيلها...".

(٤) إذ نصت على أن "التربية والشغل حق للمواطنين على السواء...".

(5)Encore que, selon Moulay R'chid, la constitution marocaine aborde la femme dans les limites des droits politiques à travers son article 08 qui dispose « l"homme et la femme jouissent de droits politiques égaux ». Cf. A. Moulay R'chid, La femme et la loi au Maroc, édit. Bouchène, Algérie, 1991, pp.٢٣ et s.

(٦) وتقول شهيدة الباز قد "وضعت القوانين التقدمية، والاستثمار الواسع في التعليم وقوة دفع الحبيب

ومن خلال قراءتنا قراءة متأنية لهذه النصوص جميعها نلاحظ أنها سوت بين الرجل والمرأة فيما يتعلق بحق العمل والآثار القانونية المترتبة عنه، وكما أنه يجب أن نوضح أن استعمال كلمة "المواطنين" يفهم منها أن الأمر يتعلق في هذا المجال بالجنسين معا، الذكر والأنثى. ومن ثم لم تترك التشريعات التأسيسية الباب مفتوحا للاجتهاد التشريعي، بحيث لم تمنح المشرع العادي سلطة تقديرية في التحري عن مدى ملاءمته للنظام الاجتماعي، أو عدم ملاءمته، آخذا بعين الاعتبار عدة عوامل أهمها التطور الاجتماعي والاقتصادي الذي طرأ على الأسرة المغاربية[(1)].

لذلك، إن الرغبة في الامتثال للاتفاقيات الدولية المنبثقة من المواثيق الدولية وفي تطبيق المبادئ الدستورية الخاصة بحق المرأة في العمل دفع بالمشرعين المغاربيين اعتناق عند وضعهم للقوانين، القاعدة المرتكزة على مبدأ المساواة بين الجنسين. هذا الاعتناق لم يتخل عن حماية المرأة العاملة، حيث بمقتضاه أضحت المرأة المغاربية تتمتع بحرية الدخول إلى ميدان العمل، والحصول على الأجر وملحقاته، المساوي لأجر الرجل وملحقاته.

وأن إيراد بعض الاستثناءات على هذه المبادئ لا يمكن تفسيره ولا اعتباره تدابيرا تمييزية، بل اتخذها المشرعون المغاربيون حماية للمرأة في بعض أنواع الأعمال ولأسباب تتعلق بصميم تكوينها الجسمي[(٢)].

وهذه المنهجية تبنتها كافة تشريعات العمل المغاربية، إذ جعلت من مساواة المرأة

بورقيبة، المرأة في تونس في وضع أكثر تحررا من البلاد العربية الأخرى. ففي سنة ١٩٥٦ استبدلت قوانين الشريعة الإسلامية بنظام تشريعي موحد لكل التونسيين مسلمين ومسيحيين ويهود، وضعهم جميعا تحت نظام قضائي موحد. وساوى القانون بين الرجل والمرأة في العمل والأجور. ورغم أن القانون قد خلق جوا من التحرر النسبي إلا أنه لم يؤد في الواقع إلى تغيير جذري وشامل بعد...". انظر، شهيدة الباز، المرأة وحق العمل في الشريعة الإسلامية، مجلة الحق، ١٩٨٤، عدد ٣، ص. ١٦٣.

(1) انظر، تشوار حميدو زكية، عمل المرأة الحاضنة بين نصوص قوانين الأحوال الشخصية المغاربية والاجتهادات الفقهية والقضائية، المجلة الجزائرية للعلوم القانونية والاقتصادية والسياسية، ٢٠٠٢، عدد ٢، ص. ١٥ وما بعدها.

(٢) انظر، أحمد زكي بدوي، تشريعات العمل في الدول العربية ومستويات العمل الدولية، منشأة المعارف، الإسكندرية، ١٩٦٥، ص. ١٦٤-١٦٨.

والرجل مبدأ لها. وهذا ما يمكن أن نستنتجه أولا من النصوص التشريعية الجزائرية المنظمة لعلاقات العمل الفردية والجماعية[١]. فتنص المادة الثامنة من قانون ٢٧ فبراير ١٩٨٢ المتعلق بعلاقات العمل الفردية على أن "العمال يستفيدون من نفس الحقوق ويخضعون لنفس الواجبات، مهما كان جنسهم وسنهم، مادامت مناصب عملهم متساوية"[٢]. كما تنص المادة السادسة من القانون رقم ٩٠-١١ الصادر في ٢١ أفريل ١٩٩٠ المتعلق بعلاقات العمل على أنه " يحق للعمال، في إطار علاقة العمل، ما يأتي:...، الحماية من أي تمييز لشغل منصب غير المنصب القائم على أهليتهم واستحقاقهم...".

وفي تونس، ففي المجال المهني اعترفت المادتان ١١ و٤٨ من قانون الوظيفة العمومية لسنة ١٩٥٩ والمعدل سنتي ١٩٦٨ و١٩٨٣[٣] والمادة ٥ مكرر من قانون الشغل [٤] وقانون العقود المشتركة الإطارية لسنة ١٩٧٣[٥] بحق المرأة في الشغل مع تدعيم هذا المبدأ العام بمبدأ المساواة بين الجنسين في العمل شاملا المساواة في الانتداب وفي الترقية وفي الأجور.

وأما في المغرب، فقطاع الوظيفة العمومية تم تنظيمه بمقتضى الظهير الصادر في ٢٤ فبراير ١٩٥٨ الذي كرس في مادته الأولى مبدأ المساواة بين الجنسين[٦]، وهذا المبدأ ذاته

(١) انظر، راشد راشد، شرح علاقات العمل الفردية والجماعية في ضوء التشريع الجزائري، د.م.ج.، الجزائر، ١٩٩١، ص. ٧٥-٧٦.

(٢) انظر، القانون رقم ٨٢-٠٦ المؤرخ في ٣ جمادي الأول عام ١٤٠٨ الموافق لـ ٢٧ فبراير ١٩٨٢، المتعلق بعلاقات العمل الفردية. هذه المادة ألغيت بمقتضى المادة ١٥٧ من القانون رقم ٩٠-١١ المؤرخ في ٢١ أفريل ١٩٩٠.

(٣) إذ فنظام الوظيفة العمومية الساري المفعول حاليا، ينظمه القانون رقم ٨٣-١١٢ الصادر في ١٢ ديسمبر ١٩٨٣.

A ce sujet, cons. S. Chérif et et M. Kamoun, La fonction publique tunisienne, édit. ENA-CREA, 1991, pp. 96 et s.

(٤) وأن هذا المبدأ لم يكرس في قانون العمل إلا بمقتضى القانون رقم ٩٣ الصادر في ٥ جويلية ١٩٩٣ الذي أضيفت له المادة ٥ مكرر.

(5)La convention collective cadre de 1973 disposait clairement que « la présente convention s'applique indistinctement aux travailleurs de l'un et de l'autre sexe. Les jeunes filles et les femmes remplissant les conditions requises pourront au même titre que les jeunes gens et les hommes accéder à tous les emplois, sans discrimination dans les classifications et les rémunérations ».

(6)Cet article dispose que « Tout marocain a droit d'accéder dans les conditions d'égalité aux emplois publics. Sous réserve des dispositions

أقرته تشريعات العمل[١].

ويتضح مما تقدم أن المساواة بين الجنسين في العمل هي مزيج من المبادئ الأساسية للاتفاقيات الدولية والتشريعات الوطنية[٢]، لأنه لو كانت المسألة على خلاف ذلك لكانت الحقوق المعترف بها للمرأة يشوبها الإجحاف. غير أن وجود بعض الفوارق بين الرجل والمرأة في بعض الأشغال يعد أساسه، كما قلنا، إلى الحماية الخاصة التي حظيت بها المرأة نظرا لاستعداداتها الطبيعية [٣] وإن لم تكن النصوص القانونية قد وصفتها بهذا الوصف كما يتضح ذلك من الأحكام الآتية:

أولا - يمنع المستخدم من تشغيل العاملات في أعمال ليلية[٤]. ولا يرد على ذلك

qu'il prévoit ou résultant de statuts particuliers, aucune distinction n'est faite entre les deux sexes pour Alkhalifi, La ». Sur cette question, cons. M. Al Bokhari et M. l'application du présent statut fonction publique marocaine, Agence de journalisme et d'information, Casablanca, 1993, pp. 49

(١) ولكن، وإن كان الأصل هو المساواة بين الجنسين بشأن حرية العمل والتعاقد عليه، غير أن الفقه المغربي يرى بأن "المشرع المغربي قد خرج عن مبدأ المساواة بين الجنسين بالنسبة لأهلية المرأة المتزوجة في إبرام عقد العمل. فالفصل ٧٢٦ من قانون الالتزامات والعقود يشترط لصحة عقد العمل الذي تبرمه المرأة المتزوجة موافقة زوجها، كما أن هذا الفصل يخول الزوج الحق في فسخ العقد الذي أبرم بغير رضاه. ولعل هذا الحكم يتفق مع القاعدة الواردة في الفصل ٣٦ من مدونة الأحوال الشخصية الذي ينص على التزام الزوجة بطاعة زوجها. انظر، موسى عبود، دروس في القانون الاجتماعي، دار البيضاء، ١٩٨٧، ص. ١٩٤-١٩٦؛ أحمد رأفت تركي، حماية حقوق المرأة العاملة في التشريع المصري والمغربي، مجلة الميادين، ١٩٩٩، عدد ٤، ص .٢٤.

(٢) انظر، أحمد خلف البيومي، حق العمل، دراسة مقارنة في كل من القانون المصري والجزائري والشريعة الإسلامية، دكتوراه دولة، الجزائر، ١٩٨٣، ص. ٦ وما بعدها.

(٣) إذ فلا نطلب من الرجل أن يربي الجنين في أحشائه ويلد كما تلد المرأة، ولا نطلب من المرأة وعلى وجه الإلزام وباسم المساواة أن تمارس كل ما يمارسه الرجل من الأعمال الشاقة المرهقة كالعمل في المناجم. وعليه، فالمرأة أضعف من الرجل من الناحية البدنية، إذ لا تستطيع القيام بالأعمال الشاقة التي تتطلب بذل جهد عضلي كبير، زيادة على أن وظيفة المرأة كأم تلقى عليها مسؤوليات كبيرة.

(٤) انظر، المادة ٢٩ من القانون الجزائري رقم ٩٠-١١ المؤرخ في ١٩٩٠/٠٤/٢١. وكمبدأ عام، تنص المادة ٦٥ من قانون العمل التونسي على حظر العمل بالنسبة للنساء من الثامنة مساء إلى غاية الثامنة صباحا. وفي القانون المغربي يمنع عليهن العمل من الساعة العاشرة مساء إلى غاية الخامسة

أن المنع هنا هو منع قاطع لا يمكن للمستخدم أن يتخطاه، بل بإمكانه أن يطلب رخصة خاصة كلما تبرز طبيعة النشاط وخصوصيات منصب العمل. ومن ذلك، لما كان العمل ليلا في بعض المرافق والمصالح يعتمد اعتمادا كليا على تشغيل النساء كما هو الحال في المستشفيات ودور العلاج والرعاية الاجتماعية، وحيث إطلاق حظر تشغيلهن يؤدي إلى عدم أداء الخدمة بهذه المرافق على الوجه المرغوب فيه، لذلك أجازت القوانين استخدام النساء اللائي يزيد أعمارهن عن ١٨ سنة ليلا في وحدات معينة من المصالح [١].

ثانيا - يحظر المستخدم من تشغيل النساء في الأعمال الخطيرة وعديمة النظافة أو الشاقة أو مضرة بصحتهن، كالعمل في المناجم [٢] والعمل في الأماكن التي يحم فيها خطر

صباحا، أو ساعتين بعد غروب الشمس وساعتين قبل طلوعها بالنسبة للأعمال الزراعية (المادة ٤ من الظهير الصادر في ١٩٧٣/٠٤/٢٤) . ومن الاتفاقيات الدولية، نجد الاتفاقية رقم ٤ الصادرة عن المنظمة الدولية للعمل والمصادق عليها سنة ١٩١٩ بشأن عمل النساء ليلا والمعدلة بالاتفاقية رقم ٨٩ لسنة ١٩٤٨ التي تناولت وضع المرأة ومسؤوليتها تجاه أسرتها ومن أجل المحافظة على المرأة وعدم تعرضها للحوادث أثناء الليل، منعت الاتفاقية في مادتها الثالثة تشغيل النساء بصرف النظر عن أعمارهن ليلا. غير أن المادة ٤ من ذات الاتفاقية أوردت بعض الاستثناءات على هذه القاعدة. وهذا ما أكدته منظمة العمل العربية بمقتضى المادتين ١٦ و١٧ من الاتفاقية رقم ٥ لسنة ١٩٧٥ بشأن تشغيل النساء ليلا.

(١) وهذا ما كانت تنص عليه المادة ٥٥ من قانون العمل الصادر في ٢٩ أفريل ١٩٧٥. وكما أن المشرع المغربي قد سمح ببعض الاستثناءات، حيث فوض الفصل ١٥ من ظهير ٢ يوليوز ١٩٤٧ الوزير المختص في تعيين المؤسسات المستثنات من هذا المبدأ بصفة مؤقتة أو بصفة دائمة. وتطبيقا لهذا النص، صدر القرار الوزاري بتاريخ ١٩٤٨/٠٣/٠٨ حدد المؤسسات الجائز فيها تشغيل النساء ليلا. انظر، محمد سعيد بناني، قانون الشغل بالمغرب، علاقات الشغل الفردية، الدار البيضاء، ١٩٨١، ص. ٢٢٤-٢٢٥.

(٢) راجع بشأن ذلك في التشريع المغربي، المادة الثانية من المرسوم الصادر في ٤ جويلية ١٩٥٧. وقد حدد الظهير الصادر في ٦ سبتمبر ١٩٥٧ قائمة الأشغال المحظورة على النساء.

Cf. Z. Miadi, La femme entre le culturel et le sacré, édit. Le Fennec, Casablanca, 1992, pp. 24 et s.

وفي ميدان الفلاحة، فإن ظهير ١٩٧٣/٠٤/٢٤ أجاز بمقتضى الفصل ١٧ لوزير العمل، بعد استشارة الوزير المكلف بالفلاحة، تحديد الأعمال الشاقة الممنوع تشغيل الأحداث والنساء فيها. انظر، أحمد رأفت تركي، المرجع السابق، ص. ٣٠.

ومن الضمانات القانونية على المستوى الدولي إصدار الاتفاقية الدولية رقم ٤٥ لسنة ١٩٣٥ التي

الحريق أو في الأعمال التي تستخدم السموم الصناعية، وذلك خاصة لحماية الأمومة، ورعاية الطفولة[1].

ويمكن الوصول إلى القول، وباستثناء هذه الحماية الخاصة بالمرأة التي ترفع من شأنها وتحفظ على الخصوص حقها في العيش الكريم، أن مبدأ المساواة بين الجنسين في العمل أصبح مبدأ مقدسا في التشريعات المغاربية. ولكن رغم هذا فينبغي أن نتساءل عما إذا كان لذلك المبدأ سدا في الميدان العملي.

الفرع الثاني
المكانة الواقعية لعمل المرأة

والواقع، ففي العصر الحديث، تغير مركز المرأة تغيرا بالغا نتيجة لتقرير مبدأ المساواة والاعتراف لها بالكثير من الحقوق في شتى الميادين. وإذا انصب اهتمام المشرعين المغاربيين حول تحسين مركز المرأة، غير أنه من جانب التطبيق العملي فإن النساء لم يقبلن على استخدام هذه الحقوق. وما زالت النسب المئوية للنساء اللائي يشغلن على المستويات الوطنية منخفضة، بل ضئيلة جدا في بعض القطاعات المهنية.

ففي مجال الحقوق السياسية، فإن مشاركة المرأة المغاربية لا زالت محدودة ولا تمثل ظاهرة عامة، ولكن بالرغم من هذه الملاحظة الأولية فإنها قد وصلت إلى مناصب عليا كوزيرة ووالي، كما أنها تشغل مناصب رئيسية أخرى كعضو في البرلمان وفي المجالس المحلية.

ففي الجزائر مثلا بلغ عدد النائبات في الانتخابات التشريعية لـ ٥ جوان ١٩٩٧ في المجلس الشعبي الوطني - من بين ٣٢٢ مترشح [2] - ١٢ سيدة من مجموع الأعضاء وعددهم ٣٨٠، بينما كان عدد المترشحات في التشريعيات لـ ٢٧ جوان ١٩٩١ يقدر

منعت استخدام النساء في العمل تحت سطح الأرض في المناجم بمختلف أنواعها.

(١) انظر، الدليل التشريعي بالمغرب، رقم ٥، ١٩٣٥-١٩٣٦، ص. ٢٣ وما بعدها.

(2)Et ceci sur 7747 candidats, soit environ 4,15 % pour 28 millions dont la moitié sont des femmes. Cf. H. Bensalah, Femmes candidates, une minorité incontournable dans la course au parlement, in Quotidien d'Oran, du 03/06/1997, p. 5.

بـ ٧٠ مترشحة [١] وفي التشريعات لـ ٣٠ ماي ٢٠٠٣ وصلت نسبة النائبات إلى6,42% بعدما كانت 3,42% سنة ١٩٩٧[٢]. وكما تم انتخاب ولأول مرة امرأة لتمثيل مجلس الدولة ضمن أعضاء المجلس الدستوري سنة ١٩٩٨.

وتمثل المرأة اليوم على أساس الانتخابات المحلية لسنة ١٩٩٧ بنحو ٢٠٢ منتخبة من مجموع ١٣١٢٣ منتخبا في المجالس البلدية، و١٦٥ امرأة من مجموع ١٨٧٠ منتخبا بالمجالس الولائية[٣]. وفي الإنتخابات التي أجريت في ١٠ أكتوبر ٢٠٠٢، انتقلت نسبة ترشحهن من 1,76% إلى 3,15% بالنسبة لمجلس البلديات ومن7,41% إلى 8,13% بالنسبة لمجس الولايات[٤].

وفي الطاقم الحكومي توجد حاليا ٠٣ وزيرات، وذلك بعد تكوين الحكومة الجديدة في جويليا ٢٠٠٣ والتغيرات التي طرأت عليها في سبتمبر وأكتوبر ٢٠٠٣[٥].

وأما في المغرب[٦]، لم تنتخب ولا واحدة منهن في الانتخابات التشريعية لـ ١٤ سبتمبر ١٩٨٤ من بين ١٦ مترشحة من مجموع ١٣٦٦ مترشح[٧]، وفي التشريعيات لسنة ١٩٩٣ كان عدد النائبات ٠٢ من مجموع النواب وعددهم ٣٣٣، وفي التشريعيات لسنة ١٩٩٧ تم انتخاب ٠٤ نائبات، وفي التشريعيات الأخيرة التي أجريت في سبتمبر ٢٠٠٢ تم انتخاب ٣٥ نائبة[٨].

---

(1)Cf. N. Bouzeghrane, Femmes, un parcours laborieux vers la citoyenneté, in El-Watan, du 10/06/1997, p. 4.

(2)Sur cette question, cons. F.Z. Sai, Les algériennes dans les espaces politiques : quellesperspectives ? in R.A.S.J.E.P., 2003, n°3, p.23.

(٣) انظر، ع.س.، المرأة الجزائرية بعيدة عن بلوغ حقوقها الكاملة، جريدة الخبر اليومية، ٢٠٠٢/٠٣/٠٩، ص. ٥.

(٤) Cf. F.Z.Sai, op.cit., p.25.

(5)Cf. F.Z.Sai, op.cit., p.24.

(6)Cf. R. El Mossadeq, La femme et la politique : la représentation politique au Maroc, édit/ Toubqal, Casablanca, 1990, pp. 36 et s.

(7)Cf. M. Sehimi, Les élections législatives du 14 septembre. Un nouveau clivage ?, Al Assas, 1984, n° 63, novembre, pp. 12 et s.; M. Sehimi,, Les élections législatives au Maroc, in Maghreb -Machrek, 1985, n° 197, mars, pp. 45 et.

(8)Cf.R.Tahri, Participation politique des femmes, in R.AS.J.E.P., 2003, n°3,

غير أن في الانتخابات المحلية لسنة ١٩٩٣ بلغ عـددهن ٧٥ امـرأة - مـن بـين ١٠٨٦ مترشحة مـن مجموع - ٩٣٠٠٠ - من مجموع الأعضاء وعددهم ٢٢٢٨٢ [١]، وبلغ عددهن ٨٣ امرأة في الانتخابـات المحليـة لسنة ١٩٩٧ من بين ١٦٥١ مترشحة من مجموع الأعضاء وعـددهم ٢٤٢٣٠. وبلـغ عـددهن ١٢٧ امـرأة في الانتخابات المحلية لسنة ٢٠٠٣ من بين ٢٢٩٤٤ مترشح منهن ٩٤٤ مترشحة [٢]. وتوجد ٠٣ سـفيرات مـن بـين ١٢٥ ممثل دبلوماسي، ولم يتم تعيين امرأة وزيرة إلا في سنة ٢٠٠٠ [٣].

وفي تونس [٤]، ففي الانتخابات التشريعية لـ ٤ نوفمبر ١٩٧٩، من بين ١٧ مترشحة من مجمـوع ٢٤٢ انتخبت اثنتان فقط. وفي التشريعيات لسنة ١٩٨٧ بلغت نسبة النائبات 4,45% ، ولسنة ١٩٩٤ قدرت هـذه النسبة بـ ٦ % إذ بلغ عدد النائبات ١١ من ٣٨ مترشحة مـن مجمـوع ٦٩٢ مترشـح. وقـد انتقـل عـددهن كأعضاء في المجالس المحلية مـن ١٢٩ سنة ١٩٨١ إلى ٤٩٢ سنة ١٩٨٦ إلى ٤٨٦ سـنة ١٩٩٠، إلى ٥١٩ سنة ١٩٩٤ أي نسبة ١٤%من المجموع. وأوضحت دراسة حديثة أن المرأة التونسية عززت موقعها في المؤسسات الدستورية، حيث إن المرأة حاليا تتواجد في مجالس النواب بنسبة 11,5% وفي المجالس البلديـة بنسبة % ٢١.٦ [٥].

وابتداء من سنة ١٩٨٨ تم تعين ٦ منهن في منصب سفير، واثنتين كعضو في

p.31.

(١)Cf. Rapport national à la 4è conférence mondiale de la femme. Ministère de l'emploi et des affaires sociales, Maroc, 1995.

(2)Cf.R.Tahri, op.cit., p.35.

(3)Cf. R.Tahri, op.cit, p.37. Pour plus de détails, cons. H.Alami M'chichi, Genre et politique au Maroc : les enjeux de l'égalité hommes-femmes entre islamisme et modernisme, edit. L'Harmattan, Paris, 2002 ; L.Belhadj Boufendi, La condition féminime au Maghreb post-indépendant : étude comparée : Algérie, Maroc, Tunisie, Th, Lettres, Paris 3, 1999 ; J.Combe, La condition de la femme marocaine, édit. L'Harmattan, Paris, 2001.

(4)Cf. S. Chouachi, Le statut juridique de la femme en Tunisie, in Ouvrage coll. Intitulé Droits de Citoyenneté des Femmes au Maghreb, édit. Le Fennec, 1997,p p.202- 203.

(٥) انظر، مركز الأخبار أمان، التونسيات تقتحمن مجال العمل في المؤسسات الدستورية، ٢٠٠٣/١٠/٠٢، موقع الإنترنيت : ٢٠٠٣www.amanjordan.org/ar

الحكومة[١]، بل أصبح عددهن اليوم 09,6% من أعضاء الحكومة.

أما بالنسبة لمساهمتها في العمل والإنتاج والوظائف العامة، انتقلت النسبة المئوية للنساء العاملات في الجزائر من 1,8%سنة ١٩٧٧ إلى أكثر من 4% سنة ١٩٨٥ (٥٢٣.٠٠٠ امرأة). ويتضح لنا هنا أن مساهمة المرأة لا زالت ضئيلة في هذا المجال مقارنة مع مجموع العمال في سن تؤهلها للعمل (أي من سن ١٦ - ٥٩)؛ وكانت نسبة العاملات عام ١٩٨٩ مقدرة بـ 4,7%_ أي ٥٤٢.٠٠٠ امرأة)؛ وبلغت هذه النسبة عام ١٩٩٢ أكثر من % 5. [٢]وقدر عدد النساء العاملات بـ ٧٦٦.٠٠٠ سنة ١٩٩٥ في حين بلغ عدد طالبات الشغل ٤٧٨.٠٠٠ تتراوح أعمار معظمهن بين ٢٠ و٢٤ سنة[٣]. وفي تقريره لسنة ١٩٩٦ أكد الديوان الوطني للإحصائيات (.O.N.S) أن نسبة العاملات وصلت خلال هذه السنة إلى 7,5% [٤].

وفي نفس السياق، بينت الفيدرالية الدولية لرابطة حقوق الإنسان في تقريرها لسنة ١٩٩٧ أن المرأة الجزائرية تشغل، وإن كان عددهن ضئيل، مناصب هامة إذ نجد ٣١٧ صحافية مقابل ١٨٤١ صحافي أي نسبة% 17,8، و٢٦ قاضية بالمحكمة العليا وفي المجموع ٤٧٠ امرأة قاضية من بين ٢٢٠٠ أي نسبة % 21,36، و١٧٠٠ محامية مقابل ٣٢٥٦ محام أي34,30% [٥]. وحسب آخر إحصائيات وزارة العدل، وصلت نسبة السيدات في القضاء إلى ٣٣% حيث بلغ عددهن الإجمالي ٨٤٩ مقابل ١٩٥١ قاضي، و٢٩٤٠ محامية مقابل ٥٠٥١ محامي أي نسبة ٣٦.٧٢%. مع العلم أن هذه النسب هي في تزايد مستمر[٦]. وعموما، ففي تقريرها المؤرخ في ١٢ جوان ٢٠٠٢، بينت لجنة بشأن المساواة

(1)Cf. Z. Daoud, Les femmes tunisiennes, gains juridiques, in Maghreb-Machrek, 1994, n° 145, p. 37.

(2)Cf. Enquête O.N.S., 1992; A. Allouache, Deux ou trois choses sur l'algérien d'aujourd'hui, in A.A., du 1er au 07/02/1994, p. 11.

(٣) انظر، المجلس الوطني الاقتصادي والاجتماعي، لجنة السكان والاحتياجات الاجتماعية، مشروع تقرير صحة الأم والطفل، الدورة التاسعة، ٢٩/٢٨ أكتوبر ١٩٩٧، ص. ٤٤.

(4)Cf. Quotidien d'Oran, Emploi, treize algériennes sur cent ont un emploi, du 19/06/1997, p. 4.

(5)Cf. Rapport de la F.I.D.H., cité par Gh. Oukazi, Droits de l'homme, un Etat de non-droit, El-Watan, du 03 et 04/10/1997, p. 4.

(٦) انظر، زروقي ليلى، مكانة المرأة الحقوقية في النظام القضائي الجزائري، م.ج.ع.ق.إ.س.، ٢٠٠٢، عدد ٢، ص. ٩٩ وما بعدها.

في الفرص بين الرجال والنساء، أن النساء العاملات يمثلن ٣٨% في قطاع التعليم، و44,50% في الشبه الطبي، و18% في الإدارة، وفي الصناعة11% والفلاحة 3,8% و4,6% في التجارة[١].

وأما في المغرب، فقد انتقلت نسبة عدد النساء العاملات اللاتى يتراوح عمرهن ما بين ٢٠ و٣٤ سنة من ١٠% سنة ١٩٦٠ إلى ٣٢% سنة ١٩٩٢. وفي سنة ١٩٩٣، قدر عدد العاملات في القطاعات الصناعية بنسبة 36,5%، وأن نسبـة النسـاء العاملات في الوظيفة العامة انتقلت من16,6% سنة ١٩٧٩ إلى 28,5% سنة ١٩٨٦ لتصل سنة ١٩٩١ إلى 3,08% [٢].

وأصبح عدد القاضيات اليوم في المغرب ٤٤٢ قاضية أي مانسبته % ٥٠[٣].

وفي تونس، قدر عدد النساء العاملات سنة ١٩٨٩ بنحو ٤٩٤٣٠٠ امرأة، أي ما يمثل20,9% من مجموع العمال. وأن نسبة تواجد المرأة في السنة ذاتها في قطاعي الصحة والتعليم قدرت بـ 33,60% من الموظفات وبـ 43,80% من مجموع العمال [٤]، و 52% منهن في المراكز شبه الطبية [٥]، و 22,7% في قطاع الزراعة، و٤٥% في قطاع الصناعة، و19,7% في المرافق الإدارية، و76,5% في قطاع النسيج. غير أن نسبة النساء العاملات قدرت بـ 23,04% وفقا لإحصاء ١٩٩٤، منها 3,46% في القطاعات الصناعية، و28,8% في الإدارة [٦]. وفي سنة ١٩٩٧، نجد ٢٩٤ امرأة قاضية من بين ١١٧٥ قاض أي نسبة ٢٥%، و٤٥٢ محامية مقابل ٢٤٥٥ محام أي نسبة 18,4% [٧]،

(1)Cf. Situations des femmes maghrébines, Doc. 9487 du 12 juin 2002, Rapport de la commission sur l'égalité des chances pour les femmes et les hommes, in R.A.S.J.E.P., 2003, n°3, p.158.

(2)Cf. Direction de la statistique, Population active urbaine, 1993, Premiers résultats, Rabat, 1994.

(٣) انظر، رابطة النساء السوريات، أرقام وإحصاءات، ٢٠٠٥/٠٢/٠٢، ص.١، موقع الأنترنت www.nesasy.com.

(4)Cf. I.N.S., enquête population emploi, 1989, Tunis, p. 409.

(5)Cf. Femmes de Tunisie : Situation et perspectives, CREDIF, 1994, pp. 118 et s.

(6)Cf. S. Triki, Les femmes dans la sphère duale de l'économie, in Droits de Citoyenneté des Femmes au Maghreb, édit. Le Fennec, 1997, pp. 129-130.

(7)Cf. Sources : Ministère de la justice de la Tunisie, in Gaz. Pal., 1998, 1, p. 397. G. Halimi, Tunisie : des Sheherazade devenues citoyennes, Gaz. Pal., 1998, 1, p. 405 ; S. Maktouf, Réflexions sur le droit dans la Tunisie d'aujourd'hui, Gaz. Pal., 1998, 1, pp. 379 et s.

وهن يمثلن حاليا نسبة 71% من الصيادلة و62% من أطباء الأسنان و38% من الأطباء. وأصبح عدد النساء القاضيات اليوم 290 قاضية أي مانسبته % 22.5 [١].

ومن جانب آخر، ما يمكن ملاحظته هو أنه قد رافق تطور التشريعات المغاربية بشأن نظام عمل المرأة، تطور آخر في الحقل التطبيقي. فقد استفحلت في المجتمع المغاربي ظاهرة أخرى بالنسبة لعمل المرأة في بداية التسعينات وهي زيادة نسبة العاملات المتزوجات.

ففي الجزائر مثلا، وقبل الأزمة الاقتصادية التي عرفتها سنة ١٩٨٦ كانت الصورة التقليدية للمرأة العاملة هي صورة المرأة غير المتزوجة أو الأرملة أو المطلقة التي تعمل لتحضير متاعها أو للحصول على قوتها. وتغيرت هذه الصورة في يومنا وزادت نسبة المتزوجات اللائي يشتغلن زيادة ملموسة إذ كانت نسبة النساء المتزوجات العاملات في عام ١٩٦٣ ضئيلة جدا ووصلت في مارس ١٩٩٦، حسب تقرير الديوان الوطني للإحصائيات، إلى ٥٦.٧% [٢].

وفي المغرب، وصل عدد الموظفات المتزوجات سنة ١٩٨٦ نحو نسبة 20,5% من مجموع الموظفات [٣]، وكما أن عدد النساء العاملات قد انتقل سنة ١٩٧١ من 7,9% إلى 16,1% سنة ١٩٨٦ [٤]. وفي تونس، قد وصلت هذه النسبة إلى 41,2% سنة ١٩٨٩ [٥].

وعليه، فإذا كان في السابق تزايد تشغيل المرأة مبتغى رغبتها في الخروج من دائرة الحياة المنزلية الضيقة والدخول في ميدان العمل النابض، غير أن السبب الأساسي في الوقت الحاضر يتجلى في الواجب القاسي أو الحاجة المرة. ومعنى هذا أن المرأة أصبحت لا تشغل على الإطلاق من أجل نفسها بل من أجل الأسرة: فإن أجر الرجل -وكذا

(١) انظر، رابطة النساء السوريات، أرقام وإحصاءات، ٢٠٠٥/٠٢/٠٢، ص.١، موقع الأنترنت.www.nesasy.com
(٢) انظر، التقرير الصادر عن الديوان الوطني للإحصائيات في جوان ١٩٩٦.
(3)Cf. Direction de la statistique, Femmes et condition féminine au Maroc, CERD, Rabat, 1989, p. 274 .
(4)Sur cette question, cons. R. Filali Meknassi, Femmes et travail, édit. Le Fennec, 1994.
(5)Cf. D. Mahfoud, La participation des femmes tunisiennes, in Droits de Citoyenneté des Femmes au Maghreb, édit. Le Fennec, 1997, pp. 109 et 119.

نفقات الأولاد- لا يكفي، فعلى المرأة أن تعمل[1].

ومعنى ذلك، في الوقت الذي نعيش فيه كارثة اقتصادية وتمزق العائلات والأفراد، أصبح عمل المرأة ضروريا قبل أن يكون ترفا، وهو ضرورة ملحة من أجل بقائها ومن أجل سعادة وراحة أطفالها.

والآن يفتح الستار أمام السؤال الثاني: إذا لم يكن للحاضنة الوقت الكافي لتمضيه مع أولادها، فمن سيقوم بأمر تربيتهم والاعتناء بهم؟ فإن هذه الحالة تؤدي إلى تدهور حالتها الصحية التي بدورها تؤدي إلى تدهور الطفولة، ومن ثم المجتمع العام. إذن، الضحايا بعد ذلك كله هم الأطفال. ولكن هل كل أعمال الحواضن تتضارب ومصلحة المحضون؟

المطلب الثاني

مدى تضارب مصلحة المحضون مع عمل الحاضنة

ومن الأهمية بمكان ألا نقف عند هذه الإحصائيات وتلك المساواة في العمل بين المرأة والرجل، بل يجب أن نذهب إلى أبعد من ذلك فنحدد مدى تضارب عمل المرأة الحاضنة مع مصلحة الطفل، أي متى تسقط الحضانة عن المرأة بسبب عملها.

وتظهر هذه الأهمية من الناحيتين العملية والنظرية: من الناحية العملية أولا، إذ يجب علينا معرفة روح النصوص القانونية حتى يتسنى لنا تفسيرها على وجهها السليم، كما يجب تغليب الآراء المختلفة واختيار إحداهما حتى تكون هديا للقاضي عند تطبيق النصوص القانونية. ومن الناحية النظرية ثانيا، إن تقدير الحلول القانونية، وهو أعمال الشارح الذي لا يمكنه التخلي عنها، يفترض سلفا الإلمام بالفكرة الاجتماعية للمصلحة

(١) إن هذه الظاهرة الحديثة تجعلنا ندرك النتائج التي تترتب على عمل المرأة، بحيث إن ذلك يسبب لها متاعب جسمية ونفسية، وكذلك "أننا لسنا بحاجة إلى ذكر النكبات المترتبة على ذلك والتي تحل بأيتام الصناعة، هؤلاء الذين يبقون دون أبوين -طول النهار، على الرغم من جميع الاحتياطات الاجتماعية كدور الحضانة اليومية وحدائق اللعب". انظر، مصطفى السباعي ، المرجع السابق، ص. ٢٩٤. إذ "لئن استطاعت المحاضن أن تقدم للطفل كل ما يحتاجه جسمه من رعاية واهتمام فلن تستطيع أن تقدم له الرعاية الكاملة لعقله ولشعوره ووجدانه فهو بحاجة ماسة إلى العطف الذي لا يجده لدى غير أمه، العطف والحنان اللذين لا يقومان بالأجر اليومي ولا المرتب الشهري بل على غريزة الفطرة التي أودعها الله في قلب الأم نحو طفلها من حب وشفقة واهتمام". انظر، عبد الرحمن الصابوني، المرجع السابق، ج.٢، الطلاق وآثاره، ط. ٥، ص. ٢٣٣.

التي استند عليها المشرع أو استوحاها حينما شرع في مسائل الحضانة.

ويمكن أن يقال أنه يوجد في هذا الشأن ثلاث آراء مختلفة[١]، وأن فحوى هذا الخلاف بين الفقهاء يتجلى في مضمون العمل أو نوعية العمل الذي تسمح به الشريعة الإسلامية للمرأة، حاضنة كانت أم غير حاضنة[٢]. وإن كان اتفاقهم ينصب على أن الواجب يدعونا إلى اعتبار "بناء الأسرة" الوظيفة الأساسية للمرأة، لكي تتمكن من أداء دورها في تربية الأطفال والعناية بهم عناية تامة، وهذا هو الدور الذي قضى به النبي صلى الله عليه وسلم بين علي وابنته فاطمة: فقضى على ابنته بخدمة البيت ورعايته، وعلى زوجها بما كان خارجا عن البيت من عمل[٣].

وعليه، ذهب أنصار الاتجاه الأول إلى القول أن للمرأة أن تعمل خارج المنزل، وأن لها أن تقوم بالأعمال التي تتفق مع طبيعتها، ولكن دون الإخلال بواجباتها الأساسية[٤].

---

(١) والواقع، "لا خلاف بين الفقهاء وعلماء الشريعة الإسلامية في أن المرأة مكلفة بالأمر بالمعروف والنهي عن المنكر مثلها في ذلك مثل الرجل تماما (وَالْمُؤْمِنُونَ وَالْمُؤْمِنَاتُ بَعْضُهُمْ أَوْلِيَاءُ بَعْضٍ يَأْمُرُونَ بِالْمَعْرُوفِ وَيَنْهَوْنَ عَنِ الْمُنْكَرِ وَيُقِيمُونَ الصَّلَاةَ وَيُؤْتُونَ الزَّكَاةَ وَيُطِيعُونَ اللَّهَ وَرَسُولَهُ أُولَئِكَ سَيَرْحَمُهُمُ اللَّهُ إِنَّ اللَّهَ عَزِيزٌ حَكِيمٌ(71))

(سورة التوبة، الآية ٧١) ...، كما أنه لا خلاف بين الفقهاء في أن المرأة تثاب على العمل الصالح الذي تؤديه (وَمَنْ يَعْمَلْ مِنَ الصَّالِحَاتِ مِنْ ذَكَرٍ أَوْ أُنْثَى وَهُوَ مُؤْمِنٌ فَأُولَئِكَ يَدْخُلُونَ الْجَنَّةَ وَلَا يُظْلَمُونَ نَقِيرًا(124))(سورة النساء الآية ١٢٤)

(فَاسْتَجَابَ لَهُمْ رَبُّهُمْ أَنِّي لَا أُضِيعُ عَمَلَ عَامِلٍ مِنْكُمْ مِنْ ذَكَرٍ أَوْ أُنْثَى بَعْضُكُمْ مِنْ بَعْضٍ) (سورة آل عمران الآية ١٩٥) . كما أن للمرأة الحق في أن تنال أجر عملها كما ينال الرجل أجر عمله (لِلرِّجَالِ نَصِيبٌ مِمَّا اكْتَسَبُواوَلِلنِّسَاءِ نَصِيبٌ مِمَّا اكْتَسَبْنَ) (سورة النساء، الآية ٣٢) . انظر، أمينة فؤاد مهنة، المرأة والوظيفة العامة، دار النهضة العربية، القاهرة، ١٩٨٤، ص. ٥٢-٥٣.

(٢) انظر، محمد سلام آدم، المرأة بين البيت والعمل، ط. أولى، دار المعارف، القاهرة، ١٩٨٢.

(٣) انظر، الإمام محمود شلتوت، المرجع السابق، ص.١٥٦.

(٤) انظر، عبد الحكيم العميلي، حقوق الإنسان في الشريعة الإسلامية، مجلة السياسة الدولية، ١٩٧٥، عدد ٣٩، ص. ١٢٠ وما بعدها؛ الإمام محمود شلتوت، المرجع السابق، ص. ١٥٦؛ عبد الحميد خزار، المرجع السابق،، ص. ١٨١؛ ماجدة محمود الزفري، المرأة والقانون، مجلة الحق، ١٩٩٥، عددان ١ و٢، ص. ١٦٨-١٦٩.

وفي هذا، يرى أحد أنصار هذا الاتجاه، أن الإسلام لم يحرم عمل المرأة، بل إن الإسلام أعطى المرأة فرصة التواجد في ميادين العمل، لكن تواجدها هذا مقيد بشروط وهو أن يكون هذا العمل الذي تقوم به المرأة مناسبا لها فلا تأتي منه الوقوع في المفسدة أو الوقوع في براثن الرذيلة وأن

غير أن الإتجاه الثاني يرى، خلافا للرأي الأول أن دور المرأة الأساسي هو رعاية الأسرة والأطفال، ولا يحق لها الخروج للعمل إلا استثناء محضا وفي حالة الضرورة القصوى التي تقدر بقدرها[١] لما في ذلك من إخلال بواجبها الجوهري ودورها الطبيعي في الحياة[٢].

ويذهب أصحاب الرأي الثالث إلى القول بأنه "بموجب الآيات القرآنية[٣] والأحاديث النبوية[٤] يمكن القول بأن الشريعة الإسلامية قد أقرت صراحة العمل للمرأة على أساس المساواة مع الرجل دون تمييز كما يستدل من الآيات القرآنية[٥] والأحاديث

تكون المرأة في عملها غير متبرجة أو يكون فيه اختلاط مع الرجال إلى غير ذلك من الضوابط". غير أن الواقع، يضيف قائلا، "أثبت أن تواجد المرأة في بيتها وبين أطفالها هو الأفضل والأسلم والطريق الذي يقود الأسرة إلى بر الأمان". انظر، الشحات إبراهيم محمد منصور، المرجع السابق، ص. ١٢٩.

(١) ويقول القرطبي في تفسيره لقوله تعالى﴿ وَقَرْنَ فِي بُيُوتِكُنَّ وَلَا تَبَرَّجْنَ تَبَرُّجَ الْجَاهِلِيَّةِ الْأُولَى﴾ (سورة الأحزاب، الآية ٣٣) ، أن معنى هذه الآية الأمر بلزوم البيت، وإن كان الخطاب لنساء النبي صلى الله عليه وسلم ، فقد دخل غيرهن فيه بالمعنى، هذا ولم يرد دليل يخص جميع النساء، كيف والشريعة طافحة بلزوم النساء بيوتهن، والانكفاف عن الخروج منها إلا للضرورة فأمر الله تعالى نساء النبي صلى الله عليه وسلم بملازمة بيوتهن وخاطبهن بذلك تشريفا لهن ونهاهن عن التبرج. انظر، القرطبي، جامع أحكام القرآن، دار الريان للتراث، (بدون سنة الطبع) ، مجلد ٨، ص.٥٢٦٠.

(٢) وفي هذا يقول محمد قطب "... إن المرأة ينبغي أن تكون أنثى. وينبغي أن تتفرغ لوظيفتها الطبيعية الأولى..الهامة.. الخطيرة.. المقدسة. ولا تفتن عنها بأية وظيفة أخرى قد تستطيعها، وقد تتقنها، وقد تبذ فيها الرجال...الخ، ولكنها ليست وظيفتها وليس من صالحها هي - كامرأة - أن تستبدل بها وظيفتها كما أنه ليس من مصلحة النوع البشري أن تختل وظائف الجنسين فيه، أو أن يختل كذلك تركيبهما العضوي، فوق اختلال تركيبهما النفسي والعصبي". انظر، محمد قطب، التطور والثبات...، المرجع السابق، ص. ٢٢١؛ علي القاضي، المرأة الغربية تشكو من الوظيفة، مجلة منار الإسلام، ١٩٨٢، عدد ١١، ص. ١٢٥؛ الشيخ محمد الغزالي، حقوق الإنسان من تعاليم الإسلام وإعلان الأمم المتحدة، ط. ٢، القاهرة، ١٩٦٥، ص. ١٧١-١٧٥؛ عباس محمود العقاد، المرأة في القرآن، ص.٧٥.

(٣) حيث يقول تعالى ﴿هُوَ الَّذِي جَعَلَ لَكُمُ الْأَرْضَ ذَلُولًا فَامْشُوا فِي مَنَاكِبِهَا وَكُلُوا مِنْ رِزْقِهِ وَإِلَيْهِ النُّشُورُ ﴾سورة الملك، الآية ١٥.

(٤) وفي هذا يقول عليه الصلاة والسلام "خير الناس أنفعهم للناس".

(٥) ويقول تعالى ﴿وَقُلِ اعْمَلُوا﴾ (سورة التوبة، الآية ١٠٥) ، وقوله أيضا ﴿مَنْ عَمِلَ صَالِحًا مِنْ ذَكَرٍ أَوْ

النبوية التي تخاطب العامة دون تفريق وتحث على العمل والإنتاج حتى آخر رمق في الإنسان"[١].
وعليه يقرر الإسلام المساواة بين الرجل والمرأة في الحقوق والواجبات في قوله تعالى (وَلَهُنَّ مِثْلُ الَّذِي عَلَيْهِنَّ بِالْمَعْرُوفِ)[٢]. ويرى الإمام محمد عبده أن توضع هذه المساواة في التطبيق بمقتضى العرف الذي يتحدد بدرجة التطور التي وصلها المجتمع الذي يعيش فيه المسلمون[٣].

وقال الوليد بن رشد أنه "يجب على النساء أن يقمن بخدمة المجتمع والدولة قيام الرجال"[٤]. وتضيف شهيدة الباز بأنه "فإذا نظرنا إلى المشكلة من وجهة نظر الاختلاط فإننا نجد أن الإسلام لم يفرض عدم الاختلاط"[٥].

والحق أننا لا نريد الدخول في تفاصيل هذه الآراء، فإن ذلك يفوق النطاق المحدود لهذه الدراسة ويكفينا هنا أن نقرر أنه ليس من الممكن إغفال مسألة عمل المرأة ولا صرف النظر عنها، لأن خروج المرأة اليوم، إلى المجتمع لعملها، لم يعد دخيلا عليه، بل ضروريا في مشاركتها في تنميته. وهذا الأمر إذا كان ينطبق على المرأة بصفة عامة، فإنه بالأحرى ينطبق على الحاضنة العاملة أيضا، وخاصة وأنه في الجزائر من بين 7,8% من النساء المطلقات وفي سن الإنجاب تتكفل بعضهن بأطفال صغار[٦].

ومع ذلك، فحتى ولو قبلت الدولة فعلا هذا المبدأ - مبدأ عمل المرأة -، فإن ذلك لا يكفي لاستئصال العوامل المضرة بمصلحة الطفل، إذ أن هذه العوامل قد يكون

أُنْثَى وَهُوَ مُؤْمِنٌ فَلَنُحْيِيَنَّهُ حَيَاةً طَيِّبَةً) (سورة النحل، الآية ٩٧) .

(١) انظر، بدري العوضي، التشريعات الدولية لحماية المرأة العاملة وأثرها على تشريعات العمل الخليجية، مجلة الحق، ١٩٨٥، عدد ٢ و٣، ص. ١٩١.

(٢) سورة البقرة، الآية ٢٢٨.

(٣) انظر، محمد عبده، مقتبس عن محمد عمارة، الإسلام والمرأة في رأي الإمام محمد عبده، تحقيق ودراسة، دار القاهرة للدراسة العربية، القاهرة، ١٩٧٥، ص. ١٥.

(٤) انظر، الوليد بن رشد، مقتبس من الغزالي حرب، استقلال المرأة في الإسلام، دار المستقبل العربي، القاهرة، ١٩٨٤، ص. ١٢ وما بعدها.

(٥) انظر، شهيدة الباز، المرجع السابق، ص. ١٧٤.

(٦) انظر، المجلس الوطني الاقتصادي والاجتماعي، مشروع تقرير صحة الأم والطفل، الدورة التاسعة، ٢٨ و٢٩ أكتوبر ١٩٩٧، ص. ٤٥.

سببها لا انتشار عمل النساء الحواضن في الدولة فحسب، بل اختلاف الأعمال المؤدية منهن فيها أيضا.

ومن ثم، فإننا نعتقد أن الأسئلة الأساسية في هذا المجال تطرح على هذا المنوال: هل تستطيع الحاضنة أن تقدم للمحضون أحسن العناية وأفضل التربية بخروجها إلى عملها؟ وما هي البواعث التي دفعتها لسلوك هذا المسلك؟ وما هي القيود القانونية لحماية مصلحة المحضون؟ ومتى يعد عمل المرأة مسقطا للحضانة؟

ومن المعلوم، أن الإمعان في هذه التساؤلات يؤدي بنا حتما إلى استخلاص عدة نتائج، أهمها ما يلي:

الأولى، إن خروج الحاضنة لسبب غير شرعي يؤدي إلى إسقاط الحضانة عنها بحكم مبني على أساس سوء أخلاقها وعدم أمانتها. وفي هذا الصدد، فقد قيل أنه ليس بشرط أن يكون الخروج لمعصية، بل إن الخروج إن كان لمعصية فيدخل في حيز آخر، ويكون عدم الأهلية ومن ثم الإسقاط مرده سوء السيرة والاشتهار بالفجور[1].

الثانية، أن القواعد المتفق عليها في هذا المجال بين الجميع هي قواعد ضئيلة العدد محدودة المدى. وأما القواعد المنظمة لعمل الحاضنة، فهي مجال للكثير من النقاش والجدل بين الفقهاء وكثيرا ما يتجاهلها المشرعون، كالمغربي والتونسي مثلا، بل تعمدا إلى السكوت عنها. فقد اشترط البعض[2] أن يكون تصرف الحاضنة لا خلل فيه، بينما اكتفى البعض الآخر[3] بأن لا يكون خروج الحاضنة يشكل مانعا من ممارسة حضانتها، بل لها الحق في ذلك.

والحق أنه ليس في الإمكان تأييد هذا الفريق أو ذاك. فالتمسك بوجهة النظر الأولى بلا قيد ولا شرط فيه إغفال لما هو معلوم من أن خروج المرأة الحاضنة قد يخضع بحق لبعض الشروط والقيود، وإن كان بالنسبة لهذه الشروط والقيود لا توجد قاعدة مسلمة من الجميع، فإنها مع ذلك لم توضح لنا هذه الوجهة كيف يكون الخروج مسقطا للحضانة. والقول بوجهة النظر الثانية معناه أن كل خروج يعد سببا لإسقاط الحضانة، ومن ثم إنكار

ـــ
(١) انظر، عبد العزيز عامر، المرجع السابق، ص. ٢٤٢؛ سعاد إبراهيم صالح، المرجع السابق، ص. ١٠٩.

(٢) انظر، الإمام محمود شلتوت، المرجع السابق، ص. ٢٣٠-٢٣١.
Cf. N. Khelef née Lamoudi, op. cit. , mém., p. 16

(٣) انظر، ابن عابدين، المرجع السابق، ج. ٢، ص. ٦٢٨ و٦٥٠.

حق المرأة الحاضنة في السعي على العيش كون أن هذا الأخير يصلح أن يكون سببا لإسقاط حقها في الحضانة.

وفضلا عن ذلك، فإن وجهتي النظر السالفتين لا تصلحان لحل مسألة عمل الحاضنة إذا ما رعينا في آن واحد متطلبات العصر الحديث ومصلحة المحضون، خاصة قد صار اشتغال المرأة ببعض المهن شيئا مألوفا وهذا له اعتبار. فما هو إذن الخروج الذي من شأنه أن يؤدي إلى إسقاط الحضانة؟

لم يعالج المشرعان المغربي والتونسي كما قلنا عمل الحاضنة، على خلاف المشرعين الجزائري مأخرا والسوري[١] اللذين اعتبرا عمل الحاضنة ليس سببا مسقطا لحقها بحضانة أولادها إذا كانت تؤمن رعايتهم والعناية بهم[٢]. وإذا كان المشرع السوري قد عالج هذه النقطة، فإنه أقصرها على الأم دون غيرها من الحواضن؛ أضف إلى أنه اشترط أن يكون عملها هذا لا يمنعها من العناية بهم بطريقة مقبولة وإلا سقط حقها في الحضانة[٣].

والحق أنه ليس في وسعنا أن ننكر المزايا العملية التي يمكن أن تترتب على العائلة لو أخذنا بهذه الأحكام. ولكن يلاحظ أن اقتصار قاعدة العمل على الأم لا يمكن أن يتحقق بتطبيقها بصفة دائمة ومطلقة الغرض المنشود. ولذلك من المستحسن أن تعمم المسألة بالنسبة للحواضن الأخريات، لأن الأمر لا يتعلق بالعمل في حد ذاته، وإنما يتعلق بمدى حرص الحاضنة على الاهتمام بالمحضون ومده الرعاية، لأنه قد نجد نساء في البيت يهملن تربية أولادهن والعكس صحيح. وعلى هذه الفكرة سار المشرع الجزائري في مادته ٦٧ المعدلة من قانون الأسرة، فجاءت في فقرتها الثانية بأن "ولا يمكن لعمل المرأة أن يشكل سببا من أسباب سقوط الحق عنها في ممارسة الحضانة". وقد سبق تأكيد هذا المفهوم، إقرار هذا التعديل بحق المرأة في اشتراط العمل في عقد الزواج[٤].

(١) انظر، الفقرة الثانية من المادة ١٣٩ من قانون الأحوال الشخصية السوري.
(٢) انظر، عبد الرحمن الصابوني، المرجع السابق، ج.٢، ط. ٥، ص. ٢٣٤.
(٣) وهذا راجع لاختصاص السلطة التقديرية التي يتمتع بها القاضي في هذه المسألة.
(٤) حيث نص في المادة ١٩ المعدلة من قانون الأسرة، "للزوجين أن يشترطا في عقد الزواج أو في عقد رسمي لاحق كل الشروط التي يريانها ضرورية، ولاسيما شرط...عمل المرأة...". وقد جاء بيان المذكرة الإيضاحية بخصوص المادة ١٩ المتعلقة بالاشتراط في عقد الزواج المعدلة بأن "ويهدف هذا التعديل إلى تمكين الزوجين من حل المشاكل التي قد تقع بينهما لا سيما فيما يتعلق بعمل الزوجة".

ولكن بالرغم من أن هذين النصين يشكلان خطوة هامة نحو الرغبة في تكريس المبادئ الدستورية إلا أن المرجع الأساسي في الحضانة ليس حق المرأة في العمل ومساواتها مع الرجل وإنما مصلحة المحضون ولهذا جاء المشرع في الفقرة الثالثة من المادة ٦٧ من قانون الأسرة بصياغة واضحة وهي على النحو التالي: "غير أنه يجب في جميع الحالات مراعاة مصلحة المحضون". وبهذا فإن عمل المرأة يجب أن ننظر إليه على ضوء مصلحة الطفل[١]. وعليه، فإذا استطاعت الحاضنة التوفيق بين عملها في الخارج وعملها كحاضنة بعدم ترك الطفل ضائعا، فإن هذا لا يسقط حقها في الحضانة. والحق، فسبب الضياع الذي يتعرض إليه الطفل يرجع إلى خروج الحاضنة خروجا يتسم بالكثرة التي تفوت على الصغير مصلحته في حضانة الحاضنة له[٢].

ومن ثم، فمن الناحية العملية، فكثرة هذا الخروج ووقته يقدره القاضي فيما إذا كان يعيق فعلا ممارسة الحضانة. أما إذا كان نادرا لا يتضرر منه المحضون، لا مجال لإسقاط الحضانة عنها. ومع ذلك فقد اعتبر القضاء أن عمل الحاضنة الماس بمصلحة المحضون يثبت عدم جدارتها في ممارسة الحضانة، وذلك عندما قضى المجلس الأعلى الجزائري في قراره الصادر في ٢٩ ماي ١٩٦٩ بأنه "من المقرر شرعا وقضاء أن ابتعاد الأم عن أولادها المحضونين وانشغالها بوظيفتها الشطر الأعظم من النهار لا تؤدي إلى سقوط الحضانة عنها وإنما إلى عدم جدارتها في ممارستها فقط"[٣].

والواقع، إزاء هذا الحل الذي لا يستطيع أن يقف على قدميه في الوقت الحاضر، يحق لنا أن نتساءل: فكيف تكون الحاضنة غير جديرة بالحضانة وفي نفس الوقت لا تسقط عنها الحضانة؟ ما هو الفرق بين إسقاط الحضانة وعدم القدرة لممارسة الحق؟ بل اعتبر عدم الجدارة في ممارسة الحضانة سببا تافها ليس إلا، لا يصل إلى حد سبب جاد لإسقاط الحضانة عن الأم، وكل هذا منسوب إلى الشرع! وهل الشرع يبقي الحضانة لشخص غير جدير بها؟ فما فائدة القواعد التي وضعها إذن؟ أليست معيارا لإثبات الجدارة أو نفيها؟ وكيف لا يكون انشغال الأم عن المحضون طيلة النهار غير معرض الأولاد للضياع؟ فأين مصلحة المحضون التي يجب على القاضي مراعاتها؟

(١) انظر، عبد الرحمن الصابوني، المرجع السابق، ج.٢، الطلاق وآثاره، ط.٥، ص. ٢٣٢.
(٢) انظر، عبد العزيز عامر، المرجع السابق، ص.٢٤٣.
(٣) انظر، مجلس أعلى، غ.ق.خ.، ١٩٦٩/٠٥/٢٩، نشرة القضاة، ١٩٧٠، عدد ٤، ص. ٥٠.

فكان على القاضي أن يتخذ موقفا غير هذا، ويبحث عن التسبيب الصحيح لعدم إسقاط الحضانة إذا لاحظ أن مصلحة المحضونين بعيدة عن الخطر في الحالة المعروضة عليه. يجب أن تكون هناك جدية في إسقاط الحضانة وإثباتها، لأن مصلحة المحضونين وضعت لجدية أمر الأطفال.

ومهما يكن من أمر، فإننا نجد في منح للقاضي سلطات واسعة في تقدير مصلحة الطفل أمرا ضروريا تحتمه طبيعة هذا الموضوع. فقد تكون هناك حاضنة موظفة ولا تمنعها وظيفتها الاهتمام بطفلها. ومعنى ذلك، هناك وظائف تناسب المرأة لكونها كذلك، من جهة، ولا تعرقل ممارسة الحضانة، من جهة أخرى، كالتدريس والتطبيب أو أمثالهما[1].

ومن هنا، فعلى القاضي النظر إلى نوع الوظيفة (أو العمل) التي تضطلع بها، من حيث إذا كان يشغلها كل الوقت عن المحضون، ومن حيث مساهمة هذه الوظيفة في تحقيق مصلحة الطفل؛ كأن تكون الحاضنة مدرّسة وتستغل تعليمها في إعانة المحضون في دراسته وتراقب واجباته المدرسية؛ أو أن تكون طبيبة تدرك ما يضرّ بالطفل وتحفظ صحّته من حيث مأكله وملبسه إلى غير ذلك من الأمور.

فمادامت الوظائف مشروعة، والحاضنة لا تتخلى عن الطفل وقتا كبيرا إلى حد فقدانه الحنان والرعاية والتربية، وأن الحاضنة ماهرة في تدبر أمره بحيث توفق بين عملها في الخارج وعملها في الداخل، فإن حقها في الحضانة لا يسقط إذا ما توافرت فيها الشروط الأخرى. لأن الظروف، اليوم، كما قلنا، تغيرت، وعمل المرأة أضحى مألوفا وهذا له اعتبار[2] ؛ فالمرأة العاملة تساهم في تحقيق مصلحة المحضون عن طريق توفير له الحماية المادية التي لا ننكر أنها تقف بجانب الحماية المعنوية ولا سيما إذا لم يكن للمحضون موردا آخرا غير نفقة والده ذو الدخل الضعيف.

فعلا، من الناحية العملية، فالنفقة التي يحكم بها على الأب فهي غير كافية لتغطية كافة تكاليف التي تتطلبها نفقة الطفل وتربيته، ويعني بذلك النفقة الغذائية التي يتحرر منها

(١) لأن هذه المهن مشروعة، وقد تتعين لكسب العيش، ثم هي لا تستغرق عادة إلا جزءا من النهار دون الليل.حول هذا الموضوع، انظر، مصطفى السباعي، المرجع السابق، ص. ٢٥٧ و٢٩٦.

(2)Cf. F. Benatia, Le travail féminin en Algérie, édit. S.N.E.D., 1970, pp. 40-41; J.C. Martens, Le modèle algérien de développement, édit. S.N.E.D., Alger, 1973, p. 240; S. Khodja, Les femmes musulmanes algériennes et le développement, in A.A.N., 1979, p. 123-124.

الأب ما هي في حقيقة الأمر إلا مساهمة بسيطة مقارنة مع غلاء المعيشة في الوقت الحاضر[١]. ولتأكيد هذه الأقوال، نستعين بحكمين صادرين عن محكمة تلمسان، حيث قضى الأول منهما بتاريخ ١٨ جانفي ١٩٩٨ بتقدير نفقة الولدين بـ ٩٠٠ دج شهريا لكل واحد منهما[٢]؛ في حين قدرها الثاني بتاريخ ٠٦ فبراير ١٩٩٩ بـ ١٠٠٠ دج شهريا[٣].

وفي هذا يقول الأستاذ محي الدين عكاشة بشأن النفقة المحكوم بها من قبل القضاء الجزائري، « J'ai eu beaucoup de scrupules et même une certaine gêne à vous parler de la modique pension alimentaire allouée par nos juridictions aux enfants de parents divorcés ». Pire encore, « la fixation de la pension alimentaire, ajoute-t-il, fait parfois l'objet de véritables batailles juridiques entre les parties, à qui l'emportera sur l'autre: la mère voulant le maximum, le père désirerant s'en sortir avec les moindres frais, et tout le monde se plaint » [4].

De même, en Tunisie, « la pension alimentaire, vus son quantum et ses mécanismes de recouvrement, souligne M. Ajmi Belhaj Hamouda, est une misère qui pèse lourdement sur les femmes divorcées »[5].

وأما في المغرب، فالأمر لا يختلف عما هو عليه في الجزائر وتونس، حيث ترى محاميات ومناضلات في جمعيات نسائية "أن مبالغ النفقة لا تزال هزيلة، إذ لا يلحظ بعض الارتفاع فيها سوى في حالة ضمت النفقة المخصصة للسكن، وفيما عداها لا يزال الكثير من القضاة يحكمون للأمهات بنفقة شهرية لا تربو عن ٤٠٠ درهم للطفل الواحد. فما عساها تغطي هذه النفقة الهزيلة، علما أن مصاريف الأبناء واحتياجاتهم بالخصوص تسير كلفتها في خط تصاعدي"[٦].

(1)Cf. K. Mostefa, op. cit. , p. 41.

(٢) انظر، محكمة تلمسان، قسم الأحوال الشخصية، ١٩٩٨/٠١/١٨، قضية رقم ٩٧/١٠٨١، غير منشور.

(٣) انظر، محكمة تلمسان، قسم الأحوال الشخصية، ١٩٩٩/٠٢/٠٦، فهرس رقم ٩٨/٢١٠٩، غير منشور.

(4)Cf. M. Akkacha, op. cit., R.A.S.J.E.P., 2000, n° 1, pp. 259-260.

(5)Cf. A. Belhaj Hamouda, Les conflits..., op. cit., Actualités Juridiques Tunisiennes, 1998, n° 1-2, p. 55.

(٦) انظر، مريم جراف، مسافة طويلة من سوء الفهم ومعيقات العمل بين محتويات المدونة وتنزيلها

ولذلك، وحتى قبل تعديل قانون الأسرة، أحست المحكمة العليا الجزائرية في موقفها الأخير بما تتضمن هذه المسألة في صورتها القديمة من تعصب يحمل في طياته الخطر، كل الخطر على الأمهات، فاتجهت إلى محاولة تبيان المبدأ العام الذي تخضع له المسألة المطروحة. فذهبت في قرارها الصادر في ١٨ جويلية ٢٠٠٠ إلى أن عمل المرأة، وإن كان مؤسسا لدواعي المطعون ضده، إلا أنه لا يعد من مسقطات الحضانة، ومن ثم يقتضي الأمر نقض القرار المطعون فيه الصادر عن مجلس قضاء سطيف بتاريخ ٢٢ سبتمبر ١٩٩٩ والقاضي بإسقاط حضانة الولدين عن الطاعنة بسبب العمل دون أي سبب آخر، إذ أن عمل الحاضنة لا يمنعها من ممارسة الحضانة وكما أنه لا يوجد أي نص يقضي بالمنع من الحضانة عند العمل"[١].

وهذا ما أعيد تقريره من المحكمة ذاتها بتاريخ ٠٣ جويلية ٢٠٠٢، وذلك بقولها "حيث إن عمل الحاضنة لا يوجب إسقاط حقها في حضانة ولدها ما لم يتوفر الدليل الصحيح على أن العمل يحرم المحضون من حقه في العناية والتربية"[٢].

وكذلك لا يختلف موقف القضاء المغربي عن موقف المحكمة العليا الجزائرية فيما يتعلق بتطور تطبيق المبدأ الخاص بعمل الحاضنة، حيث في جميع القرارات التي تمكنا الاطلاع عليها، حاول المجلس الأعلى المغربي أن يتحاشى الانزلاق إلى المخاطر التي يؤدي إليها تطبيق الآراء المانعة لعمل المرأة في صورتها القديمة، وإن كان المأمول هو أن يخطو المشرع خطوات أكبر في هذا الطريق كما فعل من قبل المشرع السوري.

وقد طبق المجلس الأعلى المغربي هذا الاتجاه في قراره الصادر بتاريخ ٢٢ سبتمبر ١٩٨٠ الذي نقض بمقتضاه القرار الصادر في ٠٧ فبراير ١٩٨٠ عن محكمة الاستئناف

على أرض الواقع، الأحداث المغربية، ٢٠٠٥/٠١/٢٩، ص. ٣، موقع الأنترنت ، www.ahdath.info Cf. R. Cyrille, Maroc, nouveau code de la famille : un progrès… insuffisant, in Lutte Ouvrière, du 23/01/2004, n° 1851.

(١) حيث قالت بأن "قضاة المجلس بقضائهم... بإسقاط حضانة الولدين عن الطاعنة باعتبارها عاملة أخطأوا في تطبيق القانون وعرضوا قرارهم للقصور في التسبيب وانعدام الأساس القانوني...". انظر، المحكمة العليا، غ.أ.ش.، ٢٠٠٠/٠٧/١٨، ملف رقم ٢٤٥١٥٦، المجلة القضائية،٢٠٠١، عدد خاص، ص. ١٨٨-١٩٠.

(٢) انظر، محكمة عليا، غ.أ.ش.، ملف رقم ٢٠٠٢/٠٧/٠٣، ملف رقم ٢٧٤٢٠٧، غير منشور.

بطنجة في القضية الاجتماعية عدد ١٤١٦ والمؤيد لحكم المحكمة الابتدائية بطنجة القاضي بسقوط حضانة الأم عن ولديها كون أنها لم تعد أهلا لحضانتهما لانحلالها الخلقي لتعاطيها للتجارة والأسفار، فيقول "وحيث لم تقم الحجة فيما يتعلق بالسبب الأول وأن الفصل ٩٨ من مدونة الأحوال الشخصية الذي يحدد شروط الأهلية للحضانة على سبيل الحصر لا ينص على أن التعاطي للتجارة يعتبر من موانع الحضانة". ويضيف قائلا "وحيث إن الكتاب الثالث من مدونة الأحوال الشخصية الذي وردت في بابه الثالث المقتضيات التي تطبق فيما يتعلق بالحضانة لا يشمل فصلا يحيل على الراجح أو المشهور أو ما جرى به العمل من مذهب الإمام مالك فيما لم يشمله الكتاب المذكور خلافا لما هو الشأن بالنسبة لباقي كتب نفس المدونة"[1].

ومن هذا الجانب يلاحظ أن هذا القرار الصادر قبل تعديل المدونة قد فرق بين النص الواضح من جهة والنص الغامض من جهة أخرى. فالنص الواضح، في ظل هذا القضاء، هو الذي يجب العمل به دون الرجوع إلى الراجح أو المشهور أو ما جرى به العمل من مذهب الإمام مالك. إذ أن التجاء القرار المطعون فيه إلى أقوال الفقهاء لا يصح أن يحمل على الاجتهاد مادام هناك نص يقنن بما يكفي من الدقة والوضوح أحكام الحضانة. ومن ثم فالعدول عن تطبيق الفصل ٩٨ من مدونة الأحوال الشخصية والالتجاء إلى أقوال الفقهاء يتعارض مع ما قررته المدونة نفسها في فصلها ٢٩٧ من أن لا يرجع إلى

---

(١) حيث قضت محكمة الاستئناف بتأييد الحكم المستأنف وبنت قرارها على أن فقهاء المذهب عرفوا الحضانة الشرعية بأنها كفالة المحضون وتربيته والقيام بأموره وجعلوا لها شروطاً منها الصيانة وقالوا بصدد الصيانة أنه لا حضانة لغير الصَّيِّن ولو كان عنده من يحضن، وعلى أن تعاطي التجارة التي هي مهنة المستأنفة في النازلة سيصرفها قطعا إلى الانشغال بمهام المهنة والاعتماد في صيانة المحضونين على الغير من الخدم والمساعدين والحال أن الفقه المعمول به في المذهب هو أنه لا حضانة لغير الصَّيِّن الذي لا يتفرغ لمباشرة هذه الصيانة شخصيا ولو وجد عنده من ينوب عنه في الحضانة نص على ذلك الشيخ التسولي وغيره من الفقهاء في باب الحضانة من شرحه على نظام البهجة وعلى أن اعتماد الحكم المستأنف على ما قرت به الحاضنة من أنها تعمل في التجارة وكونه موجها كافيا لعدم أهليتها لحضانة الولدين هو اعتماد سليم وما قضى به الحكم المستأنف من سقوط حضانة الحاضنة وتسليم المحضونين إلى والدهما هو صحيح في مبناه من الوجهة الفقهية ...". انظر، المجلس الأعلى المغربي، ١٩٨٠/٠٩/٢٢، قرار رقم ٣٢٧، ملف اجتماعي رقم ٨٣١٧٧، مجلة قضاء المجلس الأعلى، ١٩٨٠، عدد ٢٧، ص. ١٤٦.

الفقه المالكي إلا فيما لا تشمله المدونة.

وقد تأيد اتجاه المجلس ذاته في الأخذ بهذا المبدأ في قراره الصادر في ١٤ أكتوبر ١٩٨١، بشأن قضية تتحصل وقائعها في أن الزوج طلب إسقاط الحضانة عن مطلقته اعتمادا على آراء فقهية[١] لم تتضمنها نصوص مدونة الأحوال الشخصية، فقضى برفض الرجوع إلى المذهب المالكي معللا موقفه بقوله "حيث إن الكتاب الثالث من مدونة الأحوال الشخصية المتعلق والمخصص بابه الثالث للحضانة لم يختتم كغيره من كتب المدونة بالتنصيص على أن ما لم يشمله يرجع فيه إلى الراجح أو المشهور أو ما جرى به العمل من مذهب الإمام مالك مما يجب معه تطبيق ما ورد فيه دون الالتجاء إلى مراجع فقهية غيره..." [٢].

ولقد سنحت الفرصة أمام المجلس الأعلى المغربي في الدعاوى التي تعرض فيها لهذا النوع من القرارات أن يوضح طبيعة العمل غير المسقط لحضانة الأم العاملة، حيث قضى في قراره الصادر في ١٠ فبراير ١٩٧٥ "حيث إن الحاضنة إذا زاولت وظيفة من الوظائف الإدارية أو التعليمية التي لا تستغرق إلا جزءا من يومها لا يقوم بها مانع يمنعها من القيام بشؤون المحضون وأن القول بخلاف ذلك ادعاء لا تصدقه حالات الناس اليومية..."[٣].

ومن الواضح أن هذا القرار لم يوضح مدى نفاذ إسقاط الحضانة في مواجهة الأم العاملة، بل جاءت عبارته عامة تجمع في صياغتها بمفهوم المخالفة أن بقاء الحاضنة خارج البيت طيلة اليوم يسقط حقها في الحضانة. ولذلك فنحن نعتقد أن قضاء المجلس الأعلى المغربي يجيز لمستحقي الحضانة التمسك بعمل الحاضنة المتواصل طيلة اليوم كسبب مسقط للحضانة.

وفي هذا انتهى الأستاذ محمد الكشبور إلى إقرار المبدأ العام، أي على عدم جواز

---

(١) علما أن الفصول السابقة من ١٠٥ إلى ١٠٨ من المدونة ذكرت مسقطات الحضانة عن الأم، وليس من بينها تعاطي التجارة من قبل المرأة، وهذا ما ذهب إليه المذهب المالكي. انظر بشأن ذلك، سيدي أحمد بن محمد الدردير، متن أقرب المسالك في الفقه على مذهب الإمام مالك، مطبعة الشهيد الحسيني، ص. ١٢٦؛

(٢) انظر، مجلس أعلى مغربي، ١٩٨١/١٠/١٤، مجلة قضاء المجلس الأعلى، عدد ٣٠، ص. ٩٧ وما بعدها.

(٣) انظر، مجلس أعلى مغربي، ١٩٧٥/٠٢/١٠، قرار رقم ٣٣، ملف اجتماعي رقم ٤١٨٣١، غير منشور، عن محمد كشبور، المرجع السابق، ص. ٤٧٥.

إسقاط الحضانة بسبب عمل المرأة، حيث يرى أنه "يبدو أن المجلس الأعلى قد قرر من خلال موقفه السابق حماية المرأة أكثر مما حماها الفقه المالكي نفسه" [١].

وإذا انتقلنا إلى التشريع التونسي لوجدنا النصوص القانونية التي تعرضت بصفة عامة لهذا الموضوع لا يشوبها الغموض ولا التردد، إذ هي تفصح بصراحة عن موقفه من عدم جواز إسقاط الحضانة بسبب فقط عمل المرأة، حيث إن الفلسفة العامة التي اعتنقها المشرع التونسي في هذا الإطار هو أن إسناد الحضانة أو إسقاطها لا يتم إلا رعاية لمصلحة المحضون. وهذا ما أكدته محكمة التعقيب التونسية في العديد من قراراتها، حيث قضت في قرارها الصادر في ٨ ماي ١٩٩٠، بأن مصلحة المحضون هي المعيار الوحيد الذي يجب أن يرتكز عليه عند إسناد الحضانة [٢]، وأن هذه المصلحة لا يستخلصها قضاة الموضوع إلا بمقتضى الحالات المعروضة وعناصر التحقيق [٣].

وهذا ما يؤكده الواقع الاجتماعي التونسي وذلك يتجلى من خلال أن تشغيل المرأة في تونس متطورا بالنسبة لبقية دول المغرب العربي. وفي هذا تقول سعاد رجب "لذلك يقتضي الأمر الابتعاد عن المواقف التي يحملها المجتمع والتي تحصرها في دور المرأة المنجبة المربية المحاطة بالرعاية الاقتصادية من قبل زوج ممول" [٤].

وفي هدي المبادئ السالفة، سار القضاء السوري في بعض أحكامه وقراراته، فاعتبرت محكمة النقض السورية في قرارها الصادر بتاريخ ٢٨ أوت ١٩٦٨ أن غياب الحاضنة عن الطفل سبع ساعات يوميا بسبب عملها يسقط حضانتها [٥]. وكذلك جاء في قرار آخر لنفس المحكمة بتاريخ ٣١ مارس ١٩٧٥ بأن "عمل الحاضنة ثماني ساعات في

---

(١) انظر، محمد الكشبور، المرجع السابق، ص. ٤٩.

(٢) انظر، محكمة التعقيب، ١٩٩٠/٠٥/٠٨، قرار مدني، عدد ٢٥٩١٣، مجلة قرارات محكمة النقض، ١٩٩٠، ص. ٢٥٩.

(٣) انظر، محكمة التعقيب، ١٩٦٩/٠٧/٠١، قرار مدني، عدد ٦٨٢٧، مجلة القضاء والتشريع، ١٩٧٠، عدد ٤، ص. ٣٥؛ محكمة التعقيب، ١٩٨٩/٠٢/٠٢، قرار مدني، عدد ٢٠٤٣١، مجلة القضاء والتشريع، ١٩٩١، عدد ٧، ص. ٩٤.

(٤) انظر، سعاد رجب، مشاكل المرأة التونسية بين الأسرة والعمل، مجلة الحق، ١٩٨٥، عدد ٢ و٣، ص. ٢٢٠.

(٥) انظر، محكمة النقض، ١٩٦٨/٠٨/٢٨، قرار عدد ٣٢١، مقتبس عن عبد الرحمن الصابوني، المرجع السابق، ج.٢، الطلاق وآثاره، ط.٥، ص. ٢٣٦.

اليوم خارج البيت يؤدي إلى إسقاط حضانتها لأولادها ما لم تبد استعدادها لترك العمل"[١]. وفي قرار ثالث، قضت المحكمة ذاتها في ١٠ جوان ١٩٧٢ بأن "إذا كانت الأم معلمة تغيب أربع ساعات يوميا عن الأولاد فإن وجود خادم لديها لا يجعلها أهلا للحضانة لأن شرط الحاضن غير شرط الخادم، بحيث يكون الولدان خلال الأربعة ساعات بعيدين عن رعايتها وعنايتها مما يخل بشروط الحضانة المفروض توافرها في الحاضنة..."[٢].

بينما قررت خلافا لذلك، حينما قضت بأن "عمل الحاضنة آذنة في المدرسة التي ينتسب إليها المحضون لا يؤثر في صلاحيتها للحضانة مادام أنه يكون معها في المجيء إلى المدرسة والعودة"[٣]، وحينما قضت أن "انشغال الحاضنة بالبيع في البيت لا يسقط حقها بالحضانة لأنه لا يؤدي إلى العجز عن صيانة الولد صحة وخلقا"[٤].

وفي هذا الاتجاه، قضت محكمة أسيوط الشرعية في حكمها الصادر في ١٧ سبتمبر ١٩٦٢، بأن، "مجرد كون الحاضنة تقوم بحرفة أو عمل لا يسقط الحضانة، إذ المناط في سقوط حق الحضانة هو تعرض الصغير للضياع، والفساد، والإهمال، كما حرر في رد المحتار، والفتاوى المهدية"[٥].

غير أن محكمة جنوب القاهرة الابتدائية بمصر قد أسقطت في حكمها الصادر في ١٧ جانفي ١٩٨٥ الحضانة عن الأم لاحترافها، وذلك بقولها "ولما كان ما تقدم وكان الثابت لهذه المحكمة من اطلاعها على ورقات الدعوى الماثلة وما قدم من مستندات وما

---

(١) انظر، محكمة النقض، ١٩٧٥/٠٣/٣١، قرار رقم ٣٤١، مقتبس عن محمد أحمد عبد الرحمن، الوافي في قضاء الأحوال الشخصية من عام ١٩٧٠ إلى عام ١٩٩٢، دار النابغة، بيروت، ١٩٩٢، ص. ٤٣١.

(٢) انظر، محكمة النقض، ١٩٧٢/٠٦/١٠، قرار رقم ٢٩٤، مقتبس عن محمد أحمد عبد الرحمن، المرجع السابق، ص. ٤٣١-٤٣٢.

(٣) انظر، محكمة النقض، ١٩٧٤/١٢/١٧، قرار رقم ٥٠٧، مقتبس عن محمد أحمد عبد الرحمن، المرجع السابق، ص. ٤٣٢.

(٤) انظر، محكمة النقض، ١٩٥٩/٠٦/٣٠، قرار رقم ٢٤٠، مقتبس عن عبد الرحمن الصابوني، المرجع السابق، ج.٢، الطلاق وآثاره، ط.٥، ص. ٢٣٦.

(٥) انظر، محكمة أسيوط الشرعية، ١٩٦٢/٠٩/١٧، رقم ١٢٢٥٦، مجلد السنة العشرين، ص. ٨٩، مقتبس من أحمد محمد علي داود، القرارات الاستئنافية في الأحوال الشخصية، ج.١، مكتبة الثقافة للنشر والتوزيع، عمان، ١٩٩٩، ص. ٥٠٢.

استبان لهذه المحكمة من مناقشة البنت... فيها أن البنت المذكورة من المواليد ١٩٧١/٠٦/١٤ ومن ثم تكون قد بلغت أقصى سن الحضانة المقررة قانونا وأن والدتها، المستأنف عليها، محترفة لعمل مساعدة طبيب بعيادة خاصة يجعلها تترك منزلها وابنتها المذكورة طوال النهار ولوقت متأخر من الليل وإنها بذلك منصرفة عن شئون البنت المذكورة من حيث تربيتها التربية الحسنة وتقويمها ورعايتها على النحو الذي تقتضيه مصلحتها ومنفعتها...ومن ثم فإن المستأنف عليها، بهذه المثابة، لا تكون أهلا لحضانة البنت لفقدها أهم شرط من الشروط الواجب توافرها في الحضانة ألا وهو شرط القدرة على تربية الصغيرة...[١]".

ويتضح مما تقدم جميعه، أنه فإذا كنا لا نستطيع وضع حدا لتزايد تشغيل النساء، وعلى الرغم من ذلك ننظر إلى مهمة المرأة الأساسية في "أمومتها"، وأردنا التوفيق بين هذين الفرضين المتعارضين، فإنه يجب أن نعمل ما بوسعنا من أجل تجنب الأضرار الصحية والأخطار الاجتماعية.

وأهم من ذلك كله ألا نهمل الأسرة وبالتالي النسل بأجمعه"[٢]. ولذلك، فالقاضي ملزم دائما أن يراعي ما تحتمه عليه ضرورات مصلحة المحضون ليس بسبب عمل الحاضنة كعمل فقط، بل يقتضي الأمر عليه أن يبحث عما إذا كان عملها يتنافى ويتعارض مع مصلحة الطفل أم لا. وبمعنى أدق، ينبغي عليه أن يبحث عما إذا كانت الحاضنة بسبب عملها ستهدر حق المحضون في الصيانة وعدم الإهمال، لأن المدار في ذلك ترك المحضون ضائعا، علما أن هذا الأخير في حكم الأمانة عندها، ومضيع الأمانة لا يستأمن، وهذه هي علة سقوط الحق في الحضانة.

وخلاصة لما تقدم، إذا كانت الحاضنة، أما أو غيرها، مع عملها المشروع تعتبر مأمونة على المحضون صائنة له من الضياع والإهمال؛ لأنها تخرج بعض الوقت فقط، ومدة خروجها يوجد من يصون الطفل، ويحافظ عليه لا تنزع الحضانة منها، لأن ذلك لا يتنافى ومصلحة المحضون، العمود الفقري لإسناد الحضانة أو إسقاطها ولو بالتنازل عنها صراحة.

---

(١) انظر، محكمة جنوب القاهرة الابتدائية، ١٩٨٥/٠١/١٧، قضية ٥٥٧ لسنة ١٩٨٣، مقتبس من موريس صادق، قضايا النفقة والحضانة والطاعة معلقا عليها بأحدث أحكام القضاء في مصر والدول العربية، دار الكتاب الذهبي، القاهرة، ١٩٩٩، ص. ٥٦.

(٢) انظر، هانسي كبر خوف، Kirchoff Heinz، عمل الأمهات، ترجمة توفيق الطيب، مجلة حضارة الإسلام، مجلد ٢، ص. ٤٥٥.

الفصل الثاني

مصلحة المحضون

في مواجهة التنازل عن الحضانة

إن عدم أهلية الحاضن على العناية بالمحضون لا يعد السبب الوحيد للإسقاط، بل قد يكون هذا الأخير بفعل الحاضن بأن يتخلى عن حضانته لشخص آخر، سواء بإرادته أو بغير إرادته[1].

ودراسة مسألة تقييد التنازل عن الحضانة بمصلحة الطفل تجرنا بالضرورة إلى بحث مسألة أخرى مرتبطة بها ولا تقل عنها أهمية تتعلق بمعرفة عما إذا كانت الحضانة حقا للحاضن أم حقا للمحضون، لأن التنازل إذا طرح، إنما يطرح بصدد الحق لا الواجب (**المبحث الأول**).

وبعد تبيان التكييف القانوني للحضانة، سنحاول في **المبحث الثاني** شرح أحكام التنازل الصريح بحسب التشريعات المغاربية، وفي **المبحث الثالث**، تبيان أحكام التنازل الضمني ومكانة مصلحة الطفل منها.

المبحث الأول
الطبيعة القانونية للحضانة

تقضي قواعد الطفولة كما يقضي احترام مصلحة المحضون بأن المقصود بالحضانة حفظ الصغير صحة وخلقا ورعايته والسهر على حمايته[2]، ولما كان كذلك، فهل تعتبر الحضانة حقا للمحضون على حاضنته فتجبر على الحضانة ومن ثم لا يجوز التنازل عنها، أم تعتبر حقا للحاضنة، فلا ترغم عليها إذا أبتها؟ أليس من المتصور أن تتنازل المرأة عن حضانتها وتبقى مع ذلك متصلة بالمحضون لا تريم وما كان قصدها من هذا التنازل سوى تحقيق بعض المغانم والإفلات من بعض المسؤوليات؟

_____

(١) وذلك يكون نتيجة لقيامه ببعض الأفعال التي من شأنها أن تسقط عنه الحضانة.

(٢) انظر، أحمد نصر الجندي، الطلاق...، المرجع السابق، ص.٥٨٦-٥٨٧؛ محمد أحمد سراج ومحمد كمال إمام، المرجع السابق، ص.١٧١؛ عمر عبد الله ومحمد حامد قمحاوي، المرجع السابق، ص.٣٢٨؛ محمد كمال الدين إمام، المرجع السابق، ص.٣٠٥.

قد نجيب لأول وهلة ونقول إن الحضانة إنما أسست لصالح الشخص الذي أراد القانون حمايته ألا وهو المحضون(١). غير أن المسألة مجادل فيها، وكان للفقه حول هذا الموضوع آراء متضاربة ومتشعبة.

فارتأى فريق منه أن حضانة الأطفال حق للحاضن(٢)، وحجّته في ذلك أن الحاضنة لا تجبر على الحضانة لاحتمال عجزها لأن شفقتها كاملة على المحضون، وهي لا تصبر عنها في الغالب ما لم تكن عاجزة. وقد برر هذا الموقف باحترام الفقه الإسلامي للحرية الفردية(٣). وقد تعزز أيضا هذا الموقف من منظور آخر يتعلق بالجانب النفسي- إذ تبين من خلال الدراسات أن الطفل له قدرة تأثيرية على والديه في استبقائهما أو بقاء أحدهما معه وذلك من خلال الابتسام لهما أو ارتمائه في حضنهما لدى وصولهما من الخارج(٤). وأثبتت دراسات أخرى أن صور المواليد الذين تحضنهم أمهاتهم تثير في الكثير دافع حماية الصغير ورعايته، وهي استجابة أولية لا علاقة لها بالعادات الاجتماعية (٥).

وقد هوجم هذا الرأي بالرد عليه أنه "اجتهاد فقهي يمثل خطرا على مصلحة الصغير ويتناقض كل التناقض مع الغاية الأساسية من مؤسسة الحضانة وهي حماية الصغير والعناية بشؤونه وتوفير أقصى- ما يمكن من الضمانات له"(٦).

ومنه، وجد رأي عكسي، مضمونه أن الحضانة حق للولد فهي واجب طبيعي تقوم

---

(1)Cf. O. Pesle, La femme musulmane dans le droit, la religion et les moeurs, édit. La Porte, 1946, p. 100; D. Charif Feller, op. cit., p.80.

(٢) وهو رأي ابن عاصم وابن جزي، انظر، S.M.Chiguer, op. cit. p.45؛ ورأى بعض الحنفية أيضا، والشيعة الإمامية وبعض الحنابلة، وفيه رواية عن مالك. انظر، ابن القيم الجوزية، المرجع السابق، ج. ٤، ط. ١، ص.١٢٩؛ أعراب بلقاسم، المرجع السابق، ص. ١٤٥؛ عبد الرحمن هرنان، المرجع السابق، مذكرة ص.٢٧؛
Gh. Benmelha, op.cit., p.220 M.Vallat, op.cit.,Traduit par S.A. El Kebaj, note sous Tribunal d'appel du chrâ, 30/04/1935, affaire n° 2338, Revue Marocaine de legislation, doctrine et jurisprudence chérifiennes, 1935-1936, n°1-4, p. 25.

(٣) Cf. H.Safaï, op. cit., p. 97.

(٤) انظر، متولي موسى، المرجع السابق، ص. ٤٥.

(٥) انظر، محمد عماد الدين إسماعيل، الأطفال مرآة المجتمع، عالم المعرفة، ص. ١٣٩، مقتبس عن متولي موسى، المرجع السابق، ص.٤٥..

(٦) انظر، عمار الداودي، المرجع السابق، مذكرة، ص. ١٩٦.

به الأم إزاء طفل صغير[١]، مما يجبر الحاضنة على القيام بها. وقد دعم هذا الرأي وجهة نظره بحجج كثيرة، منها أن العناية الأمومية واجب لأن الحضانة أسست لحماية حقوق المحضون ومصالحه، وبمعنى أن حق الولد أن يكون عند أمه ما كان إليها محتاجا[٢]. ولا يمكن للحاضن التنازل عنها إلا لأسباب جدية[٣]، بل وتجبر عليها، ولكن يمكن أن تطالب بأجر إذا أدتها[٤].

وقد اعتمد هذا الرأي القانون المدني الإيراني في مادته ١١٧٢حيث نص فيها بأنه "ليس للأب أو للأم حق رفض حضانة الطفل أثناء المدة التي يكون واجب الحضانة عليه، وفي حالة الرفض، للقاضي السلطة في إجبار أحدهما..."[٥]. وكذا القضاء السوري، حيث قضت محكمة النقض في قرارها الصادر في ١٠ أوت ١٩٦٤ بأن "إسقاط الأم حقها لحضانة ولدها غير معتبر لتعلقه بحق الولد" [٦].

وانضم بعض الكتاب في الجزائر إلى هذا الاتجاه، وهم يرون أن "مبدأ مراعاة مصلحة المحضون الذي شدد عليه قانون الأسرة يسمح لنا بأن نزعم أنه يجب في مثل هذه

---

(1)Cf. J.Ladjili-Mouchette, op. cit. , p. 649.

(٢) انظر، فخر الدين الزيلعي، المرجع السابق، ج. ٣، ص. ٤٧؛ سعاد إبراهيم صالح، المرجع السابق، ص. ٩٥. هو رأي لبعض الفقهاء في المذهب الحنفي والإباضي، انظر، عبد الرحمن هرنان، المرجع السابق، مذكرة، ص. ٢٧؛ أعراب بلقاسم، المرجع السابق، ص. ١٤٥. وهو رأي خليل ابن إسحاق، المختصر، L'abrégé, trad. Perron, cité par Gh. Benmelha, op. cit., p. 220.

ترجمة برون، ج.٣، باريس، ١٨٥٤، ص. ١٥٩، عن غوتي بن ملحة، المرجع السابق، ص. ٢٢٠.

(٣) كالحالة التي وردت في المادة ١٣٩ من مشروع القانون العربي الموحد للأحوال الشخصية بأن نصت "إذا تركت الأم بيت الزوجية لخلاف أو غيره، فتكون الحضانة لها ما لم يقدر القاضي خلاف ذلك، وإذا كان المحضون رضيعا تلزم الأم بحضانته ".

(4)Cf. Ibn El Majichoun, cité par Si Messaoud Chiguer, Traduction de M. Grimaldi, op.cit., p. 45.

(5)« Aucun des père et mère n'a le droit de refuser la garde de l'enfant pendant la période où ce devoir lui incombe. En cas de refus de l'un d'eux, il appartient au juge de l'y obliger...», traduction d'Aghababian, Cf. H.Safaï, op. cit., p. 97.

(٦) انظر، محكمة النقض، غ.ش.، ١٩٦٤/٠٨/١٠، رقم ٢٨١، مقتبس عن عزة ضاحي، المرجع السابق، ص.١٢٨.

الحال على المحكمة أن تقضي بإجبار الأم على الحضانة"(١) حتى ولو كانت الحضانة حقا مشتركا بينهما، لأن مصلحة المحضون، حسب رأيهم، تطغى على حق الأم.

ومشيا مع هذا المعنى، دائما، اقترح البعض الآخر أن يكون النظر في حق الحضانة موافق للمفهوم الحديث للطفولة(٢). ويفهم من هذا، أن الحضانة تكون واجبا إلا استثناء، لأن من يعتني بالصغير يجب أن يقوم بمهمته إراديا دون إحساس بأنه مكره على ذلك(٣)، وإلا سينعكس سلبا على المحضون.

وقد اتجه تيار آخر إلى أن أطراف حق الحضانة ثلاثة وهم المحضون والحاضن والأب(٤). وهذا ما ذهب إليه القضاء المصري في بعض قراراته وأحكامه. فقضت محكمة أجا في ٢١ ديسمبر ١٩٣٦ "أن في الحضانة حقوق ثلاثة: حق الصغير، وحق الحاضنة وحق الأب، والتوفيق بينها واجب متى أمكن الوصول إليه، وإلا فمصلحة الصغير هي المقدمة لأن مدار الحضانة على نفع المحضون، وكما لا يضار الأب بولده، لا تضار الأم بولدها"(٥).

وفي حكم آخر، قررت محكمة العطارين بتاريخ ٢٠ أفريل ١٩٤٨ أن "في الحضانة حقوق ثلاثة بعضها في الوجوب والرعاية أقوى من الآخر، حق الصغير، حق الحاضنة، حق الأب؛ وهذه الحقوق مجتمعة متى أمكن التوفيق بينها صير إليه، وإلا فحق الصغير أولى بالرعاية والاعتبار فيقدم على حقيهما جميعا"(٦).

وحسب اعتقادنا، أن التفسير الذي نعتمده في تعليل اعتراف هذا التيار أيضا، بحق الأب في الحضانة هو أن هذه الأخيرة مؤسسة نابعة من عائلة أبوية(٧)، ولكن ما هي رغما

---

(١) انظر، عبد العزيز سعد، المرجع السابق، ط.٢، ص.٢٩٥.

(2)Cf. K. Mostefa, op. cit. , p. 40.

(٣) انظر، عمار الداودي، المرجع السابق، مذكرة، ص.١٩٥.

(٤) انظر، ممدوح عزمي، المرجع السابق، ص. ٩-١٠.

(٥) انظر، محكمة أجا، ١٩٣٦/١٢/٢١، م.ش.، ٣٧٠/١٠، مقتبس من ممدوح عزمي، المرجع السابق، ص. ٨٥.

(٦) انظر، محكمة العطارين، ١٩٤٨/٠٤/٢٠، م.ش.، ٣٤٠/٢٠، مقتبس من ممدوح عزمي، المرجع السابق، ص. ٨٦.

(7)Cf. J. Ladjili, op. cit., p. 234.

عن كل شيء إلا تعبير عن الانشغال بالطفل[١] .

إلا أن هناك رأيا آخر في الفقه الإسلامي حاول أن يوفق بين الرأيين الأولين، فوردت عنه الأقوال التالية: "والصحيح أن الحضانة حق لها، وعليها..."[٢] وأن "كلا من الحاضنة والمحضون له حق الحضانة"[٣] ؛ فهو حق للصغير لاحتياجه إلى من يرعاه، ويحفظه، ويقوم على شؤونه، ويتولى تنشئته، ولأمه الحق في احتضانه كذلك، لقول الرسول صلى الله عليه وسلم "أنت أحق به..."[٤].

والواقع، تجمع غالبية الفقه المعاصر على أن الحضانة حق مشترك بين الحاضن والمحضون[٥]، رافضة أن تكون الحضانة حقا خالصا للمحضون أو حقا خالصا للحاضن، لكون ذلك لا يتفق مع حقيقة الحضانة التي لا توجد إلا بحاضن ومحضون، لأن الحق ثابت لكل منهما. ولكون أيضا، يضيف البعض أن الآخذ بهذه النظرية، يحمل فوائد كبيرة للمحضون والحاضن معا. فأما المحضون، فيصبح له حق رقابة أفعال حاضنته عن طريق وليه بأن يذكرها بالممارسة المنتظمة لمهمتها إذا قصرت فيها. وأما الحاضنة، فيكون لها حق الأولوية على غيرها لممارسة الحضانة، زد إلى ذلك أن لها أن تتنازل عن حضانتها متى شاءت[٦].

غير أن حق الصغير يجب أن يكون أقوى، لأنه من جهة، محض حق لا يسقط بحال[٧] وأن مصلحته مقدمة على مصلحة أبويه، وأنه يجب العمل بما هو أنفع وأصلح للصغير[٨]. ومن جهة أخرى، إن حق الحاضنة يقبل الإسقاط والتنازل في بعض الحالات،

---

(1)Cf. J. Ladjili, op. cit., p. 239.

(٢) انظر، ابن القيم الجوزية ، المرجع السابق، ج. ٥، ص. ٤٥٣ ، وج. ٤، ص. ١٢٩.

(٣) انظر، ابن عابدين، رسائل، ص. ٢٦٤، مقتبس عن أحمد إبراهيم بك وعلاء الدين أحمد إبراهيم، المرجع السابق، ص. ٥٩١. وهو أيضا رأي ابن عاط وابن عرفة وأبو الحسن علي بن عبد السلام تسولي في مؤلفه "البهجة نقد التحفة"؛ انظر، S.M. Chiguer, op.cit., p.45.

(٤) انظر، السيّد سابق، المرجع السابق، ص. ٣٥١.

(٥) انظر، محمد مصطفى شلبي، أحكام الأسرة ...، المرجع السابق، ص. ٧٥٤؛ السيّد سابق، المرجع السابق، ص. ٣٥١؛ عبد الرحمن الصابوني، المرجع السابق، ص. ٢٣٩؛ بدران أبو العينين بدران، المرجع السابق، ص. ٥٤٣؛ عبد الكريم شهبون، المرجع السابق، ص. ٣٩٦.

(6)Cf. S.Chiguer, op.cit., p. 45.

(٧) انظر، محمد مصطفى شلبي، المرجع السابق، ص. ٧٥٤.

(٨) انظر، بدران أبو العينين بدران، المرجع السابق، ص. ٥٤٤؛ رشدي شحاته أبو زيد، المرجع

وحالات أخرى لا يقبل التنازل[١].

وهكذا، فحسب هذا الرأي، الحضانة هي مؤسسة يتعايش فيها حقان: حق المحضون وحق الحاضن، ولكن الأول أقوى من الثاني [٢] وإن كان هذا الأخير امتيازا طبيعيا[٣].

وإذا تأملنا في التشريعات العربية للأحوال الشخصية لوجدنا أن البعض منها كسوريا ومصر لم توضحا موقفهما صراحة من هذه المسألة[٤]، ولكن استطعنا أن نتبين ذلك من خلال كل أحكام الحضانة التي دلت نصوصها على أن الحضانة حق للحاضن والمحضون معا.

نفس الملاحظة تذكر فيما يخص التشريعات المغاربية، إذ أن مشرعي قوانين الأسرة أقروا "الطبيعة الهجينة"[٥] للحضانة وإن ضمنيا، إن لم نقل عفويا، فاتخذوها حقا وواجبا في آن واحد، سواء أكان صاحب الحق هو المحضون أو الحاضن أو الولي[٦]. وقد أكد هذه الصبغة المزدوجة للحضانة القضاء أيضا.

فبالنسبة لتونس، فإن مشرعها، بيّن في أكثر من مرة أن الحضانة حق للحاضن، وذلك في الفصل ٥٥ من المجلة الذي اعتبر الحضانة حقا (وإن كان مقيدا) والفصل ٥٧ منها من خلال استعمال لفظ "حقوق"، والفصل ٦٤ منها الذي أقر مبدأ التنازل عن الحضانة. إلا أن هذه الفصول لا تمثل أغلبية النصوص ولا النية الحقيقية للمشرع، إذ أن عدول المشرع التونسي عن قائمة مستحقي الحضانة وعزوفه عن تفضيل جهة الأم الذي كان معروفا في أمر ١٣ أوت ١٩٥٦ وإقحامه المساواة بين الأم والأب في إسناد الحضانة لدليل على أن الحضانة في نظر هذا التشريع حق للمحضون أيضا. فرغبة المشرع في إقامة

السابق، ص.١٥٧،

(١) انظر، محمد مصطفى شلبي، المرجع السابق، ص. ٧٥٤. وهي على سبيل المثال الحالة التي يكون فيها المحضون رضيعا.

(٢) انظر، عمر عبد الله، المرجع السابق، ص.٥٦٧.

(3)Cf. Y.Linant de Bellefonds, op.cit, p. 153.

(٤) انظر مثلا، التشريع السوري، والمصري.

(5)Cf. Y. Linant de Bellefonds, op.cit., p. 153.

(٦) فهذا الموضوع له ارتباط بموضوع سبق وإن عالجناه وهو علاقة الحضانة بالولاية على النفس؛ انظر المبحث الأول من الفصل الأول من الجزء الأول من هذه الدراسة.

حماية فعالة للقاصر أفرزت هذه المساواة في الواجبات بين الوالدين نحو أطفالهم[١].

ولقد كان للقضاء التونسي قبل تنقيح ٠٣ جوان ١٩٦٦ وبعده دورا لا يستهان به في تفسير النصوص لصالح المحضون وتغليب حقه على الحقوق الأخرى. فقبل صدور هذا القانون، صدر عن المحكمة الابتدائية لتونس سنة ١٩٥٨ حكما يقضي بأن حق الحضانة ليس بحق للحاضن ولا حق إلهي وإنما حق خالص للمحضون[٢]. وتلاه قرار آخر صادر عن محكمة التعقيب في ٢٠ ديسمبر ١٩٦٥ يبرز حق المحضون، فجاء منطوقه كالتالي "شرعت الحضانة على اعتبار حقين، أحدهما لفائدة المحضون... وثانيهما لفائدة الولي..."[٣].

وتجدر الإشارة أن هذه القرارات لم تؤكد ما جاء به الفقه من أن المجلة أنذاك كانت متمسكة بأحقية الحاضن[٤] . أما القضاء اللاحق لتنقيح ٠٣ جوان ١٩٦٦ فإن قراراته التي بينت تغليب مصلحة المحضون لا تعد ولا تحصى[٥]، فضلا عن قرارات أخرى أعربت عن

---

(1)Cf. J. Ladjili, op. cit., p. 234

(2)« Le droit de garde n'est ni un droit du titulaire de la garde, ni un droit divin, mais un droit propre à l'enfant ». Cf. Tribunal Tunis, 1958, R.T.D., 1966-97, p.196, cité par H. Bencheikh Dennouni, la garde op. cit., p. 228.

انظر، محمد الحبيب الشريف، المرجع السابق، ص. ١٧٠. إلا أن هذا الموقف لم يلق تأييدا كليا، إذ وجد من الفقه ما يخالفه قائلا أن الحضانة حق لله سبحانه وتعالى، بمعنى أنها حق من حقوق المجتمع، لأن حضانة الطفل مصلحة له؛ ومصلحة المجتمع تكمن في تربية النشأ حسب ما تقتضيه مقاصده (أن جلب المنفعة ودفع مقاصد الخلق، وصلاح الخلق في تحصل مقاصدهم. ومقصود الشرع من الخلق خمسة وهو أن يحفظ عليهم دينهم، ونفسهم، وعقلهم، ونسلهم ومالهم؛ فكل ما يتضمن هذه الأحوال فهو مصلحة، وكل ما يفوق هذه الأصول فهو مفسدة) وفي حماية من أفلت سوء التربية التي تنعكس عليه. نظر، عبد الرحمن هرنان، المرجع السابق، مذكرة، ص.٢٨ وص.٥٩.

(٣) انظر، محكمة التعقيب، ١٩٦٥/١٢/٢٠، قرار مدني، عدد ٣٩٨٤، مجلة القضاء والتشريع، ١٩٦٦، عدد ٣، ص.٤٦؛ في هذا الاتجاه، محكمة التعقيب ، ١٩٩٢/١٢/٢٢، ، قرار مدني، عدد ٣٣٥٤٠، نشرية محكمة التعقيب، ١٩٩٢، ص.١٦٧.

(4)Cf. D. Charif Feller, op. cit., p. 88; H.Safaï, op.cit., p. 97.

(٥) وقد نحى القضاء المصري نفس المنحى، حيث حكم في ٢٨ ماي ١٩٧٨ بأن "الحضانة ليست حقا خاصا للأم أو الحاضنة، وإنما هي حق للصغير، وأن حقه هو الأغلب والأرجح لأنها في الأصل لم تكن إلا لرعايته وخدمته"؛ وفي قرار آخر مؤرخ في ٠٢ فبراير ١٩٨١ جاء فيه "إن الحضانة من حق المحضون كما هي من حق الحاضن، وهي بذلك معتبرة من النظام العام ويجب على المحكمة مناقشة الوقائع والأدلة للتحقيق من قدرة الحاضنة على صيانة المحضون صحة

حق الحاضن وعن حق الولي في الحضانة.

وتأييدا لهذا، نقول أن الحضانة هي حق للمحضون وحق للحاضن كذلك، مع مراعاة مصلحة المحضون بتغليب حقه على حق حاضنه. ومن حق المجتمع أن يربي الطفل التربية الحسنة. وعلى هذا الأساس، فإذا كانت الحضانة حقا للحاضن، فإن إمكانية التنازل عنها أمر جائز خاضع لرقابة القضاء. ومن ثم، قد يكون هذا التنازل صريحا، كما قد يكون ضمنيا.

وأهم وأول ما يذكر القرار الصادر عن محكمة التعقيب في ٢٤ أوت ١٩٦٦ الذي صرح بأن القانون يدعو القاضي الأخذ في الاعتبار الطفل ليس كشيء وإنما كشخص[١] . وقد فسر أحد الفقه هذا القرار بالقول أن القاضي يجب أن يأخذ في الحسبان حق الطفل فقط، وأن يترفع عن كل الانشغالات العادية التي توجهه عندما يفصل في مسألة الملكية [٢]، لأن الحالة العكسية، يضيف آخر، تذكرنا بعلاقة التبعية بين الأب وابنه التي جعلت هذا الأخير ملكية خاصة للأول، والتي كانت سائدة في وقت ألغاها الإسلام[٣] .

وكذلك القرار المؤرخ في ٢٢ أكتوبر ١٩٧٠ الصادر عن محكمة استئناف تونس الذي قضى بأن "إسناد الحضانة إنما تراعى فيه مصلحة المحضون تماشيا مع أحكام القانون عدد ٤٩ لسنة ١٩٦٦ وتقديم تلك المصلحة على كل اعتبار" [٤]. وأيضا أصدرت محكمة التعقيب قرارا في ٠٢ جانفي ١٩٧٩ يقضي بأن "المعتبر في إسناد الحضانة مصلحة المحضون لا مصلحة الحاضن"[٥] . ثم جاء قرار لنفس المحكمة في ٠٨ مارس ١٩٩٣ بيّن أن الحضانة

وخلقا". انظر، محمد أحمد عبد الرحمن، المرجع السابق، ص.٤١٣.

(١) انظر، محكمة التعقيب، ١٩٦٦/٠٨/٢٤، قرار مدني، مجلة القضاء والتشريع، ١٩٦٦، عدد ٩، ص.٢٧.

(2)Cf. R. Sabbagh, op.cit, p.60.

(٣) انظر، عمار الداودي، المرجع السابق، مذكرة، ص.١٩٦.

(٤) انظر، قرار استئنافي، تونس، ١٩٧٠/١٠/٢٢، قرار مدني، عدد ٦٢٢٢٩، مجلة القضاء والتشريع، ١٩٧١، عدد ٦، ص.٨٥.

(٥) انظر، محكمة التعقيب ، ١٩٧٩/٠١/٠٢، قرار مدني، عدد ٢٧١٧، نشرية محكمة التعقيب، ١٩٧٩، عدد ٠١، ص.١٣؛ في نفس الاتجاه، محكمة التعقيب ، ١٩٧٨/٠٧/٠١، قرار مدني، عدد ٦٨٢٧، نشرية التعقيب، ١٩٦٩، ص.٧٩؛ محكمة التعقيب، ١٩٧٨/٠٨/٠٩، قرار مدني، عدد ٢٦٥١ نشرية محكمة التعقيب، ١٩٧٨، عدد ٠٢، ص. ٥٤.

حق لكلي من المحضون والحاضن، فكانت العبارة الدالة على ذلك "ولئن كان لكل من المحضون والحاضن حق الحضانة، إلا أن حق المحضون أقوى من حق الحاضنة"[١].

ولم تر محكمة التعقيب مانع في أن تصرح بأن الحضانة أيضا حق للـولي في قـرار حـديث مـؤرخ في ٠٤ جانفي ١٩٩٩ والتي أدلت فيه بأن "... وهي (الحضانة) حـق للصغير وللأم والأب، ولـذلك فهي تضم هذه الحقوق الثلاثة عندما تكون الزوجية قائمة، إلا أنه يغلب فيها مصلحة الصغير دائما، فإذا أسقطت الأم حقها في الحضانة بقي حق الصغير قائما..."[٢].

فالحضانة إذن طبقا للقانون والقضاء التونسيين تنطوي على حقوق أبرزها حق المحضون.

وأما في الجزائر، فإنه بإمكاننا أن نستخلص موقف مشرعها من الأحكام التي جاء بها قانون الأسرة لمعالجة مسألة الحضانة. وأول ما نعتمد عليه لكشف نهجه هو المادة ٦٦ التي نصت بأن "يسقط حـق الحضانة... بالتنازل ما لم يضر بمصلحة المحضون". فهذه العبارة جمعت بـين حقين: حـق الحضانة لأن المشرع من جهة، استعمل بصريح اللفظ "حق"، ومن جهة أخرى، سمح لها بالتنازل عـن حضانتها؛ وحق المحضون الذي اشترط عدم إضرار التنازل به. وفي مواد أخرى مـن ذات القانون، بـين أن الحضانة حـق للحاضنة كالمادة ٦٧ فقرة ثانية التي نصت على عدم سقوط هذا الحق بسبب عملها، وكالمادة ٦٨ التـي جعل المشرع بمقتضاها مصير ممارسة الحضانة رهن إرادة صاحبها، إذ مـنح حق مطالبتها في ظرف سـنة؛ وكالمادة ٧١ منه لما أكد على أن الحق في الحضانة يعود إذا زال سبب سقوطه غير الاختياري.

بيد أن تكريس هذا الحق الطبيعي للأم أو للحاضنة، لم يحل دون إبراز حـق المحضون والـدعوة التي تعليه على أي حق آخر. وإلحاحا منه على ذلك، أضاف عبارة "مراعاة مصلحة المحضون" في المـواد ٦٢ و٦٤ و٦٧ و٧٠ أو ما يماثلها، كعبارة "ما لم يضر بمصلحة المحضون" في المادتين ٦٥ و٦٩.

---

(١) انظر، محكمة التعقيب، ١٩٩٣/٠٣/٠٨، قرار مدني، عدد ٣٦٨١٥، نشرية محكمة التعقيب، ١٩٩٣، ص.٢٩٤.
(٢) انظر، محكمة التعقيب، ١٩٩٩/٠١/٠٤، قرار مدني، عدد ٦٩٥٢٣، نشرية محكمة التعقيب، ١٩٩٩، عدد ٠٢، ص.٣٣١.

هذا الإجراء جعل الفقه ينظر إلى الحضانة في قانون الأسرة الجزائري على أنها حق للمحضون[1]. هذا المبدأ جرى تطبيقه أيضا في القضاء[2]، حيث قضى المجلس الأعلى في ٢٥ ديسمبر ١٩٦٨ على أن "الحضانة حق وواجبات في آن واحد"[3].

ويفهم من هذا التعبير أن المجلس اعتبر الحضانة حق للمحضون وحق للحاضن، إلا أنه غلب الحق الأول على الثاني بلفظ "واجبات" تأكيدا منه على أن حقوق المحضون أكثر وأغلب من حقوق الحاضن. وسرى المجلس الأعلى لاحقا في نفس الدرب، حيث قضى في قراره الصادر بتاريخ ٠٥ ماي ١٩٨٦ بأن "من المقرر شرعا بأن الشريعة الإسلامية تراعي بالدرجة الأولى مصلحة الأولاد المحضونين"[4].وقضى في ٠٦ جوان ١٩٨٨ بأن "الحضانة من حق الأم ومصلحة المحضون لا تحقق بصورة كاملة إلا إذا كان عند أمه"[5].

وتأكد هذا المبدأ في القرار الصادر عن المحكمة العليا بتاريخ ٠٣ جويليا ٢٠٠٢،

---

(1)Cf. M. Borrmans, op. cit. , p. 136.

(٢) وقد وجد هذا الرأي من سانده أيضا من القضاء المقارن، فصدر عن محكمة جرجا المصرية في حكمها المؤرخ في ٢٢ جويلية ١٩٣٣ أن "كل من الحاضنة والمحضون له حق في الحضانة، إلا أن حق المحضون أقوى من حق الحاضنة، ولئن أسقطت الحاضنة حقها في الحضانة ولو كان بإشهاد أمام القاضي، فإنها لا تقدر على إسقاط حق الصغير". (انظر، محكمة جرجا، ١٩٣٣/٠٧/٢٢، م.ش. ١٧٣/٥، مقتبس عن ممدوح عزمي، المرجع السابق، ص. ٨٧؛ بدران أبو العينين بدران، الفقه المقارن، المرجع السابق، ص.٥٤٥؛ السيد السابق، المرجع السابق، ص.٣٥١) . وجاء عن محكمة الرمل الجزئية المصرية في حكمها الصادر في ١٩٥٧/٠٥/٢٥ أن "الحضانة شرعت لحق الصغير، كما أن فيها حقاً للحاضنة، وأن حق الصغير مقدم على غيره من الحقوق، فمن حق الصغير رعايته والعطف عليه وتربيته التربية الصالحة، ورفع الضرر عنه، ومن حق الحاضنة أخذها الأجر على ذلك" (انظر، محكمة الرمل الجزئية، ١٩٥٧/٠٥/٢٥، قضية رقم ١٧٧، مجلة المحاماة الشرعية، مقتبس عن معوض عبد التواب، المرجع السابق، ص. ١١٢٠) .
وكذلك قد قررت الغرفة الشرعية لمحكمة النقض السورية في ١٩٦٣/٠٩/٠٥ بأن "الحضانة حق للصغير من وجه وللحاضنة من وجه، وأن حق الصغير فيها أظهر" (انظر، محكمة النقض، ١٩٦٣/٠٩/٠٥، قضية رقم ١٩٦٣/١٠٩، مجلة المحامين، عدد ٨، ص.٥٤) .

(٣) انظر، مجلس أعلى جزائري، غ.م.، ١٩٦٨/١٢/٢٥، ن. س.، ١٩٦٨، ص.١٣٦.

(٤) انظر، مجلس أعلى، غ. أش.،١٩٨٦/٠٥/٠٥، ملف رقم ٤١١١٠، غير منشور، مقتبس عن بلحاج العربي، مبادئ الاجتهاد...، المرجع السابق، ص.١٢٨-١٢٩.

(٥) انظر، مجلس أعلى، غ.أش.، ١٩٨٨/٠٦/٠٦، ملف رقم ٦٩١٩١، غير منشور، انظر، بلحاج العربي، مبادئ الاجتهاد ...، المرجع السابق، ص.١١٩.

وذلك بقولها "حيث إن عمل الحاضنة لا يوجب إسقاط حقها في حضانة ولدها ما لم يتوفر الدليل الصحيح على أن هذا العمل يحرم المحضون من حقه في العناية والرعاية. فضلا عن ذلك، أن الحضانة ليست حقا للحاضنين فقط. وإنما هي حق للمحضون أيضا..."[١].

وبهذا قدم القضاء الجزائري مطبقا التشريع الخاضع له عرضا صريحا عن موقفه، إلا أن الإجابة عن تساؤلنا كانت بكل بساطة لدى المحاكم الأدنى درجة التي عندما تصدر حكما بالطلاق تشير إلى "إسناد" الحضانة للأم وليس "إشهاد على حقها في الحضانة"[٢]. أفليس هذا يشكل إحقاقا لمصلحة المحضون؟

وأما في المغرب، فأول ما كان متبع، وذلك في الثلاثينات سواء عند الفقه أو القضاء هو أن الحضانة حق للحاضن[٣] مطبقين في ذلك المذهب المالكي. غير أنه بعد صدور ظهير ١٨ ديسمبر ١٩٥٧ وقبل تعديل ١٠ سبتمبر ١٩٩٣، اختلف الفقه حول طبيعة الحضانة في مدونة الأحوال الشخصية. فتمسك الأستاذ حسين صفاعي بأن الحضانة حق وواجب في آن واحد حسب نص الفصل ٩٩ [٤] ؛ ثم جاء رأي آخر للأستاذ محمد باجي يستعين بنفس المادة وهي ٩٩ لكي يدلي بأنها حق للمحضون[٥]. وأخيرا، اعتمد الأستاذ محمد الكشبور على استقرار موقف المجلس الأعلى للقول بأن الحضانة حق للحاضن[٦].

ومن الواضح أن هذه الآراء متناقضة حول نفس المسألة وأمام هذا التعارض الناتج عن اختلاف التفاسير لا يسعنا إلا الرجوع إلى القضاء المغربي لهدينا. ولأجل هذا، يحسن بنا أن نعرف القرارات التي صدرت قبل ظهير ١٠ سبتمبر ١٩٩٣ والتي انتقينا منها اثنين: الأول صادر في ٢٨ جوان ١٩٨٦، حيث فصل فيها المجلس الأعلى بأن "الأم أولى بالحضانة، فإن تنازلت انتقل الحق للجدة، وليس في الفقه ما يتمسك به الطاعن من أن للأم أن تتصرف في الحضانة كيف تشاء فتمنحها لمن تشاء"[٧]. والثاني في ٢٨ فبراير

---

(١) انظر، محكمة عليا، غ.أ.ش.م.، ٢٠٠٢/٠٧/٠٣، ملف رقم ٢٧٤٢٠٧، غير منشور.

(2)Cf. K. Mostefa, op. cit., p. 40

(3)Cf. S. M. Chiguer, op. cit., p. 45.

(4)Cf. H. Safaï, op. cit., p. 97.

(5)Cf. M. Beji, op. cit., mém., p. 11.

(٦) انظر، محمد الكشبور، المرجع السابق، ص. ٤٨٣.

(٧) انظر، مجلس أعلى، ١٩٨٦/٠٦/٢٨، مجموعة قرارات المجلس الأعلى، ١٩٩٥، عدد ٨٣، ص.٣٤.وفي نفس الاتجاه، انظر، قرار ١٩٨٨/٠٦/٢٨، مجلة القضاء والقانون، ١٩٨٨، عددان ١٤٠ و١٤١،

١٩٥٢ صادر عن محكمة استئناف الدار البيضاء التي قررت بموجبه بأنه "بالرغم من أن الفقه لم ينص على تمديد فترة الحضانة، فإن الابن المريض... والذي ثبت طبيا أن عمره العقلي لا يتجاوز سبع سنوات، يكون من مصلحته البقاء محضونا من طرف أمه، طالما كانت على درجة كافية من الاستقامة"[١].

ونستنبط من القرار الأول أن الحضانة حق للحاضن مادام أن الأم أولى بها ولها أن تتنازل عنها، وأيضا حق للمحضون، لكونها ليس لها التصرف فيها كيف تشاء. ومن الثاني، إن الحضانة من حق المحضون الذي يغلب على القاعدة الفقهية القاضية بانتهاء الحضانة في وقت معين.

وأما القرارات الصادرة عن المجلس الأعلى بعد التاريخ المذكور، فإننا وجدنا ما يفيدنا، وهو ذلك القرار المؤرخ في ٢٧ جويلية ١٩٩٥ والقاضي بأن "... وقيام الحاضن مما هو واجب عليه نحو المحضون"[٢]. وهكذا، هذا القرار ليس ما أكده قضاة المجلس الأعلى السابق له من أن الحضانة حق للمحضون وواجب على الحاضن.

ومما لا شك فيه أن القضاء يعكس صورة التشريع باعتباره آداة لتطبيق القانون ووسيلة لتحصيل الحق. وانطلاقا من هذا القول، لنا أن نقول بعد الاطلاع على التعديل الذي أدخله قانون ١٩٩٣ أنه قد انطوى على فكرة الحق الواجب بخصوص الحضانة. وبقيت "الحقوق" في الحضانة على حالها إلى أن استقرت بظهير ٠٣ فبراير ٢٠٠٤ والذي بينت مواده أن الحضانة حق للحاضن كالمادتين ١٦٥ و١٧٦، وأنها حق للمحضون كالمواد ١٦٣ التي أشارت إلى أن الحضانة جعلت لخدمة المحضون، و١٦٤ و١٦٦ التي أبرزت حق المحضون في اختيار حاضنته و١٦٩ التي كرست واجب العناية به و١٨٦ التي جعلت مصلحة المحضون المرجع في موضوع الحضانة.

ونائلة القول، أن المفهوم المتعلق بـ "حق المحضون" يطابق روح كل التشريعات المغاربية التي اعتبرت وجود المحضون ليس عبأ مكلفا ولا شاقا، وإنما حسنة مرضية للذي

ص. ١٦٤ وما بعدها.
(١) انظر، مجلس أعلى، ١٩٩٢/٠٢/٢٨، مجلة المحاكم المغربية، العددان ٦٤ و٦٥، ص. ١٧٣.
(٢) انظر، مجلس أعلى، ١٩٩٥/٠٧/٢٧، رقم ١٢٥٢، قضاء المجلس الأعلى، عدد ٤٨، ص.٢٢٧. للمزيد من التفاصيل، راجع عبد العزيز توفيق التعليق على...، المرجع السابق، ص. ١٠٦.

يستفيد منها. المحضون، إذن، يشكل موضوع اهتمام هذه التشريعات[(١)] ولا ننسى أيضا مساهمة القضاء، وذلك سيتضح لنا بجلاء في بداية الأمر من خلال الموضوع الذي سنتعرض له حالا والمتمثل في التنازل الصريح.

المبحث الثاني
التنازل الصريح عن الحضانة

وعلى أي حال فإنه لا يهم مطلقا إن كان التنازل عن الحضانة قد تم بالإرادة المنفردة للحاضن **(المطلب الأول)** أم بمقتضى اتفاق **(المطلب الثاني)** إذ هو على الحالين مقيد، بمعنى أن هذا الحق ليس مطلقا وإنما مقيد بعدم المساس بحقوق الطفل ومصالحه.

المطلب الأول
التنازل بإرادة الحاضن المنفردة

للحاضنة حق التنازل عن حضانتها؛ ويقرر هذا الأثر في الوقت الحاضر القانون الجزائري حيث يقضي في المادة ٦٦ من قانون الأسرة على أن "يسقط حق الحاضنة...، وبالتنازل".

لكن ينبغي لإحداث هذا الأثر أن يكون التنازل غير مضر بمصلحة المحضون، وأن يأتي هذا التنازل من قبل مستحقي الحضانة من حيث الموضوع والشكل وفقا لأحكام القانون وحده، وإن كان يشترط أن يتم هذا التنازل أمام الجهة المختصة في ذلك.

هذا في قانون الأسرة. أما المدونة، فإنها لم تبين صراحة موقفها من مسألة التنازل. ولكن يظهر من عبارة "إذا لم يوجد بين مستحقي الحضانة من يقبلها..." الواردة في المادة ١٦٥ منها أنها أقرت هذا النوع من الإسقاط. وتجدر الإشارة إلى أن المجلس الأعلى المغربي، قبل تعديل المدونة، قرر أن يكون التنازل عن الحضانة صريحا لا يقبل تأويلا، حيث جاء في إحدى حيثيات قراره المؤرخ في ٢٤ ديسمبر ١٩٩١ بأن "عبارة وتحمله لبنته منها الواردة في رسم الطلاق من أنها لا تفيد تنازل المدعية عن حقها في الحضانة..." [(٢)] ،فالعبارة حسب المجلس الأعلى تفيد الاحتمال والقاعدة أنه لا قضاء مع احتمال [(٣)].

---

(1)Cf. M.Vallat, Traduit par Si Abdeldjelil El Keebaj, op. cit., p. 25.

(٢) انظر، مجلس أعلى، ١٩٩١/١٢/٢٤، مجلة المحامي، العددان ٢٥ و٢٦، ص.٢٢٢ وما بعدها.

(٣) انظر، محمد الكشبور، المرجع السابق، ص.٤٨٤.

وعن المجلة، فإنها جاءت بنصين يقرران حق الحاضن في التنازل عن الحضانة. أولهما الفصل ٦٤ جاء بالقاعدة، والثاني الفصل ٥٥ أكدها مع وضع استثناء لها. وفي هذا الصدد، نقول إنه كان الأجدر بالمشرع التونسي أن يرتب الفصل ٦٤ قبل الفصل ٥٥ بوضع هذا الأخير في فقرة تابعة له أو في فصل مستقل بعده والذي يمنح القاضي من خلاله سلطة إجبار الحاضن على الحضانة. وهذا الأمر في الحقيقة ليس موضوعا جديدا وإنما يدخل في الاستثناء.

وهكذا، أن مبدأ مصلحة المحضون يجد ذروته حتى فيما إذا تعلق الأمر بالتنازل عن الحضانة بسب ما يحققه من صيانة الحقوق وبسبب رعاية المصالح العليا للمجتمع إذ أن أطفال اليوم هم جيل المستقبل[١].

إذن، ولا ريب أن لهذا القيد حكمته إذ يعتبر التنازل عن الحضانة أمرا لا يتفق مع واجبات الحاضن نحو المحضون وبخاصة إذا تعلق الأمر بالأم الحاضنة[٢]. وفضلا عن ذلك فإنه لا يليق بها أن تتنازل عن حقها إذا كان ابنها في حاجة إليها، إلى هذا وذاك فإن تنازلها هذا قد يعتبر قرينة على رغبتها في الانتقام من مطلقها. صحيح، أنه قد يترتب على رفض التنازل أن يصبح حق الحاضن مقيدا، ولكن القانون قد لا يرى من ذلك بدلا لأن مصلحة المحضون يجب أن تقدم على أي اعتبار آخر.

لذلك، فإن الحضانة حتى وإن كانت حقا للحاضنة، فإن التنازل عنها لا يجب أن يكون طبقا لرغبتها، بل فيشترط في هذا التنازل أن يكون هناك حاضن آخر تسند له الحضانة وتتوافر فيه الشروط المطلوبة مع قبوله لهذه الحضانة.

وهذا ما أخدت به محكمة تونس الاستئنافية بتاريخ ١٠جانفي ١٩٦٣، آخدة نصب أعينها الفصلين ٥٥ و٦٤ من المجلة، حيث علقت أمر التنازل عن الحضانة على الشروط المذكورة، فورد قرارها بالنطق التالي:

آ-"لمستحق الحضانة إسقاط حقه فيها وينتقل الحق عندئذ لمن يليه في الرتبة لكن بشرط وجود هذا الأخير وعدم امتناعه من قبول الحضانة، وإلا فلا يقبل الإسقاط.

---

(١) انظر، أحمد نصر الجندي، الطلاق...، المرجع السابق، ص. ٥٨٦.

(٢) تنص المادة ١٥٩ فقرة هـ من مشروع قانون الأحوال الشخصية الموحد للإقلمين المصري والسوري على أن "إذا لم يوجد مستحقي للحضانة أو لم يقبلها أحد من المستحقين يضع القاضي المحضون عند من يثق به من الرجال أو النساء، ويفضل الأقارب على الأجانب عند توافر الشرائط".

ب- بما أن الإسقاط لا يتوفر إلا عند تحقق ذلك الشرط، كانت الحضانة حقا من حقوق المحضون لا الحاضن، إذا لم يقترن الإسقاط بذلك الشرط كان لاغيا ولا عمل عليه"[١].

وفي نفس الاتجاه، سار المجلس الأعلى المغربي، حيث أصدر قرارين مؤرخين على التوالي في ٢٨ جوان ١٩٨٦ و٢٨ جوان ١٩٨٨ يحملان نفس معنى القرار التونسي. إذ قرر أن "... وليس في الفقه ما يتمسك به الطاعن من أن للأم أن تتصرف في الحضانة كيف تشاء فتمنحها لمن تشاء"[٢].

وذلك ما عبر عنه أيضا المجلس الأعلى الجزائري في قراره الصادر في ١٩ ديسمبر ١٩٨٨، عندما قضى بأنه "من المقرر شرعا وقانونا أن تنازل الأم عن حضانة أولادها تقتضي وجود حاضن آخر يقبل منها تنازلها وله القدرة على حضانتهم، فإن لم يوجد، فإن تنازلها لا يكون مقبولا وتعامل معاملة نقيض قصدها..."[٣].

وكذلك هذا ما عبرت عنه محكمة تلمسان في حكمها الصادر في ١٠ يناير ١٩٩٨، عندما قضت بأنه " أمام التنازل الاختياري للأم عن حضانة طفلها واستعداد المدعى عليه للتكفل به يتعين الإشهاد لها عن ذلك وتحويل الحضانة للأب"[٤].

وفي حكم آخر قالت هذه المحكمة "حيث إن المادة ٦٤ من قانون الأسرة تنص بأن الأم أولى بحضانة أولادها ثم أمها ثم الخالة ثم الأم. وحيث إن الجدة من الأم أولى بالحضانة من غيرها بعد تنازل الأم عنها، لذا يتعين الإشهاد على التنازل الاختياري للأم عن حضانة طفلها والحكم بإسناد حضانتها إلى جدتهما ويبقى للأب حق الزيارة"[٥].

(١) انظر، محكمة تونس استئنافية، ١٩٦٣/٠١/١٠، قرار مدني، رقم ٥٥٦٨١، مجلة القضاء والتشريع، ١٩٦٣، عدد٨، ص.٤٨.

(٢) انظر، مجلس أعلى، ٨٦/٠٦/٢٨، مجموعة قرارات المجلس الأعلى،١٩٨٣، عدد ٩٥، ص. ٣٤؛ في نفس الاتجاه، قرار ١٩٨٨/٠٦/٢٨، مجلة القضاء والقانون، العددان ١٤٠ و١٤١، ص.١٦٤، وما بعدها.

(٣) انظر، مجلس أعلى، غ.أ.ش.، ١٩٨٨/١٢/١٩، ملف رقم ٥١٨٩٤،.المجلة القضائية، ١٩٩٠، عدد ٤، ص.٧٥.

(٤) انظر، محكمة تلمسان، ١٩٩٨/٠١/١٠، قضية رقم ٩/٩٤٩، غير منشور؛ محكمة تلمسان، ١٩٩٨/١٢/٠٥، قضية رقم ٩٨/١٤٢٥، غير منشور؛ محكمة تلمسان، ١٩٩٩/٠١/٠٢، قضية رقم ٩٨/٢٥٧٧، غير منشور.

(٥) انظر، محكمة تلمسان، ١٩٩٨/١١/١٤، قضية رقم ٩٨/١٤٩٥، غير منشور.

وفي نفس السياق، حكمت محكمة تلمسان في ٢٣ يناير ١٩٩٩ بأنه "مـن المقرر شرعا وقانونـا أن تنازل الأم عن حضانة أولادها يقتضي وجود حاضن آخر يقبل منها تنازلها وله القدرة على حضانتهم فإن لم يوجد فإن تنازلها لا يكون مقبولا..."(١) ؛ ولذلك، قضت المحكمة ذاتها في ٢٠ مارس ١٩٩٩ بأنه "أمـام تنـازل الأم عن حضانة ابنها وموافقة الجدة على ذلك لا يتسنى للمحكمة سوى الإشهاد للأم عـلى تنازلها والحكـم تبعا لذلك بإسناد الحضانة إلى الجدة من جهة الأم باعتبارها أولى بذلك..."(٢). غير أن مجلس قضاء تلمسان، قضى بإسناد الحضانة إلى الأب بعد أن تنازلت عليها الأم، بصرف النظر عـن معرفـة موقـف الجـدة لأم مـن ذلك(٣).

وكذلك، هذا ما قضت به محكمة سعيدة في حكمها الصادر في ١٨ ديسمبر ١٩٩٩ في قضية تـتلخص وقائعها في أن الأم قد صرحت في محضر مؤرخ في ٢٧ أكتوبر ١٩٩٩ بأنها تنازلت عـن الحضانة، وقد وافق الأب على إسنادها له، وذلك بقولهـا "الإشهاد عـن تنـازل المدعية لحضانة ولديها وإسنادها إلى المـدعي أبيهما"(٤).

وغني عن البيان أن هذا الموقف القضائي الجزائري قد سبقه نص قانوني، الذي لا يستبعد احتمال نقل القضاء قراره عنه، والمتمثل في المادة ١١٣ من مشروع تقنين الشريعة الإسلامية الذي لم يسمح للحاضن القريب للمحضون التنازل عن الحضانة، وجعل من هذا المنع القاعدة، إلا إذا وجد قريب أبعد منـه درجـة يقبل حضانة الطفل، أو قبل القاضي أسباب رفضه للحضانة؛ وهذا هو الاستثناء(٥).

ومن الواضح أن التنازل الذي سمحت به المواد المذكورة يجب أن يكون بإعلان

---

(١) انظر، محكمة تلمسان، ١٩٩٩/٠١/٢٣، قضية رقم ٩٨/٢٦٠٨، غير منشور.
(٢) انظر، محكمة تلمسان، ١٩٩٩/٠٣/٢٠، قضية رقم ٩٨/٣٢٩٢، غير منشور؛ في هذا الإتجاه، محكمة تلمسان، ١٩٩٩/١٠/٠٢، قضية رقم ٩٩/٣٨٨، غير منشور؛ ٢٠٠٢/٠٥/٠٥، قضية رقم ٨٧٤/ ٠٢، غير منشور.
(٣) انظر، مجلس قضاء تلمسان، غ. م.، ٢٠٠٠/٠١/٣١، قضية رقم ٩٩/١٣٣٩، غير منشور.
(٤) انظر، محكمة سعيدة، غ. أ. ش.، ١٩٩٩/١٢/١٨، قضية رقم ٩٩/١٦٠٠، غير منشور.
(5)En effet, l'article 113 du projet de codification du droit musulman stipulait que "celui à qui a été attribuée la garde de l'enfant ne peut, lorsqu'il est parent de cet enfant, refuser de s'en charger, à moins qu'un autre parent d'un degré plus éloigné ne consente à l'accepter, ou que les causes de son refus ne soient agréées par le magistrat... " .

من الحاضن أمام القضاء لا مجرد أن يقرر الحاضن تنازله عن الحضانة، وذلك حتى لا يبقى المحضون سائبا لا حامي له، وحتى يتسنى للقاضي معرفة ما إذا كان مثل هذا التنازل يضر بالمحضون، وإذا حصل ذلك، لا يحكم بسقوط بحق الحضانة حتى ولو طلبها غيرها مادامت مصلحة المحضون مازالت متعلقة بها(١).

ولقد جرى قضاؤنا على الأخذ بذات المبدأ حيث استقر على التمييز بين التنازل الذي يتم أمام الجهات القضائية، والتنازل الذي يتم خارجها. فقد جاء في إحدى حيثيات القرار الصادر عن مجلس قضاء تلمسان في ١٥ أوت ١٩٩٨ بأنه "بالرجوع إلى ملف الدعوى يتبين أن السند الوحيد الذي يتمسك به الأب من أجل المطالبة بحضانة ابنه هو ذلك التنازل الذي تقدمت به الأم، إلا أن ذلك التنازل لم يتم أمام أية جهة قضائية مما ينفي إبعاده"(٢).

إلا أن القضاء المغربي رأى في إحدى قضاياه عكس هذا الموقف، حيث حكم بأن "... وأن القانون لا يشترط فيمن له حق الحضانة بعد الأم أن يطالب بها قضاء مادام قد مارسها فعليا(٣).

ونحن من جهتنا نعارض الموقف المغربي ونؤيد الجزائري، لأن مصلحة المحضون التي هي أساس الحضانة لا تراعى إلا أمام القضاء وذلك حتى لا يبقى المحضون ضائعا بلا حاضن، أو يتأرجح كل مرة من محتضن إلى آخر. لذلك لم تر محكمة التعقيب التونسية في ١٠مارس ١٩٨١ في الممارسة الفعلية للحضانة إلا أمرا مخالفا للقانون(٤).

وهذا ما يستنتج أيضا من القرار الصادر عن المحكمة العليا بتاريخ ١٨ جوان ٢٠٠٣

---

(١) انظر، عبد العزيز سعد، المرجع السابق، ص. ٣٠١.

(٢) انظر، مجلس قضاء تلمسان، ١٩٩٨/٠٦/١٥، قضية رقم ٩٨/٥٩٨، غير منشور. وفي نفس الاتجاه، محكمة معسكر، ١٩٨٤/١٢/٣٠، غير منشور.

(٣) انظر، مجلس أعلى، ١٩٨٢/٠٧/١٢، ملف رقم ٥٤٥، مجلة القضاء والقانون، عدد ١٣٣ - ١٣٩، ص.١٨٣.

(٤) "طالما أن حضانة الأبناء حكم بها لفائدة الأب، فإن ممارسة الأم للحضانة الفعلية يعتبر غير قانوني لمخالفة ما قضت به المحكمة المختصة...". انظر، محكمة التعقيب، ١٩٨١/٠٣/١٠،قرار مدني، عدد ٥٣٩٨، نشرية محكمة التعقيب،١٩٨١، ج.٢، ص.٢٩٩؛ في نفس الاتجاه، محكمة التعقيب، ١٩٨١/٠٦/٣٠، قرار مدني، عدد ٥٣٩٨، نشرية محكمة التعقيب، ١٩٨١، ج.٢، ص.٢٩٩.

في قضية تتلخص وقائعها في أن الأب كان يمارس الحضانة بصفة فعلية مند أكثر من سنة، وطلب على هذا الأساس من المحكمة العليا نقض القرار الصادر عن مجلس قضاء البليدة بتاريخ ٠٣ جوان ٢٠٠٢ والقاضي بإسناد الحضانة إلى أم الأولاد وذلك بقولها "حيث إن القرار المطعون فيه قد أجاب الطاعن أن الأم أولى بالحضانة ما لم يوجد ما يسقطها قانونا"[١].

وإذا كانت القاعدة أن الحاضنة يمكن لها أن تتنازل عن حضانتها، والاستثناء منعها من ذلك إذا كانت مصلحة المحضون مهددة[٢]، فهل تنطبق هذه القاعدة على الأم أيضا؟ أم أن الاستثناء المذكور هو القاعدة إذا كانت الحاضنة هي الأم؟

إجابة على هذا السؤال، نقول أن النصوص التشريعية السالفة الذكر قد جاءت عامة، إذ لم تفرق بين الأم وغيرها من الحواضن، فعبارة "الحاضنة" التي جاءت بها المادة ٦٦ من قانون الأسرة والفصل55 من المجلة وكذا عبارة "...لم يوجد بين مستحقي الحضانة " التي تفضلت بها المادة ١٦٥ من المدونة تشمل الأم كما تشمل الحواضن النساء الأخريات، ومن ثم لا مجال للتمييز حيث لم يميز القانون.

إلا أن كل ما في الأمر، وزيادة على ما قلناه، هو لما كانت الحضانة حقا مشتركا بين الحاضن والمحضون، وأن حق المحضون أسبق من حق الحاضن، ولما كان الطفل بحاجة إلى أمه أكثر من أي شخص آخر، فإنه يصعب التفوه بتنازل الأم عن حضانتها بكل سهولة. لأن الأمر هنا لا يتوقف على تواجد حاضنة بعدها تقبل حضانته فحسب، - فالمسألة مفروغ منها إذا لم يكن للطفل سوى أمه الحاضنة، وفي هذه الحالة لا خيار لها[٣] - وإنما يتعلق أشد التعلق بمدى قبول المحضون لهذه الحاضنة، وتنجلي هذه الحالة بوضوح عندما يكون المحضون في سن الرضاعة ولا يقبل مرضعة غير أمه[٤].

---

(١) انظر، محكمة عليا، غ.أ.ش.م.، ٢٠٠٣/٠٦/١٨، ملف رقم ٣٠٦٧٤٥، غير منشور.

(2)Cf. H. Bencheikh Dennouni, La garde..., op. cit., p. 906.

(٣) انظر، عبد الرحمن الصابوني، المرجع السابق، ج.٢، الطلاق وآثاره، ط.٨، ص. ٢٣٩.

(٤) وتاريخيا، قد تنبه واضعو مشروع تقنين الشريعة الإسلامية لهذا الاحتمال في المادة ١٠٧ منه الذين كانوا أكثر تشددا بالنسبة للأم الحاضنة لطفل صغير وخصصوا لها مادة مستقلة تنص على أن "للأم حق وواجب حضانة طفلها وهو في حداثة، ذكرا أو أنثى، إما أثناء الزواج، أو بعد انحلاله، وأن تقدم له العناية التي تتطلبها حالته".

Cet article disposait que " la mère a le droit et le devoir de garder son enfant en bas âge, garçon ou fille, soit pendant le mariage, soit après sa

ولكن، هل معنى ذلك أن الأم تجبر في هذه الحالة على الحضانة لكي تغلب مصلحة المحضون على مصالحها؟

فالإجابة بنعم فصلت بها المجلة في الفصل ٥٥، فالأم أو غيرها تجبر على الحضانة إذا لم يوجد غيرها[١]. وتعزز هذا الحكم من طرف القضاء التونسي، إذ قضت محكمة التعقيب في قرارها الصادر في ٠٨ مارس ١٩٩٣ في قضية تتلخص وقائعها في أن المحكمة الابتدائية نصت بموجب حكمها الصادر في ٠٥ ماي ١٩٩٢ بإسناد حضانة الأبناء الخمسة إلى عمهم بعد تنازل الأم عنها ومكوث الأب بالخارج، غير أن محكمة الاستئناف بسوسة لم تأخد في قرارها الصادر في ١١ نوفمبر ١٩٩٢ هذا الحكم إذ قضت مجددا بإسناد حضانة الأبناء لوالدتهم بدليل أن حق المحضون أقوى من حق الحاضنة، وأيدتها في ذلك محكمة التعقيب بقولها أن "إسقاط الأم المفارقة لحضانة أبنائها لا يقبل منها إذا لم يوجد من الأقارب من يصلح لحضانتهم، ومن ثم فمصلحة المحضون مقدمة على مصلحة الحاضنة وتجبر الأم على الحضانة إذا احتاج إليها الابن"[٢]

.

وأن القضاء الجزائري قد سار على نفس المنهج، حيث أقر المجلس الأعلى في قضية تتلخص وقائعها في أن أما تنازلت عن حضانة أولادها لأبيهم الذي لم يرغب فيها، وأن قضاة الموضوع قضوا بقبول تنازل الأم دون وجود من يقبل الأولاد عنده وإلزام الأب بأخذهم وهو ليس حاضنا مباشرا بل يحضن بغيره. ولذلك أقر المجلس الأعلى بأن هذا الأمر جعل قرارهم "منعدم الأساس القانوني ومخالفا لأحكام الحضانة"، ويجب أن تعامل الأم هنا معاملة نقيض قصدها"[٣].

وهذا ما أكده المجلس ذاته في قراره الصادر في ٠٣ جويلية ١٩٨٩، وذلك برفضه

---

dissolution, et de lui donner les soins que réclame son état ".

(١) وهذا ما ذهب إليه أيضا قانون العائلة الأردني حيث نص في المادة ٣٨٧ منه على أنه "إذا امتنعت الحاضنة عن الحضانة فلا تجبر عليها، إلا إذا تعينت لها، بأن لم يوجد للطفل حاضنة غيرها من المحارم، أو وجدت من دونها، وامتنعت، فحينئذ تجبر، إذا لم يكن لها زوج أجنبي".

(٢) انظر، محكمة التعقيب، ١٩٩٣/٠٣/٠٨، قرار مدني، عدد ٢٦٨١٥، نشرية محكمة التعقيب ١٩٩٣، ص.٢٩٤.

(٣) انظر، مجلس أعلى، غ.أ.ش.، ١٩٨٨/١٢/١٩، ملف رقم ٥١٨٩٤، المجلة القضائية، ١٩٩٠، عدد ٤، ص. ٧٢.

لتنازل الأم عن حضانتها الماس بمصلحة المحضون[1].

كذلك قضت المحكمة العليا في ٢١ أفريل ١٩٩٨ بأن من المقررقانونا أنه لا يعتد بالتنازل عن الحضانة إذا أضر بمصلحة المحضون. ومن ثم، فإن القضاة لما قضوا بإسناد حضانة الولدين لأمهما رغم تنازلها عنها مراعاة لمصلحة المحضونين، فإنهم طبقوا صحيح القانون..."[2].

وفي نفس الاتجاه، قضت محكمة تلمسان في ٢٣ يناير١٩٩٩ السالفة الذكر "أنه من المقرر شرعا وقانونا أن تنازل الأم عن حضانة أولادها يقتضي وجود حاضن آخر يقبل منها تنازلها وله القدرة على حضانتهم فإن لم يوجد فإن تنازلها لا يكون مقبولا... وبناء على ما تقدم ذكره واستنادا إلى اجتهاد المحكمة العليا لا يمكن قبول تنازل المدعية عن حضانة الأطفال والحكم بإسناد حضانتهم إلى أبيهم الذي رفض حضانتهم فمصلحتهم تقتضي أن يبقوا عند والدتهم"[3].

وفي حكم آخر، قضت المحكمة ذاتها بتاريخ ٠٦ مارس ١٩٩٩ بأنه "يتعين رفض تنازل المدعية (الأم) عن حقها في الحضانة مراعاة لمصلحة المحضون"[4].

صحيح، فبهذا الموقف القضائي، حاولت كل من محكمة التعقيب التونسية والمحكمة العليا الجزائرية - وكذلك المحاكم الابتدائية - الإعمال على التقليل، إن لم نقل على الحد من طلب الأم التنازل عن حضانتها مذكرا إياها واجبها بالاعتناء والرعاية لطفلها وهو في سن صغيرة. ولكن، هل فعلا راع هذا الموقف القضائي مصلحة المحضون عندما أجبر الأم على الحضانة؟

الحقيقة، إن الاضطلاع بعمل على الوجه المرام، وهذا ما تدعو إليه مصلحة المحضون، لا يكون إلا إذا كان صاحبه يرغب فعلا في أدائه، وبتنازل الحاضنة، وإن كانت الأم تنازلت عن حقها، دليل وقرينة على عدم رغبتها في تحمل مهمة الحضانة. فإذا أكره على ذلك، لن تقوم بها بصدر رحب وإنما تعتبرها كلفة لا غير[5].

---

(١) انظر، مجلس أعلى، ١٩٨٩/٠٧/٠٣، ملف رقم ٥٤٣٥٣، المجلة القضائية، ١٩٩٢، عدد ١، ص.٤٥.

(٢) انظر، محكمة عليا، غ.أ.ش، م.، ١٩٩٨/٠٤/٢١، ملف رقم ١٨٩٢٣٤، المجلة القضائية، ٢٠٠١، عدد خاص، ص.١٧٥.

(٣) انظر، محكمة تلمسان، ١٩٩٩/٠١/٢٣، قضية رقم ٩٨/٢٦٠٨، غير منشور.

(٤) انظر، محكمة تلمسان، ١٩٩٩/٠٣/٠٦، قضية رقم ٩٨/٢٦٤٠، غير منشور.

(5)Cf. L. Milliot, op. cit.,, p. 405.

وهذا القول لربما يفسر موقف المشرع المغربي من تبنيه المادة ١٦٥من المدونة التي لم تنص إطلاقا على إجبار الأم أو غيرها على تحمل الحضانة إذا رفضتها، بل كان حلها الرجوع إلى القاضي الذي يختار هو أحد أقارب المحضون أو حتى غير أقاربه بل واللجوء إلى مؤسسة مؤهلة لحضانة الأطفال والذي يعتبر الملاذ الأخير لحل هذا المشكل.

ولم يكن الاجتهاد القضائي السابق لهذا النص، والذي نعتقد أن المشرع المغربي استقى نصه منه، يجبر الحاضنة على الحضانة، وهذا ما لاحظناه في قرار المجلس الأعلى المغربي الصادر بتاريخ ١٥ مارس ١٩٧٨ حيث قضى بموجبه بأن "الحضانة حق للحاضن إذا أسقطها تسقط كما يلزمه تنازله عنها"(١).

ومن جانبنا، وأمام هذه المواقف القضائية المغاربية، فإننا نعتقد في بداية الأمر أن القرار الصادر عن المجلس الأعلى الجزائري بتاريخ ١٩ ديسمبر ١٩٨٨ ينطوي على عدة عيوب، منها خاصة:

أولا: إن إكراه الحاضن على الحضانة لا يخدم المحضون، بل التنازل قد يكون أنفع له وفي مصلحته، وهذا ما نفهمه من خلال استقراء القرار الصادر عن نفس المجلس في ١٢ جوان ١٩٦٨، حيث قال "من المقرر شرعا بأنه حرصا على مصلحة الولد، تسند الشريعة الإسلامية حضانته إلى الأم أولا، ما لم يسقط حقها فيها بسبب من الأسباب المحددة في الشرع"(٢)، والشرع قد أقر تنازل الحاضنة عن حقها.

ثانيا: إن إجبار الأم على تولي الحضانة دون استعدادها لذلك يعرّض المحضون للإهمال من خلال تجاهلها لعوامل النمو السليم التي تخلقها هي وإنكارها لحاجات الطفل، فيكون مآله الضياع.

ثالثا: ولتعزيز انتقادنا هذا، نستعين بما احتج به القائلون بأن الحضانة حق للحاضنة، أنه لا يمكن أن تجبر الحاضنة على الحضانة لأنه يحتمل عجزها المعنوي، لأن شفقتها كاملة على المحضون، وهي لا تصبر عنها في الأغلب إلا عن عجز، فلا معنى لإيجابها عليها

(١) انظر، مجلس أعلى، قرار ١٩٧٨/٠٣/١٥، رقم ٢٩٦، مجلة القضاء والقانون عدد١٢٩، ص.١١٢؛ في نفس الاتجاه، مجلس أعلى، ١٩٧٨/٠٧/٠٥، مجلة القضاء والقانون، مقتبس عن إدريس الفاخوري، المرجع السابق، ص.٢٩٤.
(٢) انظر، مجلس أعلى، غ.م.، ١٩٦٨/٠٦/١٢، ن. س.، ١٩٦٩، ص. ٢٤٠.

لأنها محمولة عليها دون الجبر[١].

فضلا عن ذلك، نلاحظ في هذه القضية أن المجلس الأعلى قد ركز نقضه للقرار المطعون فيه على ترتيب الحواضن، في حين أنه كان يجب أن ينكب تسبيبه أساسا على التنازل ومصلحة المحضون وهذا ما تداركته المحكمة العليا لاحقا. ويبين عما إذا كانت حالة المحضونين تسمح للأم أن تتنازل عن حضانتهم، وكذا عما إذا كانت الأم مستعدة فعلا للاستمرار في تولي مهام الحضانة. إذن، يؤخذ على هذا القرار أنه لم يركز على البحث عن العوامل التي أدت بالأم إلى سلوك هذا المسلك، فهو ليس عملي من هذه الناحية بل وفي الأخذ به خطر عظيم على مصالح المحضون.

إلى هذا وذاك، أن ما فعله مجلس قضاء الجزائر في قراره المطعون فيه الصادر في ٠٩ فبراير ١٩٨٦ والمؤيد للحكم الصادر عن محكمة بئر مراد رايس بإلزام الأب على الحضانة مع وجود من يسبقه فيها لا يفلت هو الآخر من النقد، فكيف يمكن إلزامه، وبالاستلزام إلزام زوجة الأب على الحضانة وهي أجنبية عنه لا يهمها مصلحته أكثر من الحواضن القريبات كالجدة مثلا أو الخالة أو العمة.

فمن الناحية التطبيقية، إن هذا الجبر يمكن أن يكون له مقام إذا كان المحضون في السنوات الأولى من عمره، كأن يكون في سن الرضاعة؛ أو كان مريضا ونادى بأمه، أو كان تنازل الأم عن الحضانة انتقاما للأب المطلق، فحينئذ يمكن أن تجبر الأم على الحضانة، على الأقل خلال هذه الفترة.

والحق، هذه الملاحظات المسجلة قد تلافاها المجلس الأعلى الجزائري لاحقا في قضية تتلخص وقائعها في أن أما لبنت أقامت دعوى تنازل عن حضانتها لأبيها، فاستجابت محكمة متليلي الشعابنة لطلبها في ١٤ ديسمبر ١٩٨٥، وأيدها في ذلك مجلس قضاء الأغواط في قراره الصادر في ١٧ جوان ١٩٨٦ مع إلزام الأب برعاية ابنته. فرفع الأب طعنا بالنقض أمام المجلس الأعلى، فكان رده في قراره الصادر في ٠٣ جويلية ١٩٨٩ كالتالي:

"حيث يستفاد من الشهادات الطبية التي تخص البنت أن هذه البنت مريضة مرضا مزمنا يوجب عناية كل وقت وأن الطبيب الذي عالجها بشهادة مؤرخة في ٢١ نوفمبر ١٩٨٥ ينصح الأبوين بقوله: ومن الأفضل أن ترافق الأم البنت المريضة خلال مكوثها

(١) انظر، سعاد إبراهيم صالح، المرجع السابق، ص. ٣٥.

بالمستشفى، وأن والدها لا يمكن أن يبقى معها طول النهار وهو ملزم بالخروج لأجل عمله اليومي الذي هو وسيلة عيشه وعيشها، وأن تنازل المدعي عليها في حق حضانة بنتها أصبح بدون جدوى وغير ملتفت إليه طبقا للمادة ٦٦ من قانون الأسرة.

حيث إن الشهادة الطبية تثبت أن البنت مريضة مرضا مزمنا وتحتاج إلى رعاية أكثر والذي يوفر هذه العناية الأم فقط.

حيث إن تنازل الأم عن الحضانة يضر بالبنت لأن الأب يخرج لمزاولة مهامه ولذلك يتعين نقض القرار المطعون فيه"[1].

وهذا ما حكمت به أيضا محكمة التعقيب التونسية بتاريخ ٠٨ مارس ١٩٩٣ من أن "ولئن كان لكل من المحضون والحاضنة حق الحضانة إلا أن حق المحضون أقوى من حق الحاضنة، وأن إسقاط الحاضنة حقها لا يسقط حق الصغير في الحضانة. وتأسيسا على ذلك فإن الزوجة التي أسقطت حقها في الحضانة أثناء الطور الصلحي، إلا أنه اتضح أن الأب يعمل بالخارج وليس له من يحضن من النساء وإن إسناد حضانة الأبناء الخمسة مازالوا في سن مبكرة إلى عمهم ليس في صالحهم، تكون المحكمة على صواب لما لم تعتبر إسقاطها لحقها في الحضانة، وقضت بإسناد حضانة الأبناء إليها ورأت في ذلك ما يحقق مصلحة الأبناء المحضونين الذين يبقى حقهم في أن تتولى والدتهم حضانتهم قائما خاصة وأنهم أبناء خمسة، وليس هناك من هو أقدر على رعايتهم من والدتهم. وترتيبا على ذلك فإن المحكمة التي قضت بالصورة المذكورة، تكون قد أقامت قضاءها على أساس صحيح من الواقع القانوني دون خطأ أو ضعف في التعليل"[2].

وتعليقا على هذين القرارين، يمكن القول بأن الأول تأسيسه بني على ركيزة سليمة وطبق النصوص القانونية تطبيقا صحيحا، لأن عدم استغناء البنت عن أمها لمرضها، وتثبيت هذه الحقيقة بشهادة الطبيب يشكل مبررا مقنعا لإجبار الأم على الحضانة، فيضحى التنازل في هذه الحالة غير ممكن لأنه يضر بالصغيرة. والثاني، أسس حكمه على غياب أب الأطفال وصغر سنهم وعددهم. وهذا أيضا نسبيا يتماشى والقانون.

(١) انظر، مجلس أعلى، غ.أ.ش.، ١٩٨٩/٠٧/٠٣، قضية رقم ٥٤٣٥٣، المجلة القضائية، ١٩٩٢، عدد ١، ص. ٤٦-٤٧.
(٢) انظر، محكمة التعقيب، ١٩٩٣/٠٣/٠٨، قرار مدني، عدد ٣٦٨١٥، نشرية محكمة التعقيب، ١٩٩٣، ص.٢٩٤.

ونستنتج في الأخير، أن التنازل يمكن أن يطرح فرضيتين. الفرضية الأولى هي أن يخدم التنازل مصلحة المحضون. وفي هذه الحالة يجب أن ننظر إلى تنازل الحاضنة على أساس أنها فقدت أحد شروط الحضانة، وذلك يتجلى في عدم استعدادها ورغبتها للحضانة؛ ومن ثم تنادي مصلحة المحضون بقبول طلب التنازل. وأما الفرضية الثانية هي أن يكون هذا التنازل ضد مصلحة المحضون؛ وفي هذه الحالة لا مفر من تطبيق القيد الأساس وهو عدم الإضرار بمصلحة المحضون، وتكون هنا الحاضنة إذن متعينة للحضانة مما يتوجب رفض طلب التنازل اللهم إلا إذا نادت مصلحة المحضون بعد ذلك بخلاف ما قرره القاضي.

إذا كان هذا هو التنازل بإرادة الحاضن المنفردة، فهل إمكانية الاتفاق على التنازل عن الحضانة أمر يتماشى ومصلحة المحضون؟ أم أن ما قلناه بالنسبة للتنازل بالإرادة المنفردة حسب النصوص الأسرية المغاربية التي أتينا بها قبلا تسري بالنسبة لهذا التنازل كما تسري بالنسبة للتنازل الاتفاقي.

المطلب الثاني
التنازل الاتفاقي عن الحضانة

قلنا في بداية الفرع الفائت أن المشرعين الجزائري والتونسي والمغربي قد أقروا للحاضنة حق التنازل عن الحضانة، وقيدوا هذا التنازل بشرط يتضمن عدم الإضرار بمصلحة المحضون.

وإذا كنا نرى أن الجري على هذا النحو يحقق الغرض المنشود، فمعالجة مسألة الحضانة بهذه الكيفية لا يعرضه للنقد في شيء لكون أن حق التنازل أذى لكن ضروري لمصلحة الطفل[1]، فإن مثله في ذلك سيكون كمثل الطبيب الذي يعطي المريض مسكنا من المسكنات بعد أن حاول استئصال ما به من مرض. ويجد هذا القول كل ما يبرره في اعتبارات المصلحة وصيانة حقوق الأبرياء[2].

إلا أننا نود التقصي عما إذا كان المشرعون يمدون اعترافهم بهذا الحق إلى حد قبوله أن يكون موضوع اتفاق بين الحاضنة وبين أحد الأشخاص المستحقين للحضانة والمشار

---

(1)Cf. N. Khelef née Lamoudi, op. cit. , p. 69.

(٢) لأن الحماية هنا تتعلق بحماية الطفل الذي لا ذنب له في النزاع الذي شب بين والديه.

إليهم قانونا.

ومما لاريب فيه أن غاية ما نريد هو أن نلفت النظر إلى مسألة تتمركز حول نقطة تقاطع قوانين الأسرة والقوانين المدنية، وبعبارة أوضح، هل يمكن للأفراد أن يتعاقدوا في مجال مرتبط بشخصية صاحبه؟

من المسلم به أن الأحكام التشريعية المنظمة للحالة الشخصية للأسرة تعتبر من النظام العام[١]، لأنها تحمي وتراعي الهياكل الأساسية للأسرة، أي أحد ركائز النظام الاجتماعي[٢] كون أن الأسرة الخلية الأساسية للمجتمع[٣]، ومن ثم لا يجوز للأفراد خلق علاقاتهم غير تلك التي رتبها القانون[٤].

ولكن، إذا كان هذا القول لا نجد فيه ما يقدح عليه، إلا أننا نضيف إليه تنبيها يتجلى في أن أفراد الأسرة هم أولى بمعرفة حالتهم وتقديرها، ومن ثم، أليس من الممكن أن نثق فيهم لكي يحلوا هم بأنفسهم المشاكل التي تعتريهم. هذا ما أومأ إليه العميد جون كاربونيي بقوله أن الوالدين هم الأحق والأدرى بمعرفة مصلحة أطفالهم[٥]. وبهذا، فكل مساندة لهذا القول يجعل من تدخل القاضي الدائم والمتكرر في الحياة الأسرية أمرا منتقدا.

ومع ذلك، فحتى ولو كان هذا القول يكتسي عدة معاني، إلا أنه يجب أن نؤكد على ضرورة وجود رقابة على اتفاقات الأسر- إن - وجدت[٦]، والمبرر الكافي الذي ينادي بحق القاضي وواجبه في الرقابة هو مصلحة المحضون؛ وذلك حتى نتلافى وضع محرج

(١) انظر، المادة ١٤١ من قانون الإجراءات المدنية الجزائري. وهذا ما أكده المجلس الأعلى الجزائري في قراره الصادر في٠٩/٠٣/١٩٨١، حيث قال "من المقرر قانونا بأن اطلاع النيابة العامة على القضايا المتعلقة بحالة الأشخاص من القواعد القانونية الجوهرية المتعلقة بالنظام العام التي أو جبتها المادة ١٤١ من ق.إ.م...". مجلس أعلى، ٠٩/٠٣/١٩٨١، ملف رقم ٢٥٠٥٥، غير منشور، مقتبس عن العربي بلحاج ، مبادىء الاجتهاد ...، المرجع السابق ، ص. ١٠١.

(2)Cf. A. Chapelle, Les pactes de famille en matière extra-patrimoniale, R.T.D.Civ., 1984, p. 413-414.

(٣) انظر، المادة الثانية من قانون الأسرة.

(٤) انظر، المادتين ٦٥ و١٢٢ من دستور ١٩٩٦، والمادتين الأولى و٢٢٣ من قانون الأسرة، والمادة ٥٣ من القانون المدني.

(5)Cf. J. Carbonnier, Note sous T.G.I. Versailles, 24/09/1962, D. 1963, pp. 53-54.

(6)Cf. A. Chapelle, op. cit. , p. 415.

للطفل بأن يكون مورطا في نزاع بين والديه أي رهان قطيعتهما[١]. لأن الفطرة تجعل من الوالدين أحسن حكم وأحرصه في الحالات العادية أي عندما تكون العلاقة بين الأبوين هادئة، فإذا ما اضطربت وتعكرت جر مصلحته إليه وضرب مصلحة الطفل عرض الحائط لعقاب زوجه.

وحتى لا نبقى في العموميات، ولكي نخرج من النظري إلى الواقع المعاش، نحاول أن نطبق ما قلناه على مسألة التنازل الاتفاقي والذي لم نجد له احتمال وقوعه إلا في حالات ثلاث: الأولى، وفيها أن يتفق الحاضن مع صاحب الحق في الحضانة على إسنادها إليه[٢] **(الفرع الأول)**. الثانية، وفيها يتم الاتفاق على التنازل عن الحضانة مقابل الخلع **(الفرع الثاني)**. والثالثة، وفيها يتفق الزوجان، في إطار الطلاق بالتراضي، على كل المسائل بما فيها التنازل عن الحضانة لفائدة أحدهما أو لفائدة غيرهما **(الفرع الثالث)**. ونحن نستعرض هنا هذه الحالات تباعا مع تبيان في الأخير موقفنا منها **(الفرع الرابع)**.

الفرع الأول

اتفاق الحاضن مع أحد مستحقي الحضانة الآخرين

وهذه حالة من حالات إسناد الحضانة بواسطة الاتفاق القائم بين الحاضن وأحد مستحقي الحضانة الآخرين، وقد يتم ذلك نتيجة لفك الرابطة الزوجية عن طريق الطلاق بالإرادة المنفردة[٣] أو بالتراضي[٤] أوبالتطليق[٥].

لكن يلاحظ أنه ليس من المهم أن يتنازل صاحب الحضانة عن حقه لفائدة أحد مستحقي الحضانة، كما لا يهم كذلك أن يكون الحاضن هنا الأم أو غيرها من الحواضن الآخرين، وكل ما في الأمر أنه يجب أن يكون هذا التنازل وذلك الاتفاق غير متعارضين مع مصلحة المحضون، وإلا قضي ببطلانهما. ومن ثم، فإن التشريع لا يرى من ذلك بدلا

(1)Cf. H.H. Bencheikh, La condition juridique de la femme mariée au Maghreb, th. Rennes, 1982, p. 121; A. Chapelle, op. cit., p. 419.

(٢) انظر، سعاد إبراهيم صالح، المرجع السابق، ص. ٩٨.

(٣) انظر، المادة ٤٨ من قانون الأسرة ؛ المادة ٧٨ وما بعدها من المدونة، والفصل ٣/٣١ من المجلة.

(٤) انظر، المادة ٤٨ من قانون الأسرة، المادة ١١٤ من المدونة، والفصل ١/٣١ من المجلة.

(٥) انظر، المادة ٥٣ من قانون الأسرة؛ والمادة ٩٨ وما بعدها (من المادة ٩٨ إلى المادة ١١٣ من المدونة) ؛ والفصل ٢/٣١، ٣ من المجلة.

لأن مصلحة الطفل يجب أن تقدم على أي اعتبار آخر.

ولذلك، ففي هذه الحالة، وعلى غرار الحالتين اللتين سنتعرض إليهما لاحقا، إذا كان القاضي يتمتع بسلطة لا يستهان بها[(١)]، فإنه يقتضي الأمر أن يأخذ بعين الاعتبار عند تقديره لتلك المصلحة كل المعايير المشار إليها أعلاه. وبناء على ذلك، يستطيع أن يستبين ما إذا كان التنازل، موضع الاعتبار، جاء خدمة لمصلحة المحضون أو متعارضا معها.

وهذا ما أكدته محكمة التعقيب التونسية في قرارها الصادر في ٠٩ أوت ١٩٧٨، وذلك بقولها "أن إسناد الحضانة تراعى فيه مصلحة المحضون ولو سبق اتفاق الأبوين على إسنادها لأحدهما..."[(٢)]. وكذلك القرار الصادر بتاريخ ٣٠ نوفمبر ١٩٦٥ عن محكمة استئناف تونس، حيث قضت بموجبه "إذا أسندت الحضانة للأم بموجب الاتفاق فلا يعدل عنه لغير سبب أكيد ثابت"[(٣)].

وسارت المحكمة العليا الجزائرية في نفس الاتجاه، وذلك بمقتضى قرارها الصادر في ٠٩ جويلية ١٩٩٦ والذي جاءت فيه بأنه "متى حصل الاتفاق بين الطرفين (الأم والأب)، فإن القاضي يصادق على شروطه ولا يجوز بعد ذلك للأطراف الرجوع فيه". وقد أيدت في ذلك القرار الصادر عن مجلس قضاء تيزي وزو الصادر في ٠٨ جوان ١٩٩٤ والمؤيد بدوره حكم محكمة الرويبة الصادر في ١١ أوت ١٩٩٣ والقاضي بالموافقة على العريضة المشتركة بين الطرفين والمتضمنة عدة شروط منها إسناد حضانة البنت إلى أمها[(٤)].

الفرع الثاني
التنازل عن الحضانة كمقابل للخلع

والواقع، ما يمكن أن يحدث خلال الحياة الأسرية هو أن الزوج وهو يوافق على أن يطلق زوجته يحرم الأم من حضانة الأولاد؛ وبالمقابل، ليس ببعيد أن يحصل من الزوجة

(١) انظر، زبدة مسعود، المرجع السابق، مذكرة ماجستير، الجزائر، ١٩٨٣، ص. ١٠ وما بعدها.
(٢) انظر، محكمة التعقيب، ١٩٧٨/٠٨/٠٩، قرار مدني، عدد ٢٦٥١، نشرية محكمة التعقيب، ١٩٧٨، ج.٢، ص.٥٤.
(٣) انظر، محكمة استئناف تونس، ١٩٦٥/١١/٣٠، قرار مدني، عدد ٥٨٢٢٦، مجلة القضاء والتشريع، ١٩٦٦، عدد ١، ص.٧٣.
(٤) انظر، محكمة عليا، غ.أ.ش.م.، ١٩٩٦/٠٧/٠٩، ملف رقم ١٣٨٩٤٩، المجلة القضائية، ١٩٩٦، عدد ٢، ص.٧٧.

وهي تريد التحرر من عقدة النكاح أن تحيل حقوقا شخصية متعلقة بها وبأطفالها، فتدفع حق هؤلاء ثمنا لهذا التحرر(١).

فهذه الفرضية لم يجهلها كل من الفقه والقانون والقضاء، حيث قد اتخذوا تارة مواقف موحدة وتارة مختلفة(٢).

فمن زاوية الفقه، نجد أن آراءه لم تستقر على كلمة واحدة، وإنما تعددت بشأنها الأفكار وتشعبت الحجج سواء تعلق الأمر بالفقه الجزائري أو بالفقه المقارن؛ فخرجت هذه المسألة بثلاث حلول.

يرى أنصار الاتجاه الأول بصحة الخلع في هذه الحالة وببطلان المقابل المتمثل في التنازل عن الحضانة لتعلقه بحق الغير(٣) فبقاء الطفل عند أمه مدة الحضانة أنفع له(٤). وتجمع غالبية الفقه(٥) على أن هذا الشرط أو الاتفاق لتعديل تطبيق قاعدة الحضانة يعتبر باطلا وكأن لم يكن بسبب مساسه بمسألة تخرج عن إرادة الأشخاص وتخضع لأحكام النظام العام(٦).

وأما الفريق الثاني يرى بعدم جواز الخلع على أن تتنازل الزوجة عن حضانة ولدها؛

(1)Cf. H.Hocine Bencheikh, op. cit., th., p. 121.

(٢) راجع بشأن الشروط في عقد الزواج بصفة عامة، رشدي شحاتة أبو زيد، الاشتراط ...، المرجع السابق، ص. ٢٣ وما بعدها.

(٣) انظر، فضيل سعد، المرجع السابق، ص. ٣٧٩.

(٤) انظر، محمد البشير محمد الحاج الحجاز، آثار الفرقة بين الزوجين في الشريعة الإسلامية، رسالة دكتوراه، جامعة الأزهر، كلية الشريعة والقانون، ١٤٠٠هـ ص.٣٢٨.

(٥) انظر، بدران أبو العينين بدران، الفقه المقارن...، المرجع السابق، ص. ٥٤٥؛ عبد الرحمن الصابوني، المرجع السابق، ج.٢، الطلاق وآثاره، ط.٨ ص. ٢٣٩؛ الإمام محمد أبو زهرة، الأحوال الشخصية، المرجع السابق، ص. ٤١١؛ محمد مصطفى شلبي، أحكام الأسرة...، المرجع السابق، ص. ٧٥٤. قد سرى على هذا الرأي الحنفية (وهبة الزحيلي، الفقه الإسلامي...، المرجع السابق، ص. ٥٠١ و٧١٩؛ عبد الرحمن الجزيري، المرجع السابق، ص. ٣٦٢) ، ومنهم محمد حيث يقول "لو اختلعت على أن تترك ولدها عند الزوج فالخلع جائز والشرط باطل، لأن هذا حق الولد أن يكون عند أمه ما كان إليها محتاجا"، (مقتبس عن إبراهيم بك وواصل علاء الدين أحمد إبراهيم، المرجع السابق، ص. ٥٩١) .

(6)Sur les différents aspects de cette question, cons. Y. Dennaoui, La famille musulmane dans certains codes contemporains (ottoman, syrien, tunisien) , th. Paris 2, 1978, pp. 227-228.

فقد دعموا رأيهم هذا بحجة مستقاة من مبدأ مصلحة المحضون ومضمونها أن حق الحضانة هو حق للولد، وبقاءه عند أمه أنفع له[١]، فضلا عن أن ليس من حق الزوجة أن تجعل حق الغير ثمنا للخلع من أجل الحصول على طلاقها من زوجها الذي لم تعد ترغب في الحياة معه[٢].

وعلى النقيض من ذلك، ترى قلة ضئيلة من الفقه بأنه يمكن للزوجة أن تتنازل عن الحضانة للتحرر من عقدة النكاح[٣]. وهذا رأي المالكية، حيث أجاز هؤلاء إسقاط الحضانة بالخلع وانتقالها إلى الأب إذا توافر الشرطان التاليان: أولا، ألا يلحق الولد ضرر من مفارقة أمه؛ وثانيا، أن يكون الأب قادرا على حضانة الولد. وإلا يقع الطلاق ولم تسقط الحضانة[٤].

إلا أن المفتى به والعمل عليه عند بعض المالكية هو أنه إذا خالعت الأم على إسقاط حضانتها لا تنتقل الحضانة إلى الأب ولكنها تنتقل إلى من يلي الأم في حق الحضانة[٥].

أما من زاوية القانون، فتتجه القوانين العربية المعاصرة إلى تأييد الرأي الأول[٦]، بل وهو الرأي المعمول به في سائر القوانين العربية وفي الجزائر فعلا. فقد جاء في المادة ١٠٣ من قانون الأحوال الشخصية السوري بأنه "إذا اشترط الرجل في المخالعة إمساك الولد عنده مدة الحضانة، صحت المخالعة وبطل الشرط وكان لحاضنته الشرعية أخذه منه"[٧].

---

(١) انظر، السرخسي، المبسوط، المرجع السابق، ج. ٦، ص. ١٩٦؛ أحمد نصر الجندي، الطلاق...، المرجع السابق، ص. ٥٨٩.

(٢) انظر، عبد العزيز سعد، المرجع السابق، ط.٢، ص. ٢٥٠.

(3)Cf. Gh. Benmelha, op. cit., p. 232.

(٤) انظر، عبد الرحمن الجزيري، المرجع السابق، ص. ٣٦٣؛ وهبة الزحيلي، الفقه الإسلامي...، المرجع السابق، ص. ٥٠١؛ أحمد نصر الجندي، الطلاق...، المرجع السابق، ص. ٥٨٨.

(٥) انظر، محمد الدسوقي، المرجع السابق، ج. ٢، ص. ٣٤٩؛ وهبة الزحيلي، الفقه الإسلامي...، المرجع السابق، ص.٥٠١.

(٦) كذلك جاء في المادة ٢٨٨ من الأحكام الشرعية في الأحوال الشخصية لمحمد قدري باشا بأن "اشتراط الرجل في الخلع إمساك ولده عنده مدة الحضانة باطل، وإن صحّ الخلع، وللمرأة إمساكه مدة الحضانة".

(٧) وعلى هذا ذهبت محكمة النقض السورية في قرارها الصادر في ١٩٥٤/٠٥/١٦، حيث قضت " إن حق الحضانة من الحقوق المستمرة، فإن تنازلت عنه في زمن لا يؤثر على حقها في المستقبل ".

كذلك جاء في المادة ٢٠ فقرة ثالثة من قانون تنظيم وإجراءات التقاضي في مسائل الأحوال الشخصية المصري الصادر بالقانون ١ لسنة ٢٠٠٠ بأنه "لا يصح أن يكون مقابل الخلع إسقاط حضانة الصغار..."[١].

كما ورد في نص المادة ١٠٢ من مشروع القانون العربي الموحد للأحوال الشخصية بأنه "لا يجوز أن يكون بدل الخلع التخلي عن حضانة الأولاد ولا شيئا من حقوقهم، فإن وقع، صح الخلع وبطل الشرط".

وفي هذا الصدد، يقتضي الأمر أن نشير إلى أن قوانين المغرب العربي لم تسلك نفس المسلك بشأن مدى صحة التنازل عن الحضانة مقابل الاختلاع.

ففي تونس سكت المشرع عن هذه المسألة بدلالة أنه لا يعترف بالخلع كحالة من حالات الطلاق، حيث قد نص الفصل ٣١ من المجلة على حالات الطلاق[٢]، وذلك بقوله "يحكم بالطلاق" بناء على طلب تراض الزوجين.

وفي المغرب، يمكن استخلاص موقف مشرعه من التنسيق بين المادتين ١١٨ و١١٩ الفقرة ١ من مدونة الأسرة اللتان تنصان على الترتيب "كل ما صح الالتزام به شرعا، صلح أن يكون بدلا في الخلع،

انظر، محكمة النقض، ١٩٥٤/٠٤/١٦، عن عبد الرحمن الصابوني، المرجع السابق، ج. ٢، الطلاق وآثاره...، ط.٨، ص. ٢٤٠؛ عزة ضاحي، المرجع السابق، ص. ١٢٩.

(١) ومن ثم إذا كان الخلع بين الزوجة وزوجها على أن يكون الخلع إسقاط حضانتها للزوج، فإن الشرط المقابل يبطل ويصح الخلع ويقع به طلقة بائنة. وهذا ما سرت عليه محكمة جرجا الشرعية في حكمها الصادر في ١٩٣٣/٠٧/٢٢، عندما قررت أن "إسقاط الحاضنة حقها في الحضانة لا يسقط حق الصغير". انظر، محكمة جرجا الشرعية، ١٩٣٣/٠٧/٢٢، مجلة المحاماة الشرعية، السنة الخامسة، ص. ١٧١.

(٢) انظر، كمال قرداح، الطلاق، مجلة القضاء والتشريع، ١٩٦٥، عدد ٣، ص.١٥٠ وما بعدها؛ الطيب العنابي، الطلاق في القانون والمجتمع، مجلة القضاء والتشريع، ١٩٦٧، عدد ٢، ص.٧ وما بعدها.

Cf. A. Belhaj Hamouda, Les conflits…, op. cit., Actualités juridiques tunisiennes, 1989, N° 1 et 2, pp. 7 et s ; M.S. Fantar, Les causes du divorce en droit comparé Tunisien et Français, th. Clermont 1, 1977.

دون تعسف ولامغالاة"؛ و"لا يجوز الخلع بشئ تعلق به حق الأطفال أو بنفقتهم إذا كانت الأم معسرة ".

إن النص الأول إذا أخذنا به بمعزل عن الثاني، نقول أنه لم ينف التنازل عن الحضانة كمقابل الاختلاع، وذلك يبرر باستعمال المشرع عبارة "شرعا" لتحديد بدل الخلع، حيث إنه يجوز عند المذهب المالكي المعمول به رسميا في المغرب[١] أن يتفق الزوجان على أن يكون التنازل عن الحضانة كمقابل للخلع كما سبق توضيحه. ولكن بانتقالنا إلى النص الموالي في فقرته الأولى، نجد أن المسألة عكس ذلك، حيث إن المدونة خرجت عن المذهب المالكي في هذه النقطة وحسمت موقفها بعدم جواز الاختلاع بالتنازل عن الحضانة امتثالا للمادة ٤٠٠ التي لم تعتمد على المذهب المالكي فحسب، وإنما أضافت الاجتهاد[٢].

وللإشارة، فإن التشريع السابق للمدونة في فصله ٦٥[٣] كان يجيز أن يتم الخلع مقابل الحقوق المالية للأولاد كالنفقة وأجرة الحضانة والسكن بشرط أن تكون موسرة[٤] ؛ أما الحقوق غير المالية للأطفال، فلا يجوز المخالعة بها حسب النص المذكور.

غير أن هذا المنع لم يلتفت إليه المجلس الأعلى المغربي في قضية تتلخص وقائعها في أن الأم المختلعة طعنت في صحة التزامها بالتنازل عن حضانة طفليها مقابل الخلع بحجة أنها كانت غير راشدة عند إبرام الخلع[٥]. فقضى المجلس في قراره المؤرخ في ٢٥ نوفمبر ١٩٨١ بعدم استحقاق الجدة للحضانة لأنها تعيش مع ابنتها التي اختلعت بالتنازل عن حضانة ولديها: فهو قبل ضمنيا مقابل هذا التنازل، حيث أيد ضمنيا ما ردت به محكمة الاستئناف من أن المهملة (في هذه القضية الأم) التي لا وصي لها ولا مقدم يمضي

(١) انظر في شأن ذلك عبد العزيز توفيق، مدونة الأحوال الشخصية مع آخر التّعديلات، دار الثقافة، ١٩٩٣، ص. ١٥ وما بعدها؛ محمّد الكشبور، المرجع السّابق، ص.٢٢.

(٢) تنص المادة ٤٠٠ من المدونة على أن "كلما لم يرد به نص في هذه المدونة، يرجع فيه إلى المذهب المالكي والاجتهاد الذي يراعي فيه تحقيق قيم الإسلام في العدل والمساواة والمعاشرة بالمعروف".

(٣) كان ينص هذا الفصل على أن "لا يجوز الخلع بشئ تعلق به حق الأولاد إذا كانت المرأة معسرة".

(٤) إذا كان الزوج عالما عند الخلع أن زوجته معسرة ومع ذلك رضي بالخلع على نفقة الأولاد، فإن الطلاق يمضي ويبقى الزوج مسؤولا عن النفقة. كذلك إذا كانت الزوجة غير معسرة وتحملت نفقة الأولاد مقابل الطلاق ثم عجزت أثناء المدة ولو في بدايتها على تلك النفقة وثبت عجزها فعلا، فإنه يتعين على الأب أن ينفق على الأولاد مع الاحتفاظ بحقه في الرجوع عليها منها بعد إذا أصبحت موسرة. انظر، إدريس الفاخوري، المرجع السابق، ص. ٢٥٤.

(٥) وفي هذا الإطار، تنص المادة ١١٦ من مدونة الأسرة على أن "تخالع الرشيدة عن نفسها، والتي دون سن الرشد القانوني إذا خولعت وقع الطلاق، ولا تلزم ببدل الخلع إلا بموافقة النائب الشرعي".

خلعها[١].

ولكن فما هو موقف المشرع الجزائري من هذه المسألة؟

للإجابة عن ذلك، نقول أن مشرعنا لم يتعرض إلى هذه المسألة في باب الحضانة، ومع ذلك، فإنه لم يسكت عنها كلية، إذ يمكن استخراج حكمها من فصل الطلاق وبالتحديد من الفقرة الأولى من المادة ٥٤ المعدلة من قانون الأسرة التي نصت على أن "يجوز للزوجة دون موافقة الزوج أن تخالع نفسها بمقابل مالي"[٢].

ويستشف من هذا النص أنه لا يجوز في ظل التشريع الجزائري أن يكون التنازل عن الحضانة مقابل خلع، إذ أن الحضانة لا تقوم مقام المال في هذه الحالة لارتباطها بالأمور الشخصية ولا المادية للطلاق، ولأن كلمة "مال" الواردة في المادة المذكورة تبرهن أتم البرهان أن المخالعة لا تجوز ولا ترتب أثرها إلا إذا كان مقابلها مالا. ومن ثم، كل ما لا يمكن تقويمه بمال لا يصلح أن يكون بدل خلع. وللتأكيد على ذلك، بعد أن نصت المادة ٥٧ المعدلة من ذات القانون على عدم إجازة الاستئناف في الأحكام الخاصة...بالخلع فيما عدا جوانبها المادية، "تكون الأحكام المتعلقة بالحضانة قابلة للاستئناف".

ولا ريب أن لهذه النصوص سرها، فقد أراد مشرعنا من وضعها أن يقضي على كل متاجرة ومساومة تقع من جانب الزوجين نحو الأطفال، إذ من المحتمل أن تتنازل الزوجة عن حضانتها مقابل حريتها ولكن إهدارا لمصالح الطفل وإجحافا لحقوقه، لذلك كان من

---

(١) انظر، المجلس الأعلى، ١٩٨١/١١/٢٥، قرار عدد ٦٦٦، غير منشور، مقتبس عن أحمد الخمليشي، المرجع السابق، ص.١٥٠.

(٢) ويلاحظ في هذا التعديل للمادة ٥٤ من قانون الأسرة أنها لم تعد تأخذ برضى الزوج حيث نصت هذه المادة في فقرتها الأولى على أن "يجوز للزوجة دون موافقة الزوج أن تخالع نفسها بمقابل مالي". وهذا ما سارت عليه المحكمة العليا في قراراتها الأخيرة، منها القرار الصادر في ١٦ مارس ١٩٩٩، إذ قضت بموجبه بأنه "حيث بالرجوع إلى المادة ٥٤ من قانون الأسرة يتبين أن الخلع رخصة للزوجة تستعملها لفدية نفسها من الزوج مقابل مبلغ مالي وهو ما عرضته المطلقة على الزوج... مما يجعل ما قضى به قاضي الدرجة الأولى مطابق نصا وروحا للمادة ٥٤ من قانون الأسرة الواجب التطبيق على قضية الحال..." (انظر، محكمة عليا، ١٩٩٩/٠٣/١٦، ملف رقم ٢١٦٢٣٩، المجلة القضائية، ٢٠٠١، عدد خاص، ص. ١٤٠، في هذا الاتجاه، محكمة عليا، ١٩٩٢/٠٧/٢١، ملف رقم ٨٣٦٠٣، المجلة القضائية، ٢٠٠١، عدد خاص، ص. ١٣٤) . راجع بشأن هذه المسألة، تشوار حميدو زكية، الدور الإيجابي للقضاء في تفسير المادة ٥٤ من قانون الأسرة، م.ج.ع.ق.إ.س.، ٢٠٠٣، عدد ٢، ص. ٩ وما بعدها.

الضروري أن يسّد هذا الباب من الأصل صيانة لحقوق الطفل وحماية لمصالح المجتمع ككل.

ويجري القضاء الجزائري في أحكامه على الاعتراف بأن يكون مقابل الخلع مالا. فقد قضى المجلس الأعلى في قراره الصادر في ١٩ فبراير ١٩٦٩ على أن "من المقرر شرعا وقانونا بأن الخلع هو طلاق بإرادة الزوج المنفردة مقابل مال تدفعه له الزوجة يتم الاتفاق عليه، ومن ثم فإنه لا يجوز للقاضي الحكم به دون رضا الزوج"[١].

كذلك قضى نفس المجلس في ٠٨ فبراير سنة ١٩٨٢ على أن "من المقرّر شرعا أنه للطلاق على مال لا يفرض على الزوجة كما لا يفرض على الزوج، إذ الخلع شرع لمعالجة حالات ترى الزوجة فيها أنها غير قادرة على البقاء مع زوجها فتعرض عليه مالا لمفارقتها إن قبل تم الخلع وطلقت منه"[٢].

وفي قرار آخر صادر بتاريخ ٢٢ أفريل ١٩٨٥ أكد المجلس ذات المبدأ عندما قضى بأن "من المقرر فقها أنه في حالة الاتفاق بين الزوجين على مبدأ الخلع والاختلاف على مقداره فإن أمر تقديره يعود لقاضي الموضوع، باعتبار أن ذلك يعتبر اتفاقا على مبدأ الطلاق بخلع، ومن ثم يتعين على القاضي تقدير قيمة الخلع ثم الحكم بالطلاق..."[٣].

وهكذا، يترتب على هذا الموقف القضائي أن التنازل عن الحضانة لا يجوز بتاتا أن يكون مقابلا للخلع، فإنه مع ذلك هناك بعض الأحكام والقرارات القضائية قد اتخذت موقفا معاكسا، سواء كان ذلك قبل الاستقلال أو قبل إصدار قانون الأسرة أو حتى بعد إصداره.

وقد سار القضاء قبل الاستقلال على أحكام المذهب المالكي، إذ لم يمنع أن يكون مقابل الخلع التنازل عن الحضانة شريطة أن لا يخشى على المحضون ضررا من جراء انفصاله عن أمه. فقد أصدرت محكمة استئناف الجزائر حكما بتاريخ ٢٦ أكتوبر ١٨٦٣ يقضي بأن "يجب تنفيذ الاتفاق بين الزوجين في حالة ما إذا خالعت الزوجة الحامل زوجها على إسقاط حقها في الحضانة وتسليم الولد بعد الوضع لأبيه"[٤]. كما قضت غرفة

---

(١) انظر، مجلس أعلى، غ.ق.خ.، ١٩٦٩/٠٢/١٩، ن. س.، ١٩٦٩، ص. ٢٦٦.

(٢) انظر، مجلس أعلى، غ.أ.ش.، ١٩٨٢/٠٢/٠٨، ملف رقم ٢٦٧٠٩، نشرة القضاة، ١٩٨٢، عدد خاص، ص. ٢٥٨.

(٣) انظر، مجلس أعلى، غ.أ.ش.، ١٩٨٥/٠٤/٢٢، ملف رقم ٣٦٧٠٩، المجلة القضائية، ١٩٨٩، عدد ١، ص. ٩٢.

(4)Cf. C.A. Alger, 1ère ch., 26/10/1863, in Estoublon, Jurisprudence

مراجعة الأحكام الإسلامية في قرارها الصادر في ١٤ نوفمبر ١٩٤٩ بأن "لا تمنع الشريعة الإسلامية المرأة الحامل من مخالعة زوجها على إسقاط حضانة الولد لأبيه، إلا أنه لا يجوز أن يكون هذا الاتفاق مانعا من قيام الأم بواجب إرضاع ولدها؛ يبقى الاتفاق معلّقا إلى بلوغ المحضون سنتين أي مدة الرضاعة المقررة شرعا، ولا أثر له على صحة الطلاق"[١].

أما في ظل الأمر رقم ٢٧٤ الصادر في ٤ فبراير ١٩٥٩، اكتفى المشرع بمعالجة مسألة الحضانة في مادة واحدة، حيث جاء فيها "إن الحكم الناطق بانحلال الزواج، يجب أن يفصل أيضا في حضانة الأولاد حسب مصلحة هؤلاء...". ولكن لما أشرقت شمس الحرية على الجزائر، عاد القضاء ليطبق أحكام الفقه الإسلامي منه خاصة الفقه المالكي، ويتجلى هذا الموقف بوضوح في قرار مشهور صدر عن مجلس قضاء تلمسان بتاريخ ٠٦ جويلية ١٩٦٧ الذي تتلخص وقائعه في أن محكمة تلمسان قررت بإسناد حضانة الأطفال طبقا لما اتفق عليه الزوجان بصدد اختلاع الزوجة مقابل تنازلها عن حضانة البنات الأربعة لصالح أبيهم مع احتفاظها بالبنت الكبرى. فطلب الأب تعديل نظام الحضانة بأن تكون حضانة الأولاد كلها له، فكان رد مجلس قضاء تلمسان كالتالي: "حيث إن القاضي مقيد بالاتفاقية مثل ماهو مقيد بالقانون"، وأضاف قائلا "حيث إنه لم يقدم أي دليل على أن هذا التنازل قد أضر بمصلحة الأطفال، فحسب تصريحات الأب الطاعن يتبين أن العمة تقدم لهن الرعاية اللازمة"[٢].

---

algérienne de 1830 à 1876, t. 3, 1863, p. 29.

(١) انظر، غرفة مراجعة الأحكام الإسلامية، ١٩٤٩/١١/١٤، مجموعة الأحكام القضائية الإسلامية، ج. ١، من ١٩٤٥ إلى ١٩٥٠، قرار ١٩٢. وقد سبق لهذه المحكمة أن قضت بهذه القاعدة في قرارها الصادر في ١٩٤٢/١٢/٢٦، انظر غرفة مراجعة الأحكام الإسلامية، ١٩٤٢/١٢/٢٦، رقم ٢٧، نوراس، رقم ٨٨٣، مقتبس عن .Gh. Benmelha, op. cit., p. 185

(٢) انظر، مجلس قضاء تلمسان، ١٩٦٧/٠٧/٠٦، م.ج.ع.ق.إ.س.، ١٩٦٨، عدد ٤، ص. ١٢٣٨-١٢٤٢.

Ainsi donc, dans des attendus dépourvus d'ambiguité, puisqu'ils faisaient allusion à la possibilité de renoncer à la hadhana par le biais d'une convention, un arrêt de la cour de Tlemcen en date du 06/07/1967 justifiait cette renonciation, en notant que le divorce par consentement mutuel n'est pas prohibé par la loi, et que le juge est lié par les conventions comme il l'est par la loi elle-même; et la femme peut stipuler valablement pour obtenir le divorce, l'abandon du droit de hadhana, et concluait que " la preuve n'est pas rapportée que cette renonciation a

ويترتب على ذلك أنه يمكن الانتفاع بموقف المالكية مادام أن الاتفاق القائم بين الزوجين لم يمس بمصلحة المحضونين، إذ لو قدر المجلس بأن هذا الاتفاق مضر بمصلحة الأطفال لصادق على فك الرابطة الزوجية دون الأخذ في الاعتبار كل ما تعلق بحضانة الأطفال[١].

أما بعد صدور قانون الأسرة، فإننا لم نعثر إلا على قرار واحد، والذي لم يتوضح موقفه تمام الوضوح إذ انطوى على شيء من التردد والغموض حول منع أو إجازة التنازل كمقابل لخلع. وذلك عندما قضى المجلس الأعلى في قراره المؤرخ في ٠٧ ديسمبر ١٩٨٧ بأن "الزوجة هي التي طلبت التطليق أمام المحكمة وأن زوجها علق قبوله له على إسناد حضانة الأولاد إليه وعلى أن تخالعه ولم تحقق به زوجته الشرطين ومن ثم حكمت المحكمة عليها (محكمة غليزان في ٢٤ جويلية ١٩٨٣) بالرجوع. ولما لم ترض الزوجة بهذا استأنفت الحكم مطالبة بإلغائه ولم يكن فيه مالا تريده سوى الرجوع واستجاب المجلس (مجلس قضاء مستغانم (في ٢٦ نوفمبر ١٩٨٤) لطلبها في لباس يظهر أن الزوج هو الذي طلب طلبه وبالرجوع إلى أقواله في القرار يتبين أنها عرضت بتناقض يفيد الرجوع والطلاق مما يضعف الحكم ويقلل من درجة تأسيسه الشرعي ويجعل الأسباب التي تبني عليها الحكم بالطلاق غير واضحة فالطلاق حق للزوج ولكن لا بدّ أن يكون الطلب به بكل الطرق صريحا والتطليق حق للزوجة ولكن لا بدّ لها من أسبابه وفي القرار احتمال والاحتمال مانع من الحكم حتى يتجلى ومن ثم فالنعي على القرار كما في السبب هو كذلك"[٢].

والحق أن ورود القرار بهذه الصياغة إنما تعرضه للنقد، فإنه لم يلتفت صراحة إلى شرطي الزوج ولم يبد موقفه فيهما، إذ أن الزوج علق موافقته على فك الرابطة الزوجية بتحقق شرطين، أي بتوافر مقابلين: المقابل الأول هو إسناد حضانة الأولاد إليه، والمقابل الثاني هو المال وهو ما دل عليه بعبارة "وأن تخالعه". ويجدر التنويه بأن هذين الشرطين هما في الحقيقة مقابلا للخلع، إلا أن القضاء لم يدمج شرط التنازل عن الحضانة من قبل

---

porté un préjudice certain aux intérêts des enfants". Cf. Cour de Tlemcen, 06/07/1967, R.A.S.J.E.P., 1968, n° 4, p. 1240.

(١)(Cf. H. H. Bencheikh, op. cit., th., 1982, p. 130.

(٢) انظر، مجلس أعلى، ١٩٨٧/١٢/٠٧، ملف رقم ٤٤٨٥٨.،المجلة القضائية، ١٩٩٠، عدد ٤، ص. ٥٢-٥٣.

الأم ضمن الاختلاع لكون أن هذا الأخير، كما قلنا، لا يمكن أن يكون بدله في القانون الجزائري إلا مالا.

ويلقى هذا الاتجاه منا كل تأييد لا من حيث السكوت الذي تميز به هنا، وإنما من حيث تمسكه ضمنيا برأي غالبية الفقه إذا قلنا بأن السكوت يقصد به الرفض؛ فإذا كنا نبغي صيانة حقوق الطفل وحماية مصالحه، فإن كل حل يرعى الطفل في هذا الشأن ويبعد عن نزاع الأبوين هو حل أولى بالاتباع.

فإذا كان التنازل عن الحضانة مقابل خلع غير جائز في القوانين المغاربية، فما الحكم بالنسبة للاتفاق على التنازل عن الحضانة بين الزوجين في حالة الطلاق بالتراضي؟ هل مصلحة المحضون تختلف في هذه الحالة عن تلك التي سبقتها؟

الفرع الثالث

الاتفاق على التنازل عن الحضانة في الطلاق بالتراضي

إن إبرام أي عقد، يتطلب من أطرافه تنفيذ الالتزامات الناشئة عنه، وهذا ما جاءت به مثلا المادة ١٠٧ في فقرتها الأولى من القانون المدني بقولها "يجب تنفيذ العقد طبقا لما اشتمل عليه وبحسن نية".

إلا أن الأمر ليس بهذه السهولة عندما تتعلق المسألة بحالة الأشخاص، لأنه يجب بالأحرى أن ينصب الاتفاق على محل شرعي وإلا قضي ببطلانه(١)، وكذلك لأن الأمر يتعلق بالانفعال والحساسية اللذان يوجهان سلوك الإنسان. ولهذا السبب الأخير، فإنه لا يمكن أن نحرم بصفة جازمة أي اتفاق يقع بين الزوجين بخصوص الحضانة.

صحيح، وإن كان الزوجان متفقان كليا على مبدأ فك الرابطة الزوجية بالتي هي أحسن، إلا أنهما ليسوا كذلك بالنسبة لآثار الطلاق ولا سيما فيما يتعلق بحضانة الأطفال(٢). ولكن بالرغم من هذه الملاحظة، وخلافا لذلك، فإنه يبقى أن هذا الاتفاق المنعقد بين الزوجين يجد أرضية في الطلاق بالتراضي، وأن قاعدة "العقد شريعة المتعاقدين" الواردة في النصوص المغاربية(٣) يمكن تطبيقها في هذه الحالة(٤).

---

(١) انظر ، المادة ٩٣ المعدلة من القانون المدني.

(2)Cf. H.H. Bencheikh, op. cit., th., p. 129.

(٣) انظر على سبيل المثال المادة ١٠٦ من القانون المدني الجزائري.

(٤) وعلى خلاف المشرع الجزائري الذي لم يتعرض لهذه المسألة صراحة في قانون الأسرة، نجد أن

والواقع لا يخلو من الأمثلة، إذ قد تأكد هذا النظر في عدة قرارات قضائية. ففي تونس، أقر قضاؤها الاتفاق على حضانة الطفل بل وألح على ضرورة تنفيذه، حيث صدر عن محكمة تونس العاصمة سنة ١٩٥٨ حكم يقضي أنه "إن الاتفاق على حضانة الطفل لا يتنافى والنظام العام ويجب تنفيذه"[(١)].

وهي نفس الفكرة تبنتها محكمة استئناف تونس في ٣٠ نوفمبر ١٩٦٥، حيث

القانون التونسي الذي يعترف هو الآخر بالطلاق بالتراضي (الفصل ٣١ من مجلة الأحوال الشخصية المنقح بالقانون عدد ٧ لسنة ١٩٨١ المؤرخ في ١٩٨١/٠٢/١٨) ، جاء في الفقرة الخامسة من الفصل ٣٢ من ذات المجلة المنقّح بالقانون عدد ٧٤ المؤرخ في ١٩٩٣/٠٧/١٢ أنه "وعلى قاضي الأسرة أن يتخذ ولو بدون طلب جميع القرارات الفورية الخاصة بسكنى الزوجين وبالنفقة... وبالحضانة وبزيارة المحضون. ويمكن للطرفين أن يتفقا صراحة على تركها كلا أو بعضا ما لم تتعارض ومصلحة الأبناء القصر".

وهكذا، فمن هذه الصياغة يفهم أن الاتفاق بين الزوجين المتعلق بالحضانة بما في ذلك التنازل عنها حق مقرر لهما قانونا، غير أنه يبقى قرار القاضي هو الحاسم، إذ فهو الذي يتخذ القرارات المتعلقة بالحضانة ولو بدون طلب، ويراقب مدى تطابق الاتفاق مع مصلحة المحضون. ومن ثم، فمصلحة المحضون تغلب على الاتفاق الذي يجب أن يكون صريحا باسم النظام العام.

ومقارنة مع القانون الفرنسي، نجد أنه في حالة الطلاق بالتراضي تعتبر إرادة الزوجين شريعتهما وتكتسب قوة ملزمة، ولكن رغم ذلك، يمكن للقاضي أن يرفض المصادقة على الاتفاق المبرم بين الزوجين إذا لاحظ أن الاتفاقية لا تحفظ بما يكفي مصالح الأطفال (المادة ٢٣٢ فقرة ثانية من القانون المدني) .

peut refuser l'homologation et ne pas prononcer le " En effet, l'article 232 al. 2 proclame que le juge divorce s'il constate que la convention préserve insuffisamment les intérêts des enfants ou de l'un . Pour ce qui est de l'application jurisprudentielle de cette disposition, cf. T.G.I. "des époux Nanterre, 24/10/1978, J.C.P., 1980, II, 19447, note R. Lindon; Cass. civ., 17/12/1984, Bull. civ., 1984, II, n° 154. Sur cette question, v. Ph. Malaurie et L. Aynes, Droit civil, la famille, édit. Cujas, 1987, p. 181; Cl. Lienhard, Le rôle du juge aux affaires matrimoniales dans le nouveau divorce, th. Strasbourg, édit. Economica, 1985, n° 43-58. I. Balensi, L'homologation judiciaire des actes juridiques, R.T.D.Civ., 1978, pp. 42 et s; R. Lindon et Ph. Bertin, La convention définitive dans le divorce sur requête conjointe, nouvelle étude du problème, J.C.P., 1981, I, 3021; S. Michelin-Finielz, Le consentement des époux dans le divorce, th. Etat, Rennes, 1979, pp. 164 et s.

(١) حكم ابتدائي مدني- تونس، ١٩٥٨، أخد عن محمد الحبيب الشريف، المرجع السابق، ص.١٧٠.

Cf. R.T.D., 1966-1967, p.196.

قررت أنه "إذا أسندت الحضانة للأم بموجب الاتفاق فلا يعدل عنه لغير سبب أكيد ثابت"[(١)].

وفي الجزائر، جاء في قرار للمجلس الأعلى بتاريخ ٣٠ ديسمبر ١٩٨٥ قضى المجلس بأن "حيث إنه يتبين من مراجعة القرار المطعون فيه ودراسة أوراق ملف الدعوى أن الطلاق الذي وقع من الطرفين بمقتضى الحكم الصادر بينهما بتاريخ ٢١ نوفمبر ١٩٧٦ كان باتفاقهما على أن تتنازل الأم عن حضانة ابنها عبد الكريم الذي أسندت حضانته إلى أبيه وصرف حضانة البنت دليلة إلى أمها على نفقة أبيها. وحيث إن هذا العقد القضائي يعد بمثابة التزام أبرم بين الزوجين يجب تنفيذه طبقا لما اشتمل عليه... وحيث إن قضاة الاستئناف لما ألغوا الحكم المحال فيما يتعلق بالحضانة وأسسوا قرارهم على تعديل الاتفاق القضائي ورغم تنازل الأم عن الحضانة وترك ابنها لأبيه قد تجاهلوا المبدأ القانوني العقد شريعة المتعاقدين وأسسوا بأسباب خاطئة القاعدة الفقهية في الحضانة على أن يراعى في الحكم مصلحة المحضون عارضين بذلك قرارهم للنقض"[(٢)].

وكما تأكد هذا الموقف في القرار الذي أصدره نفس المجلس في ٢٧ مارس ١٩٨٩، عندما قضى بأنه "لما كان من الثابت، في قضية الحال، أن الطاعنة تنازلت عن حضانتها باختيارها دون أن ترغم على ذلك، فإن قضاة الاستئناف الذين قضوا بإلغاء الحكم المستأنف لديهم ومن جديد القضاء برجوع المطعون ضدها أم الأولاد عن تنازلها عن حقها في الحضانة وبإسناد من كان منهم في حضانة النساء إليها، فإنهم بقضائهم كما فعلوا خالفوا الفقه والقانون "[(٣)].

وقد جاء حكم محكمة تلاغ الصادر في ١١ سبتمبر ١٩٨٩ متماشيا مع هذه الوجهة، وذلك لما قضى بثبوت الاتفاق المبرم بين الزوجين على أن تتنازل الأم عن حضانة أحد ابنيها لصالح أبيه وتتحمل حضانة الابن الآخر[(٤)].

(١) انظر، محكمة استئناف، تونس، ١٩٦٥/١١/٣٠، ملف رقم ٥٨٢٢٦، ١٩٦٦، مجلة القضاء والتشريع، عدد ٠١، ص.٧٣.
(٢) انظر، مجلس أعلى، ١٩٨٥/١٢/٣٠، ملف رقم ٣٧٧٨٩، غير منشور، مقتبس عن العربي بلحاج، مبادىء الاجتهاد ...، المرجع السابق، ص. ١٢٣.
(٣) انظر، مجلس أعلى، غ. أ.ش.، ١٩٨٩/٠٣/٢٧، ملف رقم ٥٣٣٤٠، المجلة القضائية، ١٩٩٠، عدد ٣، ص. ٨٥.
(٤) انظر، محكمة تلاغ، ١٩٨٩/٠٩/١١، قضية رقم ٨٩/٢٠١، غير منشور.

ومن هنا، يتضح لنا بجلاء أن المجلس الأعلى بارتكازه على تلك المبادئ، قد اعتبر الاتفاق المبرم بين الزوجين شريعتهما لا يجوز تعديله، لكون أن تنازل الأم عن حضانة ابنها المحتاج لرعاية أبيه هو في مصلحة الابن، ومن ثم، فالاتفاق صحيح وأي تعديل له يعد ماس لمصلحة الولد. وهذا ما ذهبت إليه المحكمة العليا، حيث قضت بأن "اعتماد المحكمة على هذا الاتفاق بين الطرفين ما جاء إلا تطبيقا للمادة ١٠٦ من القانون المدني..."(١).

وهكذا، وبعبارة أدق، نجد أن القضاءين التونسي والجزائري قد جعلا قاعدة العقد شريعة المتعاقدين نصب أعينهما. فأي تعديل لا يكون إلا باتفاق الطرفين أو للأسباب التي يقررها القانون، وهما حالتين لا تنطبقا على هذه القضايا المطروحة، لأن من جهة، لم يقرر الزوجان تعديل اتفاقهما. ومن جهة أخرى، السبب الذي يقرره القانون وهو المساس بمصلحة المحضون والإضرار بها يبدو وأنه لم يحدث.

والحقيقة أن هذه الوجهة كرسها المشرع المغربي في المادة ١١٤ من المدونة.

ولكن تراجع القضاء التونسي لاحقا عن موقفه، حيث لم يعتبر العقد شريعة المتعاقدين هو الأصل وإنما مصلحة المحضون هي الأولى بالاتباع؛ بمعنى أن اتفاق الأبوين حول حضانة طفليهما لا يجب أن يكون مخالفا لمصلحته.

وهذا ما تم تقريره من قبل محكمة التعقيب التونسية في ٠٩ أوت ١٩٧٨ حيث قضت بأن "إسناد الحضانة تراعى فيه مصلحة المحضون ولو سبق اتفاق الأبوين على إسنادها لأحدهما وصدر حكم طبق اتفاقهما"(٢).

وقد سبق هذا القرار، قرار آخر صادر في السنة ذاتها، حيث قضت بموجبه بأنه "لا خلاف في أن أحكام الحضانة لها مساس بالنظام العام لتعلقها بالقصر مما جعل كل تعاقد في شأنها لاغيا إذا تجافى مع مصلحة المحضون إذ الأساس مراعاة مصلحته حسب صريح الفقرة الثانية من الفصل ٦٧ من مجلة الأحوال الشخصية لأنه صاحب الحق لافتقاره للرعاية وإذا ما أضيف هذا الحق للحاضن فلمعنى الملابسة نظرا لقيامه بشؤون المحضون لا عن معنى ممارسة لحق يخصه يتصرف فيه كما يشاء بل هو واجب يقوم به على معنى التكافل الاجتماعي بين الفرد وسلالته في نطاق مصلحة المحضون وبهذه كان على القاضي عند

(١) انظر، محكمة عليا، ٠٩/٠٧/١٩٩٦، سبق ذكره.

(٢) انظر، محكمة التعقيب، ٠٩/٠٨/١٩٧٨، ملف مدني، رقم ٢٦٥١ ، نشرية محكمة التعقيب،١٩٧٨، ج.٢،ص.٥٤.

النظر في شأن الحضانة إسنادها للأصلح بصرف النظر عن كل اتفاق "[١].

وكما أن المحكمة العليا الجزائرية رفضت هي الأخرى تغليب الاتفاق على مصلحة المحضون وهذا ما ظهر في حيثيتها الثانية للقرار الصادر في ٢٠ أفريل ١٩٩٩ والذي جاء فيها كما يلي "عن الفرع الثاني: المأخود من الخطأ في تطبيق المادتين ٦٦ و٦٧ من قانون الأسرة بدعوى أن القضاة اعتمدوا فقط على الاتفاق الذي تم بين الطرفين سنة ١٩٩٦ فيما يخص تنازل الأم عن الحضانة دون أن يراعوا مصلحة المحضون وفقا للمادتين ٦٦ و٦٧ من قانون الأسرة"[٢].

والحق أن هذه الوجهة تنطوي على الصواب؛ ولهذا لم يفلت، كما قلناه، من المشرع المغربي تكريسها في المدونة، وهذا ما حصل فعلا مؤخرا بإحداثه الطلاق بالتراضي أين وضع مادة واحدة أفادت في فقرتها الأولى بأنه "يمكن للزوجين أن يتفقا على مبدأ إنهاء العلاقة الزوجية دون شروط، أو بشروط لا تتنافى مع أحكام هذه المدونة، ولا تضر بمصالح الأطفال"[٣]. فطبقا لهذا النص، يمكن للزوجة أن تشترط على زوجها في الطلاق بالتراضي أن يمارس هو حضانة أطفالهما ولكن لا يجب، بأي حال من الأحوال، أن يكون هذا الشرط ضارا بمصلحة الأولاد وإلا عد التنازل كأن لم يكن.

ونقول في النهاية أنه تعليقا على ما أثرناه، وتعميقا على ما ذكرناه، أن في هذا الأمر نظر ومجال للتفكر وللبحث، ولا يمكن أن نبدي حكما معجلا، وإنما يحسن بنا أن نتعمق في النصوص ونبحث في روحها لكشف نية المشرع.

الفرع الرابع
موقفنا من هذه المسائل

فبالرجوع إلى النصوص سالفة الذكر[٤] نجد مشرعي الأسرة قد سمحوا للحاضن التنازل عن حقه، وعلقوا ذلك بعدم الإضرار بمصلحة المحضون.

---

(١) انظر، محكمة التعقيب، ١٩٧٨/٠٣/٠٧، قرار مدني، عدد ٧٧٣، غير منشور، مقتبس عن بشير الفرشيشي، المرجع السابق، ص.١٤.

(٢) انظر، محكمة عليا ١٩٩٩/٠٤/٢٠، ملف رقم ٢٢٠٤٧٠، المجلة القضائية، ٢٠٠١، عدد خاص، ص.١٨٣.

(٣) انظر، المادة ١١٤ من مدونة الأسرة.

(٤) انظر، المادة ٦٦ من قانون الأسرة، والمادة ١١٤ من المدونة والفصل ٥٥ من المجلة.

فلو أمعنا النظر في هذا الحل بوجه عام لوجدنا أن الملاحظة الأولى هي أن القاعدة التي جاء بها هي عامة، إذ لم تفرق بين التنازل البسيط والتنازل الاتفاقي: تسقط الحضانة بالتنازل. ومن هنا، إذا حصل وأن اتفق الزوجان أو حاضن مع من له الحق في الحضانة على أن يتنازل أحدهما للآخر على حضانته، فإن الإشكال لا يطرح بصدد هذا الاتفاق بقدر ما يثور حول مصير المحضون أي مصلحته. وعليه، فإننا لا نجد أي اعتراض على هذا الاتفاق طالما مصلحة المحضون لم تمس.

ولكن، حتى لا تنحرف وسيلة الاتفاق عن غرضها الأصلي، أعطت القوانين المغاربية للأسرة للقاضي حق رقابة تصرفات المتعاقدين لوقاية مصلحة المحضون وصيانتها. فإذا كان الاتفاق على التنازل لا يضر بالطفل، بل يخدم مصلحته، حكم القاضي بإسقاط الحضانة عن المتنازل عنها.

وفي اعتقادنا أنه يمكن الوصول إلى الغرض المنشود في حالة الطلاق بالتراضي، وما على القاضي في هذه الحالة إلا أن يصادق على الاتفاق مادام الأطراف متفقين على كل المسائل المترتبة عن الطلاق ولم تنقص من حقوق الطفل. أما أن يكون الاتفاق مقابل خلع، فإن المسألة مجادل فيها من ناحيتين:

الناحية الأولى: إذا أقررنا التنازل عن الحضانة كمقابل لخلع كما ذهب إليه المالكية، فإننا سنرضى أن يكون الأطفال محل رهان وثمنا لحرية أمهم، إذ همها الوحيد هنا هو أن تتخلص من زوجها. ولكن، إذا أردنا اتباع رأيهم، فإننا نعلّقه على الشروط التي أوردوها. ولذلك، فيجب على الوالدين أن يتنازلوا أمام مصلحة الأطفال، فالمصلحة الفردية لكل من الزوجين، يجب أن تسلم أمام مصلحة الأطفال.

الناحية الثانية: كذلك تكلم المشرع الجزائري في المادة ٥٤ من قانون الأسرة على مقابل الخلع، وقضى بأن لا يكون ذلك المقابل إلا مالا. والمشرع المغربي في المادة ١١٩ فقرتها الأولى من المدونة الذي لم يجز الخلع على حق الأطفال ومن هذه الزاوية، نرى أن أساس منع ذلك الاتفاق راجع إلى هذين النصين وليس إلى النصوص المتعلقة بالتنازل، لأن المبدأ الوارد في المادة ٦٦ من قانون الأسرة هو إمكانية التنازل عن الحضانة سواء كان ذلك بمقابل أو بدون مقابل، وسواء كان التنازل صريحا أو ضمنيا.

I.- الاتفاق التنازلي عن الحضانة تجاه ترتيب مستحقيها

بيد أنه إذا أقررنا بالاتفاق على التنازل في حالة الطلاق بالتراضي، ففي هذه الحالة يعترضنا إشكال آخر متعلق بمسألة مرتبطة بحقوق الحواضن المقدمين على المتعاقدين.

وبمعنى آخر، فإذا يقتضي الأمر المحافظة على حقوق هؤلاء التي رعاها مثلا المشرع الجزائري في المادة ٦٤ من قانون الأسرة، أو المشرع المغربي في المادة ١٧١ من المدونة، فإن التساؤل لا يكمن بالدرجة الأولى في معرفة عما إذا كان هذا الاتفاق ضد مصلحة المحضون، وإنما في معرفة ما إذا احترم الترتيب الذي جاءت به هاتين المادتين؟

وردا على ذلك نرى أن قضاء المجلس الأعلى لم يخرج في بعض قراراته عن الوضع المألوف ولم يأخذ بما انصب عليه اتفاق الطرفين، وإنما بالترتيب الذي جاء به الفقه حسبما فصلناه قبلا بالنسبة لمستحقي الحضانة[١]. ولقد قضى المجلس بذلك في قراره الصادر في ٢٩ جوان ١٩٨١، عندما رفض تقديم العم على الأب بعدما تنازلت الأم عن الحضانة بقوله "... فالأم إذا أسقطت حقها في الحضانة لصالح شخص آخر فلا يعمل به، بل تسري عليه قواعد الأولوية في الحضانة، كما أن من أسقط حقه قبل أوانه لم يسقط. ومن ثم، فالعم المتنازل له عن حضانة البنت وحرمان أبيها منها، فإنه تصرف خارجا عن القواعد الفقهية في الحضانة"[٢].

إلا أن المجلس من خلال احتكاكه بالكثير من المنازعات العائلية وجد أن هذا المعيار لا يعكس حقيقة الواقع، ذلك أن كثيرا من قراراته قضت بإعطاء الأولوية لمصلحة المحضون. وقد قضى المجلس في قراره الصادر في ٣٠ ديسمبر ١٩٨٥ على موافقة التنازل الاتفاقي الذي تم بين الزوجين والقاضي بمنح حضانة الطفل لأبيه[٣]، وللعلم أن الأب لا يأتي إلا في المرتبة الرابعة بعد الأم وأم الأم والخالة حسب النص القديم، ولكن مادام أن الابن أصبح في حاجة إلى رعاية أبيه ومراقبته فقدمت مصلحته على سائر المصالح الأخرى.

---

(١) وبشأن هذا الترتيب (إسناد الحضانة في هذه القضية لم يكن محل اتفاق)، قضت المحكمة العليا في قرارها الصادر بتاريخ ٢٠٠٠/٠٦/٢٠ بأن "القرار المنتقد قد جاء مشوبا بانعدام أو قصور الأسباب خصوصا عندما اعتبر أن الحكم المستأنف أخذ بعين الاعتبار مصلحة المحضون لما قضى بإسناد حضانته للأب في حين أن المادة ٦٤ من قانون الأسرة في ترتيبها للحواضن تجعل الجدة للأم في المرتبة الثانية بعد الأم لاعتبارات خاصة بالمحضون ولكون أن حنان الجدة للأم لا يضاهيه أي حنان أو عطف". انظر، محكمة عليا، غ.أ.ش.م.، ٢٠٠٠/٠٦/٢٠، ملف رقم ٢٤٦٧٨٣، غير منشور.

(٢) انظر، مجلس أعلى، غ.أ.ش.، ١٩٨١/٠٦/٢٩، ملف رقم ٢٥٦٦٢، غير منشور.

(٣) انظر، مجلس أعلى، غ.أ.ش.، ١٩٨٥/١٢/٣٠، ملف رقم ٣٧٧٨٩، غير منشور، سبق ذكره.

واتباعا لهذا الموقف، فقد قضت محكمة تلمسان في الكثير من أحكامها على مراعاة مصلحة المحضون حتى ولو أسندت الحضانة خلافا للترتيب الذي جاء به المشرع. فقررت في حكمها الصادر في ٠٥ ديسمبر ١٩٩٢ بأنه تبعا لتنازل الأم عن حقها في الحضانة وموافقة الأب عليها، يقتضي الأمر بإسناد حضانة البنت آمال إلى الأب[١].

وتبنت محكمة التعقيب التونسية في ٠٩ أوت ١٩٧٨، السالفة الذكر، ذات النظرة، إذ أنها قدمت مصلحة المحضون على العقد الذي أبرم بين أبوي المحضون[٢].

والحكمة التي يتغياها القضاء من الموافقة على التنازل الاتفاقي في هذه الحالة هي أنه يرى أن حق المحضون يغلب على حق الحاضن. ومن ثم، فمصلحة المحضون إذا حققت بالاتفاق لن يلغي هذا الأخير لكونه مخالفا للمواد المرتبة لأصحاب الحضانة (المادة ٦٤ من قانون الأسرة، المادة ١٧١ من المدونة والفصل ٦٧ من المجلة)، بل لأن هذه النصوص هي الأخرى لن ولم تجعل من ذلك الترتيب الذي صاغه ترتيبا جامدا لا يجوز أبدا مخالفته، وإنما مصلحة المحضون هي التي تقود ذلك الترتيب. ولذلك، فإذا جاء هذا الاتفاق مخالفا لمصلحة المحضون، فإنه يلغى ولا يعتد به القاضي.

وهذا ما تبناه أيضا المجلس الأعلى المغربي في قراره الصادر في ٢٨ جوان ١٩٨٦، حيث قضى بموجبه بأن "الأم أولى بالحضانة فإن تنازلت انتقل الحق للجدة"[٣]، وليس في الفقه ما يتمسك به الطاعن من أن للأم أن تتصرف في الحضانة كيف تشاء"[٤].

وتعزيزا لما قلناه، يقتضي الأمر أن نشير إلى المشروع التمهيدي الأول للقانون المعدل لقانون الأسرة الذي أضاف في مادته الثانية المادة ٦٥ مكرر التي تنص صراحة" في حالة انحلال عقد الزواج بوفاة الزوجة، تعود الحضانة للأب مع مراعاة مصلحة المحضون". ولكن، ما هو الفرق بين وفاة الزوجة ووجودها على قيد الحياة؟ فلماذا في

---

(١) انظر، محكمة تلمسان، ١٩٩٨/١٢/٠٥، قضية رقم ٩٨/١٤٢٥، غير منشور؛ وفي نفس الاتجاه، محكمة تلمسان، ١٩٩٩/٠١/٠٢، قضية رقم ٩٨/٢٥٧٧، غير منشور؛ ١٩٩٩/٠١/٢٣،قضية رقم ٩٨/٢٦٠٤، غير منشور.

(٢) انظر، محتوى القرار في نشرية محكمة التعقيب، ١٩٧٨، ج. ٢، ص. ٥٤، سالف الذكر.

(٣) كان هذا قبل صدور التعديل الوارد على الفصل ٩٩ بمقتضى ظهير ١٩٩٣/٠٩/١٠ الذي جعل الأب في الدرجة الثانية مباشرة بعد الأم.

(٤) انظر، مجلس أعلى، ١٩٨٦/٠٦/٢٨، قرار رقم ٩١١، مجموعة قرارات المجلس الأعلى، ٨٣-٩٥، ص.٣٤.

الحالة الأولى يقدّم الأب على أم الأم والخالة، وفي الحالة الثانية نطبق المادة ٦٤ من قانون الأسرة التي تسبّق الحاضنتين السالفتين على الأب مادام أن كلتي المادتين تنصان على أن احترام النصّين لا يكون إلا بالنظر بالدرجة الأولى إلى مصلحة المحضون؟

إجابة على هذه الأسئلة، نقول أنه إذا طرأت على الأحوال الشخصية نوعا ما من المطاطية، فإن ذلك بلا شك لن يكون إلا لتسهيل أكثر فأكثر تكييفها مع المصالح الأسرية التي تنظمها[1]. ولذلك جاء تعديل قانون الأسرة بالتنصيص في المادة ٦٤ على أن "الأم أولى بحضانة ولدها، ثم الأب، ثم الجدة للأم... مع مراعاة مصلحة المحضون في كل ذلك...".

وعليه، فإذا كان المجتمع كثير التعلق بتنظيم الأسرة، فإنه لا يترك كلية تنظيم العلاقات الأسرية لإرادة الأفراد، وإيقاع الطلاق مع كل نظام عام أسري[2]. إلا أن الاتفاقات الأسرية تتدخل في مجال أين يجب أن يعيش القانون بوفاق مع الإحساس، أين الانفعالية والحساسية توجه السلوك الإنساني[3]، وخاصة في مجال أين تطبيق القاعدة القانونية التي تنص على احترام مبدأ ما يختلف التعامل به حسب كل حالة. فهنا، يقوم القضاء بفحص كل حالة على حدة ويستهدى في قضائه بمبادىء تأخذ في الاعتبار أكثر من عنصر من العناصر: كإمكانيات الحاضنة وظروفها في ممارسة الحضانة، وتحقيق مصلحة المجتمع، والظروف والملابسات المحيطة بالواقعة المعروضة، إلخ.

ولذلك إن وجدت مطاطية، لا يجب أن تكون على حساب مصلحة المحضون. وهذا هو ما يجب على القاضي التأكد منه.

وأمام الأهمية التطبيقية لهذه المسألة، فإننا لن نكتف بهذا القدر، وإنما نواصل مناقشتها من زاوية أخرى، فهي تجر معها تساؤلا آخرا لا يمكن إغفاله يتمثل في التساؤل التالي: إذا أقررنا الاتفاق على التنازل عن الحضانة، فهل يجوز فيه تجزئتها؟

---

(1)Cf. A. Chapelle, op. cit., p. 415.

(2)Cf. G. Cornu, Du sentiment en droit civil, in An. de la Faculté de droit de Liège, 1963, pp. 189 et s.

(3)Cf. F. Terré, A propos de l'autorité parentale, in Archives de philosophie du droit, t. 20, Réformes du droit de la famille, édit. Sirey, 1975, pp. 45 et s.

II.- الاتفاق على التنازل وتجزئة الحضانة

فمن زاوية التشريع،لم يتنبه واضعو قوانين الأسرة المغاربية لهذه المسألة وهو ما نعيبه عليهم، وخاصة وأن القضاء ونخص بالذكر الجزائري قد سبق له أن تعرض لها في الكثير من أحكامه وقراراته. عموما، فإنه يمكن القول أن القضاءين الجزائري والتونسي من خلال ممارستهما واحتكاكها بالعديد من المنازعات الأسرية في مجال الحضانة قد تبنيا موقفين متناقضين: الأول، رفض فيه الموافقة على تجزئة الحضانة؛ الثاني، اعترف فيه بتلك التجزئة.

وقد أفصح المجلس الأعلى عن الوجهة الأولى في قراره الصادر في ٠٨ مارس ١٩٧٦حيث نقض بمقتضاه قرار مجلس قضاء وهران الصادر في ٠٨ ماي ١٩٧٥ القاضي بإسناد حضانة الابن إلى أمه مع إبقاء حضانة البنت عند أبيها، وقال فيه "إن المجلس أسند الحضانة إلى كل من الأب والأم بينما الحضانة تسند إلى الأم بقوة القانون طبقا لما جرى عليه قضاء المجلس الأعلى، وكان ذلك من دون أن يعطي تسبيبا كافيا... ويؤخذ على القرار أنه بنى حكمه على أساس مصلحة الولدين ووزع حضانتهما بين الأبوين بينما المصلحة تدعو أن يعيشا مجتمعين عند أحد الأبوين ومادام أن المجلس اعتبر أن الأم صالحة لحضانة أحد الولدين، فلماذا لا تكون صالحة للولد الآخر"(١).

و في قرار آخر رفض نفس المجلس تقسيم حضانة الأولاد السبعة بين أبويهم بحجة أن الحضانة من نصيب الأم وتقسيم الحضانة وإعطاء خمسة أولاد للأب وولدين للأم مخالف لقواعد الشرع لكون أن الأم أكثر عطفا وحنانا وهي أولى بحضانة أبنائها من غيرها؛ هذا فضلا عن أنه لا يوجد ما يبنى عليه نزع حضانة الأم لملئها كل الشروط المطلوبة. ولذلك اعتبر المجلس هذه التجزئة مما تتعارض مع مصلحة القسمين(٢).

وكذلك تمسك المجلس الأعلى بموقفه هذا، فقرر في ٢٢ فبراير ١٩٨٢ أنه "من المقرر شرعا وقانونا أنه لا يجوز تجزئة الحضانة بدون أي مبرر، كما في القضية الحالية، فإن الأولاد الخمسة هم صغار السن، فوضعهم لأمهم أولى وأحقّ وهذا ملائم للمصلحة التي يراعيها الشرع في هذا الباب، وبحسبه، فإن الوجه غير صحيح"(٣).

---

(١) انظر، مجلس أعلى، غ.ق.خ.، ١٩٧٦/٠٣/٠٨، ملف رقم ١٣١١٢، غير منشور.
(٢) انظر، مجلس أعلى، غ.أ.ش.، ١٩٨٢/٠١/٢٥، ملف رقم ٢٦٥٤٦، غير منشور.
(٣) انظر، مجلس أعلى، غ.أ.ش.، ١٩٨٢/٠٢/٢٢، ملف رقم ٢٦٩٩٧، نشرة القضاة، ١٩٨٢، ص. ٢٧٧.

ومن هنا يتبين أن المجلس الأعلى الجزائري، قبل إصدار قانون الأسرة كان يطبق أحكام الشريعة الإسلامية وعلى وجه الدقة مذهب الإمام مالك الذي اشترط في طالب الحضانة أن يتحمل حضانة جميع الأطفال في حالة تعددهم[1]، فاعتبر أن الحضانة ترجع بالدرجة الأولى إلى الأم، ثم عاب تقسيم الأولاد بين أبويهم لعدم وجود أي سبب لإسقاط الحضانة عن الأم، وعدم وجود أي مصلحة للقضاء بخلاف ذلك.

وأما في تونس، إذا رجعنا إلى القرار السابق الذكر والصادر عن محكمة التعقيب بتاريخ ٠٨ مارس ١٩٩٣ لوجدنا أنه يحمل نفس نظرة المجلس الأعلى، حيث أجبر الأم على حضانة أبنائها الخمسة رغم رغبتها في التنازل عن حضانتهم. فلو كان هذا القضاء يقر بتجزئة المحضونين لقلنا أنه يحتمل أن يكون الحكم صادرا في حقها على بعض منهم. ولكن العكس بأن أحد تسبيب رفض طلبها التنازل عن حضانتهم برر بعدد الأطفال. فلا يمكن أن تتنازل على كل ذلك العدد من أولادها.

وزيادة عن ذلك أن هذا الموقف قد تبناه المجلس الأعلى الجزائري حتى بعد صدور قانون الأسرة، إذ قضى بتاريخ ٠٥ ماي ١٩٨٦ "إن الحضانة إذا وجبت لشخص ما شملت جميع الأولاد وإذا سقطت عنه سقطت بالنسبة لجميعهم. ومن ثم، فتقسيم حضانة الأولاد بين أبويهم ليس في باب الحضانة في أحكام الشريعة الإسلامية التي تبين شروطها وتنظم الأولويات فيها وأسباب سقوطها. وعليه، فإن القرار المطعون فيه باتباعه هذا المسلك أي إمكانية التقسيم المذكور وإسناد حضانة بعض الأولاد لأبيهم والبعض الآخر لأمهم، فإنه يكون قد خالف الأحكام المذكورة وسار على نهج غير متبع في القضاء بالبلد وخاصة أحكام المجلس الأعلى مما يعرضه للنقض"[2].

وهو ذات الموقف تبنته محكمة تلمسان في حكمها الصادر سنة ٢٠٠١، حيث قضت بمقتضاه بأنه "... وإن كانت خالة الطفلة أولى بحضانتها من غيرها لكن ومن جهة ثانية لا يسوغ للمحكمة تجزئة حضانة الإخوة وتقسيمهم وبالتالي يراعى في إسنادها أن تشمل جميع الأطفال معا"[3].

---

(١) انظر، أحمد الخمليشي، التعليق على...، المرجع السابق، ص.١٤٧.

(٢) انظر، مجلس أعلى، غ.أ.ش.، ١٩٨٦/٠٥/٠٥، ملف رقم ٤٠٦٠٤، غير منشور، عن العربي بلحاج ، مبادىء الاجتهاد ...، المرجع السابق، ص. ١١٩.

(٣) انظر، محكمة تلمسان، ٢٠٠١/٠٩/١١، غير منشور.

ولكن، على النقيض من ذلك، فقد حاد المجلس الأعلى الجزائري عن تلك القرارات ولم يستقبح تقسيم حضانة الأولاد بين الأبوين، وكان ذلك في قراره المؤرخ في ٣٠ ديسمبر ١٩٨٥ السالف الذكر، وقد علل موقفه بأن الولد قد تركته أمه، وعاش مع أبيه لمدة تعود فيها عليه، وأصبح في سن يحتاج إلى رعايته ومراقبته[١].

وهذا ما تمسكت به محكمة الرمشي في حكم لها صادر بتاريخ ٠١ أكتوبر ١٩٩٦، حيث جاء في إحدى حيثيات الحكم ما يلي "حيث إن حضانة الأطفال قررت قانونا للمدعى عليها باعتبارها أحق بها أصلا ودرجة طبقا للمادة ٦٤ من قانون الأسرة وما دام أن الحضانة حق ممكن التنازل عنه، فيتعين بالتالي الاستجابة لها والرامي إلى التنازل عن حضانة الطفلين لأبيهما هذا ما دام من جهة أخرى أبدى استعداده في حضانة أطفاله وتقرير لها فقط حضانة الطفلة ما دام النازلة تمسكت بحقها في ممارسة حضانة البنت وتولي رعايتها..."[٢].

وهذا ما ذهبت إليه أيضا محكمة التعقيب التونسية، حيث قضت بموجب قرارها الصادر في ٣١ مارس ١٩٨١ بأن "... تقدير مصلحة المحضون في إسناد الحضانة موكول لمطلق اجتهاد محكمة الموضوع بحسب ما تظهر لها من ظروف القضية وملابساتها متى كانت واضحة بدون توقف على رأي أهل الخبرة وبالتالي فإن ما ذهب إليه الحكم المطعون فيه من إسناد حضانة الطفل الأول إلى والده والطفل الثاني إلى أمه بناء على أن الأول وهو في سن الدراسة أقرب في بيت والده من المدرسة من بيت والدته خاصة وأنه تتوفر فيها النساء المساعدات على الحضانة وأن الثاني ما زال دون سن الدراسة وهي عناصر واضحة لا تستدعي الاستنجاد بأهل الخبرة"[٣].

وقد استبدع بعض الفقه المغربي وعلى رأسه الأستاذ الخمليشي، الرأي الذي اشترط حضانة جميع الأطفال من غير تقسيمهم. وعلل ما ذهب إليه أن الحاضنة في حالات غير

---

(١) انظر، مجلس أعلى، غ.أ.ش.، ١٩٨٥/١٢/٣٠، ملف رقم ٣٧٧٨٩، غير منشور، عن العربي بلحاج، قانون الأسرة، مبادىء الاجتهاد القضائي...، ص. ١٢٢-١٢٣.

(٢) انظر، محكمة الرمشي، قسم الأحوال الشخصية، ١٩٩٦/١٠/٠١، قضية رقم ٩٦/١٧٨، غير منشور.

(٣) انظر، محكمة التعقيب، ١٩٨١/٠٣/٣١، قرار مدني، عدد ٥٤٤٩، نشرية محكمة التعقيب، ١٩٨١، ج.١، ص.١٩٨٠.

قليلة تكون غير قادرة على حضانة كل الأطفال عند تعددهم بسبب ضيق السكن أو الإمكانيات المادية أو الثقافية التي تتطلبها مرحلة الدراسة التي تكون قد وصل إليها المحضونون، هذا من جهة؛ وأن توزيع الحضانة بين الأبوين يرضي عاطفتهما الأبوية معا، من جهة أخرى[(١)]. ويبدو من خلال نفس المؤلف أن اتخاد الفقه (مذهب مالك) مثل هذا الشرط جاء مقارنة بين الحضانة والشفعة. فالشفيع وهو واحد إما أن يأخذ الجميع أو يسلم[(٢)]. فما أبعد العلاقة بينهما! يتعجب.

وإننا لنوافق هذا المؤلف في عدم تقبله جعل الحضانة والشفعة في وعاء واحد. ولكننا لا نسايره في رأيه المتمسك بتجزئة المحضونين. فتقسيم المحضونين بين أبويهم يعني مضاعفة حرمانهم من جهة أحد أبويهم وكذا من جهة أخوتهم. ولتقليل ضخامة هذا الحرمان، علينا أن نلم شملهم بجمعهم تحت يد واحدة ليتربى الحنان بينهم وتتوثق أواصر الأخوة. ولا نريد تشتيتا على تشتيت عن الإمكانيات المادية التي قد لا تقدر عليها الحاضنة، فإنه من المفروض يتحملها المحضونون من مالهم إن كان لهم مال، أو أبوهم، أو حتى الحاضنة إذا كانت عاملة.

أضف إلى ذلك أننا لا ننسى أنه قبل إسناد الحضانة لأحد الوالدين أو لغيرهما، يتحقق القاضي من شروط الحاضن وكذا العناصر الخارجية الأخرى التي منها الماديات. وهذا ما صرحت به محكمة التعقيب بقولها "إن أسباب الحضانة توجب على المحكمة أن تستوعب جميع العناصر المادية والأدبية التي تحفظ بالدعوى لتقدير حقيقة الأصلحية حرصا على حماية المحضون وهو أمر أساسي قانوني وأمر يهم النظام العام"[(٣)].

وقد يرى البعض في الرأي المستنتج من القرارات السالفة من القضاءين الجزائري والتونسي محاولة من المجلس الأعلى للخروج عن تلك الوجهة الأصلية أو الانصراف عنها، ومن ثم، الاعتراف بتجزئة الحضانة بصفة مطلقة.

غير أنه عند التدقيق في كل من القرارات السابقة تعمقا يتبين أن الرأي المستخرج

---

(١) انظر، أحمد الخمليشي، التعليق على....، المرجع السابق، ص.١٤٨.
(٢) حاشية الرهوني على الزرقاني، ج.٤، ص.٢٦٣، عن أحمد الخمليشي، التعليق على...، المرجع السابق، ص.١٤٨.
(٣) انظر، محكمة التعقيب، ١٩٨٩/٠٢/٠٢، قرار مدني، عدد ٢٠٤٣١، مجلة القضاء والتشريع، ١٩٩١، عدد ٧، ص.٩٤.

منها يبقى في إطار القاعدة العامة والوجهة الأصلية من غير تحول عنها في مبدئها وفكرتها، فأتى الرأي موضحا لها أو واضعا حدا للتوسع فيها أو للتجاوز.

إذن، فمن تحليل الرأي ذاته في ضوء معطياته وبالرجوع إلى حيثيات القرارات السالفة الذكر، واستنتاجا لها، وكشفا عن هدفها، نجد أن القضاء لم يرفض تقسيم حضانة الأولاد من أجل الرفض، وإنما الوقائع التي عرضت عليه لم تقدم أية جدوى ولا منفعة من تقسيم المحضونين، بل كان هذا الأخير ماسا بمصلحتهم المعنوية وضارا لهم سواء من حيث حرمانهم من عطف أمهم وصلاحيتها للحضانة أو من حيث تشتيت شملهم، ولما لاحظ المجلس الأعلى الجزائري خلاف ذلك في قراره الصادر في ٣٠ ديسمر ١٩٨٥ لم يتردد عن قبول تجزئة الحضانة باسم مصلحتهم[١].

بل أن المجلس الأعلى الجزائري قد أفصح عن تلك المصلحة، صراحة بقوله "وحيث كذلك أن المبدأ الذي استقر عليه الاجتهاد القضائي هو أن الحضانة لا يجوز تجزئتها بدون مبرر كما في القضية الحالية فإن الأولاد الأربعة هم صغار السن وضمهم لأمهم أولى وأحق وهذا ملائم للمصلحة التي يراعيها الشرع في هذا الباب"[٢]. وكذا الشأن بالنسبة لمحكمة التعقيب التونسية في القرار الذي أصدرته بتاريخ ٣١ مارس ١٩٩١[٣].

إذن فالقاضي في كل الحالات لا يجب أن يأخذ قرارا يعظّم صدمات الأطراف. وإذن، فباعتباره عملي وواقعي، يكون قراره مبني على معطيات اجتماعية أكثر من قانونية، وعلى الإنصاف وحتى على الملاءمة[٤].

---

(١) وتبقى الملاحظة على سبيل المقارنة، أنه إذا كان القضاء الجزائري قد قضى تارة بتجزئة الحضانة في قضايا، وتارة برفض تطبيقها في قضايا أخرى، فإن القضاء الفرنسي سار على نفس المنوال، وذلك يبرز في القرار الصادر عن الغرفة الأولى لمجلس استئناف باريس في ١٢ ديسمبر ١٩٦٤ والمؤيد للحكم الصادر عن المحكمة للمرافعة الكبرى الذي قضى بمنح حضانة الأطفال الكبار الأربعة لأبيهم والطفل الخامس لأمه لأن الأب لم يفلح في الوصول إلى استقرار الولد أثناء المدة التي أسند له الصغير. انظر، مجلس قضاء باريس، ١٩٦٤/١٢/١٢، وهو الموقف الذي تبنته محكمة النقض الفرنسية :

De même, pour la Cour de cassation, aucune disposition légale n'oblige le juge à confier la garde des enfants au même parent. Cf. Cass. civ., 2ème ch., 02/07/1981, Bull. civ., 1981, II, n° 146.

(٢) انظر، مجلس أعلى، ١٩٨٤/٠٤/٠٢، ملف رقم ٣٢٥٩٤، المجلة القضائية، ١٩٨٩، عدد ١، ص. ٧٧.

(٣) انظر، محكمة التعقيب، ١٩٨١/٠٣/٣١، سالف الذكر.

(4)Cf. J.Pousson-Petit, Le juge et les droits aux relations personnelles des

وهكذا، إذا كان التنازل الاتفاقي يخضع لتلك المعايير ويجرى القضاء في أحكامه وقراراته على الأخذ بها، فقد أثار التنازل الضمني كذلك جـدلا قانونيـا في موضوع لا يخلـو مـن الجـدة والحداثـة عـلى الفقه والقضاء المغاربيين.

المبحث الثالث

التنازل الضمني عن الحضانة

ونقصد بالتنازل الضمني هنا، التنازل الذي يطلق على الأسباب القانونية للإسقاط التي جـاءت بها التشريعات الأسرية المغاربية صراحة وفيها لا يطلب الحاضن إسقاط الحضانة عنه، بل يتخذ سلوكا اعتبرتها هذه التشريعات مضرا بمصلحة الطفل، فرتب عنه إسقاط الحضانة لعدم استحقاقه هذا الواجب.

وعليه، فحالات التنازل الضمني التي جاءت بها هذه القوانين تتجسد في أربع صور وهي كـما يـلي: أن تمر مدة سنة دون أن يطلب الحضانة من لـه الحـق فيها (**المطلب الأول**)، وأن تتـزوج الحاضـنة بغـير قريب محرم (**المطلب الثاني**)، وأن تساكن الحاضنة أم الطفل المتزوجة بغير قريب محرم (**المطلب الثالث**)، وأخيرا أن ينتقل الحاضن بالطفل إلى مكان آخر (**المطلب الرابع**).

المطلب الأول

سقوط الحضانة بمضي سنة دون المطالبة بها

تعتبر مسألة المطالبة بالحضانة نتيجة منطقية لتحقق مصلحة الطفل، فهذه المطالبـة تعتـبر بمثابـة عمل تمهيدي يتلوه التساؤل عن نوع المصلحة التي يمكن أن تراعى في هذا الصدد.

فمن زاوية القانون، قد رتبت النصوص القانونية المغاربية للأسرة القواعد الإجرائية ضمن القواعـد الجوهرية التي لها علاقة بالنظام العام، ومن هنا اشترط على المتقاضي للمطالبة بحق ما أن يحـترم مواعيـد محددة، وإلا ترتب عـن هـذا الإهمال جـزاء يتمثل في سقوط حقه[1]. وبهـذه القاعـدة عمـل المشرعـون المغاربيون في مسائل الحضانة، بحيث قننوا

---

parents séparés de leurs enfants en France et en Europe, R.I.D.C., 1992, 4, p.799.
(١) للمزيد من المعلومات، راجع في ذلك، صالح حمليل، إجراءات التقاضي في مسائل الزواج

مادة إجرائية جاء نصها في قانون الأسرة الجزائري كالتالي "إذا لم يطلب من له الحق في الحضانة مدة تزيد عن سنة بدون عذر سقط حقه فيها"[١]. وفي الفصل ٥٨ من المجلة "... أو يسكت من له الحضانة مدة عام بعد علمه بالدخول ولم يطلب حقه فيها..."، وفي المادة ١٧٦ من المدونة التي نصت على أن "سكوت من له الحق في الحضانة مدة سنة بعد علمه بالبناء يسقط حقه إلا لأسباب قاهرة".

غير أن، قبل إبداء أية ملاحظة أو نقد، يحسن بنا بداءة تصحيح الصياغة اللغوية للمادة ٦٨ من قانون الأسرة تفاديا للالتباس في المعنى. لذلك، فصحة المادة كما رآها بعض من الفقه هي كالتالي "إذا لم يطلب الحضانة من له الحق فيها لمدة تزيد عن سنة بدون عذر، سقط حقه فيها"[٢]. في حين صححها البعض الآخر كما يلي "إذا لم يطلب الحضانة مستحقيها لمدة تزيد عن سنة بدون عذر، سقط حقه فيها"[٣]. ومهما يكن من أمر، فإن تعديلا جوهريا يجب أن يتم، كما نراه لاحقا بالنسبة للفصل ٥٨ من المجلة بحيث يسارع المشرع إلى إعادة صياغته من جديد حتى توضع الأمور في نصابها وحتى يتفق حكمه في هذا الإطار مع المبادئ العامة المسطرة في المجلة.

وبعد هذا التصحيح في الصياغة وذلك الاقتراح، إذا حللنا هذه التشريعات إلى عناصرها الأولية لوجدنا أن موقف التشريعات المغاربية من هذه المسألة لم يكن واحدا، وإن كانت تتفق كلها بأن تلك المواد تتضمن العناصر الثلاثة التالية:

١- تنظم هذه المادة الإجرائية سقوط الحق لا سقوط الدعوى[٤]؛

والطلاق، مذكرة ماجستير، سيدي بلعباس، ١٩٩٨، ص. ١٥ وما بعدها.

(١) انظر، المادة ٦٨ من قانون الأسرة.

(٢) انظر، علي علي سليمان، حول قانون الأسرة، م.ج.ع.ق.إ.س.، ١٩٨٦، عدد ٢، ص. ٤٤٢.

(٣) انظر، عبد العزيز سعد، المرجع السابق، ط. ٢، ص. ٣٠١.

(٤) والفرق بينهما واضح، فسقوط الدعوى يحصل إذا تسبب المدعي في عدم الاستمرار فيها أو عدم تنفيذ الحكم الصادر قبل الفصل في الموضوع، وذلك طيلة سنتين (انظر، المادة ٢٢٠ فقرة أولى من قانون الإجراءات المدنية) . ولا يترتب على سقوط الدعوى انقضاء الحق، وإنما يؤدي فقط إلى إلغاء الإجراءات الحاصلة فيها، بحيث لا يمكن على أية حال الاستناد إلى أي من إجراءات الدعوى الساقطة أو الاحتجاج به (انظر، المادة ٢٢٢ من ذات القانون) . أما سقوط الحق فهو فقدان حق أو ضياع إمكانية أو قدرة نتيجة عدم احترام الشروط التي حدّدها القانون، كأن لم

٢- إن صاحب الحق في الحضانة، إذا مرت عليه السنة ولم يطالب فيها بحقه، سقط عنه هذا الحق؛

٣- إذا لم يطلب الحضانة من له الحق فيها خلال مدة السنة، فالاحتمال الوارد أنه تنازل عنها ضمنا.

لكن، ينبغي أن نلاحظ أن التشريعين الجزائري والمغربي قد تضمنا نصوصهما عنصرا رابعا وهو إذا وجد عذر أو سبب قاهر منع صاحب الحق في الحضانة من المطالبة بها، فإن حقه لا يسقط مهما طالت المدة.

ومما لا شك فيه أن القوانين المغاربية قد قصد من وراء إقحام هذه المادة الإجرائية في القواعد الموضوعية حماية المحضون من أية زعزعة، هذا من جهة؛ وحماية الحاضن وأصحاب الحق في الحضانة الآخرين، من جهة أخرى. فهدف قواعد الإجراءات هو رسم طريق الاختصام أمام القضاء وحماية حقوق الخصوم وضمان تحقيق العدل[1].

ولكن، فمن زاوية القانون الجزائري أن هذه الحماية التي ابتغاها المشرع الأسري في هذه الحالة لم تبلغ غايتها ولم تحقق أحسن تحقيق، وذلك نظرا لما تحمله المادة ٦٨ من قانون الأسرة من ألغاز نحاول فكها بالاستعانة بالفقه والقضاء والتشريع.

إذن، أن التمسك بهذه الحماية قد يثير بعض الصعوبات، فأول ما يطرح على المشرع هو التساؤل المتعلق بسقوط[2] حق الحاضن استنادا لهذه المادة، أيكون بقوة القانون؟

لقد ثار هذا السؤال في الجزائر فعلا، وأجاب عنه الفقه. فكانت نظرته لهذا الموضوع مختلفة في شق وموحدة في شق آخر.

يحترم الوقت المناسب. للمزيد من المعلومات، راجع إبتسام القرام، المرجع السابق، ص. ٧٨ وص. ١٣٧.

(١) وفي هذا، يقول أحد الفقهاء أن "العدل كالحقيقة تستقر في قعر البئر، وقواعد أصول الإجراءات هي السلم الذي يوصل إليه".

Cf. P. Arhart, Queen‘s courts, Pelican book panguin, 1956, p. 156.

(٢) والسقوط المستعمل هنا نقصد به معناه العام، إن الأمر يختلف بين سقوط الحق وإسقاط الحق، فالمعنى الضيق للمصطلح الأول أن الحق سقط بقوة القانون، بينما المقصود بالمصطلح الثاني، هو أن القضاء هو الذي قرر إسقاط الحق.

يرى عبد العزيز سعد أن حق الحاضن في هذه الحالة يسقط بقوة القانون. ولا يطلب من القضاء إذا قدمت الدعوى إلى القضاء، إلا أن يقر هذا السقوط بموجب حكم تصدره المحكمة المختصة[١]. بينما يرى الأستاذ غوتي بن ملحة أن الإسقاط لا يتم بقوة القانون، وإنما يجب أن يحكم به القاضي، مما يجعل طابعه قضائي[٢]. وأيدته في ذلك الأستاذة نظيرة خلاف بقولها أن الإسقاط لا يحصل بقوة القانون ولا بصفة تلقائية، بل يجب أن يصدر حكم قضائي لإثبات وجود حالة من حالات الإسقاط[٣].

ونحن نذهب مع الرأي الأخير، لسبب هو أن مصلحة المحضون لا تراعى إلا أمام القضاء ولأن حتى لو أن المشرع نفسه قد كرّر عبارة مصلحة المحضون كلما رأى لزوما لهذا التكرار في المواد الأخرى، إلا أن العذر النافي لإسقاط الحضانة الوارد في هذه المادة لا يقدره إلا القاضي.

وبتعبير أدق، صحيح أن مرور مدة سنة دون المطالبة بالحضانة هي حالة نص عليها القانون، ولكن القاضي هو الذي يقدر من الظروف إذا كان التأخير يعني به أن من تجب له الحضانة قد تنازل عنها أو لم يتنازل عنها[٤]. وهذه السلطة استمدت بالخصوص من عبارة "بدون عذر" التي توسع من سلطة القاضي. ولهذا وذاك، فإنه لا يمكن أن نقول بأن حق الحاضن يسقط بقوة القانون إذا لم يطالب بالحضانة في أجل قدره سنة. وذلك كله صيانة لحقوق المحضون وحماية لمصالحه.

وإذا كان الإسقاط لا يتم إلا أمام القضاء، فهل للقاضي أن يحكم به من تلقاء نفسه؟

الحقيقة، إن الإجابة عن هذا السؤال بنعم تؤدي إلى التعارض مع الأحكام العامة الواردة في القانون المدني والتي نخص بها المادة ٣٢١ فقرة أولى التي تقضي بأن "لا يجوز للمحكمة أن تقضي تلقائيا بالتقادم، بل يجب أن يكون ذلك بناء على طلب المدين أو من أحد دائنيه، أو أي شخص له مصلحة فيه ولو لم يتمسك المدين به".

وفي باب الانتقادات كذلك، فالعيب الذي يلفت أنظارنا أكثر في هذه المادة هو

(١) انظر، عبد العزيز سعد، المرجع السابق، ط. ٢، ص. ٣٠١.

(2)Cf. Gh. Benmelha, op. cit., p. 234.

(3)Cf. N. Khelef née Lamoudi, op. cit., p. 53.

(4)Cf. Ch. de rév. Mus., Alger, 11/04/1937, Recueil Nores, n° 676, cité par Gh. Benmelha, op. cit., p. 236.

عدم تحديد المشرع تاريخ بدأ سريان مدة السنة. وهذا الإغفال يمكن أن يفسّر بأن مشرعنا، على غرار واضعي مشروع القانون العربي الموحد للأحوال الشخصية[١]، أراد من هذه المادة أن يشمل كل الحالات المتعلقة بالحضانة سواء أكان ذلك خاص بالإسناد أو بالإسقاط أو الانقضاء.

وإزاء هذا الإغفال، نتعجب كيف أن المشرع الجزائري لم يتبع المذهب المالكي في تحديد بداية سريان مدة السنة مع أنه كان مرجع استحائه في هذه المادة[٢] ؛ وتطبيقا للمادة ٢٢٢ من قانون الأسرة، لنا أن نعرف حكم هذا المذهب في هذا الصدد.

يرى أنصار هذا الاتجاه الفقهي أن مدة السنة يبدأ سريانها من تاريخ علم صاحب الحق في الحضانة باستحقاقه لها: فلو مضى على علمه أقل من سنة وهو ساكت ثم طلبها قبل انقضاء المدة قضي له باستحقاقها[٣].

أما فقهنا، فقد جاء بحلول مغايرة. فيرى الأستاذ فضيل سعد أن مدة السنة تحسب من تاريخ بلوغ المحضون ١٠ سنوات، لأن في هذه السن يعتبر قد وصل المحضون إلى مرحلة تسمح للأب أو لغيره طلب إسقاط الحضانة ما لم تتمسك بها الأم خلال سنة من تاريخ نهاية العشر سنوات، فإن انتهت السنة الحادية عشر من عمر المحضون سقط حق الحاضن في الاحتفاظ بالمحضون ما لم يقم الدليل على خلاف ذلك[٤].

والحق أن هذا الرأي لا يستطيع أن يقف على قدميه، وعليه فإننا لا يمكن انتهاجه لعدة أسباب أهمها كالتالي:

هذا الفقيه حتى وإن تكلم عن حالة الذكر ولم يثر حالة الأنثى، إلا أن بلوغ

---

(١) إذ تنص المادة ٥ فقرة ثالثة من هذا المشروع على أن "يسقط حق الحاضن في الحضانة في الحالات الآتية :...؛ إذا سكت مستحق الحضانة عن المطالبة بها مدة سنة من غير عذر".

(٢) انظر، الدردير، شرح الصغير، ج. ٢، طبعة الجزائر، ص. ٢٢٠؛ وهبة الزحيلي، الفقه الإسلامي، المرجع السابق، ص. ٧٣٣-٧٣٤.

(٣) انظر، بلقاسم أعراب، المرجع السابق، ص. ١٤٤. هذا الموقف تبناه المشرع الموريتاني حيث تنص المادة ١٣١ من القانون رقم ٥٢/٢٠٠١ لـ ٢٠٠١/٠٧/١٩ المتضمن قانون الأحوال الشخصية على أن :

« L' attribution de la hadhana doit être réclamée dans un délai d'un an qui court à compter du jour où la personne apprend que ce droit lui appartient ; passé ce délai, il est déchu de ce droit ».

(٤) انظر، فضيل سعد، المرجع السابق، ص. ٣٧٩.

المحضون سن عشر سنوات يؤدي قانونا إلى انقضاء الحضانة وليس إلى إسقاطها والفرق شاسع بين الحالتين، لأن في الحالة الأولى لا أحد من الأشخاص المذكورة في المادة ٦٤ من قانون الأسرة له الحق في طلب الحضانة ما عدا الأم غير المتزوجة التي يحق لها طلب تمديدها. في حين أن في الحالة الثانية كل من له الحق في الحضانة يبقى حقه محفوظا إذا ملأ شروط المادة ٦٨ من ذات القانون. وعلاوة على ذلك فإنه عند انتهاء الحضانة تعود هذه الأخيرة طبقا للشريعة الإسلامية لصاحب السلطة الأبوية وهو الأب[١].

ولهذه الأسباب ولتلك الاعتبارات القانونية، فإنه لا يمكن أن ندمج حالة المادة ٦٥ من قانون الأسرة ضمن الحالات التي تطبق فيها المادة ٦٨ من ذات القانون.

أما الأستاذ الغوتي بن ملحة، يرى من جانبه أن مدة السنة تبدأ من يوم زواج الحاضنة[٢]. لكن هذا الرأي، وإن كان صحيحا، إلا أنه ناقص هو الآخر، إذ أن الحالة التي تقدم بها لا تعتبر الوحيدة والمنفردة. فضلا عن أنه لم يفسر لنا ما المقصود من عبارة "من زواج الحاضنة"، أيقصد بها من يوم إبرامها للعقد أم من يوم الدخول بها؟ وهذا التمييز بين الحالتين له ما يبرره من الناحية العملية، وخاصة إذا علمنا أن الدخول قد يتم في بعض الحالات بعد مرور مدة زمنية طويلة قد تفوق السنة من يوم إبرام العقد.

كما أن قاعدة العلم باستحقاق الحضانة التي تقدم بها المالكية تطرح لنا تساؤلا يكمن في معرفة متى يبدأ سريان هذا الإستحقاق من الناحية القانونية؟ وكيف تراعى مصلحة المحضون عند تطبيق تلك القاعدة؟ لأن هناك فرضية تعرض هنا كجواب وهي أن الحضانة تستحق من تاريخ تبليغ الحكم بالطلاق. فإذا سكت مستحقوها المذكورون في المادة ٦٤ من قانون الأسرة عن طلب الحضانة بما فيهم والدي الطفل، ومرت مدة سنة، وتقدم بعد ذلك أحدهم بطلب الحضانة دون أن يكون له عذر لتأخره، فإنه لن يستجاب لطلبه بسبب سقوط حقه تنفيذا للمادة ٦٨ من قانون الأسرة. وهكذا، فإن الطفل إما أن يبقى عند حاضنه الفعلي، مما يترتب عليه إثارة مشاكل اجتماعية وإدارية حادة، وإما أن يشرد. فهل إزاء هذا الوضع، نقول أن مصلحة المحضون قد روعيت فعلا؟

إجابة على ذلك، نقول أن أي قاضي يفصل في دعوى الطلاق، يجب عليه أن يبين

(١) انظر، عبد الرحمن الصابوني، شرح قانون...، المرجع السابق، ج. ٢، ط. ٨، ص. ٢٤٩؛ وهبة الزحيلي، الفقه...، المرجع السابق، ج. ٧، ص. ٧٤٥.

(2)Cf. Gh. Benmelha, op. cit., p. 234.

في حكمه أن حقوق الأطراف تبقى محفوظة فيما يخص توابع الطلاق، وإلا عرض حكمه للطعن. وبهذا، فإن أصحاب الحق في الحضانة يبقى حقهم في طلب الحضانة محفوظا مهما طالت المدة.

أما بالنسبة للمحضون، فإنه لو وجد من يمسكه، يجب التحقق من أهلية حاضنه الفعلي، ولا يكون ذلك إلا أمام القضاء كما سبق توضيحه. ولكن مع ذلك فإننا نرى أن لا مناص من اتباع الرأي الذي قال به المالكية لما جعلوا من هذا الإسقاط أمرا احتياطيا يتعلق تنفيذه بمدى رعاية مصلحة المحضون[1]، فنصوص الحضانة تنظم مسائل متصلة اتصالا وثيقا بالبنية الأولى للمجتمع وتتعلق بحماية الأبرياء وضحايا الطلاق ومن ثم فإنها تقبل التوسع في التفسير كلما دعت مصلحة المحضون ذلك. ومن ثم يمكن أن يخول القاضي صلاحية نقل المحضون من حاضن إلى آخر متى كان له في ذلك مصلحة محققة.

ويتبين مما سطرناه أعلاه أن المادة ٦٨ من قانون الأسرة قد خصصت لكل حالات الإسقاط دون غيرها، لأن لو كان الأمر على خلاف ذلك، لصاغ المشرع القاعدة الواردة في هاته المادة في فقرة تابعة لإحدى مواد الحضانة[2].

وتجدر الملاحظة أيضا أن في إطار هذه المادة قد خرج المشرع بها عن الأحكام العامة، إذ أن تقادم مدة السنة لا يطبق كلما وجد عذر منع صاحب الحق في الحضانة بالمطالبة بها، ولكن لم يحدد في الوقت ذاته هذه الأعذار تاركا الأمر للعمل القضائي. ومن ثم فإننا نوافق على ما ذهب إليه المشرع من حيث الاكتفاء بذكر عبارة "العذر" دون النص على الحالات التي يكون فيها العذر مقبولا. إذن، تأييدا لهذا الموقف الذي تبرره مصلحة المحضون، نقول أنه لا يمكن ـ أن نحصر ـ الأعذار ولا نحددها، فهي كثيرة ومتعددة.

غير أن ذلك لم يمنع الفقه من الاجتهاد في هذه المسألة وتحديد حالات العذر. فقد اعتبر المالكية سكوت صاحب الحق في الحضانة دون عذر في حالتين:

---

(1)Cf. Khalil, op. cit., trad. fr. Perron, t. 3, pp. 164-165.

(٢) وذلك مثل ما فعله واضعو مشروع تقنين الشريعة الإسلامية في المادة ١١٤ فقرة ثانية التي تنص بصريح العبارة على أن:

" Si la femme à laquelle l'enfant a été confié vient à contracter mariage, elle peut être déclarée déchue de son droit à la garde, à moins que celui qu'elle a épousé ne soit parent de l'enfant au degré prohibé, ou à un degré tel qu'il pourrait être appelé à lui donner ses soins. La déchéance doit être demandée dans le délai d'un an ".

الحالة الأولى: وهي أن يعلم بحقه فيها وسكت عن المطالبة بها. أما إذا لم يكن عارفا بحقه وسكت، فإن حقه هذا لا يسقط مهما طالت مدة سكوته.

الحالة الثانية: وهي أن يعلم بأن سكوته يسقط حقه في الحضانة؛ فإن كان يجهل ذلك، فلا يبطل حقه فيها بالسكوت[١].

غير أن هذا الحكم وإن كان مفهوما إلى حد ما من جانب الحاضن الغافل عن حقه، إلا أنه مع ذلك من الصعب تأييده، لا من جانب شخصية القائلين به ولا من جانب صيانة حقوق المحضون. لذلك، إن ما يمكن توجيهه من انتقاد إليه، أن صاحب الحق في الحضانة يبقى يتمسك دائما بمسألة "العلم" لكي يبرر سكوته، ونحن نعلم أن "لا أحد يعذر بجهل القانون"[٢]. فهل تجد هذه القاعدة أرضية تطبيق في الحضانة، وبالذات في هذه الحالة، أم نصرف نظرنا عنها؟

إجابة على ذلك، يرى الأستاذ وهبة الزحيلي أن هذه مسألة فرعية يعذر الناس بجهلها[٣]، لكن نحن نعتقد أن مصلحة المحضون هي المعيار في تطبيق هذه القاعدة من عدم تطبيقها.

ولهذا وذاك، إن مدة السنة هذه طويلة خاصة إذا اعتبرنا أن بداية سريانها سيكون من تاريخ العلم باستحقاق الحضانة. والقانون عندما ينص على المدد وتقادمها، فإنه يقصد بها استقرار المراكز القانونية[٤]. فقد يطول الحاضن هذا في المطالبة بحقه على

(١) انظر، الدردير، المرجع السابق، ج. ٢، ص. ٧٦٣ وما بعدها؛ وهبة الزحيلي، الفقه الإسلامي...، المرجع السابق، ص. ٧٣٤.

(٢) انظر، المادة ٦٠ من دستور ١٩٩٦. والواقع فهذا المبدأ يحدّد على أساسه نطاق تطبيق القانون من حيث الأشخاص. إلا أنه ترد عليه استثناءات وهي القوة القاهرة، قاعدة الغلط الشائع يولد الحق، توافر حسن النية، توافر عيب من عيوب الإدارة. انظر، سمير عبد السيد تناغو، المرجع السابق، ص. ٥٩٣ وما بعدها و٦٠٩ وما بعدها؛ حبيب إبراهيم الخليلي، المرجع السابق، ص. ١٣١ و١٣٦؛ لشعب محفوظ، المرجع السابق، ص. ٥٧-٥٨؛ حسن قدادة، شرح النظرية العامة للقانون في القانون الجزائري، د.م.ج.، الجزائر، ١٩٨٨، ص. ١٢٧ وما بعدها.

(٣) انظر، وهبة الزحيلي، الفقه الإسلامي...، المرجع السابق، ص. ٧٣٤.

(٤) انظر، بشأن دور التوقيت في بعض مسائل الأسرة، مصباح المتولى السيد حامد، التوقيت وأثره في القسم بين الزوجات، وحمل النساء ورضاع الأطفال، مجلة الشريعة والقانون، جامعة الأزهر، ٢٠٠٢، عدد ٢٤، ج.٣، ص.٥ وما بعدها.

أساس أنه لم يعلم بالمسألة إلا مؤخرا، فينتزع الحضانة من الحاضن السابق الذي قد يكون أنفع وأصلح بحضانته على الثاني. وعلاوة على ذلك، فإن إسناد الحضانة إلى الحاضن الموالي يجب أن يراعى فيه مصلحة المحضون من خلال ملاحظة حرص هذا الحاضن على ممارسة الحضانة وإظهار جديته. والشيء الذي يدلنا على ذلك، رعاية لمصلحة المحضون، هي المدة التي يطالب فيها الحاضن بحقه من خلال تماطله أو تأخره.

غير أن هذه الفكرة لقت نقيضها عند الأستاذة خلاف، وذلك عندما تقدمت بأن دعوى الإسقاط هي مادة يصعب تعيين فيها أجل محدد لا يجوز تجاوزه وإلا سقط الحق، لأنه قد يكون من مصلحة المحضون أن ترفع الدعوى في أي وقت[1].

ولكن، فنحن لا نرى ضرورة لإبقاء هذه المدة مفتوحة، بل نقول أنه إذا أردنا حساب المدة من تاريخ العلم باستحقاق الحضانة، فإننا نقترح تخفيضها إلى ما دون السنة بأن تحدد بستة أشهر. أما إذا أبقينا على مدة السنة، فتاريخ بداية سريانها يبدأ من اليوم الذي ظهر فيه سبب إسقاط الحضانة عن الحاضن السابق أو من تاريخ تبليغ الحكم الخاص بالطلاق إذا تعلق الأمر بالأم أو الأب. مع الإشارة أن الحاضن الذي يكون حقه مهددا بالسقوط يبقى محتفظا بالحضانة مادام القاضي لم يتدخل لسحبها منه[2].

ومما لا ريب فيه أن القضاء في غياب النص التشريعي أو غموضه، يجد نفسه مضطرا إلى سد الثغرات؛ إذ فهو المخاطب الأول بتفسير المادة ٦٨ من قانون الأسرة بسبب احتكاكه الدائم مع الحياة العملية. وهذا ما تبنته القرارات القضائية فعلا. فقضى المجلس الأعلى في ٠٥ فبراير ١٩٧٩ "بأن طلب المطعون ضدها... جاء متأخرا بمدة طويلة من تاريخ تنازل بنتها، أم الولدين، إذ وقع هذا التنازل عن حضانة ابنيها في ١٩٧٢/٠٨/٣٠ ولم تحرك الجدة ساكنا حتى ٨ جانفي ١٩٧٨ وهو التاريخ الذي عقدت فيه العزم على طلبها حضانة حفيدها في حين أن المبدأ الذي استقر عليه الاجتهاد القضائي هو أن الحضانة تسقط عن مستحقيها إذا لم يمارس ذلك الحق في خلال السنة، وبناء على ذلك، فإن القضاة لما أسندوا الحضانة للجدة كانوا خالفوا ذلك المبدأ، وبالتالي القواعد الشرعية في مادة الحضانة، الأمر الذي يجعل قرارهم معرضا للبطلان..."[3].

(1)Cf. N. Khelef née Lamoudi, op. cit., mém., p. 60.

(2)Cf. Gh. Benmelha, op. cit., p. 234.

(٣) انظر، مجلس أعلى، غ.أ.ش.، ١٩٧٩/٠٢/٠٥، ملف رقم ١٩٣٠٣، غير منشور.

وقد تأكد هذا النظر في قرار آخر صادر من نفس المجلس بتاريخ ٢٥ جوان ١٩٨٤[١]،

وفي قرار غيره صادر بتاريخ ٠٩ جويلية ١٩٨٤، إذ يقول "... أن الاجتهاد القضائي جرى على أنه لا يقبل الطلب الذي يقدم بعد عام من تاريخ الفصل في الحضانة"[٢].

ونحب أن نلفت النظر في النهاية إلى أن هذه القرارات، كما هو ملاحظ من تاريخ إصدارها، اتبعت المذهب المالكي في الإتيان بمدة السنة، وهي نفس المدة التي جاءت بها المادة ٦٨ من قانون الأسرة، وحسبت تاريخ بداية السنة من يوم تنازل الحاضن عن حضانته، ومن يوم الفصل في الحضانة، آخذة في ذلك خصوصية وقائع كل قضية، مع أن عبارة "من تاريخ الفصل في الحضانة" جاءت عامة وغير دقيقة المدلول.

هذا عن المدة، أما عن العذر، فإننا نقول بلا تردد أن المسألة يجب أن تخضع لسلطة القاضي لا غير، فهو الذي يراقب وجود عذر من عدم وجوده، وهو الذي يقبله أو يرفضه، ذلك كله صيانة لحقوق المحضون ورعاية لمصالحه.

وهذا ما ركز عليه المجلس الأعلى في قراره الصادر في ٢٧ فبراير ١٩٧٨ الذي أبرز فيه "سلطة القاضي السامية" في تقدير العذر؛ فحسم هذه النقطة بالرد التالي "حيث إن قضاة الموضوع أسندوا حضانة البنتين للأم بعد فترة زمنية تقدر بست سنوات، في حين أن الشرع قرر أن الحضانة تطلب لمستحقها خلال السنة وإلا سقط حقه فيها".

"حيث إن المطعون ضدها لما تركت حضانة البنتين كانت مصابة بمرض خطير أرغمها على إجراء عدة عمليات جراحية وإقامات طويلة على سرير المرض بالمستشفى وبدار والديها وتركها حضانة بنتيها لوالديهما كان أمرا ضروريا..."[٣].

ولا ريب أن إدخال المرض الخطير في باب الأعذار إنما يتماشى مع الحكمة التي وضع من أجلها نص المادة ٦٨ من قانون الأسرة. فقد يترتب على عدم تطبيق روح هذا النص القانوني أن يبقى أطفال كثيرون بعيدين كل البعد عن حنان الأم وعطفها مع أن

(١) انظر، مجلس أعلى، غ.أ.ش.، ١٩٨٤/٠٦/٢٥، ملف رقم ٣٣٦٣٦، المجلة القضائية، ١٩٨٩، عدد ٣، ص. ٤٥.
(٢) انظر، مجلس أعلى، غ.أ.ش.، ١٩٨٤/٠٧/٠٩، ملف رقم ٣٢٨٢٩، المجلة القضائية، ١٩٩٠، عدد ١، ص. ٦٠.
(٣) انظر، مجلس أعلى، غ.أ.ش.، ١٩٧٨/٠٢/٢٧، ملف رقم ١٥٤٠٣، غير منشور.

هذه الأخيرة أصبحت أهلا لحضانتهم، ومن ثم، فإنه لا مناص من جعل هذا النص ساريا كلما دعت مصلحة المحضون ذلك حتى يحدث أثره ويقل عدد المتشردين وتتحقق المنفعة المرجوة.

وهذا يتضح بجلاء من القرار الصادر عن المحكمة العليا بتاريخ ١٨ ماي ١٩٩٩، حيث قضت فيه بأنه "من المقرر قانونا أنه في الحكم بإسناد الحضانة أو إسقاطها يجب مراعاة مصلحة المحضون. ومتى تبين، في قضية الحال، أن الزوجة أسندت لها حضانة أبنائها الأربعة مع الحكم على والدهم بتوفير سكن لممارسة الحضانة وبعد مماطلة المطعون ضده (الأب) في عدم توفير السكن أصبح يدفع بكون الطاعنة لم تسع في التنفيذ (ممارسة الحضانة) مدعيا أنه يمارس الحضانة الفعلية.

فإن القضاة بقضائهم بإسقاط الحضانة عن الأم طبقا لأحكام المادة ٦٨ من قانون الأسرة وعدم استعانتهم بمرشدة اجتماعية لمعرفة مصلحة الأولاد وعدم الإشارة إلى جنس الأولاد وأعمارهم فإنهم بقضائهم كما فعلوا أخطأوا في تطبيق القانون وعرضوا قرارهم للقصور في التسبيب، مما يتعين نقض القرار المطعون فيه"[1].

ومن زاوية أخرى، ينبغي أن يلاحظ أن القاضي هو الذي يتأكد من علم صاحب الحق في الحضانة. لكن ينبغي لإحداث هذا الأثر أن نتساءل عن كيفية إمكانية القاضي أن يباشر مهامه هذا، فكيف يمكن له أن يتأكد من علم صاحب الحق في الحضانة؟

ما من شك أن هذا السؤال لا يطرح في مسألة الحضانة فحسب، بل ينصرف إلى جميع المسائل القانونية التي يتوقف حسمها على العلم، لأن الأمر هنا يتعلق بثمن الحق أي بالإثبات. والجاري به العمل في مثل هذه الحالات أن القاضي هو الذي يقدر من خلال وقائع القضية والأدلة والحجج التي تقدم بها طالب الحضانة التي يجب أن تكون كافية لتبرير جهله، فيستنتج منها قرائن ترشده في الفصل في الدعوى.

وعلى أية حال فإنه لا ننسى- أن القاضي مرشده الأول مصلحة المحضون التي لا تحتمل زعزعة استقراره المعنوي ولا المادي، كأن يألف المحضون حاضنه السابق ويتعود على مستوى عيش معتبر، ثم يأتي الحاضن اللاحق يدعي بحقه، فللقاضي هنا دور كبير وجد مهم في تحديد موقع مصلحة المحضون من خلال الشخص الأكثر قدرة على تحقيقها

(١) انظر، محكمة عليا، غ.أ.ش.، ١٩٩٩/٠٥/١٨، ملف رقم ٢٢٢٦٥٥، المجلة القضائية، ٢٠٠١، عدد خاص، ص.١٨٥ وما بعدها.

ومدى جديته في ممارسة الحضانة. وفي ذلك يقول الأستاذ لوي مييو أن الإسقاط حتى وإن طلب في الأجل المحدد قانونا، لا يفرض على القاضي، الذي يبقى له الخيار في عدم الحكم به إذا لاحظ أن مصلحة المحضون تدعو أن يظل الطفل عند الشخص الذي ثبتت له الحضانة[1].

ولهذا وذاك، وأخذا في الاعتبار الانتقادات والملاحظات السالفة الذكر، نرتئي إلى تعديل المادة ٦٨ من قانون الأسرة محاولين بمقتضاه أكثر تحقيق مصلحة المحضون بالنص التالي: "لصاحب الحق في الحضانة أن يتقدم بطلبه في خلال سنة من تاريخ ظهور السبب المسقط للحاضن السابق، وإذا تعلق الأمر بالحاضن الأم أو الأب فمن تاريخ تبليغ الحكم بالطلاق".

"إلا أن له أن يطالب بذلك الحق قضاء في خلال ستة أشهر من علمه به. وبانقضاء هذه المدة يسقط حقه في الحضانة ما لم يكن له عذر".

فضلا عن الملاحظات التي أوردناها على المادة ٦٨ من قانون الأسرة، والتي من بينها عرضنا ما (يمكن أن) ينطبق أيضا على الفصل ٥٨ من المجلة في شطره المتعلق بمدة السنة، وعلى المادة ١٧٦ من المدونة، نضيف نقاطا أخرى نسجلها في قائمة المآخذ الخاصة بهاتين المادتين.

وأول ما نستهل به هو ذكر محتوى المادتين المتعلقتين بهذه المسألة. تنص المادة ١٧٦ من المدونة على أن "سكوت من له الحق في الحضانة مدة سنة بعد علمه بالبناء يسقط حضانته إلا لأسباب قاهرة". والفصل ٥٨ من المجلة نص على ما يلي"...أو يسكت من له الحضانة مدة عام بعد علمه بالدخول ولم يطلب حقه فيها...".

والجدير بالذكر أنه عند تقريب هذين النصين، نلاحظ أن النص الأول أدق صياغة وأحسن أسلوبا من النص الثاني، الذي يعود العيب فيه إلى صياغة الفصل ٥٨ ككل. فبقدر ما يظهر أن المادتين ١٦٧ و٥٨ (في شطرهما الذي يهمنا) متشابهتين بقدر ما هما مختلفتين.

وهذه الخاصية المزدوجة نبينها كالآتي: إن الفصل ٥٨ والصادر في ١٨ فبراير ١٩٨١ جاء معدلا لنفس الفصل المؤرخ في ١٣ أوت ١٩٥٦ الذي كان أيسر فهما من النص المعدل، والذي بدت معانيه متداخلة غير مرتبة وغير كاملة لكونها جاءت متجاورة لا يصل بعضها ببعض أدوات ربط ولا علامات توقف تساعد على فهمها واستوعابها.

(1)Cf. L. Milliot, op. cit., p. 406.

وذلك بالرغم من التجديد الهام الذي أطرأه المشرع على هذه المادة بإضافة عبارة "ما لم ير الحاكم خلاف ذلك اعتبارا لمصلحة المحضون"، وتعويض "وصية" بـ "ولية". ناهيك عن عدم فصل المشرع شروط الحضانة عن أسباب سقوطها من ناحية الصياغة دائما.

وبناء على ما تقدم ومع إبقائنا على نفس المعنى الذي فهمناه من الفصل ٥٨ من المجلة نقترح تصحيح الصياغة في النقطة التي نحن هنا بصددها كما يلي:

- ويشترط في مستحق الحضانة الأنثى، إضافة إلى ماذكر، أن تكون خالية من زوج دخل بها، ما لم ير الحاكم خلاف ذلك اعتبارا لمصلحة المحضون.

- ولا تسقط الحضانة بزواج الحاضنة في الحالات التالية:

١- إذا كان زوجها محرما للمحضون أو وليا له؛

٢- إذا سكت من له الحق في الحضانة مدة عام بعد علمه بالدخول ولم يطلب حقه فيها؛

٣- إذا كانت الحاضنة مرضعا للمحضون؛

٤- إذا كانت أما وولية عليه في آن واحد".

وهناك مسألة أخرى نود أن نشير إليها، وهي تتعلق في معرفة متى يكون السكوت مسقطا للحضانة.

للإجابة على هذا السؤال، وإذا حاولنا الرجوع إلى فقه الإمام مالك يتبين لنا أن "الصيغة المستعملة في أغلب كتب هذا المذهب هي الاقتصار على حالة تزوج الحاضنة، أي إن السكوت إنما يكون مسقطا في حالة ما إذا كان سبب استحقاق الساكت للحضانة هو زواج الحاضنة، أما إذا كان سبب انتقال الحضانة إليه هو موت الحاضنة مثلا أو فقدها لأحد شروط الأهلية أو حدوث الطلاق بالنسبة للأم، فإن حقه لا يسقط ولو سكت أكثر من عام[1]".

وهذا ما لم يتمسك به اتجاه آخر من الفقه الإسلامي، بحيث يرى إن سكوت سنة يسقط حق الحضانة أيا كان سبب انتقال الحق في الحضانة فالأم لا حضانة لها إذا سكتت عاما بعد الطلاق، وكذا الجدة التي لم تطلب الحضانة داخل سنة من إسقاط الحضانة عن ابنتها، إلى غير ذلك من حالات السكوت بعد علم الساكت بحقه في الحضانة[2].

(١) انظر، أحمد الخمليشي، التعليق على...، المرجع السابق، ص. ١٧٧.
(٢) انظر، الرهوني، المرجع السابق، ج.٤ ،ص.٢٦٢-٢٦٣.

غير أنه يتضح من المدونة والمجلة، أن المشرعين التونسي والمغربي على خلاف الجزائري، حصرا تقادم حق مستحق الحضانة في حالة واحدة من حالات الإسقاط ألا وهي علمه بتزوج الحاضنة والدخول بها[١]، أو البناء عليها، وسكوته عن ذلك مدة سنة.

وبمفهوم المخالفة، فإن الحالات الأخرى المسقطة للحضانة يبقى التمسك بها مفتوحا ولا تخضع لأي تقادم. وهذا ما أوضحه المجلس الأعلى المغربي بتاريخ ١٤ أكتوبر١٩٨١ الذي أيد الحكم الابتدائي الذي حكم للأم بالحضانة رغم سكوتها أكثر من سنة من تاريخ الطلاق وأكد أن الأم لا تسقط حضانتها إلا بأحد السببين المنصوص عليهما في الفصلين ١٠٥[٢] و١٠٧[٣] وأن الفصل ١٠٦[٤] لا يشمل الأم التي لا يسقط حقها في حضانة ابنها بمرور المدة مطلقا. وبالتالي الحكم الاستئنافي الذي أسس السقوط على هذه المادة "جاء غير مرتكز على أساس صحيح من القانون وبالتالي معرضا للنقض"[٥].

وفي قرار آخر قضى المجلس ذاته في ٢٥ نوفمبر ١٩٨١ بأن "سكوت الجدة أكثر من عام من تاريخ تنازل الأم عن حضانة ولديها لا تسقط حضانتها"[٦].

ولم يقتصر الفرق بين قانون الأسرة وبين المدونة والمجلة، وإنما عرفا هذان الأخيران هما أيضا اختلافين فيما بينهما. ويكمن الأول في مصطلحي "الدخول" و"البناء". وقد سبق وأن عرضنا بهذه المسألة عند التعليق على المادة ٦٨ من قانون الأسرة، حيث استعمل المشرع التونسي "الدخول" والمغربي "البناء". وهنا نتساءل هل المصطلحان لهما

(١) وفي هذا الاتجاه، راجع بشأن الفصل ١٠٦ من المدونة قبل تعديلها، عبد الكريم شهبون، المرجع السابق، ص.٤١٥.

(٢) كان الفصل ١٠٥ ينص على أن "زواج الحاضنة بغير قريب محرم من المحضون أو وصي عليه يسقط حضانتها ما لم تكن وصيا أو مرضعا لم نقبل غيرها".

(٣) ونص الفصل ١٠٧ قبل صدور مدونة الأسرة على ما يلي "إذا استوطنت الحاضنة ببلدة أخرى يعسر فيها على أبي المحضون أو وليه مراقبة أحوال المحضون والقيام بواجباته سقطت حضانتها".

(٤) وهو المعدل بالمادة ١٧٦ كان يقضي بأن "سكوت من له الحق في الحضانة مدة سنة بعد علمه بالدخول يسقط حضانته".

(٥) انظر، مجلس أعلى، ١٩٨١/١٠/١٤، عدد القرار ٥٨٣، مجلة قضاء المجلس الأعلى، ١٩٨٢، عدد ٣٠، ص.٩٧.

(٦) انظر، مجلس أعلى، ١٩٨١/١١/٢٥، عدد القرار ٦٦٦، غير منشور، مقتبس من أحمد الخمليشي، المرجع السابق، ص.١٨٠.

نفس المعنى؟

إن الإجابة لا تعطى إلا بعد إمعان التفكير في النصين والتوغل في روحهما. إن المشرع التونسي استعمل الدخول ليوضح أن سكوت مستحق الحضانة لمدة سنة عن زواج الحاضنة لا يسقط حقه بعلمه بإبرامها عقد الزواج وإنما بعلمه بالدخول بها، فمجرد العقد لا يسقط حقه وإنما يشترط حصول الدخول. يبقى ثمة سؤال آخر يطرح على ذات المشرع يتعلق بالدخول. هل عنى به الدخول الحقيقي أم الدخول الحكمي؟

في الحقيقة إن مذكي هذا التساؤل هو المشرع المغربي الذي استعمل "البناء" في المادة ١٦٧ من المدونة بعدما وظف "الدخول" في الفصل ١٠٦ المعدل.

وانطلاقا من هذه الإشارة نقول أن المشرع المغربي لعله - نظرا لافتقادنا للمذكرة الإيضاحية لمدونة الأسرة - أراد أن يضع حدا لكل الفرضيات التي لربما طرحت على القضاء، فأزاح من مفهوم "زواج الحاضنة العقد وكذا الدخول الحكمي، ليغلب المقصود الذي يريده من البناء هو الدخول الحقيقي"[١].

أما المشرع التونسي، فإنه لم يخش اشتباه الأمر على المعنيين به، فوضع المصطلح عاما ليشمل الحقيقي والحكمي وليترك الأمر بيد القضاء في تفسيره حسب ظروف القضايا وهو ما حدث فعلا في قرارين لمحكمة التعقيب الصادرين في ٠٧ جوان ١٩٦٦ و٠١ مارس ١٩٧٧ عند ذكرهما على الترتيب "سكوت مستحق الحضانة عن المطالبة بنقل المحضونة إليه لتزوج الحاضنة بغير محرم للمحضونة مدة عام بعد علمه بالدخول بها من طرف الزوج الثاني يسقط حقه في الحضانة"[٢]، "إذا تزوجت الحاضنة بغير محرم للمحضون وتم الدخول سقط حقه في الحضانة ولم يسكت من له الحضانة مدة عام من تاريخ العلم بالدخول"[٣].

ويفهم من هذين القرارين على أن الدخول المراد به هنا هو الدخول الحقيقي. كما

---

(١) للمزيد من المعلومات حول مصطلحات البناء والدخول بنوعيه، راجع حميدو تشوار زكية، "النقص التشريعي في تنظيم ركنية الصداق"، مجلة العلوم القانونية والإدارية، تلمسان، ٢٠٠٤، عدد ٢، ص. ٣٦ وما بعدها.

(٢) انظر، محكمة التعقيب، ١٩٦٦/٠٦/٠٧، قرار مدني، عدد ٤٤٠٦، مجلة القضاء والتشريع، ١٩٦٦، عدد ٩، ص.٢٥.

(٣) انظر، محكمة التعقيب، ١٩٧٧/٠٣/٠١، قرار مدني، عدد ٣٠٨، نشرية محكمة التعقيب، ١٩٧٧، ج.١، ص.١٥٢. مع ملاحظة أن هذا القرار نشر مرتين تحت مبدئين مختلفين، انظر محمد الحبيب الشريف، المرجع السابق، ص.١٦١.

أنه إذا رجعنا إلى الفصول الأخرى للمجلة كالفصل ١٦ والفصل ٢٢ والفصل ٢٨ والفصل ٣٤ واللواتي استعملن مصطلح الدخول لوجدنا أنهن يقصد بهنّ الحقيقي. وهكذا، معنى البناء عند المشرع التونسي هو نفسه معنى الدخول عند المشرع المغربي.

وحسب رأينا، فإن العبرة بزف الحاضنة إلى زوجها سواء حصل دخول أو لم يحصل وهذا هو المقصود اللغوي للبناء [1] وما ذهب إليه المذهب المالكي والذي اتبعه المشرعان المغربي والتونسي.

أما الاختلاف الثاني، فإنه يكمن في الاستثناء الذي أورده المشرع المغربي على القاعدة والذي يفيد أنه: إذا طرأت أسباب قاهرة حالت بينها وبين حق طلب مستحقي الحضانة في خلال مدة سنة بعد علمه بالبناء لا تسقط حضانته. أما التونسي، فلم يثر حالات أخرى غير زواج الحاضنة والدخول بها. ونوجه سؤالا للمشرع المغربي: ماذا يقصد بالأسباب القاهرة؟ هل يدخل فيها الحالات الأخرى غير زواج الحاضنة، كما هو الحال في المادة ٦٨ من قانون الأسرة، أم يقصد بها أمورا أخرى؟

إننا نجيب عنه بالتوضيح التالي: إذا كان المشرع يريد أن يدفع عن المحضون كل ما يضره ويحمي مصالحه ويغلبها يستعمل عبارة "مع مراعاة مصلحة المحضون". أما إذا ابتغى إظهار حق الحاضن وتغليبه على حق المحضون، فإن العبارة كما هي أنسب، لأن حسب وجهتنا، "الأسباب القاهرة" تفيد أكثر بأنها متعلقة بظروف الحاضن لا المحضون. ويا حبذا لو اختار المشرع المغربي العبارة البديلة المقترحة للسبب الذي ذكرناه.

وأمام هذه التأويلات، وذلك الموقف التشريعي، يظهر لنا مدى تخبط الشارع المغربي بوضعه هذا النص الذي لا يمكن تبريره على الإطلاق، وتقضي الصياغة الفنية بل والمصلحة العليا للمحضون بتعديله في أقرب وقت.

وهذا التخبط لم يجنبه المشرع المغربي أيضا وكذا الجزائري والتونسي بشأن معرفة عما إذا كان سقوط الحضانة بسبب السكوت عنها بعد مرور سنة يسري على من يلي الساكت كذلك؟

أمام هذا الفراغ التشريعي، يوجد في الفقه المالكي خاصة رأيين، حيث يرى الاتجاه الأول بأن سريان السنة يشمل كل من له الحق في الحضانة، وذلك بصرف النظر

(١) بنى على أهله وبأهله أي عروسه، زفت إليه // دخل عليها. انظر، المنجد في اللغة والإعلام والأدب، المرجع السابق، ص.٥٠.

عن رتبته في قائمة مستحقي الحضانة. ومعنى ذلك، فإذا تزوجت الأم بغير محرم وعلم بزواجها كل من الأب وأم الأم وأم الأب والخالة والعمة ومرت سنة بغير أن ينازعها أحد منهم، فيسقط حقهم كلهم في الحضانة[١]. في حين، يرى الاتجاه الثاني، على النقيض من ذلك، أن هذا الإسقاط يقتصر على من يلي في الترتيب من سقطت حضانته[٢].

والحق أننا لا نريد الخوض في تفاصيل هذه الاتجاهات المختلفة، إذ يكفينا هنا أن نقرر أنه ليس من الممكن إغفال هذه المسألة، ولذلك فإنه من المستحسن أن يراعي القاضي في استعمال سلطته التقديرية كل العوامل المضرة بمصلحة الطفل بصرف النظر عن الترتيب التشريعي لمستحقي الحضانة إذا كان الأمر يتعلق بهذا السبب المسقط للحضانة.

"بل الأخد، كما يقول الأستاذ الخمليشي، بمصلحة المحضون يفرض أن يكون ترتيب الحاضنين المنصوص عليه في القانون، يعمل به في حالة تساويهم فيما يوفرونه من رعاية وخدمات للمحضون، أما في حالة التفاوت فلا يراعى ذلك الترتيب، وإنما تكون الحضانة لمن تتوفر لديه ظروف رعاية أفضل للمحضون"[٣].

أضف إلى ذلك أن إسقاط الحضانة بمضي سنة تجد تبريرها، كما قلنا أعلاه، في الفقه المالكي القائل بها في قياسه على الشفعة[٤].

لكن، إذا كان ذلك هو حكم الشفعة فشتان بين ما هو شفعة وما هو حضانة، ذلك ما يبرهن ضعف القياس في هذه المسألة، إذ أن المحضون إنسان وليس ما لا يملكه شريكان، والحضانة تقررت لمصلحته وللعناية به، ومن ثم فلا علاقة لحضانته بتقادم الحقوق الشخصية المالية مثل حق الشفعة وغيره من الحقوق الأخرى.

وعلى أية حال فإن عدم مطالبة الحضانة خلال مدة سنة ليس هو السبب الوحيد لإسقاطها عن صاحبها فحسب، بل يعد كذلك من مسقطاته التزوج بغير قريب محرم.

(١) انظر، التسولي، المرجع السابق، ج.١، ص.٤٠٩.
(٢) انظر الرهوني، المرجع السابق، ج.٤، ص. ٢٦٣.
(٣) انظرن أحمد الخمليشي، التعليق على...، المرجع السابق، ص.١٧٩.
(٤) إذ أن الشريك إذا علم بالبيع وسكت عاما فقد حقه في الشفعة، أما إذا لم يعلم أو كان غائبا فلا يسقط حقه، وقياسا عليه يطبق نفس الحكم على مستحق الحضانة. انظر، الرهوني، المرجع السابق، ج.٤، ص.٢٦٣.

المطلب الثاني
زواج الحاضنة بغير قريب محرم من المحضون

والمعمول به شرعا هو أن تزوج الحاضنة بغير قريب محرم يعتبر تنازلا منها على حضانتها وسببا مسقطا للحضانة، وهذا ما تبناه كذلك المشرعون المغاربيون، وذلك في المادة ٦٦ من قانون الأسرة التي تنص على أن "يسقط حق الحضانة بالتزوج بغير قريب محرم..."، وفي المادة ١٧٣ فقرتها الرابعة من المدونة [(١)] والفصل ٥٨ من المجلة [(٢)] اللذين كرسا هذه القاعدة أيضا.

وما ينبغي الإشارة إليه هو أن المادة ٦٦ من قانون الأسرة في شطرها الأول تذكي ملاحظة تتمثل في أنه مقارنة مع بعض المواد من قانون الأسرة الخاصة بحالات الإسقاط لم تصغ بنفس الطابع الآمر[(٣)]، وهذا ما يدعو بنا إلى الاعتقاد بأن من الحالات ما هي أخطر من الأخرى[(٤)]، بحيث لم يعلق هذا الإسقاط بضرورة مراعاة مصلحة المحضون، الأمر الذي نفهم منه أن تزوج الحاضنة بغير قريب محرم ينفي مصلحة المحضون بتاتا، فهو سبب قطعي لا نقاش فيه[(٥)].

وزيادة على ذلك أننا لا نرى أية صحة في القول أن "المشرع الجزائري بخصوص هذا السبب، قد فتح المجال واسعا للقاضي في استخدام سلطته التقديرية وفي حدود ما تقتضيه مصلحة المحضون"[(٦)]. صحيح هذا القول في التشريع التونسي، ولكن الجزائري صياغة المادة المتعلقة بهذا الفرع لا تدل على ذلك، وإنما حالة الإسقاط هذه تفرض على

---

(١) نصت الفقرة الرابعة من هذه المادة على أن "عدم زواج طالبة الحضانة إلا في الحالات المنصوص عليها في المادتين ١٧٤ و١٧٥ بعده".

(٢) ينص هذا الفصل على أنه "وإذا كان مستحق الحضانة أنثى، فيشرط أن تكون خالية من زوج دخل بها، مالم ير الحاكم خلاف ذلك اعتبارا لمصلحة المحضون".

(٣) مثل المواد، ٦٤، و٦٨، و٧١ من قانون الأسرة.

(٤) Cf. N. Khelef née Lamoudi, op. cit., p. 55.

(5) A cet égard, il convient de souligner que le texte rédigé en langue française est encore plus explicite s'agissant de cet empêchement, puisqu'il dispose clairement que « La titulaire du droit de garde se mariant avec une personne non liée à l'enfant par une parenté de degré prohibé, est déchue de son droit de garde.... ».

(٦) انظر، صالح حمليل، المرجع السابق، مذكرة ، ص. ٢٢٤.

القاضي مما يجعل سلطته مقيدة. وليس له إلا أن يحكم بإسقاط الحضانة متى تأكد تـزوّج الحاضـنة بغـير قريب محرم.

ومن ثم، جاءت هذه القاعدة لتحمي المحضون دون أن يكون الحاضن قد ارتكب خطأ[1].

ولكن، أن هذا الاستنتاج الذي استخرجناه وثيق الصلة بملاحظة لا تقل أهمية عن الأولى، وهي لا يجب أن نفكر في أن فقدان الحضانة بسبب تزوج الحاضنة بغير قريب محرم في القانون الجزائري يحصل بقوة القانون، لأن التصريح بذلك يعد غلطا لم تلمح إليه صياغة هذه المادة؛ والتسليم بغير ذلك هو تصور ذهاب الحاضنة بالمحضون إلى القضاء ودفعها بسقوط حقها، أو أخطر من ذلك تتخلى عن ممارسة حضانتها دون أن يهمها في ذلك من يستلم المحضون بعدها.

غير أنه لا يمكن أن يصل إلى هذا الحد، وإذا بدا لنا أن المشرع الجزائري لم يـراع مصلحة المحضـون في المادة ٦٦ من قانون الأسرة، إلا أنه لم يجحدها في المواد الأخرى التي لا يمكن أن نعزلها عـن هـذه المـادة أو نجردها منها، فكل أحكام الحضانة مرتبطة ببعضها البعض، ولا سيما: المادة ٦٢ فقرة ثانيـة التـي تقضي بأن لا تراقب أهلية الحاضن إلا أمام القضاء، والمادة ٦٤ المعدلة التي رتبت مستحقي الحضـانة حسـب مـا تدعوه مصلحة المحضون، والمادة ٦٨ التي تنظم إجراء التقاضي. وإلا ما فائدة هذه المواد؟

وخلاصة الكلام مما تقدم جميعه، أن تـزوج الحاضـنة بغـير قريـب محـرم للمحضـون لا يـؤدي إلى إسقاط الحضانة عنها بقوة القانون، بل يتم ذلك بمقتضى حكم قضائي بأن يتقدم صـاحب الحـق فيهـا بعـد احترام المادة ٦٨ من قانون الأسرة، وبعد تأكد القاضي من الشروط المذكورة في الفقرة الثانية مـن المـادة ٦٢ من ذات القانون، والإتيان بترتيب المادة ٦٤ من نفس القانون.

ومن ثم، فإن كل ما في الأمر، وتطبيقا لذلك، هو أن القاضي متى تمسك أمامه هذا السبب لا يجتهد ولا يمكن أن يؤول النص أكثر مما يطيقه، وإنما يتوجب عليه إسقاط الحضانة عن صاحبتها. ويكـون حكمـه هنا كاشفا وهذا ما أرادت به المادة ٦٦ من قانون الأسرة.

---

(1)Cf. N. Khelef née Lamoudi, op. cit., p. 47; H. Bencheikh Dennouni, La hadana…, op. cit., p. 909; D. Charif Feller, op. cit., p.204 .

وأما المشرعان التونسي والمغربي، فإن موقفهما كان أوضح، لأنهما وضعا في المواد المقررة اشتراط في الحاضنة خلوها عن زوج محرم، وهو الفصل ٥٨ من المجلة، وغير قريب[١] وهما المادتين ١٧٤ و١٧٥ من المدونة[٢]، استثناءات، تدل على أنه لا يمكن التفوه أبدا بأن الحضانة تسقط عن صاحبها، بغياب هذا الشرط، بقوة القانون.

والجدير بالتنبيه في هذا الصدد أن القضاء الجزائري لم يتحد موقفه قبل الاستقلال، حيث تارة جعل من قاعدة إسقاط الحضانة عن الحاضنة لتزوجها بغير قريب محرم قاعدة آمرة[٣]، وتارة أخرى جعل منها قاعدة جوازية، عندما قضى بأن "زواج الحاضنة الذي يسقط حقها في الحضانة لا يعتبر قاعدة مطلقة، ويجب أن تخفف أمام متطلبات مصلحة الطفل التي يجب أن تقدم على كل اعتبار آخر"[٤].

والواقع، فهذا الاتجاه الأخير كان محل محاولة مشروع تقنين الشريعة الإسلامية،

---

(١) يجدر التنبيه أن المشرع التونسي لا يسقط الحضانة عن الحاضنة، إذا كان زوجها غير قريب، وكذا الشأن بالنسبة للحاضن الذكر،فيستوي أن يكون قريبا أو غير قريب. أما المغربي، فعلى خلافه، يسقط الحضانة عن الحاضنة إذا كان زوجها محرما غير قريب.

(٢) تنص المادة ١٧٤ من المدونة على أن "زواج الحاضنة غير الأم، يسقط حضانتها إلا في الحالتين الآتيتين:
١- إذا كان زوجها قريبا محرما أو نائبا شرعيا؛
٢- إذا كانت نائبا شرعيا للمحضون".
والمادة ١٧٥ من ذات القانون على أن "زواج الحاضنة الأم، لا يسقط حضانتها في الأحوال الآتية :
١- إذا كان المحضون صغيرا لم يتجاوز سبع سنوات، أو يلحقه ضرر من فراقها؛
٢- إذا كانت بالمحضون علة أو عاهة تجعل حضانته مستعصية على غير الأم؛
٣- إذا كان زوجها قريبا محرما أو نائبا شرعيا للمحضون؛
٤- إذا كانت نائبا شرعيا للمحضون.
زواج الأم الحاضنة يعفي الأب من تكاليف سكن المحضون وأجرة الحضانة، وتبقى نفقة المحضون واجبة على الأب".

(٣) انظر، الجزائر، غرفة مراجعة الأحكام الإسلامية، ١٩١٩/٠٥/٣١، مجمع نوراس، رقم ١٣٧؛ ١٩٢٨/٠٧/٢٣، مجمع نوراس، رقم ٤٥١.

(٤) انظر، محكمة استئناف الجزائر، غرفة مراجعة الأحكام الإسلامية، ١٩٥٦/٠٥/٠٧، ملف رقم ١٤٥؛ ١٩٥٧/٠٥/٢٧، ملف رقم ١٢٨؛ ١٩٦٠/١١/١٦، ملف رقم ٦٧، مقتبس عن:
Siband, op. cit. , p.110 G.

وذلك في الفقرة الثانية من المادة ١١٤ بقولها "يجوز إسقاط حق الحضانة عن الحاضنة إذا تزوجت، إلا إذا كان زوجها قريبا محرما للمحضون، أو في درجة يمكن أن تقدم له العناية"[1].

وأما بعد الاستقلال، قد عمل قضاؤنا القواعد السالفة المستمدة من الرأي السائد في الفقه الإسلامي في كثير من أحكامه، سواء أكان ذلك قبل صدور قانون الأسرة أم بعد صدوره. فجاء في قرار للمجلس الأعلى بأن "... حق الحضانة يسقط عن الحاضنة بمجرد تزوجها، وقضاة الموضوع لما صرحوا بقولهم أن المستأنف عليها لم تنكر كونها متزوجة من جديد، وعلاوة على ذلك، فإنها تطلب الحضانة لها وهذا مستحيل شرعا"[2].

وهذا ما أكده المجلس ذاته في قراره الصادر في ٠٥ ماي ١٩٨٦، حيث قضى بأنه "من المقرر في أحكام الشريعة الإسلامية، أنه يشترط في المرأة الحاضنة ولو كانت أما، فأحرى بغيرها أن تكون خالية من زوج، أما إذا كانت متزوجة، فلا حضانة لها لانشغالها عن المحضون، فإنه من المتعين تطبيق هذا الحكم الشرعي عند القضاء في مسائل الحضانة. لذلك يستوجب نقض القرار الذي خالف أحكام هذا المبدأ وأسند حضانة البنت لجدتها لأم المتزوجة بأجنبي عن المحضونة"[3].

وكما حكمت محكمة أولاد ميمون، تطبيقا لذلك، في ٠٦ ديسمبر ١٩٩٧ بإسقاط الحضانة عن الأم لتزوجها بغير قريب محرم وإسنادها إلى الجدة للأم مع منح كل من الأم والأب حق زيارة المحضونة بالتناوب مرة واحدة في الأسبوع. وأيدها في ذلك مجلس قضاء تلمسان في قراره الصادر في ٠٦ أفريل ١٩٩٨، وذلك بقوله:

"حيث يتبين من أوراق الملف ومن دفوع الأطراف الثلاثة أن النزاع القائم حول حضانة البنت ح. ومادام أن الأم ش.ف. تزوجت بغير قريب محرم ينبغي إسقاط الحضانة

---

(1)Ainsi donc, cet article disposait que “ Si la femme à laquelle l’enfant a été confié vient à contracter mariage, elle peut être déclarée déchue de son droit à la garde, à moins que celui qu’elle a épousé ne soit parent de l’enfant au degré prohibé, ou à un degré qu’il pourrait être appelé à lui donner ses soins…”.

(٢) انظر، مجلس أعلى، غ.أ.ش.، ١٩٧٩/٠٢/٠٥، ملف رقم ١٦٦٨٧، غير منشور.

(٣) انظر، مجلس أعلى، غ.أ.ش.، ١٩٨٦/٠٥/٠٥، ملف رقم ٤٠٤٣٨، المجلة القضائية، ١٩٨٩، عدد ٢، ص. ٧٥.

عنها والتي اعترفت أيضا بأن المحضونة تكفلت بتربيتها جدتها منذ ١٩٩٢ وذلك يشكل إهمالا وتقصيرا منها".

"لكن حيث إن المستأنف ش. س. غير المتزوج لم يقدم لهيئة المجلس وسائل بها يمكن الاستجابة لطلبه المتمثل في إسقاط الحضانة عن أمها وإسنادها له مع رفض طلب المتدخلة في الخصومة الجدة لأم ما دام أن مبادىء الشريعة الإسلامية والقانون الوضعي قررت أسبقية الجدة لأم في الحضانة عن الأب، ذلك ما يجعل الحكم المعاد قد طبق الشرع والقانون تطبيقا سليما الأمر الذي يتعين معه رفض طلب المستأنف لعدم تأسيسه مع تأييد الحكم المستأنف في جميع مقتضياته"[(١)].

وذات المسلك انتهجه أيضا القضاء التونسي، حيث قررت محكمة التعقيب في ٣١ مارس ١٩٦٤ بأنه "يشترط في مستحقة الحضانة أن تكون خالية من زوج دخل بها"[(٢)].

وكما أن المجلس الأعلى المغربي قد قضى في قراره الصادر بتاريخ ٢٦ مارس ١٩٨٤ على أن "الزواج من قريب الصغير وهو ذو رحم محرم منه لا يسقط حضانتها، لأن الطفل في هذه الحالة سيكون عند من يعطف عليه في الغالب"[(٣)].

ويتضح من تلك النصوص القانونية وهذه القرارات والأحكام القضائية أن تزوج الحاضنة بغير قريب محرم يسقط عنها الحضانة، ولكن يجب مع ذلك من ناحية أخرى أن نتساءل عما إذا كان كل زواج من هذا القبيل يتناقض مع مصلحة المحضون؟ وهل يتعلق هذا المسقط بكل الحواضن النساء؟

لقد تضاربت الاتجاهات في إجابتها على هذه الأسئلة. فيرى الاتجاه الأول أن الحضانة تسقط عن الحاضنة بتزوجها بغير قريب محرم للصغير والصغيرة، وهكذا، فإن الزواج بأجنبي، وبقريب غير محرم كابن العم، وبمحرم غير قريب كعم الطفل من الرضاعة يسقط الحضانة[(٤)]. أما إذا كان زواجها رحما للصغير لم تسقط حضانتها. وحجتهم في

(١) انظر، مجلس قضاء تلمسان، غ.م.، ١٩٩٨/٠٤/٠٦، قضية رقم ٩٨/٥١، غير منشور.

(٢) انظر، محكمة التعقيب، في ١٩٦٤/٠٣/٣١، قرار مدني عدد ٢٣٠٠، مجلة القضاء والتشريع، ١٩٦٤، عدد ٨، ص.٣١.

(٣) انظر، مجلس أعلى، ١٩٨٤/٠٣/٢٦، مجلة القضاء والقانون، ١٩٨٤، عدد ١٣٥ و١٣٦، ص. ١٦٨ وما بعدها.

(٤) وسرى على هذا الرأي مالك والشافعي وأبوحنيفة وأحمد في المشهور عنه والإباضية. انظر، الدسوقي، المرجع السابق، ج. ٢، ص. ٤٩٠-٤٩١؛ الشافعي، الأم، ج. ٥، دار الشعب،

ذلك حديث عمرو بن شعيب "أنت أحق به ما لم تنكحي"[١]، وإجماع الصحابة على أن الحضانة للأم حتى تتزوج فتسقط عنها. هذا، وإن مما يدل على ذلك خبر عمر بن الخطاب في النزاع حول ابنه عاصم، فقد قال له أبو بكر الصديق "أنها أحق به ما لم تتزوج"[٢]. وقد وافقه عمر على هذا الحكم، وكان ذلك بمحضر من الصحابة فلم ينكر عليه أحد[٣].

وفوق هذا وذاك، يقول أنصار هذا الرأي أن المرأة بزواجها ستنشغل بخدمة زوجها فلا تتفرغ لتربية الطفل، وكما أن هذا الأخير "سيلحقه الجفاء والمذلة غالبا من زوج الأم على ما قيل إنه يطعمه نزرا (أي قليلا) وينظر إليه شزرا (أي نظر بغض)، وإن الولد وعصبته عار في المقام عند زوج أمه"[٤].

هذا الرأي أخذ به المجلس الأعلى المغربي، قبل التعديل الأخير للمدونة وقبل إصدار ظهير ١٩٩٣/٠٩/١٠ في قراره الصادر في ٢٦ مارس ١٩٨٤ حيث قضى أن "الزواج الأجنبي يسقط الحق في الحضانة حتى ولو كان هذا الأجنبي كفيلا للحاضنة في حال صغرها إلى أن تزوجته، فالكفيل الأجنبي ليس من بين الأقارب الذين لا يؤثر الزواج بهم في حق الحاضنة حسب ما نص عليه الفصل ١٠٥ من مدونة الأحوال الشخصية[٥].

القاهرة، ١٩٦٨، ص. ٨٢-٨٣؛ فخر الدين الزيلعي، المرجع السابق ، ج. ٣، ص.٤٧-٤٨؛ السرخسي، المرجع السابق، ج. ٥، ص. ٢١٠؛ ابن قدامة، المرجع السابق، ج. ٩، ص. ٣٠٦-٣٠٧.

(١) انظر، الإمام مالك، المدونة، ج.٥، ص.٤٣؛ أبي داود، السنن، باب من أحق بالولد، ج. ٢، ، مطبعة مصطفى الحلبي، (بدون سنة الطبع) ، ص. ٢٩٢؛ سعاد إبراهيم صالح، المرجع السابق، ص. ١١٤؛ السيّد سابق، المرجع السابق، ص. ٣٥٥؛ وهبة الزحيلي، الفقه الإسلامي...، المرجع السابق، ص. ٧٢٨؛ محمد مصطفى شلبي، أحكام الأسرة...، المرجع السابق، ص. ٧٦٨؛ بدران أبو العينين بدران، المرجع السابق، ص. ٥٥٢، أحمد عبد الحي، المرجع السابق، ص. ٤٦.

(٢) انظر، البيهقي، المرجع السابق، ج. ٨، ص.٥؛ عبد الرزاق بن الهمام الصنعاني، المصنف...، المرجع السابق، ج.٧، ص. ١٥٤؛ الكاساني، المرجع السابق، ج.٤، ص.٤٢.

(٣) انظر، رشدي شحاته أبو زيد، شروط ثبوت...، المرجع السابق، ص. ٢٨٠-٢٨٤ ؛ سعاد إبراهيم صالح، المرجع السابق، ص. ١١٤.

(٤) انظر، أحمد عبد الحي، المرجع السابق، ص. ٤٧.

(٥) انظر، مجلس أعلى، ١٩٨٤/٠٣/٢٦، قرار مدني، عدد ٢٤٧، مجموعة قرارات المجلس الأعلى،

وهو أيضا ما تبناه القضاء التونسي في ٠١ مارس ١٩٧٧، حيث قضت محكمة التعقيب بأنه "إذا تزوجت الحاضنة بغير محرم للمحضون وتم الدخول يسقط حقها في الحضانة..."(١) ؛ ثم فسر ذات القضاء المحرمية بأنها"... الحرمية الحاصلة بالقرابة قبل انعقاد الزواج لا به طبق أحكام الفصل ١٦ من تلك المجلة"(٢).

وخلافا لهذا الرأي، يرى أنصار الاتجاه الثاني بعدم إسقاط الحضانة بالتزوج مطلقا(٣). وحجتهم في ذلك أن الصغير في يد أمه لأنه في بطنها، ثم في حجرها مدة الرضاع بنص قوله عز وجل ﴿ وَالْوَالِدَاتُ يُرْضِعْنَ أَوْلَادَهُنَّ حَوْلَيْنِ كَامِلَيْنِ لِمَنْ أَرَادَ أَنْ يُتِمَّ الرَّضَاعَةَ﴾(٤)، فلا يجوز نقله(٥)، وبقوله تعالى﴿ وَرَبَائِبُكُمُ اللَّاتِي فِي حُجُورِكُمْ مِنْ نِسَائِكُمُ اللَّاتِي دَخَلْتُمْ بِهِنَّ﴾(٦). ويتضح من هذه الآية الأخيرة، لو كان الزواج يسقط حق المرأة في الحضانة ما كانت الربيبة في حجره(٧)، مما يدل على أن المحضونة تكون مع أمها في بيت زوجها سواء كان قريبا لها أو بعيدا عنها"(٨).

وكذلك ما روى عن البخاري عن عبد العزيز بن صهيب، قال "قدم رسول الله صلى الله عليه وسلم المدينة وليس له خادم، فأخذ أبو طلحة بيدي، وانطلق بي إلى رسول الله

١٩٨٣، عدد ٩٥، ص.١٦٩.

(١) انظر، محكمة التعقيب، ١٩٧٧/٠٣/٠١، قرار مدني، عدد ٣٠٨، نشرية محكمة التعقيب، ١٩٧٧، ج.١، ص.١٥٢.

(٢) انظر، محكمة التعقيب، ١٩٧٧/٠٣/٠١، مجلة القضاء والتشريع ١٩٧٧، عدد ٦، ص.٨١.

(٣) وهو رأي الحسن البصري وقول ابن حزم الظاهري وهو مروى عن عثمان بن عفان. انظر، الشوكاني، المرجع السابق، ج.٦، ص.٣٢٩ ؛ ابن القيم الجوزية، زاد المعاد ...، المرجع السابق، ج. ٤، ص. ٢٥٥-٢٥٨؛ ابن حزم الأندلسي، المحلى...، المرجع السابق، ج.١٠، ج. ١٠، مطبعة النهضة، القاهرة، ١٣٤٧هـ، ص. ٣٢٣؛ السيّد سابق، المرجع السابق، ص. ١١٤؛ محمد مصطفى شلبي، أحكام الأسرة...، المرجع السابق، ص. ٧٦٤؛ أحمد عبد الحي، المرجع السابق، ص. ٤٣-٤٤.

(٤) سورة البقرة، الآية ٢٣٣.

(٥) انظر، ابن حزم الأندلسي، المحلى...، المرجع السابق ، ص.٣٢٣

(٦) سورة النساء، الآية ٢٣.

(٧) وهنا لا فرق في النظر بين الربيب والربيبة.

(٨) انظر، ابن حزم الأندلسي، المرجع السابق، ج. ١، ص. ٣٢٣.

صلى الله عليه وسلم فقال "يا رسول الله، إن أنسا غلام كيس فليخدمك"، قال "فخدمته في السفر والحضر" وأن أنسا كان في حضانة أمه ولها زوج وهو أبو طلحة، بعلم رسول الله صلى الله عليه وسلم وهو لم ينكر ذلك"[١]. وكذلك قوله بأن أم مسلمة لما تزوجت برسول الله صلى الله عليه وسلم لم تسقط بزواجها كفالتها لبنيها وقد أقرها النبي (صلى الله عليه وسلم) على ذلك[٢].

وكذلك، ما روي أن عليا وجعفرا وزيد بن حارثة تنازعوا في حضانة ابنة حمزة، حيث قضى بها رسول الله صلى الله عليه وسلم للخالة وهي متزوجة بجعفر، ومن ثم ولو كان الزواج يسقط حق المرأة في الحضانة لما قضى لها بها[٣].

وهناك رأي ثالث يرى أن الزواج يسقط حضانة الولد، ولا يسقط حضانة البنت، وحجته في ذلك الحديث الذي ورد فيه أن عليا وجعفرا وزيد بن حارثة تنازعوا في حضانة ابنة حمزة، فقضى رسو ل الله (صلى الله عليه وسلم) بأن تحضنها خالتها وهي زوجة لجعفر. ونقل هذا عن أحمد بن حنبل، إذا تزوجت الأم وابنها الصغير أخذ منها، قيل له فالجارية مثل الصبي؟ قال لا. الجارية تكون معها إلى سبع سنين[٤].

ويقوم الرأي الرابع على أساس تعليق إسقاط الحضانة بالتزوج، حيث يرى أن الحضانة تسقط عن المرأة بالزواج مطلقا سواء كان الزوج رحما أم أجنبيا. وهذا ما ذهب إليه الجعفرية[5] لإطلاق الحديث "أنت أحق به ما لم تنكحي". وأن أصحاب هذا الرأي، تطبيقا لمبدئهم، لم يفرقوا في ذلك بين زواج الأم وغير الأم، مع هذا الفارق أنهم استثنوا ذلك حالة عدم وجود للطفل أب، وهي الحالة التي لايسقط فيها حق الأم بالتزويج، بل تكون هي أولى به بعد الأب من الجد[٦].

أمام كافة هذه الآراء الفقهية المتضاربة، لا يسعنا هنا إلا أن نقول أن المفارقة البينة

---

(١) انظر، البخاري، صحيح، ج. ٢، ص. ١٧٤؛ الحافظ أبي الفضل أحمد بن علي بن حجر العسقلاني، فتح الباري ....، المرجع السابق، ج.١٠، ص. ٤٧٤.

(٢) انظر، سعاد إبراهيم صالح، المرجع السابق، ص. ١١٥.

(٣) انظر، أحمد عبد الحي، المرجع السابق، ص. ٤٤-٤٥.

(٤) انظر، ابن قدامة، المرجع السابق، ج.٧، ص.٦١٩.

(٥) انظر، عبد الكريم شهبون، شرح مدونة....، المرجع السابق، ص.٤١٤.

(٦) انظر، محمد مصطفى شلبي، أحكام الأسرة....، المرجع السابق، ص. ٧٦٥؛ بدران أبو العينين بدران، المرجع السابق، ص. ٥٥٣؛ عبد الرحمن هرنان، المرجع السابق، مذكرة ، ص. ٤٩.

بينها تدل على سعي كل واحد منها إلى تحقيق مصلحة المحضون. واختيار رأي دون آخر ليس مجاملة للمختار؛ والأخذ برأي وترك الآخر ليس بالأمر الهين، ولا نعني به تفضيل وجهة نظر على أخرى، وإنما يجب أن ننظر ونبحث عن الحكمة التي جعل من أجلها الزواج مسقطا للحضانة أو غير مسقط لها، ووجوب دراسة إمكانية تطبيق هذه الحكمة في مجتمعنا ومدى تقبل واقعنا لها. فكل تلك الآراء برهنت على حرصها الشديد في بلوغ الأنفع للمحضون، فكيف يكون حلنا نحن لهذه التساؤلات؟

ومن غير المبهم أن ما ذهب إليه الاتجاه الأول هو استعارة لفكرة الحنان والعطف. وهكذا، إن إسقاط الحضانة عن الحاضنة بتزوجها بغير قريب محرم مرده عدم عطف هذا الزوج على ولد زوجته وانعدام الشفقة فيه، فهو يطعمه نزرا أي قليلا وينظر إليه شذرا أي نظرة بغض[١]. ولا يود أن يكون مع أمه، فيقسو عليه، فينشأ الطفل في جو يسوده البغض والكراهية[٢] فيتعقد نفسيا[٣] ويقع عليه الضرر. وهذا يتعارض مع الغرض من الحضانة لأنها شرعت لتحقيق مصلحة الطفل. ومن مصلحته أن يعيش بين من يألفه ويوده ولا يحقد عليه[٤].

وعليه، لما كانت القوامة للزوج على المرأة، فإن هذا الولد إن ظل مع أمه رغم تزوجها، فإنه سيعيش معه، فينشأ وتنشأ معه عقد تحيل حياته المستقبلية إلى شر ونفور وسوء طباع، فلا يكون صالحا لنفسه ولا للمجتمع. حيث قد يشعر الطفل بالغيرة لحاجته إلى الاستقلال بأمه وأسلوب التنشئة الاجتماعية الذي يعتمد على الغيرة يعيق تقدم الطفل ونموه في الاتجاه السليم ويحول دون استقلاله وشق طريقه في الحياة وذلك لأن زوج أمه لن يرضى بانشغال زوجته بطفلها دون أن يشعر بالغيرة وهذه الطريقة تجعل واجبات

---

(١) انظر، أحمد إبراهيم بك وواصل علاء الدين أحمد إبراهيم، المرجع السابق، ص. ٥٨٥.

(٢) وهذا ما علّل به القضاء المصري لإسقاط الحضانة عن الحاضنة المتزوجة بأن قال "ومن المقرّر فقها أن حق حضانة الحاضنة للصغير يسقط بتزوجها بأجنبي عن الصغير لأنه مبغض ولا يجوز ترك الصغير عند مبغضيه". انظر، محكمة الجمالية الجزئية، ١٩٥٨/٠١/١٥، قضية رقم ٨ لسنة ١٩٥٨، مقتبس عن معوض عبد التواب، المرجع السابق، ص. ١١٢١.

(٣) انظر، محمد مصطفى شلبي، أحكام الأسرة...، المرجع السابق، ص. ٧٦٤؛ رشدي شحاته أبو زيد، شروط ثبوت...، المرجع السابق، ص.٢٨٢.

(٤) انظر، الخطيب الشربيني، مغنى المحتاج...، المرجع السابق، ج.٣، ص.٤٥٥؛ ابن عابدين، رد المحتار...، المرجع السابق، ج.٣، ص.٥٦٥.

الأمومة عسيرة وشاقة[١].

وبالإضافة إلى ذلك أن الأم الزوجة تكون في خدمة زوجها ورعاية أموره وأمور بيته، وهذا يمنعها من القيام بواجب الحضانة نحو الولد على مراد الشارع، وزوجها له حق منعها من ذلك، فوجب إسقاطها بالتزوج[٢]. وفي هذا يقول ابن قدامة إن الحاضنة "إذا تزوجت اشتغلت بحقوق الزوج عن الحضانة... ولأن منافعها تكون مملوكة لغيرها فأشبهت للمملوكة"[٣].

بينما القريب المحرم، ففي نظره، تتوفر فيه الشفقة اللازمة، فتحمله على رعايته فيتعاونان هو وأم المحضون على كفالته.

كل هذه الأدلة والعبر والاستنتاجات جاءت لتحقيق هدف واحد وهو رعاية مصلحة الصغير الذي يجب أن يعيش في بيت ينظر إليه نظرة العطف والحنان التي يجب أن تتوافر له في فترة الحضانة[٤]. لهذا اعتبر البعض أن إسقاط الحضانة للتزوج ما هو إلا إجراء لحماية المحضون[٥].

صحيح أن هذه المبررات تحمل صوابا، ولكن مع ذلك ليس الصواب المطلق لأن القسوة التي يتكلم عنها الفقهاء قد تأتي من القريب ولا تأتي من الأجنبي، ولأنها مسألة فطرية، فليس كل الأشخاص تتوفر فيهم الشفقة والعطف المطلوب، وليس كلهم تتوفر فيهم القسوة والبغض.

وفي ذلك يقول الأستاذ عبد الرحمن الصابوني "أن زوج الأم الأجنبي عن المحضون قد يكون أكثر شفقة من الحاضنة التي سينتقل إليها الطفل فيما لو سقطت حضانته عن الأم لزواجها، فوجود الطفل الصغير مع أمه ورعاية زوجها له أو عدم ظلم زوجها للطفل، ألا يعد أحسن حالا مما لو كانت الحاضنة أو من ينتقل إليه ممن يتمنى موته وهلاكه"[٦].

---

(١) انظر، رشدي شحاتة أبو زيد، شروط ثبوت...، المرجع السابق، ص.٢٨٣.
(٢) انظر، رشدي شحاتة أبو زيد، شروط ثبوت...، المرجع السابق، ص. ٢٨٣؛ سعاد إبراهيم صالح، المرجع السابق، ص. ١١٦.
(٣) انظر، ابن قدامة، المرجع السابق، ج.٧، ص.٦١٩.
(٤) انظر، عبد الرحمن الصابوني، المرجع السابق، ج. ٢، الطلاق وآثاره، ط.٨، ص. ٢٢٧.
(٥) Cf. D. Charif Feller, op. cit , p. 204.
(٦) انظر، عبد الرحمن الصابوني، المرجع السابق، ج. ٢، الطلاق وآثاره، ط.٨، ص. ٢٢٧-٢٢٨.

غير أن الأستاذة سعاد إبراهيم صالح لم تقر هذا التفسير إذ ردت عليه أن احتمال أن يكون زوج الأم على خلاف ذلك أي مشفقا للصغير، احتمال نادر، والنادر لا يقام له وزن ولا يكون له حكم[(١)].

وفي خضم هذا الجدال، هناك من فكر في أبعد من تلك الآراء، وأجاب عليها بأن هناك خلفيات أخرى وراء هذه المبررات وهي "هل السبب هو فعلا لأن الأم بزواجها لا تستطيع الاعتناء بأطفالها بما أنها تعطي كل وقتها لزوجها الجديد؟ إنه التفسير المقدم من قبل الفقهاء المسلمين. لكن، ألا يوجد شيء لم يقولوه: الأطفال هم لأبيهم ولعائلته ولا يجب أن يخضعوا لتأثير آخر"[(٢)]، لأن الأم التي تتزوج ثانية تخضع لأسرة أخرى وهي أسرة زوجها الجديد[(٣)].

صحيح، أن هذا القول إن كان حقا قد فكر فيه الفقه الإسلامي بحيث دفعه يصوغ القاعدة التي نحن بصددها، فإنه مع ذلك لم يعد ينطبق حاليا في مجتمعنا وفي وقتنا الحاضر، إذ أن العائلة الحالية أصبحت تأخذ أشكالا جديدة تختلف بشكل ملموس عن تلك العلاقات التي كانت سائدة في البنية التقليدية[(٤)]. فإن فكرة الأسرة العظمى لم تعد متماشية مع تطور العائلة، فالأسرة في الوقت الحاضر ليست هي الجماعة القوية المتماسكة التي عرفت في الماضي، فقد حرر هؤلاء الأعضاء إلى حد كبير بنمو الحياة الفردية والاستقلال الشخصي.

ولتوضيح الأمر، نأخذ مثالا عن العم. فقد كان العم، وأبناء العم وأبناء العمة مندمجين في البنية التقليدية ضمن نفس الجماعة الاجتماعية المنزلية التي اندمج فيها الأخ وأبناء أخ العم. أما الأمر يختلف بالنسبة للعائلة المعاصرة، إذ نادرا ما يكون العم وابنه مندمجين في نفس الجماعة العائلية الخاصة بالأب وأبنائه. وكذلك، فإحدى الميزات التي

---

(١) انظر، سعاد إبراهيم صالح، المرجع السابق، ص. ١١٦.

(2)En effet, pour Mme. Ladjili-Mouchette, " est-ce réellement parce que l'on pensait que la mère ne pouvait plus s'occuper de ses enfants puisqu'elle devait consacrer tout son temps à son nouveau mari ? -C'est l'explication donnée par les docteurs musulmans - mais n'y a - t - il pas un non-dit : les enfants sont soumis au père et sa famille et ne doivent pas être soumis à une autre influence " . Cf. J. Ladjili-Mouchette, op. cit., p. 649.

(3)Cf. N. khelef née Lamoudi, op. cit., mém., p. 26.

(٤) انظر، مصطفى بوتفنوشت، العائلة الجزائرية، التطوّر والخصائص، ترجمة أحمد دمري، د.م.ج.، الجزائر، ١٩٨٤، ص. ٢٥٣، و٢٥٥.

يجب أن تذكر فيما يخص علاقة القرابة مع العم هي أنه لا يحظى بنفس درجة الاحترام أو العاطفة التي يحظى بها الأب، إلا أنه من بين الأعمام أحدهم يحظى بتفضيل صريح من طرف الطفل. في البنية التقليدية وضمن الجماعة الاجتماعية - المنزلية، كان العم يعتبر كالأب الثاني، أما في البنية المعاصرة، فينظر إليه بكونه عم؛ وكان أولاد العم شبه أخوة في البنية القديمة، فإنه أصبح ينظر إلى ولد العم على أنه ابن عم فقط في البنية المعاصرة[(١)].

ولكن، ما هو ملاحظ اليوم أن الزوجة الجديدة ثم الأم الجديدة أصبحت ترفع أكثر فأكثر من قيمة عائلتها الأصلية في نظر زوجها وأطفالها، وهذا بفضل الدور الجديد الذي أصبحت تلعبه المرأة في المجتمع[(٢)]، والوضع الجديد الذي أصبحت تشغله في العائلة المعاصرة[(٣)].

وفضلا عن هذا كله، فقد أكدت دراسات علم الاجتماع التي أجريت مثلا على المجتمع الجزائري سنة ١٩٧١ حقائق توصل إليها أصحاب الدراسة أنه "كنا مقتنعين ونحن في بداية البحوث بأن الزواج اللحمي[(٤)] كان معتادا، ولقد كانت دهشتنا عظيمة عندما عرفنا بأن الميل إلى هذا الزواج كان في الواقع معدوما، وأن عدد الارتباطات بدأ كثير الأهمية في عائلة الأم عما هو عليه في العائلة الأبوية"[(5)].

وفي هذا السياق، يقول الأستاذ محسن عقون "فالعائلة الجزائرية هي في حالة تحول مستمر من عائلة ممتدة إلى عائلة نووية وفي تصورنا في المستقبل ليس بالبعيد أن تتلاشى وتختفي العائلة الممتدة تاركة المجال للعائلة النووية لضرورة الواقع المعيش وتفرضها أيضا

(١) للمزيد من المعلومات في هذا الشأن، انظر، مصطفى بوتفنوشت، المرجع السابق، ص. ٢٦٤ و٢٦٩.
Voir, J.Ladjili, Puissance des agnats, puissance du père : de la famille musulmane à la famille tunisienne : R.T.D., Tunis, 1972, p.25.

(٢) وما يجب قوله هنا أن الحركة النسائية قد ساهمت في تحرير المرأة وتقرير مساواتها بالرجل من النواحي السياسية والاقتصادية والاجتماعية، تلك المساواة التي من نتيجتها تقرير في بعض التشريعات حق المرأة في الحضانة حتى بعد زواجها بغير قريب محرم، وذلك حماية لمصالح المحضون.

(٣) انظر، مصطفى بوتفنوشت، المرجع السابق، ص. ٢٦٨.

(٤) الزواج اللحمي، نوع من الزواج التام بين الأقارب. وهو ما يعبر عنه باللغة الفرنسية بـ" l'endogamie ".

(5)Cf. R. Basa Gana et A. Sayad, Habitat traditionnel et structures familiales en Kabylie, CRAPE, Alger, 1974, p. 52.

الظروف المادية والتكنولوجية التي لا تتلاءم مع طبيعتها بل تتفق وتتلاءم مع طبيعة الأسرة النووية"[١]. وهذا ينطبق بكل وضوح أيضا على الأسر المغربية والتونسية[٢] إذن، أمام هذه الحقيقة الاجتماعية[٣]، هل يمكن أن تطبق حالة الإسقاط بسبب التزوج بغير قريب محرم في الجزائر وفي تونس وفي المغرب، وخاصة إذا تعلق الأمر بالحاضنة الأم؟ فهل فكر المشرعون فيما وراء هذا الإسقاط؟ ومن جانب آخر هل تأكد الشارعون من جدية هذا الإسقاط؟

وهذا يؤدي بنا إلى القول بأنه لا محل للخلط بين القيم الأسرية الغابرة والقيم المعاصرة، وأضف إلى ذلك حتى أن الفقهاء الذين تقدموا بهذا السبب المسقط للحضانة قد أوردوا عليه بأنفسهم استثناءات خاصة بالأم الحاضنة.

وعليه، فيقضي المذهب المالكي[٤] ببقاء الأم الحاضنة محتفظة بالحضانة رغم زواجها في حالة ما إذا تمسكت بالحضانة بعد زواجها وسكت من له الحق فيها بعدها مدة عام بدون عذر، سقط حقه وتقرر إبقاء المحضون لديها. وكذلك في حالة ما إذا كان المحضون رضيعا وكان في نزعه ضرر له، فإن حضانة الأم لا تسقط حتى الفطام؛ أو إذا كان المحضون ذكرا[٥].

غير أن الشافعية، فقد لخصوا هذه الاستثناءات في حالتين لا ثالثة لهما وهما إذا كان زوج الأم هو الأحق بالحضانة بعدها؛ أو إذا رضي الزوج الأجنبي وأبو المحضون بذلك، مع أن يبقى كل منهما محتفظا بحق الرجوع متى شاء[٦].

---

(١) انظر، محسن عقون، تغيير بناء العائلة الجزائرية، مجلة العلوم الإنسانية، ٢٠٠٢، عدد ١٧، ص. ١٢٨.

(2)Cf. F. Mechri, op. cit., pp. 246 et s.

(٣) وقد أكدت عدة دراسات مخاطر الزواج بين الأقارب. انظر،

Cf. N. Talaouanou, Autour de la consanguinité, in El-Moudjahid, du 02/01/1986, p. 3; S. Nabila, Journée nationale sur les maladies génétiques, le danger des mariages consanguins, in Liberté, du 29/05/1997, p.9.

(٤) للمزيد من المعلومات حول هذه المسألة، انظر، عبد الرحمن هرنان، المرجع السابق، مذكرة ، ص. ٤٨.

(٥) ومع ذلك فنحن نعتقد أن التفرقة بين الذكر والأنثى في هذه المسألة لا تقوم على قدميها، وخاصة إننا نعلم أن زوج الأم يصبح محرم لبنتها بالدخول استنادا لقوله تعالى (حُرِّمَتْ عَلَيْكُمْ .....وَرَبَائِبُكُمُ اللَّاتِي فِي حُجُورِكُمْ مِنْ نِسَائِكُمُ اللَّاتِي دَخَلْتُمْ بِهِنَّ) (سورة النساء، الآية ٢٣) .

(٦) انظر، متولي موسى، المرجع السابق، ص. ٤٨.

وأما من زاوية القانون الوضعي، فقد تأكدت هذه النظرة وتجسدت في المدونة المغربية من خلال المادتين ١٧٤ و١٧٥ بحيث قدمتا استثناءات على القاعدة وفرقتا بين الحاضنة الأم وغير الأم. فإذا كانت الحاضنة أما، فإن زواجها لا يسقط حضانتها إذا كان المحضون صغيرا لم يتجاوز سبع سنوات، أو يلحقه ضرر من فراقها؛ أو إذا كانت بالمحضون علة أو عاهة تجعل حضانته مستعصية على غير الأم؛ أو إذا كان زوجها قريبا محرما أو نائبا شرعيا للمحضون؛ أو إذا كانت هي النائبة الشرعية للمحضون.

وأما إذا كانت غير أمه فلا تسقط حضانتها إذا كان زوجها قريبا محرما أو نائبا شرعيا للمحضون أو كانت هي نائبا شرعيا للمحضون.

والواضح أن المشرع المغربي بالرغم من هذه الاستثناءات أبقى دائما على شرط المحرمية والقرابة، فإذا كان زوجها غير قريب وغير محرم لا بد من توفر إحدى الحالات الأخرى الثلاثة الواردة في المادة ١٧٥ من المدونة لكي لا تسقط حضانتها. ونفس الشيء بالنسبة لغير الأم إذا كانت نائبا شرعيا للمحضون لا ينظر إلى زوجها إذا كان محرما أو قريبا.

وهكذا هذه الاستثناءات للقاعدة المذكورة جاءت رعاية لمصلحة المحضون، جاءت ترمي إلى غرض وهو بقاء الطفل مع أمه أقصى مدة ممكنة، لكون أن الأم لا أحد يعوض حنانها، وغريزة الأمومة أقوى من أي عطف يمكن أن تقدّمه حاضنة أخرى وأقوى من أن تنشغل عن ابنها.

وكما أن هذه الاستثناءات لا تدل إلا على ذلك، وهي إن وجدت، فإنها تؤكد بأن التزوّج بغير قريب محرم للمحضون يسقط حضانة الحاضنة كقاعدة صارمة وجامدة لكنها تلين إذا تعلق الأمر بالحاضنة الأم. وعلاوة على ذلك، فهذه الاستثناءات تشير ضمنيا أن إسقاط الحضانة بالتزوج أمر اختياري بالنسبة للمذهبين المذكورين، ومن ثم، يجب على القاضي[1] أن ينشغل قبل كل شيء بمصلحة المحضون. وهو ما رآه المشرع التونسي وتبناه فعلا في الفصل ٥٨ من المجلة[2].

(1)Cf. Khalil Ibn Ishack, op. cit., trad. Perron, t. 3, pp. 164-165.

(٢) ينص الفصل ٥٨ من مجلة الأحوال الشخصية على أن "وإذا كان مستحق الحضانة أنثى فيشترط أن تكون خالية من زوج دخل بها، ما لم ير الحاكم خلاف ذلك اعتبارا لمصلحة المحضون. أو كان الزوج محرما للمحضون أو وليا له أو سكت من له الحضانة مدة عام بعد علمه بالدخول ولم

وأن هذا الفقه قد امتد كذلك إلى فريق آخر من فقهاء الشريعة الإسلامية حيث ظهر ذلك بصورة جلية عندما أوضح ابن عابدين بأنه "ينبغي للمفتى أن يكون ذا بصيرة ليراعي الأصلح للولد، فإنه قد يكون له قريب مبغض له يتمنى موته ويكون زوج أمه مشفقا عليه يعز عليه فراقه فيريد قريبه أخذه منها ليؤذيه ويؤذيها أو ليأكل من نفقته أو نحو ذلك وقد تكون له زوجة تؤويه أضعاف ما يؤويه زوج أمه الأجنبي، وقد يكون له أولاد يخشى على البنت منهم الفتنة لسكناها معهم. فإذا علم المفتى أو القاضي شيئا من ذلك لا يحل له نزعه من أمه، لأن مدار الحضانة على نفع الولد وتحصيل الخير له"[١]. ولهذه الأسباب غضّ المشرع التونسي بصره في الفصل ٥٨ عن شرط القرابة.

وتأييدا لهذا الرأي، ذهب بعض الفقه، ردا على من قال بأن "الحديث أفاد سقوط حضانة الأم بالتزويج فلا يلتفت إلى شفقة زوجها"[٢]، إلى القول التالي: "هل الحديث يتناول أولوية القريب المحرم المبغض للمحضون وتقديمه على أمه مع عطف زوجها عليه، وهل يقول بذلك أحد؟"[٣]. وفي هذا يقول ابن حزم أن " الأم أحق بحضانة الولد الصغير والإبنة الصغيرة تزوجت أو لم تتزوج"[٤].

وتطبيقا لكل هذه الحجج والأسانيد، قضت المحكمة الابتدائية بأكادير بالمغرب في حكمها الصادر بتاريخ ٤ جوان ١٩٩٨ في قضية تتلخص وقائعها في أن المدعي طلب إسقاط الحضانة عن الأم الحاضنة وإسنادها له بسبب زواجها من زوج أجنبي، بما يلي:

"حيث إن المدعى عليها أجابت بكون البنت المحضونة مصابة بمرض القلب ويغمى عليها بسببه باستمرار وأنها نتيجة لذلك في حاجة مستمرة إلى من يرعاها ويناولها أدويتها، وهذا ما أكدته الشهادة الطبية الصادرة بتاريخ ١٤ أفريل ١٩٩٨"؛

"وحيث صرح المدعي خلال جلسة البحث أنه يعمل كبائع متجول في الأسواق

يطلب حقه فيها".

(١) انظر، ابن عابدين، رد المحتار...، المرجع السابق، ج. ٢، ص.٥٦٥.

(٢) انظر، الرافعي، التحرير المختار على رد المحتار، ج. ١،مطبعة الأميرية، ١٣٢٣ هـ ص. ٢٤٧.

(٣) انظر، إبراهيم بك وواصل علاء الدين إبراهيم، المرجع السابق، ص. ٥٨٦. وإضافة على ذلك، إن الحديث "أنت أحق به ما لم تنكحي" لم يأخذ به الظاهرية لأنه لم يصح لديهم الاحتجاج به.

(٤) انظر، ابن حزم الأندلسي، المحلى، المرجع السابق، ج. ١٠، مطبعة المنيرية القاهرة، ١٣٥٢ هـ ص. ٣٢٣.

الأسبوعية مما يتضح معه أن عمله يحتم عليه الغياب باستمرار عن البنت طيلة اليوم مما يتعذر عليه مراقبة أحوال ابنته باستمرار وتتبع حالتها الصحية يضاف إلى ذلك أن زوجته ومهما كانت حنونة ورؤوفة بالبنت لن تحل محل والدتها ولن تمنحها الرعاية الكافية التي تتطلبها حالتها الصحية المتدهورة بسبب مرضها..."؛

"وحيث إن المعمول به فقها أنه إذا كان يخشى على المحضون أن يصاب في عقله أو جسمه أو صحته لو نزع ممن هو في حضانتها فيبقى لها ولو سقطت حضانتها أو لم يكن لها حق الحضانة..."؛

"وحيث إنه وإن كان زواج الحاضنة يسقط حضانتها طبقا لمقتضيات الفصل ١٠٥ م.ح.ش.، فإن مصلحة المحضون باعتباره أولى بالرعاية والحماية القانونية لحقوقه تستدعي التحقق من عدم المساس بهذه المصلحة وبهذه الحقوق وذلك طبقا لمقتضيات الاتفاقية الدولية لحقوق الطفل الصادرة عن الجمعية العامة للأمم المتحدة بتاريخ ١٩٨٩/١١/٢٠ والمصادق عليها من طرف الدولة المغربية بمقتضى الظهير الشريف الصادر بتاريخ ٢١ نوفمبر ١٩٩٦ والتي تنص في المادة ٣ منها على أنه "في جميع الاجراءات التي تتعلق بالأطفال سواء قامت بهذه الاجراءات مؤسسات الرعاية الاجتماعية أو المحاكم أو السلطات الإدارية أو الهيئات التشريعية يولي الاعتبار الأول لمصالح الطفل الفضلى"؛

"وحيث إن المحكمة واستنادا للحيثيات المفصلة أعلاه واعتبارا منها للمصلحة الفضلى للبنت تقرر عدم الاستجابة لطلب إسقاط الحضانة وتصرح برفضه..."[(١)].

وإذا كانت النصوص القانونية تقر في الأصل بإسقاط الحضانة بسبب زواج الحاضنة، فإنه يحق لنا الآن أن نتساءل عن الوقت الذي تسقط فيه الحضانة[(٢)] ؛ هل العبرة بتاريخ إبرام عقد الزواج؟ وهل يقصد بذلك الزواج الرسمي والعرفي، أم الرسمي دون العرفي؟ أو هل العبرة بتاريخ الدخول؟

فمن هذا الجانب، ينبغي التوضيح في هذا الصدد بأن المشرع الجزائري قد جعل

---

(١) انظر، المحكمة الابتدائية لأكادير، ١٩٩٨/٠٦/٠٤، حكم رقم ٩٨/٣٥٢، غير منشور، مقتبس عن محمد الكشبور، المرجع السابق، ص. ٤٧٧-٤٧٨.

(٢) والمقصود هنا بعبارة "تاريخ إسقاط الحضانة"، أي التاريخ الذي يمكن فيه للشخص مستحق الحضانة أن يرفع دعواه أمام القضاء.

إسقاط الحضانة بمجرد العقد، وبهذا حذا حذو فقهاء الحنفية[١] والشافعية[٢] والحنابلة[٣]، والإباضية، مخالفا في ذلك المالكية الذين علقوا سقوط الحضانة بالدخول[٤].

وكذلك يحق لنا في هذا المقام أن نتساءل: هل وفق المشرع الجزائري باعتناقه هذا الموقف في خدمة مصلحة المحضون؟ إن الإجابة عن هذا السؤال هي لا بالنفي القاطع ولا بالإيجاب إذ يجب البحث عنها في المصدر الذي استلهم منه المشرع وضع هذ الحكم.

إن القائلين بإسقاط الحضانة عن الحاضنة بمجرد العقد[٥] يستندون على حجة مفادها أن من هذا الوقت يبدأ خضوع المرأة لزوجها شرعا وبمجرد ذلك يملك الزوج الاستمتاع بها لأن الزواج أصبح متحقق الوجود دخل بها أو لم يدخل، بالإضافة إلى أن قول الرسول صلى الله عليه وسلم في حديثه الشريف "أنت أحق به ما لم تنكحي" جاء مطلقا ولم يقيد بالدخول[٦]. فتقييد سقوط الحضانة بالدخول الحقيقي تقييد بدون مقيد وهو غير جائز.

غير أن حجة أنصار الرأي المنادي بالدخول هي أن بهذه الواقعة تبدأ المرأة خدمة زوجها فعلا[٧]، وبها يحصل الانشغال من الحاضنة عن الطفل والانشغال هو العلة في إسقاط حقها في حضانة الولد أما قبله فلا يحدث ذلك الانشغال. وزيادة على ذلك أن لفظ النكاح ورد في القرآن الكريم[٨] وفي السنة النبوية[٩] بمعنى الوطء ما لم يصرفه عن

---

(١) انظر، ابن عابدين، المرجع السابق، ج. ٢، ص. ٦٣٩.
(٢) انظر، الرملي، المرجع السابق، ج. ٦، ص. ٢٧٣.
(٣) انظر، ابن قدامة، المرجع السابق، ج. ٩، ص. ٣٠٧.
(٤) انظر، الدردير، المرجع السابق، ج. ١، ص. ٤٥٣؛ الدسوقي، المرجع السابق، ج. ٢، ص. ٤٦٩؛ القرطبي، الجامع لأحكام القرآن، ج. ٣، ط. ٢، دار الكتاب المصرية، (بدون سنة الطبع) ، ص. ١٦٦.
(٥) وهذا ما سرى عليه قانون الأحوال الشخصية المصري، فقد نصت المادة ٣٨٣ فقرة أولى منه على أن "إذا تزوجت الحاضنة أما كانت أو غيرها بزوج غير محرم للصغير، سقط حقها في الحضانة سواء دخل بها الزوج أم لا".
(٦) انظر، ابن قدامة، المرجع السابق، ج. ٩، ص. ٣٠٧؛ عبد العزيز عامر، المرجع السابق، ص. ٢٦٣.
(٧) انظر، ابن جزي، المرجع السابق، ص. ١٨٠.
(٨) حيث يقول سبحانه وتعالى بشأن المطلقة ثلاثا ﴿فَإِنْ طَلَّقَهَا فَلَا تَحِلُّ لَهُ مِنْ بَعْدُ حَتَّى تَنْكِحَ زَوْجًا غَيْرَهُ﴾ سورة البقرة، الآية ٢٣٠.
(٩) وفي هذا المعنى، يقول عليه الصلاة والسلام " تناكحوا تكاثروا" (انظر، محمد بن إسماعيل

ذلك صارف من القرائن[1].

ونلاحظ على هذين الرأيين أنهما جعلا إسقاط الحضانة من وقت بداية انشغال الحاضنة بزوجها. ولكن، زوج الحاضنة إن كان يملك كامل حقوقه من يوم إبرام العقد، إلا أنه لا يمارسها فعلا إلا من يوم الدخول. وبهذا، فإن من مدة إبرام العقد إلى وقت الدخول يمكن للحاضنة أن تعتني بالمحضون، وخاصة وأن هذه المدة قد تطول، مما يسمح للطفل أن يبقى مع حاضنته أقصى مدة ممكنة.

وهذا السبب تنبه له المشرعان المغربي والتونسي، حيث علقا سقوط الحضانة عن الحاضنة بزواجها والدخول بها[2]، وذلك في الفصل ٥٨ من المجلة والمادة ١٧٦ من المدونة)، وكذا القضاء التونسي في القرارين المؤرخين في ٣١ مارس ١٩٦٤ و٠١ مارس ١٩٧٧ المشار إليهما أعلاه.

وأما بشأن التساؤل الثاني[3]، أي التساؤل المتعلق بالزواج العرفي، فإننا لا نريد الدخول في تفصيلات هذه المسألة، فإن ذلك يفوق النطاق المحدود لهذه الدراسة، ويكفينا الآن أن نشير إلى أنه يجب على القاضي، قبل النطق بالإسقاط، أن يتأكد من وجود فعلي للزواج. وفي هذه الحالة كل من يطلب إسقاط الحضانة عن الحاضنة عليه أن يثبت زواجها، وذلك لاشك أنه ليس سهلا بالنسبة إليه[4].

ومن الأهمية بمكان ألا نقف عند هذا الحد التقني من النصوص القانونية والآراء

الكحلاني الصنعاني، المرجع السابق، ج. ٣، ص. ١١١) ؛ وفي قوله أيضا " يحل للرجل من امراته الحائض كل شيء إلا النكاح"، أي الوط. رواه البخاري ومسلم، انظر، العسقلاني، فتح الباري، طبعة دار الشعب، ١٣٧٨ هـ ج. ١، ص. ٤٠٣.

(١) انظر، رشدي أبو زيد شحاتة، شروط ثبوت... المرجع السابق، ص. ٢٩٧-٢٩٨.

(2)En ce sens, l'article 130 du code de statut personnel mauritanien dispose que « La femme tutulaire de la hadhana qui contracte et consomme mariage avec un homme n'ayant pas la qualité de parent au degré prohibé de l'enfant ou du tuteur testamentaire perd son droit de garde, à moins qu'elle ne soit, en même temps, sa tutrice testamentaire ou la seule nourrice allaitante que l'enfant accèpte ».

(٣) انظر حول صحة هذا النوع من الزواج، المادة ٢٢ فقرة أولى معدلة من قانون الأسرة والمادة ١٦ من المدونة المغربية.

(4)Cf. F. Mostéfa Kara, La preuve écrite en droit algérien, mém. Magister, Alger, 1982, p.77.

الفقهية لإسقاط الحضانة بالتزوج، بل يجب أن نذهب إلى أبعد من ذلك فنحدد بعض الملاحظات التي يجب أن تبنى عليها هذه المسألة.

وتبدو هذه الأهمية خاصة واضحة من الجانب العملي، إذ نرى أن في الحقيقة، أن هذا الموضوع لا يدور بالأساس حول زواج الحاضنة أو زوجها، وإنما الأمر أبعد وأعمق من ذلك. فصميم النقاش يتمحور حول مدى إمكانية منح القاضي الحرية في التصرف في هذه المسألة لو عرضت عليه، أتعطى له سلطة تقديرية فيما يراه الأصلح للمحضون بأن يبقيه عند حاضنته المتزوجة أو ينتزعها منها حسب ما تتطلبه مصلحته؟ أم يجب أن يخضع لهذه القاعدة ويمتثل لها بغض النظر عن أي ظرف أو معطية؟

إن الإجابة بنعم عن الفرضية الأولى نجدها في القانون التونسي- الذي لم يجعل على غرار نظيره المغربي زواج الحاضنة شرطا مطلقا، ولكنه على خلاف المغربي متع القاضي بسلطة كبيرة ليراعي بها مصلحة المحضون.

وإن عدم ائتمان القضاء على مهمة إبقاء الحضانة للحاضنة أو إسقاطها عنها بسبب تزوجها كما فعل مشرعنا لا يستند على أساس متين ولا يلتفت إلى مصلحة المحضون، لأن المسألة مبنية على احتمالات عدة، وهذه الأخيرة يحتم حلها عن طريق القضاء، ولهذا ليس العبرة بزواج الحاضنة وإنما بمصلحة المحضون[(١)]. فلا مصلحة للتشريع أن يكون جامدا ثابتا في أحكامه، لأنه إذا أراد من وراء ذلك تطبيق الشريعة الإسلامية، فإنه يكون قد تجاهل بأنها تراعي المصالح الاجتماعية والأعراف[(٢)].

ولذلك، فليس هناك ما يمنع من استحداث أحكام جديدة تنسجم مع روح الشريعة، فهناك الجديد من القضايا ولا بدّ من دراسة ذلك الجديد في ضوء الأحكام الشرعية[(٣)] التي لا تقبل التغيير وبين ما ارتبط حكمه بالمصالح والأعراف باستعانته بالأحكام الفقهية[(٤)].

ولذلك أيضا، ينبغي أن يترك الأمر بيد القاضي كما فعله المشرع التونسي، ولا

---

(1)Cf. D. Charif Feller, op. , cit ; , p.205.

(٢) ما لم تكن مخالفة لها ومتناقضة معها.

(٣) انظر، محمد فاروق النبهان، أهمية مراعاة القيم الإسلامية في قوانين الأحوال الشخصية، مجلة الميادين، ١٩٨٨، عدد ٣، ص. ٧٥.

(٤) انظر، جيلالي تشوار، الاجتهاد الفقهي والتطور...، محاضرات ألقيت على طلبة الماجستير، ص. ١٣ وما بعدها.

خوف على المحضون، لأن القاضي إنما يراعي ما هو خير وأصلح له[١]. فإذا كان زوج الحاضنة الأم أو غيرها أجنبيا وعطوفا أبقى القاضي الحضانة لها. وبالمقابل، إذا كان القريب المحرم غير شفيق ولا مأمون انتزعها منها. ومن ثم، فإننا ننادي بإبقاء الولد مع حاضنته في الحالة الأولى لا لأنها أحق بالحضانة بل لصيانة الولد وحفظه من المحرم غير العطوف.

ومع ذلك يمكن أن نقول أن تبقى الأم الحاضنة متميزة عن الحاضنات الأخريات ونؤيد في ذلك المشرع المغربي، لأن حتى لو افترضنا أن زوج الحاضنة رؤوف لا يمانع في شيء من إبقاء المحضون لدى حاضنته، فإنه يمكن أن تكون هذه الحاضنة مهملة لشؤون المحضون لسبب انشغالها بالزوج[٢] وهذا يضر بالمحضون.

لكن ليس معنى ذلك أننا نقر مشرعنا على وجهة نظره السالفة، فالعدالة وصيانة الحقوق ورعاية مصالح المجتمع عامة ومصلحة الطفل خاصة والانسجام الذي يجب أن يتحقق بين النصوص التشريعية كل ذلك يدفع إلى القول بضرورة تعديل قانوننا في هذا الصدد تعديلا يقضي بإسقاط أو حذف الصفة الآمرة الواردة في القاعدة التي جاءت بها المادة ٦٦ من قانون الأسرة الجزائري.

وبمعنى أدق، وسدا لهذه الثغرات التشريعية في الجزائر، فنقترح مع بعض الفقه الجزائري[٣] على المشرع إدخال تعديلا على المادة ٦٦ من قانون الأسرة، بأن لا يجعل أمر إسقاط الحضانة بالتزوج وجوبيا وحتميا، وإنما يقيدها باستثناءات يتمثل البعض منها خاصة في حالة عدم وجود حاضنة للمحضون سواها؛ أو في حالة عدم وجود من يخاصم الحاضنة ممن له حق الحضانة؛ أو في حالة ما إذا كان الحاضن الذي يليها مرتبة غير مأمون أو عاجزا.

ونحن زيادة على هذه الاستثناءات، وبناء على أحكام التشريع المغربي، نضيف عوامل أخرى يقدر القاضي ملاءمتها وصلاحيتها مع كل حالة على حدة ليخرج بما هو أصلح وأنفع للطفل، ويكون ذلك على النحو التالي:

١- أن لا يقدر المحضون على الاستغناء عن حاضنته بسبب سنه كأن يكون رضيعا لا يقبل إلا ثدي حاضنته، أو في حالة صحية لا تسمح بتغيير المكان أو تغيير

(١) انظر، إبراهيم بك وواصل علاء الدين إبراهيم، المرجع السابق، ص. ٥٨٦.
(٢) انظر، عبد الرحمن الصابوني، المرجع السابق، ج. ٢، ص. ٢٣٠.
(٣) انظر، بلقاسم أعراب، الطلاق وآثاره، ط.٨، المرجع السابق، ص. ١٤٥-١٤٦.

طرق المعالجة.

٢- أن لا يكون زواج الحاضنة مانعا منعا كليا من الاعتناء بالمحضون بأن تنشغل بأمور زوجها وتغفل رعاية الصغير، أو أن يرفض زوجها حضانة الصغير رفضا باتا وصريحا.

٣- أن تكون نفقة المحضون من ماله أو من مال أبيه طبقا للمادة ٧٢ من قانون الأسرة، حتى لا يحس زوج الحاضنة بعبء تحمل نفقات المحضون، فيبغضه وينقص من كرامته.

وأمام هذه العوامل وتلك الاستثناءات، فالقاضي إذن لا يجب أن يشغله تزوج الحاضنة بقدر انشغاله براحة المحضون المعنوية. ومن ثم، نرى منح القاضي سلطة تقديرية في هذا المضمار، إذ على ضوء الاعتبارات فيضع نصب عينيه مصلحة المحضون، وخاصة إذا كانت هناك صور تدخل في حالات الضرورة بناء على القواعد الفقهية القائلة "لا ضرر ولا ضرار" و"الضرر يزال" و" العادة محكمة" وإلى غيرها من القواعد الأخرى.

وذلك، خاصة إذا علمنا "أن القائلين بسقوط الحضانة بالزواج، لا يعتمدون في ذلك سندا ثابتا من كتاب أو سنة، كما أن تعليلهم للحكم يبدو متهافتا". لذلك، يضيف الأستاذ الخمليشي قائلا، "فإننا نميل إلى القول بأن زواج الحاضنة وبالأخص الأم، لا يسقط حضانتها تلقائيا وبقوة القانون إذ لا ينبغي أن يفصل الولد عن أمه إلا لضرورة سيما في السنين الأولى من عمره. نعم يبقى الزواج من الوقائع التي يمكن أن يستند إليها القاضي لإنهاء الحضانة، متى تبين له من ظروف القضية وملابساتها أن مصلحة المحضون تتطلب هذا الانتهاء"[(١)].

وفي نفس السياق، جاء في المذكرة الإيضاحية لمشروع قانون الأحوال الشخصية الموحد للإقليمين المصري والسوري على أنه "في مجتمعنا نرى بعضا من زوجات الآباء يبغضن ولد الزوج ولا تفوتن فرصة إيذائه، كما، قد يكون الولد المحضون عند الإخوة أو الأعمام أضيع من الأيتام في مأدبة اللئام. أما الحاضنة - ولاسيما الأم- فإنها تعطف بالفطرة على مصالح الولد، ولا تدخر وسعا في استعطاف الزوج عليه وتقريب قلبه منه بشتى الوسائل، وتستعذب في هذه السبيل كل مشقة. ومن أجل ذلك كثيرا ما نراها قادرة على العناية الحقة بالولد وعلى القيام بحق الزوج، وقريرة العين بالجميع بين هذه

(١) انظر، أحمد الخمليشي، التعليق على...، المرجع السابق، ص. ١٧١.

الأعباء"[١].

وبناء على ذلك، فإذا وجد القاضي أن زوج أمه يشفق عليه ويعامله معاملة حسنة أساسها المحبة والرحمة أبقاه معه رعاية لمصلحة المحضون، وإلا أسقطها عنها كلما اقتضت مصلحة الطفل ذلك[٢].

وبهذا يمكن وضع النص التالي كاقتراح لتعديل المادة ٦٨ من قانون الأسرة الجزائري: "يجوز إسقاط الحضانة عن الحاضنة بالزواج إذا دخل بها زوجها، ما لم يقدر القاضي خلاف ذلك حسب ما تقتضيه مصلحة المحضون".

وهذا ما أقره قانون الأحوال الشخصية لدولة الإمارات العربية المتحدة، حيث نصت المادة ٢١١ منه على أن "زواج الحاضنة بغير محرم للصغير لا يسقط حقها في الحضانة وللقاضي أن يمنعها من الحضانة إذا رأى استمرارها منافيا لمصلحة المحضون". وقبله، نصت المادة ١٦٦ من مشروع قانون الأحوال الشخصية الموحد للإقليمين المصري والسوري في عهد الوحدة بينهما على أن " إذا تزوجت الحاضنة ومانع ولي الطفل أو الحاضنة التالية في بقائه تحت حضانتها، فللقاضي منع الحضانة عن المتزوجة إذا رأى استمرارها منافيا لمصلحة الطفل".

وقد سرى على هذا المنوال جانب من القضاء المصري[٣] الذي قرر بأن "خلو الحاضنة من الزوج الأجنبي كشرط من شروط صلاحيتها للحضانة يخضع لتقدير القاضي:

(١) انظر، مشروع قانون الأحوال الشخصية الموحد للإقليمين المصري والسوري في عهد الوحدة بينهما، دار القلم، دمشق والدار الشامية، بيروت، ١٩٩٦، ص. ٢٩٧.

(٢) وفي هذا يقول الأستاذ عبد الرحمن الصابوني "ولهذا فإني أميل إلى منح القاضي صلاحية النظر بسقوط حضانة الأم المتزوجة أو عدم سقوطها على أن يراعى أولا وقبل كل شيء مصلحة الطفل لأن مدار جميع أحكام الحضانة على وجوب تأمين مصالح الطفل فلا يجوز أن تتعارض الأحكام بعضها مع بعض وبخاصة وأن الفقهاء استثنوا حالات كثيرة روعي فيها الأفضل للطفل. انظر، عبد الرحمن الصابوني، نظام الأسرة...، مرجع سابق، ص.٢٠٤.

(٣) إذ خلافا لذلك، قضت المحكمة الابتدائية للقاهرة بأنه "متى ثبت إمساك الحاضنة للصغير في بيت مطلقها الأجنبي التي لا تزال تعاشره (بعد أن سبق ادعاء طلاقها منه) سقط حقها في الحضانة.
حيث ثبت من شهادة الشاهدين أن المستأنف عليها تمسك الولدين في بيت أجنبي عنهما هو زوجها الذي زعمت أنها طلقت منه وفارقته بانقضاء عدتها بوضع الحمل وأنها لا زالت تعاشره قبل الطلاق وهذا كاف للحكم عليها". انظر، المحكمة الابتدائية للقاهرة، ١٩٣٤/١٢/١٣، مقتبس عن السيد عمر عبد الله ومحمد حامد قمحاوي، المرجع السابق، ص. ٦٠٢.

فله أن يبقي الصغير في يدها إذا اقتضت مصلحته ذلك اتقاء لأشد الأضرار بارتكاب أخفها"[١].

وكما قضت بذلك محكمة الإسكندرية الابتدائية[٢]، وذلك بقولها "إذا كانت البنت المحكوم بضمها في الرابعة من عمرها ولا يوجد لها حاضنة من النساء سوى أمها المتزوجة بأجنبين فإن الضرر المتوقع بها من وجودها مع والدتها أخف وأقل بكثير من الضرر الذي يصيبها من وجودها في بيت أبيها المتزوج الذي سيعهد بها إلى زوجته بحكم انشغاله بعمله طول النهار، ذلك لأن حق الأم في الحضانة وإن سقط بزواجها بالأجنبي فقد يتعين للحضانة في بعض الحالات"[٣].

وهذا ما تبنته أيضا محكمة المنيا الابتدائية في حكمها الصادر بتاريخ ٢٣ جوان ١٩٥٧، وذلك حينما قضت "وإن كان من المسلم به أن تزوج الأم بأجنبي عن الصغير مسقط لحضانتها لأن زوج الأم من شأنه أن يعطي الصغير نزراً وينظر إليه شزراً إلا أن القاضي يجب أن ينظر في خصوص الوقائع ويحقق في كل حالة مصلحة المحضون لأن مدار الحضانة على نفع المحضون، وقد تكون مصلحته في حالات أن يبقى مع أمه ولا يسلم إلى عاصبة إذا كان بهذا العاصب ما يدعو إلى ذلك لأن الضرر الأخف يتحمل في سبيل دفع الضرر الأشد وهذه قاعدة في الأصول مسلمة"[٤]. وهذا ما أكدته محكمة النقض المصرية في قرارها الصادر ٢٩ مارس ١٩٨٥[٥].

(١) انظر، محكمة النقض، قسم الأحوال الشخصية، طعن ٧٥ لسنة ١٩٥٣، ص. ٣٦، ص. ٤٢٢، مقتبس عن معوض عبد التواب، المرجع السابق، ص. ١١٢٤.

(٢) وقد سبق هذا الحكم، الحكم الصادر عن محكمة أجا التي قالت فيه "تزوج الأم بأجنبي عن ولدها الرضيع وسقوط حقها في حضانته بسبب ذلك لا يمنع القاضي من تركه في يدها دون ضمه إلى أبيه متى رأى أن مصلحته في هذا الترك". انظر، محكمة أجا، ١٩٤٤/٠٥/٠٣، مقتبس عن السيد عمر عبد الله ومحمد حامد قمحاوي، المرجع السابق، ص. ٦٠٢-٦٠٣.

(٣) انظر، محكمة الإسكندرية الابتدائية، دعوى رقم ٥١٥ لسنة ١٩٥٧، مقتبس من رشدي شحاتة أبو زيد، شروط ثبوت...، المرجع السابق، ص. ٢٩٥، هامش ١.

(٤) انظر، محكمة المنيا الابتدائية، دعوى رقم ٣٤ لسنة ١٩٥٧، مقتبس من رشدي شحاتة أبو زيد، شروط ثبوت...، المرجع السابق، ص. ٢٩٥.

(٥) انظر، محكمة النقض، ١٩٨٥/٠٣/٢٩، غير منشور، مقتبس من معوض عبد التواب، موسوعة الأحوال الشخصية، ط.٤، منشأة المعارف، الإسكندرية، ١٩٨٨، ص. ٦١٨.

وعليه، فالرائد في جميع الأحوال المحافظة على مصلحة المحضون لأنه أضعف طرف فيجب حينئذ حمايته، ويسري ذلك حتى في حالة مساكنة الحاضنة للأم المتزوجة بغير قريب محرم.

المطلب الثالث

مساكنة الحاضنة المحضون مع من سقطت حضانته

ويقصد بالمساكنة هنا، المساكنة التي تسقط بها حق الحضانة، أي مساكنة الحاضنة بالمحضون مع التي سقطت عنها الحضانة، وهي الحالة التي نص عليها قانون الأسرة الجزائري في مادته ٧٠ على أن "تسقط حضانة الجدة أو الخالة إذا سكنت بمحضونها مع أم المحضون المتزوجة بغير قريب محرم"[١] ؛ كما نصت عليها المجلة التونسية في الفصل ٦٣ بأن قالت "من انتقل لها حق الحضانة بسبب غير العجز البدني بالحاضنة الأولى لا تسكن بالمحضون مع حاضنته الأولى إلا برضا ولي المحضون وإلا سقطت حضانتها".

والحق أن المادة ٧٠ من قانون الأسرة تشترك مع المادة ٦٦ منه في علة واحدة وحكم واحد: إمساك المحضون في بيت المبغضين له[٢] ؛ ومنه إسقاط الحضانة عن صاحبتها. ولكن، تختلف معها في أنها تتكلم عن حاضنتين فقط وهما الجدة والخالة، في حين أن المادة ٦٦ المذكورة تشمل كل الحاضنات بما فيهم الجدة والخالة.

ويجدر التنويه هنا أيضا أن حالة الإسقاط هذه، لا تعتبر تكرارا للمادة ٦٦ من ذات القانون، بل جاءت تكملة لها وتأكيدا لحكمها بسبب وجود المحضون في بيت أمه المتزوجة بغير قريب محرم، أي تحت سمعها وبصرها، مما يجعله من حيث الواقع في حضانة الأم لا في حضانة الجدة أو الخالة[٣]. ولهذا انطبق نفس الحكم.

---

(١) وننبه هنا أن المشرع قد استقى هذه المادة من المذهب المالكي حيث جاء من أحد فقهائه " ويزاد للأنثى الحاضنة عدم سكناها مع من سقطت حضانتها، فلا حضانة للجدة إذا سكنت مع بنتها أم الطفل إذا تزوجت إلاّ إذا انفردت بالسكن عنها ". انظر، الدردير، المرجع السابق، ص. ٥٢٩. وقد خالف الجعفرية المالكية، ولم يجعل ذلك مسقطا لحق الحاضنة إذا كانت قادرة على حفظه وصيانته. انظر، محمد مصطفى شلبي، أحكام الأسرة...، المرجع السابق، ص. ٧٦٥.

(٢) انظر، إبراهيم بك وواصل علاء الدين إبراهيم، المرجع السابق، ص. ٥٨٤؛ بدران أبو العينين بدران، المرجع السابق، ص. ٥٥٣

(٣) انظر، بلقاسم أعراب، المرجع السابق، ص. ١٤٠.

ومن ثم، فإسقاط الحضانة عن إحدى الحاضنتين بمقتضى النص السالف ينبغي أن تتوفر فيه عدة شروط وهي أن تكون الحاضنة أما لأم المحضون أو خالته؛ وأن تسكن، الجدة أو الخالة، مع أم المحضون المتزوجة؛ وأن تكون الأم متزوجة مع غير قريب محرم.

ومن تحليلنا لهذه الشروط والنصوص المتعلقة بها، يتضح أنه يشترط في الجدة لأم أو الخالة المراد المساكنة معها أن تكون غير متزوجة بقريب محرم تنفيذا للمادة ٦٦ سالفة الذكر. ويقصد بالمساكنة هنا أن تتخذ الحاضنة سكن أم المحضون موطنا لها، وهو أن تكون إقامتها فيه مستمرة[١]. وعليه، إذا كانت تهدف الزيارة أو قضاء عطلة، فإن ذلك لا يؤثر في الغاية من النص[٢]. وبهذا، فلا يدخل في هذا الحكم كل مجاورة لها في الرصيف أو الحي أو العمارة، لأن الإسقاط محدد بالمساكنة. وفي هذا الصدد، نشير أن النص الفرنسي أوضح[٣]. لذلك، فمن المستحسن استعمال مصطلح "تساكن" لأنه أدّق وأفصح مفهوما.

وتطبيقا لذلك، فإن الطعن الذي أقامته أ. كان فرصة سانحة أمام القضاء لإرساء المبدأ الذي جاءت به المادة ٧٠ من قانون الأسرة في موضوع إسقاط الحضانة بسبب المساكنة. فقد طبق المجلس الأعلى ذلك المبدأ في قراره الصادر في ٢٠ جوان ١٩٨٨، حيث قال "من المقرر شرعا أنه يشترط في الجدة الحاضنة (أم الأم) أن تكون غير متزوجة وألا تسكن مع ابنتها المتزوجة بأجنبي وأن تكون قادرة على القيام بالمحضون، ومن ثم فإن النعي على القرار المطعون فيه بالقصور في التسبيب غير مؤسس. ولما كان من الثابت - في قضية الحال - أن شروط الحضانة لا تتوفر في الجدة وأن قضاة الموضوع بإسنادهم الحضانة إلى الأب يكونوا قد راعوا شروط الحضانة وسببوا قرارهم تسبيبا كافيا، ومتى كان كذلك استوجب رفض الطعن"[٤].

وفي هذا الإطار، يمكن أن تثار هنا فرضية أخرى وهي فرضية أن ترحل أم المحضون المتزوجة بغير قريب محرم من مكان وتساكن أمها الحاضنة أو أختها الحاضنة، فهل يحكم

---

(١) انظر، عبد العزيز سعد، المرجع السابق، ط. ٢، ص. ٣٠٢.
(٢) انظر، صالح حمليل، المرجع السابق، مذكرة ، ص. ٢٣٠.
(٣) فهذا النص قد استعمل مصطلح "cohabiter".
(٤) انظر، مجلس أعلى، غ.أ.ش.، ١٩٨٨/٠٦/٢٠، ملف رقم ٥٠٠١١.،المجلة القضائية، ١٩٩١، عدد ٢، ص. ٥٧.

القاضي في هذه الحالة بإسقاط الحضانة عنها؟ وإذا كان الجواب بنعم، فهل نعاقب الحاضنة على فعل لم تقم به ولم تتسبب فيه؟

للإجابة على هذه الأسئلة، لا شك أن الحكم يختلف هنا عن الحالة التي سبقتها، لأن زوج الحاضنة ليس السيد في هذه الحالة، ومن ثمن كراهيته للمحضون لن تكن، وإن كانت فليس بدرجة تؤثر على حياة المحضون وتكوينه النفسي. أضف إلى ذلك أن ليس هناك ما يبرر هذه الكراهية. بل نقول، أن وجود الأم المتزوجة مع الحاضنة في هذه الفرضية قد تكون في مصلحة المحضون، إذ أن وجود أمه معه يجعله يحس بحنان مزدوج: من جهة أمه، ومن جهة حاضنته، ذلك كله يبرر الحكم بعدم إسقاط الحضانة في هذه الحالة، إذ أن الأمر لا يتعلق هنا لا بالتنازل الصريح ولا بالتنازل الضمني.

والحق إذا كان، كما قلنا، هدف المشرع من إضافة هذه المادة هو تفادي الأذى والضرر عن المحضون بأن يساكن من يبغضه، وإذا جعل المشرع مصير هذه الحضانة رهنا لإرادة الحاضنة إذ أعطاها حق رفض مثل هذه المساكنة، غير أن ما قلناه بالنسبة لزواج الحاضنة بغير قريب محرم حسب نص المادة ٦٦ من قانون الأسرة الذي أتينا بتفسيره وتبيان ثغراته واقتراح تعديله يسري بالنسبة لهذه الحالة كما يسري بالنسبة لتلك، ما لم يستثنى منها ما تقتضيه مصلحة المحضون.

وكذلك مما هو جدير بالملاحظة في باب المقارنة أن النص الجزائري يختلف عن التونسي في أن الأول أقصر سقوط الحضانة بمساكنة الحاضنة الجدة أو الخالة بالمحضون مع أمه المتزوجة بغير قريب محرم كما سبق ذكره. أما الثاني، فإنه عمم المسألة بالنسبة لجميع الحاضنات أما كانت أو غيرها، واشتمل جميع أسباب سقوط الحضانة عدا العجز البدني، مستمدا هذا الحكم من الفقه الإسلامي، وبالتحديد المالكي الذي اعتبر عدم مساكنة الحاضنة الثانية للحاضنة الأولى شرطا عاما يشمل جميع الحاضنين ويطبق على سائر أسباب سقوط الحضانة من زواج وغيره[١].

وفي هذا قال أحد فقهاء هذا المذهب "ثم أمها ثم جدة الأم إن انفردت بالسكنى عن أم سقطت حضانتها": "بتزويجها أو غيره، وكذا يجري هذا الشرط في كل من انتقلت إليها الحضانة كما هو في الظاهر"[٢].

(١) انظر، أحمد الخمليشي، المرجع السابق، ص.١٤٩.
(٢) انظر، عبد الباقي الزرقاني، المرجع السابق، ج.٤، ص.٢٦٤.

فبالنسبة لهذا النوع من الإسقاط، لا نجد تنظيما في هذا الشأن في مدونة الأسرة المغربية. والحال هذا يقودنا إلى أخذ ما سار عليه المذهب المالكي طبقا لما نصت عليه المادة ٤٠٠ من المدونة. وهو ما تم الإعمال به من قبل المجلس الأعلى المغربي في قضية طرحت عليه فصدر قراره في ٠٤ أكتوبر ١٩٩٤ يقضي بما يلي "... إن الجدة الطالبة لاستحقاق الحضانة تسكن مع بنتها المطلقة والتي سقطت حضانتها وما ردت به المحكمة عن هذا الدفع من كون الفصل ٩٨ لم ينص على عدم سكنى المستحق للحضانة مع من سقطت حضانته له، هذا الجواب غير سليم. فقد نص غير واحد من الفقهاء على انفراد سكنى الجدة عن بنتها التي سقطت حضانتها. قال الشيخ خليل وحضانة الذكر للبلوغ والأنثى كالنفقة...إلخ، إلى أن قال ثم أمها ثم الجدة إذا انفردت بالسكن عن أم سقطت حضانتها... لما لم تعتبر المحكمة ما ذكر وقضت للجدة باستحقاق الحضانة رغم ثبوت سكناها مع بنتها التى سقطت حضانتها تكون خالفت القانون وعرضت قضاءها للنقض"[١] .

ومن الواضح أشد الوضوح، أن هذا القرار الذي نقض الحكم الاستئنافي استنبط تعليله من الفقه المالكي؛ لأنه رفض طلب الجدة دون أن يلتفت إلى سبب إسقاط الحضانة عن هذه الأم، هذا من جهة. والغريب في الأمر أن السند الذي اعتمد عليه هذا المجلس لا يقوم على أساس قانوني، لكون أن المشرع المغربي في ظهير ١٠ سبتمبر ١٩٩٣، لم يضع في آخر الكتاب الثالث المخصص للولادة ونتائجها والذي من أبوابه الحضانة، مادة تحيل إلى المذهب المالكي كما فعل في الكتب الأخرى الواردة في المدونة، هذا من جهة أخرى. الأمر الذي يجعلنا نتساءل عن أي من الهيئتين يجب أن تخضع للنقد؟ هل المحكمة أم المجلس الأعلى؟ مع الإشارة أن وقائع القضية بأكملها نفتقدها، ولهذا تعليقنا سيكون حسب منطوق القرار المذكور.

ببساطة نجيب أن المجلس الأعلى قد أخطأ عندما رجع إلى الفقه المالكي في هذه الحالة، وتناقض مع نفسه، لأنه سبق له أن قرر صراحة أن الكتاب الثالث من المدونة، لا يحتوي على نص صريح يحيل على "الراجح أو المشهور أو ما جرى به العمل من فقه الإمام مالك"[٢] . وبالتالي يتحتم عليه الوقوف عند أسباب التي وردت في

(١) انظر، المجلس الأعلى، قرار ١٩٩٤/١٠/٠٤، رقم ١٢٠٨، مجلة القضاء والقانون، عدد ٤٧، ص.١٦٣ وما بعدها.
(٢) انظر، المجلس الأعلى، قرار ١٩٨٠/٠٩/٢٢، مجلة قضاء المجلس الأعلى، عدد ٢٧، ص.١٤٥. قرار

المدونة، لا غير[١].

زيادة على ذلك، إن هذه المحكمة، لا شك أنها رأت في هذا الشرط ما لا يتماشى والوقائع المعروضة عليها، السبب الذي قد جعلها لم تحكم بإسقاط الحضانة عن الجدة رغم مساكنتها مع الأم التي سقطت عنها الحضانة، لأن، حسب فهمنا، سبب إسقاط الحضانة عن الأم في هذه القضية لا يدعو بالضرورة إلى ابتعادها كليا عن المحضون وعدم البقاء معه.

وتأييدا لهذه النظرة، اعتبر البعض أن قول الفقه بهذا الشرط على إطلاقه ينتهي إلى نتائج غير مقبولة عقلا وشرعا[٢] . ودعم رأيه بأن العلة التي أسست عليها في هذه الحالة[٣] مهما كانت، لا يمكن التعريج عليها - دائما -؛ وضرب بمثالين مناسبين نراهما يصلحان لتهديمها فذكر أن "الأم التي سقطت حضانتها بسبب عاهة أو مرض غير معد يقال لأمها لا تستحقي الحضانة حتى تبتعدي عن سكنى ابنتك رغم وضعيتها الصحية" وأضاف "ومثل ذلك أن تسقط حضانة الجدة من الأب بسبب كبر سنها، فيمنع الأب من حضانة ولده إلى أن يبتعد عن أمه في السكنى!".

هذان المثالان تبناهما المشرع التونسي مسبقا كقاعدة في الفصل ٦٣ من المجلة الذي يستشف منه بمفهوم المخالفة أن من انتقل إليها حق الحضانة وكانت الحاضنة الأولى عاجزة بدنيا يمكن للثانية أن تسكن بالمحضون مع الأولى، وذلك بدون رضا ولي المحضون. ونحن من جهتنا، نترأى برأي هذا الاتجاه ونؤيد النص الجزائري في حصره إسقاط الحضانة بالمساكنة مع الأم المتزوجة بغير قريب محرم، ونضيف إلى ذلك، حالة الأم التي سقطت حضانتها بسبب ثبوت انحرافها.

وكذلك، تجدر الملاحظة أن المجلس الأعلى المغربي قد قرر بتاريخ ٢٥ نوفمبر١٩٨١ بسقوط حق الجدة في الحضانة بدلالة أنها تعيش مع ابنتها التي اختلعت بالتنازل عن

١٤/١٠/١٩٨١، مجلة قضاء المجلس الأعلى، عدد ٣٠، ص.٩٧.

(١) انظر، محمد الكشبور، المرجع السابق، ص.٤٨١.

(٢) انظر، أحمد الخمليشي، التعليق على...، المرجع السابق، ص.١٥٠.

(٣) هناك من يعلل حالة سكنى الجدة مع الأم التي سقطت حضانتها بالزواج بأن للأب تعهدهم عند الأم وأدبهم، فإذا سكنت الحاضنة مع أمهم لم يكن للأب تعهدهم لسبب ما يحدث بذلك مما لا يخفى" . انظر الحطاب، المرجع السابق، ج.٤، ص.٢١٥ .

حضانة ولديها[1].

وكما قضى ذات المجلس في قراره بتاريخ ١٢ مارس ١٩٨٤، بسقوط حضانة الجدة لأن بنتها التي سقطت حضانتها بالزواج، طلقت فرجعت إلى السكن معها [2].

والواقع، إن هذا الموقف القضائي في المسألتين لا يخلو، هو الآخر، من كل عيب، نعم، هو يقضي بسقوط الحضانة بعد الاتفاق التنازلي أو زواج الأم من غير قريب محرم، ولكنه يرتب نفس النتيجة حتى ولو زال السبب الذي سقطت من أجله الحضانة. فكان ينبغي تعليق هذا السقوط على استمرارية السبب المسقط للحضانة مع مراعاة مصلحة المحضون، إذ بزوال السبب المسقط يزول منع المساكنة إذا اقتضت مصلحة المحضون ذلك.

وهكذا، إزاء هذا الموقف القضائي المتذبذب، يكتشف القانون المغربي نقصا تشريعيا خطيرا، نقصا ينبغي المسارعة إلى تسديده، فإذا قبل من باب الاجتهاد بقياس حال المرأة التي سقطت حضانتها لسبب وجيه بحال المرأة التي ساكنت معها. فإن هذا القول رغم ما فيه من وجاهة ورغم ما ينطوي عليه من عدالة ظاهرة، إلا أنه لا يمكن قبوله على مضض إذ يتجافى مع طبيعة قواعد الحضانة من حيث كونها متصلة بمصلحة الطفل ومن ثم عدم قابليتها للتوسع في التفسير عن طريق القياس أو غيره.

وفضلا عن هذه الملاحظات، هناك نقطة أخرى نود الوقوف عندها تتعلق بالقانون التونسي والمتمثلة في شرط "رضا ولي المحضون". إذ علق الفصل ٦٣ من المجلة مساكنة الحاضنة الثانية بالمحضون مع الأولى مهما كان سبب إسقاط حقها في الحضانة برضا ولي المحضون، فإن رضي لها ذلك، وإن لم يرض فلن يكون لها مساكنتها.

والواقع، إن وضع هذا الشرط يعني أن سلطة القرار تؤخذ من يد القاضي لتسلم إلى الولي. وبعبارة أوضح، أن المشرع التونسي وضع ثقته في الولي بأن مكنه تقدير مصلحة المحضون بدلا من القاضي. نقول له إنها ثقة مبالغ فيها! صحيح قد يكون الولي أحرص على مصلحة المحضون، ولكن في الحالات العادية التي يغيب فيها الشقاق وتكون مصلحة الأطفال غالبة. ولكن ما هو الحال في الطلاق؟ أليس هو مصدر البغض، تطغى بفعله

(١) انظر، المجلس الأعلى، ١٩٨١/١١/٢٥، قرار عدد ٦٦٦، غير منشور، مقتبس عن أحمد الخمليشي، التعليق على...، المرجع السابق، ص. ١٥٠.

(٢) انظر المجلس الأعلى، ١٩٨٤/٠٣/١٢، قرار عدد ٢٢٥، غير منشور، مقتبس عن أحمد الخمليشي، التعليق على...، المرجع السابق، ص.١٥٠.

مصالح الكبار الأنانية على مصالح الصغار الملحة؟ إننا نعارض هذا الموقف ونفضل أن تكون الجملة الأخيرة "مالم تناد مصلحة المحضون بغير ذلك".

ومما تقدم جميعه، يمكن أن يقال، بأن مصلحة المحضون لا يمكن استئصالها بصفة نهائية في مسألتي التزوّج والمساكنة. صحيح، إنه يمكن تحديد العوامل التي تساعد القاضي في تقديرها، ولكن هذا التحديد يكون في سائر الأحيان في مصلحة الطفل، إذ يصون حقوقه. ولهذه الاعتبارات كلها، يسري كذلك عين الحل لو انتقل الحاضن بالمحضون إلى بلد آخر.

المطلب الرابع
مدى تأثير انتقال الحاضن بالمحضون إلى بلد آخر على مصلحة الطفل

فمن زاوية القانون، تعترف الدساتير المغاربية بحرية التنقل[١]، غير أن هذه الحرية ليست بمطلقة في شيء في باب الحضانة. فهي تنخفض أمام حقوق أخرى تحظى بحماية أوفر منها. وبهذا، فإن تغيير الحاضنة لموطنها وانتقالها بالطفل المحضون يمكن أن يفتح الباب لتدخل القاضي، واجبه إسقاط الحضانة عن الحاضنة بسبب استحالة ممارسة الأب أو الولي حقه في الرقابة[٢].

وهذا ما دفع ببعض الفقهاء الغربيين وعلى رأسهم الأستاذ جامبو مارلان إلى حد التأكيد أن أساس إسقاط الحضانة يجب أن يبحث في الأسباب المتعلقة بالسلطة الأبوية عوض أن نبحث عنها في أسباب تتعلق بمصلحة المحضون[٣]. وقد أيدته في ذلك الأستاذة دينا شريف فيلار، إذ بعدما صرحت أن:

«Le pouvoir de retenir l'enfant semble alors davantage découler

(١) تنص المادة ٤٤ من الدستور الجزائري ١٩٩٦ على أن "يحق لكل مواطن يتمتع بحقوقه المدنية والسياسية، أن يختار بحرية موطن إقامته، وأن ينتقل عبر التراب الوطني.
حق الدخول إلى التراب الوطني والخروج منه مضمون له ".
وينص الفصل ١٠ من الدستور التونسي على ما يلي: "لكل مواطن حرية التنقل داخل البلاد وإلى خارجها واختيار مقر إقامته في حدود القانون. وجاء الدستور المغربي في مادته ٩ بأن "يضمن الدستور لجميع المواطنين: حرية التجول وحرية الاستقرار بجميع أرجاء المملكة ".

(2)Cf. H. Bencheikh Dennouni, op. cit., p. 910; A. Bêcheur, op. cit., p. 1157.

(3)Cf. R. Jambu-Merlin, Le droit privé en Tunisie, p. 265.

des prérogatives de la puissance paternelle que de celles propres à la garde, puisque c'est le père, chef de famille, qui assure alors l'exercice effectif du droit de garde ».

وأضافت قائلة:

«Cela vaut, à notre avis, dans une certaine mesure également à la dissolution du mariage, puisque la gardienne est alors tenue d'éviter à tout prix que le tuteur ne puisse exercer sa tutelle, en se déplaçant par exemple avec l'enfant »(1).

والحق أن فصل السلطة الأبوية عن مصلحة الطفل المحضون ليس بالرأي الوجيه في كل الأحوال ولا يمكن الأخذ بمدلوله بصفة مطلقة. فإذا كان تأثير السلطة الأبوية لاشك فيه، فإن هذه الأخيرة وضعت لحراسة مصلحة الأطفال الذين هم في حاجة إلى حماية وتربية أيضا(٢)، والذود عنها لا تكون إلا بواسطة سلطة قوية يعترف بها القانون.

وفوق هذا وذاك، إن مصلحة الطفل بعد الطلاق إذا بدت مضمورة، فهي مع ذلك ليست مشلولة، إذ فهي وراء هذه الرقابة التي تهدف إلى حماية المحضون وتوجيهه في حياته(٣). ولهذا، فكل ما يعرقل ممارسة السلطة الأبوية، ومن ثم الحق في الرقابة يمّس بالضرورة بمصلحة المحضون.

غير أن قول الأستاذين السالفين الذكر، رغم ما فيه من وجاهة، إلا أنه لا ينطبق على كل حالات الإسقاط، بل مقيد، إذ أنه يتعلق فقط بأسباب الإسقاط المرتبطة بممارسة السلطة الأبوية. ومن ثم، فقوله يكون صائبا في حالة إذا كان موطن الحاضنة يبعد عن موطن الأب، بحيث يحول هذا البعد دون ممارسة حق الرقابة.

وقد تقرر هذا القول في المادة ٧٧ من لائحة مشروع قانون الأسرة الجزائري لـ ١٩٧٣، حيث نصت على أن "يجب أن لا يكون بعد محل سكنى الحاضن مانعا من القيام بالسلطة الأبوية"، وفي المادة ١١٢ من مشروع تقنين الشريعة الإسلامية في فقرتها الثانية بنصها "ويجب أن يكون موطن الحاضنة قريبا من موطن الأب أو الولي بالمقدار الكافي لكي تمارس الرقابة على المحضون بكل سهولة"، وإلا سيؤول حقها للإسقاط، ويعين

(1)Cf. D. Charif Feller, op. cit., p. 93.
(2)Cf. Y. Alhalel-Esnault, op. cit. , , th., p.202.
(3)Cf. N. Khelef née Lamoudi, op. cit., mém., p.51.

شخصا آخرا بدلها[1].

وإذا كانت حجة الرأي السالف الذكر لا تنهض سببا لإدراج كل حالات التنقل لإسقاط الحضانة، فإن هناك من الفقهاء المسلمين من لم يلتفت إطلاقا إلى السلطة الأبوية ولم يقيد الانتقال بالمحضون والابتعاد عن موطن أبيه أو وليه بأي شرط، فذكر أن الأم أحق بحضانة الولد الصغير والبنت حتى سن البلوغ، رحل الأب عن ذلك البلد الذي تقيم فيه الحاضنة أو لم يرحل، رحلت الأم أم لم ترحل[2].

وفي ذلك يقول ابن حزم "وأما قولنا، سواء رحل الأب أو لم يرحل، فلأنه لم يأت نص قرآني ولا سنة بسقوط حضانة الأم من أجل رحيل الأب، فهو شرع باطل ممن قال به وتخصيص للقرآن والسنن التي أوردنا، ومخالف لهما بالرأي الفاسد وسوء نظر للصغار وإضرار بهم..."[3]. ويستنتج من هذا الرأي أن مصلحة الطفل في البقاء مع أمه أولى وأقوى من أي اعتبار. وأن هذه الحقيقة لا تحمل إضرارا بالمحضون ما دام مع أمه.

والواقع ما يؤكد أيضا أن مصلحة المحضون حاضرة هنا، ماجاء به الفقه[4] واتبعه في ذلك التشريع[5] والقضاء[6] من أن حتى الأب يمنع من إخراج الولد من بلد أمه إلا برضاها ما دامت حضانتها قائمة[7]. وهكذا، لاشك أن هنا مصلحة المحضون هي التي

(1)Cf. L. Milliot, op. cit. , p. 406.

(٢) انظر، ابن حزم الأندلسي، المرجع السابق، م. ٧، ج. ١٠، ص. ٧٢٥ وما بعدها.

(٣) انظر، ابن حزم الأندلسي، المرجع السابق، م.٧، ج. ١٠، ص. ٣٢٥.

(٤) انظر، ابن عابدين، المرجع السابق، ج. ٢، ص. ٨٨٥.

(٥) وهذا ما سرت عليه كذلك المادة ٣٩٢ فقرة أولى من قانون الأحوال الشخصية المصري.

(٦) وفي هذا الصدد، قضت محكمة النقض السورية في قرارها الصادر في ١٩٦٦/٠٧/١١ بأن "الأب لا يخرج بالطفل من محل إقامته لدى أمه قبل استغنائه عن الحضانة ما دام في بلد الأم حاضنة للطفل". انظر، محكمة النقض، ١٩٦٦/٠٧/١١، مقتبس عن عزة ضاحي، المرجع السابق، ص. ١٣٣

(٧) وهو رأي الحنفية، بحيث لا يجوز للأب الانتقال بالمحضون ولو سقطت حضانة الأم ما دام الطفل في سن الحضانة (انظر، ابن عابدين، المرجع السابق، ج. ٢، ص. ٨٨٥) . وذهب الشافعية والحنابلة إلى أن الأب لو أراد السفر فهو أولى بالمحضون من أمه، وكذلك إذا أرادت أمه السفر به إلى مكان بعيد (انظر، الرملي، المرجع السابق ، ج. ٦، ص. ٢٧٦؛ ابن القيّم الجوزية، المرجع السابق، ج. ٦، ص. ٢٦١؛ ابن قدامة، المرجع السابق، ج. ٩، ١٩٧٢، ص. ٣٠٤) . وقال المالكية إذا أراد الولي السفر من بلده إلى بلدة أخرى ليقيم بها وينتقل إليها مستوطنا إياها، فإن له أن يأخذ المحضون من حاضنته ولو كان طفلا. انظر، عبد الرحمن الجزيري، المرجع السابق، ص. ٥٢٦ .

تبرر هذا المنع[١]. بالإضافة إلى ذلك، فإن التشريعات قد استعملت، عند صياغتها لهذه القاعدة، مصطلح "واجب" لا "حق" بخصوص رقابة الولي للمحضون، مما يبرهن أتم البرهان أن هذا العمل يعد بمثابة واجب يقع على عاتق الأب[٢] ، ذلك يستنتج صراحة من الفصل ٦١ من المجلة التونسية.

غير أن ما ينبغي اعتباره والالتفات إليه هو أنه إذا كانت السلطة الأبوية ضرورية في تكوين الطفل الديني والخلقي والتربوي، فإنه مع ذلك لا يجب أن تشكل تهديدا للحاضنة، لأن هذا التهديد، إن كنا نريد به ربما خيرا، سينعكس على الطفل قبل أي شخص آخر. والدليل في ذلك أن المحضون إذا تعود على أمه أو على حاضنة أخرى التي تمارس مهمتها على أكمل وجه وأرادت الانتقال إلى بلد بعيد عن موطن الأب، لا يجب أن يكون إسقاط الحضانة عنها بسبب عدم القدرة على ممارسة السلطة الأبوية. وكذلك من غير المنطق ولا العدل أن نعاقب الحاضنة بانتزاع المحضون عنها بسبب رغبة الأب في الرحيل وأخذ ابنه معه!

نعم، أن السلطة الأبوية امتياز ممنوح للأب أو للولي، ولكنها هي، كما قلنا، في الوقت ذاته واجب، وهذا الواجب حتى يقام على أحسن وجه، يتطلب أن يتمتع الأب أو الولي ببعض السلطات[٣]. لكن ذلك ليس على حساب المحضون! لأن سبب الإسقاط الذي جاء به الفقهاء المسلمون والذي يعيق حق الرقابة هو البعد الذي يصعب به الاتصال بالمحضون.

وبشأن هذه المسألة، قال الفقه الإسلامي الكثير، وسيكون إثقالاً لحديثنا إذا قدمنا نقاشا طويلا حول ما قاله عن إمكانية أو عدم إمكانية الانتقال بالمحضون. غير أن تحليلا وجيزا ومتنبها للفقه والقضاء المتعلق بالانتقال بالمحضون، يسمح لنا باستخراج بعض النتائج الرامية إلى تحقيق مصلحة المحضون، وبهذا، يمكن أن يحصر المشكل بطريقة أحسن.

إلا أنه، وقبل البدء بأي تعليق، يحسن بنا أن نشير إلى أن القوانين المغاربية

(١) والسبب في ذلك أن فترة الحضانة هي من حق الحاضنة. انظر، عبد الرحمن الصابوني، الطلاق وآثاره، المرجع السابق، ج. ٢، ط.٨، ص. ٢٦١.

(٢) انظر، المادة ١٤٣ فقرة ثانية من المشروع العربي الموحد للأحوال الشخصية.

(3)Cf. Y. Alhalel-Esnault, op. cit., th., p.212.

خصصت موادا لهذا الموضوع، إلا أنها تختلف فيما بينها من حيث الصياغة. فقد جاء المشرع التونسي بمادتين وهما ٦١ و٦٢ من المجلة، الأولى، تكلم فيها عن سفر الحاضنة وإسقاط الحضانة؛ والثانية، سفر الأب بالمحضون. أما المشرع المغربي، فإنه نظم مادتيه ١٧٨ و١٧٩ من المدونة من زاوية أخرى يختلف الحكم فيها من حيث كون السفر داخل المغرب أو خارجه. وبالنسبة لمشرعنا، فإنه أتى في المادة ٦٩ من قانون الأسرة التي تعالج هذا الموضوع بتفرقة ضمنية غير صريحة يبين حالتين: الحالة الأولى، وهي ممارسة الحضانة داخل التراب الوطني؛ والحالة الثانية، وهي ممارستها خارج التراب الوطني. وقد نظم الحالة الثانية في المادة ٦٩ من ذات القانون وترك الحالة الأولى إذ لم يتضمن هذا القانون أحكاما خاصة بهذه الحالة.

وهذا القصور في التشريع الجزائري كان ينبغي سده، وأقصى ما يمكن قوله هنا هو أن هذا السكوت يدعونا إلى تأويلين، من حيث إن التفسير الأول يقودنا إلى القول إن المشرع بسكوته هذا قد ترك أمر حلها للقضاء، ومن ثم فقد منح له الحرية الكاملة في تطبيق المادة ٢٢٢ من قانون الأسرة واتخاذ ما يراه مناسبا، مع الإشارة أن الفقه الإسلامي قدم رأيه الذي شمل الحالتين المذكورتين. وأما الثاني يعتبر أن المسألة مفروغ منها لا تتطلب إسقاط الحضانة عن صاحبها ما دامت تمارس داخل القطر الجزائري. إلا أن هذه الفرضية لم يأخذ بها كل القضاء كما سنراه لاحقا.

هذه الحالات سنتعرض لها في هذا الفرع، وستتمحور دراستنا هنا حول نقطتين، الأولى تتعلق بممارسة الحضانة داخل التراب الوطني بحيث لا يمكن أن نتجاهل هذه الحالة ونغض بصرنا عنها بالرغم من أن المشرعين الجزائري والتونسي أشارا إليها إلا إماءة (**الفرع الأول**)؛ والثانية، انتقال الحاضن، أو غيره بالمحضون خارج التراب الوطني (**الفرع الثاني**).

الفرع الأول

ممارسة الحضانة داخل التراب الوطني

للفقه الإسلامي عدة آراء بشأن إسقاط الحضانة بسبب الانتقال بالطفل المحضون، وأعطى للمسألة افتراضات وصورا وقيدها بشروط وميز بين الحاضنة الأم وغيرها من الحاضنات، والحاضنات الأخريات وولي المحضون. فبينما يرى فريق منهم رأيا خاصا في معنى السفر، يرى غيره رأيا يناقضه كل التناقض، مما حدا بكثير من الفقهاء إلى تمييز

دراستها بالتضارب البين.

هذا، ففي رأي المالكية أن الحضانة تسقط بسفر الحاضنة سفر نقلة وانقطاع إلى مكان بعيد، والذي قدره بستة برود فأكثر[١]. وأما الحنفية فرقوا بين الحاضنة الأم وغير الأم. فإذا سافرت الحاضنة الأم إلى بلد بعيد لا يستطيع فيه الأب زيارة ولده في نهار يرجع فيه إلى بيته ويبيت فيه سقطت الحضانة عنها؛ وأما غير الأم، فتسقط حضانتها بمجرد الانتقال[٢].

هذا ومن الفقهاء كالحنابلة من يرى بإسقاط الحضانة بالسفر لبلد يبعد بمقدار مسافة القصر- فأكثر[٣]، ومنهم كالشافعية من يرى بإسقاط الحضانة بالسفر لمكان مخوف أو بقصد النقلة سواء أكان طويلا أو قصيرا[٤].

وقد لاقى هذا الفقه رواجا كبيرا في القضاءين المقارن المغاربي. ولهذا، تعددت أحكامهما وقراراتهما، بل وتباينت حتى تلك المنتهجة لمذهب واحد.

فمن زاوية القضاء المقارن، نجد أن المحاكم المصرية قد أفصحت عن أخذها بما ذهب إليه الفقه الإسلامي في العديد من أحكامه. فقد حكم بأن "لا يبطل حق الأم في حضانة ولدها إقامتها بالصغير بعيدا عن موطن والده" [٥]. كما قضي بأن "انتقال الحاضنة بالصغير إلى بلد غير الذي تقيم فيه مع والده لا يسقط حقها في الحضانة مع تمكن الأب من رؤية ابنه والعودة نهارا" [٦]. وقد أكد هذا المبدأ في حكم آخر حتى بالنسبة

(١) إذ يرى المالكية بأنه إذا سافرت الحاضنة لمسافة أكثر من ستة برد، سقطت الحضانة عنها، وللولي أخذ المحضون. انظر، عبد الرحمن الجزيري، المرجع السابق، ص. ٥٢٥ وما بعده.

(٢) انظر، الكاساني، المرجع السابق، ج. ٤، ص. ٤٤؛ ابن الهمام، المرجع السابق ، ج. ٣، ص. ٣١٩؛ وهبة الزحيلي، الفقه...، المرجع السابق، ص. ٧٣٠-٧٣١؛ أحمد نصر الجندي، الطلاق...، المرجع السابق، ص. ٦٥١ وما بعدها.

(٣) مسافة القصر يقصد بها مسافة قصيرة، انظر، السيّد سابق، المرجع السابق، ص. ٣٦١؛ وهبة الزحيلي، الفقه الإسلامي، المرجع السابق، ص. ٧٣٠-٧٣١

(٤) انظر، بدران أبو العينين بدران، الفقه المقارن، المرجع السابق، ص. ٥٦١ وما بعدها؛ محمد مصطفى شلبي، أحكام الأسرة، المرجع السابق، ص. ٧٧٣ وما بعدها.

(٥) انظر، محكمة سيك الإسكندرية، ١٩٣١/٠٥/٢٩، قضية رقم ٥٣١/٥٤٤، م.ش. ٨٦٥/٣، مقتبس عن ممدوح عزمي، المرجع السابق، ص. ٩٦-٩٧.

(٦) انظر، محكمة سنك، ١٩٣٥/٠٥/٢٧، قضية رقم ٣٤/١٥٤٤، م.ش. ٨١٤/٧، مقتبس عن ممدوح عزمي، المرجع السابق، ص. ١٠٧.

للحاضنات غير الأم، فجاء بأن "غير الأم من الحاضنات كالأم يجوز لها الانتقال بالصغير بغير إذن الأب في كل موضع جار للأم بعد انقضاء عدّتها الانتقال إليه، ولم يكن لعقد النكاح تأثير في هذا الانتقال"(١).

غير أن القضاء السوري قد خالف هذا الموقف آخذا بالمذهب الحنفي، حيث قضت محكمة النقض السورية في قرارها الصادر في ٢٦ أكتوبر ١٩٦٦ بأنه "ليس للحاضنة غير الأم أن تسافر بالولد بأي شكل كان"(٢). وفي قرار آخر صدر في ٣١ مارس ١٩٧٥ قررت نفس المحكمة بأنه "لا يحق للحاضنة حضانة ولدها في غير موطن وليه الذي جرى عقد زواجها فيه، ولا يحق لأم الحاضنة بما لا يحق للأم"(٣).

وإذا انتقلنا إلى القضاء المغاربي، وأخص بالذكر الجزائري لوجدنا القرارات الصادرة عن المجلس الأعلى في هذا الموضوع يشوبها الفصاحة أحيانا آخذة في ذلك بعين الاعتبار التطور الذي عرفته الإنسانية في مجال النقل، ومن ثم رعاية مصلحة الطفل، والتردد أحيانا أخرى، إذ هي لازالت متمسكة ببعض الأحكام الفقهية التي أصبحت لا تتماشى والحقائق الاجتماعية الجزائرية المعاشة حالا.

وتطبيقا للفكرة الأولى، قضى المجلس الأعلى في قراره الصادر في ٠٩ أكتوبر ١٩٦٨ بأن "من المقرر شرعا بأن بعد المسافة بين الحاضنة وصاحب حق الزيارة والرقابة(٤) لا يعد مبررا موجبا لسقوط حق الحضانة عن الأم ولا يمنع استعمال حق الزيارة"(٥). وفي قرار آخر، أكد نفس المجلس في قراره الصادر في ١٨ نوفمبر ١٩٧٠ بأنه "من المقرر شرعا بأن بعد المسافة بين

---

(١) انظر، محكمة الجمالية، ١٩٣٣/٠٤/١٦، قضية رقم ٣٢/١٦٩٥، م.ش. ١٥٨/٦، مقتبس عن ممدوح عزمي، المرجع السابق، ص. ١٠٨.

(٢) انظر، محكمة النقض، ١٩٦٦/١٠/٢٦، قضية رقم ٤٢٣/٤٢٧، مقتبس عن عزة ضاحي، المرجع السابق، ص. ١٣٢.

(٣) انظر، محكمة لنقض، ١٩٧٥/٠٣/٣١، قضية رقم ٧٠/١٢٤، مقتبس عن عزة ضاحي، المرجع السابق، ص. ١٣١.

(٤) وقد سبق للقضاء أن قضى في العهد الاستعماري بأن "اعتبارا لوسائل الاتصال الحديثة، يمكن لقاضي الموضوع عن طريق سلطته التقديرية للوقائع أن يعتبر أن المسافة التي تفصل موطن الأب عن موطن الأم لا تعرقل الممارسة العادية للسلطة الأبوية ولا تشكل مانعا في إسناد الحضانة للأم". انظر، غرفة مراجعة الأحكام الإسلامية، ١٩٥٧/٠٥/١٤، مقتبس عن : G. Siband, op. cit., p.114

(٥) انظر، مجلس أعلى، غ.ق.خ.، ١٩٦٨/١٠/٠٩، نشرة القضاة، ١٩٦٩، عدد ٢، ص. ٣٨.

الحاضنة وصاحب حق الزيارة والرقابة بمسافة البرد الستة المقررة عن الفقهاء الأقدمين لا يمنع استعمال ذلك الحق بفضل الوسائل الحديثة للمواصلات والنقل"[١].

وهكذا يتضح لنا أن هذا المبدأ يتماشى مع حماية حقوق الطفل ورعاية مصالحه. ذلك أن الأخذ بعين الاعتبار ما توصلت إليه وسائل النقل الحديثة يمنح للقاضي سلطة أوسع عند تقديره لمصلحة الطفل كما يضع الأفراد في موضع التطور بحكم تصرفاتهم وهو تطور إيجابي.

غير أنه لما كان المجلس لا يقف بقضائه موقف الصمود فقد أخذ يعمل على التردد والتراجع عما توصل إليه في السابق، وقد ظهر ذلك في قرارين لاحقين بتمسكه بستة برد. فقرر في قراره الصادر في ٢٥ يناير ١٩٨٢ بأنه "لا يقبل الرد الذي يثير نقض الأساس القانوني والقصور في التسبيب على القرار الذي طبق أحكام الشريعة الإسلامية فيما يخص سفر الحاضنة بمحضونها عن بلد الولي. على أن المقرر في المذهب أن لا تتجاوز المسافة ستة برد، وفي تفسير خليل "وإذا سافرت الحاضنة عن بلد الولي، فله نزع المحضون منها، ومسافة السفر ستة برد على الأقل""[٢].

وكذلك من قراراته في هذا الاتجاه، ما قضت فيه بأن "من المستقر عليه فقها وقضاء أن بعد المسافة بين الحاضنة وصاحب حق الزيارة على الأطفال المحضونين لا يكون أكثر من ستة برد، ومن ثم، فإن القضاء بما يخالف هذا المبدأ يعد خطأ في تطبيق القانون. ولما كان من الثابت، في قضية الحال، أن المسافة الفاصلة بين الحاضنة وولي المحضونين تزيد عن ألف كيلومتر، فإن قضاة المجلس بإسنادهم حضانة الولدين إلى أمهم يكونوا قد أخطؤوا في تطبيق القانون. ومتى كان كذلك، استوجب نقض القرار المطعون فيه"[٣].

فيعاب على هذا الموقف أنه لا يحقق في وضعه الراهن في بلدنا الغرض المقصود منه تماما، مما يجعله محلا للنقد. ومن ثم، فالنقد الأول الذي لا نغفله هو أن قضاءنا جاء بوحدة قياس لا يعمل بها في وطننا، ولذلك كان عليه أن يحدد هذه المسافة بالكيلومتر لا

---

(١) انظر، المجلس الأعلى، غ.ق.خ.، ١٩٧٠/١١/١٨، نشرة القضاة، ١٩٧٢، عدد ١، ص. ٦٧.
(٢) انظر، المجلس الأعلى، غ.أ.ش.، ١٩٨٢/٠١/٢٥، ملف رقم ٢٦٦٩٣، نشرة القضاة، ١٩٨٢، عدد خاص، ص. ٢٥١.
(٣) انظر، المجلس الأعلى، غ.أ.ش.، ١٩٨٦/٠٩/٢٢، ملف رقم ٤٣٥٩٤، المجلة القضائية، ١٩٩٢، عدد ٤، ص. ٤١.

بالبريد. ثم إنه، كيف له أن يحكم بهذه القاعدة في وقت عزمت وسائل النقل تطورا أكبر من الوقت الذي صدرت فيه القرارات المذكورة، ثم أن القضاء الذي سبقه لم يأخذ بها!

ولهذا وذاك، فنحن نقدح موقف المجلس الأعلى الجزائري الأخير ونستحسن موقفه الأول، إذ أن هذا الأخير ذهب، كما قلنا، مع تطور الزمان، لأن القول بإبعاد المحضون كما ذهب إليه الفقهاء والذي كان يتماشى وزمانهم والذي يؤدي إلى إسقاط الحضانة مطلقا لم يعد يطبق اليوم، إذ أن "السفر بالسير على الأقدام مناط القرب أو البعد"، رأي مهجور لكون أن السير على الأقدام قد قل كثيرا داخل نفس المدينة وحتى داخل نفس القرية لحله بوسيلة السيارة.

وكما أن القول بإبعاد المحضون مسافة ستة برد، وإن كان أكثر تخفيفا من الاتجاه الأول، يبقى مسألة نسبية، لأن مسافة ستة برد التي حددها الفقه المالكي والتي قدرها البعض بـ ١٣٣ كم[١] والبعض الآخر بـ ١٢٠ كلم[٢] وآخرون بـ ١٢٦ كلم[٣] تعد مسافة طويلة بالمقارنة مع وسائل النقل التي كانت مستعملة ومتوفرة أنذاك[٤]. ولذلك، فقاعدة ستة برد إن صح تطبيقها في ذلك الزمان بسبب المشقة التي كان يعاني منها الأب أو الولي في سبيل زيارة المحضون، لم تعد صالحة في زماننا هذا وخاصة وأن الانتقال من مدينة إلى أخرى داخل القطر أصبح سهلا بكثير مما كان عليه[٥].

والقول كذلك بأن الحضانة تسقط بالسفر سواء بعدت المسافة أو قصرت، وتأييد القضاء السوري له بالحكم "للجد بعد وفاة الأب أن يمنع سفر الحاضنة إلى محل قريب..."[٦]

---

(١) انظر، وهبة الزحيلي، الفقه الإسلامي...، المرجع السابق، ص. ٧٣٠.

(2)Cf. N. Khelef née Lamoudi, op. cit., p. 34.

(٣) وهو تحديد المجلس الأعلى المغربي في قراره عدد ٨٧ الصادر في ١٩٦٧/١٢/٠٥، مقتبس عن إدريس ملين، المرجع السابق، ص.٧٧.

(٤) وقد قدّر البعض البريد بأربعة فراسخ، والفرسخ ثلاثة أميال : فالمجموع ٧٢ ميلا، وقدر الميل بأربعة آلاف ذراع، بذراع الإنسان المعتدل. انظر، عبد الرحمن الجزيري، المرجع السابق، ص. ٥٢٥-٥٢٦. وفي القاموس : البريد جمعه برد أي ١٢ ميلا تقريبا. انظر المنجد في اللغة والأدب والعلوم، المرجع السابق، ص. ٣٣.

(٥) بشأن هذا الموضوع، انظر، عبد الرحمن الصابوني، الطلاق وآثاره...، المرجع السابق، ج.٢، ط.٨، ص. ٢٦٠.

(٦) انظر، محكمة النقض، ١٩٦٧/١١/٠٨، قضية رقم ٤٩٩/٤٩٦، مقتبس عن عزة ضاحي، المرجع السابق، ص. ١٣٢.

تيسير للأب أو الولي، ولكن تعسير وتشديد للحاضن.

وغير أنه يمكن أن يكون لهذا الرأي محلا في حالة ما إذا انعدم الأمان في السفر أو في المكان الذي سيتوطن فيه المحضون، وإسقاط الحضانة هنا يعلل بالخوف وعدم الأمان الذي يخاطر به المحضون أو مجرد أن يشعر به، أولا؛ وبعرقله ممارسة الرقابة بسبب عدم أمان الطريق ثانيا. وفي هذا المعنى، جاءت المادة ٣٩٣ من الأحكام الجعفرية في الأحوال الشخصية بقولها "ليس للأم أن تسافر بالولد إن كان ذلك ضررا على الولد أو الوالد، وإن لم يتضرر أحدهما بذلك، فلها الانتقال بعيدا عن محل إقامته...".

فهل يمكن الجهر وفي وقتنا الحالي أن الانتقال بالمحضون بعيدا عن الأب يشكل سببا لإسقاط الحضانة؟ وهل يمكن جعل مناط القرب السير على الأقدام؟ وما هي مكانة مصلحة المحضون من كل ذلك؟

إن الإجابة عن هذه الأسئلة تقتضي ضرورة الاطلاع إلى ما وصل إليه الإنسان اليوم من تقدم في المجال التكنولوجي، فتطور وسائل النقل الحديثة قد حلت مشكل إسقاط الحضانة عن الحاضنة أو الولي بسبب البعد.

وبالرغم من ذلك، لم يأخذ المشرع المغربي في الثوب الجديد للمادة ١٠٧ (وهو المادة ١٧٨) بهذا القول على إطلاقه، إذ لم يجعل نقلة الحاضنة أو نقلة النائب الشرعي أبا كان أو غيره سببا موجبا وحتميا لإسقاط الحضانة، ولكنه أشار إلى المسافة التي تفصل المحضون عن نائبه الشرعي.

والغريب أن التشريع الذي كان معمولا به والمتمثل في الفصل ١٠٧من المدونة قبل تعديلها وكذا القضاء لم يحددا بدقة المسافة التي تسقط بها الحضانة ولا يعتبر القضاء تغيير البلدة داخل الدولة سببا مسقطا لها[1]، لأن وسائل الواصلات قربت المسافات، فلم يعد بعد المسافة أو قربها يثار، هذا من جهة؛ ولأن "رب بعيد لا ينقطع خبر الولد عن أبيه ولا استعلام حالهم لكثرة تردد أهله بين الموضعين، ورب قريب تنقطع معرفة حالة الولد منه لقلة التصرف فيما بين الموضعين فيكون له حكم البعيد"[2] ، من جهة أخرى.

ولهذا لجأ القضاء المغربي إلى معيار يخلو من المسافة وتقديرها، وإنما المناط هو

(١) انظر، المجلس الأعلى ٠١/٢٥ /١٩٩٤ و ٢٥ / ٠٢ / ١٩٩٤، مجلة المحامي، عدد ٢٥-٢٦، ص. ٢١٩.

(٢) وهو قول اللخمى العراقي، تعليق على قرار ٠٥ / ١٢ / ١٩٦٧ ، مقتبس عن إدريس الملين، المرجع السابق، ص. ٧٧.

عسر الولي القيام بواجبه نحو المحضون، فصدر قرار المجلس الأعلى في ٠٥ ديسمبر ١٩٦٧ قاضيا بأن "مدار سقوط الحضانة وعدم سقوطها مرتبط بعسرـ مراقبة الـولي لأحـوال محضونه أو عدمه"^[١]. ومن هنا، واستنادا على الاعتبارين المذكورين آنفا، اعتبر المجلس الأعلى العسر قضية نسبية يختلف تقديره بحسب الحال والمكان والشخص^[٢]، وهذا ما قضى به فعلا في ١٨ جوان ١٩٦٢ بأن قال "إن عسرـ مراقبـة أحـوال المحضون المسقط للحضانة هو مـن الأمـور النسبية التي تختلف بـاختلاف ملابسـات النازلة وظروف المعنيين"^[٣]. وإذن، أن العسر قد يكون مرتبطاً بوسائل المواصلات أو بـالظروف الخاصة للـولي وهذا ما قصدته المادة ١٧٨من المدونة. وما على المدعي بالعسر إلا إثبات ادعائه.

وذات الفكرة تبنتها المجلة في فصلها ٦١، ولكن العسر الذي لمح إليه هذا الفصل يتعلق بالمسافة دون الظروف الأخرى التي قـد يواجهها الـولي. وتطبيقا لـذلك قضت محكمة التعقيب التونسية في ١٥ جويلية ١٩٦٩ بأن "... للولي النظر في شؤون المحضون وتأديبه وإرساله للمدرسة، ومن البـديهي أن الـولي لا يتمكن من القيام بهذا الواجب إلا إذا كان المحضون بـالقرب منه أو عـلى مسافة معقولة، وتفريعـا عـلى ذلك، يكون غير قائم على قاعدة قانونية الحكم الذي قضى برفض مطلب إسقاط الحضانة عـلى أسـاس أن الولي أصبح غير قادر على مراقبة المحضون بعد انتقال الحاضنة لبلد بعيد عن مسقط رأس الولي"^[٤].

وكذلك ما قضت به نفس المحكمة في ٠٦ أكتوبر ١٩٨٧ بأن "تسقط حضانة المحضون عن الأم عند انتقالها نقلة يعسر معها عـلى الأب القيام بواجباته إزاء منظوره تطبيقـا للفصل ٦١ مـن مجلـة الأحـوال الشخصية"^[٥].

وفي قرار حديث نسبيا مؤرخ في ٢٢ ديسمبر ١٩٩٢ تمسكت المحكمة ذاتها بالنص

---

(١) انظر، المجلس الأعلى،١٩٦٧/١٢/٠٥، انظر إدريس ملين، المرجع السابق، ص.٧٦.

(٢) انظر، حما العراقي، تعليق على قرار ١٩٦٧/١٢/٠٥، ص.٧٧ و٧٨، مقتبس عن إدريس ملين، المرجع السابق، ص.٧٧-٧٨.

(٣) انظر، المجلس الأعلى، الغرفة الأولى، ١٩٦٢/٠٦/١٨، ملف رقم ٨٩٩٨، مجلة القضاء والقانون، ١٩٦٣، عدد ٥٥-٥٦، ص.٣١-٣٣..

(٤) انظر، محكمة التعقيب، ١٩٦٩/٠٧/١٥، قرار مدني، عدد ٦٧٠٧، نشرية محكمة التعقيب ١٩٦٩، ص.٨٨؛ مجلة القضاء والتشريع، ١٩٧٠، عدد٤، ص.٤٤.

(٥) انظر محكمة التعقيب، ١٩٨٧/١٠/٠٦، قرار مدني، عدد ١٨٧١٨، نشرية محكمة التعقيب، ١٩٨٧، ص.٢٠٧.

ذاته وبالسوابق فقضت بأنه "إذا تبين من أسانيد القرار المنتقد أنه أسس قضاءه على اعتبار أن الأبحاث أثبتت أن الأم هي الأصلح من الطرفين لحضانة الطفلين عملا بأحكام الفصل ٦٧ من م.أ.ش.، وأنه بالرجوع إلى أوراق القضية يتضح أن الدعوى تأسست على أحكام الفصل ٦١ م.أ.ش. وأن الأم انتقلت بالمحضونين إلى مدينة منزل بورقيبة بعد أن كانت تعيش معهما بمدينة قابس أين يقطن الولي، فإن سفر النقلة للحاضنة واستقرارها بمكان بعيد عن مقر الولي تعطل معه حق إشرافه على تنشئة منظورية المحضونين من حيث النظر في شؤونهما وتأديبهما، خصوصا وأن الأم لم تنازع في استقرارها بمدينة منزل بورقيبة، مما يكون معه سفر الحاضنة سفر نقلة لمسافة يصعب معه على الولي القيام بواجباته المشار إليها نحو منظوريه طبقا لأحكام الفصلين ٦٠ و٦١ من م.أ.ش.، خاصة وأن المسافة بين المدينتين المذكورتين بعيدة ولم تكن مسافة معقولة، فإنه تأسيسا على ذلك يكون القرار الذي قضى بعدم سماع دعوى إسقاط الحضانة في حين أن الولي أصبح غير قادر على مراقبة المحضونين بعد انتقال الحاضن لمدينة بعيدة عن مقره، مجانبا للصواب وخارقا لأحكام الفصل٦١ من م.أ.ش. بصورة تعرضه للنقض"[(١)].

لذلك، فالقاضي للحكم بإسقاط الحضانة في هذه الحالة أن يراعي وسائل النقل الحديثة المعروفة الشائعة بين الناس في تحديد مسافة البلد المنتقل إليه حسب كل زمان وكل عرف[(٢)] ومقدور الأب الصحية والمادية على السفر والنقل[(٣)]. وبعبارة أخرى،

---

(١) انظر محكمة التعقيب، ١٩٩٢/١٢/٢٢، قرار مدني، عدد ٣٣٥٤٠، نشرية محكمة التعقيب، ١٩٩٢، ص.١٦٧.

(٢) انظر، عبد الرحمن الصابوني، الطلاق وآثاره...، المرجع السابق، ج.٢، ط.٨، ص. ٢٦٠.

(3)Cf. A. Bêcheur, op. cit, p. 1158; N. Khelef née Lamoudi, op. cit., mém, p. 34 ; D. Charif Feller, op. cit., pp. 97-98.

وهذا ما أقرّته محكمة الجمالية المصرية في حكمين لها، الأول صدر في ١٩٣٣/٠٤/١٦ وقالت فيه أن "مناط القرب أن يتمكن الأب من مطالعة ولده ويعود إلى محله نهارا، ولكنه لاشكّ أن كل زمان ومكان بحسب طرق المواصلات المعتادة فيه" (انظر، محكمة الجمالية، ١٩٣٣/٠٤/١٦، قضية رقم ٣١/١٩٩٥، م.ش. ١٥٧/٠٦، مقتبس عن ممدوح عزمي، المرجع السابق، ص. ١٠٩) ؛ والثاني في ١٩٣٣/٠٥/٢٣ حيث قضت فيه "ومن حيث إن الفقهاء لم يشترطوا نوع سفر معين، ولا وسيلة انتقال خاصة، فيجب العمل بالنصّ على إطلاقه، وأن ينظر إلى مكان العودة قبل الليل في ذاته من غير نظر إلى نوع السفر ولا إلى وسيلة الانتقال، فيراعى في ذلك نوع السير المألوف الميسور عادة إلى الكافة، لا ما نص عليه في السفر الشرعي المتضمّن أن الرخصة فيه هو السير

فالعسر قد يكون سببه طول المسافة، وقد يكون سببه فقر الولي بحيث لا يستطيع تحمل مصاريف السفر[(1)].

ومهما يكن من أمر، فإن تحديد درجة البعد هي مسألة واقع يجب تركها للسلطة التقديرية لقاضي الموضوع، الذي ينظر إلى مصلحة المحضون من خلال عناصر ملموسة متغيرة من حالة إلى أخرى. وهذا ما أكده القضاء التونسي في قرارلمحكمة التعقيب بتاريخ ٠١ فبراير ١٩٦١، حيث قال بأن "بعد الطلاق، عندما ترجع الأم إلى موطنها الأصلي، وتقيم بمسافة لا تمنع الأب من ممارسة حقه في الزيارة وحقه في الرقابة على تربية الولد، فإن المجلس له كل الحرية لتقدير درجة بعد أو قرب المسافة في ممارسة حق الزيارة"[(٢)].

وكذلك، فالقضاء المغربي نحى نحو نظيره التونسي حيث قرر في ٣٠ جوان ١٩٧٠ بأن "تملك المحاكم سلطة تقدير عسر مراقبة أحوال المحضون، إذ الحضانة شرعت لمصلحة المحضون، وعلى المحاكم أن تتلمّس هذه المصلحة في كل قضية"[(٣)]. وأيضا في قراره المؤرخ في ٢٦ جوان ١٩٧٢ أين ذكر "... مسألة عسر أو يسر مراقبة المحضون مسألة واقع لقضاة الموضوع السلطة في تقديره دون مراقبة عليها، لذلك كانت هذه المجادلة نزاعا في واقع تستقل به محكمة الموضوع؛ فالوسيلة لا أساس لها"[(٤)].

وبهذا المبدأ أخذت كذلك محكمة أسيوط المصرية في حكمها الصادر في ٠٦ يناير

ثلاثة أيام بسير الإبل أو الأقدام، لاختلاف المناط. هنا وهناك، لأن المناط هناك المشقة وهنا الضرر على الأب حتى لا يبيت خارج منزله، والضرر يندفع ما أمكن الذهاب والعودة قبل الليل بأي وسيلة مألوفة للكافة من وسائل الانتقال". (انظر، محكمة الجمالية، ١٩٣٣/٠٥/٢٣، قضية رقم ٣١/٤٠٠، م.ش. ٣٦٥/٥، مقتبس عن ممدوح عزمي، المرجع السابق، ص. ١٠٦-١٠٧) . وما يمكن قوله حول هذين الحكمين، هو أن محكمة الجمالية قد اشتقت مبدأها من المذهب الحنفي وجعلت على غراره هنا القرب معيارا موضوعيا يتجلى في عودة الأب إلى منزله نهارا.

(١) انظر، عبد الكريم شهبون، شرح مدونة...، المرجع السابق، ص.٤١٩.

(٢) انظر، محكمة التعقيب، ١٩٦١/٠٢/٠١، قرار مدني، عدد ٦٠٦، مجلة القضاء والتشريع، ١٩٦١، عدد ٤، ص.٣٨.

(٣) انظر، المجلس الأعلى، الغرفة الاجتماعية، ١٩٧٠/٠٦/٣٠، قرار عدد ١١٨، مجلة قضاء المجلس الأعلى، ١٩٧١، عدد ٢١، ص.٢٨.

(٤) انظر، المجلس الأعلى، الغرفة الاجتماعية، ١٩٧٢/٠٦/٢٦، قرار عدد ١٥٠، مقتبس عن إدريس ملين، المرجع السابق، ص.٢١٠.

١٩٤٧، عندما قضت بأنه "ما ذكره الفقهاء بصدد مسألة البعد وهو أن تكون المسافة بين البلدين بحيث يتمكن المطالع للصغير من رؤيته والعودة نهارا، لم يسقه الفقهاء مساق الحد الجامع المانع لمسألة البعد، ولم يجعلوا ذلك ضابطا ومعيارا، وإنما ساقوه مساق المثل للضرر الذي يصيب من له حق حضانة الصغير في ذلكم الزمان الذي لم تكن المواصلات فيه سهلة ميسرة"(١).

وتنبغي الإشارة إلى أن هذه الملاحظات تنطبق بدون ميز على الأم وغيرها من الحاضنات حسب نصوص التشريعات المغاربية(٢). ولأن مراقبة مصلحة المحضون تخضع إلى سلطة القاضي. وهذا خلافا لما كان يجري عليه العمل في القضاء المغربي وهو يطبق الفقه الإسلامي الذي منح للأب حق منع الحاضنة غير الأم من الانتقال إلى بلد آخر بدون رضاه ولو كان هذا البلد وطنا للحاضنة(٣).

ويلاحظ أن هذه المصلحة تتطلب من جهة، تمكين الأب أو الولي من الإشراف على المحضون ورقابة سلوكه وتربيته، والتي لا يمكن أن نجحد دوره إلى جانب دور الحاضنة، وتنادي من جهة أخرى، بتوفير الراحة والأمن للطفل والحفاظ على صحته سواء أثناء السفر أو في المكان الذي استوطن مع حاضنته. وهذا القول تمسك به أيضا القضاء التونسي حيث قررت محكمة التعقيب في ٢٢ ديسمبر ١٩٩٢ بأن "...حسبما درج عليه فقه قضاء محكمة التعقيب، أن الحضانة شرعت على اعتبار حقين أحدهما لفائدة المحضون في إقامته عند حاضنته حتى لا يحرم من عطف الأمومة، وثانيهما لفائدة الولي في الإشراف على تنشئة المحضون كالنظر في شؤونه وإرساله للمدرسة وتأديبه.والولي يتمكن من القيام بهذا الواجب إذا كان المحضون بالقرب منه أو على مسافة معقولة منه "(٤).

وفضلا عما قيل، إن الحالة المعاكسة وهي انتقال النائب الشرعي للإقامة من مكان لآخر لا يسقط الحضانة عن الحاضنة، طبقا لمدونة الأسرة؛ وهو حكم منطقي. والقول

---

(١) انظر، محكمة أسيوط، ١٩٤٧/٠١/٠٦، قضية رقم ٤٦/٥٨م.ش.٢٠٦/٢٠، مقتبس عن ممدوح عزمي، المرجع السابق، ص. ١٠٩.

(٢) انظر المادة ٦٩ من قانون الأسرة، والمادة ١٧٨ من المدونة والفصل ٦١ من المجلة.

(٣) انظر، عبد الكريم شهبون، شرح مدونة...، المرجع السابق، ص.٤١٨ و٤١٩.

(٤) انظر، محكمة التعقيب ١٩٩٢/١٢/٢٢، قرار مدني، عدد ٣٣٥٤٠، نشرية محكمة التعقيب، ١٩٩٢، ص.١٦٧.

بعكس ذلك، كاستثناء حسبما ورد عن المادة ١٧٨ من المدونة سيكلف الحاضنة عناء الانتقال إلى بلد الأب أو النائب الشرعي تحت طائلة إسقاط الحضانة عنها لسبب ليس لها دخل فيه، وحتى ولو كانت تؤدي مهمتها على أحسن وجه! وكل ذلك لأجل التمهيل على الأب أو الولي مراقبة المحضون. أفليس في ذلك تغليب مصالح، بحسب النصوص المغاربية، النائب الشرعي أو الأب على حساب مصالح المحضون؟

في الحقيقة، إن القضاء المغربي، لم يقبل مثل هذا الصنيع حيث عبر عن هذا الرفض في عدة قرارات، نذكر منها خاصة قرار ٢٠ مارس ١٩٧٢ الذي قضى بأن "انتقال أب المحضون لا يسقط حق الحاضنة في حضانة ولدها"[١]. وكذا الشأن بالنسبة لقرار ٠٦ مارس ١٩٧٧ الذي عمم المسألة على جميع الحاضنات بقوله " لا تسقط حضانة الحاضنة بانتقال أب المحضون أو وليه إلى بلد آخر"[٢].

وفي قرار آخر صادر بتاريخ ٢١ جانفي ١٩٨٠ حسم المجلس القضائي نهائيا موقفه عندما قضى "إذا كان الأب أو الولي هو الذي انتقل إلى بلدة أخرى، فلا يحق له أن يتذرع بالعسر الذي نتج عن انتقاله لإسقاط الحضانة"[٣].

ومن جهتنا، نعتقد بالتأييد الذي نقدمه لهذا الموقف ولا نساير رأي الفقه في أن عند إسقاط الحضانة في هذه الحالة يؤدي إلى حرمان الصغير من العناية بشؤونه[٤]، ولانرى صوابا فيما جاء به المشرع المغربي بخصوص هذه النقطة. ولهذا نقترح أن تكون المادة ١٧٨ موضوعة في فقرتين، الأولى تعالج انتقال الحاضنة والثانية انتقال النائب الشرعي مع الأخذ بعين الاعتبار ما ذكر، فتكون الصياغة كما يلي:

"١- انتقال الحاضنة من مكان لآخر داخل المغرب لا يسقط حضانتها، إلا إذا ثبت للمحكمة ما يوجب السقوط مراعاة لمصلحة المحضون؛

٢- لا يجوز للنائب الشرعي إخراج المحضون من بلد أمه الحاضنة إلا بإذنها مالم

---

(١) انظر، المجلس الأعلى، غرفة اجتماعية، ١٩٧٢/٠٣/٢٠، قرار عدد ٧٦، مجلة القضاء والقانون، عدد ١٢٠، ص.٥٧٦-٥٧٧ .

(٢) انظر، المجلس الأعلى، غرفة اجتماعية، ١٩٧٧/٠٣/٠٦، قرار عدد ٥٥٩٤٦، مجلة القضاء والقانون، ١٩٧٨، عدد ١٢٨، ص. ١٢٢.

(٣) انظر ، المجلس الأعلى، غرفة اجتماعية،١٩٨٠/٠١/٢١، قرار عدد ٧٦٥٧٢، مقتبس عن إدريس ملين، المرجع السابق، ص. ٢٤٢.

(٤) انظر، أحمد الخمليشي، التعليق على...، المرجع السابق، ص. ١٨٤.

تقتض مصلحة المحضون خلاف ذلك".

وبهذا ترأينا بما جاء به المشرع التونسي في الفصل ٦٢ من المجلة من منع الأب من إخراج ولده من بلد أمه الحاضنة إلا برضاها وما لم يقتض مصلحة المحضون خلاف ذلك، وهذا إذا كان المقصود بالبلد هنا الدولة، لأن مصلحة المحضون تنادي الجمع بين حضانة الحاضنة وإشراف الأب أو الولي عليه. وإذا تعذر له ذلك أو لم تحكم بالإسقاط، يمكن أن نقترح كما ذهب البعض، على المحكمة أن تفصل في الممارسة الفعلية لصلاحيات الولاية بأن تنقلها ليس كليا كما رآه هؤلاء ومعهم المشرع الجزائري[1] وإنما جزئيا فقط إلى الحاضنة حتى لا تتعرض مصلحة الصغير للإهمال[2].

ولتعزيز هذا الرأي نستنجد بموقف القضاء التونسي حيث يحمل معنى يقترب منه من خلال قرار استئنافي مؤرخ في ٠٦ جويلية ١٩٦٧ الذي قضى بأنه "إذا أسقط الولي حقوقه في الحضانة، فمصلحة المحضون تقتضي ملازمته للحاضنة حيثما انتقلت"[3].

وفي الأخير، نرى أن مسألة الحضانة ليست "الأمر صراعا بين الأب والأم حول حضانة الطفل بل هو اختيار أفضل السبل لتأمين جو تربوي ينشأ فيه الطفل بعناية ورعاية وود وحب"[4]. ولذلك، يرى ابن القيم الجوزية، بعد تحليله لآراء المذاهب الفقهية، "... وهذه أقوال كلها كما ترى لا يقوم عليها دليل يسكن القلب إليه فالصواب النظر والاحتياط للطفل في الأصلح له والأنفع في الإقامة والنقلة، فأيهما كان أنفع له وأصون وأحفظ روعي ولا تأثير لإقامة ولا نقلة هذا كله إذا لم يرد أحدهما بالنقلة مضارة الأجر وانتزاع الولد منه، فإن أراد ذلك فلم يجب إليه"[5].

وعلى كل فمشكل الانتقال بالمحضون إذا لم يظهر جليا في حالة الإقامة في نفس الوطن، فإنه مع ذلك يظهر في حدته إذا كان الأب متزوجا بمغتربة أو أجنبية وانتقلت بالمحضون إلى موطنها الأول بعد الطلاق، وهذا ما سنوضّحه الآن.

(١) انظر، المادة ٨٧ فقرة ٤ المعدلة من قانون الأسرة.
(٢) انظر، أحمد الخمليشي، التعليق على...، المرجع السابق، ص.١٨٥.
(٣) انظر، قرار استئنافي تونس، ١٩٦٧/٠٧/٠٦، مدني، عدد ٥٩٨٨١، مجلة القضاء والتشريع، ١٩٦٨، عددان ٤ و٥، ص.٨٠.
(٤) انظر، عبد الرحمن الصابوني، المرجع السابق، الطلاق...، المرجع السابق، ج.٢، ط.٨، ص. ٢٦٣.
(٥) انظر، ابن القيم الجوزية، المرجع السابق، ج.٤، ص.١٣٣.

الفرع الثاني
انتقال الحاضن بالمحضون خارج التراب الوطني

وهو ما عالجه المشرع الجزائري في المادة ٦٩ من قانون الأسرة التي نصت على أنه "إذا أراد الشخص الموكول له حق الحضانة أن يستوطن في بلد أجنبي رجع الأمر للقاضي في إثبات الحضانة له أو إسقاطها عنه، مع مراعاة مصلحة المحضون"؛ والمشرع المغربي في المادة ١٧٩ من المدونة بأنه "يمكن للمحكمة بناء على طلب من النيابة العامة...من عودة المحضون إلى المغرب". والفصل ٦١ من المجلة الذي شمل هذه الحالة أيضا.

والحق أن ورود النص الجزائري بهذه الصياغة يتماشى مع الفلسفة العامة التي انتهجها المشرع في مادة الحضانة ومع الحكمة التي من أجلها وضع مبدأ المصلحة. فمصلحة المحضون تقضي بتعليق انتقال الولد إلى بلد أجنبي على إذن القاضي، ومن ثم بعدم تخويل الأب أو الولي حق التمتع بمنح مثل هذه الرخصة[1]. وهكذا يكون من اللازم أن يمنح القاضي هذه السلطة لصيانة حقوق الطفل والمحافظة على مصلحته. وبمعنى آخر، سيعطي القاضي ترخيصه مراعاة في ذلك مصلحة المحضون.

كما يلاحظ من تلك المادة أنها قد ساوت بين الرجال والنساء من أصحاب الحضانة، فكلاهما يخضع لرقابة القاضي، لأن الأمر يتعلق بالتربية الدينية للطفل خشية تأثره بدين البلد الأجنبي وعاداته وتقاليده، ولكي يبقى الطفل خاضعا للرقابة الأبوية.

هذه الفلسفة التي عالج بها المشرع الجزائري موضوعه، لم يتأثر بها المشرع المغربي لاحقا برمتها، إذ اتفقا في وجوب الحصول على إذن للسفر بالمحضون. ولكن على خلاف قانون الأسرة، منحت المدونة للنائب الشرعي حق الاعتراض المسبق أو اللاحق على السفر بالمحضون، إذ له حق مراقبة تنقل المحضون خارج المغرب، وليس للقاضي يد في ذلك حسب الفقرة الأولى من المادة ١٧٩ من المدونة، بل عزز المشرع رغبة النائب الشرعي في المنع بالسفر بالمحضون بضمان تنفيذ ذلك عن طريق تبليغ النيابة العامة الجهات المختصة بهذا المنع[2].

ومما لا ريب فيه أن السفر، هنا، يتعلق بالانتقال من أجل "الاستيطان" أي الإقامة

(١) انظر، الإمام محمد أبو زهرة، المرجع السابق، ص. ٤١١.
(٢) انظر، الفقرة الثانية من المادة ١٧٩ من المدونة.

الدائمة والمستمرة بنية الاستقرار [١]. وعليه، وترتيبا لهذا الشرط، فإن السفر خارج الوطن إلى بلد أجنبي من أجل قضاء عطلة أو للعلاج لا يخضع لحكم المادة ٦٩ من قانون الأسرة ولا المادة ١٧٩ فقرتها الرابعة من المدونة، التي يفهم منها أن الطابع العرضي لسفر المحضون يستجاب لها قاضي المستعجلات إذا تأكد من عودة المحضون إلى المغرب، بعد أن رفض النائب الشرعي منح موافقته على سفر المحضون.

وقد سبق النص التشريعي المغربي الجديد القضاء وهو يطبق النص في ثوبه القديم (الفصل ١٠٧) ؛ إذ قرر المجلس الأعلى المغربي في ٢٩ مارس ١٩٧٣ على أن "الحكم الذي لم يبين فيه مصلحة نقل المحضون يكون ناقص التعليل ويوازي انعدامه..." [٢].

وأمام هذه الملاحظات الأولية، يحق لنا أن نتساءل عن التفسير الذي يجب أن تكسيه عبارة "البلد الأجنبي" الواردة في المادة ٦٩ من قانون الأسرة، هل قصد بها المشرع الجزائري كل بلد غير الجزائر، يستوي في ذلك أن يكون مسلما أو غير مسلم، لأن البلد المسلم غير الجزائر هو بلد أجنبي طبقا للتقسيم الحدودي؟

قبل معرفة الإجابة في قانون الأسرة، يجدر بنا أن نشير بادئ ذي بدء أن المدونة والمجلة كانتا واضحتان وصريحتان حول هذه النقطة، حيث لم يكتنف نصي المادة ١٧٩ من المدونة والفصل ٦١ من المجلة غموضا، إذ أن النص الأول خصص للسفر خارج المغرب يستوي في ذلك أن يكون البلد مسلما أم غير مسلم؛ وأما الثاني فإنه لم يفرق بين السفر داخل التراب الوطني والسفر خارجه، وإنما اتخذ معيارا آخرا هو عسر المراقبة، تمخض هذا العسر خارج تونس أو داخلها.

وبرجوعنا إلى القضاء الجزائري، تقدم هذا الأخير بتفسير لهذه العبارة بصورة غير

(١) فمن الناحية الفقهية، عرّف الموطن بأنه "أحد مميزات الشخصية القانونية وهو المكان الذي تكون للشخص صلة به بحيث يعتبر موجودا فيه بصفة دائمة حكما، ولذا توجّه إليه الاخطارات والتبليغات القضائية فيه حتى ولو لم تبلغ إليه فعلا. وللموطن عنصرين مادي وهو الإقامة الفعلية وعنصر معنوي وهو نية الاستقرار في ذلك المكان. انظر، إسحاق إبراهيم منصور، المرجع السابق، ص. ٢٣٢-٢٣٣؛ لعشب محفوظ، المرجع السابق، ص. ٧٦-٧٧.

" Le domicile d'une personne est le lieu de son principal établissement, c'est donc un endroit où elle réside, qu'elle considère comme son " port d'attache ". Cf. F. Dekeuwer-Defossez, Dictionnaire juridique, édit. Dalloz, 1985, p. 149.

(٢) انظر ، المجلس الأعلى، ١٩٧٣/٠٣/٢٩، مجلة القضاء والقانون، عدد ١٢٨، ص.٣١.

مباشرة وضمنية في قرار للمجلس الأعلى المؤرخ في ٠٢ يناير ١٩٨٩، حيث قضى بمقتضاه بأنه "من المقرر قضاء في مسألة الحضانة أنه وفي حالة وجود أحد الأبوين في دولة أجنبية غير مسلمة..."[١]. مما يدعو إلى الفهم أن الانتقال والاستيطان في بلد مسلم لا يعد مسقطا للحضانة.كما أن الأحكام المنشورة التي بحوزتنا تعالج الانتقال إلى فرنسا وهو بلد أجنبي غير مسلم. فضلا عن أن المادة ٦٢ فقرة أولى من قانون الأسرة هي وثيقة الصلة بالمادة ٦٩ من ذات القانون. وبمعنى أن هذه الأخيرة لا شك أن من أهداف تقنينها هو تأكيد الفقرة الأولى من المادة ٦٢ المذكورة أي الحرص على تربية الطفل على دين أبيه[٢].

وعليه، فالرقابة التي لا يريد المشرع أن يفلت منها الولد هي تلك المنصبة على دين المحضون لا محالة. وهذا ما أكدته المحكمة العليا في ١٩ فبراير ١٩٩٠ في قضية تتلخص وقائعها في أن الأم التي أسندت إليها حضانة الأولاد (ع. ل. ص. م.) بمقتضى الحكم الصادر عن محكمة حسين داي بتاريخ ١٧ فبراير ١٩٨٥ وأيدها في ذلك مجلس قضاء الجزائر بتاريخ ٢٩ أفريل ١٩٨٦ قد استوطنت مع أهلها بفرنسا، فرفع الأب طعنا بالنقض يرمي إلى نقض هذا القرار بحجة أن مغادرة الأم الحاضنة أرض الوطن ستعرض تربية الأولاد للخطر إذ اختارت أرض الكفر وبلاد تختلف عنا أخلاقا ودينا ولغة ومبادئا. فردت عليه المحكمة العليا في حيثيات واضحة وصريحة بقولها "حيث إن قضاة الموضوع بإعطائهم حضانة الأولاد إلى الأم التي تسكن عند أهلها في فرنسا يكونوا قد أخطأوا في تطبيق القانون وابتعدوا عن مقاصد الشريعة الإسلامية في إسناد الحضانة".

"إن الحضانة حين تسند لأي شخص يجب أن تكون لمصلحة الأطفال... وليكونوا قريبين من رقابة الأب الذي له حق المراقبة على أبنائه في جميع شؤونهم وتكون الزيارة ممكنة الحصول حسب القرار وحتى يمكن تطبيق المادة ٦٢ من قانون الأسرة "، وانتهت إلى القول بأنه "من المقرر شرعا وقانونا أن إسناد الحضانة يجب أن تراع فيها مصلحة المحضون والقيام بتربيته على دين أبيه، ومن ثم، فإن القضاء بإسناد حضانة الصغار إلى الأم التي تسكن في بلد أجنبي بعيد عن رقابة الأب كما هو حاصل في قضية الحال يعد قضاء

---

(١) انظر، المجلس الأعلى، غ.أ.ش.، ١٩٨٩/٠١/٠٢، ملف رقم ٥٢٢٠٧.،المجلة القضائية، ١٩٩٠، عدد ٤، ص. ٧٤.

(٢) انظر ما قيل في شروط الحضانة ذات الطابع الديني في المطلب الرابع من المبحث الأول من الفصل الثاني من الجزء الأول من هذه الدراسة.

مخالفا للشرع والقانون، ويستوجب نقض القرار المطعون فيه"[١].

وهذا ما أكدته المحكمة ذاتها في قرار لاحق، حيث قضت بأنه "لكن وحيث بالرجوع إلى القرار المطعون فيه يتبين أن قضاة الاستئناف أسسوا قرارهم على أحكام الشريعة الإسلامية ونصوص القانون في المادة ٦٩ من قانون الأسرة...وذلك كون رعاية الأبناء وتربيتهم بالمراقبة عن طريق الزيارة تكون للأب، غير أن بعد المسافة بين إقامة الأب والحضانة لا يمكّن الأب من القيام بمسؤوليته خاصة وأن الحاضنة تقيم في بلد أجنبي مما يفقد الأب في الزيارة والمراقبة، وهذا يؤدي إلى حرمانه وأن العطف والحنان على الأبناء المحضونين هذه أسس سليمة وأسباب كافية تجعل القرار سليما في قضائه..."[٢].

وكما سبقت الإشارة إليه أعلاه وتبعا لهذا القرار، فإن المادة ٦٩ من قانون الأسرة تتعلق بالانتقال خارج التراب الجزائري. وبمفهوم المخالفة، فإن الاستيطان في مدينة جزائرية، مهما كان بعد الأب عن مكان ممارسة الحضانة، أي غير تلك الموجود فيه أب المحضون لا تستند إلى هذه المادة لطلب إسقاط الحضانة، لأن إلى جانب بعد المسافة الذي يعيق ممارسة السلطة الأبوية، تطرح على القاضي قضية أخرى وهي مدى تقارب الآداب العامة للجزائر مع الآداب العامة للبلد الأجنبي.

وبهذا قد انشغل المشرع في هذه المادة، وفسرتها المحاكم والمجالس القضائية تفسيرا صارما، مما جعل موقف قضاء المجلس الأعلى ثابتا ومستقرا على تطبيق النصوص المتعلقة بهذه المادة، التي إعتبرها من النظام العام، على الحاضن المستوطن في بلد غير إسلامي، وظهر ذلك في عدة قرارات للمجلس.

ولقد قضى المجلس الأعلى بذلك في قراره الصادر في ٠٩ مارس ١٩٨٧ بقوله "حيث إن السيدة الحاضنة تقيم بفرنسا، وخوفا على العقيدة الإسلامية للبنات، فإن الحضانة تعطى للأب المقيم بالجزائر، وحيث إن حكم الحضانة غير نهائي، فمتى رجعت الأم إلى الوطن يمكنها المطالبة بحضانة بناتها الثلاثة"[٣].

(١) انظر، محكمة عليا، غ.أ.ش.، ١٩٩٠/٠٢/١٩، ملف رقم ٥٩٠١٣، المجلة القضائية. ١٩٩١، عدد ٤، ص. ١١٦.
(٢) انظر، محكمة عليا، ٢٠٠١/١٢/٢٦، ملف رقم ٢٧٣٥٢٦، غير منشور.
(٣) انظر، المجلس الأعلى، غ.أ.ش.، ١٩٨٧/٠٣/٠٩، ملف رقم ٤٥١٨٦، غير منشور، مقتبس عن العربي بلحاج، مبادئ الاجتهاد القضائي...، المرجع السابق، ص. ١٣١-١٣٢.

وقد طبق هذا المبدأ أيضا في حالة مطالبة إعطاء الصيغة التنفيذية للحكم والقرار الأجنبيين، وذلك في القرار الصادر عن المجلس الأعلى بتاريخ ٠٢ يناير ١٩٨٩[١]، حيث بعدما أكد على أنه "من المقرر قضاء في مسألة الحضانة أنه وفي حالة وجود أحد الأبوين في دولة أجنبية غير مسلمة، وتخاصما على الأولاد بالجزائر، فإن من يوجد بها يكون أحق بهم ولو كانت الأم غير مسلمة، ومن المقرر قانونا أن الأحكام والقرارات الصادرة عن الجهات القضائية الأجنبية التي تصطدم وتخالف النظام العام الجزائري لا يجوز تنفيذها"، قضى قائلا "... فإن قضاة الاستئناف بتأييدهم الحكم المستأنف لديهم القاضي برفض طلب الطاعنة الرامي إلى وضع الصيغة التنفيذية للحكم والقرار الأجنبيين لكون بقاء البنتين بفرنسا يغير من اعتقادهما ويبعدهما عن دينهما وعادات قومهما، فضلا عن أن الأب له الحق للرقابة وبعدهما عنه يحرمه من هذا الحق، فإنهم بقضائهم كما فعلوا طبّقوا صحيح القانون"[٢].

وفي هذا السياق، سار القضاء التونسي، حيث قضت محكمة التعقيب في ١٩أكتوبر١٩٨٥ بأنه "لا يكتسي الحكم الأجنبي بإسناد حضانة الطفل التونسي إلى أمه الأجنبية المستقرة بألمانيا، الصبغة التنفيدية إذا ما تضمن ما تخالف قواعد النظام العام التونسي طبقا لما تقتضيه الفقرة الخامسة من الفصل ٣١٨ م.م.م.ت."[٣].

وليس لنا أن ندخل هنا في تفصيلات هذين القرارين، وإنما يكفينا أن نقرر أنهما عالجا حالة تدين الأب بدين الإسلام، وهذا ما أكدته أيضا المحكمة العليا في قرارها الصادر في ٢٥ ديسمبر ١٩٨٩ بقولها "من المقرر شرعا وقانونا أن الحضانة تسند لأحد الأبوين الذي يسكن بالجزائر سواء كان أما أو أبا، فإن سكن الوالدين معا في بلد أجنبي يستلزم

(١) وتتلخص وقائع هذه القضية في أن الأم الحاضنة أقامت طعنا يرمي إلى نقض القرار الذي أصدره مجلس قضاء سكيكدة بتاريخ ٠٨ /٠٤/ ١٩٨٥ المؤيد للحكم الصادر عن محكمة سكيكدة يوم ٠٦ /٠٣/ ١٩٨٣ الرافض لطلب الطاعنة الرامي إلى وضع الصيغة التنفيذية للقرار الصادر عن محكمة استئناف فرساي يوم ١٩٨٢/٠٤/٢٦ المؤيد للحكم الذي أصدرته محكمة فرساي بتاريخ ١٩٨٠/١١/١٣ القاضي بإسناد الحضانة إلى أمهما.

(٢) انظر، المجلس الأعلى، غ.أ.ش.، ١٩٨٩/٠١/٠٢، ملف رقم ٥٢٢٠٧، المجلة القضائية، ١٩٩٠، عدد ٤، ص. ٧٤.

(٣) انظر، محكمة التعقيب، ١٩٨٥/١٠/١٩، قرار مدني، عدد ١٤٢٢٠، نشرية محكمة التعقيب، ١٩٨٥، ج.٢، ص.٦١.

تطبيق القواعد الشرعية المعروفة في الحضانة"[١].

وكذا ألحت عليه محكمة التعقيب في ٣ جوان ١٩٨٢ التي عبرت عن إصرارها على الحفاظ على الدين الإسلامي عندما قضت بأن "حكم طلاق الأجنبية من زوجها التونسي- المسلم الصادر بالخارج وبإسناده حضانة الولد لها، وهو يعيش عند والده بتونس، أين يمكن تنفيذ الحكم بالنسبة للحضانة بعد اكتسابه الصفة التنفيذية من طرف القضاء التونسي حسب القانون الذي أوجب عدم تعارض ذلك الحكم مع قواعد النظام العام بتونس التي منها العروبة والإسلام اللذين هما من مقومات السيادة التونسية حسب دستورها، ولا يمكن الحياد عنها، وبذلك، فإن ما ذهب إليه الحكم التونسي- من اكتساب الحكم الأجنبي الصفة التنفيدية فيه خرق للقانون يوجب نقضه"[٢].

وبذلك، يمكننا القول أن ما دامت مصلحة الطفل لا تصطدم مع انتقال الطفل إلى بلد مسلم من حيث عدم الخشية عليه من فساد دينه وخلقه، فإن الأمر يحسم، فالمشكل يبقى متعلقا بالمسافة فقط، وبالبلد غير المسلم. وهما ما لا يعالجهما معا ولا أحدهما التشريع، ولكن أجاب عنهما القضاء.

لكن ما هو الحل بالنسبة للأب المغاربي غير المسلم؟

في الحقيقة، فالمادة ٦٩ من قانون الأسرة قد أعطت حكما واحدا، سواء كان الأب مسلما أو غير مسلم؛ وقررت أن يكون الانتقال إلى بلد أجنبي تحت السلطة التقديرية للقاضي الذي يراعى فيها مصلحة المحضون من حيث دينه وسلوكه وزعزعة استقراره.

ونحب أن نلفت النظر في النهاية إلى عبارة "أن يستوطن في بلد أجنبي" التي جاءت في المادة ٦٩ من قانون الأسرة، فهذه العبارة أساء المجلس الأعلى فهمها[٣]، فقد اعتقد في بداية الأمر أن المشرع قد قصد من ورائها وبمفهوم المخالفة اشتراط ضرورة استطان الحاضن في الجزائر حتى يتمتع بأولوية الحق في الحضانة مجاريا في ذلك الفقه الإسلامي.

هذا القول الذي تركه المجلس الأعلى الجزائري تبناه قرينه التونسي في ٠٩ نوفمبر

---

(١) انظر، محكمة عليا، غ.أ.ش.، ١٩٨٩/١٢/٢٥، ملف رقم ٥٦٥٩٧، المجلة القضائية، ١٩٩١، عدد ٣، ص. ٦١.

(٢) انظر، محكمة التعقيب، ١٩٨٢/٠٦/٠٣، قرار مدني، عدد ٧٤٢٢، المجلة العربية للفقه والقضاء، عدد ٣، ص.٥٩.

(٣) انظر، المجلس الأعلى، غ.أ.ش.، ١٩٨٧/٠٣/٠٩، ملف رقم ٤٥١٨٦، سالف الذكر.

١٩٨٢، حيث قضت محكمة التعقيب بأن "الزوجة التونسية المفارقة وهي تعيش بالخارج وامتنعت من الرجوع لتونس أين يقيم مفارقها التونسي تفقد حقها في حضانة الأولاد ويحكم بها لوالدهم دون حرمانها هي من حق زيارتهم وبذلك فإن الحكم الذي قضي بذلك لا مطعن فيه"[١].

وقد رأينا ذلك في بعض القرارات التي ذكرناها قبلا[٢]، كما نرى ذلك في القرارات التالية. فقد قضى المجلس الأعلى في قراره الصادر في ٠٥ أفريل ١٩٨٢ بصريح العبارة على أن "العمل بالمجلس الأعلى فيما يخص الحضانة لا يحيز فيها بين الأم المسلمة والأم المسيحية، فلكليهما الأولوية فيها طالما كانتا تعيشان بالجزائر وغير بعيدتين عن أب أو ولي المحضون، ... وعليه فما دامت أم البنتين مقيمة بهما بالجزائر، فلا حق للطاعن فيما يقول، فإذا همت بالخروج بهما، فالعدالة بجانبه والطرق القانونية كفيلة بحمايته"[٣].

و في قرار آخر صادر بتاريخ ٢٥ ديسمبر ١٩٨٩ قرّرت المحكمة العليا بأنه "من المقرّر شرعا وقانونا أن الحضانة تسند لأحد الأبوين الذي سكن بالجزائر، سواء كان أما أو أبا..."[٤].

ومع ذلك، فإن هذا التفسير غير الصائب لتلك المادة لم يعمر طويلا، فقد جدت ظروف دفعت القضاء الجزائري إلى أن يتراجع عن موقفه ويحل محله موقف آخر من مقتضاه جعل إسناد الحضانة في هذه الحالة مرهونا بطلب من له مصلحة في ذلك مع التأكيد على أن شرط الإقامة بالمحضون في الجزائر لا يقرره القاضي تلقائيا. مما يدلنا على أن شرط الإقامة بالجزائر لممارسة الحضانة ليست قاعدة آمرة يلزم القاضي بتطبيقها تلقائيا، وأن الحاضن إذا أراد الانتقال بالمحضون إلى بلد أجنبي، عليه طلب الإذن من المراقب، هذا الأخير يتمثل في القاضي.

ومن ذلك قرار المحكمة العليا الصادر في ٢٣ جوان ١٩٩٣ الذي جاءت فيه

---

(١) انظر ، محكمة التعقيب، ١٩٨٢/١١/٠٩، قرار مدني، عدد٦٧٩١، نشرية محكمة التعقيب، ج.٤، ص.٢١١.

(٢) انظر مثلا، محكمة عليا، غ.أ.ش.، ١٩٩٠/٠٢/١٩، ملف رقم ٥٩٠١٣، المجلة القضائية، ١٩٩١، عدد ٤، ص. ١١٦.

(٣) انظر، المجلس الأعلى، غ.أ.ش.، ١٩٨٢/٠٤/٠٥، ملف رقم ٢٣٠٦٣، غير منشور.

(٤) انظر، محكمة عليا، غ.أ.ش.، ١٩٨٩/١٢/٢٥، ملف رقم ٥٦٥٩٧، المجلة القضائية،١٩٩١، عدد ٣، ص. ٦١.

"... غير أنه وفيما يخص شرط ممارسة الحضانة بالجزائر الذي قضى به الحكم المستأنف وأيده القرار المطعون فيه لم يراع فيه قضاة الموضوع أحكام المادة ٦٩ من قانون الأسرة... أيضا ذلك أن شرط الإقامة بالمحضون في الجزائر لا يقرره القاضي تلقائيا بل بناء على طلب ممن له مصلحة في ذلك. كما أن إثبات الحضانة أو إسقاطها عن الشخص الموكول له إذا أراد أن يستوطن بالمحضون في بلد أجنبي يستدعي طلب ذلك من الحاضن ومراعاة مصلحة المحضون ذاته..."[1].

وبالتالي، فمن يتأمل القرارات التي استعرضناها في البنود الفائتة يستنتج أن الإقامة في الجزائر تكون واجبة لممارسة الحضانة إذا طلب من له مصلحة في ذلك وهو غالبا صاحب سلطة الرقابة أو كان هذا الأخير يقيم بالجزائر والحاضنة غير مسلمة.

وعلى كل إذا كانت مسائل التنازل بنوعيه الصريح والضمني متميزة عن بعضها تمام التمييز، فمع ذلك فإن الرابطة بينها قائمة وهي رابطة قوية أساسها مصلحة الطفل. ولعل تعليق القضاء بإسقاط الحضانة على ما تستلزمه مصلحة الطفل يعتبر خطوة هامة نحو تحقيق الأهداف التي نصبوا إليها جميعا.

---

(١) انظر، محكمة عليا، غ.أ.ش.، ١٩٩٣/٠٦/٢٣، ملف رقم ٩١٦٧١، المجلة القضائية، ١٩٩٤، عدد ١، ص. ٧٧-٧٨.

خاتمـة عامـة

تعتبر مصلحة المحضون من الدراسات الهامة والمتميزة، لأنها تجمع بين أصول الكيان الأسري والقانون. وترتبط بارتباط وثيق بكافة فروع العلوم الاجتماعية. وهي في نفس الوقت من الدراسات الشيقة، غير أنها تحتاج إلى قراءة مستفيضة واسعة في الفكر لملاحظة الأصول الشرعية والتشريعية لمبدأ هذه المصلحة ودراسة أبعادها من حيث تكوين رجل الغد.

ولقد حاولنا، قدر استطاعتنا، الإتيان بتعريف لمصلحة الطفل بعد الطلاق، لكي يصبح مرشدا وهاديا لدراسة المسائل المتعلقة بهذا الموضوع، غير أنه كان من الأجدر تحديد ضوابط معايير تلك المصلحة، سواء من جانبها المعنوي، أم المادي، أم الصحي، أم الرقابي، الخ، وذلك حتى يمكننا فهم الموضوع فهما دقيقا، وخاصة وأن الأمر هنا تعلق بدراسة وتحليل عدة قوانين أسرية.

وكما هو وارد في هذه الدراسة، فإن البحث في القانون المقارن له منهجه الخاص وأصوله المميزة عن البحث في الدراسات القانونية الأخرى غير المقارنة. فالبحث المقارن يقوم على ربط القاعدة القانونية بأصولها وأبعادها السياسية، والاجتماعية والاقتصادية وغيرها، بالإضافة إلى تحليل بعدها القانوني كما رسمه المشرع في نصوصه، ثم تبيان مقارنة مع القواعد القانونية الأجنبية الأخرى، قوتها ونقائصها، وذلك لإرشاد المشرع للإتيان بأحسن منها، وذلك كله حماية لمصالح الطفل البرئ.

ويستخلص من الدراسة كلها أن مسائل الحضانة المختلفة هي مسائل ذات اتصال وثيق بالحقائق الاجتماعية وأن تنظيم هذه المسائل على خير الوجوه هو أمر يتّفق تماما مع حسن صياغة النصوص القانونية ومدى حسن تطبيقها قضائيا. كما يستنتج منها أن القواعد المؤكّدة الموجودة في الفقه الإسلامي هي قواعد ضئيلة العدد أما ما عداها فهي مجال للاجتهاد، مما يبرز الدور الفعال الذي ينبغي أن يلعبه المشرع في هذا المجال. لذلك، فالاهتمام بتربية الأطفال وحماية حقوقهم دفع بالمشرعين المغاربين إلى أن جعلوا من مصلحة الطفل العمود الفقري في مسألة الحضانة سواء تعلّق الأمر بأحكام إسنادها أو إسقاطها أو التنازل عنها.

وأنه لمن المسلم به أن قاعدة أولوية الأم بحضانة أولادها الصغار هي قاعدة راسخة، وما هي إلا ما وصل إليه النظر الفقهي وتجارب العلم والقضاء قديما وحديثا،

ولذلك فعلى المشرع التونسي الاتجاه لذلك وإثباتها بالنص مع إبقاء حرية الاجتهاد للقاضي في تقدير الأصلح بالطفل المحضون في جميع الحالات، ذلك يؤدي بنا إلى القول بأنه ينبغي أن لا يفرق بين المحضون الصغير وأمه إلا في الحالات الاستثنائية التي يكون فيها وضع الأم متعارضا مع مصلحة الطفل.

وكما أن الاعتماد على مصلحة الطفل يقر إتيان الأب في المرتبة الثانية بعد الأم مباشرة من حيث مستحقي الحضانة، لأن الفقه القديم حينما حدد تلك المراتب حددها في ظروف كانت فيها العلاقات الأسرية من جهتي الأم والأب قوية مترابطة، غير أن هذه الظروف قد تغيرت اليوم بتفكك الأسر الكبرى وحلت محلها الأسر الصغيرة تتألف من الأبوين فقط في سائر الأحيان.

وكما أن الأخذ بالتعريف التشريعي للمصلحة باعتباره ملزم للقاضي وواجب الاتباع من قبله يعد تضييقا كبيرا قد يتنافى مع ما يتطلبه موضوع الحضانة من وجوب إفساح المجال لاجتهاد القاضي لاتخاذ ما يراه صالحا لفض الخلافات المتنوعة والمتشعبة التي تحدث بين مستحقي الحضانة، وخاصة وأن أحكام الحضانة أغلبيتها أحكاما اجتهادية قررها الفقه بناء على المبدأ الأساسي المتمثل في مصلحة المحضون ولكن دون إغفال بعض الأعراف التي كانت سائدة في عصره، مما تولد عنه الاختلاف بشأن مراتب الحضانة.

وأنه يعاتب على التشريع الجزائري عدم تحديده للشروط الواجب توافرها في الحاضن، وذلك باكتفائه بعبارة "أهلا لذلك"، فهذه المنهجية في وضع النصوص القانونية ستكون منبعا للتضارب بين الأحكام والقرارات القضائية، وهذا ما لا يخدم مصلحة الطفل المحضون. بل ظهر بجلاء من دراسة النصوص المغاربية المنظمة لأهلية الحاضن أن التشريع الجزائري لم يعن بهذه المسألة عنايته ببعض المسائل الأخرى الخاصة بالحضانة مع أنها لا تقل عن تلك المسائل أهمية وخطرا، فقد ترك هذا التشريع هذه المسألة مسكوتا عن عناصرها ومحتواها سكوتا كليا، فلم يتكلم، خلافا للتشريع المغربي، وعلى منوال التشريع التونسي، عن السن الواجب توافرها في الشخص المقبل على الحضانة، وكما لم يبين عما إذا كان الأمر هنا يختلف بين الأم وغيرها من الحواضن، الأمر الذي أثار الخلاف والجدل بالنسبة لهذه الأمور كما بينا ذلك في أوانه.

ومن زاوية أخرى، يرى الأستاذ إدريس السفياني، أن "أهم سمة طبعت مدونة الأسرة في الجانب اللغوي، هي التناقض والتنافر، والإنشائية، وضعف الصياغة التي ميزت نصوصا كثيرة فيها، وأبرز أن المشرع حاول أن تكون حلوله لإشكاليات المدونة السابقة

حلولا لغوية، لم تنفذ إلى جوهر المسائل، ولذلك كثرت الاستثناءات التي تدل في حقيقتها على إخراج قليل من كثير، فخالعت مقصدها وبذلك لم يعد للغة معنى وصار انفصال بين الدال والمدلول"، وخلص إلى القول أن "المدونة الجديدة تعتريها كثرة الإنشاء واضطراب الصياغة"(١).

وهذا القول ينصرف أيضا إلى المجلة التونسية وقانون الأسرة الجزائري، إذ أن هناك الكثير من الأحكام التي جيء بها في موضوع الحضانة تنقصها الصياغة القانونية الدقيقة، مما أدى في بعض الأحيان إلى غموض القاعدة المراد تطبيقها، ومن ثم اختلاف الأحكام والقرارات القضائية، وذلك كله على حساب مصلحة الطفل المحضون.

وإننا كنا نرجو أن يجسد المشرع الجزائري، على منوال التشريع التونسي، الاقتراح الذي ورد في المشروع التمهيدي الثاني لتعديل قانون الأسرة الخاص بإنشاء صندوق النفقة، ضمن نصوص القانون المعدل والذي قدم حلولا أجابت عن التساؤلات المرتبطة بنفقة الطفل المحضون وحاول التقليل من حدة النزاعات القائمة بسببها. والذي لا نرى فيه إلا خدمة لحماية الطفل وعونا في تقديم مصلحته، خاصة مع الأزمة الاقتصادية التي تعرفها الجزائر.

كما أننا نبغي تشجيع المشرع الجزائري في منح للطفل، على منوال المشرع التونسي، قانونا يلم بكل جوانب الحماية التي افتقدها في قانون الأسرة والتي يحتاج إليها في نموه وفي تنوير مستقبله.

وكما نستاء من صنيع المشرع الجزائري الذي منح الولاية للحاضنة بحكم قضائي وإسقاطها عن الأب أو الولي الشرعي دون سبب يذكر أو ضرورة تدعو إلى ذلك، بل إن في ذلك خلق لتضارب النصوص القانونية بعضها بعضا، إذ كيف نجرد الأب من الولاية ونلزمه في الوقت ذاته بالإنفاق على الطفل المحضون(٢). وكما أن هذا الحكم زاد من تعقيد

---

(١) انظر، إدريس السفياني، قراءة في بعض فصول مدونة الأسرة، محاضرة ألقاها في الندوة الوطنية حول مستجدات قانون الأسرة التي نظمتها جامعة محمد الأول بوجدة يومي ١٠ و١١ مارس ٢٠٠٤، مجلة التجديد، ٢٠٠٤/٠٣/٢١، عدد ٨٨٩، ص. ٢.

(2)Car , « il y aurait danger si les juristes se hâtent d'attribuer à l'information recueillie sur un point une valeur générale, sans envisager tous les autres points sur lesquels l'information fait encore défaut…A la différence de la connaissance dogmatique qui, par l'autorité de la chose jugée, peut toujours prononcer sa propre clôture, il semble que la connaissance

الأمور ينبئنا بآثار سلبية مستقبلية على الأسرة خاصة والمجتمع عامة. وإننا نتعجب أيضا من هذا الموقف من حيث إنه لم يمنع غير المسلمة أما كانت أو غيرها من تقرير الولاية لها الممارسة على المحضون المسلم من جراء الحضانة.

والذي نراه متماشيا مع النصوص الأسرية المغاربية وروح الشريعة الإسلامية أن استماع المحضون في اختيار حاضنه ورضائه به، وخصوصا إذا بلغ سنا معينة، لا ينهض سببا أو عاملا منافيا لمصلحة الطفل لأن مصلحة المحضون لا تختلط مع ميوله الشخصية إذ حتى ولو سمحنا للقاضي أن يأخذ بعين الاعتبار تلك الميول إلاّ أنه غير مجبر بها، بل له الحرية الكاملة في الأخذ أو عدم الأخذ بها، ما دام أنه الراعي الأول لتحقيق مصلحة الطفل المحضون.

والجدير بالملاحظة هو أن خروج الحاضنة للعمل قد يصبح أحيانا أمرا ضروريا فليس من صالح الطفل أن تحبس وإلاّ ذلك قد يعرضها لمخاطر اجتماعية وأخلاقية لا يحمد عقباها. أضف إلى ذلك أن في الدول المغاربية أصبحت الحضانة تكبدها مصاريف باهضة أمام ارتفاع مستوى المعيشة واحتياجات الطفل في سن التمدرس، خصوصا إذا علمنا بأن النفقة التي يقدرها القاضي لتغطية هذه المصاريف هزيلة جدا في بعض الأحيان.

ومن ثم، إن الحضانة يجب أن يظل إطارها مدققا ويظل العمل بها متطورا كلما تكشف عن مظاهر أو عناصر تستوقف القاضي، وذلك ما تقتضيه عمليا مصلحة الطفل المحضون.

وفي الختام كل ما نرجوه من المشرعين المغاربين الإتيان بنصوص تحرص على استلهام مبادئ الشريعة الإسلامية، حيث تتخذ مسلكا تأصيليا بهدف التوافق مع المرجعية الأصولية، من خلال تبني بعض آليات الاجتهاد المعتمدة في الاختيارات الفقهية والترجيح بينها، والعمل بمبدأ المصلحة والاجتهاد المقاصدي، وذلك تبعا للحقائق الاجتماعية المعاشة. وذلك لا يتأتى إلاّ بفتح هذا المجال لذوي الأفكار النيرة والكفاءات الفقهية والقانونية قصد إمداده بمعلومات كافية وأضواء ساطعة لمحاولة إصلاح ما في مسائل الحضانة من نقص وتغيير ما لا يناسب التطور الواقعي أو إضافة ما يسدد سير الأسرة المغاربية وفق متطلبات العصر والثوابت الشرعية.

---

sociologique ne soit jamais achevée ». Cf. J. Carbonnier, Sociologie juridique, édit. P.U.F., 1978, pp.339-340.

المراجـــع

<u>أولا - المراجع العامة</u>

<u>* باللغة العربية</u>

١- ابتسام القرام، المصطلحات القانونية في التشريع الجزائري، قاموس باللغتين العربية والفرنسية، المؤسسة الوطنية للفنون المطبعية، وحدة الرغاية، الجزائر، ١٩٩٢.

٢- إبراهيم نجار، أحمد زكي بدوي ويوسف شلالا، القاموس القانوني، فرنسي- عربي، ط. ٤، مكتبة لبنان،١٩٩٥.

٣- ابن القيم الجوزية، تحفة المودود بأحكام المولود، (دون دار النشر ولا سنة الطبع).

٤- ابن القيم الجوزية، زاد المعاد في هدى خير العباد، ج. ٤ و٥، ط. ١، محمد عبد اللطيف، القاهرة، ١٩٢٨.

٥- ابن الهمام، فتح القدير، ج. ٢ و٣، مطبعة الأميرية، القاهرة، ١٣١٥ هـ، وج. ٣، مطبعة بولاق، القاهرة، ١٣١٨ هـ

٦- ابن جزي، القوانين الفقهية، دار الكتاب، الجزائر، ١٩٨٧.

٧- ابن حزم، المحلى بالأثار في شرح المجلى بالاختصار، مطبعة النهضة، القاهرة، ١٣٤٧ هـ ج. ١٠، منشورات المكتبة التجارية للطباعة، بيروت (بدون سنة الطبع).

٨- ابن رشد، بداية المجتهد ونهاية المقتصد، ج. ٢، دار الكتاب العربية، القاهرة، ١٣٢٥ هـ

٩- ابن عابدين، رد المحتار على الدر المختار شرح تنوير الأبصار، ج. ٢، ط. ١، مطبعة مصطفى البابي الحلبي، القاهرة (بدون سنة الطبع)، وط. ٢، الطبعة الأميرية، القاهرة، (بدون سنة الطبع).

١٠- ابن مالك، شرح المنار، الأستانة، ١٣١٣ هـ

١١- ابن منظور، لسان العرب، ج. ٥، ط. ١، دار صادر، (بدون سنة الطبع).

١٢- ابن نجيم، الأشباه والنظائر، ج. ١، مطبعة الحلبي، القاهرة، ١٩٨٦.

١٣- ابن نجيم، البحر الرائق، ج. ٣، المطبعة العلمية، القاهرة، (بدون سنة الطبع).

١٤- أبو الفرج عبد الرحمن بن رجب، القواعد في الفقه الإسلامي، مطبعة الصدق الخيرية، مصر، ١٩٣٣.

١٥- أبو المجد أحمد، الاجتهاد الديني المعاصر، ط. ١، دار البعث، ١٩٨٥.

١٦- أبو بكر الجزائري، منهاج المسلم، (بدون دار الطبع)، ١٩٨١.

١٧- أبو حامد محمد بن محمد الغزالي، المستصفى من علم الأصول، ج.١، دار إحياء التراث العربي، بيروت، ١٣٢٤ هـ

١٨- أبو داود، السنن، باب من أحق بالولد، ج. ٢، مطبعة مصطفى الحلبي، (بدون سنة الطبع).

١٩- أبو زيد القيرواني، متن الرسالة، مكتبة رحاب، الجزائر، ١٩٨٧.

٢٠- أبو عبد الله محمد بن يزيد ابن ماجه القزويني، سنن ابن ماجه، بيت الأفكار الدولية، لبنان، ٢٠٠٤.

٢١- أبو يوسف، الخراج، دار المعرفة للطباعة والنشر، بيروت، (بدون سنة الطبع).

٢٢- أحمد بن عبد الحليم ابن تيمية، الفتاوى، ج.٣، دار الغد العربي (بدون سنة الطبع).

٢٣- أحمد بن قاسم الصنعاني، التاج المذهب لأحكام المذهب شرح متن الأزهار، ج. ٢، مطبعة عيسى البابي، القاهرة، ١٩٤٧.

٢٤- أحمد زكي بدوي، تشريعات العمل في الدول العربية ومستويات العمل الدولية، منشأة المعارف، الاسكندرية، ١٩٦٥.

٢٥- إسحاق إبراهيم منصور، نظريتا القانون والحق وتطبيقاتها في القوانين الجزائرية، ديوان المطبوعات الجامعية، الجزائر، ١٩٨٧.

٢٦- إسماعيل حقي البروسوي، تفسير روح البيان، المجلد السادس، دار الفكر، (بدون سنة الطبع).

٢٧- الرملي المنوي المصري، نهاية المحتاج إلى شرح المنهاج، ج. ٣ و٦، طبع بولاق، ١٢٩٢ هـ

٢٨- الإمام أبو حامد الغزالي، إحياء علوم الدين، ج. ٣، دار الفكر، بيروت، (بدون سنة الطبع).

٢٩- الإمام أبو عبد الله محمد البخاري الجعفي، صحيح البخاري، المجلد الأول، باب "إذا أسلم الصبي"، ج.٢، والمجلد ٣، ج. ٦، والمجلد ٤، ج. ٧، دار الفكر (بدون سنة الطبع).

٣٠- الإمام الشافعي، الأم، ج. ١٠، طبعة الأميرية، القاهرة، ١٣٢١ هـ

٣١- الإمام الشافعي، مسند بهامش كتاب الأم، مطبعة بولاق، مصر،

١٣٢٥ هـ ج.٦.

٣٢- الإمام الطبري، مصحف الشروق، المفسر الميسر، مختصر تفسير الإمام الطبري، دار الشروق، القاهرة، ١٩٨٢

٣٣- .الإمام مالك ابن أنس، المدونة الكبرى، ج. ٥، دار السعادة، القاهرة، ١٣٢٣ هـ

٣٤- الإمام محمود شلتوت، الإسلام، عقيدة وشريعة، دار الشروق، القاهرة، ١٩٨٠.

٣٥- أمينة فؤاد مهنة، المرأة والوظيفة العامة، دار النهضة العربية، القاهرة، ١٩٨٤. 36-

٣٦- بدران أبو العينين بدران، الشريعة الإسلامية، تاريخها ونظرية الملكية والعقود، مؤسسة سباب الجامعة، الإسكندرية (بدون سنة الطبع).

٣٧- البرجوي ك.، إشكالية المدونة بين الحركة النسوية والحركة الإسلامية، دار النشر مكتبات، الرباط، ١٩٩٩.

٣٨- البهوتي الحنبلي،كشاف القناع من متن الإقناع، ج. ٣، المطبعة الشرقية، القاهرة، ١٣٢٠ هـ

٣٩- بوبشير محند أمقران، النظام القضائي الجزائري، ديوان المطبوعات الجامعية، الجزائر، ١٩٩٣.

٤٠- تاج الدين محمود الجاموني، الإنسان هذا الكائن العجيب، ج. ٣ و٤، ط. أولى، دار عمار، الأردن، ١٩٩٣.

٤١- توفيق الطويل، مذهب المنفعة العامة، مكتبة النهضة، ١٩٦٨.

٤٢- ثروت أنيس الأسيوطي، النظرية العامة للالتزام على ضوء الميثاق الوطني الجزائري، مجموعة محاضرات ألقيت على طلبة السنة الثانية ليسانس، معهد الحقوق، جامعة وهران، ١٩٧٨/١٩٧٧.

٤٣- ثروت أنيس الأسيوطي، محاضرات في المنهج القانوني، محاضرات ألقيت على طلبة السنة الأولى ليسانس، معهد الحقوق، جامعة وهران، ١٩٧٧-١٩٧٨.

٤٤- حبيب إبراهيم الخليلي، المدخل للعلوم القانونية، ديوان المطبوعات الجامعية، الجزائر، ١٩٩٢.

٤٥- حسن حامد حسان، نظرية المصلحة في الفقه الإسلامي، مكتبة المتنبي، القاهرة،١٩٨١.

٤٦- حسن علام، موجز القانون القضائي الجزائري، الشركة الوطنية للنشر والتوزيع، الجزائر، ١٩٧٢.

٤٧- حسن قدادة، شرح النظرية العامة للقانون في القانون الجزائري، ديوان المطبوعات الجامعية، الجزائر، ١٩٨٨.

٤٨- الحطاب، مواهب الجليل شرح مختصر خليل، ج. ٤، الطبع والنشر مكتبة النجاح، طرابلي (بدون سنة الطبع)، ومطبعة السعادة، القاهرة، ١٣٢٩ هـ

٤٩- حيران مسعود، الرائد، معجم لغوي عصري في مجلدين، المجلد ٢، دار العلم للملايين، بيروت، ط. ٣، ١٩٧٨.

٥٠- دندل جبر، الزنا، تحريمه، أسبابه ودوافعه، نتائجه وآثاره، دار الشهاب، باتنة، ١٩٨٨.

٥١- راشد راشد، شرح علاقات العمل الفردية والجامعية في ضوء التشريع الجزائري، ديوان المطبوعات الجامعية، الجزائر، ١٩٩١.

٥٢- الرافعي، التحرير المختار على رد المحتار، ج. ١، مطبعة الأميرية، القاهرة، ١٣٢٣ هـ

٥٣- رفعت العوضي، النظام المالي الإسلامي، (بدون دار الطبع)، ١٩٩٧.

٥٤- زكرياء أحمد البري، أحكام الأولاد في الإسلام، نشر الدار القومية للطباعة والنشر، القاهرة، (بدون سنة الطبع).

٥٥- السرخسي، المبسوط، ج. ٢ و٥، البابي الحلبي، القاهرة، ١٢٣٤ هـ

٥٦- سمير عالية، علم القانون والفقه الإسلامي، المؤسسة الجامعية للدراسات والنشر والتوزيع، بيروت، ١٩٩٦.

٥٧- سمير عبد السيد تناغو، النظرية العامة للقانون، توزيع منشأة المعارف، الإسكندرية، (بدون سنة الطبع).

٥٨- سيد قطب، في ظلال القرآن، ط. ٧، دار الشروق، بيروت، ١٩٧٨.

٥٩- الشربيني الخطيب (محمد بن محمد)، مغني المحتاج إلى معرفة ألفاظ المنهاج، ج. ٣، مطبعة مصطفى البابي الحلبي، القاهرة، ١٩٥٧.

٦٠- شمس الدين الذهابي، كتاب الكبائر، (بدون دار الطبع)، القاهرة، ١٩٥٤.

٦١- الشوكاني، نيل الأوطار شرح منتقى الأخبار من أحاديث سيد الأخيار، ج. ٦، طبعة مصطفى الحلبي، القاهرة، (بدون سنة الطبع).

٦٢- شوكت محمد عليان، التشريع الإسلامي والقانون الوضعي، ط.١، دار

الشؤاف للنشر والتوزيع، ١٩٩٦.

٦٣- الشيخ محمد الغزالي، حقوق الإنسان من تعاليم الإسلام وإعلان الأمم المتحدة، ط. ٢، القاهرة، ١٩٦٥.

٦٤- الشيرازي، المهذب، مطبعة عيسى البابي، القاهرة، ١٣٢١ هـ

٦٥- صبحي محمصاني، النظرية العامة للموجبات والعقود في الشريعة الإسلامية، ط. ٢، مكتبة الكشاف، بيروت، ١٩٤٧.

٦٦- صبحي محمصاني، المبادئ الشرعية، (دون دار الطبع)، بيروت، ١٩٥٤.

٦٧- صبحي محمصاني، الأوضاع التشريعية في الدول العربية، ماضيها وحاضرها، دار العلم للملايين، بيروت، ١٩٦٥.

٦٨- صبحي محمصاني، القانون والعلاقات الدولية في الإسلام، دار العلم للملايين، بيروت، ١٩٧٢.

٦٩- صديق حسن خان، الروضة الندية، مجلد ١٢، ج. ٢، (بدون الناشر ولا سنة الطبع).

٧٠- عادل عبد المهدي وحسن الهموندي، مجموعة من الاقتصاديين، الموسوعة الاقتصادية، ط.١، دار ابن خلدون، بيروت، ١٩٨٠.

٧١- عاطف غيث، قاموس علم الاجتماع، مادة "طفل "، الهيئة المصرية العامة للكتاب بمصر، ١٩٧٩.

٧٢- عبد الرحمن بن خلدون، المقدمة، ط. ٣، المجلد الأول، دار الكتاب اللبناني، بيروت، ١٩٦٧.

٧٣- عبد الرزاق أحمد السنهوري، الوسيط في شرح القانون المدني الجديد، نظرية الالتزام بوجه عام، المجلد الأول، منشورات دار إحياء التراث العربي، بيروت، ١٩٦٩.

٧٤- عبد السميع المصري، عدالة توزيع الثروة في الإسلام، نشر مكتبة وهبة، ١٩٨٦.

٧٥- عبد العزيز سعد، أجهزة ومؤسسات النظام القضائي الجزائري، المؤسسة الوطنية للكتاب، ١٩٨٨.

٧٦- عبد العزيز سعد، الجرائم الواقعة على الأسرة، المؤسسة الوطنية للكتاب، الجزائر، ١٩٩٣.

٧٧- عبد العزيز محمد سرحان، الاتفاقية الأوروبية لحماية حقوق الإنسان

والحريات الأساسية، دار النهضة العربية، القاهرة، ١٩٦٦.

٧٨- عبد العظيم شرف الدين، تاريخ التشريع الإسلامي وأحكام الملكية والشفعة والعقد، منشورات جامعة قاريونس، ١٩٧٨.

٧٩- عبد الفتاح عبد الباقي، نظرية الحق، ط.٢، مطبعة النهضة الجديدة، القاهرة، ١٩٦٥.

٨٠- عبد القادر عودة، التشريع الجنائي الإسلامي مقارنا بالقانون الوضعي، مؤسسة الرسالة، بيروت، ١٩٨٧.

٨١- عبد الله بن قدامة، المغني، ج. ٩، دار الكتاب العربي، بيروت، ١٩٧٢.

٨٢- عبد الله الموصلي، المختار وشرحه الاختيار، مطبعة حجازي، مصر، (بدون سنة الطبع)، ج. ١.

٨٣- عبد المعتال الصعيدي، الحرية الدينية في الإسلام، دار الفكر العربي، القاهرة، (بدون تاريخ الطبع).

٨٤- عبد المنعم محفوظ، علاقة الفرد بالسلطة وضمانات ممارستها، دراسة مقارنة، المجلد الثاني، (بدون دار النشر)، ط. ٢، ١٩٨٩.

٨٥- عدنان خالد التركماني، ضوابط العقد في الفقه الإسلامي، دار الشروق، جدة، ١٩٨١.

٨٦- العسقلاني، فتح الباري، طبعة دار الشعب، ١٣٧٨ هـ ج. ١.

٨٧- عفيف عبد الفتاح طبارة، الخطايا في نظر الإسلام، ط. ٤،دار العلم للملايين، بيروت، ١٩٧٩.

٨٨- عفيف عبد الفتاح طبارة، روح الدين الإسلامي، ط. ١٩، دار العلم للملايين بيروت، ١٩٧٩.

٨٩- علاء الدين الكاساني، بدائع الصنائع في ترتيب الشرائع، ج. ٤ و٧، مطبعة الجمالية، القاهرة، ١٣٢٨ هـ.

٩٠- علمان بن علي الزيلعي، تبين الحقائق شرح كنز الدقائق، ج. ٥، طبعة بولاق، ١٣١٣ هـ.

٩١- علي التسولي، البهجة في شرح التحفة، ج. أول، مطبعة المعاهد، القاهرة، ١٣٥٣ هـ.

٩٢- علي بن أبي بكر الهيثمي،مجمع الزوائد ومنبع الفوائد،ط. ٣، مطبعة المقدسي، القاهرة، ج. ٦.

٩٣- علي بن هادية وبلحسن البلبش والجيلاني بن الحاج يحي، معجم مدرسي ألفبائي، الشركة التونسية للتوزيع والشركة الوطنية للنشر والتوزيع، الجزائر، ١٩٨٢.

٩٤- علي بن هادية، بلحسن البليش، والجيلان بن الحاج يحي، القاموس الجديد للطلاب، معجم عربي مدرسي الفباتي، الشركة التونسية للتوزيع، ط. ٣، ١٩٨٢.

٩٥- عمار الدين إسماعيل، الأطفال مرآة المجتمع، عالم المعرفة.

٩٦- عمر الجيدي، محاضرات في تاريخ المذهب المالكي في المغرب الإسلامي، منشورات عكاظ، ١٩٨٧.

٩٧- عمر سعد الله، مدخل في القانون الدولي لحقوق الإنسان، ديوان المطبوعات الجامعية، ١٩٩٣.

٩٨- الغوتي بن ملحة، القانون القضائي الجزائري، ديوان المطبوعات الجامعية، ١٩٨٢.

٩٩- الفخر الرازي، مفاتيح الغيب، التفسير الكبير،ط. أولى، مطبعة البهية المصرية، القاهرة، ١٩٣٨.

١٠٠- فوزية دياب، القيم والعادات الاجتماعية، دار النهضة العربية، بيروت، ١٩٨٠.

١٠١- فيليب هيك، مشكلة اكتساب القاعدة القانونية (بالألمانية)، ط.٢، ١٩١٢.

١٠٢- القاضي الحسن بن الحاج محمد العمراني، مجموعة الأحكام الشرعية، المركز الثقافي العربي، (بدون سنة الطبع).

١٠٣- القرطبي، الجامع لأحكام القرآن، ط. ٢، دار الكتاب المصرية، (بدون سنة الطبع).

١٠٤- كريم يوسف أحمد كشاكش، الحريات العامة في الأنظمة السياسية المعاصرة، منشأة المعارف، الإسكندرية، ١٩٧٨.

١٠٥- لشعب محفوظ، المبادئ العامة للقانون المدني الجزائري، ديوان المطبوعات الجامعية، الجزائر، ١٩٩٢.

١٠٦- لشيخ أحمد الصاوي، بلغة السالك لأقرب المسالك مطبعة عيسى البابي الحلبي، ج.١ (بدون سنة الطبع).

١٠٧- لويس معلوف، المنجد في اللغة والأدب والعلوم، المكتبة الكاثوليكية، بيروت، ١٩٦٠.

١٠٨- محمد الدسوقي، حاشية، ج. ٢، المطبعة الأزهرية، القاهرة، ١٣٠٠ هـ.

١٠٩- محمد الزين، النظرية العامة للالتزامات، الجزء الأول، العقد، تونس، ١٩٩٣.

١١٠- محمد المبارك، نظام الإسلام، الحكم والدولة، دار الفكر، بيروت، ١٩٨٠.

١١١- محمد حسنين، الوجيز في نظرية الحق بوجه عام، الأشخاص والأموال والإثبات في القانون المدني الجزائري، المؤسسة الوطنية للكتاب، الجزائر، ١٩٨٥.

١١٢- محمد دويدار، الاقتصاد السياسي، ط. ثانية، المكتب المصري الحديث، الإسكندرية، ١٩٧٥.

١١٣- محمد سعيد بناني، قانون الشغل بالمغرب، علاقات الشغل الفردية، الدار البيضاء، ١٩٨١.

١١٤- محمد سعيد رمضان البوطي، ضوابط المصلحة في الشريعة الإسلامية، ط. ٦، مؤسسة الرسالة والدار المتحدة، بيروت، ٢٠٠٠.

١١٥- محمد سعيد رمضان البوطي، محاضرات في الفقه المقارن، دار الفكر، دمشق، ١٩٨١.

١١٦- محمد سلام آدم، المرأة بين البيت والعمل، ط. أولى، دار المعارف، القاهرة، ١٩٨٢.

١١٧- محمد صالح موسى حسين، الاجتهاد في الشريعة الإسلامية، ط. ١، طلاس، الكويت، ١٩٨٩.

١١٨- محمد صبحي نجم، شرح قانون العقوبات الجزائري، القسم الخاص، ط. ٢، ديوان المطبوعات الجامعية، الجزائر، ١٩٩٠.

١١٩- محمد عمارة، الإسلام والمرأة في رأي الإمام محمد عبده، تحقيق ودراسة، دار القاهرة للدراسة العربية، القاهرة، ١٩٧٥.

١٢٠- محمد فاروق، النبهان، المدخل للتشريع الإسلامي، وكالة المطبوعات، الكويت، ودار القلم، بيروت، ١٩٧٧.

١٢١- محمد قطب، التطور والثبات في حياة البشر، دار الشروق، القاهرة، ١٩٧٤.

١٢٢- محمد قطب، منهج التربية الإسلامية، ط. ٢، دار الشروق، بيروت، ١٩٧٢.

١٢٣- محمد مقبول حسين، محاضرات في تاريخ التشريع الإسلامي، معهد العلوم القانونية، جامعة وهران،١٩٧٧-١٩٧٨.

١٢٤- محمدي فريدة زواوي، المدخل للعلوم القانونية، نظرية الحق، المنشورات الدولية، الجزائر، ٢٠٠٠.

١٢٥- محمود حسن، الأسرة ومشكلاتها، دار النهضة العربية، بيروت، ١٩٦٧.

١٢٦- محمود حلمي، نظام الحكم الإسلامي مقارنا بالنظم المعاصرة، ط. ١، دار الفكر العربي، ١٩٧٠.

١٢٧- مسلم، صحيح بشرح النووي، باب أصناف المرتدين، ج.١.

١٢٨- مصطفى الخشاب، دراسات في الاجتماع العائلي، دار النهضة العربية، بيروت، ١٩٨١.

١٢٩- مصطفى بوتفنوشت، العائلة الجزائرية، التطور والخصائص، ترجمة أحمد دمري، ديوان المطبوعات الجامعية، الجزائر، ١٩٨٤.

١٣٠- مصطفى زيد، المصلحة في التشريع الإسلامي، دار الفكر العربي، ١٩٥٤.

١٣١- المنجد في اللغة والإعلام، ط. ٣٦، دار المشرق، بيروت،١٩٩٧.

١٣٢- موسى عبود، دروس في القانون الاجتماعي، دار البيضاء، ١٩٨٧.

١٣٣- هنري باتيفول، فلسفة القانون، ترجمة سموحي فوق العادة، الشركة الوطنية للنشر والتوزيع، ط.١، الجزائر، ١٩٧٢.

١٣٤- يوسف القرضاوي، الحلال والحرام في الإسلام، ط. ١١، دار البعث، قسنطينة، ١٩٧٧.

١٣٥- يوسف القرضاوي، فقه الزكاة، ط. ٢٤، مؤسسة الرسالة، ١٩٩٩.

١٣٦- يوسف القرضاوي، هدى الإسلام، فتاوى معاصرة في شؤون المرأة والأسرة، دار الشهاب، باتنة، ١٩٨٧.

١٣٧- وهبة الزحيلي، جهود تقنين الفقه الإسلامي، مؤسسة الرسالة، بيروت، ١٩٨٧.

*باللغة الفرنسية

1- Abdi L., Les mutations de la société algérienne, édit. La Découverte, 1999.

2- Accarias R., Précis de droit romain, 4ème éd., édit. Dalloz, Paris, 1886.

3- Alami M'chichi H., Genre et politique au Maroc, édit. L'Harmattan, Paris, 2002.

4- Arhart P., Queen's courts, Pélican book panguin, 1956.

5- Aslaoui L., Dame justice, réflexions au fil des jours, édit. E.N.A.L., Alger, 1990.

6- Barrot R., Réflexions sur la justice actuelle, édit. Lacassagne, Lyon, 1992.

7- Basa Gana R., et Sayad A., Habitat traditionnel et structures familiales en Kabylie, édit. CRAPE, Alger, 1974.

8- Benatia F., Le travail féminin en Algérie, édit. S.N.E.D., Alger, 1970.

9- Boyer J., Précis d'hygiène et de médecine préventive, éd. 4ème, édit. P.U.F., Paris, 1967.

10- Capitant H., Introduction à l'étude du droit civil, 4ème édit., édit. A. Pédone, Paris, 1898.

11- Carbonnier J., Sociologie juridique, édit. Thémis, Paris, 1978.

12- Carbonnier J., Droit civil, Les obligations, t. 4, édit. Thémis, Paris, 1979.

13- Carbonnier J., Flexible droit, édit. L.G.D.J., Paris, 1983.

14- Carbonnier J., Droit civil, t. 1, Introduction, les personnes, édit. Thémis, Paris, 1984.

15- Carré O., L'Islam laïque ou le retour à la grande tradition, éd. Armand Colin, Paris, 1993.

16- Castellan Y., La famille, édit. P.U.F., série Que sais-je, Paris, 1995.

17- Charnay J.P., La vie musulmane en Algérie d'après la jurisprudence de la 1ère moitié du 20ème siècle, édit. P.U.F., Paris, 1965.

18- Chehata Ch., Le droit musulman, édit. Dalloz, Paris, 1970.

19- Chehata Ch., Etudes de droit musulman, Préf. Alliot M., édit. P.U.F., Paris, 1971.

20- Cohen-Jonathan G., La convention européenne des droits de l'homme, édit. Economica, Paris, 1989.

21- Combe J., La condition de la femme marocaine, édit. L'Harmattan, Paris, 2001.

22- Dekenwer-Defosser F., Dictionnaire juridique, édit. Dalloz, Paris, 1985.

23- Demolombe Ch., Cours de Code Napoléon, édit. L.G.D.J., 2è. éd, t. 4, n° 26.

24- Dixéco de l'économie, Ceneco, Dunod, France, 1980.

25- Ebn Acem, La tohfa (traité de droit musulman), trad. Fr. De Houdas O. et Martel F., Alger, 1882-1893.

26- El-Charani M., Balance de la loi musulmane (El-mizane),

trad. Fr. De Perron N., édit. Luciani, Alger, 1898.

27- El Mossadeq R., La femme et la politique: la représentation politique au Maroc, édit. Toubqal, Casablanca, 1990.

28- Estoublon, Jurisprudence algérienne de 1830 à 1876, édit. Jourdan, Alger.

29- .Filali R.,M. Meknassi, Femmes et travail, édit. Le Fennec, 1994.

30- Fournier A.M., La protection judiciaire de l'enfance en danger, 3ème édit., Paris, 1970.

31- Grand Larousse Encyclopédique.Desf-Filao, T.4, Librairie Larousse, Paris, 1961 (ENF).

32- Gény F., Méthode d'interprétation et sources en droit privé positif, t. 2, édit. Dalloz, Paris, 1954, n° 146 et s.

33- Julia D., Dictionnaire de la philosophie, Librairie Larousse, Paris, 1964, p.82

34- Khalil Ibn Ishack, Al-Moukhtaçar (l'abrégé), trad. Fr. de Perron N., Paris, 1854.

35- Labidi D., Science et pouvoir en Algérie, O.P.U., Alger, 1993..

36- Ladjili-Mouchette J., Histoire juridique de la méditerranée, droit romain, droit musulman, Publications scientifiques tunisiennes, Série histoire du droit, t. 1er, Tunis, 1990.

37- Laroumet Ch., Droit civil, t. 1er, Introduction à l'étude du droit, édit. Economica, Paris, 1984.

38- Le Gall A., Le rôle nouveau du père, édit. Sociales françaises, 1971.

39- Malaurie Ph. et Aynes L., Droit civil, la famille, édit. Cujas, 1987.

40- Martens J.C., Le modèle algérien de développement, édit. S.N.E.D., Alger, 1973,.

41- Milliot L., Introduction à l'étude du droit musulman, édit Sirey, Paris,

42- Moulay Rchid, Modernité et politiques législatives en matière de statut personnel dans les pays arabo-africains à majorité musulmane: familles et modernité, édit. Publisud, Paris, 1986..

43- Pépin L., L'enfant dans le monde actuel, sa psychologie, sa vie, ses problèmes, édit. Bordas, Paris, 1977.

44- Plant J.S., Personality and the cultural pattern, Common wealt fund, New York, 1937.

45- Porot M., L'enfant et les relations familiales, édit. P.U.F.,1959 et 2ème éd. 1966.

46- Reich W., L'analyse caractérielle, édit. Payot, Paris, 1971.

47- .Rivéro J., Libertés publiques, 3ème éd., édit. P.U.F., Paris, 1983.

48- Robert P., Le petit Robert, Dictionnaire alphabétique et analogique de la langue française, édit. S.N.L., Paris, 1978.

49- Sanson H., La laïcité islamique en Algérie, édit. C.N.R.S., Paris, 1983.

50- Sari D., Les mutations socio-économiques et spatiales en Algérie, O.P.U., 1993.

51- Sebti F., Vivre musulmane au Maroc, 3ème éd., édit. Le Fennec, Casablanca, 1997.

52- Spitz R.A., La première année de la vie de l'enfant, édit. P.U.F., Paris, 1963.

53- Smirnoff V., La psychanalyse de l'enfant, édit. P.U.F., Paris, 1974.

54- Waline M., Le pouvoir normatif de la jurisprudence, Mélanges G. Scelle, T. 2.

55- Zerdouni N., Enfants d'hier et d'aujourd'hui…L'éducation de l'enfant en milieu traditionnel algérien, édit. Maspéro, Paris, 1971.

<u>ثانيا.- المراجع الخاصة والرسائل</u>

<u>آ.- المراجع الخاصة</u>

<u>١.- المراجع الخاصة بالأحوال الشخصية</u>

<u>* باللغة العربية</u>

١- إبراهيم بك وواصل علاء الدين أحمد إبراهيم، أحكام الأحوال الشخصية في الشريعة الإسلامية والقانون، مطبعة الخربوطلي، القاهرة، ١٩٩٤.

٢- أحمد الخمليشي، التعليق على قانون الأحوال الشخصية، ج. ٢، آثار الولادة والأهلية والنيابة القانونية، ط. ١، دار نشر المعرفة، الرباط، ١٩٩٤.

٣- أحمد الخمليشي، التعليق على قانون الأحوال الشخصية، ج. ١، الزواج والطلاق، ط. ٣، دار النشر المعرفة، الرباط، ١٩٩٤.

٤- أحمد الغزالي، الطلاق الانفرادي وتدابير الحد منه في الفقه الإسلامي والشرائع اليهودية والمسيحية والوضعية والتقنيات العربية المعاصرة (دراسة مقارنة)، ط. ١، دار النهضة العربية، القاهرة، ٢٠٠٠.

٥- أحمد الغندوز، الطلاق في الشريعة الإسلامية والقانون، بحث مقارن، ط. ١، دار المعارف، مصر، ١٩٧٦.

٦- أحمد عبيد الكبيسي، الأحوال الشخصية في الفقه والقضاء والقانون، ج. ١، الزواج والطلاق وآثارهما، مطبعة عصام، بغداد، ١٩٧٧.

٧- أحمد نصر الجندي، الأحوال الشخصية، تعليق على نصوص القانون، ط.١، المكتبة القانونية، ١٩٨٧.

٨- أحمد نصر الجندي، الطلاق والتطليق وآثارهما، دار الكتب القانونية، مصر، ٢٠٠٤.

٩- أشرف مصطفى كمال، المشكلات العلمية في قانون الأحوال الشخصية، ط.٢، ج.١،(بدون دار وسنة الطبع).

١٠- الإمام محمد أبو زهرة، الأحوال الشخصية، دار الفكر العربي، القاهرة (بدون سنة الطبع).

١١- الإمام محمد أبو زهرة، الأحوال الشخصية، ط. ٣، دار الفكر العربي، القاهرة، ١٩٥٧.

١٢- الإمام محمد أبو زهرة، الجريمة والعقوبة في الفقه الإسلامي، ج.١، الجريمة، (بدون دار وسنة الطبع).

١٣- الإمام محمد أبو زهرة، تنظيم الإسلام للمجتمع، دار الفكر العربي، (بدون سنة الطبع).

١٤- العربي بلحاج، الوجيز في شرح قانون الأسرة الجزائري، ج.١، الزواج والطلاق، ديوان المطبوعات الجامعية، الجزائر، ١٩٩٤.

١٥- العربي بلحاج، قانون الأسرة، مبادئ الاجتهاد القضائي وفقا لقرارات المحكمة العليا، ديوان المطبوعات الجامعية، الجزائر، ١٩٩٤.

١٦- بدران أبو العينين بدران، الفقه المقارن للأحوال الشخصية بين المذاهب الأربعة السنية والمذهب الجعفري والقانون، ج. ١، الزواج والطلاق، دار النهضة العربي، بيروت، ١٩٦٧.

١٧- جيلالي تشوار، الزواج والطلاق تجاه الاكتشافات الحديثة للعلوم الطبية والبيولوجية، ديوان المطبوعات الجامعية، الجزائر، ٢٠٠١

١٨- جيلالي تشوار، النظام العام في مسائل الطلاق والزواج، مجموعة محاضرات ألقيت على طلبة الماجستير، معهد العلوم القانونية والإدارية، جامعة سيدي بلعباس، ١٩٩٧/١٩٩٨.

١٩- حسني نصار، تشريعات حماية الطفولة، منشأة المعارف، الإسكندرية،

.١٩٧٣

٢٠- خالد بنيس، مدونة الأحوال الشخصية، الولادة ونتائجها في مدونة الأحوال الشخصية، مطبعة بابل للطباعة والنشر، الرباط، ١٩٨٩.

٢١- رشدي شحاتة أبو زيد، الاشتراط في وثيقة الزواج في الفقه الإسلامي وقانون الأحوال الشخصية، دراسة مقارنة، ط. ١، دار الفكر العربي، ٢٠٠١.

٢٢- رضا خماخم، حماية الطفل، أداة للبيداغوجية الجماعية، مطابع شركة أوربيس، تونس، ١٩٩٧.

٢٣- سعاد إبراهيم صالح، علاقة الآباء بالأبناء في الشريعة الإسلامية، الناشر، تهامة، جدة، ١٩٧٩.

٢٤- السيد سابق، فقه السنة، المجلد الثاني، دار الفتح للإعلام العربي، القاهرة، ١٩٩٤.

٢٥- السيد عمر عبد الله ومحمد حامد قمحاوي، أحكام الأحوال الشخصية للمسلمين،دار المطبوعات الجامعية، الإسكندرية، ١٩٨٦.

٢٦- الشحات إبراهيم محمد منصور، حقوق الطفل وآثارها في الشريعة الإسلامية والقوانين الوضعية، دار النهضة العربية،٢٠٠١.

٢٧- شريف سيد كامل، الحماية الجنائية للأطفال، ط.١، دار النهضة العربية،٢٠٠١.

٢٨- الشيخ شمس الدين، قانون الأسرة والمقترحات البديلة، من رسائل الإسلام والمجتمع، دار الأمة، ٢٠٠٣.

٢٩- عبد الحميد خزار، الأسرة القدوة، دار الشهاب، باتنة، ١٩٨٧.

٣٠- عبد الرحمن الصابوني، نظام الأسرة وحل مشكلاتها في ضوء الإسلام، دار الفكر المعاصر، بيروت، دار الفكر، دمشق، ٢٠٠١.

٣١- عبد الرحمن الصابوني، شرح قانون الأحوال الشخصية السوري، ج.١، الزواج وآثاره، ط.٨، منشورات جامعة دمشق، ١٩٩٧-١٩٩٨.

٣٢- عبد الرحمن الصابوني، شرح قانون الأحوال الشخصية السوري، ج. ٢، الطلاق وآثاره، ط.٨، منشورات جامعة دمشق، ٢٠٠٠-٢٠٠١.

٣٣- عبد الرحمن الجزيري، كتاب الفقه على المذاهب الربعة، ج.٤، كتاب النكاح، كتاب الطلاق، المكتبة التوفيقية، (بدون سنة الطبع).

٣٤- عبد السلام محمد الشريف العاصم، الزواج والطلاق في القانون الليبي،

منشورات جامعة قار يونس، بنغازي، ١٩٩٥.

٣٥- عبد العزيز توفيق، التعليق على مدونة الأحوال الشخصية بقضاء المجلس الأعلى ومحاكم النقض العربية خلال أربعين سنة، مطبعة النجاح الجديدة، الدار البيضاء، ١٩٩٨.

٣٦- عبد العزيز توفيق، مدونة الأحوال الشخصية مع آخر التعديلات، دار الثقافة، الدار البيضاء، ١٩٩٣.

٣٧- عبد العزيز سعد، الزواج والطلاق في قانون الأسرة الجزائري، ط.٢، دار البعث، قسنطينة، ١٩٨٩.

٣٨- عبد العزيز عامر، الأحوال الشخصية في الشريعة الإسلامية، فقها وقضاء، دار الفكر العربي، القاهرة، ١٩٧٦.

٣٩- عبد الكريم شهبون، شرح مدونة الأحوال الشخصية المغربية، ج.١، الزواج، الطلاق، الولادة ونتائجها، ط. ٢، دار النشر للمعرفة، الرباط، ١٩٨٧.

٤٠- عبد الله الصوفي، موسوعة العناية بالطفل، دار العودة، بيروت، ١٩٧٧.

٤١- عبد الناصر العطار، الأسرة وقانون الأحوال الشخصية، (بدون دار وسنة الطبع).

٤٢- عزة ضاحي، المبادئ القانونية التي قررتها الغرف الشرعية لمحكمة النقض السورية في قضايا الأحوال الشخصية من عام ١٩٥٣-١٩٧٦، سلسلة الاجتهاد القضائي في ربع قرن، ج. ٦، المطبعة الجديدة، دمشق، ١٩٧٨.

٤٣- عصام أنور سليم، حقوق الطفل، المكتبة القانونية، الناشر المكتب الجامعي الحديث،٢٠٠١.

٤٤- علال الفاسي، تقريب، شرح مدونة الأحوال الشخصية، إصدار مؤسسة علال الفاسي، ١٩٨٦.

٤٥- غسان خليل، حقوق الطفل، التطور التاريخي منذ بدايات القرن العشرين، ط. ٢، شمالي آند شمالي، بيروت، ٢٠٠٣.

٤٦- فضيل سعد، شرح قانون الأسرة الجزائري، ج. ١، في الزواج والطلاق، المؤسسة الوطنية للكتاب، الجزائر، ١٩٨٦.

٤٧- فوزية عبد الستار، المعاملة الجنائية للطفل، دراسة مقارنة، دار النهضة العربية، ١٩٧٧.

٤٨- متولي موسى، تربية الأطفال في فترة الحضانة، الدار العربية للعلوم، بيروت،

١٩٩٣.

٤٩- محمد أحمد سراج ومحمد كمال إمام، أحكام الأسرة في الشريعة الإسلامية، دار المطبوعات الجامعية، الإسكندرية، ١٩٩٩.

٥٠- محمد الحبيب الشريف، الإذن القضائي بالزواج، دار الميزان للنشر، سوسة، ٢٠٠٠.

٥١- محمد الكشبور، الوسيط في قانون الأحوال الشخصية،، مطبعة النجاح الجديدة، دار البيضاء، ١٩٩٩.

٥٢- محمد عبد الجواد محمد، حماية الطفولة في الشريعة الإسلامية والقانون، منشأة المعارف، الإسكندرية، (بدون سنة الطبع).

٥٣- محمد علي محجوب، نظام الأسرة في الشريعة الإسلامية، (بدون دار الطبع)، ١٩٨٩.

٥٤- محمد كمال الدين إمام، الزواج والطلاق في الفقه الإسلامي، ط.١، المؤسسة الجامعية للدراسات والنشر والتوزيع، ١٩٩٦.

٥٥- محمد مصطفى شلبي، أحكام الأسرة في الإسلام، دراسة مقارنة بين المذاهب السنية والمذهب الجعفري والقانون، ط. ٤، الدار الجامعية، بيروت، ١٩٨٣.

٥٦- المرسي عبد العزيز السماحي، بحوث في فرق النكاح، مطبعة الفجر الجديدة، مصر، ط. أولى، ١٩٨٦.

٥٧- مسعودة كسال، مشكلة الطلاق في المجتمع الجزائري، ديوان المطبوعات الجامعية، الجزائر، ١٩٨٦.

٥٨- مصطفى السباعي، الزواج وانحلاله، ط. ٥، مطبعة جامعة دمشق، ١٩٦٢.

٥٩- مصطفى السباعي، المرأة بين الفقه والقانون،ط.٥، المكتب الإسلامي، بيروت،(بدون سنة الطبع).

٦٠- مصطفى السباعي، وعبد الرحمن الصابوني، الأحوال الشخصية، في الأهلية والوصية والتركات، ط. ٥، مديرية الكتب الجامعية، دمشق، ١٩٧٧.

٦١- معوض عبد التواب، موسعة الأحوال الشخصية، ج. ٢، ط. ٦، منشأة المعارف، الإسكندرية، ١٩٩٥.

٦٢- منصور يوسف علي، محاضرات في قضايا الأسرة والطفولة، المكتب الجامعي الحديث، مصر، ١٩٩٩.

٦٣- نبيلة إسماعيل رسلان، حقوق الطفل في القانون المصري، شرح لأحكام

قانون الطفل رقم ١٢ لسنة ١٩٩٦، دار الطباعة بالهرم، القاهرة، ١٩٩٦.

٦٤- نبيلة عباس الشوربجي، المشكلات النفسية للأطفال، ط.١، دار النهضة العربية، القاهرة،، ٢٠٠٢-٢٠٠٣.

٦٥- نجيبة الشريف بن مراد، طفلنا بين التشريع والقضاء والمجتمع، ط.١، الشركة التونسية للنشر وتنمية فنون الرسم، تونس، ٢٠٠٠.

٦٦- نجيبة الشريف بن مراد، الطفل والطلاق وبعد؟ ط.١، الشركة التونسية للنشر وتنمية فنون الرسم، تونس، ٢٠٠٢.

٦٧- نصر الدين مبروك، قانون الأسرة بين النظرية والتطبيق، دار الهلال للخدمات الإعلامية، ٢٠٠٤.

٦٨- وهبة الزحيلي، الفقه الإسلامي وأدلته، ج. ٧، الأحوال الشخصية، ط. ١، دار الفكر، دمشق، ١٩٨٤، وط. خاصة، دار الفكر، الجزائر، ١٩٩٢.

٦٩- يوسف قاسم، حقوق الأسرة في الفقه الإسلامي، دار النهضة العربية، القاهرة، ١٩٩٢.

* باللغة الفرنسية

1- Bellefonds de Y.L., Traité de droit musulman, t. 3, édit. Mouton et Co, Paris, 1973.

2- Benmelha Gh., Droit algérien de la famille, édit. O.P.U., Alger, 1993.

3- Callu A., Le nouveau droit de la femme, édit. L'Hermès, 1983.

4- Carbonnier J., Droit civil, t. 2, La famille, édit. Thémis, Paris, 1992.

5- Castellan Y., La famille, édit. P.U.F., série Que sais-je ?, Paris, 1995.

6- Chamari A.C., La femme et la loi en Tunisie, édit. Bouchène, Alger, 1991.

7- Commaille J., Famille sans justice ? Le droit de la famille face aux transformations de la famille, édit. Centurion, Paris, 1982.

8- Delmas-Marty M., Le droit de la famille, collection Que Sais-je ?,1972, pp.36-37

9- Elgeddawy K., Relations entre systèmes confessionnel et laïque en droit international privé, édit. Dalloz, Paris, 1971.

10- Lienhard Cl., Le rôle du juge aux affaires matrimoniales dans le nouveau divorce, édit. Economica, Paris, 1985.

11- Malaurie Ph. Et Aynes L., Droit civil, la famille, édit. Cujas,

1987.

12- Martin C., L'après divorce, lien familial et vulnérabilité, Presses universitaires de Rennes, 1997.

13- Mazeaud H.L. et J., Leçon de droit civil, t. 1er, Les personnes, 6ème éd., par M. de Juglart, 3ème volume, édit. Montchrestien, Paris, 1976.

14- Morand M., Avant-projet de Code de droit musulman algérien, Imp. A. Jourdan, Alger, 1916.

15- Mougarède N., Lois du mariage et du divorce dans le droit romain, 2ème éd., Paris, 1816.

16- Nores E., supplément au journal de Robe, (1892-1945).

17- Pesle O., La femme musulmane dans le droit, la religion et les moeurs, édit. La Porte, 1946.

18- Siband G., Répertoire alphabétique de jurisprudence musulmane, sommaire des arrêts rendus par la chambre de révision musulmane de la cour d'appel d'Alger, années 1956 à 1960.

19- Tchouar D., Réflexions sur les questions épineuses du code algérien de la famille, t. 1er, la dot, la tutelle matrimoniale, la polygamie, le divorce-répudiation et l'adoption, O.P.U., Alger, ٢٠٠٤.

٢.- المراجع الخاصة بالحضانة

* باللغة العربية

١- أحمد محمد بخيت، إسكان المحضون في الفقه الإسلامي والتقنيات العربية (المشكلة وتطورات في الحل)، ط.١، دار النهضة العربية، القاهرة، ٢٠٠١.

٢- رشدي شحاتة أبو زيد، شروط ثبوت حق الحضانة في الفقه الإسلامي وقانون الأحوال الشخصية، ط. ١، دار الفكر العربي، القاهرة، ١٩٩٩.

٣- عبد الله مبروك النجار، التحديد الفقهي لسن حضانة الأم لطفلها: دراسة مقارنة في الفقه الإسلامي، ط.١، دار النهضة العربية، القاهرة، ٢٠٠٢-٢٠٠٣.

٤- متولي موسى، تربية الأطفال في فترة الحضانة، الدار العربية للعلوم، بيروت، ١٩٩٣.

٥- ممدوح عزمي، أحكام الحضانة بين الفقه والقضاء، دار الفكر الجامعي، الإسكندرية، ١٩٩٧.

* باللغة الفرنسية

1- Charif-Feller D. , La garde (hadanah) en droit musulman et dans les droits égyptien, syrien et tunisien, édit. Droz, Genève, 1996.

2- Hernane A., La hadhana dans ses rapports avec la puissance paternelle en droit algérien, édit. O.P.U., Alger, 1991.

3- Romain L., Les enfants devant le divorce, édit. P.U.F., Paris, 1979.

ب.- المذكرات ورسائل الدكتوراه

*باللغة العربية

١- أحمد خلف البيومي، حق العمل، دراسة مقارنة في كل من القانون المصري والجزائري والشريعة الإسلامية، دكتوراه دولة، الجزائر، ١٩٨٣.

٢- أحمد داود رقية، الحماية القانونية للطفل بين قانون الأسرة الجزائري والمعاهدات الدولية، مذكرة ماجستير، كلية الحقوق، تلمسان، ٢٠٠٣.

٣- أحمد رشاد طاحون، حرية العقيدة في الشريعة الإسلامية، رسالة دكتوراه، كلية الحقوق، جامعة القاهرة،1988.

٤- بلقاسم شتوان، نفقة الأقارب والزوجة بين الشريعة والقانون، مذكرة لنيل درجة الماجستير في الفقه الإسلامي، معهد الشريعة، قسنطينة، ١٩٩٥.

٥- ابن طيفور نصر الدين، السلطات الاستثنائية لرئيس الجمهورية الجزائري والضمانات الدستورية للحقوق والحريات العامة، دراسة مقارنة، رسالة دكتوراه دولة، سيدي بلعباس، ٢٠٠٤.

٦- حمليل صالح، إجراءات التقاضي في مسائل الزواج والطلاق، مذكرة لنيل شهادة الماجستير في القانون الخاص، سيدي بلعباس، ١٩٩٨.

٧- حمليل صالح، المركز القانوني للطفل المهمل في المواثيق الدولية والقانون الجزائري، رسالة دكتوراه، كلية الحقوق، جامعة سيدي بلعباس، ٢٠٠٤/٢٠٠٥.

٨- حميدو زكية، مصلحة المحضون في قانون الأسرة الجزائري، مذكرة ماجستير، كلية الحقوق، جامعة سيدي بلعباس، ١٩٩٩.

٩- زبدة مسعود، الاقتناع الشخصي للقاضي الجزائري، مذكرة ماجستير، المؤسسة الوطنية للكتاب، الجزائر ١٩٨٦.

١٠- سعاد السبار، الولاية بمجلة الأحوال الشخصية من خلال تنقيحها بالقانون المؤرخ في ١٢ جويلية ١٩٩٣، رسالة تخرج من المعهد الأعلى للقضاء، ١٩٩٥.

١١- شيخ سناء، حق البقاء في الأماكن المعدة للسكن،رسالة ماجستير، كلية

الحقوق تلمسان، ٢٠٠٢-٢٠٠٣.

١٢- عبد الرحمن هرنان، الحضانة في القانون الجزائري ومدى تأثرها بالقانون الأجنبي، مذكرة لنيل دبلوم الدراسات العليا في القانون الخاص، الجزائر، ١٩٧٨.

١٣- عبد الوهاب الشيشاني، الحريات العامة في النظام الإسلامي والنظم المعاصرة، رسالة دكتوراه، جامعة الأزهر، ١٩٧٥.

١٤- فاطمة شحاتة أبو زيدان، مركز الطفل في القانون الدولي العام، رسالة دكتوراه، الإسكندرية، ٢٠٠٣.

١٥- فاطمة محمد عبد العليم عبد الوهاب، أثر الدين في النظم القانونية، دراسة مقارنة بين الإسلام والمسيحية، رسالة دكتوراه، كلية الحقوق، جامعة القاهرة، ٢٠٠١.

١٦- فيصل غديرة، زواج المسلمة بغير المسلم، مذكرة لنيل شهادة الدراسات العليا في القانون الخاص، كلية الحقوق والعلوم السياسية والاقتصادية، تونس، ١٩٧٨.

١٧- قادين بن علي، الأسس القانونية والدستورية في الإسلام، رسالة دكتوراه دولة، كلية الحقوق، جامعة سيدي بلعباس، ٢٠٠٣-٢٠٠٤.

١٨- محمد البشير محمد الحاج الحجاز، آثار الفرقة بين الزوجين في الشريعة الإسلامية، رسالة دكتوراه، جامعة الأزهر، كلية الشريعة والقانون، ١٤٠٠هـ.

١٩- محمد عبد السلام مخلص، نظرية المصلحة في دعوى الإلغاء، رسلة الدكتوراه، جامعة القاهرة، ١٩٨١.

٢٠- محمد لخضر مالكي، الخمر والتشريع الجزائي الجزائري، مذكرة ماجستير، قسنطينة، ١٩٨٦.

٢١- محي الدين عواطف، التنظيم التشريعي للإيجارات السكنية في القانون الجزائري، رسالة ماجستير، كلية الحقوق، سيدي بلعباس،٢٠٠١-٢٠٠٢.

٢٢- نادرة اللومي، الحضانة، رسالة تخرج من المعهد العالي للقضاء، تونس، ١٩٩٠.

٢٣- نجوى الملولي، دور القاضي الصلحي في الطلاق، رسالة تخرج من المعهد الأعلى للقضاء، ١٩٩٠.

* باللغة الفرنسية

1- Adouard E., La chambre de la famille, th. Lyon, 1968.

2- Ait-Ihadanene R., Le droit de garde dans le cas du divorce des couples mixtes franco-algériens, Rapport de recherche DEA, Droit international, Paris II,1988

3- Alhalel-Esnault Y., Les problèmes religieux de la famille en droit privé français, th. Rennes, 1975.

4- Amid M., Le divorce en droit iranien, th. Paris, 1939.

5- Bekhechi M.A., La constitution algérienne de 1976 et droit international, th. Paris II, 1986

6- Beji M., La garde de l'enfant en droit tunisien, mém. D.E.S., Tunis, 1978

7- Belhadj L., La formation du lien matrimonial au Maghreb, th. Rennes, 1984.

8- .Belhadj Boufendi L., La condition féminime au Maghreb post-indépendant: étude comparée: Algérie, Maroc, Tunisie, Th, Lettres, Paris 3, 1999.

9- Bencheïkh Hocine H., La condition juridique de la femme mariée au Maghreb, th. Rennes, 1982..

10- Bencheneb A., La formation du lien matrimonial en Algérie, mém. D.E.S., Alger, 1973.

11- Borrmans M., Le statut personnel de la famille au Maghreb de 1940 à nos jours, th. Paris 4, 1971.

12- Branlart J.P., Le sexe et l'état des personnes, th. Paris 2, 1991.

13- Cadi Mostefai M., L'image de la femme algérienne pendant la guerre (1954-1962), mém. de D.E.A., Alger, 1978.

14- Chappelle A., Les fonctions de l'ordre public en droit international privé, th. Paris 2, 1979.

15- Chrétien G., Les règles de droit d'origine juridictionnelle, th. Lille, 1936.

16- Delcourt F., L'enfant dans les recompositions familiales, th. Lille, 1994.

17- Delon D., La jurisprudence, source de droit, th. Paris 2, 1980.

18- Dennaoui Y., La famille musulmane dans certains codes contemporains (ottman, syrien et tunisien), th. Paris 2, 1978.

19- Fantar MSLes causes du divorce en droit comparé Tunisien et Français, th. Clermont 1, 1977.

20- Garand M., L'intérêt pour agir en justice, th. Poitiers, 1959.

21- Gaston L., Le droit de visite, th. Poitiers, 1941.

22- Gassin N., La qualité pour agir en justice, th. Aix, 1955.

23- Ibrahim P.A., De la responsabilité pénale en droit musulman d'après la doctrine hanafité, th. Paris, 1944.

24- Joly H., De l'esprit du droit familial dans l'islamisme, th. Dijon, 1902.

25- Khelef née Lamoudi N., La déchéance de la hadhana, mém. Magister, Alger, 1984.

26- Lajoie J.L., Libertés, participations et ordre public en droit algérien, th. Lyon, 1983.

27- Lanares P., La liberté religieuse dans les conventions internationales et dans le droit public général, th. Genève, 1964.

28- Le Guidec R.,L'intérêt de l'enfant en droit civil français, th. Rennes, 1973.

29- Leguy Y., L'intérêt personnel de l'enfant et les relations familiales, th. Rennes , 1973.

30- Lienhard C.I., Le rôle du juge aux affaires matrimoniales dans le nouveau divorce, th. Strasbourg, 1985, n° 43-58.

31- Mabroukin A., L'Algérie et les traités dans la constitution de 1976, mém. Magister, Alger, 1980.

32- L'huillier P., L'intervention du juge dans le vie familiale, th. Strasbourg, 1971.

33- Michelin-Finielz S., Le consentement des époux dans le divorce, th. Rennes, 1979.

34- Missoum M., Les devoirs entre époux en droit tunisien: Supports des apports, mém. Tunis, 1997

35- Mostéfa-Kara F., La preuve écrite en droit algérien, mém. Magister, Alger, 1982.

36- Port-Levet-Serverin E., Théorie de la pratique jurisprudentielle en droit privé, th. Lyon 3, 1983.

37- Pottier R., L'éducation religieuse des enfants et le droit de la famille, th. Rennes, 1951.

38- Resseguier J.M., La sexualité des époux, mém. D.E.A., Rennes, 1979.

39- Saluden M., Le phénomène de la jurisprudence, étude sociologique, th. Paris, 1983.

40- Tchouar D., Causes de nullité de mariage et causes de divorce en droit algérien, th. Rennes, 1987.

ثالثا.- المقالات والتعاليق

* باللغة العربية

١- ابن التومي، النظام القضائي في الجزائر، نشرة القضاة، ١٩٧٢، عدد ٢.

٢- أحمد الخمليشي، مصادر القانون المنظم لوضعية المرأة بالمغرب، ضمن كتاب جماعي تحت عنوان: ملامح نسائية، نشر الفنك، ١٩٨٧.

٣- أحمد الخمليشي، الأسرة بين التنظير والواقع، مجلة الحق الفصلية، ١٩٩٥، عدد ١ و٢.

٤- أحمد الريسوني، علاقة الاسم بالمسمى، محاضرة ألقاها في الندوة الوطنية حول مستجدات قانون الأسرة التي نظمتها جامعة محمد الأول بوجدة يومي ١٠ و١١ مارس ٢٠٠٤، مجلة التجديد، ٢٠٠٤/٠٣/٢١، عدد ٨٨٩.

٥- أحمد رأفت تركي، حماية حقوق المرأة العاملة في التشريع المصري والمغربي، مجلة الميادين، ١٩٩٩ عدد ٤.

٦- أعرب بلقاسم، مسقطات الحق في الحضانة في قانون الأسرة الجزائري والفقه المقارن، م.ج.ع.ق.إ.س.، ١٩٩٤، عدد ١.

٧- الحبيب العش، الحضانة في القانون التونسي، مجلة القضاء والتشريع، ١٩٨٥، عدد ٥.

٨- الطيب العنابي، الطلاق في القانون والمجتمع، مجلة القضاء والتشريع، ١٩٦٧، عدد ٢.

٩- الطيب اللومي، الجديد في مجلة الأحوال الشخصية، المجلة التونسية للقانون، ١٩٨٣، عدد ١.

١٠- الغوتي بن ملحة، آراء حول التشريع الذي يحكم الأسرة على العموم، وبالخصوص في قانون الأسرة الجزائري، مداخلة لملتقى مغاربي حول قانون الأسرة، الجزائر العاصمة، أيام ٤، ٥، و٦ ماي ٢٠٠٢.

١١- الغوتي بن ملحة، سقوط السلطة الأبوية والمساعدة التربوية: تدبيران من أجل حماية الطفولة، م.ج.ع.ق.إ.س.، ٢٠٠٠، عدد ١.

١٢- امحمد جلال، ثلاثون سنة من العمل بمدونة الأحوال الشخصية، مجلة الميادين، ١٩٨٨، عدد ٣.

١٣- ب. سجية، إشكالية الطلاق في الجزائر، المرأة المطلقة ضحية المشرع والتعسف الرجالي، الخبر، جريدة يومية، ٢٠٠٤/٠٥/١٢.

١٤- بدري العوضى، التشريعات الدولية لحماية المرأة العاملة وأثرها على تشريعات العمل الخليجية، مجلة الحق، ١٩٨٥، عدد ٢ و٣.

١٥- بلقاسم شتوان، حق الزوجة في السكن شرعا وقانونا، مجلة المعيار، ٢٠٠٣،

عدد ٥.

١٦- بن رقية بن يوسف، إيجار السكنات التابعة لدواوين الترقية والتسيير العقاري، م.ج.ع.ق.إ.س.، ١٩٩٩، عدد ٢.

١٧- بوزيد لزهاري، تعديل ٢٨ نوفمبر ١٩٩٦ وحقوق الإنسان، مجلة الإدارة، ١٩٩٧، عدد ١.

١٨- تركي رابح، حقوق الطفل بين التربية الإسلامية والتربية الغربية الحديثة، جريدة الشعب، ١٩٧٩/٠٩/١٥.

١٩- جيلالي تشوار، أحكام الأسرة بين الاجتهاد والتقنين، مجلة الإحياء، باتنة، ٢٠٠١، عدد ٤.

٢٠- جيلالي تشوار، سن الزواج بين الإذن والجزاء في قانون الأسرة الجزائري، م.ج.ع.ق.إ.س.، ١٩٩٩، عدد ٤.

٢١- جيلالي تشوار، حماية الطفل عبر الإذن بالزواج، م.ج.ع.ق.إ.س.، ٢٠٠٠، عدد ٠١.

٢٢- جيلالي تشوار، تغيير اللقب تجاه الصلاحيات الدستورية للسلطتين التشريعية والتنفيذية، مجلة العلوم القانونية والإدارية، تلمسان، ٢٠٠٤، عدد ٢.

٢٣- جيلالي تشوار، حقوق الإنسان بين الثبات والمتغير على ضوء المستجدات العلمية والتحولات الاجتماعية، مقال تحت النشر، م.ج.ع.ق.إ.س.، ٢٠٠٥.

٢٤- جيلالي تشوار، الحماية الإرتيابية لنسب الطفل في القانون الجزائري، المجلة القانونية التونسية، ٢٠٠٤، عدد ٣.

٢٥- حبيب بودن، تأصيل، مجلة الأحوال الشخصية، في الشريعة الإسلامية، مجلة القضاء والتشريع، ١٩٨٢، عدد ٨.

٢٦- حدو عبد الرحمن، إهمال الأسرة في التشريع المغربي، مجلة الميادين، ١٩٨٨، عدد ٣.

٢٧- حشاني نورة، المخدرات في ظل التشريع الجزائري ودور العدالة في محاربة هذه الآفة، نشرة القضاة، ١٩٩٩، عدد ٥٤.

٢٨- ديباجة المدونة، منشورات جمعية نشر المعلومة القانونية والقضائية، ٢٠٠٤، عدد ١.

٢٩- رجب، مشاكل المرأة التونسية بين الأسرة والعمل، مجلة الحق، ١٩٨٥، عدد ٢ و٣.

٣٠- رضوى فرغلي، البيئة الأسرية تؤثر بالسلوك العدواني لدى الأطفال، مجلة العلوم الاجتماعية لـ ٢٤ جانفي ٢٠٠٤.

٣١- ز. ف.، امرأة مقابل كل ٦ رجال يتعاطون المخدرات بقسنطينة، الخبر، جريدة يومية، ٢٠٠٣/٠٧/٠٢.

٣٢- زروقي ليلى، مكانة المرأة الحقوقية في النظام القضائي الجزائري، م.ج.ع.ق.إ.س.، ٢٠٠٢، عـدد ٢.

٣٣- زكريا البري، حقوق الإنسان في الإسلام، مجلة منبر الإسلام، ١٩٨٢.

٣٤- زكية تشوار حميدو، المعيار المادي لتقدير مصلحة المحضون، محاضرة ألقيت خلال الملتقى المغاربي الذي نظمه معهد العلوم القانونية والإدارية، جامعة سيدي بلعباس، يومي ٧ و٨ جوان ١٩٩٩ حول "قوانين الأسرة وتحولات المجتمع المغاربي".

٣٥- زكية تشوار حميدو، عمل المرأة الحاضنة بين نصوص قوانين الأحوال الشخصية المغاربية والاجتهادات الفقهية والقضائية، م.ج.ع.ق.إ.س.، ٢٠٠٢، عدد ٢.

٣٦- زكية تشوار حميدو، حكم وسائل الحمل المعاصرة في ضوء الشريعة الإسلامية والتشريع الجزائري، م.ج.ع.ق.إ.س.، ٢٠٠٣، عدد ١.

٣٧- زكية تشوار حميدو، الدور الإيجابي للقضاء في تفسير المادة ٥٤ من قانون الأسرة، م.ج.ع.ق.إ.س.، ٢٠٠٣، عدد ٢.

٣٨- زكية تشوار حميدو، النقص التشريعي في تنظيم ركنية الصداق، مجلة العلوم القانونية والإدارية، تلمسان، ٢٠٠٤، عدد ٢.

٣٩- زكية تشوار حميدو، حق المطلقة الحاضنة في السكن بين النقص التشريعي والواقع الاجتماعي، مجلة المعيار، جامعة الأمير عبد القادر، قسنطينة، ٢٠٠٤، عدد خاص.

٤٠- زكية تشوار حميدو، أحكام الخلع بين التقنين والاجتهاد، المجلة القانونية التونسية، ٢٠٠٤، عدد ٣.

٤١- ساسي بن حليمة، خواطر حول قانون الأسرة الجزائري، الأحداث القانونية التونسية، ١٩٩٠، عدد ١.

٤٢- ساسي بن حليمة، دور قاضي الأسرة في قضايا الطلاق، الأحداث القانونية التونسية، ١٩٩٢، عدد ٦.

٤٣- ساسي بن حليمة، دور قاضي الأسرة في قضايا الطلاق، مجلة القضاء والتشريع، ١٩٩٤، عدد خاص بالأسرة.

٤٤- ساسي بن حليمة، هل يمكن إسناد الحضانة لأحد الزوجين أو لغيرهما حال

قيام الزوجية ودون وجود قضية في الطلاق؟، مجلة التشريع والقضاء، ١٩٩٤، عدد ٥.

٤٥- سلمان نصر، مرويات نفقة وسكنى المطلقة المبتوتة، دراسة نقدية، مجلة المعيار، ٢٠٠١، عدد ١، قسنطينة.

٤٦- شهيدة الباز، المرأة وحق العمل في الشريعة الإسلامية، مجلة الحق، ١٩٨٤، عدد ٣.

٤٧- شوقي محمد، ضوابط المصلحة والموازنة بينها، مجلة الدراسات القانونية، ٢٠٠٣، عدد ٨.

٤٨- ص. حفيظ، الجزائر تسجل أدنى نسبة سكانية منذ عشريتين، الخبر، جريدة يومية، ٢٠٠٤/١٢/٠٩.

٤٩- ص.ب.، ظاهرة رهيبة تهدد الأطفال، الخبر، جريدة يومية، ٢٠٠٤/٠٤/١٣.

٥٠- ص.ح.، الجزائر تدرج في أول تقر مصطفى بن جعفر، حماية لأم في تونس في التشريع والقضاء، مجلة القضاء والتشريع، ١٩٩٥، عدد ٨، ير لكتابة الدولة الأمريكية حول الديانات، جريدة الخبر اليومية، ٢٠٠٣/١٢/٢٩.

٥١- صلاح أبو إسماعيل، الأبوة المثلى، منار الإسلام، ١٩٧٩، عدد ٩، ص. ٩-١١.

٥٢- ضاوية دنداني، الاتفاقية الخاصة بحقوق الإنسان، انعكاساتها على القانون الداخلي الجزائري، م.ج.ع.ق.إ.س.، ١٩٩٢، عدد ٤.

٥٣- ع. دحماني، ارتفاع معدل النزاعات مؤشر على التفكك الأسري، الخبر، جريدة يومية، ٢٠٠٤/٠٣/٠٣.

٥٤- ع. ق.، جنين على قارعة الطريق لستر الفضيحة، الخبر، جريدة يومية، ٢٠٠٢/٠٣/٢٠.

٥٥- ع.س.، المرأة الجزائرية بعيدة عن بلوغ حقوقها الكاملة، جريدة الخبر اليومية، ٢٠٠٢/٠٣/٠٩.

٥٦- عبد الحكيم العميلي،حقوق الإنسان في الشريعة الإسلامية، مجلة السياسة الدولية،١٩٧٥، عدد ٣٩.

٥٧- عبد الحي، أحكام الحضانة في الفقه الإسلامي، دراسة مقارنة، مجلة علمية شرعية قانونية محكمة، ٢٠٠٠، عدد ١٢، ج.١.

٥٨- عبد الرحمن مصلح، عوامل انحراف الأحداث، (تقرير المغرب)، الآفاق الجديدة للعدالة الجنائية في مجال الأحداث، المؤتمر الخامس للجمعية المصرية للقانون

الجنائي، القاهرة، ١٨-٢٠ أفريل ١٩٩٢، دار النهضة، القاهرة، ١٩٩٢.

٥٩- عبد الرحمن هرنان، الأسرة الجزائرية بين الأصالة والمعاصرة، م.ج.ع.ق.إ.س.، ١٩٩٠، عدد ٢.

٦٠- عبد الرحمن عزاوي، السن القانونية للعمل والحماية المقررة لصغار السن وفقا لقانون علاقات العمل الجزائري، م.ج.ع.ق.إ.س.، عدد ٢، ١٩٩٥.

٦١- عبد الرزاق الدواي، حول موضوع المجتمع المدني بالمغرب، مجلة أفاق، ١٩٩٢، عدد ٣-٤.

٦٢- عبد الرزاق السعيدي، أحكام الأهلية في القانونين التونسي واللبناني، مجلة القضاء والتشريع، ١٩٦٧، عدد ١.

٦٣- عبد الرزاق دنقير، ولاية الأم على القاصر، مجلة التشريع والقضاء، ١٩٩٥، عدد ٨.

٦٤- عبد العزيز عبد الرحمن الربيعة، العمل بالمصلحة، مجلة أضواء الشريعة، المملكة العربية السعودية، ١٣٩٩هـ عدد ١٠.

٦٥- عبد العزيز مخيمر عبد الهادي، اتفاقية حقوق الطفل خطوة إلى الأمام أم إلى الوراء، مجلة الحقوق، ١٩٩٣، عددان ١و٢.

٦٦- عبد العزيز نويري، النظام القانوني الجزائري خلال ربع قرن، بين الجمود والتطور والأصالة والتقليد، مجلة الشرطة، ١٩٨٩، عدد ٤١ و٤٢.

٦٧- عبد الفتاح زراتي، الوضعية القانونية للطفولة فاقدة السند، مجلة القضاء والتشريع،١٩٩٥، عدد ٨.

٦٨- عبد الكريم شهبون، التشريع والقضاء في المغرب وارتباطه بالتشريع الإسلامي، مجلة الميادين، ١٩٨٨، عدد ٣.

٦٩- عبد الله الأحمدي، حقوق الإنسان والحريات العامة في القانون التونسي، طبع شركة أوربيس للطباعة والنشر، تونس، ١٩٩٣.

٧٠- عبد الله الأحمدي، مجلة حماية الطفل وحقوق الإنسان،مجلة القضاء والتشريع، ١٩٩٧، عدد ٣.

٧١- عبد الله البكري، مناقشة المدونة من منظور فقهي ومنظور نقدي، الندوة الوطنية التي نظمتها جامعة محمد الأول بوجدة حول " مستجدات قانون الأسرة... "مقاربات متعددة"، وذلك يومي ١٠ و١١ مارس ٢٠٠٤، مجلة التجديد، ٢٠٠٤/٠٣/٢١، عدد ٨٨٩.

٧٢- عبد الله مجيدل، حقوق الطفل التربوية في الجمهورية العربية السورية، دراسة ميدانية، كلية التربية، جامعة دمشق، مجلة اتحاد الجامعات العربية، ٢٠٠١، عدد ٣٨.

٧٣- عبد الناصر عيسوي، آراء ابن القيم في التربية، منار الإسلام، ١٩٨٢، عدد ١١.

٧٤- عبد الإله بلقزيز، المجتمع المدني، إرادة الإنهاض وكوابح الدولة والموروث، مجلة أفاق، ١٩٩٢، عدد ٣ -٤.

٧٥- علي القاضي، المرأة الغربية تشكو من الوظيفة، مجلة منار الإسلام، ١٩٨٢، عدد ١١.

٧٦- علي بن فليس، الحريات الفردية والجماعية في الدساتير الجزائرية، م.ج.ع.ق.إ.س.، ١٩٩٨، عدد ٢.

٧٧- علي علي سليمان، التعارض بين القانون المدني وبين قانون الأسرة، مجلة الشرطة، ١٩٩٢، عدد ٤٩.

٧٨- علي علي سليمان، تعليق على قانون الأسرة، مجلة الشرطة، ١٩٨٦، عدد ٢٥.

٧٩- علي علي سليمان، حول قانون الأسرة، م.ج.ع.ق.إ.س.، ١٩٨٦، عدد ٢، ص. ٤٢٢.

٨٠- علي مانع، الأسرة وجنوح الأحداث في المجتمع الجزائري، مجلة الشرطة، ١٩٨٩، عدد ٤١.

٨١- علي واضح، أثر الجانب النفسي والاجتماعي على سلوك الجانح، مجلة الشرطة، ١٩٩١، عدد ٤٦.

٨٢- عيد نايل، حق الحاضنة وصغار المطلق في الاستقلال بمسكن الزوجية بين القانون المدني وقانون الأحوال الشخصية، مجلة العلوم القانونية والاقتصادية، ١٩٨٩، عدد ٥.

٨٣- غ. ف.، أكثر من مليوني جزائري لم يدخلوا القفص الذهبي، الخبر، جريدة يومية، ٢٠٠٤/٠٤/٢٧.

٨٤- فاضلي إدريس، قانون الأسرة بين الثابت والمتغير، م.ج.ع.ق.إ.س.، ١٩٩٦، عدد ٤.

٨٥- فاطمة الزهراء بن محمود، تنفيذ الأحكام الأجنبية المتعلقة بالحضانة، مجلة

القضاء والتشريع، ٢٠٠٢، عدد ٠١.

٨٦- فتيحة توفيق، مسؤولية الزوجين في الأسرة، مجلة منار الإسلام، ١٩٨٠، يناير.

٨٧- كمال قرداح، الطلاق، مجلة القضاء والتشريع، ١٩٦٥.

٨٨- كمال لدرع، مدى الحماية القانونية للطفل في قانون الأسرة الجزائري، م.ج.ع.ق.إ.س.، ٢٠٠١، عدد ١.

٨٩- ليلى الشافعي، الأندية النسائية، مجلة على الأقل، ١٩٩١، عدد ١.

٩٠- ماجدة محمود الزفري، المرأة والقانون، مجلة الحق، ١٩٩٥، عدد ١ و٢.

٩١- المتولى السيد حامد، التوقيت وأثره في القسم بين الزوجات، وحمل النساء ورضاع الأطفال، مجلة الشريعة والقانون، جامعة الأزهر، ٢٠٠٢، عدد ٢٤.

٩٢- مجاهدة الشهابي الكتاني، الأحداث الجانحون في البيئة العربية: "الواقع والآفاق"، المجلة التونسية للعلوم الاجتماعية، ١٩٩٢، عدد ١٠٩ خاص بأشغال ملتقى الإقصاء الاجتماعي والتهميش في العالم العربي، تونس، ١٨-٢٣ نوفمبر ١٩٩١.

٩٣- محسن عقون، تغيير بناء العائلة الجزائرية، مجلة العلوم الإنسانية، قسنطينة، ٢٠٠٢، عدد ١٧.

٩٤- محمد أبو الوفا، الملامح الرئيسية للميثاق الإفريقي لحقوق الإنسان والشعوب، محاضرة القيت خلال المؤتمر حول " حقوق الإنسان والشعوب في الميثاق " المنعقد في القاهرة أيام ١-٣ ماي ١٩٨٤، تحت إشراف مركز الدراسات الدولية القانونية والاقتصادية بجامعة الزقازيق.

٩٥- محمد الحسيني حنفي، تقنينات الأحوال الشخصية في الجزائر، مجلة العلوم القانونية والاقتصاد، القاهرة، ١٩٨٤، عدد ٢.

٩٦- محمد الصالح بنحسين، دور قاضي الأسرة، مجلة القضاء والتشريع، ١٩٩٧، عدد ٣.

٩٧- محمد صلاح الدين المستاوي، الأسرة بين الإسلام والمذاهب العصرية، جواهر الإسلام، ١٩٧٥، عدد ٥.

٩٨- محمد المدهون، الإسلامية والقومية في الدساتير المغاربية ومعاهدة الاتحاد المغاربي، مجلة الميادين، وجدة، ١٩٩٠، عدد ٦.

٩٩- محمد باشوش، أطفال الشوارع في تونس، المجلة التونسية للعلوم الاجتماعية، ١٩٩٢، عدد ١٠٩.

١٠٠- محمد صالح الدين المسناوي، الأسرة بين الإسلام والمذاهب العصرية، مجلة جواهر الإسلام، ١٩٧٥، عدد ٥.

١٠١- محمد عبد الجواد محمد، الخمر والمخدرات في الشريعة الإسلامية، مجلة القانون والاقتصاد، ١٩٧٤، عدد ٤.

١٠٢- محمد فاروق النبهان، أهمية مراعاة القيم الإسلامية في قوانين الأحوال الشخصية، مجلة الميادين، ١٩٨٨، عدد ٣.

١٠٣- محمد محميدات، الطلاق، آفة اجتماعية ونفسية ومشروع قانون الأسرة منه، مجلة الشرطة، ١٩٧٨، عدد ١٢.

١٠٤- محمد منصور عقاضي، أحكام الزواج المستحدثة بالتشريع التونسي، المجلة القانونية التونسية، ١٩٧٤، عدد ١.

١٠٥- محمد منصور، أحكام الزواج المستحدثة بالتشريع التونسي، المجلة القانونية، ١٩٧٤، عدد ١.

١٠٦- مكي دردوس، الإدمان على الخمر والمخدرات، مجلة العلوم الإنسانية، قسنطينة، ٢٠٠٢، عدد ١٨.

١٠٧- ممدوح خليل البحر، الجرائم الماسة بحق الطفل في الحياة والسلامة البدنية، مجلة الحقوق، جامعة الكويت، ٢٠٠٣.

١٠٨- الهادي المحيرصي، الحضانة، مجلة القضاء والتشريع، ١٩٥٩، عدد ٢.

١٠٩- الهادي سعيد، التشريع التونسي وحقوق الطفل، مجلة القضاء والتشريع، ١٩٨٥، عدد ٥.

١١٠- الهادي كرو، زواج المسلمة بغير المسلم ومصادقة الدولة التونسية على اتفاقية نيويورك، مجلة القضاء والتشريع، ١٩٧١.

١١١- هـانس كيرخوف، Kirchoff Heinz، عمل الأمهات، ترجمة توفيق الطيب، مجلة حضارة الإسلام، مجلد ٢.

١١٢- هندة العرفاني، تزايد الجريمة في تونس يكدر صفوة المجتمع، مجلة المجتمع، ٢٠٠٤/١٠/٢٣، عدد ١٦٢٤.

<u>* باللغة الفرنسية</u>

1- Aïd M., Femme, famille et société en Algérie, Journées d'étude, 2, 3 et 4 juin 1988, 1ère éd., 1988.

2- Aït Zaï N., Le droit musulman et les coutumes kabyles,

R.A.S.J.E.P., 1995, n°

3- Akkacha M., Les droits moraux et patrimoniaux de l'enfant après le divorce, R.A.S.J.E.P., 2000, n° 01..

4- Allouache A., Deux ou trois choses sur l'algérien d'aujourd'hui, in A.A., du 1er au 07/02/1994.

5- Amiable L., Essai historique et critique sur l'âge de la majorité, Rev. Hist. du dr. Fr. et étranger, 1861..

6- Ammar D., De la représentation en justice de l'absent, R. Mar. de dr., 1960.

7- Ameur M., La criminalité, une responsabilité partagée, in El-Watan, du 31/07/1995.

8- Aroneanu E., Des dix commandements, déclaration universelle des droits de l'homme, Rev. de Droit International des Sciences diplomatiques et politiques, Genève, 1960, n° 1..

9- Ardant Babadji R. et Mahieddin M., Le fiqh islamique, source non exclusive du droit de la famille en Algérie, R.I.D.C., 1987, n° 1.

Badr M., La relance du droit islamique dans la jurisprudence algérienne depuis 1962, R.I.D.C., 1970.

10- Balensi I., L'homologation judiciaire des actes juridiques, R.T.D.Civ., 1978.

11- Barbier P., La religion de l'enfant et l'exercice de la puissance paternelle, Gaz. Pal., 1957, 2, Doc.

12- Barrière-Brousse I., L'enfant et les conventions internationales, J.D.I., 1996, n° 4.

13- Bêcheur A., La notion de garde dans le droit tunisien de la famille, R.A.S.J.E.P., 1968, n° 4.

14- Bédjaoui M., La nouvelle organisation judiciaire en Algérie, R.J.P.I.C., 1968, n° 4.

15- Bédjaoui M., Discours prononcé lors de la séance d'ouverture du colloque maghrébin sur " l'instabilité de la famille et le droit de l'enfant au Maghreb", R.A.S.J.E.P., 1968, n° 4.

16- Bekkar R., Les habitants bâtisseurs, compétences et savoir faire, in Annales de la recherche urbaine, n° 66.

17- Bel Haj Hamouda A., Les conflits conjugaux: aspects

juridiques, Actualités Juridiques Tunisiennes, 1998, n° 1-2.

18- Belarbi A., Mouvements des femmes au Maroc, A.A.N., 1989, T. XXVIII.

19- Belarbi A Femmes et société civile, réflexions sur le cas du Maroc, , in Droits de citoyenneté des femmes au Maghreb, éd. Le Fennec, Casablanca, 1997.

20- Belknani F., Le mari chef de famille, R.T.D. 2000.

21- Belkhenchir F., Rôle des associations dans la promotion et la défense des droits de l'enfant, R.A.S.J.E.P., 2000, n°1.

22- Bellefonds de Y.L., Immutabilité du droit musulman et réformes législatives en Egypte, R.I.D.C., 1965.

23- Benamor A., L'évolution de la famille en Tunisie et la réglementation actuelle du droit de garde, R.J.P.I.C., 1967, n°1.

24- Bencheikh Hocine Dennouni H., La garde: un attribut de la maternité en droit algérien, R.I.D.C., 1986, n° 3.

25- Bencheneb A., Le droit algérien de la famille entre la tradition et la modernité, R.A.S.J.E.P., 1982, n° 1.

26- Benhamou Y., Réflexions en vue d'une meilleure défense en justice de l'enfant, D. 1993, Chr.

27- Benjâafar M. , Les acquis juridiques et sociaux de l'enfant tunisien, in La protection juridique et sociale de l'enfant, édit. Bruylant, Bruxelles, 1993, (ensemble d'articles).

28- Benmelha Gh., L'Etat algérien devant la justice, R.A.S.J.E.P., 1971, n° 2.

29- Benmelha Gh., La famille algérienne entre le droit des personnes et le droit public, R.A.S.J.E.P., spé. 20ème anniversaire.

30- Benmeghsoula A., L'expression et les garanties des libertés fondamentales et des droits de l'homme et du citoyen dans la constitution du 22 nov. 1976,R.A.S.J.E.P., 1984, n° 2.

31- Bennani, La condition de la femme au Maroc, in Droits de citoyenneté des femmes au Maghreb, éd. Le Fennec, Casablanca, 1997.

32- Bensalah N., Femmes candidates, Le Qotidien d'ORAN? 03/06/1997.

33- Bonnard J., La garde du mineur et son sentiment personnel, R.T.D.Civ., 1991, n° 1.

34- Bontems M., L'influence française dans le projet du code de la famille algérienne, R.T.D., 1980; R.A.S.J.E.P., 1982, n° 4.

35- Borrmans M., le droit de garde et son évolution récente en Tunisie, I.B.L.A., 1967, n° 118-119.

36- Borrmans M., Perspectives algériennes en matière de droit familial, Studia Islamica, 1973, vol. XXXVIII.

37- Borrmans M., Le nouveau code algérien de la famille dans l'ensemble des codes musulmans de statut personnel, principalement dans les pays arabes, R.I.D.C., 1986, n° 1.

38- Boudahran A., Au regard de la convention sur les droits de l'enfant, une protection illusoire par la législation marocaine, in la protection juridique et sociale de l'enfant, édit. Bruylant, Bruxelles, 1993.

39- Boudiaf M.A., A propos de la citoyenneté des femmes et de l'égalité des droits au Maghreb, in Droits de citoyenneté des femmes au Maghreb, éd. Le Fennec, Casablanca, 1997.

40- Bouraoui, La constante inégalité entre les sexes ou de l'antinomie entre droit interne et conventions internationales, quelques réflexions sur la loi, R.T.D., 1983, n° 1.

41- Bourchachen J., Contribution de la nuptialité et de la contraception à la baisse de la fécondité au Maroc, R.M.D.E.D., 1995, n° 36..

42- Bousquet G.H., La législation française et son influence sur le doir de la famille indigène, R.A., 1930.

43- Bouzeghrane, Femmes, un parcours laborieux vers la citoyenneté, El- Watan, 10/06/1997..

44- Bredin J.-D., La religion de l'enfant, D.1960, chr., pp. 73-78.

45- Brunetti-Pons C., L'émergence d'une notion de couple en droit civil, R.T.D.Civ. 1999, n° 1.

46- Canac A., La réforme des régimes musulmans des tutelles et de l'absence en Algérie, Jour. de Robe, 24/09 et 01/10/1957.

47- Canac A., Les perspectives d'évolution du statut civil des

musulmans et la réforme des règles du mariage musulman en Algérie, R.J.P.O.M.,1959, n° 1.

48- Carbonnier J., Note sous Cons. d'Etat, 19/07/1943, D. 1944..

49- Carbonnier J., Note sous Trib. Civ. Briançon, 06/01/1948, D. 1948.

50- Carbonnier J., Terre et ciel dans le droit français du mariage, Mélanges G. Ripert, édit. L.G.D.J., Paris, 1950, t. 1er..

51- Carbonnier J., Les notions à contenu variable dans le droit français de la famille, in La notion à contenu variable en droit, édit. Bruylant, Bruxelles, 1984.

52- Carbonnier J.,La religion, fondement du droit, Droit et religion, 1993, T. 38.

53- Carbonnier J., Autorité parentale. Exercice de l'autorité parentale, Rép. Defré., 1994, fasc. 10, art. 371-387.

54- Chabert C., L'applicabilité directe de la convention de New-York sur les droits de l'enfant: une question en voie de réexamen ?, R.R.J., Presses Universitaires d'Aix-Marseille, droit prospectif, 1998.

55- Charfi M., Le doit tunisien de la famille entre l'Islam et la modernité, R.T.D. 1973.

56- Cherkaoui A., L'évolution du droit marocain à travers la législation, R.J.P.E. du Maroc, 1981, n° 1.

57- Chapelle A., Les pactes de famille en matière extre-patrimoniale, R.T.D.Civ., 1984.

58- Chouachi S., Le statut juridique de la femme en Tunisie, in Ouvrage coll. Intitulé Droits de Citoyenneté des Femmes au Maghreb, édit. Le Fennec, 1997.

59- Colomer A., La réforme du régime des tutelles et de l'absence en droit musulman algérien (loi du 11 juillet 1957), R.A., 1959, n° 3 et n° 4.

60- Colomer A., Maroc, le statut musulman, Juris-classeur, 1985, n° 8, fasc. 2.

61- Colomer A., La tutelle des mineurs dans la moudawana ou Code de statut personnel marocain, R.I.D.C., n° 3.

62- Cornu G., Du sentiment en droit civil, Annales de la faculté

de droit de Liège, 1963..

63- Coulombel C., Le droit privé français devant le fait religieux depuis la séparation des églises et de l'Etat, R.T.D.civ., 1956.

64- Courbage Y., Le Maroc de 1962 à 1994: fin de l'explosion démographique Magh.-Mach. 1996, n° 153.

65- Cubertafond B., L'algérianisation du droit, mythe ou réalié „ R.J.P.I.C., 1976, n° 2.

66- Culié P., Note sous C.A. de Dijon, 11/12/1964, D. 1965, 1.

67- Cyrille R., Maroc, nouveau code de la famille: un progrès insuffisant, in Lutte Ouvrière, du 23/01/2004, n° 1851.

68- Daoud Z., Les femmes tunisiennes, Gains juridiques et statut économique et social, Magh.-Mach.,1994, n° 145.

69- Darwich D., La vie au bout des menottes, in Le Quotidien d'Oran, du 18/12/2003.

70- Deiss J., Le juge des enfants et la santé des mineurs, J.C.P., 1983, I, 3135.

71- De Juglart M., Le droit de puissance paternelle des ascendants, Rev. Crit. de Légis. et de Jurisp., 1933.

72- Dekeuwer-Defossez F.,Familles éclatées, familles reconstituées,D.1992, chr.

73- Dekeuwer-Defossez F., L'enfant et la justice familiale, Familles et justice, L.G.D.J., 1997.

74- Demars S., L'enfant et la justice dans les travaux du conseil de l'Europe, in La protection juridique et sociale de l'enfant, édit. Bruylant, Bruxelles, 1993.

75- De Naurois L., Aux confins de droit privé et du droit public, la liberté religieuse, R.T.D.Civ., 1962.

76- De Oliveira Leite E., Le droit (non sacré) de visite, in Liber amicorum Marie-Thérès Meulders-Klein, Droit comparé des personnes et de la famille, édit. Bruylant, Bruxelles, 1998..

77- Desbois H., Observations sous Paris, 09/10/1958, R.T.D.Civ., 1958, p. 506.

78- Donnier M., L'intérêt de l'enfant, Recueil Dalloz, 1959, Chr.

79- Deprez M., Mariage mixte, Islam et nation, R.A.S.J.E.P.,

1975, n° 1.

80- Deprez J., Réflexion sur la connaissance du phénomène juridique au Maroc, R.J.P.E. du Maroc, 1976, n° 1..

81- Dulout F., La hadhana, R.A., 1946, n° 1.

82- Dupont-Bouchat M.S. , L'intérêt de l'enfant, approche historique, in Droit et intérêt, Publications des Facultés Universitaires Saint-Louis, 1990.

83- F.I., Bilan de la délinquance juvénile ces six derniers mois: des chiffres effarants, in Le Quotidien d'Oran, du 14/06/1998.

84- Fadlallah I., Vers la reconnaissance de la répudiation musulmane par le juge français, R.C.D.I.P., 1981, n°1.

85- Fargues Ph., Algérie, Maroc, Tunisie: vers la famille restreinte, in Populations et sociétés, Paris, 1996, n0 24.

86- Fedou R., L'expérience française de la chambre de la famille, Rev. Dr. San. Soc., 1971.

87- .Forteir V., Justice civile, religions et croyances, R.R.J. Droit prospectif, 1998, n° 3.

88- Frémeaux S., Les notions indéterminées du droit de la famille, R.R.J. Droit porospectif, 1998, n° 3.

89- Fulchiron H., Une nouvelle réforme de l'autorité parentale, commentaire de la loi n° 93-22 du 8 janvier 1993 à la lumière de l'application de la loi Malhuret, D. 1993..

90- Fulchiron H. et Gouttenoire-Cornut A., Réformes législatives et permanence des pratiques: à propos de la généralisation de l'exercice en commun de l'autorité parentale par la loi du 08/01/1993, D., 1997, chr.

91- Garé Th., L'enquête sociale dans la désunion des parents, aspects juridiques, R.T.D.Civ., 1986, n° 4.

Gaudin de Lagrange E., Droits de l'enfant, Mélanges P. Raynaud, édit. Dalloz, 1985.

92- Gebler M.J., Conséquences du divorce pour les enfants, Jcl. Civ., fasc. 70. Ghodse H., Tranquilisants et stimulants, ces drogues légales des occidentaux, Le Quotidien d'Oran, 22/02/1999.

93- Haddad R., Où en sont les projets de code algériens, Annuaire de la Justice, Alger, 1965.

94-Hadj Ali M.M., L'entretien de l'enfant des parents divorcés, R.A.S.J.E.P., 1968, n° 4.

95-.Hadji Ch., se loger, in Les Temps Modernes, Algérie, espoirs et réalités, 1982, juill.-août.

96.Halimi G.,Tunisie: des Sheherazade devenues citoyennes, Gaz. Pal.,1998, 1.

97-Hamdan L., Les difficultés de codification du droit de la famille algérien, R.I.D.C., 1985, n° 4.

98-Hausser J., Du discernement ou une famille réduite à la procédure, Petites affiches, 1999, n° 84 et s.

99-Hemal A. et Haffad T., La transition de la fécondité et politique de population en Algérie, Rev. Sces. Hum. Constantine, 1999, n° 12.

100-Issad M., De quelques problèmes soulevés par la nouvelle fonction du droit et la diversité de ses sources en Algérie, R.J.P.I.C., 1966, n° 1.

101-Joyal R., La notion d'intérêt supérieur de l'enfant, sa place dans la convention des Nations-Unies sur les droits de l'enfant, R.I.D.P., 1991.

102-Jestaz Ph, Bail entre conjoints divorcés, R.T.D.Civ., 1975, p.799.

103-Jestaz Ph., Pouvoir juridique et pouvoir moral, R.T.D.Civ., 1990, n° 4.

104-Kalfat Ch, Les aspirations conflictuelles du droit de l'adoption, R.A.S.J.E.P., 1994, n° 1..

105-Kalfat C., L'islam et la toxicomanie, R.A.S.J.E.P., 1995, n°2.

106-Kheddache H., L'Algérie et les instruments internationaux relatifs aux droits de l'homme: état des lieux, in Le Quotidien d'Oran, du 11/12/2001.

107-Khodja S., Les femmes musulmanes algériennes et le

développement, A.A.N., 1979..

108-King M. et Kratz C., La notion d'intérêt de l'enfant en droit, vecteur de coopération ou d'interférence ?, Droit et société, 1992, n° 22.

109-Kotrane H., Le statut juridique de l'enfant en Tunisie, entre le droit interne et les dispositions de la convention internationale, in La protection juridique et sociale de l'enfant, édit. Bruylant, Bruxelles, 1993..

110-Koubi Ph., La laïcité sans la tolérance, R.R.J. Droit prospectif, 1994, n° 3.

111-Labayle H., L'Union européenne et les droits fondamentaux (Un espace véritable de liberté ?), in Mélanges en l'honneur de Louis Dubouis, Au carrefour des droits, éd. Dalloz, 2002.

112-Lacoste V., Contribution à une théorie générale du droit de visite en droit civil, R.R.J. Droit prospectif, 1997, n° 3.

113-Ladjili J., Recherche d'une responsabilité égale des père et mère dans la garde de l'enfant mineur en droit tunisien, R.T.D., 1985.

114-Lampué P., Les juridictions françaises devant le droit musulman, R.J.P.I.C., 1984, n° 2.

115-Lapanne-Joinville J., Le Code marocain de statut personnel, Rev. Jurisp. et pol. d'Outre-mer, 1959.

116.- Lazerges C., Quel droit pénal des mineurs pour l'Europe de demain ?, in Mélanges offerts à G. Levasseur, édit. Litec, Paris, 1992, p. 439-440.

117.-Lefoyer A.M., L'enfant confié à un tiers: de l'autorité parentale à l'autorité familiale, R.T.D.Civ. 1998, n° 3.

118-Legeais R., Commentaire de la loi du 4 juin 1970, Rép. Defré., 1971.

119-Legeais R., L'autorité parentale et les filiations complexes, D. 1978, Chr.

120-Lemouland J.J., L'assistance du mineur, une voie possible entre l'autonomie et la représentation, R.T.D. Civ.,1997, 1.

121-Lindon R. et Bertin Ph., La convention définitive dans le divorce sur requête conjointe, nouvelle étude du problème, J.C.P.,

1981, I, 3021.

122-Linant de Bellefonds, Immutabilité du droit musulman et réformes législatives en Egypte, R.I.D.C., 1955.

123-Linant de Bellefonds Y., Le divorce pour préjudice en droit musulman marocain, Rev. Marocaine de droit, 1964.

124-M.A., La délinquance juvénile fait des ravages, in Le Quotidien d'Oran, 09/11/2004.

125-Madiot Y., Le juge et la laïcité, Pouvoirs, 1995, n° 75, pp. 73-85.

126-Mag 7, Deux fois plus de divorce en Tunisie, Hebdomadaire, du 11/10/1992.

127-Mahfoudh-Draoui D., Traditionalisme et modernisme conjugal dans la famille tunisienne, in Actes du colloque organisé par l'Institut supérieur de l'éducation et de la formation continue, Tunis, 3-4 février, 1994, éd. C.E.R.E.S., 1994.

128- Mahbouli A., L'enfant en droit tunisien, R.J.P.I.C., 1977, n° 2.

129-Mahfoud D., La participation des femmes tunisiennes, in Droits de Citoyenneté des Femmes au Maghreb, édit. Le Fennec, 1997.

130- Mahiou A., Rupture ou continuité du droit en Algérie, R.A.S.J.E.P., n° spé. 20ème anniversaire.

131-Maktouf S., Réflexions sur le droit dans la Tunisie d'aujourd'hui, Gaz. Pal., 1998, 1.

132-Malaurie Ph., Religion et droit international privé français, R.J.P.I.C., 1984, n° 2.

133-Malaurie Ph., Droit, sectes et religion, Droit et religion, 1993, T. 38..

134- Martzloff S., Le droit de garde des enfants en droit français, R.I.D.C., 1987, n° spéc.

135-Mekki S., Un million d'Algériens ont changé de wilaya en 10 ans, in Le Quotidien d'Oran, 03/02/2001.

136-Meziou K., Féminisme et Islam dans la réforme du code du statut personnel du 18 février 1981, R.T.D., 1984..

137- Meziou K., Pérennité de l'Islam dans le droit tunisien de la famille, in Carlier et Verwilghen, 1992.

138- Meziou K., Tunisie, Mariage et Filiation, Juris-Class. 1997, n°8, fasc. 1.

139- Mezghani A., Réflexions sur les relations du code de statut personnel avec le droit musulman classique, R.T.D. 1975, n° 2.

140- Miadi Z., Le statut de la femme marocaine au sein de l'institution familiale, in Droits de citoyenneté des femmes au Maghreb, éd. Le Fennec, Casablanca, 1997.

141- Michel A., Modèles sociologiques de la famille dans les sociétés contemporaines, in Archives de philosophie de droit, Réformes du droit de la famille, 1975.

142- Minnerath R., La spécificité de la liberté religieuse par rapport aux autres libertés de l'esprit, Rev. Conscience et Liberté, 1990, n° 40.

143- Morançais-Demeester M.L., Vers l'égalite parentale, D. 1988, 1.

144- Morand M., La famille musulmane, R.A., 1903, n° 1.

145- Mostefa K., L'évolution de la jurisprudence en matière de hadana, R.A.S.J.E.P., 2003, n°1.

146- Moulay Rchid A., La réforme du code de statut personnel. Une avancée dans la consolidation des droits de l'homme, in Les modifications du code de statut personnel par Dahir du 10/09/1993: un premier bilan, Actes du colloque organisé par la Faculté des Sciences Juridiques, Economiques et sociales de Souissi-Rabat en collaboration avec la Fondation Friedrich Ebert Stiftung, 8 mars 1997, Série colloque, 1997, n° 1.

147- Nabila S., Journée nationale sur les maladies génétiques, le danger des mariages consanguins, in Liberté, du 29/05/1997.

148- Neirinck C., La protection de la personne de l'enfant contre ses parents, L.G.D.J., Paris, 1984.

149- Nenova L. , Le droit de garde des enfants en Bulgarie, R.I.D.C., 1987, n° Spéc.

150- Nepveu P., De l'attribution des droits de garde et de visite

dans les familles désunies, J.C.P., 1965, I, 1903.

151-Nicolas-Maguin M.F., A propos de garde conjointe des enfants de parents divorcés, D. 1983, Chr.

152-Nollinger A., Le conseil de l'Europe et le droit des enfants, in Autorité, responsabilité parentale et protection de l'enfant, Chronique sociale, Lyon, 1992.

153-Ouadah-Bedidi Z., La prenante évolution démographique du Maghreb moderne, in Groupe X- Démographie, Economie et Population, 08/10/2002.

154- Oufreha F.Z., Femmes algériennes: la révolution silencieuse, Mag.-Mac., 1998,

155-Parcheminal H., Le juge aux affaires familiales et la protection de l'intérêt de l'enfant, Rev. Dr. San. Soc., 1994, n° 2.

156-Paris M., Mouvement de femmes et féminisme au Maghreb, A.A.N., 1989, T. XXVIII.

157-Pousson-Petit J Le juge et les droits aux relations personnelles des parents séparés de leurs enfants en France et en Europe, R.I.D.C., 1992, 4.

158- Poussin-Petit J., La négation du lien nourricier par le droit français, P.U. des Sciences Sociales de Toulouse, 1997.

159-Pruvost L., Le statut juridique du mineur en Tunisie, R.T.D., 1975, p.281.

160-Oukazi Gh., Droits de l'homme, un Etat de non-droit, El-Watan, 03 et 04/10/1997.

161-Quéré F., De la famille à l'épreuve de temps, Rev. Etudes, 1983, septembre,

162-Rabbath E., La théorie des droits de l'homme dans le droit musulman, R.I.D.C., 1959.

163-.Rahmouni, La famille tunisienne dans la dynamique du développement global, in Actes du colloque sur « La famille au Maghreb, organisé par la fondation du Roi Abdul-Aziz Al SAOUD, Casablanca, le 21/04/2004.

164-R.J.L.1965, n°1.

165-Ras, Il viole et engrosse sa fille âgée de 14 ans, in Ouest

Tribune, du 19/10/1998.

166- Raymond G., La convention des nations unies sur les droits de l'enfant et le droit français, J.C.P., 3451.

167- Raymond G., Le risque civil de l'éducation de l'enfant, in Mélanges en l'honneur d'Elie Alfandri. Dalloz, 1999.

168-Rémond R., La laïcité et ses contraires, Pouvoirs, 1995.

169-Ripert G., L'ordre public et la liberté individuelle, Recueil Gény, 1934,t. 2.

170- Rouast A., note sous Paris, 09/10/1958, D. 1959, p. 8

171-Roubier C., Dans le lit familial, Rev. l'Ecole des parents, 1984, n° 4, p. 11.

172-Roussier J., Déclaration à l'état civil et preuve du mariage conclu more islamico, R.A., 1958, n° 1.

173-Roussier J., L'ordonnance du 4 février 1959 sur le mariage et le divorce des français de statut local algérien, Rec. Sirey, 1959, doc.

174-Roussier J., Mariage te divorce des musulmans algériens, Le développement africain, 1960, n° 3-4.

175-Rubellin-Devichi J., Jurisprudence française en matière de droit civil, R.T.D.Civ., 1988, 2.

176-Rubellin-Devichi J., Une importante réfoeme en droit de la famille, la loi n° 179-22 du 08/01/1993, J.C.P., éd. Gle., 1993, 1, 3659.

177-Rubellin-Devichi J., Le principe de l'intérêt de l'enfant dans la loi et la jurisprudence françaises, J.C.P., 1994, éd. Gle., 1, 3739.

178- Saaf, L'hypoth. de la société civile au Maroc, in la société civile au Maroc, signes du présent, éd. Smer, 1992.

179- Sahli S., Le couple entre l'union et la rupture, Revue Tunisienne des Sciences Sociales, 1981, n° 66.

180- Sai F.Z., Les algériennes dans les espaces politiques: quelles perspectives ? in R.A.SJ.E.P., 2003, n°3.

181-Salah Bey M., Droit de la famille et problèmes idéologiques, R.A.S.J.E.P., 1974, n° 3.

182- Salah Bey M., Le droit de la famille te le dualisme

juridique, R.A.S.J.E.P., 1997, n° 3.

183-Salaheddine A., De quelques aspects du nouveau droit judiciaire algérien, R.A.S.J.E.P., 1969, n° 2.

184- Sebbagh R., La notion du droit de garde dans les pays du Maghreb, R.T.D., 1968-70.

185- Sarehane F., Maroc, édit. du Juris-Classeur, 1999, n° 8.

186- Sari D., L'indispensable maîtrise de la croissance démographique en Algérie, Mag.-Mac., 1990, n° 129..

187-- Sehimi M., Les élections législatives du 14 septembre. Un nouveau clivage ?, Al Assas, 1984, n° 63, novembre.

188-Sehimi, M., Les élections législatives au Maroc, in Maghreb -Machrek, 1985, n° 197, mars.

189- Si Messaoud Chiguer, «La hadana», Traduction de M. Grimaldi, Revue Marocaine de législation, Doctrine , Jurisprudence Chérifiennes, 1935 - 1936, n°1-4.

190-Simler Ph., La notion de garde de l'enfant (sa signification et son rôle au regard de l'autorité parentale), R.T.D.Civ., 1972.

191-Stehly R., Un problème de théologie islamique, la définition des fautes graves (KABA'IR), Rev. des Etudes Islamiques, 1977, fasc. 2.

192-Sutton R., Conflits familiaux et dialogue avec les justiciables, J.C.P., 1972, 1, 2472 bis.

193-Tahri R., Participation politique des femmes, in R.AS.J.E.P., 2003, n°3.

194-Talaouanou N., Autour de la consanguinité, in EL-Moudjahid, 02/01/1986

195-Tchouar D., Le régime juridique de la dot en droit algérien, R.A.S.J.E.P. 1996, n° 4.

196-Tchouar D., Le mariage polygamique entre le fiqh et le droit positif algérien, R.A.S.J.E.P., 1997, n° 2.

197- Terré F., A propos de l'autorité parentale, Archives de philosophie du droit, t. 20, Réformes du droit de la famille, édit. Sirey, Paris, 1975.

198- Tlemçani S., Le fléau de la drogue gagne du terrain, un

ravage parmi les jeunes algériens, in El-Watan, 27 et 28/06/2003..

199-Toulemon A., L'amour, la loi, la liberté et la sexualité, Gaz. Pal., 1977.

200-Tresmontant C.I., De quelques malentendus philosophiques, in Droit et religion, 1993, t. 38.

201-Trigeaud J.M., Droit et religion, Observations finales, in Droit et religion, 1993, t. 38.

202-Triki S., Les femmes dans la sphère duale de l'économie, in Droits de Citoyenneté des Femmes au Maghreb, édit. Le Fennec, 1997.

203- Vaissier-Catarame A., L'audition de l'enfant en justice, in Droit de l'enfant et de la famille, Presses Universitaires de Nancy,١٩٩٧ .

204-Vandevelde H., Le code algérien de la famille, Rev. Magh. Mach., 1985, n° 107.

205-Van Gysel A.C., L'intérêt de l'enfant, principe général de droit, Rev. Gén. Dr. Belge, 1988, n° 2.

206-Vassaux-Vanoverschelde, Le droit de l'enfant à sa famille dans la loi n° 93-22 du 8 janvier 1993, D. 1993, I.

207-Vedel G., La déclaration universelle des droits de l'homme, Dr. Soc., 1949.

208-Verdier J.M., Les grandes tendances de l'évolution du droit des personnes et de la famille dans les pays musulmans, R.A.S.J.E.P., 1968, n° 4.

209-Viney G., Du droit de visite, R.T.D.Civ., 1965, N° 1, pp. 225-236.

210-Waline M,Le pouvoir normatif de la jurisprudence, Mélanges G. Scelle,t.2

211-Younsi Haddad, La kafala en droit algérien, R.A.S.J.E.P., 1994, n° 4.

مقالات من مواقع الأنترنت

آ- باللغة العربية

١- مركز الأخبار أمان، التونسيات تقتحمن مجال العمل في المؤسسات الدستورية، ٢٠٠٣/١٠/٠٢،
موقع الأنترنت:www.amanjordan.org/ar

٢- حامد الحمداني، واقع الأسر وتأثيره على تربية الأطفال، مقال من الأنترنت، الموقع:
http://www.safahat.150m.com/a11.htm

٣- رابطة النساء السوريات، أرقام وإحصاءات، ٢٠٠٥/٠٢/٠٢، موقع الأنترنت www.nesasy.com

٤- مريم جراف، مسافة طويلة من سوء الفهم ومعيقات العمل بين محتويات المدونة وتنزيلها على أرض الواقع، الأحداث المغربية، ٢٠٠٥/٠١/٢٩، موقع الأنترنت، www.ahdath.info

٥- الشيخ سيد وفا أبو عجور، الأمين العام لمجمع البحوث الإسلامية، أن هذا المد لا يتعارض مع الشريعة الإسلامية كما أنه لا يوجد نص قطعي يحدد سن الحضانة، انظر محمد عمر، القاهرة في الموقع التالي: http://www.alwatan.com/graphics.

٦- تزايد الجريمة في تونس يكدر صفوة المجتمع، مجلة المجتمع، عدد ١٦٢٤، الصادرة في ٢٠٠٤/١٠/٢٣، موقع الأنترنت، www.almujtamaa-mag.com.

٧- نور الدين بن مالك، المغرب: فقر +تفكك= تشرد، إسلام أون لاين، ٢٠٠١/٠٧/٢٦، موقع الانترنت، www.islamonline.net

ب- باللغة الفرنسية

1-. A. Boukhalef, Financement de l'immobilier: de nouvelles pierres pour consolider l'édifice social, in Le Matin, 09/08/2004, www.lematin.ma;

٢.-M. Belmâaza, Entre hier et aujourd'hui: on se marie de moins en moins, in AlBayane, 09/08/2004, www.albayane.ma

3- AMADEC (Association marocaine pour le développement communautaire), Marrakech, Enquête sur la prostitution infantile, in L'économiste, 26/07/2004, cité par Afrik.com du 10/08/2004, site internet: www.afrik.com

4-. Ch. Jaidani, Malgré les mesures de l'Etat: offre et demande la difficile, in Le Matin, 09/08/2004, site internet: www.lematin.ma, p. 1.

5-. Rahmouni, La famille tunisienne dans la dynamique du développement global, in Actes du colloque sur « La famille au Maghreb, organisé par la fondation du Roi Abdul-Aziz Al SAOUD, Casablanca, le 21/04/2004, in www.fondation.org.ma

6-. Ch. Jaidani, Malgré les mesures de l'Etat: offre et demande la difficile, in Le Matin, 09/08/2004, site internet: www.lematin.ma, p. 1.

فهرس المحتويات

مصلحة المحضون: في ضوء الفقه الإسلامي والقوانين
الوضعية دراسة نظرية وتطبيقية مقارنة

الجزء الأول

مصلحة المحضون: في ضوء الفقه الإسلامي والقوانين
الوضعية دراسة نظرية وتطبيقية مقارنة

الجزء الثاني

Printed in the United States
By Bookmasters